JIANGSUBOAIJIANZHUANQUANLIANJIAN

江苏博爱建筑安全年鉴

（2009年度）

江苏省建筑安全与设备管理协会◎编

凤凰出版传媒集团
江苏人民出版社

图书在版编目(CIP)数据

江苏博爱建筑安全年鉴(2009年度)/江苏省建筑安全与设备管理协会编.—南京:江苏人民出版社,2010.9

ISBN 978-7-214-06490-5

Ⅰ.①江… Ⅱ.①江… Ⅲ.①建筑工程—工程施工—安全管理—江苏省—2009—年鉴 Ⅳ.①TU714-54

中国版本图书馆CIP数据核字(2010)第189516号

书　　名	江苏博爱建筑安全年鉴(2009年度)
编　　者	江苏省建筑安全与设备管理协会
责任编辑	许尔兵
出版发行	江苏人民出版社(南京市湖南路1号A楼　邮编:210009)
网　　址	http://www.book-wind.com
集团地址	凤凰出版传媒集团(南京市湖南路1号A楼　邮编:210009)
集团网址	凤凰出版传媒网　http://www.ppm.cn
印 刷 者	南京碧峰印务有限公司
开　　本	880×1240毫米　1/16　插页　24
印　　张	48
字　　数	1350千字
版　　次	2010年9月第1版　2010年9月第1次印刷
标准书号	ISBN 978-7-214-06490-5
定　　价	260.00元(精装)

(江苏人民出版社图书凡印装错误可向承印厂调换)

《江苏博爱建筑安全年鉴》编纂委员会

主任委员　赵华中

副主任委员　李爱国　李钢强

委　　员　（按姓氏笔划排序）

王鸣军　王建华　王　健　王锦发　王群依

李本勇　李　娜　李钢强　李爱国　吉劲松

吕家太　陈永池　杨　岭　时建民　宫长义

赵华中　胡志英　倪道仁　曹　俊　蒋军成

程　杰　董雪平　韩锦祥

《江苏博爱建筑安全年鉴》编辑室

主　　编　韩锦祥

副 主 编　程子轩　王艳丽

编　　辑　（按姓氏笔画排序）

朱利闽　朱颖颖　陆志远　李丽敏　姚　婕　谢　伟

统稿审定　赵华中

《江苏博爱建筑安全年鉴》组稿撰稿人员　（按姓氏笔画排序）

丁小虎　韦庆东　方　振　王　晨　王　健　王群依

王艳丽　仲　飞（南通）　仲　飞（泰州）　孙国明　刘朂晖　朱利闽

朱颖颖　陆志远　李丽敏　李　波　杨　明　张前永

赵怀民　胡文延　钟国荣　姜　涛　姚　婕　徐贞乾

谢　伟　程子轩　夏　亮　颜海东

2009 年 2 月 19 日，江苏省建筑业工作会议在南京召开。

江苏省建设厅厅长周岚在
全省建筑业工作会议上讲话

中共江苏省建设厅党组书记江里程
在全省建筑业工作会议上讲话

2009年4月9日，江苏省建筑工程管理局局长高学斌考察南通龙信建设集团有限公司。

2009年5月26日，江苏省建筑工程管理局局长高学斌赴高淳县调研考察。

2009 年 4 月 15 日，江苏省第 16 次建筑安全生产联络员会议暨第一季度建筑安全生产形势分析会在南京召开。

江苏省建筑工程管理局局长高学斌在第一季度建筑安全生产形势分析会上讲话

江苏省建设厅副厅长徐学军在第一季度建筑安全生产形势分析会上讲话

2009 年 7 月 6 日，江苏省建筑业形势分析会在南京召开。

中共江苏省建设厅党组书记江里程在江苏省建筑业形势分析会上讲话

2009 年 9 月 28 日下午，由新华日报报业集团、省住房和城乡建设厅联合举办的“旧貌新颜说变迁——江苏城乡建设 60 年图片展”在南京城市规划展览馆开展。

江苏省人民政府副省长何权等领导同志参加了“旧貌新颜说变迁——江苏城乡建设 60 年图片展”开幕式，并作为首批观众参观了展览。

2009 年 9 月 29 日，江苏省建设厅、江苏省建筑工程管理局庆祝新中国成立 60 周年大会。

江苏省建设厅厅长周岚在新中国成立 60 周年大会上讲话

中共江苏省建设厅党组书记江里程在新中国成立 60 周年大会上讲话

2009 年 10 月 27 日，江苏省建设厅副厅长兼省建筑工程管理局局长徐学军考察上海世博会俄罗斯馆。

2009 年 11 月 12 日，“第七届中国建筑企业高峰论坛”在南通举办。

江苏省建筑工程管理局副局长陈耀才视察建筑业企业三类人员考场

江苏省建筑安全与设备管理协会举办江苏省建筑施工企业安全知识培训班

江苏省建筑安全与设备管理协会举办的《塔式起重机检验技术》培训班实训现场

2009 年 1 月 8 日，江苏省建筑安全与设备管理协会召于四届八次常务理事会。

2009 年 3 月 12 日，江苏省建筑安全与设备管理协会召开宣传工作会议。

2009 年 6 月 30 日，江苏省建筑安全与设备管理协会第五次会员代表大会在南京召开。

江苏省建筑安全与设备管理协会会长赵华中在第五次会员代表大会上讲话

2009 年 6 月 30 日，江苏省建筑安全与设备管理协会五届一次理事会在南京召开。

2009 年 9 月 22 日，江苏省建筑施工起重机械安装检验机构行业确认工作会议在南京召开，会上为 43 家检测机构办理行业确认证书。

2009年10月30日，中共江苏省建设厅党组书记江里程同志视察江苏省建筑安全与设备管理协会工作。

江里程书记与江苏省建筑安全与设备管理协会秘书处全体员工座谈

编 者 说 明

一、《江苏博爱建筑安全年鉴》(以下简称博爱建安年鉴)是根据2009年6月30日江苏省建筑安全与设备管理协会第五届理事会常务理事会第一次会议的决定编辑出版的一部行业性年鉴。2009年版是博爱建安年鉴的首部。

二、江苏是建筑大省,2009年末,全省有建筑业企业15 000余家,建筑业从业人员550余万人。编辑出版博爱建安年鉴的目的是客观地记述江苏建筑行业的发展历程,为建设行政主管部门和社会各界提供信史资料,以利于建筑业的管理,促进建筑业的和谐与发展。

三、博爱建安年鉴的篇目结构以建筑安全管理为主线,分为行政监督管理和行业自律管理两大部分。前者反映江苏省建设厅、江苏省建筑工程管理局等行政主管部门的主要活动,后者反映江苏省建筑安全与设备管理协会的主要活动。

四、博爱建安年鉴编纂的第一原则是资料的真实性。本年鉴中管理性的文件均取原件实录。综合记述的文稿所用的资料均为原始资料汇总,尽可能保持文件资料的原貌。

五、博爱建安年鉴所辑录的行政管理资料主要是江苏省建设厅、江苏省建筑工程管理局有关建筑业发展和建筑安全生产活动的资料,相应收录国家住房和城乡建设部、江苏省人民政府与建筑安全生产管理有关的指令和管理性文件。同时收入各市建设行政主管部门与建筑安全监督管理相关的管理规定、工作总结等方面的文件资料。

六、博爱建安年鉴辑录了江苏省建筑安全与设备管理协会主要活动资料。其中,包括2009年协会第五次会员代表大会的文献和协会行业自律方面的主要文件。

七、编辑出版博爱建安年鉴得到了江苏省市建设行政主管部门、建筑业管理机构和有关社团的大力支持。为博爱建安年鉴提供资料的单位有:江苏省住房和城乡建设厅办公室、计划财务处、政策法规处、建筑业发展与综合处、工程质量安全监管处、建筑市场监管处、行政审批中心,江苏省建筑安全监督总站,江苏省装饰装修发展中心;江苏省建筑业行业协会,江苏省装饰装修行业协会,江苏省建筑钢结构混凝土协会;各市县建设局、建工局质量安全处、建筑业管理办公室、建筑安全监督站;江苏省建筑安全与设备管理协会第五届理事会的理事单位和会员单位。在此,一并致谢。

八、编辑博爱建安年鉴的过程中,编辑人员力求工作完善,但限于编委会主任、主编和编辑的学识和水平有限,本年鉴错误在所难免,欢迎读者批评指正。

《江苏博爱建筑安全年鉴》编辑室

2009年8月29日

目 录

一、2009年建筑安全生产大事记

一月

7日至8日　江苏省建筑工程管理局在南京双门楼宾馆组织召开了2008年度江苏省建筑安全生产形势分析会议。国家住房和城乡建设部工程质量安全监管司处长邵长利、江苏省建设厅副厅长徐学军、江苏省安全生产监督局处长张登平、江苏省建筑工程管理局副局长陈耀才、江苏省建筑安全与设备管理协会会长赵华中出席会议。各省辖市建设（筑）行政主管部门、部分工业园区、市政管理部门等负责安全生产管理工作和安全生产监督管理机构负责人共50余人参加了会议。会议由江苏省建筑工程管理局质量安全技术处副处长李爱国主持。

20日　江苏省建筑工程管理局印发《江苏省建筑施工特种作业人员管理暂行办法》，规定该暂行办法自发布之日起施行。

22日　江苏省建筑工程管理局授予南京市建设委员会基本建设管理处等78家单位（部门）为2008年度江苏省建筑施工安全生产先进集体，徐宏芳等142人为2008年度江苏省建筑施工安全生产先进个人称号，通报表彰并颁发证书。

24日　国务院发布关于修改《特种设备安全监察条例》的决定，规定该条例自2009年5月1日起施行。

二月

9日　江苏省建筑工程管理局组织专家启动对《建筑施工安全技术统一标准》的研究编制工作。是日的会议对规范的编制大纲进行了充分的讨论，初步形成共识。

19日　江苏省建筑业工作会议在南京召开。中共江苏省建设厅党组成员、省建筑工程管理局局长高学斌作《坚定信心、应对挑战，努力推动全省建筑业又好又快发展》的工作报告，部署2009年度全省建筑业发展和安全生产工作。江苏省建设厅厅长周岚、中共江苏省建设厅党组书记江里程发表重要讲话。

23日至28日　江苏省建筑工程管理局由局长高学斌和副局长汪士和、纪迅、陈耀才、陈晨分别带队，分5个组对全省建筑施工企业和施工现场春节后复工安全生产工作进行巡查。

三月

1日　江苏省建筑安全监督总站正式挂牌开展工作。

6日　江苏省建筑工程管理局印发《关于开展我省建筑施工特种作业人员考核基地认证工作的通知》，对考核基地申报条件作出规定。

11日　01时45分左右，沪宁城际铁路四标段2工区生产工人居住宿舍因铝粉爆炸坍塌，11人死亡，20人受伤。该工房为中铁二十四局在镇江丹阳市吕城镇惠济村为施工人员租用的生活用房，原为存放铝粉的库房。

12日　江苏省建筑安全与设备管理协会在江苏省建设厅大楼召开建筑安全宣传工作会议。协会副理事长兼秘书长顾建生宣读《关于表彰2008年度协会宣传工作先进个人的决定》；副秘书长李钢强作协会建筑安全宣传工作报告，部署2009年度建筑安全宣传工作；江苏省建筑工程管理局综合处副处长李波作建筑业宣传工作学术报告。与会人员40余人还参加了省建设厅组织的请江苏省人民政府发言人肖泉作的关于应急处置的报告会。协会理事长赵华中作会议总结讲话。会议由协会常务副秘书长罗德潭主持。

15 日 中铁十四局集团有限公司施工的连云港主体港区东疏港高速公路工程后云台山隧道拱顶局部塌落，死亡 3 人。

四月

9 日 苏州金竹置业发展有限公司商业厂房工程塔吊拆除过程中专业分包单位苏州工业园区达因起重设备安装有限公司工人违章作业，塔臂塔帽坠落，造成现场 4 名拆除人员死亡，塔吊司机重伤。

13 日 江苏省建筑工程管理局发出通知，扩大县(市)级建设行政主管部门建筑业企业安全生产许可证和三类人员管理权限。

14 日 江苏省人民政府法制办公室函复江苏省建筑工程管理局，同意《江苏省建筑施工机械设备租赁企业行业确认与信用评价管理办法》和《江苏省建筑施工起重机械安装检验机构行业确认管理办法》等规范性文件备案。

15 日至 16 日 江苏省第 16 次建筑安全生产联络员会议暨 2009 年一季度建筑安全生产形势分析会在南京召开。各省辖市建设(筑)主管部门分管建筑安全生产的负责人以及负责建筑安全生产管理的安全处(科)长、安监站站长和部分县(市、区)建设(筑)主管部门的分管局长等 90 余人参加会议。江苏省建筑工程管理局局长高学斌、省建设厅副厅长徐学军、省安全生产监督局处长张登平、省建筑工程管理局副局长陈耀才出席会议并讲话。省建筑工程管理局副局长纪迅、成际贵出席会议。会议由省建筑工程管理局副局长汪士和主持。

15 日至 16 日 中国建筑业协会建筑安全分会 2008 年年会在云南省昆明召开。全国各地区建设行政主管部门和各地建设安全协会、安全监督站、中央及地方施工企业的代表及获得全国“AAA”级安全文明诚信工地的代表共 500 余人参加了会议。江苏省 63 个工地获全国“AAA”级安全文明诚信工地并受到表彰。

20 日 江苏省建筑工程管理局印发《关于全省建筑施工特种作业人员考核工作的实施意见》，规定从 2010 年 1 月 1 日起，凡在江苏房屋建筑和市政工程施工现场从事建筑施工的特种作业人员，均应取得省级以上建设行政主管部门核发的《建筑施工特种作业操作资格证书》后，方可上岗作业。

20 日至 22 日 江苏省建筑工程管理局组织人员对盐城市区、阜宁县、兴化市、姜堰市、江阴市和宜兴市建筑施工安全生产进行了巡查。

24 日 江苏省建筑工程管理局印发《关于开展全省建筑安全生产“三项行动”实施方案的通知》。

27 日 江苏省建筑工程管理局向各市县建筑安全主管部门发出《关于加强对发生建筑施工生产安全事故企业的安全生产条件复查工作的通知》，要求按照事故处理的“四不放过”原则，做好发生建筑施工生产安全事故企业的安全生产条件复查工作。

28 日 江苏省建筑工程管理局公布《江苏省第一批建筑工程机械管理专家名单》，有 68 人受聘为建筑工程机械管理专家，聘期两年。

同日 江苏省建筑工程管理局公布《江苏省第一批建筑工程安全管理专家名单》，有 197 人受聘为建筑工程安全管理专家，聘期两年，参与建筑安全管理和决策的咨询工作。

29 日 江苏省建筑安全与设备管理协会以第 4 号公告公布《江苏省建筑施工起重机械安装检验机构行业确认实施细则》，该细则从公布之日起施行。

同日 江苏省建筑安全与设备管理协会在南京华江饭店召开庆“五·一”教师座谈会，邀请在宁的长期从事建筑安全教育培训工作的教师座谈。李钢强副秘书长主持座谈会。赵华中理事长出席会议。

五月

13 日 国家住房和城乡建设部以建质

[2009]87号文印发《危险性较大的分部分项工程安全管理办法》。

19日至25日 国家住房和城乡建设部质量安全监管司副巡视员李礼平一行9人，对江苏省南京、无锡、苏州三市在建轨道交通建设工程的安全生产和市场行为进行督查。

20日 江苏省第十一届人民代表大会常务委员会第九次会议修改《江苏省安全生产条例》，并决定自2009年6月1日起施行。

25日 中国建筑业协会机械管理与租赁分会通报，江苏省建筑工程集团有限公司等13家江苏建筑企业为全国建筑施工企业、建筑机械租赁企业设备管理优秀单位；温锦明等9人为全国建筑施工企业、建筑机械租赁企业设备管理优秀经理；马恒晞等14人为设备管理优秀工作者；卞立军等6人为设备管理优秀工人。

六月

3日 华东建筑安全联谊会2009年上半年度会议在江西省鹰潭市华侨饭店召开。联谊会秘书长孙锦祥对三年来的联谊会工作进行了总结。华东建筑安全联谊会于2005年11月在昆山成立，有成员35家，召开联谊会8次，出论文集5部，发布论文306篇，是华东六省一市的建筑安全工作者理论探讨工作和经验交流的平台。同时，决定成立第二届联谊会，选举上海市建设安全协会秘书长孙锦祥继续担任联谊会秘书长，江苏省建筑安全与设备管理协会副秘书长李钢强、江西省建设工程安全质量监督管理局副局长黄爱平担任联谊会副秘书长，上海市建设安全协会副秘书长陈纪峰为联谊会联络员。

14日 2009年江苏省"安全生产月"宣传咨询日活动在南京白马公园广场举行。

15日至19日 江苏省建筑工程管理局为督促各地切实加强建筑施工现场安全生产监督管理工作，对扬州市区、淮安市区、楚州区、泰州市区、泰兴市等10个市、县(区)进行了建筑施工安全生产情况巡查。

16日 7时50分左右，中石油如东县洋口港液化天然气接收站在建储罐施工工程顶层罐体钢筋笼失衡倾覆，牵拉施工平台倒塌，导致20余人从施工平台坠落，造成8人死亡，14人受伤。

30日 江苏省建筑安全与设备管理协会在南京华东饭店召开第五次会员代表大会。协会第四届理事会副理事长兼秘书长顾建生代表协会作题为《发挥桥梁和纽带作用，推进全省建筑安全和设备管理工作》的协会第四届理事会工作报告。会议选举赵华中为第五届理事会会长，李爱国为副会长兼秘书长，李钢强为常务副秘书长。赵华中发表《在科学发展观的指引下，高举行业协会服务的旗帜，促进建筑业安全生产工作的平稳发展和建筑行业的和谐进步》的讲话。第五届理事会常务理事会同时决定了协会的有关工作事项。

七月

6日 江苏省建筑安全与设备管理协会以第5号公告公布《江苏省建筑施工安全生产咨询服务机构行业确认管理办法》，并规定自公布之日起施行。

9日至10日 江苏省第17次建筑安全生产联络员暨2009年上半年建筑安全生产形势分析会在常州召开。会议通报了2009年上半年全省建筑施工安全生产情况，分析了全省建筑施工安全生产工作面临的形势，对下半年全省建筑施工安全生产工作进行了部署。江苏省建设厅副厅长徐学军，省建筑工程管理局副局长陈耀才出席会议并发表讲话，对下一步安全生产工作提出了要求。会议由江苏省建筑工程管理局质量安全技术处副处长李爱国主持。

21日至23日 江苏省建筑施工特种作业人员建筑架子工考评人员培训班在南京举办。

八月

18日 江苏省建筑安全与设备管理协会以第6号公告公布《江苏省建筑安全与设备管

理协会行业确认工作规则》，并规定自公布之日起施行。

22日 江苏省"国豪杯"装饰涂裱工职业技能竞赛在南京落下帷幕。本次竞赛由江苏省住房和城乡建设厅、江苏省总工会、江苏省人事和社会保障厅、江苏省建筑工程管理局主办，江苏省装饰装修发展中心和南京市装饰行业管理办公室共同承办，江苏国豪装饰安装工程有限公司冠名协办。竞赛活动历时两天。

27日 江苏省人民政府发出通知，免去高学斌的江苏省建筑工程管理局局长职务；免去聂长兰的江苏省建设厅巡视员职务；免去赵华中的江苏省建设厅副巡视员职务。

九月

18日 江苏省建筑工程管理局召开全体干部大会，宣布省建管局主要负责同志调整的决定。会议由江苏省建设厅厅长周岚主持，中共江苏省建设厅党组书记江里程出席会议。中共江苏省委组织部机关干部处处长陆永辉宣布中共江苏省委、江苏省人民政府关于调整省建管局主要领导的任免通知。由于年龄原因，高学斌不再担任省住房和城乡建设厅党组成员、省建管局局长职务；任命徐学军为建设厅党组成员、副厅长兼省建管局局长。

22日 江苏省建筑安全与设备管理协会在南京隆重召开全省建筑施工起重机械安装检验机构行业确认工作会议。全省各建筑起重机械安装检验机构负责人、有关建筑施工特级企业代表100余人参加了会议。部分市、县建筑安全生产监督站的同志应邀出席会议。此时，江苏全省有建筑施工起重机械安装检验机构43个，有17个机构通过行业确认的考核与认定，取得行业确认证书。

28日 由新华日报报业集团、省住房和城乡建设厅联合举办的"旧貌新颜说变迁——江苏城乡建设60周年图片展"在南京城市规划展览馆开展。省人民政府副省长何权等同志作为首批观众参观了展览。

30日 江苏省建设厅副厅长徐学军率领省建设厅、省建筑工程管理局有关人员检查南京市国庆节前建筑施工安全生产和应急管理工作，在江苏省委党校新校区建设工程项目部，徐学军副厅长对南京市国庆长假期间建筑施工安全生产和应急管理工作提出了明确要求，并对南京市下一阶段的安全生产工作提出了希望。

十月

20日 江苏省建筑施工安全生产工作座谈会在徐州召开。

同日 江苏省建筑安全与设备管理协会在南京举办全省建筑施工起重机械安装检验机构高级研讨班。

26日 中华人民共和国住房和城乡建设部以建质[2009]254号文印发《建设工程高大模板支撑系统施工安全监督管理导则》。

26日至28日 华东六省一市建筑安全联谊会在浙江金华隆重召开，华东地区六省一市建设行政主管部门、建筑安全协会、建筑施工企业安全部门的百余名代表参加了会议。本次华东地区建筑安全生产论文集共收录35篇优秀论文。会上，来自山东省建筑安全与设备管理协会、江西南昌市第一建筑工程公司、上海隧道工程股份有限公司、江苏省南京市建筑安全生产监督站的代表分别就2009年上半年华东建筑安全联谊会上确定的建筑施工特种作业培训课题、重大危险源监控课题、地铁施工安全课题成果的研究进行了交流。

27日 中华人民共和国住房和城乡建设部、中华全国总工会通报表彰全国建筑施工安全质量标准化示范工地先进集体、先进个人。其中全国建筑施工安全质量标准化示范工地93个，江苏有4个；全国建筑施工安全质量标准化工地先进集体61家，江苏有3家；全国建筑施工安全质量标准化工作先进个人93名，江苏有4名。

29日至30日 第二届江苏省建设系统百万农民工职业技能竞赛（电焊工）在常州举行。

30日 中共江苏省建设厅党组书记江里

程在江苏省建筑工程管理局副局长陈耀才等陪同下到江苏省建筑安全与设备管理协会检查工作。江书记对协会全体同志认真工作、规矩做事进行了表扬，充分肯定了协会开展的各项工作，以及促进建筑业发展所取得的成绩。他还对协会提出了三点希望：希望协会能够为建设事业做更多的事情，为加速建设事业的发展多做贡献；希望协会全体同志能够在工作中创新路子、不断探索、总结经验，做前人没有做过的事情；希望协会争先创优，形成协会自己的文化氛围，要有团队精神，抓好协会队伍建设。

十一月

7日至8日 第二届江苏省建设系统百万农民工职业技能竞赛(架子工)在南京举行。

十二月

2日 江苏省建设系统创建"平安工地"推进会在丹阳市召开。

4日 由中国建筑业协会建筑安全分会主办，太平养老保险股份有限公司协办，在广东肇庆召开的全国建筑施工安全联谊会研讨会，确定携手合作，为投保的建筑施工现场提供施工现场安全咨询服务。

5日 宜兴市阳泉拆房工程有限公司施工的江苏宜兴国家粮食储备库分库工程拆除配电间过程中墙体倒塌，致3人死亡，4人受伤。

15日 江苏省人民政府办公厅印发江苏省住房和城乡建设厅主要职责内设机构和人员编制规定。

29日 江苏省建筑安全与设备管理协会在南京举办建筑施工安全技术学术报告会。聘请专家就《危险性较大的分部分项工程专项施工方案的编制与管理》、《钢结构施工安全技术》作学术报告。全省各市建筑主管部门分管建筑安全技术的负责人、建筑施工企业总工程师和项目技术负责人230余人参加学术报告会。

二、中共江苏省委、江苏省人民政府领导对安全生产工作的批示与部署

中共江苏省委书记梁保华关于安全生产工作的批示

（2009 年 2 月 10 日）

安全生产关系人民群众生命财产安全，任何时候都不能有丝毫的麻痹和松懈。各地、各部门、各单位要坚持安全发展的理念，全面贯彻安全第一、预防为主、综合治理的方针，切实把安全生产责任和措施落实到每一个单位、每一个岗位、每一个环节，坚决防止重特大事故的发生，确保人民群众生命财产安全，为推动科学发展、建设美好江苏作出新的更大贡献。

江苏省省长罗志军关于安全生产工作的批示

（2009 年 2 月 10 日）

过去的一年，在各地、各部门、各单位的共同努力下，全省安全生产工作得到进一步加强和改进，安全生产形势保持总体稳定、趋于好转。今年是进入新世纪以来我省经济发展最为困难、面临挑战最为严峻的一年，保增长、促发展、惠民生、保稳定的任务艰巨。希望各地、各部门、各单位以科学发展观为指导，牢固树立安全发展理念，坚持“安全第一、预防为主、综合治理”的方针，以“安全生产年”活动为主线，从管理、投入、制度建设等方面入手，加强安全生产治理整顿和监督管理，严格安全生产责任制和事故责任追究，切实防范重特大安全事故的发生，推动全省安全生产工作再上新台阶，为全省经济社会又好又快发展创造良好的安全环境。

江苏省人民政府副省长史和平在全省安全生产工作会议上的讲话

（2009 年 2 月 24 日）

同志们：

这次全省安全生产工作会议的主要任务是，贯彻落实全国安全生产电视电话会议和工作会议、全省经济工作会议和省“两会”精神，总结 2008 年安全生产工作，分析当前安全生产形势，部署 2009 年安全生产任务，动员全省安全生产战线扎实开展“安全生产年”活动，全面加强安全生产工作，坚决遏制重特大事故的发生，促进全省安全生产形势持续稳定好转。省委、省政府对全省安全生产工作高度重视，梁保华书记、罗志军省长会前专门听取了汇报，并分别作出重要批示，在充分肯定全省安全生产工作取得成绩的同时，要求各地、各部门、各单位牢固树立安全发展的理念，全面贯彻安全第一、预防为主、综合治理的方针，以“安全生产年”活动为主线，从管理、投入、制度建设等方面入手，加

强安全生产治理整顿和监督管理，切实把安全生产责任和措施落实到每一个单位、每一个岗位、每一个环节，坚决防止重特大事故的发生，确保人民群众生命财产安全。刚才，郭平同志代表省安委办通报了2008年全省安全生产工作基本情况，对2009年"安全生产年"活动作了部署。会上，无锡市政府、南通市政府和省公安厅、省交通厅负责同志分别作了很好的发言；省政府还与各市政府签订了2009年安全生产目标管理责任书，会议开得很好。下面，我讲几点意见。

一、充分肯定2008年全省安全生产工作取得的成绩

2008年，是很不寻常、很不平凡的一年，受美国次贷危机引发的国际金融危机影响，国际经济环境急剧变化，国内经济困难明显加大，我省经济社会发展经受了前所未有的严峻挑战和重大考验。在党中央、国务院和省委、省政府的坚强领导下，全省上下积极应对严峻挑战，全力解决突出问题，统筹推进各项工作，经济社会发展总体上呈现平稳较快发展的良好势头。全省地区生产总值突破3万亿元，比上年增长12.5%左右；人均地区生产总值超过5 700美元。同口径财政总收入7 110亿元，其中一般预算收入2 731亿元，分别增长27.2%和22.1%。城镇居民人均可支配收入18 680元，农村居民人均纯收入7 357元，分别增长14.1%和12.1%。居民消费价格上涨5.4%，低于全国平均水平0.5个百分点。各项社会事业全面进步，社会保持和谐稳定。在经济社会保持平稳较快发展的同时，全省安全生产形势继续保持总体平稳好转。

我省经济社会发展取得的成绩，是全省上下齐心协力、团结拼搏的结果，其中也凝聚了全省安全生产系统广大干部职工的辛勤努力。2008年，全省各地、各部门、各单位以科学发展观为指导，认真贯彻中央和省委、省政府关于安全生产的一系列决策部署，安全生产工作得到进一步加强和改进，取得了新的进展和成效，为全省经济社会平稳较快发展作出了积极贡献。主要表现在以下几个方面：

（一）安全生产责任体系进一步健全

一是"一岗双责"制普遍推行，安全生产工作已成为对政府、部门以及企业考核的重要内容，"两个主体"责任（各级政府是安全生产监管主体，企业是安全生产责任主体）、"两个负责制"（政府行政首长负责制，企业法人代表负责制）进一步落实。二是坚持实施安全生产履职报告、安全生产风险保证金和"一票否决"等制度，健全各级领导班子全员安全生产责任制，逐级签订安全生产目标管理责任书，形成一级对一级负责、层层抓落实的安全生产责任体系。三是采取全面检查、重点推查、明察暗访、突击复查、跟踪监督等手段，进一步加大督查力度，确保了敏感时期和重点时段的安全生产。出台了《江苏省安全生产目标责任考核办法》，实行定期督查、定期通报，对13个省辖市、省有关部门和单位的目标任务完成情况分别进行考核检查，并根据考核情况给予适当奖惩。四是坚持"四不放过"原则，进一步加大对各类生产安全事故的查处和责任追究力度。全年共查处生产经营单位安全生产事故322起，依法处理72人。

（二）安全隐患排查治理进一步推进

一是重点行业领域专项整治继续深化。道路交通方面，以"五整顿、三加强"、"平安畅通县区"活动为抓手，开展了预防重特大道路交通事故"百日行动"、农村道路交通安全集中整治行动等，实行农村道路"路长"承包制。危险化学品方面，扎实开展化工专项整治，截止2008年底，全省累计关闭淘汰小化工企业4 326家，比省定责任目标超额完成52%。消防安全方面，加强人员密集、"三合一"等重点场所的监督检查，责令停工停产停业企业8 286家，依法取缔2 321家，吊销隐患单位营业执照277家，行政拘留29人次。煤矿安全方面，开展煤矿监察活动384矿次，矿井监察覆盖率、复查率、隐患整改率、事故按期结案率均达到100%。二是安全生产百日督查专项行动取得明显成效。全省

重点行业和领域的148 623家企业开展了隐患排查治理工作，累计落实治理资金6.4亿元，排查一般隐患267 247项，已整改252 816项，整改率达94.6%。三是隐患排查治理逐步规范化、制度化、长期化。建立隐患治理工作例会制度、定期督查监察制度、重大隐患政府挂牌督办制度等，完善企业、政府重大隐患排查治理制度，健全隐患排查治理信息报送制度和隐患数据库。

（三）非法违法生产经营行为进一步遏制

一是打击非法违法行为专项行动成效显著。重点行业领域开展检查20多万人次，打击各类安全生产非法违法行为16 042起，涉及2万多家工矿商贸企业，进一步维护规范了安全生产秩序。二是安全生产执法工作得到加强。以“打非”行动为契机，规范执法程序和职责，完善联合执法机制，相互协作、主动告知、密切配合，依法查处非法违法生产经营单位，实现了关闭一批、取缔一批、停业一批、整改一批的“打非”工作阶段性目标。

（四）应急救援能力和装备建设进一步加强

一是应急救援预案逐步完善。全省各类生产经营单位共制订应急预案和现场处置方案28.7万余件。全省煤矿、非煤矿山、危险化学品、烟花爆竹等行业领域生产经营单位应急预案制订率达100%。二是应急救援装备建设加快推进。为6座跨江大桥配置专用消防车，确保各类事故在第一时间得到及时有效处置，控制事态扩大；加强化工集中区专门消防站和消防设施建设，切实提高化工集中区抗御火灾的整体能力。三是自然灾害预报、预警、预防和应急救援体系初步建立。完善应急救援工作机制，防范自然灾害引发事故灾难，做到科学施救，严防次生事故发生。

（五）全社会安全意识进一步提高

一是安全教育培训力度加大。加强和改进高危行业“三项岗位人员”和农民工安全技能培训，全年培训、复训44.7万人次，煤矿井下从业人员持证上岗率达100%。举办各种培训班22期，培训各类安全监管人员2 574人。二是安全生产知识和法规宣传力度加大。通过开展“安全生产月”咨询日现场活动、生产安全事故隐患排查治理知识竞赛、发送安全生产手机短信、散发安全生产宣传资料等，积极营造“关爱生命、关注安全”的浓厚氛围。三是企业安全文化建设力度加大。开展“安康杯”、诚信企业、青年安全生产示范岗活动，组织送安全文化进企业文艺演出、县（市）长论安全等活动，全省有1.9万家企业参加了企业安全承诺活动。

在全省上下的共同努力下，2008年全省安全生产形势总体保持稳定好转，全年共发生各类安全生产事故22 921起，死亡5 916人，同比分别下降16.04%和11.01%，连续七年实现“双下降”，圆满完成了国务院安委会下达我省的安全生产控制指标任务。这些成绩的取得，是省委、省政府正确领导的结果，是各级党委、政府高度重视的结果，是全省安全生产战线扎实工作的结果。在此，我代表省政府向在座各位并通过你们向安全生产系统广大干部职工表示衷心的感谢，并致以亲切的慰问！

二、清醒认识当前安全生产面临的严峻形势

在肯定成绩的同时，还要清醒地看到，我省安全生产状况离省委、省政府的要求和广大人民群众的期望，还有较大差距，全省安全生产形势依然严峻。一是事故总量仍然偏大。虽然全省安全生产事故发生起数和死亡人数连续实现“双下降”，但事故总量仍然过大，部分行业和领域的较大事故时有发生，特别是去年连续发生了2起一次死亡11人的重大道路交通事故，给人民生命财产造成了严重损失，也给我省安全生产工作带来一定影响。此外，还发生了长江起重船舶吊臂顶端碰擦润扬大桥、危化品运输车辆在润扬大桥上翻车起火、满载油轮在南通长江码头发生爆炸等数次重大险情，造成了较大的社会影响。二是安全隐患仍然突出。我省人口密度大，境内道路、河湖密布，人流、车流、物流密集，工矿商贸企业面广量大，安全事故隐患在有的领域、地区比较突出。虽然经过近几

年不间断地排查整治，消除了一大批安全隐患，但应当看到，在一些地方、一些单位，已经排查出来的隐患，尚未得到治理；已经治理的隐患，由于工作不够彻底，还可能出现反复；新的隐患还在不断滋生，随时可能酿成安全事故。三是企业责任主体意识仍然不强。部分企业安全生产主体责任不落实，制订的安全规章制度执行不严，有章不循，有禁不止，重生产、轻安全，重效益、轻投入，安全设施更新不及时，安全机构不健全，安全管理不到位，流于形式，安全生产“说起来重要、做起来次要、忙起来不要”的现象依然在不少企业存在。四是安全管理和监督仍然不到位。安全监管责任在一些地方层层衰减，人员不落实、工作不落实的问题仍然比较突出，重事后查处、轻事前防范，重治标、轻治本的问题，仍然带有一定的普遍性。这些问题的长期存在，成为影响我省科学发展、安全发展的突出制约因素。

此外，当前国际金融危机还没见底，金融危机对实体经济的影响还在进一步加深，企业面临的困难还在加大，这必将给安全生产带来新情况、新课题和新挑战。一是由于市场需求不足，企业经济效益普遍下滑，部分企业生产经营困难，职工队伍思想不稳，容易忽视安全生产；一些单位由于效益下降，可能减少安全投入，推迟安全技术改造和隐患治理，安全生产压力进一步加大。二是当前，各地加大投入拉动内需，基本建设规模扩大，这给施工安全、道路交通安全进一步增加了压力。因此，我们必须高度重视，以如履薄冰、如临深渊的紧迫意识，树立更高的安全生产工作目标，采取更有力的措施切实予以解决和防范。

2009年，是新中国成立60周年，也是我省实施“十一五”规划、全面建设更高水平小康社会的关键一年。做好今年的安全生产工作，对于战胜国际金融危机严重冲击，保持来之不易的好形势，维护改革发展稳定大局，加快推进“两个率先”，具有十分重要的意义。省委、省政府高度重视当前安全生产工作，梁保华书记、罗志军省长多次作出重要指示，对做好安全生产工作提出具体要求，尤其对今年安全生产工作提出要“扎实开展‘安全生产年’活动以及整顿规范市场秩序专项行动。从管理、投入、制度建设等方面多管齐下，加强安全生产治理整顿和监督管理，坚决遏制重特大安全事故”。

根据省委、省政府的要求和梁保华书记、罗志军省长的重要指示精神，2009年全省安全生产工作总体思路是：深入贯彻落实科学发展观，坚持安全发展理念，坚持“安全第一、预防为主、综合治理”的方针，全面贯彻落实中央和省委、省政府关于加强安全生产工作的一系列指示精神和决策部署，以“安全生产年”活动为主线，进一步加大责任落实和追究力度，深入推进隐患排查治理工作，着力提升企业本质安全度，推动全省安全生产形势持续稳定好转，为全省经济社会又好又快发展创造良好的安全生产环境。

2009年全省安全生产工作目标是：安全生产各项指标控制在国务院安委会下达的考核目标以内；各类事故起数和死亡人数继续保持“双下降”；杜绝特大事故，遏制重大事故；亿元生产总值死亡率、工矿商贸企业十万从业人员事故死亡率、道路交通万车死亡率、煤炭生产百万吨死亡率等四项相对指标继续稳定好转。

三、扎实推动2009年安全生产工作再上新台阶

面对新形势、新挑战、新任务，我们要认真贯彻落实省委、省政府的工作要求和梁书记、罗省长重要指示精神，全面分析和清醒认识安全生产面临的严峻形势，充分认识做好安全生产工作的极端重要性，增强责任意识、忧患意识，把安全生产工作摆在更加突出的位置，警钟长鸣，常抓不懈，采取更加有力的措施，共同努力，真抓实干，切实做好2009年各项安全生产工作。

（一）深入开展“安全生产年”活动

一要统一认识，加强领导。“安全生产年”活动是我省全面加强安全生产监督管理、促进我省安全生产形势稳定好转的有效载体。各地、各部门、各单位要以强烈的政治意识、责任

意识、大局意识，充分认识“安全生产年”活动的重要意义和作用，按照省安委会的部署安排，把深入开展“安全生产年”活动作为全面加强安全生产各项工作的重要抓手，切实抓好“三项行动”，着力推进“三项建设”，加强组织领导，精心谋划实施，确保取得实效。二要明确分工，狠抓落实。各地、各部门、各单位要根据“安全生产年”活动的主题、工作目标，结合本地区、本部门、本单位的安全生产特点和实际，制订完善工作方案和相关措施，层层分解目标任务，明确领导专门负责，做到“定人、定岗、定责”，各司其职，齐抓共管，形成强大合力，狠抓各项工作的落实。三要加强宣传，注重实效。要充分利用各种宣传形式，分层面分阶段、多层次多阶段，加大对“安全生产年”活动的宣传力度，努力形成全省上下一体联动的宣传态势，营造全社会关注安全、关爱生命的氛围，使“安全生产年”活动取得广泛的社会影响和良好的社会效果。

（二）全面提升企业本质安全度

安全生产工作的基础在企业，企业的安全保障能力增强了，全省的安全生产工作才会有保障。各地、各有关部门和单位要引导、督促企业依法履行安全生产主体责任，采取有效有力措施，着力提高企业本质安全度。一要完善安全责任体系。要在落实企业法定代表人负责制的基础上，层层落实安全生产责任，直至班、组长和岗位员工，形成横向到边、纵向到底的安全生产责任网。二要改善安全生产条件。督促企业按照规定提取安全费用，加大安全投入，完善安全设施，加强安全技术改造和推广应用，不断提高生产工艺、技术和装备水平。坚持依法依规建设、生产、经营，严格按照设计能力，定员、定额组织生产。三要提高安全管理水平。要健全安全管理机构，配好安全管理人员，建立健全并严格执行安全规章制度，大力开展安全质量标准化活动。要抓好日常安全检查，及时发现和消除隐患，加强对重大危险源的监控，切实防止重特大事故的发生。四要加强安全培训教育。要健全和落实企业安全生产三级教育培训等制度，增强员工安全意识，提高安全技能。要广泛开展安全文化活动，加强安全文化建设，引导企业培养正确的安全价值观、安全效益观、安全业绩观、安全荣誉观。建立企业安全生产事故“黑名单”制度，逐步健全事故责任追究的社会监督和警示约束机制。

（三）严格落实安全生产责任制

责任是安全生产的灵魂，把责任落实到位、追究到位是做好安全生产工作的关键。一要着力抓好责任落实。坚持“一把手”负责制和“一岗双责”制，切实健全严格的安全生产责任制和领导班子全员负责制，确保政府承担起安全生产监管主体的职责，确保企业承担起安全生产责任主体的职责，确保安全生产监管部门承担起安全生产监管的职责。二要着力抓好责任考核。要完善安全生产目标管理考核办法，健全安全生产考核制度和考核指标体系，进一步将安全生产工作列入对政府、部门、企业考核的重要内容，对目标任务完成情况实行定期督查、定期通报，严格考核奖惩。三要着力抓好责任追究。对安全生产工作组织领导不力、工作措施不实，造成重大损失或引发事故的，要严格按照“一岗双责”的要求，依法依规严肃追究相关人员的责任。对发生的安全生产事故，要严格按照“四不放过”和“三条基本要求”原则，不仅要查清事故原因，追究事故直接责任者责任，还要根据事故性质，按照有关法律法规，严肃追究企业领导人和投资者的法律和行政责任。

（四）着力构建安全生产长效机制

安全生产工作既要抓当前，更要抓长远，不能头痛医头、脚痛医脚，要致力于建立长效机制，实现长治久安。一要强化法规制度建设。尽快修订完善《江苏省安全生产条例》，对安全生产“一岗双责”制、事故责任追究、安全隐患治理专项资金、安全监管队伍建设等重大问题，要以地方法规的形式作出明确具体、具有可操作性的规定。二要强化基层基础工作。要从管理、投入等方面多管齐下，下大力气解决安全生产基层脆弱、基础薄弱等问题，积极探索加强基层安全生产监管的新路子。继续探索和完善属地管理、重心下移的安全生产监督管理机制，大力推进乡镇(街道)、社区(居委会)安全监管机构和队伍建设,构建安全生产全覆盖的新模式。三要强化隐患排查治理。要把安全生产工作的重心从事后救处转到事前防范上来,突出重点地区、重点行业、重点企业和重点部位,重点时期抓"早",重点领域抓"紧",重点隐患抓"整",做到排查不留死角,整治不留后患。四要强化应急救援体系建设。要进一步完善应急预案和应急救援机构,健全应急救援队伍,改善应急救援装备,定期组织应急救援演练,建立重大隐患排查、重大危险源监控制度,完善预警、预报、预防机制,切实提高应对突发事件的救援能力和处置水平。

(五)不断加强安全监管监察队伍建设

安全监管监察队伍是做好安全生产工作的生力军。总体上看,我省安全监管监察队伍整体素质是好的,绝大多数同志政治上是清醒坚定的、工作上是高度负责的、作风上是求真务实的,但是在思想建设、作风建设、业务建设和廉政建设方面还需要进一步加强。要按照省委、省政府的要求,在各级党委、政府的领导下,建设一支政治强、思想好、作风正、能力强,能够担当重任的高素质的安监干部队伍。一要进一步加强思想政治建设。要坚持理论学习,用科学发展观武装头脑,不断提高广大安全监管监察人员的思想理论水平和政策水平,增强贯彻落实科学发展观和安全发展的坚定性、自觉性,自觉做维护人民群众生命财产安全和促进安全发展的忠诚卫士。二要进一步加强作风建设。要弘扬求真务实、真抓实干的好作风,不折不扣地贯彻执行中央和省委、省政府关于安全生产的决策部署,把工作抓实抓细,培养敢于负责、勤勉敬业、勇于创新、甘于奉献的精神,营造奋发有为、积极向上、健康文明、宽松和谐的工作氛围。三要进一步加强能力建设。加大对安监干部的教育培训力度,改善知识结构,拓宽工作视野,大力提高安全监管能力、行政执法能力和事故调查处理能力,不断提升安全监管监察水平。四要进一步加强党风廉政建设。采取更加切实有效的措施,进一步加强思想教育、制度规范和监督制约,坚决防范以权谋私、权钱交易、官商勾结等腐败问题的发生,确保廉洁、公平、公正执法、提高依法行政的能力。

安全生产是涉及面广、工作复杂的系统工程,需要各级党委政府、各个部门、各个单位和广大人民群众的共同关心、支持、参与和推动。加强领导,加强协调,形成合力,是做好安全生产工作的前提和根本保证。各地、各部门和各单位一定要坚持科学发展、安全发展,"一把手"要切实履行安全生产第一责任人的责任,真正做到对本地区、本部门、本单位的安全生产负总责,把安全生产作为大事来抓,定期分析安全生产形势,认真研究解决安全生产中存在的难点和重点问题,真正做到守土有责,确保一方平安;其他负责人要对分管范围内的安全生产工作负直接领导责任,具体抓好落实。要通过建立"政府统一领导、部门依法监管、企业全面负责、群众广泛参与、全社会积极支持"的安全生产工作格局,调动各方面的积极性,齐抓共管,共同抓好安全生产工作。

最后再强调一点,当前,各项工作都非常繁忙,全国"两会"即将召开,前段时期国家安全生产总局领导带队分组到全国督查安全生产工作情况,要求全国"两会"期间确保不发生重特大安全生产事故。希望我省各地区、各部门、各单位要对安全生产工作倍加重视,切实做好各项安全防范工作,突出重点地区、重点领域、重点企业、重点部位,抓好安全生产大检查,及时消除事故隐患,坚决防止重特大事故的发生,为全国"两会"的召开创造良好的安全环境。

同志们,做好今年的安全生产工作,任务艰巨,责任重大。各地、各部门、各单位要从讲政治、促发展、保稳定的高度,以更加积极负责的态度,采取更加扎实细致的措施,迎难而上,狠抓落实,把各项工作落到实处,推动全省安全生产形势进一步稳定好转,为我省经济社会又好又快发展、为新中国成立六十周年创造更加安全稳定的社会环境。

三、国家住房和城乡建设部对建筑安全生产工作的部署

齐骥副部长在住房和城乡建设部安全生产管理委员会2009年第一次会议上的讲话

（2009年2月18日）

同志们：

刚才铁宏同志传达了张德江副总理在全国安全生产电视电话会议上的讲话。我们一定要认真学习领会，全面贯彻落实。下面，就我部的安全生产工作，我讲两个方面的意见。

一、扎实做好2009年安全生产管理工作

今年是新中国成立60周年，也是落实中央扩内需、保增长一系列政策措施的关键一年。进一步维护住房城乡建设领域安全生产良好环境，具有更加突出的意义，是当前各级住房城乡建设主管部门十分重要的任务。近期，党中央、国务院领导同志对安全生产工作作出了一系列重要指示。2008年中央经济工作会议，对今年的安全生产工作作出了专门部署。国务院安委会召开了全国安全生产电视电话会议，部署了在2009年开展“安全生产年”活动，明确了“三项行动”和“三项建设”要求。我们要认真学习贯彻党中央、国务院关于安全生产工作的重要指示和决策，结合住房城乡建设系统实际，采取有力措施，坚决落实国务院安委会工作部署，推动住房城乡建设领域“安全生产年”活动的深入开展。

（一）以完善体制为基础，切实落实监管责任。

张德江副总理的讲话中指出，管理和监督不到位是一些地区和行业重特大事故多发的重要原因。我部去年刚刚完成了机构改革和职能调整，地方建设主管部门的职能因地方政府机构改革目前正处在调整期。无论职能如何调整，做好安全监管工作始终是政府部门不容推卸的责任。根据新“三定”规定的我部职责，经部常务会议讨论通过，《住房城乡建设部安全管理委员会工作规则》和《住房城乡建设部事故灾难应对工作规程》已经印发，对部内司局安全管理职责分工和工作程序做了进一步明确和完善，各单位要严格遵照相关规定执行。部安办在征求各成员单位意见的基础上，还将印发今年的部安委会安全工作措施分工意见，请各单位认真对照落实，主要负责同志要亲自抓，负总责。各成员单位要加强协调配合，不推诿，不扯皮，确保工作落到实处。部安办要进一步做好综合协调工作。同时，各成员单位要根据安全监管职责分工，加强对各地住房城乡建设主管部门的指导督促，建立起纵向到底、横向到边的安全监管体系。

（二）以隐患治理为重点，加大监督检查力度。

加强安全生产监督检查，督促各方主体落实安全生产主体责任，是现阶段推动安全监管工作的重要手段之一。去年，我们组织了建筑施工安全隐患治理“百日督查”活动和全国建筑工程质量安全督查，取得了较为明显的成效，得到了地方的支持与配合。近期，国务院办公厅下发了《关于进一步加强督促检查切实抓好工

作落实的意见》,强调了加强督促检查工作的意义,就建立健全督促检查工作制度、改进督促检查工作方式方法、加强督促检查工作的组织领导提出了要求。我们要认真贯彻国务院办公厅有关意见精神,进一步加强和改进安全生产监督检查工作。今年,要以防范高支模、脚手架和起重机械安全事故为重点,继续深入开展建筑安全隐患排查治理工作。要针对各地地铁工程、保障性住房工程大量开工建设的情况,着重加强对此类民生工程质量安全的检查,特别是要把在建地铁工程安全隐患排查放在更加突出位置。要建立健全督查工作机制,由相关责任司局牵头,也可由部安委会组织有关司局开展联合检查。要严明督查标准,加大执法力度,督促隐患的及时整改。要认真总结分析督查结果,着力从制度层面研究解决问题。

(三)以能力建设为抓手,提高安全管理水平。

要推进安全法规标准建设,抓紧出台《燃气管理条例》等法规规章,制定《地铁工程施工安全评价标准》、《城市轨道交通地下工程风险管理规范》等地铁工程急需标准,组织编制城镇燃气输配系统、建筑给排水系统运行等安全评价标准。要推进从业人员安全生产能力建设,进一步提高安全培训的针对性,当前要抓紧开展15个城市在建地铁工程监理人员安全知识培训,切实提高风险控制能力。要推进安全管理信息化建设,指导地方收集掌握地下管网情况,建立健全地级以上城市桥梁安全信息数据库。要推进安全科技建设,继续加强安全科技研究,鼓励企业增加安全科技投入,支持有关科技成果的转化和应用。要推进事故灾难处置应对能力建设,进一步健全应急管理机制,完善应急预案,指导地方依托骨干企业,建立建筑工程和市政设施抢险专业队伍,做好应急物资、设备、资金等保障工作。

二、加强“两会”期间安全管理工作

今年“两会”将于3月3日起召开。确保“两会”期间住房城乡建设系统安全生产形势稳定,是当前各级住房城乡建设主管部门极为紧迫的任务。当前,要重点做好以下几项工作:

一是狠抓重点地区的安全管理工作。抓紧开展对2008年发生重大事故和安全事故上升幅度较大地区的安全层级督查,督促这些地区在“两会”期间采取有力措施,防范和遏制建筑安全生产事故,此项工作由质量安全司负责。二是对“两会”期间住房城乡建设系统安全工作进行预警和提醒,指导和督促各地加强施工安全和供水、燃气等市政公用设施运行安全管理,防止发生重特大安全事故,此项工作由质量安全司、城建司等负责。三是加强“两会”期间值守和应急处置工作。“两会”期间将安排部安委会成员单位有关负责同志周末值班,在值守期间要保证联络畅通,并按照事故灾难应对工作规程做好相关工作,此项工作由部安办(质量安全司)牵头组织协调,各成员单位密切配合。

同志们,2009年安全生产工作面临着新的挑战,责任重大,任务艰巨。让我们认真总结经验教训,扎实工作,努力推动住房和城乡建设系统安全生产形势稳定好转,为新中国成立60周年和中央保增长、扩内需政策措施的落实作出新的贡献。

郭允冲副部长在全国建筑工程质量安全电视电话会议上的讲话

(2009年7月3日)

同志们:

这次全国建筑工程质量安全电视电话会议的主要任务是,贯彻落实党中央、国务院领导同志近期关于加强质量安全工作的重要指示,通报当前全国建筑工程质量安全形势,安排部署在建住宅工程质量检查和建筑安全生产隐患排查治理的相关工作,积极防范和有效遏制建筑工程质量安全事故的发生,促进全国建筑工程质量安全形势的稳定好转,为促进经济社会平稳较快发展创造良好的质量安全环境。

下面，我讲四点意见：

一、建筑工程质量安全形势不容乐观

今年以来，各级住房城乡建设主管部门认真贯彻落实党中央、国务院关于加强质量安全生产工作的一系列决策部署和重要指示精神，坚持用科学发展观统领建筑工程质量安全工作全局，以深入开展“质量安全年”活动为主线，强化质量安全监管，大力推进建筑安全生产执法、治理和宣传教育“三项行动”，加强建筑安全生产法制体制机制、建筑安全生产保障能力和建筑安全监管队伍“三项建设”，做了大量艰苦细致的工作，有力的推动了各项建筑工程质量安全措施的落实，全国建筑工程质量安全形势保持了稳定好转的态势。据统计，2009 年 1 月 1 日至 6 月 30 日，全国房屋建筑与市政工程共发生安全生产事故 257 起、死亡 306 人，事故起数和死亡人数分别比去年同期降低 21.41%和 21.74%。其中一次死亡 3 人以上的较大事故 10 起，死亡 46 人，事故起数比去年同期下降 33.33%，死亡人数比去年同期下降 14.81%。下面，我通报一下全国 17 个地区的建筑安全生产事故死亡人数比去年同比下降的情况。先说明一下，这个统计的数字可能不完全准确，但是说明了一种趋势，一个大概的情况，待确切的统计数字出来以后，我们将正式发文通报。这 17 个地区分别是：辽宁、北京、天津、江苏、上海、湖北、贵州、陕西、新疆、重庆、浙江、福建、黑龙江、内蒙古、河南、河北、云南。这些事故死亡人数下降的省市千万不能自满，这只是证明过去，不能代表明天、后天，还要再接再厉，继续加强建筑工程质量安全工作。

在充分肯定成绩的同时，我们必须清醒的看到，建筑工程质量安全生产形势仍不容乐观，反映在两个方面：一是部分地区建筑工程质量安全形势严峻。据统计，截至 6 月 30 日，全国有 12 个地区建筑安全生产事故死亡人数上升，分别是：宁夏、山西、吉林、四川、海南、青海、湖南、山东、甘肃、安徽、广西、广东。二是较大及以上事故仍时有发生。今年以来，全国有 8 个地区发生一次死亡 3 人以上的较大事故，其中山西 2 起、广东 2 起、湖南 1 起、青海 1 起、山东 1 起、江苏 1 起、浙江 1 起、河南 1 起。特别是下列几起事故在社会上造成了比较严重的影响：

2009 年 3 月 19 日，由青海筑祥地基工程有限公司承建的青海西宁佳豪广场基坑支护工程发生基坑边坡坍塌，造成 8 人死亡。据事故的初步分析，主要原因是施工现场安全管理混乱，施工单位对存在的重大安全隐患没有按照当地建设主管部门的要求及时停工整改，最后导致事故的发生。

2009 年 5 月 17 日，由湖南南岭民爆工程有限公司承建的湖南省株洲市红旗路高架桥拆除工程，施工人员在拆除作业时，部分桥体突然发生垮塌，造成 9 人死亡，16 人受伤。据事故的初步分析，主要原因是施工单位在拆除作业时，未能充分考虑到大桥的整体情况，对其中部分桥墩爆破引起大桥整体结构和承重能力变化的可能性估计不足。施工单位未对拆除作业区域及时进行封闭也是造成人员伤亡的重要原因。事故发生后，温家宝总理、李克强副总理先后作出重要批示，强调要切实加强建筑工程质量安全工作。

2009 年 5 月 18 日，由中冶集团华冶资源开发有限责任公司承建的天津碱厂搬迁改造工程热电站项目 2 标段安装工程一幢在建烟囱，施工过程中因压缩气囊发生爆炸，造成现场作业的施工人员 12 人死亡，11 人受伤。据事故的初步分析，该事故发生的主要原因是施工人员在内套筒施工作业时，因违章作业，导致压缩气囊发生爆炸。

2009 年 6 月 27 日，上海闵行区“莲花河畔景苑小区”一栋在建的 13 层住宅楼发生整体倒塌，造成 1 名施工人员死亡。“莲花河畔景苑”房地产开发项目由上海梅都房地产发展有限公司投资兴建，共由 11 幢住宅楼组成。发生事故的是 7 号住宅楼，建筑总高度 43.9 米，建筑面积 6 451 平方米。事故发生时，该住宅楼结构已完工，正在进行装饰装修。项目的勘察单位为上海协力岩土工程勘察有限公司，总体设计单位为浙江当代建筑设计研究院有限公司，桩基及基础部分设计分包单位为上海源规建筑结构设计事务所，施工总承包单位为上海众欣建筑有限公司，监理单位为上海光启建设监理有限公司。事故原因正在进一步调查中。

另外，我将今年1—6月份发生的较大及以上事故情况和企业连续发生两起一般事故的情况进行通报。（本年鉴编者注：原《附表》略）

上述事故的发生反映了当前建筑工程质量安全工作存在着不少亟待解决的问题，主要表现在以下几个方面：

一是思想认识不够到位。一些地区住房城乡建设主管部门和一些企业没有真正树立安全发展的理念，没有处理好质量安全、效益、发展之间的关系，没有把质量安全工作真正摆在首要的位置来抓，工作不到位，措施不落实。如2008年11月15日，浙江杭州地铁一号线发生的坍塌事故，造成21人死亡。据初步了解，施工单位中铁四局集团第六工程有限公司忽视安全管理，为赶进度，冒险超挖土方，且存在施工现场监测工作不到位等问题。

二是建筑市场秩序尚待规范。一些建设项目未办理施工许可、质量安全监督等相关手续就擅自开工建设，规避政府主管部门监管。不少工程项目在建设过程中存在着抢工赶工，任意压缩合理工期的现象。如2008年10月10日，山东淄博刘家村住宅楼工程发生的塔吊倒塌事故，造成工地临近的一幼儿园5名儿童死亡，2人受伤。据调查，该工程建设单位为刘家村村委会，施工单位为淄博嘉隆建筑安装有限公司，项目在未办理施工许可、质量安全监督等法定建设手续的情况下就擅自开工建设。

三是部分施工企业质量安全管理薄弱，安全生产投入严重不足，施工现场管理混乱；一些建设单位未按照有关规定拨付安全生产措施费用，忽视质量安全管理；部分监理单位不认真履行法定的安全监理职责，对现场事故隐患不及时作出应有处理。如2008年4月30日，湖南长沙上河国际商业广场工程发生一起模板支撑系统坍塌事故，造成8人死亡，3人受伤。据初步了解，该工程施工单位湖南长大建设集团股份有限公司对施工现场安全管理混乱，对高大模板工程未按规定编制安全专项施工方案就进行施工，对施工人员安全教育不到位。监理单位长沙工程建设监理有限责任公司违规组织项目监理部，虚设项目总监，安排无监理执业资格的资料员从事现场监理工作，对发现的事故隐患没有及时督促施工单位整改。

四是部分地区建设主管部门和质量安全监督机构对本地区质量安全管理薄弱环节和存在的主要问题了解把握不够，一些地方政府主管部门的质量安全监管责任不落实，监管力度不够。在机构设置、工作体制机制方面还不能适应当前建筑工程质量安全工作的需要。如2008年10月30日，福建霞浦迪鑫阳光城工程发生的施工升降机坠落事故，造成12人死亡。据初步了解，当地建设主管部门对该项目发放施工许可证时把关不严，且日常安全监管不到位，对发现的重大隐患没有及时督促施工企业整改到位。

这些问题说明，一些地区的政府相关主管部门和建设、施工及监理等工程建设各方责任主体在思想认识、履行职责和加强建筑工程质量安全管理工作方面，还存在薄弱环节，有待进一步改进和加强。各地住房城乡建设主管部门和有关方面要进一步提高认识，自觉增强责任意识，切实履行监管职责，特别是事故多发地区要认真反思工作的不足，采取切实有效的措施，把建筑工程质量安全工作切实抓紧抓好。

二、进一步提高做好建筑工程质量安全工作重要性的认识

建筑工程质量安全事关人民生命财产安全，事关社会和谐，事关改革发展大局，事关党和政府形象。做好当前的建筑工程质量安全工作，创造良好的质量安全环境，对于应对国际金融危机冲击，保持经济平稳较快发展，具有特殊意义。这不仅是一项重要的经济工作，也是一项重要的政治工作。党中央、国务院高度重视

质量安全工作。胡锦涛总书记在中央经济工作会议上强调："食品药品安全和生产安全事关人民群众生命、事关社会稳定、事关国家声誉，必须高度重视"。温家宝总理在对湖南株洲"5.17"事故的批示中指出，"各项民生工程和基础设施建设都要高度重视安全和质量。百年大计，质量第一、安全第一，要贯彻始终。"党中央、国务院领导同志的重要讲话和批示，深刻阐述了做好质量安全工作的重要性。当前，全国各地都在加快推进工程建设进度，工程建设规模进一步扩大，建筑工程质量安全工作面临着更大的挑战。在这种形势下，做好建筑工程质量安全工作尤为重要。如果建筑工程质量安全形势出现大的波动，势必会给保增长、保民生、保稳定决策部署的贯彻落实和建筑行业的健康发展带来不利影响。进一步加强建筑工程质量安全工作，有效防范和遏制质量安全事故的发生，既能为加快工程建设营造良好的环境，又能为提高投资效益、促进民生改善、促进经济平稳较快发展、提供可靠的质量安全保障。

建筑工程质量安全工作至关重要，我们必须以对党负责，对人民负责，对历史负责的态度，保持高度的责任感，不能有丝毫的粗心和麻痹。建筑工程质量安全是永恒的话题，今天不出事故不等于明天不出事故，明天不出事故不等于后天不出事故。什么时候不重视，什么时候放松监管，什么时候疏于管理，什么时候就有可能发生事故。因此质量安全必须年年讲、月月讲、天天讲，必须警钟长鸣，常抓不懈。

三、认真做好在建住宅工程质量检查和建筑安全生产隐患排查治理工作

为认真贯彻落实《国务院安委会关于集中开展安全生产隐患排查治理和督促检查的通知》精神，我部结合建筑工程质量安全工作实际，已于近日先后下发了《关于开展全国在建住宅工程质量检查的紧急通知》和《关于集中开展建筑安全生产隐患排查治理和督促检查的通知》。为了做好相关工作，我再重点强调以下六点要求：

（一）明确目标任务，强化责任落实。

各地住房城乡建设主管部门要充分认识开展在建住宅工程质量检查和建筑安全生产隐患排查治理工作的重要意义，要按照《关于开展全国在建住宅工程质量检查的紧急通知》和《关于集中开展建筑安全生产隐患排查治理和督促检查的通知》要求，明确工作目标、任务和工作部署。主要负责同志要切实担负起领导责任，分管负责同志要切实履行职责，加强督促指导工作。要把在建住宅工程质量检查和建筑安全生产隐患排查治理与日常的建筑工程质量安全工作有机的结合起来，坚持不懈，一抓到底。按照"排查要认真、治理要坚决、成果要巩固"的要求认真做好隐患排查治理工作。各地要根据本地区实际，制定内容具体、重点突出、可操作性强的在建住宅工程质量检查和建筑安全生产隐患排查治理实施方案，明确内容、要求和职责，确保在建住宅工程质量检查和建筑安全生产隐患排查治理工作扎实有效的开展。

（二）突出重点，认真排查治理隐患。

各地住房城乡建设主管部门要按照两个《通知》要求，采取措施，进一步加强在建住宅工程质量检查和建筑安全生产隐患排查治理工作。要强化督查力度，加强对重点环节的监督检查。一是将在建住宅工程质量作为检查的重点，包括各类保障性住房和商品住房和农房建设；二是重点检查在建住宅工程的实体质量情况，特别是工程地基基础和主体结构的勘察、设计及施工质量。对建设、勘察、设计、施工、监理等责任主体和施工图审查、质量检测等有关单位及项目经理、项目总监等执行国家法律法规和工程建设强制性标准的情况都要进行检查；三是重点检查工程项目中涉及的脚手架、深基坑、建筑起重机械、高大模板等危险性较大的分部分项工程安全专项施工方案的制定、论证和执行落实情况；四是重点检查施工现场安全隐患排查治理、消防安全管理和应急管理制度的建立及落实情况。

（三）做好两个结合，共同推进检查工作。

各地住房城乡建设主管部门要紧密结合

"三项行动"、"三项建设"等活动，深入开展在建住宅工程质量检查和建筑安全生产隐患排查治理工作。通过开展建筑安全生产执法、治理、宣教行动，重点解决施工现场存在的各类质量安全隐患和问题。通过开展在建住宅工程质量检查和建筑安全生产隐患排查治理，进一步加强和提高企业的质量安全保障能力；提高建筑质量安全监管队伍执法水平和履行职责的能力。要把在建住宅工程质量检查和建筑安全生产隐患排查治理工作和深入开展的"三项行动"、"三项建设"有机结合起来，相互促进，共同推进。

（四）规范建筑市场，为建筑工程质量安全工作提供良好的市场秩序。

建筑工程质量安全管理是一个系统工程，许多工程质量安全事故与建筑市场行为不规范有直接的关系。因此仅仅靠解决"现场"的问题是远远不够的，必须强化"市场"与"现场"的联动，从招投标、资质审批、施工许可等多个环节加以把关。要严厉打击围标、串标、虚设招标、转包、违法分包等违法违规行为。通过整顿规范建筑市场，将市场行为严重不规范和不符合质量安全生产基本条件的企业彻底清出建筑市场，形成一个公平、有序、规范的市场环境，最终实现确保建筑工程质量安全的目的。

（五）加大查处力度，严厉打击违法违规行为。

要重点查处建筑工程质量安全工作中存在的违法违规行为。一是严厉查处未办理质量安全监督、施工许可等法定建设手续，擅自从事施工活动的行为和责任主体；二是严厉查处施工企业无施工资质证书、无安全生产许可证、企业"三类人员"无安全生产考核合格证书、特种作业人员无操作资格证书进行施工活动的行为和责任主体；三是严厉查处拒不执行政府及建设主管部门下达的停工整改的行为和责任主体。同时，对于发生事故的责任单位和责任人，要按照"四不放过"和实事求是、依法依规的要求，严肃查处。要按照《建筑法》及《建设工程安全生产管理条例》、《建设工程质量管理条例》等有关规定，该降低资质等级的降低资质等级，该吊销资质证书的吊销资质证书，该暂扣吊销安全生产许可证的暂扣吊销安全生产许可证，该罚款的罚款，该清出市场的清出市场。让那些不重视质量安全工作，安全隐患比较多，多次发生事故的责任单位和责任人得到应有的处罚，真正让他们感受到切肤之痛，也起到以儆效尤的作用，起到保护先进，抨击落后的作用。

（六）及时上报信息，加强数据统计分析。

根据国务院安委会办公室通知的要求，为更好的反映在建住宅工程质量检查和建筑安全生产隐患排查治理工作的开展情况，各省级住房城乡建设主管部门要按照要求于7月30日前将本地区开展工作的有关情况及时上报我部工程质量安全监管司，以利于下一步隐患排查相关数据的统计分析工作。

另外，借这个机会再强调一下关于规范住房城乡系统安全生产事故报告的问题。对于较大及以上事故发生后，各地区建设主管部门除要严格按照国务院《生产安全事故报告和调查处理条例》和我部印发的《关于进一步加强房屋建筑和市政工程生产安全事故报告和调查处理工作的若干意见》（建质〔2007〕257号）有关规定，及时做好事故上报和事故调查处理工作外，对重大和特别重大事故，以及敏感地区、敏感时间发生的事故或者可能演化为特别重大和重大事故的情况，省级住房城乡建设主管部门一定要在事故发生后3个小时内将事故有关情况以书面形式传真上报到我部。对于情况不够清楚，要素不全的特别重大和重大事故，要及时核实、补充内容后续报。情况紧急、性质严重的事故，可先电话报告，了解核实情况后及时以书面形式上报。

为了及时了解掌握各地建筑工程质量安全隐患排查治理和督促检查工作情况，在7月至9月期间，我部将开展建筑工程质量安全督查，具体安排将另行通知。

四、研究创新建筑工程质量安全工作思路

我分管质量安全工作时间不长，还要向长期从事这方面工作的同志们学习。现就一些问

题与大家共同交流，以便共同启发工作思路。

第一，从事故总量来看，一些建筑业大省也是事故大省。建筑业大省同时也是经济大省、科技大省，建议这些建筑大省要在质量安全方面多下功夫，充分发挥经济、技术和管理的优势，加大质量安全科技研究和投入力度，不断改进建筑工程质量安全工作，减少事故发生，比如江苏、浙江等地区。

第二，从百亿元产值死亡率来看，一些建筑业大省这个数字并不高，少的省份只有 0.66，而一些西部欠发达地区却比较高，最多的达到 12 左右，差距较大。对百亿建筑业产值死亡率较高的这些省份也要根据它们的实际情况，认真查找原因，采取切实有效的措施，降低事故死亡率，比如青海、贵州、海南、宁夏等地区。

第三，从发生建筑安全生产事故比较多的部位和环节来看，主要有深基坑、高处坠落和建筑起重机械设备等方面。我们要从勘察、设计、建设、施工、监理等各个环节进行深入分析，找出事故易发多发的原因，对症下药，切实减少事故发生。

第四，建议各地区对一些比较典型的事故进行深入剖析，认真分析事故发生的原因，提出有效对策和建议，并形成事故调查分析报告或案例分析，分发给有关部门和相关企业，以利于举一反三，让大家吸取事故教训，有针对性采取质量安全措施，防止类似事故的发生。

第五，要定期对发生事故的情况进行通报，特别是对发生较大及以上的事故和连续发生事故的地区和企业进行通报，以利于各地区及企业及时吸取事故教训，起到警示借鉴作用。部里和各地区要尽快建立完善此项制度。

第六，各地要认真研究如何加大对违法违规行为和一而再、再而三发生事故的企业的处罚办法，加大对违法违规行为和发生事故的相关企业的处罚力度，切实提高企业建筑工程质量安全意识。

同志们，做好建筑工程质量安全工作，责任重大，任务艰巨。让我们在党中央、国务院领导下，深入贯彻落实科学发展观，进一步提高认识，落实责任，强化措施，扎实做好在建住宅工程质量检查和安全生产隐患排查治理工作，有效防范和遏制事故的发生，以建筑工程质量安全工作优异成绩，迎接新中国成立 60 周年！

谢谢大家。

加强安全质量标准化建设，全面提高建筑安全生产管理水平

——郭允冲副部长在全国建筑施工安全质量标准化现场会上的讲话

（2009 年 11 月 13 日）

同志们：

今天，我们在宁波市召开全国建筑施工安全质量标准化现场会，会议的主要任务是贯彻落实国务院关于加强安全质量标准化建设的精神，总结推广各地开展建筑施工安全质量标准化好的做法和经验，进一步推进建筑施工安全质量标准化工作，促进全国建筑安全生产形势的持续稳定好转。刚才，我们与中华全国总工会联合表彰了建筑施工安全质量标准化工作的先进集体、先进个人和示范工地。浙江省住房城乡建设厅、上海市城乡建设交通委和中国建筑股份有限公司作了经验介绍，讲得很好，希望大家认真学习借鉴。下面，我讲三点意见：

一、建筑施工安全质量标准化工作取得明显成效

2004 年，国务院《关于进一步加强安全生产工作的决定》提出，要把安全质量标准化作为加强安全生产的一项重要基础性工作，在全国所有工矿、商贸、交通运输、建筑施工等企业推广。我部于 2005 年 8 月在青岛组织召开了建筑施工安全质量标准化管理现场会，对建筑施工安全质量标准化工作提出要求。2005 年 12 月，我部制定下发了《关于开展建筑施工安全质量标准化工作的指导意见》，全面部署了建筑施

工安全质量标准化工作，明确了指导思想，确定了工作目标，提出了具体措施。各地按照要求，结合实际情况，积极推进建筑施工安全质量标准化工作。2007 年，我部对上海市建筑施工安全质量标准化工作进行了专题调研，系统总结了上海的经验，形成报告并印发各地学习，有力推动了建筑施工安全质量标准化工作的开展。

几年来，在各级住房城乡建设主管部门和广大建筑企业的共同努力下，建筑施工安全质量标准化工作取得了显著成效。据初步统计，自 2005 年以来，全国共创建省级建筑施工安全质量标准化示范工地 24 000 多个。建筑施工安全质量标准化工作，既促进了各地住房城乡建设主管部门安全监管水平的提高，也促进了建筑施工企业安全生产水平的提高。同时，这几年不断完善安全生产法规制度建设和强化安全生产监督检查力度，有力促进了全国建筑安全生产形势的持续稳定好转。事故起数和事故死亡人数逐年下降。这些工作成绩的取得，是党中央、国务院正确领导的结果，是住房城乡建设系统广大干部职工共同努力、不断奋斗的结果，也与中华全国总工会等部门的大力支持分不开。在此，我谨代表住房城乡建设部，向在座的各位同志并通过你们向全国的建筑安全生产工作者表示衷心的感谢！

回顾几年以来的实践，建筑施工安全质量标准化工作的经验，主要有以下五个方面：

（一）加强组织领导，认真开展工作。

一是领导高度重视。各地住房城乡建设主管部门高度重视安全质量标准化工作，都成立了由主管安全生产的领导任组长，各专业职能部门为成员的安全质量标准化工作领导小组，强化了对安全质量标准化工作的组织领导。二是提高思想认识。各地区通过加大宣传力度，使建筑从业人员进一步认识到建筑施工安全质量标准化工作的重要意义。我部 2005 年在青岛召开安全质量标准化现场会后，许多地区及时组织建筑安全管理人员到青岛学习观摩青岛安全管理的先进经验。通过学习观摩，进一步增强了做好建筑安全质量标准化工作的信心。三是坚持齐抓共管。各地住房城乡建设主管部门在开展的建筑施工安全质量标准化工作中，得到了工会等有关部门的大力支持，形成了齐抓共管、协调配合的工作局面，有力地推动了工作的开展。2006 年我部与全国总工会联合下发了《关于进一步改善建筑业农民工作业、生活环境，切实保障农民工职业健康的通知》，要求各地积极采取措施，加强建筑施工安全质量标准化工作，进一步改善建筑施工人员的作业、生活环境，提高建筑施工现场的安全生产管理水平。同时，我们还与工会组织一起多次开展安全生产监督检查工作，指导督促各地做好建筑安全生产工作。这次表彰工作也得到了全国总工会的大力支持。在此，我们表示衷心的感谢。

（二）完善相关制度，确保工作落实。

各地住房城乡建设主管部门结合实际情况，制定了相关的政策措施，为建筑施工安全质量标准化工作的开展提供了法规及制度保障。如广东、甘肃、海南等地制定了本地的建筑施工安全质量标准化工作实施意见，提出了具体要求，对进一步规范和推动安全质量标准化工作的开展打下了良好的基础。浙江省为更好地开展工作，专门制定了《建筑施工安全检查标准的实施意见》，从工程涉及的各类脚手架、模板工程、三宝四口、施工用电、建筑起重机械设备等主要环节入手，专门作出详细的规定和要求，细化和量化了相应的检查标准，并作为全省建筑施工安全质量标准化工地检查评审的依据，确保安全质量标准化工作落到实处。中国化学工程集团公司从本企业的安全生产实际出发，制定了企业内部的安全质量标准化管理制度，形成了比较完善的安全生产管理保障体系，为企业开展安全质量标准化工作，提供了制度保障。

（三）严格工作考核，发挥典型作用。

各地在推进建筑施工安全质量标准化工作中，通过加强考核，提高了企业做好这项工作的主动性和积极性。一是严格考核。陕西省结合本地开展创建文明工地和安全达标工地的经验，建立了严格的考核制度，督促施工企业完善安全生产管理制度，积极推进建筑安全质量标准化工作。对考核不合格的企业除了通报批评外，并将其所施工的工地列入重点监管范围。二是考核覆盖全过程。上海市在开展的建筑施工安全质量标准化达标工地评选中，针对建筑行业特点，从工程发包到施工过程都有相应明确要求。如在工程发包阶段，招标人应在招标文件中要求投标人作出创建标准化工地承诺，并将其作为评标条件之一，未按要求编制的招标文件，招标监管部门不予备案；在办理工程质量安全监督手续时，要求建设单位提交该工程创建质量标准化工地的工作方案，否则不予审查。三是发挥典型引路的作用。黑龙江省选择一些安全生产管理基础工作好的工地，严格按照建筑施工安全质量标准化示范工地的要求，打造成样板工地，并及时召开由建设主管部门、施工企业、监理企业相关人员参加的标准化工地现场观摩会。他们通过样板先行、典型示范，逐步扩展了安全质量标准化工地范围，有力地推动了全省建筑施工安全质量标准化工作的开展。

（四）加大科技投入，增强保障能力。

各地在推进建筑安全质量标准化工作中，注重加大科技投人，有力地促进了建筑施工现场安全管理水平的提高。一是逐步实现安全防护设施标准化。北京市鼓励建筑施工企业积极采用工具化、定型化、装配化、标准化的安全防护设施，如工具式电梯井安全防护门、标准配电箱、具有企业特色的工地大门、标识标牌和安全通道等，不仅美观，而且便于安装、利于管理，还可以重复使用，避免了材料的浪费。二是运用信息技术提高监管效能。青岛市结合本地实际，开发了建筑施工现场远程监控系统，通过该系统可同时对多个施工现场进行全过程、全方位的实时监控，可实现与施工现场的直接对话，及时指出施工现场存在的问题，有针对性地进行指导和管理，持续改进现场管理。通过这一系统实现了监管方式的跨越，有效地解决了监管人员不足的问题，明显提高了监管效能，形成了施工现场、施工企业、主管部门三位一体、高度联动、实时监控的有效管理体系。三是注重采用先进适用的设备。陕西省积极引导建筑施工企业，在施工现场使用节水型洗车设备、节水型厕所、节能型建筑材料、灯具、太阳能照明、洗浴等，既节约了能源，也减少了环境污染。

（五）注重教育培训，提高人员素质。

各地在推进建筑安全质量标准化工作中，通过加强安全教育培训，增强从业人员安全生产意识，提高了现场作业人员的安全生产技能，为建筑施工安全生产稳定好转奠定了坚实的基础。如北京市、重庆市、江西省等地先后制定出台了相关措施，要求企业在建筑施工现场建立业余学校，组织农民工在休息期间参加安全生产知识教育培训，切实提高农民工安全生产意识和安全技能。中国建筑股份有限公司制作了高处坠落、物体打击、机械伤害等八个方面的影像教材。在施工人员进场三级安全教育中，通过观看安全教育片，很直观地提醒教育施工人员在施工中应注意的安全事项和要避免的不安全行为，以及发生事故所产生的严重后果等。这种安全培训教育方式的直观化、影像化、趣味化、知识化，效果十分明显，工人们普遍乐于接受，达到了开展安全教育培训的预期目的。

在肯定成绩的同时，我们也必须清醒地认识到，建筑施工安全质量标准化工作仍存在一些不足之处。一是思想认识滞后。有的地区对开展建筑施工安全质量标准化工作认识不够，态度不积极、不认真，工作敷衍了事。上级部门来检查了，就动一动，检查一过，仍恢复原态。这种态度使建筑施工安全质量标准化工作难以取得实效。二是工作开展不平衡。有些地区不够重视建筑施工安全质量标准化工作，开展工作不力，安全生产管理水平低下。有些地区的不同类型项目间，建筑施工安全质量标准化工作存在着明显差距，如重点项目、大项目明显较好，各项工作普遍到位；而郊区县项目、小项目往往工作尚未覆盖，有较多问题和隐患。三是有的地区建筑市场环境不太好。有的地区建筑市场不够规范，建设单位在发包过程中过分压低中标价格，致使施工单位缩减安全防护设施装备购置费用，或者购买价格较低质量低劣的替代品，造成施工现场难以按照标准采取安全防护措施，影响建筑施工安全质量标准化工作顺利开展。对上述问题，我们务必引起高度重视，采取有效措施加以改进解决，把建筑施工安全质量标准化工作做实做好。

二、学习借鉴大庆油田安全生产管理经验，积极推进建筑施工安全质量标准化工作

建筑施工安全质量标准化工作是一项基础性、长期性的工作。我们经过几年的努力，取得了一定的成效。如何在现有的基础上，按照国务院关于加强安全质量标准化建设的要求，进一步推进建筑施工安全质量标准化工作，不断促进建筑安全生产水平的提高，是需要我们认真思考研究的一个课题。我想结合前段时间到大庆油田检查的情况，谈谈自己的体会。今年9月中旬，按照国务院安委会的要求，我带队对黑龙江省安全生产工作进行督查。其中，大庆油田的安全生产管理工作给我留下了非常深刻的印象。他们对安全生产从理论上进行了认真研究，从实践上进行了系统总结，形成了科学、精细、严密的安全理念和人性化的安全文化。例如有一个石油化工企业——十六联合站，长期严格坚持精细的安全管理，做到了全站9个危险爆炸区、4个重点防火区，4 128天未发生一次大小事故。这是非常不容易的，尤其对于石油加工企业来说，工厂内各类危险因素非常多，稍不注意就可能导致事故的发生。他们能够做到十多年未发生事故，这和长期坚持的严格安全管理工作是分不开的。还如1205钻井队，坚持“一人把关一处安，众人把关稳如山”，“任何事故都是可以预防的”理念，实现了连续9 000天无安全生产事故。大庆的安全管理经验可概括为“人性、标准、精细”。所谓“人性”，就是把人的安全放在第一位，安全生产不是简单的、强制性的提要求，而是尊重人、实行人性化管理，通过加强安全生产文化和家庭亲情等方面的宣传教育，变“要我安全”为“我要安全”，使大家自觉做好安全生产工作。大庆油田化工有限公司轻烃分馏分公司在每个工作岗位设置了“您的安全是全家人的牵挂”亲情合影照片，交接班时播放“安全嘱托录像”，形成了多方位的安全教育友好界面，时刻提醒在岗职工注意安全，并鼓励全体职工甚至家属自觉查找隐患、消除隐患，确保安全工作落到实处。所谓“标准”，就是针对生产管理中每一个环节、每一个程序、每一个过程都制定详细的标准规范，并认真按照标准规范操作，做到“标准记于心，规范立于行”。大庆化工集团轻烃分馏公司提出的口号是“生产运行标准化、岗位操作标准化、安全管理标准化、基础资料标准化”，以标准化保障安全生产。不仅如此，他们还要求在重要岗位和关键环节，必须做到一人操作、一人监督，操作人员必须得到监督人员确认安全无误后才能进行操作，确保没有隐患。这与铁道系统实行的“一呼二应三确认”做法是一致的，核心都是保证绝对安全。所谓“精细”，就是工作实行精细、严密、科学的管理，将规章制度细化落实到每个单位、每个项目、每个环节、每台设备、每个人员，实现全方位、全要素、全过程的精细管理覆盖。大庆化工集团轻烃分馏公司总结提炼了“精细交接、精细操作、精细巡检、精细维护、精细检修”的“五精”管理经验，使员工在工作中做到了“设备构造台台清楚、仪表性能件件熟悉、工艺流程处处明白、操作标准条条牢记、问题处理回回准确”。1205钻井队推行“四到四不”工作法，要求职工做到眼到——该看见的地方必须看到，不漏一处；手到——该摸到的部位必须摸到，不遗一处；腿到——该走到的地方必须走到，不少一处；心到——该想到的地方必须想到，不忘一处”。这些都充分体现了他们的精细、严谨的工作作风。

大庆油田的安全生产管理经验对于我们做好建筑安全生产工作具有很好的学习和借鉴意义。虽然建筑安全生产管理与石油安全生产管理的对象和过程有所不同，但是安全管理的基

本思路和理念应是一致的。从实际情况看，不仅大庆油田的安全生产搞得好，而且整个大庆市的安全生产工作、大庆市的建筑安全生产工作搞得都很好，除了交通事故较多外，其他事故包括建筑安全事故发生率都远远低于全国水平。我认为，正是由于大庆油田先进的安全生产管理带动了整个大庆市的安全生产工作。进一步做好建筑安全质量标准化工作，应认真学习借鉴大庆油田的安全管理经验：一是要加强建筑施工企业安全文化建设，培养企业从业人员爱岗敬业的精神。优秀的企业文化是企业优良传统、进取精神、和谐氛围与良好风气的集中体现，是在工作实践中培养出来的，是全体员工共同遵循的价值体系、共同遵守的行为准则、自觉认同的管理理念。要指导企业建立符合实际情况的安全文化，培养企业职工在安全生产工作中树立爱岗敬业、超越自我的精神，通过各种安全教育培训和其他措施，把法规要求、技术规范、操作规程、纪律约束、岗位安全责任等融合于岗位生产活动的全过程，使各项安全生产管理制度达到固化于制，企业的安全理念、安全价值观达到固化于心，安全生产基本设施、安全生产基本条件达到固化于形。二是要将人性关怀融入到安全管理工作中。要督促企业坚持“以人为本”的原则，不仅要切实改善建筑工人特别是农民工的施工作业环境和生活条件，还要高度关注建筑工人特别是农民工的身体健康和心理健康，要为建筑工人特别是农民工提供更全面的安全生产保障和安全生产技能培训，切实提高建筑工人特别是农民工安全生产自觉意识和安全生产技能。三是要指导督促建筑企业建立完善安全管理的规范和标准。要督促企业建立起覆盖企业安全生产各方面、贯穿企业经营管理全流程的安全质量标准化建设工作机制。企业要从基层开展“自下而上”的安全质量标准化建设，发动一线员工，集思广益，对自己的工作经验和优秀成果进行总结，凝练成标准；然后再与企业“自上而下”的标准化建设相结合，从而使企业的各项标准更加符合实际，有效实用，不断提高标准化建设水平。四是要鼓励倡导建筑施工企业实行安全生产精细化、严密化管理。精细化、严密化的管理要求企业安全生产活动中的每一个行为、每一个操作、每一句话都要有规范和标准。每个员工都要严格遵守这种规范，从而使企业的基础运作更加规范化和标准化。精细化、严密化的控制，要求企业安全管理工作的运作要有规定流程，要有计划、审核、执行和回顾的过程，每一个过程、每一个操作都必须确认安全无误后才能进入下一过程，控制好这个过程可以大大减少工作失误，杜绝管理漏洞，使企业形成自上而下的积极引导和自下而上的自觉响应相结合的常态式安全管理模式。

希望各地住房城乡建设主管部门结合本地实际情况，认真学习借鉴大庆油田安全管理的理念和经验，研究解决建筑施工安全质量标准化工作中存在的不足，指导督促企业进一步加强建筑施工安全质量标准化工作，不断提高建筑施工现场安全生产管理水平。部里将组织力量对大庆安全生产管理经验进行系统总结，用于指导全国建筑安全生产工作。

三、认真做好下一阶段建筑安全生产管理工作

今年的建筑安全生产形势总体继续保持稳定好转态势，事故起数和死亡人数均呈下降趋势。但我们也要清醒地看到，有些地区事故起数和事故死亡人数与去年同比有所反弹，在一些地区较大事故还时有发生，建筑安全生产形势仍然不容乐观，我们不能放松警惕，希望各地住房城乡建设主管部门要继续加大力度，全力做好建筑安全生产工作。

（一）提高认识，进一步增强安全生产责任感和使命感。

安全生产事关人民生命财产安全，事关社会和谐稳定，事关改革发展大局，事关党和政府形象。党中央、国务院历来高度重视安全生产工作，胡锦涛总书记在十七届四中全会的讲话中明确提出“要加强安全生产工作”，温家宝总理多次强调“各级领导干部要树立‘抓经济发展是政绩，抓安全生产也是政绩’的思想观念”。我们要深刻领会中央领导的指示精神，充分认

识做好建筑安全生产管理工作的极端重要性，以对人民负责、对党负责、对历史负责的态度，保持高度的责任感和使命感，兢兢业业、扎扎实实地做好建筑安全生产管理工作。当前正值全国按照党中央、国务院“保增长、保民生、保稳定”的决策部署，全力应对国际金融危机的关键时期，在这种形势背景下，做好建筑施工安全生产管理工作意义尤其重大。我们要树立和强化政治意识、大局意识、责任意识和忧患意识，采取切实有效的措施，坚决防范和遏制建筑安全生产事故发生，保持建筑安全生产形势稳定，为加快工程建设营造良好的安全环境，促进经济平稳较快增长和民生改善。

（二）加强监管，认真落实两个主体责任。

各地住房城乡建设主管部门要认真落实监管主体责任，切实加强安全监管，严厉打击规避招标和在招投标中弄虚作假，违法转包、分包工程业务，无证或越级承接工程业务，以及围标串标、违反法定建设程序，违反工程建设强制性标准等违法行为。工程建设各方主体要认真落实安全生产主体责任。建设单位要严格按照法定建设程序，择优选择勘察、设计、施工和监理单位，要确保合理工期，及时足额拨付安全生产费用，提供符合要求的工程资料，不得明示或暗示施工单位购买、租赁、使用不符合安全施工要求的材料、安全防护用具、机械设备、施工机具及配件、消防设施和器材；勘察设计单位要严格按照法律法规和标准规范进行设计，对施工安全生产要求进行详细说明，加强施工安全生产状况跟踪检查，对地质勘察资料和设计文件承担责任；施工单位要严格按照设计和工程建设标准组织施工，贯彻落实各项安全生产管理规定，建立健全安全生产管理制度，加强作业人员安全生产教育培训，防范安全生产管理事故发生；监理单位要严格按照合同约定认真履行监理职责，监理人员要熟悉掌握建筑安全生产相关的法律法规和技术标准，严格实施施工现场安全监理。

（三）加大力度，积极做好事故处理工作。

一是要积极参与事故调查处理工作。各地住房城乡建设主管部门要按照《生产安全事故报告和调查处理条例》要求，在当地人民政府的统一领导下，认真组织或参与建筑安全生产事故的调查处理工作。在事故调查中，要充分发挥住房城乡建设主管部门的作用，依据国家建筑安全生产相关法律法规，对事故相关责任单位和责任人员提出处理意见或建议。二是要加强事故结案及上报工作。各地住房城乡建设主管部门要加强与有关部门的沟通，支持协助事故调查组工作，及时了解事故处理情况，争取在规定的期限内及时结案。在事故调查报告批复后，对于处罚权限在本部门的，应当及时处理。对处罚权限不在本级部门的，应当在收到事故调查报告批复后15个工作日内，将事故调查报告、结案批复、本级住房城乡建设主管部门对事故有关责任单位和责任人的处理建议等，报送有相应职责权限的住房城乡建设主管部门。三是要进一步加大事故查处力度。要把违反法定建设程序、任意压缩合理工期、不执行工程建设强制性标准等违法违规行为和发生质量安全事故的作为查处的重点。对于不履行职责，不落实责任，导致发生安全生产事故的责任单位和人员，要按照“四不放过”的原则，依法依规严肃查处，绝不能走过场，绝不能心慈手软，绝不能姑息迁就，该降级的降级，该清出市场的清出市场，该吊销有关证照的吊销证照，该罚款的罚款，切实起到以儆效尤的作用。我认为，严格执法只有好处，没有坏处。表面上看，严格执法、严肃处罚可能使有的地方和单位不好受，可能丢面子，但每查出一个问题、消除一个隐患，就可能少出一个安全事故，就可能少死几个人。对发生事故的，如果不严肃处罚的话，责任单位、责任人就没有切肤之痛，他们继续不重视安全生产，继续扰乱建筑市场，继续发生事故，继续死人，后患无穷。因此我们必须依法依规严肃处理责任单位和责任人。四要是切实加强事故统计分析工作。对本地区发生的建筑安全生产事故特别是较大及以上事故，要进行深入剖析。通过加强事故统计分析及研究工作，力求找出事故发生的特点和规律，积极探索防范事故的措施和对策，从而进一步减少建筑安全生产事故的发生。

（四）巩固提高，深入做好建筑安全“三项行动”。

今年，按照国务院“安全生产年”的工作部署，我部结合住房城乡建设实际，组织开展了建筑安全生产“三项行动”工作。各地高度重视“三项行动”工作，积极行动、密切配合，取得了阶段性成效。建筑安全生产“三项行动”的开展，有利于提高建筑施工企业的安全管理水平，有利于促进建筑安全生产形势的稳定。我们要在认真总结前一阶段工作的基础上，针对发现的问题提出相应对策措施，强化对重点领域、重点时段、重点部位、重点内容的监督检查力度，进一步做好建筑安全生产“三项行动”工作。各地要按照我部《关于做好建筑安全生产“三项行动”情况报送工作的通知》要求，及时将本地区全年建筑安全生产“三项行动”的工作总结情况上报，为这项工作画上一个圆满的句号。

（五）再接再厉，确保建筑安全生产形势持续稳定好转。

距年底还有40多天时间，新年元旦和春节很快就要到了，做好这段时间的安全生产工作，对确保全年建筑安全生产形势稳定尤为重要。过去的经验教训提示我们，越是在节假日期间，越是不能放松警惕。各地住房城乡建设主管部门和建筑企业不能有丝毫麻痹和放松，特别要针对冬季施工特点，采取有效措施，加强对施工现场的塔吊、脚手架、深基坑、用电线路等重点部位和环节的安全检查，及时消除各种隐患。同时要加大对城市轨道交通和拆除工程的安全监管力度，特别是城市轨道交通工程，大多在城市中心地带，且地下管网线路比较复杂，一旦发生事故，将会造成很大损失和影响，有关地区一定要予以高度重视，切实加大监管力度，确保生产安全。

同志们，做好建筑安全生产工作，任务艰巨，责任重大。我们要深入贯彻落实科学发展观，更加扎实有效地推进建筑施工安全质量标准化工作，全面提高建筑施工安全生产管理水平，保持建筑安全生产形势持续稳定好转，为国民经济又好又快发展作出应有的贡献。

郭允冲副部长在住房和城乡建设部安全生产管理委员会2009年第四季度会议上的讲话

（2009年12月24日）

同志们：

刚才部安办通报了今年部里的安全管理工作情况，大家作了发言和讨论，我完全赞同。下面，我讲三个方面的意见：

一、充分认清当前形势

今年以来，在部党组的正确领导下，部安委会各成员单位和全国住房城乡建设系统认真贯彻党中央、国务院部署和部党组有关要求，通力协作，扎实工作，住房城乡建设领域安全形势总体平稳，为落实中央保增长、保民生、保稳定重大决策，以及国庆60周年庆祝活动的顺利开展作出了重要贡献。我代表部党组向辛勤工作的住房城乡建设系统广大干部职工表示衷心的感谢。

在看到成绩的同时，我们必须清醒地认识到，当前安全生产管理工作面临的形势和挑战：

一是要求高。党中央、国务院对安全生产工作提出了新的要求。党的十七届四中全会要求，把认真解决群众反映强烈的安全生产等问题作为大兴密切联系群众之风的重要内容，强调要加强工程建设领域突出问题专项治理。今年中央经济工作会议提出，更加注重提高经济增长质量和效益是明年经济工作的重要任务。姜伟新部长在全国住房和城乡建设工作会议上强调，明年要以稳定经济和改善民生为主线，充分发挥住房城乡建设在扩大内需中的作用，积极稳妥推进城镇化，切实转变住房和城乡建设

发展方式，着力提高发展质量和效益。这些重要任务的落实必须以确保质量和安全为保障。另外，明年上海将举办世博会，广州将举行亚运会，做好重点地区和重要时段的安全生产工作对于保障重大活动顺利举行、营造良好活动氛围有着重要意义。

二是任务重。明年，宏观经济政策将保持连续性和稳定性，四万亿投资计划继续实施，工程建设规模和速度在今后一段时期内仍将保持高位。全国住房和城乡建设工作会议部署，要继续大规模推进保障性安居工程建设，努力增加商品住房有效供给，加大市政基础设施建设力度。廉租住房建设、经济适用住房建设、棚户区改造和农村危房改造试点继续推进，力度加大；城市轨道交通等重大市政设施进一步发展，目前获得国务院批准轨道交通建设规划的城市已达到25个，截至今年11月底，全国有19个城市、约1 400公里城市轨道交通线路正在建设。与巨大的工程建设规模相比，安全质量监管力量凸显不足，任务很重。目前大部分地区特别是大中城市的人均工程质量监督面积达到了50万至100万平米。

三是困难多。一方面，建筑安全生产形势不容乐观。建筑生产安全较大事故仍有发生，据初步统计，截至12月10日，全国共有11个地区发生一次死亡3人以上的较大事故。如今年“5.17”湖南株洲红旗路高架桥拆除安全事故，造成9人死亡；“6.27”上海闵行区一栋在建13层住宅楼整体倒塌，社会影响恶劣；部分地区事故起数和死亡人数呈上升趋势，截至12月10日，全国有11个地区的事故起数、8个地区的死亡人数同比上升。城市轨道交通工程风险很高，今年以来，南京、广州、西安、深圳等城市都发生了轨道交通工程安全事故，一些新开始建设的地区缺乏相关经验，风险更为突出。

另一方面，市政公用设施运行安全问题不容忽视。排水等行业安全事故时有发生，部分地区发生多起排水管道疏通维护作业中毒事故。一些地区市政公用设施建设和维护欠账严重，部分设施建成时间早、运行时间长、维护保养不到位，存在安全隐患。今年12月4日，上海市虹口区西安路发生煤气中毒事故，造成25人中毒，其中2人死亡，经初步调查，事故原因可能是由于敷设于西安路下的煤气管道受外因作用断裂，发生煤气泄漏。

面对问题和挑战，我们必须进一步树立和强化政治意识、大局意识、责任意识和忧患意识，采取切实有效措施，加强安全生产管理工作，推动住房城乡建设系统安全生产形势不断好转。

二、2010年要着力抓好的重点工作

（一）进一步加强建筑工程安全质量监督管理。

一是强化监督检查。开展以防范深基坑、脚手架、高大模板支撑和建筑起重机械等事故为重点内容的建筑安全生产专项治理工作；认真组织开展工程建设实施和工程质量管理突出问题的专项治理工作；组织开展全国建筑安全生产督查和保障性住房质量专项督查。监督检查工作一定要认真扎实，真正发现问题、找到漏洞、查出隐患，绝不能走马观花，绝不能走过场，绝不能搞形式主义。二是严格执法。对于监督检查中发现的违法违规行为，以及发生质量安全事故的责任单位和责任人，要依法依规严肃处理，该停工的停工，该处罚的处罚，绝不姑息纵容。要加强现场与市场联动，继续严格实行安全责任一票否决制，加强企业资质、个人注册资格的动态监管，对不满足资格资质标准、存在违法违规行为或发生质量安全事故的企业和执业人员，及时依法撤销、吊销或降低其资质、资格。要继续发挥全国建筑市场信用平台作用，对造成质量安全事故的责任单位和责任人予以曝光。三是完善制度。加快修订《建设工程质量管理条例》，研究起草《建筑市场管理条例》、《建设工程监理条例》和《城市轨道交通工程质量安全管理条例》；落实国家发改委、住房城乡建设部等七部委《关于加强重大工程安全质量保障措施的通知》，抓紧研究制定相关配套制度。

（二）加强市政公用设施运行和房屋使用安全管理。

市政公用设施运行安全方面，开展城镇供排水从业人员和管理人员的安全生产培训，完善城市供排水安全事故应急预案。编制城市燃气安全评价标准，按照《北方地区城市供热管网改造规划》推动有关地区加快供热管网改造。做好风景名胜区节假日期间游人的疏导、分流工作，控制好高峰时段游人总量，对景区内正在使用和施工的基础设施、服务设施和游乐设施，以及救护、防护设施等进行认真检查，及时消除各类安全隐患。房屋使用安全管理方面，监督指导各地明确有关部门的监管职责，按照《业主大会和业主委员会指导规则》落实业主的房屋使用安全主体责任。全面推进旧住宅区的整治改造，解决居民最为迫切的房屋年久失修、配套设施不完善、安全隐患突出等问题。抓好房屋维修专项资金的清理，保障住房的维修和正常使用。对建筑年代较长、建设标准较低、严重失修失养的直管公房要逐一排查，对居民住宅、学校校舍、文化娱乐用房等要重点实施动态检查，对存在安全隐患的房屋要督促房屋产权人及时进行有效治理。

（三）做好防灾抗震和村镇建设安全工作。

指导各地修订或编制城市抗震防灾规划，鼓励有条件的地区编制城市综合防灾规划，加快《城市防地质灾害规划规范》编制工作。进一步强化全国城市抗震防灾规划审查委员会的技术指导和技术审查作用。加快《震损建筑抗震修复和加固技术规程》、《城镇应急避难场所设计标准》等标准规范的编制工作，做好《建筑抗震设计规范》等标准规范的宣传和贯彻。继续配合教育部门做好全国中小学校舍安全工程工作。加强农房安全管理，推进农村危房改造试点工作。

（四）强化事故报告和应急管理工作。

今年以来，国务院办公厅每个月都对未能按时保质报送突发事件信息的部门和单位进行点名通报。中办秘书局近日召开了信息工作会议，对重大突发事件信息报送工作提出明确要求，明确重大突发事件必须严格按照4小时时限，同时报送国务院应急办和中办秘书局。大家要认真学习贯彻信息接报、催报和上报的有关制度，按照规定做好事故报告工作。要做好重点时段、重要节假日安全工作的预警提醒，安排并落实应急值守。目前，国务院应急办正在组织修订《国家突发公共事件总体应急预案》，有关司局要根据我部“三定”规定和住房城乡建设系统实际，抓紧对现行的预案进行梳理，加快预案的修订进度。

三、加强调查研究，深化改革创新，不断提高质量安全管理工作的质量和效率

大家长期从事住房城乡建设业务工作，并且大多数都是专业出身，既有很好的基础理论知识，又有丰富的实践经验。我分管时间不长，原来没有从事这项工作，我要努力向大家学习，向书本学习，向法律法规、规章制度学习。因此，下面讲的内容，既是和大家一起探讨研究，也是对我自己的工作要求。

首先是要进一步加强调查研究。搞清楚实际情况，摸透真实问题，是做好工作的前提。毛泽东同志说过：“没有调查研究，就没有发言权”。我下面要讲到的改革创新、改进工作等等，都要从实际出发，从调查研究出发。要加强对基础情况和关键问题的研究，每个司局要结合职能，开展基础性、前瞻性的研究，真正发现问题、发现矛盾特别是主要矛盾和矛盾的主要方面，在此之上才能制定出切实可行、切中要害的具体措施，才能抓住主要矛盾，抓住矛盾的主要方面，有的放矢。

在调查方法上，不仅要开展实地调查，还要通过数据的统计分析开展调查研究。统计是一门科学，也是一个专业，有专门的理论体系。通过统计分析研究，可以发现问题、总结经验，指导和改进工作。做好统计工作，要注意以下几个方面：一是如何统计，要设计好统计报表制度，切合实际，简洁明了，注重实效。二是如何上报，即通过什么程序、方式、形式上报。三是如何分析，要把统计数据分析透彻，提出改进措

施。四是如何通报，要推广经验，吸取教训，改进工作。

比如说，加强工程质量安全事故统计分析研究：从数量看，既要统计绝对指标（事故起数、死亡人数、同比、环比等），又要统计相对指标（如建筑业百亿元产值死亡率等）；从条块看，既要按各省、自治区、直辖市作统计分析，又要按行业类别或大的中央企业（如中铁工、中铁建、中建总公司、中交总公司）作统计分析；此外，还要按事故类别、原因，按事故责任单位类别（建设、施工、勘察、设计、监理等）和责任人员类别（如注册执业人员、项目负责人等），按处罚类别、经验教训的总结及整改情况的不同进行统计分析，等等。

二要深化改革创新。时代在发展，社会在进步，人的思想必须与之适应，必须坚持改革创新。在今年第二季度的安委会上，我也谈过这个问题。改革创新要以调查研究为基础，没有掌握第一手资料，政策不能随意调整。比如说，工程质量安全工作的改革创新，就要做到“两个联动”，市场与现场联动，建筑市场司与质量安全司联动。工程质量安全问题不仅是质量安全司一个司的责任，而且是我们部的重要职责，是所有与建筑业、建筑市场管理有关的单位和人员共同的职责。我并不是分管质量安全工作才这么说，情况确实如此。如果一个工程没有质量安全保障，还不如不搞；如果建筑市场老出工程质量安全事故，就谈不上是健康运行的市场。质量安全上去了，建筑企业才能健康发展，建筑市场才能规范运行，建筑行业才能正常发展。市场司等单位要从建设、勘察、设计、施工、监理各方主体，从招标投标、工程合同、施工许可、施工图审查、竣工验收各环节，从企业资质和个人注册执业资格审批、日常监督等各项工作，把加强工程质量安全管理作为整个市场监管的重要内容和重要目标，要制定完善一套有利于市场有序、规范、公开竞争的规章制度，加强监督检查，严肃处罚违法违规行为和事故责任单位及责任人，严查质量安全事故背后的腐败行为。当然市场司不能代替质安司，质安司还是质量安全监管工作的主要职能单位。

三要充分协调配合。安全管理是一项综合性、系统性很强的工作，必须依靠各相关单位的紧密配合、齐抓共管。近年来，部安委会各成员单位通力协作，开展了城市基础设施隐患排查、工程质量安全监督检查等工作，取得了良好的效果。下一步，有关行业主管司局要结合行业特点，进一步抓好安全生产工作，推动行业健康发展；综合性司局要在整体布局中更加关注安全工作，夯实安全工作基础；部安委会作为议事协调机构，要更好地发挥协调作用。

同志们，又到岁末年初，元旦和春节期间的安全工作十分关键，重大节假日期间往往是事故易发的重点时段。大家一定要认真学习贯彻党中央、国务院关于安全生产工作的重要决策部署，全面贯彻落实全国住房和城乡建设工作会议精神，进一步扎实工作，巩固全年安全生产管理工作成果，为明年安全生产管理工作打下良好开端。

谢谢大家！

中华人民共和国住房和城乡建设部工程质量安全监管司关于印发王树平同志在全国建筑安全生产联络员第十次会议上的讲话的通知

（2009 年 3 月 3 日）

各省、自治区建设厅，直辖市建委，江苏省、山东省建管局，新疆生产建设兵团建设局，中央管理的建筑施工企业（集团公司、总公司）：

2009 年 2 月 19 日至 20 日，住房城乡建设部在广东省东莞市召开了全国建筑安全生产联络员第十次会议。现将我部质量安全司王树平副司长在会议上的请结合本地区、本企业实际贯彻落实。

2009 年 3 月 3 日

在全国建筑安全生产联络员第十次会议上的讲话

住房和城乡建设部工程质量
安全监管司副司长　王树平

（2009 年 2 月 19 日）

同志们：

上午好！今天，全国建筑安全生产联络员第十次会议在广东省东莞市召开了。这次会议的主要任务是：深入学习贯彻落实党的十七大、十七届三中全会、中央经济工作会议、全国安全生产电视电话会议、全国建设工作会议精神和党中央、国务院领导关于加强安全生产工作的重要讲话精神，回顾总结 2008 年建筑安全生产工作，分析当前建筑安全生产形势，研究部署 2009 年工作。进一步振奋精神、坚定信心，全力投入到“安全生产年”活动中，扎实做好各项工作，有效防范和坚决遏制较大及以上事故发生，推动全国建筑安全生产形势持续稳定好转。下面，我讲三点意见。

一、2008 年全国建筑安全生产工作取得了新的进展和成效

刚刚过去的 2008 年，是我们党和国家发展进程中很不寻常、很不平凡的一年，也是建筑安全生产工作继续发展前进的一年。一年来，我们深入学习胡锦涛总书记、温家宝总理关于安全发展和安全生产工作的一系列重要论述和指示精神，认真贯彻落实全国安全生产电视电话会议、全国建设工作会议要求，坚决执行党中央、国务院关于加强安全生产工作的各项决策部署，上下同心，各方协力，经受了南方部分地区严重低温雨雪冰冻灾害、四川汶川特大地震灾害对建筑安全生产工作带来的挑战和北京奥运会、残奥会对建筑安全生产工作的严峻考验，克服了建筑安全监管工作中存在的各种困难。在全国建设系统的共同努力下，2008 年全国房屋建筑和市政工程事故总量和死亡人数进一步下降，分别比 2007 年下降 5.23％和 2.27％。全国建筑安全生产形势继续保持了稳定好转的态势。

在各级住房城乡建设主管部门的共同努力下，2008 年，我们主要抓了以下几个方面的工作：

（一）加强工作部署，进一步强化了建筑安全生产工作。

一是做好全面部署工作。为加强建筑安全生产工作的安排部署，2008 年，我部召开了全国建设安全生产电视电话会议、五次部安委会全体会议和两次全国建筑安全生产联络员会议，及时就南方部分地区低温雨雪冰冻灾害天气、四川汶川“5.12”特大地震、奥运工程建设等重大工作作出计划安排，对企业安全生产许可证动态监管、建筑安全生产隐患排查治理、百日督查专项行动、防范和减少建设系统安全事故等各项工作提出了明确要求，并督促地方要切实将各项措施落到实处。

二是切实落实安全责任。各地建设主管部门按照要求，建立了各级建设主管部门的行政首长负责制和企业法定代表人负责制，并制定了严格的安全生产责任追究制和安全生产考核制度，层层抓落实。同时，督促施工企业建立健全以法定代表人为核心的责任体系，切实履行法定安全责任，建立了自我约束、自我完善、持续改进的安全生产长效机制。

三是及时加强预警提示。针对 2008 年发生的低温雨雪冰冻灾害天气和四川汶川“5.12”特大地震等灾害，我们及时印发了《关于进一步做好降温降雪天气应对防范工作的紧急通知》、《关于报告极端天气建筑施工安全情况的紧急通知》和《关于进一步做好震后和汛期建筑安全生产工作的通知》，用于提示和指导各地在做好抗击低温雨雪冰冻天气等灾害天气和抗震救灾工作的同时，认真做好建筑安全生产工作。为指导受灾地区做好危险建筑物的拆除工作，防止次生事故发生，我们还制定了《地震灾区危险

建筑物拆除施工作业要点》，并及时提供给受灾地区，确保危险建筑物拆除的施工安全。

四是加大层级监督力度。针对去年四季度以后部分地区发生的较大及以上事故的情况，及时印发了《关于进一步加强建筑安全生产工作的紧急通知》和《关于近期一些地区发生重大建筑施工安全事故的情况通报》。同时，加大了对事故发生地区安全工作的督办力度。通过部领导带队开展建筑安全检查调研工作，进一步督促事故发生地区及时总结经验教训，切实采取有效措施，有效遏制了事故频发势头，促进了建筑安全生产形势的稳定好转。

（二）完善法规建设，切实推进依法行政的能力和水平。

一是在建筑起重机械管理方面，制定出台了部门规章《建筑起重机械安全监督管理规定》，对建筑起重机械租赁、安装、拆卸、使用四个环节的管理作出了规定，并明确了建筑起重机械安全管理涉及的建设单位、租赁单位、施工总承包单位、安装单位、使用单位、监理单位等相关主体的安全责任。印发了《建筑起重机械备案登记办法》，对建筑起重机械的备案、安装告知和使用登记作出了明确规定。

二是在从业人员安全管理方面，出台了《建筑施工特种作业人员管理规定》，并印发了《关于建筑施工特种作业人员考核工作的实施意见》，明确要求建筑电工、架子工、起重机械司机等从事危险作业的特种作业人员必须经建设主管部门考核合格后，方可持证上岗。另外，对《建筑施工企业安全生产管理机构设置及专职安全生产管理人员配备办法》进行了修订，进一步明确了施工企业安全生产管理机构和在建项目安全生产领导小组的设置要求及专职安全生产管理人员配备标准。

三是安全生产许可证管理方面，出台了《建筑施工企业安全生产许可证动态监管暂行办法》等规范性文件，将安全生产许可证的暂扣、吊销处罚与施工企业安全生产条件降低相联系，并将安全生产条件复核与事故调查分线进行。另外，充分调动和发挥了市县级建设主管部门在施工企业安全生产许可证动态监管中的积极性和重要作用，为加强建筑施工安全监管工作奠定了良好的基础。

四是在安全标准规范编制方面，在标准主管部门的配合支持下，一批与安全相关的安全标准规范先后出台或通过审查。如《建筑施工模板安全技术规范》、《建筑施工木脚手架安全技术规范》、《建筑施工碗扣式钢管脚手架安全技术规范》已正式印发，《建筑施工湿陷性黄土基坑支护安全技术规范》等一批标准规范已通过审查，进入报批阶段。

（三）加大督查力度，“隐患治理年”活动取得了实效。

根据国务院办公厅关于开展安全生产隐患排查治理和百日督查专项行动的统一部署，结合建设系统实际，我部印发了《关于进一步开展建筑安全生产隐患排查治理工作的实施意见》和《关于开展建筑安全生产百日督查专项行动的通知》，在全国住房城乡建设系统部署了以防范脚手架、建筑起重机械事故和规范安全防护用品使用为重点的建筑安全隐患排查和百日督查专项行动，并组成督查组于 5 月至 7 月期间，先后对北京、上海、辽宁、天津、河北、山东、湖北、湖南、广东、黑龙江、吉林、安徽、云南和山西等 14 个省市的建筑安全生产隐患排查治理和百日督查专项行动的开展情况进行了督查。9 月下旬和 10 月下旬，又先后组成 15 个督查组对全国 30 个地区的建筑工程质量安全工作进行了督查。第四季度，按照国务院的部署，又先后参与或组织了学校及周边建筑安全管理工作督查、在建重点建设项目督查和国务院安委会对福建省的安全生产综合督查工作。通过这些活动的开展，有力地推动了“隐患治理年”各项措施的落实。

据统计，2008 年建设系统共排查工程项目 31 万个，查出一般隐患 98 万余项，其中重大隐患 2.4 万余项。对所查出的隐患，各地督促相关企业及时整改，并进行了跟踪督办。在全国住房城乡建设系统的共同努力下，隐患排查治理工作取得明显成效。

关于2008年建筑安全生产隐患排查治理工作的开展情况，我司施工安全处的邓谦同志下面还要详细介绍，我这里就不再过多阐述了。

（四）加大执法力度，严厉打击非法违法行为。

各地区认真贯彻落实建筑安全生产相关法律法规，严厉查处建筑安全生产中存在的违法违规行为，进一步规范了建筑市场各方主体的安全生产行为。按照要求，各地成立了打击建筑安全生产非法违法专项行动领导小组，有针对性地开展工作，取得明显成效。同时，加大对发生事故的责任单位和责任人员的处罚力度，给予发生事故的施工企业没收违法所得、罚款、停业整顿、降低资质等级和暂扣、吊销安全生产许可证的处罚；对项目负责人、注册监理工程师给予暂扣或吊销资格证书的处罚。起到警示作用。

（五）夯实基础工作，加强安全生产长效机制建设。

一是严格实施两项安全许可。各地建设主管部门在实施两项许可工作时，以复查及延期工作为契机，严格审查与考核，将一批不符合安全生产条件的施工企业和三类人员拒之门外，促使不合格企业全面改善安全生产条件、提高安全生产管理水平。同时着力加强对已取得安全生产许可证的施工企业的动态监管，防止企业降低安全生产条件。对于降低安全生产条件酿成生产安全事故的，严格按照有关规定暂扣或吊销其安全生产许可证。

二是认真开展安全教育培训。结合建筑行业特点，组织修编了《建筑业安全“三类人员”培训教材》和编写了《建筑业农民工入场安全知识必读》；召开了建筑安全监督机构建设工作座谈会，举办了建筑安全执法人员法规标准培训班，同时开展了加强建筑安全监督机构建设的课题研究工作。通过加强对从业人员特别是农民工安全生产知识、基本操作技能的培训和指导各地加强建筑安全监督机构建设，有力地促进了建筑业从业人员和监管队伍的整体素质和安全意识的提高。另外，我部牵头，与中央文明办、教育部、全国总工会、共青团中央等部门联合开展了“建筑业农民工业余学校工作调研”工作，认真研究了加强农民工安全教育培训的有效途径和措施。

三是组织开展安全相关课题研究。根据我部领导关于加强对建筑质量安全工作规律和重大问题研究的指示精神，从创新管理思路和监管手段入手，结合建筑行业特点和工程项目实际，开展了“工程项目中设立安全许可的可行性”和“建设单位质量安全责任研究”等课题研究，积极探索在工程项目中设立安全许可制度的有效方式，切实有效地落实建设单位的安全责任。另外，在建筑起重机械安全管理、安全生产专项整治、从业人员安全教育培训等方面也开展了调查研究工作。

二、正确把握形势，进一步增强做好建筑安全生产工作重要性的认识

在肯定成绩的同时，我们也要清醒地看到，建筑安全生产形势依然不容乐观，突出表现在：较大及以上事故有较大幅度上升，2008年全国共发生房屋建筑和市政工程较大及以上事故41起、死亡181人，分别比2007年上升17.14%和25.69%。尤其是一次死亡10人以上的重大事故，发生了3起。全国有22个地区发生了较大及以上事故，其中有9个地区的死亡人数上升。

从今年建设系统所面临的新形势看，建筑施工安全生产工作仍面临着严峻的挑战：一方面，我国建筑施工安全事故已经连续五年下降，但是2008年事故下降幅度为2.27%左右，事故下降空间与前几年相比有一定缩小，这又增加了我们建筑安全监管工作的难度和压力。另一方面，受国际金融危机严重影响和冲击，我国经济发展面临着多年来没有的严峻形势，经济发展速度相对放缓，给建筑安全生产工作带来一些新情况、新课题和新挑战。一些企业由于经济效益下滑，可能会削减安全管理力量，减少安全投入；地方政府加大投入，拉动内需，基本建设规模扩大，在安全准入把关不严的情况下，

有可能造成新的安全隐患。在当前形势下，如果建筑安全形势出现大的波动，重大事故多发，势必将给我国的建筑业发展、社会稳定乃至国际形象带来严重影响。对当前建筑安全生产形势的严峻性，以及建筑安全生产工作的长期性、艰巨性和复杂性要有足够的认识，要始终保持清醒的头脑。

2009年是我国深入贯彻落实科学发展观、战胜国际金融危机所带来的严重冲击，推动经济社会继续又好又快发展的重要一年，也是按照《国务院关于进一步加强安全生产工作的决定》所确定的目标任务，推动全国安全生产状况向着明显好转目标迈进的关键一年。中央经济工作会议针对一个时期来食品安全和生产安全重大事故多发的严峻形势，确定把2009年作为全国“质量和安全年”。张德江副总理在国务院安委会全体会议和全国安全生产电视电话会议上强调，要进一步增强责任感和紧迫感，以深入开展“三项行动”，全面加强“三项建设”为主要内容，在全国范围扎实深入开展“安全生产年”活动，努力实现进一步降低事故总量、降低伤亡人数，坚决遏制重特大事故的目标，切实促进安全生产形势的稳定好转，为实现经济平稳较快发展提供安全保障。

新的一年，安全生产工作挑战与机遇同在，既有这样那样的困难和问题，也有着多个方面的有利因素和条件：

一是党中央、国务院的正确领导及对安全生产工作的高度重视，为做好新形势下的建筑安全生产工作提供了根本保证。党和国家历来高度重视安全生产工作。十七大报告强调要“坚持安全发展，强化安全生产管理和监督，有效遏制重特大事故”。胡锦涛总书记、温家宝总理在全党深入学习实践科学发展观大会暨省部级主要领导干部专题研究班、党的十七届三中全会和中央经济工作会议上，多次深刻阐述了安全生产的重要性。强调抓安全生产也是政绩，把安全生产作为人民群众最关心、最直接、最现实的利益问题。这些重要论述和要求，都为我们抓好建筑安全生产工作提供了根本保障。

二是深入开展学习实践科学发展观活动，为建设系统加强安全生产工作提供了强大的动力。科学发展观的科学内涵、精神实质和根本要求，对促进、统领和推动建筑安全生产工作具有十分重要的指导作用。科学发展观的核心是以人为本，就是要坚持人民的利益高于一切，珍惜人的生命价值，维护劳动者的生命安全和健康权益；科学发展观的第一要义是发展，就是要实现安全发展，通过建筑安全生产，努力减少各类事故，尤其是重特大事故的发生，为建筑业的稳步发展保驾护航；科学发展观的基本要求是全面协调可持续发展，就是要把建筑安全生产纳入建筑业发展规划布局，推动建筑业安全生产与各方面工作同步协调发展。对于建设系统来说，就是要坚持加强建筑安全监管队伍建设，坚持以科学发展观武装头脑、指导实践，推动工作，必将为加强建筑安全生产工作提供强大的动力，同时也必将引导我们更好地把握建筑安全生产工作的规律特点，进一步掌握工作的主动权。

三是近年来建筑安全生产工作的实践探索和积累的丰富经验，为做好当前的建筑安全生产工作奠定了坚实基础。“安全发展”科学理念和指导原则的提出与确立，为加强建筑安全生产工作提供了充分的理论依据和强有力的思想支持。建筑安全监管体系、建筑安全生产法律体系、建筑安全教育培训等体系的逐步建立和完善为建筑安全提供了有力保障。各部门、各单位和社会各界的大力支持，形成了建筑安全生产工作齐抓共管的强大合力，等等。总之，我们一定要认清形势、增强信心，继续保持昂扬向上、开拓进取的精神状态和求真务实、真抓实干的工作作风，全力做好2009年建筑安全生产工作。

2009年建筑安全生产工作的指导思想是：认真学习领会和全面贯彻落实党中央、国务院关于加强安全生产工作的一系列指示精神和决策部署，以学习实践科学发展观活动为动力，坚持以人为本，坚持安全发展，坚持“安全第一、预防为主、综合治理”方针，以深入开展“安全生产年”活动为主线，以有效防范坚决遏制重特大事故为目标，强化建筑安全生产监管，全面落实安全生产责任制，努力推动全国建筑安全生产形势持续稳定好转，为保增长、扩内需、促发展，创造良好的安全环境。

按照国务院安委会提出的 2009 年安全生产考核指标的要求，我们确定了 2009 年建筑安全生产工作目标是：房屋建筑和市政工程事故死亡人数比 2008 年下降 2%，有效控制一次死亡 3 人以上重大事故。

2009 年安全生产控制考核指标已经国务院安委会正式发文下达，希望各级住房城乡建设主管部门根据实际情况，制定详细的工作目标，并围绕着目标积极开展建筑安全生产各项工作，确保今年控制考核指标不突破。

三、全力做好各项工作，努力夺取 2009 年全国建筑安全生产工作的新成效

（一）继续完善相关法规和技术标准体系。

一是对《危险性较大工程专项施工方案编制及专家论证办法》进行修订，并更名为《危险性较大的分部分项工程安全管理办法》，该文件已在全国征求意见，此次作为会议讨论文件，计划在会后修改后印发。二是研究起草《高大模板支撑系统施工安全管理导则》，进一步规范高大模板支撑系统的安全管理工作，该文件也作为此次会议的讨论文件。三是对《建筑施工企业主要负责人、项目负责人和专职安全生产管理人员安全生产考核管理暂行规定》进行修订，拟以部门规章出台。四是标准规范方面，通过启动课题研究的形式，推动《建筑施工企业安全生产管理规范》、《施工安全生产技术统一规范》两个国家标准及其他相关行业标准的制定颁发，为加强建筑安全监管工作提供法规和技术保障。

（二）深入开展建筑安全隐患治理。

从去年建筑安全生产隐患排查治理工作的开展情况看，隐患排查治理工作有力地推动了建筑安全管理水平的提高，这充分证明了开展隐患排查治理工作的重要性和必要性。但是需要说明的是，隐患排查治理是一项需要长期坚持的工作，因为事故的发生是动态的，一旦监管松懈，隐患就会出现，事故就有可能发生。当前我们的隐患排查治理工作还存在着许多的问题，比如有些地区对于隐患排查治理工作重视程度还不足，一些地方和企业隐患排查治理方案不具体、目标不明确、在建筑起重机械、深基坑、高支模等关键部位仍存在隐患；个别工地存在同类隐患屡查屡犯的情况等等，这些问题如不及时解决，势必会影响这项工作的进一步深入开展。因此，今年隐患排查治理工作的主要任务是：巩固去年隐患排查治理成果，总结经验教训，查找不足，针对薄弱环节和存在的问题，提出具体措施予以解决。要继续深入开展以防范和遏制建筑起重机械设备和施工坍塌事故为重点的建筑安全隐患治理工作，有效防范和遏制建筑生产安全事故。要联合有关教育部门、安监部门加强对学校及周边企业安全隐患治理的督促检查，重点检查学校校舍、围墙、挡土墙和供水、供电等设施，学校及附近正在施工的建设工程。对排查出的各类安全隐患要抓紧治理整改，重大隐患要实行挂牌督办。要逐步探索建立隐患排查治理的长效机制，从预防开始，总结出防止建筑起重机械设备、高处坠落、施工坍塌事故的规律。

今年，我部将根据国务院的统一安排，下发深化隐患排查治理工作的指导意见，希望各地及早安排部署。另外，我部在各地开展自查的基础上，将适时开展全国建筑安全隐患排查治理督查活动，指导督促各地加强建筑安全生产工作。

（三）全面推进建筑施工安全质量标准化。

安全质量标准化工作自开展以来已有 5 年的时间，在此期间，我们积极探索研究加强安全质量标准化的有效措施，并应用到实际工作当中，对加强建筑施工企业和施工现场的安全管理，起到了重要的促进作用。按照《关于开展建筑施工安全质量标准化工作的指导意见》确定的工作目标要求，安全质量标准化工作目前已

进入最后的攻坚阶段。各地建设主管部门要继续努力，监督指导建筑施工各方主体认真落实安全生产责任，全面深入推进安全质量标准化工作，要督促建设单位落实安全生产责任，严格履行建设程序、合理确定施工工期、及时支付安全生产费用；要规范施工单位安全生产行为，加强总承包单位对分包单位、施工单位对项目部的安全管理，实施专职安全生产管理人员委派制度，坚决遏制转包挂靠和违法分包现象；要明确监理单位安全职责，要求其按照法律法规和工程建设强制性标准实施安全监理，认真审核危险性较大工程专项施工方案并监督实施。为更好地激励各地推动这项工作，我们拟在今年对各地建筑施工安全质量标准化工作取得明显成效的建设行政主管部门、施工企业、工程项目及有关人员进行表彰，激励各地不断提高建筑施工安全管理水平。

（四）加大建筑安全层级督查力度。

一是要加大对建筑起重机械设备的督查力度。去年，建筑起重机械设备事故频发，3 起重大事故中 2 起是起重机械设备事故。所以，今年将《建筑起重机械安全监督管理规定》贯彻实施情况作为重点检查内容，通过加大检查频次和力度，督促起重机械设备管理的各方主体落实安全责任，引导企业建立自我约束、自我完善的安全管理体系，促进企业提高安全生产保障能力，有效遏制建筑起重机械事故多发的态势。二是加强对企业安全生产许可证动态监管的督查。重点检查《建筑施工企业安全生产许可证动态监管暂行办法》的贯彻落实情况。建设主管部门要建立建筑施工企业安全生产条件的动态监督检查制度，并将安全生产管理薄弱、事故频发的企业作为监督检查的重点。对于降低安全生产条件的企业，视其安全生产条件降低情况对其依法实施暂扣或吊销安全生产许可证的处罚。三是针对暴风雨雪等极端天气、汛期、重大节日等重要时段，要及时做好建筑安全预警提示，做好预防工作。四是要加大对发生较大及以上事故地区的安全约谈督办力度，督促其认真总结经验教训，切实采取有效措施，防范和遏制建筑生产安全事故。

（五）加强从业人员安全培训工作。

各地建设主管部门要高度重视对施工作业人员、三类人员和特种作业人员的安全教育培训，把安全教育培训工作真正纳入到安全管理工作中，统筹考虑，同步落实，协调推进。要加强对农民工的安全教育培训，切实提高其安全生产意识和安全操作技能；要加强对三类人员的安全教育培训，提高安全管理水平和安全管理能力；要按照《特种作业人员安全管理规定》要求，加强对特种作业人员的培训和考核，促使其熟练掌握关键岗位的安全技能。要抓紧制定和完善从业人员安全教育培训的相关规章制度，进一步加强和规范本地区从业人员安全生产培训工作。要充分发挥施工企业的主体作用，督促引导施工企业结合生产实际，通过开展教育培训活动，进一步提高从业人员的安全生产意识，减少伤亡事故的发生。

针对建筑安全工作实际，结合部人事司今年的教育培训计划安排，我司今年将继续举办施工企业三类人员和安全监督执法人员培训班。希望各地建设主管部门积极组织人员参加。

（六）加强建筑安全监管机构建设。

建筑安全生产监管队伍对于提高建筑安全生产管理水平至关重要。各地建设主管部门要以新一轮的机构改革为契机，在政府的指导下主动和当地编办部门加强沟通，继续推动解决建筑安全监管机构、编制、经费等方面的问题，进一步加强安全监管队伍的建设，促进建筑安全监管体系的完善，以适应我国投资规模持续扩大，经济快速发展的需要。要通过深入开展学习科学发展观活动，切实提高安全监管人员践行科学发展观和推动安全发展的自觉性，要积极开展安全生产法规和专业知识教育培训，加强对安全监管人员培训教育力度，切实提高其业务素质和依法行政水平。

（七）加大打击非法违法行为。

要按照《国务院安委会办公室关于集中力量深入开展打击安全生产非法违法行为专项行

动的通知》要求，继续深入开展打击建筑施工领域安全生产非法违法行为。一是未办理立项、土地、规划、招投标、质量安全监督、施工许可等建设手续，擅自从事施工活动的；二是施工企业无施工资质证书、无安全生产许可证、企业“三类人员”无安全生产考核合格证书、特种作业人员无操作资格证书进行施工活动的；三是超越资质范围承包、违法分包、转包工程的；四是抗拒安全执法，拒不执行政府及建设主管部门下达的停工整改指令的，要采取暂扣、吊销证照、停业整顿和经济处罚等措施严肃惩处。对于发生事故的责任单位和责任人，要按照“四不放过”和实事求是、依法依规、注重实效的要求，严肃查处事故的责任单位和责任人。

另外，对如何加强建筑安全监管工作我有三点想法，供与会代表参考和下午重点讨论。一是在党中央国务院领导高度重视安全生产工作，尤其是当前我国为扩大内需，保增长，进一步加大基础设施建设的新形势下，各地建设主管部门如何抓住机遇，进一步加强建筑安全监管队伍建设。二是如何深入学习实践科学发展观，从安全生产法制、体制、机制建设创新等方面深入研究，同时对建筑安全生产各方责任主体，特别是建设单位的安全责任要纳入建设主管部门的监管范围，进一步完善安全监管体系。三是如何结合我国建筑安全生产实际，从加强农民工安全教育培训、加强企业自身建设等多方面入手，继续深化安全监管工作。

以上是今年要重点抓好的几项工作。另外，在此特别强调一点，目前正值节后复工阶段，各地施工现场将陆续开工作业，这也是事故的易发阶段。此外，“两会”即将于下月初召开，各地也要高度警觉，按照国务院安委会关于加强“两会”期间安全生产工作的要求，结合建设系统的实际，建立值班制度，加强现场巡查，消除事故隐患，防止事故的发生，并做好建筑安全生产突发事故的应对工作。为切实加强“两会”期间的安全生产工作，我们将于联络员会后选择一些地区进行调研检查，和地方的同志共同研究加强建筑安全生产工作的有效措施，确保“两会”期间建筑安全生产形势的稳定。

同志们，2009 年的建筑安全生产工作十分繁重、责任十分重大，让我们紧密围绕全国建设工作会议和全国安全生产电视电话会议确定的工作方针和任务，恪尽职守，与时俱进，真抓实干、同心协力，认真做好各项工作，为促进建筑安全生产形势的稳定好转，为加快构建社会主义和谐社会而努力奋斗！

四、特 载

2009 年江苏建筑业发展报告

江苏省住房和城乡建设厅
江苏省统计局
江苏省建筑工程管理局

本报告所使用统计数据是根据省统计局和省住房和城乡建设厅(省建筑工程管理局)共同制定的报表制度采集汇总而来,包括省住房和城乡建设厅(省建筑工程管理局)管理范围内的所有取得建筑业资质的建筑企业(含商品混凝土、钢结构、门窗等工业企业)数据,不包括省外进入江苏施工的建筑企业数据。

2009 年,对于江苏建筑业来说,同全国、全省经济发展一样,是极为困难的一年,又是极不平凡的一年。

面对国际金融危机冲击带来的严峻形势,全省建筑业 500 多万干部职工在省委、省政府正确领导下,以邓小平理论和"三个代表"重要思想为指导,深入贯彻落实科学发展观,坚决执行中央和省委、省政府重大决策部署,坚定信心,团结拼搏,共克时艰,战胜了前所未有的困难,取得了前所未有的成就。全省年度建筑业总产值达到10 582.88亿元,成为全国第一个产值超万亿元的省份;建筑企业获得"鲁班奖"和国优奖的项目双双达到 17 项,均创历史新高。与此同时,全省建筑业在结构调整、转型升级、市场开拓、安全生产等方面都取得显著成绩。

这些情况,既表明江苏建筑业站在了一个新的历史起点,也表明江苏建筑业进入了加快转变发展方式的关键阶段。

一、全省建筑业发展概况——总量率先突破万亿,主要指标刷新纪录

(一) 2009 年江苏建筑业主要经济指标

1. 建筑业总产值 10 582.88 亿元,同比增长 18.0%;

2. 企业营业额 11 554.58 亿元,同比增长 18.7%;

3. 年末从业人员 551.54 万人,同比增长 10.2%;

4. 全行业实现利润 402.30 亿元,同比增长 23.0%;上缴税金 332.58 亿元,同比增长 21.9%;

5. 技术装备率 14 888 元/人,同比增长 20.6%;

6. 动力装备率 8 千瓦/人,同比增长 21.4%;

7. 劳动生产率 186 976 元/人,同比增长 8.0%;

8. 人均劳动报酬 34 100 元/人,同比增长 15.1%。

(二) 在全国同行保持领先

2009 年,在全国建筑行业中,江苏建筑业以占 11%左右的从业人员完成了近 14%的产值总量,继续保持在全国同行中的领先地位。除了从业人员和建筑业总产值在全国各省市区名列第一,建筑企业总数、一级以上资质企业数量、企业营业额、利税总额等主要经济指标和荣获"鲁班奖"、"国优奖"的工程项目,均在全国名列第一。

(三)为富民强省作出新贡献

2009年,建筑业作为我省国民经济的支柱产业和富民强省的优势产业,继续为促进区域经济发展、推进工业化和城市化进程,吸纳就业尤其是吸纳农村富余劳动力就业等方面发挥了重要作用。江苏建筑业2009年增加值2 101亿元,占全省GDP总量6.1%。全省建筑业上缴税金332.58亿元,建筑企业上缴税金超过1亿元的县(市、区),由上年度的52个增加到65个,其中有8个县(市、区)建筑企业上缴税金超过10亿元。有相当数量的县市、乡镇,建筑业成为财政收入的重要支柱。全省建筑业吸纳城乡劳动力550多万人,其中85%来自农村,农民从建筑业获得的收入占全省农民纯收入的28%,其中部分县(市、区)这一比例超过35%。

二、市县建筑业主要情况——

奋发努力超越自我,竞相发展态势良好

全省区域建筑经济各显所长,努力超越自我,迈出新步伐。

2009年,南通、南京、苏州、扬州、泰州5市建筑业产值均超过1 000亿元,其中南通市达2 210亿元。从三大区域看:苏中建筑业总量在全省保持领先,通、扬、泰3市建筑业产值合计达4 611亿元,占全省43.6%。苏南建筑业继续发挥资金密集、技术密集、人才密集的优势,规模和效益同步提升,宁、苏、锡、常、镇5市完成建筑业产值占全省37.90%,利润则占全省43%,其中,苏州、无锡的产值利润率分别高出全省平均值1.20个百分点和2.10个百分点。由于历史原因,苏北地区建筑业规模相对较小,但一直努力从洼地中崛起;徐州、盐城建筑业产值继2007年突破300亿元、2008年突破400亿元后,2009年都突破了500亿元;宿迁市建筑业产值近几年增幅均高于全省平均水平,2009年增长了21.10%。

在"建筑强市(县)"和"建筑之乡"的领先拉动下,县级建筑经济跃上新台阶。

全省建筑企业营业额超100亿元的县(市、区)由2008年的24个增加到29个,超过200亿元的由2008年的8个增加到12个,其中有5个突破300亿元,3个突破400亿元,海门、通州已分别达到533亿元和513亿元。全省列入统计的68个县(市、区)建筑业利税总额均超亿元,比上年增加5个;超过5亿元的达36个,比上年增加4个;超过10亿元的达17个,比上年增加4个;超过20亿元的4个,其中通州、海门分别达到33.65亿元和32.72亿元。

三、建筑企业基本情况——

结构调整进展加快,综合实力明显增强

2009年,全省建筑企业总数15 129家,比上年增加1 930家。按资质等级分,特级企业32家,一级企业765家。虽然全省一级以上资质企业占比为5%左右,但创造的产值占比达到55%以上,说明产业集中度进一步提高。

企业综合实力显著增强是2009年江苏建筑业发展的一大亮点。

全省共13家企业营业额超过100亿元,比上年增加3家;5家企业进入国际工程承包商225强行列,11家企业入选中国承包商60强。上年度评出的全省建筑业综合实力30强、外经10强、钢结构10强和装饰10强企业进一步做大做强,年度营业额增幅最大的超过100%。从面上看,全省施工产值超亿元的企业由上年的1 703家增加到1 940家,5亿元至10亿元的企业由上年的152家增加到180家,10亿元以上的企业由上年的127家增加到159家。

建筑企业结构调整取得重大进展。

根据中央应对金融危机的一揽子计划和国家投资方向的变化,我省迅速出台临时性扶持措施,先后有104家大型总承包企业取得铁路、公路、港口、水利等210项增项资质。坚持以"调优调高"为基本取向,全省建筑业涌现出一批经营特色明显、科技含量较高、市场前景广阔的专业企业。在全年审批的1 237家企业中,专业企业有801家,占审批总数的64.80%,新批专业资质企业数量同比增加136%;专业企业完成产值3 670多亿元,占产值总量的36%,同比增加了3个百分点。基础设施和专业施工能力的快速增强已成为拉动建筑业逆势增长的最大引擎。

建筑企业围绕主业所展开的多元化经营也取得较好成效。

全省建筑企业多元化经营的营业额达到972亿元，比上年增长28%。多元化经营成为部分建筑企业利润的重要来源。

四、应对国际金融危机情况——

危中求进抢抓机遇，克难攻坚乘势而上

随着国际金融危机不断蔓延，江苏建筑业也受到很大冲击，从2008年第三季度起增速开始回落。2009年第一季度全省建筑企业新承建项目和新签工程合同数量同比下降三成左右，许多在建工程处于停滞状态。面对严峻形势，全省建筑行业从上到下，紧紧围绕省委省政府确定的1万亿的年度奋斗目标，坚定信心迎挑战，果断决策定思路，以一系列强有力的举措抢抓机遇，危中求进。首先，抢抓国家和各地加大基础设施建设投入的机遇，通过专业资质增项、与央企联合投标、与相关专业企业兼并整合、为优势企业当配角等方式，大步进入铁路、公路、机场、港口、市政、水利、输油管道等政府重点投资领域。其次，在房建领域瞄准机遇调整市场布局，做到："东方不亮西方亮"——在部分东部地区施工产值下降的情况下，迅速向蕴藏巨大商机的中西部市场转移力量；"占了一线攻二线"——在巩固京、津、沪、深等一线城市建筑市场的同时，向周边二线城市扩张；"捡了西瓜捡芝麻"——既力争大体量大投资的工程，也不放过相对较小的工程。再次，把近20个国家级区域经济规划作为奥运建设高潮后建筑市场的新热点，调兵遣将，快速介入。

经过一系列克难攻坚的努力，至6月底，全省建筑业基本走出困境，全面企稳复苏，全省32家特级资质企业中，完成施工产值与上年同期持平的有6家，增长加快的有26家，占81.30%。第三季度，全省建筑业进一步巩固扩大了转暖回升的势头。之后，随着我国经济全面回升向好和国内房地产市场的升温，江苏建筑业乘势而上，再次进入发展的快车道，第四季度增幅超过20%。

五、承建参建世博工程情况——

各省企业同台竞技，江苏队伍位列榜首

举世瞩目的上海世博会是世博会100多年历史上第一次在发展中国家举办，其场馆建设的高标准、高质量、高水平堪称世界一流。江苏建筑施工企业凭着过硬素质和可靠信誉，成为世博会场馆建设的主力军。全省80多家建筑企业共计承建了英国馆、比利时馆、奥地利馆、阿曼馆、俄罗斯馆、沙特馆、爱尔兰馆、意大利馆、韩国馆和震旦馆、万科馆、气象馆、航空馆、H1世博村酒店等15个世博会场馆总包项目和70多个500万元以上的分包项目，合同总额超过35亿元。江苏是除东道主上海以外，承担世博场馆建设项目最多、工程科技含量最大、施工技术要求最高的省份。承建世博会工程的江苏优势企业有苏中集团、南通四建、通州建总、南通三建、江苏顺通、江苏建设集团、中江公司、常州一建、南通建工等。江苏施工队伍千方百计满足世博场馆各建设方的个性要求，如沙特馆的"月亮船"、英国的"触须馆"、俄罗斯的"色彩之城"，确保工程质量、工程进度和安全生产，获得了广泛赞誉。与此同时，通过与国外建筑师们的合作交流，开阔了眼界，提升了水平，促进了江苏建筑企业的转型升级。

六、埠外市场开拓情况——

市场布局更加优化，施工产值增幅较大

根据省政府关于"大力开拓省外市场"的要求，各级行业主管部门积极为企业搭建平台，组织人员先后到北京、上海、天津、山东、浙江、河南、陕西和安徽等省市开展交流洽谈，签订合作协议。省政府在西安主办的"江苏建筑业优势企业西北推介会"，影响之大、效果之好超过往届。广大建筑企业更是充分发挥"质量优、速度快、信誉高、服务好"的优势，不断提高省外市场占有率。2009年全省出省施工160.90万人，同比增长13%；完成省外施工产值3 872.26亿元，同比增长23.31%；省外施工产值占全省建筑业总产值36.58%,同比提高3个百分点。

从区域市场看:**京津沪市场获得恢复性增长**,在上海的施工产值逼近400亿元,在天津的施工产值首次超过200亿元,北京的增幅也达4.70%。**东北、华北市场保持稳定增长并有所突破**,平均增幅达20%,其中辽宁、河北、山西的增长率超过30%。**东部传统市场打开新局面**,其中在山东完成施工产值372.70亿元,增长34.24%;在广东完成施工产值284.46亿元,增长12.12%;在浙江完成施工产值128.26亿元,增长27.87%。**中西部建筑市场增幅最大**,其中在陕西、甘肃、西藏、云南、湖南、广西、江西7省区的施工产值增长达50%,在四川、贵州增长超过100%。

由于金融危机的影响,境外建筑市场形势比较严峻,全年境外市场营业额38.10亿美元,同比有所下降。

七、工程质量和安全生产情况——分别创出新高新低,双双取得显著成绩

全省建筑企业获得国家级优质工程奖数量创历史新高。

2009年全省建筑企业共获鲁班奖17项(含海外工程3项),国优工程奖17项,均保持全国第一。另外,有44项工程获国家级建筑工程装饰奖,占到全国获奖总数的13%;有11项工程获中国钢结构金奖,有10项工程获中国安装工程奖。与此同时,237项工程获省内"扬子杯",222项工程获省外"扬子杯"。全行业深入贯彻落实质量技术标准,着力加强施工现场质量管理,大力推行精品工程战略,建立全省工程质量监督与检测联动机制,建筑工程质量明显提高,住宅工程分户验收覆盖率与合格率均达100%。全省35个住宅小区被评为"工程质量分户验收示范小区",老百姓对住宅工程质量的投诉明显减少。继续发挥QC小组活动在提高工程质量方面的积极作用,全省共评选一等奖20项,二等奖30项,三等奖50项,优秀奖86项,其数量和水平都较往年有所提高。

全省建筑行业年度事故起数和死亡人数创本世纪以来的新低。

进一步建立健全安全生产管理制度,出台了特种作业人员、安全管理人员、安全生产许可证动态监管等规范性文件;严格安全生产许可证管理,严格对安全生产事故责任单位的处罚。进一步强化安全质量标准化工地考核标准的宣贯,全面实施施工现场安全生产长效管理机制,广泛开展绿色施工、文明施工。通过行业上下的共同努力,全省建筑安全生产形势明显好转。全年共发生建筑施工死亡事故46起,死亡59人,占全年控制目标数的49.17%,未发生一起死亡10人以上的重、特大事故。与上年相比,事故起数下降了28.60%,死亡人数下降了50%。年度安全事故起数和死亡人数均为本世纪以来最低。

八、建筑业科技进步情况——健全科技创新体系,促进科研成果转化

建筑业10项新技术得到广泛应用。

以工程项目为载体,以典型示范为手段,建筑业10项新技术得到广泛应用。南京会议展览中心、江苏省国际图书中心等4项工程通过了全国建筑业新技术应用示范工程的验收。制订了《关于加强我省建筑业新技术应用示范工程成果验收工作的通知》,将新技术应用示范工程的成果评审工作日常化,成熟一项组织评审一项。据测算,成功应用新技术的项目平均每平方米节约资金45.58元,给施工企业和业主带来了直接的经济效益。

企业形成一批具有知识产权的核心技术。

我省建筑业企业为提高自身科技创新能力和主导技术研发水平,采取自我研发,与科研院所、高等学校以及实力雄厚的兄弟企业合作研发等多种形式,在核心技术的研发运用上取得了重大进展。2009年,有54项工法被确定为国家级工法,132项工法被批准为省级工法。目前全省有8家特级企业拥有3项以上的国家级工法,全省特级企业拥有发明专利近300项。

建筑企业技术中心建设有序推进。

2009年建立并通过有关部门认定的省级建筑业技术研发中心31个。

九、人力资源开发情况——人才培养持之以恒，队伍素质不断提升

“六大人才高峰”建设深入展开。

通过切实发挥专门领导小组和人才高峰专家咨询委员会的职能作用，落实企业与高校、科研机构联合实施计划，推动全省建筑行业“六大人才高峰”工作深入展开，20个项目获得省委组织部、省人事厅、省财政厅资助；10名优秀人才和4个优秀人才集体得到了省委组织部、省人事厅、省财政厅联合表彰。

高中低三级培训有序有效。

继续采取专题研讨、以会代训、举办论坛、组织考察等形式，加强行业领军人才培养，先后举办9期以企业管理者为主的高级研讨班。在2008年组织近百期中岗培训的基础上，开展了试验员和资料员的上岗培训工作。全年培训施工员15 734人，完成施工员、机械员、试验员、资料员继续教育15 000余人。与此同时，以1 675所农民工业余学校为依托开展轮训，提高数百万一线从业人员的思想和业务素质。全年新培训合格工人11 979人。

各类人才占比迅速提高，有力支撑产业持续发展。

2009年，全省建筑业技经人员从上年的76.63万增加到85.19万；全省一级注册建造师已达20 637人，二级注册建造师59 338人，总数名列各省市区第一。关键岗位(施工员、质检员、安全员等)持证上岗率从过去的40%上升到80%；主体工种(砌筑工、钢筋工、架子工、建筑电工、建筑焊工等)持证上岗率从过去的35%上升到60%。这说明江苏建筑队伍已从过去的“游击队”逐步成长为训练有素的“正规军”。

十、省内建筑市场管理情况——多项工作齐头并进，有效规范市场秩序

诚信建设和市场监管进一步完善。

全行业推行信用手册制度和诚信体系建设，严格市场准入和清出，对建筑企业产生了激励、监督作用，对违法违规行为起到了遏制作用。制定出台了加强建筑市场管理和建设领域拖欠农民工工资责任追究等一系列规范性文件，并严格执行。44家企业因拖欠农民工工资问题被限制市场准入，36家企业的法人代表被诫勉谈话。进一步加强企业资质的动态监管，依法撤回、注销不符合资质条件的企业1 531家。加强对建造师注册管理，全年共受理各类注册25 600余件，发放执业证章23 000余份。

建设工程招投标监管明显加强。

认真贯彻落实国家九部委有关加强工程建设招投标监管工作意见，与省监察厅联合下发《关于进一步规范政府投资房屋建筑和市政基础设施工程项目招标投标活动的若干规定》，全面规范招投标市场，有效遏制了围标串标行为。全省共发包工程项目24 563个，采用公开招标发包项目13 703个，公开招标金额同比增长18.61%。在全国率先开展建设工程远程异地评标，初步实现标书电子化、评委异地化、评标远程化和管理网络化。

工程造价管理工作扎实开展。

紧紧抓住2008国家计价规范的宣贯，明确了招标控制价调整系数。发布了《建设工程费用定额》、《江苏省房屋修缮工程计价表》、《抗震加固工程定额》等计价依据。指导开展造价咨询企业信用评价，全省共评选3A级企业93家，2A级企业247家。加强对咨询企业动态监管，依法对25家不符合资质条件的企业下发了整改通知，撤回和注销了17家企业资质。全面实施不良行为记录和公示制度，对违法违规行为进行了严肃查处。

工程建设监理工作稳步推进。

制定出台《承担政府投资工程监理企业名录考核标准》，从源头上规范监理企业的市场行为，为政府投资工程储备了一批技术强、信誉高、服务好的监理企业。大力推进工程建设组织实施方式改革，建立政府投资工程集中代建机构31家，培育项目管理试点企业147家。省人大代表和政协委员在调研时充分肯定集中代

建制在节约投资、提高质量、预防腐败方面所产生的典型示范作用。

十一、主要存在的问题和对策举措——调优做强两场联动，科学发展开创新局

在战胜国际金融危机、取得巨大发展成就的同时，江苏建筑业也面临一些需要深入研究和解决的问题。虽然我省建筑业总产值已超过一万亿，居全国第一，但从综合实力上讲，我们只能称之为大，不能称之为强。不要说与发达国家建筑业相比，就是与中央企业和兄弟省市的大型民营企业相比，我们的人均劳动生产率、科技转化率、核心竞争力、体制机制创新、品牌知名度、人才资源等各方面都有较大差距。江苏至今还缺少又大又强的建筑企业“航母”。另外，建筑市场上最低价中标、保证金名目繁多和垫付工程款、拖欠工程款等现象仍困扰着企业发展。

在新的一年里，全省建筑行业要坚持以邓小平理论和“三个代表”重要思想为指导，深入贯彻落实科学发展观，把加快经济发展方式转变作为重要目标和战略举措，着力调优做强建筑业——认真探索万亿元产值背景下全省建筑业发展的新路径，加快产业结构调整和转型升级步伐，统筹区域建筑经济协调发展，推进建筑强省进程；“两场联动”抓管理——加强全省建筑市场管理，进一步规范建筑市场秩序，加强工程施工现场管理，推动工程质量和安全生产形势好转，促进和谐行业建设。

（一）进一步加强发展战略研究，精心组织编制全省建筑业“十二五”规划。

认真研究万亿元产值背景下全省建筑业发展的思路和举措，科学合理的制定建筑业下一步的发展目标，为全行业的发展提供帮助指导。认真总结建筑业“十一五”规划的实施情况，分析当前建筑业发展面临的形势，开展“十二五”规划的研究编制，调整建筑业发展战略，改革创新，锐意进取，力争在“十二五”期末实现由建筑大省向建筑强省的转变。

（二）面对后金融危机时期的压力与挑战，加快产业结构调整推动发展方式转变。

一是进一步调整优化建筑业企业结构。通过产业政策和行政手段，科学、合理的调控企业资质等级和数量，形成大中小结构合理、总分包比例协调的企业结构形式。二是加快培育基础设施领域的专业企业。改变江苏建筑业在专业技术领域和基础设施领域市场竞争能力相对薄弱的状况，在培育扶持100多家基础设施领域专业企业的基础上，今年继续采取扶持措施，帮助我省企业尽快进入政府重点投资领域。三是加快企业经营管理方式的创新。要改革传统施工承包方式，大力发展工程总承包，实现经营方式的换代升级；有条件的企业要扩大投资在企业运营中的比重，实现施工经营与资本经营有机结合，把单一消耗型产业改造成集约经营、产品生产、投入产出型的产业。四是更加注重信息化与建筑业的结合，提高建筑业发展质量。要以信息化为手段，推动建筑企业在经营管理、安全生产、科技创新、工程质量、人才培养等方面的全面提升。在今后组织强市强县和优势企业评选时，要更加注重建筑业的发展质量，更加注重科技、人才、品牌、核心竞争力、诚信履约等因素，引导全行业走规模与质量并重、外延与内涵兼顾的发展道路。要加强出省企业党的建设工作，充分发挥党组织的战斗堡垒作用。

（三）创新建筑业发展的体制机制，进一步激发生机与活力。

继续优化建筑企业所有制结构，少部份尚未改制的国有建筑企业要主动引进各类资本要素参与企业的股份制改造，努力形成复合所有制的产权结构；部分股权过于分散的企业，要加快股权向经营管理者集聚；部分股权过于集中的企业，要通过股权流转，集聚发展要素，化解经营管理风险。大力推进企业兼并和重组，鼓励行业龙头企业、优势企业兼并重组落后企业、困难企业，通过兼并重组形成一批具有雄厚实力和竞争优势的大企业大集团。全省龙头骨干企业要争取早日到境内外证券市场上市。在管

理机制上要进一步完善企业法人治理结构,压缩管理半径、提高决策效率、再造企业管理流程。要充分利用信息手段改造提升建筑业。

(四)进一步推动科技进步和人才开发,大力培植建筑业发展后劲。

积极探索以科技进步和技术创新推动建筑业转型升级的有效措施。加快建立健全科技进步的创新体系,加大有效投入,培育自主创新能力,实现科技成果向现实生产力的转化。进一步加快企业技术研发中心建设,组织技术难题攻关,做好技术总结和工法、专利编写申报,力争在前沿技术、核心技术和应用技术领域取得突破。更加积极地开发、推广和应用各种新技术、新工艺、新设备、新材料,特别是建筑业10项新技术。要利用高新技术改造传统建筑业,淘汰落后生产技术,淘汰高能耗、高污染的生产工艺。加快建筑业人才培养,卓有成效地实施"六大人才高峰"建筑业项目和市场急需人才培训工作。着力培养和造就一个高素质的企业家群体,一批业务精通、经验丰富的技术把关人才和精于管理、善于开拓的项目经营人才,一支技术精、能吃苦、守纪律的一线操作工队伍。

(五)继续加大外埠市场开拓力度,寻找后危机时期建筑业新的增长点。

一是要紧紧把握国家经济发展的总体规划,对国内建筑市场作前瞻性布局。去年至今,国务院已批准22部区域性规划,形成了东部率先、西部开发、中部崛起和东北振兴"四大板块",以及长三角、珠三角、环渤海等"八大经济圈",奥运、世博后建筑市场的热点也逐步形成。要以现有市场为依托,调整加强管理力量,将分散的、零星的队伍向重点市场集中,建立集约化的市场体系。二是紧紧瞄准我省经济结构调整契机,扩大高端建筑市场份额。今年江苏把新能源、新医药、新材料等新兴产业放到优先发展的位置,把利用先进适用技术改造提升传统产业提上议事日程,这将为江苏建筑业进入高端市场提供新的商机。要充分发挥地域优势,利用天时、地利,进一步提高本省市场份额。三是紧紧抓住世界经济恢复性增长的机遇,争取在国际工程承包领域取得新的突破。特别要借助全球金融危机给我国制造业企业带来的前所未有的海外投资机遇,收集相关信息,开展互利合作,随着这股海外投资热潮走出去,扩大国际工程承包市场份额。

(六)努力推动区域协调发展,帮助苏北建筑业早日崛起。

制定出台促进全省建筑业区域协调发展、提升苏北建筑企业竞争力的指导性意见,帮助、扶持、促进苏北建筑业加快发展。对苏北建筑业企业按照扶优扶强的原则,在产业政策、市场准入等方面给予适当倾斜,减免苏北建筑企业相关费用,减轻企业负担,提高企业市场竞争力。帮助苏北企业有重点地开拓省内外总承包市场,使之参与国际工程承包市场的分工和合作。鼓励苏北企业创建优质工程,提升企业形象,打造苏北建筑品牌。开展与苏中、苏南建筑业的对口交流,建立苏北与苏南、苏中建筑业区域合作通道,搭建合作平台。

(七)加强建筑市场监管,努力创造良好的市场环境。

继续推进建筑市场诚信体系建设。进一步完善建筑市场准入和清出机制。制定出台建筑市场各方主体信用评定和考核办法,利用行政和经济手段,从市场准入、资质升级等方面实行差别化管理。完善各类企业和人员的市场行为标准,建立诚信激励和失信惩戒机制。建立全省承揽工程限制企业名单。以政府投资工程为依托,通过对承包商市场行为的动态考核和量化评估,推进各地建立政府投资工程预选承包商名录,为政府投资工程储备一批信誉好、管理严、质量优的优秀施工队伍。加快构建全省建筑市场诚信信息平台。

进一步加大建筑市场监管力度。建立完善建筑市场动态监管的办法措施,制定出台建筑市场各方主体行为的动态监管办法,采用记分制和颜色标识等方法进行分类管理。加强对外来企业和人员的市场行为监管,进一步规范备案管理，完善备案手续，将外来企业和人员全部纳入全省统一的建筑市场监管体系。努力增强监管工作的有效性，以工程项目为切入点，从项目报建、规划审批、招标投标、质量监督、合同履行、竣工验收等环节，实行环环紧扣、层层把关的全过程、全方位管理。

进一步做好建筑市场招投标、工程造价和监理工作。创新工程建设招投标方式。针对全省招投标市场存在的问题开展专题调研，修改完善相关政策措施。认真研究制定串标、围标以及弄虚作假等行为的认定办法，建立全省招标投标联合巡查制度，及时查处招投标过程中的各种违法违规行为。加快建立以市场为导向的工程造价机制。加强造价咨询市场的动态监管，研究制定建筑工程“优质优价”实施办法。修订完善现场安全文明措施费的管理办法以及建筑工程施工合同范本，建立健全工资定额、消耗标准、工程价格调整机制。着力加强工程监理工作。研究制定发展工程监理与项目管理一体化的政策措施。

（八）进一步加强施工现场管理，切实做好工程质量和安全生产工作。

完善建设工程质量安全管理体系，夯实工作基础。严格落实质量安全生产责任制，制定出台建设工程安全质量事故责任认定办法，进一步明确工程参建各方主体和注册执业人员的质量安全责任要求，落实工程质量安全终身责任追究制。要建立省级部门之间、省市县主管部门之间、同一部门不同处室之间、市场和现场之间等全方位的联动监管工作机制，推行工程质量报告和保险制度，及时、全面地掌握工程质量动态，切实防范和化解工程质量风险。

进一步创新监管方式，提高监督管理效能。加强工程建设现场动态管理，研究制定工程质量安全现场动态管理标准和考核办法，探索建立工程质量检测强制抽检模式。开展以信息化建设为辅助管理的“质监通”、“安监通”等工程建设现场动态管理措施的研究。

进一步突出监管工作重点，促进工程质量安全水平稳步提升。继续探索施工实时监测和工程远程监控的管理措施，加强对危险性较大的分项工程的安全管理，强化工程突发险情和事故的应急处置。着力加强重大项目的质量安全管理，研究轨道交通等重大工程项目质量安全管理措施，建立重大工程项目质量安全督查和信息报送制度。进一步落实住宅工程分户验收制度，研究住宅工程质量通病防治措施。

附表1:2009年江苏建筑业主要经济技术指标完成情况与上年对比

类别	指标名称	计量单位	2009年	2008年	与2008年对比(%)
生产指标	企业营业额	亿元	11 554.58	9 731.56	18.73
	建筑业总产值	亿元	10 582.88	8 972.41	17.95
	其中:本　省	亿元	6 710.62	5 832.07	15.06
	出　省	亿元	3 872.26	3 140.34	23.31
	劳务收入	亿元	146.6	123.28	18.92
建筑业总产值超亿元的企业个数	产值超亿元企业个数	个	1 940	1 703	13.92
	其中:1亿~2亿元	个	911	856	6.43
	2亿~5亿元	个	690	568	21.48
	5亿~7亿元	个	111	92	20.65
	7亿~10亿元	个	69	60	15.00
	10亿元以上	个	159	127	25.20
人　数	计算劳动生产率平均人数	万人	566	524.30	7.95
	其中:本　省	万人	405.1	381.91	6.07
	出　省	万人	160.9	142.39	13.00
	年末从业人员人数	万人	551.54	500.67	10.16
	其中:技经人员	万人	85.19	76.63	11.17
资　产	资产合计	亿元	7 962	6 317.81	26.02
	固定资产合计	亿元	1 187.42	953.51	24.53
	机械设备净值	亿元	824.39	617.99	33.40
	负债总计	亿元	4 473.81	3 858.72	15.94
	所有者权益合计	亿元	3 488.19	2 459.09	41.85
收入及利润	企业总收入	亿元	9 602.71	7 960.25	20.63
	工程结算收入	亿元	9 283.91	7 658.93	21.22
	利润总额	亿元	402.33	327.08	23.01
	上缴税金	亿元	332.58	272.80	21.91
应收工程款		亿元	1 371.83	1 161.76	18.08
相对指标	劳动生产率	元/人	186 976	173 123	8.00
	其中:本　省	元/人	165 653	153 575	7.86
	出　省	元/人	240 663	225 558	6.70
	人均利润	元/人	7 357	7 107	3.52
	人均利税	元/人	13 211	13 034	1.36
	技术装备率	元/人	14 888	12 343	20.62
	动力装备率	千瓦/人	8	6.59	21.40
	人均劳动报酬	元/人	34 100	29 630	15.09
	营业利润率	%	4.28	4.11	4.14
	产值利润率	%	3.80	3.65	4.29
	净资产收益率	%	7.67	7.48	2.54
	技经人员比例	%	15.45	15.31	0.91

附表 2:2009 年江苏省建筑业企业出省施工主要指标与上年对比

地　区	施工产值(亿元)			施工面积(万平方米)			竣工面积(万平方米)			计算生产率的平均人数(人)		
	2009 年	2008 年	同期对比(%)	2009 年	2008 年	同期对比(%)	2009 年	2008 年	同期对比(%)	2009 年	2008 年	同期对比(%)
出省合计	3 872.26	3 140.34	123.31	39 765.09	35 702.37	111.38	15 144.61	13 398.73	113.03	1 608 975.00	1 423 879.00	113.00
北京	346.62	331.07	104.70	3 908.29	4 124.21	94.76	1 739.37	1 664.55	104.49	136 740.00	144 605.00	94.56
上海	396.33	354.86	111.69	3 165.69	3 283.47	96.41	1 252.94	1 413.79	88.62	159 602.00	143 246.00	111.42
天津	208.79	188.98	110.48	2 481.91	2 045.31	121.35	824.76	586.61	140.60	88 885.00	81 175.00	109.50
黑龙江	115.10	98.01	117.44	1 150.69	1 048.60	109.74	576.92	592.81	97.32	54 327.00	49 926.00	108.82
辽宁	189.13	144.36	131.01	2 386.26	1 794.83	132.95	602.67	561.27	107.38	70 909.00	55 979.00	126.67
吉林	64.76	61.88	104.66	832.74	892.61	93.29	419.63	401.17	104.60	33 310.00	35 224.00	94.57
内蒙古	152.36	123.06	123.81	160.10	136.20	117.55	492.57	504.17	97.70	66 257.00	52 995.00	125.03
河北	240.61	173.15	138.96	3 916.51	2 644.50	148.10	979.42	652.35	150.14	104 107.00	80 530.00	129.28
河南	83.16	72.20	115.18	842.01	738.11	114.08	366.63	269.52	136.03	36 617.00	33 075.00	110.71
山西	128.41	94.53	135.84	1 633.19	1 286.05	126.99	599.67	372.69	160.90	52 134.00	44 329.00	117.61
陕西	152.06	100.65	151.07	1 621.07	1 222.21	132.63	540.62	466.02	116.01	59 745.00	48 276.00	123.76
新疆	74.64	64.76	115.25	774.07	659.91	117.30	333.71	300.24	111.15	33 695.00	30 591.00	110.15
宁夏	17.91	16.85	106.32	138.02	116.50	118.47	68.96	66.29	104.02	7 816.00	7 156.00	109.22
青海	36.06	27.59	130.71	531.96	322.82	164.78	164.16	134.94	121.65	19 591.00	12 556.00	156.03
甘肃	16.66	10.55	157.87	100.37	99.21	101.17	41.75	58.90	70.89	7 227.00	5 124.00	141.04
西藏	0.69	0.44	157.02	1.52	0.69	220.91	1.25	0.69	181.16	342.00	234.00	146.15
四川	91.54	42.48	215.50	899.24	523.62	171.74	304.69	134.33	226.83	35 245.00	17 500.00	201.40
贵州	21.50	9.73	220.97	159.76	81.12	196.94	52.44	39.58	132.48	8 020.00	3 709.00	216.23

续 表

地 区	施工产值(亿元)			施工面积(万平方米)			竣工面积(万平方米)			计算生产率的平均人数(人)		
	2009 年	2008 年	同期对比(%)	2009 年	2008 年	同期对比(%)	2009 年	2008 年	同期对比(%)	2009 年	2008 年	同期对比(%)
云南	28.16	18.80	149.81	153.92	104.54	147.24	55.19	62.99	87.62	8 463.00	7 082.00	119.50
安徽	256.02	211.38	121.12	2 800.78	2 442.16	114.68	1 264.14	1 025.53	123.27	115 600.00	103 995.00	111.16
浙江	128.26	100.31	127.87	676.36	596.41	113.41	309.85	290.30	106.73	48 378.00	45 044.00	107.40
江西	59.04	37.86	155.94	246.46	229.62	107.33	131.10	110.92	118.19	21 638.00	16 663.00	129.86
福建	71.75	65.06	110.29	492.51	549.72	89.59	237.48	270.95	87.65	24 338.00	26 534.00	91.72
山东	372.70	277.64	134.24	5 092.39	4 265.14	119.40	1 827.84	1 637.21	111.64	180 830.00	159 108.00	113.65
广东	284.46	253.70	112.12	2 411.59	2 245.95	107.38	868.86	764.20	113.69	101 601.00	100 942.00	100.65
海南	42.77	30.62	139.69	477.98	329.16	145.21	124.51	54.03	230.45	15 853.00	11 506.00	137.78
湖北	102.33	86.43	118.39	1 104.61	1 067.70	103.46	387.01	483.08	80.11	44 285.00	38 798.00	114.14
湖南	38.66	25.66	150.65	289.17	201.22	143.71	73.68	26.15	281.75	14 656.00	7 651.00	191.56
广西	34.31	22.59	151.88	247.39	209.19	118.26	69.67	60.61	114.94	11 207.00	10 250.00	109.34
重庆	51.86	49.84	104.06	881.94	1 013.81	86.99	326.24	336.43	96.97	24 731.00	21 788.00	113.51
不分地区	65.61	45.32	144.76	186.56	110.48	168.87	106.89	45.66	234.09	22 826.00	23 370.00	97.67

附表 3:2009 年江苏 13 个省辖市建筑业主要指标名次

市别	建筑业总产值		在外省完成产值		境外营业额		年末从业人数		工程结算收入		资产合计		所有者权益		利润总额		利税总额	
	数据(亿元)	名次	数据(亿元)	名次	数据(千美元)	名次	数据(万人)	名次	数据(亿元)	名次	数据(亿元)	名次	数据(亿元)	名次	数据(亿元)	名次	数据(亿元)	名次
甲	1	2	3	4	5	6	7	8	9	10	11	12	13	14	15	16	17	18
南京市	1 306.98	2	403.43	4	931 273	2	55.92	5	1 423.18	2	1 535.82	1	543.47	1	62.35	2	112.08	2
无锡市	581.1	7	94.53	10	7 090	8	30.63	9	572.07	7	516.69	7	438.34	4	32.10	4	58.14	9
徐州市	510.77	9	182.31	5	5 878	11	35.36	6	466.74	8	337.45	9	168.92	9	23.44	7	40.22	7
常州市	640.64	6	155.49	6	107 767	5	29.35	10	598.50	6	533.90	6	228.06	6	21.78	8	41.24	6
苏州市	1 171.02	4	132.66	8	59 129	7	66.94	2	1 226.45	3	1 337.32	2	505.72	2	56.74	3	98.16	3
南通市	2 210.48	1	1 168.4	1	1 101 965	1	95.30	1	1 904.82	1	1 295.42	3	460.77	3	78.44	1	152.83	1
连云港市	241.38	12	91.12	11	0	12	17.42	13	211.03	12	165.51	12	69.89	12	11.24	13	15.64	13
淮安市	474.65	10	131.52	9	89 837	6	33.03	8	393.18	10	227.86	11	116.07	11	14.16	10	29.78	10
盐城市	517.72	8	142.67	7	61 020	10	34.81	7	463.91	9	314.20	10	161.83	10	17.84	9	36.62	8
扬州市	1 288.03	3	665.77	2	305 617	4	59.55	3	837.60	4	612.24	4	195.83	7	33.16	5	63.57	4
镇江市	310.28	11	72.12	12	66 726	9	18.33	12	306.66	11	401.23	8	345.70	5	13.15	11	19.71	11
泰州市	1 118.39	5	581.44	3	563 681	3	56.10	4	698.02	5	586.81	5	190.77	8	26.21	6	59.40	5
宿迁市	211.44	13	50.8	13	0	12	18.80	11	181.75	13	97.56	13	62.83	13	11.72	12	16.25	12

附表3(续):2009年江苏13个省辖市建筑业主要指标名次

市别	劳动生产率		人均利润		人均报酬		营业利润率		净资产收益率		资产负债率		技经人员所占比例		技术装备率	
	数据(元/人)	名次	数据(元/人)	名次	数据(元/人)	名次	数据(%)	名次	数据(%)	名次	数据(%)	名次	数据(元/人)	名次	数据(元/人)	名次
甲	1	2	3	4	5	6	7	8	9	10	11	12	13	14	15	16
南京市	17 632.32	5	14 364.37	1	29 218	6	11.14	1	21.32	4	61.93	4		1	30 188	1
无锡市	15 690.74	6	6 653.40	6	51 266	1	10.30	2	14.11	11	39.73	11	20.88	3	19 267	3
徐州市	8 230.41	12	7 763.62	5	25 413	10	8.23	7	20.45	6	49.94	8	16.94	7	14 352	10
常州市	17 801.17	4	8 042.55	4	35 636	5	8.11	8	15.15	13	57.28	6	16.50	8	14 517	9
苏州市	17 933.85	3	11 936.99	2	26 927	9	8.74	4	12.53	12	62.18	3	17.87	6	18 158	6
南通市	24 681.9	1	9 609.57	3	49 847	2	10.08	3	30.73	1	62.30	2	21.25	2	20 356	2
连云港市	11 073.64	9	4 603.80	12	24 675	12	7.42	12	16.41	10	57.77	5	15.42	9	12 470	13
淮安市	12 829.1	8	4 407.97	13	28 207	7	8.72	5	21.16	5	44.16	10	11.15	13	13 416	12
盐城市	8 726.12	11	5 664.57	9	27 324	8	8.10	9	18.25	9	48.61	9	15.22	10	17 822	7
扬州市	23 349.73	2	5 881.99	8	38 256	3	8.64	6	25.76	2	64.35	1	18.31	5	18 803	4
镇江市	10 230.38	10	6 287.30	7	24 911	11	7.68	11	15,84	8	38.77	12	12.99	11	16 205	8
泰州市	12 404.59	7	4 972.46	11	36 259	4	8.01	10	24.29	3	55.31	7	19.32	4	18 177	5
宿迁市	4 326.56	13	5 396.50	10	22 361	13	7.36	13	19.62	7	35.59	13	12.68	12	13 734	11

附表4:2009年江苏省各县(市、区)建筑业主要指标名次

县(市、区)别	企业营业额		所有者权益		利税总额		劳动生产率		人均报酬	
	数据(千元)	名次	数据(千元)	名次	数据(千元)	名次	数据(元/人)	名次	数据(元/人)	名次
甲	1	2	3	4	5	6	7	8	9	10
通州区	51 302 178	2	7 533 277	7	3 365 286	1	274 675	1	73 754.13	1
海门市	53 307 518	1	9 249 923	1	3 272 421	2	254 148	5	50 291.58	2
启东市	27 482 796	6	6 133 689	9	2 084 246	3	208 503	14	46 990.49	3
宜兴市	20 558 928	12	8 144 989	6	2 021 252	4	242 976	7	45 558.55	4
江都市	43 722 837	3	5 189 945	12	1 910 840	5	239 582	8	45 176.54	5
如皋市	32 873 864	5	5 687 960	11	1 906 490	6	212 399	13	43 068.60	6
江宁区	23 462 561	9	8 774 323	3	1 820 644	7	203 583	16	42 813.56	7
姜堰市	26 567 114	7	3 962 448	20	1 693 179	8	260 409	2	42 747.75	8
武进区	19 565 633	13	8 337 169	4	1 573 273	9	247 979	6	41 981.72	9
海安县	36 331 683	4	5 974 779	10	1 545 783	10	259 434	4	40 891.21	10
昆山市	17 873 392	16	8 262 871	5	1 541 419	11	164 365	32	39 513.51	11
吴中区	11 952 760	23	5 175 124	13	1 231 323	12	219 367	11	39 230.08	12
如东县	18 460 243	14	4 253 672	16	1 191 760	13	224 677	10	39 063.80	13
溧阳市	21 792 095	10	4 010 643	19	1 177 085	14	232 428	9	38 940.00	14
高邮市	21 063 916	11	3 088 360	26	1 079 783	15	195 415	21	35 351.22	15
泰兴市	24 512 577	8	2 877 510	27	1 057 760	16	167 961	29	34 615.75	16
阜宁县	12 378 049	22	2 771 035	28	1 032 190	17	170 979	26	33 486.34	17
工业园区	11 721 351	25	4 011 019	18	997 297	18	217 503	12	32 124.86	20
常熟市	11 862 589	24	4 232 821	17	992 862	19	175 891	25	32 091.21	21
邗江区	16 788 872	17	3 090 608	25	913 325	20	203 093	17	31 900.63	23
铜山县	11 299 274	26	3 399 080	21	878 568	21	146 881	48	31 285.70	25
靖江市	16 603 151	19	4 461 376	15	860 895	22	168 989	27	31 150.99	26
江阴市	11 239 004	27	4 926 748	14	809 715	23	159 165	39	31 017.10	28
吴江市	9 422 095	31	3 259 642	23	782 930	24	158 199	41	30 734.12	29
张家港市	8 650 281	32	3 265 835	22	776 992	25	159 963	38	30 334.15	30
仪征市	16 716 609	18	2 250 466	32	729 000	26	201 883	18	30 030.24	31
宝应县	17 947 607	15	1 167 902	45	710 005	27	204 903	15	29 887.81	32
高淳县	13 714 554	20	2 762 483	29	662 466	28	198 780	20	29 857.96	33
浦口区	9 973 321	30	3 099 325	24	596 218	29	194 665	22	29 355.96	34
淮阴区	7 861 009	36	2 190 468	33	593 605	30	157 588	42	29 121.24	35
楚州区	10 846 277	28	1 759 910	37	566 094	31	134 424	54	28 923.80	36
六合区	8 407 479	34	9 104 730	2	543 681	32	164 263	33	28 776.16	37
盐都区	8 123 820	35	1 795 010	36	542 967	33	144 028	49	28 524.78	38
兴化市	13 095 563	21	1 493 043	42	532 518	34	181 468	24	28 241.60	39
句容市	6 205 894	41	1 017 067	48	522 890	35	148 931	46	27 988.33	40

续 表

县(市、区)别	企业营业额		所有者权益		利税总额		劳动生产率		人均报酬	
	数 据（千元）	名次	数 据（千元）	名次	数 据（千元）	名次	数 据（元/人）	名次	数 据（元/人）	名次
甲	1	2	3	4	5	6	7	8	9	10
金坛市	10 546 729	29	2 717 733	30	514 630	36	260 190	3	27 044.34	41
建湖县	7 561 440	38	1 941 497	35	450 501	37	166 790	30	26 784.34	42
溧水县	8 435 219	33	1 581 808	40	429 275	38	154 791	43	26 666.95	43
沛县	7 435 564	40	1 529 218	41	404 935	39	106 710	65	26 555.68	44
涟水县	7 469 601	39	1 239 293	44	391 622	40	152 901	44	26 407.50	45
泗阳县	3 472 292	52	1 315 385	43	390 623	41	163 439	34	26 333.33	46
太仓市	5 093 763	44	2 307 342	31	366 328	42	122 023	60	32 031.29	22
丹阳市	4 345 864	48	1 740 628	38	339 329	43	131 636	55	25 988.90	47
赣榆县	7 604 934	37	1 137 434	46	327 777	44	112 355	64	25 936.25	48
锡山区	4 382 586	47	6 501 910	8	304 561	45	160 517	37	32 828.13	18
惠山区	4 453 836	46	2 123 433	34	292 466	46	115 032	63	32 715.36	19
泗洪县	3 740 637	50	708 274	58	272 880	47	103 128	66	25 607.15	49
丰县	5 438 143	43	1 115 607	47	251 092	48	143 680	50	25 394.03	50
相城区	4 709 592	45	1 678 448	39	249 279	49	151 934	45	31 018.99	27
东海县	3 246 620	53	948 895	49	241 522	50	129 234	56	23 758.25	51
滨海县	3 475 416	51	834 466	54	199 638	51	126 047	58	23 739.78	52
大丰市	3 214 167	54	915 693	51	186 246	52	127 468	57	23 702.47	53
盱眙县	2 659 318	57	735 705	56	179 634	53	139 600	52	23 588.21	54
洪泽县	3 179 066	55	622 664	62	179 455	54	160 817	36	23 475.12	55
沭阳县	2 629 020	58	876 874	53	173 119	55	100 734	67	23 132.05	56
灌南县	2 596 497	59	466 825	65	168 251	56	199 823	19	23 094.25	57
邳州市	2 073 702	63	727 644	57	162 988	57	118 420	62	22 893.65	58
东台市	4 011 383	49	761 535	55	161 288	58	121 313	61	22 863.09	59
响水县	1 847 466	65	485 685	64	150 809	59	183 807	23	22 825.11	60
张家港保税区	1 653 473	66	691 031	59	150 469	60	158 511	40	31 833.61	24
扬中市	1 619 011	67	881 618	52	148 297	61	95 647	68	22 722.33	61
灌云县	2 192 235	61	516 070	63	148 237	62	165 803	31	22 522.82	62
宿豫县	3 146 670	56	638 983	61	148 076	63	143 164	51	22 112.38	63
金湖县	5 658 689	42	435 147	67	144 479	64	162 485	35	21 619.95	64
射阳县	1 955 202	64	645 966	60	136 631	65	138 541	53	21 218.17	65
新沂市	2 345 217	60	916 224	50	135 456	66	125 067	59	21 204.28	66
丹徒区	1 592 446	68	462 834	66	120 233	67	168 460	28	20 297.81	67
睢宁县	2 153 984	62	319 377	68	118 511	68	147 891	47	18 803.80	68

2009 年江苏省建筑安全生产形势分析报告

江苏省建筑工程管理局

（2010 年 1 月 25 日）

2009 年我省完成建筑业总产值超过 10 300 亿元，比去年同期增长 15%以上，房屋建筑施工面积 42 000 万平方米，各类工程总造价达 5 600 亿元。在全省建筑业总产值和建筑施工面积大幅度增加的情况下，全省各级建设主管部门、建筑施工安全监督机构，全面落实科学发展观，坚持“安全第一、预防为主、综合治理”的方针，按照国家住房和城乡建设部、省政府“安全生产年”工作的总体部署和要求，扎实开展建筑施工安全生产各项工作，认真开展“三项行动”和“三项建设”工作，加强建筑施工安全生产隐患排查治理，着重加强对春节后复工，“两会”、“安全生产月”期间，五一、国庆、元旦等重大节假日，雨汛季节、夏冬季节、日全食等特殊时段的安全生产进行重点监控，全省建筑施工安全生产管理水平得到了有效提高，建筑施工安全生产各项指标均保持在控制指标以内。

一、2009 年全省建筑安全生产总体情况

截止 2009 年 12 月 31 日，我省共发生建筑施工安全事故 50 起，死亡 63 人，与去年同期相比，事故起数减少 3 起、死亡人数减少 11 人，分别下降 5.7%和 14.9%。死亡人数占全年建设厅和建管局下达控制目标的 70%，连续两年实现事故起数和死亡人数双下降。

2009 年全省有 7 个地区死亡人数比去年同期有所下降，分别是：南京、常州、南通、连云港、淮安、镇江和泰州；2 个地区和去年持平，分别是：徐州、扬州；4 个地区死亡人数比去年同期有所上升，分别是：无锡、苏州、盐城、宿迁。

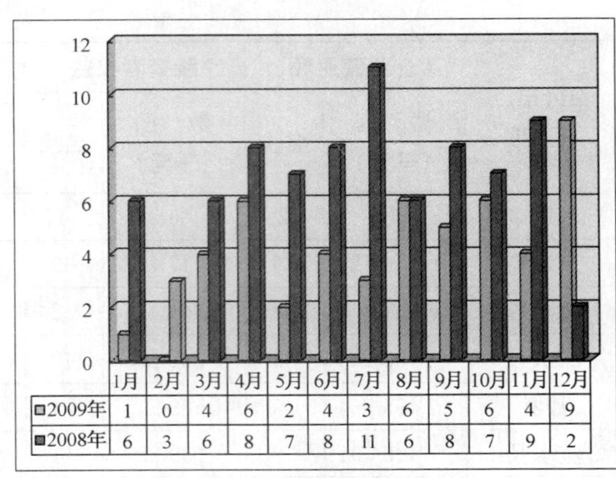

	1月	2月	3月	4月	5月	6月	7月	8月	9月	10月	11月	12月
2009年	1	0	4	6	2	4	3	6	5	6	4	9
2008年	6	3	6	8	7	8	11	6	8	7	9	2

2008、2009 年每月建筑施工事故起数比较

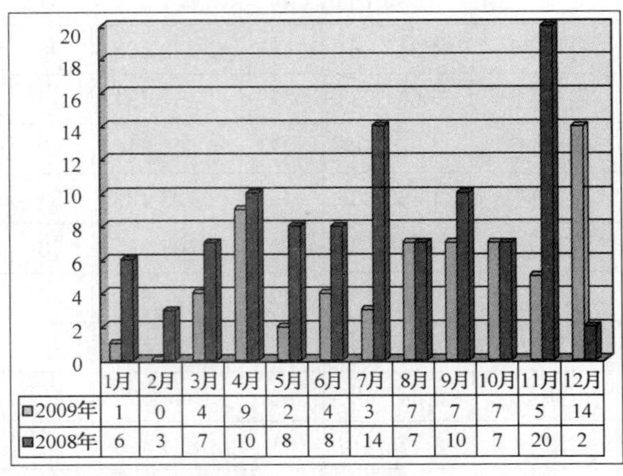

	1月	2月	3月	4月	5月	6月	7月	8月	9月	10月	11月	12月
2009年	1	0	4	9	2	4	3	7	7	7	5	14
2008年	6	3	7	10	8	8	14	7	10	7	20	2

2008、2009 年建筑施工事故每月死亡人数比较

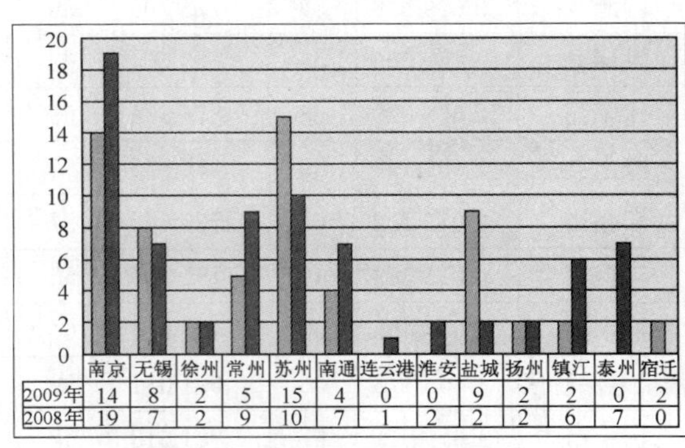

	南京	无锡	徐州	常州	苏州	南通	连云港	淮安	盐城	扬州	镇江	泰州	宿迁
2009年	14	8	2	5	15	4	0	0	9	2	2	0	2
2008年	19	7	2	9	10	7	1	2	2	2	6	7	0

2008、2009 年各市建筑施工事故死亡人数比较

2009 年全省绝大部分地区事故死亡人数未突破全年的控制目标，只有盐城 1 个城市突破了厅局下达的控制目标，而且认定还有异议，因为后 3 起盐城市安监局认为都不在建筑监管范围内。

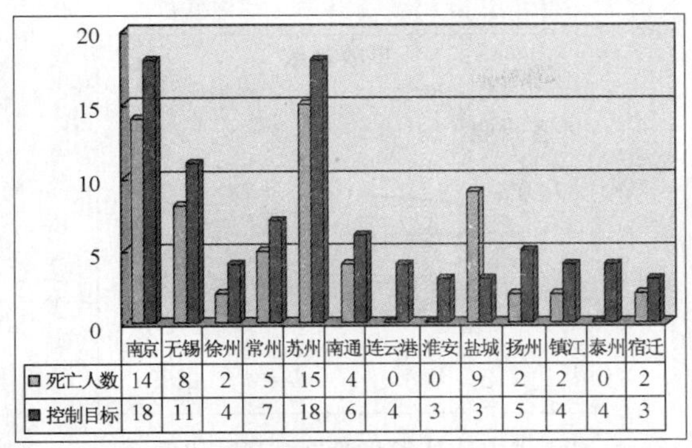

	南京	无锡	徐州	常州	苏州	南通	连云港	淮安	盐城	扬州	镇江	泰州	宿迁
死亡人数	14	8	2	5	15	4	0	0	9	2	2	0	2
控制目标	18	11	4	7	18	6	4	3	3	5	4	4	3

各市事故死亡人数和控制目标数比较

2009年我省发生较大以上事故3起，死亡11人，其中无锡1起，死亡3人，事故起数和死亡人数分别占33.3%和27.3%；盐城1起，死亡4人，事故起数和死亡人数分别占33.3%和36.4%；苏州1起，死亡4人，事故起数和死亡人数分别占33.3%和36.4%。未发生重特大生产安全事故。

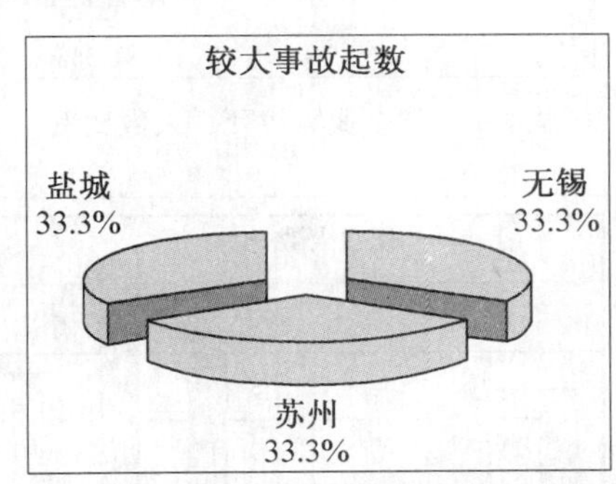

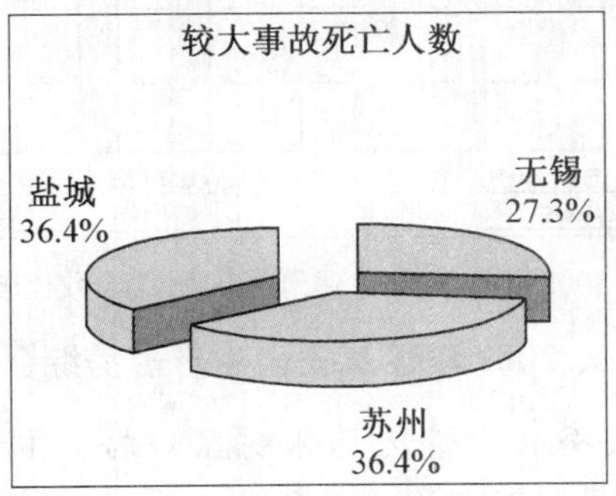

二、专项分析

事故类型：高处坠落事故28起，死亡31人，占总数的56%和49.2%；坍塌事故7起，死亡13人，占总数的14%和20.6%；起重伤害事故5起，死亡8人，占总数的10%和12.7%；物体打击事故6起，死亡7人，占总数的12%和11.1%；触电事故2起，死亡2人，占总数的4%和3.2%；中毒事故1起，死亡1人，占总数的2%和1.6；其他伤害事故1起，死亡1人，占总数的2%和1.6%。

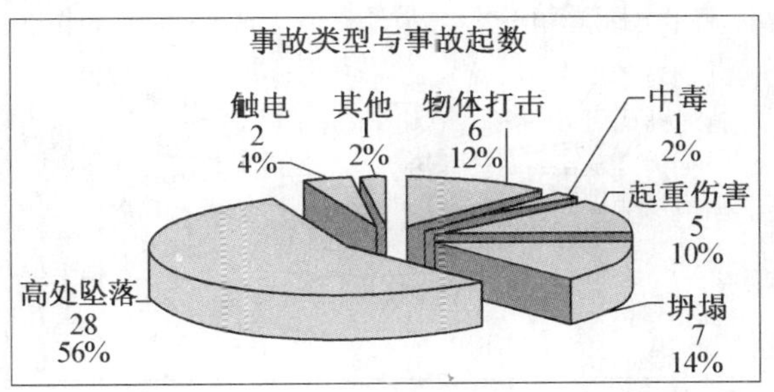

各类型事故起数比例

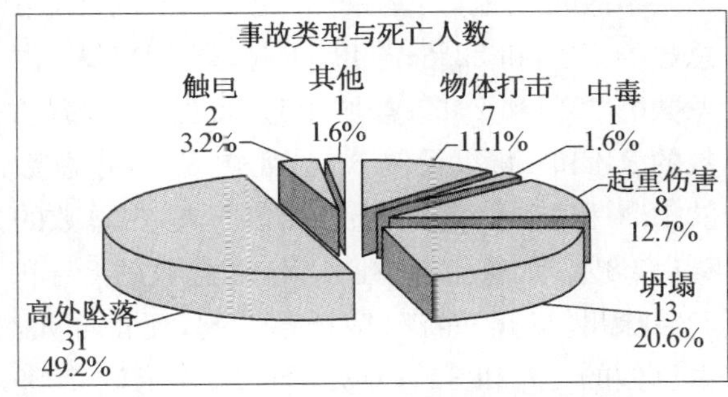

各类型事故死亡人数比例

事故部位：洞口和临边事故12起，死亡13人，占总数的24%和21%；塔吊事故8起，死亡11人，占总数的16%和17%；脚手架事故6起，死亡6人，占总数的12%和9%；模板、施工机具和外用电梯事故各发生4起，死亡各5人，都占总数的8%；临时设施事故3起，死亡3人，占总数的6%和5%；钢结构事故1起，死亡4人，占总数的2%和6%；墙板结构事故1起，死亡3人，占总数的2%和5%；井字架事故1起，死亡2人，占总数的2%和3%；基坑事故1起，死亡1人，各占总数的2%；其他事故5起，死亡5人，占总数的10%和8%。

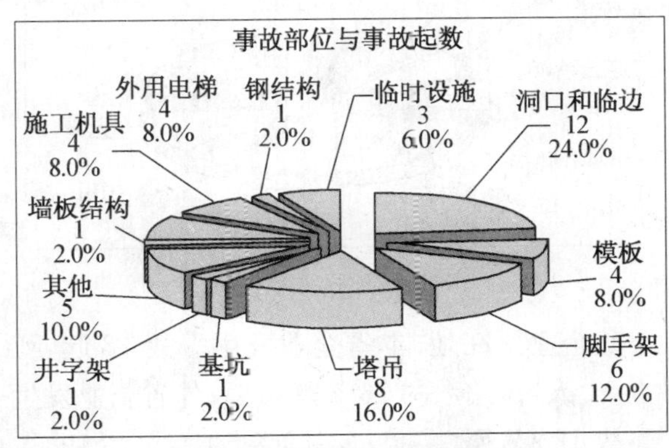

各事故部位与事故起数比例

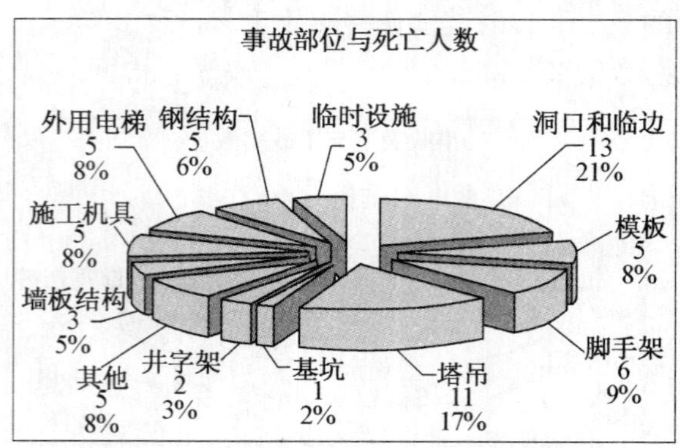

各事故部位与死亡人数比例

事故发生地区：南京 13 起，死亡 14 人，占总数的 26%和 22%；苏州 11 起，死亡 15 人，占总数的 22%和 24%；盐城 4 起，死亡 9 人，占总数的 8%和 14%；无锡 6 起，死亡 8 人，占总数的 12%和 13%；常州 4 起，死亡 5 人，占总数的 8%和 8%；南通 4 起，死 4 人，占总数的 8%和 7%；徐州、扬州、镇江、宿迁各 2 起，死亡 2 人，占总数的 4%和 3%；泰州、淮安、连云港 2009 年建筑施工未发生人员死亡事故。

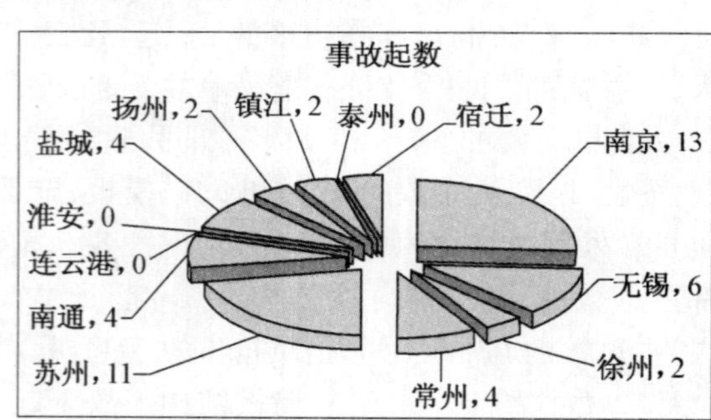

各地区事故起数比例

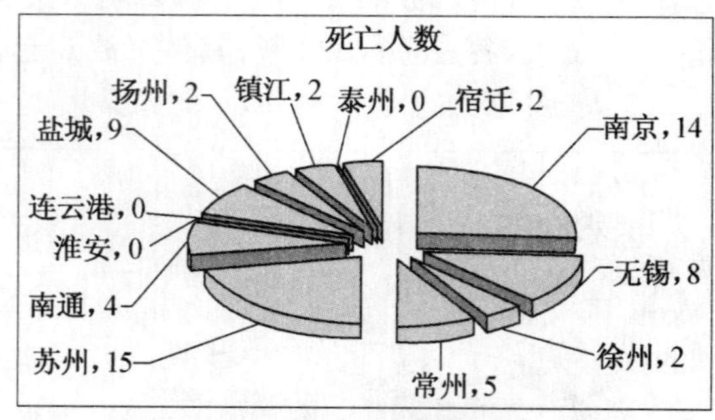

各地区死亡人数比例

企业所在地：本省企业发生事故 38 起，死亡 51 人，占总数的 76%和 81%；外省企业发生事故 12 起，死亡 12 人，占总数的 24%和 19%。

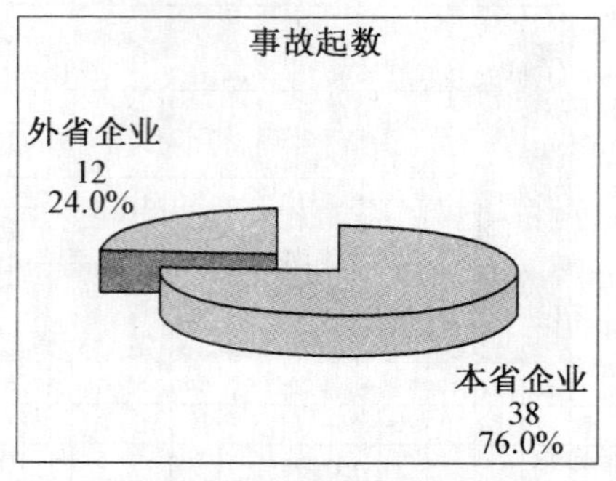

省内和外省企业事故起数比例

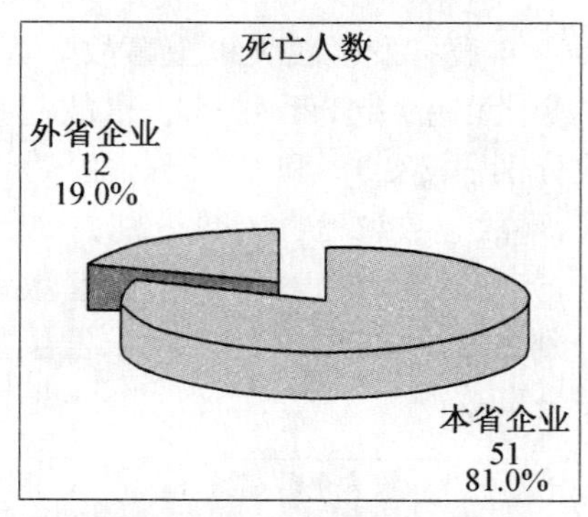

省内和外省企业事故死亡人数比例

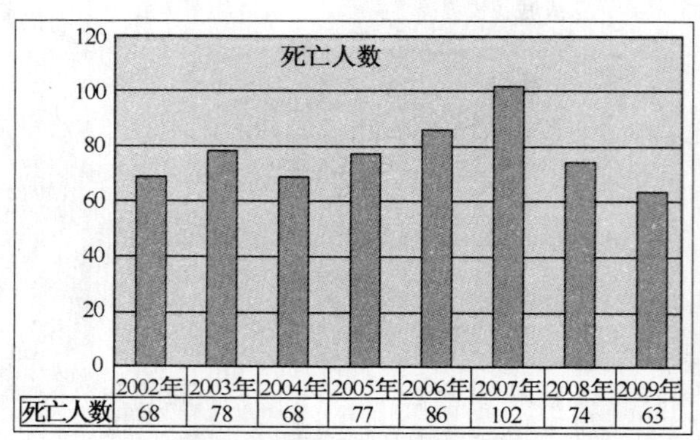

	2002年	2003年	2004年	2005年	2006年	2007年	2008年	2009年
死亡人数	68	78	68	77	86	102	74	63

2002 年以来全省建筑施工死亡人数比较

三、2009 年建筑安全生产形势综合判断

安全生产情况总体明显好转。主要表现在：一是实现事故总量和死亡人数连续两年双下降；二是连续两年未发生一次死亡 10 人以上重、特大安全事故；三是 2009 年死亡人数是 2002 年以来最低的。

较大事故得到有效控制。今年发生较大生产安全事故 3 起，死亡 11 人，事故起数和死亡人数较 2008 年（5 起，19 人）分别下降 40%和 42.1%。这 3 起事故分别是：4 月 9 日，苏州金竹置业发展有限公司商业厂房工程，专业施工分包单位苏州工业园区达因起重设备安装有限公司工人在塔吊拆除过程中，工人违章作业，拆除了四颗不该拆除的螺丝，致使塔臂塔帽坠落，造成现场4名拆卸人员死亡，塔吊司机重伤。12月5日，宜兴市阳泉拆房工程有限公司施工的江苏宜兴国家粮食储备库分库，现场工人在拆除配电间的过程中，一堵墙体突然倒塌，将7名正在清理砖块的作业人员压砸，现场人员立即施救，2人当场死亡，5人受伤被送往医院救治，其中1人因抢救无效死亡，共有3人死亡，4人受伤。12月16日下午2时10分左右，江苏建兴建工集团有限公司施工的盐城市亭湖区南洋经济区华东(盐城)农产品交易中心蔬菜大棚工程，在进行钢结构安装的过程中，因施工人员违反施工操作规程而造成整体结构失稳倒塌发生倒塌事故，导致2人当场死亡，2人经抢救无效死亡，8人受伤。

特、一级企业安全生产管理需要加强。2009年特、一级企业在我省境内共发生38起事故，死亡43人(占全省事故死亡总人数的68.3%)，二级以下建筑施工企业在我省境内共发生12起事故，死亡20人(占全省事故死亡总人数的31.7%)，说明各地主管部门对特、一级施工企业的监管还不到位。

安全生产薄弱环节较明显。2008年占据事故起数和死亡人数前三位的是：高处坠落事故33起，死亡42人，占总数的62%和57%；坍塌事故10起，死亡19人，占总数的19%和26%；起重伤害事故7起，死亡9人，占总数的13%和12%。2009年，高处坠落事故28起，死亡31人，占总数的56%和49.2%；坍塌事故7起，死亡13人，占总数的14%和20.6%；起重伤害事故5起，死亡8人，占总数的10%和12.7%，仍然占据事故起数和死亡人数的前三位，说明各地主管部门对这三种事故类型的治理还存在着薄弱环节。

四、主要事故原因分析

一是思想认识方面，一些地区建设主管部门和一些企业没有真正树立安全发展的理念，没有按照要求将安全工作纳入发展规划和重要议程。

二是企业管理方面，部分施工企业甚至一些高资质的施工企业，管理方式粗放，安全生产条件不符合要求，安全投入欠帐严重。

三是政府监管方面，部分政府主管部门执法不严、监管不力、监管能力与日益增大的工程建设规模不相适应，监管效能出现层层衰减问题。

四是责任主体安全履责方面，一些建设单位和工程监理单位对自身应负的安全职责不清，未起到应有的安全管理和监理作用。

五是建筑市场环境方面，不合理低价中标、不依法履行建设程序、违法分包、转包、资质挂靠等现象依然比较普遍。

六是建筑业行业劳动者素质方面，一线作业人员以农民工为主，他们的安全意识比较淡薄、基本操作技能较差。

江苏省人民政府办公厅关于印发江苏省住房和城乡建设厅主要职责内设机构和人员编制规定的通知

苏政办发[2009]141号

各市、县人民政府，省各委、办、厅、局，省各直属单位：

《江苏省住房和城乡建设厅主要职责内设机构和人员编制规定》已经省人民政府批准，现予印发。

2009年12月15日

江苏省住房和城乡建设厅主要职责内设机构和人员编制规定

根据《中共中央办公厅国务院办公厅关于印发〈江苏省人民政府机构改革方案〉的通知》

(厅字[2009]21号)和《中共江苏省委江苏省人民政府关于印发〈江苏省人民政府机构改革实施意见〉的通知》(苏委[2009]252号),设立省住房和城乡建设厅,挂省建筑工程管理局牌子,为省政府组成部门。

一、职责调整

(一)将原省建设厅、原省建筑工程管理局的职责,整合划入省住房和城乡建设厅。

(二)取消已由省政府公布取消的行政审批事项。

(三)将指导城市客运的职责划给省交通运输厅。

(四)加快建立住房保障体系,完善廉租住房制度,着力解决低收入家庭住房困难问题。

(五)加强城乡规划管理,推进建筑节能,改善人居生态环境,促进城市化健康发展。

二、主要职责

(一)承担规范全省住房和城乡建设管理秩序的责任。

起草住房和城乡建设地方性法规、规章草案,制定规范性文件,研究提出住房和城乡建设重大问题的政策建议。编制全省住房和城乡建设发展规划。监督管理全省住房和城乡建设行政执法和稽查工作。

(二)承担保障全省城镇低收入家庭住房的责任。

拟订住房保障政策并指导实施,组织编制住房保障发展规划和年度计划并监督实施,拟订廉租住房规划及政策。会同有关部门做好中央、省有关廉租住房资金安排,指导和监督市、县组织实施。

(三)承担推进全省住房制度改革的责任。

拟订适合省情的住房政策,组织拟订全省住房建设规划并指导实施,指导住房建设和住房制度改革。

(四)承担规范房地产市场秩序、监督管理房地产市场的责任。

会同或配合有关部门组织拟订房地产业发展和市场监管政策并监督执行,提出房地产业的行业发展规划并监督实施,指导住宅产业化工作,指导城镇土地使用权有偿转让和开发利用工作,制定房地产开发、房屋权属管理、房屋租赁、房屋面积管理、房地产估价与经纪管理、物业管理、城市房屋征收拆迁等规章制度并监督执行。

(五)负责住房公积金监督管理,确保公积金的有效使用和安全。

会同有关部门拟订住房公积金政策及发展规划并组织实施,制定住房公积金缴存、使用、管理和监督制度,监督全省住房公积金和其他住房资金的管理、使用和安全,管理住房公积金信息系统。

(六)参与全省城市化规划,负责城市化进程中有关城镇发展工作。

承担管理和指导全省城乡规划的责任。会同有关部门编制全省城镇体系规划并负责监督实施,负责省政府交办的城镇总体规划、历史文化名城(名镇)和历史文化保护区保护规划的审查报批和监督实施,会同有关部门负责历史文化名城(名镇、名村)的审查报批和保护监督,负责国家和省重点建设项目的规划选址工作,指导城市综合交通规划,参与土地利用总体规划的审查。

(七)承担指导市政公用事业和市容、环境卫生管理的责任。

拟订全省城市建设和市政公用事业发展规划并指导实施,指导市政公用设施建设、安全和应急管理,指导城镇供水、节水、排水和生活污水处理工作,指导城镇燃气、热力、市容环卫和垃圾处理工作。负责全省人居环境奖的组织评选工作。

(八)承担监督指导全省风景名胜区和城市园林绿化工作的责任。

制定全省风景名胜区和城市园林绿化政策、发展规划、技术规范并指导实施,指导城市规划区内的生物多样性、湿地资源保护工作,指导风景名胜区及园林申报世界自然遗产、世界自然与文化双遗产工作,负责太湖风景名胜区的规划建设管理。

（九）承担规范和指导全省村镇建设的责任。

拟订村庄和小城镇建设政策并指导实施，指导农村住房建设和危房改造，指导小城镇和村庄的人居生态环境改善工作，指导全省重点镇的建设。

（十）承担建立科学规范的工程建设标准体系的责任。

制定和发布工程建设全省统一定额、计价依据和工程造价管理规章制度，制定和发布工程建设地方标准并监督执行，监督指导各类工程建设标准定额的实施和工程造价计价，组织发布工程造价信息。

（十一）承担监督管理建筑市场、推进建筑业发展的责任。

指导全省建筑活动，拟订建筑业、勘察设计的行业发展战略、中长期规划、改革方案、产业政策、规章制度并监督执行，制定规范建筑市场主体及中介服务机构行为的规章制度并监督实施，负责房屋建筑和市政基础设施工程项目招投标活动、施工许可、竣工验收和备案的监督管理。负责工程建设实施阶段的监督管理，指导工程项目建设、政府投资工程组织实施方式改革以及合同管理和工程风险管理，组织协调建筑企业参与国际工程承包、建筑劳务合作。

（十二）承担建筑工程质量安全监管的责任。

制定建筑工程质量、安全生产的规章制度并监督执行，制定建筑业、工程勘察设计咨询业的技术政策并指导实施，组织或参与工程重大质量、安全事故的调查处理，参与国家和省审批立项的重大建设项目工程质量、安全、施工现场监管和竣工验收的管理工作。组织编制城乡建设抗震防灾规划并监督实施，负责各类房屋建筑及其附属设施和市政设施抗震设防的监督管理，组织实施建筑工程抗震设防专项审查。

（十三）承担推进科技进步、建筑节能、城镇减排的责任。

制定建设科技发展规划并指导实施，会同有关部门拟订建筑节能的政策、规划并监督实施，组织实施重大建筑节能项目，负责城镇减排工作。

（十四）指导住房和城乡建设的职业教育与培训工作，负责各类执业资格注册管理，指导住房和城乡建设档案工作，推进住房和城乡建设的对外交流与合作。

（十五）承办省政府交办的其他事项。

三、内设机构

根据上述职责，省住房和城乡建设厅设17个内设机构：

（一）办公室

负责机关政务协调和行政事务管理工作；承担新闻宣传、政务公开、政务信息、机要保密、文书档案、应急管理和信访等工作；归口管理信息化工作。

（二）法规处

拟订住房和城乡建设立法规划和计划，组织起草住房和城乡建设地方性法规、规章草案；承办上级机关转来有关法律、法规、规章草案的征求意见工作；承担规范性文件、行政处罚的审核工作；承办并指导全省住房和城乡建设行政执法、执法监督、法制宣传教育、行政复议和行政应诉工作；指导全省住房和城乡建设行政执法队伍的建设和管理。

（三）计划财务处

组织编制住房和城乡建设的行业发展规划并指导、监督实施；参与研究住房和城乡建设领域财税政策；配合有关部门管理和审计监督住房和城乡建设领域公共资金；归口管理住房和城乡建设信息统计工作；协同物价部门管理住房和城乡建设行业产品价格；负责机关各项资金和国有资产的管理和使用，征收和管理省管住房和城乡建设行业非税收入；监督直属单位、厅管社会团体的财务和国有资产的管理；负责机关和直属单位的内部审计工作；承担住房和城乡建设行业的外经工作。

（四）城乡规划处

拟订全省城市发展战略及城市规划的政

策、规章制度；会同有关部门编制全省城镇体系规划并负责监督实施；指导城乡规划编制并监督实施；指导城市综合交通规划和城市轨道交通线网规划编制；参与土地利用总体规划的审查；指导城市勘察、市政工程测量、城市地下空间开发利用和城市雕塑工作；承担省政府交办的城镇总体规划、历史文化名城（名镇）和历史文化保护区保护规划的审查报批和监督实施工作；承担历史文化名城（名镇、名村）申报和保护监督的有关工作；负责核发国家和省重点建设项目选址意见书；拟订城乡规划编制单位管理制度并监督实施。

（五）住房改革与发展处（研究室）

拟订适合省情的城乡住房政策和住房制度改革方案；指导住房建设和住房制度改革；组织编制全省住房建设规划和年度计划并指导实施；研究分析住房和城乡建设的重大问题。

（六）住房保障处

拟订住房保障政策并指导实施；组织编制住房保障发展规划和年度计划并监督实施；指导经济适用住房、廉租房和公共租赁住房建设，承担危旧房改造和旧住宅区综合整治的推进工作；拟订经济适用住房、廉租住房及公共租赁住房管理办法并指导执行；承办中央和省廉租住房资金安排的有关事项。

（七）房地产市场监管处

承担房地产市场的监督管理工作；建立健全房地产市场监测体系，拟订监管政策、措施并监督执行；指导城镇土地使用权有偿转让和开发利用工作；提出房地产业的发展规划、产业政策；指导全省房地产市场信用体系建设和管理；拟订房地产开发、住宅产业化与性能认定、房地产交易与房屋权属管理、房屋租赁、房屋面积管理、房地产估价与经纪管理、物业管理、住宅装饰装修、城市房屋征收拆迁的规章制度并监督执行；组织建设并管理全省房地产交易与房屋权属信息系统。

（八）城市建设与管理处

拟订城市建设和市政公用事业的中长期规划、改革措施、规章、技术标准并指导、监督实施；指导和规范市政公用行业发展；指导全省城市供水、计划用水、节约用水管理；指导城镇污水处理设施和管网配套建设及运行管理；指导城市道路、桥梁、照明、燃气、供热等市政公用设施管理；指导城镇市容、环卫、环境综合整治等管理工作；承办全省人居环境奖的组织评选。

（九）村镇建设处

组织编制全省村镇建设中长期发展规划，指导村镇规划的编制和实施；拟订县城以下建制镇、集镇和村庄建设政策，协调村镇建设相关工作；指导农村住房建设、农村住房安全和危房改造工作；指导村镇基础设施建设、管理与人居生态环境的改善工作；组织村镇建筑设计与村镇建设适用技术的研究和推广工作；组织村镇建设试点示范，指导省重点中心镇的建设。

（十）建筑节能与科研设计处

拟订建筑节能政策和发展规划并监督实施；指导房屋墙体材料革新工作；组织实施重大建筑节能项目；组织拟订住房和城乡建设科技发展规划和政策；组织重大科技项目研究开发；组织国际科技合作项目的实施及引进项目的创新工作，指导科技成果的转化推广；组织地方工程建设标准及标准设计的编制、审定并监督实施；组织拟订工程勘察设计咨询业发展规划、技术政策、规章制度并监督执行，监督管理施工图设计审查工作。

（十一）住房公积金监管处

拟订住房公积金政策和发展规划并组织实施；制定住房公积金缴存、使用、管理和监督制度；监督全省住房公积金和其他住房资金的管理、使用和安全；管理住房公积金信息系统。

（十二）风景园林处

拟订全省风景名胜区和城市园林绿化发展规划、政策、技术规范并监督实施；指导监督城市规划区内生物多样性保护、湿地资源保护工作；指导城市公园和园林绿化工作；指导城市绿地系统规划编制；指导“园林城市（县城、镇）”、“生态园林城市”建设，并负责审查报批的相关工作；指导并监督全省风景名胜资源保护、规划与建设管理；编制国家级风景名胜区规划；负责风景名胜区建设项目选址审核；指导世界自然遗产、世界自然与文化双遗产的申报和保护工作。

（十三）建筑业发展与综合处

拟订建筑业发展规划、政策并监督执行；指导建筑业改革工作；指导建筑业对外市场开拓，负责联系厅驻外办事处；承担建筑企业参与国际工程承包和建筑劳务合作的协调工作；承担建筑业行业统计和年度发展报告工作；负责起草建筑业综合文稿。

（十四）建筑市场监管处（省涉外建设项目审查办公室）

拟订规范建设单位、施工企业和建设监理企业行为的规章制度并监督执行；指导房屋和市政基础设施工程项目施工许可、工程合同、竣工备案等建筑市场管理工作；指导建筑市场信用体系建设和管理；负责进出省建筑施工企业的管理，办理相应登记备案手续；承担涉外建设项目审查工作。

（十五）工程质量安全监管处

拟订建筑工程质量、安全生产的政策、规章制度并监督执行；拟订建筑业技术政策并监督执行；指导建筑业的质量安全管理工作，推进建筑施工技术革新，承担国家级工法推荐和省级工法的评审；组织或参与工程重大质量、安全事故的调查处理；参与国家和省审批立项的重大建设项目的工程质量、安全管理及竣工验收；协调省级优质工程的评审和国家级优质工程的审核推荐。

（十六）行政审批办公室

依据有关规定，承担住房和城乡建设各行业的企业及个人资质（资格）的审批、核准、审核、备案和变更等工作。

（十七）人事教育处

承担机关和直属单位的机构编制与人事管理工作；指导住房和城乡建设各行业的职业教育与培训；指导各类执业资格的考试和注册，组织建设工程系列职称评审；负责厅管院校和社会团体有关事项的管理；承办住房和城乡建设行业的国际交流工作，负责机关和直属单位人员出国（境）管理。

机关党委 负责机关和直属单位的党群工作。

离退休干部处 负责机关离退休干部工作，指导直属单位的离退休干部工作。

四、人员编制

省住房和城乡建设厅机关行政编制为160名（含离退休干部服务人员编制12名）。后勤服务人员编制另行核定。

领导职数为：厅长1名，副厅长6名；总规划师1名；省建筑工程管理局副局长（正处级）2名；正副处长（主任）51名，其中正处长（主任）19名（含机关党委专职副书记1名，离退休干部处处长1名），副处长（副主任）32名。

五、其他事项

（一）城市地铁、轨道交通方面的职责分工。

省住房和城乡建设厅指导城市地铁、轨道交通的规划和建设，省交通运输厅指导城市地铁、轨道交通的运营。

（二）所属事业单位的机构编制事项另行确定。

六、附则

本规定由省机构编制委员会办公室负责解释并对执行情况进行监督检查和评估，其调整由省机构编制委员会办公室按规定程序办理。

五、建筑安全行政主管部门和建筑安全组织机构

江苏省建设厅

江苏省建设厅原名江苏省建设委员会。2000年根据《中共中央、国务院关于江苏省人民政府机构改革方案的通知》(中委[2000]69号)和《中共江苏省委、江苏省人民政府关于印发〈江苏省省级党政机关机构改革实施意见〉的通知》(苏政发[2000]16号),省建设委员会更名为省建设厅。

2000年9月28日,江苏省人民政府办公厅印发《江苏省建设厅职能配置、内设机构和人员编制规定》(苏政办发[2000]133号),省建设厅是负责全省建设行政管理的省政府组成部门。江苏省建设厅职能之一是指导全省建筑活动;规范建设市场,指导监督建设市场准入、工程招投标、工程监理以及工程质量和安全;拟订勘察设计、施工、建设监理和相关社会中介组织管理的法规和规章并监督指导;组织协调建设企业参与国际工程承包、建筑劳务合作。

省建设厅设12个职能处室:办公室、计划财务处、政策法规处、人事教育处、城市规划处、科研设计处、工程建设处(省涉外建设项目审查办公室)、房地产业处、城市建设与管理处、村镇建设处、风景园林处、住房制度改革办公室。其中工程建设处(省涉外建设项目审查办公室)指导和监督全省建设工程质量工作,参与重大工程质量和安全事故的处理;指导全省建设工程施工许可、工程设施使用许可及竣工验收备案管理工作;组织省级优质工程的评审工作和国优建设工程的评选推荐工作;管理建筑材料在建设工程中的准用和监督工作;参与国家和省审批立项的建设项目的管理工作,负责建设阶段的工程质量管理、施工管理,参与竣工验收工作;负责工程设施使用许可及竣工备案管理工作;负责全省工程建设监理管理工作;负责全省工程建设监理单位的资质管理;综合管理全省涉外建设项目审查工作。

2002年5月30日,江苏省建设厅为加强对全省建设系统安全生产工作的指导和协调,决定成立省建设厅安全生产委员会。主任委员由厅长黄卫担任;副主任委员为副厅长王翔,省建筑工程管理局局长高学斌;委员为:赵华中(省建筑工程管理局副局长)、纪迅(省建设厅办公室主任)、宋如亚(省建设厅政策法规处处长)、陈耀才(省建设厅城市建设与管理处处长)、周士冲(省建设厅房地产业处处长)、陈举来(省建设厅风景园林处处长)、陆根发(省建设厅科研设计处处长)、王如三(省建设厅工程建设处处长)、杨萍(省建设厅村镇建设处处长)、邹金林(省建管局企业管理处处长)、唐世海(省建管局质量安全与技术处副处长)。委员会下设办公室,具体负责委员会的日常工作,办公室主任由纪迅兼任,副主任由徐根担任。

2008年12月10日中共江苏省建设厅党组研究决定,调整建设厅安全生产领导小组,成立省建设厅安全生产和应急管理领导小组,人员组成如下:

组长:周岚(厅长)、江里程(党组书记、副厅长);副组长:高学斌(党组成员、省建管局局长)、徐学军(党组成员、副厅长);成员:陈耀才

(省建管局副局长)、漆贯学(厅工程处处长)、陆建生(厅房产处处长)、张鑑(厅城建处处长)、王健(厅风景园林处处长)、王晖(厅村镇办主任)、李爱国(省建管局质量安全技术处副处长,正处级)、张大春(厅质监总站站长)、时建民(局安监总站副站长)、俞晨曦(厅档案办副主任)。领导小组下设办公室,具体负责厅安全生产和应急管理工作。办公室主任由陈耀才兼任,俞晨曦为专职常务副主任。

江苏省建设厅厅长周岚,女,1965年12月生,汉族,江苏南京人,无党派人士。高级规划师。1990年5月参加工作。2008年4月任江苏省建设厅厅长。

江苏省建设厅党组书记江里程,男,1956年9月生,汉族,浙江宁波人。1974年参加工作。1976年10月加入中国共产党。2008年4月任江苏省建设厅党组书记、副厅长。

江苏省建设厅原办公地址为南京市北京西路70号14号楼,于2008年12月15日迁至南京市草场门大街88号江苏建设大厦。邮政编码:210036,值班电话:025—51868826。

江苏省建筑工程管理局

江苏省建筑工程管理局成立于1996年。2000年根据《中共中央、国务院关于江苏省人民政府机构改革方案的通知》(中委[2000]69号)和《中共江苏省委、江苏省人民政府关于印发〈江苏省省级党政机关机构改革实施意见〉的通知》(苏发[2000]16号)将省建筑工程管理局由行政机构改为省建设厅管理的副厅级事业局,受省政府委托履行建筑行业行政管理职能。其主要职责之一是负责指导全省建筑施工、安装企业和建筑装饰装修企业的质量、安全管理工作。

省建筑工程管理局设4个职能处室:综合处、财务处、施工企业管理处、质量安全技术处。其中质量安全技术处负责全省建筑施工、安装企业和建筑装饰装修企业的质量管理和安全生产管理工作;参与评审省级优质建筑工程和评选、推荐国优建筑工程;组织开展施工现场安全达标检查工作;负责监督建筑机械设备的安全使用和管理工作;拟定建筑业技术发展规划和技术政策,会同有关部门进行建筑业技术标准、操作规程的编制、修订工作;推进全省建筑行业的技术进步,推广新技术、新材料、新设备、新工艺;组织评审省级"工法",并推荐国家级"工法";参与处理重大建筑工程质量、安全事故。

省建筑工程管理局事业编制为33名。领导职数为:局长1名,副局长3名;正副处长10名,其中:正处长5名(含机关党委专职副书记1名),副处长5名。另按有关文件规定设置纪检监察机构。

江苏省建设厅副厅长兼江苏省建筑工程管理局局长徐学军,男,1954年9月生,汉族,安徽巢县人,高级工程师。1971年1月参加工作。1984年7月加入中国共产党。2003年12月任江苏省建设厅副厅长、党组成员。2009年兼任省建筑工程管理局局长。

江苏省建筑工程管理局办公地址为南京市草场门大街88号江苏建设大厦。

江苏省建筑安全监督总站

1999年11月19日经江苏省机构编制委员会以苏编[1999]108号文批复省建设委员会,同意成立江苏省建筑安全监督总站,为省建筑工程管理局所属全民事业单位,列人员编制10名,所需经费通过自收自支的办法解决。2007年4月17日省编委批复省建设厅,同意调整省建筑安全监督总站经费渠道,由自收自支调整为全额拨款,核定全额拨款事业编制6名,配备单位负责人1正1副,同时核销其自收自支事业编制10名。规定省建筑安全监督总站的主要业务范围是负责对全省建筑行业的施工安全实施监督检查。2009年3月1日，省建筑安全监督总站正式挂牌开展工作，江苏省建筑工程管理局规定省建筑安全监督总站的主要职能是：(一) 负责落实全省建筑安全生产长期规划和年度工作计划；综合管理、协调全省建筑安全监督机构的业务工作，开展全省建筑业安全生产监督管理技术指导工作；(二) 负责监督管理各市、县(市)建筑安全生产目标责任的执行；负责建筑业企业安全生产条件评价；(三) 负责全省各级建筑安全监督机构的指导和考核工作；负责全省各级建筑安全监督机构人员的培训和考核工作；(四) 参与全省建筑业企业有关人员安全教育培训和三类人员的考务工作；(五) 参与省级文明工地的创建和评选工作；(六) 参与建筑施工重大安全事故调查处理；(七) 组织开展建筑施工安全生产监督的巡查工作。

省建管总站法定代表人为时建民(副站长，正处级)；办公地点：南京市草场门大街88号江苏建设大厦15楼。

全省十三个省辖市安全监督机构

1. 南京市建筑安全生产监督站

1992年7月17日根据南京市机构编制委员会“宁编字[1992]106号”文件批复，成立南京市建筑安全生产监督站。其主要职责是承担南京市建筑安全生产监督与管理。为全民事业性质，隶属南京市建筑工程局领导。编制为20名。2009年9月南京市机构编制委员会办公室“宁编办字[2009]37号”文件同意南京市建筑安全生产监督站事业编制调整为31名。同年底实际在编人员为30名。

南京市建筑安全生产监督站现有领导班子成员6名：其中站长1名、党支部书记1名、副站长3名、总工程师1名。内设六科一室：监督一科、监督二科、监督三科、监督四科、财务科、综合科、办公室。2009年9月，原站长陈永池调任南京市建筑工程局法规处处长，杨岭任站长。

单位地址：南京市白下区八宝东街1号。邮编：210007。联系电话：84480384。传真：84484332。

2. 无锡市建设工程安全监督站

1995年4月根据无锡市机构编制委员会“锡编[1995]第76号”文件批复，成立无锡市建设工程安全监督站，全民事业性质，隶属无锡市建筑工程局。相当于正科级建制。最初核定全民事业编制10名，其中领导职数2名，行政干部2名，专技干部5名，工人1名，经济上实行独立核算、自负盈亏。2009年7月在原核定编制的基础上增加10名，主要用于轨道交通施工安全监管。增编后，无锡市建设工程安全监督站合计有全民事业编制20名，其中领导职数3名，行政管理人员2名，专业技术人员14名，工人1名，其他均不作变动。

2007年4月，根据无锡市事业单位改革和建设局效能建设的要求，结合建管处、安监站职能，报经主管局同意，建管处、安监站两块牌子，一套班子，合署办公。全处站人员合并使用。合并后的内设机构为：综合科、总师办、巡查科、监督一科、监督二科、监督三科、监督四科。无锡市建设工程安全监督站法定代表人为李娜。

单位地址：无锡市梁青路56号建工大厦，邮编：214061，联系电话：0510－85875679。

3. 徐州市建筑施工安全监督站

2002年12月24日根据徐州市机构编制委员会办公室“徐编复[2002]102号”文件批准成立徐州市建筑施工安全监督站，编制10人。2009年底在职10人，临时人员9人，内部机构设置为：办公室、安全监督一科、安全监督二科、安全监督三科。单位负责人为杨建勇。

单位办公地址为徐州市民主南路76号，邮编：221009，联系电话：0516－83908095、83908092。

4. 常州建筑业安全监督站

1998年9月经常州市机构编制委员会同

意设置。2002年1月因市政府机构改革划归市建设局。是全民事业单位。具体负责办理工程施工安全监督注册，新建、扩建、改建的工业与民用建筑建设工程、装饰装璜工程、市政工程、拆除工程的施工安全监督，评价工程施工安全等级，施工现场机械设备安全管理，受理工程施工安全重大隐患及安全事故的投诉与举报。内部设站长室、副站长室、总工办、监督一、二、三科、设备管理科、办公室、受理中心等部门。现在岗人员23人（安监站15人，建设材料设备技术咨询站8人）。法定代表人是王鸣军。

办公地点：常州市勤业路188号。邮编：213016。联系电话：0519－86673063。

5. 苏州建筑业安全监督站

苏州建筑业安全监督站的前身是苏州市建筑业文明安全监察站，于1987年经苏州市编制委员会（苏编办字（87）21号）批复成立，隶属苏州市建筑工程局，设置在建筑工程局安全科内，为两块牌子，一套班子，无人员编制、无经费，与局安全科合署办公。1997年经苏州市机构编制委员会《关于同意苏州建筑业安全监督站独立建制的批复》（苏编发[1997]11号）批准独立建制，为全民所有制事业单位，正科级建制，隶属苏州市建筑管理局，核定编制为10名，经费来源列入自收自支。2007年苏州市机构编制委员会下发《关于苏州干将路工程指挥部办公室成建制并入苏州建筑业安全监督站的批复》（苏编办[2007]121号），重新核定苏州建筑业安全监督站人员编制为14名。截止2009年底在编内人员为14名，聘用编外人员为1名。内部设置办公室、安监一科、安监二科、安监三科、安监四科。

2005年1月经中共苏州市建设局党组同意并报市委市级机关工委批准，建立“中共苏州建筑业安全监督站支部”，目前设书记1名。2009年4月原站长侯智慧调任苏州工程造价管理处处长，原苏州市建设质量监督站副站长袁卫兴任苏州建筑业安全监督站站长。

单位地址：苏州市干将西路333号。邮编：215002，联系电话：0512－65237021。

6. 南通市建设安全生产监督站

1997年11月根据南通市机构编制委员会《关于建立南通市建筑安全生产监督站的批复》（通编发[1997]125号）建立，为全民事业单位，相当科级建制，隶属南通市建筑工程与材料工业管理局，核定编制10名，人员经费自收自支。人员结构为站领导2名；行政编制管理人员3名、业务技术人员6名、后勤服务人员1名；干部9名、工人1名。2007年12月根据南通市机构编制委员会《关于南通市建设安全生产监督站主要职责内设机构和人员编制的批复》（通编发[2007]35号），南通市建筑工程管理处、南通市建筑安全生产监督站合并重组为南通市建设安全生产监督站，并挂“南通市建筑工程管理处”牌子，为南通市建设局所属行政管理型事业单位，相当科级建制。

南通市建设安全生产监督站人员编制35名，其中管理人员7名，专业技术人员18名，工勤人员10名。2009年底，单位在职员工34人，其中管理人员8名，专业技术人员16名，工勤人员10名。领导职数：单位正职2名，副职3名，驻外办事处主任7名（副科级职员）；中层正职4名，副职4名。内设综合科、安全监督科、市场管理科、外出队伍管理科4个科室。2009年底单位主要负责人为：站长谷龙桥，书记陆忠霞，副站长姜林、徐明。

单位地址：南通市姚港路附29—4号，电话/传真：0513－83529647，邮编：226006。

7. 盐城市建设安全管理监督站

1996年3月根据盐城市机构编制委员会“盐市编[1996]008号”文件批准成立，人员编制20人。单位负责人为吕士彬。单位内设综合科、市场科、安全监督科3个科室。截止2009年底，在职人员19人。

单位地址：盐城市毓龙东路15号。邮政编码：224000。联系电话：0515－88333702。

8. 淮安市建筑安全监督站

1999年12月淮安市建筑安全监督站成立。人员编制4人。截止2009年底，在职人员6人。单位负责人：翟晨阳。

单位地址:淮安市北京北路112号(市建设大厦四楼)。邮编:223001。电话:0517-83661865。

9. 扬州市建筑安全监察站

1989年5月经扬州市编制委员会批准,扬州市建筑安全监察站成立,隶属于原扬州市建工局,核编人数5人,相当于科级单位,性质为全民事业单位。2001年6月,根据扬州市机构改革方案,扬州市建筑安全监察站整建制划给扬州市建设局。2002年11月经批准成立扬州市建筑安全监察站,为正科级事业单位,核定事业编制6名。2009年2月经扬州市机构编制委员会办公室批准增加编制5名,增编后市安监站人员编制共11名。截止2009年底,安监站在岗人数15人,其中事业编制5人,借用10人。安监站站长为吉劲松。单位内设办公(财务)室、总工室、监察一室和监察二室4个部门。

单位地址:扬州市维扬路423-8号。邮编:225002。联系电话:0514-82987296。

10. 镇江市建筑安全监督站

1991年3月15日根据镇安(91)第6号《关于同意成立镇江市建筑安全监督站的批复》,成立镇江市建筑安全监督站,人员编制8人。2001年更名为镇江市建设工程安全监督站,与镇江市建设工程管理处合署办公。2009年底合署办公在编人员38人。单位负责人:曹俊。内部机构:主任站长室、人秘科、财务科、监管一科、监管二科、监管三科、监管四科、新区分站。

单位地址:镇江市丁卯路223号。邮编:212009。联系电话:0511-86090010。

11. 连云港市建设工程安全监督站

2001年12月22日根据连云港市机构编制委员会《关于成立"连云港市建设工程安全监督站"的批复》(连编[2001]42号)文件,设立"连云港市建设工程安全监督站",隶属于连云港市建设局,相当正科级全民事业单位,核定事业编制10名。截止2009年底,实有在编人员9名,单位内设综合科、监督科、总工办3个部门。法定代表人:严景彦。

单位地址:连云港市新浦区朝阳东路26号鸿港综合楼7楼。邮编:222000。联系电话:0518-85832519。

12. 泰州市建筑安全监督站

1997年成立地级泰州市,根据泰州市机构编制委员会"泰编[1997]125号"文件批准成立泰州市建筑安全监督站。人员编制7人,2009年底共6人在职。单位负责人为南进。

单位地址:泰州市鼓楼南路368号。邮编:225300。联系电话:0523-86397021。

13. 宿迁市建设工程质量安全监督站

宿迁市建设工程质量安全监督站成立于2005年,是经市编委批准的自收自支事业单位。截止2009年底在岗人员21人。内设6个科室:监督一科、监督二科、监督三科、综合科、检测监理科和办公室。单位负责人:刘永。

单位地址:宿迁市洪泽湖路140号建设大厦8楼。

各县(市)建筑安全监督机构(安监站)

1. 铜山县建筑施工安全监督站

2003年5月11日根据铜山县机构编制委员会办公室"铜编发[2003]05号"文件批准成立。编制5名,其中:站长1名、副站长1名、安监员2名、后勤服务人员1名。2009年底实有人员7名。站长:常雷;副站长:翟继伟。

单位地址:铜山县人防大厦9楼904室。邮政编码:221000。联系电话:0516-83300991。

2. 新沂市建筑业安全监督站

1999年3月新沂市人民政府根据当时建筑业安全生产状况,由分管建筑业副市长签署,责成新沂市建筑工程管理局负责成立"新沂市建筑业安全监督站",隶属于新沂市建筑工程管理局。人员由新沂市建筑工程管理局任命和管理,共11名编制。2009年底实有人员15人。内设综合办公室、经济开发区办事处、无锡新沂工业园区办事处及3个安监科室。站长：晁健。

单位地址：新沂市市府路37号。邮政编码：221400。联系电话：0516-80188819。

3. 睢宁县建筑安全监督管理站

2005年，睢宁县建设局与建工局两局合并，为保障睢宁县建筑业健康有序发展，县建设局报请县编委批准成立睢宁县建筑安全监督管理站。2005年12月23日根据睢宁县机构编制委员会“睢编[2005]37号”文件批准成立，共有编制12名。单位负责人：吴新军。

单位地址：睢宁县文学南路县建设局。邮政编码：221200。联系电话：0516-88328221 15862223228。

4. 邳州市建筑工程安全监督站

2006年6月1日根据邳州市机构编制委员会“邳编发[2006]7号”文件批准成立邳州市建筑工程安全监督站，共有编制6名。2009年底人员状况：站长：马云峰；副站长：刘振忠、胡向阳。

单位地址：邳州市行政中心8号楼三楼116室。邮编：221300。电话：0516-86244388。

5. 沛县建筑工程安全监督站

2005年6月25日根据沛县机构编制委员会办公室“沛编[2005]3号”文件批准成立，共有编制24名。2009年底有人员30人，在编24人，长期借调6人。站长：宋欣。

单位地址：沛县歌风路6号建管局四楼。邮政编码：221600。联系电话：0516-89645296。

6. 徐州市贾汪区建设工程安全生产监督站

2001年11月21日根据贾汪区机构编制委员会“贾编复[2001]2号”文件批准成立，共有编制5名。2009年底人员状况：共有人员6人，其中：站长1人，副站长1人，专职安全员3人。单位负责人为丁耀。

单位地址：贾汪区前委路，贾汪区建筑管理局院内。邮编：221011。电话：0516-07715210，15862248438。

7. 丰县建筑安全监督站

丰县建筑安全监督站是丰县建筑工程管理局的一个内设机构，成立于2002年。2009年底该站有人员8人，1名站长，2名副站长，1名报帐员，其余为安监人员。

单位地址：丰县解放西路23号。邮编：221700。联系电话：0516-89206413。

8. 徐州经济开发区建筑工程安全监督站

2004年3月9日根据徐州经济开发区管理委员会“徐开管[2004]54号”文件成立徐州经济开发区建筑工程安全监督站，与开发区建筑工程管理处合署办公。徐州经济开发区建筑工程管理处设立安监科，行使安监站职能，无单独的编制。安监科负责人为许运桥。2009年底有安监员6人。

单位地址：徐州经济开发区徐海路城东大道9号科技大厦705室。邮政编码：221000。联系电话：0516-87793945。

9. 金坛市建设工程安全监督站

1997年6月根据金坛市机构编制委员会“坛编发[1997]第22号”文件批准成立。为全民事业单位，隶属于金坛市建设局。核定编制5人。2009年底该站有人员8人(在编人员5人，借用3人)。内部机构：站长室、办公室、监督一科、监督二科、市场管理科、设备管理科。单位负责人为许国平。

单位地址：金坛市东环一路669号。邮编：213200。联系电话：0519-82698512。

10. 溧阳市建设工程安全监督站

2004年6月根据溧阳市机构编制委员会“溧编[2004]6号”文件批准成立。为事业单位，隶属于溧阳市建设局。自2004年成立以来与溧阳市建筑工程管理处合署办公。2008年经溧阳市建设行政主管部门决定独立行使建设工程安全监督职能工作。2009年底有人员13人。内部机构：办公室、现场监督一科、现场监督二科、设备管理科。单位负责人为周亚平。

单位地址：溧阳市罗湾路8号。邮编：213300。联系电话：0519-87222840。

11. 常州市武进区建筑业安全监督站

1984年10月根据武进区政府“武政复[1986]48号”文件批准成立，隶属武进区建设局。2003年2月，根据常州市武进区机构编制委员会“武编复[2003]10号”文件，将原建筑施工安全监督站更名为“常州市武进区建筑业安全监督站”，为全民事业单位，核定编制8人。2004年武进区建筑业安全监督站增加全民事业编制2名，总编制为10名。2009年底人员状况：现有人员14人，在编10人。内部机构：站长室、副站长室、综合管理科、安全监督一科、安全监督二科。单位负责人为包文晖。

单位地址：常州市武进区行政中心西侧建设苑。邮编：213159。联系电话：0519-86310418。

12. 常州市新北区建设工程重量安全监督站

2009年9月1日根据常州市新北区机构编制委员会《关于同意区建筑工程管理中心职能调整的批复》（常新编[2009]11号）文件要求，区建筑工程管理中心承担的建筑业安全监督的职能划转到原区建设工程质量监督站，原区建设工程质量监督站更名为区建设工程质量安全监督站，相关机构、人员调整在2009年9月1日前完成。核准编制为24名。2009年底在编人员21名。2009年1月至2009年8月单位负责人为沈曙东。2009年9月后单位负责人为顾胜宇。

单位地址：常州市新北区渭河路2号。邮编：213022。联系电话：0519-85175601、0519-85175618。

13. 东台市建筑工程安全监督站

2004年7月成立，人员编制14人。2009年底在职人员14人。内部设置办公室、安全生产监督股、市场管理股3个部门。单位负责人：梅惠。

单位地址：东台市鼓楼路377号。邮政编码：224200。联系电话：0515-85340009。

14. 大丰市建设工程质量安全监督站

2005年4月成立，人员编制11人。2009年底在职人员10人。内部设置质量监督、安全监督2部门。单位负责人：王海波。

单位地址：大丰市康平南路18号。邮政编码：224100。联系电话：0515-83523755。

15. 盐城市盐都区建设工程质量安全监督站

1986年成立，人员编制4人。2009年底在职人员16人。内部设置办公室、财务室、市政科、检测科4个部门。单位负责人：祁非。

单位地址：盐都新区建设大厦四楼。邮政编码：224005。联系电话：0515-88421951。

16. 射阳县建设工程质量安全监督站

2004年6月5日，射阳县建设局“射建[2004]76号”文件规定，为进一步加强全县建设工程安全生产监督管理工作，理顺管理关系，切实保障人民群众生命和财产安全，根据国家、省、市的有关规定，经研究，决定将全县工程施工安全管理的职能划转给县建设工程质量安全监督站。2004年8月2日射编办[2004]13号文件规定，同意将“射阳县建设工程质量监督站”更名为“射阳县建设工程质量安全监督站”，受委托增加建筑工程安全管理职能，原级别建制、经费渠道、人员编制不变。核准人员编制12人，内部设置4个质量安全监督小组。2009年底在职人员12人，其中从事质量安全工作9人。单位负责人：孙厚景。

单位地址：射阳县建设局内。邮政编码：224300。联系电话：0515-82340278。

17. 阜宁县建筑工程安全监督站

2009年4月28日根据阜宁县机构编制委员会“阜编[2009]31号”文件，阜宁县建筑工程管理处更名为阜宁县建筑工程安全监督站。人员编制7人。截止同年底在职人员7人，内部设置站长室、办公室、安全监督科3个部门。单位负责人：陈明宏。

单位地址：阜宁县石字路76号（老建设局四楼）。邮政编码：224400。联系电话：0515-87213720。

18. 洪泽县建设局建筑安全监督站

2006年2月21日根据洪泽县机构编制委员会“洪编复[2006]5号”文件批准成立。在建筑股增挂安全监督站。人员编制在建设局内调配。截止2009年底在职人员3人。单位负责人：季平。

单位地址:洪泽县东九道26号行政办公中心二楼。联系电话:0517-87239866。邮编:223100。

19. 江都市建筑安全监察站

1990年8月建立,原名江都县建筑安全监察站,全民事业性质,相当股级。1994年7月更为现名。2007年12月至2009年6月单位负责人:于传礼;2009年6月至今单位负责人:陶钦。

单位地址:江都市舜天路200号。邮政编码:225200。

20. 高邮市建筑安全监察站

1988年10月份开始筹建,1989年10月经高邮市编制委员会批准成立。核编人员6人,2009年实际在编9人,相当于股级单位,性质为全民事业单位,经费来源由原建工局行业管理费列支,现为自筹。单位负责人:邓春富。单位地址:高邮市文游中路138号。邮编225600。联系电话0514-84615714。

21. 宝应县建筑安全质量监督站

1990年4月成立,隶属于宝应县建筑工程管理局。其前身为"宝应县建筑工程质量监督站"。1990年经宝应县编制委员会"宝定编[1990]21号"文件批准更为现名,增加安全监察专项事业编制2人。到2009年共计(含编外人员)9人,单位负责人:华清江。

单位地址:宝应县苏中北路41号。邮编:225800。联系电话:0514-88220740。

22. 扬州市邗江区建筑工程质量安全监督站

1987年成立。前身为"邗江区建筑工程安全监察站"。2009年8月合并改称邗江区建筑工程质量安全监督站,人员编制8人。单位负责人:李康国。

单位地址:邗江区中兴路2号。邮政编码:225009。联系电话:0514-87953552。

23. 仪征市建筑安全监察站

1991年根据仪征市机构编制委员会"仪编委[1991]第23号"文件批准成立,人员编制5人。单位负责人:陈苏平。2009年底实有在编人员4人,编外人员1人。

单位地址:仪征市工农南路35号。邮编:211400。联系电话:0514-83452761。

24. 丹阳市建筑安全生产监督站

1998年7月经丹阳市机构编制委员会"丹编[1998]41号"文件批准成立。与丹阳市建设工程管理处实行二块牌子一套班子。丹阳市建筑安全生产监督站是丹阳市建设局的下属单位。2009年底有职工67人。2009年1至9月法人代表为张国祥,9月因人事调整变更为丁国林。

单位地址:江苏省丹阳市华阳路88号华阳商城四楼至八楼。邮编:212300。联系电话:0512-86522383。

25. 句容市建设工程安全监督站

2002年7月12日经句容市机构编制委员会"句编委[2002]15号"文件批准成立,工作人员从句容市建设工程管理处内部调剂,与句容市建设工程管理处合署办公。内设机构:市场管理科、监管科、财务科、执法科及办公室。单位负责人:笪爱华。

单位地址:句容市华阳东路2号。邮编:212400。联系电话:0512-87262846。

26. 扬中市建设安全监督站

1993年12月经扬中县编制委员会《关于成立扬中县建筑安全监督站的批复》"扬编委(93)第53号"文件批准成立,成立初无人员编制。2005年根据扬中县编制委员会《关于同意增加市安全监督站、拆迁事务所事业编制的批复》"扬编委[2005]19号"文件增编1名,经费渠道为自收自支,具有独立法人地位,系属全民事业机构编制。目前安监站有管理人员2名,主管部门为扬中市建设局。

单位地址:扬中市环城南路76—2号。邮编:212200。

27. 镇江市丹徒区建设工程安全监督站

1993年10月经丹徒县编制委员会文件《关于成立丹徒县建设工程安全监督站的批复》"徒编委(93)第7号"文件批准成立。该机构与建管处合署办公,经费渠道为自收自支,具有独立法人地位,系属全民事业机构编制。2002年丹徒县撤县设区,更名为丹徒区建设工程安全监督站。至2009年底,安监站有管理人员6名。站长:蒋卫忠。

单位地址:丹徒新城金谷东路5号。邮编:212128。电话:0511-88991620、88991629。

28. 兴化市建筑安全监督站

1992年11月1日根据兴化市机构编制委员会“兴编[1992]50号”文件批准成立。无人员编制,与兴化市建筑安装管理处合署办公,实行两块牌子、一套班子。2009年底在职人员共4人。2009年单位负责人:顾晓斌。

单位地址:兴化市长安中路88号(兴化市建设局二楼)。邮编:225700。联系电话:0523-83308036。

29. 溧水县建设工程安全生产监督站

1996年6月7日经溧水县编制委员会研究同意成立溧水县建筑安全生产监督站,负责溧水县建筑工程安全生产监督工作,是全民事业单位,相当股级单位。2007年,更名为溧水县建设工程安全生产监督站。在编人员5人。

2009年11月,溧水县建设工程安全生产监督站负责人变更为刘建平。

单位地址:南京市溧水县永阳镇中山路5号。邮政编码:211200。联系电话:025-57217450,025-57202400。

30. 南京市六合区建筑安全质量监督站

1987年6月经六合县机构编制委员“六编字(87)第12”文件批准成立,隶属于六合县建工局。2009年底共有工作人员12名,其中事业编制8名,聘用4名。内部机构设置:安全科、办公室、财务科。与质量监督合署办公。

单位地址:六合区雄州街道北外街161号。邮编:211500。联系电话:57126602。

31. 南京市浦口区安全监督站

1996年3月22日经江浦县机构编制委员会“江编字[1996]04号”文件批准成立。截止2009年底共有人员10人,在编8人。内部设置办公室、综合科、安监科、财务科4个部门。单位负责人:吴坚。

单位地址:浦口区象山路3号金禾大厦3楼。邮编:211800。联系电话:58151900。

32. 高淳县建筑安装安全监督站

1997年根据高淳县机构编制委员会“高编字[1999]第17号”文件批复成立。属事业单位性质,人员编制4名。2009年在职人员3人。站长:何宇林。

单位地址:高淳县镇北路29号。联系电话025-57312681。

33. 南京市江宁区建筑安全生产监督站

1998年根据县政府转来(98)江宁建字第20号、21号文件,成立了江宁区建筑安全生产监督站,单位性质股级全民事业单位,人员编制9名。单位负责人李仕富。

单位地址:江宁开发区秦淮路6号。联系电话:025-52186201。

34. 宜兴市建设工程安全监督站

1998年12月21日经宜兴市机构编制委员会“宜编[1998]第67号”文件批准成立,为隶属于市建委的自收自支全民事业单位。核定编制5名,由宜兴市建筑安装工程管理处代为管理。2002年7月根据宜兴市机构编制委员会“宜编[2002]37号”文件更名为“宜兴市建设工程安全监督站”。2004年11月根据宜兴市机构编制委员会“宜编[2004]37号”文件核定编制总数为7名,实行机构单列。2005年12月根据宜兴市机构编制委员会“宜编[2005]51号”文件核定编制总数为10名,同时经费渠道调整为市财政全额拨款。单位负责人:王治国。

单位地址:江苏宜兴市宜城陶都路115号(宜兴市建设局大院内)。邮编:214206。联系电话:0510-87973031。

35. 江阴市建设工程安全监督站

1995年12月10日经江阴市机构编制委员会“澄编[1995]61号”文件批准成立江阴市建筑工程安全监督站,为市建委下属的全民事业单位,核定编制5人。2004年2月根据江阴市机构编制委员会“澄编办[2004]3号”文件更名为江阴市建设工程安全监督站,2005年11月经江阴市机构编制委员会“澄编[2005]27

号”《关于同意增加市建设工程安全监督站事业编制的批复》文件同意，增加3名事业编制，市建设工程安全监督站总编制数为8名。2009年底核定编制8人，在岗人数6人。内部机构设置站长室、副站长室、安监一科、安监二科、安监三科和办公室。法定代表人为宋锡勤。

办公地址：江阴市大桥南路18号建设大厦。邮编：214432。联系电话：0510－86071107。

36. 无锡市惠山区建设工程安全监督站

2001年3月撤市设区，在原锡山市建设工程安全监督站的基础上，成立无锡市惠山区建设工程安全监督站。人员编制10人。截止2009年底在职人员10人。内部机构设置安全监督一科、二科、三科。单位负责人：蒋国良。

单位地址：江苏省无锡市惠山区政和大道209号。邮编：214174。联系电话：0510－83590772。

37. 无锡新区建筑安全质量监督站

2007年无锡新区建筑安全质量监督站是经无锡市编制委员会批准，经无锡市人民政府新区管委会认定的正科级独立法人全民事业单位，受无锡新区规划建设环保局直接领导。自2006年经新区建设行政主管部门决定独立行使新区区域内建筑施工安全监督职能工作。截止2009年底共有工作人员16名。

单位地址：无锡市新区珠江路30号。邮政编码：214028。联系电话：0510－85229913。

38. 宿迁市宿城区建设工程质量安全监督站

2009年7月经宿城区机构编制委员会“宿区编[2009]14号”文件批准成立，与“宿城区建筑施工管理处”合署办公。截止2009年底在岗人员共10人。单位负责人：邹焱。

单位地址：宿迁市世纪大道350号。邮政编码：223800。

39. 泗洪县建筑业管理处

1992年成立，隶属于泗洪县建设局，为事业单位性质，内设主任室、书记办公室、副主任室、效能督查室、办公室、建管一科、建管二科。截止2009年底共有工作人员24人。单位负责人：王国生。

单位地址：泗洪县人民南路1号。邮政编码：223900。联系电话：0527－86243334。

40. 泗阳县建筑工程管理办公室

1999年9月成立，为全民事业单位，股级建制，编制7人，经费渠道为自收自支。目前实有人员16名。设主任1人，副主任2人，副书记1人，单位负责人是樊荣生。

单位地址：泗阳县北京路96号。邮政编码：223700。

41. 宿迁市宿豫区建筑工程管理处

1988年7月经原宿迁县编委批准成立，为自收自支事业单位。截止2009年编制为5人，在岗10人。内设主任1人，副主任2人。单位负责人：潜义。

单位地址：宿豫区韶山路。邮政编码：223800。联系电话：0527－84465267。

42. 沭阳县建筑安装管理处

1986年成立，系沭阳建设局直属集体事业单位，内设办公室、质安股、管理股3个部门。截止2009年底共有工作人员22人。单位负责人：尚俊利。

单位地址：沭阳县公园路档案综合楼405室。联系电话：0527－83557201。

43. 盐城市亭湖区建设工程管理中心

2006年10月成立，人员编制7人。单位负责人：卢士多。

单位地址：盐城市亭湖新区大楼709室。邮政编码：224002。联系电话：0515－88334126。

44. 建湖县建筑工程管理处

1985年成立县建筑工程管理处（施工股），1993年成立建湖县建筑工程管理局。2001年经建湖县人民政府建政发[2001]29号批准，建湖县建筑工程管理局并入建湖县建设局，成立建湖县建筑工程管理处，为全民事业副科级建制，人员编制28人。截止2009年底在职人员17人。内部机构：综合科、财务科、县内市场管理科（市场科）、外出施工管理科（外施科）。2009年1—10月，建管处负责人由县建设局副局长江坚兼任；2009年10—12月由县建设局局长助理洪延源担任。

单位地址：建湖县汇文路 1022 号。邮政编码:224700。联系电话：0515－86212317，86221773。

45. 滨海县建筑工程管理处

1985 年 6 月成立，人员编制 18 人。截止 2009 年底在职人员 8 人。单位负责人:朱爱春。内部机构：办公室、安全科、财计科、造价科、市场管理科、外施科。

单位地址：江苏省滨海县迎宾西路建设大厦四楼。邮政编码：224500。联系电话：0515－84100846。

46. 响水县建筑工程管理处

2009 年 3 月成立，人员编制 11 人。截止 2009 年底在职人员 11 人。内部机构:办公室、质量安全监督一组、二组、三组、抽测组。单位负责人:朱建国。

单位地址:响水县双园中路 19 号。邮政编码：224600。联系电话:0515－86878911。

47. 盐城经济开发区建设工程监督管理处

1994 年成立，人员编制 9 人。截止 2009 年底在职人员 9 人。内部设置质监、安监、建管 3 个部门。单位负责人:徐晓。

单位地址:盐城经济开发区松江路 18 号。邮政编码:224007。联系电话:0515－68820986。

48. 涟水县建筑工程管理局

1999 年 2 月设立质量安全股。截止 2009 年底共有工作人员 6 人。股长:宋建春。

单位地址：涟水县红日大道 2 号。邮政编码:223400。

49. 盱眙县建筑工程管理局

2000 年 9 月 23 日经盱眙县机构编制委员会《关于成立盱眙县建筑工程管理局的通知》盱编委[2000]21 号文件批准决定成立盱眙县建筑工程管理局，为副科级事业局，隶属建设局领导；核定事业编制 8 名；人员由建设局内部调剂和引进专业对口的本科毕业生解决，人员经费原渠道不变，机关经费实行自收自支。内设质安股、企管股、办公室。截止 2009 年底共有 12 名在编人员。2009 年期间庄信龙任局长。

单位地址:盱眙县金源北路建设局大楼内。邮编:211700。联系电话:0517－88267987。

50. 金湖县建筑管理处

1986 年成立，为金湖县建设局下属事业单位，股级建制。截止 2009 年底共有 10 名在编人员。2009 年期间单位负责人为杨元桂。

单位地址:金湖县健康路 40 号。邮编:211600。联系电话:0517－86903673。

51. 淮安市淮阴区建设局

1998 年 7 月经淮安市机构编制委员会淮编[1998]21 号文件批准成立淮阴区建设局。内设质量安全股负责质量安全工作。截止 2009 年底共有工作人员 12 人。

单位地址:淮安市淮阴区建设局大楼。邮政编码:223300。联系电话:0517－84916262。

52. 吴江市建筑安全监督站

1997 年 7 月 8 日经吴江市机构编制委员会吴编字[1997]第 33 号文件批准成立。人员编制 9 人。内部机构:站长室、安监一股、安监二股。截止 2009 年底共有工作人员 9 人。单位负责人:翁洪方。

单位地址:吴江市笠泽路 551 号。邮编:215200。联系电话:0512－63485938。

53. 常熟市建筑安全监督站

2002 年 4 月 23 日，经常熟市机构编制委员会常编[2002]12 号文件批复同意将在常熟市建筑管理处质量安全科上增挂“常熟市建筑安全监督站”独立设置，属全民事业单位，隶属市建设局领导，归市建筑管理处管理，核定人员编制 5 名(从市建筑工程总公司人员编制总数内划转)，经费由市地方财政核拨。2004 年 12 月 3 日经常熟市机构编制委员会办公室常编办[2004]184 号文件批准，核定人员编制 8 名，经费由市财政全额拨款，为行政管理类事业单位，内设综合科、安监科 2 部门。截止 2009 年底在职职工人数为 8 人。单位负责人:周政。

单位地址:常熟市虞山镇李闸路 95 号。邮编:215500。联系电话:0512－52884780。

54. 张家港市建筑安全监督站

1997 年 7 月 16 日经张家港市机构编制委

员会张编发[1997]25号文件批准成立。人员编制5名。单位负责人为许建华。截止2009年底在编人员5名,聘请编外人员2名。

单位地址:江苏省张家港市人民中路68号。邮编:215600。联系电话:0512-56990695。

55. 太仓市建筑安全监督站

1994年6月14日经太仓市机构编制委员会《关于同意建立太仓市建筑安全监督站的批复》(太编发[1994]9号)批准成立。人员编制6人。内部设置安监一科、安监二科、综合办公室3个部门。截止2009年底共有工作人员10人。2009年3月28日负责人由申建人变更为姚金鑫。

单位地址:太仓市城厢镇向阳路10号。邮编:215400。联系电话:0512-53524286。

56. 昆山市建筑安全监督站

1994年经昆山市编制委员会批准成立昆山市建筑安全监督站,为自收自支的独立法人全民事业单位,受昆山市住房和城乡建设局直接领导,与建筑业管理处合署办公。2001年经昆山市建设行政主管部门决定独立行使建筑施工安全监督职能工作。截止2009年底共有工作人员20名。单位负责人:张利军。

单位地址:昆山市同丰西路598号。联系电话:0512-57363206。

57. 苏州工业园区建设工程质量安全监督站

1996年9月经苏州工业园区工委、管委会苏园工[1996]10号文件批准成立苏州工业园区建设工程质量检测咨询服务公司,下设苏州工业园区建设工程质量监督站。1997年经苏州工业园区工委、管委会苏园工[1997]41号文件批准将苏州工业园区建设工程质量监督站更名为苏州工业园区建设工程质量安全监督站。2005年2月6日,苏州工业园区工委、管委会将苏州工业园区建设工程质量安全监督站进行改制,确立为园区财政全额拨款的、具有独立法人资格的事业单位,人员编制30名。内设安全监督科、质量监督一科、质量监督二科、总工科、质量抽测科、市政科、综合办公室。截止2009年底共有工作人员30名,其中正式人员24名。单位负责人:蔡剑深。

单位地址:苏州工业园区翠园路181号商旅大厦5楼。邮政编码:215021。联系电话:0512-62791385。传真:0512-62791392。

58. 苏州市吴中区建筑工程安全监督站

1998年4月6日经吴县市机构编制委员会吴编委[1998]第4号文件《关于同意建立建筑工程安全监督站的通知》批准同意成立吴县市建筑工程安全监督站。2002年12月吴县市撤县设区,更名为苏州市吴中区建筑工程安全监督站。截止2009年底在职人员为10人。单位内设站长室、办公室、安监室。单位负责人:张维明。

单位地址:苏州市吴中区吴中东路169号建设大厦六楼。邮政编码:215128。联系电话(传真):0512-65286570。

59. 苏州市相城区建筑工程安全监督站

2001年10月12日经相城区机构编制委员会相编委[2001]22号文件《关于同意建立苏州市相城区建设工程质量监督站等事业单位的通知》批准成立苏州市相城区建筑安装管理处,另挂苏州市相城区建筑工程安全监督站牌子,与相城区建设工程质量监督站合署办公,定编5名。截止2009年底安监站有人员13人。2009年12月30日骆键站长因工作需要调整至其他岗位,安监站工作由朱莉副站长负责,无内部机构设置。

单位地址:苏州市相城区阳澄湖东路8号。邮编:215131。联系电话:0512-85182393。

60. 苏州高新区建设工程安全监督站

苏州高新区建设工程安全监督站成立于1994年。2003年两区合并时,根据苏虎编委[2003]第5号文件要求,由原"苏州高新区建设工程质量监督站"、原"虎丘区建筑管理站"和原"苏州高新区安全生产监督站"合并组建为"苏州高新区、虎丘区建设工程质量监督站",挂"苏州高新区、虎丘区建设工程安全监督站"牌子,为正科级建制,核定人员编制26名。下设5个科室:综合科、土建科、市政科、安装科、安监科。

单位负责人丁育红。

单位地址：苏州高新区金山路10号，邮编：215011。联系电话：0512－68414091。

建筑安全社团组织

1. 南京建筑业协会安全分会

2002年3月28日根据南京市建筑工程局“宁建工字[2000]190号”文件《关于同意成立南京建筑业协会质量和安全两个分会(专业委员会)的批复》、南京市民间组织管理局“宁民社[2002]20号”文件《关于同意设立南京建筑业协会安全分会的批复》批准成立。2009年安全分会会长为陈永池，秘书处工作人员4人，秘书长和副秘书长分别是陈兆生、杨明。

单位地址：南京市白下区八宝东街1号。邮编：210007。联系电话：025－84621059。

2. 徐州市建筑安全与设备工作委员会

徐州市建筑安全与设备工作委员会为徐州市建筑业协会分支机构，成立于2003年5月29日。负责人为王建华。业务范围为技术咨询、技术服务、知识培训。

办公地点：徐州市民主南路76号。邮政编码：221009。联系电话：0516－83908090。

3. 淮安市建筑安全与设备管理协会

淮安市建筑安全与设备管理协会成立于2005年8月11日。该协会是由在淮安市境内从事建筑施工、设备安装、设备租赁及维修、安全生产监督、建筑机械设备的检测等活动的企事业单位自愿组成的行业性、非营利性的社会团体，受淮安市民政局和市住建局监督管理和业务主管单位领导。在江苏省建筑安全与设备管理协会第五次会员代表会上被选为理事单位。

协会主要从事的工作是：(一) 负责建筑机械设备租赁企业的行业确认；(二) 协助省协会开展建筑施工企业主要负责人、项目负责人、专职安全管理人员、特种作业人员等教育培训工作；(三) 开展市级文明工地评审，推荐省级文明工地评选。

近年来，淮安市建筑施工队伍不断壮大，技术装备水平不断提高，施工能力显著增强，生产经营快速增长，整个建筑业得到长足发展。而伴随着建筑业的快速发展，一些制约建筑安全生产发展深层次问题也显现出来。成立淮安市建筑安全与设备管理协会，以此规范全市建筑安全生产相关单位的行为，推动建筑安全生产的科技进步，为主管部门服务、为会员单位服务、为建筑业的行业发展服务。

会长：张建业。

单位地址：淮安市北京北路112号。邮编：223001。联系电话：0517－3661865。

4. 泰州市建筑安全与设备管理协会

2008年1月24日经泰州市民政局“泰民复[2008]3号”文件批准成立。2009年底在职2人。2009年期间负责人：陈小平。

单位地址：泰州市鼓楼南路368号。邮编：225300。联系电话：0523－86397021。

5. 镇江市建设工程施工安全协会

2008年12月29日经镇江市民政局“镇民民管复[2005]2号”文件批准成立，内部设置综合部、技术部、培训部、宣传部4个部门。

名誉理事长：强南山。理事长：曹俊。副理事长：陶运平、伊立、王颂阳、郑莉莉、应明、方增宁。秘书长：方增宁。

单位地址：镇江市丁卯桥路223号。邮编：2120009。联系电话：0511－86090010。

6. 宜兴市建筑行业协会安全与设备管理分会

2005年6月1日，经宜兴市民政局“宜民[2005]第28号”文件批准成立“宜兴市建筑安全与设备管理协会”。协会发起单位：宜兴市建设工程安全监督站、宜兴市建筑安装工程管理处、江苏伟丰建筑安装集团有限公司、宜兴市铜峰建筑安装工程有限公司、宜兴市红塔建筑安装工程公司。2006年宜兴市建筑安全与设备管理协会并入宜兴市建筑业协会，成为其下辖的安全与设备管理分会。

单位地址：江苏宜兴市宜城陶都路115号（宜兴市建设局大院内）。邮编：214206。联系电话：0510－87973031。

建筑安全咨询机构

1. 江苏省博爱建安咨询中心

江苏省博爱建安咨询中心成立于2005年12月22日，是经江苏省工商局批准的独立法人企业，注册资金100万元，中心有独立的账户和核算，是独立的建筑安全技术咨询机构。中心主要经营的业务有：建设工程项目与建筑施工安全生产评价、建筑安全防护用品和建筑机械产品的技术鉴定、建筑技术咨询等。

中心现有办公用房170平方米，共有工作人员31人，其中3人为常设工作人员，专门从事建筑安全技术咨询的专家25人，高级工程师及以上16人，工程师11人。中心下设业务部、技术部和办公室，业务部负责咨询业务的承接、管理和跟踪；技术部负责咨询服务过程中的技术支持；办公室负责日常资料的管理。

中心自成立以来共完成了64项建筑安全生产条件评价工作，为广大建筑施工企业安全生产提供了优质的服务，受到了广泛好评。中心将本着服务客户的宗旨，不断提高自身的工作水平，为提高江苏省的建筑安全而努力。

法定代表人：李健。技术负责人：陆志远。

单位地址：南京市湛江路69号。邮编：210036。

联系电话：025－66665630、86902359。

2. 江苏华通安全技术服务有限公司

江苏华通安全技术服务有限公司成立于2006年，公司致力于建筑产业的健康、可持续发展，将先进的安全生产管理技术和建筑产业紧密结合，专业从事建设安全生产科学技术的研究、开发和推广；建筑施工安全生产条件评估；建设工程安全生产培训服务；建设技术咨询服务等建设工程中相关技术服务。

公司注册资本200万元。公司驻地位于宜兴市陶都路78号，与市政府比邻而居，与建设局隔路相望，办公环境优雅。公司拥有雄厚的安全技术力量，现有安全技术人员15人，大学以上学历15人，其中高级工程师2人和工程师5人，具有国家注册安全工程师1人。

怀着“追求卓越，让世界更加安全”的崇高理想，华通人决心以专业的技术、高度的社会责任感以及热情真诚的工作态度为客户和政府服务，为社会撑起一片安全祥和的蓝天。华通将通过自己卓越的服务真正做到“合作共赢，为客户创造价值”。“艰难困苦，玉汝于成”，华通愿耐得十年寂寞来塑造一块安全科技领域的金色品牌。华通人深信，“有志者，事竟成”！

公司法定代表人：赵军。

单位地址：宜兴市陶都路78号，邮编：214200。

联系人：赵军。电话：13771328688。

3. 镇江市安联建筑安全咨询服务中心

2001年12月7日镇江市安联建筑安全咨询服务中心经“镇政建[2001]第281号”文件批准成立。单位负责人：曹俊。

单位地址：镇江市丁卯桥路223号。邮编：2120009。联系电话：0511－86090020。

4. 南京金典安全工程师事务所有限公司

南京金典安全工程师事务所有限公司前身为南京安监建筑安全评价咨询中心，成立于2005年，主要业务范围：建筑施工企业安全生产条件评价，建筑施工安全培训，建筑施工安全质量标准化推进咨询，质量、环境和职业健康安全管理体系认证咨询，安全事务代理，安全顾问，安全管理软件开发等。

公司技术力量雄厚，拥有一批省内知名的建筑安全专家。五年来为100余家建筑施工企业提供了相关服务，得到广泛认同和好评，代表客户有南京建工集团、南京四建、南京鸿业集团、常州市政、镇江索普建安、盐城二建集团等。

公司秉持“诚信、公正、专业、高效”原则，怀着追求卓越、让社会更加安全的崇高理想，将国际先进的安全管理理念和技术体系为我所用，走安全永无止境、服务永无止境道路，用卓越的服务更好地诠释安全与效益的内涵，真正做到合作共赢，为客户创造价值！

公司法定代表人：金文荣。

单位地址：南京市嫩江路20号，邮编：210036。

联系人：金文荣。电话：13305198257。

5. 扬州市建宁工程技术咨询有限责任公司

2006年2月成立。业务范围：建筑施工企业安全生产评价；提供安全技术服务及安全事务咨询；建筑施工起重机械安装质量检验；建筑安全新技术新工艺的推广服务；意外伤害保险兼业代理；安全防护用品销售等。

2009年底公司有员工27人，具有建筑施工起重机械检验资格证书的人员13人，主要承担扬州市区及邗江、仪征、江都、高邮、宝应等县（市、区）的建筑施工起重机械安装质量检验工作。

2009年，该公司共检验设备1 900台次，其中塔机1 519台次，物料提升机148台次，施工电梯66台次，高空吊篮64台次，桩机147台次。

2009年初该公司向江苏省建筑安全与设备管理协会提出了检验机构行业确认的申请。同年11月通过了省协会组织的专家评审，并于2009年11月18日取得《江苏省建筑施工起重机械安装检验机构行业确认书》。

公司法定代表人：吉劲松。检验机构技术负责人：陈峰。

单位地址：扬州市维扬路423－8号。邮编：225002。

联系人：陈峰。联系电话：0514－82987289，13773566659。

六、2009年江苏省建筑业工作会议文件

江苏省建设厅周岚厅长在全省建筑业工作会议上的讲话

（2009年2月19日）

同志们：

在刚刚结束的省“两会”上，罗志军省长在《政府工作报告》中明确提出，要“大力拓展国内建筑市场，建筑业总产值力争突破1万亿元”，这既是对我们的鼓励和鞭策，也对全省建筑行业发展提出了更高的要求。但当前受国际金融危机影响，全省建筑业发展面临着许多新的挑战。在这样的新形势下，我们召开全省建筑业工作会议，总结2008年工作，研究部署2009年全省建筑业发展目标、任务、举措，具有不同寻常的意义。

2008年，江苏建筑业同整个国家经济社会发展一样，经历了很不寻常、很不平凡的一年。在各项工作急难险重的情况下，480万江苏建筑铁军迎难而上，奋力拼搏，实现了“保目标、保稳定、保安全”的既定目标，全行业亮点纷呈：提前超额完成抗震救灾安置房援建任务；产业集中度有所提高；科技进步取得新成绩；全省建筑安全生产形势明显好转；工程质量整体水平进一步提升，获得鲁班奖11项，国优奖11项，获奖数保持全国第一；特别是较好地完成了省政府对建筑业下达的任务指标，全省建筑业2008年总产值达8 800亿元以上，有10家以上企业年产值突破100亿，有5家企业外经营业额达9 000万美元以上。江苏建筑业没有辜负省委、省政府的期望。

这些成绩来之不易，它凝结了全省建筑业广大干部职工的心血和汗水，凝结了全省建筑业各级主管部门的指导和服务，充分说明江苏建筑队伍不愧为“特别能吃苦、特别能奉献、特别能战斗”的铁军。在此，我代表省建设厅向今天与会同志并通过你们向全行业干部职工表示衷心的感谢和亲切的慰问！

关于2009年全省建筑业的发展目标、总体要求和主要任务，高学斌局长将进行全面部署。下面，我讲三点意见。

第一，坚定信心，振奋精神，咬定建筑业总产值突破1万亿元的目标不动摇

实现全省建筑业总产值同比增长13%以上，总量达到1万亿元，成为全国第一个建筑业总产值突破万亿元的省份，是省委、省政府的要求，也是我们奋斗的目标。实现这一目标，首先需要我们增强信心，自我加压，负重奋进。

我们的信心来源于中央和省委、省政府坚强有力的正确领导。面对国际金融危机的影响，中央果断出台了一系列扩大内需的政策措施，为保增长促发展提供了强大动力和有力保障。我省也及时出台了扩大内需、加大财税金融支持、扶持中小企业等一系列政策措施，促使全省经济保持稳定增长。省委省政府历来十分重视建筑业的改革与发展，梁保华书记、罗志军省长、何权副省长多次了解建筑业发展情况，关心建筑业发展中的问题和困难，对建筑业发展指明方向，提出要求，这是对我们做好工作、完成目标任务的最大支持，更为我们推动建筑业

的改革与发展增添了信心和动力。

我们的信心来源于建筑业发展的各种机遇。虽然今年可能是进入新世纪以来我国经济最困难的一年，但我国处于重要战略机遇期的总体格局没有改变。当前，全球范围内的经济结构正在进行“重新洗牌”，在这种大变化大调整中，我们既面临前所未有的挑战，也面临前所未有的机遇，特别是为拉动内需，各级政府加大住房保障、新农村建设、重大基础设施和生态环境等建设力度，这些都与建筑业发展紧密相关。只要我们牢牢把握挑战中蕴含的机遇，就能掌控新一轮发展的制高点和主动权。

我们的信心来源于江苏建筑业现有的实力和优势。经过改革开放30年的发展，我省建筑业形成了具有比较优势的所有制结构、行业结构和企业结构，形成了优势互补的区域发展格局，行业与企业的抗风险能力都有了新的提高。进入新世纪以来，全省建筑业总产值连续实现跨越式发展。全省有5个省辖市建筑业总产值达到或接近1 000亿元。近年来，全省还涌现出一批以建筑业综合实力30强、外经10强、钢结构10强和装饰10强为代表的强势企业。江苏建筑企业已从三十年前的“小帆船”，成长为今天的“大舰队”。“江苏建筑铁军”的影响日益扩大，我们完全有信心在2009年实现13%的增幅。

第二，突出重点，狠抓落实，贯彻保增长各项重要举措不放松

保增长扩内需调结构是2009年经济社会发展的主题，也是建筑业发展的主题。实现新一年建筑业总产值“超万亿”的目标，关键是要抓好结构调整、转型升级和深化改革三项工作。

一是把结构调整作为保增长的首要任务。江苏建筑业的优势在于房屋建筑。但当前房地产市场景气度下降，而国家拉动内需的方向主要是公路、铁路、机场、输油管道、城市交通等基础设施，如果仍靠房屋建筑“一枝独秀”来保增长，难度很大，必须着力发展新的增长点。首先，31家房屋建筑特级资质企业要率先加快培育、提升在基础设施领域的专业施工能力，并通过与相关专业企业兼并整合、联合投标等方式，力争进入公路、铁路、机场、码头，以及道路、桥梁等城市基础设施建设领域，特别是城市轨道交通等工程项目。其次，以“调优调高”为基本方向，大力扶持发展专业企业，特别是扶持发展一批经营特色明显、科技含量较高、市场前景广阔的专业企业，尽快形成适应国内外市场需要的建筑业企业结构。再次，引导建筑企业向关联度较高的上下游产业延伸，积极拓展多元化经营。

二是把转型升级作为保增长的主攻方向。推动建筑业转型升级是在当前保增长形势下，主动适应经济结构调整和建筑市场发展变化，进一步增强我省建筑业核心竞争力的重要途径，也是推动江苏建筑业又好又快发展的战略性选择。必须加快人才培养和职工教育，加大科技创新和新技术应用力度，推动工程承包方式转变，努力提高建筑行业装备水平，不断推进建筑工业化进程，全面实现建筑行业由数量型向质量型、劳动密集型向科技型、速度型向效益型、粗放型向集约型的转变。特级企业是推动建筑经济快速增长的主力军，也应该是转型升级的排头兵，要充分发挥标杆作用，通过技术创新和管理创新来提升企业核心竞争力，带动全省建筑企业做大做强。

三是把深化改革作为保增长的强大动力。要以建立现代企业制度为目标，深化企业管理方式的变革，在企业内建立起以产权关系为联结纽带、以资产经营为手段、以法人治理结构为标志的管理体制和运作机制。深化企业组织结构的变革，减少管理层次。深化激励机制改革，探索管理、技术、资本等要素参与的多种收益分配方式，进一步调动企业经营者和技术骨干的积极性。深化施工承包方式改革，大力发展工程总承包。加强“走出去”战略的规划和管理，建立重点国家和地区的营销网络，提高在世界范围组合生产要素的能力，发展核心和优势技术，尽快使企业的经营规模、工程质量、安全管理水平和净资产收益率达到国际同行水平。支持对外承包工程的发展，完善对外承包工程监管体制和协调机制。与大型国际工程承包商建立战略联盟，以项目合作为载体共同拓展境外工程承包市场。

第三，加强监管，强化服务，营造企业做大做强外部环境不懈怠

建筑企业是建筑行业的根基。1万亿元年度发展目标要靠建筑企业去努力去实现。建筑企业强，江苏建筑行业就强；建筑企业好，江苏建筑行业就好。全省各级建筑行业主管部门要在加强市场监管，为企业提供公平、公正发展环境的同时，还要更好地强化服务，为企业发展排忧解难，共同推动企业做大做强。

一是要创新工程建设招投标方式。针对全省招投标市场需要进一步完善的环节，与省有关部门共同制定出台相关政策，采取综合措施，引导企业合理报价；对明显低于成本的价格进行重点评审，探讨建立低价部分全额担保和放弃中标的赔偿制度，进一步规范招投标行为，降低招投标成本。在全省范围内推行远程评标，选择部分市、县在中小型项目中开展随机抽签确定中标人的试点。进一步加强招投标保证金的管理，规范保证金进出渠道，研究建立以工程质量保险替代现行的工程质量保证金的管理办法。进一步规范项目负责人的登记、变更行为，研究制定企业和建造师工程业绩在招投标过程中适当加分的实施办法。

二是要加快建立以市场为导向的工程造价机制。规范工程造价管理，规范定额解释与纠纷处理行为。建立健全统一规范的建筑工程造价信息系统，提高信息发布质量。加快建立健全人工工资定额、消耗标准、工程价格动态调整机制，研究修订建筑工程“优质优价”实施办法，为工程创优提供支撑。大力贯彻新版工程量清单计价规范，规范市场计价行为，维护施工企业利益。

三是要全面加强建筑市场监管与服务。在当前扩内需促增长的大背景下，尤其需要增强服务意识，认真履行建筑市场监管职责，不断完善建筑市场监管方式，努力营造统一开放、竞争有序的建筑市场环境，为扩大内需投资建设项目提供有力保障和高效服务，在促进经济平稳较快发展的同时，促进建筑业的持续健康发展。严格市场准入、清出制度，进一步加强企业资质动态监管，建立注册执业执法检查制度。加强合同履约管理，建立健全合同履约监管机制，并与质量安全监督相结合。推进建筑市场信用体系建设，强化建筑市场管理与工程现场管理“两场联动”，加大行政执法力度，依法处罚失信的责任单位和责任人。

同志们，今年建筑业保增长、超万亿的总体目标已经明确。实现这一目标的难度很大，但完成任务的有利因素也很多。我们一定要在省委省政府的坚强领导下，进一步统一思想，坚定信心，抢抓机遇，攻坚克难，着力推动全省建筑业改革与发展，为全省经济社会的发展作出应有的贡献。

谢谢大家！

中共江苏省建设厅党组书记
江里程在全省建筑业
工作会议上的讲话

（2009年2月19日）

同志们：

这次全省建筑业工作会议，是在国际国内宏观经济面临严峻挑战的形势下召开的一次重要会议。开好这次会议，对于推动江苏建筑业在科学发展观指导下，进一步认清形势，坚定信心，攻坚克难，咬定1万亿产值目标，着力提高建筑业发展水平，着力保持建筑业持续快速发展，向建筑强省目标不断迈进，开创建筑业各项工作新局面，具有非常重要的意义。

刚才，周岚厅长作了重要讲话，深入分析了当前全省建筑业发展面临的形势，对2009年的重点工作提出了明确要求。高学斌局长的工作报告简要回顾了2008年工作，提出了2009年全省建筑业发展的指导思想和奋斗目标，部署了年度重点工作任务。下面，我简要讲几点意见。

一、认清形势，把全省建筑业发展大计放到保增长、扩内需、调结构的大背景下去思考和把握

保增长、扩内需、调结构是2009年经济社会发展的主题，也是我省建筑业发展首要的形势和背景。这一形势下，我省建筑业发展既面临着严峻的挑战，又蕴含着良好的机遇。一方面，随着国际经济形势急剧变化，由国际金融危机带来的对我国经济发展的不利影响正在显现，并且尚未见底，对我省建筑业也带来相当大的冲击，去年四季度以来，全省建筑业增速呈现下滑趋势。可以预见，对全省建筑业发展而言，2009年将是一个非常特殊、非常困难、充满挑战的一年。另一方面，国家出台了进一步扩大内需促进经济平稳较快增长的措施，明确到2010年底将投资4万亿元，全国各地也相继出台了相关配套措施，陆续上马一批重大基础设施建设，为建筑业发展与转型升级提供了良好的机遇。

面对挑战和机遇，我们必须进一步认清形势。既要看到进入新世纪、新阶段，我省建筑业经济实力显著增强，发展势头相当迅猛，科技进步对行业发展的贡献份额逐年加大，建筑业呈现持续加快发展态势。但同时也要认识到，相对于建筑强省的目标，我省建筑业生产力水平总体上还不高，速度与结构、质量、效益不协调问题仍然存在，自主创新能力仍显薄弱，等等。

面对挑战和机遇，我们必须进一步坚定信心。建筑业是我省的支柱产业、优势产业和富民产业，为全省经济社会发展作出了积极贡献。应该看到，通过改革开放30年特别是进入新世纪以来，我省建筑业的发展取得了显著成绩，积累了不少好的经验，这既是广大干部群众积极探索、开拓创新的结果，也是进一步做好建筑业工作的宝贵财富。

面对挑战和机遇，我们必须进一步明确思路。我省外地建筑市场份额大，许多建筑队伍也在外。我们要坚持以科学发展观为指导，明确目标，强化措施，开拓创新，攻坚克难，认真做好市场开拓、结构调整、科技进步的文章，全面统筹速度与结构、质量与效益之间的关系，推动我省建筑行业由数量型向质量型、劳动密集型向科技型、速度型向效益型、粗放型向集约型转变，在挑战中寻找发展机遇，增添发展活力，提升发展水平，延续较好较快的发展势头。

我相信，只要我们思想认识统一，加快结构调整，加大市场开拓，加强队伍建设，积极探索创新，工作目标明确，政策措施到位，就一定能够变挑战为机遇，化压力为动力，就一定能够完成既定的各项工作目标和任务，为促进经济平稳增长作出积极的贡献。

二、咬定目标，强化措施，着力提升建筑业发展水平

实现全省建筑业总产值突破1万亿元，成为全国第一个突破万亿元的省份，是江苏建设者为之奋斗多年、追求多年的目标。实现这一目标，需要我们积极应对宏观经济的严峻考验，紧紧抓住拉动内需的良好机遇，进一步加快转变建筑业发展方式，提升建筑业发展水平。

一是要加快推动建筑业结构调整和转型升级。长期以来，我省建筑业发展主要依靠外延式增长、粗放型增长和资源依赖型增长。面对新的形势，我省建筑业要实现1万亿元的发展目标，关键就是要转变经济发展方式，加大结构调整，加快转型升级。要顺应国家产业发展政策，积极推进我省建筑企业进军基础设施建设、现代交通运输和地铁施工等领域，抢抓国家促进经济增长投资所带来的市场机遇。促进建筑业企业与交通、电力、水利、邮电、通信等施工企业的兼并整合，尽快形成涵盖诸多领域、具有各类施工能力的大建筑业格局。

二是加大市场开拓力度。作为我省支柱产业和外向型产业的建筑业，要把开拓建筑市场作为扩大生存和发展空间的新的增长极来培育，坚持实施“走出去”战略。全省建筑业企业

要在省内市场保持较高份额的同时，跳出江苏求发展，面向全国拓市场。要抓住上海世博会、天津滨海新区开发、广州亚运会等机遇，固守沿海经济发达省份市场，保持与我省建筑业实力相对应的市场份额。抓住国家基础设施建设投资向中西部地区倾斜，抓好中西部潜力市场的开拓。根据宏观经济形势的发展变化，继续抓好国际建筑市场的开拓。长期以来，我省建筑外经主要发展方向是境外建筑劳务输出。随着我省建筑业综合实力的增强，要把承揽工程总承包项目作为今后的主攻方向，通过引进人才、银企合作、与跨国承包商合作等多种途径，鼓励我省建筑业企业与大型国际工程承包商建立战略联盟，以项目合作为载体，增强参与国际建筑市场竞争的能力。

三是加快培育龙头骨干企业。没有一批国内一流、国际上有竞争力的龙头骨干企业，江苏建筑业就难以继续保持在全国的领先地位，更难以在国际建筑市场上占有一席之地。要通过政策扶持、企业上市和战略重组，培育我省建筑业龙头骨干企业。各级主管部门要对建筑业企业运行情况进行研究，从中筛选出一批实力雄厚、管理规范、成长性强的企业作为培育对象，在市场推介、资质审批、税赋减免、融资改革等方面对培育对象予以重点帮助和扶持。建筑业优势企业一定要解放思想，以世界眼光和全球胸怀，打破行业、地域、国别的界限，在全国乃至全球范围内寻求合作伙伴，进行战略重组，实现各类资源、生产要素的自由流动和优化配置，逐步形成比较优势和参与国际竞争的能力。

三、开拓创新，突出重点，努力创造建筑业持续健康发展的良好条件

江苏建筑业是我省的支柱产业、优势产业和富民产业，建筑业的发展关系着全省经济平稳较快增长大局，必须进一步开拓创新，明确措施，狠抓落实，大力营造有利于建筑业改革与发展的环境。

一是坚持改革创新，进一步增强建筑业发展的活力。加快建筑业改革步伐，增强发展活力，是当前建筑业发展面临的一项重要任务。特别是在面对挑战和困难的时候，我们只有以改革的精神、开放的胸襟、创新的思路去解决前进中的问题，克服发展中的困难。各级建设、建筑主管部门要认真履行职责，创新管理方式，强化服务意识，加强指导监督，着力培育建筑业优势企业做强、做大，做精、做专，为建筑业发展营造良好环境。建筑业企业要针对目前建筑市场新特点，积极探索并实施新的发展战略，调整产业结构，创新经营模式等。学习借鉴发达国家建筑业运作模式、设计理念、施工技术、管理体制和规范标准，提高建筑业现代化水平。加大建设科技投入，加快科技创新步伐，推进建筑工业化进程，提高建筑业标准化水平，进一步提高建筑设计、施工水平，增强企业技术创新能力，全面提高建筑业科技含量。

二是坚持标本兼治，进一步整顿规范建筑市场秩序。规范有序的建筑市场是促进建筑业健康发展的基本条件，也是各级主管部门义不容辞的责任。要继续完善工程建设招投标监督，大力推进远程评标。运用市场的办法和手段推进工程建设改革发展，建立建筑市场信用体系，完善市场准入和市场清出机制，推行工程担保制度，试行工程质量保险。促进工程建设组织实施方式改革，积极培育工程项目管理和代建市场，不断提高投资效益和工程管理水平。实行建筑市场和施工现场管理联动，全面提升建设工程质量水平。

三是坚持以人为本，进一步加强质量安全管理。百年大计，质量第一。过去，“质量第一”是江苏建筑队伍最好的形象、最响的品牌、最成功的经验；在建筑市场竞争日益激烈的今天，“质量第一”也应该是江苏建筑队伍坚持不懈、永不动摇的座右铭。全省400多万建筑业从业人员，主要来自于农村，长期从事艰苦繁重的体力劳动，处于产业分工的底层，尚未得到社会应有的理解和尊重。全系统各级主管部门要主动关心建筑业从业人员的发展和成长，关心建筑业从业人员的社会保障和收入增长，关心建筑业从业人员生命财产安全和身心健康，关心建

筑业从业人员合法权益的保护和社会地位的提高。各级主管部门和建筑业企业要牢固树立安全责任重于泰山的观念，继续举办农民工学校，深入开展施工安全教育培训；全面落实安全生产监管制度，深入开展安全生产专项治理和隐患排查活动；加大安全生产监督检查力度，严防发生重特大安全事故，推动全省建筑业安全生产形势根本好转。各地要全面落实防止产生新拖欠的各项长效管理政策措施，从源头上解决拖欠工程款和农民工工资问题，切实维护社会和谐稳定。

同志们，进入新的发展阶段，站在新的发展起点，面临新的发展任务，让我们在省委、省政府的正确领导下，全面贯彻落实科学发展观，开拓创新，奋发进取，着力提高建筑业发展水平，努力保持建筑业持续健康发展，为全省经济社会平稳较快发展作出积极的贡献！

谢谢大家！

坚定信心应对挑战，努力推动全省建筑业又好又快发展

——江苏省建筑工程管理局局长高学斌在全省建筑业工作会议上的报告

（2009 年 2 月 19 日）

同志们：

这次全省建筑业工作会议，是在国内外经济环境发生重大变化、经济发展面临重大挑战的背景下召开的。会议的主要任务是，全面贯彻全国和全省经济工作会议精神，深入学习实践科学发展观，分析当前全省建筑业发展面临的形势，总结 2008 年全省建筑业发展情况，部署 2009 年工作。省政府和省建设厅对这次会议的召开十分重视，建设厅周岚厅长、江里程书记专程到会并作重要讲话，我们要认真学习领会，全面贯彻落实。

下面，我就去年全省建筑业发展情况和今年全省建筑业工作部署，讲几点意见。

一、2008 年全省建筑业工作回顾

2008 年是全省建筑业改革发展进程中极不寻常、极不平凡的一年。我们在省委、省政府的坚强领导下，坚持以邓小平理论和“三个代表”重要思想为指导，认真学习实践科学发展观，成功夺取援川抗震救灾胜利，积极应对全球金融危机对建筑业带来的冲击，创新思路，团结奋斗，迎难而进，全力以赴保目标、保稳定、保安全，全面完成年初确定的各项目标任务，全省建筑经济继续保持规模扩大、效益提升、较好较快的发展局面。

第一，开展深入学习实践科学发展观活动，促进了全省建筑业科学发展、率先发展。学习实践科学发展观是 2008 年工作的重中之重。我们紧紧围绕“推动科学发展、建设美好江苏”和“加快推动全省建筑业又好又快发展”的主题，认真学习有关文件，深入基层调查研究，广泛征求各方意见，联系实际开展思想再解放的大讨论，找出了制约全省建筑业发展的突出问题及主要原因，提出了推动全省建筑业又好又快发展的具体举措，形成了一批质量较高的调研成果。创造条件，多方协调，上下联动，综合治理，解决了一些群众反映强烈、制约和影响建筑业长远发展的机制体制问题。

学习实践活动的扎实开展，统一了大家的思想认识，形成了科学发展的共识，为全面完成各项任务，做到“三不误，三促进”，推动全省建筑业科学发展、率先发展，提供了组织保障和精神动力。据初步统计，全省建筑业总产值达到 8 800 亿元，同比增长 18%以上，这是继 2007 年全省建筑业总产值跨越 6 000 亿元大关，直接突破 7 000 亿元以后，再一次实现跨越式发展。省外市场营业额 3 060 亿元，同比增长 17%；境外市场营业额 49 亿美元，同比增长 17%；期末从业人员 490 万人，同比增长 5.15%。全行业实现利润 320 亿元，利税 580 亿元，同比分别增长 18%。全省有 10 家以上企业年产值突破 100 亿，有 5 家企业外经营业额达 9 000 万美

元以上，可望进入全球225强，超额完成省政府年初确定的重点工作目标任务。

第二，大力推动建筑业转型升级，转变发展方式取得新进展。突出表现为“四个明显进展”：一是产业结构调整取得明显进展。专业企业已占全省建筑企业总数的58%，产值占全行业产值的比重达到17%。一大批企业通过多种方式积极调整产业结构，取得不俗业绩。中南集团收购大连金牛，成为全省第一家上市的总承包企业，收购北京城建地铁公司，成功进入地铁工程施工领域；沪宁钢机承揽了以国家体育场“鸟巢”为代表的多项国家重点工程中的钢结构项目，市场份额和知名度进一步提升；金螳螂集团公司全年营业额接近40亿元，进一步巩固了全国装饰装修百强企业第一名地位。二是多元化经营取得明显进展。全省有条件的企业围绕主业前后延伸或横向拓展，广泛涉足房地产、建材生产、电力能源、教育、服务等多种领域，多元化营业额达到650亿元，增长20%。三是产业集聚取得明显进展。5个省辖市建筑业总产值达到或接近1 000亿元，占到全省产值总量的68%，23个县(市、区)企业营业额超百亿元，其中8个超200亿元，全省1%的企业完成的产值总量占到全行业的37%。四是区域协调发展取得明显进展。苏中地区专业企业发展明显加速，苏北建筑业主要经济指标增幅继续高于全省平均水平，其中，淮安建筑业产值增幅达到30%。

第三，全行业科技进步取得新成绩，人才培养和技能培训工作上了新台阶。在全国率先出台《江苏省认定建筑业企业技术中心管理试行办法》，颁布了《江苏省建筑业企业技术中心建设指导意见》和《江苏省建筑业企业科技活动经费财务核算指导意见》，制定了《江苏省建筑业科技成果奖励办法》，制定并发布了《江苏省建筑工业化发展导则》，是全国第一个在省级层面上推动建筑工业化的省份。产、学、研结合深入推进，企业技术研发中心建设初具规模，创新活力进一步增强。组织开展了建筑业科研项目的申报和专家评审，全省共有9个项目通过国家级新技术示范工程验收，49项工法被评为国家级工法；向省政府申报32个人才高峰项目，获资助资金近200万元，4个单位被评为“省政府六大人才高峰建设五年成果优秀集体”。科技进步和技术创新工作的深入推进，促进了建筑业的产业升级，为全行业转型发展打下了坚实基础。

2008年，进一步加强对全省建筑业农民工的组织管理和教育培训工作，努力改善农民工的作业、生活环境，在全省开展农民工业余学校创建活动，建立农民工业余学校1 675所。农民工业余学校的建立，进一步提高了广大从业人员的思想和业务素质，维护了其合法权益，保证了工程质量和安全生产，促进了社会和谐稳定。着力开展各类人才的培养和各类人员职业技能培训工作，举办中岗管理人员培训、特种作业人员培训、一线操作人员培训数百期，培训各类人员10万多人。人才培养和技能培训工作的扎实开展，为行业发展提供了人才支撑和基础支持，提高了全行业素质，促进了产业升级。

第四，工程质量和安全生产水平进一步提升，和谐行业建设稳步推进。2008年，全行业全面深入地开展质量管理创新，加强对优质工程目标项目进行过程指导，各市认真开展建筑工程优质结构评选，进一步加大对重点项目工程结构质量的控制力度。全省共有11项工程获鲁班奖，11项工程获国优奖，获奖数继续保持全国第一。全省有240项工程被评为省优扬子杯，195项工程被评为省外扬子杯，建筑工程质量总体水平较往年有较大幅度的提高。

2008年，全行业狠抓建筑施工安全生产，认真贯彻建设部和省政府对安全生产工作的总体部署，不断完善安全生产监管机制，建立并落实安全生产责任制，深入开展百日安全生产督查、安全生产隐患排查和“安全生产月”活动，强化安全生产许可证动态监管，严格实施“三类人员”考核管理。持续加大文明工地建设工作力度，提高工作水平，创新工作方法，不断赋予文明工地建设新内容，全省共评选省级文明工地1 093个。这些工作深入扎实的开展，有力地促进了全省建筑施工安全生产形势的稳定好转，房屋建筑、市政工程死亡事故起数同比下降34.6%，死亡人数同比下降27.5%。全省建筑工程质量水平的不断提高和建筑施工安全生产形势的持续向好，促进了和谐行业建设，为社会的稳定作出了贡献。

2008年，在大事多、难事多的复杂局面下，全行业高度重视维稳工作，始终把维护稳定作为贯穿全年并长抓不懈的一项主要任务抓紧抓实抓出成效。各级行业主管部门认真分析省内外建筑市场形势，针对宏观经济形势急剧变化所造成的工程资金紧、欠账支付难等实际，坚持预防为主，关口前移，领导亲自带队奔赴省外市场，主动与有关方面沟通协调，逐个排查在工程款和农民工工资支付上有争议苗头的重点企业、重点项目、重点人员，提前做好矛盾化解工作。全省建筑施工企业强化内部管理，扎实细致地做好外出施工队伍的思想工作，把导致群体性事件的诱发因素降到最低。各级驻外办事处相互配合、前后方联动，积极配合市场所在地行业主管部门开展工作，确保了重点地区未发生群体性事件，为奥运会的顺利召开、金融危机期间和重大节日的安全稳定作出了积极贡献。

第五，全力以赴抗震救灾，谱写了一曲江苏建筑铁军战天斗地的奉献之歌。"5·12"大地震是新中国成立以来破坏性最强、波及范围最广、救灾难度最大的一次地震灾害。为受灾群众及时提供安全的临时住所，是中央下达的一项重要政治任务，也是江苏省委、省政府对灾区群众作出的庄严承诺。地震灾情发生后，我们积极响应党中央、国务院的号召，坚决贯彻落实省委、省政府的决策要求，根据省建设厅的统一部署，第一时间从全省调集156支施工队伍，共8 000名建筑大军奔赴灾区，全力以赴投入到抗震救灾工作中。面对繁重的援建任务，全行业上下一心，克服连续余震和阴雨、施工条件窘迫、配套材料紧缺等种种难以想象的困难，迎难而上，日夜奋战，在工作量不断增加的情况下，仅用一个月左右时间，一座近50万平方米、有2万8千套过渡安置房、可供6万多灾区群众居住的过渡安置城拔地而起，提前超额完成了省委、省政府下达的援建任务。在整个援建过程中，各级领导冲锋在前，身先士卒，各路援建大军顾大家、舍小家，以惊人的毅力和速度，以超常规的方式，谱写了一曲曲一方有难、八方支援、心系灾区、无私奉献之歌，涌现出一批全国建设系统抗震救灾先进集体和先进个人。

同志们，这些成绩，是在宏观经济形势急剧变化、各种矛盾和困难历史罕见的情况下取得的，来之不易。这是我们在省委、省政府的坚强领导下，深入贯彻落实科学发展观，开拓进取、攻坚克难、团结奋斗、扎实工作的结果。在应对危机和挑战中，全行业经受了重大考验，企业经受了市场锻炼，各级主管部门付出了积极努力，不仅使全省建筑业在困难情况下保持了持续快速健康发展态势，也为我们做好今年工作奠定了良好基础。

在肯定成绩的同时，我们也要清醒地看到，受宏观经济环境变化影响，加上建筑业发展过程中一些深层次矛盾和问题的逐步显现，全省建筑经济下行压力进一步增大，应对市场变化的办法措施还需进一步完善；建筑业的转型升级还需进一步加快，科技进步水平还有待进一步提升；区域发展不平衡的问题仍然突出；市场秩序还需要进一步加以规范。

总的看，2008年，在宏观经济形势发生深刻变化、不确定因素明显增多、面临困难比较集中的情况下，扶持建筑业发展的各项政策措施开始显现效应，全省建筑业承接了去年以来的发展态势，建筑经济增长快中求好、快而稳健的趋势明显，但全省建筑经济走势不容乐观，困难的局面还有可能加剧。我们要保持清醒头脑，科学决策，积极应对，采取各种措施解决建筑业发展中的矛盾和问题，克服宏观经济形势对建筑业的不利影响，继续推动全省建筑业又好又快发展。

二、2009年全省建筑业的总体要求

在建筑业发展的外部不确定因素明显增多的情况下，做好2009年工作，对于维护改革发

展稳定大局，实现“十一五”规划确定的目标任务，加快实现建筑强省进程，具有特殊重要的意义。

根据全国和全省经济工作会议要求，今年全省建筑业的总体工作思路是：全面贯彻党的十七大和十七届三中全会精神，以邓小平理论和“三个代表”重要思想为指导，深入贯彻落实科学发展观，认真研究国际金融危机对建筑业的影响，积极应对宏观经济形势的发展变化，进一步加大市场开拓力度；加快建筑业的科技进步和新技术应用步伐，促进建筑业转型升级；优化市场环境，着力推进工程承包方式的转变；狠抓建筑施工安全生产，努力提高全省建筑工程质量水平；全面统筹速度与结构、质量、效益之间的关系，继续保持全省建筑业的又好又快发展。

2009年发展目标为：全省建筑业总产值同比增长13%以上，总量达到1万亿元，力争成为全国第一个建筑业总产值突破万亿的省份。确定这一指标基于三条依据：首先，基于经济社会发展目标对建筑业的客观要求。中央已明确提出，2009年经济增速要保8争9，我省提出的经济增长预期目标为10%，比全国高出2个百分点。近年来，我省建筑业的年增长率都在25%以上，我们将2009年的增速定在13%，不仅符合全省建筑业发展实际，而且与建筑业在国民经济中的支柱产业地位相一致，也符合宏观经济形势对建筑业发展的要求。同时，保持全省建筑业的较快增长也是经济社会发展全局的需要，有利于增强信心、稳定预期，有利于扩大城乡就业，保持社会稳定。“大力拓展国内建筑市场，建筑业总产值力争突破1万亿元”这一目标，已写进省政府工作报告，行业上下必须不折不扣、全力以赴、保质保量的完成。其次，基于全省建筑业现有的实力和优势。在宏观经济不确定因素较多的情况下，提出13%的增长目标，应该说是比较高的，但是综合考虑各方面的因素，经过努力是可以实现的。经过改革开放30年的发展，我省建筑业形成了具有比较优势的所有制结构、行业结构、企业结构，也形成了优势互补的区域发展格局，行业与企业的抗风险能力都有了新的提高。进入新世纪以来，全省建筑业规模持续扩大，结构调整稳步推进，改革改制不断深化，质量效益显著提高，建筑业总产值连续实现跨越式发展。因此，无论从历史经验还是从全省建筑业的实力看，我们都完全有信心在2009年实现13%以上的增幅。再次，基于为全省各地建筑业发展提供科学的指导。提出2009年全省建筑业发展的各项目标，都是预期性、导向性的，力图体现科学发展、和谐发展的要求，力求实现速度与结构质量效益相统一。近期，各地纷纷制定出台了年度建筑业发展目标，有的对今年建筑业发展信心比较足，目标定的比较高，有的认为当前宏观经济形势还不明朗，目标定的比较低，少数市、县发展目标低于全省平均水平，个别甚至保持了原地踏步。在全省建筑业发展面临不确定因素增多的情况下，如果没有一个全省统一的发展目标，就无法对各地建筑业发展提供科学指导。当然，全省建筑业的发展不能压指标，但一定要有目标。在经济形势严峻复杂的情况下，能否实现预期目标，对于各级行业主管部门都是重大考验。我们要更加自觉地把发展作为第一要务不动摇，更加自觉地贯彻落实科学发展观，以咬定目标不放松的韧劲和知难而进的勇气，以百倍的信心和扎实的工作，以更大的决心，更大的力度，破解难题保增长，加快调整促转型，全面完成省政府下达的增长目标。

工作中要牢牢把握以下几点：一是认清形势，坚定信心。目前，虽然国内经济有所回暖，但金融危机本身并没有见底，对实体经济的影响可能还会进一步加深，其严重后果还会进一步显现。我省建筑业外向度较高，受到的冲击较大，从去年三季度开始，全省建筑业增速明显回落，降幅之大出乎意料。看到形势的严峻性和困难的严重性，是为了在思想上、工作上、对策上做好更加充分的准备，把信心建立在更加扎实的基础之上。认清挑战是为了更好地应对挑战，正视困难是为了更好地战胜困难。我们要全面辩证地看待形势，国际金融危机并没有改变我国经济的基本面，建筑业发展仍存在许多有利条件和积极因素。我们要把思想和行动统一到对当前经济形势的科学判断和对经济工作的决策部署上来，充分认清面临的严峻形势和严重困难，增强优患意识，充分认清发展的有利条件和积极因素，坚定发展的信心，全力以赴保持建筑业平稳较快发展。总之，有党中央国务院的坚强领导，有省委、省政府的决策部署，有我们比较坚实的基础和比较有利的条件，有全行业多年应对各种复杂局面的考验，我们完全有信心战胜任何挑战，赢得新的发展。二是积极应对，防范风险。眼前的困难和长期的矛盾交织在一起，全省建筑业发展面临着异常严峻、异常复杂的局面。我们要时刻忧患在心，主动准备在先，密切关注国际国内经济形势的发展变化，特别是重大的潜在风险因素，主动做好应对更大困难、更大挑战的准备，把困难估计得更充分一些，把措施考虑得更周密一些，把工作做得更扎实一些，作最坏的打算，尽最大的努力，争取最好的结果，采取坚决有力的措施，增强全行业抗风险能力，坚决防止建筑经济出现大的回落。三是趋利避害，善抓机遇。困难和挑战中蕴藏着机遇。当前，全球范围内的经济结构正在进行“重新洗牌”，在这种大变化、大调整中，挑战与机遇并存，困难与希望同在。面对国际经济形势的急剧变化，国家重启积极的财政政策和较为宽松的货币政策，进一步加大基础设施投资的力度。未来 3 年国家将投入 4 万亿拉动经济发展，各地配套资金更是达到 18 万亿。这些投资中，保障性安居工程、新农村建设、重大基础设施、生态环境建设、地震的灾后重建都与建筑业发展紧密相关。这一系列政策措施的出台，为延续建筑业较快发展势头提供了强大动力。全行业要认真分析不利条件中孕育的有利因素，牢牢把握挑战中蕴藏的重要机遇，充分发挥我省建筑业的比较优势，变压力为动力，化挑战为机遇，努力把不利因素的影响降到最低，把有利因素的效应发挥到最大。

三、2009 年全省建筑业的主要任务

根据全国和全省经济工作的大政方针以及我省建筑业发展的总体思路，2009 年，全行业要紧紧围绕保增长、抓调整、逼转型、促提高，扎实做好建筑业改革发展的各项工作。

（一）狠抓产业结构调整，努力适应国家投资方向的变化。

转变建筑经济增长方式，主要着力点在产业结构调整。无论是从江苏建筑业目前所处的发展阶段，还是从应对国际金融危机的严峻挑战来看，调整建筑业产业结构都是必然的选择。当前，国家拉动投资的方向主要集中在基础设施领域，我们必须努力适应国家投资方向的变化，积极引导全行业的产业结构调整。

1. 调整优化建筑业产业结构。按照扶高扶专扶优扶强的原则，发挥产业政策的调控作用，调整优化建筑业企业结构，进一步提升专业企业在全行业中的比重，扶持发展一批经营特色明显、科技含量较高、市场前景广阔的专业企业。引导鼓励大型、优势企业进入基础设施和高技术含量的工程施工领域，逐步提升高端建筑市场的专业施工能力。今年，省局将进一步加强政策指导，在充分调研、摸清情况的基础上，提出扶持能进入基础设施领域、高端市场和符合国家投资方向的专业企业的政策措施，推动大型优势企业向公路、铁路、水利、隧道等专业领域发展。各地要根据省局这一指导思想，加强对策措施研究，加快培育一批潜力较大、技术装备先进、市场急需的专业企业。

2. 努力提升基础设施领域的专业施工能力。注重与铁路、水利、交通等部门的沟通，加强与相关专业企业，尤其是央企的联合，特别是加强在公路、铁路、机场、码头等工程项目中的合作，在相关专业领域开展联合投标，使我省房建企业真正参与到国家急需的大型基础设施建设项目中去，实现在相关专业领域的联合发展、融合发展。本着不求所有、但求所在的原则，加大招商引资、引智力度，主动与中央和部属企业接触，鼓励它们到我省注册落户，以带动我省建筑业结构调整，实现产业升级。有实力的企业要充分利用金融危机对实体经济的影响，围绕自己的专业优势，收购、兼并暂时陷入困境的企

业，以相对较低的成本，重组、整合优质资产和优势资源，提升在基础设施领域的专业施工能力，实现企业的快速扩张。今年，省局将适时召开中央和部属建筑企业负责人恳谈会，谋求扩大双方在基础设施领域的合作；各地要充分利用江苏基础设施建设规模较大的实际，主动邀请国内知名建筑企业来苏调研考察，寻找合作机会。

3. *为优势企业发展创造新的市场空间。*进一步加强建筑市场的动态监管，加快诚信体系建设，完善动态指标考核，建立健全清出机制，改变建筑市场鱼龙混杂、只进不出的局面。对落后的粗放型、数量型的发展方式和层次较低、类别重复的企业，采取不保护政策，让市场来择优选强，实现优胜劣汰，为优势企业发展腾出市场空间。要把特级企业对照新标准重新就位放到当前工作的突出位置。新标准颁布以来，行业上下高度重视，采取多种措施，在技术中心建立、专利工法申报、完善设计功能等方面取得了明显成效。但总体上看，我省绝大部份特级企业的实际情况与新标准还存在一定差距，有的差距还比较大。目前，距建设部设定的过渡期截止日仅剩一年左右的时间，各级行业主管部门要帮助企业对照标准完善功能，在做好保级、升级工作等方面给予全力支持，发展壮大我省高等级资质企业队伍规模。省局今年将把在保级、升级过程遇到的问题加以梳理，及时汇报情况，反映企业诉求，同时，针对企业的个性问题，如工法申报、银行授信、省级标准规范编制等方面逐个企业进行指导帮助。全省32家特级企业要加强领导，落实责任，正视困难，攻坚克难，争取新的发展。

（二）充分利用倒逼机制，推动建筑业转型升级。

转型升级，从根本方向上说，就是按照科学发展观的要求，走上“好”字当先、又好又快发展的轨道；从实质内涵上说，就是巩固扩大改革开放30年的成果，推进新一轮的改革发展；从具体思路上说，就是推动建筑业由数量型向质量型、劳动密集型向科技型、速度型向效益型、粗放型向集约型转变。我们要利用金融危机对实体经济的冲击，以推进思想解放、加快工程承包方式转变、促进科技进步和技术创新为重要抓手，倒逼全行业的转型。

1. *开展新一轮思想解放倒逼全行业转型升级。*在近几年的年度工作报告中，我们一直把“经济增长粗放”、“产业结构不合理”列为老生常谈的突出问题，就说明了转型升级的“知易行难”。这固然有客观原因，譬如促进转型升级的体制机制不健全、不配套等，但主观上的诸多因素同样需要正视。我们总是习惯沿着粗放增长的轨迹思考问题，对转型升级没有“慢不得”的危机感、“等不得”的紧迫感和“坐不住”的使命感。我们必须切实清理在思想上、观念上、精神状态上的问题，引导全行业破除思维定势，树立敢闯精神，克服满足既得利益、不愿付出代价、小富即安等陈旧观念，在思想上来一次大解放，通过新一轮的思想大解放倒逼全行业转型升级。今年，省局将举办建筑业高层企业家论坛，邀请国内知名专家学者为江苏建筑业转型发展出谋划策。各地也要通过开展多种形式的活动，增强转型升级的紧迫感和使命感。

2. *推动工程承包方式的转变倒逼全行业转型升级。*长期以来，施工总承包一直占据建筑市场的主导地位，在整个工程建设过程中只是占据了一个节点，导致企业综合经营能力不强，经济效益低下。我们要引导建筑企业充分发挥自身优势，向关联度较高的上下游产业延伸，加快施工总承包向工程总承包转变，积极稳妥地采用BT、BOT、BOOT、EPC等建设方式，扩大投资在企业经营中的比重。今年，省局将适时召开推动工程承包方式改革研讨会，不断总结、不断探索各地在推动工程承包方式改革中的新经验和新模式；各地要抓好工程总承包试点，加大在政府投资工程中推行工程总承包、项目管理总承包的力度，以点带面，推动建筑工程承包方式的转变。

3. *以科技进步和技术创新倒逼全行业转型升级。*科技进步和技术创新是应对挑战的根本之策，只有不断创新才能走出危机并实现新的发展。我们要充分发挥科技进步和技术创新在转型升级中的先导性作用，积极探索以科技进步和技术创新推动建筑业产业结构转型升级的有效措施。一是要加大企业自主创新能力的培育，充分发挥企业技术中心的引导与示范作用，认真做好技术中心的认定工作。特级企业年内要对照标准，建立企业技术中心并开展相关课题的研究；有条件的一级企业，也要以企业技术中心建设为平台，推进企业技术进步，提升企业自主创新能力。年内，省局将专题召开现场会推动企业技术中心建设。二是继续加大科技和人才培养的投入，积极争取国家和省有关部门的科研专项资助，促进科研经费所得税税前抵扣等优惠政策的落实。组织力量开展新技术、新工艺、新材料、新设备的开发与应用研究，依靠工程项目推动科技成果的转化。三是加强建筑业"十项新技术"的过程指导和监督，推动企业将工法、QC 活动的开展与"十项新技术"的推广应用紧密结合。要利用高新技术改造传统建筑业，淘汰落后生产技术，淘汰高能耗、高污染、落后的生产工艺。四是加强装饰装修工程环境污染控制，推广普及装饰十项新技术，开展装饰装修十项新技术示范工程的评定。出台建筑装饰工厂化指导意见，鼓励装饰企业申报省级施工工法。为进一步提高全省建筑业的自主创新能力，省局将于年内召开第三届全省建筑业科技进步大会，总结经验，部署工作，表彰先进，推动全行业的科技进步和技术创新。

4. 创新人才培养机制倒逼全行业转型升级。2009 年我们要加快行业拔尖人才的培养，促进行业人才高峰快速崛起。向省政府争取 30 项高峰人才项目，为全省建筑业发展提供智力支持及基础支撑。大力推进建筑企业与高等院校、科研机构的合作，落实"六大人才高峰"资助项目承办单位并给予指导。加快人才队伍建设，抓紧各类人员培训，提高从业人员整体素质。继续加大高端人才培训力度，年内举办两期以企业家为主要对象的高研班；继续参与建筑领域的苏港人才交流合作，组织人员赴港学习考察；抓好建造师的培训，年内完成建造师继续教育 2 万人；继续抓好中级岗位管理人员的培训，年内培训中岗技术人员 10 万人，建筑施工特种作业人员 2 万人；努力做好职业技能鉴定工作，培训一线工人 15 万人；总结农民工学校建设经验，研究动态建立农民工学校的办法措施，确保规模以上工程农民工学校的全覆盖。

（三）大力开拓国际国内两个市场，在危机中寻找新的发展机遇。

当前，世界经济形势动荡，发展格局正在起变化，全球范围内经济结构正在进行更大的调整。在这种大变化、大调整中，我们要顺势而为，进一步加大国内外建筑市场的开拓力度，争当新一轮发展的排头兵。

1. 进一步扩大省内市场份额。由于我省建筑市场容量大且开放度高，外来企业约占江苏建筑市场三分之一以上的份额，而且还呈继续扩大的趋势。在当前形势下，我们要分析不足，研究巩固扩大省内市场份额的对策措施，充分发挥地域优势，利用天时、地利，进一步提高本省市场份额。金融危机暴发后，江苏是全国扩大内需措施得力、投资规模较大、工程建设层次较高的省份之一，这是我们扩大省内市场份额最为有利的条件，全省企业要掌握各地投资动态，跟踪重点工程项目，在市场竞争中掌握主动。苏南地区是全省乃至全国经济最发达地区之一，一批重大基础设施项目已经或即将开工，我们要想方设法进入高铁、城铁、地铁、机场等工程施工领域，一时无法直接进入的，也要通过间接方式作出尝试。苏中地区不仅承担着上海、苏南产业转移的重任，而且大江、大港优势明显，交通、水利、港口建设方兴未艾，机遇前所未有。苏北后发优势明显，不仅是我省抵御金融危机的"减震器"和"缓冲带"，而且是推进区域协调发展的"新动力"和"增长极"，工程建设量逐年增加。我们要紧紧抓住历史机遇，着力打造南通、苏州、南京、泰州、扬州等 5 个年营业额超千亿元区域产业集群，其中南通建筑业产业规模要力争突破 2 000 亿元。各地也要着力培育产业规模超 400 亿、200 亿元的县（市、区）。

2. 巩固沿海经济发达省份市场。尽管沿海经济发达省份受到金融危机的冲击比中西部地区大，影响的程度比中西部地区深，但东部省份的经济总量大，固定资产投资规模基数大，刺激经济增长的措施力度也比一般地区大。上海世博会、天津滨海新区开发、广州亚运会都有望成为我省建筑经济新的增长点。尤其是北京，虽然在奥运会后建筑市场有所萎缩，但为应对当前特殊的经济形势，又相继出台了一系列经济刺激措施，而且北京周边的河北、天津市场看好，因此有必要坚守这一传统大市场。年内，省局将选择潜力较大的市场召开优势企业推介会，提升优势企业知名度，扩大市场份额。进一步挖掘和培育新的热点市场，加大市场整合力度，力争在全国形成4个年营业额200亿元以上、2个年营业额300亿元以上的集约化市场。

3. 抓好中西部潜力市场的开拓。相比较而言，中西部地区由于经济外向度低，受金融危机的冲击相对不大，与此同时，国家基础设施建设投资也将向中西部地区倾斜，中西部省份的建筑市场在未来几年将有很大的发展空间。我省建筑企业要在稳定原有市场的同时，注重潜力市场的开拓。一是要发挥比较优势，利用资本换取市场，进一步扩大湖北、湖南、广西、云南等地的市场份额。二是要突破房建施工的局限，加快进入中西部市场的基础设施领域，力争在交通、水利、能源设施建设方面有所建树。三是要抢抓四川灾后重建的机遇，以江苏对口援建工程项目为支点，扩大四川市场份额。省局将选择适当时机，与西部有关省市行业主管部门洽谈，商讨加强双边合作事宜，为我省企业拓展市场营造良好环境。各地要组织人员加强对相关地区市场的考察，搭设平台、推介企业、搞好协调，帮助企业开拓市场。

4. 继续引导国际建筑市场的开拓。今年要着重研究有关国家的政治、经济、社会、法制环境，掌握国际工程承包市场的标准、规范、合同条款，为金融危机过后新一轮发展作好准备。在巩固扩大东南亚、中东等传统境外市场的基础上，今年要重点加大非洲、中东等地市场的开拓力度。充分发挥我省近200家有对外签约权企业的作用，协调各方关系，抓好对外经济援助项目的承建，带动建材、机械、成套设备的出口；引导企业与大型国际工程承包商建立战略联盟，以项目合作为载体，共同拓展境外工程承包市场；借助全球金融危机给中国企业带来的海外并购机遇，与国内相关企业合作，借船出海，共同开拓国际工程承包市场。今年，省局将继去年与欧盟5国开展对口交流之后，组织企业家赴西班牙、瑞士、意大利3国调研考察，与省有关部门一道组织企业赴美国、加拿大开展对口交流，推动我省建筑企业尽快挤进发达国家建筑市场。南通、泰州、南京等传统建筑外经大市，在国际工程承包市场的份额要进一步提升，其他地区也要尽快取得突破。

（四）把人的生命财产安全放到高于一切的位置，高度重视全行业的质量管理和安全生产工作。

以人为本是科学发展观的核心，提高建筑产品质量、保障从业人员的生命财产安全是行业主管部门的神圣职责和光荣使命。我们要认识到，不管建筑业产值增长多快、效益多好、贡献多大，如果发生重大质量和安全生产死亡事故，都可能被一票否决，因此，我们必须高度重视全行业的质量管理和安全生产。

1. 明确安全生产目标任务。今年，安全生产的目标是全省建筑施工和市政工程事故起数和死亡人数同比要有所下降，并坚决杜绝重、特大事故，控制群死群伤事故，减少一般性事故。建设部和省安委会每年都有安全生产的控制性指标，省局继续将这一控制性指标分解到各地。各级建筑业主管部门要采取多种措施，努力形成市场各方主体对建筑安全生产齐抓共管的局面，确保不突破建设部和省安委会下达的控制性指标，为打造平安江苏、构建和谐社会作贡献。

2. 健全安全生产管理的体制机制。进一步理顺全省建筑施工安全生产管理工作的体制，完善工作机制，提高监管工作水平。一是加强全省建筑施工安全生产监管机构建设，在新一轮机构改革中，建立健全市、县安全生产监督管理机构，充实人员，落实经费，确保其正常开展工作。二是强化内控机制建设，规范监管工作流程，严格实行行政问责制和责任追究制。组织开展对全省安全处长、安监站长、监管人员的业务考核，实行持证上岗。建立健全特种作业人员的培训、考核、上岗和监管制度，积极稳妥地推进特种作业人员的培训考核工作，以特种作业人员考核为抓手，加强建筑机械管理。三是创新安全生产管理方式，落实安全生产工作责任制，加大对建筑施工安全生产事故责任单位和责任人的处罚力度。规范安全生产许可证发放、暂扣及恢复办法，对以项目为单位发放安全生产许可证进行试点，力争把安全生产许可证核发到项目部，逐步将对相关责任主体的处罚从企业转为对执业资格人员的处罚。今年，省局将在南京对以项目为单位发放安全生产许可证进行试点，各省辖市也应选择一个县(市、区)开展这项工作，行业上下共同探索，取得经验后在全省推广。努力推进全省建筑业安全生产信息化工作，建立全省工程电子信息地图。

3. 提升文明工地创建水平。创建“文明工地”是树立建筑行业良好形象，体现以人为本，构建和谐社会的需要，对于加大安全生产投入，加强施工现场管理，确保职工的安全和健康，促进建筑市场健康发展意义重大。全行业要坚持以施工现场规范化管理为基础，以保证工程建设活动安全质量为目标，深入持久地开展“文明工地”创建活动。建立“文明工地”、“平安工地”同创制度，将绿色工地、环保工地创建与“文明工地”创建相结合，不断赋予“文明工地”新的内涵。进一步加强“文明工地”的动态管理，进一步加强对创建“文明工地”目标工程项目的过程指导，规范“文明工地”申报、考核和评审管理工作，积极引导企业参与全国文明工地的创建与评选。

4. 强化施工过程中的全面质量管理。进一步加强对全省工程建设质量技术指导，深入开展建筑工程质量通病治理，建立预拌混凝土、预拌砂浆和门窗幕墙等半成品质量预控机制。通过开展省级优质结构评审、争创优质工程等活动，推动全省建筑工程质量的全面提升。

(五) 着力加强机关作风建设，切实增强服务发展的能力。

在国际金融危机带来严峻挑战和严重困难的形势下，做好全省建筑业改革发展的各项工作，对我们是一个重大考验。各级行业主管部门要切实加强和改进对建筑业改革发展的指导，充分调动各方面保增长促发展的积极性，坚定不移地完成省政府下达的年度建筑业发展目标。

1. 深入学习实践科学发展观，努力提高驾驭复杂局面的能力。当前，宏观经济形势瞬息万变，各种矛盾错综复杂、相互交织，迫切需要各级主管部门把握全局、审时度势、科学决策，妥善处理各种复杂问题。建筑业与宏观经济的关联度高，在这场金融危机中，建筑业不可能置身事外、独善其身，受到冲击难以避免。这就要求各级行业主管部门密切关注国内外经济环境的发展变化，进一步巩固学习实践科学发展观活动成果，在科学发展观指导下考虑问题、谋划发展，增强工作的预见性、主动性和创造性，提高在复杂形势下推动全省建筑业又好又快发展的能力。全行业要将学习实践科学发展观与建筑业发展实际相结合，既立足当前发展，又着眼长远发展，把保持全省建筑业的持续快速发展与转型升级结合起来，既抓紧解决当前遇到的突出矛盾和问题，千方百计保增长，又要为实现更长时期又好又快发展创造条件、打好基础。有效防止数量型、粗放型、同质化的重复扩张，围绕质量型、效益型、集约型、科技型目标，转变建筑业发展方式。

2. 加强机关作风建设，努力提高行政能力。今年全省建筑业发展的总体要求、目标任务都已明确，关键是各级主管部门要以良好的作风抓好落实。当务之急是要把建筑业发展的各项办法措施和目标任务真正落实到基层、落实到企业，争取早到位、早见效。一是以基层和企业满意为标准，进一步加强机关作风建设，扎实开展"三服务、三促进(服务发展、促进增长,服务企业、促进转型,服务群众、促进和谐)"活动,深入实际、深入基层、深入企业,开展调查研究,努力使我们的发展思路、工作部署、政策措施更加符合客观实际、符合基层和企业意愿。扎实推进学习型机关(组织)建设,努力创建团结、和谐、富有创新精神的团队。二是加强和改善对企业的服务,强化服务意识,把支持企业、稳定企业发展放在突出位置,做到主动服务、贴近服务、增加服务,减少负担、减少检查、减少干扰,为企业营造宽松的发展环境。三是加强与相关部门的沟通,协调行业税收矛盾,与有关部门配合,研究建筑业管理机构经费保障办法,提高安全文明措施费标准,制定相关管理办法,清理落实建筑业收费的各项政策措施,规范行政行为。四是进一步扩大政务公开范围,规范公开内容,丰富公开形式,增加行政许可的透明度。今年,省局将进一步加快行政审批信息化建设的进度,开展企业资质网上无纸化申报,实行安全生产许可证网上审批;根据强县扩权要求,探讨摸索省管县的新办法、新模式,制定出台行政审批省管县实施办法;加大对县级行业主管部门工作人员的业务培训力度,帮助提高业务水平,推动县域建筑经济的发展。市、县行业主管部门要适时应势,转变思路,主动对接,尽快适应管理体制的新变化,更好的为建筑业加快发展服务。

3. *严格落实党风廉政建设责任制,切实加强效能监察。*各级主管部门要紧紧围绕建设高效廉洁机关目标,深入推进党风廉政建设,严格执行反腐倡廉各项制度,抓好对制度执行情况的经常性监督检查,确保党风廉政建设各项要求与规定落到实处。加强行政效能监察,建立健全部门内控机制,科学设置权力,形成权力之间的相互制衡和协调运作。加强对机关工作效率、管理效能的监察,坚决纠正办事推诿、效率低下的行为。积极推进电子监察系统的建设,充分运用现代信息技术,对行政权力运行实施全程监控,推动机关工作人员高效廉洁履行职责。进一步加大治理商业贿赂的工作力度,净化建筑市场环境。

同志们,做好2009年全省建筑业工作,实现我们提出的发展目标,任务艰巨,责任重大。让我们紧密团结在以胡锦涛同志为总书记的党中央周围,高举中国特色社会主义伟大旗帜,坚持以邓小平理论和"三个代表"重要思想为指导,深入贯彻落实科学发展观,在省委、省政府的坚强领导下,解放思想,开拓进取,迎难而上,扎实苦干,全力推动全省建筑业的又好又快发展,以优异成绩迎接新中国成立60周年!

江苏省建筑工程管理局局长高学斌在2009年上半年全省建筑业形势分析会上的讲话

(2009年7月6日)

同志们:

刚才,我们13个省辖市建管部门的领导经过认真调查、认真统计、认真准备,分别就本市上半年建筑业发展形势作了分析发言,不仅使我们对半年来全省建筑业发展的总体态势、主要业绩和不足之处有了更加清晰的认识,而且为下半年如何巩固扩大建筑业回升势头提供了依据,开阔了思路。大家都讲得很好,十分感谢各位为这次会议付出的辛勤劳动。现在我总结概括大家的发言讲几点意见。

今年以来,面对国际金融危机持续蔓延带来的冲击,面对诸多严峻的困难和挑战,全省建筑业广大干部职工深入学习贯彻科学发展观,全面落实中央和省委省政府扩内需保增长的重大战略决策部署,紧紧围绕全省建筑业总量达到1万亿元的年度奋斗目标,坚定信心,团结奋斗,狠抓结构调整,倒逼转型升级,大力拓展市场,推动全省建筑经济摆脱了一度下滑的阴影,开创出好于预期的回升增长局面。今年上半年全省建筑业的新态势、新成绩主要表现在五个方面的进展。

一、建筑经济恢复性增长较快，主要指标增幅已达危机前水平

由于受国际金融危机冲击，我省建筑业去年第四季度增幅明显下滑。即使到今年一季度，建筑业总产值也仅同比增长8.5%，工程结算收入和利税仅分别同比增长7%左右。而据今年1—6月的初步统计，全省完成建筑业总产值3 528亿元，比去年上半年增长21%；工程结算收入2 052亿元，同比增长19%；实现利税150亿元，同比增长19%。这说明第二季度后全省建筑经济恢复性增长迅猛，已走出下滑通道，步入回升轨道，而且上半年建筑经济总量创出了历史同期新高。在建筑经济恢复性增长中出现了三个亮点。

第一个亮点：狠抓产业结构调整成果显著。长期以来，我省建筑业中房屋建筑业“一股独大”，产业结构不尽合理。今年全省房建领域总体止跌企稳，1—6月同比增长3%，但远远低于全行业增长率。毫无疑问，拉动建筑业增长21%的最大引擎是非房建领域，即基础设施领域和专业施工领域。1—6月基础设施领域和专业领域完成施工产值1 100多亿元，同比增长70.5%，其在全行业所占份额上升到32.8%，比去年同期提高了6.6个百分点。这说明我省今年引导促进行业结构调整取得显著效果。今年3月，省建管局跟相关部门会商后迅速出台了《关于我省建筑业企业应对金融危机适应国家建设投资方向的临时性扶持措施(征求意见稿)》，并迅速实施，大力扶持建筑企业进入铁路、公路、港口、水利、市政、桥梁、航道、输油管道、环保等基础设施工程，为89家大型建企办理了相关市场准入手续，帮助它们迅速跻身政府重点投资施工领域。从实践效果看，上半年全省建筑业在基础设施领域创造的产值同比增长约100%。与此同时，全省建管部门以“调优调高”为基本取向，重视培育扶持经营特色明显、科技含量较高、市场前景广阔的专业企业，同样取得很好效果。比如，上半年全省装饰行业和建筑钢结构行业完成产值同比增长都超过了40%。

第二个亮点：发挥建筑大市、强县和优势企业的拉动作用突出。我省2002年制定的“2015年实现建筑强省的奋斗目标”中就提出实施建筑强市(县)战略和大企业大集团战略。今年在金融危机冲击的形势下，更是注重发挥它们的主力军作用和龙头作用，结果效应明显。南通、南京、苏州、扬州、泰州等五市建筑业增幅都达20%以上，五市建筑业产值占全省总量的60%多。县级建筑经济中，如东、海安上半年增幅分别达44.5%和34.9%；省政府目标确定的年产值超400亿元的海门市、江都市，上半年增幅均达21%，有望完成全年目标。从优势企业看，全省32家特级资质企业普遍回暖，与去年同期完成产值基本持平的有6家，保持较快增长势头的为26家，占81.3%，最高增幅达220%。

第三个亮点：大力调整市场布局，省外施工产值增长迅速。根据省政府关于“大力开拓省外市场”的要求，各级建管部门积极为企业搭建平台，上半年已先后到河南、安徽、陕西等省开展洽谈，签订合作协议。许多建筑企业更是根据市场变化及时调整布局，并概括出“三句话的成功经验”。第一句话叫“东方不亮西方亮”，在北京等东部地区施工产值下降的情况下，迅速向蕴藏巨大商机的西部市场转移部分力量。第二句话叫“占了一线攻二线”，在占领北京、上海、深圳等一线城市建筑市场的同时，向其周边的二线城市攻击。第三句话叫“捡了西瓜捡芝麻”，既力争那些大体量、大投资的建筑工程，也不放过相对较小的工程。通过上上下下的努力，1—6月我省建筑企业在省外完成产值1 270亿元，占全省总量的36%，高出去年2个百分点。其中苏州、常州的建筑企业一改以往固守当地发展的模式，面向全国大步走出，今年该2市在省外完成施工产值增幅分别达67%、30%。

当然，今年上半年全省建筑业发展除了成绩还有不足，除了亮点还有弱点。主要存在问题：一是地区发展不平衡、优势企业发生分化。那些见事早、准备早、调整得早的地方和企业，就回升得早、回升得快、回升幅度大；反之则回

升得迟、回升得慢、回升幅度小,甚至仍然面临下行压力。二是国外建筑市场仍未走出寒冬。1—6月全省建筑企业完成境外产值8.75亿美元,同比仅增长0.25%;出国施工人数5.06万人,同比下降7.83%。

二、安全生产形势明显好转,安全生产事故持续下降

上半年,全省建筑业认真贯彻"安全第一、预防为主、综合治理"的方针,以"安全活动年"活动为主线,深入开展安全生产执法、安全生产治理和安全生产宣传教育"三项行动",切实加强安全生产法制体制机制、安全生产能力、安全生产监督队伍"三项建设",促进了安全生产形势明显好转。

事故总量下降,较大伤亡事故得到控制。上半年全省共发生房屋建筑和市政工程事故16起,比去年同期29起下降44.8%;事故死亡人数19人,比去年同期44人下降56.8%;发生较大事故1起,比去年同期下降66.7%;未发生死亡10人以上重、特大事故;死亡人数占建设厅、建管局下达全年控制目标的21.1%。安全事故起数和死亡人数创十五年来历史同期新低。

安全生产责任制更加健全并较好落实。各地建设主管部门会同安全生产监督部门,进一步细化安全生产目标责任,上半年省建管部门又出台了4份安全生产规范性文件。根据省安委会确定的建设领域安全生产事故控制指标,具体分解到各市,以文件形式下发,落实到各市建设主管部门。进一步明确了企业的安全生产主体责任,省、市、县建管部门分别与所辖企业签订了安全生产责任状,与外省进苏施工企业签订了《安全生产承诺书》。严格落实建筑施工企业安全生产许可证管理,严禁无安全生产许可证的企业进建筑市场从事建筑施工活动。严格对安全生产事故责任单位的处罚,对29家发生死亡事故的企业发出了处罚通知,对72名相关责任人进行了处罚。开展了施工企业"三类人员"培训考核,上半年举办4期培训、71批次考试,把安全生产责任落实到一线员工。

安全监管创新方法加大力度。各地不断完善建筑安全生产监督机构建设,配备人员和设备,强化对安全生产的监督指导。建立了全省建筑安全生产形势分析例会制度,交流各地建筑安全生产好的做法和经验,推动监管水平提高。扎实开展安全生产年活动,及时有针对性地开展各类安全生产专项检查,上半年大的检查有:春节后复工安全生产大检查、在建城市轨道交通工程专项检查和建筑施工工地简易棚宿舍及废弃房的安全大检查。另外,经常性开展建筑工程施工现场安全生产隐患的排查和治理,上半年下达隐患整改通知书55份,有效地保障建筑安全生产。

文明工地建设更加深化。文明工地创建活动的深入开展,不仅提高了建筑施工现场的管理水平,而且大大提高工人的作业、生活条件和建筑施工安全生产水平。上半年全省已申报省级文明工地达977项。

三、科技进步步伐加快,工程质量水平提高

建筑业10项新技术得到广泛推广应用。今年,全省以建筑工程项目为新技术应用的载体,以新技术应用示范工程的示范带头作用为有效手段,推动了我省建筑业10项新技术的推广应用,涌现了一批应用水平较高的工程项目。上半年,南京会议展览中心及9号展馆、江苏省国际图书中心等3项工程通过了全国建筑业新技术应用示范工程的验收。为进一步提高新技术应用在全省建筑业中的贡献率,上半年制订了《关于加强我省建筑业新技术应用示范工程成果验收工作的通知》,将新技术应用示范工程的成果评审工作日常化,成熟一项组织评审一项,更好地服务于企业。应用新技术已产生了直接经济效益,据测算,成功应用新技术的项目平均每平方米节约45.58元,不仅施工企业受益,也给业主带来了真正的实惠。

企业形成一批具有知识产权的核心技术。我省建筑业企业为了提高自身的科技创新能力和主导技术研发能力,采取自我研发或是与科

研院所、高等学校以及实力雄厚的兄弟企业合作研发等多种形式进行，取得了良好效果。全省共有61项工法被推荐上报国家级工法。目前全省有8家特级企业拥有3项以上的国家级工法，全省特级企业拥有专利近300项。

建筑业企业技术中心建设健康推进。这是我省建筑业走科技兴业之路的重要保障。在今年1月份完成18家省级建筑业技术中心认定的基础上，上半年又完成了2009年度省级建筑业企业技术中心认定的申报工作，共有15家特级和一级资质企业申请了省级企业技术中心认定。

全省建筑工程质量稳步提高。2009年，以贯彻质量技术标准、开展工程质量创优、推动全面质量管理为抓手，促使全省建筑工程质量稳中有进。老百姓对住宅工程质量的投诉减少，上半年未发生重大工程质量事故。继续发挥QC小组活动在提高工程质量方面的积极作用，2009年度QC成果评审，全省共评选一等奖20项，二等奖30项，三等奖50项，优秀奖86项，其数量和水平都较去年有所提高。工程质量创优再上一个新台阶，今年申报鲁班奖和国优工程的数量双双创新高，参评的21项工程中的7项推荐申报鲁班奖，参评的14项工程中的12项推荐申报国优工程。

四、人才培养更加规范，队伍素质不断提升

“六大人才高峰”建设深入展开。省政府将建筑业列入全省六大人才高峰建设项目之一，是对建筑业的高度重视。今年，通过切实发挥专门领导小组和人才高峰专家咨询委员会的职能作用，落实企业与高校、科研机构联合实施计划，推动全省建筑行业“六大人才高峰”工作深入展开。前不久，成功召开了第五批“六大人才高峰”项目资助签约仪式暨表彰大会，有20个项目获得省委组织部、省人事厅、省财政厅资助。由于组织得力，工作踏实，全省建筑行业六大人才高峰资助项目有10名优秀人才和4个优秀人才集体得到了省委组织部、省人事厅、省财政厅联合表彰。

高中低三级培训有序有效。采取专题研讨、以会代训、举办论坛、组织考察等形式，加强行业领军人才培养。先后举办9期以企业领导者为主的高级研讨班，培养了具有市场经济驾驭能力的企业带头人160多名；多年来组织实施了5期苏港人才培训建筑业合作项目，培训高级管理人才151人。在2008年组织中岗培训近百期的基础上，今年又组织编写教材，开拓了实验员的培训教育工作；开展了全省资料员上岗培训工作，并建立了试卷库，举行了师资班培训；还在培训后组织9 997名施工员和1 148名机械员参加了全省统考。这些培训工作，促使中岗人员快速成长为行业发展的中坚力量。与此同时，以1 675所农民工业余学校为阵地开展轮训，提高数百万一线从业人员的思想和业务素质。

建造师队伍初步建立。注册建造师是建筑企业人才的核心部分，建设部即将颁布的新的《建筑业资质标准》对企业注册建造师的数量和专业有着更高的要求。据最新统计，我省各类企业中（包括建筑业、勘察设计、造价咨询、监理和招投标代理等）具有一级注册建造师（含临时）18 699人，二级注册建造师（含临时）54 748人。总数在全国各省市名列前茅。注册建造师按专业分布看，房建领域约占66%，其他专业领域占34%；按地区分布看，南通、南京、苏州、无锡、扬州在数量上居于前5位。尽管数量有待扩充，水平有待提高，专业、地区分布有待调整，但作为新型的建造师队伍，已经初步建立。

各项人才增长比例迅速提高，有力支撑产业持续发展。江苏建筑业人才培育发展呈现出人才总量多、高峰人才多、各类人才多的大好局面。根据最新统计，全省建筑业中，专业技术人才占职工比例从过去的15.7%上升到现在的30%；关键岗位（施工员、质检员、安全员等）持证上岗率从过去的40%上升到80%；主体工种（砌筑工、钢筋工、架子工、建筑电工、建筑焊工等）持证上岗率从过去的35%上升到60%。这说明江苏铁军队伍已从过去的“土八路”逐步成长为训练有素的“正规军”。广义上说，全省建筑业科技进步、工程质量提高、安全管理、建筑经济又好又快发展，都含有人才培养奠定的核心基础。

五、依法行政创新监管，市场秩序总体良好

今年以来，各级建筑行政主管部门认真依照相关法律法规，积极采取各种方法和手段，进一步强化建筑市场管理和监督力度，施工企业依法经营意识不断提高，市场行为和秩序总体良好。

诚信体系建设发挥积极作用。今年，全行业通过全面推行信用手册制度和网络诚信体系，四个方面的积极作用愈益显现：首先，因为建设单位（业主）能公开了解到承包商的信用情况，使诚信状况与企业经营、市场开拓、甚至生存发展紧紧相连，从而起到了对企业产生激励、督促作用；二是因为及时动态地记载企业在工程实施中的信用情况，对企业违反国家强制性标准等违法违规行为起到遏制作用；三是因为把《信用手册》作为工程招投标交易中的必核材料，堵防了无资质、超资质和挂靠等现象，并设立违法违纪违规企业曝光台，使《信用手册》发挥了准入和清出作用；四是因为《信用手册》和网络诚信体系是重要信息渠道，从而在各级主管部门协调监管中发挥了沟通作用。

企业资质动态监管顺利开展，市场清出机制逐步建立。坚决贯彻建设部《建筑业企业资质管理规定》和《江苏省建筑业企业资质动态监督管理办法》，5月初，根据对企业资质动态监管的情况，对1 099家不符合资质条件的建筑业企业资质进行了撤回；对2008年网上核查未通过的558家企业发出了限期半年的整改通知，并对每个市企业的情况进行了梳理、指导；对整改期满后仍未能达资质条件的421家企业和去年网上核查不合格的25家企业，一并列入今年第一批资质条件动态抽查名单；对2008年未参加网上核查的847家企业列入第二批资质动态抽查名单。通过动态监管，及时清理不具备条件的企业，维护了市场公平竞争、有序发展。

外省进苏企业“约谈制度”行之有效。由企业处、质安处、监察室共同对进苏企业负责人或驻苏负责人一一进行认真约谈，内容包括：告知我省建筑管理方面的主要规定，签订《无不良行为承诺书》、《安全生产承诺书》及《廉正承诺书》。今年1—6月，共约谈261家外省企业，有效规范了外省企业进苏施工行为。

规范行政审批程序，顺应企业要求。省建管局出台了《建筑业企业资质审批内控程序》，梳理了资质审批各个环节的实施主体、工作内容和各自职责，对原来形成的一些制度进一步加以明确，规范了行政审批工作流程，形成了行政审批工作多部门相互制约的内部良性循环制度。

同志们，回顾盘点2009年上半年全省建筑业的新进展、新成绩，给了我们欣慰，给了我们信心，也给了我们更加奋发的力量。但是，我们要清醒地看到，上半年全省建筑业各项工作中还存在着不足之处，建筑经济运行中一些深层次矛盾和问题仍然比较突出；再者，金融危机在全球范围内对实体经济的冲击还在加深，严峻复杂的不确定因素仍然很多；而且，“行百里者半九十”，上半年完成的建筑总产值3 528亿元，还只是1万亿元的三分之一，实现省政府下达的建筑业年度奋斗指标仍然任重道远。因此，我们决不能盲目乐观，决不能疏忽大意，决不能丝毫懈怠。要进一步增强忧患意识、大局意识、责任意识，更加自觉地在全行业开展深入学习实践科学发展观活动，更加自觉地把发展作为第一要务，更加自觉地落实党中央和省委省政府的决策部署，千方百计、全力以赴地促进全省建筑经济持续回升、稳定回升、大幅回升，确保实现省政府确定的建筑业总产值1万亿元的奋斗目标。为此，我代表省建管局对下半年全行业工作提出“六个围绕六个进一步”的要求。

（一）围绕提高建筑经济运行质量，进一步倒逼转型升级，创新管理和经营方式。

经济运行质量不高是较长时期以来江苏建筑业存在的深层次问题。总体来看，江苏建筑业仍然较多地依赖粗放型增长，经济效益较低，甚至还残存拼人力、拼设备、拼资源、拼劳动时间和强度的做法。不遭遇金融危机，这一问题早已成了发展的隐患，早已不能按老路子走了；发生金融危机后，解决这一问题显得更为紧迫，更要坚决走出一条新路来。那么，提高建筑经济运行质量路在何方？在四个字：转型升级！中央和省委省政府早就指明了这条新路，《省政府关于加快推进建筑业改革与发展的意见》对这一新路径讲得更具体，就是“推动建筑行业由数量型向质量型、劳动密集型向科技型、速度型向效益型、粗放型向集约型转变”。转型升级要做很多艰苦实在的工作，其中重要的内容就是创新企业管理和经营方式。要坚定地建立现代企业制度，建立权责明确、各负其责、运作有序、有效制衡的法人治理机构和管理机制。龙头骨干企业更要加快向大型项目管理公司和工程总承包公司过渡；建立健全母子公司组织体系，完善企业本部、地区总部和区域公司组织构架；集团公司要从侧重职能管理向侧重流程管理转变，从传统人、财、物的管理转到人本管理、品牌管理、风险管理、社会责任管理和诚信管理。在经营方面，要以大力发展工程总承包为契机，改革传统施工承包方式；还要尽力扩大投资在企业运营中的比重，突破工程施工服务的单一经营模式，实现施工经营与资本经营有机结合。当然从管理和经营等多方面实施转型升级很不容易，要付出很大的精力和代价，这就需要我们自己逼自己。世界上许多事都是“逼上梁山”。我们在年初全省建筑业工作会议上提出：开展新一轮思想解放倒逼行业转型升级，推动工程承包方式转变倒逼行业转型升级，以科技进步和技术创新倒逼行业转型升级，创新人才培养机制倒逼行业转型升级。现在，我们仍然强调倒逼，要倒逼出转型升级“慢不得”的危机感，“等不得”的紧迫感、“坐不住”的使命感，倒逼出争先恐后转型升级的新局面，倒逼出全省建筑经济运行质量的明显提高。

（二）围绕全行业的协调发展，进一步加大结构调整力度，根据市场需求优化资源配置。

实现江苏建筑业全行业的协调发展，无非抓四大要素：建筑业专业结构协调、建筑业企业结构协调、区域建筑业发展协调、建筑业同国家经济社会发展协调。当前我们特别要重视建筑行业专业结构协调实质就是产业结构的协调。因为这一协调是其他三项协调的前提和基础，因为当前专业结构不协调的问题更突出。我省32家特级资质企业，31家是房建特级，1家是矿山特级。特级企业在交通、电力、水利、市政等基础设施领域和其他专业领域还是空白。其他资质等级的建筑企业也以房建为多，这样，不同资质、不同层次的企业往往进入相同的市场，承揽相同的房建业务，不仅谈不上协调，而且加剧了恶性竞争，浪费了宝贵的建筑资源。今年上半年全省建筑业结构调整取得了超乎寻常的喜人进展，在全行业中房建产值占比从往年的约74%多下降到67%，专业施工产值占比则上升到33%。然而，我们的结构调整还有相当大的空间，还要进一步加大结构调整力度，还要努力根据市场需求去优化资源配置，特别是要千方百计跻身政府投资施工领域。为应对国际金融危机，未来三年国家将投入4万亿拉动经济发展，各地配套资金将达20多万亿。这些投资中，重大基础设施、保障性安居工程、新农村建设、生态环境建设、地震的灾后重建都与建筑业紧密相关。这充分展现了我国建筑市场最大的现实需求和巨大的潜在需求。前一段时间，铁路施工企业很烦，烦的是工程量太大吃不下，必须“5＋2”、“白＋黑”；我们有的房建企业也很烦，烦的是那么大的“蛋糕”，自己吃不到，干着急。怎么办？赶快往政府投资的施工领域里挤，赶快增强、提升自己在相关专业领域的施工能力，并通过与相关专业企业兼并整合、联合投标、甘当配角等方式，大步进入铁路、公路、机场、码头、城建等政府重点投资领域。这是当前全省建筑业调整结构的重中之重。

（三）围绕行业的可持续发展，进一步推动科技进步和人才开发，大力培植经济增长后劲。

科技和人才是建筑企业现实的核心竞争力；科技进步和人才开发关系到企业的后劲，关系到整个行业的可持续发展。国外曾经调查我国建筑业情况，发现我们的建筑业科技水平不高，操作人员的技能不高，结论是中国的建筑业崛起并不可怕。应当承认，“老外”的经济情报工作很厉害，确实抓到了我国建筑业的“软肋”。对此，我们既不要掉以轻心，又不要妄自菲薄。我们有信心奋起直追，缩小与“老外”的差距；有决心进一步推动科技进步和人才开发，为全省建筑业可持续发展积蓄雄厚的后劲，争取在国际建筑领域后发制人。为此，在科技进步方面，必须从上到下建立健全科技进步的创新体系，必须加大科技进步的有效投入，必须加快培育自主创新能力，必须加快科技成果向现实生产力的转化，必须更加积极地开发、推广和应用各种新技术、新工艺、新设备、新材料，特别是建设部和江苏省建筑业推广的10项新技术。必须推进企业技术研发和技术中心建设，组织技术难题攻关，做好技术总结和工法、专利编写申报，努力形成更多自己的具有知识产权的核心技术。在人才开发方面，既要培养和造就一批高素质的企业家队伍，又要培养和造就一批高级工程技术人才；还需培养和造就一批施工一线的骨干人才，特别是业务精通、经验丰富的技术把关人才和善于管理、善于开拓的项目经营人才。为此，要持之以恒、卓有成效地继续实施“六大人才高峰”建筑业项目和高中低三级培训工作，并在人才开发实践中不断创新机制、创新路径、创新方法。

（四）围绕安全生产和谐发展，进一步落实各类制度和措施，切实把人的生命放在高于一切的位置。

安全生产，事关大局，事关行业和谐发展，事关人的生命财产；出了事故，造成死亡，金钱再多也挽不回生命，贡献再大也可能一票否决；抓好安全生产，人人有责，责任重于泰山。当然，我们现在要强调的不是认识，而是落实。要坚持“以人为本”，切实把人的生命放在高于一切的位置，进一步落实安全生产的各类制度和措施。要严格实行安全生产领导责任目标管理，层层落实安全生产责任制；要继续办好建筑施工企业安全生产许可的相关事宜；要组织好安全生产拉网检查、突击检查、暗访巡查和专项检查；要加大安全生产监管和处罚力度，保证安全监管人员落实、经费充足、装备到位；要通过培训确保施工一线作业人员具备安全生产意识、安全生产技能和自我保护能力。以上这些安全工作都要抓紧抓好，还要特别注意抓薄弱环节。我们发现，对于安全事故，党委政府领导着急，主管部门着急，但有的企业不着急，结果发生事故，尽是些不该发生的事故。这就是薄弱环节！因此，当前特别要督促建筑企业树立安全工作主体意识，负起安全工作主体责任，并以此为突破口，推动全省建筑业安全生产形势的根本好转。

（五）围绕优化市场环境，进一步加强市场管理，规范市场秩序。

培育良好的市场生态，是广大建筑企业的强烈呼声，也是我们各级建管部门的根本职责。这项工作尽管上半年取得了较好进展，但切不可满足，要百尺竿头更进一步。一是积极主动拓宽延伸行业监管链。要探索一条跳出单位、部门职能局限的新型监管模式，相关管理部门主动沟通、协调，加强前后左右及上下联动，建立监管联动机制，以企业资质动态核查为关键点，力争做到从项目立项开始，到规划审批、勘察设计、招投标，再逐步到企业的标后监管、施工许可证、合同备案、质量安全、竣工验收等，都纳入企业市场行为动态监管范畴，将市场行为监管延伸至工程建设全过程，实现全方位覆盖。二是进一步完善诚信体系建设。诚信体系建设是维护市场秩序的重要手段。要更好地发挥《信用手册》和网络诚信体系的功能；加快推进全省信用信息的资源整合、共享，实现信息互通、互用、互认；进一步完善诚信体系建设中的奖惩机制，做到守信激励、失信惩处，遏制违规违法现象和行为。三是着力创新工程建设招投标方式。针对最低价中标、围标、串标等问题，尽快出台相关配套细则，采取综合措施，引导企业合理报价，对明显偏低的价格进行评审，探索建立低价部分全额担保和放弃中标的赔偿制度。在全省范围内推行远程评标，选择部分市、县在中小型项目中开展随机抽签确定中标人的试点。制定出台企业和建造师工程业绩在招投标过程中适当加分的实施办法。四是加快建立以市场为导向的工程造价机制。规范工程造价管理,规范定额解释与纠纷处理行为,建立健全统一规范的建筑工程造价信息系统,提高信息发布质量。科学合理修订建安费用定额标准。建立健全人工工资定额、消耗标准、工程价格调整机制,研究修定建筑工程"优质优价"实施办法。大力宣传和贯彻 08 版工程量清单计价规范,规范市场计价行为,维护施工企业利益。

(六)围绕"三服务三促进",进一步转变机关作风,提高工作效率。

在金融危机影响下确保下半年全省建筑经济持续回升,确保实现 1 万亿的年度指标,对全省建管部门工作提出了更高要求。我们一定要围绕"三服务三促进",转变观念、转变作风,提高能力、提高效率;一定要以基层和企业满意为标准,把"服务发展、促进增长,服务企业、促进转型,服务群众、促进和谐"的各项内容落到实处。一是在提升能力上下功夫。努力运用科学发展观分析问题、指导实践、推动工作。善于总结提高,做到打一仗进一步,切实提高自身的宏观把握能力、组织协调能力、执行落实能力、破解难题的能力,以能力提升推进全省建筑业科学发展。二是在创新机制上求突破。在指导建筑业企业进一步创新体制机制的同时,从行业管理角度把创新机制的重点放在建立有利于解决农民工工资拖欠的长效机制,有利于规范建筑市场的诚信信用机制,有利于加快发展建筑节能减耗的市场管理机制,有利于方便服务企业的行政审批机制,有利于强化内部建设的监督管理机制。三是在改进作风上有提高。把推动行业科学发展和党风廉政建设紧密结合起来,一起分析研究,一起安排部署,一起检查落实,做到相互促进。把依法行政作为加强作风建设的重要环节,使作风建设具有更多的法制内涵,保证权力在阳光下运行。要深入基层、深入一线,从调查研究中发现和解决一些制约我省建筑业发展的矛盾和"瓶颈"。四是在服务企业上见实效。这是"三服务三促进"的落脚点。要着力支持企业经营业务回升增长,做到主动服务、贴近服务、扩展服务,减少负担、减少检查、减少干扰,为企业发展创造更好的外部环境。

同志们,今年是新中国成立 60 周年,是"十一五"规划顺利实施的关键之年,也是江苏建筑业历史上首次立志突破 1 万亿总产值的跨越之年。让我们团结一致,振奋精神,在复杂严峻的国内外经济环境下危中求进,在全省建筑经济运行出现积极变化的基础上乘势而上,在全球经济格局的大调整大变动中抢占先机,努力以出色的成绩向新中国成立 60 周年献礼!

七、2009 年度江苏建筑安全生产专门会议文件

2008 年度江苏省建筑安全生产形势分析会暨 15 次建筑安全生产联络员会议

江苏省建筑工程管理局关于印发《2008 年度全省建筑安全生产形势分析会暨联络员工作会议纪要》的通知

苏建管质[2009]3 号

各省辖市建设局(委)、建工(管)局，苏州工业园区规划建设局，张家港保税区规划建设局，有关单位：

现将《2008 年度全省建筑安全生产形势分析会暨联络员工作会议纪要》印发给你们。各地要认真分析本地区建筑安全生产形势，制定 2009 年的安全生产工作要点，做好全年安全生产工作，促进本地区和全省建筑安全生产形势的稳定。

2009 年 1 月 14 日

附件：

2008 年度全省建筑安全生产形势分析会暨联络员工作会议纪要

江苏省建筑工程管理局于 2009 年 1 月 7 日至 8 日在南京双门楼宾馆组织召开了 2008 年度江苏省建筑安全生产形势分析会议。国家住房和城乡建设部工程质量安全监管司处长邵长利、省建设厅副厅长徐学军、省安全生产监督局处长张登平、省建管局副局长陈耀才、省建筑安全与设备管理协会会长赵华中出席了会议。各省辖市建设(筑)行政主管部门、部分工业园区、市政管理部门等负责安全生产管理工作和安全生产监督管理机构负责人等 50 余人参加了会议。会议由李爱国同志主持。

会议主要内容是总结 2008 年度全省建筑安全生产管理工作，分析安全生产形势和存在的问题，汇报交流各市 2008 年全年安全生产工作情况，研究讨论相关管理文件，并对 2009 年全省建筑安全生产管理工作进行部署。

国家住房和城乡建设部工程质量安全监管司邵长利处长专程从北京赶来参加本次会议，并在会议上作了重要讲话。邵处长分析了当前全国建筑安全生产形势，并从如下四个方面提出管理思路：一是牢固树立“安全发展理念”是全面落实科学发展观的本质要求；二是建筑安全工作是建设管理工作成效的综合反映，树立综合治理的思路和对策；三是在完善和强化行政问责的背景下，如何落实政府监管责任和企业生产主体责任的问题，确保相关安全责任落到实处；四是抓好安全监管队伍自身建设，提高行政执

法能力。省建设厅徐学军副厅长到会作了重要讲话，在分析2008年全国几起重大生产安全伤亡事故以及2009年安全生产形势后指出:2009年任务重、压力大、管理难，要做好服务于全省建设、服务于工程建设项目的“两个服务”，抓住质量和安全“两个重点”，做到加强保障性住房、加强重点工程建设的综合管理“两个加强”，即加强建筑市场和工程现场的联动。徐学军副厅长就近期工作对各地建设主管部门提出要求:要在节前开展一次安全生产大检查;要抓好地铁、轨道交通施工的安全防范工作;要把施工现场消防安全和施工起重设备安全作为安全大检查的重点内容;要对检查中发现的隐患，坚决责令责任单位整改;要采取切实有效的冬季施工安全措施，强化对施工现场和作业人员生活区的管理;要对煤气中毒、触电等事故加强防范，以扎实有效的管理为全年全省建筑安全生产工作开一好头。省安监局张登平处长和省建筑安全与设备管理协会会长赵华中同志分别在会上发了言。

会议回顾了2008年度全省建筑安全生产形势。2008年，全省在工程量大幅增加的情况下共发生建筑施工安全事故53起，死亡74人，与2007年同期相比，事故起数减少28起，死亡人数减少28人，分别下降了34.6%和27.5%。死亡人数占全年建设厅和建管局下达控制目标的82.2%，占省安委会下达的建筑业控制指标的61.7%。2008年全省有5个地区死亡人数比2007年同期有所下降，分别是南京、无锡、徐州、苏州、宿迁。

会议认为:2008年全省建筑安全生产工作取得一定成绩，安全生产情况总体明显好转，实现了事故总量和事故造成的死亡人数的双下降，未发生一次死亡10人以上重、特大安全事故，但是安全生产形势仍然不容乐观，较大事故未得到有效控制。2008年发生较大安全事故5起，死亡19人，事故起数和死亡人数与2007年相比，分别上升40%和10.5%。

会议分析了事故的主要原因:一是安全生产主体责任意识不强，由于施工企业、建设单位、监理企业对应负的安全责任认识不清、定位不准、安全生产责任未能真正落到实处;二是建筑安全生产工作层层衰减，安全生产的标准规范落不到实处;三是从业人员安全素质不高，三级教育制度未得到严格执行。部分项目经理和管理人员对安全标准、规范和操作规程缺乏了解。操作人员大多数凭经验办事，心存侥幸心理，不遵守操作规程;四是建筑市场管理矛盾突出，许多项目未按章办事，存在大量安全隐患。

会议分析了事故的主要特点:一是高处坠落、坍塌、起重伤害仍然占据事故起数和死亡人数前三位，高处坠落事故33起，死亡42人，占总数的62%和57%;坍塌事故10起，死亡19人，占总数的19%和26%;起重伤害事故7起，死亡9人，占总数的13%和12%，这三种事故类型是安全生产薄弱环节。二是我省境内省外施工队伍发生事故偏多，省外队伍在我省共发生事故15起，死亡20人(占全省事故死亡总人数的27%)。本省事故死亡人数比例在下降的情况下，外省施工企业的事故死亡人数比例却在上升，应当加强对外省进苏企业安全生产管理。

会议在分析2008年安全生产形势的基础上进一步研究了安全生产管理的对策和措施，并就《关于加强建筑施工企业管理人员安全生产考核管理工作的通知》、《江苏省建筑施工企业安全生产许可证动态监管暂行办法》等几个待议文件进行了热烈的讨论。

省建筑工程管理局陈耀才副局长作了会议总结并对2009年全省建筑

业安全生产工作提出要求。会议确定了2009年全省建筑安全生产管理如下工作要点：

（一）总体工作思路

深入学习实践科学发展观，牢固树立为全省建筑业企业服务的新理念，贯彻"安全第一、预防为主、综合治理"方针，以开展建筑施工安全生产专项治理为重点，以推行建筑安全质量标准化为基础，以减少伤亡事故为目标，以提高建筑施工从业人员素质为保证，促进全省建筑安全生产形势稳定好转。

（二）工作目标

杜绝重、特大事故，控制较大事故，减少一般事故，事故起数和死亡人数比上年有所下降。

（三）12项重点工作

1. 坚持建筑业安全生产形势分析例会制度，编制建筑业安全生产白皮书；

2. 继续开展施工企业现场隐患排查工作；

3. 建立省、市、县（区）建筑业安全生产监督管理联络体系，组织各级安全生产监督机构人员培训工作；

4. 开展对各级安全生产监督机构年度工作、机构建设及人员配备情况考核工作；

5. 制定建筑业安全生产管理机构人员现场安全生产监督技术指导意见；

6. 制定省级建筑业安全生产巡查办法，实行省市县对企业安全生产许可证动态监管；

7. 进一步规范对事故责任企业处罚行为，建立对安全生产事故责任企业安全生产许可和人员正常退出机制；

8. 进一步规范"三类人员"考核管理工作；

9. 开展特种作业人员培训及持证上岗工作；

10. 加强省级文明工地评选管理工作；

11. 推动施工现场标准化示范工程建设，调整施工安全文明措施费；

12. 开展构建全省建设工程查询电子地图工作。

会议要求，各省辖市建设（筑）行政主管部门要围绕本次会议精神认真贯彻执行，制定出本地区2009年工作计划和工作要求，努力实现我省安全生产形势持续良好地发展。

江苏省建筑工程管理局质量安全技术处2008年度工作总结及2009年工作思路

（2009年1月7日）

第一部分　2008年度工作总结

2008年，质量安全技术处紧紧围绕局年初确定的重点工作任务和工作目标，认真学习和落实科学发展观，齐心协力，克服困难，努力工作，较圆满地完成了全年的各项工作任务。现将有关情况总结如下：

一、质量技术管理工作

2008年度的质量技术管理工作，以贯彻质量技术标准、开展质量创优、引导企业技术创新、指导企业开展工法编写申报以及根据建设部出台的特级企业资质新标准中有关科技方面新的要求开展工作，努力为全省建筑施工企业做好指导和服务工作。全省质量技术工作稳中有进，表现为企业对工法的编写、科技创新、工程创优的积极性增强，企业技术中心建设进程加快。老百姓对住宅工程质量的投诉减少，全年未发生重大工程质量事故。主要做了以下工作：

1. 加快我省建筑业企业技术中心建设。为加快建立和完善建筑业企业技术创新体系，充分发挥技术中心在企业技术创新体系和自主创新能力建设中的引导与示范作用，规范江苏省建筑业企业技术中心的认定和评价工作，会同省经贸委联合下发了《江苏省认定建筑业企业技术中心管理办法》(试行)，结合我省建筑业企业的发展战略和建筑业企业财务管理特点，还颁布了《江苏省建筑业企业技术中心建设指导意见》(试行)，引导企业整合科技资源、提高自主创新能力，有效地推动了我省建筑业企业技术中心工作的发展。

2. 制定《江苏省建筑业科技成果奖励办法》，实施江苏省建筑业优秀科技成果评选活动。制定了《江苏省建筑业科技成果奖励暂行办法》。表彰在我省建筑业科技创新工作中贡献突出的单位和个人，充分调动广大科技人员的积极性和创造性，推动建筑业科技进步，为向省级科技进步奖和国家级科技进步奖冲刺奠定了坚实的基础。在全省各地推荐申报的51项科技成果基础上，开展了2008年度江苏省建筑业科技成果的评审工作，通过专家评审共有22项为二等奖、三等奖，待报领导批准。通过这些活动的开展，促进了全省建筑业科技水平的提升。

3. 举办科技专题讲座，提高企业“科技查新”和“专利编写与申报”等方面的技术管理水平。通过全省特级企业科技进步水平调查，摸清了我省企业科技水平家底，在此基础上，我们邀请南京大学图书馆和省知识产权局的专家对全省建筑业主管部门和建筑业企业的领导、技术负责人就“科技查新”和“专利编写与申报”的概念、如何进行“科技查新”和“专利编写与申报”进行指导，建筑业企业的科研和技术攻关在方法上和技术路线上得到有效的改善。

4. 指导全省建筑业走新型工业化道路，推进建筑工业化基地建设，加速我省建筑工业化的发展进程。指导全省建筑业走新型工业化道路、推进建筑工业化基地建设，制定并发布了《江苏省建筑工业化发展导则》，这是全国第一个在省级层面上推动建筑工业化的省份，目前正在积极开展试点工作。

5. 开展建筑业“十大科技之星”的评选活动。会同省建设厅、省总工会、省科技厅开展了第三届江苏省建筑业“十大科技之星”的评选工作。目前，全省各地共推荐84个申报人，经过入围评选，产生30位候选人，现场考查已经结束。

6. 开展工法研究，形成一批具有知识产权的核心技术。开展2008年度省级施工工法的申报、评审活动。在各地有关部门申报的基础上，今年第一批共有117项工法被评为省级工法；对暂缓通过的一批具有关键技术的工法，将组织专家辅导，帮助企业进一步完善，成熟后争取年内进行第二次评审。

7. 提高新技术在施工中的应用水平，促进新技术和新工艺的推广应用。完成了2008年度的新技术应用示范工程的立项和验收工作。在各地有关部门申报的基础上，今年全省共有246项省级建筑业“十项新技术”应用示范工程目标项目立项。共有2007年立项的102项工程通过评审并被授予省级建筑业“十项新技术”应用示范工程称号。

8. 强化对省建管局资助科研项目的管理工作。在去年的基础上，进一步全面清理往年未按时结题的科研项目。根据《省建管局科研专项资金管理规定》，加强对科研经费的管理，提高资金使用效率，确保项目实施。我们严格按照管理规定要求，加强科研项目的跟踪管理，及时督促到期项目按时保质结题。2008年，科研项目经费资助向施工企业倾斜，所有科研项目一律要与施工企业挂钩，科研经费重点资助有影响、有成果的项目，力争获得国家及省级奖项。对资助项目跟踪检查，注重成果转换。

组织了2008年度省建筑业科研项目的申报和专家评审，各有关部门共推荐64项科研项目申请立项，经过专家评审，建议其中的22项列为省建筑业科研计划项目，23项列为省建筑业科研指导性项目。

9. 认真组织2008年度“扬子杯”省外优质工程奖的评选工作。组织完成了2008年度江苏省“扬子杯”省外优质工程奖的申报、专家现场考核和专业技术委员会审核工作，准备召开审定委员会会议。省局各办事处和有关部门共申报了275项工程，共有195项工程被评为江苏省“扬子杯”省外优质工程奖。根据有关规定，局监察室对省外“扬子杯”的现场检查工作进行了全过程监督和指导。

二、安全生产管理工作

认真贯彻国家建设部和省政府对安全生产的总体部署和要求，不断完善安全生产监管机制，落实安全生产责任制，深入开展百日安全生产督查活动、开展建筑施工安全生产专项整治、安全质量标准化和“安全生产月”活动，加大监督检查和处罚力度，努力提高全行业的安全生产素质，建筑施工安全生产工作得到了进一步加强。截至12月31日，全省共发生房屋建筑、市政工程死亡事故53起，死亡74人，与去年同期相比，事故起数和死亡人数大幅度下降，死亡人数占全年控制指标的82.2%(按90人指标计算)。死亡人数在建设部和省安委会下达的控制指标之内。主要做了以下几方面的工作：

1. 建立完善安全生产技术标准。制定并下发了《建筑工程施工机械安装质量检验规程》、《江苏省建筑施工安全质量标准化管理标准》2个规范性文件。完成了《江苏省建筑施工安全监督工作规则》的起草，召开了部分地区安全生产管理部门和施工企业代表座谈会，进行了多次修改，目前，正在等待批准。

2. 建立完善安全生产管理制度。每季度召开全省安全生产形势分析会。通过与会代表经验交流、专家典型案例剖析，明晰全省安全生产形势和特点，及时总结经验教训和好的做法。同时强化动态管理，对事故多发地区和事故多发企业重点进行监控，根据安全生产形势，安排了对重点企业、重点地区的调研、约谈和检查。

组织开展全省建筑施工安全生产专项治理活动。制订全省《2008年度建筑施工安全生产专项治理方案》，明确全年专项整治工作的目标、重点以及相应措施。结合“元旦”、“五一”、“十一”等重大节日，组织对各地建筑施工安全生产进行检查。

3. 开展百日安全生产督查活动。紧紧围绕“安全生产隐患治理年”和“奥运年”的各项要求，开展了以防范脚手架、建筑起重机械、深基坑、高支模事故和国防安全防护用品使用为重点的专项治理和重大危险源隐患排查工作，开展了建筑施工安全生产百日督查专项活动和“回头看”专项活动，进一步加强了工程项目安全生产的监督检查。

4. 组织全省开展建筑施工“安全生产月”活动。认真做好“安全生产月”的各项工作，营造安全生产氛围。结合全省建筑施工的实际情况，紧紧围绕“安全发展、国泰民安”活动主题，制定活动方案和实施计划。

5. 开展文明施工、安全质量标准化活动，提高施工现场安全管理水平。优化省级文明工地的检查工作程序，完成了2008年度上、下半年省级文明工地的现场考核工作。年初组织专家对省文明工地现场检查标准进行了部份修改和补充，完成了《江苏省建筑施工省级文明(平安)工地评审办法》的起草；组织专家组对全省申报的工程进行现场考核。在组织工作中，召开专门会议，统一检查标准，规范检查方法以及检查人员的行为。

6. 加强对安全生产许可证的动态管理。及时准确地通报安全生产事故，严格按照《行政处罚法》、《建筑事故企业安全生产许可证管理规定》等相关法律法规对事故责任单位进行处理。对发生事故的企业全部在江苏建筑业网上予以曝光，对发生死亡事故的企业，一律给予暂扣其安全生产许可证的处罚；事故处理严格处罚程序，对要求召开听证会的企业，认真组织听证会，听取企业的申诉和要求，处罚决定在江苏建筑业网上予以通报。完成了《江苏省建筑施工企业安全生产许可证动态管理办法》的起草。

7. 严格“三类人员”考核管理工作。认真实施好“三类人员”考核管理工作，严格按照规定进行考核，抓好考试题库的充实与更新工作，优化考务管理工作程序，加强对培训机构的管理，保证培训质量，确保考核工作的严肃性。2008年1—10月份，全省共完成157批次考核，共有51 502人参加考试，43 822人考试合格，合格率为85%。

三、援川抗震救灾工作

今年5月12日，四川发生8.0级特大地震灾害，灾情就是命令，我处同志接到组织的命令后，立即前往四川绵竹受灾现场参加活动板房援建工作。我处共有五位同志先后赴灾区一线，他们以身作则，冒酷暑、战高温、迎风雨，晴天一身灰，雨天一身泥，发扬了不怕疲劳、连续作战的作风。他们不等不靠，抢抓进度，为我省提前超额完成援建任务作出了卓越贡献，为灾区人民奉献了一份爱心。

第二部分　2009年工作思路与重点工作

面对全球性的金融危机，我们面临着巨大的挑战。2009年，全处将以科学发展观为指导，树立为全省建筑业企业服务的新理念，不怕困难，创新思路，保安全，保稳定，促发展。紧紧围绕全局的中心工作，紧紧围绕全省建筑业的中心任务，加快推进建筑业改革与创新步伐，主要重点工作如下：

1. 积极探索建筑业的质量管理的创新理念，全面深入开展全省建筑业企业的质量管理工作。努力推动全省建筑业企业的全面质量管理工作再上一个新台阶，让技术创新赋予QC活动新的内容和外延。

2. 要加强省内外优质工程的创新管理，积极引导建设单位和建筑施工企业开展创优活动，组织专家对鲁班奖和扬子杯奖的目标项目给予过程指导和帮助。

3. 加强在全省开展建设工程优质结构的评估、验收、论坛、评选等活动，进一步加大对全省建设工程结构质量的控制力度，提高主体结构工程质量，确保建设工程整体质量水平上台阶。

4. 全省已全面禁止现场搅拌混凝土，预拌砂浆也已经全面推开，为了保证工程质量，我们将组织开展对全省预拌混凝土企业和预制构件企业及其试验室的质量管理督查，把质量管理的关口前移，推动工程质量上新台阶。

5. 对工程中发生的重大质量事故进行现场调研、认真分析，寻找对策，杜绝类似事故的发生。

6. 要积极采取多种措施，促进建筑业主管部门、建筑业企业对安全生产的齐抓共管的局面，采取有效措施，确保全省安全生产事故死亡人数控制在90人以内。

7. 要将建筑施工安全生产隐患的排查工作制度化，促使建筑业企业将安全生产专项治理变成企业安全生产隐患的日常排查和整改的有效形式，扎扎实实推进安全生产工作落实到实处。

8. 加大对建筑施工安全生产事故责任单位和责任人的处罚力度，召开安全事故剖析会总结交流，促进全省建筑施工安全生产。

9. 积极稳妥推进全省特种作业人员的考核管理工作，建立健全特种作业人员的培训、考核、上岗、从业和监管制度。

10. 继续做好全省文明工地、平安工地、绿色工地的创建活动，推动我省建筑业企业积极参与全国建筑施工文明工地的创建与评选。

11. 加强对全省安全处长、安监站长、安监人员的分层次分批的培训考核工作，努力做到持证上岗。

12. 加速构建和运行全省电子地图。

13. 积极探索以科技进步和技术创新推动我省建筑业经济结构优化转型的有效措施，努力提高建筑业企业的自主创新能力，推动全行业生产力水平的不断提升。

14. 做好建筑业企业技术中心的认定工作，推动建筑业企业的技术资源的整合，加快建筑业企业科技进步的步伐。力争全年特、一级建筑业企业达到15个。

15. 开展全省建筑业"十项新技术"的过程指导和监督，推动企业将工法的开发、QC活动的开展与十项新技术的推广应用紧密结合，加强我省建筑业企业的科技创新的主动性和积极性。

16. 通过对工法关键技术鉴定，构建专家对建筑施工企业的技术指导的平台，促进全省建筑业科技活动的开展。

17. 建立并完善工程质量、工程结构、工程安全、工程机械、施工工法、示范工程、特殊工程和科技成果奖等各类专家库。

18. 积极探索我省建筑业企业施工技术管理与应用的途径，通过管理载体来实现建筑施工技术的发展。

19. 树立和落实全面发展、协调发展和可持续发展的科学发展观，积极开展全省建筑业科技成果奖的评选活动，努力推进建筑业科技成果的转换。

20. 加强质量安全技术处和安监总站的自身建设，努力提高全体职工的思想素质和技术素质，努力提升全体职工的工作能力和水平。

2008 年江苏省建筑安全生产形势分析报告

江苏省建筑工程管理局

（2009 年 1 月 7 日）

2008 年，全省各级建设行政主管部门、建筑施工安全监督机构，认真贯彻落实党中央、国务院关于安全生产工作的一系列指示精神，按照国家住房和城乡建设部、省政府对安全生产工作的总体部署和要求，进一步加强建筑施工安全生产工作的领导，不断完善安全生产监管机制，落实安全生产责任制，加大监督检查和处罚力度，努力提高全行业的安全生产素质，认真开展建筑施工安全生产隐患排查治理、“百日安全生产专项督查”工作 和“安全生产月”活动，着重加强奥运会、残奥会前和期间的安全生产，对春节、五一、国庆及汶川地震和台风期间等重点时段的安全生产进行重点监控，全省建筑施工安全生产管理水平得到了有效提高，建筑施工安全生产各项指标均保持在控制指标以内。据统计，2008 年我省完成建筑业总产值超过 8 800 亿元，比去年同期增长 18%以上，房屋建筑施工面积 95 000 万平方米，比去年同期增长 16%。在全省施工面积大幅度增加的情况下，我省建筑施工安全生产形势总体平稳。

一、2008 年全省建筑安全生产总体情况

截止 2008 年 12 月 31 日，我省共发生建筑施工安全事故 53 起，死亡 74 人，与去年同期相比，事故起数减少 28 起，死亡人数减少 28 人，分别下降 34.6%和 27.5%。死亡人数占全年建设厅和建管局下达控制目标的 82.2%，和省安委会下达的建筑业 120 人控制目标相比，只占 61.7%。

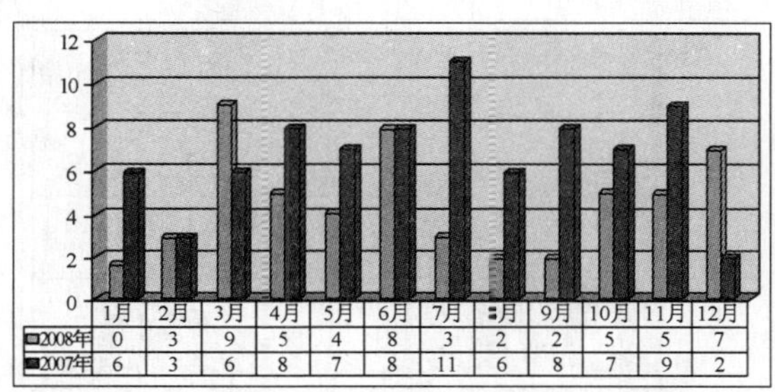

2007、2008 年建筑施工事故起数比较

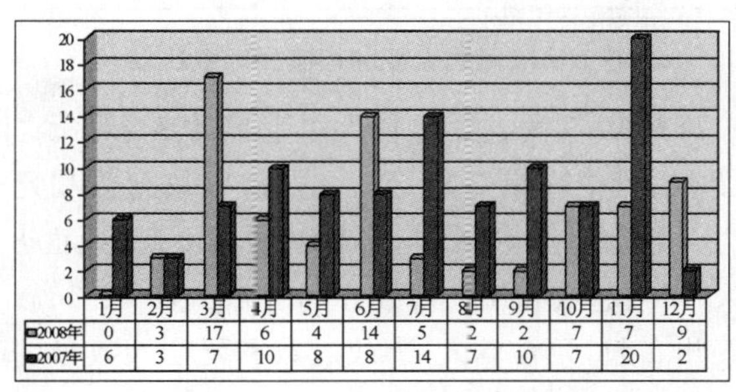

2007、2008 年建筑施工事故死亡人数比较

今年全省有 5 个地区死亡人数比去年同期有所下降，分别是：南京、无锡、徐州、苏州、宿迁；2 个地区和去年持平，分别是：连云港、扬州，6 个地区死亡人数比去年同期有所上升，分别是：常州、南通、淮安、盐城、镇江和泰州。

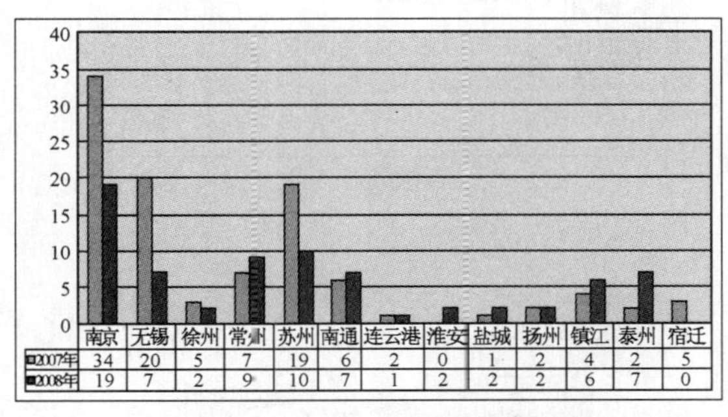

2007、2008 年各市建筑施工事故死亡人数比较

今年全省大部分地区事故死亡人数未突破全年的控制目标。比较好的有：无锡、徐州、苏州、连云港、淮安、盐城、扬州和宿迁等 8 个市，南京、常州、南通、镇江和泰州 5 个城市突破了今年厅局下达的控制目标。

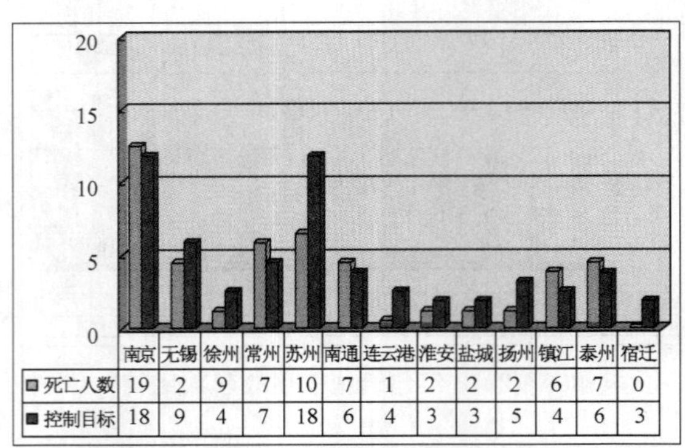

各市事故死亡人数和控制目标数比较

2008 年我省发生较大以上事故 5 起，死亡 19 人，其中南京 2 起，死亡 6 人，事故起数和死亡人数分别占 40%和 31.6%；常州 2 起，死亡 8 人，事故起数和死亡人数分别占 40%和 42.1%；泰州 1 起，死亡 5 人，事故起数和死亡人数分别占 20%和 26.3%。

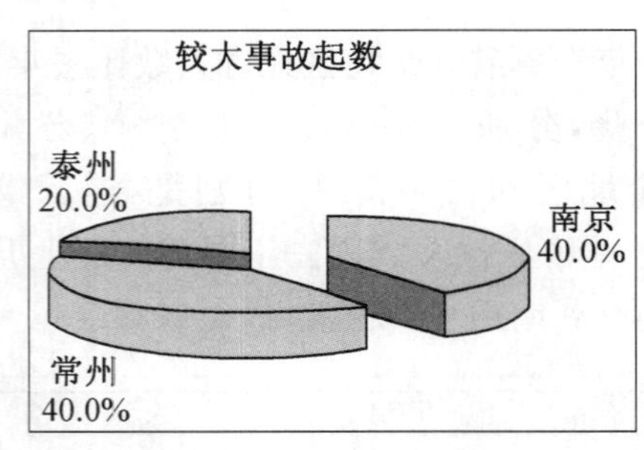

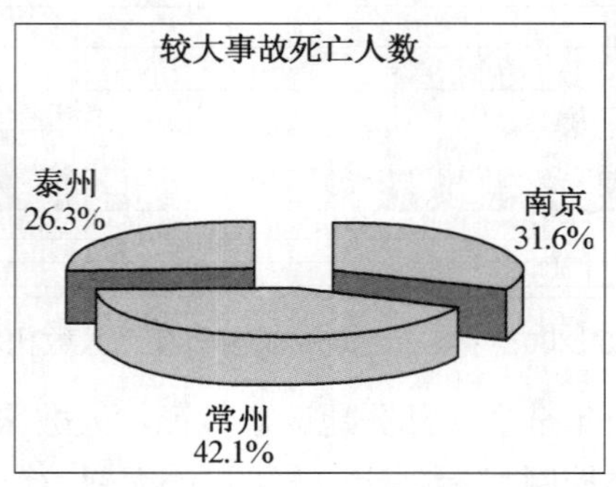

二、专项分析

事故类型：高处坠落事故 33 起，死亡 42 人，占总数的 62%和 57%；坍塌事故 10 起，死亡 19 人，占总数的 19%和 26%；起重伤害事故 7 起，死亡 9 人，占总数的 13%和 12%；中毒事故 1 起，死亡 2 人，占总数的 2%和 3%；物体打击事故 1 起，死亡 1 人，占总数的 2%和 1%；机具伤害事故 1 起，死亡 1 人，占总数的 2%和 1%。

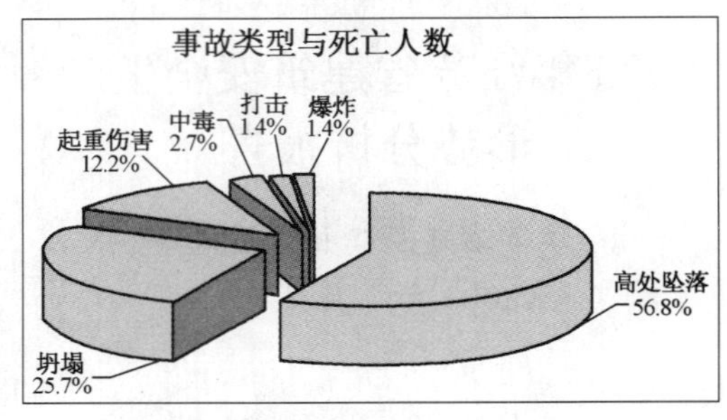

各类型事故死亡人数比例

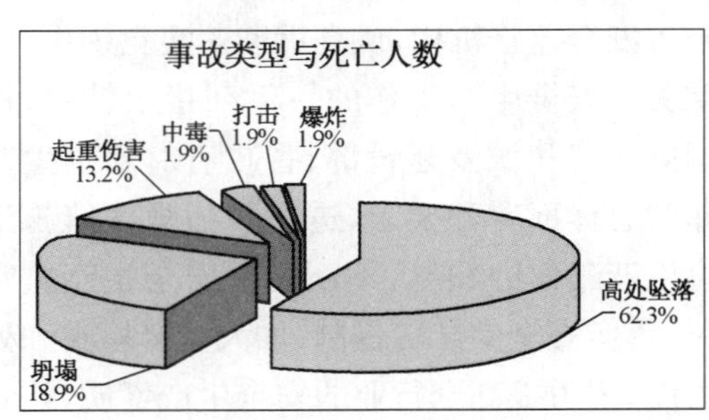

各类型事故起数比例

事故部位：洞口和临边事故 10 起，死亡 15 人，占总数的 18%和 21%；脚手架事故 8 起，死亡 8 人，占总数的 15%和 11%；模板事故 7 起，死亡 11 人，占总数的 13%和 15%；塔吊事故 7 起，死亡 8 人，占总数的 13%和 8%；外用电梯事故 5 起，死亡 6 人，占总数的 9%和 8%；料台事故 4 起，死亡 7 人，占总数的 8%和 9%；基坑事故 3 起，死亡 8 人，占总数的 6%和 11%；井字架与龙门架事故 3 起，死亡 4 人，占总数的 6%和 5%；其他事故 3 起，死亡 4 人，占总数的 6%和 5%；施工机具事故 2 起，死亡 2 人，占总数的 4%和 3%；墙板结构事故 1 起，死亡 1 人，占总数的 2%和 1%。

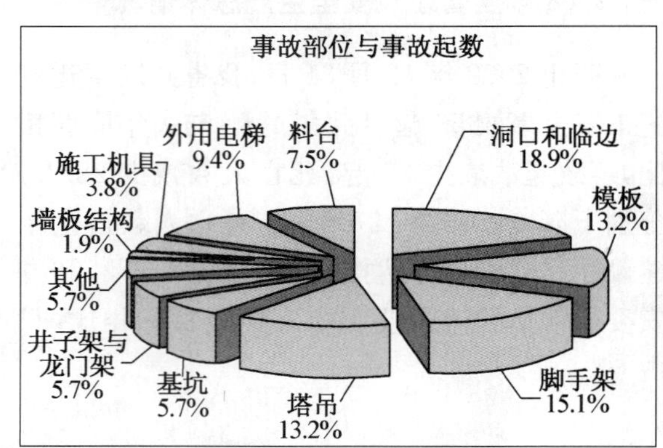

各事故部位与事故起数比例

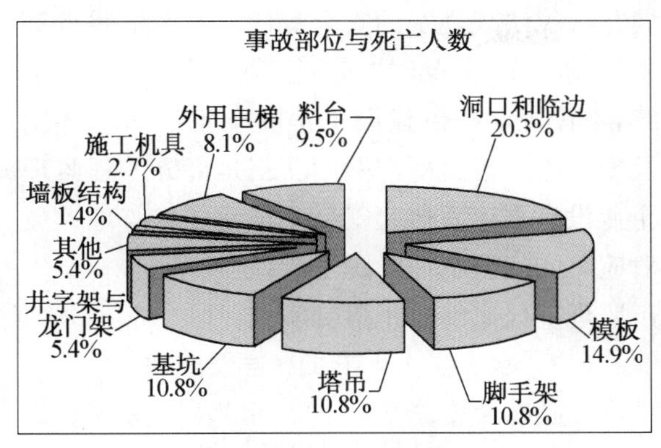

各事故部位与死亡人数比例

事故发生地区：南京 8 起，死亡 11 人，占总数的 22.9%和 22.0%；苏州 6 起，死亡 6 人，占总数的 17.1%和 12.0%；无锡 5 起，死亡 5 人，占总数的 14.3%和 10.0%；南通、镇江各 4 起，死亡各 5 人，各占总数的 11.4%和 10.0%；常州、泰州各 1 起，死亡各 5 人，各占总数的 2.9%和 10.0%；淮安 2 起，死亡 2 人，占总数的 5.7%和 4.0%；徐州、盐城各 1 起，死亡各 2 人，各占总数的 2.9%和 4.0%；连云港、扬州各 1 起，死亡各 1 人，各占总数的 2.9%和 2.0%。

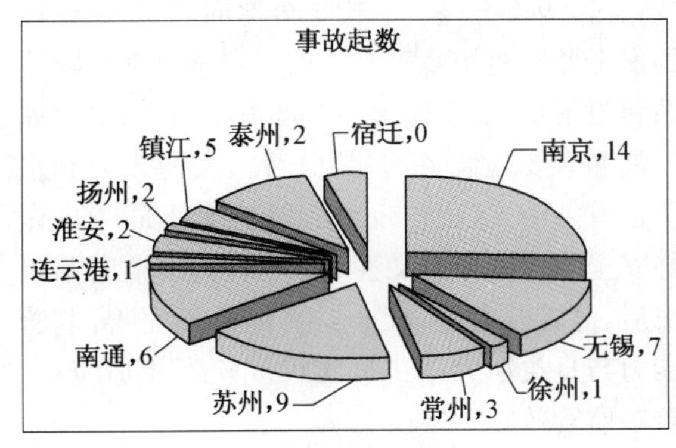

各地区事故起数比例

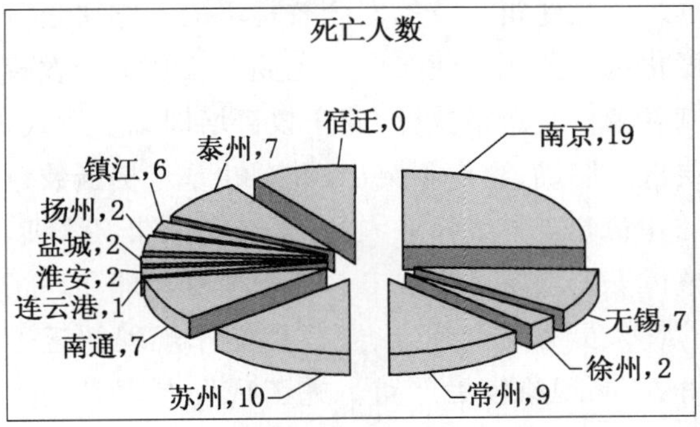

死亡人数

各地区死亡人数比例

企业所在地：本省企业发生事故 38 起，死亡 54 人，占总数的 72%和 73%；外省企业发生事故 15 起，死亡 20 人，占总数的 28%和 27%。

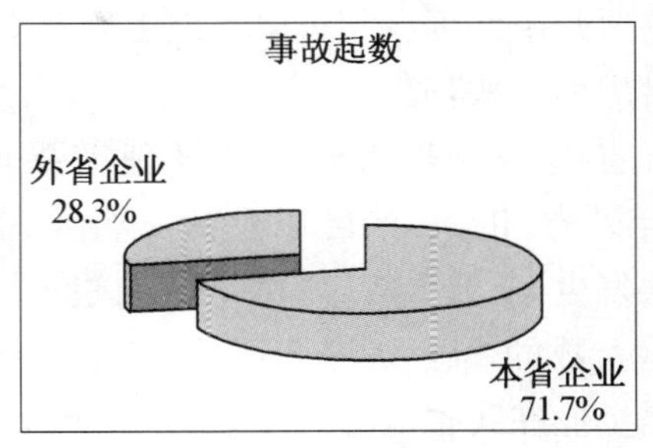

省内和外省企业事故起数比例

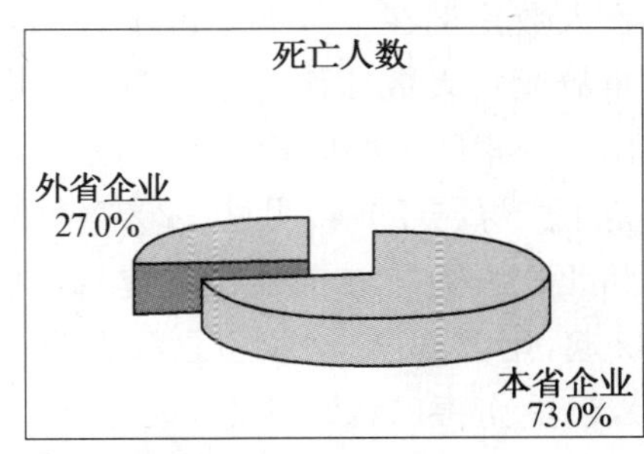

省内和外省企业事故死亡人数比例

三、2008 年建筑安全生产形势综合判断

安全生产情况总体明显好转。主要表现在：一是事故总量下降，2008 年全省共发生房屋建筑与市政工程事故 53 起，比去年下降 34.6%。二是事故造成的死亡人数下降，2008 年全省房屋建筑与市政工程事故共造成 74 人死亡，比去年下降 27.5%。三是未发生一次死亡 10 人以上重、特大安全事故。

较大事故未得到有效控制。今年发生较大生产安全事故 5 起，死亡 19 人，事故起数和死亡人数较 2007 年分别上升 40%和 10.5%。3 月 19 日，由泰兴市第五建筑安装工程有限公司承建的泰兴市滨江镇宁兴机械有限公司新建厂房工程高处坠落事故，死亡 5 人。同日，由北京城建集团有限责任公司承建的南京国际商贸城一期工程发生坍塌事故，死亡 3 人。6 月 27 日，由常州市阳湖建设工程有限公司承建的常州市虹北消费品综合市场工程发生坍塌事故，死亡 5 人。11 月 5 日，由南京市浦口区祥友建筑基础工程公司承建的南京市浦口区海院路新建工程发生坍塌事故，1 人当场死亡，同时在救援过程中发生二次坍塌造成 2 名救援人员死亡。12 月 7 日由浙江华升建设集团有限公司承建的常州新北区世茂香槟一期工程发生的卸料平台坍塌事故，死亡 3 人。

外省进苏企业安全生产管理需要加强。2007 年外省、市、自治区以及部属企业在我省境内共发生 17 起事故，死亡 20 人(占全省事故死亡总人数的 21%)，今年外省、市、自治区以及部属企业在我省境内共发生 15 起事故，死亡 20 人(占全省事故死亡总人数的 27%)。本省事故死亡人数比例在下降的情况下，外省施工企业的事故死亡人数比例却在上升，说明各地主管部门对外来队伍的监管还不到位。

安全生产薄弱环节较明显。2007 年我省事故起数和死亡人数排在前四位的是：高处坠落(事故 42 起，死亡 43 人，分别占总数的 51.9%和 42.2%)，起重伤害(事故 11 起，死亡 27 人，分别占总数的 13.6%和 26.3%)，物体打击(事故 12 起，死亡 13 人，分别占总数的 14.8%和 12.7%)，坍塌(事故 9 起，死亡 12 人，分别占总数的 11.1%和 11.8%)；今年高处坠落、坍塌和起重伤害仍然占据事故起数和死亡人数的前三位，高处坠落事故 33 起，死亡 42 人，占总数的 62%和 57%；坍塌事故 10 起，死亡 19 人，占总数的 19%和 26%；起重伤害事故 7 起，死亡 9 人，占总数的 13%和 12%，说明各地主管部门对这三种事故类型的治理还存在着薄弱环节。

四、安全生产工作存在的主要问题

(一) 安全生产主体责任意识不强

一是部分施工企业安全生产主体责任意识不强。安全生产基础工作不扎实，安全观念淡薄，安全生产上的投入严重不足，只顾经济效益，忽视安全管理，安全生产制度、安全培训流于形式，施工企业法人代表是企业安全生产第一责任人的观念模糊，做好安全生产工作的政治意识、法律意识和经济意识淡薄，对施工现场和项目部缺乏有效的监控手段，导致施工现场安全隐患突出。二是有些建设(开发)单位没有履行法律法规规定的安全责任。不严格履行基本建设程序，不及时办理施工许可证等相关手续，不按规定提供建设工程安全生产作业环境及安全施工措施所需费用。三是部分工程监理企业没有真正肩负起安全监理责任。监理人员对应负的安全责任认识不清，定位不准，安全生产监理责任未能真正落到实处。

(二) 建筑安全生产工作层层衰减

一是有关安全生产的指示精神、法律法规和标准规范落不到实处。各级政府、建设行政主管部门对有关安全生产工作高度重视，并做了大量工作。甚至充当起企业和施工现场的“安全员”和“救火员”，不停地开展各种检查，督促和推动企业进行整改。但企业安全生产工作出现了“高位截瘫，层层衰减”。越是到项目部、生产班组，安全生产工作就越薄弱。不管上边怎么要求，下边就是我行我素，无动于衷，作业人员安全生产意识淡薄。致使在施工过程中违章指挥、违章作业、违反劳动纪律的行为十分突出，使从业人员人身安全无法得到保障。二是建设工程安全监管机构力量不足，尤其是县(市、区)级安全监管机构十分薄弱，而村镇建设的安全监管机构几乎是空白。安全监管保障体系建设落后，安全监管经费严重不足，缺少交通工具和必要的装备，多数监管人员的能力和水平还有差距，依法行政水平和业务素质不高，做好安全生产工作主动性和预见性差。监管手段滞后，监管效率低，社会监督体系不完善，监管能力与日益增大的工程建设规模不相适应，导致在监管效能上层层衰减。

(三) 从业人员安全观念淡薄

一是建筑行业的安全教育培训工作缺乏制度化和规范化。建筑施工企业的三级安全教育制度未得到严格执行，安全教育培训流于形式，层次不明确、重点不突出，针对性差。相当数量的建筑施工一线作业人员，未经安全知识培训，整体安全素质不高。二是部分项目经理和现场管理人员对安全标准、规范和操作规程缺乏了解，离岗现象较为严重。施工现场专职安全生产管理人员责任心不强。没有严格履行职责，不能实施有效的监控。个别项目部项目经理、专职安全员和该工程安全报检备案时不一致，存在私招滥雇的现象。三是从业人员大多只知道凭经验办事，存侥幸心理，不遵守操作规程，这些都给建筑施工安全生产埋下了极大的事故隐患。

（四）建筑市场管理矛盾依然突出

一是基本建设手续不全或者是先开工后补手续、审批程序倒置。有些园区、大型企业以及招商引资项目不履行基本建设程序，不到建设行政主管部门备案报监，游离于建设行政主管部门监管之外；城乡结合部及农村个人投资建设的项目，安全生产无人监管，致使这些区域里的工程项目存在大量安全隐患，事故发生率也比较高。二是以包带管、违法分包、非法转包、挂靠等现象依然存在。尤其是劳务层用工不规范，私招滥雇民工、临时工，一线作业人员无证上岗。三是一些项目业主安全责任意识淡薄，不按法定建设程序办事，不依法进行施工图审查，不依法审批和报建、报监，不依法办理施工许可手续，任意压缩合理工期，违法将工程发包给不具备相应资质的企业和个人，不按规定提供工程安全生产作业环境及安全施工措施所需费用，未能真正担负起所应负的安全责任。

五、2009年重点安全工作

一是严格执行建筑施工安全生产各项制度。进一步落实安全生产责任目标管理考核、安全生产巡查、安全生产形势分析、约谈、开工、安全生产条件审查等各项制度，以制度来规范和约束建设工程参建各方的行为，有效遏制当前重大施工伤亡事故多发势头。

二是加强层级检查、监督、指导。各地要进一步加强对所属县（市、区）各类园区、开发区及城郊结合部工程的检查、监督和指导，实行安全生产行政监管全覆盖，采取有效措施，确保本地区的安全生产形势稳定。进一步完善对各级安全监督机构及人员的考核机制，督促其切实履行监管执法职责，对发现疏于监管、工作不力的行为和现象，严肃追究有关人员的责任。

三是依法查处安全生产违法违规行为。要按照“四不放过”的原则，对发生的建筑安全生产事故，依法严肃查处事故的责任单位和责任人，尤其是要强化对个人执业资格、岗位证书的处罚力度，真正起到惩罚警戒作用。

四是进一步加强安全生产行政许可的动态监管。进一步加大对建筑施工企业安全生产许可证和从业人员资格的动态监管，严格按照《建筑施工企业安全生产许可证管理规定》、《建筑施工企业安全生产许可证动态监管暂行办法》、《建筑施工特种作业人员管理规定》等规定，督促建设责任主体提高贯彻实施行政许可制度的自觉性，认真履行安全生产职责，并加强对责任单位和责任人员的处罚，从源头防止和减少事故的发生。

五是认真开展工程项目安全生产条件审查备案。依照法律法规，加强对工程开工安全生产条件的审查，督促企业健全安全管理机构，配备专职安全管理人员，满足安全生产的必要投入，凡不具备安全生产条件的新建项目不得开工，不得核发施工许可证；对已开工的工程项目中，重点审查危险性较大的专项工程，不符合安全生产要求的，责令改正，拒不改正的，责令停工，并依据法律法规严肃查处。

六是积极开展施工现场安全质量标准化和文明工地、平安工地创建活动。坚持以人为本，严格执行住房和城乡建设部《建筑工程安全防护、文明施工措施费用管理规定》，保证满足安全生产必要的投入，提倡文明施工，维护工人的权益。鼓励施工企业创建安全质量标准化示范工地和文明、平安工地，典型示范，推动全省施工现场安全防护水平的提高。

七是加强建筑安全机构队伍建设及相关基础工作。制定《江苏省建筑施工安全监督工作规则》，进一步加强建筑安全监督机构的自身建设，开展安全监督机构人员的培训，促进建筑安全监督人员的依法行政能力的提高。

2008 年度江苏省建筑施工安全监管情况统计年度报表

（江苏省建筑工程管理局质量安全技术处汇总）

地区		房屋建筑工程						市政工程				其他			
		工程个数		建筑面积(万 m^2)		工程造价(亿元)		工程个数		工程造价(亿元)		工程个数		工程造价(亿元)	
		在建	已竣工	在建	已竣工	在建	已竣工	在建	已竣工	在建	已竣工	在建	已竣工	在建	已竣工
南京	市区	1 150.0	430.0	2 300.0	1 100.0	340.0	170.0	266.0	158.0	42.5	8.2	46.0	0.0	43.0	0.0
	县(市)	1 730.0	826.0	2 500.0	1 240.0	270.0	145.0	0.0	0.0	0.0	0.0	0.0	0.0	0.0	0.0
无锡	市区	253.0	65.0	784.7	136.2	129.5	17.3	70.0	34.0	47.62 5.6	0.0	0.0	0.0	0.0	0.0
	县(市)	2 818.0	1 479.0	4 426.0	1 928.5	391.6	146.9	56.0	62.0	11.3	11.1	49.0	37.0	1.4	0.7
徐州	市区	538.0	211.0	1 125.0	296.0	110.6	28.3	0.0	0.0	0.0	0.0	57.0	55.0	3.1	3.1
	县(市)	350.0	185.0	336.1	112.2	26.8	9.4	0.0	0.0	0.0	0.0	0.0	0.0	0.0	0.0
常州	市区	272.0	186.0	857.0	93.0	93.0	10.9	86.0	58.0	15.8	10.7	41.0	51.0	3.8	1.2
	县(市)	1 793.0	815.0	2 636.0	407.5	2 366.0	365.8	144.0	42.0	4.2	10.5	67.0	36.0	3.4	1.5
苏州	市区	2 398.0	1 079.0	3 127.5	1 405.5	355.7	160.2	397.0	128.0	38.5	15.6	43.0	40.0	7.2	6.8
	工业园	682.0	240.0	1 356.0	478.0	284.0	100.0	41.0	31.0	8.3	6.3	0.0	0.0	0.0	0.0
	保税区	777.0	277.0	1 164.0	291.0	106.0	24.0	75.0	46.0	4.7	1.7	72.0	49.0	6.7	4.7
	县(市)	3 315.0	2 311.0	4 122.0	1 858.0	493.3	200.7	394.0	320.0	57.5	38.4	312.0	258.0	9.9	7.2
南通	市区	180.0	219.0	314.8	276.1	46.7	27.7	24.0	26.0	7.4	4.8	0.0	74.0	0.0	0.0
	县(市)	770.0	570.0	1 180.7	589.3	87.7	64.2	47.0	38.0	14.7	11.0	29.0	16.0	13.3	1.6
连云港	市区	750.0	146.0	755.6	185.6	60.9	16.7	47.0	1.0	11.0	0.0	0.0	0.0	0.0	0.0
	县(市)	584.0	208.0	791.6	154.8	57.9	11.3	22.0	17.0	2.3	2.5	69.0	24.0	2.0	0.3
淮安	市区	138.0	67.0	158.0	89.0	21.5	10.2	0.0	0.0	0.0	0.0	0.0	0.0	0.0	0.0
	县(市)	127.0	56.0	148.0	79.0	19.0	8.0	0.0	0.0	0.0	0.0	0.0	0.0	0.0	0.0

续 表

地区		房屋建筑工程						市政工程				其他			
		工程个数		建筑面积(万 m^2)		工程造价(亿元)		工程个数		工程造价(亿元)		工程个数		工程造价(亿元)	
		在建	已竣工	在建	已竣工	在建	已竣工	在建	已竣工	在建	已竣工	在建	已竣工	在建	已竣工
盐城	市区	61.0	42.0	112.8	18.3	15.2	4.5	24.0	0.0	2.4	0.0	0.0	0.0	0.0	0.0
	县(市)	1 259.0	783.0	730.0	408.6	74.5	39.5	58.0	38.0	9.4	5.0	22.0	11.0	1.0	0.1
扬州	市区														
	县(市)														
镇江	市区	1 116.0	622.0	417.9	226.6	67.6	50.1	37.0	58.0	15.1	27.8	0.0	0.0	0.0	0.0
	县(市)	1 032.0	496.0	363.3	178.4	49.3	37.5	31.0	33.0	7.3	18.7	0.0	0.0	0.0	0.0
泰州	市区	152.0	87.0	178.5	92.4	20.8	12.3	15.0	13.0	1.4	1.2	7.0	4.0	0.5	0.3
	县(市)	392.0	248.0	367.2	232.7	40.6	25.8	25.0	26.0	2.5	2.8	0.0	0.0	0.0	0.0
宿迁	市区	1 250.0	193.0	542.7	72.6	21.2	13.3	18.0	4.0	0.7	0.1	0.0	0.0	0.0	0.0
	县(市)	704.0	482.0	828.443 72.75	72.1	30.1	6.0	17.0	0.7	0.4	0.0	0.0	0.0	0.0	0.0
合计		24 591.0	12 323.0	30 795.4	12 021.3	5 579.3	1 705.6	1 894.0	1 133.7	257.4	176.5	814.0	655.0	95.2	27.5
全年		36 914.0		42 816.7		7 284.9		3 027.7		433.9		1 469.0		122.7	

赵华中理事长在2008年度全省建筑安全生产形势分析会上的讲话

（2009年1月7日）

尊敬的徐学军副厅长、陈耀才副局长、省安监局张登平处长，各位同事、各位朋友：

我非常高兴参加今天的2008年度全省建筑安全生产形势分析会。时间过得真快，去年这个时候我们还在安徽绩溪汇总分析2007年度建筑安全形势，今天已是总结分析2008年度安全生产工作，安排新的一年的工作了。我是2001年1月从江苏省建设厅到省建筑工程管理局担任领导职务，分管全省建筑业质量、安全与技术工作的。2007年11月回省建设厅，仍协助省建管局长负责全省建筑业的管理工作，仍参与省建管局领导班子的分工，直到2008年12月初耀才局长接替我的工作。今天，我作为江苏省建筑安全与设备管理协会理事长，是以民间人士的身份来出席政府主管部门的工作会议。参加会议的目的，一是聆听国家住房和城乡建设部有关部门的领导同志和省建设厅领导对建筑安全生产工作的指示，省建管局对全省建筑安全工作的部署，了解主管部门对建筑安全生产工作的指导思想和工作方略；二是听听各市的工作情况和经验，和同志们一起探讨需要解决的问题及其方法和路径，以便我们协会安排好全年的工作，更好地配合主管部门工作。

建筑安全生产工作的本质要求是保护施工人员的作业安全。我们的目标就是最大限度地减少生产安全事故的发生，最大程度的保护施工过程中作业人员的人身安全。江苏是建筑大省，有一万三千多家建筑业企业，从业人员460余万人。2008年的施工产值预计8 800亿元，同上一年度相比增加18%以上。全年建筑施工发生安全事故53起，死亡人数74人，同上一年度相比，事故起数减少28起，死亡人数减少28人，分别下降34.6%和27.5%。去年建筑安全生产工作取得了很好的成绩，这是建筑业主管部门、建筑业企业和同志们共同努力的结果。我们从事建筑安全生产工作，就是希望通过我们的努力，少出事故，不出事故，尤其是杜绝重大生产安全事故。建筑安全生产工作是十分高尚的工作。我们是在做积德的事，是在做行善的事。建筑安全工作是善举，是和谐之举。我们共产党人为人民服务，在安全生产管理上也体现得最为充分，最为突出。

在近几年的工作中，我们已经摸索到一定的经验，有很多好的做法为省建设厅、省建管局制定的规范、制度所吸收，有的做法得到国家建设部的认可和推广。回顾这几年的工作，我认为建筑安全第一是明确责任。安全生产的责任主体是企业。安全生产工作首先要规范企业的安全行为，规范建设单位的安全行为。当然，企业的安全行为又是同其市场行为相关联的，要通过市场行为的规范，促进现场行为的规范。建筑主管部门的安全责任是行政监管责任。行政监管要不越位、不缺位、不失位。不属于我们管的事我们不要管，不要替代企业，不要替代别人。属于行政监管的责任则一定要做好。第二，要做好安全生产的技术保障工作。技术保障是做好建筑安全的重要方面，包括标准、规范的制定、实施与完善，施工方案的合理与优化。建筑安全工作要发挥总工程师、项目技术负责人的作用，发挥监理工程师的作用，要强化技术管理。第三，要提高从业人员的安全技术素质。农民工是建筑业从业人员的主体，但大多数农民工文化程度低，没有接受专门的安全技术教育，安全生产的意识、知识都很缺乏，他们往往是生产安全事故的承受者，有的因为安全技术素质低，又是生产安全事故的产生者。对农民工进行安全技术教育，将是一项长期的工作任务。第四，建筑安全生产工作要建立和完善三大体系建设，这就是行政监管体系、技术标准规范体系和建筑安全文化体系的建设。第五，建筑安全生产工作要充分发挥社会团体和中介组织的作用。这里包括保险、安全生产条件评价、安全信用评价等。做好建筑安全生产工作，需要加强调查研究，要解放思想、更新观念，注重实效。

同志们，在座的很多同志是我们协会的常务理事，或者理事单位的代表。明天下午，我们将在这里召开四届八次常务理事会议，研究新的一年的工作。具体的工作安排，我们明天向大家汇报。我作为理事长，对建筑安全与设备管理协会提出"三服务"的服务宗旨，就是为主管部门的行业监督管理工作服务，为会员单位服务，为建筑业的行业发展服务。在今后的工作中，我们要高举服务的旗帜，在服务中实现自己的价值。基于这种认识，我们将认真开展调查研究，多听会员单位的意见，多听服务对象的意见，拓展工作思路；我们将以极为负责的态度承担主管部门和会员单位委托给我们的工作任务；我们将认真地做好咨询工作，做好安全教育培训工作，为提高全行业的安全素质而尽力；我们要进一步发展会员单位，扩大服务对象，尽可能使我们这个专业协会更为实在，更具特色；我们要加强与建筑业行业协会等兄弟协会的联系和交流，学习他们的经验，改进我们的工作。今后，我们将紧紧围绕一个中心，就是建筑安全以保护施工作业人员的人身安全为中心，根据主管部门和会员单位的要求，行业发展的要求，做好协会的工作，实现协会存在的价值。做好协会的工作，还需要在座的各位领导、各位同志的关心与支持。我们还将虚心地接受主管部门、会员单位和社会各界的批评、意见和建议，不断地完善自我。这是我作为民间人士第一次向官员们的表态。

谢谢大家！

江苏省第16次建筑安全生产联络员会议暨2009年第一季度建筑安全生产形势分析会

江苏省建筑工程管理局关于印发《第16次全省建筑安全生产联络员会议暨2009年一季度建筑安全生产形势分析会会议纪要》的通知

苏建管质[2009]32号

各市、县建设局(委)、建工(管)局，苏州工业园区规划建设局，张家港保税区规划建设局，有关单位：

现将《第16次全省建筑安全生产联络员会议暨2009年一季度建筑安全生产形势分析会会议纪要》印发给你们。各地要认真分析本地区建筑安全生产形势，做好下一阶段安全生产工作，促进本地区和全省建筑安全生产形势的稳定。

2009年4月23日

附件：

第16次全省建筑安全生产联络员会议暨2009年一季度建筑安全生产形势分析会会议纪要

2009年4月15日至16日，江苏省第16次建筑安全生产联络员会议暨2009年一季度建筑安全生产形势分析会在南京召开。各省辖市建设(筑)主管部门分管负责人以及负责建筑安全生产管理的安全处(科)长、安监站站长和部分县(市、区)建设(筑)主管部门的分管局长等同志参加了会议。省建管局局长高学斌、省建设厅副厅长徐学军、省安全生产监督局处长张登平、省建管局副局长陈耀才出席会议并讲话。省建管局副局长纪迅、成际贵参加会议。会议由省建管局副局长汪士和主持。

本次会议的主题是总结2009年一季度建筑安全生产工作,分析当前建筑安全生产形势,部署下一步全省建筑安全生产工作,明确工作职责,加大监管力度,进一步防止和减少各类伤亡事故发生。

高学斌局长在会上作了重要讲话,对今年的建筑施工安全生产工作提出了四点要求:一是要狠抓安全生产相关政策法规的落实,不仅主管部门和安全监督机构要抓好学习,也要组织企业认真学习,努力形成建筑市场各方责任主体“学法、知法、守法”的良好局面。二是要加大对违法违规主体不履职行为的处罚力度,抓住三个重点,即加大对施工现场违法违规的处罚力度、进一步加大对工程监理不认真履职行为的查处力度、严格执行不良行为公示制度。三是从三方面不断创新安全生产监管方式:严格加强层级监督考核、全面提高监督队伍执法水平、抓好全省建筑业监管信息平台建设。四是全面强化工程质量和安全生产监管,进一步有效推进建筑施工安全质量标准化工作,各地继续开展安全生产隐患排查专项整治工作,着力消除建筑工程监管盲区,加强建筑安全监管效力。

徐学军副厅长评价了去年安全生产形势,分析了当前存在的问题,着重强调今年关键是控制较大事故的发生,减少一般事故,降低死亡率。要做到“六要”,一要明:责任要明、各方主体责任要明、监管责任要明;二要清:情况要清、重大危险源要清;三要懂:业务要懂,有很多问题是技术问题引起安全问题;四要狠:处罚要狠、依法办事执法要严;五要实:要有实效、实实在在;六要廉:廉洁高效,要有一支好的队伍,这样才能把安全工作抓好。

陈耀才副局长简要回顾了一季度我省建筑安全生产工作情况:全省各级建筑安全生产主管部门、安全监督机构,按照省委省政府和住房和城乡建设部的部署,认真贯彻“安全第一、预防为主、综合治理”的方针,以“安全生产年”活动为主线,深入开展安全生产执法、安全生产治理和安全生产宣传教育“三项行动”,切实加强安全生产法制体制机制、安全生产能力、安全生产监管队伍“三项建设”,加强工作部署,落实安全责任,强化教育培训,加强执法力度,着重做了八个方面工作:一、统一部署,强化安全生产责任制。下发了《关于下达2009年全省建筑业安全生产控制目标的通知》。二、深入研究,进一步完善建筑施工安全生产管理各项制度,出台了《江苏省建筑施工特种作业人员管理暂行办法》等多项制度和文件。三、落实责任,加强冬季和节假日建筑施工安全生产监管。四、依法行政,认真开展全省建筑施工企业和“三类人员”的安全生产许可工作,按照“三服务三促进”工作要求,实行了建筑施工企业安全生产许可证办理绿色通道制度,一季度全省共向符合安全生产条件的325家建筑施工企业及时发放了《安全生产许可证》。对通过安全生产考核的2 272名有关人员发放了《安全生产考核合格证书》,对发生死亡事故的3家建筑施工企业,发出了处罚通知,暂扣了安

全生产许可证。五、加强领导，确保“两会期间的安全生产稳定”。六、严格执法，开展安全生产大检查，2月23日至3月10日，省建管局分五个组对42个工地进行巡查，查出隐患200余项，下发整改通知书10份，下发了《关于春节后复工安全生产检查情况的通报》。七、抓住重点，加强起重机械设备特种作业人员考核管理。八、实行长效管理，稳步推进安全质量标准化工地建设，积极开展文明工地创建活动，一季度全省共申报省级文明工地407项。通过创建文明工地和安全质量标准化工地活动的深入开展，不仅提高了建筑施工现场的防护水平，实现了施工现场安全生产长效管理，而且大大提高了工人的作业、生活条件。一季度，在全省建设系统的共同努力下，遏制了重特大事故的发生，努力实现了安全生产状况的持续稳定好转，为我省建筑业健康快速发展奠定了基础。

会议分析了一季度建筑安全生产形势，一季度共发生建筑施工死亡事故4起，死亡4人，比去年同期事故起数下降了69.2%，死亡人数下降80%，未发生较大及以上的生产安全事故。主要特点是：高处坠落事故呈明显上升趋势；群死群伤事故得到有效遏制；外省施工企业事故多发趋势有所缓解。

会议指出了存在的主要问题是：各方主体安全生产责任落实不到位；建筑市场行为不规范；安全生产培训工作不到位，工人的安全生产意识淡薄，“三违”现象仍相当严重；部分地区安全生产监管人偏少，力量不足。

会议对下一阶段的主要工作进行了部署，一是继续完善相关规章制度和技术标准体系，制定《江苏省危险性较大的分部分项工程安全管理办法》、《江苏省高大模板支撑系统施工安全管理导则》、《江苏省建筑施工重大安全生产事故应急救援预案》等。二是深入开展“安全生产年”活动。重点是加强对重大危险源的控制，深入开展安全生产专项整治；加强对重点地区的督促检查，深入开展建筑安全隐患排查治理；以有效防范、坚决遏制重特大事故为目标，深入开展“三项行动”，切实加强“三项建设”。三是全面推进建筑施工安全质量标准化工作，拟在今年对建筑施工安全质量标准化工作取得明确成效的建设主管部门、施工企业、工程项目及有关人员进行评比表彰，提高建筑施工安全管理水平。四是加强从业人员安全培训工作，高度重视对施工作业人员、三类人员和特种作业人员的安全教训。五是加强建筑安全监管机构建设，促进建筑安全监管体系的完善，以适应我省投资规模持续扩大，经济快速发展的需要。

2009年一季度全省建筑安全生产工作情况及下一步工作安排

江苏省建筑工程管理局副局长　陈耀才

（2009年4月15日）

一、全省一季度建筑安全生产工作情况

一季度，全省各级建筑安全生产行政管理部门、建筑施工安全监督机构，按照省委省政府和住房和城乡建设部安全生产工作的部署，认真贯彻“安全第一，预防为主，综合治理”的方针，以“安全生产年”活动为主线，以有效防范、坚决遏制重特大事故为目标，深入开展安全生产执法、安全生产治理和安全生产宣传教育“三项行动”，切实加强安全生产法制体制机制、安

全生产能力、安全生产监管队伍“三项建设”，加强工作部署，落实安全责任，强化教育培训，加大执法力度，着重做了以下几方面的工作：

（一）统一部署，强化安全生产责任制。

元月7日～8日，在南京召开了2008年度全省建筑施工安全生产形势分析会暨联络员会议。会议在总结去年全省建筑安全生产管理工作的同时，提出了今年全省建筑安全生产管理工作的思路：深入学习实践科学发展观，牢固树立服务全省建筑业发展的理念，贯彻“安全第一、预防为主、综合治理”方针，以开展建筑施工安全生产专项治理为重点，以推行建筑安全质量标准化为基础，以减少伤亡事故为目标，以提高建筑施工从业人员素质为根本，促进全省建筑安全生产形势稳定好转。明确了2009年全省建设系统安全生产工作的目标：杜绝重、特大事故，控制较大事故，减少一般事故，事故起数和死亡人数比上年有所下降。在这次会议上，我们还确定了2009年的12项重点工作并对全年的建筑施工安全生产工作进行了总体部署。

3月份，省安委会下达了全省建设系统2009年的安全生产控制考核指标。省建设厅、省建管局根据各地监管的建筑面积和建筑业发展的实际情况，将任务进行分解，下发了《关于下达2009年全省建筑业安全生产控制目标的通知》（苏建建[2009]80号）。各地要紧紧围绕全省建筑安全生产工作思路和任务，扎实有效地开展工作，坚决遏制重特大安全事故发生，努力实现安全生产状况的持续稳定好转，为我省建筑业健康快速发展奠定基础。

（二）深入研究，进一步完善建筑施工安全生产管理各项制度。

认真对照住房和城乡建设部《建筑工程安全生产监督管理工作导则》的要求，结合我省的实际情况，组织有关人员进行广泛调研，深入研究，出台了《江苏省建筑施工特种作业人员管理暂行办法》，起草了《江苏省建筑施工企业安全生产许可证动态监管暂行办法》、《江苏省建筑施工特种作业人员考核工作实施意见》、《江苏省建筑施工安全监督机构和安全监督人员管理办法》、《江苏省建设工程项目安全监督工作指南》、《江苏省建筑施工安全监督机构和安全监督人员考核管理办法》等制度，这些制度，有的已经多次讨论，正进行最后定稿，有的在这次会上要进行讨论，再修改后下发。

（三）落实责任，加强冬季和节假日建筑施工安全生产监管。

根据春节前后安全生产工作的特点，下发了《关于加强冬季和元旦、春节期间建筑施工安全生产工作的通知》，要求各地将“防止高处坠落和防触电以及防冻、防滑、防中毒、防火”作为冬季和节假日施工安全的重点工作，制定切实可行的措施加以治理和防范。同时还转发了住房和城乡建设部《关于进一步做好应对雨雪冰冻以及暴风雪等灾害工作的紧急通知》（苏建管质[2009]4号），督促各地贯彻落实住房和城乡建设部及省安委会、省建设厅、省建管局有关做好冬季、春节期间建筑施工安全生产工作，要求各地组织开展建筑施工安全生产大检查，切实将各项措施落到实处。

（四）依法行政，认真开展全省建筑施工企业和“三类人员”的安全生产许可工作。

严格实施安全生产许可证制度。一是严格按照《行政许可法》、《安全生产许可证条例》等相关法律法规要求，继续做好建筑施工企业安全生产许可证的受理、审核及发证工作。同时，按照“三服务三促进”工作要求，实行了建筑施工企业安全生产许可证办理绿色通道制度，加快了办理速度。一季度，全省共向安全生产条件符合要求的325家建筑施工企业及时发放了《安全生产许可证》；对通过安全生产考核的2 272名有关人员发放了《安全生产考核合格证书》。二是严格市场准入制度，严禁无《安全生产许可证》的企业进入建筑市场从事建筑施工活动。三是进一步规范对安全生产事故责任单位的处罚。根据《行政处罚法》、《安全生产许可证条例》等相关法律法规，省建管局对发生死亡事故的3家建筑施工企业，发出了处罚通知，暂扣了安全生产许可证。对省外建筑施工企业在我省发生建筑安全生产事故的，都按规定及时向属地建设行政主管部门进行了通报。

（五）加强领导，确保“两会”期间的安全生产稳定。

两会召开前，省局下发了《关于认真做好“两会”期间建筑施工安全生产、防灾减灾和应急管理工作的通知》（苏建管质[2009]16 号），要求各地加强组织领导，精心周密部署，严格落实“两会”期间的安全生产责任，抓好“两会”期间建筑施工安全生产监管工作，切实把防范和杜绝重特大施工安全事故作为中心工作来抓，确保“两会”期间建筑安全生产形势的平稳。

（六）严格执法，开展安全生产大检查工作。

根据国务院办公厅“安全生产年”的统一部署，结合我省实际，下发了《关于开展2009年春节后复工安全大检查的通知》（苏建管质[2009]11 号）和《关于开展春节后安全生产巡查的通知》（苏建管质[2009]12 号），要求各地提高认识，落实责任，切实做好春节后建筑施工复工安全生产工作；加强对塔吊等起重机械设备基础、临时用电、脚手架、模板支撑系统等重点部位和关键环节的检查。2 月 23 日至 3 月 10 日，省建管局分 5 个组对各地检查情况进行了巡查。

据统计，这次复工安全检查，全省建设系统共排查工程项目 1 524 个，查出一般隐患 7 900 余项，其中重大隐患 130 余项。对所查出的隐患，各地督促相关企业及时整改，并进行了跟踪督办。省建管局巡查工地 42 个，查出隐患 200 余项，下发整改通知书 10 份。巡查工作结束后，下发了《关于春节后复工安全生产检查情况的通报》（苏建管质[2009]23 号）。在全省建设系统的共同努力下，节后复工检查工作取得明显效果，建设系统“安全生产年”活动初步取得了实效。

（七）抓住重点，加强起重机械设备特种作业人员考核管理。

出台了《江苏省建筑施工特种作业人员管理暂行办法》，并下发了《关于开展我省建筑施工特种作业人员考核基地认证工作的通知》（苏建管质[2009]17 号），明确要求建筑电工、起重机械司机、建筑焊工、建筑施工现场场内机动车司机、桩机操作二等从事危险作业的特种作业人员必须经建设主管部门考核合格后，方可持证上岗。

（八）实行长效管理，稳步推进安全质量标准化工地建设，积极开展文明工地创建活动。

为进一步提高施工现场安全生产水平，省建管局将文明工地创建与安全质量标准化工地活动结合起来。今年一季度，全省共申报省级文明工地的 407 项，省建管局已于 4 月初组织专家，对照新的考核标准正在进行现场考核工作。通过创建文明工地和安全质量标准化工地活动的深入开展，不仅提高了建筑施工现场的防护水平，实现了施工现场安全生产长效管理，而且大大提高了工人的作业、生活条件。

二、一季度建筑安全生产形势及存在的主要问题

（一）基本情况

截止 3 月 31 日，全省共发生建筑施工死亡事故 4 起，死亡 4 人，与去年同期比，事故起数下降了 69.2%，死亡人数下降了 80%，未发生较大及以上的生产安全事故，具体事故情况如下：

1 月 1 日，由福建九建建筑工程有限公司承建的盐城市联鑫购物广场工程发生一起高处坠落事故，1 名工人从二楼楼层内脚手架上坠落至地面死亡。

3 月 7 日，由苏州华立建设有限公司承建的苏州市康桥丽都（一期）19 号—21 号、23 号—25 号工程发生一起高处坠落事故，工人从 5 层通道口坠落至地面死亡。

3 月 8 日，由江苏华江建筑工程有限公司承建的无锡爱家金河湾工程发生一起高处坠落事故，工人从外墙脚手架上坠落至地面死亡。

3 月 9 日，由扬州市第四建筑安装工程有限公司承建的扬州市金轮星城 4＃楼工程发生一起高处坠落事故，工人从料台坠落至地面死亡。

从事故类型看：一季度，全省建筑施工事故类型全是高处坠落事故。

从事故部位看:脚手架2起,占总数的50%,专用电梯1起,占总数的25%,洞口临边1起,占总数的25%。

从事故发生地区看:苏南3起,占总数的75%,苏北1起,占总数的25%。

从施工企业看:省内企业3起,占总数的75%,外省企业1起,占总数的25%。

补充:4月9日14时左右,在江苏华新建设工程有限公司(施工总承包二级,法人代表:戈雪华)承建的苏州金竹置业发展有限公司金枫国际工地,苏州工业园区达因起重设备安装有限公司5名工人在进行塔吊(QTZ40C型)拆卸作业中,塔吊发生失稳,塔帽和塔臂坠落,造成3名作业人员当场死亡,2名伤者送往医院抢救治疗,其中1人经抢救无效死亡,另外1人目前伤情稳定,已脱离生命危险。经现场初步勘察和组织专家分析,造成这起事故的主要原因是:塔吊拆装操作人员违章操作,在拆卸塔吊标准节过程中,可能违反操作程序致使塔吊上部失稳,导致塔帽和塔臂坠落,事故的原因正在调查处理中。这起事故虽然是在二季度发生的,没有纳入一季度的统计分析,但要引起我们高度警觉,下一步我们将在全省范围内开展建筑施工起重机械安全生产专项整治活动,各市、县建设(筑)行政主管部门和安全生产监督管理机构要认真吸取苏州这次塔吊设备倒塌事故教训,分析本地建筑起重机械设备安全管理工作的薄弱环节,有针对性地制定应对措施,进一步加强建筑起重机械设备的安全监管工作。并按照我省"安全生产年"工作的总体要求,认真组织开展一次建筑起重机械设备安全大检查,对施工现场的建筑起重机械设备进行严密排查,督促企业认真开展对在用建筑起重机械设备的检查,及时消除建筑起重机械设备存在的各类隐患。

(二)主要特点

一是高处坠落事故呈明显上升趋势。2008年高处坠落事故占事故起数的比例为62%,占死亡人数的比例为57%,而今年一季度,高处坠落事故占事故起数和死亡人数的比例均为100%。

二是群死群伤事故得到有效遏制。2008年,共发生坍塌事故10起,死亡19人,占总数的19%和26%,而今年一季度,未发生一起较大及以上生产安全事故,群死群伤事故得到有效遏制。

三是外省施工企业事故多发趋势有所缓解。去年一季度外省企业在我省境内共发生4起事故,死亡6人,今年一季度,外省施工企业,只发生了一起事故,死亡1人,事故起数和死亡人数较去年同期都有较大幅度下降。

(三)存在的主要问题

1. 各方主体安全生产责任落实不到位。一是部分施工企业安全生产主体责任意识不强,安全生产投入不足。项目经理不在施工现场或随意更换项目经理的情况较多,许多项目中标项目经理与实际在现场负责施工的项目经理不一致。危险性较大的分项工程无专项设计方案或不按专项方案实施;二是一些建设单位,包括有些政府投资工程的甲方,未能真正重视和履行法规规定的安全责任;三是部分监理单位对应负的安全责任认识不清,安全生产监理责任未能真正落实到位;四是建筑施工设备租赁市场不规范,安全监督机构缺乏对设备租赁市场的监管手段,部分陈旧设备或安全性能差的设备仍进入建筑施工现场。

2. 建筑市场不规范。一是违法分包、转包现象较多,有些工程个人挂靠施工企业自行组织施工,施工现场管理混乱。二是一些建设项目不履行法定建设程序,游离于建设行政主管部门的监管范围以外,特别是乡镇、开发区的建设工程安全监管问题比较突出。

3. 安全生产培训工作不到位,工人的安全生产意识淡薄,"三违"现象仍相当严重。建筑施工队伍流动性大,用工制度灵活,农村富余劳动力大量地进入了建筑施工领域,他们的文化程度是高中以下,整体安全意识素质不高,缺乏必要的安全生产技能、安全生产意识和自我保护能力,工人安全生产意识淡薄,但是,绝大部分农民工上岗前未受过较为系统的安全生产教育培训,企业三级安全教育严重不到位,施工一线作业人员违章作业、违规指挥、违反劳动纪律等“三违”现象十分普遍。一些特种作业人员，未经过专门培训，无相关证件从事特殊工种的作业，存在较大事故隐患。四月份以来，设备拆、装或使用过程中发生的事故有增加的趋势。

4. 部分地区安全生产监管人员偏少，力量不足。随着工程量的不断增加，一些地区建筑施工安监人员明显不足，尤其是县(市、区)级安全监管机构十分薄弱，而村镇建设的安全监管机构几乎是空白。安全监管保障体系建设落后，安全监管经费严重不足，缺少交通工具和必要的装备，有些监管人员的能力和水平还有差距，依法行政水平和业务素质不高，做好安全生产工作主动性和预见性差，不能有效履行安监职责。

三、下一阶段主要工作

(一) 继续完善相关规章制度和技术标准体系

一是根据住房和城乡建设部即将下发的《危险性较大的分部分项工程安全管理办法》，结合我省实际制定《江苏省危险性较大的分部分项工程安全管理办法》。二是根据住房和城乡建设部即将下发的《高大模板支撑系统施工安全管理导则》，研究制定《江苏省高大模板支撑系统施工安全管理导则》，进一步规范我省高大模板支撑系统的安全管理工作。三是研究制定《江苏省建筑施工重大安全生产事故应急救援预案》。四是根据我省特种作业人员考核的实际情况，加快实施步伐，严密组织考核、监管。

(二) 深入开展“安全生产年”活动

1. 加强对重大危险源的控制，深入开展安全生产专项整治。危险性较大的分部分项工程易诱发重大安全事故。因此，必须采取强有力措施，加强对重大危险源的控制，减少和消除事故隐患。一是加强对危险性较大工程的控制。根据将要出台的《江苏省危险性较大的分部分项工程安全管理办法》，进一步规范危险性较大的分部分项工程安全专项施工技术方案的编制、审查、论证、审批和验收，提高对重大危险源的监控力度。二是继续深入开展安全生产专项整治活动。安全生产专项整治活动是一项长期性的工作，各地要根据当地的实际情况，认真总结近几年专项整治工作情况，尤其是要分析本地区事故发生原因和规律，剖析一些典型案例，特别是要加强对高处坠落、起重机械安装使用和施工坍塌“三大顽疾”的专项整治，确保取得实效。三是要针对暴风雨雪等极端天气、汛期、重大节日等重要时段，要及时做好建筑安全预警提示，做好预防工作。四是加强对薄弱区域安全生产的治理。各类开发园区、旧村改造、城乡结合部、招商引资以及民营企业工程项目是事故高发区，也是安全监管的薄弱环节。安全生产无特区，各地要采取切实有效措施，决不允许存在逃避安全监督管理的项目。对这些薄弱区域，各地要明确安全生产监管责任，健全管理机构，实行有效的管理，坚决遏制事故高发势头。

2. 加强对重点地区的督促检查，深入开展建筑安全隐患排查治理。从去年建筑安全生产隐患排查治理工作的开展情况看，隐患排查治理工作能有效提高建筑安全管理水平，这充分证明了开展隐患排查治理工作的必要性。但我们的隐患排查治理工作还存在着许多的问题，比如有些地区对于隐患排查治理工作重视程度还不足，一些地方和企业隐患排查治理方案不具体、目标不明确，建筑起重机械、深基坑、高支模等关键部位仍存在隐患；个别工地存在同类隐患屡查屡犯的情况等等，这些问题如不及时解决，势必会影响这项工作的进一步深入开展。因此，今年隐患排查治理工作的主要任务是：巩固去年隐患排查治理成果，总结经验教训，查找不足，针对薄弱环节和存在的问题，提出具体措施予以解决。要继续深入开展以防范和遏制建筑起重机械设备和施工坍塌事故为重点的建筑安全隐患治理工作，有效防范和遏制建筑安全生产事故。要加强对学校及附近在建工程安全隐患治理的督促检查，重点检查学校校舍、围墙、挡土墙和供水、供电等设施。对排查出的各类安全隐患要抓紧治理整改，重大隐患要实行挂牌督办。要逐步探索建立隐患排查治理的长效机制，从预防开始，总结防止建筑起重机械设备、高处坠落、施工坍塌事故的规律，提高隐患排查治理工作的效果。

3. 以有效防范、坚决遏制重特大事故为目标，深入开展“三项行动”，切实加强“三项建设”。今年全国安全生产工作将在“安全第一、预防为主、综合治理”的方针指导下，坚持近期与长远、治标与治本、预防与查处相结合，以深入开展“安全生产年”活动为主线，以有效防范、坚决遏制重特大事故为目标，扎实开展安全生产宣传教育、安全生产执法、安全生产治理“三项行动”，切实加强安全生产法制体制机制、安全生产能力、安全生产监管队伍“三项建设”。3月份，国务院安委会办公室组织起草了《安全生产执法行动实施方案(征求意见稿)》、《安全生产治理行动实施方案(征求意见稿)》和《安全生产宣传教育行动实施方案(征求意见稿)》，估计近期将下发执行，我们将按照国务院安委会和住房和城乡建设部的统一要求，研究制定我省建筑领域的“三项行动”工作方案，并认真贯彻执行，以推动我省建筑施工安全生产状况的持续稳定好转。

4月8日，住房和城乡建设部以明传电报的形式下发了《关于开展在建城市轨道交通工程安全生产监督检查工作的通知》(建办质电[2009]7号)，将从今年4月中旬开始至5月底，分两阶段对城市轨道交通工程开展安全生产监督检查，检查对象为省、市建设(筑)主管部门；在建城市轨道交通工程建设、勘察、设计、施工、监理、监测单位。4月15日至5月15日为自查和整改阶段，5月中下旬住房和城乡建设部将组织督查。4月13日，厅局联合发文，对这项工作进行了布置，希望南京、苏州、无锡3个城市会后按通知精神，抓紧进行工作部署，严格落实通知要求，做好迎接住房和城乡建设部督查的各项准备工作。

(三) 全面推进建筑施工安全质量标准化工作

安全质量标准化工作自开展以来已有5年的时间，2006年，我省下发了《关于印发〈江苏省开展建筑施工安全质量标准化工作的意见〉的通知》(苏建管质[2006]52号)，对我省加强建筑施工企业和施工现场的安全管理，探索研究加强安全质量标准化管理的有效措施，起到了重要的促进作用。今年，按照《关于开展建筑施工安全质量标准化工作的指导意见》确定的工作目标要求，安全质量标准化工作目前已进入最后的攻坚阶段。我们将按照住房和城乡建设部的统一部署，监督指导建筑工程参建各方主体认真落实安全生产责任，全面深入推进安全质量标准化工作，拟在今年对建筑施工安全质量标准化工作取得明显成效的建设(筑)主管部门、施工企业、工程项目及有关人员进行评比表彰，提高建筑施工安全管理水平。

(四) 加强从业人员安全培训工作

高度重视对施工作业人员、三类人员和特种作业人员的安全教育培训，把安全教育培训工作真正纳入到安全管理工作中，统筹考虑，同步落实，协调推进。加强对农民工的安全教育培训，切实提高其安全生产意识和安全操作技能；加强对三类人员的安全教育培训，提高安全管理水平和安全管理能力；加强对特种作业人员的培训和考核，促使其熟练掌握关键岗位的安全技能。充分发挥施工企业的主体作用，督促引导施工企业结合生产实际，通过开展教育培训活动，进一步提高从业人员的安全生产意识，减少伤亡事故的发生。

(五) 加强建筑安全监管机构建设

建筑安全生产监管队伍对于提高建筑安全生产管理水平至关重要。以新一轮的机构改革为契机，进一步加强安全监管队伍的建设，促进建筑安全监管体系的完善，以适应我省投资规模持续扩大，经济快速发展的需要。开展安全生产法规和专业知识教育培训，加强对安全监管人员培训教育力度，切实提高其业务素质和依法行政水平。

江苏省第 17 次建筑安全生产联络员会议暨 2009 年上半年建筑安全生产形势分析会

2009 年上半年全省建筑安全生产形势分析报告

江苏省建筑工程管理局

(2009 年 7 月 9 日)

今年以来，全省各级建设行政主管部门、建筑施工安全监督机构，认真贯彻落实党中央、国务院关于安全生产工作的一系列指示精神，按照国家住房和城乡建设部、省政府“安全生产年”工作的总体部署和要求，进一步加强建筑施工安全生产工作的领导，不断完善安全生产监管机制，落实安全生产责任制，加大监督检查和处罚力度，努力提高全行业的安全生产素质，认真开展建筑施工安全生产隐患排查治理、建筑安全生产“三项行动”、“三项建设”工作 和“安全生产月”活动，对春节后复工、两会期间、五一等重点时段的安全生产进行重点监控，全省建筑施工安全生产管理水平得到了有效提高，建筑施工安全生产各项指标均保持在控制指标以内，建筑施工安全生产形势总体平稳。

一、上半年年全省建筑安全生产总体情况

截止 2009 年 6 月 30 日，全省共发生建筑施工安全事故 16 起，死亡 19 人，与去年同期(29 起，死亡 44 人)相比，事故起数减少 13 起，死亡人数减少 25 人，分别下降 44.8%和56.8%。死亡人数占全年建设厅和建管局下达控制目标的 21.1%。

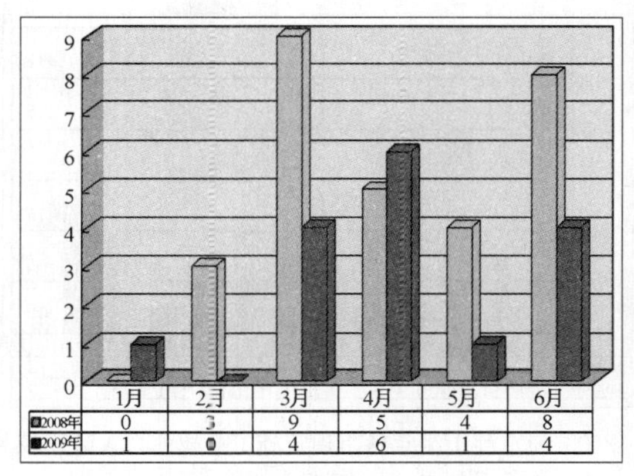

2008、2009 年上半年建筑施工事故起数比较

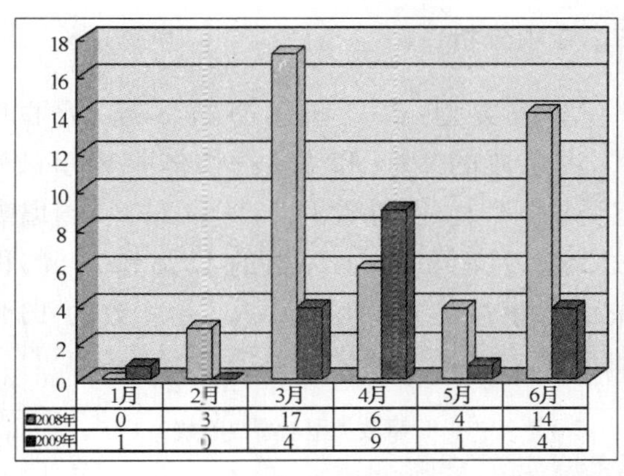

2008、2009 年上半年建筑施工事故死亡人数比较

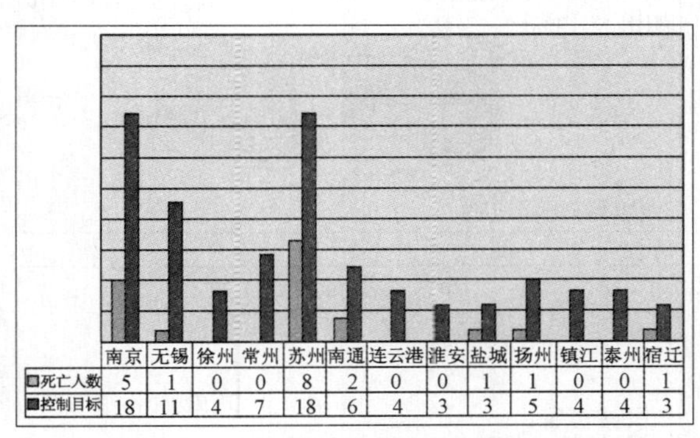

2009 年上半年各市建筑施工事故死亡人数和控制目标比较

今年上半年全省有 10 个地区死亡人数比去年同期有所下降，分别是：南京、无锡、徐州、常州、南通、连云港、淮安、盐城、镇江和泰州；扬州死亡人数和去年持平；苏州和宿迁死亡人数比去年同期有所上升。

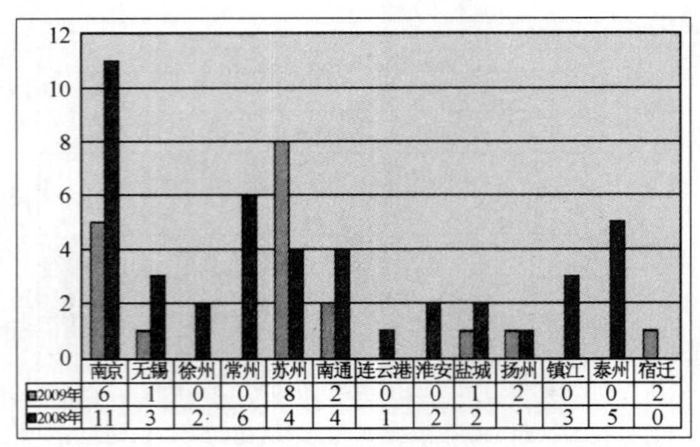

	南京	无锡	徐州	常州	苏州	南通	连云港	淮安	盐城	扬州	镇江	泰州	宿迁
2009年	6	1	0	0	8	2	0	0	1	2	0	0	2
2008年	11	3	2·	6	4	4	1	2	2	1	3	5	0

2008、2009 年上半年各市建筑施工事故死亡人数比较

二、专项分析

事故类型：高处坠落事故 8 起，死亡 8 人，占总数的 49％和 42％；物体打击事故 4 起，死亡 4 人，占总数的 25％和 21％；倒塌事故 2 起，死亡 5 人，占总数的 13％和 26％；机械伤害事故 2 起，死亡 2 人，占总数的 13％和 11％。

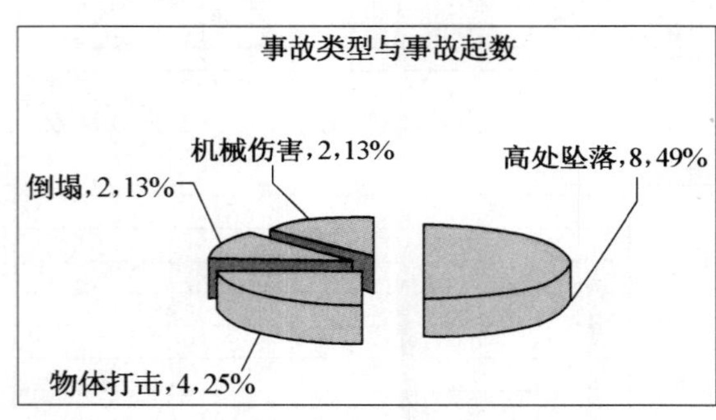

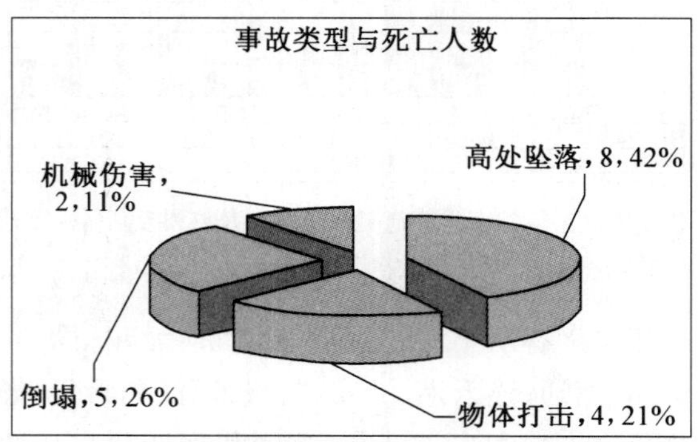

事故部位：塔吊事故 4 起，死亡 7 人，占总数的 25％和 37％；洞口和临边事故 4 起，死亡 4 人，占总数的 25％和 21％；脚手架事故 3 起，死亡 3 人，占总数的 19％和 16％；模板、外用电梯、施工机具事故各 1 起，死亡各 1 人，占总数的 6％和 5％；其他事故 2 起，死亡 2 人，占总数的 13％和 11％。

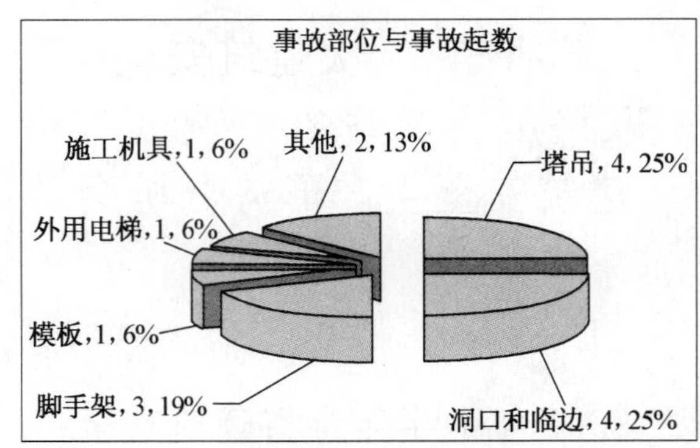

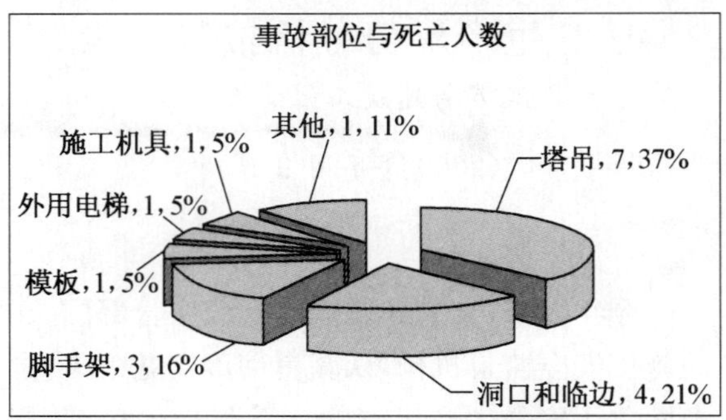

事故发生地区：苏州 5 起，死亡 8 人，占总数的 31.3％和 42.1％；南京 5 起，死亡 5 人，占总数的 31.3％和 26.3％；南通 2 起，死亡 2 人，占总数的 12.5％和 10.2％；无锡、盐城、扬州、宿迁各 1 起，死亡各 1 人，各占总数的 6％和 5％。

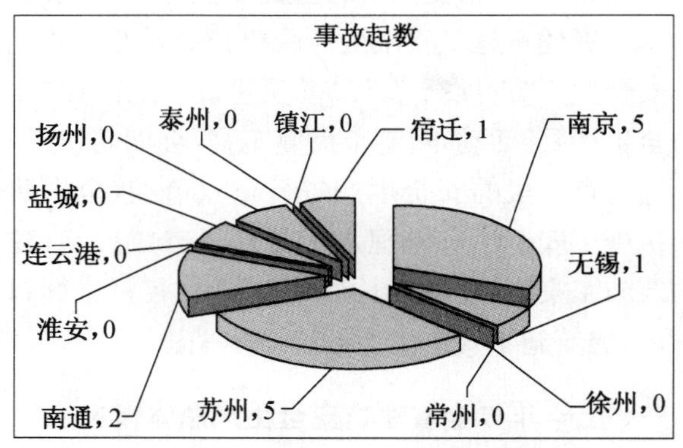

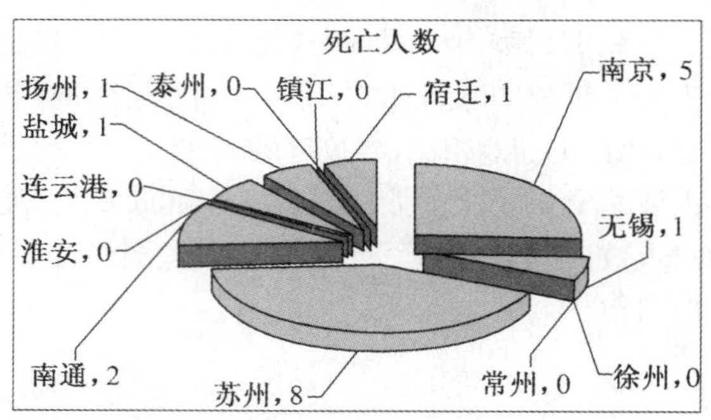

企业所在地：本省企业发生事故11起，死亡14人，占总数的69%和74%；外省企业发生事故5起，死亡5人，占总数的31%和26%。

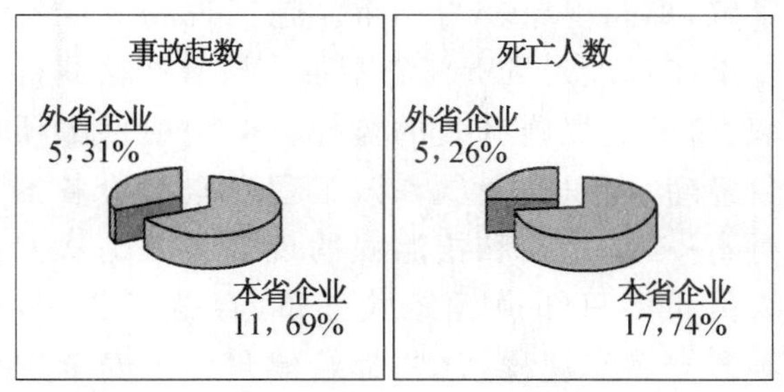

三、上半年建筑安全生产形势综合判断

安全生产情况总体明显好转。主要表现在：一是事故总量下降。上半年全省共发生房屋建筑与市政工程事故16起，同比去年下降44.8%。二是事故造成的死亡人数下降。上半年全省房屋建筑与市政工程事故共造成19人死亡，同比去年下降56.8%。三是较大以上事故下降。上半年只发生一次较大以上事故，同比去年下降66.8%。四是未发生一起死亡10人以上重、特大安全事故。

群死群伤事故得到有效控制。今年上半年只发生一起较大生产安全事故，死亡4人。建筑起重设备、悬挑式脚手架和整体超过24米的落地式脚手架、高大模板支撑系统、深基坑和高边坡开挖与支护工程引起的群死群伤事故得到了有效控制。

安全生产薄弱环节较明显。2008年我省事故起数和死亡人数排在前三位的是：高处坠落事故33起，死亡42人，占总数的62%和57%；坍塌事故10起，死亡19人，占总数的19%和26%；起重伤害事故7起，死亡9人，占总数的13%和12%。今年是半年高处坠落和起重伤害仍然占据事故起数和死亡人数的第一和第三位，说明各地主管部门对这类事故的治理还存在着薄弱环节。

安全形势依然严峻。虽然今年我省房屋建筑和市政工程死亡事故降幅较大，但全省建筑业形势却不容乐观，发生了多起较大及以上事故，3月11日，沪宁城际铁路四标段2工区生产工人居住的宿舍发生坍塌事故（死亡11人）；3月15日，由中铁十四局集团有限公司施工的连云港主体港区东疏港高速公路工程后云台山隧道拱顶发生局部塌落事故（死亡3人）；苏州4月9日发生一起塔吊倒塌事故（死亡4人）；6月16中石油江苏液化天然气项目发生一起正在施工的顶层钢筋笼失衡倾覆，牵拉施工平台倒塌（死亡8人）事故等。受国际金融危机的影响和冲击，我们建筑工程安全工作面临的形势依然相当严峻，建筑工程安全生产也面临更大的困难和压力。一方面，各级政府为了扩内需、保增长、保民生，加大投入，加快项目建设，基本建设规模不断扩大，建设任务和质量安全监管任务更重。另一方面，由于建筑安全还未引起大家的高度重视，以及项目资金偏紧的情况下，有些项目单位安全生产费用未专款专用或减少安全措施费用的投入。这些都将大大增加安全生产的风险，增加安全监管难度。针对当前建筑业存在的安全问题，如果不立即采取有效措施加以解决，类似"3.11"、"6.16"重大事故可能在我们房屋建筑和市政工程上发生，必将给建筑行业发展，给全省经济发展、社会稳定带来严重影响。

四、安全生产工作存在的主要问题

（一）安全生产主体责任意识不强

一是部分施工企业安全生产主体责任意识不强。安全生产基础工作不扎实，安全观念淡薄，安全生产上的投入严重不足，只顾经济效益，忽视安全管理，安全生产制度、安全培训流于形式，施工企业法人代表是企业安全生产第一责任人的观念模糊，做好安全生产工作的政治意识、法律意识和经济意识淡薄，对施工现场和项目部缺乏有效的监控手段，导致施工现场安全隐患突出。二是有些建设（开发）单位没有履行法律法规规定的安全责任。不严格履行基本建设程序，不及时办理施工许可证等相关手续，不按规定提供建设工程安全生产作业环境及安全施工措施所需费用。三是部分工程监理企业没有真正肩负起安全监理责任。监理人员对应负的安全责任认识不清，定位不准，安全生产监理责任未能真正落到实处。

（二）建筑安全生产工作层层衰减

一是有关安全生产的指示精神、法律法规和标准规范落不到实处。各级政府、建设行政主管部门对有关安全生产工作高度重视，并做了大量工作。甚至充当起企业和施工现场的“安全员”和“救火员”，不停地开展各种检查，督促和推动企业进行整改。但企业安全生产工作出现了“高位截瘫，层层衰减”。越是到项目部、生产班组，安全生产工作就越薄弱。不管上边怎么要求，下边就是我行我素，无动于衷，作业人员安全生产意识淡漠。致使在施工过程中违章指挥、违章作业、违反劳动纪律的行为十分突出，使从业人员人身安全无法得到保障。二是建设工程安全监管机构力量不足，尤其是县（市、区）级安全监管机构十分薄弱，而村镇建设的安全监管机构几乎是空白。安全监管保障体系建设落后，安全监管经费严重不足，缺少交通工具和必要的装备，多数监管人员的能力和水平还有差距，依法行政水平和业务素质不高，做好安全生产工作主动性和预见性差。监管手段滞后，监管效率低，社会监督体系不完善，监管能力与日益增大的工程建设规模不相适应，导致在监管效能上层层衰减。

（三）从业人员安全观念淡薄

一是建筑行业的安全教育培训工作缺乏制度化和规范化。建筑施工企业的三级安全教育制度未得到严格执行，安全教育培训流于形式，层次不明确、重点不突出，针对性差。相当数量的建筑施工一线作业人员，未经安全知识培训，整体安全素质不高。二是部分项目经理和现场管理人员对安全标准、规范和操作规程缺乏了解，离岗现象较为严重。施工现场专职安全生产管理人员责任心不强。没有严格履行职责，不能实施有效的监控。个别项目部项目经理、专职安全员和该工程安全报检备案时不一致，存在私招滥雇的现象。三是从业人员大多只知道凭经验办事，存侥幸心理，不遵守操作规程，这些都给建筑施工安全生产埋下了极大的事故隐患。

（四）建筑市场管理矛盾依然突出

一是基本建设手续不全或者是先开工后补手续、审批程序倒置。有些园区、大型企业以及招商引资项目不履行基本建设程序，不到建设行政主管部门备案报监，游离于建设行政主管部门监管之外；城乡结合部及农村个人投资建设的项目，安全生产无人监管，致使这些区域里的工程项目存在大量安全隐患，事故发生率也比较高。二是以包带管、违法分包、非法转包、挂靠等现象依然存在。尤其是劳务层用工不规范，私招滥雇民工、临时工，一线作业人员无证上岗。三是一些项目业主安全责任意识淡薄，不按法定建设程序办事，不依法进行施工图审查，不依法审批和报建、报监，不依法办理施工许可手续，任意压缩合理工期，违法将工程发包给不具备相应资质的企业和个人，不按规定提供工程安全生产作业环境及安全施工措施所需费用，未能真正担负起所应负的安全责任。

2009年上半年江苏省建筑施工安全监管情况统计报表

（江苏省建筑工程管理局质量安全技术处汇总）

地区		房屋建筑工程						市政工程				其他工程			
		工程个数		建筑面积（万 m^2）		工程造价（亿元）		工程个数		工程造价（亿元）		工程个数		工程造价（亿元）	
		上半年竣工项目	上半年新开工项目	上半年竣工项目	上半年新开工项目	上半年竣工项目	上半年新开工项目	上半年竣工项目	上半年新开工项目	上半年竣工项目	上半年新开工项目	上半年竣工项目	上半年新开工项目	上半年竣工项目	上半年新开工项目
南京	市区	76	310	430	668.15	37.44	59.36	49	148	5.31	21.4				
	县（市）	304	395	447.97	1 162.58	52.1	84.98	1.0		0.11					
无锡	市区	44	88	94.68	594.96	9.05	47.15	8	28	1	9.2				
	县（市）	396	498	508.526 5	1 051.742	41.312 2	81.173 65	5	46	0.9	3.959	0	25	0	1.59
徐州	市区	71	92	75.4	293.5	6.9	31.32								
	县（市）	41	83	51	65.9	4.27	5.14								
常州	市区	79	85	187	182.2	17	21.2	6	31	0.4	1.4	21	17	1.2	1
	县（市）	327	404	371	547.2	31.3	43.9	16	58	0.66	1.35	7	18	0.26	1
苏州	市区	147	250	270	58	63	12	21	7.8	14					
	保税区	11	25	7.7	43.1	0.79	3.88	4	7	0.44	0.25	7	12	3.2	6.62
	县（市）	186	181.2	203.2	19.5	23.4	30	16	3.33	1.04	125	127	4.24	3.83	0
南通	市区	42	111	73.37	378.53	6.81	28.81	6	24	2.52	9.82	25.0	26.0	0.301	0.245
	县（市）	311	672	211.73	620.9	24.56	84.95	5	20	0.8	2.1				
连云港	市区	63	72	140.56	140.61	9.7	15.81		1.0	0.300	0.93				
	县（市）	87	205	69.31	126.325	4.906	7.355	1.0	10.0	0.040	0.30		3.0		0.07
淮安	市区	37.0	37.0	31.6	35.7	1.32	1.560								
	县（市）	95.0	158.0	86.7	98.7	3.2	5.15								
盐城	市区	11	45	32.6	27.9	4.8	8.6		25		2.5		9		0.2
	县（市）	196	309	200.972 9	281.732	33.002 7	25.968 9	46	73	3.196	5.91	8	20	0.15	0.78
扬州	市区	154	114	167.1	147.1	18.8	14.1	54	48	4.1	4.9	31	32	0.13	0.14
	县（市）	135	111	197.1	162.5	13.8	13.6	4	2	1.7	1.3				
镇江	市区	193	143	86.9	97.2			9	17		4.2		6		1.2
	县（市）	72	68	71.2	59.8	6.21	4.7	5	8	0.7	2.1		5		0.2
泰州	市区	45.0	152.0	79.6	187.5	8.5	20.2	21.0	46.0	2.5	5.6	10.0	21.0	0.9	1.2
	县（市）	103.0	197.0	136.2	213.4	14.1	23.5	25.0	43.0	2.4	5.3	12.0	18.0	0.4	0.8
宿迁	市区	92.0	272.0	26.3	91.6	8.61	20.36	4.0	6.0	0.6	0.9				
	县（市）	201.0	561.0	146.2	397.61	17.68	55.49	9.0	16.0	1.7	2.380				
合计		3 519.0	5 638.2	4 403.9	7 753.9	462.6	750.3	315.0	668.1	44.3	210.8	248.0	216.2	10.4	15.0

江苏省建筑工程管理局副局长陈耀才在全省建筑施工安全生产形势分析会上的讲话

（2009 年 7 月 9 日）

同志们：

今天，我们在这里召开这次全省第 17 次安全生产联络员会议暨上半年建筑安全生产形势分析会，专题分析当前建筑安全生产形势，研究部署当前和下一步建筑安全生产工作，充分体现了省局对建筑安全生产工作的高度重视。本次会议的主要任务是：深入学习贯彻 7 月 3 日召开的全国建筑质量安全工作电视电话会议精神，回顾总结 2009 年上半年全省建筑安全生产工作，分析当前我省建筑安全生产形势，研究部署下半年全省建筑安全生产工作。进一步振奋精神、坚定信心，全力投入到“安全生产年”活动中，扎实做好各项工作，有效防范和坚决遏制较大及以上事故发生，推动全省建筑安全生产形势持续稳定好转。下面，我对上半年的安全生产工作简单作一总结，同时部署下一步全省建筑施工安全生产工作。

一、上半年全省建筑安全生产工作成效明显，为建筑业平安稳定提供了有力的保证

今年以来，全省各级建设行政主管部门、建筑施工安全监督机构，认真贯彻落实党中央、国务院关于安全生产工作的一系列指示精神，全面落实科学发展观，坚持“安全第一，预防为主，综合治理”的方针，按照国家住房和城乡建设部、省政府“安全生产年”工作的总体部署和要求，进一步加强建筑施工安全生产工作的领导，不断完善安全生产监管机制，落实安全生产责任制，加大监督检查和处罚力度，努力提高全行业的安全生产素质；认真开展建筑施工安全生产隐患排查治理、建筑安全生产“三项行动”、“三项建设”工作和“安全生产月”活动，对春节后复工、两会期间、五一等重点时段的安全生产进行重点监控，全省建筑施工安全生产管理水平得到了有效提高，建筑施工安全生产各项指标均保持在控制指标以内，安全生产形势呈现出平稳发展的态势，为建筑业持续、健康、协调发展提供了有力的保证。

1. 安全生产形势明显好转，安全生产事故持续下降。近年来，我省建筑施工安全生产事故起数和死亡人数连年大幅度下降。2007 年，全省共发生建筑安全事故 81 起，死亡 102 人；2008 年全省共发生建筑安全事故 53 起，死亡 74 人，与 2007 年同期相比，事故起数减少 28 起，死亡人数减少 28 人，分别下降 34.6%和 27.5%。2009 年上半年全省共发生建筑施工安全事故 16 起，死亡 19 人，与 2008 年同期（29 起，死亡 44 人）相比，事故起数减少 13 起，死亡人数减少 25 人，分别下降 44.8%和 56.8%，安全事故起数和死亡人数创十五年来历史新低。特别值得一提的是，今年上半年只发生了一起较大以上生产安全事故，没有发生重大及以上生产安全事故，一般性事故降到历史最低，建筑起重设备、悬挑式脚手架和整体超过 24 米的落地式脚手架、高大模板支撑系统、深基坑和高边坡开挖与支护工程引起的群死群伤事故得到了有效控制。上半年的工作达到了年初提出的 2009 年“全省建筑施工和市政工程事故起数和死亡人数同比要有所下降，坚决杜绝重、特大事故，控制群死群伤事故，减少一般性事故”的安全生产控制目标。

2. 安全生产目标责任得到有效落实，安全生产法规制度建设不断完善。根据省安委会确定的建设领域安全生产事故控制指标，在考虑各地工程建设规模等因素的基础上将目标进行分解，省建设厅、省建管局联合下发了《关于下达 2009 年全省建筑业安全生产控制目标的通知》（苏建建[2009]80 号），建立了全省建筑安全生产责任目标管理考核制度。各地建设主管部门也结合本地实际制定安全生产目标，并与所辖县（市、区）及企业签订安全生产责任状。

安全生产责任得到有效落实。按照建设部《建筑工程安全生产监督管理工作导则》的要求，我们不断完善安全生产各项制度。出台了《江苏省建筑施工特种作业人员管理暂行办法》，研究起草了《江苏省建筑施工安全监督机构和安全监督人员考核管理办法》和《江苏省建设工程项目安全生产监督指南》等规范性文件，将于近期颁布实施，进一步建立健全了安全生产管理制度。

3. *安全生产许可证制度得到有效落实，安全生产得到健康发展。*一是严格按照《行政许可法》、《安全生产许可证条例》等相关法律法规要求，继续做好建筑施工企业安全生产许可证的受理、审核及发证工作。同时，按照"三服务三促进"工作要求，实行了建筑施工企业安全生产许可证办理绿色通道制度，加快了办理速度。上半年，全省共向安全生产条件符合要求的567家建筑施工企业及时发放了《安全生产许可证》；对通过安全生产考核的12 678名有关人员发放了《安全生产考核合格证书》。二是严格市场准入制度，严禁无《安全生产许可证》的企业进入建筑市场从事建筑施工活动。三是进一步规范对安全生产事故责任单位的处罚。根据《行政处罚法》、《安全生产许可证条例》等相关法律法规，上半年，省建管局对省内外发生死亡事故的29家我省建筑施工企业，发出了处罚通知，暂扣了安全生产许可证。对省外8家建筑施工企业在我省发生建筑安全生产事故的，都按规定及时向属地建设行政主管部门进行了通报并向企业所在地发函建议暂扣其安全生产许可证。四是严格把关事故发生企业安全生产许可证的恢复工作。根据《江苏省建筑施工企业安全生产许可证暂扣管理办法》，按照事故处理的"四不放过"原则，出台了《关于加强对发生建筑施工生产安全事故企业的安全生产条件复查工作的通知》（苏建管质[2009]34号），进一步规范了发生建筑施工生产安全事故企业的安全生产条件复查工作，要求对事故发生企业按照"四不放过"的原则，认真整改，待其安全生产条件达到要求后方可恢复其安全生产许可证，对相关责任人共72人进行了处罚。安全许可制度的有效落实，使安全生产工作得到健康发展。

4. *安全监督覆盖面不断扩大，安全监督管理力度不断加强。*今年上半年我们相继下发了《关于开展2009年春节后复工安全大检查的通知》（苏建管质[2009]11号）、《关于开展春节后复工安全生产巡查的通知》（苏建管质[2009]12号）、《关于加强建筑工地安全生产及工棚宿舍管理的紧急通知》（苏建建[2009]75号）、《关于认真做好"两会"期间建筑施工安全生产、防灾减灾和应急管理工作的通知》（苏建管质[2009]16号）、《关于开展全省建筑安全生产"三项行动"实施方案的通知》（苏建管质[2009]33号）、《关于做好迎接国家对在建城市轨道交通工程安全监督检查工作的通知》（苏建建[2009]115号）和《关于集中开展建筑安全生产隐患排查治理和督促检查的通知》（苏建管质[2009]69号）等十多个文件，对安全生产工作始终形成高压态势，要求各施工企业开展安全隐患排查，要求各建设（筑）主管部门开展季度拉网检查、节假日突击检查。各建设（筑）主管部门各种形式的暗访、巡查和专项检查，使安全监督检查频次不断增加，覆盖面不断扩大。仅上半年省局组织的成规模检查就多达6次，共下达隐患整改通知书55份，19个工地被责令停工整改，对存在较严重的安全生产事故隐患的6项工程进行了通报。

5. *"安全生产月"活动取得实效，安全生产氛围渐渐浓厚。*为认真贯彻住房和城乡建设部《关于开展2009年住房城乡建设系统"安全生产月"活动的通知》（建质函[2009]91号）和省委宣传部、省安监局、省公安厅、省广电局、省总工会、团省委《关于开展2009年全省"安全生产月"活动的通知》（苏安监[2009]90号）的精神，我局下发了《关于印发〈2009年全省建筑施工"安全生产月"活动方案〉的通知》（苏建管质[2009]42号）。紧紧围绕"关爱生命、安全发展"活动主题。结合我省实际，分全省统一组织活动、市县建筑主管部门组织活动、建筑施工企业和在建工程施工现场组织活动三个层面，从深入开展安全生产宣传活动，加强安全生产知识的教育培训，认真研究部署专项整治工作，强化建设工程各方责任主体安全责任等四个方面入手，结合建筑安全生产“三项行动”和“三项建设”工作认真开展今年的“安全生产月”活动。通过“安全生产宣传周”、“安全生产科技周”、“安全生产咨询日”和全省安全生产咨询周期间的“建筑施工和房屋安全咨询日”的广泛宣传，以及“应急预案演练周”的各施工企业和施工现场应急预案演练，扩大了“安全生产月”活动的影响，营造了全省建筑施工现场“治理隐患，防范事故”的社会氛围，提高了建设工程各方安全责任主体的安全生产意识。

*6. 安全文明工地创建活动进一步深化，“三类人员”考核管理进一步加强。*为进一步提高施工现场安全生产水平，省建管局将文明工地创建与安全质量标准化工地活动结合起来。今年上半年，全省共申报省级文明工地的有917项，省建管局已于4月初组织专家，对照新的考核标准对一季度省级文明工地申报项目进行现场考核工作，二季度的考核工作目前正在进行之中。通过创建文明工地和安全质量标准化工地活动的深入开展，不仅提高了建筑施工现场的防护水平，实现了施工现场安全生产长效管理，而且大大提高了工人的作业、生活条件。为了加强“三类人员”安全生产考核的管理，减少许可环节，提高行政效率，更好的服务于企业，我们下发了《关于扩大我省县(市)级建设行政主管部门建筑业企业安全生产许可证和三类人员管理权限的通知》和《关于加强建筑施工企业管理人员安全生产考核管理工作的通知》，进一步明确并加强了“三类人员”考核、审批管理制度。上半年分别在一月、二月、四月、六月共举办了四期71批次建筑施工企业“三类人员”安全生产考核，网上审批通过20 537人次，经安全生产管理能力考核及安全生产知识考核共通过12 678人。

回顾上半年来我省建筑安全生产工作，有以下几点体会：一是各级领导重视是抓好安全生产工作的关键。省政府领导对安全生产工作高度重视，多次作出重要批示，提出明确要求，梁保华书记在今年2月10日专门就安全生产工作做了“安全生产关系人民群众生命财产安全，任何时候都不能有丝毫的麻痹和松懈。各地各部门、各单位要坚持安全发展的理念，全面贯彻安全第一、预防为主、综合治理的方针，切实把安全生产责任和措施落实到每一个单位、每一个岗位、每一个环节，坚决防止重特大事故的发生；确保人民群众生命财产安全，为推动科学发展、建设美好江苏作出新的更大贡献”的批示。各级主管部门切实把安全生产工作摆上重要议事日程，作为头等大事来抓，目标明确，分工明晰，措施有力，极大地提高了广大干部职工抓好安全生产工作的责任感、使命感。二是落实安全生产责任制是抓好安全生产工作的根本。省市县主管部门、主管部门与企业、企业与项目、项目与班组、班组与个人都逐一签订了安全生产责任书，使安全生产工作层层有人抓、事事有落实、人人有责任，保证了安全生产方针、政策和措施的有效贯彻执行。三是强化监督检查是搞好安全生产的有效手段。各级主管部门大力整合监管资源，不断创新监督检查方式，采取多种检查手段，加大检查频次和力度，扩大监督覆盖面，规范了企业的安全生产行为，提高了施工现场的安全防护水平，减少了安全事故隐患。

在看到经验和成绩的同时，我们也必须对安全生产形势保持清醒认识，做到警钟长鸣，未雨绸缪。今年上半年，虽然安全生产事故与往年相比大幅度下降，但是全省建筑施工仍然发生了多起较大及以上事故，3月11日，由中铁二十四局承建的沪宁城际铁路四标段2工区生产工人居住的宿舍发生坍塌事故(死亡11人)；3月15日，由中铁十四局集团有限公司施工的连云港主体港区东疏港高速公路工程后云台山隧道拱顶发生局部塌落事故(死亡3人)；4月9日，由江苏华新建设工程有限公司承建的苏州金竹置业发展有限公司金枫国际工地发生一起塔吊倒塌事故(死亡4人);6月5日,由自然人承包的苏州市晟珺重机台板厂新建厂房工程,突遇强暴风雨,发生山墙倒塌(死亡3人)事故;6月16,由上海电力建筑工程公司承建的中石油江苏液化天然气项目发生一起正在施工的顶层钢筋笼失衡倾覆,牵拉施工平台倒塌(死亡8人)事故等。这些事故大部分不属于我们监管范围,但苏州"4.9"塔吊倒塌事故就属于我们监管范围。这些事故给人民的生命财产造成重大损失,教训是深刻的,我们一定要引以为戒,今年上半年的16起事故反映了我们的工作还存在许多不足,一些深层次的问题没有得到很好地解决。一是安全生产认识不足。有些部门和单位"重生产,轻安全",没有将安全生产放在应有的位置,对安全生产工作"说起来重要,做起来次要,忙起来不要",思想麻痹、精神麻木、放松警惕,有的抱有侥幸心理。二是一些建设单位不履行法定建设程序,逃避建设行政主管部门的监管。特别是一些开发园区、旧村改造、城乡结合部、招商引资以及民营企业工程项目,仍然是监管的薄弱环节,安全事故居高不下。三是安全生产投入不足。一些建设单位不按规定支付安全技术措施费,部分企业安全生产投入严重不足,致使施工现场安全设施不足,现场防护薄弱,管理人员不到位,施工现场管理混乱,安全状况极为严峻。四是一线操作人员安全素质仍然较低。现场一线作业人员绝大部分是农民工,有不少劳务企业和作业人员,没有经过系统的培训教育,安全生产意识较差,安全操作技能较低,往往是事故的肇事者,也是事故的受害者。这些问题,不容我们有丝毫懈怠,必须高度重视,并采取有力措施,在今后的工作中切实加以解决。

二、明确思路,强化措施,努力开创全省建筑安全生产工作的新局面

安全生产是全面落实科学发展观的具体体现,是构建和谐社会的重要保证。今年下半年,全省建筑安全生产工作的指导思想是:深入学习实践科学发展观,牢固树立为全省建筑业企业服务的新理念,贯彻"安全第一、预防为主、综合治理"方针,以开展建筑施工安全生产专项治理为重点,以推行建筑安全质量标准化为基础,以减少伤亡事故为目标,以提高建筑施工从业人员素质为保证,促进全省建筑安全生产形势稳定好转。

工作目标是:杜绝重、特大事故,控制较大事故,减少一般事故,事故起数和死亡人数比上年有所下降。进一步完善安全生产监督管理机制;全面落实安全生产许可证制度,完善施工企业安全生产保障体系;强化安全生产培训教育,提高队伍安全生产素质;深入开展安全文明工地创建活动,进一步提升安全文明工地水平;推进建筑安全技术进步,加强对危险性较大的分部分项工程管理。

重点做好五方面工作:

(一)坚持"安全第一、预防为主"的方针,严格落实各方主体的安全生产责任。

建筑施工是高危险作业,客观地讲,事故难以完全避免。但是从具体工程项目上讲,必须牢固树立作业人员"零违章"、工程实体"零隐患"、工程项目"零死亡"的"三零"安全管理理念。这就要求工程建设各方参建主体,尤其是建设单位、施工单位和工程监理单位,按照《中华人民共和国安全生产法》、《建设工程安全生产管理条例》和《建筑工程安全生产监督管理工作导则》要求,切实落实各自的安全生产责任,及时消除一切不安全因素。

1. 认真落实工程建设单位的安全生产责任。建设单位在工程建设中处于主导地位,对安全生产工作起关键作用,必须切实落实以下安全生产责任:一是施工承包合同中必须明确甲乙双方的安全生产责任,保证为施工单位的安全作业提供必要的安全生产条件;二是确保规定的安全生产文明施工措施费用及时足额拨付工程承包单位,满足安全FF护和改善作业人员生产生活条件的需要;三是按照规定办理安全生产报监备案手续,依法接受工程建设主管部门对项目的安全生产监督;四是不得任意压

缩合同工期，确保施工项目的安全生产和工程质量；五是及时提供地下管线等资料，确保工程科学、有序、安全施工。

2. *认真落实施工承包单位的安全生产责任。*施工承包单位是工程建设安全生产的核心责任主体，安全生产要求和措施是由施工单位来细化和落实的，落实工程承包单位的安全生产责任尤为重要。一是要建立健全以企业法人代表和项目负责人为第一责任人的安全生产责任制，切实与人员聘用、个人收入挂钩，完善奖惩分明的考核制度；二是认真执行工程总承包单位负总责的施工现场安全生产责任体系，建立有序的项目管理机制，有效遏制非法挂靠、转包、分包行为；三是在工程项目部建立以项目主要负责人为首的安全生产管理机构，配足配全专职安全管理人员，完善工程项目安全生产保证体系；四是建立健全安全生产制度，在安全投人、安全检查、教育培训、文明施工、设备管理、安全防护等方面做到有章可循，提高改善职工的生产生活条件，确保安全生产文明施工。

3. *认真落实工程监理单位的安全生产责任。*工程监理单位是工程建设安全生产的主要责任主体之一，是施工安全生产的重要保障，必须严格落实监理单位的法定监理责任。一是要认真落实《建筑法》、《建设工程安全生产管理条例》以及住房和城乡建设部《关于落实建设工程安全生产监理责任的若干意见》(建市[2006]248)，切实履行安全监理职责。监理单位企业法定代表、总监理工程师和项目其他监理人员按照职责分工承担相应的安全生产监理责任。二是要切实把安全监理纳入监理规划，对承包单位和个人的安全生产资格以及安全技术措施方案进行严格审查，凡达不到安全生产标准条件的一律不得批准施工。三是在监理实施过程中，对危险性较大的分部分项工程，要编制监理细则并实施旁站监理，发现存在安全事故隐患的，必须要求施工单位立即进行整改；情况严重的，责令停工整改；施工单位拒不整改或者不停止施工的，应当及时向当地主管部门报告。

（二）严格落实主管部门安全监管职责，进一步完善监管机制。

2001 年国务院颁布了《关于特大安全事故行政责任追究的规定》，2006 年国家安监局、监察部又联合颁布了《安全生产领域违法违纪行为政纪处分暂行规定》，建设部也提出了贯彻意见，为政府承担安全生产的监管责任作出了明确规定。各级建筑工程主管部门要对安全生产工作有紧迫感、责任感和使命感，切实承担起建筑安全生产的监管职责。

1. *认真落实“一岗双责”安全责任体系，完善职能部门间有机联动的安全监管机制。*安全生产的监管是一个复杂的系统工程，单靠一个机构或一个部门难以奏效。各级主部门必须健全安全生产监管体系，落实“一岗双责”的安全责任制。一是各级主管部门作为安全生产的监管主体，要建立健全以主管部门主要负责人为第一责任人的安全生产责任制，充分发挥领导和综合协调作用，明确各部门的安全生产职责，建立严格的安全生产问责制。二是各级安全监督管理机构要认真履行职责，加强对施工现场的安全生产监督检查，规范工程建设各方主体的安全行为，及时消除安全隐患。三是市场队伍管理、执业资格管理、行业许可管理等各职能部门，也要在各自职责范围内担负相应的安全监管责任。各级主管部门要充分整合现有职能，使各职能部门之间密切协作，齐抓共管，形成安全生产监管合力。

2. *改进安全生产监督管理方式，提高行政效能。*一是转变监管思路。把日常监督工作的重点，从监督工程实体安全防护情况转向监督企业安全生产保障体系的建立和运行情况；由过去以监督施工单位单一责任主体，向监督建设单位、勘察设计单位、工程监理单位等建设工程各方安全生产责任主体转变，对安全生产实施全方位的监督管理。二是推行差别化管理模式。根据企业安全生产业绩、工程项目安全管理水平和在建工程的复杂程度、施工部位，确定安全生产监督管理的重点企业、重点项目和重点时段，对安全生产监督管理对象进行适当分级分类，给予不同的监督指导。三是改革监督检查方式。逐步减少预先告知式的检查，逐步增加巡查、暗访等随机、动态检查和联合检查、“回头看”检查频次，加大曝光、处罚力度，使安全监督工作由“运动员”、“教练员”向“裁判员”角色转变。四是加大对违法违规行为的处罚。对隐患严重、问题较多以及发生安全事故负有责任的单位和个人，进一步加大处罚力度，将处罚真正与企业市场准入、招投标管理和个人执业、任职资格挂钩。

3. 进一步强化安全监督管理机构建设，夯实监督管理基础。当前，我省初步形成省市县三级建筑安全监督管理网络，但是在许多地区组织建设的力度有待进一步加强。一是在各地下一轮机构改革过程中，要积极争取当地政府和有关部门支持，加强安监机构建设，努力解决好单位划类、机构编制、经费来源、人员配备等方面问题，确保安全机构能正常履行监管职责。二是要加强安全监督队伍建设，合理配备人员，形成必要的专业结构，配足交通、通讯、检测和办公设备，满足监督检查业务要求。三是建立人员聘用考核机制，加强对监督人员的培训，提高监督队伍素质和行政执法水平，打造一支政治上高标准、思想上高境界、业务上高水平、工作上高效率的安全监督管理队伍。四是积极推动安全生产监督管理计算机网络信息系统建设，建立企业安全生产数据库，及时把握企业和工程项目安全生产运行状况，为监督管理提供准确的科学依据。

（三）认真开展“三项行动”，切实加强“三项建设”，深入开展“安全生产年”活动。

今年我省安全生产工作将在“安全第一、预防为主、综合治理”的方针指导下，坚持近期与长远、治标与治本、预防与查处相结合，以深入开展“安全生产年”活动为主线，以有效防范、坚决遏制重特大事故为目标，扎实开展安全生产宣传教育、安全生产执法、安全生产治理“三项行动”，切实加强安全生产法制体制机制、安全生产能力、安全生产监管队伍“三项建设”。

1. 加强对重大危险源的管理，加大对重点地区的督查力度。危险性较大的分部分项工程易诱发重大安全事故。因此，必须采取强有力措施，加强对重大危险源的控制，减少和消除事故隐患。一是加强对危险性较大工程的控制。根据住房和城乡建设部关于印发《危险性较大的分部分项工程安全管理办法》的通知（建质[2009]87号），进一步规范危险性较大的分部分项工程安全专项施工技术方案的编制、审查、论证、审批和验收，提高对重大危险源的监控力度。二是要针对暴风雨等极端天气、汛期、重大节日等重要时段，要及时做好建筑安全预警提示，做好预防工作。三是加强对重点地区的督查力度。各类开发园区、旧村改造、城乡结合部、招商引资以及民营企业工程项目是事故高发区，也是安全监管的重点地区。安全生产无特区，各地要采取切实有效措施，决不允许存在逃避安全监督管理的项目。对这些重点地区，各地要明确安全生产监管责任，健全管理机构，实行有效的管理，坚决遏制事故高发势头。

2. 深入开展建筑安全隐患排查治理，深化安全生产专项整治。为了进一步强化建筑安全生产工作，有效防范和遏制建筑安全生产事故的发生，7月2日，住房和城乡建设部下发了《关于集中开展建筑安全生产隐患排查治理和督促检查的通知》（建办质电[2009]19号），要求在住房城乡建设系统集中开展建筑安全隐患排查治理和督促检查工作。检查的重点是：“安全生产年”各项工作部署的落实情况；建筑施工企业和施工现场安全生产隐患排查治理及整改落实情况；脚手架、深基坑、建筑起重机械、高大模板等危险性较大的分部分项工程、施工现场消防安全管理和应急管理制度的建立及落实情况以及安全生产事故查处情况等。省局及时对这次检查作了部署，各市、县建设（筑）主管部门要充分认识开展此次检查的重要意义，加强组织领导，全面部署落实，主要负责同志要切实担负起领导责任，分管负责同志要切实履行职责，加强督促指导工作。要根据本地区实际，制定内容具体、重点突出、可操作性强的建筑安全生产隐患排查治理实施方案，明确内容、要求和责任，确保建筑安全生产隐患排查治理工作扎实有效的开展。要逐步探索建立隐患排查治理的长效机制，从预防开始，总结防止建筑起重机械设备、高处坠落、施工坍塌事故的规律，有针对性地开展安全生产专项整治活动。安全生产专项整治活动是一项长期性的工作，各地要根据当地的实际情况，认真总结近几年专项整治工作情况，尤其是要分析本地区事故发生原因和规律，剖析一些典型案例，深化对高处坠落、起重机械安装使用和施工坍塌“三大顽疾”的专项整治，特别是要确保取得实效。

3. 以有效防范、坚决遏制重特大事故为目标，深入开展“三项行动”，切实加强“三项建设”。根据《关于开展全省建筑安全生产“三项行动”实施方案的通知》（苏建管质[2009]33号）和《关于开展全省建筑安全生产“三项建设”实施方案的通知》（苏建管质[2009]62号）精神，我省安全生产执法、安全生产治理、安全生产宣传教育“三项行动”的开展，共分计划准备、排查整治、督促检查和巩固提高四个阶段。安全生产法制体制机制、安全生产能力、安全生产监管队伍“三项建设”也正有序进行。目前“三项行动”正进行到排查整治阶段，主要内容是全面排查、打击治理和指导教育。各市、县建设（筑）主管部门要结合正在开展的隐患排查治理和督促检查工作，督促所辖范围内的企业和在建工程项目进行全面安全隐患排查，对非法违法生产经营问题进行认真清理，对施工企业无安全生产许可证从事施工和建筑施工企业“三类人员”无证上岗进行重点查处，严厉打击建筑施工安全生产领域存在的非法违法行为，着力规范建筑施工企业安全生产经营行为。通过开展建筑安全生产“三项行动”、“三项建设”，强化建筑安全生产基础工作，提高建筑安全管理水平，有效防范和遏制建筑生产安全事故，促进我省建筑安全生产形势的持续稳定好转。

（四）继续开展创建安全文明工地活动，将安全质量标准化工作引向深入。

创建安全文明工地是提高建筑施工现场安全达标率和达标水平的一项重要举措。今后要继续突出“以人为本”和“构建和谐社会”创建理念，并将创建活动与施工现场安全质量标准工作有机地结合起来，全面提高我省建筑施工安全管理水平。一是坚持高标准、严要求的评审原则，丰富完善考核内容。省级文明工地是我省建筑施工安全管理的最高荣誉，必须能够切实起到示范作用，各地主管部门要严把好推荐、考核关。在验收评审中要加大了对涉及农民工、临时工等一线作业人员权益的生活设施、饮食卫生、作业环境、用工合同、工资发放、意外伤害保险等内容的考核力度，逐步将临时设施标准化、安全防护工具化、安全管理人性化、施工作业规范化等纳入评审考核指标，丰富安全文明工地内涵，不断提高创建标准。二是完善激励政策，扩大创建覆盖面。各地要认真落实文明工地在招投标中加分奖励政策，调动企业和项目负责人创建积极性，提高安全文明工地创建水平。要进一步扩大创建覆盖面，全面提高施工现场安全管理水平。三是积极推进建筑施工安全质量标准化工作。贯彻落实建设部《关于开展建筑施工安全质量标准化工作的指导意见》，将建筑施工安全质量标准化工作与我省开展的企业安全生产评价、创建安全文明工地、施工现场安全达标等活动有机结合，完善施工安全质量标准化体系，推进我省建筑施工安全质量标准化工作。四是大力倡导绿色施工，推进行业可持续发展。组织开展绿色施工宣传活动，引导建筑施工企业提高对绿色施工的认识。尽快出台《江苏省建筑业绿色施工创建评选办法》，全面推进绿色施工，围绕节能、节水、节地、节材、环保的“四节一环保”主线，进一步促进建筑施工企业节能降耗工作。

（五）进一步强化安全教育培训，全面提高企业安全生产素质。

安全生产教育培训是一项重要的基础性工

作，对提高人员素质，强化安全管理，减少事故发生起着至关重要的作用，各级各部门一定要给予足够的重视。

1. 继续组织好建筑施工企业管理人员安全生产考核工作。一是严格审查企业主要负责人、项目负责人和专职安全管理人员的任职条件，认真组织"三类人员"的安全生产知识考试，继续完成已考核人员合格证书的颁发工作，确保建筑施工企业管理人员具备必要的安全生产管理能力。二是认真组织"三类人员"的年度安全教育，建立考试题库，加强继续教育情况的考核，确保教育培训的数量和质量，丰富提高安全管理人员的知识水平和业务能力。三是加强持证人员的动态管理，进一步完善"三类人员"履行安全责任情况的考核机制，凡是不认真履行安全生产职责、出现严重违法违规行为和发生安全生产责任事故，一律暂扣或吊销有关人员的安全生产合格证书。

2. 认真做好建筑特殊工种作业人员的培训考核。要尽快编制全省统一的特种作业人员的培训大纲和考核标准，建立统一题库，统一考试试卷，进一步规范培训考核工作。在注重安全生产知识考试的同时，重点抓好实际操作技能的考核，要进一步推广考核培训基地的做法，提高特种作业人员的安全操作技能，使我省特种作业人员的培训、考核工作逐步走向制度化、标准化、规范化。

3. 重视加强对农民工等一线作业人员的安全教育。一是认真落实公司、项目部和班组"三级教育培训"制度，加强对农民工的法律法规、规章制度、劳动纪律和安全操作教育，积极开展季节性、节假日教育，建立个人安全教育档案，完善培训考核机制；二是要突出培训教育工作的针对性和实效性，积极推行分层次、分专业、分内容的培训，解决知与行、学与用相脱节的问题，保证安全生产培训工作不流于形式；三是创新教育培训方式，积极推广创办职工夜校、建立安全教育培训基地等做法，进一步提高农民工和一线作业人员安全素质和操作水平。

同志们，建筑安全生产工作，任务艰巨、责任重大。让我们以更坚定的决心、更有力的措施、更务实的作风，做好各项工作，为促进建筑安全生产形势稳定好转，为实现我省建筑业又好又快发展作出新的贡献，以优异的成绩迎接新中国成立60周年！

八、文明工地创建

省级文明工地

江苏省省级文明工地的创建活动，开始于1997年。是年9月16日，江苏省建设委员会、江苏省建筑工程管理局、江苏省建设工会工作委员会向全省各市建委、建工局、省有关厅局、部省属企业和各市建设工会发出《关于全省建筑业开展创建文明工地活动的通知》，成立省创建文明工地领导小组，制定《江苏省建筑业创建文明工地考核标准(试行)》，并在宿迁、泰州进行试点考核。1999年5月13日，省建设委员会、省建筑工程管理局和省建设工会工作委员会发出《关于进一步开展创建文明工地活动的通知》，公布《江苏省建筑施工文明工地检查评分表》。2003年8月18日，江苏省建设厅、省建筑工程管理局、省建设工会为深入开展创建建筑施工省级文明工地，规范文明工地的申报、评审行为，制定并公布了《江苏省建筑施工省级文明工地评审暂行办法》(苏建建[2003]247号)。该办法规定省级文明工地评审管理工作，由省建设厅、省建筑工程管理局、省建设工会共同负责，由省建筑工程管理局组织实施。省级文明工地评审工作实行现场考核与审定分离的原则，现场考核聘请建筑安全、劳动保护等方面的专家组成考核组进行，审定工作组织省建筑施工文明工地审定委员会进行。省建设厅、省建筑工程管理局、省建设工会对经审定委员会审定符合建筑施工省级文明工地标准的在建工程授予"江苏省建筑施工省级文明工地"称号，并予以公布。省级文明工地的表彰活动每年进行一次。2005年10月26日，江苏省建筑工程管理局为规范省级文明工地现场考核行为，保证现场考核检查工作的公平、公正，制定并公布了《江苏省省级文明工地检查考核人员行为规范》(苏建管质[2005]61号)。2008年12月30日，江苏省建筑工程管理局根据形势发展的要求和江苏省社会综合治理委员会关于开展平安工地创建要求的精神，结合近年来省级文明工地和平安工地创建实践，发出《关于加强省级文明工地管理工作的通知》(苏建管质[2008]107号)，提出"省级文明工地创建以施工现场规范化管理为基础，以保证工程建设活动安全质量为目标，实行文明工地、平安工地同创制度，省文明工地包含省平安工地，统称为省级文明工地。"同时将省级文明工地的考核专业分为房屋建筑工程、市政公用工程、装饰工程、工业设备安装工程、交通工程、电力工程、水利水电工程等7大类；规定省级文明工地每季度进行申报和考核，全年分上、下半年各表彰一次。

2009年3月19日，江苏省建筑工程管理局印发《江苏省建筑工程省级文明工地现场考核评分表》(苏建管质[2009]22号)，对省级文明工地原有的现场考核评分标准进行修改和补充，分别制定了《房屋建筑工程现场考核评分表》、《市政公用工程现场考核评分表》、《装饰工程现场考核评分表》、《工业设备安装工程现场考核评分表》、《交通工程现场考核评分表》、《电力工程现场考核评分表》等六大类专业的评分标准。分类分专业评分标准的制定，对强化施工现场管理，完善省级文明工地的现场考核，起到了积极的推动作用。

2009年省级文明工地的申报工作从3月18日开始，省建筑工程管理局专门下发了《关于组织开展2009年江苏省建筑施工省级文明工地申报和现场考核工作的通知》(苏建管质[2009]21号),并于4月、8月、11月和2010年1月分别组织专家组,对全省各地市申报的项目进行现场考核。2009年度经考核公示和省建筑施工文明工地审定委员会审定,江苏省省级文明工地共有1 379个,其中674个项目被批准授予"江苏省2009年度上半年建筑施工省级文明工地",705个项目被批准授予"江苏省2009年度下半年建筑施工省级文明工地"。

附件:1.《2009年度上半年江苏省建筑施工省级文明工地名单》

2.《2009年度下半年江苏省建筑施工省级文明工地名单》

附件1:

2009年度上半年江苏省建筑施工省级文明工地名单

(2009年11月11日江苏省建设厅、江苏省建筑工程管理局、江苏省建设工会工作委员会以苏建管质[2009]117号文公布)

序号	项目名称	专业	建筑面积(m^2)或工程量	施工单位	项目经理
南京市(81)					
1	江苏省委党校新校区新建学员宿舍	房屋建筑	37 448	南通四建集团有限公司	孙建明
2	仁恒江湾城一期	房屋建筑	165 000	龙信建设集团有限公司	江建明
3	南京苏瑞宝地住宅工程	房屋建筑	53 000	江苏通州四建集团有限公司	邢来忠
4	第十四研究所民品产业研发中心	房屋建筑	85 000	江苏通州四建集团有限公司	徐恩喜
5	江苏省电力公司科技咨询中心综合楼	房屋建筑	61 700	中国江苏国际经济技术合作公司	邹文艺
6	江苏省电力试验研究所职工食堂及生产值班楼	房屋建筑	16 257	江苏南通二建集团有限公司	茅建兵
7	南京大学仙林国际化校区环境科学楼	房屋建筑	30 000	南通华新建工集团有限公司	徐 进
8	大观·天地MALL	房屋建筑	100 000	浙江海天建设集团有限公司	赵 强
9	南瑞实验验证中心工程	房屋建筑	48 860	中国核工业华兴建设有限公司	孙云华
10	东城国际中心(雨润国际广场)二标段	房屋建筑	70 000	歌山建设集团有限公司	吕伟生
11	江雁依山郡花园25—31栋	房屋建筑	48 000	通州建总集团有限公司	徐 惠
12	鼓楼医院南扩工程	房屋建筑	222 000	中铁建工集团有限公司	张志强
13	同曦国际广场项目1、2号楼	房屋建筑	92 239	歌山建设集团有限公司	郭建中
14	光华东街8号01—04幢	房屋建筑	39 516	通州建总集团有限公司	倪 平
15	7彩星城B11栋酒店式公寓	房屋建筑	89 000	江苏省苏中建设集团股份有限公司	钱仁元

续 表

序号	项目名称	专业	建筑面积(m^2)或工程量	施工单位	项目经理
16	南京大学仙林教师公寓D区	房屋建筑	124 000	南通华新建工集团有限公司	钱秀纯
17	南京卫生学校整体改建工程二标段	房屋建筑	33 566.6	南通新华建筑集团有限公司	季进锋
18	南京爱立信16号厂房、办公楼及4C仓库扩建	房屋建筑	12 792	江苏南通二建集团有限公司	范雪章
19	戴家村综合楼工程	房屋建筑	21 080	南京市第八建筑安装工程有限公司	陈友民
20	邓府巷地块二期工程	房屋建筑	80 000	浙江省东阳第三建筑工程有限公司	赵凤跃
21	南京地铁一号线南延线小龙湾站及配套设施工程	地铁	38 000	中建八局第三建设有限公司	欧阳召生
22	金域中央街区二期04地块	房屋建筑	51 591	浙江昆仑建设集团股份有限公司	孙栋明
23	漆桥镇行政服务中心、漆桥集体资产经营有限公司综合楼	房屋建筑	8 816	南京市漆桥建筑安装工程有限公司	李年木
24	鼓楼区江东街道中保村瑞园05、06栋、幼儿园	房屋建筑	38 000	南通新华建筑集团有限公司	吴克兵
25	南京幕燕金属物流中心钢铁交易数码港	房屋建筑	32 448	南京市第六建筑安装工程有限公司	李代辉
26	江苏省中医院南扩工程安装工程	安装	104 996	中建工业设备安装有限公司	卞开锋
27	南京市妇女儿童活动中心	房屋建筑	19 091.41	江苏江都建设工程有限公司	张松涛
28	农机校教学楼翻建工程	房屋建筑	10 850	南京永业建筑安装有限公司	陈岳新
29	江苏省老年公寓	房屋建筑	54 728.9	南通华新建工集团有限公司	张昌进
30	金陵尚府	房屋建筑	172 700	浙江欣捷建设有限公司南京分公司	伍学海
31	江苏职工医科大学专业实验楼	房屋建筑	18 510	江苏广宇建设集团有限公司	鞠少先
32	南京长江隧道工程S2合同段口隧道工程	桥梁隧道	212 333万元	中铁十四局集团有限公司	王守慧
33	中保村(瑞园)	房屋建筑	70 000	南通四建集团有限公司	庄永国
34	夹岗村经济适用房10C(6—10、11幢)	房屋建筑	1 565万元	南京沧溪建设工程有限公司	刘来富
35	南京卫校综合信息楼、食堂工程	房屋建筑	26 202.78	通州建总集团有限公司	张晓白

续 表

序号	项目名称	专业	建筑面积(m^2)或工程量	施工单位	项目经理
36	南京大学新建仙林校区大学生活动中心工程	房屋建筑	1 700	正太集团有限公司	陈祥荣
37	江苏经贸职业技术学院实训综合楼	房屋建筑	50 146	南京建工集团有限公司	林正山
38	中兴软件园一期研发楼	房屋建筑	17 885	通州建总集团有限公司	季学平
39	夹岗村经济适用房12C(8、9、10幢)	房屋建筑	14 899.65	南京沧溪建设工程有限公司	陈方仕
40	路子铺项目04幢高层住宅	房屋建筑	18 288.28	南通四建集团有限公司	单　峰
41	南京市841研究所915项目	房屋建筑	37 268.53	中建八局第三建设有限公司	张建伟
42	大才大厦	房屋建筑	11 359	南京陶吴建工集团有限公司	王玉宝
43	百家湖东花园9号—11号楼	房屋建筑	59 157	江苏省苏中建设集团股份有限公司	张玉洪
44	左邻右里家园四期八组团一标段	房屋建筑	29 078	南京环茂建筑安装工程有限公司	杨水芳
45	常宁青山湾23号、25号楼及4号地下车库	房屋建筑	22 616	南京宏亚建设有限公司	胡修荣
46	南京永腾建设有限公司01号厂房	房屋建筑	10 655.06	南京永腾建设有限公司	梁兴华
47	东郊国宾馆5号楼翻改建工程	房屋建筑	15 458	南通四建集团有限公司	顾　斐
48	南京地铁二号线及东延线轨道工程	地铁	23 779.51万元	中铁一局集团有限公司	史万成
49	天元东路188号沿街商业用房	房屋建筑	10 055.02	江苏省第一建筑安装有限公司	侯凌志
50	南京地质博物馆扩建工程	房屋建筑	26 833	南通光华建筑工程有限公司	李春楠
51	理工大学学生生活区(南区)1、2、3号楼	房屋建筑	42 926.7	江苏长安建设集团有限公司南京分公司	陈绪晓
52	六合公共卫生服务中心	房屋建筑	20 649.01	江苏润扬建设工程有限公司	蒋晓林
53	康桥家园一标段	房屋建筑	27 000	南京盛嘉建筑安装工程有限公司	陈良根
54	东城世家01—03、07、08、25栋A区人防地下室	房屋建筑	34 000	江苏省建设集团公司	庄斌舵
55	温州商业街瓯江大厦	土建工程	39 354	南京汉鼎建设工程有限公司	殷生旺
56	卢龙山庄02、04栋及地下车库	房屋建筑	42 600	南京沧溪建设工程有限公司	李小花
57	扬子小区安置房B19、20、25、26、29、30幢住宅楼	房屋建筑	21 464	江苏润扬建设工程有限公司	谈宝明
58	南京地铁二号线东延线D2E—TA03标	地铁	11 889万元	南京嘉盛建设集团有限公司	邢久奎

续 表

序号	项目名称	专业	建筑面积(m^2)或工程量	施工单位	项目经理
59	南京巨龙钢管有限公司宿舍楼、厂房工程	房屋建筑	53 000	中国建筑一局(集团)有限公司	冉永贵
60	南京金粤华投资管理公司商业综合楼	房屋建筑	23 021	江苏江都建设工程有限公司	杨兆龙
61	奥体新城A3地块01、07幢工程	房屋建筑	2 396.6	中国第四冶金建设公司	蒋　锋
62	东妙GB项目三标段(中海·凯旋门)	房屋建筑	19 000	江苏省建筑工程集团有限公司	甄　伟
63	高淳职业教育中心校易地新建学生宿舍及食堂工程	房屋建筑	16 750	江苏省建设集团公司	陈天途
64	百家湖东花园07、08号楼	房屋建筑	41 176	江苏省建筑工程集团有限公司	陈二平
65	江雁·依山郡花园	房屋建筑	84 888	浙江海天建设集团有限公司	赵纯心
66	高楼门24—34号项目	房屋建筑	28 568	江苏弘盛建设工程集团有限公司	夏其新
67	高淳大市场三期续建综合楼	房屋建筑	12 726	南京凯盛建设集团有限公司	周贻照
68	中兴通讯二期工程	房屋建筑	38 000	中天建设集团有限公司南京分公司	程湘伟
69	高淳职业教育中心校教学楼	房屋建筑	9 655	南京市高淳建筑安装工程有限公司	王继福
70	中山门入口公园卫桥片区工程	房屋建筑	18 000	中天建设集团有限公司南京分公司	蒋超民
71	南京金鹰仙林天地	房屋建筑	111 000	曙光控股集团有限公司	张云连
72	南京地铁一号线南延线TA02标土建工程	地铁	11 683.2	中铁十四局集团有限公司	唐俊杰
73	鼓楼江东软件大厦01幢	房屋建筑	44 000	中国航空港建设总公司	张锡才
74	南京三福国际酒店	房屋建筑	17 314	南京宏亚建设有限公司	钱江苏
75	亚都天元居01楼	土建工程	35 500	江苏新源建筑工程有限公司	刘鹤涛
76	中冶华天南京总部生产科技中心二部	房屋建筑	13 200	南京凯盛建设集团有限公司	周江和
77	协众雅居B区10、11、12楼及地下人防工程	房屋建筑	35 527	南京宏亚建设有限公司	芮得胜
78	南京长江隧道右汊桥梁工程	隧道桥梁	25 195万元	中铁十五局集团有限公司	尹志清
79	太平社区工业标厂B1、B2	房屋建筑	8 500	南京鸿业建设工程有限公司	吕少春

续 表

序号	项目名称	专业	建筑面积(m^2)或工程量	施工单位	项目经理
80	凤凰公寓A组团22、23、29、30栋	房屋建筑	11 177	南京鸿业建设工程有限公司	朱荣吉
81	中冶华天南京总部基地生产科技中心生产一部	房屋建筑	27 524	南京市第六建筑安装工程有限公司	周根平
南京市政(12)					
1	河西新城区滨江大道(绕城公路至秦淮河段)市政工程1.2标	市政工程	25 349.9万元	中国二十冶建设有限公司	李先国
2	江宁开发区宁远路建设工程	市政工程	2 095万元	南京大陶路桥建设有限公司	陶绪祥
3	河西新城区滨江大道(绕城公路至秦淮河段)市政工程1.1标	市政工程	26 922.8万元	中国十七冶建设有限公司	季学武
4	纬七路西延建设工程一标段	市政工程	22 848万元	中铁四局集团有限公司	李鹏程
5	雨花污水处理厂一期工程	市政工程	3 259.37万元	中国建筑第八工程有限公司	高　民
6	滨江大道建设工程(下关段)	市政工程	10 000万元	南京第二道路排水工程有限责任公司	严家友
7	所街西延拓宽改造工程	市政工程	1 396.86万元	南京润盛建设集团有限公司	耿　超
8	江宁区竹新路市政工程	市政工程	1 111万元	南京凯通基础工程有限公司	耿大勇
9	石杨路一期拓宽改造工程一标段	市政工程	1 428万元	南京润盛建设集团有限公司	戴　杰
10	南京龙潭港区四期码头工程	市政工程	2.08亿元	中交三航局南京分公司	唐卫兵
11	秣周路东段机场高速跨线桥工程	市政工程	2 903万元	江宁经济技术开发区市政工程有限责任公司	刘祥龙
12	六合区复兴桥工程	市政工程	8 573万元	南京东部路桥工程总公司	徐　华
无锡市(55)					
1	无锡太湖锦园住宅项目一期(望湖路组团)	房屋建筑	260 000	浙江宝业建设集团有限责任公司	历星祥
2	江阴丹芙春城一期	房屋建筑	38 000	上海嘉实集团有限公司	施五四
3	无锡供电设计大楼	房屋建筑	30 087	无锡锡山建筑实业有限公司	王大有
4	无锡青少年活动中心及配套用房二标段工程	房屋建筑	90 000	江苏无锡二建建设集团有限公司	章晓飞
5	锡山科技创业中心	房屋建筑	95 000	无锡市锡山三建实业有限公司	钱正伟
6	江阴国际大酒店商务综合楼	房屋建筑	20 549	江阴市民用建筑安装工程有限公司	任达文
7	盛世新城一期工程一标段	房屋建筑	75 700	江苏省苏中建设集团股份有限公司	周金根

续 表

序号	项目名称	专业	建筑面积(m^2)或工程量	施工单位	项目经理
8	江阴市南闸镇中心幼儿园教学楼	房屋建筑	9 207	江苏锦澜建设有限公司	谢国刚
9	崇安区人民法院、检察院、政法办公大楼	房屋建筑	29 300	南京市第六建筑安装工程有限公司	孔维贞
10	无锡新区移动通信机房楼	房屋建筑	10 036	江苏伟丰建筑安装集团公司	陈胜良
11	银仁御墅花园D区A3、A5	房屋建筑	46 500	浙江海天建设集团有限公司	方　辉
12	吴越路工程BT项目A标	市政工程	37 717万元	上海建工股份有限公司	张文函
13	和睦家园3—6号、8号房	房屋建筑	42 323	无锡锡山建筑实业有限公司	朱东明
14	宜兴解放东路东延工程	市政工程	3 350万元	宜兴市远东市政工程有限公司	殷春华
15	无锡市市民中心项目	房屋建筑	368 285	中建一局集团建设发展有限公司	赵宇石
16	无锡好艺家灯饰市场	房屋建筑	41 505	无锡市天亿建设工程有限公司	万马坤
17	仙蠡苑小区工程一标段	房屋建筑	90 000	江苏无锡二建建设集团有限公司	陈国忠
18	鸿桥北苑安置房二期1—3号	房屋建筑	31 255	溧阳市欣盛建筑安装工程总承包有限公司	谈晓啼
19	无锡万科金域蓝湾一期工程	房屋建筑	49 468	中建四局第六建筑工程有限公司	董　康
20	银仁御墅花园D区A1、A2、A4	房屋建筑	70 000	上海明联建设工程有限公司	施卫兵
21	瑞港酒店及商业综合项目一期	房屋建筑	34 085	上海舜元建设(集团)有限公司	陈立军
22	宜兴交通指挥中心办公楼及附楼工程	房屋建筑	12 850	宜兴市建工建筑安装有限责任公司	杨建军
23	XDG—206—42地块商业办公房	房屋建筑	21 000	华仁建设集团有限公司	李森林
24	震泽路C标	市政工程	7 850万元	无锡市政建设集团有限公司	陈向阳
25	无锡职业技术学院2号实验实训楼	房屋建筑	24 760	江苏苏阳建设有限公司	陈锡林
26	无锡市常发清扬御庭一期Ⅲ标段14号房	房屋建筑	10 910	中天建设集团有限公司	郭永田
27	无锡市公安局交巡警支队车管所及交通指挥中心办公业务用房	房屋建筑	43 850	江苏金陵建工集团有限公司	张大衡
28	清舒道	市政工程	6 605万元	无锡大诚建设有限公司	过　毅
29	逸品尚东64号、65号、52号、58号	房屋建筑	28 306	江苏五星建设集团有限公司	张武春

续　表

序号	项目名称	专业	建筑面积(m²)或工程量	施工单位	项目经理
30	立德道工程	市政工程	12 500 万元	无锡市市政设施建设工程总公司	李茂华
31	无锡市公安消防支队业务用房易地重建项目	房屋建筑	25 447	江苏武进建筑安装工程有限公司	李广裕
32	无锡万科魅力之城五期 C1、C4 组团	房屋建筑	84 055	中国建筑第八工程局有限公司	张晓勇
33	宝盛花苑1号—5号房变电所地下室架空房工程	房屋建筑	55 733	江苏王方园建设集团有限公司	江方文
34	堰桥经济贸易服务站综合服务用房	房屋建筑	10 500	无锡锡山建筑实业有限公司	郑书祥
35	太湖街道社区配套用房	房屋建筑	60 671	常州市雪堰建筑工程有限公司	秦国立
36	隐秀路延伸工程隐秀路(湖滨路—苏锡路)、新二中路工程	市政工程	3 116 万元	无锡市政建设集团有限公司	朱苏麟
37	人民西路拓建工程	市政工程	2 300 万元	无锡市第二市政工程有限公司	刘炎军
38	华瑞制药三期工程	房屋建筑	15 166	江苏无锡二建建设集团有限公司	张志明
39	新光路上跨沪宁铁路工程Ⅰ标	市政工程	3 600 万元	无锡路桥集团有限公司	林文力
40	新光路桥梁工程	市政工程	1.66 亿元	无锡路桥集团有限公司	金星海
41	无锡震泽路B标	市政工程	8 290 万元	中铁五局(集团)有限公司	蒋胜利
42	无锡市惠山区五保老人颐养院工程	房屋建筑	32 160	常州市雪堰建筑工程有限公司	丁建龙
43	无锡西站物流园区商务大厦	房屋建筑	48 000	江苏南通六建建设集团有限公司	吴晓风
44	无锡广电传媒中心安装工程Ⅱ标段	安装	1 225 万元	宜兴市工业设备安装有限公司	蒋建明
45	无锡会展中心一期工程	房屋建筑	91 610	江苏南通六建建设集团有限公司	章祥余
46	缘溪道工程	市政工程	5 780 万元	无锡市政建设集团有限公司	陆劲松
47	无锡万达商业广场C区6号—9号、12号、15号、16号房	房屋建筑	120 000	中国建筑第二工程局有限公司	苏振华
48	无锡首创天一中学北地块二期工程	房屋建筑	120 000	通州建总集团有限公司	曹卫荣

续 表

序号	项目名称	专业	建筑面积(m^2)或工程量	施工单位	项目经理
49	无锡青少年活动中心	房屋建筑	34 819	南通市新华建筑安装工程有限公司	夏明建
50	无锡北创科技园科技用房一期	房屋建筑	50 358	南通市新华建筑安装工程有限公司	王铁之
51	和风路新建工程	市政工程	3 575 万元	无锡市市政设施建设工程总公司	杨 永
52	塘南中学易地新建工程	房屋建筑	18 978	江苏五星建设集团有限公司	陈和平
53	无锡市青少年活动中心配套用房一标段 A 楼	房屋建筑	76 592	浙江环宇建设集团有限公司	赵来顺
54	金山科技创新大楼(综合楼)	房屋建筑	22 311	江苏华虹建筑工程有限公司	潘里程
55	江苏软件外包产业园一期 12 号、13 号楼	房屋建筑	56 423	宜兴市建筑安装有限责任公司	孙建明
徐州市(69)					
1	徐州日报社新闻中心	房屋建筑	33 000	中国建筑第七工程局	李永增
2	徐州绿地商务城 B8—1 工程(二标段)	房屋建筑	97 940	东亚联合控股(集团)有限公司	林炽杰
3	徐州工程学院新校区 A、B 楼	房屋建筑	37 832	江苏弘盛建设集团有限公司	刘长春
4	东南郡小区 4 号、5 号楼及商铺 B	房屋建筑	12 600	江苏省苏中建设集团股份有限公司	王金圣
5	新建淮海医药物流中心 2 号仓库	房屋建筑	16 450	江苏汉中集团有限公司	高修朋
6	徐州市美术馆	房屋建筑	27 000	中建八局第三建设有限公司	冯 辉
7	绿地世纪城北区 B221—237 号楼及商铺、桩基工程	房屋建筑	86 700	上海绿地建筑工程有限公司	刘晓嵩
8	徐州工程学院新校区一期工程二标段 1 号学生公寓及学生餐厅	房屋建筑	39 147	通州建总集团有限公司	徐 俊
9	徐州市第四期经济适用房 43 号—45 号、49 号、50 号楼及幼儿园	房屋建筑	22 937	通州建总集团有限公司	张武明
10	阿尔卡迪亚一期二批 A9、A10	房屋建筑	35 000	江苏盛业建设集团有限公司	杜德顺
11	金色阳光小区 B1—B8、S1、CK3、CK4 综合楼	房屋建筑	29 335	江苏昊珑建筑工程有限公司	郑丽娜
12	新城区西区综合行政办公楼及信访接待中心装饰工程	装饰工程	30 000	南京金鸿装饰工程有限公司	费 嘉
13	金色阳光小区 B9—B18、CK1—CK2	房屋建筑	34 880	江苏昊珑建筑工程有限公司	袁 民

续 表

序号	项目名称	专业	建筑面积(m^2)或工程量	施工单位	项目经理
14	邳州市展示园工程	房屋建筑	16 000	山东淄建集团有限公司	张升贵
15	乐庭公寓工程1号、2号楼工程	房屋建筑	12 087	江苏南通六建建设集团有限公司	洪厚泉
16	徐矿综合利用发电有限公司2×330MW循环流化床机组	电力工程	27 330	江苏省电力建设第三工程公司	吉　洪
17	卡特彼勒(徐州)有限公司装配厂房	房屋建筑	39 600	中国建筑第七工程局有限公司	李合清
18	徐州重型机械有限公司发展大型履带式起重机涂装车间工程	房屋建筑	18 000	江苏江中集团有限公司	吴辉强
19	徐州绿地商务城B8—1(一标段)	房屋建筑	94 766	中天建设集团有限公司(上海绿地建设集团有限公司)	李敏伟
20	徐州新城区2号地体验中心室内外装饰工程	装饰工程	5 183	徐州建筑装潢有限公司	仲兆华
21	徐州市城市规划协会业务综合楼工程	房屋建筑	21 000	江苏国安建筑安装工程有限公司	刘加甦
22	徐州绿地商务城B7—5工程	房屋建筑	75 779	东亚联合控股(集团)有限公司	陈德华
23	金山桥新厂区液压件制造公司厂房工程	房屋建筑	24 333	江苏江中集团有限公司	谢　晶
24	徐州经济开发区科技研发中心大楼室内装饰工程	装饰工程	31 500	苏州金螳螂建筑装饰股份有限公司	李年明
25	云龙区店子社区再就业服务中心综合楼	房屋建筑	26 709.3	江苏江中集团有限公司	邹美林
26	徐州工程学院新校区建设一期工程三标段2号、3号学生公寓楼	房屋建筑	21 831	南通市戴庄建筑安装工程有限公司	陈广银
27	鼓楼生态园一期D块多层住宅二标段	房屋建筑	66 911	浙江海天建设集团有限公司	王凌高
28	徐州市新华书店书城室外装饰工程	装饰工程	33 400	苏州柯利达建筑装饰工程有限公司	周伯生
29	贾汪区建平污水处理厂一期工程	市政工程		江苏帝武建设有限公司	张东成
30	徐州市云龙区行政中心工程	房屋建筑	34 000	江苏江中集团有限公司	杨来平
31	徐州工业职业技术学院新校区体育馆工程	房屋建筑	13 744	锦宸集团有限公司	李焕文

续表

序号	项目名称	专业	建筑面积(m²)或工程量	施工单位	项目经理
32	徐州市儿童医院门诊病房综合楼	房屋建筑	33 513	江苏省第一建筑安装有限公司	韩秋宏
33	东华小学教学楼工程	房屋建筑	8 618	江苏南通六建建设集团有限公司	李　峰
34	姚桥矿选煤厂	房屋建筑	20 000	中煤建筑安装工程公司	张茂春
35	馨苑佳园1号住宅楼	房屋建筑	12 000	邳州市建筑安装工程公司	刘卫中
36	东南郡一标段1号、2号、3号及综合楼	房屋建筑	21 000	江苏省苏中建设集团股份有限公司	丁正兵
37	丰县安福大厦	房屋建筑	20 000	浙江长城建设集团股份有限公司	严加生
38	中国矿业大学小高层住宅G6、G7号楼工程	房屋建筑	22 000	江苏天成建设工程有限公司	李维宝
39	徐州市第一中学教学楼	房屋建筑	8 123	江苏苏中集团	贾伯军
40	河畔花城住宅小区	房屋建筑	50 731	江苏江中集团有限公司	吴光明
41	徐州西都大厦工程	房屋建筑	33 126	南通五建建设工程有限公司	刘克泉
42	徐州市特殊儿童康复中心	房屋建筑	12 150	江苏省苏中建设集团股份有限公司	王　涛
43	鼓楼生态园一期(A地块)锦绣山水工程	房屋建筑	15 351.72	江苏集慧建设集团有限公司	孟宪春
44	星光名庭二期工程	房屋建筑	11 360	江苏中盛建设集团有限公司	袁吉华
45	阿尔卡迪亚二期二批A4、A6、A7号楼	房屋建筑	51 096	江苏汉中建设集团有限公司	马传德
46	“汉之源”拆迁安置定销房工程	房屋建筑	15 896	江苏和平建设集团有限公司	戴云峰
47	徐州城置国际花城	房屋建筑	45 191	上海舜元建设(集团)有限公司	陈泉尧
48	馨苑佳园2号楼	房屋建筑	12 000	江苏盛亚建设有限公司	陈德方
49	华商碧水湾二标段	房屋建筑	45 479	江苏盛业建设集团有限公司	杨　旭
50	邳州市金陵人家4号、5号楼	房屋建筑	15 735	邳州市工业设备安装工程公司	杨希文
51	阿尔卡迪亚一期二批B2、B3、B5楼及3号、4号车库	房屋建筑	48 000	江苏汉中集团有限公司	马培河
52	徐州荣景盛苑(阿尔卡地亚)A区3—8号楼工程	房屋建筑	23 796	徐州天鹏建筑安装工程有限公司	李　刚

续 表

序号	项目名称	专业	建筑面积(m^2)或工程量	施工单位	项目经理
53	华商碧水湾C1、C2、C3、C5、C9、C10、C11、C12号楼	房屋建筑	44 000	泰州市中意建筑装饰有限公司	黄粉根
54	鼓楼生态园一期D块多层住宅一标段	房屋建筑	58 000	江苏盛业建设集团有限公司	陈　静
55	沛县清怡花园一期工程1号、6号、11号楼	房屋建筑	9 654	宁波海裕建设工程有限公司	陆渭冲
56	徐州重型机械有限公司新建下料中型件车间工程	房屋建筑	11 805	中建八局第三建设有限公司	何　伟
57	丰县南苑东路市政工程	市政工程	长2 100 m 宽40 m	江苏亚发建设有限公司	焦洪祥
58	丰县丰润园1—7号住宅楼	房屋建筑	20 400	江苏中阳建设集团有限公司	李先斗
59	徐州市经济开发区蟠桃花园九期14—18号、33号楼	房屋建筑	22 176	沛县建筑安装工程公司	马元超
60	中国矿业大学国家大学科技园总部基地工程	房屋建筑	76 087	江苏南通三建集团有限公司	沈春平
61	铜山开发区钢结构厂房及附属办公楼	房屋建筑	17 272	江西华景建设集团有限公司	蔡群友
62	阿尔卡迪亚一期二批B区7号、8号楼	房屋建筑	18 352	南通新华建筑集团有限公司	李进峰
63	蟠桃居住区九期19号—25号楼及幼儿园	房屋建筑	26 388	江苏汉邦建设集团有限公司	张昌顺
64	江苏金都国际装饰城1号楼	房屋建筑	15 394	江苏广通建设工程有限公司	王礼香
65	徐州医药股份有限公司综合楼工程	房屋建筑	25 061	通州建总集团有限公司	刘金龙
66	蟠桃花园五期安置楼五标段	房屋建筑	56 084	江苏汉邦建设集团有限公司	蔡可秋
67	丰县在水一方二期工程27—34号楼一组团	房屋建筑	31 701	江苏中阳建设集团有限公司	王金波
68	弘辉大厦	房屋建筑	11 328	江苏圣邦建筑工程有限公司	商　鹏
69	宏利达·银河湾二标段3号、4号楼	房屋建筑	8 600	邳州市建筑安装工程公司	李言海
常州市(62)					
1	220 KV村前变电所工程	电力	922万元	常州常嘉建设有限公司	王洪生

续 表

序号	项目名称	专业	建筑面积(m^2)或工程量	施工单位	项目经理
2	天安数码城A座厂房	房屋建筑	60 755	常州市成章建筑安装工程有限公司	高双军
3	溧阳市体育中心体育馆	房屋建筑	19 079	江苏五星建设集团有限公司	张云奎
4	金坛市左邻右里13—17号楼	房屋建筑	19 755	金坛市鑫坛建筑工程有限公司	徐夕坤
5	金坛市华城房产开发有限公司综合办公楼、游泳池	房屋建筑	11 050	金坛市华城建筑工程有限公司	丁荣生
6	常州新城首府办公楼	房屋建筑	42 234	宜兴市建工建筑安装有限责任公司	查如新
7	常发豪庭花园7号、11号、14号房地下车库CK1、CK2	房屋建筑	46 247	江苏武进建筑安装有限公司	薛建平
8	蓝天新苑六标段(4号、9号地下车库)	房屋建筑	24 333	江苏宇盛建筑安装工程有限公司	何金友
9	世纪商茂广场二期浩源大厦	房屋建筑	65 982	常州市成章建筑安装工程有限公司	张文军
10	常州体育中心生活服务大楼	房屋建筑	25 875	常州第一建筑工程有限公司	周晓峰
11	百安居、铂安国际商务楼	房屋建筑	58 867	江苏武进建筑安装工程有限公司	刘俊杰
12	太湖明珠加建1号、2号楼及地下车库	房屋建筑	30 053	常州市优力建筑工程有限公司	沈　怀
13	常州市江边污水处理厂提标改造二期	市政工程	13 401万元	中国建筑第二工程局有限公司	傅玉超
14	金坛市颐和世家花苑3号、5号、地下车库及人防工程	房屋建筑	44 870	江苏城东建设工程有限公司	蒋国忠
15	凯纳商务广场	房屋建筑	132 590	广厦建设集团有限责任公司	张育林
16	香缇湾花园三标段(4号、6号、9号、10号房及地下车库)	房屋建筑	87 474	江阴一建建设有限公司常州分公司	黄　栋
17	新城南都D区525、526、523、522、521车库	房屋建筑	63 744	溧阳市天目建筑安装工程有限公司	赵　勇
18	盛世名门花苑四期	房屋建筑	57 394	上海华盛建设(集团)有限公司	陈伟革
19	金坛市半岛花园01、02号楼及车库工程	房屋建筑	13 749	金坛市华阳建设工程有限公司	黄　伟
20	百草苑43号、44号房	房屋建筑	18 249	常州市优力建筑工程有限公司	张汝军

续 表

序号	项目名称	专业	建筑面积(m^2)或工程量	施工单位	项目经理
21	九洲新家园1号、2号房	房屋建筑	45 177	常州市成章建筑安装工程有限公司	戴忠祥
22	香缇湾花园二标段(5号、7号、8号房及地下车库)	房屋建筑	59 063	江苏省苏中建设集团股份有限公司	张宏均
23	金坛市颐和世家花苑6号、7号房	房屋建筑	22 170	江苏城东建设工程有限公司	陈巍祥
24	九洲新家园3号、4号房、商业B及地下室土建工程	房屋建筑	43 000	江苏宏大建设集团有限公司	包国昌
25	蓝天新苑一标段(1号车库,1号、2号楼)	房屋建筑	27 312	金坛市建筑安装工程公司	朱兆祥
26	信息学院实训厂房	房屋建筑	13 177	江苏武进欣达建筑工程有限公司	张震华
27	青枫公馆七标段	房屋建筑	39 933	常州市成章建筑安装工程有限公司	朱国荣
28	刘国钧职业高等技术学校财经、培训楼	房屋建筑	12 780	宜兴市第四建筑安装工程公司	邓新华
29	阳湖医院一期医疗区安装	安装	16 884万元	宜兴市工业设备安装有限公司	王杏元
30	常州魏村水厂续建沉淀池等	市政工程	8 068万元	江苏金土地建设集团有限公司	韩明祥
31	戚研所汽车配件事业部机加工一、二、三车间	房屋建筑	58 618	常州第一建筑工程有限公司	陈敏烨
32	常州对外贸易中心大厦	房屋建筑	24 756	江苏省建工集团有限公司	施荣平
33	金坛市半岛花园8、14号楼	房屋建筑	12 550	金坛市华阳建设工程有限公司	刘海涛
34	金坛市半岛花园9、15号楼,社区服务及物管用房	房屋建筑	13 734	江苏圣通建设工程有限公司	谭德胜
35	常州刘国钧高等职业技术学校1号、2号、3号教学楼	房屋建筑	16 982	宜兴市第四建筑安装工程公司	周嘉君
36	九洲新家园5号房及地下室土建工程	房屋建筑	33 757	常州市武进申达建筑工程有限公司	苏民一
37	刘国钧职业高等技术学校食堂	房屋建筑	10 087	溧阳市城建集团有限公司	陈书生
38	金坛市金江苑E12、E13号楼	房屋建筑	8 331	金坛市华阳建设工程有限公司	赵建平
39	御水华庭1.1期(1号、2号、6号、7号房及会所)	房屋建筑	53 237	中国京冶工程技术有限公司	何笃政

续 表

序号	项目名称	专业	建筑面积(m^2)或工程量	施工单位	项目经理
40	武进水务大楼室内装饰工程五标段	装饰	1 052 万元	江苏环亚建设工程有限公司	储建中
41	金坛市左邻右里 9、11 号楼	房屋建筑	8 390	金坛康平建设工程有限公司	曹晓刚
42	常州体育中心生活服务大楼安装	安装	2 254 万元	江苏天目建设集团有限公司	张常思
43	蔷薇家园二期 4 号、12 号商店，1 号局部地下车库	房屋建筑	17 050	常州三建建设有限公司	洪夕根
44	刘国钧职业高等技术学校机电教学工厂	房屋建筑	12 000	常州常嘉建设有限公司	王洪生
45	飞龙新苑二标段(7 号、12 号)	房屋建筑	26 703	常州市成章建筑安装工程有限公司	蒋建平
46	金坛万和国际商茂城 5 号、6 号楼	房屋建筑	15 647	江苏金祥建设工程有限公司	杨秋平
47	福地聚龙苑 1 号～4 号楼	房屋建筑	100 000	江苏宏大建设集团有限公司	刘加春
48	220 KV 勤丰变电所	电力	805 万元	常州常嘉建设有限公司	盛德国
49	江苏中鑫成功木业有限公司车间 1	房屋建筑	23 297	常州市东方红日建筑有限公司	朱国华
50	金坛市南洲花园 25 号、26 号、30 号、31 号楼及会馆	房屋建筑	21 482	金坛市华城建筑工程有限公司	丁荣生
51	香缇湾花园一标段(1 号、2 号、3 号房及地下车库)	房屋建筑	58 915	江苏武进建筑安装工程有限公司	张治东
52	武进水务大楼室内装饰工程四标段	装饰	853 万元	常州中泰装饰工程有限公司	周建光
53	刘国钧职业高等技术学校刘鞠秀图书馆	房屋建筑	21 534	江苏武进建筑安装工程有限公司	吴仲华
54	金坛市颐和世家花苑 1 号、2 号、4 号楼及商业网点	房屋建筑	34 990	江苏城东建设工程有限公司	李伟民
55	金坛市南洲花园 3 号、8 号楼	房屋建筑	6 222	金坛市市政建设有限公司	沈培荣
56	武进水务大楼室内装饰工程三标段	装饰	834 万元	江苏武进星辰装饰有限公司	陆文迅
57	飞龙新苑八标段(18 号、19 号)	房屋建筑	28 782	常州市久成建筑安装工程有限公司	周景荣
58	飞龙新苑一标段(6 号、B 车库)	房屋建筑	17 465	镇江索普建筑工程安装有限公司	王国庆
59	蓝天新苑三标段(2 号车库、5 号楼)	房屋建筑	24 876	江苏省建工集团有限公司	李文虎

续 表

序号	项目名称	专业	建筑面积(m²)或工程量	施工单位	项目经理
60	常州九龙菜市场	房屋建筑	14 696	常州市常武建设工程有限公司	沈家英
61	戚研所产业化基地项目加工组装车间	房屋建筑	47 700	中铁建工集团有限公司	李广彬
62	新城尚东区地块三期一标	房屋建筑	36 000	常州市武进建设工程有限公司	蒋伯平
苏州市(142)					
1	一院开发区分院B标装饰5—19层	装饰	3 068万元	苏州苏明装饰有限公司	董　琅
2	苏州市体校一期工程二标段馆体区	房屋建筑	31 795	苏州第一建筑集团有限公司	邓青毅
3	常熟国际贸易中心工程A楼、B楼	房屋建筑	88 861+地下20 600	常熟市永丰建筑安装工程有限公司	华金云 张　怡
4	江苏高科技氟化学工业园应急响应中心装饰	装饰	474.29万元	常熟市金龙装饰有限责任公司	陶卫明
5	衡山城国际花园18—20号楼	房屋建筑	40 667	昆山市五环建设有限公司	姜凤俭
6	道康宁(张家港有机硅氧烷二期)工程项目	房屋建筑	8 578.9	中国建筑第二工程局有限公司	曹长富
7	开发区光电产业园工业水厂	市政工程	10 141万元	江苏宏鑫路桥建设有限公司	储成英
8	苏州工业园区优租房工程一标段	房屋建筑	46 000	浙江海天建设集团有限公司	王伦辉
9	苏州市平江区江月路(莲塘路)道路工程	市政工程	1 845.5万元	苏州市水城市政工程有限公司	朱哲理
10	市民广场游泳馆	房屋建筑	20 408	江苏中大建设集团有限公司	宗俊生
11	高新技术创业服务中心大楼	房屋建筑	59 890	振华建设集团有限公司	倪培元
12	大半泾地块室内装饰工程Ⅱ标段3号、5号楼	装饰	1 893万元	南京华夏天成建设有限公司	袁海波
13	太湖文化论坛国际会议中心室外装饰工程	装饰	5 007万元	苏州柯利达建筑装饰工程有限公司	鲁崇明
14	世茂蝶湖湾T6、7号楼	房屋建筑	89 113	中国建筑第八工程局有限公司	李　未
15	苏州市相城区交通局公路办公室，相城区御窑路二期二标	市政工程	4 081.1万元	江苏宏鑫路桥建设有限公司	马大男
16	富丽嘉花园38—41号楼	房屋建筑	51 815	振华建设集团有限公司	李帮定
17	经九路(南段)工程	房屋建筑	915万元	昆山市玉峰建设有限公司	金　刚

续 表

序号	项目名称	专业	建筑面积(m^2)或工程量	施工单位	项目经理
18	苏州大学金螳螂城市建设学院教学楼	房屋建筑	13 500	通州建总集团有限公司	张雪冲
19	苏州工业园区综保大厦	房屋建筑	74 000	江苏南通二建集团有限公司	奚黄飞
20	西门粮库定销房A标	房屋建筑	99 064	江苏中大建设集团有限公司	蹇祥彬
21	吴中区幼儿教育中心园	房屋建筑	20 689	南京第一建筑工程有限公司	管建波
22	中海国际社区232地块B标	房屋建筑	51 195	浙江海天建设集团有限公司	斯召文
23	薛赵路B标工程	市政工程	1 568万元	昆山宏伟世佳市政工程有限公司	沈敏洁
24	水墨三十度工程二标段	房屋建筑	61 800	中天建设集团有限公司	马龙华
25	数码广场综合楼工程	房屋建筑	29 982	江苏德丰建筑安装工程有限公司	朱金平
26	苏州益而益电器制造有限公司厂房	房屋建筑	62 444	苏州二建建筑集团有限公司	王佑铭
27	苏州食品有限公司二期工程	房屋建筑	16 400	苏州二建中正建筑安装工程有限公司	魏国民
28	苏州中医医院迁建工程	房屋建筑	87 023	苏州第一建筑集团有限公司	何新伟
29	苏州群星苑3—1区住宅工程	房屋建筑	81 403	江苏弘盛建设集团有限公司	李长虹
30	江苏省电力公司生产技能培训中心学员活动中心	房屋建筑	9 000	苏州第一建筑集团有限公司	赵有军
31	锦悦苑商业楼	房屋建筑	20 731	江苏南通二建集团有限公司	蒋建东
32	苏州市青少年活动中心装饰工程	装饰	623万元	苏州金鼎建筑装饰工程有限公司	张春雷
33	通快机床(太仓)有限公司一期新建厂房工程	房屋建筑	14 391	常州第一建筑工程有限公司	邹献忠
34	新景花园1—6号楼	房屋建筑	45 092	昆山市金都建设有限公司	秦茂祥
35	四季晶华社区服务中心	房屋建筑	13 480	苏州第一建筑集团有限公司	刘　震
36	苏州市江乾路道路工程	市政工程	2 351.9万元	苏州二建建筑集团有限公司	吴诗怡
37	美罗周边地块改造工程	房屋建筑	26 557	苏州二建建筑集团有限公司	王庆生
38	太仓市土地交易、发证中心幕墙工程	装饰	幕墙 1 619万元	苏州金螳螂建筑装饰股份有限公司	胡成国
39	一院开发区分院A标装饰1—4层	装饰	2 489万元	苏州柯利达建筑装饰工程有限公司	顾敏荣
40	帝景豪园商住房八标段	房屋建筑	45 279	张家港市双山建筑工程有限公司	程卫东

续 表

序号	项目名称	专业	建筑面积(m^2)或工程量	施工单位	项目经理
41	天霸商务馆	房屋建筑	62 000	江苏兴港建设集团有限公司第八分公司	李建相
42	水墨三十度工程一标段	房屋建筑	75 841	浙江宝业建设集团有限公司	陈宝荣
43	金阊新城阳山东路道路工程	市政工程	9 870 万元	苏州建设集团有限责任公司	周山龙
44	艾诺美1、2号厂房,门卫	房屋建筑	13 212	江苏继烽建设有限公司	朱启官
45	工业技术研究院公寓7号楼	房屋建筑	9 600	江苏口大建设集团有限公司	丁建民
46	蓬曦园C4组团一期A标4—9号楼	房屋建筑	27 821	昆山市玉峰建设有限公司	夏广勤
47	康佳电子一期工程	房屋建筑	79 950	江苏建兴建工集团有限公司	王　俊
48	中心路污水管道A标	市政工程	1 097 万元	昆山市鼎峰市政建设工程有限公司	居国海
49	苏州乐嘉服务公寓酒店式公寓	房屋建筑	63 921	上海舜元建设(集团)有限公司	郭如炯
50	苏街二期F、G楼	房屋建筑	61 410	苏州市吴中区东吴建筑有限责任公司	谢建明
51	新城金郡一期2标段	房屋建筑	45 939	江苏南通二建集团有限公司	王志兵
52	鹿城垃圾发电主厂房等	房屋建筑	18 051	江苏城南建设集团有限公司	戴敏华
53	金墅国际公寓三期二标	房屋建筑	50 000	中建六局第三建筑工程有限公司	王久林
54	张家港市浦项学校工程	房屋建筑	20 460	张家港市兴华建筑安装工程有限公司	朱官平
55	吴中区长桥街道科技创业楼	房屋建筑	29 152	苏州嘉盛建设工程有限公司	朱振华
56	张家港商业用房(置地·甲江南)一期工程	房屋建筑	135 000	中国建筑第八工程局有限公司	骆明红
57	市机关服务综合用房土建、水电工程	房屋建筑	20 574	常熟市第八建筑安装工程有限责任公司	殷凤祥
58	恒宇国际中心大楼	房屋建筑	87 647	上海嘉实(集团)有限公司	陈国通
59	文化中心大剧院工程	房屋建筑	22 117.64	江苏金厦建设集团有限公司	周　锋
60	韩国商城	房屋建筑	24 143	昆山市盛新建筑工程有限公司	张玉花
61	苏州工业园区菁英公寓一期三标段	房屋建筑	70 490	南通四建集团有限公司	季　豪
62	苏州高新区科技大厦泛光照明安装工程	房屋建筑	113 000	苏州第一建筑集团有限公司	郭　昕

续 表

序号	项目名称	专业	建筑面积(m^2)或工程量	施工单位	项目经理
63	山前派出所综合业务用房工程	房屋建筑	9 733	江苏汇丰建筑安装工程有限公司	陈云生
64	大半泾地块室内装饰工程Ⅲ标段综合楼1—15层	装饰	3 247万元	苏州苏明装饰有限公司	凌连庆
65	太仓工业发展大厦	房屋建筑	56 684	浙江中成建工集团有限公司	高兴荣
66	汽车客运站、小修保养场等	房屋建筑	11 247	昆山市城建建筑安装工程有限公司	张允刚
67	相城科技创业园一期工程	房屋建筑	35 052	苏州二建建筑集团有限公司	李世峰
68	雅鹿城市广场商务办公楼	房屋建筑	36 275	苏州二建建筑集团有限公司	杨建明
69	太仓市土地交易、发证中心土建总承包工程	房屋建筑	21 689	南通华新建工集团有限公司	石高凤
70	邵村动迁六期1—12号楼	房屋建筑	58 909	昆山振兴建筑有限公司	王建明
71	常熟市商贸集团有限责任公司枫泾商业楼	房屋建筑	10 408+地下4 240	常熟市洲航建筑有限公司	张正方
72	田林苑二期店面,8、9号楼,管理房及人防	房屋建筑	33 587	昆山市经协建筑装璜有限责任公司	邵其亮
73	苏州市残疾人康复楼装修工程	装饰	1 010万元	苏州国贸嘉和建筑工程有限公司	王　蕾
74	湖东发现之旅三期二标	房屋建筑	41 823	南通英雄建筑安装工程有限公司	沈国林
75	峨嵋山路、黄山路	市政工程	1 750万元	昆山市玉峰建设有限公司	陆剑明
76	道康宁(张家港)有限公司19万吨/年有机硅聚硅氧烷项目Ⅱ期	安装	8 044万元	中国核工业第二三建设公司	胡如雷
77	康居10、22、27、31、36号楼,车库	房屋建筑	82 878	昆山市经协建筑装璜有限责任公司	高才瑞
78	昆山市西大桥工程	市政工程	1 938万元	昆山市水利建筑安装工程有限公司	朱太旺
79	苏州通鼎房地产开发有限公司通鼎财富中心	房屋建筑	43 614	吴江市东方建筑有限公司	郑晓晓
80	金墅国际公寓三期一标	房屋建筑	34 458	锦宸集团有限公司	王立同
81	西交利物浦大学科研楼	房屋建筑	45 000	南通五建建设工程有限公司	刘智明
82	福前小区14号—16号房	房屋建筑	13 644	张家港市晨阳建筑工程有限公司	蒋益锋

续 表

序号	项目名称	专业	建筑面积(m²)或工程量	施工单位	项目经理
83	阳澄湖大道东延道路工程	市政工程	2 866 万元	苏州二建中正建筑安装工程有限公司	丁国忠
84	服务外包产业园办公楼 A～D	房屋建筑	27 012	昆山市振通建设工程有限公司	周长济
85	苏州工业园区莲花公交停保场	房屋建筑	11 873	苏州二建建筑集团有限公司	张晓雄
86	苏州润华环球大厦	房屋建筑	181 000	江苏南通二建集团有限公司	张建平
87	一院开发区分院 C 标装饰	装饰	2 489 万元	昆山市华鼎装饰有限公司	石文勤
88	科德宝、宝翎无纺布有限公司五期工程	房屋建筑	10 783	苏州二建建筑集团有限公司	唐酉友
89	中新置地水云居二期工程	房屋建筑	40 000	上海锦惠建设集团有限公司	李　忠
90	蓬曦园 C8 组团 27～35 号楼	房屋建筑	29 620	昆山市玉峰建设有限公司	邵东来
91	小学部、中学部、综合楼	房屋建筑	42 269	昆山市经协建筑装璜有限责任公司	周　银
92	越峰电子锰锌厂房、行政办公楼	房屋建筑	52 671	江苏城南建设集团有限公司	张建达
93	新城域 301、309 号住宅楼	房屋建筑	41 811	南通海洲建设集团有限公司	徐　祥
94	新城域四期 302、310 号楼	房屋建筑	31 697	南通华新建工集团有限公司	储开平
95	常熟应急救援中心工程	房屋建筑	9 470	常熟市兴隆建筑有限公司	张春明
96	苏州工业园区第十中学	房屋建筑	29 000	江苏南通二建集团有限公司	陆圣陶
97	太湖文化论坛国际会议中心	装饰	10 257 万元	苏州金螳螂建筑装饰股份有限公司	丁　勇
98	吴中大厦(营销用房)工程	房屋建筑	53 000	苏州建设集团有限责任公司	钱　伟
99	苏州工业园区银瑞会议酒店	房屋建筑	66 000	浙江海天建设集团有限公司	郭良荣
100	银都桂花园 7 号、8 号房	房屋建筑	13 854	江苏兴港建设集团有限公司第一分公司	汤永兵
101	新城域 201、210、211 号楼	房屋建筑	66 486	南通海洲建设集团有限公司	吴金富
102	张家港威龙投资管理有限公司综合楼工程	房屋建筑	10 800	江苏德丰建筑安装工程有限公司	蒋　勇
103	人武部综合楼	房屋建筑	12 907	昆山经济技术开发区联合建筑工程有限公司	罗　军
104	吴江振宇纺织电器厂总装车间及办公楼	房屋建筑	13 439	吴江市舜新建筑工程有限公司	钱建伟
105	吴江出入境检验检疫局办公楼内装饰工程	装饰	2 031 万元	苏州国贸建筑装饰工程有限公司	陈亦奇

续 表

序号	项目名称	专业	建筑面积(m^2)或工程量	施工单位	项目经理
106	信泰·城市之光7号、8号、9号商品房、12号房等	房屋建筑	32 790+地下10 788	常熟市永丰建筑安装工程有限公司	郑 科 吴建刚
107	苏州大德(山塘)小学工程	房屋建筑	8 101	苏州第五建筑工程公司	陈 伟
108	西交利物浦大学科研楼机电安装工程	工业设安	4 658万元	苏州二建建筑集团有限公司	印忆文
109	苏州博济堂科技园投资发展有限公司研发用房	房屋建筑	16 623	苏州晨光建设工程有限公司	黄春扬
110	苏州工业园区优租房工程二标段	房屋建筑	60 000	中国建筑第二工程局有限公司	陈新奎
111	西门粮库定销房B标	房屋建筑	60 425	昆山市乐峰建筑安装有限责任公司	邱建平
112	李公堤三期工程	房屋建筑	128 000	宏润建设集团股份有限公司	胡家锡
113	服务外包产业园宿舍楼、食堂	房屋建筑	52 481	天合建设集团有限公司	周 勇
114	恒龙国际机电五金城	房屋建筑	15 467	江苏城南建设集团有限公司	赵岳敏
115	耐克中国物流中心项目	房屋建筑	199 441	南通四建集团有限公司	秦 伟
116	临丰商务大楼	房屋建筑	15 294	昆山市钧弘工程建设有限公司	陆福林
117	恒润国际商务广场一期工程	房屋建筑	38 715	南通四建集团有限公司	孙国平
118	苏州工商局业务监督用房	房屋建筑	18 000	苏州第一建筑集团有限公司四分公司	韩 伟
119	泰富中央家园1号—8号房	房屋建筑	41 768	张家港市合兴建筑安装工程有限公司	马俊才
120	交通银行平江支行改建装饰工程	装饰	3 500	苏州苏明装饰有限公司	朱 弘
121	苏州工业园区综保大厦幕墙工程	装饰	5 386万元	苏州柯利达建筑装饰工程有限公司	陆 菁
122	苏州高新区创新科技工业园一期厂房	房屋建筑	11 176	苏州顺龙建设工程有限公司	杨龙林
123	中国东方丝绸市场股份有限公司新华花园一期Ⅰ标(2—6号)	房屋建筑	17 722	吴江市舜新建筑工程有限公司	张 强
124	江苏盛泽医院筹建办公室江苏盛泽医院	房屋建筑	70 598	吴江市建设工程(集团)有限公司(南通扬子设备安装有限公司参建)	庞利民
125	吴江市经济开发区发展总公司开发区保安公司业务楼	房屋建筑	21 212	吴江市建设工程(集团)有限公司	沈秋华

续 表

序号	项目名称	专业	建筑面积(m^2)或工程量	施工单位	项目经理
126	金阊区国资商务楼	房屋建筑	14 417	苏州建设集团有限责任公司	钱　伟
127	江苏科技大学10号、11号学生公寓及教师公寓工程	房屋建筑	12 947	张家港市兴华建筑安装工程有限公司	唐品良
128	光明西路A标	装饰	2 188万元	宏大建设集团有限公司	韩朝浪
129	名墅东苑二期物业楼工程	房屋建筑	24 133	江苏翔远建设集团有限公司	王树国
130	苏州市高级技术学校新校区二标段工程	房屋建筑	28 024	苏州二建建筑集团有限公司	魏国民
131	江苏盛泽医院筹建办公室江苏盛泽医院幕墙	装饰	1 860万元	苏州华丽美登装饰装璜公司	倪建平
132	苏州评弹学校	房屋建筑	26 700	苏州二建建筑集团有限公司	朱　峰
133	独墅湖高教区B区科研公寓	房屋建筑	43 820	华仁建设集团有限公司	施其虎
134	金阊新城小学工程	房屋建筑	28 300	苏州第一建筑集团有限公司	裴家鼎
135	昆山市火车站南站广场工程	市政工程	1 914万元	昆山市玉峰建设有限公司	陆卫东
136	苏州爱格豪电器有限公司食堂、宿舍、综合楼	房屋建筑	17 649.43	苏州市相城区黄桥建筑安装公司	陈玉根
137	市机关服务综合用房装饰工程	装饰	1 380.12万元	常熟华联装璜工程有限责任公司	周伟宏
138	丽景江南1—6号楼、人防	房屋建筑	58 882	江苏金土木建设集团有限公司	滕　斌
139	园区档案管理中心综合大楼	房屋建筑	K20	上海嘉实(集团)有限公司	杨柏松
140	苏州高新区劳动人事管理中心	房屋建筑	55 500	苏州第一建筑集团有限公司	范永伟
141	太湖文化论坛国际会议中心主体工程	房屋建筑	66 000	苏州二建建筑集团有限公司	严近德
142	澄湖路商业地块(蜜蜂城)1号、2号房	房屋建筑	86 293	昆山市金建建筑安装有限公司	陈应中
南通(39)					
1	南通市中医院综合业务楼	房屋建筑	29 815	南通建工集团股份有限公司	袁孝建
2	民生滨江丽景工程三标段1号、3号、5号楼	房屋建筑	18 907	南通华博建设工程有限公司	徐飞军
3	南通民生滨江丽景工程2号地上部分及4号、6号楼	房屋建筑	19 981.7	南通市天泰建筑安装工程总公司	宋恩银
4	海门中大国际广场、贵都之星项目工程	房屋建筑	245 000.00	江苏省苏中建设集团股份有限公司	王忠林

续 表

序号	项目名称	专业	建筑面积(m^2)或工程量	施工单位	项目经理
5	博圣广场	房屋建筑	113 594	启东建筑集团有限公司	周士兵
6	携程信息技术大楼	房屋建筑	79 374	上海市第一建筑有限公司	张宝鸿
7	天润锦园工程	房屋建筑	14 114.47	南通鑫金建筑安装工程有限公司	张宝建
8	启东市中医院综合病房大楼	房屋建筑	21 986	启东建筑集团有限公司	叶文启
9	南通中南世纪花城3、4、8号，二区地下车库	房屋建筑	108 000	启东建筑集团有限公司	唐卫雄
10	恒天新世界6号楼	房屋建筑	27 472.00	江苏省苏中建设集团股份有限公司	孙向阳
11	如东文峰财富广场9号楼	房屋建筑	48 693	启东建筑集团有限公司	吴卫生
12	凤凰华庭2号、6号楼	房屋建筑	14 188.00	江苏润宇建设有限公司	杨文瑞
13	万通城二期工程(10号、11号、2号地下车库)	房屋建筑	53 536	江苏南通六建建设集团有限公司	沈瑞荣
14	海门市政法大楼	房屋建筑	27 837.00	龙信建设集团有限公司	张耀忠
15	凤凰华庭二期工程(1、5号楼及地下车库工程)	房屋建筑	21 000.00	南通市达欣工程股份有限公司	周　群
16	安泰大厦	房屋建筑	31 709	南通八建集团有限公司	杨增煜
17	海门市土地资产储备中心业务综合楼	房屋建筑	11 850	南通市金磊建设工程有限责任公司	陆金平
18	创业外包服务中心1号楼及地下工程	房屋建筑	21 500	江苏新源建筑工程有限公司	陆如田
19	园林路(通甲路—钟秀东路)B标段	市政工程	2 050万元	南通市崇川市政工程有限公司	赵明华
20	南通万通城二期工程一标段8号、9号、1号地下车库	房屋建筑	27 450	南通龙华建筑安装有限公司	王金龙
21	南通科技创业社区人防地下室及1、2号楼	房屋建筑	44 966.89	江苏南通二建集团有限公司	蔡正辉
22	恒天新世界3号、5号楼	房屋建筑	33 672.00	南通市达欣工程股份有限公司	吉顺友
23	南通市城市嘉苑4号、5号楼	房屋建筑	34 651	南通万通建设工程有限公司	倪锡兵
24	恒天新世界1号、2号楼	房屋建筑	30 533.00	南通海洲建设集团有限公司	苏　源
25	鑫乾国际商业广场	房屋建筑	76 897	南通宏华建筑安装有限公司	李　彬
26	天竹星花苑工程	房屋建筑	36 580.00	南通市大公建筑安装工程有限公司	吴广汉

续 表

序号	项目名称	专业	建筑面积(m^2)或工程量	施工单位	项目经理
27	世伦路工程A标段	市政工程	2 537.409万元	南通市新开市政工程有限公司	刘发茂
28	金童苑二期地下人防,1号、2号、3号楼	房屋建筑	88 240	南通新华建筑集团有限公司南通分公司	朱言成
29	南通汇峰休闲广场1—5号楼、水电工程(含桩基)	房屋建筑	43 700	南通成龙建设工程有限公司	黄建泉
30	港闸经济开发区总公司服务中心	房屋建筑	9 791	南通八建集团有限公司	卞汉清
31	南通市工贸技工学校公共实训鉴定基地B标段	房屋建筑	48 735	南通五建建设工程有限公司	陈冬权
32	南通出入境检验检疫综合实验大楼	房屋建筑	25 000	江苏南通六建建设集团有限公司	殷 庆
33	如东县行政中心办公楼工程	房屋建筑	54 747	南通五建建设工程有限公司	刘克泉
34	海门市军事指挥中心	房屋建筑	12 609	南通市德胜建筑安装工程有限公司	黄 钢
35	南通消防指挥中心和新区消防拭指挥站	房屋建筑	15 278.08	南通宏华建筑安装有限公司	陈志远
36	南通万通城二期工程二标段(6号、7号楼,商业四)	房屋建筑	31 000	南通华润建设工程有限公司	张 杰
37	滨江路北段工程(中远路—人民西路)A标段	市政工程	7 936万元	南通市政工程总承包有限公司	沈永国
38	如皋市博爱综合楼工程	房屋建筑	17 664	南通市大陆建设工程有限公司	沙新华
39	绿城玉兰公寓A标段3号—7号楼	房屋建筑	51 640	南通八建集团有限公司	宋陈明
连云港市(42)					
1	金港湾国际商务大厦	房屋建筑	39 364	南通四建集团有限公司	赵洪均
2	省工贸高等职业技术学校新校园一期工程	房屋建筑	106 271	江苏盐城二建集团有限公司	许 军
3	连云港市新华广场2号楼	房屋建筑	34 250	启东建筑集团有限公司	顾爱忠
4	金海置业广场新建工程(12号、26号)	房屋建筑	46 056	江苏省建工集团有限公司	黄宏荣
5	金海国际商务大厦	房屋建筑	76 000	南通四建集团有限公司	秦 新
6	中央华府二期一标段B2号、B4号楼	房屋建筑	20 500	连云港永超建设工程有限公司	汪 洋

续 表

序号	项目名称	专业	建筑面积(m^2)或工程量	施工单位	项目经理
7	淮工综合实验楼	房屋建筑	19 982	南通六建建设集团有限公司	范从进
8	中央华府B1号楼及1号地下室、二期一标段B3号楼	房屋建筑	24 788	连云港永超建设工程有限公司	汪　洋
9	金海剑桥星城3号、4号、7号、8号楼	房屋建筑	13 300	江苏华航建设集团有限公司	李东生
10	淮工EG8—10号学生公寓	房屋建筑	15 615	连云港市建筑工程公司	朱文武
11	连云港供电公司综合营业楼	房屋建筑	21 242	江苏顺通建设工程有限公司	管学新
12	国际花园8、9号楼及地下车库工程	房屋建筑	30 600	国强建设集团有限公司	吴如华
13	灌南职业教育学院6号、7号宿舍楼	房屋建筑	11 600	江苏万年达建设集团有限公司	陈秀刚
14	新建灌云县图书馆等公共工程	房屋建筑	27 638	江苏顺通建设工程有限公司	杨　军
15	金海剑桥星城9号、10号、11号、20号、21号楼	房屋建筑	17 226	连云港市振东建设工程有限公司	文以金
16	集中办公区8号综合楼	房屋建筑	36 440	江苏万年达建设集团有限公司	王加骥
17	水木华园二期工程B2号楼	房屋建筑	15 000	连云港市新电建筑安装工程公司	李　军
18	津华苑住宅小区B2、B4号楼	房屋建筑	20 567	江苏鼎大建筑安装工程有限公司	谭道君
19	江苏恒瑞医药综合车间	房屋建筑	14 000	江苏顺通建设工程有限公司	张汉成
20	连云港远洋船务供应项目	房屋建筑	22 000	江苏华航建设集团有限公司	朱孔洲 刘东林
21	中科院先进能源研发中心研发楼和综合楼工程	房屋建筑	14 300	南京七建公司	史恒虎
22	财校新校区一期二标段工程	房屋建筑	60 730	中铁二十三局集团有限公司	张庆奎
23	市煤炭公司煤炭医院综合楼工程	房屋建筑	8 868	江苏中粟建设工程有限公司	李大斌
24	瑞祥园1号、2号、3号、4号楼	房屋建筑	20 958	连云港市海谊建筑坑道工程公司	武冬晓
25	金海剑桥星城12号、13号、14号、22号楼	房屋建筑	14 629	连云港市振东建设工程有限公司	王佐凡
26	馨都国际大酒店	房屋建筑	18 099	灌云县第二建筑安装工程公司	刘延双
27	新浦区市民服务中心A、B楼	房屋建筑	14 827	江苏鼎大建筑安装工程有限公司	穆家乐
28	连云港市体育中心体育场	房屋建筑	46 053	江苏地亚建筑有限公司	张跃景

续 表

序号	项目名称	专业	建筑面积(m^2)或工程量	施工单位	项目经理
29	财经学校新校区一期工程	房屋建筑	66 399	江苏省淮海建设集团有限公司	苏城公
30	连云港绩效商务会所综合楼	房屋建筑	8 037	连云港广夏建设有限公司	朱士松
31	乔庄新村二期工程 17 号、22 号楼	房屋建筑	8 600	江苏华航建设集团有限公司	孙克江
32	水木华园二期工程 A2 号住宅楼	房屋建筑	20 295	连云港市新电建筑安装工程公司	刘　刚
33	连云港师范高等专科学校行政楼	房屋建筑	9 550	江苏广瑞建筑安装工程有限公司	周祖根
34	宝泰商住楼	房屋建筑	21 560	江苏省江天建设工程有限公司	魏根成
35	板桥拆迁安置小区工程	房屋建筑	88 107	江苏口粟建设工程有限公司	任苏东
36	香溢·江南一期工程	房屋建筑	75 000	恒德控股集团有限公司	吴新卫
37	晶和国际广场 3、4、7 号楼	房屋建筑	18 871	浙江方泰建设有限公司	周　彬
38	东海县人民法院审判楼	房屋建筑	23 219	南通英雄建筑安装工程有限公司	杨　华
39	中央华府阳光排屋 1 号、3 号、5 号、7 号楼	房屋建筑	11 750	连云港市振东建设工程有限公司	董育钢
40	灌南职业教育学院研发楼	房屋建筑	24 981	江苏万年达建设集团有限公司	汪勤和
41	连云港远洋供应项目钢结构工程	房屋建筑	9 390	连云港市信和钢结构有限公司	葛绍洲
42	康缘药业冻干大输液车间工程	房屋建筑	16 000	江苏宏大建设集团有限公司	奚建新
淮安市(35)					
1	淮阴卷烟厂"十一五"后规划调整项目联合工房 C 区室内装饰工程	装饰	1 502 万元	南京长岛建筑装饰工程有限公司	汤宇中
2	清江华府 3 号、5 号楼	房屋建筑	34 900	淮安市建设工程有限公司	陈志伟
3	淮安软件园一期 1—3 号楼	房屋建筑	26 500	浙江国泰建设集团有限公司	王云生
4	江苏淮阴商业学校实训楼	房屋建筑	14 000	江苏淮阴建设工程集团有限公司	李　浩
5	涟水国际文化商贸城 E 座	房屋建筑	22 000	南京大地建设(集团)股份有限公司淮安分公司	阮爱民
6	淮阴卷烟厂"十一五"技术改造项目 101—1 生产辅房内装修工程	装饰	2 627 万元	深圳市维业装饰设计工程有限公司	曾先进

续 表

序号	项目名称	专业	建筑面积(m^2)或工程量	施工单位	项目经理
7	新金湖国际大厦酒店办公楼	房屋建筑	53 903	浙江博元建设股份有限公司	吕锦强
8	淮安市国信大酒店外装饰装修工程	装饰	916.4 万元	常州华艺铝型材有限公司	徐　荣
9	淮安市环境监测中心站实验楼	房屋建筑	10 840	南京大地建设集团淮安分公司	严　坤
10	淮安市黄河人家小区一标段	房屋建筑	43 449	江苏天成建设工程有限公司	李维民
11	淮安市中医院病房楼	房屋建筑	15 030	南通四建集团有限公司	赵玉明
12	洪泽商业大厦	房屋建筑	21 819	中设建工集团有限公司	金国水
13	淮安国信大酒店机电安装工程	房屋安装	2 190 万元	司南工程有限公司	葛以生
14	淮安榴园水泥有限公司年产 100 万吨水泥粉磨站	房屋建筑	85 000	淮安市宋达建筑安装有限公司	厉　明
15	高沟镇中心小学教学楼	房屋建筑	13 545	涟水县建达建筑工程有限公司	姜建勇
16	枚皋中路工程	市政道路	4 186 万元	江苏北方路桥工程有限公司	孙卫阳
17	水沐楼台公寓 2 号住宅楼	房屋建筑	15 979	江苏淮阴建设工程集团有限公司	叶宝俊
18	淮安市盐化工产业区湖北路二期工程	市政道路	2 800 万元	宏大建设集团有限公司	韩立保
19	淮安市国际会展中心机电安装工程	机电安装	3 166.8 万元	司南工程有限公司	蒋建军
20	淮阴卷烟厂 101—1 生产辅房	房屋建筑	12 850	中铁建工集团有限公司上海分公司	魏　振
21	淮安亿力未来城 5 号—8 号、1—4 号商铺	房屋建筑	32 894	福建六建建设集团有限公司	陈明连
22	徐扬商业大厦	房屋建筑	8 021	江苏文通建设集团有限公司	张恩龙
23	淮安市中地豪庭 A 号、B 号商住楼	房屋建筑	36 000	江苏淮阴建设工程集团有限公司	吴亚东
24	淮安市金鼎御庭小区 21 号楼、地下室二	房屋建筑	14 645	江苏通州四建集团有限公司	徐　岗
25	中天虹桥花园	房屋建筑	54 396	中天建设集团有限公司第三建设公司	楼兴旺
26	淮安市楚州区运东小区住宅楼	房屋建筑	35 800	江苏兴亚建设工程有限公司	汤正金
27	淮安市金鼎御庭 19 号、20 号楼	房屋建筑	30 725	南通市天泰建筑安装工程总公司	徐　勋

续 表

序号	项目名称	专业	建筑面积(m^2)或工程量	施工单位	项目经理
28	涟水汽车站客运一期工程	房屋建筑	35 860	南通四建集团有限公司	凌　进
29	淮州中学新校区1号—3号教学楼及连廊工程	房屋建筑	16 000	江苏亘盛建设工程有限公司	戴加文
30	洪泽县党校地块安置小区	房屋建筑	70 000	江苏弘盛建设工程集团有限公司	王祥明
31	苹果国际公寓住宅小区	房屋建筑	18 000	江苏天宇建设工程有限公司	王如楼
32	金海螺国际大酒店	房屋建筑	38 791	江苏江中集团有限公司	吴光明
33	淮安楚州苏果超市	房屋建筑	24 258	淮安市建设工程有限公司	周洪青
34	淮海第一城南区二期高层住宅1号—4号楼	房屋建筑	39 006	曙光控股集团淮安分公司	王玉荣
35	盛和名都	房屋建筑	15 000	江苏鑫盛建设工程有限公司	曹　华
盐城市(16)					
1	盐城中央广场商务办公楼东楼	房屋建筑	54 000	南通建筑工程总承包有限公司	朱锡东
2	盐都新区医院病房楼、门急诊楼地下室	房屋建筑	61 000	南通四建集团	张卫国
3	盐城市人民检察院办案技术用房综合楼	房屋建筑	24 556	南通华新建工集团有限公司	吉祖培
4	悦达集团总部大楼	房屋建筑	43 650	南通四建集团有限公司	宋茂进
5	盐城市全民健身中心工程	房屋建筑	29 469	江苏东河建设工程有限公司	王成亚
6	盐城市中级人民法院审判庭用房综合楼工程	房屋建筑	33 915	江苏弘盛建设工程集团有限公司	张　峰
7	东台兴城国际大酒店	房屋建筑	28 058	江苏新源建筑工程有限公司	蒋吉明
8	亭湖区人民检察院办案技术综合楼	房屋建筑	10 853	南通华荣建设集团有限公司	张进前
9	中茵海华广场·云顶	房屋建筑	38 131	江苏兴亚建设工程有限公司	徐　康
10	盐城工学院图书馆	房屋建筑	38 285	江苏省第一建筑安装有限公司	孟向阳
11	盐城汽贸广场会展中心	房屋建筑	41 000	江苏国丰建设集团有限公司	张玉亮
12	东台市中医院门、急诊综合楼	房屋建筑	12 709	江苏龙光建设工程有限公司	张少青
13	大丰市人民医院病房大楼	房屋建筑	30 000	武进建筑安装工程有限公司	周留兴
14	盐城工学院新校区二期行政办公楼	房屋建筑	18 000	盐城市蓝盾建设工程有限公司	韩俊兵
15	建湖电信新建综合楼	房屋建筑	10 800	江苏中厦集团有限公司	仇中华

续 表

序号	项目名称	专业	建筑面积(m^2)或工程量	施工单位	项目经理
16	钱江方洲二期一步1号、2号、3号、12号楼及物管用房	房屋建筑	22 000	盐城市蓝盾建设工程有限公司	张桂学
扬州市(60)					
1	仪征市大仪富民苑1—5号工程	房屋建筑	9 185	仪征市大仪建筑工程有限公司	王长虹
2	广陵新城信息服务大厦	房屋建筑	30 000	上海殷行建筑有限公司	许培丽
3	万盛商务酒店	房屋建筑	11 611	江苏仪征建设工程有限公司	刘　晨
4	扬州市高露洁三笑新厂房一期	房屋建筑	81 003	中天建设集团有限公司	徐　敢
5	扬州大学新校区教学楼	房屋建筑	53 754	江苏扬建集团有限公司	吕国兵
6	扬州广播电视总台综合服务楼工程	房屋建筑	13 060	江苏扬建集团有限公司	韦天云
7	扬州亲亲集团生产厂房一期冷库安装工程	安装	812万元	江苏伟业机电安装有限公司	张　勇
8	康山文化园三期工程	房屋建筑	15 000	江苏扬建集团有限公司	朱　政
9	扬州大学新校区能源与动力工程学院	房屋建筑	20 442	江苏邗建集团有限公司	卢兴亮
10	武警医院医技综合楼	房屋建筑	12 466	江苏江都建设工程有限公司	姜　忠
11	磨削热处理车间	房屋建筑	8 450	江苏天宁建设工程有限公司	唐宝春
12	佳家花园一期四标段(110号、111号、112号、113号)	房屋建筑	14 905	江苏润扬建设安装工程有限公司	万宏山
13	月明苑三期四标段	房屋建筑	23 553	扬州市第四建筑安装工程有限公司	张　萍
14	扬州尚德太阳能一期工程1、4、5号楼	房屋建筑	59 000	江苏南通二建集团有限公司	黄元义
15	扬州青山污水处理厂一期项目水解酸化池、调节池	市政工程	1 430万元	江苏真州建筑装饰工程有限公司	刘　辉
16	扬州大学新校区图书馆工程	房屋建筑	50 651	江苏扬建集团有限公司	汪祖成
17	扬州旺角中心	房屋建筑	15 000	扬州市第四建筑安装工程有限公司	朱朝永
18	扬州职教中心教学楼工程A、B、C幢	房屋建筑	38 353	江苏兴厦建筑安装有限公司	王殿富
19	扬州市新星拆迁安置小区三标段	房屋建筑	14 293	仪征市新城建设工程有限公司	石上流

续 表

序号	项目名称	专业	建筑面积(m^2)或工程量	施工单位	项目经理
20	仪征鼓楼超级市场	房屋建筑	17 520	仪征市新城建设工程有限公司	李金龙
21	长乐客栈安装工程	安装	1 300 万元	江苏扬安机电设备工程有限公司	李显元
22	江苏曙光光电有限责任公司科技综合楼内装饰一标段	装饰	1 113 万元	南京深圳装饰安装工程有限公司	戚小龙
23	扬州金轮星城 3 号、6 号楼	房屋建筑	19 165	浙江贝利建设有限公司南京分公司	许旭平
24	西郡 188 花园 39 号、41 号住宅楼	房屋建筑	17 805	正太集团有限公司	孙宏军
25	江苏曙光科技综合楼内装饰工程Ⅱ标段(7—20 层)	装饰	1 486 万元	南通四建装饰工程有限公司	汤建国
26	经纬·碧水家园 1 号、2 号楼	房屋建筑	13 048	江苏华江建筑工程有限公司	周心忠
27	华利国际大厦	房屋建筑	13 675	江苏南通二建集团有限公司	倪建科
28	扬州市新星拆迁安置小区四标段	房屋建筑	15 299	仪征市新城建设二程有限公司	于小林
29	佳家花园一期五标段工程	房屋建筑	11 000	江苏省金陵建工集团有限公司	杜　永
30	扬州职业高级中学教学楼、学生宿舍、食堂	房屋建筑	27 000	江苏天宁建设工程有限公司	史宏雨
31	扬州市竹西中学艺术教学楼工程	房屋建筑	11 704	正太集团有限公司	陆　泉
32	经纬·碧水家园二期 3 号、4 号、5 号、6 号楼	房屋建筑	9 319	中机环建建设工程有限公司	肖红旗
33	扬州宏业高级公寓综合楼	房屋建筑	11 852	江都市隆都建筑安装工程有限公司	余慧武
34	扬州大学留学生宿舍楼	房屋建筑	8 858	扬州方正建筑工程有限公司	严传华
35	扬州市长乐客栈装修工程(一标段)	装饰	1 200 万元	扬州新盛建筑装饰有限公司	张守军
36	扬州大学新校区大学生食堂	房屋建筑	21 060	正太集团有限公司	许双泉
37	锦通冷库工程	房屋建筑	12 400	江苏邗建集团有限公司	步　明
38	扬州市第五水厂清水输配水管道工程Ⅰ标	市政工程	4 530 万元	扬州自来水安装工程公司	徐红伟
39	心怡·春江花都 A—01 楼	房屋建筑	19 940	江苏省江建集团有限公司	孙建东
40	六圩污水处理厂二期桩基工程	房屋建筑	1 427 万元	扬州市桩基有限公司	孙文昶

续 表

序号	项目名称	专业	建筑面积(m^2)或工程量	施工单位	项目经理
41	扬州大学新校区机械工程学院	房屋建筑	25 626	南京市第十建筑工程公司	耿发智
42	凯运天地G03、G05楼(3号地块)	房屋建筑	20 649	中机环建建设工程有限公司	桂玉泉
43	优诗美地一期44号—47号楼	房屋建筑	16 614	仪征市新城建设工程有限公司	顾加元
44	扬州22 KV六圩变电站工程	电力	1 038万元	江苏扬建集团有限公司	丁国伟
45	佳家花园一期六标段	房屋建筑	11 000	江苏省金陵建工集团有限公司	胡　刚
46	万博奥林匹克花园15、16号楼	房屋建筑	10 460	扬州同力建设有限公司	徐　林
47	龙泉路南延伸工程	市政工程	1 700万元	江河建设集团有限公司	戴元寿
48	江都市职教集团教学行政综合楼	房屋建筑	17 349	扬州市沪武建筑安装工程有限公司	杜　军
49	扬州三星电梯有限公司厂房一	房屋建筑	9 800	扬州开发区建筑安装工程有限公司	申同喜
50	长乐客栈装修工程三标段	装饰	1 200万元	扬州市森亿装饰工程有限公司	周延贵
51	贵宇商业广场一期工程	房屋建筑	10 104	正太集团有限公司	陈　猛
52	佳家花园138号、141号、144号楼	房屋建筑	9 888	江苏建宇建设工程有限公司	汤真标
53	西郡188花园二期19号、38号住宅楼	房屋建筑	15 920	正太集团有限公司	刘传宝
54	润扬北路延伸Ⅲ标段工程	市政工程	1 027万元	扬州市市政设施管理处	刘元昌
55	新星安置小区三期29号～38号楼及地下车库机电工程	安装	897万元	扬州市恒进设备安装工程有限公司	刘桂军
56	新盛花苑一标	房屋建筑	60 000	扬州方正建筑工程有限公司	陈　俊
57	扬州市长乐客栈二标段装饰工程	装饰	1 100万元	江苏华发装饰有限公司	陈　明
58	亲亲冷库工程	房屋建筑	13 500	江苏邗建集团有限公司	步　明
59	连运农贸市场及综合楼	房屋建筑	57 940	正太集团有限公司	江宝祥
60	润扬北路延伸Ⅱ标段工程	市政工程	1 145万元	江苏华泰道路桥梁工程有限公司	张坤忠
镇江市(21)					
1	镇江市规划展示馆工程	房屋建筑	20 148	镇江索普建筑安装工程有限责任公司	陈国兴 程书生
2	扬中市农村信用合作联社综合楼工程	房屋建筑	18 555	南通四建集团有限公司	瞿羌军

续 表

序号	项目名称	专业	建筑面积(m^2)或工程量	施工单位	项目经理
3	市城建档案馆和规划设计研究院工程	房屋建筑	33 552	镇江索普建筑安装二程有限公司	陈洪祥
4	江苏大学研究生公寓5号、6号楼	房屋建筑	30 000	南通四建集团有限公司	耿裕杰
5	句容人民医院病房大楼二期	房屋建筑	24 000	江苏弘盛建设工程集团有限公司	瞿宝玉
6	市口岸和口港局技术业务用房及长江镇江航道处和镇江引航站办技术业务用房拆迁工程	房屋建筑	15 000	镇江索普建筑安装二程有限责任公司	李昌军
7	镇江市规划展示馆工程	房屋建筑	19 978	宜兴市工业设备安装有限公司	张　勇
8	新香草苑2号、4号楼	房屋建筑	7 068.7	江苏云阳集团有限公司	王国新
9	丁卯商贸中心办公楼	房屋建筑	10 680	镇江市江泰建筑安装有限公司	彭金龙
10	句容市下蜀长江花园一期六标段	房屋建筑	14 171	句容市城市建设工程有限公司	樊厚江
11	句容市职教图文信息中心工程	房屋建筑	11 818	江苏广兴集团有限公司	沈春雷
12	镇江天王220 KV变电站	房屋建筑	913万元	南京市第六建筑安装工程有限公司	肖　翔
13	扬中市206工程	房屋建筑	10 200	江苏旭阳建设投资集团有限公司	郭道平
14	长江花园一期二标段	房屋建筑	39 230	江苏广兴集团有限公司	张家松
15	扬中市卫生监督大楼	房屋建筑	8 600	扬中市新城建筑安装工程有限公司	邢伟权
16	江苏省农林职业技术学院研发楼	房屋建筑	17 396	南京桥新建设有限公司	梁机灵
17	永安新城家园(东区)一期21—27号楼	房屋建筑	18 760	浙江贝利建设有限公司	金德讯
18	学府华庭28、29、37号楼	房屋建筑	24 000	镇江明兴建筑安装工程有限公司	姚春荣
19	永安新城家园(东区)一期28—31号楼	房屋建筑	25 798	浙江贝利建设有限公司	张锡炎
20	镇江新区科技园产业聚集A16区3号、3号标准厂房工程	房屋建筑	24 270	镇江市江泰建筑安装有限公司	高德余
21	镇江市新润机械有限责任公司厂房、仓库	房屋建筑	9 889	江苏五星建设集团有限公司	董　科

续 表

序号	项目名称	专业	建筑面积(m^2)或工程量	施工单位	项目经理
泰州市(13)					
1	泰兴市汽车站	房屋建筑	24 600	江苏鼎圣集团公司	郁建明
2	盛和·东方名邸二期一标段	房屋建筑	45 863	南通六建建设集团有限公司	陈照华
3	中虹花苑二期A标工程	房屋建筑	47 157	浙江勤业建工集团有限公司	王惠明
4	天成国际商务中心	房屋建筑	12 680	靖江市越江建设工程有限公司	朱先文
5	德城·城市广场工程(二标段)	房屋建筑	40 818	南通清华建设工程有限公司	邱进忠
6	办公楼	房屋建筑	8 150	江苏锦城建设有限公司	张新华
7	金港嘉园4号、6号楼	房屋建筑	7 100	泰州市新润建筑安装工程有限公司(宁)	王小兵
8	德城—城市广场工程(一标段)	房屋建筑	60 000	南通清华建设工程有限公司	孔照华
9	泰州东方小镇一期工程1号—11号楼	房屋建筑	59 000	江苏邗建集团有限公司	吴根林
10	兴化广电信息技术中心主楼	房屋建筑	10 449	江苏省建工集团有限公司	顾旭平
11	姜堰市东方不夜城南区6号楼工程	房屋建筑	26 763	安徽省佳源建设工程有限公司	方旭峰
12	泰州市机关后勤管理用房	房屋建筑	9 291	江苏省第一建筑安装有限公司(宁)	韩秋红
13	姜堰市金湖湾大厦工程	房屋建筑	10 000	江苏万邦建设集团有限公司	叶　晨
宿迁市(19)					
1	沭阳县文化艺术中心内装饰工程	房屋建筑	16 119	江苏南国装饰工程有限公司	周兴道
2	水岸城邦三期A4、C8号楼、C1号楼	房屋建筑	46 327	江苏江中集团有限公司	赵　磊
3	江苏泗洪水岸城邦二期21号、22号、23号、45号、46号楼	房屋建筑	27 416.4	浙江新东阳建设集团有限公司	钟华良
4	泗阳县成源国际广场9号—11号楼	房屋建筑	21 660	泗阳县建筑工程有限公司	於黎明
5	沭阳气象海事综合楼	房屋建筑	16 000	盐城二建集团有限公司	殷稳庆
6	宿迁海关业务技术综合楼	房屋建筑	15 519	浙江中联建设集团有限公司	赵信德
7	黄金海岸1号、2号、3号、4号楼	房屋建筑	39 279.3	通州长城建筑安装工程有限公司	郭德华
8	明日星城一期27号、28号楼	房屋建筑	21 106	江苏江中集团有限公司	石　翔
9	东方名城2号楼	房屋建筑	11 000	福建正峰建筑工程有限公司	林　彤
10	宿迁国检局检验检疫综合实验楼	房屋建筑	16 000	江苏兴邦建工集团有限公司	王聿懂
11	妇幼保健大楼	房屋建筑	17 104	江苏三善建设有限公司	任利军

续 表

序号	项目名称	专业	建筑面积(m^2)或工程量	施工单位	项目经理
12	华丽汉官大厦	房屋建筑	16 828	江苏建中建设工程有限公司	张作俭
13	嘉汇·枫景园1号、4号楼	房屋建筑	32 948	南通四建集团有限公司	龚锡均
14	江苏沭阳农村合作银行综合楼	房屋建筑	17 322	江苏省第一建筑安装有限公司	周 晖
15	衡山花园二期9号、10号、11号、29号、32号楼	房屋建筑	31 000	江苏江中集团有限公司	谢国华
16	沭阳县第一实验小学教师住宅楼	房屋建筑	15 000	沭阳县建筑安装工程有限公司	耿志荣
17	水岸城三期C2、C5、C6、C7楼	房屋建筑	29 571.6	江苏江中集团有限公司	周建国
18	嘉汇·枫景园5号楼	房屋建筑	16 820	江苏兴邦建工集团有限公司	杜存安
19	中共宿迁市委党校教学综合楼及学员生活配套用房	房屋建筑	12 700	江苏兴邦建工集团有限公司	周德利
电力(8)					
1	220 KV阊胥变电站工程(土建)	电力工程	5 093	苏州永盛建筑有限公司	陈金华
2	220 KV高新变电所(土建)	电力工程	2 000万元	江苏精享裕建工有限公司	刘林保
3	220 KV长江变电所(土建)	电力工程	2 000万元	江苏精享裕建工有限公司	高广云
4	220 KV吴桥变电站工程(土建)	电力工程	2 688.862 4万元	江苏精享裕建工有限公司	蔡 勇
5	220 KV泰州变电站移址新建工程(安装)	电力工程	7 500万元	江苏安泰输变电工程有限公司	张传杰
6	220 KV泰州变电站移址新建工程(土建)	电力工程	2 120万元	江苏省建设集团公司	章 立
7	220 KV吴桥变电站工程(安装)	电力工程	9 704.8万元	徐州送变电有限公司	赵东海
8	220 KV长江变电所(安装)	电力工程	1.32亿元	无锡广盈实业有限公司	支 杰

附件2：

2009年度下半年江苏省建筑施工省级文明工地名单

(2010年4月1日江苏省住房和城乡建设厅、江苏省建设工会工作委员会以苏建质安[2010]128号文公布)

序号	项目名称	专业	建筑面积(m^2)或工程量	施工单位	项目经理
南京市(76)					
1	江东新村公寓01、02栋	房屋建筑	56 700	中博建设集团有限公司	万家勤

续 表

序号	项目名称	专业	建筑面积(m^2)或工程量	施工单位	项目经理
2	南京市青少年科技活动中心二期工程	房屋建筑	24 000	通州市第二建筑安装工程公司	顾祖昌
3	溧水体育公园体育馆	房屋建筑	21 468	南京明辉建设有限公司	陶腊根
4	八一医院门诊病房大楼主体工程	房屋建筑	32 000	武汉建工股份有限公司	高汉林
5	江东新村公寓三标段	房屋建筑	23 335	中国航空港建设总公司	吴惠铮
6	朗诗国际街区 B3 地块二期	房屋建筑	62 000	南通四建集团有限公司	戴新汉
7	东城世家二期三标段	房屋建筑	28 560	江苏弘扬建设工程有限公司	沐晓阳
8	江浦街道社区服务中心、教育文化中心	房屋建筑	15 647	南京市第十建筑工程公司	黄成钢
9	南方花园 A 组团 34 幢	房屋建筑	16 421	南京鸿业建设工程有限公司	吕忠汉
10	东城世家四标段	房屋建筑	50 960.8	江苏通州四建集团有限公司	蒋卫东
11	南京市栖霞区广播电视文化服务中心综合楼	房屋建筑	8 200	江苏五星建设集团有限公司	许建新
12	江苏苏源光一科技公司生产基地	房屋建筑	22 868	华仁建设集团有限公司	姚继胜
13	下关新百集团化工原料仓库地块经济适用房 01 幢	房屋建筑	22 000	江苏东敖建设集团有限公司	赵金水
14	南京地铁一号线南延线工程高架车站钢雨篷和外幕墙工程 D1S—TB07 标	地铁	57 658	中国第四冶金建设公司	安云龙
15	南京工商行政管理局发展大厦装修工程	装修	15 000	南京金鸿装饰工程有限公司	吴 洵
16	江东新村公寓 04、05 栋	房屋建筑	60 300	龙成建设工程有限公司	唐景林
17	南京地铁一号线南延线 TA01 标土建	地铁	10 400	中铁隧道集团有限公司	于忠波
18	紫晶广场四区	房屋建筑	39 899	南京建工集团有限公司	王卓睿
19	江苏省海事职业技术学院学生宿舍 4 号楼	房屋建筑	11 881	江苏省建工集团有限公司	樊成伟
20	江苏职工医科大学图书馆	房屋建筑	9 953.18	江苏锦澜建设有限公司	刘长根
21	武警江苏省总队机关迁建工程	房屋建筑	48 000	中国建筑一局(集团)有限公司	贾宜生
22	江苏凤凰印务包装印刷厂房	房屋建筑	60 156	南通四建集团有限公司	李 伟
23	仙林大学城 C4、C5 地块工程	房屋建筑	79 665	中国建筑第八工程局有限公司	王宏林

续表

序号	项目名称	专业	建筑面积(m^2)或工程量	施工单位	项目经理
24	栖霞区疾病预防控制中心建设业务办公综合楼工程	房屋建筑	8 320	南通新华建筑集团有限公司	王汉林
25	阿尔卡迪亚E区2号、6号、8号、9号楼	房屋建筑	36 000	南京建工集团有限公司	刘国斌
26	南京长风新能源有限公司定子生产联合厂房	房屋建筑	21 938	南京环茂建筑安装工程有限公司	孔令红
27	雨东机电花园二期	房屋建筑	15 026	通州建总集团有限公司	张建林
28	溧水长途汽车客运总站(候车厅、售票厅)	房屋建筑	9 574	江苏中淮建设集团有限公司	杜白林
29	南京地铁二号线一期工程TA03标	地铁	3.5亿元	中铁隧道集团有限公司	孙　谋
30	六合盛棠苑(B区)二标段	房屋建筑	26 200	南京棠邑建筑安装有限公司	许乃庭
31	南京工业大学丁家桥校区人才公寓、研究生公寓	房屋建筑	53 389.2	江苏兴港建设集团有限公司	顾宏军
32	南京军区司令部清溪花园二期工程	房屋建筑	19 828	南京凯盛建设集团有限公司	周保根
33	阿尔卡迪亚E区3号、4号、10号、11号楼	房屋建筑	33 723	南京市第十建筑工程公司	谢安宏
34	高淳县中医院易地新建工程综合楼	房屋建筑	17 856	龙戌建设工程有限公司	葛春山
35	南京地铁一号线南延线TA05标土建	地铁	25 546	中铁三局集团有限公司	乔凤龙
36	六合盛棠苑(B区)一标段	房屋建筑	30 154.48	江苏弘盛建设工程集团有限公司	于学仁
37	南京天华化学公司第一生产车间、辅助车间、宿舍一	房屋建筑	46 047	江苏南通六建建设集团有限公司	钱正山
38	江苏省中西医结合医院门急诊医技综合楼	房屋建筑	37 400	南京建工集团有限公司	李　斌
39	凤凰港商贸城怡湖华庭01、02栋	房屋建筑	80 323	南京鸿业建设工程有限公司	徐桂朝
40	江苏省电力试研院计量中心实验楼	房屋建筑	17 000	江苏弘盛建设工程集团有限公司	陆文权
41	薛家巷项目	房屋建筑	94 567	通州建总集团有限公司	吴克明
42	中城花园·塞纳名邸	房屋建筑	13 900	江苏通和建筑安装工程有限公司	邢华财

续 表

序号	项目名称	专业	建筑面积(m^2)或工程量	施工单位	项目经理
43	南京国际中医药研发中心工程	房屋建筑	11 302	通州建总集团有限公司	张晓白
44	奥体新城B5地块02、03、05幢工程	房屋建筑	46 440	江苏通州四建集团有限公司	陈润华
45	南大苏富特软件城01幢工程	房屋建筑	41 839	南京第一建筑工程有限公司	杨德银
46	新江浦中学北侧地块南片A组团A—04、A—06幢	房屋建筑	15 250	江苏双固建设有限公司	梅加双
47	旭日华庭B地块酒店式公寓(弘阳大厦)	房屋建筑	45 487	江苏苏兴建设工程有限公司	戎元满
48	阿尔卡迪亚E区1号、5号、7号楼	房屋建筑	28 690	南京市第四建筑工程有限公司	窦昌明
49	旭日爱上城17区01、02幢及地下车库	房屋建筑	56 644	通州建总集团有限公司	范　兵
50	南方新城(B)	房屋建筑	65 957.7	南京明辉建设有限公司	濮存富
51	江苏集群科技有限公司办公楼、单身宿舍及餐厅	房屋建筑	15 951	南京市第四建筑工程有限公司	姜　俊
52	江宁交通大厦	房屋建筑	23 029	南京鸿业建设工程有限公司	孔爱东
53	工程兵工程学院长巷路综合楼一标段	房屋建筑	70 000	南京建工集团有限公司	高昌林
54	艾志工业技术集团有限公司研发中心一期室内装饰工程	房屋建筑	15 000	江苏天茂装饰园林工程有限公司	蔡罗娣
55	银城东宝路项目(NO. 2007G120地块)	房屋建筑	35 886	江苏顺通建设工程有限公司	刘　巍
56	医药仓库食堂宿舍工程	房屋建筑	32 786	南京鸿业建设工程有限公司	邵佳明
57	南京地铁二号线东延线工程车站设备安装施工D2E—CA01标	地铁	1 310.28万元	中铁一局集团电务工程有限公司	何　健
58	中信通讯(南京)人才公寓一期工程	房屋建筑	150 000	中国建筑一局(集团)有限公司	张彦峰
59	神马家俱城地块产权置换房	房屋建筑	19 232.8	江苏省建工集团有限公司	严光海
60	能仁里1号危旧房改造工程	房屋建筑	17 000	江苏武进建筑安装工程有限公司	谷荣伟
61	南京长江隧道机电安装工程	地铁	2亿元	中铁十四局集团电气化工程有限公司	刘洪涛
62	中城花园·塞纳名邸32号、41号、73号、74号楼	房屋建筑	11 800	江苏通和建筑安装工程有限公司	吴存华

续 表

序号	项目名称	专业	建筑面积(m^2)或工程量	施工单位	项目经理
63	中医药大学唐仲英科技楼	房屋建筑	16 700	南通卓强建设工程有限公司	顾德军
64	滨河御景	房屋建筑	44 779.77	江苏东赦建设集团有限公司	陈毓敏
65	江苏省第二中医院新建综合病房楼室内装饰工程	房屋建筑	6 000	南京富海装饰工程有限公司	宋养烈
66	220 KV 宁海路变电站	房屋建筑	8 000	南京市第六建筑安装工程有限公司	张祥生
67	南京地铁二号线一期工程车站设备安装施工 D2—CA02 标	地铁	4 584.859 4	中铁四局集团电气化工程有限公司	李能华
68	溧水水岸新都花苑二期 9 号、12 号、16 号楼	房屋建筑	14 400	南京天泉建筑安装工程有限公司	徐孝清
69	南京地铁一号线南延线工程车站装修施工(D1S—TB03 标)	地铁	12 000	南京柏森实业有限责任公司	庄　毅
70	高淳县突发公共卫生事件应急指挥中心二期	房屋建筑	11 284	南京市第六建筑安装工程有限公司	芮玉根
71	江苏千山科技园 01—03 栋厂房	房屋建筑	20 571	海通建设集团有限公司	吴晓全
72	世纪东山花园 35 号、36 号楼	房屋建筑	13 486	南京弘正建设发展有限公司	吴八斤
73	浦口医院改、扩建工程	房屋建筑	20 338	江苏宏马建设有限公司	刘海兵
74	秦淮区成人教育中心扩建工程	房屋建筑	22 593	江苏华虹建筑安装工程有限公司	吴元英
75	南京铁道职业技术学院新校区 04 幢技术中心组团、阶梯教室	房屋建筑	18 000	江苏农垦建设有限公司	薛友江
76	中国电子科技集团公司第十四研究所新区建设 B13 号建筑室内装饰工程(2 标段)	装饰	818.29	南京国豪装饰安装工程有限公司	董忠杰
南京市政(11)					
1	纬七路西延建设工程二标段	市政公用	26 506 万元	中铁十局集团有限公司	邱振江
2	汤山新城规划一路	市政公用	4 796 万元	南京润盛建设集团有限公司	陶绪祥
3	城市快速内环北线 西延工程	市政公用	1 988 万元	南京建工集团有限公司	孙锦妹
4	六合区白果南路建设工程	市政公用	3 093.44 万元	南京嘉盛建设集团有限公司	杨海林
5	白下创业园基础设施工程	市政公用	9 118 万元	南京鹏程道路排水工程有限责任公司	戴　钢
6	汤水西路(新宁杭路—纬十五路)建设工程	市政公用	2 009 万元	南京大陶路桥建设有限公司	解生龙

续 表

序号	项目名称	专业	建筑面积(m^2)或工程量	施工单位	项目经理
7	黄河路跨南河桥工程	市政公用	1 962 万元	南京第二道路排水工程有限责任公司	严家友
8	江宁区小龙湾路市政工程	市政公用	2 422 万元	南京凯通基础工程有限公司	黄克海
9	改造文靖路建设工程(土山路—天印大道)	市政公用	5 494.27 万元	南京致远交通工程有限公司	周　骏
10	空港工业园污水处理厂进水管道工程	市政公用	15 254 万元	南京华宇市政建设工程有限公司	李　旌
11	六合区南北大道道路改造工程	市政公用	4 973 万元	江苏东宏建设有限公司	赵　隽
无锡市(72)					
1	宜兴国际经贸大厦	房屋建筑	34 469	宜兴市红塔建筑安装工程有限公司	陆顺初
2	国家桥门式起重机械产品质量监督检验中心	房屋建筑	22 000	江苏苏阳建设有限公司	吴一德
3	无锡酒店项目(第一上海广场)	房屋建筑	94 826	江苏江中集团有限公司	周俊海
4	无锡市华方科技有限公司科研综合用房	房屋建筑	46 768	无锡市华方建筑工程有限公司	李　荣
5	江阴市人民医院新病房大楼	房屋建筑	70 000	南通四建集团有限公司	张卫国
6	无锡华润燃气有限公司抢维修中心项目	房屋建筑	44 849	江苏南通二建集团有限公司	宋建生
7	无锡蓝天电子科技大厦	房屋建筑	25 455	无锡锡山建筑实业有限公司	朱亚芳
8	崇安区房管局行政办公楼	房屋建筑	31 314	江苏富源广建设发展有限公司	朱培龙
9	无锡市公安局交巡警支队、车管所及交通指挥中心业务用房装饰工程	房屋建筑	2 599 万元	无锡金城幕墙装饰工程有限公司	王健强
10	无锡体育中心北侧地块一期工程	房屋建筑	26 593	浙江展诚建设集团股份有限公司	薛建林
11	荆邑大桥	市政工程	16 924 万元	中铁一局集团有限公司	刘安岐
12	宜兴市地方税务局办税服务厅及停车楼	房屋建筑	14 200	宜兴市铜峰建筑安装工程有限公司	赵龙华
13	无锡市市民中心内装饰工程 4 标段	装饰	5 527 万元	南京长岛建筑装饰工程有限公司	汤宇中
14	无锡西水东中央生活区 2 地块	房屋建筑	63 256	龙信建设集团有限公司	张海军
15	无锡新区经发新城商业广场	房屋建筑	148 518	华仁建设集团有限公司	张才君

续 表

序号	项目名称	专业	建筑面积(m^2)或工程量	施工单位	项目经理
16	运河西路工程	市政工程	7 035 万元	无锡市市政设施建设工程总公司	胡志军
17	无锡市 XDG—2006—78 号地块一期	房屋建筑	41 012	中达建设集团股份有限公司	徐德民
18	无锡市市民中心内装饰工程 3 标段	装饰	4 909 万元	苏州金螳螂建筑装饰股份有限公司	俞春东
19	无锡国际会展中心	装饰	2 008 万元	江苏建设装饰工程有限公司	俞春香
20	宜兴金汇大厦	房屋建筑	32 779	宜兴市建工建筑安装有限责任公司	徐云辉
21	通江大道工程	市政工程	9 668 万元	腾达建设集团股份有限公司	徐晓鸿
22	江阴东方大院二期 A 标段	房屋建筑	28 439	江阴市华厦建设工程有限公司	金国忠
23	无锡蠡湖新城香阁豪庭 B 栋	房屋建筑	31 273	五洋建设集团股份有限公司	王永敏
24	无锡太湖国际科技园青年公社工程	房屋建筑	43 933	中达建设集团股份有限公司	黄　炜
25	无锡市君来广场工程	房屋建筑	113 200	上海市第一建筑有限公司	戴志杰
26	运河西路工程	市政工程	8 470 万元	无锡路桥集团有限公司	李俊伟
27	无锡市市民中心内装饰工程 5 标段	装饰	3 620 万元	无锡市华东建筑装饰工程有限责任公司	夏晓明
28	无锡金科观天下住宅小区 1 号、3 号楼及地下室工程	房屋建筑	74 333	中建四局第一建筑工程有限公司	曾　明
29	无锡市瑜憬湾三期 9 号—13 号楼	房屋建筑	82 400	上海嘉实(集团)有限公司	施五四
30	无锡科技创业园二期 7 号楼工程	房屋建筑	31 168	华仁建设集团有限公司	邹建江
31	无锡市中级人民法院业务用房综合改造工程	房屋建筑	11 500	江苏省金陵建工集团有限公司	王　军
32	无锡市市民中心内装饰工程 6 标段	装饰	3 726 万元	中国建筑装饰工程有限公司	黄　华
33	广丰尤岸里征地拆迁安置房工程(二期)	房屋建筑	91 211	江阴一建建设有限公司	蔡薛峰
34	无锡蠡湖科技研发大楼 4 号楼装饰工程	装饰	887.925 万元	江苏华盛装饰工程有限公司	杭晓阳
35	空中华西村	房屋建筑	212 987	中国建筑第二工程局有限公司	丁　威
36	无锡天一城 C 区 33 号—38 号房	房屋建筑	105 000	南通建工集团股份有限公司	倪建琪

续 表

序号	项目名称	专业	建筑面积(m^2)或工程量	施工单位	项目经理
37	惠山区科技创业服务外包基地公共服务中心	房屋建筑	52 900	中国建筑股份有限公司(上海)	项保民
38	龙船浜三期1号房	房屋建筑	24 359	南通建筑工程总承包有限公司	朱小平
39	红星路立交工程	市政工程	5 411 万元	中铁二十四局集团有限公司	谢钦方
40	导航台扩建一期	房屋建筑	8 809	无锡市亨利富建设发展有限公司	吴晓明
41	无锡天一城C区19号—25号房	房屋建筑	79 998	南通建工集团股份有限公司	冒俊兵
42	三房巷科技大楼	房屋建筑	42 527	江苏金厦建设集团有限公司	何　钢
43	吴越路工程BT项目B标	市政工程	10 196 万元	中铁十六局集团第一工程有限公司	孙胜臣
44	翻建科技研发用房	房屋建筑	16 860	无锡市亨利富建设发展有限公司	尤振宇
45	春城家园二期(22—25号、32—37号、会所、幼儿园)	房屋建筑	71 881	江苏五星建设集团有限公司	倪新民
46	江阴嘉福豪庭工程	房屋建筑	38 819	江阴一建建设有限公司	严　斌
47	无锡城市职业技术学院新校区建设建安三标段工程	房屋建筑	31 922	江苏武进建筑安装工程有限公司	金炳兴
48	安捷机电研发园综合楼	房屋建筑	33 840	江苏金土木建设集团有限公司	平建国
49	中信泰富广场兴澄苑	房屋建筑	204 000	广厦建设集团有限责任公司	赵明旺
50	江南磁带有限公司新建厂房	房屋建筑	18 000	无锡市锡山三建实业有限公司	杨学辉
51	芦村污水处理厂四期工程	市政工程	8 888 万元	无锡市政建设集团有限公司	冯红才
52	无锡市崇安区少年宫、文化宫、艺术中心建安工程	房屋建筑	27 651	江苏苏阳建设有限公司	黄阿芹
53	无锡万科魅力之城C区C7、C11组团	房屋建筑	60 617	中建四局第六建筑工程有限公司	闻　康
54	无锡市市民中心内装饰工程2标段	装饰	3 602 万元	南通市建筑装饰装潢有限公司	韩永健
55	旭天(无锡)服务外包园一期	房屋建筑	38 000	华仁建设集团有限公司	吴荣军
56	华庄科技发展大厦	房屋建筑	99 533	江苏汉中建设集团有限公司	张启峰
57	无锡动力工程股份有限公司新建厂房及辅助用房	房屋建筑	30 505	江苏省金陵建工集团有限公司	钱艺柏

续　表

序号	项目名称	专业	建筑面积(m^2)或工程量	施工单位	项目经理
58	江苏省宜兴中学专家楼	房屋建筑	10 275	江苏伟丰建筑安装集团有限公司	陆云中
59	百万等级核电特大叶片制造基地及航空锻件项目技术改造综合楼	房屋建筑	18 327	江苏南通六建建设集团有限公司	陈　华
60	江苏软件外包产业园二期A地块项目	房屋建筑	47 485	江苏南通六建建设集团有限公司	李　浩
61	无锡市滨湖区规划展示馆工程	房屋建筑	13 166	南通建工集团股份有限公司	汪　翔
62	无锡城市职业技术学院新校区一标段工程	房屋建筑	39 732	南通新华建筑集团有限公司	夏明建
63	无锡数字动漫创业服务中心一期工程	房屋建筑	14 408	无锡二建建设集团有限公司	殷飞雄
64	中国无锡留学人员创业大厦	房屋建筑	66 945	南通五建建设工程有限公司	王胜军
65	无锡市市民中心内装饰工程1标段	装饰	3 732万元	北京建峰建设装饰工程集团	孙若巍
66	无锡美新国际社区二期32号—34号、37号及地下室工程	房屋建筑	34 730	中达建设集团股份有限公司	郑舟远
67	无锡蠡湖科技“三创”载体办公及配套用房室内装饰工程	房屋建筑	12 174万元	上海室内装饰(集团)有限公司	项志龙
68	无锡时代上城B区一期1号、9号、10号房	房屋建筑	39 800	上海扬子江建设(集团)有限公司	黄新善
69	无锡万达商业广场D区	房屋建筑	259 400	中国建筑第二工程局有限公司	熊炳富
70	无锡市中南家园4号、7号房	房屋建筑	25 020	江苏无锡二建建设集团有限公司	许国军
71	太湖新城一号地块开发(二期二标)	房屋建筑	75 105	龙元建设集团股份有限公司	马建军
72	无锡新区科技交流中心	房屋建筑	35 474	中国江苏国际经济技术合作公司	高　飞
徐州市(39)					
1	徐州市新城区2号地块C区住宅小区项目一期工程	房屋建筑	40 000	通州建总集团有限公司	杨松友
2	徐州市建设工程交易中心	房屋建筑	28 216	南通四建集团有限公司	吴　达
3	万宁华府工程(A1—1、A1—2、A2、A3、A5、B1、B2、B3、C1、C2、C3)	房屋建筑	116 742	江苏长安建设集团有限公司	赵柏明

续 表

序号	项目名称	专业	建筑面积(m^2)或工程量	施工单位	项目经理
4	汉之源拆迁安置定销房C1号、C2号及公建A	房屋建筑	17 776.64	江苏集慧建设集团有限公司	李明刚
5	徐州金驹物流园钢材贸易大楼	房屋建筑	22 405	通州建总集团有限公司	王培富
6	徐州黄河丽景花园工程1号楼、5号楼	房屋建筑	24 951	浙江中成建工集团有限公司	单纪元
7	东南郡小区6号、10号、11号、17号、18号、20号、21号楼及人防地下汽车库	房屋建筑	50 188	通州建总集团有限公司	周荣兵
8	中山北路示范路市政工程	市政工程	3 038万元	徐州市政建设集团有限责任公司	廉 钢
9	建筑技术实训中心	房屋建筑	19 198	江苏中盛建设集团有限公司	邵忠凌
10	徐州世茂汉之源E区工程	房屋建筑	135 000	中国建筑第八工程局有限公司	王晓东
11	徐州南洋国际商城工程公建SA—SD楼	房屋建筑	100 008	上海耀河建设工程有限公司	张永康
12	徐医附院病房综合楼工程	房屋建筑	106 939	江苏江中集团有限公司	沈忠星
13	润和园工程	房屋建筑	21 900	江苏省苏中建设集团股份有限公司	屠加荣
14	惠民花园三期市政工程	市政工程	2 683万元	徐州市政建设集团有限责任公司	徐立珍
15	徐州市坝子街商办楼	房屋建筑	21 159	江苏集慧建设集团有限公司	李广彬
16	鼓楼生态园(B地块)一期一标段	房屋建筑	45 000	江苏华美工程建设集团有限公司	孟广伦
17	金山桥新厂区综机修理制造公司及带式输送机制造公司工程	房屋建筑	24 786	江苏江中集团有限公司	沈明进
18	徐州南洋国际商城工程住宅Z—7—12号楼	房屋建筑	67 000	上海耀河建设工程有限公司	樊锦良
19	“汉之源”二期“尚东名庭”	房屋建筑	32 034	锦辰集团有限公司	曹广平
20	徐州市花园饭店改造工程	装饰	7 000	徐州建筑装潢有限公司	张和圣
21	贾汪区群众文化活动中心	房屋建筑	15 795.5	通州建总集团有限公司	张启华
22	丰县在水一方二期工程19—26楼二组团	房屋建筑	37 951.88	江苏中阳建设集团有限公司	王金波
23	黄河·丽景花园	房屋建筑	36 000	浙江中成建工集团有限公司	单纪元

续 表

序号	项目名称	专业	建筑面积(m^2)或工程量	施工单位	项目经理
24	丰县订销房、廉租房、三期经济适用房三标段	房屋建筑	22 786	江苏丰阳建设集团有限公司	李 君
25	徐州市幼儿高等师范学校教学楼文化艺术中心	房屋建筑	22 587	江苏省苏中建设集团股份有限公司	贾伯军
26	步行街外立面装饰工程	装饰	18 000	徐州建筑装潢有限公司	仲兆华
27	徐州瑞龙地王大厦工程	房屋建筑	42 000	南通五建建设工程有限公司	张亚军
28	徐州市新城区茶庵安置小区工程	房屋建筑	60 000	山东一箭建设有限公司	张联合
29	区域性灭火救援应急中心执勤综合楼	房屋建筑	21 350	南通四建集团有限公司	张联荣
30	锦绣茗都工程	房屋建筑	38 725	江苏江中集团有限公司	沈世建
31	徐州音乐厅工程	房屋建筑	10 531	北京城建集团有限责任公司	韩 冰
32	鼓楼生态园(B地块)一期二标段	房屋建筑	43 000	江苏华美工程建设集团有限公司	邵开胜
33	沛县城建展览馆	房屋建筑	32 669	江西临川建筑安装工程总公司	黄再兴
34	大屯煤电公司腾飞新村扩建31号、32号楼	房屋建筑	19 000	江苏大汉建筑有限公司	魏名亚
35	城置国际花园	房屋建筑	34 324	盐城二建集团有限公司	于晋萍
36	徐州市温州商贸城A2区4号—7号楼及地下室	房屋建筑	76 908.9	核工业华东建设工程集团公司	岳成进
37	沛县金地家园	房屋建筑	46 000	浙江中成建工集团有限公司	单建峰
38	徐州蟠桃佛教文化景区工程	房屋建筑	11 801.56	湖北殷祖古建园林工程有限公司	王贤梁
39	香港德客乐环保家居广场精品家居中心	房屋建筑	92 317	徐州贝德铭建筑安装工程有限公司	王志华
常州市(59)					
1	九洲新世界3号、11号、12号、14号房及地下室	土建	73 113	江苏武进建筑安装工程有限公司	秦宏伟
2	惠民大厦A楼及A楼裙楼、地下室土建工程	房屋建筑	31 876	常州第一建筑工程有限公司	庄 彤
3	通江南路东侧N11地块商办综合楼	土建	58 261	江苏省苏中建设集团股份有限公司	王和平
4	惠民大厦B楼及B楼裙房、地下室土建工程	房屋建筑	35 118	常州二建建设有限公司	孙 堰

续 表

序号	项目名称	专业	建筑面积(m^2)或工程量	施工单位	项目经理
5	常州海事处、常州市水上搜救中心综合业务用房土建工程	房屋建筑	11 711	常州二建建设有限公司	孙建伟
6	道生中心	房屋建筑	79 906	常州市成章建筑安装工程有限公司	茆阿林
7	常州市武进 2007065 地块酒店、住宅	房屋建筑	70 000	常州市泰村建筑工程有限公司	张晓赤
8	科教城东区科技园 1 号楼	房屋建筑	57 720	江苏龙海建工集团有限公司	尤波涛
9	常州市第四人民医院(新北医院)一期土建	土建	82 671	常州第一建筑工程有限公司	阎昌建
10	常州市第四人民医院(新北医院)一期安装	安装	8 346 万元	常州工业设备安装有限公司	卞怀沙
11	常州消防特勤大队、特勤中队	土建	12 662	江苏武进建筑安装工程有限公司	李广裕
12	银河湾明苑二标段 31 号、32 号房	房屋建筑	59 938	常州二建建设有限公司	赵恒礼
13	飞龙新苑五标段	房屋建筑	16 702	金坛市建筑安装工程公司	何广模
14	金坛市碧水华庭商住楼 21、22、27、28、44 号楼	房屋建筑	22 265	金坛市华阳建设工程有限公司	夏洪新
15	泰富湾	土建	52 481	常州二建建设有限公司	龚志强
16	新城长岛二期 132 号、133 号、135 号～137 号、139 号、150 号～152 号及地下室	房屋建筑	71 665	常州市华顺建筑工程有限公司	王 玮
17	河苑家园 58 号房	土建	11 484	常州三建建设有限公司	余海海
18	江苏工学院武进校区体育馆土建工程	土建	15 812	常州第一建筑工程有限公司	金一峰
19	飞龙新苑六标段	房屋建筑	27 382	溧阳市天目湖建筑安装工程有限公司	黄富国
20	清水湾 18 号、20 号及车库	土建	26 352	常州市成章建筑安装工程有限公司	罗志伟
21	桂花园三期三标段 12 号、16 号房	房屋建筑	17 198	江苏广兴集团有限公司	姜道根
22	溧阳市安顺大厦	土建	19 300	溧阳市安顺建设集团有限公司	王留宇
23	常州新区快捷假日酒店	房屋建筑	14 400	常州丰臣建筑工程有限公司	孙国平
24	丰臣丽景国际商务楼工程	房屋建筑	13 758	常州丰臣建筑工程有限公司	戴明根
25	蓝天新苑二标段(3 号楼)	房屋建筑	22 043	江苏省江建集团有限公司	祝德成

续 表

序号	项目名称	专业	建筑面积(m^2)或工程量	施工单位	项目经理
26	蓝天新苑四标段(3号地下车库A区、6号楼、7号楼、1号商铺)	房屋建筑	21 269	江东龙海建工集团有限公司	吕伟民
27	祥龙苑10号房及人防地下室工程	土建	21 701	江东弘盛建设工程集团有限公司	吴昌明
28	中吴雅苑10号、11号楼	房屋建筑	30 844	常州常嘉建设有限公司	殷云峰
29	同德苑安置小区二期公建配套项目工程	土建	12 970	南京大地建设(集团)股份有限公司	黄厚勇
30	正方京城1号、2号房及商铺1、2房	土建	43 937	南通建筑工程总承包有限公司	许志新
31	江苏工学院武进校区体育馆安装工程	安装	820万元	常州工业安装有限公司	王远峰
32	创意产业园区服务中心	房屋建筑	38 195	常州南天建设集团有限公司	张建平
33	华山苑1号、2号、3号、5号、8号、地下车库B	房屋建筑	42 683	淮安市第五建筑工程有限公司	纪春华
34	惠民大厦A、B楼及裙楼、地下室安装工程	安装	2 485万元	江苏天目建设集团有限公司	陈洪民
35	华山苑6号、7号、9号、地下车库A	房屋建筑	44 752	淮安市第五建筑工程有限公司	陈　华
36	黑牡丹车间十一车间15—26轴	土建	24 364	江苏龙海建工集团有限公司	史建伟
37	祥龙苑小区一期11号、15号、16号、17号房及地下室	土建	29 705	江苏龙海建工集团有限公司	虞国庆
38	罗溪卫生院综合楼	房屋建筑	14 040	南京大地建设(集团)股份有限公司	季　斌
39	常州万泰置业有限公司万泰物流中心及办公楼	土建	72 000	常州市成章建筑安装工程有限公司	高双军
40	府河名居一标1号—4号房	土建	45 794	常州三建建设有限公司	薛全兴
41	和平国际花苑	土建	85 746	江苏宏大建设集团有限公司	史大德
42	常州市客运中心及综合配套系统	房屋建筑	192 000	上海市第四建筑工程有限公司	范胜东
43	御水温泉酒店、酒店综合楼室内装饰工程	装饰	2 288万元	苏州金螳螂建筑装饰股份有限公司	周　怡
44	中吴大道道路工程三标段	市政工程	5 019万元	常州市市政建设工程有限公司	刘国斌

续 表

序号	项目名称	专业	建筑面积(m^2)或工程量	施工单位	项目经理
45	北水西花园二期1号、2号、7号—9号、13号—16号房	房屋建筑	28 627	溧阳市城建集团有限公司	王建良
46	蓝天新苑五标段(8号楼)	土建	22 350	江苏龙海建工集团有限公司	陈达良
47	南洋大酒店	土建	39 727	南京第六建筑安装工程有限公司	魏雪臻
48	南车戚墅堰机车有限公司第一联合厂房	土建	25 337	中铁建工集团有限公司	江佐清
49	罗溪镇同德苑公建配套用房	房屋建筑	12 297	南京大地建设(集团)股份有限公司	黄厚勇
50	祥龙苑小区一期二标段(5号、6号、8号、12号、13号)	土建	38 000	常州市第一建筑工程有限公司	于 斌
51	戚研所技术中心	土建	19 397	常州第一建筑工程有限公司	袁 康
52	南车戚墅堰机车有限公司第二联合厂房	土建	22 145	江苏城东建设工程有限公司	周月怀
53	戚研所职工宿舍、食堂、浴室	土建	19 998	无锡锡山建筑实业有限公司	任启寿
54	南州花园二期22、27、32号楼	土建	12 532	金坛市华城建筑工程有限公司	丁荣生
55	常州市延陵东路改造8号、9号、10号地块及汇景家园1号、7号、地下室	土建	68 885	金坛市建筑安装工程公司	朱玉良
56	新闸龙江路西侧B地块二标段	土建	43 607	上海绿地建筑工程有限公司	周福俊
57	新闸龙江路西侧B地块一标段	土建	18 524	上海绿地建筑工程有限公司	陈惠方
58	戚研所齿轮传动事业部热处理厂房	土建	19 552	宁波建工股份有限公司	陆明福
59	常州华林家园2.1期	土建	90 248	江苏金土地建设集团有限公司	周荣军
苏州市(156)					
1	苏州轨道交通1号线I—TS—11标土建工程	市政工程	28 322万元	中铁十七局集团有限公司	廖日才
2	苏州轨道交通1号线I—TS—17标土建工程	市政工程	21 746万元	中铁十四局集团有限公司	蒋树磊
3	苏州轨道交通1号线I—TS—01标土建工程	市政工程	27 107万元	中铁十一局集团有限公司	邓建雄
4	民丰小区拆迁安置房1号—6号房工程	房屋建筑	20 796	江苏兴港建设集团有限公司第二分公司	姚长龙

续 表

序号	项目名称	专业	建筑面积(m^2)或工程量	施工单位	项目经理
5	市民文化广场商住楼4栋	房屋建筑	77 973	振华建设集团有限公司	夏　军
6	苏州轨道交通1号线I—TS—08标土建工程	市政工程	34 159万元	中铁二局股份有限公司	徐德军
7	世贸广场	房屋建筑	149 911	浙江海天建设集团有限公司	郭良荣
8	周泾五期动迁小区B—I标	房屋建筑	91 874	昆山市金都建设有限公司	陆永明
9	商务城基地办公楼	房屋建筑	37 723	昆山市金都建设有限公司	何兆伟
10	苏州工业园区中央景城二期A标	房屋建筑	74 503	南通新华建筑集团有限公司	蒋长成
11	吴中区金竹广场	房屋建筑	12 234	苏州口设建设工程有限公司	刘立华
12	雅戈尔太阳城一期二标段	房屋建筑	156 000	上海嘉实集团有限公司	李月彬
13	苏州工业园区中央景城二期B标	房屋建筑	95 000	江苏南通二建集团有限公司	马新生
14	园区北环快速路东延二期BH—1标	市政工程	21 000万元	中铁二十局集团第一工程有限公司	汪发安
15	苏州华旃航天电器有限公司二期生产用房装配楼主楼工程	房屋建筑	34 100	苏州第一建筑集团有限公司	张高泽
16	苏州文化论坛国际会议中心泛光照明工程	装饰	1 058万元	苏州文正机电设备安装工程有限公司	戴国庆
17	吴江金银岛商业街	房屋建筑	21 342	吴江市舜新建筑工程有限公司	徐高荣
18	吴江城市房地产开发有限公司湖滨华城五标段	房屋建筑	47 815	吴江市中泰建筑工程有限公司	陈玉坤
19	太仓市第一人民医院迁建装饰工程四标段行政楼	装饰	785万	苏州颐德装饰工程有限公司	徐氢清
20	雅戈尔太阳城一期一标段	房屋建筑	96 000	南通四建集团有限公司	张俭荣
21	滨江路C标	市政	2 258万元	昆山祚腾市政工程有限公司	肖忙功
22	沪宁城际铁路园区站配套工程	房屋建筑	9 164	江苏南通二建集团有限公司	张建冲
23	前进西路道路改造工程A标	市政工程	1 776万元	昆山祚腾市政工程有限公司	徐广采
24	第四水厂混水清水管线B标工程	市政工程	2 932万元	宁波市政工程建设集团有限公司	喻汪桃
25	核心区纵六路工程	市政工程	1 171万元	昆山市市政工程有限公司	王明泉
26	花桥国际商务城人才公寓A、B楼	房屋建筑	61 770	江苏中大建设集团有限公司	谈忠良
27	东景花园7号—11号商住楼	房屋建筑	9 909	张家港市东莱建筑工程有限公司	魏建平
28	时代大厦五至十二层内部装饰	装饰	3 571万元	苏州苏明装饰有限公司	肖国芳

续 表

序号	项目名称	专业	建筑面积(m^2)或工程量	施工单位	项目经理
29	吴江城市房地产开发有限公司湖滨华城(经济适用房)二标段1、4、7号	房屋建筑	20 867	吴江市舜新建筑工程有限公司	沈 佳
30	苏州生物医学院工程技术研究所科研用房一期配套区建安工程	房屋建筑	27 386	南通英雄建筑安装工程有限公司	吴 建
31	南兵营地块1号、2号、3号	房屋建筑	42 000	苏州市吴中区吴中建设有限公司	柴艳雄
32	A标:苇城路南延、横一路、横二路、纵一路道路	市政工程	1 701万元	昆山市市政工程有限公司	徐庆丰
33	苏州太湖论坛总部内装饰	装饰	3 636万元	苏州美瑞德建筑装饰有限公司	朱英明
34	第四水厂混水清水管线A标工程	市政工程	2 491万元	常州市给水工程有限公司	徐遗芳
35	园区北环快速路东延二期BH—6标	市政工程	12 200万元	路桥华祥国际工程有限公司	白生利
36	张家港东方新天地商业区M3号楼	房屋建筑	42 321	江苏省建筑工程集团有限公司	万家朝
37	园区北环快速路东延二期BH—5标	市政工程	11 419万元	南京第二道路排水工程有限公司	严家友
38	苏州分公司城西通信指挥中心副楼(装饰)工程	装饰	1 674万元	苏州金螳螂装饰股份有限公司	常扣宏
39	园区北环快速路东延二期BH—2标	市政工程	20 500万元	中交第二公路工程局有限公司	于忠夏
40	共青路南延、体育场路南延道路工程B标	市政工程	1 530万元	昆山开发区农工商基础设施工程有限公司	杨水生
41	校前路(馨园路—银河路)	市政工程	1 693万元	昆山同济市政工程有限公司	陈发权
42	滨江路B标	市政工程	2 374万元	昆山市华泰市政工程有限公司	沈海明
43	南部科教创新区D—1酒店及公寓	房屋建筑	75 000	苏州建设(集团)有限公司	康红兵
44	车坊工业坊创意产业园C—2号厂房	房屋建筑	46 227	苏州嘉盛建设工程有限公司	柳登良
45	花桥人才公寓1—5号楼、服务用房、连廊	房屋建筑	25 910	江苏中原建设集团有限公司	张友法
46	震川东路道路改造工程	市政工程	2 478万元	浙江裕众建设集团有限公司	诸兴祥

续 表

序号	项目名称	专业	建筑面积(m^2)或工程量	施工单位	项目经理
47	苏州世茂运河城24号地块总承包工程	房屋建筑	102 000	中国建筑第八工程局有限公司	柴干飞
48	世茂I—C区小学、幼儿园	房屋建筑	14 158	中国建筑第八工程局有限公司	王 亮
49	平江新城体育公园体育健身中心	房屋建筑	3 998.80万元	苏州建设(集团)有限责任公司	许 宛
50	苏州市土地交易中心服务用房	房屋建筑	22 846	苏州二建建筑集团有限公司	周 文
51	苏州高新区何山路改造工程	房屋建筑	3 758万元	苏州二建建筑集团有限公司	江 浩
52	创意产业园A区一标段	房屋建筑	54 565	苏州二建建筑集团有限公司	戴晓炯
53	越溪中心幼儿园	房屋建筑	9 731	苏州越城建筑安装有限公司	郁正玉
54	园区北环快速路东延二期BH—7标	市政工程	5 980万元	江苏雷威建设工程有限公司	张建中
55	唯亭交通枢纽A区9—12号房	房屋建筑	44 849	江苏苏兴建设工程有限公司	唐稳满
56	宏鑫路桥7号车间、8号厂房	房屋建筑	13 499	江苏宏鑫路桥建设有限公司	王崇富
57	前进西路道路改造工程B标	市政工程	1 876万元	宏大建设集团有限公司	张锦华
58	常熟市浒浦高级中学(标一)	房屋建筑	27 368	江苏金土木建设集团华亭工程有限公司	陈振东
59	常熟科技商务楼	房屋建筑	34 103	南通四建集团有限公司	陈兆建
60	苏州轨道交通1号线土建工程I—TS—15标	市政工程	2.1亿元	中铁三局集团有限公司	徐修发
61	南丰新丰苑二期17号、19号、20号、21号、24号、27号、30号房	房屋建筑	24 045.72	江苏兴港建设集团有限公司第一分公司	张裕林
62	林泉电机办公楼、车间	房屋建筑	35 064	昆山市盛新建筑工程有限公司	金 立
63	南丰中心小学教学楼、科文中心	房屋建筑	32 624	江苏兴港建设集团有限公司	王品祥
64	高树地块商住楼室内装饰	装饰	1 198万元	昆山振华装饰装璜有限公司	钱 福
65	江苏东渡纺织集团新厂房工程	房屋建筑	84 394	张家港市后塍建筑安装工程有限公司	唐国祥
66	张家港边防检查站机关综合大楼	房屋建筑	11 292	张家港市鹿苑建筑工程有限公司	范正刚
67	太仓市图博中心	房屋建筑	36 617	苏州二建建筑集团有限公司	吴永辉
68	图文中心内装饰工程	装饰	1 054万元	苏州工业园区同玥装饰工程有限公司	杭金弟

续 表

序号	项目名称	专业	建筑面积(m^2)或工程量	施工单位	项目经理
69	苏州供电公司生产营业调度综合用房(总承包)工程	房屋建筑	51 700	苏州二建建筑集团有限公司	陈国良
70	汇金商业广场一期工地	房屋建筑	29 800	南通四建集团有限公司	王秀彬
71	吴中区胥口卫生院扩建医疗用房	房屋建筑	14 000	南通五建建设工程有限公司	沙克东
72	苏州恒润国际商务广场幕墙工程	房屋建筑	1 527 万元	苏州苏明装饰有限公司	陶冬亮
73	周泾五期动迁小区 B—Ⅲ标	房屋建筑	68 240	江苏中淮建设集团有限公司	周　村
74	苏州轨道交通 1 号线土建工程 I—TS—16 标	市政工程	28 815 万元	中铁十九局集团有限公司	冯大进
75	园区北环快速路东延二期 BH—3 标	市政工程	21 075 万元	中交第一公路工程局有限公司	赵振平
76	漕湖招商中心	房屋建筑	49 020	苏州二建建筑集团有限公司	干兆和
77	越溪街道社区服务中心	房屋建筑	18 962	苏州嘉盛建设工程有限公司	尤效明
78	苏州工业园区月亮湾建屋广场	房屋建筑	110 930	苏州二建建筑集团有限公司	李建华
79	天都花园一期高层住宅工程(五标段 2 号、2 号、4 号、5 号楼)	房屋建筑	44 550	江苏南通三建集团有限公司	陆锦强
80	工行新区支行营业办公楼装修	装饰	984 万元	苏州苏明装饰有限公司	蔡俊忠
81	李公堤三期机电工程	房屋建筑	6 488 万元	宜兴市工业设备安装有限公司	沈维南
82	改扩建检察技侦大楼装饰	装饰	516 万元	昆山市华鼎装饰有限公司	杨万里
83	中新科技城一期一标段	房屋建筑	74 260	苏州工业园区兴盛建设有限公司	鲍仁元
84	特诺电子 1、2 号厂房,门卫	房屋建筑	32 527	江苏城南建设集团有限公司	王发明
85	天都花园二标段 8 号、12 号、13 号房	房屋建筑	32 562	苏州市建鑫建筑安装工程有限责任公司	徐卫忠
86	天都花园一期一标段	房屋建筑	29 511	南通五建建设工程有限公司	张玉富
87	常熟市经济实用房开发中心阳光苑 28 号、31 号、32 号楼	房屋建筑	19 830	常熟市市政建设有限责任公司	温利东
88	滨江路 A 标	市政工程	2 360 万元	昆山市鼎峰市政建设工程有限公司	余群慧
89	青山度假山庄一期工程	房屋建筑	18 000	苏州市建鑫建筑安装工程有限责任公司	倪国军
90	淞泽家园 6 区高层动迁房	房屋建筑	64 746	新世纪建设集团有限公司	程世韬
91	常熟市常建集团有限公司办公楼 A 楼改造、办公楼 B 楼	房屋建筑	8 638	常熟市圣峰建筑安装工程有限公司	顾建江

续 表

序号	项目名称	专业	建筑面积(m^2)或工程量	施工单位	项目经理
92	江苏常熟中学图文信息中心	房屋建筑	8 000	江苏金土木建设集团华升工程有限公司	邹仲舒
93	吴江经济开发区云联北路道路工程(云梨路—甘泉路)	市政工程	1 327 万元	苏州祥盛建设工程有限公司	王克盛
94	总部基地办公大楼 1—6 层室内装饰	装饰	965 万元	昆山市华鼎装饰有限公司	周　根
95	乐余医院易地新建工程	房屋建筑	25 260	张家港市乐余建筑工程有限公司	杨珍沂
96	苏州高新区科技大厦三标段内装饰	装饰	1 800 万元	苏州市华丽美登装饰装潢有限公司	朱云峰
97	吴江市震泽镇投资发展有限公司震泽镇污水管道工程	市政工程	1 455 万元	吴江市舜新建筑工程有限公司	钱月明
98	星海街公共绿地及地下车库	房屋建筑	52 227	苏州第一建筑集团有限公司	郭云道
99	车坊工业坊创意产业园 C—1 号厂房	房屋建筑	52 547	苏州工业园区繁欣建筑有限公司	顾林清
100	车郭东路及星湖街南段工程	市政工程	3 760 万元	南京弘楠建设工程有限公司	戴广军
101	苏州轨道交通 1 号线土建工程 I—TS—05 标	市政工程	28 563 万元	中铁十三局集团有限公司	穆永江
102	苏州红星美凯龙家居广场	房屋建筑	10 748.42	江苏省建筑工程集团有限公司	沈　淦
103	相城中惠晨曦印象花园三期	房屋建筑	47 979	上海明富建筑安装工程有限公司	徐　坚
104	苏州华夏五金机电城 22—31 号、55 号、61 号房	房屋建筑	39 668	江苏东晟建设发展有限公司	葛昌凯
105	常熟市蔬菜食品有限责任公司泰安莱场室内装饰	装饰	333 万元	常熟华联装璜工程有限责任公司	黄义忠
106	江苏津泰机电有限公司办公楼装饰	装饰	563 万元	苏州华瑞建筑装饰工程有限公司	陶敏根
107	太仓市土地交易、发证中心室内装饰Ⅱ标段	装饰	983 万元	苏州金螳螂建筑装饰股份有限公司	杨　震
108	名墅东苑二期二区住宅工程	房屋建筑	25 290	苏州晨光建设工程有限公司	树　中
109	双桥村办公服务中心综合用房	房屋建筑	24 497	苏州第五建筑工程有限公司	张家怡
110	张家港市鹿苑小学迁建工程	房屋建筑	16 561	张家港市鹿苑建筑工程有限公司	张建贤

续 表

序号	项目名称	专业	建筑面积(m^2)或工程量	施工单位	项目经理
111	吴中港改造工程	房屋建筑	50 294	苏州嘉盛建设工程有限公司	陈 婷
112	张家港华昌大厦(商务办公用房)	房屋建筑	104 155	南通四建集团有限公司	王卫星
113	景观塔构筑物	房屋建筑	2 400 万元	江苏金厦建设集团有限公司	钱惠刚
114	相城区第二人民医院	房屋建筑	17 500	江苏省聚峰建设集团有限公司	王世泉
115	苏州火车站站前北广场地下空间(二期)、苏州火车站公交换乘综合楼工程	房屋建筑	47 202	苏州第一建筑集团有限公司	罗惠生
116	鑫江花园 10 号、12 号—17 号商住楼	房屋建筑	55 000	张家港市东莱建筑工程有限公司	葛林栋
117	吴江汾湖科技创业投资发展有限公司研发楼、招商中心工程	房屋建筑	14 532	吴江市伟业建筑工程有限公司	徐卫根
118	天都花园一期三标	房屋建筑	44 700	上海锦惠建设集团有限公司	鲁剑峰
119	苏州轨道交通 1 号线土建工程 I—TS—23 标	市政工程	13 623 万元	中铁四局集团有限公司	严丛林
120	园区北环快速路东延二期 BH—4 标	市政工程	13 550 万元	苏州交通工程集团有限公司	孙大为
121	苏州高新区科技大厦幕墙工程	装饰	10 762 万元	沈阳远大铝业工程有限公司	丁 瑞
122	江苏扬帆服饰有限公司综合用房、车间装饰	装饰	821 万元	常熟市新苑地装饰工程有限公司	张 华
123	苏州市平江区行政中心	房屋建筑	82 805	苏州第一建筑集团有限公司	周雪根
124	新城域 303、305、311、312 号住宅楼	房屋建筑	53 001	南通海洲建设集团有限公司	夏宝山
125	唯亭东区夷陵动迁小区四区	房屋建筑	44 924	歌山建设集团有限公司	何满桃
126	江苏通润机电集团有限公司生产车间(新建新型液压机具及装置项目)	房屋建筑	28 600	常熟市永丰建筑安装工程有限公司	周 洁
127	新建实训教学楼工程	房屋建筑	15 920	南通光华建筑工程有限公司	周鹏飞
128	出口加工区玫瑰路拓宽工程	市政工程	1 335 万元	昆山宏伟世佳市政工程有限公司	吴兴科
129	市民文化广场游泳馆室内装饰	装饰	2 359 万元	深圳远鹏装饰设计工程有限公司	颜 瑜
130	盛荣花园 39、60—64 号楼	房屋建筑	70 656	昆山市五环建设有限公司	范永林
131	张家港市大新镇阳光家园四期 1 号—4 号房	房屋建筑	17 719	张家港市大新建筑工程有限公司	何少华
132	苏州市灭火救援应急中心	房屋建筑	16 099	苏州二建建筑集团有限公司	白文华

续 表

序号	项目名称	专业	建筑面积(m²)或工程量	施工单位	项目经理
盐城市(14)					
1	翰香花园	房屋建筑	68 239	南京第一建筑工程集团有限公司	张玉龙
2	钱江方洲13号、15号、16号楼及商铺B	房屋建筑	19 862	江苏兴厦建筑安装有限公司	管荣贵
3	盐城邮政局生产综合楼	房屋建筑	21 055	江苏建兴建工集团有限公司	宋德军
4	盐城国际会展中心工程	房屋建筑	41 800	江苏建兴建工集团有限公司	倪朝军
5	中央广场西楼	房屋建筑	54 732	南通建筑工程总承包有限公司	阚卫军
6	中坤帝景蓝湾1—13号楼	房屋建筑	54 534	江苏盐城二建集团有限公司	缪友光
7	亭湖区人武部综合楼	房屋建筑	13 907	江苏盐东建设工程有限公司	徐宏霞
8	盐城三院门诊医技综合楼	房屋建筑	38 000	南通四建集团有限公司	郁新成
9	盐城交通技师学院行政教学楼	房屋建筑	31 998.6	盐城市第一建筑工程有限公司	袁巧兰
10	亭湖都市工业园1号、2号厂房	房屋建筑	23 400	盐城市新洋建设工程有限公司	严 明
11	钱江方洲5、6号楼及商铺	房屋建筑	19 000	盐城市蓝盾建设工程有限公司	陈 栋
12	盐城高新技术创业园飞翔路	房屋建筑	6 976.78万元	盐城市市政建设集团有限公司	赵柱明
13	高教公寓2号楼	房屋建筑	27 488	江苏省第一建筑安装有限公司	曹 俊
14	高教公寓5—7号楼	房屋建筑	43 673	盐城市天阳建设工程有限公司	陈正华
扬州市(38)					
1	扬州乐宾广场	房屋建筑	130 000	江苏南通三建集团有限公司	周炳高
2	扬州体育公园游泳跳水馆	房屋建筑	21 546	江苏邗建集团有限公司	李国平
3	高邮市公安指挥中心	房屋建筑	20 483	江苏弘盛建设工程集团有限公司、高邮市建筑安装基础工程公司	戴玉祥 陈新章
4	扬州市开发区实验中学五标段	土建	27 500	江苏省华建建设股份有限公司扬州第一分公司	万国宏
5	杉湾花园102号、103号、104号楼	房屋建筑	11 000	扬州金阳光建筑安装有限公司	陶玉进
6	扬州运河壹号公馆工程Ⅰ标段	房屋建筑	77 169	南通华新建工集团有限公司	顾海华

续 表

序号	项目名称	专业	建筑面积(m^2)或工程量	施工单位	项目经理
7	扬州工艺坊工程	土建	43 000	江苏扬建集团有限公司	丁国伟
8	扬州市六圩污水处理厂二期工程	市政工程	30 000	江苏扬建集团有限公司	朱　政
9	杉湾花园三期 112 号、113 号、119 号、122 号楼	房建	17 800	江苏鼎鑫建设工程有限公司	梁宝华
10	苏中话务通信备用楼基坑围护及土方开挖工程	桩基	1 226 万元	扬州市桩基有限公司	邹　均
11	曲江商品城 C、D 区	土建	27 748	扬州市第四建筑安装工程有限公司	王诚勇
12	扬州商品房服务展示中心内装饰工程	装饰	520 万元	江苏华发装饰有限公司	陈　明
13	杉湾花园三期 109 号—111 号楼	房屋建筑	11 480	江苏江都建设工程有限公司	华春宏
14	祥生·旺庭(住区)	土建	60 110	浙江祥生建设工程有限公司	赵大勇
15	扬州文化艺术中心工程	房屋建筑	48 362	江苏扬建集团有限公司	姜　涛
16	扬州大学图书馆幕墙装饰工程	装饰	2 079 万元	江苏华发装饰有限公司	潘　俊
17	杉湾花园三期一标段	房屋建筑	6 200	扬州方正建筑工程有限公司	陈　俊
18	盛世嘉园 24 号～26 号楼商住楼工程	土建	27 728	江苏天宇建设工程有限公司	胡长龙
19	金轮星城一期 C 标 1 号、2 号、9 号楼	房屋建筑	21 000	江苏弘盛建设工程集团有限公司	史春来
20	新盛花苑 14—20 号、35—37 号楼	房屋建筑	45 000	江苏江都建设工程有限公司	李坤海
21	华钻石油装备厂房工程	房屋建筑	13 579	扬州广宇建筑安装工程有限公司	顾同洋
22	凤来仪花园彩云苑 03 号、05 号、09 号、10 号幢工程	土建	10 600	江苏天宁建设工程有限公司	牛立松
23	黄金坝北路拓宽改造Ⅰ标	市政工程	920 万元	中机环建建设工程有限公司	栾晓军
24	扬州六圩污水处理厂二期	土建	74 221	江苏邗建集团有限公司	王长全
25	东方名城三区	土建	9 139	江苏金禾建设工程有限公司扬州分公司	蒋东兴
26	武庄小区 1 号、2 号楼	土建	14 500	扬州方正建筑工程有限公司	赵　军
27	扬子新苑拆迁安置小区 C 区五标段	土建	46 208	江苏省金陵建工集团有限公司	吉士彬
28	虎豹郡王府 32—39、43 号楼、1 号电房及地库 B	土建	25 001	江苏海源建设有限公司	朱华军

续 表

序号	项目名称	专业	建筑面积(m^2)或工程量	施工单位	项目经理
29	高邮市珠光北路建设工程	市政	1 788 万元	扬州市祥盛市政环保工程有限公司	胡　泊
30	扬子新苑拆迁安置小区C区三标段	土建	61 042	江苏省金陵建工集团有限公司	杨国祥
31	江都市鸿益千秋四期二、三标段项目	土建	14 941	启东建筑集团有限公司	施鹤松
32	扬州体育公园游泳跳水馆	安装	2 209 万元	江苏扬安机电设备工程有限公司	田永林
33	扬子新苑拆迁安置小区C区二标段	土建	52 782	江苏省金陵建工集团有限公司	乐兆云
34	扬子新苑拆迁安置小区C区四标段	土建	57 092	江苏省金陵建工集团有限公司	黄正富
35	扬子新苑拆迁安置小区C区一标段	土建	59 044	江苏省金陵建工集团有限公司	彭　平
36	黄金坝北路拓宽改造Ⅱ标		1 010 万元	扬州市市政工程有限公司	王炳高
37	扬州文化艺术中心	安装	2 305 万元	江苏伟业机电安装有限公司	朱世军
38	金荷嘉园1—5号楼	房屋建筑	19 801	宝应县建筑安装工程公司	陆维军
镇江市(17)					
1	镇江市行政机关办公用房迁建工程	房屋建筑	44 000	镇江建工建设集团有限公司	叶正喜
2	江苏大学附属医院内科楼改扩建工程	房屋建筑	15 000	南通四建集团有限公司	王兴忠
3	江苏齐航二期包装、重型车间、综合楼	房屋建筑	13 000	江苏五星建设集团有限公司	张武春
4	江苏省苏南人力资源市场	房屋建筑	16 722	江苏天宇建设工程有限公司	姚长江
5	镇江中浩国际广场	房屋建筑	56 887.8	镇江京河建筑工程有限公司	徐小林
6	镇江市我家山水瑞雪苑101—103号、107—111号楼	房屋建筑	16 000	江苏新源建筑工程有限公司	吴永峰
7	新区交通分局综合服务楼	房屋建筑	17 287	江苏新润建筑安装工程有限公司	蓝　江
8	220 KV 圌山变电站	房屋建筑	1 685 万元	江苏新润建筑安装工程有限公司	贡明辉
9	镇江风景城邦明旺A块二期66—68号、73号房	房屋建筑	44 573	上海隆盛建筑工程有限公司	胡国良

续 表

序号	项目名称	专业	建筑面积(m^2)或工程量	施工单位	项目经理
10	镇江经济开发区人民法院审判综合楼工程	房屋建筑	16 000	镇江四建建设有限公司	童志农
11	丹阳市齐梁路道路及跨线桥工程	房屋建筑	13 275	江苏省华德工程建设有限公司	张建国
12	怡康家园南楼	房屋建筑	11 086	丹阳市建筑安装工程有限公司	姜耀忠
13	镇江市京口检察院办案指挥中心专业技术用房	房屋建筑	11 000	镇江第二建筑工程有限公司	朱贤进
14	镇江科创园核心服务区一期项目1号研发楼	房屋建筑	54 405	江苏省建工集团有限公司	狄爱芝
15	新香草苑1、3、5、7号楼	房屋建筑	17 514	江苏云阳集团有限公司	王峰俊
16	天坤·城市绿洲	房屋建筑	129 705	江苏天坤集团建筑工程有限公司	贡春良
17	国家级机动车辆零部件重点实验室	房屋建筑	8 038.7	江苏金鑫建设工程有限公司	蒋爱明
泰州市(17)					
1	高港国际财富中心	建筑工程	51 800	浙江海天建设工程有限公司	倪旭强
2	兴化市戴南人民医院病房楼	建筑工程	19 800	中国江苏国际经济技术合作公司	黄　洋
3	兴化市天宝花园酒店	建筑工程	29 600	南通四建集团有限公司	吴玉峰
4	鹏程一品丽园	建筑工程	37 384	浙江天业建设有限公司	余　滨
5	济川药厂双职工A栋、B栋公寓工程	建筑工程	7 669.4	泰兴市华新建筑安装工程有限公司	张年祥
6	怡景花园二期	建筑工程	38 723	江苏祥云建设集团有限公司	刘国凡
7	江苏省苏中环境督查中心及环境监察局苏中分局业务用房	建筑工程	24 350	江苏第一建筑安装有限公司(苏州金螳螂建筑装饰股份有限公司参建)	赵英豪
8	石桥花园拆迁安置房1—11号楼	建筑工程	46 510	江苏源丰建设有限公司	陈永忠
9	靖江市口岸联检服务中心	建筑工程	28 963	江苏广宇建设集团有限公司	戴鲁新
10	华彩公寓	建筑工程	18 650	靖江市苏民建设有限公司	孙国鸿
11	泰州市革命烈士纪念馆外装及幕墙	装修	5 040	南京金陵建筑装饰有限责任公司	钱　刚
12	泰兴市嘉和花园7、8楼及车库	建筑工程	11 134	泰兴市第一建筑安装工程有限公司	张　伟
13	泰州市口岸船舶有限公司科技办公楼	建筑工程	27 000	泰州市口岸建筑安装工程有限公司	戚学明

续表

序号	项目名称	专业	建筑面积(m^2)或工程量	施工单位	项目经理
14	靖江市土地储备中心交易大楼	建筑工程	16 776	靖江市长里建筑安装工程有限公司	陈同兴
15	靖江市恒天商务广场	建筑工程	82 000	南京海外建筑工程有限公司	陈志宾
16	金水湾二期一标30号楼	建筑工程	9 650	泰州市新都建设有限公司	周祥明
17	兴化市新区体育馆	建筑工程	11 408	江苏苏兴建设工程有限公司	柯存龙
宿迁市(20)					
1	江苏泗阳名流新天地B068号楼	房屋建筑	10 734.2	江苏南通六建建设集团有限公司	徐炎生
2	沭阳县名流世家快捷酒店装饰	装饰装修	7 500	宿迁市天地建筑装饰工程有限公司	杨卫华
3	宿迁市湖滨新城商务大厦及城展馆	房屋建筑	65 521	江苏南通二建集团有限公司	杨　勋
4	泗洪县市民广场区域道路	市政公用	1 078.69	江苏宇通建设投资有限公司	从　跃
5	水岸城邦四期A标段55号—67号、24号—26号、5号楼	房屋建筑	86 892	江苏江中集团有限公司	缪跃进
6	江苏首义薄膜厂综合车间	房屋建筑	24 115	江苏江中集团有限公司	缪跃进
7	皇冠国际公寓地下人防工程	房屋建筑	5 500	江苏兴邦建工集团有限公司	陈　进
8	宿迁经济开发区中学实验楼、教学楼2号	房屋建筑	11 000	江苏时代建设工程有限公司	陈珊梅
9	上海城12a号、12b号楼	房屋建筑	26 442	上海置辰工程建设有限公司	张文开
10	沭阳县金融保险大厦	房屋建筑	28 753	南通新华建筑集团有限公司	凌　建
11	沭阳县软件产业大楼	房屋建筑	40 391	南通华新建工集团有限公司	陈卫红
12	泗洪县东方花园七标段住宅楼工程	房屋建筑	67 000	金坛市水北建筑安装工程有限公司	郑荣庆
13	泗洪县生态环境监测楼	房屋建筑	8 822	江苏三兴建工集团有限公司	郭　宇
14	中华商城1号、6号楼	房屋建筑	25 193	浙江广恒建设工程有限公司	张才权
15	宿迁水木清华项目二期工程	房屋建筑	29 415	浙江舜江建设集团有限公司	徐剑波
16	缔景花园三期(23号、24号、25号、26号、27号楼)工程	房屋建筑	44 700	宿迁市龙成建筑工程有限公司	姚　松
17	晨风(宿迁)生产车间A、B区	房屋建筑	43 754	江苏城东建设工程有限公司	陈巍祥
18	泗洪凤临阁商住楼工程	房屋建筑	17 752	金坛市水北建筑安装工程有限公司	戴于荣
19	宿豫区金莎大厦	房屋建筑	20 874.9	江苏邗建集团有限公司	步　明

续 表

序号	项目名称	专业	建筑面积(m^2)或工程量	施工单位	项目经理
20	上海城11号楼	房屋建筑	4 819	上海量辰工程建设有限公司	张文平
电力(9)					
1	110 KV湖滨变电所工程(宜兴)	电力	3 516 m^2,7 200万元	江苏恒丰建设有限公司	吴根初
2	500 KV江阴东变电站工程(江阴)	电力	1 300 m^2,1.3亿元	南京市第六建筑安装工程有限公司	张百启
3	110 KV会展变电站	电力	4 062 m^2,7 126万元	南京市第六建筑安装工程有限公司	邢贞辉
4	220 KV南徐变电站(镇江)	电力	7 499 m^2,1.2亿元	江苏精享裕建工有限公司	秦雅军
5	220 KV亚包变电站工程(江阴)	电力	4 659.2 m^2,1.26亿元	苏州永盛建筑有限公司	李 兵
6	220 KV宋渎变电所工程(宜兴)	电力	1.322亿元	无锡虹亚集团电力建筑工程有限公司	王建君
7	110 KV丁家山变电站工程(南京)	电力	3 944 m^2,3 600万元	江苏泓建集团有限公司	于龙江
8	220 KV阊胥变电站工程(苏州)	电力	5 093 m^2,1.5亿元	苏州电力建设工程有限公司	王伟星
9	220 KV刘桃园变电站工程(宿迁)	电力	865 m^2,9 489万元	江苏精享裕建工有限公司	王 飞

江苏省援川项目文明工地创建

2008年5月12日汶川大地震以后，根据国家和江苏省委、省政府的统一部署，江苏省各市陆续开展援川项目的建设。2009年5月，江苏省对口支援四川省绵竹市地震灾后恢复重建指挥部向江苏省建筑工程管理局发出《关于我省援建四川绵竹项目参加江苏省建筑施工省级文明工地评审的函》。6月15日江苏省建筑工程管理局经研究后，发出《关于我省援建四川绵竹项目参加江苏省建筑施工省级文明工地评审的复函》(苏监管函[2009]77号)，同意在江苏援川建设项目中开展江苏省建筑施工省级文明工地的评审工作。上半年申报截止日期为6月25日，下半年申报截止日期为12月10日。省建管局分别组织专家组，对申报的援川项目进行现场考核。经考核公示和省建筑施工文明工地审定委员会审定，有76个项目被批准授予“江苏省2009年度援川项目建筑施工省级文明工地”。2009年度援川项目建筑施工省级文明工地与江苏省2009年度下半年建筑施工省级文明工地一并发文公布。名单见附表。

附件 2：

2009 年度江苏省援川项目建筑施工省级文明工地名单

（2010 年 4 月 1 日江苏省住房和城乡建设厅、江苏省建设工会工作委员会以苏建质安[2010]128 号文公布）

序号	项目名称	专业	建筑面积(m^2)或工程量	施工单位	项目经理
省本级(3)					
1	绵竹中学迁建工程	房屋建筑	45 000	江苏铭豪建设工程有限公司	顾志胜
2	绵竹中学迁建工程	房屋建筑	5 712	中冶实久建设有限公司	李　杰
3	绵竹市人民医院门诊楼	房屋建筑	22 465	中国航空港建设总公司	杨森桂
南京市(15)					
1	绵竹市妇幼保健院	房屋建筑	9 400	南京大地建设(集团)股份有限公司	郭玉宝
2	绵竹市景观立交安置房一标段	房屋建筑	51 300	南京凯盛建设集团有限公司	徐辅进
3	绵竹市景观立交安置房二标段	房屋建筑	56 711	中建八局第三建设有限公司	唐　宏
4	绵竹市景观立交安置房三标段	房屋建筑	59 589	南京大地建设(集团)股份有限公司	洪晓明
5	南轩中学新建及加固工程	房屋建筑	55 400	南京鸿业建设工程公司绵竹分公司 江苏建华建设有限公司	葛启文 杨荣山
6	绵竹市职业中专学校修复工程	房屋建筑	55 567	南京市第六建筑安装工程有限公司	杨利生
7	城南中学新建及加固恢复工程	房屋建筑	4 900、 32 887	南京建工集团有限公司 南京新筑加固公司	刘浩明 龚斌文
8	绵竹市城北中学	房屋建筑	14 242	二十三冶建设集团有限公司	蒋红军
9	绵竹市紫岩小学	房屋建筑	10 789	江苏省建筑工集团有限公司	黄宏荣
10	天河东安居房(B 区)一标段	房屋建筑	29 000	南京宏亚建设有限公司	阎信根
11	天河东安居房(B 区)二标段	房屋建筑	32 000	中博建设集团有限公司	聂传斌
12	天河东廉租房(F 区)一标段	房屋建筑	30 000	南京建工集团有限公司	成银龙
13	天河东廉租房(F 区)二标段	房屋建筑	29 800	南京建工集团有限公司	魏鹤宝
14	绵竹市南轩小学	房屋建筑	7 230	南京凯盛建设集团有限公司	周秋荣
15	回澜大道至二环路延伸工程	市政工程	2 038 万元	南京嘉盛建设集团有限公司	任军华
无锡市(8)					
1	汉旺镇三期道路工程	市政工程	5 318 万元	金坛市市政建设有限公司	华双生
2	汉旺镇中心卫生院	房屋建筑	10 423	中国水利水电第二工程局有限公司	郭德杰

续 表

序号	项目名称	专业	建筑面积(m^2)或工程量	施工单位	项目经理
3	汉旺镇一期道路及水厂	市政工程	8 969 万元	无锡市交通工程有限公司	顾洪峰
4	汉旺镇中心小学、幼儿园	房屋建筑	14 300	华仁建设集团有限公司	张玉耀
5	汉旺镇廉租房住宅区	房屋建筑	13 900	江苏五星建设集团有限公司	石跃魁
6	汉旺镇安置房一标段	房屋建筑	46 274	华仁建设集团有限公司	周健力
7	汉旺镇第二小学、幼儿园	房屋建筑	8 400	江苏五星建设集团有限公司	谈新和
8	汉旺镇二期道路、无锡产业转移基地	市政工程	3 438.29 万元	无锡市政建设集团有限公司	郑科明
常州市(4)					
1	绵竹市中医院	房屋建筑	10 991.1	常州市戴溪建筑工程有限公司	陈汉文
2	绵竹市遵道廉租房工程	房屋建筑	5 200	金坛市建筑安装工程公司	储云生
3	绵竹市遵镇自来水厂	市政工程	922.2 万元	常州先达路桥工程有限责任公司	耿德华
4	绵竹遵道年画传习所	房屋建筑	2 850	常州第一建筑工程有限公司	计开荣
徐州市(4)					
1	绵竹市富新镇中心幼儿园	房屋建筑	2 597	徐州九鼎建设集团有限公司	景荣民
2	锦竹市富新镇卫生院	房屋建筑	5 270	徐州九鼎建设集团有限公司	黄建龙
3	绵竹市富新镇富新中学	房屋建筑	22 860	徐州九鼎建设集团有限公司	王　凯
4	绵竹市富新镇中心小学	房屋建筑	9 885	徐州九鼎建设集团有限公司	郭　彦
苏州市(8)					
1	孝德中学	房屋建筑	19 491	苏州二建建筑集团有限公司	王长寿
2	孝德小学	房屋建筑	9 361.3	苏州第一建筑集团有限公司	黄惠鑫
3	孝德卫生院	房屋建筑	5 558	苏州第一建筑集团有限公司	黄惠鑫
4	盛世华章	房屋建筑	31 800	苏州第五建筑工程公司	陈道山
5	年画产业基地	房屋建筑	15 000	苏州二建建筑集团有限公司	严峻岭
6	清道小学	房屋建筑	8 011.5	苏州二建建筑集团有限公司	严峻岭
7	苏州街工程	市政工程	3 529 万元	江苏宏鑫路桥建设有限公司	顾怡松
8	水街工程	市政工程	761	江苏华创建设工程有限公司	齐云高
南通市(4)					
1	绵竹市历史博物馆工程	房屋建筑	3 350	江苏南通六建建设集团有限公司	曹建中
2	绵竹市新市镇南通街工程	市政工程	363 万元	江苏南通六建建设集团有限公司	殷　庆
3	绵竹市新市镇观鱼学校、幼儿园工程	房屋建筑	9 200	江苏南通六建建设集团有限公司	殷　庆

续 表

序号	项目名称	专业	建筑面积(m^2)或工程量	施工单位	项目经理
4	绵竹市新市镇新市学校、幼儿园工程	房屋建筑	21 100	江苏南通六建建设集团有限公司	殷 庆
连云港(1)					
1	绵竹市会地镇中心学校	房屋建筑	14 062	江苏地亚建筑有限公司	陈章秋
淮安市(1)					
1	绵竹玉泉学校、幼儿园	房屋建筑	15 521	淮安经济开发区万通建筑工程有限公司	陆 意
盐城市(1)					
1	绵竹市西南飞凫村安居房	房屋建筑	5 996	江苏悦华建设有限公司	贡成美
扬州市(3)					
1	绵竹市九龙镇敬老院	房屋建筑	2 459	江苏扬建集团有限公司	张德存
2	绵竹市九龙学校	房屋建筑	9 902	江苏弘盛建设工程集团有限公司	吴 剑
3	绵竹市九龙镇卫生院	房屋建筑	2 319.4	江苏扬建集团有限公司	张德存
镇江市(3)					
1	绵竹市板桥中心小学	房屋建筑	9 380	镇江建工建设集团有限公司	毛正辉
2	板桥幼儿园	房屋建筑	1 840	镇江四建建设有限公司	葛春雷
3	板桥镇卫生院	房屋建筑	2 645	镇江四建建设有限公司	葛春雷
泰州市(2)					
1	绵竹市拱星镇小学、幼儿园工程	房屋建筑	13 223	四川科隆建设有限公司	李茂军
2	绵竹市兴隆锦远河大桥加固维修工程	市政工程	396	四川中路建设有限公司	唐 琦
宿迁市(1)					
1	绵竹市绵远学校、幼儿园、医院	房屋建筑	17 000	江苏铭豪建设工程有限公司	顾志胜
水利(1)					
1	绵竹市官宋硼堰取水枢纽重建工程	水利工程	4 868 万元	江苏省水利建设工程有限公司	时爱祥
张家港市(3)					
1	绵竹东北镇卫生院	房屋建筑	4 998	江苏兴港建设集团有限公司	周志忠
2	绵竹市张家港永建博爱小学(天齐分校)	房屋建筑	4 670	江苏兴港建设集团有限公司	周志忠
3	绵竹市双胜村安居房	房屋建筑	53 000	江苏兴港建设集团有限公司	沈玉兴

续 表

序号	项目名称	专业	建筑面积(m^2)或工程量	施工单位	项目经理
江阴市(4)					
1	绵竹市清平乡道路工程(幸福北路)	市政工程	365万元	江阴市交通工程建设总公司	杨少有
2	绵竹市清平乡小学、幼儿园工程	房屋建筑	7 621	江阴一建建设有限公司	张建国 袁洪福
3	绵竹市清平乡卫生院、敬老院工程	房屋建筑	4 050	江阴市民用建筑安装有限公司	金志强
4	绵竹市清平乡银杏沟大桥	市政工程	1 262.69万元	江阴市交通工程建设总公司	赵叶新
昆山市(4)					
1	绵竹广济镇场镇道路	市政工程	2 257.24万元	江苏宏鑫路桥建设有限公司	刘晓峰
2	绵竹广洛公路石亭江大桥及接线	市政工程	2 588万元	江苏宏鑫路桥建设有限公司	葛　军
3	绵竹广济幼儿园	房屋建筑	3 375	昆山市玉峰建设有限公司	全建良
4	绵竹广济镇福利院	房屋建筑	1 892	昆山市玉峰建设有限公司	全建良
常熟市(3)					
1	绵竹土门中学	房屋建筑	22 000	江苏金土木建设集团有限公司	王银军
2	绵竹市土门镇中心小学及幼儿园	房屋建筑	10 091	常熟建工建设集团有限公司	徐正卯
3	绵竹土门镇学校及医院周边道路工程	市政工程	695万元	常熟市市政建设有限责任公司	杨　荣
吴江市(2)					
1	绵竹市兴隆学校	房屋建筑	8 577	吴江市庙港建筑有限公司	盛卯荣
2	绵竹市兴隆卫生院	房屋建筑	2 408	吴江市庙港建筑有限公司	盛卯荣
太仓市(1)					
1	绵竹市齐天农贸市场	房屋建筑	2 934	太仓金浪建筑有限公司	夏卫东

中建协AAA级安全文明标准化诚信工地

2008年11月19日中国建筑业协会根据《建设部关于加快推进建筑市场信用体系建设工作的意见》(建市[2005]138号),决定在全国开展建设工程项目施工工地安全文明标准化诚信评价工作,印发了《建设工程项目施工工地安全文明标准化诚信评价试行办法》(建协[2008]38号),并规定该项工作由中国建筑业协会建筑安全分会具体负责实施。

2008年11月21日,中国建筑业协会建筑安全分会下发了《关于开展全国建设工程项目AAA级安全文明标准化诚信工地评价工作的通知》(建协安[2008]27号),江苏省建筑安全与设备管理协会按照江苏省建筑工程管理局领导“推荐省级文明工地中的优秀项目，报全国3A级工地评选”的要求，在已经评出的省级文明工地项目中选取了部分项目，由企业自愿申报、工程项目所在地建设行政部门推荐。在规定时间内，全省各市上报了66个项目，省协会在认真对照申报条件后，将其中63个项目推荐给中国建筑业协会安全分会。中国建筑业协会建筑安全分会组织各省专家组，对各地申报项目进行互查(其中江苏和山东互查)。2009年3月30日中国建筑业协会建筑安全分会发出《关于发布2008年度AAA级安全文明标准化诚信工地的通告》(建协安[2009]16号)。江苏省上报的63个项目均榜上有名。同年4月15日，中建协安全分会在昆明进行了颁奖典礼，江苏省建筑安全与设备管理协会秘书长顾建生、江苏省建筑工程管理局以及各市建筑主管部门有关领导和企业代表出席了颁奖大会。

江苏省获得“2008年度全国建设工程项目AAA级安全文明标准化诚信工地”称号的项目是：

“烽火通信南京研发中心”工程项目　南通新华建筑集团有限公司承建。项目经理：周树华。

“南京万达广场·东坊”工程项目　中国建筑第八工程局有限公司承建。项目经理：李清超。

“南京万科金色城品”工程项目　南京建工集团有限公司承建。项目经理：杨国栋。

“中国药科大学图书馆”工程项目　南通二建集团有限公司承建。项目经理：龚协新。

“正大滨江新城四标段04号、05号”工程项目　通州建总集团有限公司承建。项目经理：范义。

“江苏省烟草公司南京分公司物流配送中心”工程项目　南通二建集团有限公司承建。项目经理：吴建华。

“中华广场”工程项目　南通四建集团有限公司承建。项目经理：顾斐。

“南京市六合区人民医院门急诊及外科病房楼”工程项目　南通建工集团股份有限公司承建。项目经理：张永新。

“中国核工业华兴建设有限公司生产研发中心”工程项目　中国核工业华兴建设有限公司承建。项目经理：吴延路。

“南京地铁一号线南延线DIS－TA07标河定桥站”工程项目　中铁五局集团有限公司承建。项目经理：王海波。

“溧水经济开发总公司行政服务中心”工程项目　南京明辉建设有限公司承建。项目经理：邢华清。

“金润庄园1号－11号楼”工程项目　江苏泰宇建筑安装工程有限公司承建。项目经理：周吉鹏。

“泰州市文化中心一期”工程项目　江苏省第一建筑安装有限公司承建。项目经理：赵国庆。

“无锡市公益职业学校藕塘职教园新校区工程六标段”工程项目　无锡锡山建筑实业有限公司承建。项目经理：王秋林。

“银信广场主楼”工程项目　江苏无锡二建建设集团有限公司承建。项目经理：倪德培。

“华仁·凤凰城1、2、3、4号房”工程项目　华仁建设集团有限公司承建。项目经理：许忠。

“蠡湖科技研发大楼2号、3号、4号房”工程项目　华仁建设集团有限公司承建。项目经理：钱建强。

“江苏省惠山职业教育中心校新校区”工程项目　江苏苏阳建设有限公司承建。项目经理：吴建新。

“凯利高新员工宿舍楼一期II标段”工程项目　江苏苏阳建设有限公司承建。项目经理：华学平。

“大友大酒店”工程项目　振华建设集团有限公司承建。项目经理：顾峰。

“中寰广场”工程项目　江苏中大建设集团有限公司承建。项目经理：汪惠群。

“商务楼和邻里中心”工程项目　江苏中大建设集团有限公司承建。项目经理：谈忠良。

“昆山纬视晶光电1、2号厂房”工程项目　振华建设集团承建。项目经理：何木林。

"江苏省张家港经济开发区杨舍镇综合服务中心"工程项目　江苏兴港建设集团有限公司承建。项目经理:陆正奇。

"吴江市盛泽镇集体资产经营公司盛渔新村"工程项目　吴江市舜新建筑工程有限公司承建。项目经理:吴金忠。

"江苏吴江农村商业银行股份有限公司芦墟支行"工程项目　吴江市中泰建筑工程有限公司承建。项目经理:连剑飞。

"康居小区三期A标"工程项目　天合建设集团有限公司承建。项目经理:李杰。

"海门首开理想城"工程项目　龙信建设集团有限公司承建。项目经理:沈宏生。

"海门运杰·龙馨园住宅小区"工程项目　龙信建设集团有限公司承建。项目经理:薛晓荣。

"海门行政中心主楼"工程项目　龙信建设集团有限公司承建。项目经理:黄裕辉。

"通州市建设路商业街一金游城龙宫酒店"工程项目　通州建总集团有限公司承建。项目经理:姜晓东。

"通州市人民医院门急诊医技楼"工程项目　南通新华建筑集团有限公司承建。项目经理:徐宏均。

"南通四建集团综合办公大楼"工程项目　南通四建集团有限公司承建。项目经理:沈勇。

"南通国际贸易中心"工程项目　南通建工集团股份有限公司承建。项目经理:邱林。

"扬州新城西区商务写字楼工程(一期)"工程项目　江苏扬建集团有限公司承建。项目经理:郝劲东。

"扬州市公元国际大厦"工程项目　正太集团有限公司承建。项目经理:许双泉。

"江苏省苏北人民医院病房楼二期"工程项目　江苏扬建集团有限公司承建。项目经理:汪祖成。

"神舟商务广场"工程项目　江苏邗建集团有限公司承建。项目经理:赵学和。

"扬州市公安局公安业务技术用房"工程项目　江苏邗建集团有限公司承建。项目经理:王翔。

"水木华园二期工程A1、B1及地下室、商场、幼儿园"工程项目　连云港市新电建筑安装工程公司承建。项目经理:李章祥。

"连云港港旗台港区25万吨级矿石码头"工程项目　中交第三航务工程局有限公司江苏分公司连云港工程经理部承建。项目经理:陈东振。

"七一六所军品科研生产区一期工程A标段"工程项目　江苏地亚建筑有限公司承建。项目经理:杨善保。

"江苏恒瑞医药股份有限公司行政研发中心"工程项目　江苏鼎大建筑安装工程有限公司承建。项目经理:张家全。

"淮安九龙广场"工程项目　江苏淮阴建设工程集团有限公司承建。项目经理:张洪滨。

"江苏海菲医药生物科技园厂房"工程项目　江苏省聚峰建设集团有限公司承建。项目经理:韩华。

"江苏省淮安经济开发区城东商务广场3号地写字楼"工程项目　江苏文通建设有限公司承建。项目经理:张恩龙。

"淮安中天花园一期"工程项目　中天建设集团有限公司承建。项目经理:俞康明。

"镇江市公路管理处综合执法营业用房及办公用房"工程项目　浙江万峰建设工程有限公司承建。项目经理:章卫东。

"梦溪嘉苑住宅小区一期"工程项目　浙江海天建设集团有限公司承建。项目经理:赵红明。

"办公楼、报告厅、艺术楼、3－4号教学楼、2－6号连廊"工程项目　江苏云阳集团有限公司承建。项目经理:曹建华。

"怀德名园居住小区西北角商住楼"工程项目　江苏武进建筑安装工程有限公司承建。项目经理:李广裕。

"乐颐大厦"工程项目　江苏宇盛建筑安装工程有限公司承建。项目经理:何金富。

"常州方圆云山诗意花园工程二标段(4号、9号、10号以及D1地下车库)"工程项目四川华西集团有限公司承建。项目经理:王艾。

“云山诗意花园一标段”工程项目　常州二建建设有限公司承建。项目经理:李然民。

“朗诗国际街区 12、13 号房”工程项目　常州市成章建筑安装工程有限公司承建。项目经理:姜洪方。

“京杭运河常州服务区”工程项目　江苏金土地建设集团有限公司承建。项目经理:韩明祥。

“解放军第 102 医院综合病房楼”工程项目　宜兴市建工建筑安装有限责任公司承建。项目经理:沈金元。

“常州市九洲豪廷花园大酒店”工程项目　常州市成章建筑安装工程有限公司承建。项目经理:茆阿林。

“东方国际公寓”工程项目　常州第一建筑工程有限公司承建。项目经理:金一峰。

“金水湾 21 号～26 号楼”工程项目　江苏城东建设工程有限公司承建。项目经理:李火生。

“常州软件产业基地二期 B 栋”工程项目　常州第一建筑工程有限公司承建。项目经理:周晓峰。

“常发大厦、1 号、2 号住宅及人防地下室”工程项目　常州第一建筑工程有限公司承建。项目经理:王伟。

“泗阳体育场”工程项目　江苏省第一建筑安装有限公司承建。项目经理:张建玉。

市级文明工地

2009 年,江苏各市建设行政主管部门组织开展了文明工地的创建和评审工作。现汇总如下表。

2009 年度江苏省建筑施工市级文明工地项目汇总表

城市	文明工地总数	其中					
		房屋建筑	市政工程	工业设备安装	装饰装修工程	电力工程	其他工程
南京	505	393	63	6	23	5	15
无锡	236	195	26	2	112		
徐州	216	207	36				
常州	254	221	17	2	15		
苏州	854	631	113	4	9 511		
南通	153	143	91				
连云港	198	184	86				
淮安	205	190	67	2			
盐城	203	203					
扬州	240	200	21	3	15	1	
镇江	134	126	5	1	2		
泰州	78	70	25				
宿迁	168	162	42				
合计	**3 444**	**2 925**	**277**	**18**	**88**	**8**	**28**

九、建筑机械设备管理

建筑机械设备管理概况

1996年江苏省建筑工程管理局成立，设质量安全技术处负责全省建筑施工现场机械设备的监督管理工作。2003年2月，中华人民共和国国务院制定《特种设备安全监察条例》（国务院令373号），明确规定房屋建筑工地和市政工程工地的起重机械的安装、使用的监督管理由建设行政主管部门依照有关法律、法规的规定执行。同年11月，国务院制定《建设工程安全生产管理条例》（国务院令第393号），规定包括建筑机械设备使用单位在内的安全生产管理责任。2004年3月19日，江苏省建设厅为加强对建筑施工起重机械设备的安全监督管理，预防安全事故的发生，保障施工现场人员生命和财产安全，制定并印发《江苏省建筑施工起重机械设备安全监督管理规定》（苏建法[2004]90号），对建筑施工现场起重机械设备的购置、租赁、安装、拆卸、使用、维修、检验检测活动及实施监督管理作出规定。2006年9月20日，江苏省建筑工程管理局制定并颁发《江苏省建筑施工起重机械设备使用登记办法》（苏建管质[2006]92号），规定从2007年1月1日起，对在江苏行政区域内进行房屋建筑工程和市政工程施工中的各类塔式起重机、门式起重机、施工升降机、物料提升机、高处作业吊篮和整体提升脚手架实行产权登记和使用登记的登记管理制度，附发登记编号规则、登记证式样。2008年1月28日，国家建设部颁发《建筑起重机械安全监督管理规定》（建设部令第166号），规定建设行政主管部门对建筑起重机械的租赁、安装、拆卸、使用实施监督管理。规定出租单位在建筑起重机械出租前、自购建筑起重机械的使用单位在建筑起重机械首次安装前，应当到本单位工商注册地县级以上人民政府建设主管部门办理备案。同时规定建筑起重机械安装完毕，在验收前实行由检验检测机构进行监督检验的制度。同年4月18日，国家建设部印发《建筑起重机械备案登记办法》（建质[2008]76号），对建筑起重机械备案、安装（拆卸）告知和使用登记的程序进行规范。江苏省除按照建设部的上述规定进行登记外，同时实行产权登记的制度。

2009年1月20日，江苏省建筑工程管理局为了加强对特种作业人员的管理制定并颁发《江苏省建筑施工特种作业人员管理暂行办法》（苏建管质[2009]5号），对特种作业人员的考核、发证、从业管理作出统一规定。2009年3月6日，江苏省建筑工程管理局以苏建管质[2009]17号文发出《关于开展我省建筑施工特种作业人员考核基地认证工作的通知》，对考核基地的申报条件、实际操作场地设置主要标准、考核程序等作出规定。同年，省建筑工程管理局分三批审核确定了31家建筑施工特种作业人员考核基地，并开展了对不同工种的特种作业人员的培训考核工作。

2009年4月28日，江苏省建筑工程管理局为充分发挥建筑工程机械管理专家在管理和决策中的咨询作用，在各市和有关单位推荐的基础上确定并公布江苏省第一批建筑工程机械管理专家名单共68名。

各市建筑机械设备管理情况

（一）南京市

2009年，南京市建筑安监站加强了对起重机械安装队伍的管理，对新进入南京市的起重设备拆装单位，严格按宁建工字［2003］197号关于《加强在宁建筑施工起重机械设备安装队伍登记管理的通知》文件要求对从事起重设备拆装的企业实行A、B、C三类分类管理。2009年在宁从事拆装的队伍共61家，其中A类22家。通过分类管理保证了在宁拆装队伍的整体素质，加强了对起重机械拆装队伍及拆装行为的管理，规范了起重设备拆装市场，提高了起重设备安装的质量和水平。

2009年6月，南京市建工局对起重机械相关单位进行专项检查，通过专项检查做到对起重设备相关单位的有效监管，通过专项检查使起重机械设备的使用单位、产权单位、安装单位从思想上重视，从行动上落实，使企业的设备管理落到实处，促使企业建立落实设备管理制度，配备齐全设备管理机构，规范设备管理工作，使设备的管、用、养、修得到落实，从而确保设备的完好，保证起重机械设备的安全使用。

南京市为提高建筑起重机械设备从业人员的素质，结合全国和本市的设备管理状况不定期的开展起重机械设备方面的专题讲座。通过这些专题讲座，从业人员了解行业最新的发展动向，设备的管理方法，拆装、使用中重点的注意事项。通过对事故情况的通报以及事故原因的讲解，及时进行有的放矢的安全教育，及时发现自身的不足并制订相应的补充措施，使从业人员的安全防范意识得到提高，做到警钟长鸣，开拓眼界，防患于未然。

（二）无锡市

2009年，无锡市加强了对建筑机械设备的管理。5月18—19日，无锡市建设工程安全监督站聘请专业技术人员分两组对房建工程危险性较大的附着式升降脚手架进行安全专项检查，重点对附着式升降脚手架的搭设程序、使用状况、安全管理、检修保养及资料等全方位进行检查。检查组共抽查9家专业安装公司14个工地的14台附着式升降脚手架，发现安全隐患86条，开具整改单11份，停工单2份，并对两家情况较重的工地进行了简易处罚。

5月4日至8日市安监站组成4个检查组对城区建设工程施工现场使用的塔吊、施工升降机、物料提升机等建筑起重机械进行安全专项检查，共抽查了48个工程项目，建筑起重机械191台，其中塔式起重机99台、施工升降机45台、物料提升机47台，所查设备产权登记率100%。在检查中发现了一些事故隐患，共查出隐患207条，开出隐患整改通知书28份，停工与局部停止施工通知单7份。

中秋、国庆前夕，市建管处、安监站聘请专业技术人员分成两组，对房屋建筑工地大型起重机械设备进行专项检查，重点对大型起重机械设备产权、装拆卸、使用等资料是否按照国家规范标准实施，同时对施工现场设备运转情况、安全管理、维修保养、日常检查和定期检查情况进行检查，共抽查项目16个，共查建筑起重机械81台，其中塔式起重机33台、施工升降机16台、物料提升机28台、吊篮4台、整体提升脚手架9台。发现安全隐患93条，开出整改单16份。有4家单位存在较重大安全隐患，当场对3家单位进行简易处罚，1家单位项目经理实行扣分。

为了使各地广大的建筑施工安全管理、监督、施工和监理人员都能了解、熟悉和掌握《技术公告》中推广应用的建筑施工安全技术，了解、把握和识别限制禁止使用的建筑施工安全技术。中国建筑业协会安全分会和无锡市建设工程安全监督站于10月下旬联合举办了建设事业“十一五”推广应用和限制禁止使用的施工安全技术学习班。内容包括：1. 垂直运输机械；2. 模板支架；3. 脚手架；4. 临时用电，其中在讲解垂直运输机械时着重对SC、SS型施工升降机的使用条件及事故预防技术，塔式起重机使用条件及事故预防技术，龙门架（井字架）物料提升机种类及使用进行了讲解。

2009年年底，无锡市建筑工程安全监督站组织对全市4家从事建筑起重机械安装检验的机构进行了检测机构规章制度执行情况、检验程序、检验项目与检验报告书的规范性、检验人员的持证到岗及检验行为等专项检查，并抽检了部分在用设备，各检验单位通过省行业确认后基本能按照检验工作的要求执行，对在检查中发现的问题，市安监站发出了整改意见书。

（三）徐州市

2009年7月28日，徐州市建设局为加强市区建筑起重机械的监督管理，规范建筑起重机械出租、使用、监理、装拆等单位的安全行为，下发《关于进一步加强建筑起重机械管理的通知》（徐建发[2009]96号）文件，要求2009年8月份，在市区从事建筑起重机械装拆的单位到市建筑施工安全监督站告知备案。告知备案的内容为：建筑起重机械安装单位的资质、安全生产许可证情况、装拆作业队负责人、配备的专业技术人员和专职安全员持证情况、装拆作业队特种作业人员持证情况等。8月底全市顺利完成备案工作，有6家安装单位进行备案。徐州市建设局将备案信息在徐州市建筑施工安全监督站网上进行了公布。

（四）常州市

2009年常州市在机械设备管理上认真贯彻建设部166号令《建筑起重机械安全监督管理规定》和《建筑起重机械备案登记办法》，从五个方面加强对机械设备的管理。一是逐步完善全市建设工程施工现场起重机械设备的安全技术档案，实施网络管理，建立了“建筑施工起重机械设备特种作业人员状况网上查询系统”，有效地杜绝了持证人员弄虚作假行为。二是全面实施建筑起重机械产权备案和使用登记制度，严格审查各项条件，加强监管。三是进一步规范建筑起重机械设备安装单位严格按照安全操作规程组织安装、拆卸作业；检测单位按照相关检测规程、规范对塔吊进行检测，经检测合格或整改合格后方可出具合格报告。四是针对建筑起重机械事故易发的情况，出台了《常州市建筑起重机械保养暂行规程》，全面实施建筑起重机械转场保养和网络化管理，努力提高建筑起重机械的安全性能。目前，全市已有建筑起重机械转场保养点19个。五是加强施工现场建筑起重机械日常管理和隐患排查整治工作。以施工现场建筑施工起重机械为主，重点检查起重机械的产权登记、检测、验收及使用登记情况；起重机械的使用、维修、保养及管理制度落实情况；定期对机械设备的安全技术状况进行检查和评定情况；施工现场从事建筑起重机械拆装活动单位的资质情况，是否在资质许可范围内从事建筑起重机械安装、拆卸业务，坚决杜绝无证承包、转借资质、挂靠等违法行为；拆装方案和安全技术措施的审批以及拆装作业过程中的落实情况；工程监理单位及人员履行安全监理职责以及施工单位及人员严格执行建筑起重机械拆装安全操作规定等情况。全年组织专项检查两次，共查塔式起重机300台次，施工升降机214台次，物料提升机88台次，发出整改通知书172份，有33台建筑起重机械被当场封停。在整体提升脚手架专项督查中，有2个工地被当场勒令停工整改。

（五）苏州市

2009年4月14日至16日苏州市开展了中心城区塔式起重机、施工电梯的专项检查。专项检查共分三个检查组，对中心城区52个在建项目正在使用的106台塔式起重机和43台施工电梯进行了抽查。抽查内容包括租赁、安装、使用单位对起重机械的安全管理、安全协议、日常维修保养及项目部是否按照苏州建筑业安全监督站要求在青岛“4.02事故”发生后认真落实对现场建筑起重机械的自查自纠工作；使用中的建筑起重机械的机况是否良好，是否存在违章作业的情况；设备管理资料是否规范、完整；设备专职管理机构人员是否到位等方面。此次检查，责令拆除塔吊2台、施工电梯1台，责令暂停使用塔吊21台、施工电梯9台。抽查合格率77.9%，拆除率2%，停台率20.1%。

11月9日至11日，针对轨道交通工程在建筑起重机械管理方面存在的一些突出问题，为保障工程施工的顺利进行，进一步加强大型设备的安全监督管理，提高从业人员的安全意识，排除建筑起重机械在安装、拆除、使用过程中存在的各类隐患，防范生产安全事故的发生，苏州建筑业安全监督站对交通工程建筑起重机械使用情况开展专项检查。

12月1日，苏州建筑业安全监督站发布《关于进一步加强门式起重机、物料提升机、高处作业吊篮等设备安全使用管理的若干规定》，对门式起重机、物料提升机、高处作业吊篮的使用进行了规定。

（六）南通市

2009年3月2日南通市建设局根据南通市安全生产委员会《关于开展全市安全生产专项整治工作的通知》的要求，结合南通市以往事故情况，制定并下发了《2009年度建筑安全专项治理方案》，明确了2009年南通市建筑安全专项治理的工作范围是全市所有依法应当办理建筑工程施工许可证的房屋建筑、市政工程施工现场。专项治理的内容是：以三年来高处坠落、坍塌、起重伤害等较多发的事故类型为重点，同时针对建筑起重机械设备的安装、拆除和使用中出现的问题，采取切实有效措施，开展专项治理，强化工程项目的事前监督，实现南通市建筑领域内安全生产形势的根本好转。

4月22日，根据江苏省安全生产委员会《关于开展全省建筑施工起重机械安全生产专项整治的通知》和市安委会的有关要求，制定并下发了《南通市建筑施工起重机械安全生产专项整治方案》，明确要求市各级主管部门落实责任，进一步强化建筑施工起重机械监督管理，针对薄弱环节，开展专项整治工作；明确各建筑施工起重机械使用单位是这次检查活动的责任主体，严格落实建筑施工起重机械维护保养责任。

5月18日，南通市建设局和南通市安监局等有关部门组成联合检查组对市区建筑施工起重机械安全生产情况进行了抽查，当即开出2份停用整改通知单。南通各县、市、区主管部门也对辖区内建筑施工起重机械进行全面细致的安全检查，共检查塔吊614台、施工升降机14台、物料提升机18台，开出停用整改通知书28份，责令19台无产权证的塔吊、3台施工升降机限期拆除和1部违规井架限期拆除。

7月份，南通市建设局组织召开了南通市建筑起重机械设备安全管理研讨会，市安监站主要负责人，各县、市、区建设局、建管局建筑施工安全管理部门主要负责人，部分租赁、拆装、检测单位负责人，部分施工单位代表共30余人参加了会议。会议就目前全市建筑施工现场起重设备租赁、使用现状，安全管理中的难点，以及如何加强建筑施工现场起重设备安全管理工作，进行了热烈的讨论。会议对建筑起重机械设备的产权登记、使用登记和注销，对起重设备租赁和拆装单位的诚信管理，对到期的起重设备如何进行报废处理，对做好起重设备安装前的告知程序，检测单位根据发证机关的要求统一有关检测标准、配合主管部门的管理要求等方面的内容达成一致共识，为今后更好的开展建筑起重机械安全生产管理奠定了基础。11月份，南通市建设局又组织全市7家建筑起重机械安装和有关主管部门人员赴南京等地考察，学习南京建工建筑机械安全检测所等单位的工作经验，以利于共同提高南通市建筑起重机械的安装质量检测水平，夯实建筑施工机械安全管理基础。

（七）连云港市

2009年连云港市建设局严格按照《建筑起重机械安全监督管理规定》，从起重机械拆装队伍、拆装方案、检测、登记挂牌、现场使用、起重机械产权登记等几个方面入手加强管理。全年共对204台起重机械进行了登记挂牌。在监督检查时，重点对起重机械的使用情况进行跟踪，严禁施工现场起重机械在没有检测的情况下投入使用，一经发现立即停用。加大对起重机械安全使用的监督，重点检查起重机械检查维修记录、限位调试记录等。全年消除了一批因为使用不当而产生的安全隐患。

4月27日至6月5日，开展了建筑施工起重机械安全生产第一次专项检查，共检查建筑施工现场41个，检查塔机151台。下发限期整改通知书10份，责令限期拆除塔机2台，有6台塔机被责令停止使用。针对检查中发现的问题，重新修订了《施工起重机械安全管理技术资料》，特别增加了《塔机地基处理检查验收表》和《机械基础验收表》，明确了起重机械设备地基地耐力及基础的设计管理要求。

5月15日，市建设局召开了关于加强起重机械安装前有关验收工作会议，各起重机械安装单位、各工程建设监理企业负责人、外省市起重机械安装单位驻连办事处负责人、外省市监理企业驻连办事处负责人及起重机械检测机构负责人约100人参加了会议。会议下发了《关于加强起重机械安装前有关验收的通知》(连建安监[2009]15号)，文件对起重机械设备安装前地基基础的验收工作、拆装及使用的管理工作作出了明确的规定。会议对建设部《建筑起重机械安全监督管理规定》进行了宣贯。这次会议得到了会议代表们的一致好评，认为这个管理规定的出台非常及时，改变了以往起重机械设备地基及基础管理凭经验施工的薄弱环节，使起重机械设备的施工、拆装和使用管理进入一个理性、科学的管理阶段。

9月7日至9月21日开展第二次专项检查，共抽查建筑施工工地38个，抽查塔机68台、施工升降机16台、井架物料提升机15台。对于检查中发现的问题，及时下发限期整改通知书，限期解决问题，排除安全隐患。本次检查责令限期拆除1台，责令停止使用的塔吊有3台。对于限期整改的塔机，主管部门针对不同情况，要求有关单位按照自己的承诺保证在整改完成以后，由施工企业、安装拆卸单位、机械租赁单位、生产制造厂家和项目监理机构检查验收合格签字后并报安监站备案后，方可使用。

10月29日，市建设局组织召开了连云港市检测中心、博爱检测中心、先至检测中心三家起重机械检测机构负责人座谈会议，其中博爱检测中心、先至检测中心是近期成立的新检测机构。会议上要求各家检测机构在开展业务时，必须树立高度的安全责任感，严格按照国家、省、市法律法规、标准、规定进行检测，保证做到检测数据的真实性。另外要求各检测机构不得恶意竞争，随意降低检测标准。随后各家检测中心畅所欲言，提出了目前连云港市在起重机械安装、使用过程中存在的问题，也表示将严格按照规范检测。博爱、先至两家检测机构作为新成立的机构还表示将不断加强业务学习，提高检测人员素质。通过这次座谈会的召开，各家检测机构明确了自身安全责任，提高了安全意识，为推动全市的起重机械检测工作的科学化、制度化、规范化发展奠定了基础。

(八) 淮安市

淮安市建筑工程管理局严格按照建设部《建筑起重机械安全监督管理规定》(建设部令第166号)和《建筑起重机械备案登记办法》(建质[2008]76号)文件规定对全市建筑起重机械设备进行产权备案。至2009年底全市备案1 466台，其中塔机1 301台、施工升降机34台、物料提升机131台。制定下发《淮安市建筑施工起重机械设备使用工作流程》、《关于组织全市建筑施工起重机械设备专项整治的通知》、《关于实行建筑施工起重机械安装和拆卸告知的通知》、《关于进一步加强建筑起重机械设备租赁管理权单位管理的通知》等一系列文件并逐一落实。形成了购置——备案——安装告知——检测机构报检——办理使用证——办理注销登记证——拆除告知——维护保养——条龙管理制度，全市建筑施工起重机械设备管理安全生产形势平稳。

同时根据《江苏省建筑施工机械设备租赁企业行业确认与信用评价管理办法》，淮安市建筑安全与设备管理协会受淮安市建筑工程管理局委托，组织专家对全市申报的建筑施工起重机械设备管理权单位进行考核，对江苏中淮机械设备租赁有限公司等24家企业予以确认。在对租赁管理权单位管理过程中，对安全生产许可证、起重设备安装工程专业承包企业资质证书、专职安全员、职工劳动合同和各项保险实行一票否决年检制度。

(九) 盐城市

盐城市建设局根据建设部《建筑起重机械安全监督管理规定》(建设部166号令)和《建筑起重机械备案登记办法》要求，对建筑机械设备的管理主要包括设备产权登记、设备使用登记和设备使用管理。2009年，市管项目建筑起重机械设备累计使用登记数量为147台，其中塔吊130台、施工电梯16台、物料提升机1台。至2009年底，盐城市从事建筑起重机械设备安装的单位，在市本级登记注册的共有8家，租赁单位有11家。

（十）扬州市

2003年8月扬州市建设局为了规范建筑施工大型设备管理工作，减少重特大事故的发生，发布了《扬州市施工现场大型机械设备检测验收及管理程序》，编制了《扬州市施工企业大型施工机械设备管理资料》和《机械履历书》，对建筑施工大型机械设备，特别是起重机械，从购置、备案、安装、验收、使用、维护、保养到报废等各个环节都提出了相关的管理要求，建立了大型机械设备的长效管理机制，奠定了设备安全管理的基础。从2003年至2009年，扬州市已连续7年未发生重大设备事故和起重伤害事故。设备安全管理工作在全省处于领先地位。

（十一）镇江市

镇江市建设工程安全监督站负责全市建筑起重机械的日常备案管理及动态检查工作。2009年根据江苏省建筑工程管理局《江苏省建筑施工起重机械设备使用登记办法》，继续开展和完善建筑起重机械设备的产权登记和使用登记。在工作中时刻做到审核细致严要求，日常检查标准化，通过相关表格的制定控制各个工作节点的检查与落实，对违规行为绝不姑息，及时制止，加强查处力度。2009年共办理各类建筑起重机械设备产权备案187台；开具建筑起重机械使用登记证共733台；全年共发出52份整改通知书，并对7台不符合使用要求的塔式起重机采取了强拆处理。

2009年4月以来按照上级部门文件通知的精神，以及自身行业新规定、新要求的发展需要，对全市安装（租赁）企业的内部管理及施工现场在用的建筑起重机械设备开展了季度专项检查。检查的主要内容是：(1) 起重机械初次登记、安装告知和使用登记落实情况；(2) 租赁单位、安装拆卸单位的专业承包资质和安全生产许可证情况；(3) 起重机械特种作业人员（包括指挥、司索、司机、安装拆卸工等）持证上岗情况；(4) 起重机械安全隐患的排查及整改落实情况；(5) 起重机械的组织设计专项方案的编制、审批及实施的情况；(6) 起重机械的检测验收资料及运行情况；(7) 起重机械的维护、检修和保养制度及有关资料记录；(8) 起重机械专项应急救援预案的编制和组织演练情况；(9) 出租单位、自购建筑起重机械的使用单位的“一机一档”的建立情况。在检查中反映出相关验收资料缺失、设备维护保养制度及落实情况不完善、指挂工配备不足等共性问题，我站将在以后的工作中突出重点，拿出对策，使这些薄弱环节得以改善。

2009年是检测职能移交的第二年，随着检测机构对业务知识的深入学习，人员之间的协同合作，使工作向着有序、高质的方向发展。镇江市建设工程安全监督站在日常工作中积极做好承上启下的作用，在检测标准的贯彻执行上、服务意识的自我提升上给予帮助与支持。检测机构与安监站在工作流程上也达到了一定的配合，形成了很好的默契。双方通过每星期固定的检测情况回馈，能快捷的了解最新设备检测的情况，使我们的日常检查具有时效性和目的性，不但提高了工作效率也做到了事半功倍。此外，安监站通过行业调研，配合领导完成了镇江地区设备检测流程及检测费用的统一，使各方主体健康和谐的开展工作。

随着镇江城建规模的扩大，现有的管理模式已经不能更好的适应于现在的工作节奏。将更好的利用建管处信息系统的创建，将设备产权备案及使用登记形成网络申报，方便服务对象的同时也能更好的促进安监站工作的简便与顺利。另外积极实施机械设备使用间歇期的合理维护保养制度，有效控制机械设备的正常运行。

（十二）泰州市

泰州市建工局在《2009年泰州市建筑施工安全专项整治方案》中确定了2009年专项治理的工作重点为脚手架和模板支撑、起重机械、深基坑、临建设施、临时用电等五个方面。组织开展了起重机械安全生产专项整治。共检查起重安装单位15家，清理不合格起重安装单位1家，检查起重设备232台，发出限期拆除通知4份，限期整改通知18份，现场查封12台次不合格起重设备。开展了施工现场临时设施专项检查，共查35家施工单位51项工程，查出临时设施安全隐患73个，拆除不合格临时设施5处，整改加固53处。开展了高支模、深基坑、超高脚手架等危险性较大工程专项治理，建立危险性较大工程的申报和专家论证制度，从方案设计和论证、实施、结束等各个阶段进行全过程监管，消除事故隐患。组织危险性较大分部分项工程专家论证项目15个，提出改进措施48处，确保重大危险源处于受控状态，避免重大安全事故发生。

（十三）宿迁市　2009年宿迁市建设局落实《建筑起重机械安全监督管理规定》，进一步加强管理，执行押证管理和使用许可制度，即在经检测机构检测合格的基础上，将经项目部、监理部认可的起重机械设备操作人员原件及一寸照片交至安监站，安监站下发贴有本人照片的押证卡和塔吊使用许可证铁牌，并要求将使用许可证挂至塔吊醒目处。当塔吊使用结束后，将相关资料一并交还安监站，安监站将退回操作证原件。2009年对972台塔吊、36台吊篮、15台物料提升机和65台施工升降机进行了起重机械设备产权与使用权登记。

建筑机械设备产权与使用权登记

2009年，江苏省各市、县级建设主管部门根据《建筑起重机械安全监督管理规定》（建设部令第166号）、《建筑起重机械备案登记办法》、《江苏省起重机械设备管理规定》，对各地区管理的塔机进行设备产权与使用登记管理，并根据各地具体情况出台了相应的管理措施。登记的起重设备包括塔式起重机、施工升降机、物料提升机、门式起重机、桩工机械、高处作业吊篮等。目前，全省各地区对塔式起重机、施工升降机、物料提升机进行了设备产权与使用登记，部分地区对门式起重机、桩工机械、高处作业吊篮等进行了设备产权与使用登记。

江苏省各市建筑施工机械产权登记汇总表

计量单位：台

<table>
<tr><th>设备 / 城市</th><th>塔式起重机</th><th>施工升降机</th><th>物料提升机</th><th>桩工机械</th><th>高处作业吊篮</th><th>门式起重机</th></tr>
<tr><td>南京</td><td>701</td><td>110</td><td>110</td><td>/</td><td>131</td><td>/</td></tr>
<tr><td>无锡</td><td>1 261</td><td>747</td><td>1 877</td><td>/</td><td>614</td><td>6</td></tr>
<tr><td>徐州</td><td>1 678</td><td>308</td><td>85</td><td>/</td><td>488</td><td>/</td></tr>
<tr><td>常州</td><td>2 165</td><td>598</td><td>1 207</td><td>/</td><td>/</td><td>2</td></tr>
<tr><td>苏州</td><td>2 388</td><td>370</td><td>28</td><td>/</td><td>/</td><td>/</td></tr>
<tr><td>南通</td><td colspan="2">2 365</td><td>556</td><td>/</td><td>/</td><td>/</td></tr>
<tr><td>连云港</td><td>269</td><td>38</td><td>2</td><td>/</td><td>16</td><td>/</td></tr>
<tr><td>淮安</td><td>1 476</td><td>53</td><td>139</td><td>/</td><td>/</td><td>/</td></tr>
<tr><td>盐城</td><td>459</td><td>2</td><td>34</td><td>/</td><td>/</td><td>/</td></tr>
<tr><td>扬州</td><td>2 443</td><td>229</td><td>245</td><td>105</td><td>32</td><td>71</td></tr>
<tr><td>镇江</td><td>781</td><td>27</td><td>455</td><td>/</td><td>43</td><td>/</td></tr>
<tr><td>泰州</td><td>223</td><td>52</td><td>/</td><td>/</td><td>/</td><td>/</td></tr>
<tr><td>宿迁</td><td>972</td><td>65</td><td>15</td><td>/</td><td>36</td><td>/</td></tr>
</table>

2009年江苏省建筑机械设备拥有量超过40台的主要企业一览表

序号	单位全称	主要设备类型	设备总量（台）	所属地
1	南京创立建筑机械设备租赁有限公司	塔式起重机、施工升降机	46	南京
2	南京雷雨建筑设备租赁有限公司	塔式起重机、施工升降机	49	南京
3	中昇建机(南京)重工有限公司	塔式起重机	42	南京
4	南京仁特机械设备租赁有限公司	高处作业吊篮	131	南京
5	无锡市亨利富建设发展有限公司	塔式起重机、施工升降机、物料提升机	199	无锡
6	江苏宏厦集团公司无锡滨湖分公司	塔式起重机、物料提升机	54	无锡
7	无锡市世达建设有限公司	塔式起重机、施工升降机、物料提升机	97	无锡
8	无锡锡山建筑实业有限公司	塔式起重机、施工升降机、物料提升机	70	无锡
9	江苏苏阳建设有限公司	塔式起重机、施工升降机、物料提升机	93	无锡
10	无锡市天亿建设工程有限公司	塔式起重机、施工升降机、物料提升机	50	无锡
11	无锡市硕放建筑安装工程有限公司	塔式起重机、物料提升机	50	无锡
12	无锡市第二园林古典建筑有限公司	塔式起重机、施工升降机、物料提升机	81	无锡
13	无锡市华东建筑工程有限公司	塔式起重机、施工升降机、物料提升机	64	无锡
14	无锡市伟顺机械设备租赁有限公司	塔式起重机、物料提升机	75	无锡
15	无锡亚辉建筑工程有限公司	塔式起重机、物料提升机	42	无锡
16	江苏无锡二建建设集团有限公司振华机械施工分公司	塔式起重机、施工升降机、物料提升机	79	无锡
17	江苏锦汇建筑安装工程有限公司	塔式起重机、施工升降机、物料提升机	56	无锡
18	天诚建设集团有限公司	塔式起重机、施工升降机、物料提升机	45	无锡
19	无锡市第五建筑工程有限公司	塔式起重机、物料提升机	66	无锡
20	华仁建设集团有限公司无锡分公司	塔式起重机、施工升降机、物料提升机	64	无锡
21	江阴一建建设有限公司无锡分公司	塔式起重机、施工升降机、物料提升机	93	无锡
22	常州市雪堰建筑工程有限公司无锡分公司	塔式起重机、施工升降机、物料提升机	41	无锡
23	江苏江中集团有限公司无锡分公司	塔式起重机、施工升降机、物料提升机	55	无锡
24	无锡市华厦建设有限公司	塔式起重机、施工升降机、物料提升机	40	无锡
25	江苏省溧阳市五星建筑安装有限公司无锡分公司	塔式起重机、施工升降机、物料提升机	91	无锡
26	江苏金土木建设集团有限公司无锡分公司	塔式起重机、施工升降机、物料提升机	43	无锡
27	嘉兴市华东建设机械有限公司	塔式起重机、施工升降机、物料提升机	42	无锡

续 表

序号	单位全称	主要设备类型	设备总量(台)	所属地
28	南京市第六建筑安装工程有限公司无锡分公司	塔式起重机、施工升降机、物料提升机	49	无锡
29	无锡市华方建筑工程有限公司	塔式起重机、施工升降机、物料提升机	42	无锡
30	无锡金洪涛建筑工程有限公司	塔式起重机、物料提升机	57	无锡
31	无锡市钱桥建筑安装工程有限公司	塔式起重机、物料提升机	55	无锡
32	无锡市新兴建筑工程有限公司	塔式起重机、施工升降机、物料提升机	50	无锡
33	无锡市博宇建筑机械有限公司	高处作业吊篮	155	无锡
34	无锡市龙升建筑机械有限公司	高处作业吊篮	49	无锡
35	无锡天通建筑机械有限公司	高处作业吊篮	50	无锡
36	无锡雄宇建筑机械有限公司	高处作业吊篮	72	无锡
37	无锡华科机械设备有限公司	高处作业吊篮	96	无锡
38	无锡瑞鑫机械设备有限公司	高处作业吊篮	50	无锡
39	无锡市双鼎建筑环保设备有限公司	物料提升机	44	无锡
40	徐州信恒工程机械有限公司	塔式起重机、施工升降机	40	徐州
41	徐州朋信起重机械租赁有限公司	塔式起重机、施工升降机	48	徐州
42	常州市天力机械化施工有限公司	塔式起重机、施工升降机、物料提升机	367	常州
43	常州市天任起重设备安装有限公司	塔式起重机、施工升降机、物料提升机	1 113	常州
44	常州市华洲机械化施工有限公司	塔式起重机、施工升降机、物料提升机	584	常州
45	江苏航海建设有限公司	塔式起重机、施工升降机、物料提升机	213	常州
46	常州第一建筑工程有限公司	塔式起重机、施工升降机、物料提升机	65	常州
47	常州市天任建筑机械有限公司	塔式起重机、施工升降机、物料提升机	453	常州
48	常州市龙腾机械化施工有限公司	塔式起重机、施工升降机、物料提升机	216	常州
49	常州建邦机械化施工有限公司	塔式起重机、物料提升机	104	常州
50	江阴一建建设有限公司	塔式起重机、施工升降机、物料提升机	43	常州
51	常州二建建设有限公司	塔式起重机、施工升降机、物料提升机	85	常州
52	常州市华江建筑工程有限公司	物料提升机	295	常州
53	常州市东南建筑工程有限公司	塔式起重机、物料提升机	64	常州
54	江苏伟业建设集团	塔式起重机、物料提升机	46	常州
55	金坛市第一建筑安装工程有限公司	塔式起重机	57	金坛
56	金坛市第三建筑安装工程有限公司	塔式起重机	8	金坛
57	金坛市汤庄建筑安装工程有限公司	塔式起重机	58	金坛
58	金坛市水北建筑安装工程有限公司	塔式起重机	41	金坛
59	苏州第一建筑集团有限公司	塔式起重机、施工升降机	56	苏州

续 表

序号	单位全称	主要设备类型	设备总量（台）	所属地
60	无锡市巨神起重机有限公司苏州经营部	塔式起重机、施工升降机	45	苏州
61	苏州中翔起重设备安装有限公司	塔式起重机、施工升降机	53	苏州
62	江苏兴港建设集团有限公司	塔式起重机、施工升降机	111	张家港
63	江苏金厦建设集团有限公司	塔式起重机、施工升降机	56	张家港
64	昆山金都起重设备安装有限公司	塔式起重机	58	昆山
65	昆山市开发区成鑫建筑机械租赁站	塔式起重机、施工升降机	88	昆山
66	昆山市志华建筑机械租赁安装有限公司	塔式起重机、施工升降机	63	昆山
67	昆山市千灯镇华鑫建筑设备租赁经营部	塔式起重机	52	昆山
68	昆山市开发区红升塔吊租赁服务部	塔式起重机	40	昆山
69	昆山市玉山镇天尧建筑设备租赁服务部	塔式起重机	44	昆山
70	昆山祥峰建筑设备租赁有限公司	塔式起重机、施工升降机	56	昆山
71	昆山永吉达建筑设备安装有限公司	塔式起重机、施工升降机	41	昆山
72	吴江市建安机械设备有限公司	塔式起重机	78	吴江
73	吴江市桃源建筑机械租赁有限公司	塔式起重机	126	吴江
74	江苏中淮机械设备租赁有限公司	塔式起重机	127	淮安
75	淮安市天泰建筑机械租赁有限公司	塔式起重机	74	淮安
76	淮安市恒泰建筑机械租赁有限公司	塔式起重机	98	淮安
77	江苏农垦建设有限公司淮安租赁分公司	塔式起重机	55	淮安
78	淮安市凌云机械设备租赁有限公司	塔式起重机	58	淮安
79	淮安市荣华建筑设备租赁有限公司	塔式起重机	145	淮安
80	阜宁县金牛起重设备安装工程有限公司	塔式起重机	69	阜宁
81	阜宁县起重设备安装工程有限公司	塔式起重机	48	阜宁
82	江苏易承租赁有限公司	塔式起重机、施工手降机、物料提升机等	214	扬州
83	江苏扬建集团有限公司	塔式起重机、施工升降机	62	扬州
84	丹阳市云阳镇丹塔建筑机械拆装租赁服务部	塔式起重机	51	丹阳

续 表

序号	单位全称	主要设备类型	设备总量(台)	所属地
85	丹阳市云阳镇国正建筑机械设备租赁服务部	塔式起重机	51	丹阳
86	句容兰龙起重设备安装有限公司	塔式起重机	80	句容

建筑施工机械设备租赁与安装企业选介

中昇建机(南京)重工有限公司　成立于1993年。位于中国南京浦口高新技术开发区。系台商投资企业。专业生产销售及租赁塔式起重机、船式起重机、海上平台吊机、风电专用吊机、反循环凿岩钻机、静力压粧机、运梁车、移动模架造桥机及其他特殊施工机械。

公司成立到目前为止,已经生产了近百台中型(300 t·m以上)、近40台大型(1 000 t·m以上)塔式起重机和船用起重机,主要用于建设大型电厂、大型桥梁、超高层钢结构、冶金等国家重点工程和出口国外。并以其高技术、高品质、高效率赢得广大用户的赞誉。

公司目前共有职工300余人,其中高级工程师3人、中级职称工程师8人、助理工程师8人。所有焊工、电工、起重工均持证上岗。公司还具备多台大型机械加工设备(CNC、NC),能保证大型钢结构件的精确加工。

无锡市伟顺机械设备租赁有限公司　成立于2003年。由国营无锡市第三建筑工程公司机械施工分公司转制而成,专业从事塔机、施工电梯等大型施工设备租赁业务,并承揽大型设备的安装、拆卸业务。

公司成立六年多来,本着"安全、优质、高效、诚信"的经营理念,狠抓安全管理,强化服务意识,未发生过一起较大安全事故,在无锡市场树立了良好的信誉,公司于2005年度被江苏建筑市场质量安全跟踪调查办公室授予起重设备安装工程AAA级优秀施工企业。2007年度,公司赵仁亚同志被中国建筑业协业机械管理与租赁分会评为第九届全国建筑机械设备管理优秀经理。

公司拥有一支高素质的设备管理及拆装队伍,现有三个拆装班组,能及时为施工企业提供优质的服务。每年组织员工定期参加培训、考察等活动,培养员工一专多能,专业技术精良,以保持队伍的稳定,使企业永存可持续发展的坚实血脉。公司加强设备的现场管理,每年按计划淘汰性能较差的设备,确保设备的及时更新。为确保现场设备的正常运转,公司特设专业电气机械维修人员数名,并配备有适量的备品备件,确保设备抢修及时,并注重现场巡回检查机械制度、日常保养制度及月度检查制度的贯彻落实。公司有专业安全员3名,在安拆现场长驻监督安全施工。

徐州市屹佳起重设备安装公司　成立于2004年5月19日。2009年有高级工程师2人,机械、电气工程师3人,会计师1人。拥有持证上岗的安装、维修、塔吊司机等专业人员50人。基层安装维修人员有牢固的专业技术知识,经验的丰富,对于新的施工技术、新材料接受消化能力较好,并能在实际施工中得到充分的实施和取得良好的效果。

公司目前拥有水准仪,经纬仪,接地电阻测试仪,绝缘电阻测试仪等检测设备及50吨汽车吊1台和各种吨位塔式起重机共78台。

为了更好的服务建筑业市场,不断加强内部管理,提高管理人员及技术人员的水平,做到内强素质,外树形象,以优质的服务,过硬的技术为建筑市场做贡献。

徐州信恒工程机械有限公司　成立于2004年。是徐工集团徐建机械厂改制后成立的一家股份有限公司。公司主营塔机、施工电梯的租赁和技术服务。公司位于徐州市北区华润路2号，占地10 000平方米，建有办公楼及附属设施1 000平方米，有备件仓库500平方米，同时投入一台塔机（QTZ40）作为工作塔，用来满足设备进出场的仓储、维修、保养、加工。

公司现有50余台塔机以及施工电梯源，其中塔机（QTZ63、QTZ80、QTZ125）累计已达45台，施工升降机5台。主要面向淮海经济区，以徐州、连云港、山东南部、安徽北部、河南东部为主，服务于大、中型工程项目。

2005年公司与大众保险徐州支公司紧密合作对租赁设备进行整体投保险。同年，被中国建筑业协会建筑设备管理和租赁分会接纳为理事单位。公司始终坚持“安全创造价值”的经营理念，加强服务人员的服务意识以及安全理念，健全了设备的安全管理制度，三级保养与安全专项检查相结合，确保了设备的安全运行。

“信恒租赁”多年来在广大客户中受到良好赞誉，目前，已经成长为淮海经济区最具发展潜力的建筑机械优秀租赁品牌之一。

常州市天力机械化施工有限公司　成立于2007年5月。是专业从事建筑起重机械设备的租赁、装拆、维修保养的企业。公司拥有专业装拆工作业人员30余名，各类技术经济管理人员20余名。下设专业的起重设备保养场地，占地5 000余平方米。拥有完善的维修保养硬件设施及数十名专业的维修保养技术人员，能够从事各类建筑起重机械设备的保养、维修。公司以“优质服务、落实客户要求”为目标，为顾客提供优质的各类起重机械设备的装拆、维修、保养服务，为江苏地区建筑业的发展贡献自己的力量。

常州第一建筑工程有限公司机械设备租赁分公司　成立于1997年10月。主要对全公司的起重设备进行归口专业管理。公司本部有设备专职管理人员3人，分公司有专职管理人员8人。设备条线拥有高级工程师1人，工程师3人，助理工程师5人。

公司为了加强对设备的管理，制定了机械设备管理的程序文件，对设备从采购、验收、使用、维修直至报废进行全过程管理。公司严格执行建设部166号令和国家有关规定，对机械安装全过程进行全面监控。依托常州地区最大规模的建筑工程公司，对所有管理的起重机械设备进行规模化、程序化管理。

常州市龙腾机械化施工有限公司　成立于2005年12月。该公司的前身是原江苏武进建筑安装工程有限公司设备租赁公司，是具有20余年历史的专业起重拆装单位。主要经营各类塔机、施工升降机的租赁、拆装、维修保养业务，公司以“满足客户的需求”为目标，管理各类起重机械设备160余台套。有着完整的设备安全管理体系和技术措施。公司有保养场地、车间3 000余平方米，可同时容纳10台设备维修保养，是常州市起重机械保养场指定单位之一。

吴江市建安机械设备有限公司　成立于2002年。位于美丽富饶的太湖之滨，为吴江市建设工程（集团）有限公司下属独立法人全资子公司。公司注册资金50万元，企业性质为有限公司，主要从事塔机拆装及设备租赁业务。目前企业在职人员20人，其中工程技术人员8人。公司拥有以工程师为首的技术、质量监控网络，具有专业承包各类塔机拆装及管理的能力。公司目前拥有塔式起重机80台，25T汽车吊1辆。拆装过程中从未发生过一次安全事故。2009年企业总产值800万元，年拆装能力300万元以上。公司始终坚持以“质量第一，信誉至上”为宗旨，以“满足用户、信誉第一”为目标，以“品种齐全、薄利多销”为经营方针，竭诚为社会提供优良的产品，最优良的服务。截止目前已承接项目数千台次，其中吴江开发区管委会大楼、盛泽医院、吴江人民医院住院大楼、汾湖新友花园、汾湖大卖场、吴江特警消防大楼、吴江爱心帮困会、吴江盛虹集团研发基地等项目的拆装和租赁业务均由该公司独立施工，取得了较好的经济和社会效益。

吴江市桃源建筑机械租赁公司　该公司前

身为吴江市桃源建筑公司塔机拆装队，创建于1990年3月。性质属于集体所有制。1999年12月，桃源建筑公司开始转制。

租赁公司成立于2002年4月，注册资金60万元，固定资产2 000万元。企业性质为有限公司，主要从事塔机拆装及设备租赁业务。目前企业在职人员34人，有职称人员10名，其中工程技术人员9人。公司拥有以工程师为首的技术、质量监控网络，具有专业承包各类塔机拆装及管理能力。公司目前拥有塔式起重机80台，25T汽车吊1辆。设备净值1 800万元，机械设备总功率2 000千瓦。拆装过程中未发生过安全事故。2009年企业总产值1 000万元，年拆装能力500万元以上。十多年来始终坚持“安全第一，信誉至上”的服务宗旨，向社会各界奉献了数千次拆装业务。其中明月楼大酒店、中行吴江支行、绸都宾馆、华渊电机（江苏）有限公司、盛泽联合热电厂、吴江桃花苑小区、盛泽绿杨新村小区的拆装和租赁业务均由该公司队伍独立施工，取得了较好的经济和社会效益。

南通爱莲建筑机械有限公司　成立于2002年9月。为南通市建设局直属企业，是从事起重机械租赁、安装、拆卸、维修的专业性公司。

公司主要业务有塔式起重机，施工升降机的租赁、安装、拆卸、维修、保养及建筑机械零配件制造、销售。现有QTZ25、QTZ30、QTZ40、QTZ63、QTZ80、QTZ100、QTZ125多台塔式起重机和SC200/200施工升降机，各类技术、机操、维修、拆装人员齐全，并领有安全生产许可证、拆装资质证书、特种作业操作证，拆装用的机械设备和检测设备一应俱全。

公司服务范围遍布南通、上海、常熟、张家港、苏州、吴江、杭州、萧山、嘉兴、湖州、合肥等地，并且在上海、苏州、杭州设立了办事处。公司全体员工牢固树立“开展一流服务，争创一流效应，打造一流企业”的奋斗目标，不断强化内部管理，规范企业形象，确保塔机拆装安全可靠，故障处理及时有效。应广大客户的要求，公司除从事机械租赁、拆装业务外，还对外提供24小时机械维修、大修、保养、构件制造、非标机械制造以及长期提供塔司和指挥服务。

南通华中城租赁有限公司　成立于2004年2月。是南通市较早具有安装拆卸资质及安全生产许可证的民营企业，对外承接建筑机械租赁及装拆业务。公司现有员工近30人，其中8人具有中级以上职称；拥有各类起重机械设备（塔吊、汽车吊、施工升降机）100余台套。公司严抓安全生产，注重服务质量，以严谨求实的作风、合作共赢的宗旨受到主管部门和广大客户的好评。业务立足南通，辐射苏、沪、鲁、浙、皖等省市。

连云港德基建筑机械设备有限公司　2007年4月在连云港市注册成立。是一家以租赁塔式起重机、施工升降机等经营为主，集塔机租赁、联营、技术咨询为一体的专业租赁公司。自创业以来，德基秉承“服务至上”的宗旨，本着“敬业、求实、创新”的精神，不断超越自我，迅速发展成为拥有40多台套起重机械设备，维修基地5千平方米，员工50多人的租赁企业。公司先后在南京、苏州、无锡、连云港各市区县对外租赁100多台（套）次起重机械设备，先后完成南京大学、苏州大学、连云港上城国际、边防支队等重点工程、超高层项目的起重机械设备租赁业务，获得承租单位的一致好评，取得了良好的社会效应和经济效应。

公司成立至今，一贯注重安全生产，建立各台（套）设备的管理台帐，成立安全管理机构，责任落实到人，贯彻落实各项安全生产管理制度，加强设备动态管理，未发生一起安全事故。

连云港民佳建筑设备租赁有限公司　成立于2007年11月。是一家专业租赁大中型建筑设备公司，其中有塔式起重机（QTZ315—80型塔式起重机）、施工升降机（SC200/200、SCD200/200）等20余台套，为集设备租赁、维修、保养于一体的专业化租赁公司。公司现有员工20余人，具有中级职称5人、初级职称8人、设备维修操作10余人。有设备堆放维修基地面积3 000余平方米，维修服务专用车一辆。

公司自创办以来，设备先后用于苍梧河滨花园，振兴绿园商务别墅二区，万润园二期，东海县检察院侦技楼，万润B组团1号、2号楼，日出东方1号、6号、7号楼，平高府邸2号、3号、4号楼，上海之春1号、2号楼，久和国际新城三期1号、2号楼，世纪山水大厦等工程，先后获得省级文明工地及市级文明工地称号。

公司从事工程机械设备租赁行“以德为先，以诚为本”的经营宗旨，“质量至臻，服务至善”的追求目标。“人无信不立，事无信不成”是公司对广大建筑界的同仁及同行作出的一切承诺。在行业中无不正当竞争行为。

公司成立至今，严格按照公司的管理目标，注重安全生产，成立专门安全管理机构，责任落实到人，落实各项安全生产责任制度，在全体员工的努力下，在施工单位和上级主管部门的监督下，至今未发生一起安全事故。

江苏中淮机械设备租赁有限公司　成立于1987年，其前身是江苏中淮建设集团租赁分公司。该公司具有起重设备安装工程专业承包壹级资质、脚手架作业分包劳务分包壹级资质，以及全国租赁行业确认书。通过ISO9001：2000、ISO14001：2004、GB/T28001—2001质量环境职业健康安全管理体系认证。公司注册资金1 800万元，拥有员工134名，各类专业技术人员92名，其中高级职称人员4名、中级职称人员25名、一级建造师2名、二级建造师5名；拥有各类大中型起重设备180余台，钢管5 000余吨，年完成国内外各类产值8 000万元以上。

公司目前主要经营建筑用机械设备和周转材料租赁、起重设备安装维修、脚手架搭设及机械配件销售等相关业务。公司立足于淮安市场，以“创中国租赁品牌，做中国百年企业”为己任，不断推进全球化发展战略，全力开拓江苏、上海、安徽、天津、山东等国内市场和苏丹、阿联酋、埃及等非洲市场，精心打造国际化的“中淮租赁”优质服务品牌形象。

公司以“为顾客服务、为股东谋利、为员工致富、为企业发展、为祖国图强”作为经营宗旨，秉承“真诚、专业、高效、合作、梦想”的经营理念，以真诚、专业、高效作为公司24小时专业化规范化服务标准，以合作为基础，加强同行发展，最终成就顾客、公司、供应商的共同梦想作为公司发展的目标。多次获全国施工（租赁）企业设备管理优秀单位，江苏省安全生产先进集体，江苏省建设系统工人先锋号，淮安市建筑业优秀企业等荣誉称号。并于2008年9月被评为“全国建筑施工机械租赁50强企业”。

淮安市鑫泰建筑机械租赁有限公司　成立于1997年。是淮安市专业从事建筑机械租赁、安装、维修的股份制企业。公司现有职工30余人，其中高级工程师2人、工程师6人、经济师1人、会计师2人、技师10人，管理人员均是大中专以上的学历，各工种、特种作业人员持证上岗率100%，专业的安装、维修人员具有从事多台高层塔机安、拆施工经验。拥有各种型号的塔式起重机60余台，施工电梯10台，载重汽车2辆，精密的车、钳、铣、刨、钻床10余台，交直流焊机、电气割设备数台。固定资产2 000余万元。

本着“专业、安全、优质”的服务理念，集租赁、安装、维修、吊装、运输服务为一体，公司愿以真诚的服务承诺、一流的服务质量，致力为每一位客户提供便捷、高效和满意的服务。

江苏盐城四建建设集团有限公司　成立于1978年。总承包一级施工资质，起重设备安装工程专业承包二级资质，公司注册资本5 000万元，现有施工机械设备1 034台（套），可承担各类房屋建筑、桥梁建设之所需设备的租赁、安装要求。

公司技术力量雄厚，机械设备充足，内部管理严谨，各项制度全，建立了机械设备维修保养、日检查、月检查以及机械设备的使用和更新等有关规定。

自公司成立以来，在上海、北京、黑龙江、大庆、安微阜阳、新疆、乌鲁木齐、山东威海、河北、贵州、徐州、苏州、盐城等地施工现场，从机械设备管理到机械运行、操作等都未发生重大机械安全事故，收到了良好的社会信誉。为了进一步适应市场经济发展需要，公司不断加大科技力量和装备水平的投入力度，使企业不断适应现代建筑的需要。

盐城市华中机械设备租赁有限公司　成立于2006年12月18日。注册资金50万元，现有职工6人，现出租机械20台。

公司成立以来本着诚信、努力、服务热诚的理念，在江苏各城市以优良的服务稳步发展，工作人员充足，力量雄厚。

江苏中厦集团有限公司起重设备安装分公司　系江苏中厦集团有限公司子公司，成立于1994年11月。现有从业人员60余人，有职称的工程技术人员和经济管理人员12人。企业资质为起重设备安装工程专业承包国家二级，经营建筑机械设备租赁、安装和拆卸。现有塔式起重机53台，承担并满足公司各类房屋建筑、桥梁建设之所需设备的租赁和安装要求。

公司建立健全了设备安全管理体系，制订了一系列的安全生产管理制度、安全生产责任制、安全生产资金保障制度、安全教育培训制度、生产安全事故调查处理制度以及安全事故应急救援预案。建立了机械设备维修保养、日检查、月检查以及机械设备的使用和更新等有关制度。

自公司成立以来，在上海、苏州、无锡等地的施工现场，从机械设备管理到机械运行和操作规范上都未发生过机械安全事故，特别是在昆山格林菲尔商务休闲中心工程高度120米，无锡金色江南一期至四期24层高层9幢、18层12幢，目前现承担了无锡中南家园二期三幢33层的高层住宅的建设施工，施工中管理到位，操作规范，安全可靠，收到了广大客户的一致好评和良好赞誉

江苏建业建筑机械设备租赁有限公司　系江苏建业建设集团有限公司控股子公司，成立于2009年9月22日。公司注册资本金500万元。现有从业人员60人，有职称的工程技术人员和经济管理人员12人。企业资质为起重设备安装工程专业承包三级，经营建筑机械设备租赁、销售，建筑材料销售。现有塔式起重机37台套(2008年3月新购3台套)，施工(人货两用)升降机1台，(货用)施工升降机6台等建筑安装机械设备。承担并满足了公司各类房屋建筑、桥梁建设之所需设备的租赁、安装要求。

公司建立健全了设备安全管理体系，制订了安全生产责任制、安全生产资金保障制度、安全教育培训制度、生产安全事故调查、处理制度以及生产安全事故应急救援预案等一系列的安全生产管理制度。建立了机械设备维修保养、日检查、月检查以及机械设备的使用和更新等有关规定。

自公司成立以来，在上海、宁波、苏州、广东佛山、建湖等地的施工现场，从机械设备管理到机械运行操作，都未发生重大机械安全事故，特别在宁波奇美电子22万平方米厂房，广东佛山奇美电子19万平方米厂房建设施工中，管理到位，操作规范，安全可靠，收到了较好的经营效果。

建湖县宏业塔式起重机安装有限公司　成立于2003年6月。2004年1月取得起重设备安装叁级资质，2005年8月取得安全许可证。公司现有江苏天通厂生产的80塔机3台，63塔机5台，40塔机16台，张家港浮山40塔机4台，25吨汽车吊1辆，12吨随车吊1辆等设备。公司施工安装能力不断提高，有一整套的安装拆卸工艺及自检手续。

公司有比较严密的组织体系，股东会下设经理和监事会，设经营技术、财务、质安等科室，并设有多个项目部，公司内部建立了一整套严格规范的管理制度，基本按照现代企业制度要求规范公司运作。

公司自成立以来，始终把开拓市场作为重点，制定了立足本地拓展外向市场的经营策略，近年除在本地拓展业务外先后在扬州、苏州、浙江、无锡、上海等地成立办事处，并多次受到当地主管部门和安全部门的好评，尤其是在扬州的孙奎班组、苏州的沈会山班组、浙江的王东升班组还取得当地主管部门的先进安装班组的证书。

盐城市杰出塔机租赁安装有限公司　成立于2003年。专业叁级，自有塔吊、施工电梯30

多台和各种起重机械自检设备。董事会下设质安部，合肥、宜兴、建湖三个租赁安装分公司，主要从事设备租赁、安装和设备代管等业务。

阜宁县起重设备安装工程有限公司 该公司前身为盐城二建集团起重设备安装工程有限公司，成立于2000年7月。于2004年6月公司进行民营化改造，原公司的股权向自然人进行转让，现为完善的民营股份制公司，企业同时更名为阜宁县起重设备安装工程有限公司。

公司位于盐城市阜宁县阜城镇条河村青龙路21号。经过近年来的经营，公司已经逐步发展成为设备齐全、人员稳定、经验丰富的起重设备安装租赁企业。公司获得了江苏省建设厅颁发的起重设备安装工程专业承包二级资质、于2004—2009年连续被评为“盐城市重合同守信用”单位，于2007年被盐城市安监局评为“第十一次设备安全竞赛活动先进单位”。

公司一直致力于打造一支“技术过硬、服务优良”的起重设备安装专业施工队伍，现有高级工程师1名、项目负责人6名、专职安全生产管理人员5名(4人持有起重操作证)。

响水县恒威起重设备安装有限公司 成立于2007年1月。公司位于响水县城长江路，是一家集塔吊租赁与安装的专业企业。公司注册资本150万元，员工总数30人，现拥有各种型号的塔式起重机56台，租赁的各种建筑机械品种齐全，可满足各种工程建设项目的需要。公司成立以来，在社会各界的关心、帮助、支持下，企业综合实力不断增强，管理水平不断提高，并与多家市内的建筑企业建立了良好的合作关系。“服务第一，安全至上，价格优惠”是公司一贯秉承的经营宗旨。公司专门制定了客户服务细则，公司有稳定、技术过硬、职业素质良好的驾驶员队伍，并配备了专业安装、拆卸、维修的队伍，为优质服务打下了坚实的基础。

中核华兴达丰机械工程有限公司 该公司是由新加坡上市公司达丰控股集团控股、中国核工业华兴建设有限公司等参股的外商投资企业。公司注册资本金人民币6660万元，主要从事建筑机械设备(塔式起重机)安拆、租赁、维修等业务，具有建设部起重设备安拆一级资质。凭借多年来的努力，公司业务范围已遍及全国十多个省市，成为全国塔机租赁行业中最大的专业公司之一。

公司注册地为江苏省仪征市，下设上海管理中心和广州管理中心。公司具备独立承担大型重点工程项目起重设备管理的能力，先后独立承担了秦山核电站(三期)、福建LNG、岭澳核电站二期、深圳下沙LNG、大连红沿河核电站、上海LNG、上海虹桥交通枢纽、武汉火车站、上海双辉大厦等一系列重点工程的机械设备租赁和管理服务。

注重安全，讲求实效，科学的管理理念与模式得到了各地安全监管部门和同行业的好评。2004年5月25日，上海市安检总站组织在沪近500家建筑施工单位对该公司设备使用现场和安全管理模式进行了现场观摩和讲评会。2005年和2007年，连续两届荣获“全国设备租赁优秀单位”称号。2006年和2008年，连续两届荣获“全国机械租赁50强企业”称号。2006年和2008年，连续两届荣获“全国十大租赁品牌”称号。2008年9月，荣获“全国建筑业科技进步与技术创新先进企业”称号。

2004年6月自主研制开发并成功应用了建筑机械租赁ERP远程信息管理系统，并于2006年1月通过了ISO9002质量管理体系、OHSAS18001职业健康安全管理体系、ISO14001环境管理体系三大体系一体化认证，实现了公司程序化管理。

扬州市桩基有限公司 成立于1993年8月。位于扬州市广陵区盐阜西路12号。2007年6月取得地基与基础工程专业承包壹级资质，可承担各类地基与基础工程的施工。企业坚持“技术精，管理严，作风硬，质量优”，被广大客户誉为“扬州桩基铁军”。公司组织机构完善，设有安全生产管理职能部门——安全督查科及设备材料管理职能部门——资产管理科；并专门成立了以总经理亲自负责，分管经理具体抓，安全科长、各项目经理和安全专职管理人员为成员的安全生产组织机构。现有专职安全

员 15 名，桩机机械设备 24 台。设备安全体系健全，保证措施完善。资产管理科专门负责设备维修保养，安全督查科配合其对机械设备进行定期检查，以保证每台机械都能正常运转，安全工作。

江苏易承租赁有限公司　成立于 2002 年 1 月 18 日。其前身是扬州易承机电设备有限公司，是中国建筑业协会机械管理与租赁分会的理事单位。现址坐落于扬州市润扬路中心桥。

江苏易承租赁有限公司是安装、拆卸、维修为一体的租赁有限公司，具有起重设备安装工程专业承包二级资质。现有职工 58 人，其中初级技术职称 10 人、中级职称 5 人、高级职称 2 人。拥有 16T—100T 汽车吊，QTZ40—QTZ250 塔式起重机，SCD200/200 施工升降机，TX100 货用升降机等及专用维修设备。企业固定资产原值 7 582.88万元，计 180 台套设备。

江苏易承租赁有限公司在长期运行的过程中建立了一整套以坚持以人为本，不断创新，坚持安全第一、信誉第一、服务第一、专业值得信赖为宗旨的安全生产管理目标网络体系，在江苏周边地区建筑设备租赁行业中享有较高的信誉和知名度。连年被扬州市建设局评为安全、设备管理先进单位。2009 年被评为全国第十届建筑施工企业、建筑机械租赁企业设备管理优秀单位，江苏省建筑企业安全生产先进单位。

丹凤集团设备拆装队　1982 年成立。单位驻址为丹阳市振兴南路 6 号。三级安装资质。拥有专业拆装人员 10 名，技术员 2 员，安全专职员 3 名，维修人员 3 名，塔机司机 16 名，机管员 2 名，配套人员 10 名。大型机械设备 40 塔机 3 台，25 塔机 3 台，施工升降机 2 台，搅拌机 12 台，并申请上级主管部门领取了产权证。

丹凤拆装队是专业安装队伍，2002 年通过 ISO9001：2000 质量管理体系认证，2009 年通过 ISO14001：2004IDT 环境管理体系认证。

江苏丹建集团机械设备租赁站　成立于 1982 年。拥有国家建筑机械起重设备安装三级资质，共有职工 30 多名，各类特种作业人员证书齐全。其中工程师 3 名，技师 15 名。集团有限公司拥有各类机械设备 380 多台套，净值在 1 300 多万元，人均技术设备率在 1.1 万/人以上。

机械设备租赁站拥有主要设备有，建筑团塔式起重机从 20 吨米到 60 吨米 16 台，轮胎式汽车吊 16 吨到 25 吨 4 台，土石方机械（挖掘机、推土机、装载机、压路机等）12 台套。机械设备租赁站下设机务车间，金属构建制作车间和电工班。

丹阳市建筑安装工程有限公司　成立于 1986 年 8 月。具有三级资质，坐落于丹凤南路 30 号。多年来，丹阳市建筑安装工程有限公司参加了丹阳和周边地区塔吊安装和拆卸，安装拆卸塔机历年来无事故发生。对丹阳和周边地区的建设作出了应有的贡献。

江苏新溪建设工程有限公司塔吊拆装队　成立于 1992 年。拆装资质为专业三级资质，办公地点设在丹阳市南郊总公司内。

公司拆装的组织机构布置严谨，并由总经理挂帅，下有分管经理，到设备科长、安全科长、质量科长，再到施工项目部、拆装队长，最后至安装人员各工种，层层把关，严格要求，分工到位，责任明确，使得安全与质量的保证体系和管理体系得到充分体现。

镇江市光大建筑工程有限公司机械化分公司　成立于 2002 年。是专业从事塔吊拆装的施工单位，该单位位于镇江市运河路，现有职工 35 人，其中有职称的 6 人，中级职称 2 人，高级职称 1 人。

公司的前身为镇江市建筑公司机械化分公司，多年承担了大量的塔吊拆装任务，积累了丰富的塔吊拆装经验，在社会上具有较好的声誉。多年的实践造就了一支技术好、素质高、经验丰富的塔吊拆装队伍，多次完成了一些高难度的塔吊拆装任务，赢得了顾客的好评。

公司本着“安全第一、质量至上”的工作方针，在各级主管单位的大力支持和帮助下，加强管理，不断提高技术水平。工作中注意安全生产，提高服务质量，以质量和信誉求生存、顾客满意为目标，使企业持续、稳定向前发展。

镇江索普建筑安装有限责任公司　创建于1996年。是以建筑施工为龙头，以房地产开发、基础工程、安装工程、装饰工程、市政工程施工及园林景观等配套产业的综合性集团企业，公司通过ISO9001：2008、ISO14001：2004、GB/T28001－2001质量、环境、职业健康安全管理体系认证，现为房屋建筑工程施工总承包一级资质企业，注册资本5 000万元。多年来，公司在社会各界的关心支持下，企业规模日益发展和壮大，自有各类施工机械设备360台套，各类经济技术人员390人，项目经理72人，一级建造师12人，二级建造师28人。年施工面积60万平方米。

镇江索普建筑安装有限责任公司坐落在镇江市丹徒新区谷阳大道16号，占地120余亩，拥有塔机、大中型挖掘机、道路工程机械、土石方机械等。其中塔机18台（含施工电梯2台），施工升降机12台。

镇江市宏昇机械施工有限公司　成立于2008年5月。注册资金60万元。地址位于镇江市天桥，是独立的法人实体。现企业从业人员42人，其中有职称的6人，中级职称2人，高级职称1人。公司主要经营业务为塔吊的租赁与安装，起重设备的吊安装，建筑机械设备维修和配件销售。公司现拥有各类型号塔吊60余台，每年的出租量约在200台次左右，公司的塔吊拥有量和出租量正逐年大幅度的增长。

公司本着“服务及时、顾客至上”的宗旨，在工作中注意安全生产，严格进行规范化操作。拥有一支技术精、服务好的维修服务队伍。设备的完好率不断提高，维修及时到位。

泰州市海陵区京泰建筑机械租赁有限公司　成立于2007年。具有大型起重设备、租赁资质。公司拥有一支技艺精湛又富有挑战精神的工程师及建立了稳定、技术过硬、职业素质良好的驾驶员队伍、专业保养维修人员队伍，是专业从事塔式起重机、施工升降机租赁、保养、维修等一条龙服务业务的企业。公司现拥有110余台种型号的塔式起重机、升降电梯，可满足各种工程建设项目的需要。

“安全第一，服务至上”是公司一贯以来秉承的经营宗旨。公司自成立以来安全生产无事故，受到各界领导和社会同仁的一致好评。公司狠抓服务质量管理，24小时全天候服务，远近郊区抢修队1－2小时赶到现场，及时处理、排除故障。公司提供的塔吊、电梯经泰州市建工局统一编号备案。塔吊司机、保养维修工遵守各工地的规章制度，遵守本身的职业道德规范，赢得了客户的赞扬。

宿迁市东安起重设备拆装有限公司　成立于2005年3月。系集起重设备拆装、建筑机械设备出租为一体的建筑机械设备企业，具有国家二级起重设备安装资质。公司拥有1 000 kn.m以下起重塔机80多台，企业员工中工程师以上职称12人，安装维修人员60多人，执证率100%。

沭阳县永森塔吊拆装有限公司　成立于2002年。取得江苏省建设厅颁发的专业承包三级资质和省建筑工程管理局颁发的安全生产许可证，为中国建筑业协会机械管理与租赁分会会员单位。

目前，公司正常管理经营180余台塔式起重机、2台汽车吊等大中型建筑机械，拥有本地区较大份额的建筑机械租赁市场。

公司2003年被江苏建筑市场质量安全跟踪调查办公室、企业信誉综合调查评价组委会、江苏经济报社评为“重质量守信誉诚信施工单位”，2006年被中国工程建设行业管理协会授予“全国工程质量安全管理优秀企业”。

建筑施工起重机械安装检验机构简介

南京建工建筑机械安全检测所　2002年5月经南京市建筑工程局宁建工字［2002］81号文批准，同年7月成立，行政上隶属南京市建工局,业务上接受南京市建筑安全生产监督站的指导,是专门从事施工现场建筑机械安装质量检验检测的专业机构。根据国家建设部和江苏省建筑工程管理局的规定,于2002年8月经审核获江苏省建设厅颁发的建筑机械检测资质[证书编号:苏建检字[(J0101 20203)号]。

南京建工建筑机械安全检测所于2003年6月通过了江苏省质量技术监督的计量认证(资质认定)并取得认证证书,此后分别通过了两次监督评审和一次复评审。2009年9月,南京建工建筑机械安全检测所通过了由江苏省建筑安全与设备管理协会组织的江苏省建筑施工起重机械安装检验机构行业确认(证书编号001)。

南京建工建筑机械安全检测所2009年共检验塔式起重机986台,施工升降机160台,物料提升机200台,桩工机械100台,高处作业吊篮共198台。

江苏省建筑工程质量检测中心 成立于1985年,是江苏省内具有权威的检测机构,历年被省建设厅评为先进机构,A等信用检测机构。2004年获得省建设厅颁发的塔式起重机检测许可证,2009年通过行业确认,在行业主管的监督和支持下,每年承担了数千台次的建筑机械安装质量检验工作,在公正、科学、及时、准确性上获得了社会各方的高度认可。

中心质量管理体系完善,检测仪器配置齐全,各检测项目都编制了科学的检测细则和操作规程。定期开展技术交流与内外部培训活动,通过质量监督与管理评审、内审不断提高工作质量,目前在用的检测系统业务管理软件也通过了省建设厅的评审。2005年建筑机械检测项目通过了国家实验室认可,2006年通过省级计量认证,通过认可的项目包括安装质量检测、整机性能评价、运行状态评定。2009年9月,江苏省建筑工程质量检测中心通过了由江苏省建筑安全与设备管理协会组织的江苏省建筑施工起重机械安装检验机构行业确认(证书编号002)。

江苏省建筑工程质量检测中心2009年共检验塔式起重机1 375台,施工升降机305台,井架物料提升机436台,桩工机械20台,高处作业吊篮共1 506台,附着式升降脚手架85台。

南京建安建筑机械安全检测有限公司 2003年10月份经南京市江宁区建工局江宁建字[2003]8号文批准成立,行政上隶属南京市江宁区建工局,业务上接受南京市江宁区安监站指导,为专门从事施工现场建筑机械安装质量检测的机构。同年通过江苏省建设厅建筑机械检测资质审查。2005年和2006年分别通过了南京市技术监督局的两次评审。2009年9月,南京建安建筑机械安全检测有限公司通过了由江苏省建筑安全与设备管理协会组织的江苏省建筑施工起重机械安装检验机构行业确认(证书编号003)。

全公司现有员工8人,专门从事现场检测的检测员5人,其中有技术职称资格7人。目前主要承担南京市江宁区施工现场塔式起重机、施工升降机、井架物料提升机、桩机、高处作业吊篮、门式起重机等建筑机械设备安装质量和定期检测,并参与建筑设备事故技术鉴定与评估。公司的服务宗旨是:诚实、守信、科学、公平、公正。公司服务承诺:报检受理后,整除气候条件下3个工作日内到现场检测,检测合格后2个工作日内出具报告及合格证。

南京建安建筑机械安全检测有限公司2009年共检验塔式起重机561台,施工升降机76台,物料提升机71台,桩工机械42台,高处作业吊篮共124台。

南京海天检测有限公司 该公司是由南京建工学院校友会发起成立的一个股份制检测公司,成立于2003年11月10日,具有独立企业法人资质,属第三方检测实验室。公司具有江苏省建设厅和江苏省技术监督局颁发的检测施工现场在用建设机械设备的安装和性能检测资质,主要为全省各建筑施工企业、租赁公司等有关单位的在用设备提供一流的检测和技术评估服务,可向社会出具公证合法的检测报告。公司目前主要从事的检测项目有:施工现场在用塔式起重机、施工升降机、物料提升机、附着式整体升降脚手架、桩机的安装检验、性能检验；对超年限服役的起重机械进行结构性能评估；门、桥式起重机的安装质量检验；起重机械事故的司法鉴定等。

2009年9月，南京海天检测有限公司通过了由江苏省建筑安全与设备管理协会组织的江苏省建筑施工起重机械安装检验机构行业确认(证书编号004)。

2009年南京海天检测有限公司业务情况如下：塔式起重机结构性能评估70台；施工升降机结构性能评估20台；塔式起重机安装检验100台；施工升降机安装检验10台；门式、桥式起重机安装检验40台；防坠安全器检验800台。

苏州市建设工程质量检测中心有限公司 成立于1987年，具有江苏省建设厅颁发的综合一级、市政一级检测资质，于1991年在苏州地区率先通过江苏省技术监督局主持的计量论证，2004年通过中国实验室国家认可委员会的评审，同时也是人民法院入册的社会鉴定机构，是具有公正地位的建设工程质量检验机构。中心于2004年4月更名为苏州市建设工程质量检测中心有限公司。2009年9月，通过了由江苏省建筑安全与设备管理协会组织的江苏省建筑施工起重机械安装检验机构行业确认(证书编号005)。

中心现下设中心检测站、园区检测站、新区检测站、地基基础检测室、起重机械检测室、环境检测室、市政检测室、结构检测室、无损检测室及智能检测室，现有员工180多名。起重机械检测室共有员工8人，其中高级工程师3人、工程师3人，具体负责苏州市区内的塔式起重机、施工升降机、物料提升机、高处作业吊篮及打桩机械的安装质量检验。

2009年共检验塔式起重机978台，施工升降机300台，物料提升机75台，桩工机械35台，高处作业吊篮60台。

昆山市建设工程质量检测中心 成立于1994年8月，是全省最早开展建筑施工起重机械安装检测的检测机构之一。先后开展了塔式起重机、施工升降机、物料提升机、高处作业吊篮等四种起重机械的安装质量检测。

中心的施工机械检测项目于2002年通过计量认证。为了不断完善质量管理体系，确保质量管理工作切实有效，2007年施工机械项目申报了中国合格评定国家认可委员会的检查机构认可(CNAS)。2009年9月，通过了由江苏省建筑安全与设备管理协会组织的江苏省建筑施工起重机械安装检验机构行业确认(证书编号006)。中心为开展施工机械安装检测工作引进了一批高级技术人员。目前项目组配备了包括2名电气工程师、2名机械工程师、3名注册安全工程师在内的8名检测技术人员及1名技术负责人(高级工程师)。同时中心引进先进的检测设备，如钢丝绳无损探伤仪、接地电阻测量仪、绝缘电阻测量仪、拉力计、经纬仪等。人员及设备的充足配备为检测工作的顺利开展奠定了良好的基础。

2009年昆山市建设工程质量检测中心共检验塔式起重机1 116台，施工升降机259台，物料提升机518台，高处作业吊篮225台。

张家港市建安工程机械质量检测有限公司 2002年经张家港工商行政管理局批准成立，为独立法人企业，按行业相关主管部门批准的许可资质能够独立承接第三方的检验检测及安全质量评估等工作，并能独立承担经营业务活动过程中的相应法律责任，具有对外独立行文，对内独立设账、核算、建制、管理的行为能力。公司一直坚持以“方法科学、行为公正、结果准确、服务满意”为宗旨，为配合施工单位的工程进度在“防坠安全器”检测标定时间方面，为用户提供24小时检测标定服务。公司从成立至今未有发生大小安全事故。

公司专业从事建筑和市政施工现场塔式起重机、施工升降机、物料提升机、高处作业吊篮、桩工机械、整体提升脚手架的安装质量检验和施工升降机安全防坠器、高处作业吊篮安全锁的检测标定及超龄塔式起重机和施工升降机的安全质量评估检验试验。公司通过了江苏省质量技术监督局实验室计量资质认定和江苏省建筑安全与设备管理协会组织的江苏建筑施工起重机械安装检验机构行业确认，是符合对建筑和市政施工现场起重机械安全质量等进行综合测试的检验机构。计量认证证书编号为：2008101098A、省建检验机构行业确认证号为：苏建检字 007 号。

公司自成立以来检测各类建筑起重机械设备 9 000 余台。2009 年度共检验各类建筑起重机械设备 1 052 台，其中塔式起重机 740 台、施工升降机 93 台、物料提升机 118 台、桩工机械 50 台、高处作业吊篮 51 台。

吴江市建设工程质量检测中心有限公司 成立于 1997 年，其前身是吴江建筑公司试验室。2003 年由吴江市建设工程质量检测中心整体改制后组建为有限公司，属企业独立法人，能够承担相应的法律责任，能够独立承担第三方公正检测，独立对外行文和展开业务活动，有独立账目和独立核算，具有独立建制的单位。

公司的主要工作业务包括：结构工程、地基工程、混凝土制品及工程材料、桩基、建筑门窗、室内环境空气污染、建筑防水、保温、水电、交通、起重机械检验等 36 大类共 276 项的检测工作。拥有江苏省建设厅颁发的综合一级资质和江苏省技术监督局颁发的计量认证合格证书，是苏州地区第一家获得综合一级资质的检测机构，是目前全省 10 家拥有综合一级资质的检测机构之一，也是全省检测人员岗位培训定点考核单位之一，是国家依法授权的具有公正地位的建设工程质量检测机构。计量认证证书编号为 2009100916R。2009 年 9 月，通过了由江苏省建筑安全与设备管理协会组织的江苏省建筑施工起重机械安装检验机构行业确认（证书编号 008）。

公司总部现有 3 757.64 平方米办公、试验用房和吴江平望分中心 2 002.33 平方米办公、试验用房。拥有各类主要检测仪器设备 1 600 台套，其中有些仪器设备具有国际水平。公司现有工作人员 80 余人，有职称人员 60 余人，其中高级以上职称人员 16 人、中级职称人员 18 人。人员所具有的资质均为工业与民用建筑、建筑材料、建筑机械、公路交通等专业。

2003 年 5 月至 2009 年 12 月底公司起重机械检测组共对塔机、施工升降机、高处作业吊蓝、物料提升机四大项开展检测，检验各类起重机械共计 3 095 台。塔机检验 2 888 台，施工升降机 157 台，高处作业吊篮 35 台，物料提升机 15 台，2009 年塔式起重机检验 283 台，附墙装置检验 83 道，施工升降机检验 46 台，高处作业吊篮检验 9 台，物料提升机检验 3 台。检验过程中无大小事故发生。

无锡市鼎都安全咨询有限公司 成立于 2007 年 8 月，注册资本 105 万元人民币。属企业独立法人，性质为股份有限公司，是经工商行政管理局批准成立的法人单位，能够承担相应的法律责任，能够独立承担第三方公正检验检测工作，独立对外行文和展开业务活动，有独立账目和独立核算，具有独立建制。公司现主营业务是：安全技术咨询、技术服务；建筑起重机械设备的安装质量检验检测。公司于 2009 年 9 月获得了江苏省建筑安全与设备管理协会组织的建筑施工起重机械安装检验机构行业确认，证书编号为苏建检字 009。可检验范围为：塔式起重机、施工升降机、物料提升机、高处作业吊篮、桩工机械、附着式升降脚手架等六大类。

2009 年 10 月，公司正式开展建筑施工起重机械设备安装质量检验工作，至同年底，共检验了塔式起重机 103 台、施工升降机 26 台、物料提升机 74 台、桩工机械 38 台、高处作业吊篮 50 台。据不完全统计，一次性检验合格的约占总数的 30%，复检或自行整改后合格的约占总数的 68%，2% 为复检后不合格仍须重检的。公司检验的建筑施工机械设备均能安全运行。

江阴市建安检测服务有限公司 成立于 2003 年 9 月，企业为独立法人，是经当地工商行政管理局批准成立的法人单位。公司主要从事塔式起重机、施工升降机、物料提升机的安装质量检验工作。2009 年取得江苏省建筑安全与设备管理协会颁发的建筑施工起重机械安装检验机构行业确认书，编号为苏建检字 010。

公司现有办公用房 105 平方米，各类仪器 10 余台。公司现有总工程师 1 名、助理工程师 1 名、高级技工 5 名、技术员 3 名，分别为大专和高中文凭。公司下设主任室、检测室、资料室、会计室。

2003 年 9 月开始在江阴市范围内从事起重机械安装质量检验工作，至今已检验塔式起重机械两千余台次、施工升降机两百余台次、物料提升机五千余台次。2009 年度共检测塔机 570 台，合格 455 台，复检 115 台，施工升降机 45 台，合格 25 台，复检 20 台，物料提升机 750 台，合格 105 台，复检 215 台，不合格 430 台。未发生安全事故。

常州瑞安建设工程管理顾问有限公司　该公司前身为常州市建筑起重机械检测站，成立于 1992 年 11 月。2005 年 4 月改制成立常州瑞安建设安全技术事务有限公司，是专门从事建筑起重机械检测服务的机构。2009 年 8 月更名为常州瑞安建设工程管理顾问有限公司，成为集建设工程项目管理、建设工程安全管理评估与技术服务、建设环境与能源评估、建设工程安全教育与培训、建筑起重设备与安全设施检测于一体的服务性事业单位。主要承担塔式起重机、施工升降机、物料提升机、桩工机械、高处作业吊篮、附着式升降脚手架等机械安装质量的委托检测检验。公司于 2009 年 9 月通过了由江苏省建筑安全与设备管理协会组织的江苏省建筑施工起重机械安装检验机构行业确认（证书编号 011）。同年 12 月又通过江苏省质量技术监督局专家组的评审，取得了省质量技术监督局颁发的《资质认定计量认证证书》。

公司具备多个参数的检测能力，拥有检测和办公场所 200 平方米。设有总经理室、总师室、项目管理中心、检测中心、资料受理处、财务室、办公室等部门。随着业务的逐步开展，公司还在溧阳设立了办事处。现拥有工作人员 12 人，其中高级工程师 2 名、工程师 3 名、助理工程师 3 名、助理会计师 1 名，最高为研究生学历。专业技术力量雄厚，有多名省内检测行业知名专家，先后有多人在国家级专业杂志和省内杂志上发表论文。

常州瑞安建设工程管理顾问有限公司 2009 年共检验塔式起重机 806 台，施工升降机 367 台，物料提升机 581 台，桩工机械 20 台，高处作业吊篮 33 台，附着升降脚手架 117 机位。

常州市东晨建筑机械检验有限公司　成立于 2009 年 1 月，检验检测主要范围是：塔式起重机、施工升降机、物料提升机、高处作业吊篮、附着式升降脚手架的安装质量检验检测。早在 2006 年 9 月成立原常州市鼎安安全技术咨询有限公司，就与江苏建设工程质量检测中心合作，在常州地区开展建筑机械安装质量检验检测工作。2009 年 1 月在原基础上重新成立的常州市东晨建筑机械检验有限公司，于 2009 年 9 月 18 日由江苏省建筑施工起重机械安装检验机构行业确认委员会审核确认为江苏省建筑施工起重机械安装检验机构。行业确认证书号码为苏建检字 012 号。2009 年 9 月下旬公司独立开展建筑起重设备安装质量检验活动。

常州市东晨建筑机械检验有限公司 2009 年共检验塔式起重机 470 台，施工升降机 142 台，附着升降脚手架 1 017 机位。

徐州市建设工程检测中心　成立于 1998 年 4 月，是江苏省建设系统专业门类齐全，检验设备、检测技术先进的法定建设工程质量检测机构之一。2009 年 9 月，徐州市建设工程检测中心通过了由江苏省建筑安全与设备管理协会组织的江苏省建筑施工起重机械安装检验机构行业确认（证书编号 013）。具有国家认证认可监督管理委员会资质认定计量认证证书、中国合格评定国家认可委员会实验室认可证书、建设工程质量检测机构资质证书。是江苏省具有较高知名度和良好公信力的法定工程质量检测机构，为江苏省建设工程质量检测人员上岗培训和考核定点单位以及本地区检测机构的业务管理和指导单位，是本地区唯一的建设工程法定检测仲裁机构。

中心具有先进的管理理念、专业的技术人才及一流的检测设施和设备。可承担混凝土砂浆及其原材料(水泥、砂石、外加剂、粉煤灰、矿渣等)、墙体屋面材料、建筑钢材、钢结构、建筑结构工程现场检测、建筑节能与门窗、环境检测、化学分析、防水材料、装饰装修材料、建筑水电、市政工程、建筑安全、建筑工程施工机械安装质量、地基基础共 15 大类项目的检测与鉴定。

中心多年来形成了一支既有专业理论,又有实践经验,高、中、初级技术人员比例合理配套的专业技术队伍。中心目前从事检测和管理的工作人员 150 人,其中高级工程师 25 人,工程师 30 人,硕士研究生 5 人、本科学历 50 人、大专以上学历工程技术人员 110 人。各类专业技术人员占员工总数的比例达 80%以上。

中心具有布局科学合理的检测基地,下设 3 个管理科室,6 个检测科室。拥有试验用房使用面积达 3 000 平方米。其中恒温恒湿面积 400 平方米。主要设备仪器 800 台(套),许多检测设备目前在国内国外同行中堪称先进一流。

徐州市建设工程检测中心 2009 年共检验塔式起重机 1 208 台,施工升降机 240 台,物料提升机 36 台,高处作业吊篮 507 台。

徐州永晋特种设备检测有限公司 成立于 2008 年 4 月,属企业独立法人。是经徐州工商行政管理局批准成立的法人单位,能够承担相应的法律责任,能够独立承担第三方公正检测,独立对外行文和展开业务活动,有独立账目和独立核算,具有独立建制。公司的主要工作业务包括:塔式起重机安装质量检测,施工升降机安装质量检测,物料提升机安装质量检测,高处作业吊篮,桩工机械安装质量检测。公司是通过省级实验室资质认定和计量认证的起重设备安装质量测试检验机构。计量认证证书编号:2008101086A。2009 年 9 月,徐州永晋特种设备检测有限公司通过了由江苏省建筑安全与设备管理协会组织的江苏省建筑施工起重机械安装检验机构行业确认(证书编号 014)。

公司现有 200 平方米办公用房、主要仪器设备 38 台。公司现有职工 20 人,专业技术人员 15 人,中级以上职称 10 人。公司下设业务部、检测部和综合办公室 3 个部门。公司自成立以来共完成检测项目 2 000 多台(次),未发生安全事故。该公司坚决贯彻的质量方针是科学检测、准确报告、服务建筑、不断改进。核心价值:方法科学、行为公正、廉洁高效、热情服务。服务宗旨为:为委托单位提供一流的服务,力争成为苏鲁豫皖地区一流的特种设备检测公司,为建设行政管理部门的安全监督提供支持和保障。

2009 年检测塔式起重机 1 620 台,施工升降机 31 台,物料提升机 206 台,未发生安全事故。

连云港博爱安全咨询评价有限公司 成立于 2009 年 4 月,属企业独立法人。是经工商行政管理局批准成立的法人单位,能够承担相应的法律责任,能够独立承担第三方公正检测、安全生产条件评价,独立对外行文和展开业务活动,实行独立核算,自负盈亏,具有独立建制。公司的主要工作业务包括:建筑安全咨询、评价、培训和服务;建筑起重机械、桩工机械和自升爬架的检验检测。2009 年该公司通过江苏省建筑施工起重机械安装检验机构行业确认,证书编号为:苏建检字 015 号。

公司现有办公用房 54 平方米,现有员工 18 名,其中研究员级工程师 1 名、高级工程师 4 名、工程师 3 名、助工 4 名。人员所具有的专业包括:工业与民用建筑、水利建筑、建筑机械电器工程。其中直接从事建筑施工起重机械检测的有 6 名。公司下设两个组:一个组为建筑起重机械检测小组,主要从事建筑起重机械的检测;另一个组为安全咨询评价组,主要从事建筑施工专项方案的论证,施工企业安全生产条件的评价和安全咨询服务。

2009 年 9 月 28 日公司开始从事建筑施工机械的检测。到目前为止,共完成检测项目 71 项,其中塔式起重机 68 台、施工升降机的 1 台、物料提升机 2 台。

连云港市先至建筑机械检测有限公司 成立于 2009 年 7 月,主要从事建筑施工起重机械

(塔式起重机、施工升降机、物料提升机、移动式起重机)附着式升降脚手架、高处作业吊篮以及桩工机械等安装质量检测业务。2009年9月,连云港市先至建筑机械检测有限公司通过了由江苏省建筑安全与设备管理协会组织的江苏省建筑施工起重机械安装检验机构行业确认,证书编号为016号。现有员工14人,拥有与公司经营业务相适应的专业技术人员,其中高级工程师1人,机械、电气、土建工程师6人,具有建筑起重机械质量检测证书人员9人。拥有与公司经营业务相适应的建筑起重机械检测设备20余台(套)。

2009年下半年,检测中心接受建筑机械检测委托70余次,其中大多为塔式起重机,主要集中在市区周边地区。

镇江市建科工程质量检测中心有限公司 成立于2007年,其前身为镇江市建设工程质量检测中心。镇江市建设工程质量检测中心成立于1994年,1995年率先通过江苏省技术质量监督局的计量认证工作,2000年、2005年、2009年通过计量认证复评审和扩项评审。该公司是通过省级实验室资质认定和计量认证评审的工程质量综合测试检验机构。计量认证证书编号:2009100520R。国家实验室认可证书编号:No. CNASL2125。建筑施工起重机械检验资质证书编号:苏建机检字(J1101)0704号。2009年9月,公司通过了由江苏省建筑安全与设备管理协会组织的江苏省建筑施工起重机械安装检验机构行业确认(证书编号017)。

该公司现有8 000多平方米的检试、办公用房,各类仪器设备装置358台(套),仪器设备总金额600万元。公司现有员工92人,享受国务院特殊津贴专家1名,研究员级工程师2名,高级工程师20多名,省333学者3名,镇江市169学术带头人3名,镇江市科技骨干3名。其中高级工程师9名、工程师32名、初级职称28名;具有材料、力学、结构、物理、岩土、计算机、自动控制、化学、土木建筑、建材、化工、地质、工程、机械、设备、财会、经济等专业学历和相应岗位任职资格及检试操作的技能水平,其中从事建筑施工起重机械检测及相关工作的有17人。

公司主要承接建设工程原材料、半成品、成品的质量检测与鉴定,建筑施工起重机械安装质量的验收检测,以及地基基础工程、建筑结构、水电设施、装饰装修、钢结构、市政道路、建筑节能和室内环境检测与鉴定等。

镇江市建科工程质量检测中心有限公司2009年共检验塔式起重机894台,施工升降机51台,物料提升机299台,桩工机械2台,高处作业吊篮53台。

扬州市建宁工程技术咨询服务有限责任公司 2005年12月经扬州市建设局(扬政建[2005]41号文)批准,2006年2月份成立,并于2009年11月18日顺利取得了《江苏省建筑施工起重机械安装检验机构行业确认书》,证书编号为018号。业务范围包括:建筑施工企业安全生产评价;提供安全技术服务及安全事务咨询;建筑施工起重机械安装质量检验;建筑安全新技术新工艺的推广服务;意外伤害保险兼业代理;安全防护用品销售等。

公司成立之初就着力于内部建设。逐步完善了组织机构,现有经理室、办公室、安全服务部、设备检测部、考核管理部、经营销售部6个部门。公司设备检验部聘用了一批有着一定工作经验的检验人员,建立了检验质量保证体系,并相继制定了检验人员岗位责任制、工作流程、操作流程等各项规章制度;购置了检验工具、仪器。公司已经具备了对塔式起重机、施工升降机、物料提升机、桩工机械、高处作业吊篮、附着式升降脚手架等施工机械安装质量检验的能力。

截止2009年底公司有员工27人,具有建筑施工起重机械检验资格证书的人员13人,其中机械类高级工程师1人、电气工程师1人,专业技术人员8人、工人3人。目前主要承担扬州市区及邗江、仪征、江都、高邮、宝应等县(市、区)的建筑施工起重机械安装质量检验工作。

2009年,公司共检验设备1 900台次,其中塔机1 519台次、物料提升机148台次、施工电梯66台次、高空吊篮64台次、桩机147台次。

宿迁市大地建筑机械检测有限公司　成立于2006年3月，属国有企业、独立法人，注册资本金为50万元人民币。是经工商行政管理局批准成立的法人单位，能够承担相应的法律责任，能够独立承担第三方公正检测，独立对外行文和展开业务活动，有独立账目和独立核算，具有独立建制。2009年11月，公司顺利取得了《江苏省建筑施工起重机械安装检验机构行业确认书》，证书编号为019号。公司的业务范围：塔式起重机、施工升降机、物料提升机等检验业务。

公司现有员工17人，其中工程师2名、助理工程师2名。直接从事建筑施工起重机械检测的有8人。公司设综合科、检测一科、检测二科、检测三科。综合科负责资料审核、汇总、报告发放以及财务收支等后勤保障工作，检测科负责建筑施工现场机械检验工作。

公司自成立以来先后被中华全国总工会、国家安全生产监督管理总局授予全国“安康杯”竞赛优胜班组称号，被江苏省建设系统授予“工人先锋号”，被宿迁市总工会、宿迁市安全生产监督管理局授予全市“安康杯”竞赛优胜企业称号。

2009年度共检验建筑机械设备1 878台，其中塔式起重机1 793台、施工升降机29台、物料提升机30台、吊篮26台。

淮安市建安机械检测有限公司　该公司前身为“淮安市建筑机械检测中心”。2004年5月成立了“淮安市建安机械检测有限公司”。业务上受行业主管部门直接指导。2009年10月，顺利通过了江苏省建筑施工起重机械安装检验机构确认（证书编号020号）。

公司的主体任务是检验淮安市区（清河区、清浦区、开发区）、淮阴区、楚州区、涟水县、洪泽县、金湖县、盱眙县等所有建筑施工现场大型建筑机械的安装质量。除做好本职工作外，还积极参与全市各项建筑安全检查工作、建筑安全事故调查处理工作、创建文明城市各项检查工作、建筑企业和建筑施工现场有关安全技术论证工作等等。

2009年公司共检验建筑机械819台，其中塔式起重机691台、施工升降机40台、物料提升机83台、高空作业吊篮4台、桩工机械1台。

无锡市建筑工程质量检测中心　简称检测中心。是经江苏省建设厅批准的全省资质等级最高的综合一级检测机构，是无锡地区规模最大、成立较早的建筑工程质量检测中心，是具有21年专业检测经历的权威单位。2009年11月，顺利通过了江苏省建筑施工起重机械安装检验机构确认（证书编号021号）。

中心前身是无锡市建筑工程质量检测站，于1988年9月批准成立，为全民事业单位。1992年通过计量认证。1995年成为全省首批取得计量认证合格证书的建筑工程质量检测中心。1999年通过江苏省建委土建一级资质考核和江苏省技术监督局计量认证复查。2000年取得综合一级检测资质。检测中心为江苏省建设委员会、江苏省建筑工程管理局指定的无锡地区工程质量和建筑材料、构件、建筑机械、制品质量的检测、仲裁重点单位，下有8大检测室，为塔吊检测室、桩基检测室、建筑节能检测室、环境检测室、化学建材检测室、常规检测室、综合检测室、外场检测室，在扬名和山北地区设有两个检测分站。

中心多年来形成了一支既有专业理论，又有实践经验，高、中、初级技术人员比例合理配套的专业技术队伍。员工队伍中，高级工程师10名，中级工程师20名，助理工程师10名，各类专业技术人员占员工总数的比例达84.4%。

无锡市建筑工程质量检测中心2009年共检验塔式起重机690台，施工升降机308台，物料提升机672台。

南京天宙检测有限公司　成立于2008年4月，注册资金50万元，主要从事建筑机械的检测与技术咨询。公司现有人员11人，大专以上人员占82%，教授1人，副教授1人，7人通过省建筑安全与设备协会的培训，5人具有江苏省质量技术监督局颁发的检验员证。大部分人员从事过多年建设机械检测工作，具有一定的建筑机械安装检验实际工作经验。2009 年 11 月通过了江苏省建筑施工起重机械安装检验机构确认(证书编号 022 号)。

公司建立了完善的检测管理规章制度,编写了质量手册和程序文件,能够较好地理解相关标准,严格执行安全检验程序。仪器设备齐全,通过了计量检定,能够满足主要建筑机械的检验需要。公司注重检测人员的学习培训,严格按照操作规程办事。

丹阳市建业建筑安全技术咨询服务中心 成立于 2007 年 8 月,其前身为丹阳市建筑机械检测中心,2004 年经江苏省建设厅批准取得检测许可证,2009 年通过江苏省建筑施工起重机械检验机构行业确认(证书编号 023 号)。中心是经工商行政管理局批准成立的独立法人单位,能承担相应的法律责任,能够独立承担第三方公正检测,独立对外行文和展开业务活动,有独立账目并独立核算。2009 年 1 月至 9 月法人代表为张国祥,9 月因人事调整变更为葛春留。中心的主要业务包括:建筑起重设施检测、意外伤害保险服务、建筑安全技术咨询服务、建筑安全设施销售等。

中心现有办公用房 80 平方米,主要仪器设备有:经纬仪、水准仪、接地电阻测试仪、绝缘电阻测量仪、拉力计、电脑打印设备等。目前配备了高级工程师 1 名,工程师 4 名,助理工程师 6 名。人员全部具备与从事检测项目相适应的专业,其中直接从事建筑施工起重机械检测的有 7 人,所具有的专业有机械、电气、工程等。

中心自成立以来共完成检测项目 2 645 项,其中塔式起重机 1 820 台、施工升降机 75 台、物料提升机 750 台。2009 年检测塔式起重机 310 台,施工升降机 13 台,物料提升机 125 台。

靖江市建设工程检测中心有限公司 成立于 1992 年 1 月,为企业独立法人机构,在泰州市靖江工商行政管理局登记注册,能够承担相应的法律责任,能独立承担第三方公正检测,独立对外行文和开展业务活动,有独立账目并独立核算,具有独立建制。2009 年通过江苏省建筑施工起重机械检验机构行业确认(证书编号 024 号)。

中心检测业务范围主要包括:起重机械(塔式起重机、施工升降机、物料提升机)安装检验、建设工程各类材料见证检测、地基基础检测(静载、低应变、高应变、声波透射)、主体结构检测、钢结构检测、建筑节能工程检测、室内环境检测、水电检测、门窗检测、房屋安全鉴定检测、市政道路检测、基坑监测等。

中心是通过国家实验室资质认定和计量认证的工程质量综合测试检验机构。江苏省质量技术监督局资质认定计量认证证书编号为:2009100506R;中国合格评定国家认可委员会实验室认可证书编号为:No. CNAS L2158。

中心现有办公用房 1 600 平方米,现有职工 50 余人,其中高级工程师 3 名、工程师 15 名、注册岩土工程师 1 名、注册结构工程师 1 名、注册建造师 2 名。人员专业范围覆盖机械、电气、工程结构、道桥、材料、暖通、建筑节能等领域。中心分为塔吊检测科、建筑材料检测科、桩基检测科,其中塔吊检测科直接从事建筑施工起重机械检测的有 7 人,检测人员职称情况为工程师 5 名、助工 1 名,人员专业包括机械、电气、工民建等多个专业。

2009 年共检测塔式起重机 218 台,施工升降机 25 台,物料提升机 191 台,未发生过安全事故。

南通天安安全技术服务有限公司 成立于 2003 年 6 月,原名称为"南通天安建筑安全技术咨询有限公司",属企业独立法人。是经工商行政管理局批准成立的法人单位,能够承担相应的法律责任,能够独立承担第三方公正检测,有独立账目并独立核算,具有独立建制。2003 年取得江苏省建筑工程管理局颁发的《塔式起重机检测许可证》资质。2009 年通过江苏省建筑施工起重机械检验机构行业确认(证书编号 025 号)。2005 年取得江苏省安监局颁发的《烟花爆竹专项安全评价许可证》,并成功开展了烟花爆竹专项安全评价业务。公司的主要工作业务包括:建筑施工起重机械检验、安全评价、劳

保用品销售等。

公司现有100平方米办公用房,主要仪器设备包括电脑、打印机、复印机、传真机、办公桌椅,检测仪器有经纬仪、电阻仪、电子吊秤、测厚仪、万用表等。公司现有员工10人,高级工程师2名,工程师3名,其中本科学历4人,专科学历4人,全部持证上岗,直接从事建筑施工起重机械检测的有4人。公司组织机构健全,设为一室四部:办公室、起重机械检验部、安全评价部、安全技术培训部、劳保用品销售部。

公司自成立以来未发生过安全事故。

海门市吉安建筑安全技术研究有限公司成立于2006年11月18日,经南通市海门工商行政管理局注册,注册资金30万元。同年12月取得由江苏省建筑工程管理局颁布的《建筑工程施工机械安装质量检测证书》。2009年10月通过江苏省建筑安全与设备管理协会组织的建筑施工起重机械检验机构行业确认(证书编号026号)。公司主要从事建筑工程施工现场的塔式起重机、物料提升机、施工升降机的安装质量检测工作。

海门市吉安建筑安全技术研究有限公司技术力量雄厚,企业负责人陈照明长期从事起重机安装与检测工作,系机械工程师、起重工技师,技术负责人许东强毕业于南京建筑工程学院起重运输与工程机械,长期从事建筑安全与设备管理工作,在国家级刊物上发表专业论文40余篇,系江苏省建筑工程安全管理专家、江苏省建筑工程机械管理专家、国家注册安全工程师、高级工程师,公司具有工程技术系列中高级职称人员8名,检测人员全部经省建筑安全与设备管理协会培训,取得起重机械检测人员资格证书。各种检测仪器设备均按有关计量管理法律法规进行检定。自开展起重机械安装质量检测以来,严格按《建筑工程施工机械安装质量检验规程》等标准规范要求进行检测,在检测过程中严格遵守检测规程,严把检测质量关。

2009年全年检测塔式起重机245台,施工升降机25台,物料提升机20台,从未发生因检测质量原因而引发安全事故。

兴化市平安建筑机械设备检测有限公司成立于2009年9月18日。企业的前身是成立于2004年4月28日的兴化市建筑起重设备检测站,隶属于兴化市建筑工程局。2009年11月通过江苏省建筑安全与设备协会组织的建筑施工起重机械检验机构行业确认(证书编号027号)。平安检测有限公司坐落于兴化市张阳菜市场西大门北侧,交通便捷。公司现有建筑工程、建筑机械、机电等技术人员多名,拥有中级职称(工程师)人员6人,熟悉建筑起重机械安装检验的技术人员6人,以上人员都通过培训考核取得了检验上岗合格证书,公司各项检验制度齐全,检验仪器设备评定合格,确保了设备检验质量。

2009年度共检验(含建筑起重设备检测站)塔式起重机135台,一次性检验通过110台,复验合格20台,不合格台数5台,报主管部门强制拆除2台;施工升降机3台;物料提升机20台次。

姜堰市万润建筑安全技术研究有限公司成立于2007年3月,注册资金为100万元,2009年11月通过江苏省建筑安全与设备协会组织的建筑施工起重机械检验机构行业确认(证书编号028号)。公司主要经营业务为建筑安全咨询、建筑施工机械检验检测、建筑施工特种作业人员培训考核。公司下设4个职能机构:检测中心、考核基地、安全咨询中心及一个综合办公室。

公司检测中心现有职工10人,其中高级工程师2名、注册安全师1名、工程师有3人、机械员3人,大专以上学历人员有9人,7人拥有建筑起重机械检测许可资质证,拥有新进的检测设备,并且所有的设备都经过市质量检验局的计量认证。检测中心主要对塔式起重机、施工升降机、井架、龙门架、高处作业吊篮、整体自升降式脚手架、桩工机械的性能试验、结构测试、质量评估及安装质量进行检测检验。2009年10—12月份共检测塔机50余台,其中合格35台,复检15台,所检测塔机未发生一起安全事故。

泰兴市德瑞建筑起重机械设备检测有限公司　成立于2009年6月10日，注册资本金100万元人民币。是泰兴市建筑工程管理局向江苏省建筑安全与设备管理协会报告的将“泰兴市建筑安全监察站塔式起重机安全检测资质”变更至“江苏源丰建设有限公司”投资的，具有独立经营能力，并能自主承担第三方公正检验的企业。2009年11月通过江苏省建筑安全与设备协会组织的建筑施工起重机械检验机构行业确认（证书编号029号）。公司现有在职职工22人，其中持证上岗人员11人，高级工程师4人，工程师3人，助理工程师2人。电气工程师和机械工程师均是高级工程师职称。具备中国设备工程专家库专家1人。现有建筑施工起重机械检验仪器设备达27台（套）。所有持证上岗人员自1995年以来，一直从事泰兴市安全站对全市的塔吊检测工作，为全市各施工企业所使用的塔吊在检测合格的情况下正常运行起了有力的作用。

2009年11—12月份共检测塔机16台，其中复检1台，所检测塔机未发生一起安全事故。

泰州市建平安全咨询服务有限公司　成立于2009年8月，其前身为泰州市建筑安全监督站，注册资金为50万元。2009年11月通过江苏省建筑安全与设备协会组织的建筑施工起重机械检验机构行业确认（证书编号030号）。公司现有职工10人，其中机械工程师3名、电气工程师1名、土建工程师1名、机械员多名。公司主要业务为起重机械的检测及安装质量的检测。

2009年10—12月份共检测塔机102台，所检测塔机未发生一起安全事故。

盐城市五洲建筑起重设备检测有限公司　成立于2009年3月，2009年11月通过江苏省建筑安全与设备协会组织的建筑施工起重机械检验机构行业确认（证书编号031号）。现有职工8人，其中高级工程师1人、中级职称人员4人。公司从2009年底开展检测服务工作以来，秉承“科学、严谨、创新”企业精神，努力为行业发展提供热情周到的服务。

2009年10—12月共检测塔式起重机60余台，所检测塔机未发生一起安全事故。

盐城市建设工程质量检测中心有限公司　该公司具备江苏省建设厅颁发的见证取样检测、地基基础工程检测、备案检测、主体结构工程现场检测和建筑施工起重机械安装质量检测，并通过升级计量认证。同时，2002年7月经江苏省司法厅批准中心成立司法鉴定所，取得司法鉴定许可证，对工程质量进行司法鉴定。2009年11月通过江苏省建筑安全与设备协会组织的建筑施工起重机械检验机构行业确认（证书编号032号）。公司设有经理室、综合科、财务科、司法鉴定办公室、检测一科、检测二科、检测三科及服务大厅。现有职工45名，起重高级工程师11名、工程师15名。

2001年、2002年、2003年公司连续三次被评为江苏省建筑业科技进步先进单位、江苏省先进工程质量检测机构；2002年、2003年被评为盐城市文明单位、建设局系统红旗党组织；2002年获江苏省“十佳”检测机构称号；2007年被江苏省建设厅评为A级信用单位。

2009年度内，公司共检验了塔式起重机1 255台，施工升降机10台，物料提升机10台次，吊篮15台，桩工机械4台。无安全事故发生。

南通市建筑工程质量检测中心　该中心隶属南通市建设局，是全省首批4家获得室内环境检测资质的检测机构之一，荣获“十佳检测机构”的称号，连续多年被评为南通市建设系统先进单位，可承担各类建筑工程项目的常规检测、监督检测。中心对外独立开展检测业务，为社会提供科学、公正的检测数据和报告，具有独立法人资格。

中心成立于1991年11月，现有工作人员75人，拥有各类检测仪器逾400台套，其中部分检测设备省内领先，覆盖主要检测项目。是通过省级实验室资质认定和计量认证的工程质量综合测试检验机构。其中塔机安装质量检测的计量认证证书编号：200810990R，国家实验室认证证书编号：NO. CNAS L2095。2009年

12月通过江苏省建筑安全与设备管理协会组织的建筑施工起重机械检验机构行业确认(证书编号033号)。

中心内设主任工程师室、综合办公室、节能·环境检测科、工程检测科、基桩检测科、安全设备检测科,分别负责中心的日常事务和50多个项目300多个技术参数的检测工作。安全设备检测科自1997年开展塔机安装质量检测以来,累计检测各类起重设备10 000余台次,其中塔式起重机8 900余台次、施工升降机800余台次、物料提升机400余台次。

2009年检验塔式起重机700余台次,施工升降机60余台次,物料提升机50余台次,无安全事故发生。

南通永安建工机械检测有限公司　成立于2004年,属企业独立法人。是经工商行政管理局批准成立的法人单位,能够承担相应的法律责任,能够独立承担第三方公正检测,独立对外行文和展开业务活动,有独立账目并独立核算,具有独立建制。公司位于南通市如东县掘港镇。2009年12月通过江苏省建筑安全与设备管理协会组织的建筑施工起重机械检验机构行业确认(证书编号034)。该公司的主要工作业务包括:塔式起重机、施工升降机、物料提升机和桩工机械的检测。该公司是通过省级实验室资质认定和计量认证的工程质量综合测试检验机构。

公司现有的办公用房75平方米,主要仪器设备有经纬仪、声级计、拉力计、接地电阻测试仪、风速仪和一些小工具。公司现有员工6人,其中工程师2名,专业技术人员3人,其中直接从事建筑施工起重机械检测的有3人。

公司自成立以来共完成检测项目1 800多项,其中塔式起重机1 450台、施工升降机300多台,从中检查出很多的安全隐患。2009年检验塔式起重机187台,施工升降机20台。无安全事故发生。

如皋市建筑工程质量检测中心　该中心位于如皋市如城镇,为建筑材料及建筑起重设备综合检测中心,属事业单位法人。2002年获得江苏省建设厅颁发的塔式起重机检测许可证。2005年经省质量技术监督局考核获得计量认证合格证书,2008年通过复评审(证书编号为:2008100797R)。2009年11月,通过了由江苏省建筑安全与设备管理协会组织的江苏省建筑施工起重机械安装检验机构行业确认(证书编号035号)。中心起重机械检验业务主要包括:塔式起重机、施工升降机、物料提升机安装质量检验。

2009年共检验塔式起重机389台,施工升降机31台。无安全事故发生。

宜兴市华厦建筑机械检测研究所　成立于2004年,属企业独立法人。是经工商行政管理局批准成立的法人单位,能够承担相应的法律责任,能够独立承担第三方公正检测,独立对外行文和展开业务活动,有独立账目并独立核算,具有独立建制。2009年12月通过江苏省建筑安全与设备协会组织的建筑施工起重机械安装检验机构行业确认(证书编号036号)。公司的主要工作业务包括:塔式起重机、施工升降机、井字架的检测。

公司自成立以来共完成检测项目4 000余项,其中塔式起重机3 900台、施工升降机100台。2009年检验塔式起重机660台,施工升降机17台,井字架40台。无安全事故发生。

金坛市建设工程质量检测中心　建筑施工起重机械检测科(原名为金坛市建设工程安全监督站检测科)成立于2003年6月,是专门从事建筑施工起重机械安装质量检测的机构。同年通过江苏省建设厅建筑机械检测资质审查。2009年12月通过江苏省建筑安全与设备协会组织的建筑施工起重机械安装检验机构行业确认(证书编号037号)。

金坛市建设工程质量检测中心建筑施工起重机械检测科(下面简称:检测科)有工作人员9人,具有高级职称资格的人员2名,中级职称资格的人员6名,专门从事现场检测的人员6名。多年来主要承担着金坛市建筑施工现场的塔式起重机、施工升降机、物料提升机等建筑施工起重机械的安装质量的检测工作。

2009年共检验塔式起重机223台,施工升降机12台,物料提升机151台。

淮安市东安机械安全检测有限公司 成立于2009年8月,是国家依法授权的具有公正地位的建筑起重机械质量检测机构。2009年12月通过江苏省建筑安全与设备协会组织的建筑施工起重机械安装检验机构行业确认(证书编号038号)。公司现有工作人员14余人,有职称人员11人。公司设有办公室、总工程师室、检测科、仪器组、土建组,承担建筑起重机械的检测工作。

连云港市建设工程质量检测中心有限公司 成立于1981年9月,是具有独立法人资格的建设工程质量检测中介机构、江苏省"十佳"工程质量检测机构、江苏省AA级信誉咨询机构。1991年率先通过江苏省建设厅试验室资质审查,现是省建设厅核准的建筑起重机械检测、基桩检测和土建、市政等检测机构。1992年首次通过计量认证,近年来多次获得了江苏省先进工程质量检测机构、市建设局先进集体、市计量工作先进单位、市建筑业质量管理和安全生产先进单位等荣誉。2009年12月通过江苏省建筑安全与设备管理协会组织的建筑施工起重机械安装检验机构行业确认(证书编号039号)。

公司通过江苏省行业确认的检测范围为:塔式起重机、施工升降机、物料提升机、附着式升降脚手架、高处作业吊篮、桩工机械。全公司共有11名人员持证上岗,其中高工5名、工程师2名、助工4名,专业分布合理且多数具有多年建筑起重机械检测经验。公司制定了明确的人员岗位职责和检测、安全制度。

2009年共完成塔机检测733台,施工升降机检测66台,物料提升机检测90台,高空作业吊篮检测164台,打桩机检测73台,附着式脚手架检测3栋楼92个点。

南京泰天建筑安全咨询有限公司 成立于2006年1月。2006年12月6日经江苏省建筑工程管理局审核,符合建设工程施工机械安装检测条件,取得了检测证书。

2009年12月通过江苏省建筑安全与设备管理协会组织的建筑施工起重机械安装检验机构行业确认,取得了苏建检字040号"江苏省建筑施工起重机械安装检验机构"证书。

该公司现有员工8人,专门从事现场检测的检测员5人。主要承担南京浦口区的施工现场塔式起重机、施工升降机、井架物料提升机等建筑机械设备安装质量和定期检验。2009年共检测塔机339台,施工升降机12台,物料提升机122台。

淮安市建筑工程检测中心有限公司 原淮安市建筑工程检测中心,前身为淮阴市建筑科学研究所,成立于1987年,是在江苏省淮安工商行政管理局依法注册登记的企业法人,具有独立的法人资格和独立承担民事责任的能力。现持有江苏省建设厅核发的《建设工程质量检测机构资质证书》(证书编号:苏建检字第H001ABCE号)和《江苏省建设工程质量检测机构备案证书》(证书编号:苏建备字第H001号),是淮安、宿迁地区唯一一家经江苏省高级人民法院评定、审议并列入《江苏省人民法院备选鉴定机构名册(2006.3)》的建设工程质量司法鉴定机构。2009年12月,公司顺利通过了塔式起重机、施工升降机、物料提升机、桩工机械等建筑施工机械安全性能检验机构行业确认现场考核,取得了江苏省建筑安全与设备管理协会核发的行业确认证书,证书编号:苏建检字041号。

公司有95名员工,其中高级工程师7名、工程师22名、助工44人、有4人入选淮安市市级"十百千"科技人才培养计划,另有2人入选淮安市建筑工程质量鉴定(检测)专家名册。经上级批准,公司于2006年8月组建了淮安市建筑节能检测中心,以二块牌子一套班子的模式运行。淮安市建筑节能检测中心于2006年11月成立后引进专业人员和国内最先进的检测设备,建立了较大规模的建筑节能检测(试验)基地,是淮安市建设局批准设立的专业从事建筑节能检测和建筑节能能效评估的专业机构,也是江苏省建设厅科技发展中心认可的建筑节能产品检测机构。

盐城鍪岳建筑机械安全检测有限公司

2009年成立，单位住址为盐城市盐都区新都街道康乐商贸大厦，公司于2009年建成，是专门从事建筑施工现场起重机械安装质量检验的机构。2009年12月通过江苏省建筑安全与设备管理协会经专家组现场考核和行业确认委员会审议通过的建筑施工起重机械安装检验行业确认，证书编号：苏建检字042号。

公司总投资200多万元，占地约300平方米。目前已有主要仪器设备32台套。下设所长室、办公室、总工室、财务科、检验科。公司现有人员10人，其中有高级职称1人、中初级职称3人。公司有9人经省建筑安全与设备管理协会培训、考核具有合格检验员资格书，设备、人员、技术能力满足检验和试验的要求。

南通亿诚建设工程质量检测有限公司 成立于1990年，属企业独立法人，是经工商行政管理局批准成立的法人单位，能够承担相应的法律责任，能够独立承担第三方公正检测，独立对外行文和展开业务活动，有独立账目并独立核算，具有独立建制。主要工作业务包括：建筑原材料半成品试验，建设工程质量，工程检测，起重设备检测，环境检测等。该公司是通过省级实验室资质认定和计量认证的工程质量综合测试检验机构。计量认证证书编号：2009100232R，国家实验室认证书编号：F024AC。2009年12月通过江苏省建筑安全与设备管理协会组织的行业确认评审，取得了苏建检字043号“江苏省建筑施工起重机械安装检验机构”证书。

该公司现有1 500平方米办公用房、主要仪器设备300余台。公司现有员工25人，其中研究员级工程师1名、高级工程师2名、工程师11名。直接从事建筑施工起重机械检测的有5人。公司下设技术部、财务部、设备管理部、档案部等。

公司自成立以来共完成检测项目2万余项，其中塔式起重机5 000台、施工升降机300台。至2008年12月底，发放有效报告96%以上。2009年检测塔式起重机200余台，施工升降机、物料升降机10余台，其中一次性检测合格率达75%以上，通过复检，合格率达到99%以上。未发生安全生产事故。

十、三类人员考核

管理规定

建筑业“三类人员”是指建筑施工企业主要负责人、项目负责人和专职安全生产管理人员。2004年4月8日，中华人民共和国建设部根据《安全生产法》、《建设工程安全生产管理条例》和《安全生产许可证条例》，为提高“三类人员”安全生产知识水平和管理能力，保证建筑施工安全生产，制定了《建筑施工企业主要负责人、项目负责人和专职安全生产管理人员安全生产考核管理暂行规定》(建质[2004]59号)。同年6月28日，江苏省建筑工程管理局据此制订并印发《江苏省建筑施工企业管理人员安全生产考核管理实施细则》(苏建管质[2004]23号)。该细则规定，江苏省建设厅和省建筑工程管理局成立“江苏省建筑施工企业管理人员安全生产考核工作领导小组”，负责全省建筑施工企业管理人员安全生产考核和发证的统一管理工作。领导小组下设办公室(简称省考核办)，负责日常的具体事务。各设区的市建设(筑)行政主管部门设立“建筑施工企业管理人员安全生产考核工作站”(简称市考核站)，具体组织本辖区内建筑施工企业管理人员安全生产考核工作。各市考核站需经省建筑行政主管部门确认。

江苏省建筑施工企业管理人员安全生产考核工作领导小组组成人员是：组长：高学斌(江苏省建筑工程管理局局长)；副组长：赵华中(江苏省建筑工程管理局副局长)；成员：章小刚(江苏省建设厅人事教育处副处长)、陈耀才(江苏省建设厅城市建设处处长)、邹金林(江苏省建管局企业管理处处长)、唐世海(江苏省建管局质量安全技术处处长)、贺珏(江苏省建管局建筑职教中心主任)、顾建生(江苏省建管局质量安全技术处副处长)。领导小组办公室设在省建管局质量安全技术处，唐世海任办公室主任，顾建生任办公室副主任。

该细则规定的考核对象是在江苏省行政区域内从事建筑工程施工活动的建筑施工企业的主要负责人、项目负责人和专职安全生产管理人员(简称建筑施工企业管理人员)。这些人员都要经过安全生产考核合格，取得建筑施工企业管理人员安全生产考核合格证书后，方可担任相应职务。建筑施工企业主要负责人，是指对本企业生产经营活动和安全生产负全面责任、有生产经营决策权的人员，包括企业法定代表人、经理、企业分管安全生产工作的副经理等。建筑施工企业项目负责人是指由企业法定代表人授权，负责建设工程项目管理的负责人，包括项目经理、副经理、项目技术负责人等。建筑施工企业专职安全生产管理人员，是指在本企业专职从事安全生产管理工作的人员，包括企业安全生产管理机构的负责人及其工作人员和施工现场专职安全生产管理人员。

依据建设部颁发的《建筑施工企业主要负责人、项目负责人和专职安全生产管理人员安全生产考核要点》(以下称《考核要点》，见附件)，考核包括安全生产管理能力和安全生产知识两个方面。安全生产管理能力考核，由各市考核站根据被考核人履行安全生产管理职责的情况，结合平时监督管理的情况，确定考核意见，分合格和不合格两类。安全生产知识考核，以书面考试方式进行，考题由省考核办统一命题，由各市考核站组织考核。考题采用判断题、选择题和典型事故案例分析等形式。考试时间为2小时，满分为100分，60分及以上为合格。

该细则规定的考核程序如下：

（一）申请。

凡参加考核的建筑施工企业管理人员由所在企业统一组织并向企业工商注册地的市考核站提出申请，填写《江苏省建筑施工企业管理人员安全生产考核申请表》，提供有关证明材料（包括企业行政任命文件、企业年度安全培训教育证明及本人身份证、学历、职称证书等复印件）。申请表按考核类别分为A、B、C三类，其中A类为企业负责人，B类为项目负责人，C类为专职安全管理人员。省属建筑施工企业管理人员的安全生产考核，按属地管理的原则，由企业统一向企业工商注册地的市考核站申请。

（二）考核。

市考核站首先对申请人的材料进行核实，对不符合要求的申请材料，一次性地告知申请人。市考核站考核时对申报人员进行安全生产能力考核，安全生产能力合格的人员方可参加安全生产知识考核。市考核站根据实际情况安排安全生产知识考核的时间和地点，并提前10天向省考核办通报准备工作情况，领取安全生产知识考核试卷。考试前5天，市考核站将安全生产知识考核的时间、地点通知申请人，并发放准考证，考生凭准考证在指定的时间、地点参加考核。考核时，省考核办进行巡查。考核成绩必须由考核员签字予以确认。安全生产知识考核试卷由市考核站进行归档，保留2年，并接受省考核办的检查。市考核站应将考核不合格的人员名单和不合格的原因及时通知申请人所在企业，并接受申请人考核成绩的查询。对要求补考的人员，应在参加第一次考试后3个月以后方可受理。

（三）报批、发证。

市考核站根据考核成绩确定考核合格人员名单，并填写《江苏省建筑施工企业管理人员安全生产考核报批汇总表》，统一报送省考核办。

该细则规定，2003年10月至2004年6月省和部分地区安全生产综合监督管理部门和建筑行政主管部门按《江苏省建筑施工企业安全培训教材》（省安监局和省建管局编写）开展了部分建筑施工企业管理人员的培训考核工作，对已取得《生产经营单位主要负责人安全资格证书》的人员，可不参加安全生产知识考核，但需进行安全生产管理能力考核，考核合格后，由各市考核工作站汇总，统一到省考核办换发建筑施工企业管理人员安全生产考核合格证书。

省考核办在接到市考核站报批汇总表后进行审批。通过审批的，在20个工作日内颁发由国家建设部统一印制的《建筑施工企业管理人员安全生产考核合格证》；对未通过审批的人员，向市考核站进行书面解释。

实施细则对安全生产考核合格证书的管理作出如下规定：(1) 建筑施工企业管理人员安全生产考核合格证书有效期为三年。三年内未发生安全生产死亡事故的，合格证书有效期届满时，经原发证机关同意，不再考核，有效期延期3年，由持证人于期满前3个月内向原申领机关申请办理延期手续；(2) 建筑施工企业管理人员取得安全生产考核合格证书后，应每年参加规定学时的企业安全生产教育培训，并记入培训档案；(3) 发生死亡事故的，由工程项目所在地市、县建设（筑）行政主管部门收缴有关责任人的安全生产考核合格证书，并上交省建筑行政主管部门；(4) 各级建筑行政主管部门发现已取得安全生产考核合格证书的人员违反安全生产法律法规，未履行安全生产职责，不按规定接受企业年度安全生产教育培训，或施工现场管理混乱、存在严重事故隐患的，应当责令限期改正；情节严重的，暂扣安全生产考核合格证书，经重新考核合格后方可返还其证书；(5) 建筑施工企业管理人员遗失安全生产考核合格证书的，应在市级以上公共媒体上声明作废，并在一个月内到原发证机关办理补证手续；

(6) 建筑施工企业管理人员变更姓名和所在法人单位等的，应当在姓名或法人单位变更后一个月内到原发证机关办理变更手续；(7) 建设(筑)行政主管部门应当建立、健全建筑施工企业管理人员安全生产考核档案管理制度，并定期向社会公布建筑施工企业管理人员取得安全生产考核合格证书的情况。

附件：

建筑施工企业主要负责人、项目负责人和专职安全生产管理人员安全生产考核要点

(2004 年 4 月 8 日国家建设部建质[2004]59 号文附件)

1. 建筑施工企业主要负责人

1.1 安全生产知识考核要点

1.1.1 国家有关安全生产的方针政策、法律法规、部门规章、标准及有关规范性文件，本地区有关安全生产的法规、规章、标准及规范性文件；

1.1.2 建筑施工企业安全生产管理的基本知识和相关专业知识；

1.1.3 重、特大事故防范、应急救援措施，报告制度及调查处理方法；

1.1.4 企业安全生产责任制和安全生产规章制度的内容、制定方法；

1.1.5 国内外安全生产管理经验；

1.1.6 典型事故案例分析。

1.2 安全生产管理能力考核要点

1.2.1 能认真贯彻执行国家安全生产方针、政策、法规和标准；

1.2.2 能有效组织和督促本单位安全生产工作，建立健全本单位安全生产责任制；

1.2.3 能组织制定本单位安全生产规章制度和操作规程；

1.2.4 能采取有效措施保证本单位安全生产所需资金的投入；

1.2.5 能有效开展安全检查，及时消除生产安全事故隐患；

1.2.6 能组织制定本单位生产安全事故应急救援预案，正确组织、指挥本单位事故应急救援工作；

1.2.7 能及时、如实报告生产安全事故；

1.2.8 安全生产业绩：自考核之日起，所在企业一年内未发生由其承担主要责任的死亡 10 人以上(含 10 人)的重大事故。

2. 建筑施工企业项目负责人

2.1 安全生产知识考核要点

2.1.1 国家有关安全生产的方针政策、法律法规、部门规章、标准及有关规范性文件，本地区有关安全生产的法规、规章、标准及规范性文件；

2.1.2 工程项目安全生产管理的基本知识和相关专业知识；

2.1.3 重大事故防范、应急救援措施，报告制度及调查处理方法；

2.1.4 企业和项目安全生产责任制和安全生产规章制度内容、制定方法；

2.1.5 施工现场安全生产监督检查的内容和方法；

2.1.6 国内外安全生产管理经验；

2.1.7 典型事故案例分析。

2.2 安全生产管理能力考核要点

2.2.1 能认真贯彻执行国家安全生产方针、政策、法规和标准；

2.2.2 能有效组织和督促本工程项目安全生产工作，落实安全生产

责任制；

2.2.3 能保证安全生产费用的有效使用；

2.2.4 能根据工程的特点组织制定安全施工措施；

2.2.5 能有效开展安全检查，及时消除生产安全事故隐患；

2.2.6 能及时、如实报告生产安全事故；

2.2.7 安全生产业绩：自考核之日起，所管理的项目一年内未发生由其承担主要责任的死亡事故。

3. 建筑施工企业专职安全生产管理人员

3.1 安全生产知识考核要点

3.1.1 国家有关安全生产的方针政策、法律法规、部门规章、标准及有关规范性文件，本地区有关安全生产的法规、规章、标准及规范性文件；

3.1.2 重大事故防范、应急救援措施，报告制度、调查处理方法以及防护救护方法；

3.1.3 企业和项目安全生产责任制和安全生产规章制度；

3.1.4 施工现场安全监督检查的内容和方法；

3.1.5 典型事故案例分析。

3.2 安全生产管理能力考核要点

3.2.1 能认真贯彻执行国家安全生产方针、政策、法规和标准；

3.2.2 能有效对安全生产进行现场监督检查；

3.2.3 发现生产安全事故隐患，能及时向项目负责人和安全生产管理机构报告，及时消除生产安全事故隐患；

3.2.4 能及时制止现场违章指挥、违章操作行为；

3.2.5 能及时、如实报告生产安全事故；

3.2.6 安全生产业绩：自考核之日起，所在企业或项目一年内未发生由其承担主要责任的死亡事故。

2004年8月23日江苏省建筑工程管理局发出《关于做好2004年度江苏省建筑施工企业管理人员安全生产考核工作的补充通知》（苏建管质[2004]32号），就2004年度全省建筑施工企业管理人员安全生产考核工作的有关事项作了如下补充：

（1）组织机构。经江苏省建筑施工企业管理人员安全生产考核工作领导小组（以下简称领导小组）同意，各省辖市建设（筑）行政主管部门成立建筑施工企业管理人员安全生产考核工作站（以下简称考核站）。考核站及人员名单如下：

南京市房建考核站	站　长	陈永池	
	副站长	邵玉龙	
	成　员	施巧根	田素兰
		朱重建	徐　迪
南京市市政考核站	站　长	邹建平	
	副站长	朱家祥	徐凯国
		纪维扬	
	成　员	戚继荣	徐　烨
		邢光华	刘蜀宁
		任　强	
无锡市考核站	站　长	王炳炎	
	副站长	刘　聪	
	成　员	华崇乐	陈　豪
		范竟中	朱秋良
徐州市考核站	站　长	王一江	
	成　员	王建华	吴忠厚
		陈　勇	沙居祥
		钱志强	高玉梅
		薛　涛	卜舒亚
		姜　涛	
常州市考核站	站　长	常　青	
	副站长	糜国才	缪志国

孙伟洁

成　员　吴元明　白宇核

李连富　翁粉明

陆小明　林绿平

黄燕平　夏佐宏

张锁喜　管国成

胡文延　尹雪松

苏州市考核站　站　长　谭福庆

副站长　乔军利　王越生

罗士强

南通市考核站　站　长　李志明

副站长　沈卫星

成　员　曹正池　杨　娟

季金发　张敬东

顾圣全　陆卫东

陈照炎　邢寿山

丁汇成　季一建

胡龙彪　顾洪才

曹英勇　裴建华

蔡炳华　陈昭志

石太良　周建国

臧正华

连云港市考核站　站　长　杜宇平

成　员　戴　涛　沈立斌

王学明　韩延寿

程作龙　姜仁国

王连帅　徐维宏

黄　澄　林玉荣

谢永庆　梁　刚

尹　荣

淮安市考核站　站　长　刘云科

副站长　郑劲松

成　员　王晓文　李建业

单永德　韦志梅

盐城市考核站　站　长　杨文庆

成　员　袁业岭　孙其国

张亚仿　孙　杰

花　青　张继红

扬州市考核站　站　长　朱正海

副站长　陈景岗　顾文鸣

成　员　尹晓斌　任秋平

陆　超　郑少权

周　明　成国华

镇江市考核站　站　长　强南山

成　员　王以进　阮钢钢

胡继生　曹　峻

施仁新　徐初晖

郑莉莉

泰州市考核站　站　长　王锦发

副站长　薛剑胜　刘大维

成　员　朱同山　南　进

曾剑峰　沈关红

孙　飞　袁　林

顾小斌　储立群

刘　德

宿迁市考核站　站　长　徐业愚

副站长　王邦彦

成　员　吴　瑞　苏　亮

祖广明　丁方瑞

韦鑫良

考核站负责本行政区域内建筑施工企业管理人员安全生产考核的申请受理及考核的组织工作。

(2) 考试时间。建筑施工企业管理人员安全生产考核合格是取得安全生产许可证的基本条件,为与安全生产许可证审核和发放工作结合,经研究决定,全省建筑施工企业管理人员“安全生产知识考核”考试时间全省统一为:

主要负责人考试时间:2004 年 10 月 17 日上午 9 时至 11 时。

项目负责人考试时间:2004 年 11 月 28 日上午 9 时至 11 时。

专职安全生产管理员考试时间:2004 年 12 月 12 日上午 9 时至 11 时。

各考核站根据考试时间安排,认真做好考试的申请报名和考试组织工作,并于考试前 15 天将本地参考人员数量、参考人员名录、考场安排报省领导小组办公室,并提前 7 天将考场地址通知参考人员所在企业。

(3) 省建管局苏建管质[2004]23 号文件规定的考核对象中，企业主要负责人还应当包括企业技术负责人、设有分公司管理工程项目的分公司主要负责人。

(4) 领导小组考核办公室委托江苏省建筑职工教育中心和江苏省建筑安全与设备管理协会，组织有关人员研究拟订本年度建筑施工企业安全生产管理人员安全生产考核大纲及安全知识考试题库。安全生产知识考题在题库中抽取。同时，省建筑安全与设备管理协会根据建设部对建筑施工企业主要负责人、项目负责人、专职安全生产管理人员安全生产培训考核要点和编印的全国通用教材，结合本省实际，按企业负责人、项目负责人、专职安全生产管理人员分别组织编印简明培训教材，供各地和参考人员学习之用。

(5) 安全知识考试统一采取答题卡答题，计算机判分。考试结束后两天内，各考核站将统一密封的答题卡集中送交省考核办，由省考核办统一组织判分。

(6) 安全生产考核合格证书采用建设部统一印制的全国通用式样，由省考核办统一编号发证。发证信息在江苏建筑业网和江苏省建筑安全与设备管理协会的《建筑安全与设备管理》会刊上公布。

(7) 安全生产知识考试实行培训与考试分离的原则，企业和参考人员可以根据实际情况组织人员或自愿参加考前培训。

2004 年 9 月 10 日，江苏省建筑工程管理局发出《关于 2004 年江苏省建筑施工企业主要负责人安全生产知识考试有关事项的通知》(苏建管质[2004]36 号)，该通知就 2004 年江苏省建筑施工企业主要负责人安全生产知识考试的考前准备工作事项作出规定：

(1) 考试报名。申请参加江苏省建筑施工企业主要负责人安全生产知识考试人员，需填写《江苏省建筑施工企业管理人员安全生产知识考试申请表》。符合苏建管质[2004]23 号文中规定的免考人员，需填写《换发〈建筑企业管理人员安全生产考核合格证书〉申请表》。申请人需提供 2 张一寸免冠照片，一张贴于申请表，另一张微贴，背面写上姓名，作为合格证书上备用。申请表由企业加盖单位公章后集中向各市考核站申报。中央驻苏企业、省属企业需参加安全生产知识考试人员和换证人员由企业统一向企业注册所在地的考核站申报。

各市考核站对报考人员和换证人员进行安全生产管理能力考核，考核合格后，分别填写《江苏省建筑施工企业管理人员安全生产知识考试汇总表》和《换发〈建筑企业管理人员安全生产考核合格证书〉汇总表》，于 9 月 30 日前报省考核办。

各市考核站根据准考证编号规则，确定参考人员的准考证号码。准考证编号原则：准考证号码由 10 位阿拉伯数字组成，第 1 至 4 位是各市考核站编号；第 5 位是考核类型；第 6 至 10 位是当地流水号。

例：

□□□□ □ □□□□□

流水号

考核类型

各市考核站编号

各市考核站编号：3201—南京市(建工)考核站、3202—无锡市考核站、3203—徐州市考核站、3204—常州市考核站、3205—苏州市考核站、3206—南通市考核站、3207—连云港市考核站、3208—淮安市考核站、3209—盐城市考核站、3210—扬州市考核站、3211—镇江市考核站、3212—泰州市考核站、3213—宿迁市考核站、3214—南京市(建委)考核站、3215—张家港保税区考核站。考核类型：1—企业负责人、2—项目负责人、3—专职安全员。流水号由各市考核站从 00001 开始编号，不得重号或跳号。

各市考核站统一打印准考证，并粘贴照片，加盖本地区建设(筑)行政主管部门公章，并在准考证上确定考试时间、考试地点和考场编号，于 10 月 10 日之前发放到有关企业。

(2) 考试方式。本次考试采用闭卷考试形式，答题卡答题，计算机判分。考题由省考核办统一出题，其中判断题 15 题，单项选择题 15 题，多项选择题 10 题，案例分析题 5 大题，每题有 4 小题。

(3) 成绩管理。考试成绩由省考核办录入“江苏省建筑施工企业管理人员安全生产考核”管理系统。考试结束 10 日后，考生可凭准考证号码在《江苏建筑业网》上查询成绩。考试成绩合格者由省考核办打印《建筑施工企业管理人员考核合格证书》。各市考核站集中到省考核办领取，具体领证时间另行通知。

(4) 考试纪律。各市考核站站长是本地区考试工作的第一责任人，要切实加强领导，保证考试工作的顺利进行。各市考核站要设专职保密员，负责考试前试卷的接收、保管和考试结束后答题卡的密封、上交。各市考核站领取试卷后，应严格保管，做好保密工作，考试开始前，当众拆封。要严格考场纪律，确定考场负责人。参考人员一律凭身份证和准考证进入考场，严禁代考、抄袭等作弊行为的发生，对有重大作弊行为者，一律取消考试资格，一年内不得补考。省考核办将组织人员加强巡视，对各市考核站的工作情况进行巡查、抽查。对管理混乱，发生重大作弊现象的考场，将取消该考场所有考生的考试成绩，由此造成的后果，由本地区考核站负责，并进行全省通报批评。

通知要求各市考核站需将考场设置情况和监考人员名单于 9 月底报省考核办。10 月 15 日，各市考核站到省考核办通报工作安排情况，领取考卷、答题卡。考试结束后，各市考核站将答题卡密封后，二天内统一送至省考核办。试卷由各市考核站归档，保留 2 年。

2004 年 10 月 13 日，江苏省建筑工程管理局发出《关于对全省建筑施工企业主要负责人安全生产知识考试现场进行巡视的通知》(苏建管质[2004]37 号)，决定组织相关人员对考试情况进行巡视。省建管局派员赴各考核站进行巡视的分组情况如下：

南京市(建工)考核站、南京市(建委)考核站：顾炎晴、陈新；

无锡市考核站：王群依；

徐州市考核站：时建民；

常州市考核站：杜学伦、汪五年；

苏州市考核站：高学斌、许旭明；

南通市考核站：袁士海；

连云港市考核站：唐世海、罗德潭；

淮安市考核站：陈云龙；

盐城市考核站：曹达双；

扬州市考核站：赵华中、李波；

镇江市考核站：顾建生；

泰州市考核站：汪士和、吴之雄；

宿迁市考核站：王毅。

为确保巡视工作按时、有序进行，到外地的巡视组均在 10 月 16 日到达。

2004 年 11 月 12 日，江苏省建筑工程管理局印发《全省建筑施工企业项目负责人安全生产知识考试考场规则》(苏建管函[2004]83 号)，要求各考核站组织考试时遵照执行。同时要求在考场外张贴公布，并在考试前向参考人员宣读。现将该考场规则实录如下：

江苏省建筑施工企业项目负责人安全生产知识考试考场规则

1. 参考者凭准考证、身份证(或相关证件)，提前 15 分钟进入考场。参考者迟到 15 分钟，一律按自行弃权处理；已进考场的参考者，在考试开始 30 分钟内，不得离开考场。

2. 考试除带 2B 铅笔、橡皮及钢笔或圆珠笔外，一律不准携带任何东西进入考场。手机等通讯设备在进入考场后必须关闭，违犯者取消考试资格。

3. 考试为闭卷考试，采用答题卡的形式进行。考试时间为 2 小时。

4. 进入考场后，参考者应对号入座，并将准考证、身份证放在座位前方，供监考人员核对。发现有代考的参考者，一律取消参考者 1 年的考试资格，并给予全省通报批评。

5. 考试开始前，监考人员宣布考场纪律，并当场出示试卷密封情况，当众拆开密封试卷，分发给参考者。参考者应在答卷前，按要求在规定位置上填写准考证号，姓名和单位（除姓名和单位用钢笔或圆珠笔填写外，其他用2B铅笔填写），否则试卷作废，责任由参考者自负。

6. 监考人员宣布考试开始，参考者方可答卷。参考者应听从监考人员指挥，遵守考场纪律，保持肃静，不得喧哗，不得东张西望，不准偷看他人试卷及答题卡。

7. 考试过程中，参考者如有问题应举手向监考人员示意，并保持考场内的肃静。参考者对题目提出异议，监考人员原则上不得作任何解释和暗示行为，对突出问题由考核站负责人请示省考核办后做统一解释。

8. 监考人员有权提醒参考者注意遵守考场纪律，提醒2次后还继续违反考场纪律者，视为作弊行为，当场取消其考试资格，按要求立即离开考场，并取消其1年的考试资格，给予全省通报批评。被宣布违反考试纪律取消考试资格者不按要求离开考场，以扰乱考场纪律论处，取消3年考试资格，并给予本人及单位的全省通报批评。

9. 考试时间终了，由监考人员宣布考试结束。参考者应立即停止答卷，并离开考场。离开考场时不得带走试卷。继续答题者，视为违反考场纪律，监考人员有权宣布试卷作废。

10. 考试结束后，监考人员应将本考场应到考试人数，实到考试人数和违纪人员的姓名，单位，身份证号码，准考证号码作好记录，统一报省考核办。

2007年9月30日江苏省建筑工程管理局就“三类人员”安全生产考核合格证书的延期管理工作事项作出决定，并以苏建管质[2007]91号文通知各省辖市建设局（委）、建工（管）局和省有关单位。自2007年11月1日起，以企业为单位，分批在省建设厅、省建筑工程管理局行政审批办公室办理“三类人员”安全生产考核合格证书的延期工作。延期的条件，一是“三类人员”在安全生产考核合格证书有效期间，严格遵守有关安全生产的法律、法规和规章，认真履行安全生产职责，并接受企业年度安全生产培训教育和建设行政主管部门继续教育的，省建筑工程管理局将不再重新考核，其证书有效期可延期3年。二是根据建设部《关于建筑施工企业安全生产许可证有效期满延期工作的通知》（建质[2007]201号），明确“对预拌商品混凝土、混凝土预制构件、园林绿化等不属于建筑施工企业安全生产许可证发放范围的企业”的要求，如此前向其发放过“三类人员”安全生产考核合格证书，本次延期将不再受理，原证书到期自动作废。

该通知规定已取得“三类人员”安全考核合格证书的人员，有下列行为之一的，安全考核合格证书有效期届满时，应重新考核。对于企业主要负责人：(1) 所在企业发生过较大及以上等级生产安全责任事故或两起及以上一般生产安全责任事故的；(2) 所在企业存在违法违规行为，或本人未依法认真履行安全生产管理职责，被处罚或通报批评的；(3) 未按规定接受企业年度安全生产培训教育和建设行政主管部门继续教育的；(4) 未按规定提出延期申请的；(5) 有必要重新考核的其他行为。

对于项目负责人：(1) 承建的工程项目发生过一般及以上等级生产安全责任事故的；(2) 承建的工程项目存在违法违规行为，或本人未依法认真履行安全生产管理职责，被处罚或通报批评的；(3) 未按规定接受企业年度安全生产培训教育和建设行政主管部门继续教育的；(4) 未按规定提出延期申请的；(5) 有必要重新考核的其他行为。

对于专职安全生产管理人员：(1) 企业安全监督机构的专职安全生产管理人员，其所在企业发生过较大及以上等级生产安全责任事故或两起及以上一般生产安全责任事故的；施工现场的专职安全生产管理人员，其所在工程项目发生过一般及以上等级生产安全责任事故的；(2) 所在企业或工程项目存在违法违规行为，或本人未依法履行安全生产管理职责，被处罚或通报批评的；(3) 未按规定接受企业年度安全生产培训教育和建设行政主管部门继续教育的;(4) 未按规定提出延期申请的;(5) 有必要重新考核的其他行为。

通知规定办理延期程序是:(1) 施工企业对本企业"三类人员"安全生产考核合格证书三年有效期情况逐月进行统计,登入《江苏省建筑业管理信息平台》中["三类人员"证书延期申报]功能模块进行申报,并向省辖市建设行政主管部门递交申请表。(2) 省辖市建设行政主管部门收到企业申请后,按照延期条件进行审核。核对施工企业的网上申报信息和延期申请材料是否一致;核对施工企业安全生产事故情况和市场行为情况;核对"三类人员"参加企业年度安全生产培训教育和建设行政主管部门继续教育情况。并将审核意见上报省建筑工程管理局质量安全技术处。(3) 省建筑工程管理局质量安全技术处接到省辖市建设行政主管部门审核意见后,在5个工作日内签署是否同意延期的审核意见。(4) 对于同意延期的,企业应当在省建筑工程管理局质量安全技术处签署意见之日起20个工作日内,持原证书至省建设厅、省建筑工程管理局行政审批办公室打印新的有效期并加盖"经考核,同意延期三年"及发证机关公章,其安全生产考核合格证书有效期延期3年;对于不同意延期的,经省建筑工程管理局质量安全技术处重新考核合格后,由企业持原证书至省建设厅、省建筑工程管理局行政审批办公室填写新的有效期并加盖"经重新考核,同意延期三年"及发证机关公章,其安全生产考核合格证书有效期延期3年。

2009年1月9日,江苏省建筑工程管理局结合近年来"三类人员"考核工作的实际情况,决定对相关的管理工作进行调整,发出《关于进一步加强建筑施工企业管理人员安全生产考核管理工作的通知》(苏建管质[2009]2号)。该通知规定考核对象为在本省建筑施工企业担任企业主要负责人、项目负责人和专职安全生产管理人员职务,必须经建设(筑)行政主管部门安全生产考核。建筑施工企业主要负责人,是指对本企业生产经营活动和安全生产负全面责任、有生产经营决策权的人员,包括企业法定代表人、经理、企业技术负责人和分管安全生产工作的副经理等。建筑施工企业项目负责人,是指由企业法定代表人授权,负责建设工程项目管理的人员,包括项目经理、副经理、项目技术负责人等。建筑施工企业专职安全生产管理人员,是指在本企业专职从事安全生产管理工作的人员,包括企业安全生产管理机构的负责人及其工作人员和施工现场专职安全生产管理人员。

该通知规定了考核管理机构。江苏省建筑工程管理局负责全省建筑施工企业(中央管理的除外)管理人员安全生产考核管理工作。省建管局质量安全技术处负责全省建筑施工企业管理人员安全生产考核的具体日常管理工作。江苏省建设厅、省建筑工程管理局行政审批中心(简称"省行政审批中心")负责具体发证办理工作。市、县级建设(筑)行政主管部门或省级相关专业部门受省建管局委托负责本行政区域内建筑施工企业管理人员安全生产考核的申请受理、资料审核和安全生产管理能力考核工作。

通知规定建筑施工企业管理人员参加考核应当具备的基本资格条件是:(1) 在建筑施工企业从事管理工作的在职人员;(2) 热爱本职工作,职业道德良好;(3) 经企业年度安全生产教育培训合格。

该通知同时规定三类人员具备的学历、职称、阅历、执业资格条件是:

(1) 企业主要负责人:中专及以上文化程度(法定代表人除外);中级及以上专业技术职称(法定代表人除外);从事建筑企业管理工作3年及以上(法定代表人除外)。

(2) 工程项目负责人:取得三级项目经理或二级及以上建造师执业资格(项目技术负责人除外);从事建筑施工管理工作2年及以上;具有初级及以上职称。

(3) 专职安全生产管理人员:具备工程类或工程经济类中等专业及以上学历且从事施工

安全管理工作2年及以上，或高中(包括同等学历)及以上文化程度且从事施工安全管理工作5年及以上；具有初级及以上工程系列技术职称。

该通知对考核申请审批规定：考试报名人所在建筑施工企业，应当按照考核资格条件要求对报名人进行审查，对安全生产管理能力进行初步考核，对报名申请表填写的内容以及提交材料的真实性、完整性进行复核，如实填写审核情况，并对企业审核结论负责。企业审核合格的，考试报名人所在建筑施工企业应当通过“江苏建筑业网”的“行业监管平台”进入企业管理系统进行“三类人员”考核网上申报，持本通知所要求的资料，前往企业所在工商注册地市、县级建设(筑)行政主管部门进行资格审查和安全生产能力考核。企业管理人员申请参加安全生产考核时，向企业所在地市、县级建设(筑)行政主管部门提供的资料包括：安全生产知识考核考试报名申请表；身份证原件；最高学历证书原件；工程或工程经济类专业技术职称证书，项目负责人须提供建筑施工企业项目经理资质证书或建造师执业资格证书。各市、县级建设(筑)行政主管部门应结合日常监督管理掌握的情况和施工企业报送的材料，认真复核、审查报名人员的基本条件，并在相应的复印件加盖核验专用章，签署审查人员姓名，整理考核档案，建立数据库。原件及时退回企业。报名资料审查核实后，各市、县级建设(筑)行政主管部门应考核其安全生产管理能力。安全生产能力考核合格并经企业所在地市、县建设(筑)行政主管部门审批通过的“三类人员”，方可参加安全生产知识考试。

通知规定安全生产知识考试内容为建筑安全生产法律法规、建筑安全生产管理和建筑施工安全技术等知识，命题原则上不超出建设部颁发的《建筑施工企业主要负责人、项目负责人、专职安全生产管理人员安全生产考核要点》规定的范围。考试采取闭卷笔试方式，题型为判断题、单项选择题、多项选择题和案例题四种类型，考试时间为2小时，满分为100分，60分及以上为合格。试卷由省建管局从建立的题库中按规定的程序与比例抽取，统一印制、密封，到考场后由监考人员当众拆封，试卷卷本可作草稿纸使用，考后收回，不再另发草稿纸。考试安排在每双月最后一个星期的星期日举行。

通知规定安全生产知识考试的具体考务工作由各市、县建设(筑)行政主管部门负责组织。各市、县建设(筑)行政主管部门应当在安全生产知识考试15个工作日前，向省建管局质量安全技术处提交《考场设置情况申报表》，并办理考务手续。考试前5个工作日，各市、县建设(筑)行政主管部门应当将《安全生产知识考试准考证》(由“行业监管平台”打印)核发给参加考试人员。准考证应当按照规定加盖印章，注明考试具体时间与考点详细地址。各市、县原则上设一个考点；考点应当相对固定，选择在交通方便、条件较好、费用较低的院校、中小学等。每个考点设主考1人，副主考1—2人及若干名巡考人员。考点应按照30人的标准设置考场，每个考场设置2名监考人员，考生座位应当单人、单桌、单行排列。监考人员要聘用工作认真、作风正派、责任心强、忠于职守的教师等人员，各市、县建设(筑)行政主管部门应对监考人员进行考前培训。参加考试的人员应当凭准考证、身份证两证原件进入考场，自觉遵守考场纪律，监考人员在考试前应宣读考场规则。考试前一天各市、县建设(筑)行政主管部门派专人专车到省建管局质量安全技术处领取试卷和答题卡，考试结束当天将答题卡密封后交回，试卷由各市、县建设(筑)行政主管部门统一回收，并按保密要求销毁；答题卡存档一年，一年后自动失效。

考试后20个工作日后可登录“江苏建筑业网”的“行业监管平台”，进入企业管理系统，通过“三类人员考试情况查询”查询知识考试成绩。安全生产知识考试采用读卡机集中阅卷，凡答题卡填写不规范、准考证号码填错、漏填导致读卡机无法阅卷归档，考生本场考试成绩无效，责任自负。考试成绩合格后企业或各市、县级建设（筑）行政主管部门持准考证、一寸近期免冠照片、单位介绍信直接到省行政审批中心安全许可窗口办理相关手续。考试成绩公布后一年内仍未领取证书的，考试成绩自动作废。

该通知规定“三类人员”安全生产考核合格证书有效期为 3 年。在有效期内，“三类人员”应严格遵守安全生产法律法规，认真履行安全生产职责，按规定接受企业年度安全生产教育培训；未发生死亡事故，未受到过暂扣、撤销等处理，安全生产考核合格证书有效期届满时，经市、县级建设（筑）行政主管部门或省级相关专业部门审核，不再考核，安全生产考核合格证书有效期延期 3 年。有效期满需延期，应于期满前 3 个月内，由所在企业统一收缴证书，向企业工商注册地的市、县级建设（筑）行政主管部门或省级相关专业部门提交申请延期所需文件，各市、县级建设（筑）行政主管部门或省级相关专业部门负责审查并汇总上报省建管局质量安全技术处审核后，持审核单到省行政审批中心办理延期手续。专职安全生产管理人员年满 60 周岁，不再办理延期手续。

该通知对“三类人员”证书注销作出规定：(1) 有效期满后，逾期未办理延期申请的，省建管局将依据《行政许可法》及建设部《关于建筑施工企业主要负责人、项目负责人和专职安全生产管理人员安全生产考核合格证书延期工作的指导意见》(建质[2007]189 号)之规定办理证书注销手续。(2) 本人要求注销安全生产考核合格证书，需向省行政审批中心提供的材料为：本人申请；安全生产考核合格证书原件；市、县级建设（筑）行政主管部门核实意见；本人提供的上述材料属实诚信申明。(3) 原单位不同意注销，无法提供安全生产考核合格证书原件的，需向省行政审批中心提供的材料包括：本人申请；与原单位解除劳动合同的单方申明或调入单位的劳动保险合同；市、县级建设（筑）行政主管部门核实意见；本人提供的上述材料属实诚信申明。

该通知还规定，企业管理人员中主要负责人和项目负责人一人双岗的可以相互兼任，但需分别参加相应的考核、考试；专职安全生产管理人员不得兼任他职或由其他人兼任。建筑施工企业的主要负责人安全生产知识考试由省建管局集中组织；考试报名条件审核、安全生产管理能力考核等事宜由各市、县级建设（筑）行政主管部门负责。

2009 年 6 月 15 日，江苏省建筑工程管理局发出《关于停止“江苏省建筑施工企业安全生产许可证考核工作站”工作和废除“江苏省建筑施工企业安全生产许可证考核专用章”的通知》(苏建管质[2009]55 号)，决定自 2009 年 6 月 15 日起停止“江苏省建筑施工企业安全生产许可证考核工作站”工作和废除“江苏省建筑施工企业安全生产许可证考核专用章”。规定各市县建设（筑）行政主管部门今后向省建筑工程管理局报送安全生产许可证和三类人员相关材料时一律使用本部门行政章和行政许可专用章。原发放的“江苏省建筑施工企业安全生产许可证考核专用章”由省局收回。

三类人员培训考试

2009 年度，根据江苏省建筑工程管理局的统一部署，各市和部分县建筑主管部门对三类人员进行了教育培训工作。全年共培训人员约 53 000 人。经省建筑工程管理局考核合格，同意颁发安全生产考核合格证的“三类人员”共有 45 406 人。其中，主要负责人 5 963 人，项目负责人 18 228 人，专职安全员 21 215 人。

2009 年度江苏省建筑施工企业“三类人员”考核合格人员统计表

计量单位:人

地区		主要负责人	项目负责人	专职安全员
全省合计		5 963	18 228	21 215
江苏省建筑安全与设备管理协会		5 963	1 115	1 393
南京	南京建工		1 540	1 948
	南京市政		448	369
	南京装饰办		103	220
	高淳县		91	158
无锡	江阴市		81	199
	宜兴市		214	249
	无锡市		930	1 136
徐州	徐州市		939	1 042
常州	溧阳市		163	194
	常州市		752	860
苏州	常熟市		48	227
	张家港市		128	186
	苏州市		3 444	3 654
南通	海安县		115	167
	海门市		118	191
	启东市		143	213
	如皋市		293	503
	通州市		256	442
	南通市		543	728
连云港	连云港市		426	470
淮安	淮安市		943	975
盐城	滨海县		106	251
	阜宁县		99	92
	灌南县		45	108
	建湖县		87	101
	响水县		102	112
	盐城市		848	850
扬州	高邮市		152	175
	江都市		204	235
	仪征市		50	70
	扬州市		612	690

续 表

地 区		主要负责人	项目负责人	专职安全员
镇江	丹阳市		59	67
	句容市		149	205
	镇江市		386	391
泰州市	泰州市		704	835
	泰兴市		133	93
宿迁	宿迁市		1 328	688
江苏省建设厅驻上海办事处			100	282
江苏省建设厅驻天津办事处			98	207
江苏省建设厅驻北京办事处			84	164
江苏省建设厅驻新疆办事处			49	75

十一、建筑施工特种作业人员管理

法律依据

2002年6月29日第九届全国人大常委会第28次会议通过的《中华人民共和国安全生产法》规定："生产经营单位的特种作业人员必须按照国家有关规定经专门的安全作业培训，取得特种作业操作资格证书，方可上岗作业"。2003年11月12日国务院第28次常务会议通过的《建设工程安全生产管理条例》(国务院令第393号)规定："垂直运输机械作业人员、安装拆卸工、爆破作业人员、起重信号工、登高架设作业人员等特种作业人员，必须按照国家有关规定经过专门的安全作业培训，并取得特种作业操作资格证书后，方可上岗作业。"2004年1月7日国务院第34次常务会议通过的《安全生产许可证条例》(国务院令第397号)将"特种作业人员经有关业务主管部门考核合格，取得特种作业操作资格证书"作为企业取得安全生产许可证应当具备的安全生产条件之一。

2008年4月18日，中华人民共和国住房和城乡建设部印发《建筑施工特种作业人员管理规定》(建质[2008]75号)，对特种作业人员的范围、考核发证、从业管理及相关行政监督工作进行规范。同年7月22日，该部又下发《关于建筑施工特种作业人员考核工作的实施意见》(建办质[2008]41号)，对考核目的、考核机关、考核对象及条件、考核内容及方式进行规范。2009年1月20日，江苏省建筑工程管理局制定并印发《江苏省建筑施工特种作业人员管理暂行办法》(苏建管质[2009]5号)，规定该办法自发布之日起施行。

2009年3月6日，江苏省建筑工程管理局发出《关于开展我省建筑施工特种作业人员考核基地认证工作的通知》(苏建管质[2009]17号)，对考核基地申报的条件、审核确认程序、实际操作场地设置的主要标准进行规范，全省据此开展考核基地的认证工作。

2009年江苏省建筑工程管理局认证公布的建筑施工特种作业人员考核基地名单

第一批建筑施工特种作业人员考核基地名单

(2009年7月31日江苏省建筑工程管理局苏建管质[2009]81号文公布)

1. 南通市通州区建筑职工中等专业学校 建筑电工、建筑架子工、建筑焊工、建筑起重机械司机(塔式起重机)、建筑起重机械司机(施工升降机)、建筑起重机械司机(物料提升机)、建筑起重司索信号工、建筑起重机械安装拆卸工(塔式起重机)、建筑起重机械安装拆卸工(施工升降机)、高处作业吊篮安装拆卸工、建筑机械安装质量检测工(塔式起重机)、建筑机械安装质量检测工(施工升降机)、桩机操作工、建筑混凝土泵操作工、建筑施工现场内机动车司机

2. 南京市政公用职业技术培训中心 建

筑电工、建筑焊工、建筑施工现场内机动车司机

3. 江苏科胜建筑咨询有限公司　建筑电工、建筑架子工、建筑焊工、建筑起重司索信号工、建筑起重机械安装质量检测工(塔式起重机)、建筑混凝土泵操作工

4. 徐州市创伟职业安全技术培训中心　建筑电工、建筑架子工、建筑焊工、建筑起重机械司机(塔式起重机)、建筑起重机械司机(施工升降机)、建筑起重机械司机(物料提升机)、建筑起重司索信号工、建筑起重机械安装拆卸工(塔式起重机)、建筑起重机械安装拆卸工(施工升降机、物料提升机)、高处作业吊篮安装拆卸工、建筑机械安装质量检测工(塔式起重机)、建筑机械安装质量检测工(施工升降机)、桩机操作工、建筑混凝土泵操作工、建筑施工现场内机动车司机

5. 苏州市建设职业培训中心　建筑电工、建筑架子工、建筑起重机械司机(塔式起重机)、建筑起重司索信号工、建筑起重机械司机(施工升降机)、建筑起重机械司机(物料提升机)、建筑起重机械安装拆卸工(塔式起重机)、建筑起重机械安装拆卸工(施工升降机、物料提升机)

6. 苏州市建筑焊接培训中心　建筑焊工

7. 海门市建筑职工学校　建筑电工、建筑架子工、建筑焊工、建筑起重机械司机(塔式起重机)、建筑起重机械司机(施工升降机)、建筑起重机械司机(物料提升机)、建筑起重司索信号工、建筑起重机械安装拆卸工(塔式起重机)、建筑起重机械安装拆卸工(施工升降机、物料提升机)、建筑混凝土泵操作工、建筑施工现场内机动车司机

8. 泰兴市中兴建筑科技教育中心　建筑电工、建筑架子工、建筑焊工、建筑起重机械司机(塔式起重机)、建筑起重司索信号工、建筑起重机械安装拆卸工(塔式起重机)

第二批建筑施工特种作业人员考核基地名单

(2009年10月15日江苏省建筑工程管理局苏建管质[2009]108号文公布)

1. 盐城市安圆建筑施工特种作业人员考核服务有限公司　建筑电工、建筑架子工、建筑焊工、建筑起重机械司机(塔式起重机)、建筑起重机械司机(施工升降机)、建筑起重机械司机(物料提升机)、建筑起重司索信号工、建筑起重机械安装拆卸工(施工升降机、物料提升机)、建筑起重机械安装拆卸工(塔式起重机)、高处作业吊篮安装拆卸工、建筑机械安装质量检测工(塔式起重机)、建筑机械安装质量检测工(施工升降机)、桩机操作工、建筑混凝土泵操作工、建筑施工现场内机动车司机

2. 赣榆县职业教育中心　建筑电工、建筑架子工、建筑焊工、建筑起重机械司机(塔式起重机)

3. 姜堰市万润建筑安全咨询有限公司　建筑电工、建筑架子工、建筑焊工、建筑起重机械司机(塔式起重机)、建筑起重机械司机(施工升降机)、建筑起重机械司机(物料提升机)、建筑起重司索信号工、建筑起重机械安装拆卸工(塔式起重机)、建筑起重机械安装拆卸工(施工升降机、物料提升机)

4. 连云港市兴连建筑技术有限公司　建筑电工、建筑架子工、建筑焊工、建筑起重机械司机(塔式起重机)、建筑起重司索信号工

5. 江苏宏昌建工管理有限公司　建筑电工、建筑架子工、建筑焊工、建筑起重机械司机(塔式起重机)、建筑起重机械司机(施工升降机)、建筑起重机械司机(物料提升机)、建筑起重司索信号工、建筑起重机械安装拆卸工(塔式起重机)、建筑起重机械安装拆卸工(施工升降机、物料提升机)、高处作业吊篮安装拆卸工、建筑机械安装质量检测工(塔式起重机)、建筑机械安装质量检测工(施工升降机)、建筑混凝土泵操作工、桩机操作工

6. 高邮市建筑工程职业学校　建筑电工、建筑架子工、建筑焊工、建筑起重机械司机(塔式起重机)、建筑起重机械司机(物料提升机)、建筑起重司索信号工

7. 淮安市东正机械制造有限公司　建筑电工、建筑起重机械司机(塔式起重机)、建筑起重机械司机(施工升降机)、建筑起重机械司机(物料提升机)

8. 江苏中淮建设集团培训中心　建筑电

工、建筑架子工、建筑焊工、桩机操作工、建筑混凝土泵操作工

9. 仪征市建筑科技教育中心　建筑电工、建筑架子工、建筑焊工、建筑起重机械司机(塔式起重机)、建筑起重司索信号工

10. 无锡旅游商贸高等职业技术学校　建筑电工、建筑架子工、建筑混凝土泵操作工

11. 无锡交通技师学院　建筑电工、建筑焊工、建筑起重机械司机(塔式起重机)、建筑起重机械司机(施工升降机)、建筑起重机械司机(物料提升机)、建筑起重司索信号工、桩机操作工、建筑施工现场内机动车司机

12. 江阴平安建设职业技能培训有限公司　建筑电工、建筑焊工、建筑起重机械司机(塔式起重机)、建筑起重机械司机(施工升降机)、建筑起重机械司机(物料提升机)、建筑起重司索信号工、建筑起重机械安装拆卸工(塔式起重机)、建筑起重机械安装拆卸工(施工升降机、物料提升机)、高处作业吊篮安装拆卸工、建筑机械安装质量检测工(塔式起重机、施工升降机)、建筑机械安装质量检测工(施工升降机)、桩机操作工、建筑施工现场内机动车司机、建筑混凝土泵操作工

13. 海安县建筑工程学校　建筑电工、建筑架子工、建筑焊工

14. 镇江市建设学校　建筑电工、建筑架子工、建筑焊工、建筑起重机械司机(塔式起重机)、建筑起重机械司机(施工升降机)、建筑起重机械司机(物料提升机)、建筑起重机械安装拆卸工(塔式起重机)、建筑起重机械安装拆卸工(施工升降机、物料提升机)、桩机操作工、建筑施工现场内机动车司机

15. 南京市建筑职工大学 建筑架子工、建筑起重机械司机(塔式起重机)、建筑起重机械司机(施工升降机)、建筑起重司索信号工

2009年江苏省建筑工程管理局公布的建筑施工特种作业人员各工种考评员名单

1. 建筑起重机械司机(塔式起重机)考评员名单

(2009年7月13日江苏省建筑工程管理局苏建管质[2009]71号文公布,共112名)

陈守君　南京奥建职业培训学校
夏　康　南京奥建职业培训学校
陈　健　南京高等职业技术学校
裴　皓　南京高等职业技术学校
王　捷　南京高等职业技术学校
荆富荣　南京高等职业技术学校
张　威　南京高等职业技术学校
申　宁　南京高等职业技术学校
王福荣　南京苏宁建设监理有限公司
王　航　常州第一建筑工程有限公司
谈　睿　常州建筑业安全监督站
毛文军　常州瑞安建设安全技术事务有限公司
辛　克　大地建设
宋百成　赣榆县金鹏建筑工程有限公司
张义昌　赣榆县职业教育中心
范贤仁　赣榆县职业教育中心
卢辉毕　高邮市广厦建设工程监理公司
邓春富　高邮市建筑工程安全监察站
史年强　高邮市建筑工程安全监察站
王　斌　高邮市建筑工程管理局
许东强　海门市建筑职工学校
倪永涛　海门市建筑职工学校
邱建邦　淮安市东正机械制造有限公司
仇　政　淮安市东正机械制造有限公司
陈安顺　淮安市东正机械制造有限公司
袁　高　淮安市东正机械制造有限公司
陆小明　江苏城东建设工程有限公司

钱国明　江苏城东建设工程有限公司
李　骏　江苏邗建集团有限公司
陈瑞松　江苏邗建集团有限公司
汪万飞　江苏邗建集团有限公司
沈永安　江苏邗建集团有限公司
李　裴　江苏邗建集团有限公司
王正华　江苏科胜建筑咨询有限公司
陈三洲　江苏科胜建筑咨询有限公司
刘国庆　江苏科胜建筑咨询有限公司
凌小平　江苏南通六建建设集团有限公司
沈瑞荣　江苏南通六建建设集团有限公司
汪晓鹰　江苏南通六建建设集团有限公司
陈会东　江苏三兴建工集团有限公司
裘慰伦　江苏省有色金属华东地勘局
王军胜　江苏万邦建设集团有限公司
周忠玉　江苏扬建集团有限公司
朱晓军　江苏扬建集团有限公司
王　明　江苏扬建集团有限公司
潘业甫　江苏中淮机械设备租赁有限公司
徐　建　江苏中苑建设工程有限公司
朱宝标　姜堰市建管局建筑安全监察站
刘　捷　金坛市建设工程安全监督站
袁建春　金坛市建筑技工学校
陈永平　句容市城乡建设科技服务中心
王玉铭　句容市城乡建设科技服务中心
胡明军　句容市城乡建设科技服务中心
杨玉森　句容市城乡建设科技服务中心
祁全芳　溧阳市建设工程安全监督站
谢建荣　溧阳市建设局
张富堂　连云港博爱安全评价咨询有限公司
左传斌　连云港博爱安全评价咨询有限公司
周海彬　连云港市东海技工学校
王传秀　连云港市东海技工学校
叶　凡　连云港市院前建设工程有限公司
汪加亮　连云港市众鑫建筑机械施工安全服务有限公司
黄斌全　龙信建设集团有限公司
陈　卫　龙信建设集团有限公司
汤　生　南通三建集团有限公司
曹立忠　南通四建集团有限公司
朱彦春　邳州市建筑工程管理局
崔德忠　邳州市建筑工程管理局
朱洪宇　邳州市建筑工程管理局
马云峰　邳州市建筑工程管理局
高伟华　启东市建筑工程学校
袁春建　如东县建筑工程学校
石祚明　如东县建筑工程学校
杨建康　如东县建筑工程学校
周淑娟　如皋市建筑工程质量检测中心
周永林　苏州第一建筑集团有限公司
施建平　苏州二建建筑集团有限公司
孙　飞　泰兴市第一建筑安装工程有限公司
徐新扬　泰兴市第一建筑安装工程有限公司
周　青　泰兴市第一建筑安装工程有限公司
封志明　泰兴市第一建筑安装工程有限公司
周　凯　泰兴市建筑工程学校
陈永平　泰兴市中兴建筑科技教育中心
王　玉　泰州建筑工程公司
曾剑峰　泰州市建协职业学校
焦盛国　泰州市兴泰监理公司
张慎建　通州建总
褚宝祥　通州市建管局
方庆广　通州市建校
程志伟　无锡二建集团公司
吴宪晔　无锡汽车工程学院
庄锡海　无锡市华东建筑工程有限公司
朱秋良　无锡市建设工程安全监督站
鲍煜晋　无锡市建设工程安全监督站
徐贞乾　无锡市建设工程安全监督站
吴乐一　无锡市建设培训中心
陈波谊　无锡市交通技师学院
陈　明　兴化市建筑工程安全监察站
顾晓斌　兴化市建筑工程安全监察站
解文彬　兴化市平安建筑机械设备检测站
施雪松　兴化市平安建筑机械设备检测站
卓　立　徐州安监站

高海明　徐州市创伟安全技术培训中心
王　峰　盐城市安园建筑施工特种作业人员考核服务有限公司
顾宏富　盐城市安园建筑施工特种作业人员考核服务有限公司
郑文冬　扬州市建宁建设工程安全技术咨询服务有限责任公司
陈　峰　扬州市建宁建设工程安全技术咨询服务有限责任公司
严尊湘　镇江第二建筑工程有限公司
刘雪春　镇江建工建设集团
杜保宏　镇江市光大建筑工程有限公司
丁永顺　镇江市建设学校
秦　勇　正太集团有限公司

2. 建筑起重机械司机(施工升降机)考评员名单

(2009年7月13日江苏省建筑工程管理局苏建管质[2009]71号文公布，共104名)

陈守君　南京奥建职业培训学校
夏　康　南京奥建职业培训学校
陈　健　南京高等职业技术学校
裴　皓　南京高等职业技术学校
王　捷　南京高等职业技术学校
荆富荣　南京高等职业技术学校
张　威　南京高等职业技术学校
申　宁　南京高等职业技术学校
王福荣　南京苏宁建设监理有限公司
谈　睿　常州建筑业安全监督站
毛文军　常州瑞安建设安全技术事务有限公司
辛　克　大地建设
宋百成　赣榆县金鹏建筑工程有限公司
张义昌　赣榆县职业教育中心
范贤仁　赣榆县职业教育中心
卢辉毕　高邮市广厦建设工程监理公司
邓春富　高邮市建筑工程安全监察站
史年强　高邮市建筑工程安全监察站
许东强　海门市建筑职工学校
倪永涛　海门市建筑职工学校
邱建邦　淮安市东正机械制造有限公司
仇　政　淮安市东正机械制造有限公司
陈安顺　淮安市东正机械制造有限公司
袁　高　淮安市东正机械制造有限公司
陆小明　江苏城东建设工程有限公司
钱国明　江苏城东建设工程有限公司
李　骏　江苏邗建集团有限公司
陈瑞松　江苏邗建集团有限公司
汪万飞　江苏邗建集团有限公司
沈永安　江苏邗建集团有限公司
李　裴　江苏邗建集团有限公司
王正华　江苏科胜建筑咨询有限公司
陈三洲　江苏科胜建筑咨询有限公司
凌小平　江苏南通六建建设集团有限公司
沈瑞荣　江苏南通六建建设集团有限公司
汪晓鹰　江苏南通六建建设集团有限公司
陈会东　江苏三兴建工集团有限公司
裘慰伦　江苏省有色金属华东地勘局
王军胜　江苏万邦建设集团有限公司
周忠玉　江苏扬建集团有限公司
朱晓军　江苏扬建集团有限公司
王　明　江苏扬建集团有限公司
潘业甫　江苏中淮机械设备租赁有限公司
徐　建　江苏中苑建设工程有限公司
朱宝标　姜堰市建管局建筑安全监察站
刘　捷　金坛市建设工程安全监督站
袁建春　金坛市建筑技工学校
陈永平　句容市城乡建设科技服务中心
王玉铭　句容市城乡建设科技服务中心
杨玉森　句容市城乡建设科技服务中心
施才龙　溧阳建校
祁全芳　溧阳市建设工程安全监督站
谢建荣　溧阳市建设局
左传斌　连云港博爱安全评价咨询有限公司
王传秀　连云港市东海技工学校
叶　凡　连云港市院前建设工程有限公司

汪加亮　连云港市众鑫建筑机械施工安全服务有限公司
黄斌全　龙信建设集团有限公司
陈　卫　龙信建设集团有限公司
汤　生　南通三建集团有限公司
曹立忠　南通四建集团有限公司
朱彦春　邳州市建筑工程管理局
崔德忠　邳州市建筑工程管理局
朱洪宇　邳州市建筑工程管理局
马云峰　邳州市建筑工程管理局
高伟华　启东市建筑工程学校
袁春建　如东县建筑工程学校
石祚明　如东县建筑工程学校
杨建康　如东县建筑工程学校
周淑娟　如皋市建筑工程质量检测中心
周永林　苏州第一建筑集团有限公司
施建平　苏州二建建筑集团有限公司
孙　飞　泰兴市第一建筑安装工程有限公司
徐新扬　泰兴市第一建筑安装工程有限公司
封志明　泰兴市第一建筑安装工程有限公司
周　凯　泰兴市建筑工程学校
陈永平　泰兴市中兴建筑科技教育中心
王　玉　泰州建筑工程公司
曾剑峰　泰州市建协职业学校
焦盛国　泰州市兴泰监理公司
张慎建　通州建总
褚宝祥　通州市建管局
方庆广　通州市建校
庄锡海　无锡市华东建筑工程有限公司
朱秋良　无锡市建设工程安全监督站
鲍煜晋　无锡市建设工程安全监督站
徐贞乾　无锡市建设工程安全监督站
吴乐一　无锡市建设培训中心
陈波谊　无锡市交通技师学院
陈　明　兴化市建筑工程安全监察站
顾晓斌　兴化市建筑工程安全监察站
解文彬　兴化市平安建筑机械设备检测站
施雪松　兴化市平安建筑机械设备检测站
高海明　徐州市创伟安全技术培训中心
王　峰　盐城市安园建筑施工特种作业人员考核服务有限公司
顾宏富　盐城市安园建筑施工特种作业人员考核服务有限公司
郑文冬　扬州市建宁建设工程安全技术咨询服务有限责任公司
陈　峰　扬州市建宁建设工程安全技术咨询服务有限责任公司
张彩英　张家港市建安工程机械质量检测有限公司
严尊湘　镇江第二建筑工程有限公司
刘雪春　镇江建工建设集团
丁永顺　镇江市建设学校
秦　勇　正太集团有限公司
裘慰伦　江苏省有金属华东地勘局

3. 建筑起重机械司机(物料提升机)考评员名单

(2009年7月13日江苏省建筑工程管理局苏建管质[2009]71号公布，共111名)

陈守君　南京奥建职业培训学校
夏　康　南京奥建职业培训学校
陈　健　南京高等职业技术学校
裴　皓　南京高等职业技术学校
王　捷　南京高等职业技术学校
荆富荣　南京高等职业技术学校
张　威　南京高等职业技术学校
申　宁　南京高等职业技术学校
王福荣　南京苏宁建设监理有限公司
谈　睿　常州建筑业安全监督站
毛文军　常州瑞安建设安全技术事务有限公司
宋百成　赣榆县金鹏建筑工程有限公司
张义昌　赣榆县职业教育中心
范贤仁　赣榆县职业教育中心

卢辉毕　高邮市广厦建设工程监理公司
邓春富　高邮市建筑工程安全监察站
史年强　高邮市建筑工程安全监察站
王　斌　高邮市建筑工程管理局
许东强　海门市建筑职工学校
倪永涛　海门市建筑职工学校
邱建邦　淮安市东正机械制造有限公司
仇　政　淮安市东正机械制造有限公司
陈安顺　淮安市东正机械制造有限公司
袁　高　淮安市东正机械制造有限公司
陆小明　江苏城东建设工程有限公司
钱国明　江苏城东建设工程有限公司
李　骏　江苏邗建集团有限公司
陈瑞松　江苏邗建集团有限公司
汪万飞　江苏邗建集团有限公司
沈永安　江苏邗建集团有限公司
李　裴　江苏邗建集团有限公司
王正华　江苏科胜建筑咨询有限公司
陈三洲　江苏科胜建筑咨询有限公司
刘国庆　江苏科胜建筑咨询有限公司
凌小平　江苏南通六建建设集团有限公司
沈瑞荣　江苏南通六建建设集团有限公司
汪晓鹰　江苏南通六建建设集团有限公司
陈会东　江苏三兴建工集团有限公司
裘慰伦　江苏省有色金属华东地勘局
王军胜　江苏万邦建设集团有限公司
周忠玉　江苏扬建集团有限公司
王　明　江苏扬建集团有限公司
潘业甫　江苏中淮机械设备租赁有限公司
徐　建　江苏中苑建设工程有限公司
朱宝标　姜堰市建管局建筑安全监察站
刘　捷　金坛市建设工程安全监督站
袁建春　金坛市建筑技工学校
陈永平　句容市城乡建设科技服务中心
王玉铭　句容市城乡建设科技服务中心
胡明军　句容市城乡建设科技服务中心
杨玉森　句容市城乡建设科技服务中心
施才龙　溧阳建校
祁全芳　溧阳市建设工程安全监督站
谢建荣　溧阳市建设局
张富堂　连云港博爱安全评价咨询有限公司
左传斌　连云港博爱安全评价咨询有限公司
周海彬　连云港市东海技工学校
王传秀　连云港市东海技工学校
王思檀　连云港市东海技工学校
叶　凡　连云港市院前建设工程有限公司
汪加亮　连云港市众鑫建筑机械施工安全服务有限公司
黄斌全　龙信建设集团有限公司
陈　卫　龙信建设集团有限公司
汤　生　南通三建集团有限公司
曹立忠　南通四建集团有限公司
崔德忠　邳州市建筑工程管理局
朱洪宇　邳州市建筑工程管理局
马云峰　邳州市建筑工程管理局
高伟华　启东市建筑工程学校
石祚明　如东县建筑工程学校
杨建康　如东县建筑工程学校
周淑娟　如皋市建筑工程质量检测中心
周永林　苏州第一建筑集团有限公司
施建平　苏州二建建筑集团有限公司
孙　飞　泰兴市第一建筑安装工程有限公司
徐新扬　泰兴市第一建筑安装工程有限公司
周　青　泰兴市第一建筑安装工程有限公司
封志明　泰兴市第一建筑安装工程有限公司
周　凯　泰兴市建筑工程学校
陈永平　泰兴市中兴建筑科技教育中心
王　玉　泰州建筑工程公司
曾剑峰　泰州市建协职业学校
焦盛国　泰州市兴泰监理公司
张慎建　通州建总
褚宝祥　通州市建管局

方庆广　通州市建校
程志伟　无锡二建集团公司
吴宪晔　无锡汽车工程学院
庄锡海　无锡市华东建筑工程有限公司
朱秋良　无锡市建设工程安全监督站
鲍煜晋　无锡市建设工程安全监督站
徐贞乾　无锡市建设工程安全监督站
吴乐一　无锡市建设培训中心
阎　巍　无锡市建设信息中心
陈　明　兴化市建筑工程安全监察站
顾晓斌　兴化市建筑工程安全监察站
解文彬　兴化市平安建筑机械设备检测站
施雪松　兴化市平安建筑机械设备检测站
卓　立　徐州安监站
高海明　徐州市创伟安全技术培训中心
王　峰　盐城市安园建筑施工特种作业人员考核服务有限公司
顾宏富　盐城市安园建筑施工特种作业人员考核服务有限公司
陈　峰　扬州市建宁建设工程安全技术咨询服务有限责任公司
陈国良　张家港市建安工程机械质量检测有限公司
张彩英　张家港市建安工程机械质量检测有限公司
严尊湘　镇江第二建筑工程有限公司
刘雪春　镇江建工建设集团
丁永顺　镇江市建设学校
秦春华　正太集团有限公司
秦　勇　正太集团有限公司
王　航　常州第一建筑工程有限公司

4. 建筑焊工考评员名单

（2009年7月13日江苏省建筑工程管理局苏建管质[2009]71号公布，共62名）

王长根　南京奥建职业培训学校
谢　兵　南京高等职业技术学校
胥复根　南京高等职业技术学校
陈秋明　南京高等职业技术学校
郭　岩　南京高等职业技术学校
刘晓章　南京高等职业技术学校
周伟宏　常熟华联装潢工程有限责任公司
初旭平　常州市劳动保护教育中心
陈福祥　常州市武安安全生产培训服务中心
周炳章　常州武安安全生产培训服务中心
李秋生　常州武安安全生产培训服务中心
项　煜　丹阳市建管处
伏开剑　赣榆县职业教育中心
徐　斌　海安县建筑工程学校
杨生林　江苏邗建集团有限公司
卜广胜　江苏邗建集团有限公司
汪　斌　江苏精瑞设备安装有限公司
郑　慧　江苏省宜兴职业教育中心校
莫燕丰　江苏省宜兴职业教育中心校
蒋立军　江苏省宜兴职业教育中心校
王建定　江苏圣通建设工程有限公司
樊存和　江苏扬安机电设备工程有限公司
李金莲　江苏扬安机电设备工程有限公司
张登兰　江苏中程建筑有限公司
张厚志　江苏中程建筑有限公司
王桂喜　姜堰机电设备安装工程有限公司
张　云　溧阳市建设局建设工程安全监督站
霍田禔　溧阳市建筑工程职业学校
袁书宏　涟水县第二建设工程有限公司
殷　庆　南通六建建设集团有限公司
朱庆东　邳州市建筑工程管理局
高水飞　启东建校
查显著　如东县建筑工程学校
缪小兵　如东县建筑工程学校
徐玉良　苏州工业设备安装集团有限公司
王凤根　苏州工业设备安装集团有限公司
王剑荣　苏州工业设备安装集团有限公司
周　青　泰兴市第一建筑安装工程有限公司
张益永　泰兴市第一建筑安装工程有限

公司
周　凯　泰兴市建筑工程学校
田乐泰　泰兴市建筑工程学校
李林海　泰州市建协职业培训学校
刘胡彬　通州市建校
秦建新　通州市建校
许志陈　通州市建校
李红军　通州市建校
张启森　无锡交通技师学院
潘文平　无锡交通技师学院
金建明　无锡市工业设备安装公司
尹建飞　无锡市工业设备安装公司
蒋佳咏　无锡市建筑工程安全监督站
王庭珠　徐州市安监局
阮　林　盐城安圆建筑施工特种作业人员考核服务有限公司
张德想　盐城安圆建筑施工特种作业人员考核服务有限公司
刘亭亭　盐城安圆建筑施工特种作业人员考核服务有限公司
陈有山　扬州市邗江区建设局
刘　元　仪征市建管局安全监督站
欧阳骧　仪征市科技教育中心
张彩英　张家港建安工程机械质量检测有限公司
黄贤斌　镇江市建设学校
张文辉　镇江市建设学校
严　俊　镇江市建设学校

5. 建筑电工考评员名单

（2009年7月13日江苏省建筑工程管理局苏建管质[2009]71号公布，共93名）

张海如　南京高等职业技术学校
李立乡　南京高等职业技术学校
朱文继　南京高等职业技术学校
张友方　南京高等职业技术学校
曹　阳　南京高等职业技术学校
刘必胜　南京高等职业技术学校
夏　康　南京奥建职业培训学校
张启勇　南京建工集团
尹忠飞　南京建工集团
杨小伟　南京建工集团有限公司
徐　勇　南京凯盛建设集团
秦　红　南京市建筑职工大学
蒋煜东　常熟华联装潢工程有限责任公司
徐顺清　常州建设高等职业技术学院
刘大君　常州建设高等职业技术学院
赵翠玉　常州建设高等职业技术学院
陈滨掖　常州建设高等职业技术学院
张金霞　常州市劳动保护教育中心
陈佳萍　常州武安安全生产培训服务中心
眭令俊　丹阳市建管处
朱贵方　赣榆县职业教育中心
仲伟杨　赣榆县职业教育中心
孙鸿斌　高淳县建筑工程局
史年强　高邮市建筑工程安全监察站
周惠忠　海安县建筑工程学校
顾　俊　淮安市东正机械制造有限公司
孙长洪　淮安市东正机械制造有限公司
蔡敬东　江都市建筑安装管理处
刘欣欣　江苏邗建集团有限公司
付　斌　江苏环盛消防工程有限公司
张湛华　江苏金莱雅集团有限公司
张志海　江苏南通六建建设集团有限公司
奚学红　江苏南通六建建设集团有限公司
余月明　江苏圣建设工程有限公司
李剑生　江苏新源建筑工程有限公司
刘　敏　江苏扬安机电设备工程有限公司
汪　娟　江苏扬安机电设备工程有限公司
赵学勤　江苏扬安机电设备工程有限公司
鲁　明　江苏镇江安装集团有限公司
程华俊　江苏镇江安装集团有限公司
赵春潮　江苏中兴建设有限公司
孙伟平　江阴市建设工程安全监督站
谢秋华　江阴市桐岐建筑安装工程有限公司
杨　军　姜堰市建筑工程管理局

袁建春　金坛市建筑技工学校
蒋　云　句容市建设工程管理处
武　军　句容市建设工程管理处
杨玉森　句容市建设工程管理处
曹跃军　溧阳市建设局安监站
汪加亮　连云港众鑫
孙晓彪　涟水县建筑工程管理局
葛秀奎　涟水县建筑工程管理局
王兴国　涟水县建筑工程管理局
林江华　南通建筑职业技术学校
郭宜华　南通建筑职业技术学校
刘　明　邳州市建筑工程管理局
朱彦春　邳州市建筑工程管理局
马　勇　邳州市建筑工程管理局
周万军　邳州市建筑工程管理局
高伟华　启东建校
汪发余　如东县建筑工程学校
仲志明　如东县建筑工程学校
耿　淳　沭阳县建筑安装工程管理处
周乐诚　苏州二建建筑集团有限公司
马志良　苏州二建建筑集团有限公司
王龙泉　苏州二建建筑集团有限公司
史　健　苏州二建建筑集团有限公司
力　刚　宿迁市水利综合开发实业公司
程国荣　泰兴市第一建筑安装工程有限公司
钱晓云　泰兴市建筑安全监察站
曾宇飞　泰兴市中兴建筑科技教育中心
王　跃　泰州市建协职业培训学校
焦盛国　泰州市建协职业培训学校
熊　平　泰州市建协职业培训学校
黄建兵　通州市建校
季剑文　通州市建校
何　晶　无锡交通技师学院
顾玲芙　无锡交通技师学院
秦志强　无锡旅游商贸高等职业技术学校
李　立　无锡旅游商贸高等职业技术学校
陈嘉卉　无锡旅游商贸高等职业技术学校
洪志钢　无锡旅游商贸高等职业技术学校
胡保尔　无锡市工业设备安装公司
徐贞乾　无锡市建筑工程安全监督站
叶洪宝　徐州创伟安全技术培训中心
赵爱武　徐州市建筑施工安全监督站
顾宏富　盐城安圆建筑施工特种作业人员考核服务有限公司
顾　熙　盐城安圆建筑施工特种作业人员考核服务有限公司
丁正东　盐城安圆建筑施工特种作业人员考核服务有限公司
王　峰　盐城安圆建筑施工特种作业人员考核服务有限公司
李康国　扬州市邗江区建设局
徐正军　仪征市建科职业技能鉴定所
苏泽明　镇江市建设学校

6. 建筑施工架子工工种考评员名单

（2009 年 3 月 4 日江苏省建筑工程管理局苏建管质[2009]83 号文公布，共 125 名）

鲍恩兵　沭阳县建筑安装工程管理处
董柳春　沭阳县建筑安装工程管理处
姜　昱　常熟市锦和建筑安装工程有限公司
刁从铁　赣榆县城东建筑安装工程有限公司
李家福　江苏三兴建工集团有限责任公司
皇甫义山　赣榆县城东建筑安装工程有限公司
伏开剑　赣榆县职业教育中心
林海华　启东市建筑工程学校
沈丹阳　启东市建筑工程学校
高水飞　启东市建筑工程学校
傅士荣　海安县建筑工程学校
胡俊福　江苏省江建集团有限公司
郑文冬　扬州市建宁建设工程安全技术咨询服务有限责任公司
朱晓军　江苏扬建集团有限公司
徐顺宝　江苏扬建集团有限公司

冯志宏　江苏扬建集团有限公司
李林富　江苏扬建集团有限公司
刘凤翰　南京交通职业技术学院
陈剑波　南京交通职业技术学院
邵明波　南京交通职业技术学院
张晓岩　南京交通职业技术学院
汤恒标　扬州市邗江区建设局
李仁军　扬州市邗江区建设局
黄必松　江苏邗建集团有限公司
刘欣欣　江苏邗建集团有限公司
张　浩　无锡锡山建筑实业有限公司
邵海亮　江苏通州四建集团有限公司
李建生　南京建工局鉴定所
朱光华　南京建工局鉴定所
朱　翔　南京建工局鉴定所
杜元龙　南京建工局鉴定所
姜　剑　南京建工局鉴定所
马文庆　南京建工局鉴定所
李　立　无锡旅游商贸高等职业技术学校
濮阳国强　无锡旅游商贸高等职业技术学校
周保建　无锡旅游商贸高等职业技术学校
孙　强　江苏云山模架工程有限公司
冷年章　江苏华江建筑工程有限公司
李国忠　江苏城东建设工程有限公司
顾余明　金坛市第三建筑安装工程有限公司
陈三洲　江苏科胜建筑咨询有限公司
刘红兵　江苏科胜建筑咨询有限公司
孙鸿斌　江苏科胜建筑咨询有限公司
王正华　江苏科胜建筑咨询有限公司
钱吉平　溧阳市建设工程安全监督站
狄建军　溧阳市建筑工程职业学校
贡承云　句容市城乡建设科技服务中心
李　明　句容市城乡建设科技服务中心
徐　威　邳州市建筑工程管理局
刘　明　邳州市建筑工程管理局
胡向阳　邳州市建筑工程管理局
郭侠远　邳州市建筑工程管理局
刘小清　兴化市永安建筑设备租赁安装有限公司
施雪松　兴化市平安建筑设备检测站
顾晓斌　兴化市建筑安全监察站
缪　斌　苏州二建建筑集团有限公司
仇高乐　无锡锡山三建实业有限公司
陆建渊　宜兴市建设局
孙立波　宜兴市建设局
金振山　南京建工局鉴定所
石竹龙　丹阳市职教中心
陈　明　兴化市建筑安全监察站
李剑生　江苏新源建筑工程有限公司
宋建春　涟水县建筑工程管理局
张　磊　徐州市创伟安培中心
阮　林　盐城安圆建筑施工特种作业人员考核服务有限公司
冯年生　泰州市建协职业培训学校
王　跃　泰州市建协职业培训学校
贾海林　泰州市建协职业培训学校
许良林　泰州市建协职业培训学校
夏志祥　淮安市东正机械制造有限公司
徐继舟　淮安市东正机械制造有限公司
黄振兴　南通市通州区建筑职工中等专业学校
黄　斌　南通四建集团有限公司
王　平　高邮市建筑工程管理局
谈　健　高邮市建筑工程管理局
史年强　高邮市建筑工程安全监察站
沈庆邦　高邮市广厦工程监理公司
王有美　高邮市广厦工程监理公司
任正明　南通建筑职业技术学校
周宏明　南通建筑职业技术学校
马建平　南通建筑职业技术学校
陶　钦　江都市建筑安全检查站
于世勇　江都市建筑工程技术学校
张玉梅　江苏省常州建设高等职业技术学校
耿兴军　江苏省常州建设高等职业技术学校

耿昌明　仪征市建筑工程管理局
鲍　革　仪征市建筑科技教育中心
周正国　仪征市金源建筑劳务有限公司
马瑞强　江苏省常州建设高等职业技术学校
徐新春　连云港市地山建筑工程有限责任公司
赵诚堪　江苏鼎大建筑安装工程有限公司
张跃景　江苏地亚建筑有限公司
郭文涛　宜兴市建设工程安全监督站
王雪峰　宜兴市建设工程安全监督站
卞小美　如东县建筑工程学校
王爱云　如东县建筑工程学校
张　勇　海门市建筑工程管理局
李永新　海门市建筑职工学校
施金浩　龙信建设集团有限公司
许东强　江苏海门市建筑职工学校
王　强　南京高等职业技术学校
王孝祥　南京高等职业技术学校
谢秋华　江阴市桐歧建筑安装工程有限公司
张建峰　江阴市双惠建筑装饰工程有限公司
华国清　江阴市璜塘建筑安装工程有限公司
戈正惠　江苏新桥建工有限公司
蔡　寒　江苏新桥建工有限公司
杨俊卿　无锡市建筑工程安全监督站
吕　康　无锡市建筑工程安全监督站
陈　豪　无锡市建筑工程安全监督站
周庆生　江苏南通六建建设集团有限公司
石祚国　江苏南通六建建设集团有限公司
曹建中　江苏南通六建建设集团有限公司
宋增贤　正太集团有限公司
张　明　姜堰市建筑工程管理局
宋建宏　江苏中淮建设公司
徐炳永　江苏中淮建设公司
程秀仁　江苏中淮建设公司
王际优　江苏中淮建设公司
房金连　宿迁市恒安安全工程师事务所有限公司
骆泽新　宿迁市恒安安全工程师事务所有限公司
张黎萍　南京建工局鉴定所
桑春广　江苏江都建设工程有限公司
汤建中　泰兴市中兴建筑教育培训中心

7. 建筑施工司索信号工工种考评员名单

（2009年8月25日江苏省建筑工程管理局苏建管质[2009]88号文公布，共91名）

闫伍亮　丰县建筑工程安全监督站
蔡顺利　丰县建筑工程安全监督站
殷志东　连云港安利机械租赁有限公司
高水飞　启东市建筑工程学校
林海华　东市建筑工程学校
陈三洲　江苏科胜建筑咨询有限公司
刘红兵　江苏科胜建筑咨询有限公司
付　斌　江苏环盛消防工程有限公司
李剑生　江苏新源建筑工程有限公司
彭光伟　南京建工局鉴定所
金振山　南京建工局鉴定所
严尊湘　镇江第二建筑工程有限公司
赵建华　镇江建工建设集团
王　辉　镇江市建设学校
夏　康　南京奥建职业培训学校
王锡荣　江阴市建设工程安全监督站
张达勇　江阴市建设工程安全监督站
张耀宗　江阴市中正建筑机械有限公司
顾永进　江阴市民用建筑安装工程有限公司
陈建伟　江阴市上申建筑安装工程有限公司
施才龙　溧阳市建筑工程职业学校
黄建中　江苏五星建设集团有限公司
钟　翔　仪征市建筑工程管理局
赵宝鹏　江苏真州建筑装饰工程有限公司
杜桂能　正太集团有限公司

秦　勇　正太集团有限公司
汤恒标　扬州市邗江区建设局
张正强　江苏伟业机电安装有限公司
周宝信　江苏邗建集团有限公司
陈瑞松　江苏邗建集团有限公司
杨玉森　句容市建设工程管理处
李　明　句容市城乡建设科技服务中心
朱彦春　邳州市建筑工程管理局
丁翠杰　邳州市建筑工程管理局
陶建平　苏州二建建筑集团有限公司
陈剑忠　苏州二建建筑集团有限公司
花福林　苏州二建建筑集团有限公司
丁永平　宜兴市华厦建设安全教育培训有限公司
许建明　宜兴市华厦建设安全教育培训有限公司
杨永军　宜兴市华厦建设安全教育培训有限公司
封志明　泰兴市中兴建筑科技教育中心
曾宇飞　泰兴市中兴建筑教育培训中心
严东生　徐州市创伟安全技术培训中心
姚富强　徐州市创伟安全技术培训中心
汤建中　泰兴市中兴建筑教育培训中心
吴建佳　阜宁县建设职业学校
陈永卫　阜宁县建设职业学校
沈向耘　泰兴市中兴建筑科技教育中心
耿中原　江苏南通六建建设集团有限公司
刘飞飞　江苏南通六建建设集团有限公司
肖天东　江苏南通六建建设集团有限公司
丁　丹　江苏中淮建设集团有限公司
张　军　江苏中淮建设集团有限公司
瞿文忠　常州市武安安全生产培训服务中心
李社林　江苏中程建筑有限公司
单　婵　金坛市建筑技工学校
徐　明　金坛市建筑技工学校
张黎俊　金坛市建筑技工学校
王　跃　泰州市建协职业培训学校
贾海林　泰州市建协职业培训学校
许良林　泰州市建协职业培训学校
焦盛国　泰州市建协职业培训学校
江少平　中建钢构江苏有限公司
俞英杰　宜兴市华厦机械检测研究所
任璞铭　宜兴市华厦机械检测研究所
荆新平　丹阳市职教中心
王　峰　盐城安圆建筑施工特种作业人员考核服务有限公司
顾宏富　盐城安圆建筑施工特种作业人员考核服务有限公司
阮　林　盐城安圆建筑施工特种作业人员考核服务有限公司
刘必胜　盐城安圆建筑施工特种作业人员考核服务有限公司
奚建锋　苏州嘉盛建设工程有限公司
袁玉良　南通建筑职业技术学校
帅国兵　南通华荣建设集团
桑茂忠　江都市古典园林建设有限公司
张　勇　江都市建筑安全监察站
冷年章　江苏华江建筑工程有限公司
李　宁　江都市建筑工程技术学校
徐小平　扬州市第五建筑安装工程有限公司
许吕永　江苏鼎鑫建设工程有限公司
朱康富　江苏江都建设工程有限公司
衡夏君　扬州华宏建筑安装工程有限公司
刘　峰　常州市建筑职工大学
孙怀忠　常州市建筑职工大学
杨经纯　常州市建筑职工大学
顾金虎　常州市建筑职工大学
秦建新　通州市建校
丁　建　南通新华建筑集团有限公司
刘胡彬　通州市建校
宋　宇　南通市通州区建筑安全生产监督站
徐锦云　海安县建筑工程学校
王诚勇　扬州市第四建筑工程有限公司

8. 建筑施工起重机械安装拆卸工(塔式起重机)考评员名单

(2009年10月15日江苏省建筑工程管理局苏建管质[2009]107号文公布,共79名)

李剑生　江苏新源建筑工程有限公司
方庆广　通州市建校
张宏霞　通州市建校
殷志东　连云港安利机械租赁有限公司
邵海亮　通州四建集团有限公司
奚建锋　苏州嘉盛建设工程有限公司
许东强　海门市吉安建筑安全技术研究有限公司
陈照明　海门市吉安建筑安全技术研究有限公司
汪加亮　连云港市众鑫建筑机械施工安全服务有限公司
王建军　连云港市地山建筑公司
陈晓群　镇江市建设学校
杜保宏　镇江市光大建筑工程有限公司
赵建华　镇江建工建设集团
何　晶　无锡交通技师学院
吴一农　无锡交通技师学院
程志伟　江苏无锡二建集团
吴乐一　无锡市建设培训中心
徐贞乾　无锡市建筑工程安全监督站
庄锡海　无锡市华东建筑工程有限公司
孙国伟　江苏中淮机械设备租赁有限公司
刘维佳　江苏中淮机械设备租赁有限公司
金晓平　淮安市东正机械制造有限公司
华水根　苏州建筑业安全监督站
俞英杰　宜兴市建设局安监站
许鸣人　宜兴市建设局安监站
陶建平　苏州二建建筑集团有限公司
陈剑忠　苏州二建建筑集团有限公司
花福林　苏州二建建筑集团有限公司
蒋同德　江苏中淮建设集团有限公司
王建航　江苏中淮建设集团有限公司
李　裴　扬州市邗江区建设局安监站
张正强　江苏伟业机电安装有限公司
周宝信　江苏邗建集团有限公司
陈瑞松　江苏邗建集团有限公司
丁永平　宜兴市华厦建设安全教育培训有限公司
杨永军　宜兴市华厦建设安全教育培训有限公司
张　良　宜兴市华厦建设安全教育培训有限公司
马文卫　宜兴市华厦建设安全教育培训有限公司
王诚勇　扬州市第四建筑工程有限公司
陈　峰　扬州市建宁建设工程安全技术咨询服务有限责任公司
周忠玉　江苏扬建集团公司
王　明　江苏扬建集团公司
张　勇　江都市建筑安全监察站
徐小平　扬州市第三建筑安装工程有限公司
朱志刚　江都市古典园林建设有限公司
徐万兵　江都市古典园林建设有限公司
胡俊褀　江苏省江建集团有限公司
潘云林　江苏华江建筑工程有限公司
徐树栋　江苏中淮建设集团有限公司
朱彦春　邳州市建筑工程管理局
胡向阳　邳州市建筑工程管理局
肖　彤　南通爱莲建筑机械有限公司
钱爱成　南通新华建筑集团有限公司
褚宝祥　通州市建管局
王　跃　泰州市建协职业培训学校
贾海林　泰州市建办职业培训学校
许良林　泰州市建协职业培训学校
冯年生　泰州市建协职业培训学校
王锡荣　江阴市建设工程安全监督站
张达勇　江阴市建设工程安全监督站
张耀宗　江阴市中正建筑机械有限公司
李富昌　江阴市建安检测服务有限公司
章　峰　江阴市嘉丰机械安装有限公司

姚中伟　江阴市嘉丰机械安装有限公司
张惠清　江阴市嘉丰机械安装有限公司
戴苏宁　江阴市苏宁建筑机械租赁有限公司
严东生　徐州市创伟安全技术培训中心
姚富强　徐州市创伟安全技术培训中心
徐锦云　海安县建筑工程学校
王　峰　盐城安圆建筑施工特种作业人员考核服务有限公司
顾宏富　盐城安圆建筑施工特种作业人员考核服务有限公司
阮　林　盐城安圆建筑施工特种作业人员考核服务有限公司
朱兆瑞　盐城安圆建筑施工特种作业人员考核服务有限公司
陈守君　南京奥建职业培训学校
缪国栋　如东县建筑学校
狄建军　溧阳建工学校
禹德辉　江苏瑞峰建设集团有限公司
龚田松　溧阳建工学校
顾　忱　南通四建集团有限公司

9. 建筑施工机动车场内驾驶考评员名单

（2009年10月15日江苏省建筑工程管理局苏建管质[2009]107号文公布，共42名）

赵国强　南京建工局鉴定所
陈　巍　南京建工局鉴定所
仲志明　如东县建筑工程学校
丁长进　盐城安圆建筑施工特种作业人员考核服务有限公司
顾宏富　盐城安圆建筑施工特种作业人员考核服务有限公司
徐　坚　无锡新视野培训中心
刘士荣　无锡新视野培训中心
吴一农　无锡新视野培训中心
丁宏伟　无锡新视野培训中心
潘正明　江苏圣通建设工程有限公司
沈冬根　金坛市建筑技工学校
石军连　金坛市建筑技工学校
陶立新　金坛市建筑技工学校
徐建良　江阴市华厦建设工程有限公司
谢秋华　江阴市桐岐建筑安装工程有限公司
任　红　江阴市建设工程安全监督站
王　芳　江阴市建设职工学校
邢贤鸿　江阴市市政建设工程有限公司
戴德兴　江阴市建设职工学校
曹志明　南京奥建职业培训学校
王爱忠　南京高等职业技术学校
乔　民　南京高等职业技术学校
蒋治军　宜兴市建设局安监站
任璞铭　宜兴市华厦机械检测研究所
殷志庆　江苏扬建集团公司
何建华　江苏扬建集团公司
伍鹤龄　南京同力路桥建设工程有限公司
高崇伟　南京同力路桥建设工程有限公司
瞿文忠　常州市武安培训服务中心
俞　涛　常州市武安培训服务中心
狄建军　溧阳建筑工程学校
蒋佳咏　无锡市建筑工程安全监督站
张　勇　江都市建筑安全监察站
桑茂忠　江都市古典园林建设有限公司
徐万兵　江都市古典园林建设有限公司
陈德智　江苏江都二建工程有限公司
朱云翔　镇江市建设学校
刘　建　镇江市建设学校
徐　进　海安县建筑工程学校
倪淑芳　通州市建校
许志陈　通州市建校
申　宁　南京高等职业技术学校

10. 建筑施工起重机械安装拆卸工(施工升降机、物料提升机)考评员名单

（2009年11月9日江苏省建筑工程管理局苏建管质[2009]115号文公布，共54名）

陶建平　苏州二建建筑集团有限公司

陈剑忠　苏州二建建筑集团有限公司
花福林　苏州二建建筑集团有限公司
缪　斌　苏州二建建筑集团有限公司
周可祥　苏州二建建筑集团有限公司
李剑生　江苏新源建筑工程有限公司
徐锦云　海安县建筑工程学校
秦建新　通州建校
方庆广　通州建校
肖　彤　南通爱莲建筑机械有限公司
张达勇　江阴市建设工程安全监督站
张耀宗　江阴市建安检测服务有限公司
李富昌　江阴市中正建筑机械有限公司
章　峰　江阴市嘉丰机械安装有限公司
姚中伟　江阴市嘉丰机械安装有限公司
张惠清　江阴市嘉丰机械安装有限公司
曹文军　南通华新建工集团有限公司
许东强　海门市建筑职工学校
陈照明　海门市建筑职工学校
朱卫华　海门市建筑职工学校
何　晶　无锡交通技师学院
吴仲琪　无锡交通技师学院
崔咏军　昆山市建筑安全监督站
杨建康　如东县建筑工程学校
缪国栋　如东县建筑工程学校
袁卫兴　苏州建筑业安全监督站
华水根　苏州建筑业安全监督站
孙春焕　江苏省苏中建设集团股份有限公司
邵新华　南京市建筑安全生产监督站
王　峰　盐城安圆建筑施工特种作业人员考核服务有限公司
王　进　盐城安圆建筑施工特种作业人员考核服务有限公司
阮　林　盐城安圆建筑施工特种作业人员考核服务有限公司
周忠玉　江苏扬建集团有限公司
彭习军　江苏扬建集团有限公司
金晓平　淮安市东正机械制造有限公司
孙　波　江苏中淮建设集团有限公司
刘国庆　江苏科胜建筑咨询有限公司
邢益里　江苏科胜建筑咨询有限公司
陈三洲　江苏科胜建筑咨询有限公司
王正华　江苏科胜建筑咨询有限公司
桑茂忠　江都市古典园林建设有限公司
张　勇　江都市建筑安全监察站
尤嘉宾　江都市建筑安全监察站
施才龙　溧阳建校
潘双良　丹阳市建管处
汪加亮　连云港市众鑫建筑机械施工安全服务有限公司
陈　峰　连云港市兴连建筑技术有限公司
姚富强　徐州市创伟安全技术培训中心
严东生　徐州市创伟安全技术培训中心
王新春　泗阳县建设局建筑业管理办公室
骆泽新　宿迁市恒安注册安全工程师事务所有限公司
苏　亮　宿迁市恒安注册安全工程师事务所有限公司
陈正伟　无锡市惠山区建筑工程安全监督站
邹中华　无锡市锡山区建管处

十二、建筑标准规范与科技进步

2009 年公布的国家标准

1. 安全网　编号为 GB5725—2009。发布日期为 2009.4.1,实施日期为 2009.12.1。本标准代替 GB5725—1997《安全网》、GB16909—1997《密目式安全立网》。颁布部门是中华人民共和国国家质量监督检验检疫总局和中国国家标准化管理委员会。编写单位是北京市劳动保护科学研究所、山东省特种设备检验研究院、泰州市大华化纤厂等。本标准与 GB 5725—1997《安全网》、GB16909—1997《密目式安全立网》相比主要变化如下:增加了网目、初始下垂、A 级密目式安全立网、B 级密目式安全立网的定义;修改了部分术语和定义的解释;增加了密目网的性能分级;增加了平(立)网网目边长与规格尺寸的测量方法;增加了密目网网目密度及网宽度的测量方法;增加了对平(立)网网绳的断裂强力要求;修改了平(立)网耐冲击性能测试方法和要求;修改了密目网贯穿测试方法;增加了平(立)网耐候性测试方法的具体要求,作为规范性附录 B;增加了密目网的耐老化性测试;删除了 GB 5725—1997《安全网》中的附录 B;删除了 GB 16909—1997《密目式安全立网》中的附录 A。本标准规定了安全网的分类标记、技术要求、测试方法、检验规则及标识。本标准适用于建筑等高处作业场所使用,防止人员或物体坠落的安全网。

2. 安全带　编号为 GB6095—2009。发布日期为 2009.4.13,实施日期为 2009.12.1。颁布部门是中华人民共和国国家质量监督检验检疫总局和中国国家标准化管理委员会。编写单位是北京市劳动保护科学研究所、斯博瑞安(中国)安全防护设备有限公司、泰州市华泰劳保用品有限公司等。本标准规定了安全带的分类和标记、技术要求、检验规则及标识。本标准适用于高处作业、攀登及悬吊作业中使用的安全带。本标准适用于体重及负重之和不大于 100 kg 的使用者。本标准不适用于体育运动、消防等用途的安全带。

3. 安全带测试方法　编号为 GB/T6096—2009。发布日期为 2009.4.13,实施日期为 2009.12.1。颁布部门是中华人民共和国国家安全生产监督管理总局,编写单位是北京市劳动保护科学研究所、斯博瑞安(中国)安全防护设备有限公司、泰州市华泰劳保用品有限公司等。本标准规定了安全带测试方法和测试设备。本标准适用于 GB6095—2009 中规定的安全带及安全带的技术要求。

4. 固定式钢梯及平台安全要求第 1 部分:钢直梯　编号为 GB4053.1—2009。发布日期为 2009.3.31,实施日期为 2009.12.1。本部分是对 GB4053.1—1993《固定式钢直梯安全技术条件》的修订,代替了 GB4053.1—1993《固定式钢直梯安全技术条件》。颁布部门是中华人民共和国国家质量监督检验检疫总局和中国国家标准化管理委员会。编写单位是吉林省安全科学技术研究院、长春工业大学、长春工程学院。本部分与 GB4053.1—1993 相比主要变化如下:修改了对材料的要求;增加了梯子支撑及其连接件的荷载规定;增加了固定式钢直梯倾角范围的规定;修改了防锈及防腐蚀的要求;增加了防雷电保护接地的要求;修改了梯段最大高度及平台间距的规定；修改了应设置护笼梯段的高度的要求；修改了梯子内侧净宽度尺寸的规定；修改了踏棍间距的规定；修改了有关踏棍尺寸的规定，增加了在非正常环境下使用梯子的踏棍尺寸要求；修改了护笼构件尺寸的规定；修改了水平笼箍间距的规定；增加了护笼立杆间距及空隙的要求；增加了护笼立杆间距及护笼构件形成空隙的规定；修改了护笼底部距下端基准面高度的规定。本部分规定了固定式钢直梯的设计、制造和安装方面的基本安全要求。本部分适用于工业企业内工作场所中使用的固定式钢直梯(另有标准规定的除外)。

5. 固定式钢梯及平台安全要求第2部分：钢斜梯　编号为GB4053.2—2009。发布日期为2009.3.31，实施日期为2009.12.1。本部分是对GB4053.2—1993《固定式钢斜梯安全技术条件》的修订，本部分所代替标准为GB4053.2—1993。颁布部门是中华人民共和国国家安全生产监督总局和中国国家标准化管理委员会。编写单位是吉林省安全科学技术研究院、长春工业大学、长春工程学院。本部分与GB4053.2—1993相比主要变化如下：修改了对材料的要求；增加了钢斜梯倾角范围的规定及建议倾角；增加了踏步高与踏步宽组合关系的公式要求；修改了部分设计载荷的规定，增加了扶手立柱及中间栏杆载荷的要求；修改了防锈及防腐蚀的要求；增加了防雷电保护接地要求；修改了梯高的规定；修改了梯子内侧净宽度尺寸的要求；增加了踏板前后深度尺寸要求及重叠尺寸的规定；增加了梯子上方空间的要求；增加了踏板间距的规定；修改了踏板防滑的要求，允许采用防滑突缘；增加了梯梁在梯子底部的结构要求；增加了设置梯子扶手的条件及形式的规定；修改了扶手高度要求；增加了扶手周围最小空间的要求；增加了扶手采用非圆形截面时的尺寸要求。本部分规定了固定式钢斜梯的设计、制造和安装方面的基本安全要求，适用于工业企业内工作场所中使用的固定式钢斜梯。

6. 固定式钢梯及平台安全要求第3部分：工业防护栏杆及钢平台　编号为GB4053.3—2009。发布日期为2009.3.31，实施日期为2009.12.1。本部分所代替标准为GB 4053.3—1993。颁布部门是中华人民共和国国家质量监督检验检疫总局和中国国家标准化管理委员会。编写单位是吉林省安全科学技术研究院、长春工业大学、长春工程学院。本部分与GB4053.3—1993相比主要变化如下：增加了防护栏杆设置的高度要求和条件；修改了对材料的要求；修改了扶手设计载荷的规定；增加了中间栏杆和立柱的载荷要求；修改了防锈及防腐蚀的要求；修改了防护栏杆推荐高度及最低高度的规定；增加了扶手结构、非圆截面扶手尺寸及扶手周围空间的要求；修改了中间栏杆与上下方构件间距的规定；增加了立柱安装的要求；修改踢脚板结构的要求，增加了踢脚板高度的规定。本部分规定了固定式工业防护栏杆及钢平台的设计、制造和安装方面的基本安全要求。本部分适用于工业企业内工作场所中使用的防护栏杆及钢平台(另有标准规定的除外)。

7. 建筑用安全玻璃第1部分：防火玻璃　编号为GB15763.1—2009，发布日期为2009.3.25，实施日期为2010.3.1。本部分所代替标准为GB15763.1—2001。颁布部门是中华人民共和国国家质量监督检验检疫总局和中国国家标准化管理委员会。编写单位是中国建筑材料检验认证中心、公安部天津消防研究所、公安部四川消防研究所。本部分规定了建筑用防火玻璃的术语和定义、分类及标记、材料、要求、试验方法、检验规则、标志、产品使用说明书及包装、运输、贮存等。本部分适用于建筑用复合防火玻璃及经钢化工艺制造的单片防火玻璃。

8. 建筑用安全玻璃第3部分：夹层玻璃　编号为GB15763.3—2009。发布日期为2009.3.25，实施日期为2010.3.1。本部分所代替标准为GB9962—1999。颁布部门是中华人民共和国国家质量监督检验检疫总局和中国国家标准化管理委员会。编写单位是中国建筑材料科学研究总院、中国建筑材料检验认证中心、秦皇岛玻璃工业研究设计院。本部分规定了建筑用夹层玻璃的术语和定义、分类、材料、要求、试验方法和检验规则等。本部分适用于建筑用夹层玻璃。

9. *建筑用安全玻璃第4部分:均质钢化玻璃* 编号为GB15763.4—2009。发布日期为2009.3.25,实施日期为2010.3.1。颁布部门是中华人民共和国国家质量监督检验检疫总局和中国国家标准化管理委员会。编写单位是中国建筑材料检验认证中心等。本部分规定了建筑用均质钢化玻璃的术语和定义、总则、要求、试验方法、检验规则、标志、包装、运输及贮存。本部分适用于建筑用均质钢化玻璃。对于建筑以外用的(如工业装备、家具等)均质钢化玻璃,如果没有相应的产品标准,可参照使用本部分。

10. *机械安全火灾防治* 编号为GB23819—2009。发布日期为2009.5.13,实施日期为2009.12.1。颁布部门是中华人民共和国国家质量监督检验检疫总局和中国国家标准化管理委员会。编写单位是中机生产力促进中心、中国包装和食品机械总公司、长春试验机研究所有限公司、洛阳矿山机械工程设计研究院有限责任公司。本标准规定了用于识别由机械导致的火灾危险及进行相应风险评价的方法,给出了机械设计和制造过程中所需采取的技术性火灾防治措施的基本概念和方法。本标准的主要目的是根据机械的预定使用,通过采取技术措施达到所需的安全水平,这些措施主要集成于该机械,并通过优先使用安全组件来实现。本标准不适用于含有受控燃烧过程的机械(例如:内燃机、锅炉),除非燃烧过程可能在机械的其他部分或机器外面构成点燃源。

2009年公布的行业标准

1. *液压升降整体脚手架安全技术规程* 编号为JGJ183—2009。发布日期为2009.9.15,实施日期为2010.3.1。主编单位是南通四建集团有限公司、苏州二建建筑集团有限公司,参编单位是中国建筑科学研究院建筑机械化研究院、东南大学、南京林业大学、上海市建工设计研究院有限公司、江苏省建筑科学研究院、珠海市建筑工程安全监督站、北京市建筑工程研究院、江苏云山模架工程有限公司。本规程主要内容有总则、术语和符号、基本规定、架体结构、设计及计算、液压升降装置、安全装置、安装、升降、使用、拆除以及相关附录。

2. *建筑施工作业劳动防护用品配备及使用标准* 编号为JGJ184—2009。发布日期为2009.11.16,实施日期为2010.6.1。主编单位是北京建工集团有限责任公司、北京六建集团公司。参编单位是中国建筑业协会建筑安全分会、北京市住房和城乡建设委员会、天津市建工集团(控股)有限公司、河南省建设安全监督总站、山东省建设安全监督总站、北京建工一建工程建设有限公司。本标准主要内容有劳动防护用品的配备及基本规定、劳动防护用品使用及管理。

3. *建筑施工碗扣式钢管脚手架安全技术规范* 编号为JGJ166—2008。发布日期为2008.11.4,实施日期为2009.7.1。主编单位是河北建设集团有限公司、中天建设集团有限公司。参编单位是中国建筑金属结构协会建筑模板脚手架委员会、北京星河模板脚手架工程有限公司、北京住总集团有限责任公司、北京建安泰建筑脚手架有限公司、上海市长宁区建设工程质量安全监督站。本规范的主要内容有总则、术语和符号、构配件材料制作及检验、荷载、结构设计计算、构造要求、施工、检查与验收、安全使用与管理以及相关附录。

2009年公布的江苏地方标准

1. *江苏省绿色建筑评价标准*。编号为DGJ32/TJ76—2009。发布日期为2009.1.10,实施日期为2009.4.1。主编单位是江苏省建筑科学研究院有限公司。参编单位是江苏省建设厅科研设计处、江苏省建设厅科技发展中心、南京工业大学、南京市城镇建设设计咨询有限公司。本标准是为贯彻落实科学发展观，促进节约资源、保护环境和建设事业可持续发展，推动我省绿色建筑及其技术的健康发展，规范我省绿色建筑的评价活动而编制。标准的主要内容包括：总则、术语、基本规定、住宅建筑、公共建筑。

2. 民用建筑水消防系统设计规范。编号为DGJ32/J92—2009。发布日期为2009.12.3，实施日期为2010.1.1。主编单位是江苏省公安厅消防局防火部。标准编制组遵照国家基本建设的有关方针政策，以及“预防为主、防消结合”的消防工作方针，针对民用建筑发生火灾的特点，以《建筑设计防火规范》GB50016、《高层民用建筑设计防火规范》GB50045及《自动喷水灭火系统设计规范》GB50084的原则为依据，结合江苏地区消防装备的灭火能力和市政给水条件，对消火栓消防系统、自动喷水局部应用系统设置场区和区域消防供水等作了一般性规定。

3. 建设工程质量检测规程。编号为DGJ32/J21—2009。发布日期为2009.1.10，实施日期为2009.4.1。原《建设工程质量检测规程》DGJ32/J21—2006同时废止。主编单位是江苏省建设工程质量监督总站。本规程以现行国家、省有关强制性标准、规范、规程、规定为依据，对检测流程、检测能力、计算机辅助管理、检测工作监管等方面作出了具体规定。规程的主要内容包括总则、术语、基本规定、检测能力、检测流程、计算机管理、检测工作远程监督管理。

4. 雷达法检测建设工程质量技术规程。编号为DGJ32/TJ79—2009。发布日期为2009.4.22，实施日期为2009.6.1。主编单位是南京工业大学、南京工大建设工程技术有限公司。因为经济的快速发展带动了建筑市场额异常繁荣，伴随着建筑面积的迅速增加，工程质量问题备受关注。雷达检测法以其快速、无损、抗干扰能力强、能连续检测、检测结果直观等特点而日趋广泛地应用于建设工程质量检测中。规程的主要内容包括总则、术语、符号、基本规定、检测设备、结构层分层厚度检测、结构内部缺陷检测、混凝土内埋钢筋检测、检测报告的编写。

5. 超细干粉灭火系统设计、安装与验收规程。编号为DGJ32/TJ80—2009。发布日期为2009.5.26，实施日期为2009.7.1。主编单位是省建设厅和省公安厅消防局。编制组遵照国家基本建设的有关方针政策，以及“预防为主、防消结合”的消防工作方针，为寻求卤代烷的代替物，在生产基地进行超干粉的开发研制。通过多种配方和生产工艺，进行实体灭火实验，揭示了超细干粉的灭火机理、保护对象和灭火最佳用量。在总结已有科研成果和工程实践的基础上，参考了英国、德国、日本和美国等发达国家的相关标准，确定了超细干粉灭火系统的适用场所、保护对象、系统组成、基本设计方法、系统安装与验收的要求。规程的主要内容有：总则、术语和符号、系统设计、灭火剂用量计算、管网计算、系统组件、控制与操作、安全要求、系统安装、调试、验收、维护管理、附录及条文说明。

6. 基桩自平衡法静载试验技术规程。编号为DGJ32/TJ77—2009。发布日期为2009.1.23，实施日期为2009.3.1。主编单位是南京东大自平衡桩基检测有限公司和东南大学土木工程学院。自平衡法是桩基静载试验的一种新方法，具有省时、省力、安全、无污染、综合费用低和不受场地条件、加载吨位限制等优点。本规程的主要技术内容有总则、术语、符号、一般规定、试验要点、资料整理及附录等。

7. 强化液自动灭火装置配置设计、安装与验收规程。编号为DGJ32/TJ91—2009。发布日期为2009.11.24，实施日期为2010.1.1。主编单位是江苏省公安厅消防局防火部。编制组遵照国家基本建设的有关方针政策，以及“预防为主，防消结合”的消防工作方针，通过多变配方进行灭火实验，并且在总结工程实践及征求有关专家意见的基础上，参照日本自治省消防厅行业标准《自动灭火用具》及《悬挂式气体灭火装置》GA13—2006等国内外标准，确定了强化液自动灭火装置的适用场所、保护对象、基本设置方法和验收要求。本规程内容包括总则、术语和符号、灭火装置的配置设计、安全要求、灭火装置的安装、灭火装置的验收、灭火装置的维护管理等。

8. 轻型木结构检测技术规程。编号为DGJ32/TJ83—2009。发布日期为2009.6.4，实施日期为2009.10.1。主编单位是江苏省建筑科学研究院有限公司、江苏省建筑工程质量检测中心有限公司、江苏东方建筑设计有限公司。为规范轻型木结构工程质量检测工作，规程编制组经广泛调查研究，认真总结实践经验，并在广泛征求意见的基础上，遵循科学习性、实用性和可操作性的原则，组织编写了本规程。规程的内容有总则、术语和符号、基本规定、规格材检测、木基结构板材性能检测、木珩架结构性能检测、木材防护剂透入度和保持量检测、附录。

9. 建筑工程红外热成像法检测技术规程。编号为DGJ32/TJ81—2009。发布日期为2009.6.4，实施日期为2009.10.1。主编单位是江苏省建筑科学研究院有限公司、江苏省建筑工程质量检测中心有限公司。规程的内容有总则、术语、检测设备、建筑工程质量缺陷检测、检测报告、附录等。

10. 建筑外遮阳工程质量验收规程。编号为DGJ32/TJ88—2009。发布日期为2009.11.24，实施日期为2009.12.1。主编单位是江苏省建设工程质量监督总站、南京二十六度建筑节能工程有限公司。编制组广泛收集了各种外遮阳系统生产、安装和验收资料，经过补充试验和整理分析，遵循科学性、实用性和可操作性的原则，在多次研讨、反复修改的基础上编制了本规程。主要内容包括总则、术语、基本规定、外遮阳金属百叶帘系统、外遮阳卷帘系统、外遮阳伸缩蓬系统、外遮阳机翼板系统、固定式外遮阳系统、建筑外遮阳工程验收。

江苏省建筑安装工程施工技术操作规程

1. 江苏省建筑安装工程施工技术操作规程第一分册：土石方与爆破工程，标准号为DGJ32/J27—2006，替代的原标准号为DB32/293—1999；

2. 江苏省建筑安装工程施工技术操作规程第二分册：地基与基础工程，标准号为DGJ32/J28—2006，替代的原标准号为DB32/294—1999；

3. 江苏省建筑安装工程施工技术操作规程第三分册：砌体结构工程，标准号为DGJ32/J29—2006，替代的原标准号为DB32/295—1999；

4. 江苏省建筑安装工程施工技术操作规程第四分册：混凝土结构工程，标准号为DGJ32/J30—2006，替代的原标准号为DB32/296—1999；

5. 江苏省建筑安装工程施工技术操作规程第五分册：钢结构工程，标准号为DGJ32/J31—2006，替代的原标准号为DB32/297—1999；

6. 江苏省建筑安装工程施工技术操作规程第六分册：钢网架工程，标准号为DGJ32/J32—2006，替代的原标准号为DB32/298—1999；

7. 江苏省建筑安装工程施工技术操作规程第七分册：地面与楼面工程，标准号为DGJ32/J33—2006，替代的原标准号为DB32/299—1999；

8. 江苏省建筑安装工程施工技术操作规程第八分册：门窗工程，标准号为DGJ32/J34—2006，替代的原标准号为DB32/300—1999；

9. 江苏省建筑安装工程施工技术操作规程第九分册：装饰工程，标准号为DGJ32/J35—2006，替代的原标准号为DB32/301—1999；

10. 江苏省建筑安装工程施工技术操作规程第十分册：防水工程，标准号为DGJ32/J36—2006，替代的原标准号为DB32/302—1999；

11. 江苏省建筑安装工程施工技术操作规程第十一分册：脚手架工程，标准号为DGJ32/

J37—2006,替代的原标准号为DB32/303—1999;

12. 江苏省建筑安装工程施工技术操作规程第十二分册:结构安装工程,标准号为DGJ32/J38—2006,替代的原标准号为DB32/304—1999;

13. 江苏省建筑安装工程施工技术操作规程第十三分册:水暖卫生设备工程,标准号为DGJ32/J39—2006,替代的原标准号为DB32/305—1999;

14. 江苏省建筑安装工程施工技术操作规程第十四分册:电气工程,标准号为DGJ32/J40—2006,替代的原标准号为DB32/306—1999;

15. 江苏省建筑安装工程施工技术操作规程第十五分册:通风空调工程,标准号为DGJ32/J41—2006,替代的原标准号为DB32/307—1999;

16. 江苏省建筑安装工程施工技术操作规程第十六分册:工业管道工程,标准号为DGJ32/J42—2006,替代的原标准号为DB32/308—1999;

17. 江苏省建筑安装工程施工技术操作规程第十七分册:焊接工程,标准号为DGJ32/J43—2006,替代的原标准号为DB32/309—1999;

18. 江苏省建筑安装工程施工技术操作规程第十八分册:窑炉砌筑工程,标准号为DGJ32/J44—2006,替代的原标准号为DB32/310—1999;

19. 江苏省建筑安装工程施工技术操作规程第十九分册:保温防腐工程,标准号为DGJ32/J45—2006,替代的原标准号为DB32/311—1999;

20. 江苏省建筑安装工程施工技术操作规程第二十分册:设备安装工程,标准号为DGJ32/J46—2006,替代的原标准号为DB32/312—1999;

21. 江苏省建筑安装工程施工技术操作规程第二十一分册:玻璃幕墙工程,标准号为DGJ32/J47—2006,替代的原标准号为DB32/313—1999;

22. 江苏省建筑安装工程施工技术操作规程第二十二分册:建筑智能化工程,标准号为DGJ32/J48—2006;

23. 江苏省建筑安装工程施工技术操作规程第二十三分册:洁净系统工程,标准号为DGJ32/J49—2006;

24. 江苏省建筑安装工程施工技术操作规程第二十四分册:大型施工机械,标准号为DGJ32/J50—2006;

25. 江苏省建筑安装工程施工技术操作规程第二十五分册:拆除工程,标准号为DGJ32/J51—2006;

26. 江苏省建筑安装工程施工技术操作规程第二十六分册:外墙外保温工程,标准号为DGJ32/J52—2006。

安全技术推广应用

1. 扬州市　技术名称:装配式防护通道棚(实用新型专利,专利号:ZL200820160012.0)。

内容简介:目前建筑市场上对安全通道入口防护棚的搭设还没有标准的搭设方法,通道搭设的效果各式各样,常规的都是采用建筑钢管加防护材料搭设,搭设的尺寸、颜色都不统一。对于这种通道防护棚的搭设,既大量的浪费了材料,按拆时也很浪费人工,同时更不便于重复组装。为了能使安全通道入口防护棚的搭设标准化,又能便于重复组装,同时更大程度上满足于安全性能要求,项目部围绕这一课题开展QC小组活动,最终研制出了安全耐用、技术可行、易于组装、经济美观,可重复周转使用的工具式防护通道栅。

推广范围:江苏江都建设有限公司范围内。

推广部门:公司质量安全管理部。

2. 常州市　多年以来,市建设局始终坚持走"技术促安全、文化促安全"之路。2009年,一是积极推进《建筑施工模板安全技术规范》新规范的应用,先后组织大型理论讲座及现场观摩活动,各辖市区安监站负责人、建筑施工企业技术负责人、安全部门负责人、市区在建工程项目经理、总监理工程师等350余人参加了讲座及观摩活动，重点理解和感受模板搭建新技术在安全防护方面所起的作用。二是在市科技局的支持下，与大连理工学院共同开发了“建筑起重机械超载报警系统”，通过科技手段控制现场违章。三是与部分施工企业开展施工现场安全防护标准化试点，以工具化、标准化的安全防护设施，推进施工现场安全文明施工。

3. 镇江市　技术名称：混凝土预制拼装塔式起重机基础。

内容简介：该技术是通过江苏省科技厅鉴定并已获国家10项系列专利、国内拥有自主知识产权的新型塔机基础。其特点是工厂预制、现场拼装、周转使用、节约资源、减少污染。

推广范围：江苏省。2009年在镇江市使用350台次。

推广部门：江苏省建设厅。

4. 盐城市　2009年，建业集团企业技术中心顺利通过国家验收，共取得新工艺、新工法等成果17项，其中深基础混凝土下吸排水技术、悬挑式脚手架、地下层渗水潜排技术、压顶板组合悬臂支撑技术，获得国家专利。

2009年建湖县开展推广塔式起重机拼装式混凝土基础（省建设厅推广），它解决了由于地基承载力不足，在不破坏浅表持力层，达到塔式起重机安全使用，减少浪费和环境破坏，提高经济效益。

5. 南通市　(1) 技术名称：施工电梯楼层安全通道门（实用安全技术）。

内容简介：目前建筑市场上对施工电梯楼层安全通道门的搭设还没有标准的搭设方法，施工电梯楼层安全通道门搭设的效果各式各样，常规的都是采用建筑钢筋焊接而成，搭设的高度、门的开启方式、颜色都不统一。对于这种通道防护门的制作，既浪费了材料，安拆时也很浪费人工，同时更不便于重复组装，司、乘人员的安全更是得不到保证。为了能使施工电梯楼层安全通道门的搭设标准化，又能便于重复组装，同时更大程度上满足于安全性能要求，南通三建集团有限公司围绕这一课题开展QC小组活动，最终研制出了安全耐用、技术可行、易于组装、经济美观、可重复周转使用的工具式施工电梯楼层安全通道门。

推广范围：江苏南通三建集团有限公司范围内。

推广部门：江苏南通三建集团有限公司安全设备部、青岛分公司。

(2) 技术名称：斜支架搭首层安全网（实用安全技术）。

内容简介：目前建筑市场上对首层安全平网的搭设还没有标准的搭设方法，搭设的方法和效果各式各样，常规的都是采用钢丝绳、钢管及扣件搭设和拉接而成，搭设效果和美观程度往往达不到理想的要求，施工中也无法临时收起。为了能使首层安全平网的搭设标准化，同时便于临时收起，更大程度上满足于安全性能要求，公司围绕这一课题开展QC小组活动，最终研制出了安全耐用、技术可行、易于拆装、经济美观的斜支架搭首层安全网方法。

推广范围：江苏南通三建集团有限公司范围内。

推广部门：江苏南通三建集团有限公司安全设备部。

(3) 江苏南通二建集团有限公司所属东良公司自主开展安全生产条件评价。公司职能部门组织项目负责人和专职安全生产管理人员进行学习，加深对安全生产条件是安全生产管理核心内容的理解，加强对安全生产责任制重要性的认识，不断完善施工现场的安全生产条件。在组织学习、提高认识的基础上，建立有效的安全生产条件评价机制，确保安全生产条件评价工作制度化、经常化。在日常安全生产管理中以安全生产条件为依据，自觉地完善安全生产条件。子公司配备专职安全、设备管理人员，每月定期组织一次安全设备检查评比；项目部实行事故隐患报告制度，每周一将上周事故隐患以书面形式报至子公司，子公司职能部门对报上来的事故隐患进行复查，使隐患整改情况落到实处；每季度邀请当地安监部门对全体管理人员由专家进行业务辅导，并组织安全知识测验；组织项目部安全质量职能人员进行异地观摩学习，取长补短；子公司制作高处坠落、物体打击、起重及机械伤害、触电、坍塌等方面的安全教育影像教材。在施工人员进场三级安全教育中，组织大家进行观看，效果十分明显；子公司根据国家和地方有关安全生产法律、法规及标准编制了有针对性的安全生产作业指导书，要求各项目部推行使用。

(4) 江苏南通二建集团有限公司所属六公司苏州润华环球大厦项目部承建的两栋超高层建筑为目前苏州市建筑高度之最，在地下室施工阶段就接受专家组安全生产条件评价。其评价意见为：施工现场安全生产管理达到了较好的管理水平，安全生产条件符合要求。项目刚开工，项目部就认真进行策划，建立健全了安全生产责任制，形成良好运转的施工现场安全生产责任保证体系，做到“横向到边，竖向到底”落实到施工现场每一个部门，每一个人员，从而促进其他各项工作的开展；建立安全生产资金保障制度，确保施工现场安全生产所需资金能够有效投入；建立安全生产教育制度，建立农民工业余学校，对员工安全生产教育培训提出管理要求，由职能部门及责任人员组织实施；建立安全生产检查制度，项目部进行日常检查、定期检查、专项检查等多种形式的的安全生产检查，对查出的隐患，落实各项隐患整改措施，对每天作业的重大危险源进行公示；项目部根据超高层结构特点，通过市场调研从安全、经济和使用效率等多方面进行分析，决定选用 2 台内爬式塔式起重机、2 台安利马赫 ALIMAK SC 200/200 施工升降机、导轨框架式附着升降脚手架。现场使用 ST70/27(270tm)和 JL6516(160tm)内爬式塔式起重机各一台，考虑便于后续施工，塔吊基座为钢平台，钢平台下边采用 4 根格构柱深入基础下受力桩，格构柱截面尺寸为 450×450，长为 22.35 m。塔吊安装委托上海建工机械厂进行，安装前安装单位根据现场情况编制详细安装施工方案，并编制塔吊安装危险辨识与评价、安装作业安全风险控制对策，邀请同济大学专家进行论证，符合设计要求。塔吊安装完成后，项目部聘请上海住施总公司机械方面专家定期对塔机使用情况进行安全检查，确保塔机正常运行。导轨框架式附着升降脚手架该型爬架由防倾卸荷系统、防坠落系统、提升系统、电控动力系统、荷载预警系统、框架系统、架体及防护系统共八部分组成。具有部件轻巧实用，操作简单；防倾防坠传力体系各自独立，安全性好；升降速度快，用工量少等优点。该项目已通过江苏省安全文明工地验收。

通过安全生产条件评价的实践，集团上下逐步了解到安全生产条件评价的实质，全面认识安全生产条件评价极其丰富的管理内涵。许多安全生产管理职能人员通过安全生产条件评价，已深深认识到这一工作的重要性和必要性，一致认为安全生产条件评价有利于及时发现安全生产管理工作的弱点和问题，及时消除事故隐患；有利于不断改进安全生产管理方式方法，提高职能部门的安全生产管理水平；有利于应用科学管理的思想，将安全生产有关法律法规和安全生产技术规范等管理要求统一到评价规范中，将先进的管理理念运用到评价方法上，满足安全质量标准化要求，推进安全质量标准化活动的开展。

十三、2009年度江苏省建筑施工安全监管年报与死亡事故汇总

2009年江苏省建筑施工安全监管情况统计年度报表

（江苏省建筑工程管理局）

地区		房屋建筑工程						市政工程				其他工程			
		工程个数		建筑面积(万 m^2)		工程造价(亿元)		工程个数		工程造价(亿元)		工程个数		工程造价(亿元)	
		在建	已竣工	在建	已竣工	在建	已竣工	在建	已竣工	在建	已竣工	在建	已竣工	在建	已竣工
南京	市区	704.0	213.0	1 527.00	311.00	178.000	74.000	171.0	144.0	34.670	24.120				
	县(市)	821.0	655.0	1 726.00	1 306.00	143.000	79.000	116.0	64.0	33.540	7.510				
无锡	市区	1 389.0	535.0	5 463.10	1 613.20	612.500	155.600	164.0	70.0	56.800	29.000	89.0	25.0	5.80	
	县(市)	1 367.0	724.0	1 597.40	765.30	133.900	57.900	62.0	24.0	17.700	10.100	43.0	22.0	4.40	1.80
徐州	市区	473.0	225.0	1 091.40	592.00	106.790	51.700					8.0	50.0	0.87	2.94
	县(市)	259.0	151.0	391.00	144.50	49.450	12.600								
常州	市区	347.0	120.0	95.80	253.00	126.000	26.000	242.0	78.0	31.200	4.100	45.0	38.0	3.70	2.20
	县(市)	1 112.0	754.0	1 991.30	990.00	169.000	83.000	129.0	86.0	5.400	3.700	63.0	32.0	8.20	2.50
苏州	市区	1 362.0	1 271.0	2 881.00	1 975.00	688.900	519.600	305.0	202.0	109.860	30.100	64.0	52.0	9.70	7.70
	县(市)	2 697.0	2 147.0	3 350.00	2 478.00	418.300	336.400	503.0	412.0	56.500	44.600	172.0	416.0	7.20	14.30
南通	市区	291.0	18.0	289.20	20.00	82.000	2.500	98.0	32.0	18.800	2.000	60.0		0.20	
	县(市)	684.0	701.0	558.46	677.07	72.103	77.596	56.0	44.0	16.015	12.612	60.0	0.20		
连云港	市区	268.0	161.0	525.57	314.17	57.800	24.100	10.0	14.0	1.190	2.100				
	县(市)	932.0	166.0	651.68	36.62	43.310	7.300	7.0	3.0	0.280	0.700	45.0	5.0	1.75	0.75

续 表

地区		房屋建筑工程						市政工程				其他工程			
		工程个数		建筑面积(万 m^2)		工程造价(亿元)		工程个数		工程造价(亿元)		工程个数		工程造价(亿元)	
		在建	已竣工	在建	已竣工	在建	已竣工	在建	已竣工	在建	已竣工	在建	已竣工	在建	已竣工
淮安	市区	15.0	10.0	42.05	16.80	1.923	1.530								
	县(市)	98.0	56.0	103.34	46.80	18.240	12.400								
盐城	市区	211.0	235.0	291.18	296.26	37.720	37.420	20.0	37.0	1.600	2.160	2.0	34.0	0.10	0.80
	县(市)	883.0	373.0	503.38	294.69	47.740	26.910	40.0	53.0	5.330	7.050	16.0	30.0	1.03	2.02
扬州	市区	250.0	336.0	555.89	435.42	70.820	42.520	84.0	98.0	8.430	6.140	5.0	46.0	0.07	0.35
	县(市)	448.0	354.0	537.09	455.60	75.630	70.020	18.0	11.0	6.130	2.520	1.0	1.0	0.13	0.13
镇江	市区	412.0	278.0	518.00	243.51	89.200	30.130	47.0	21.0	13.530	4.300				
	县(市)	463.0	251.0	412.00	293.30	50.260	27.000	38.0	24.0	5.090	2.010				
泰州	市区	378.0	123.0	631.30	193.40	68.200	19.900	42.0	39.0	4.600	4.300	25.0	18.0	1.90	1.30
	县(市)	603.0	286.0	788.20	322.80	82.700	35.500	55.0	41.0	6.300	4.500	23.0	17.0	1.50	1.10
宿迁	市区	905.0	183.0	288.00	64.00	27.240	6.410	21.0	5.0	2.300	1.500				
	县(市)	1 578.0	769.0	495.40	306.10	48.400	24.940	17.0	25.0	2.640	3.530				
合计		18 950.0	11 095.0	27 307.7	14 434.5	3 500.1	1 842.0	2 245.0	1 527.0	437.9	208.7	721.0	786.0	46.8	37.9
全年		30 045.0		41 742.3		5 342.1		3 772.0		646.6		1 507.0		84.6	

2009年度江苏省建筑施工生产安全死亡事故情况汇总表

（江苏省建筑工程管理局质量安全技术处）

序号	发生时间	事故发生地区	工程名称	事故类型	事故部位	死亡人数	工程总包单位	企业资质	项目经理	监理单位	总监	建设单位	事故概况
1	1月1日	盐城	盐城市联鑫购物广场	高处坠落	脚手架	1	福建九建建筑工程有限公司	壹级	章巧怡	盐城市天平监理有限公司	王玉霞	国飞绿色置业有限公司	2009年1月1日，盐城市联鑫购物广场工程，现场1名工人在清理后浇带钢丝网时，不慎从3.3米高的二楼楼层内脚手架上坠落至地面，经抢救无效，死亡1人。
2	3月7日	苏州	苏州市康桥丽都(一期)19号—21号23号—25号工程	高处坠落	专用电梯	1	苏州华立建设有限公司	壹级	徐　兵	苏州市天和工程管理咨询有限公司	李安勇	苏州华恒置业有限公司	2009年3月7日，苏州市康桥丽都(一期)19号—21号、23号—25号工程在23号房外用电梯运行过程中，现场1名作业人员乘坐电梯运送材料至5层，电梯操作工在未确认通道门关闭的情况下继续运行至18楼，此时，工人发现材料运错楼层，因故返回电梯，在通道口坠落至地面，经抢救无效，死亡1人。
3	3月8日	无锡	无锡爱家金河湾工程	高处坠落	脚手架	1	江苏华江建筑工程有限公司	壹级	乐正林	无锡建苑监理公司	包建春	无锡爱家投资公司	2009年3月8日，无锡爱家金河湾工程，现场1名工人在进行外墙面砖施工过程中，不慎从外墙脚手架上坠落至地面，经抢救无效，死亡1人。
4	3月9日	扬州	扬州市金轮星城4＃楼工程	高处坠落	洞口临边	1	扬州市第四建筑安装工程有限公司	壹级	袁国云	江苏洞构项目管理有限公司	施国宏	扬州金轮房地产开发有限公司	2009年3月9日，扬州市金轮星城4＃楼工程，现场工人违规操作，荷载超重，引起悬挑料台固定点脱落，料台倾斜，1名工人由料台坠落，死亡1人。

续 表

序号	发生时间	事故发生地区	工程名称	事故类型	事故部位	死亡人数	工程总包单位	企业资质	项目经理	监理单位	总监	建设单位	事故概况
5	3月14日	南京	南京第三代通信科技有限公司大楼工程	高处坠落	洞口临边	1	南通新华建筑安装工程有限公司 深圳金粤幕墙装饰工程有限公司 南京茂华建筑安装工程有限公司	特级	周树华	江苏省经纬建设监理中心	毛　晔	南京第三代通信科技有限公司	2009年3月14日,南京第三代通信科技有限公司大楼工程,现场1名施工人员在28层屋面管道井处施工时,不慎从28层管道井坠落至1层,死亡1人。
6	4月7日	苏州	蠡墅花园天华苑一标段	高处坠落	洞口临边	1	江西省华景建设集团有限公司	壹级	曹开平	南京工大建设监理咨询有限公司	张凤平	苏州吴中城投置业有限公司	2009年4月7日,蠡墅花园天华苑一标段工程,现场1名工人在13楼飘窗拆模时,不慎从两层悬挑脚手架间空隙坠落,当场死亡。
7	4月9日	苏州	苏州金竹置业发展有限公司商业厂房	塔吊倒塌	塔吊	4	江苏华新建设工程有限公司 苏州工业园区达因起重设备安装有限公司	贰级	朱泉兴	苏州天狮建设监理公司	曹　纯	苏州金竹置业发展有限公司	2009年4月9日,苏州金竹置业发展有限公司商业厂房工程,专业施工分包单位苏州工业园区达因起重设备安装有限公司工人在塔吊拆除过程中,工人违章作业,拆除了四颗不该拆除的螺丝,致使塔臂塔帽坠落,造成现场4名拆卸人员死亡,塔吊司机重伤。

续 表

序号	发生时间	事故发生地区	工程名称	事故类型	事故部位	死亡人数	工程总包单位	企业资质	项目经理	监理单位	总监	建设单位	事故概况
8	4月17日	南通	南通天宁电器制造有限公司1号、4号、5号楼厂房工程	物体打击	塔吊	1	南通成龙建设工程有限公司	贰级	苏志军	江苏方桂圆工程项目管理有限公司	施惠德	南通天宁电器制造有限公司	2009年4月17日，南通成龙建设工程有限公司施工的南通天宁电器制造有限公司1号、4号、5号楼厂房工程，施工现场塔吊从4号楼厂房东侧吊运砖块，塔吊转至配电间东侧上空时，塔吊前臂端部主绳滑轮固定钢板焊缝断裂，吊物坠落压在一名工人身上，当场死亡1人。
9	4月26日	南京	南京市龙潭经济适用房B201—B208幢	物体打击	模板	1	金坛市建筑安装工程公司	壹级	卞洪锁	南京东方建设监理有限公司	王小青	南京栖霞建设集团有限公司	2009年4月26日，金坛市建筑安装工程公司施工的南京市龙潭经济适用房B201—B208幢工程，在B205幢南侧现场施工时，工人从四层转运模板倒五层，模板的两端分别搁置在脚手架钢管和阳台联系梁上，因不稳造成模板从四层阳台及脚手架上滑落到地面，在地面上作业的瓦工被模板击中，当场死亡1人。
10	4月27日	苏州	苏州市陆步桥浜河道整治及驳岸工程	高处坠落	墙体	1	苏州市政工程集团有限公司	壹级	邹守先	上海斯美科汇建设工程咨询有限公司	张　矿	苏州建创咨询管理有限公司	2009年4月27日，苏州市政工程集团有限公司施工的苏州市陆步桥浜河道整治及驳岸工程，现场混凝土运输车驾驶员为了抄近路，未走施工便道，私自拆除警示标志，在桥台部位往下倒混凝土，因操作不当，驾驶员连人带车翻到桥下，人被压在车下，当场死亡1人。

续 表

序号	发生时间	事故发生地区	工程名称	事故类型	事故部位	死亡人数	工程总包单位	企业资质	项目经理	监理单位	总监	建设单位	事故概况
11	4月29日	南京	南京市大华锦绣华城浦口实验小学(新址)工程	倒塌	临时设施	1	上海名华工程建筑有限公司	壹级	卞洪锁	南京东方建设监理有限公司	季卫兵	南京大华投资发展有限公司	2009年4月29日,上海名华工程建筑有限公司施工的南京市大华锦绣华城浦口实验小学(新址)工程,现场钢筋棚因拆除时未及时运走第一道棚顶钢管,集中堆放在钢筋棚顶面上,造成棚体失稳,整个架子倒塌,当场死亡1人。
12	5月5日	宿迁	宿迁市西湖公寓工程	物体打击	塔吊	1	江苏城宇建设集团有限公司	贰级	沙 磊	宿迁市建设工程监理咨询中心有限公司	刘安才	江苏城宇房地产开发有限公司	2009年5月5日,江苏城宇建设集团有限公司施工的宿迁市西湖公寓工程,施工现场塔吊在向15层吊装烟道时,当烟道已基本进入15层室内时,塔吊突然吊起,将烟道于其三分之一处折断。折断后的烟道在空中翻转数周后坠向7层正在进行外墙粉刷作业的吊蓝,砸中吊篮中一施工人员头部,当场死亡1人。
13	5月31日	徐州	徐州中能科技城16号楼工程	高处坠落	塔吊	1	徐州卓越建设工程有限公司	贰级		河南卓越监理有限公司		苏州协鑫置业公司	2009年5月31日,徐州卓越建设工程有限公司施工的徐州中能科技城16号楼工程,现场工人在安装塔吊时,发生高处坠落事故,经抢救无效后死亡,1人死亡。

续 表

序号	发生时间	事故发生地区	工程名称	事故类型	事故部位	死亡人数	工程总包单位	企业资质	项目经理	监理单位	总监	建设单位	事故概况
14	6月1日	南京	南京市德基广场二期	物体打击	洞口临边	1	北京城建集团责任有限公司 江苏中厦劳务有限公司	特级	刘春安	上海同济工程项目管理咨询有限公司	闫顺和	南京新宇房地产开发有限公司	2009年6月1日，南京市德基广场二期工程，施工现场在进行土方施工时，B1段7号出土口电动葫芦吊土斗提升至10米左右时，突然坠落，将违章走出挖土机驾驶室的司机吴春风刷伤，经急救无效死亡。
15	6月2日	南京	南京市世贸外滩新城3号楼	机械伤害	施工现场	1	上海市第一建筑有限公司	特级	俞建强	南京工大建设监理咨询有限公司	孙文建	南京市世贸外滩新城3号楼工程	2009年6月2日，上海市第一建筑有限公司施工的南京市世贸外滩新城3号楼工程，施工现场吊车进行卸钢筋作业时，其吊钩向南偏移，撞击现场翻斗车栏板的外侧，反弹到路过此处的一名工人左脸部，工人随即倒地，经抢救无效死亡。
16	6月5日	南通	南通科技创业社区一期三标段	起重伤害	塔吊	1	南通市苏中建筑劳务有限公司 南通华中城租赁有限公司	一级	李向东	南通市建筑监理有限责任公司	顾云标	南通九天房地产开发有限公司	2009年6月5日，南通市苏中建筑劳务有限公司施工的南通科技创业社区一期三标段工程，现场4号楼塔吊将一盛有扣件的料斗吊至4号楼东侧10层脚手架时，因料斗钢丝绳未解开，悬挂在10层脚手架上，此时3号楼塔吊吊起一捆约1吨重、长5米的钢筋由西向东旋转过来，在旋转过程中未观察到空中静止的料斗，横扫到4号楼塔吊钢丝绳，导致料斗摆动，摆动的料斗将正常从料斗外取扣件的工人撞击跌落至4层屋面，1人死亡。

续 表

序号	发生时间	事故发生地区	工程名称	事故类型	事故部位	死亡人数	工程总包单位	企业资质	项目经理	监理单位	总监	建设单位	事故概况
17	6月21日	苏州	苏州深国投商业中心	高处坠落	脚手架	1	江苏省第一建筑安装有限公司 深圳市嘉信装饰设计工程有限公司	特级 壹级	蒋福寿	苏州工业园区建设监理有限责任公司	王　瑞	苏州深国投商用置业有限公司	2009年6月21日，江苏省第一建筑安装有限公司施工的苏州深国投商业中心工程，现场2名工人在四层4号中庭安装栏杆玻璃时，因两人不够力气抬起玻璃，叫了同班的高方杰从上层脚手架上下来帮忙，高方杰跳下落地时踩到脚手架的防护栏杆发生滑落，坠落至一层地面，经抢救无效，1人死亡。
18	7月6日	南京	江苏移动通信业务支撑中心	高处坠落	模板	1	江苏弘盛建设工程集团有限公司	特级	吴正华	江苏建科建设监理有限公司	陈　健	江苏移动通信有限公司	2009年7月6日，江苏弘盛建设工程集团有限公司施工的江苏移动通信业务支撑中心工程，现场1名工人在支模时，不慎从作业平台坠落，被钢筋刺中腹部，经抢救无效，1人死亡。
19	7月9日	无锡	贡湖大道GH—2标工程	其他	施工道路	1	无锡市第二市政工程有限公司	贰级	陆杜阳	无锡建设监理咨询有限公司	许建伟	无锡城市重点工程建设办公室	现场沥青施工结束后，压路机在退场行驶过程中，将1名突然穿过马路的民工撞倒并碾压过去，在送往医院的过程中死亡，1人死亡。

续 表

序号	发生时间	事故发生地区	工程名称	事故类型	事故部位	死亡人数	工程总包单位	企业资质	项目经理	监理单位	总监	建设单位	事故概况
20	7月16日	张家港	张家港东海粮油12万吨油罐主体工程	物体打击	施工现场	1	江苏省工业设备安装有限公司	一级	张超余	上海同济工程项目管理公司	汤红星	张家港中粮东海仓储公司	2009年7月16日，江苏省工业设备安装有限公司施工的张家港东海粮油12万吨油罐主体工程，现场叉车操作工席运输在油罐罐区内收集杂物。当他来到5039号罐南面人孔旁时，当时该罐正在拆除内部胀圈，一名工人拆除，另一个工人在罐外监护，监护的工人告诉席运输不要进去，席坚持进去，罐内的胀圈落下后，这两名工人发现席运输倒在罐边上，头部流血，人孔边缘有血迹。后经抢救无效，于上午8:40死亡。1人死亡。
21	8月2日	常州	武进经济开发区安置小区一期小高层2—16号～2—24号楼工程	高处坠落	物料提升机	2	江苏通达建设集团有限公司	一级	黄烨辉	江苏阳湖建设项目管理有限公司	梁栖龙	常州西太湖建设发展有限公司	2009年8月2日，江苏通达建设集团有限公司施工的武进经济开发区安置小区一期小高层2—16号～2—24号楼工程，现场利用物料提升机运玻璃至8楼，同时由3人保护玻璃一同乘机上行，物料提升机运行至8楼时，底板突然脱落，2人坠落至地面，1人下坠过程中抓住一钢管，2人死亡。

续 表

序号	发生时间	事故发生地区	工程名称	事故类型	事故部位	死亡人数	工程总包单位	企业资质	项目经理	监理单位	总监	建设单位	事故概况
22	8月3日	扬州	扬州润和绿景城一期室外排水泵房工程	坍塌	基坑	1	南通麒麟建筑安装工程有限公司	一级	朱立新	高邮市广厦有限公司	沈庆邦	扬州润和房地产开发有限公司	2009年8月3日，南通麒麟建筑安装工程有限公司施工的扬州润和绿景城一期室外排水泵房工程，现场2名工人在基坑内埋设污水管道时，发生坑壁坍塌，2人胸部以下被泥土掩埋，被挖出后，其中1人无恙，另1人因年岁较大，经医院抢救无效死亡，1人死亡。
23	8月6日	南通	南通金顺凤凰城3号楼工程	高处坠落	檐口	1	江苏鲁神建筑工程有限公司	贰级	黄志超	南通科正建设咨询经理有限公司	赵宗宝	江苏金顺地产有限公司	2009年8月6日，江苏鲁神建筑工程有限公司施工的南通金顺凤凰城3号楼工程，现场工人操作搅拌机在装第二笼多孔砖时，当砖笼吊至屋面北立面檐沟上方时，砖笼坠落在护身栏杆上方，将在附近的1名木工弹至地面，经医院抢救无效死亡，1人死亡。
24	8月12日	无锡	江苏弘盛水乡苑二期B1标段工程	高处坠落	人货电梯	1	江苏弘盛建设工程集团有限公司	特级	黎晓明	无锡五洲建设工程监理责任有限公司	伍玉兵	无锡滨湖经济技术开发有限公司	2009年8月12日，江苏弘盛建设工程集团有限公司施工的江苏弘盛水乡苑二期B1标段工程，现场9号升降机东侧吊笼出现故障，在电梯检修过程中，1名工人违规乘坐吊笼，发生坠落伤害事故，经医院抢救无效死亡，1人死亡。

续 表

序号	发生时间	事故发生地区	工程名称	事故类型	事故部位	死亡人数	工程总包单位	企业资质	项目经理	监理单位	总监	建设单位	事故概况
25	8月19日	宿迁	宿迁恒力水木清华工程	高处坠落	人货电梯	1	浙江舜江建设集团有限公司	特级	金荣灿	吴江新世纪工程项目管理咨询有限公司	徐红胜	宿迁力顺置业有限公司	2009年8月19日，浙江舜江建设集团有限公司施工的宿迁恒力水木清华工程，现场1名工人从2号楼9层向下用人货电梯运输木方，升降机东侧吊笼出现故障，在到电梯楼层防护门时，工人后退搬运木方，当时电梯楼层防护门没有销上，电梯已被开走，工人从9楼电梯口摔下，当场死亡，1人死亡。
26	8月31日	镇江	丹阳市五洲塑件有限公司厂房工程	坍塌	楼面	1	丹阳市界牌建筑工程有限公司	叁级	陈卫国	丹阳市建设监理中心有限公司	张　星	丹阳市五洲塑件有限公司	2009年8月31日，丹阳市界牌建筑工程有限公司施工的丹阳市五洲塑件有限公司厂房工程，现场一层楼面板混凝土浇注结束时，1名瓦工在楼面从事表面压光作业，突然发生模板坍塌事故，该工人被埋，救援后经医院抢救无效死亡，1人死亡。
27	9月12日	盐城	盐城金悦纺织工艺有限公司前处理车间厂房	坍塌	模板	2	三无工程，个体承包					盐城金悦纺织工艺有限公司	2009年9月12日，盐城市大丰市万盈镇盐城金悦纺织工艺有限公司前处理车间厂房进行屋面混凝土浇注施工时，发生部分高支模失稳坍塌，造成2人死亡，3人受伤。

续 表

序号	发生时间	事故发生地区	工程名称	事故类型	事故部位	死亡人数	工程总包单位	企业资质	项目经理	监理单位	总监	建设单位	事故概况
28	9月13日	苏州	苏州市工业园区东湖林语住宅三期一标工程	高处坠落	电梯井	1	上海兴宇建筑安装工程有限公司	壹级	施红平	苏州工业园区建设监理有限责任公司	尉 蓝	苏州永新置地有限公司	2009年9月13日9时20分，由上海兴宇建筑安装工程有限公司承建的东湖林语三期一标住宅工程，辅助工字国荟在17号楼西单元清理电梯井隔离层上的建筑垃圾时，由于隔离层搭设不牢固以及隔离层上建筑垃圾荷载过大，辅助工字国荟在清理垃圾工程中，层间隔离失稳，字国荟随同层间隔离材料一起坠落至电梯井底部。事故发生后项目部立即组织人员进行抢救，同时拨打了120急救中心，字国荟于当天死亡，1人死亡。
29	9月19日	苏州	苏州市水利工程有限公司施工的苏州市水利工程有限公司维修车间、办公用房、附房工程	高处坠落	井架	2	苏州市水利工程有限公司	贰级	赵瑞华	苏州市水利建设监理有限公司	姚海荣	苏州市水利工程有限公司	2009年9月19日，苏州市水利工程有限公司施工的苏州市水利工程有限公司维修车间、办公用房、附房工程，现场在井架拆卸过程中，由于挖掘机驾驶员粗心大意，在旋转机械臂准备作业时，拉断东南向一股揽风绳，导致井架倾覆，造成2名作业人员高处坠落，救援后经医院抢救无效死亡，2人死亡。
30	9月28日	无锡	无锡万达广场A区工程	高处坠落	模板	1	中国建筑第二工程局有限公司	特级	谭晓斌	江苏建协建设咨询有限公司		无锡万达商业广场投资有限公司	2009年9月28日，由中国建筑第二工程局有限公司承建的无锡万达广场A区工程，现场工人在拆模作业过程中，不慎从高处坠落，经送医院抢救无效死亡，1人死亡。

续 表

序号	发生时间	事故发生地区	工程名称	事故类型	事故部位	死亡人数	工程总包单位	企业资质	项目经理	监理单位	总监	建设单位	事故概况
31	9月29日	南京	南京NO2008G24化股地块I—1工程	物体打击	塔吊	1	江苏国安建筑安装工程有限公司	壹级	胡国存	南京苏宁建设监理有限公司	汪华东	南京金羚房地产开发有限公司	2009年9月29日，江苏国安建筑安装工程有限公司施工的南京NO2008G24化股地块I—1工程，现场塔吊在吊钢筋到操作棚时，就在钢筋捆放下时，一头的木方因受到重压后突然断裂，翘起的木方头正好击中一名工人的颈部，救援后经医院抢救无效死亡，1人死亡。
32	10月3日	盐城	盐城汽贸城零配件中心工程	物体打击	混凝土泵车	2	盐城市中联建筑工程有限公司	叁级	秦正亮	盐城亨达监理咨询有限公司	许　琴	江苏中联置业有限公司	2009年10月3日，盐城市中联建筑工程有限公司施工的盐城汽贸城零配件中心工程，现场混凝土泵车在浇筑B—3二层混凝土时，伸臂输送混凝土过程中，泵车左前支墩垫块处置不当，支撑失稳，泵车倾覆，致使泵车泵管打击到两名正在混凝土浇注作业的工人，救援后经医院抢救无效死亡，2人死亡。
33	10月6日	常州	常州市体育馆维修改造工程	高处坠落	脚手架	1	浙江精工钢结构有限公司	壹级	陈水祥	江苏东方建设项目管理咨询有限公司	罗　奇	常州市体育局	2009年10月6日，由浙江精工钢结构有限公司承建的常州市体育馆维修改造工程，现场在进行脚手板铺设作业时，一名工人踩得铝塑板发生脱落，造成工人坠落，1人死亡。

续 表

序号	发生时间	事故发生地区	工程名称	事故类型	事故部位	死亡人数	工程总包单位	企业资质	项目经理	监理单位	总监	建设单位	事故概况
34	10月7日	南京	南京青少年科技活动中心二期外幕墙工程	其他	其他	1	和兴玻璃铝业(上海)有限公司	壹级	朱树根	南京苏宁建设监理有限公司	陶志新	南京国资投资置业有限公司	2009年10月7日,由和兴玻璃铝业(上海)有限公司承建的南京青少年科技活动中心二期外幕墙工程,现场一名工人在4楼强弱电室将偏离电缆预留洞口的电缆头部重新放入洞内,5分钟后,电梯司机发现该名工人躺在4楼强弱电室内,经送医院抢救无效死亡,1人死亡。
35	10月16日	南京	南京下关区新百化工原料仓库经济适用房地块工程	触电	外电防护架	1	南京建工集团有限公司	特级	姚渊松	南京峪峰建设工程项目管理有限公司	丁国强	南京易发房地产开发有限公司	2009年10月16日,南京建工集团有限公司施工的南京下关区新百化工原料仓库经济适用房地块工程,现场工人进行高压线外电防护架拆除作业,在张挂防止绑扎钢丝掉落的安全平网时,不慎触电,经抢救无效后死亡,1人死亡。
36	10月19日	南京	南京北外滩水城七街区9号楼工程	高处坠落	二楼楼面	1	南通四建集团有限公司	特级	曹锦森	徐州诚信建设监理有限公司	张 辉	南京浦东房地产开发有限公司	2009年10月19日,南通四建集团有限公司施工的南京北外滩水城七街区9号楼工程,现场工人在9号楼地坪施工清理过程中,从二楼窗外坠落至一楼,工人头部受伤,经送医院抢救无效后死亡,1人死亡。

续 表

序号	发生时间	事故发生地区	工程名称	事故类型	事故部位	死亡人数	工程总包单位	企业资质	项目经理	监理单位	总监	建设单位	事故概况
37	10月28日	徐州	徐州市天成国贸中心二期	起重伤害	卸货车	1	浙江海滨建设集团有限公司	特级	陈水荣	矿大监理咨询公司		天成房地产开发有限公司	2009年10月28日，浙江海滨建设集团有限公司施工的徐州市天成国贸中心二期工程，现场工人从汽车往下卸钢材，当塔吊吊起钢材一头准备放木杠时，钢绳发生滑落，砸中正在下方作业的一名工人，经送医院抢救无效后死亡，1人死亡。
38	11月1日	南京	南京百家湖东花园9号、10号、11号楼	高处坠落	电梯井	2	江苏省苏中建设集团股份有限公司 南通市万泰建筑劳务有限公司	特级	张玉洪	南京普兰宁建设工程咨询有限公司	宗西萍	南京百家湖房地产开发有限公司	2009年11月1日，江苏省苏中建设集团股份有限公司施工的南京百家湖东花园9号、10号、11号楼工程，现场工人在进行9号楼电梯井道顶板凿除工程施工过程中，2名工人在31层井道内的防护层上清理混凝土碎块时，因荷载过重致使电梯井内防护平台连同2名工人一起从31层坠落至地下室底部，2人死亡。
39	11月14日	无锡	无锡蠡湖人家三期4号社区服务用房工程	坍塌	脚手架	1	南通五建建设工程有限公司 泉州市茂盛装饰发展有限公司	特级	张海堂 王清辉	无锡市湖滨建设监理咨询有限公司	杨春燕	无锡市滨湖区蠡湖街道办事处	2009年11月14日，南通五建建设工程有限公司施工的无锡蠡湖人家三期4号社区服务用房工程，现场在进行外墙石材干挂作业时，专业施工分包单位泉州市茂盛装饰发展有限公司的施工人员在脚手架上堆放的石材严重超出其允许承载重量，且在石材装饰过程中违规操作将脚手架与建筑物的连接拉管擅自拆除，导致脚手架失稳而坍塌，1人死亡。

续 表

序号	发生时间	事故发生地区	工程名称	事故类型	事故部位	死亡人数	工程总包单位	企业资质	项目经理	监理单位	总监	建设单位	事故概况
40	11月21日	镇江	南京财经大学桥头校区风雨操场工程	高处坠落	脚手架	1	南京海外建筑工程有限公司	壹级	花雨青	江苏金丰华工程监理咨询有限公司	周小强	南京财经大学	2009年11月21日，南京海外建筑工程有限公司施工的南京财经大学桥头校区风雨操场工程，现场在进行室内体育馆施工过程中，发生一起高处坠落死亡事故，1人死亡。
41	11月22日	苏州	苏州苏浒路污水管北穿铁路后接虎阜北路工程	中毒	窨井	1	苏州市新昌建筑市政工程公司	贰级	缪明初	苏州市润达工程监理有限公司	方惠勤	苏州水务投资发展有限公司	2009年11月22日，苏州市新昌建筑市政工程公司施工的苏州苏浒路污水管北穿铁路后接虎阜北路工程，现场在进行拆除管道窨井内封堵作业时，现场1名工人下井作业，在封堵拆除过程中，封堵开小孔后有硫化氢气体溢出，因现场缺乏救援器材，井上人员措手不及，未能及时向井下工人施救，导致中毒死亡，1人死亡。
42	12月5日	无锡	江苏宜兴国家粮食储备库分库工程	坍塌	墙体	3	宜兴市阳泉拆房工程有限公司	叁级	袁世军	无	无	江苏宜兴国家粮食储备库分库	2009年12月5日，宜兴市阳泉拆房工程有限公司施工的江苏宜兴国家粮食储备库分库，现场工人在拆除配电间的过程中，一堵墙体突然倒塌，将7名正在清理砖块的作业人员压砸，现场人员立即施救，2人当场死亡，5人受伤被送往医院救治，其中1人因抢救无效死亡，共有3人死亡，4人受伤。

续 表

序号	发生时间	事故发生地区	工程名称	事故类型	事故部位	死亡人数	工程总包单位	企业资质	项目经理	监理单位	总监	建设单位	事故概况
43	12月5日	南京	南京市浦口区中心医院易地新建病房医技楼	高处坠落	临时设施	1	江苏中兴建设有限公司南京金中建幕墙装饰有限公司	壹级	严传忠崔开富	南京工大监理有限公司	刘建成	浦口区医院建设工程指挥部	2009年12月5日，江苏中兴建设有限公司总包，南京金中建幕墙装饰有限公司施工的南京市浦口区中心医院易地新建病房医技楼工程，现场工人在使用临时设施（木梯）传递材料的过程中，木梯底部发生滑移，工人坠落时头部与附近设施碰撞，头部受损，抢救无效死亡，共有1人死亡。
44	12月5日	常州	常州正方京城3号房工程	高处坠落	洞口临边	1	南通建筑工程总承包有限公司	特级	孙园林	浙江江南工程管理股份有限公司	李根海	常州正方置业有限公司	2009年12月5日，南通建筑工程总承包有限公司施工的常州正方京城3号房工程，现场工人在主体通风井内粉刷，操作架连接扣件破裂，架子脱落致使作业人员坠落，经抢救无效死亡，共有1人死亡。
45	12月6日	南京	鼓楼高新科技产业园拆迁安置房项目江东新村公寓03幢、社区管理用房工程	高处坠落	电梯井	1	中国航空港建设总公司	特级	吴惠铮	江苏建科建设监理有限公司	龚艳良	南京科建房地产开发有限公司	2009年12月6日，中国航空港建设总公司施工的鼓楼高新科技产业园拆迁安置房项目江东新村公寓03幢、社区管理用房工程，现场工人在拆除24层电梯井内水平隔离防护的过程中，不慎从井道内坠落至24层，当场死亡，共有1人死亡。

续 表

序号	发生时间	事故发生地区	工程名称	事故类型	事故部位	死亡人数	工程总包单位	企业资质	项目经理	监理单位	总监	建设单位	事故概况
46	12月7日	苏州	苏州市张家港长源热电五期工程输煤系统栈桥钢结构工程	高处坠落	钢桁架	1	江苏明福钢结构有限公司	壹级	袁世军	张家港市金界建设项目管理公司	丁卫华	张家港保税区长源热电有限公司	2009年12月7日，江苏明福钢结构有限公司施工的苏州市张家港长源热电五期工程输煤系统栈桥钢结构工程，现场质量员到现场进行输煤栈桥最后一节钢桁架安装前的检查，由于天黑无照明，从18米处楼梯平台意外坠落，当场死亡，1人死亡。
47	12月13日	常州	常州九洲新世界11号楼工程	高处坠落	塔吊	1	常州市龙腾机械化施工有限公司	壹级	季春龙	江苏阳湖建设项目管理有限公司	许　峰	常州九洲福宏房地产开发有限公司	2009年12月13日，常州市龙腾机械化施工有限公司施工的常州九洲新世界11号楼工程，现场工人在现场塔式起重机顶升过程中，由于塔吊引进轨道挡块失效，起重晃动一工人坠落，经抢救无效死亡，1人死亡。
48	12月14日	苏州	苏州传化物流营运中心一期项目货运配载B区、零担1号～13号楼、汽车维修保养及配电间工程	高处坠落	楼梯	1	江苏原野建筑安装工程有限公司	壹级	徐海俊	上海华铁工程咨询有限公司	徐瑞鑫	苏州传化物流基地有限公司	2009年12月14日，江苏原野建筑安装工程有限公司施工的苏州传化物流营运中心一期项目货运配载B区、零担1号～13号楼、汽车维修保养及配电间工程，现场工人在二楼作业时，现场拆除了楼梯施工段的临边防护栏杆，且未在楼梯间设置照明设施，致使工人从楼梯段坠落，1人死亡。

续 表

序号	发生时间	事故发生地区	工程名称	事故类型	事故部位	死亡人数	工程总包单位	企业资质	项目经理	监理单位	总监	建设单位	事故概况
49	12月16日	盐城	盐城华东（盐城）农产品交易中心蔬菜大棚	坍塌	整体门式钢架	4	江苏建兴建工集团有限公司	壹级	顾云海	无	无	盐城市金地带农贸商城开发公司	2009年12月16日下午2时10分左右，江苏建兴建工集团有限公司施工的盐城市亭湖区南洋经济区华东（盐城）农产品交易中心蔬菜大棚工程，在进行钢结构安装的过程中，因施工人员违反施工操作规程而造成整体结构失稳倒塌发生倒塌事故，导致2人当场死亡2人经抢救无效死亡，9人受伤。
50	12月30日	南通	南通通达路商业街工程	高处坠落	洞口临边	1	南通市通盛建筑安装工程有限公司	壹级	俞志卫	海门市星宇建设工程监理有限公司	汤明仪	聚融（海门）商务城有限公司	2009年12月30日，南通市通盛建筑安装工程有限公司施工的南通通达路商业街工程一期E幢4楼抽拾1.6×0.6×0.12楼板用的绳子时，1名工人不慎从洞口跌落至底层，经抢救无效后死亡，1人死亡。
全年共计死亡63人													

2009 年江苏建筑施工一次死亡 3 人以上事故案例

1. 2009 年 4 月 9 日 14 时左右，苏州工业园区达因起重设备安装有限公司（项目经理：朱泉兴）5 名工人，在江苏华新建设工程有限公司（施工总承包二级，法人代表：戈雪华）承建、苏州天狮建设监理公司（总监：曹纯）监理的苏州金竹置业发展有限公司金枫国际工地，进行塔吊（QTZ40C 型）拆卸作业过程中，工人违章作业，拆除了四颗不该拆除的螺丝，致使塔帽和塔臂坠落，塔吊失稳，造成现场 3 名作业人员当场死亡，2 名伤者送往医院抢救治疗，其中 1 人经抢救无效死亡，塔吊司机重伤。

2. 2009 年 12 月 5 日，宜兴市阳泉拆房工程有限公司（项目经理：袁世军）施工的由江苏宜兴国家粮食储备库分库投资建设的江苏宜兴国家粮食储备库分库项目，现场工人在拆除配电间的过程中，一堵墙体突然倒塌，将 7 名正在清理砖块的作业人员压砸，现场人员立即施救，2 人当场死亡，5 人受伤被送往医院救治，其中 1 人因抢救无效死亡，共有 3 人死亡，4 人受伤。

3. 2009 年 12 月 16 日下午 2 时 10 分左右，盐城市亭湖区南洋经济区华东（盐城）农产品交易中心蔬菜大棚工程，在进行钢结构安装的过程中，因施工人员违反施工操作规程而造成整体结构失稳发生倒塌事故，导致 2 人当场死亡，2 人经抢救无效死亡，9 人受伤。该工程建设单位为盐城市金地带农贸商城开发公司，由江苏建兴建工集团有限公司承建，项目经理是顾云海。该工程违反基本建设程序，未办理施工许可证、质量安全监督手续。

十四、2009 年度江苏省各市建筑安全工作总结报告

2009 年南京市建筑安全生产工作总结

南京市建筑工程局

（2009 年 12 月）

2009 年是深入贯彻落实党中央、国务院关于扩大内需促进经济增长十项措施的关键年，也是安全生产年。在省建管局的有力指导下，我局全力以赴推进“保增长、促转型”工作，积极推动安全生产监管创新，大力加强施工现场监管，通过不懈努力，全面完成了年度各项工作目标。

一、以强化责任落实、创新监管方式为手段，努力保持安全生产形势稳定

（一）细化目标管理，强化安全生产认识。

年初，我局按照中央、地方各级政府对安全生产工作的要求，总结、分析去年安全生产工作的经验，借鉴其他地区安全生产工作的做法，制定了《南京建筑业 2009 年安全生产管理实施意见》，明确工作要点，突出工作重点，细化工作指标，把行业年度安全生产工作系统化、指标化，形成“目标一致，行动统一，扎实推进，稳步提高”的工作格局。

（二）落实层级责任，夯实安全生产基础。

在全市建筑业工作会议上，与各施工企业、驻宁办事处负责同志签订了《安全生产文明施工责任书》，并进一步完善责任考评和追究机制，凡是安全生产责任落实不到位的企业和项目不得参与评优，凡是发生生产安全事故的企业和项目要进行问责，形成坚实的安全生产管理网络和责任体系。

（三）坚持多措并举，完善安全管理手段。

一是完善安全生产预警提示机制。总结以往双休日事故易发的特点，在周末通过短信平台对全市各施工企业、现场发送安全生产预警提示，并根据天气状况、工程管理季节特点，就安全生产总体形势等内容及时发送预警提示，提出措施要求，使企业、项目部高度关注和重视安全生产工作，全年共发出短信 65 956 条。二是提高月度安全生产工作例会实效。在继承去年例会成功经验的基础上，今年进一步加强研究不断完善，把会议与解决施工现场安全隐患有机结合起来。针对区县工程量迅速增加的情况，要求区县安监机构负责同志对上月度区域内安全生产监管情况在例会上进行通报点评，增强区县安全生产监管部门的责任意识，推动全市监管水平同步整体提升。三是加大行政处罚力度。针对施工企业法制意识弱、执行力度差、易导致事故发生的状况，我们按照“关口前移，重心下移”的要求，紧紧抓住法律、法规、规范、标准的落实，对检查中发现的问题和隐患，除责令相关单位限期整改之外，还对其实施行政处罚。

（四）继续解放思想，创新安全监管方式。

一是实施安全生产文明施工红黄牌警示制度。经过半年时间的准备，我局和市建委、市政、园林等部门联合出台了《关于进一步加强我市建设工程安全生产与文明施工长效管理的若干意见》，制定了安全生产与文明施工违法违规

行为红、黄牌警示制度，确定了11种可亮黄牌的行为，4种可亮红牌的行为。对被亮黄牌的企业，20天全市限制投标，对被亮红牌的企业，40至60天全市限制投标，并先后对在国庆节前夕专项检查中现场管理差的3家企业亮了黄牌，对4家在10月份发生死亡事故的单位进行了红牌警示，在市招投标信息网站进行了公告，对各建筑企业触动很大。二是组织安全隐患问责。为使隐患排查治理制度化、常态化、责任化，于4月14日上午首次召开了安全隐患问责会，4个存在隐患较多工程的项目经理及其公司负责人到会接受问责。本次安全隐患问责是在去年开展大规模事故问责的基础上，我站推出的又一创新措施，旨在推动安全生产监管机制从事后处理向事前预防转变，帮助企业真正建立安全生产管理长效机制。三是开展安全生产联合执法。8月10日至8月14日，我站联合市安监局监察支队组成6个小组，对主城区81个在建工程进行了检查，检查期间，共签发隐患整改通知单42份，停工整改通知单3份。通过联合执法，形成了多部门、多层次协作配合、齐抓共管的整体合力，有效的促进了建筑安全生产监管工作。

（五）突出工作重点，破解安全生产难题。

一是加强建筑施工起重机械设备管理。针对近年来起重机械设备重大事故频发的情况，我局组织召开了专题会议，通报了去年机械设备检测情况，对设备管理、检测中存在的问题进行讲评，对近年来南京地区和省内外机械设备事故进行了分析，并下发了《关于开展09年建筑施工起重机械专项整治的通知》和《关于进一步加强建筑施工起重机械设备安全管理的通知》等文件，全面开展了建筑施工起重机械设备专项整治，严格执行相关法律法规、标准规范和国家、省、市有关要求，建立建筑施工起重机械设备安全管理的长效机制，坚决杜绝"三违"现象，确保各环节管理的有序、受控、安全。此外，我局还积极探索新的管理方法，根据部、省有关文件要求，着手开展了建筑起重机械设备产权登记工作，要求符合备案登记条件的设备，及时办理产权备案登记手续，今年以来城区共办理产权备案登记1 059个。同时建筑起重机械设备使用登记备案工作也稳步推进，全年共办理机械设备使用登记备案1 283项，注销备案695项。二是加强重大危险源管理。首先是建立了重大危险源报告制度。要求施工企业如实上报拟建工程的重大危险源，并制定拟建工程重大危险源的安全管理办法、监控措施和应急预案。其次是规范了施工现场重大危险源公示牌。要求各工程项目部在施工现场醒目位置挂设"施工现场重大危险源公示牌"，对施工中不同阶段、不同时段的重大危险源进行公示。再次是强化了危险性较大的分部分项工程的专家论证和验收制度。根据住房与城乡建设部《关于印发〈危险性较大的分部分项工程安全管理办法〉的通知(建质[2009]87号)文件精神，结合我市实际，出台了《南京市建筑工程危险性较大的分部分项工程安全技术管理实施意见》，提高对建筑安全生产工作技术保障的要求，进一步规范和加强对危险性较大的分部分项工程的安全管理。三是积极开展安全生产专项治理。重点抓好了特殊工程、特殊结构、机械设备、深基坑、脚手架、高支模等专项施工的防控，对近年来发生事故的企业和项目部实行重点监控，突出对三类人员和特殊工种持证上岗的检查，最大限度减少了伤亡事故的发生。今年以来，我局共组织检查工程2 890项次，建筑面积6 971万平方米，组织了春节后复工、"五一"假期、"安全生产月"和国庆节前等4次安全生产集中检查，共查出隐患15 709条，发出隐患整改通知书370份，施工暂停通知书103份，整改率98%。

二、以服务施工企业、确保工程工期为目标，切实加强重点工程安全监督

（一）援川工程安全生产监管工作取得新成绩。

截止2009年11月底，监督组共受理江苏省本级及南京市援建新建和加固修复房屋建筑项目28项，累计建筑面积63.3万平方米，其

中,市政工程15项,路桥长度累计达24.9千米。受理绵竹市城镇受损房屋加固工程770幢,累计建筑面积211万平方米,涉及居民1.9万余户。质量安全监督组5名安全监督人员,突出工作重点和要点,以纪律严明、监督严格、服务高效、廉洁自律的工作作风,出色地完成各项援川工程安全监督阶段性工作任务,确保我市援建工程未发生生产安全事故,监督的省、市援建项目中已有12个项目(含2个市政工程,房建工程累计建筑面积12.07万平方米)顺利交付使用。17个项目通过"江苏省级文明工地"评比、3个项目通过"四川省文明工地"评比、19个项目被评为"南京市市级文明工地"、6个监理项目部通过"江苏省示范监理项目部"评比。

(二)长江隧道、地铁工程安全生产监管工作迈上新台阶。

地铁、长江隧道工程是社会各界关注的重点工程,今年,我局进一步加大了监管力度。一是地铁工程监督方面。全年对南京地铁一号线南延线、二号线、二和二号线东沿线工程(101个工程标段,其中土建58标、安装12标、装饰21标、信号通信弱电等10标)的施工现场进行了安全检查共375余次,提出要求或整改意见2 650条,发出隐患整改通知书20份,暂停通知书12份,验收标准化施工现场21个,申报市级文明工地19个,申报省级文明工地10个。5月份,积极配合省、市有关部门及南京地下铁道有限公司顺利完成了住房与城乡建设部对在建城市轨道交通工程安全生产工作的检查任务。在6月份的安全生产月活动中,与地铁公司组织开展了联合检查,并将检查结果进行了集中通报并传达到各施工企业总公司,在抓整改、促安全方面取得了良好的效果。二是长江隧道监督方面。全年对长江隧道工程检查40余次,提出要求或整改意见约350条,发出监督记录37份,整改通知书3份。所有标段都通过了市级及以上文明工地的验收。目前长江隧道工程隧道段左右线已顺利贯通,正进入安装南北风塔的施工阶段,大桥段也已顺利通过了验收。

三、以提高综合素质、加大宣传力度为关键,不断提高从业人员安全技能

(一)加大行业培训力度

继续开展"三类人员"考核培训工作。克服时间紧、任务重、人手少等不利条件,制定工作方案,细化工作措施,提高工作效率,举办了6期培训班,顺利完成了B、C类人员考核工作。此外,还全面推进"三类人员"继续教育工作。

(二)开展安全宣教活动

一是开展主题宣传活动。围绕"关爱生命,安全发展"的主题,积极开展"安全生产月"活动,6月14日和18日分别在白马公园广场、江苏建设大厦广场开展了安全生产知识和法律法规的宣传咨询活动,通过展板资料宣传和耐心解答疑问,使市民对建筑安全生产工作有了更新的认识。另外,还以"五大伤害"事故介绍为主要内容,制作成案例宣传展板,在各施工现场巡展,并向工地发放了我局编写的《南京市建筑业农民工学校安全教育培训教材》千余本。二是开展教育培训系列活动。为确保夏季高温施工安全生产形势平稳,我局从预防重特大生产安全事故入手,组织监督业务人员对所辖工地开展安全教育培训活动,举办了多期专题讲座,结合近年来我市建筑施工生产安全事故典型案例,认真讲解了安全生产法律法规和夏季高温施工管理要点,帮助施工现场提高管理水平。

(三)组织文明施工观摩活动

为进一步提升我市建筑工程施工现场安全文明施工水平,切实治理扬尘污染,于11月10日组织全市建筑企业安全管理人员和项目经理120余人在八一医院门诊病房工地召开安全生产文明施工现场会。会上,工程建设单位、施工单位和监理单位在会上介绍了现场文明施工管理的做法和经验,通过参观学习,达到了"在学习中提高,在竞争中提高"的目的。

四、以创建文明工地、建立长效机制为核心,努力提升建筑工地形象

我局坚持围绕行业从业人员的文明施工行

为、工程文明管理制度体系和现场文明管理标准模式等方面深入调查研究，制定措施，引导施工企业和工程项目部建立文明施工长效管理机制，落实建筑工地扬尘治理各方责任，促进文明城市长效管理。

（一）开展环境整治，提高现场文明程度。

以推广安全质量标准化活动为契机，大力开展施工现场环境整治，切实落实施工现场扬尘治理各方责任，施工现场面貌持续好转。目前，全市大部分工地实行了围挡封闭施工，主要出入口设置了“五牌一图”，安装了对开式或者推拉式大门，并在大门口设置了车辆冲洗台，建筑物立面都使用绿色密目式安全网进行遮护封闭，总体上达到了“密闭、整齐、少污染”的标准，不少建筑施工现场的优良环境已经成为城市管理的亮点。截止11月底，全市共创建市级文明工地396个，省级文明工地131个。

（二）巩固创建成果，初步建立长效机制。

在推进文明施工整治过程中，各建筑施工企业采取大力度、多层次的集中整改方式，使现场管理状况明显改观，为了巩固创建成果，深化创建工作，我们在全市逐步探索推动文明施工长效管理机制的建立。目前已经初步形成了责任分解、措施落实、社会监督等制度组成的管理机制，其中在责任分解方面，把文明施工管理的责任落实到工程，落实到班组，落实到人，夯实责任基础。在措施落实方面，突出宿舍、环境卫生等重点，狠抓围挡、冲洗设施达标验收等措施，做到严格检查、整改、验收。在社会监督方面，不仅设置了24小时投拆电话，还不定期组织多方面座谈会，听取文明施工管理存在的问题，持续改进管理工作。此外，还与市城市管理考核办公室建立网络平台，及时跟踪、督促整改施工现场文明施工存在的问题。

回顾2009年工作，虽然取得了一些成绩，但与部门职能要求和领导期望相比，还存在不足和差距，主要表现在三方面：

1. 建筑安全生产形势依然严峻　在我市建筑业高速增长的背景下，建筑安全生产形势仍然不容乐观，安全生产责任和措施不落实的问题在一些地方和企业还存在，一些安全生产设施设备陈旧落后、从业人员安全技能和意识较低等问题尚未得到根本解决。

2. 重点环节管理力度有待进一步加大　企业技术保障能力和管理力度不够，表现在对危险性较大的分部分项工程专项方案的编制、审批流于形式，对高支模、深基坑等重大危险源和起重机械设备、洞口临边防护等重点环节的监控仍然有欠缺，相关管理措施执行不到位。

3. 文明施工长效管理机制有待进一步完善　一是部分企业对文明施工重视程度不够，责任制度、措施落实和基本投入不到位，文明工地创建积极主动性不够。二是少数施工现场依然存在着围挡不符合要求、夜间施工噪声扰民、施工车辆未净车上路、工地扬尘污染和场容场貌差等突出问题，成为市民投诉的重点，与文明城市的标准要求尚有差距。

2009年南京市市政基础设施工程安全生产工作总结

南京市市政公用工程质量安全监督站

（2009年12月）

2009年是全国“安全生产年”，也是南京将加快建设作为拉动内需主旋律的“投资促进年”和“项目推动年”。南京市市政公用工程质量安全监督站（以下简称市政监督站）认真贯彻国家、省、市有关安全工作要求，以“安全生产年”活动为主线，深入开展安全生产执法、安全生产治理、安全生产宣传教育“三项行动”，切实加强安全生产法制体制机制、安全生产能力、安全生产监管队伍“三项建设”，不断促进市政基础设施工程安全生产形势好转。截止2009年12月30日，我站共监督工程379项，造价约87.89亿元，66个工程项目通过了市级文明工地现场考核，11 个项目被评为上半年省级文明工地，共巡查 2 370 次、下发整改通知书 415 份、下发停工通知书 58 份、行政处罚 170 起、约 250 次。全年安全监管的主要工作是：

一、制定安全生产工作意见，落实安全管理责任

年初，围绕全年安全工作要求，制定了《2009 年市政基础设施工程安全生产工作意见》，明确了指导思想和工作目标，明确了工作思路：以全面贯彻《建筑法》和《安全生产法》为基础，以贯彻《建设工程安全生产管理条例》为工作指南，以贯彻《建筑工程安全生产监督管理工作导则》为工作要求，实施《开展建筑工程安全质量标准化指导意见》为手段，扎实开展市政基础设施工程安全生产"三项行动"，落实市政基础设施工程标准化现场管理工作要求，有效开展安全监督工作，确保全市市政基础设施建设安全生产和文明施工全面受控。

结合我市市政工程实际，相继推动出台了《关于加强市政基础设施工程现场安全生产条件和事故应急救援预案管理的通知》、《南京市市政基础设施工程施工现场旁站监理与监理见证管理暂行规定》、《南京市市政基础设施工程现场施工从业人员配备与管理暂行规定》和《关于进一步加强我市建设工程安全生产与文明施工长效管理的若干意见》等规范性文件，以文明城市标准为要求，建立红黄牌制度，进一步强化了建设、监理、施工单位安全保证体系责任建设，实施工程安全生产文明施工长效管理。

二、加强组织宣贯，部署和落实安全生产工作任务

3 月份以市政府名义召开了主题为"服务城乡统筹发展，构建全市监管体系，加快推进城乡市政基础设施工程一体化监管进程"的全年监管工作会议，4 月初，又相继组织召开了全行业的一季度安全生产形势分析会以及安全文明施工动员大会，要求全行业必须强化责任建设、推动责任行动，以巩固文明城市创建成果，践行工地平安文明责任。

在上半年安全生产形势分析会上，对全市在建市政工程参建各方组织讲座，宣贯住建部《危险性较大的分部分项工程安全管理办法》，进一步提升工程参建各方安全意识，并按照《南京市建设工程安全专项施工方案论证专家库管理暂行办法》的相关要求，组织建立南京市建设工程安全专项施工方案论证专家库，其中涵盖深基坑、模板工程及支撑体系、顶管工程、脚手架工程及起重吊装工程等专业。

6 月份制定了《2009 年南京市市政基础设施工程"安全生产月"活动实施方案》，组织开展了主题为"关爱生命、安全发展"的"安全生产月"活动。结合"安全咨询日"，组织三家意外伤害保险共保单位开展了"送安全、送保险、送健康"进工地活动，给民工发放有关安全知识宣传资料和夏季防暑降温用品，并和民工代表进行面对面的座谈交流。

结合深入开展学习实践科学发展观活动，在江北区域、主城区域、江宁区域组织开展了监督工作开门点评活动，公开监督工作内容和相应责任，宣贯有关法律法规标准规范要求，使监管服务工作不断透明化、公开化。结合行业特点，我站组织编制了 2009 年"三类人员"继续教育教材，不断强化"三类人员"继续教育；制定了 2009 版《市政基础设施工程施工现场安全管理资料》，不断促进施工现场安全管理行为规范。

三、深入推进"三项行动"，不断规范参建各方安全生产行为

根据省建管局《关于开展全省建筑安全生产"三项行动"实施方案的通知》和市安委会《关于进一步推进安全生产"三项行动"的通知》要求，我站制定了《关于开展市政基础设施工程安全生产"三项行动"的通知》，严格贯彻有关"三项行动"文件要求，重点加强工程安全开工条件审查和动态监管，加强民工安全培训教育和监理见证监督情况，加强工程生产安全事故应急救援预案制定和演练监督工作；认真贯彻住建部《危险性较大的分部分项工程安全管理办

法》,对达到一定规模的危险性较大的分部分项工程,严格执行施工进度和安全状况周报制度,强化对重大危险源登记建档、定期检测、评估、监控、公示等情况的管理。

结合安全隐患排查治理和执法工作要求,6月中旬,对2004年以来全市已建成的57座桥梁开展桥面系外观和防护设施水平推力的专项执法检查,彻底排查安全隐患并限期整改,保障公共利益、公共安全。6月下旬参加我市市政工程的质量监督执法检查,在检查工程质量的同时,对工地安全生产及文明施工情况也进行了抽查,针对起重机械尤其是门式吊机检测登记工作不到位等主要问题,要求相关单位立即整改,并开展全市市政工程起重机械检测登记工作专项执法行动,以保证起重机械施工安全。

为切实抓好基坑、沟槽施工安全工作,遏制基坑、沟槽坍塌事故的发生,7月开展了在建市政基础设施工程基坑、沟槽施工质量安全专项检查。从总体检查情况看,大多数工程项目参建单位重视基坑、沟槽安全施工工作,现场基坑、沟槽施工安全保证措施能落实到位。同时针对检查中发现的问题与隐患,检查人员共发出《建设工程整改通知书》9份,《建设工程局部暂(停)工通知书》2份。

为确保国庆节前后工程安全施工,我站制定了《关于开展全市市政基础设施工程安全生产督查的实施方案》,以企业自查与监督分站巡查相结合、全面检查与突出重点相结合、督促检查与推动整改相结合,通过开展随机巡查、专项检查和重点检查等形式多样的检查活动,强化督查督办,督促和推动施工现场落实整改责任,确保隐患和问题及时整改到位。同时,参加由市建委牵头的四部门联合安全大检查,进一步加强监管,排查隐患,保证在建工程安全生产文明施工。

四、落实文明城市创建标准,实施长效管理

积极推广《南京市市政基础设施工程现场警示围护标准图集》,明确了市政基础设施工程建设、城市道路挖掘、城市市政设施维修养护工程自2009年6月10日起执行《南京市市政基础设施工程现场警示围护标准图集》要求,推广使用警示亮化围挡、警示护栏、警示带;要求各市政基础设施工程施工企业对现场管理提档升级,巩固现有围挡设置成果,优化、深化围挡警示亮化和移动式围挡标准,全市工程实施分类围挡。

严格贯彻《关于进一步加强我市建设工程安全生产与文明施工长效管理的若干意见》文件要求,以对照文明城市创建标准,严格落实"四有两不"、"三清一保"要求,执行红黄牌制度,要求施工单位及时办理建设工地围挡冲洗设施管理达标证明,对存在问题的工地现场每周予以曝光,对问题严重的企业与市场监管措施挂钩,对企业和个人限制市场准入。

全年全市市政工程安全生产状况总体受控,未发生死亡以上等级生产安全事故。在充分肯定成绩的同时,我们仍清醒的看到,工程安全生产状况不容乐观,主要反映在工程安全生产和现场管理中仍存在不少问题和隐患,如不有效控制,势必造成重特大安全事故的发生。结合安全生产"三项行动"开展和日常监管情况,全市市政基础设施工程中主要存在以下问题:

1. 基本建设程序执行不到位。部分市政工程开工时缺乏用地规划手续,未及时进行设计文件审查,未办理规划、施工许可证。

2. 程序性工作执行不到位。主要反映在:

(1) 安全开工条件审查工作执行不到位;

(2) 硬件设施达标证明办理工作执行不到位;

(3) 起重机械设备使用登记工作执行不到位;

(4) 安全专项施工方案、重大危险源应急预案、生产安全事故应急救援预案编制不详实,审批不规范,交底不同步,针对性不强。

3. 现场安全措施落实不到位。主要反映在：

(1) 沟槽工程坑边荷载堆放不规范、安全边坡设置不到位、槽壁支撑不到位等；

(2) 临时用电采用 TN—S 系统情况不到位、“一机、一闸、一漏、一箱”实施情况不到位、电缆线路敷设不规范等；

(3) 高处临边作业防护栏杆设置不规范、安全立网设置不到位、栏杆立柱设置不稳固等；

(4) 脚手架工程钢管、扣件材质不符合要求，扫地杆和剪刀撑设置不规范，基础不符合要求等。

4. 文明施工措施落实不到位。主要反映在：现场平面布置混乱，区域划分不规范，围挡设置不到位，社会通道不畅通，交通组织不到位，警示标志设置不规范，材料堆放不整齐，废料清理不及时，综合管线施工保护措施不到位，现场防扬尘、防噪音和防抛撒滴漏措施不到位等。

问题原因分析：

1. 部分项目参建各方责任主体安全意识淡薄，未能树立科学发展、安全发展、以人为本的工作理念，尤其对国家、省、市建设工程安全生产要求，技术规范的学习掌握不够；凭经验，凭感觉办事，达不到应有的工作标准。

2. 现场安全投入不到位，建设单位安全措施费用支付不及时，施工单位安全措施费用使用不到位，监理单位审查安全措施费用使用情况不同步。

3. 安全培训和教育工作不到位，施工管理人员和监理人员安全素质偏低，一线操作工尤其是农民工自我防护能力差。

4. 现场“三违”（违章指挥，违章作业，违反劳动纪律）现象时有存在；对安全问题、隐患处理的“四不放过”原则落实不到位。

由此，全行业安全生产形势依旧严峻，必须在 2010 年进一步强化安全生产管理态势，杜绝重特大事故，减少一般安全事故发生，确保人民生命财产安全。

2009 年徐州市建筑安全生产管理工作总结

徐州市建设局

（2009 年 12 月 26 日）

2009 年，徐州市建设局建筑安全生产管理工作在省建管局的正确领导下，认真学习实践科学发展观，坚持安全发展理念，深入开展“安全生产年”各项活动，全面加强安全生产工作，深化安全隐患排查治理，采取有效措施抓落实，较好地完成了各项工作。

一、安全生产指标控制良好

全市建筑安全生产形势基本平稳，监管范围内发生死亡事故 3 起，死亡 3 人，没有突破政府下达的死亡 5 人、重伤 8 人的安全生产控制指标。

二、安全监管方式有创新

为了加强对建筑工地出入口道路硬化和冲洗设施的监管，防止车辆带泥上路污染城市道路，我们和市容局联合下发文件，两家分别抽调人员成立检查组对工地出入口进行了专题检查，并邀请新闻媒体进行了跟踪报道，对检查中的好坏典型在媒体上进行了曝光，并根据各自的职能对达不到要求的建筑工地按相关规定进行了处理，联合执法对建筑工地的安全管理起到了很好的作用。

三、我局荣获全国建筑施工安全质量标准化工作先进集体

2009 年 11 月 13 日，住房和城乡建设部、中国海员建设工会在浙江省宁波市召开了全国建筑施工安全质量标准化现场会，会上我局被表彰为全国建筑施工安全质量标准化工作先进集体。

四、进一步完善了深基坑工程的安全管理办法

为了进一步加强深基坑工程的安全监管，我们组织相关人员对深基坑工程进行了专题调研，修改制定下发了深基坑工程安全管理实施细则，具体明确了建设、勘察、设计、施工、监理、监测、质监和安监单位在深基坑工程安全监管过程中的要求。

五、组织开展了“安全生产年”各项活动

（一）制定了建筑行业2009年“安全生产年”活动方案；

（二）制定了全市建筑安全生产“三项行动”和“三项建设”实施方案；

（三）制定了2009年建筑施工安全生产专项治理方案；

（四）制定了2009年建筑行业“安全生产月”活动方案；

（五）制定了2009年开展创建“平安工地”活动的实施方案；

（六）组织开展了春节前后、春节复工后、“两会”前后、“五一”前后、“安全生产月”、汛期雨季、“十一”前后、冬期施工八次安全生产大检查；

（七）组织申报省级文明工地183项；

（八）组织召开了二次安全质量标准化和平安工地创建现场观摩交流会；

（九）组织建筑施工企业负责人、项目负责人、专职安全管理人员共计2 490名参加全省组织的安全生产知识考核，继续教育培训670人；

（十）组织召开了三次全市安全生产形势分析会；

（十一）申办安全生产许可证105家，办理“三类”人员安全生产知识考核证延期1 792人，审查安全施工措施资料151份，房屋拆除备案19份，办理起重机械设备产权登记证771个，起重机械设备使用登记证966个。

六、认真开展了学习实践科学发展观活动

根据局学习实践科学发展观活动领导小组的统一安排，全处同志认真开展了学习和调研，查找问题，制定了措施，整改了问题，并在工作中践行了“安全发展”理念。

七、认真开展了“争当勤廉标兵、争创勤廉集体”活动

全处同志围绕城乡建设中心，在工作中做到了严格“四个不准”，对业务受理事项做到了特事特办，当天办结，没有发现违纪违法现象。

八、代建项目进展顺利

代建办代建的音乐厅、美术馆、步行街、钓鱼岛、高炮五团、市纪委清园、建设交易中心大楼七个项目进展顺利，高炮五团、钓鱼岛、美术馆三个项目已竣工。

以人为本　攻坚克难
服务社会　保障安全

常州市建设局

（2009年12月）

2009年，在市委市政府的领导下，在省建设厅、省建管局的指导下，面对城市建设新一轮发展高峰，市建设局认真贯彻落实国家、省、市安全生产工作一系列重要指示精神，按照“创新、发展、提高年”的要求，围绕“安全发展”这一中心任务，以深入学习实践科学发展观活动为引领，以法律法规为准绳，以隐患治理为主线，以属地管理与层级监督相结合为原则，以全力压减事故、坚决遏制重特大事故为目标，深入开展全国“安全生产年”的“三项建设”“三项行动”，加强安全宣传教育培训，强化安全管理基础工作建设，加大隐患排查和专项整治力度，深化标准化工地和文明工地创建，凝心聚力、攻坚

克难、求实创新、服务社会，全力压降建筑安全事故，较好地完成了省、市下达的安全事故指标和下达的各项工作，为构建平安建设、社会和谐作出应有的贡献。

2009 年，全市共监督工程 2 342 项，建筑面积 4 945.8 万平方米，其中新开工程 1 361 项，建筑面积 1 851.57 万平方米。全年共发出各类检查意见书和整改意见书 3 794 份，局部停工通知书 364 份，现场封停各类建筑起重机械 85 台次。进行诫勉谈话 97 次，580 人次。

2009 年的主要工作是：

（一）理清思路，着力落实安全工作责任。

市建设局党委、行政高度重视并切实加强建筑安全生产的领导，在任务重、矛盾多、困难大的情况下，从以人为本、强化责任、统筹推进、实现创新入手，全面贯彻国家“安全生产年”的总体部署，确保建筑安全主体责任的落实，局党委周国平书记多次主持建筑安全生产工作会议，吴晓东局长亲自深入施工现场调查研究、检查指导建筑安全生产工作，解决工作中的突出问题，分管领导都分别带队按照各自的责职开展安全生产大检查。下发了《常州市 2009 年建筑安全生产工作意见》，重点突出以隐患治理为主线，采取施行“五项制度”、开展“六项整治”、落实“七项措施”、实现“两个目的”的建筑安全监督管理模式，确保建筑安全生产文明施工工作的平稳发展的具体措施。与各辖市区建设主管部门签订了年度安全责任书，从落实责任、完善制度、强化管理等方面给责任主体戴上“紧箍咒”，形成一级抓一级、一级保一级、逐级负责的安全生产保证体系，确保了“三河三院”、BRT 二号线、城北污水厂、大剧院、站北广场、传媒中心、戚研所等一大批省市重点工程、民生工程的顺利竣工和安全推进。

（二）突出重点，着力加强关键时期的安全生产。

为使建筑安全监管工作在去年基础上取得新的突破，我们加强了各项工作的统筹协调，着力推进安全监督管理工作的有效落实。一是针对春节后的复工，继续启动了“2009 春风行动”。二是在市、省、全国“两会”特殊阶段，下发了《关于加强安全生产工作确保“两会”期间安全稳定的通知》。三是针对节假日时期，下发了《关于做好“五一”期间建筑安全生产工作的通知》、《关于切实做好“国庆”“中秋”期间建筑安全生产工作的通知》。四是针对夏、冬特殊时期，下发了《关于加强夏季及汛期安全生产管理工作的通知》和《关于开展建筑安全生产“2009 暖冬行动”的通知》，确保各重点时段和重要时期安全生产工作扎实有效地开展。

（三）强化宣传，着力营造安全生产氛围。

为配合建筑安全生产监督各项工作的有效开展，2009 年，一是市建设局安监站专门推出了《建筑安全简讯》，每半月一期，发放到各级政府、安全管理部门和施工现场，宣传法律法规、报道工作动态、交流工作经验、推广先进技术、曝光违规单位。二是重新改版网站，我局将安监站网站更名为“常州建筑安全网”，及时和准确地宣传、报道国家、省、市建筑业安全生产工作中的方方面面，受到了基层建筑企业的一致好评。三是积极开展安全生产月活动。围绕“关爱生命、安全发展”的主题，先后在 6 月 14 日和 6 月 18 日，在乐购广场和钟楼广场开展了安全生产知识、法律法规的宣传咨询活动，通过展板和宣传资料，使广大市民对建筑安全生产工作有了更新的认识。四是深化民工业余学校创建，提高一线人员安全意识。通过全面落实农民工业余学校创建工作，督促企业和项目部不断强化一线工人的安全基本技能培训，目前，我市每个工地基本都建立了业余学校。同时，在每个工地开工之时和人员转换之际，我站及时督促施工现场项目部利用工余时间，组织一线工人观看《新市民张小刚》，使作业人员能初步了解施工现场的危险源和掌握基本安全技能。据统计，今年以来，市区建筑工地共播放了《新市民张小刚》987 场次，近 5 万人次的民工受到了教育。

（四）专项整治，着力消除重大安全隐患。

为贯彻落实住建部和省建设厅、省建管局质量安全电视电话会议和《关于集中开展建筑安全生产隐患排查治理和督促检查通知》文件的精神，深化完善了治理方案，认真部署集中排查建筑安全隐患治理工作，有针对性地督促各方责任主体履行安全生产责任，保证必要安全生产投入，改善生产条件。

一是下发了《关于在全市开展建筑安全专项整治——2009 迅雷行动"的通知》，进一步明确了整治的目的和意义，明确了整治的目标，明确了整治的时间和步骤，保证了建筑安全专项整治工作的开展。

二是分别召开了各辖市、区建设局分管领导、安全监督机构负责人，拆迁管理、市政管理以及施工企业、监理企业负责人、公用事业单位负责人等相关人员的动员会议，明确了条块结合、层级监督的原则，进一步落实集中排查安全隐患治理的工作责任，要求各地区、各单位自觉坚持"安全第一、预防为主、综合治理"的方针，总结经验教训，强化措施落实，努力实现安全生产工作由被动应对向主动防范转变。

三是开展查督，确保专项整治有序推进。为进一步加大隐患排查和整治力度，充分发挥基层安全监管网络作用和企业自主性，我市开展了对在建工程项目安全隐患进行自查自纠的督查。重点围绕企业制定的各项制度、落实安全生产责任和责任人、在建工程项目安全隐患等方面，以及其他参建责任主体对各自履行安全生产职责的自查情况。在市区计 224 个在建工程 115 家施工企业上报自查隐患 857 条的基础上，我站组织对市区在建工程 148 个进行了专项检查，检查中发出整改通知单 125 张，整改意见 344 条。网上发布建筑安全重大隐患 23 条，涉及单位 15 个。短信预警通知 5 万余条。

（五）严防死守，着力控制重大危险源。

为贯彻落实住建部《危险性较大的分部分项工程安全管理办法》，我市积极努力、想方设法，严密控制施工现场重大危险源，杜绝重特大安全事故的发生。

一是严格监督危险性较大分部分项工程的方案论证，检查是否按照有关规定履行程序，检查编制深度是否符合规范、标准的要求，检查是否切实按照审定的方案进行实施。全年，我市安监站在方案论证会上，当场否决不符合有关规定的方案 12 次，现场检查中，先后有 18 个工程因未按照方案实施而被勒令停工整改。

二是开展专项检查。针对一段时期的安全生产状况，我市先后开展了二次建筑起重机械和整体提升脚手架专项督查。在建筑起重机械督查中，塔式起重机 300 台次、施工升降机 214 台次、物料提升机 88 台次，发出整改通知书 172 份，有 33 台建筑起重机械被当场封停。在整体提升脚手架专项督查中，有 2 个工地被当场勒令停工整改。同时，针对建筑起重机械在拆装过程中安全管理盲点，我市从新制定了《建筑起重机械使用登记注销表》。

三是针对外墙保温施工安全生产责任不落实的情况，我站及时下发了《关于加强建筑节能外墙保温施工安全管理的监督意见》，进一步落实了外墙保温施工的安全生产责任，明确了工程建设各方主体的职责。

四是加强深基坑工程的过程监控。全面贯彻落实《常州市深基坑工程管理暂行办法》，强化深基坑工程安全的协调工作，针对深基坑工程施工特点，严控施工过程，确保了文化宫广场、火车站北广场等一批深基坑工程的安全渡汛。

（六）多方联动，着力提升文明施工水平。

按照市委、市政府的统一部署，市建设局会同市公安局、市城管局本着"市区联动，以区为主"的原则，进一步整合资源、加强联动，强化了对建筑工程、市政工程、拆除工程的围墙围挡、渣土运输、生活垃圾清运等文明施工的监督管理。

一是配合相关部门对七月中旬由各区城管局紧急招募的 100 名文明施工管理协管员进行了集中封闭培训，采用多媒体教学和现场实训等形式，使广大协管员对建设工地的文明施工的特点和难点有所掌握，确保了八月份正式上岗。

二是密切配合市公安局、市城管局打响了城市长效管理第一战役——渣土运输集中整治。从8月1日开始，进一步加大巡查力度，先后出动300人次，对行动迟缓或屡教不改的实行驻点监管，对典型违章进行了严肃处理。三个月来，先后向12家施工企业、15位项目经理下发了一次扣分告知书，向1家企业的项目经理下发了因二次扣分而停止承接任务一年的处理决定，从而使渣土运输管理基本纳入监控范围。

三是实现长效管理。在8月下旬，召开了协管员座谈会，并与城管局环卫处联合下发了《关于进一步加强市区建设工地生活垃圾管理的通知》，明确了建设工地生活垃圾管理的责任和措施，使施工现场生活垃圾的管理步入规范化轨道。

四是召开现场观摩会，进一步提高文明工地创建水平。为进一步促进文明施工水平的提高，不断改善施工现场安全生产条件，我市先后召开了三次文明施工现场观摩会，组织近1 500人现场观摩了九州新世界、香缇湾小区等施工现场，不断深化工程“双创”活动，促进安全文化建设。上半年，我市62项工程被评为省级文明工地，有115项工程被评为市级文明工地。

（七）科技引路，着力推进安全新技术应用。

为贯彻“安全生产年”的要求，落实安全生产“三项行动”方案，遏制重特大事故发生，多年以来，我市始终坚持走“技术促安全、文化促安全”之路。2009年，一是积极推进《建筑施工模板安全技术规范》新规范的应用，先后组织大型理论讲座及现场观摩活动，各辖市区安监站负责人、建筑施工企业技术负责人、安全部门负责人、市区在建工程项目经理、总监理工程师等350余人参加了讲座及观摩活动，重点理解和感受模板搭建新技术在安全防护方面所起的作用。二是与大连理工学院共同开发了“建筑起重机械超载报警系统”，通过科技手段控制现场违章。三是与部分施工企业开展施工现场安全防护标准化试点，以工具化、标准化的安全防护设施，推进施工现场安全文明施工。

（八）创新监管，着力建设一支高素质安监团队。

多年以来，我市始终坚持以建设一支敬业、务实、真诚、创新的团队为目标，始终坚持以人为本、生命高于一切的安监工作理念。

一是围绕“政策惠民、实事利民、服务为民”主题，我局在学习调研的基础上，再次压缩建筑施工企业《安全生产许可证》初次领证的初审和延期初审时间，全年进行安全生产许可证初审上报63家，延期初审上报100家，施工企业达标考核66家。主动与省建管局联系，在常设置培训考点，减少企业人员来回奔波，全年共开办四期三类人员考核培训班，共2 408人通过省级考核，开办三类人员继续教育达680人次。建筑起重机械产权登记570台，使用登记386台次，使用注销登记374台次。

二是开展“推行精细化管理，争做建设有心人”主题活动，着力推进能力提升和服务提升二大工程。根据现行法律法规，完善和统一了建筑安全监督工作程序，改进了监查的检查方式，发挥了企业主体的作用，加大了科技投入，实行隐患图片告知和保养场的实时监控等，受到了省建管局的肯定。

三是坚持“权力就是责任，工作就是服务”，开展送服务、送温暖到现场活动。针对市、区各类重点工程，我站采取提前介入的方式，第一时间告知工程建设各方主体的责任和义务，与其共同探讨建设工程中的难点和重点，共同商定解决办法和措施。针对H1N1流感的蔓延态势，一方面制定了应急预案，另一方面与市卫生监督所联合，开展了预防工作的宣传。面对今年“莫拉克”、“芭玛”台风来势凶猛和“日全食”的特殊气象，我站通过网站、手机短信加强预警，使施工现场提前采取措施，积极应对。同时，还广泛开展了夏季慰问、中秋送温暖、夜间送电影活动等。

四是服务发展，全力保障重点工程安全生产。在今年我市推出的50项重点工程中，常州现代传媒中心、沪宁城际铁路常州站北广场、戚研所产业化基地、西藏民族中学、高架路二期、三河三园、常州机场改扩建、常州报业大厦等一大批为建设工程。为确保重点工程施工安全生产，采取领导挂帅、指定专人、提前介入、服务上门、超前预警、样板引路、定期巡查、及时通报等方式，认真做好重点工程在建设过程中的安全生产相关工作的对接与协调，为施工现场提供了全方位安全服务。与此同时，还编制了《重点工程安全动态》简报9期，及时通报工程进展情况和施工过程中安全生产管理动态，为重点工程建设营造便捷、有序、高效的安全生产环境。

2009年苏州市建设工程施工安全生产工作情况汇报

苏州市建设局

（2009年12月）

2009年，苏州市经济呈现快速发展趋势，工程建设保持着较大规模，全市在建工程建筑面积10 684万平方米，投资总额1 963亿元，其中，新开工程建筑面积3 446万平方米。我们按照市政府、市安委会及上级建设主管部门的要求，紧紧围绕年初制定的安全生产目标，加强工作部署，切实加强领导，落实安全生产责任。以“安全生产年”为主线，扎实开展“安全生产专项整治”和“三项行动”，重点突出隐患排查和执法整治，确保国庆期间建筑施工生产安全，确保人民群众生命财产安全，强化建设工程施工安全生产管理的基础工作，提高建筑安全管理水平，有效防范和遏制建筑安全事故，现将主要工作情况汇报如下：

一、统一思想，提高认识，明确目标

在总结去年经验的基础上，针对出现的建筑施工安全生产新情况、新问题，制订了《2009年苏州市建筑施工安全文明专项整治方案》，明确进一步提高认识，落实责任，切实加强建筑安全监管力度，完善建筑施工安全监管体制；强化企业的安全生产主体责任，完善项目共保体系；加强从业人员安全教育，大力推行工地现场民工业余学校，提高从业人员安全意识和技能，有效杜绝施工作业的“三违”行为，有效遏制重大伤亡事故和有重大影响事故的发生。为了保证今年建筑施工安全专项整治活动能取得实效，我局成立了以一把手局长和分管局长为正副组长、相关责任单位负责人参加的建筑施工安全专项整治领寻小组，负责指导全市专项整治活动的工作，冬市（区）建设主管部门也相应成立专项整治工作小组。为使专项整治更具有操作性、针对性和实效性，还下发了《2009年苏州市建筑施工安全生产工作的指导意见》，进一步强化建筑施工安全专项整治工作的贯彻落实。同时召开全市建筑施工安全专项整治动员大会，进行了部署动员，统一思想，提高认识，确保全年建筑施工安全专项整治活动的开展。

二、突出重点，扎实开展安全生产专项整治

（一）加强轨道交通工程建设的专项整治。

针对轨道工程建设的复杂性和高风险的特点，在学习外地经验、分析苏州轨道交通工程建设实际基础上，组织开展轨道交通工程施工安全生产专项整治活动。对轨道工程建设的安全监管提出了一系列措施和方案：一是建立了轨道工程的安全监管体系，构建了监管网络。确定一名分管领导具体负责轨道交通工程建设的安全生产监督和专项整治工作。二是轨道工程建设的安全监管工作规范化、程序化。明确了深基坑开挖、盾构进出洞节点验收等为专项整治的重点环节，确定了“企业负责、专家评估、业主验收、程序监督”的监管原则。三是每月定期

召开由建设局及质、安监机构、安监局、监察局、轨道交通公司相关负责人参加的联席会议，专题研究分析动态中的监管问题，督促各方落实职责内各项工作，全面落实轨道工程建设各参建主体的安全生产责任，防范重大事故。

（二）开展建筑起重机械的专项整治。

为更有效地对建筑施工机械设备进行监管，我局创新监管模式，开发了“起重机械设备登记备案”信息管理监管系统，通过施工机械信息系统监管平台，将建筑施工起重机械设备产权登记、使用备案、相关特种作业人员情况等内容纳入到统一的监管信息系统。使登记备案与日常检查相结合，与工程项目使用机械设备的监管相结合，建立了全市施工起重机械设备的档案库，强化了建筑施工起重机械设备的产权登记、使用和核销备案关键环节的控制。有效的实施了对建筑施工起重机械安装和拆卸作业的程序管理，对预防施工机械安全事故起到了积极的作用。目前，产权登记备案的机械设备4 200余台、使用登记3 356台。

今年吴中区“4.09”事故发生后，在全市开展了施工机械设备专项检查，重点检查使用中的建筑起重机械的机况是否良好，是否存在违章作业的情况；设备管理资料是否规范、完整；设备专职管理机构人员是否到位等方面。据统计，责令拆除塔吊8台、施工电梯5台，责令暂停使用塔吊32台、施工电梯12台。对问题突出、安全隐患严重的施工单位予以通报并录入不良行为记录。

（三）开展预防坍塌专项整治。

为进一步加强对建筑工地危险性较大分部分项工程的安全管理，有效控制和减少安全生产事故的发生，各地都建立和完善了深基坑方案专家论证制度和专家考核管理机制，积极开展了深基坑、高支模和工棚的专项检查，发布检查通报，对检查中发现的突出问题，采取跟踪重点加强监管、提高重大危险源的抽查率的措施，督促责任主体全面履职，控制重大危险源，防止重大事故的发生。

（四）开展预防高处坠落整治。

积极开展施工现场安全防护标准化工地活动，通过召开现场会、观摩会，努力提高施工现场安全防护设施（如：物料提升机上料口安全门、作业人员攀爬架体等方面）的问题定型化和工具化水平。同时，开展高处作业安全教育、安全技术交底、安全防护用品的正确佩戴和使用等教育活动，在7月初、9月中旬，召开了市区的标准化、文明施工和张家港市钢结构施工安全生产现场会，组织参观学习典型单位的具体做法，推广先进经验，以点带面，提高施工企业安全管理水平和施工现场安全防护标准。

（五）真抓实干，把集中排查落到实处。

在结合我市建筑施工安全生产特点的基础上，针对薄弱环节，落实2009“安全生产年”的工作要求，下发了《关于集中开展建筑工程安全生产事故隐患集中排查治理月活动的通知》，组织各施工企业开展建筑施工安全隐患排查的自查自纠。推动安全生产责任制和层级管理制度的落实，强化安全生产基础，提高安全管理水平，突出强调企业安全生产隐患的自查自纠，对在建工程施工安全隐患的排查整治；突出强调对排查出的安全隐患的整改，切实消除施工现场安全生产隐患；突出强调对查出的隐患必须建立安全隐患台帐档案，明确隐患整改的责任人，落实专人负责，并限期整改；对存在重大隐患的工程，该停工的坚决停工，绝不姑息迁就。重点排查在建工程的危险性较大的分部分项工程的安全隐患排查；突出强调建立安全生产隐患排查长效管理机制，结合日常监管促使安全生产隐患排查工作常抓不懈。

三、深入开展“安全生产月”活动，强化安全教育

在今年开展的“安全生产月”活动中紧紧围绕“关爱生命、安全发展”的主题，一是重点宣传开展的安全生产隐患排查治理和“三项行动”活动，引导建设系统广大作业人员广泛参与隐患排查治理，形成“人人查隐患”的良好氛围；二是以倡导安全文化，落实安全责任，加大源头治

理，改善农民工作业与生活环境为目标，精心部署，广泛发动，做到有计划、有布置、有检查、有落实，确保“安全生产月”活动有声有色、有序开展；三是大力推进企业创办农民工业余学校，组织开展对民工的安全生产和作业技能培训，增强自我保护能力，帮助民工提高安全意识和安全知识技能，提高自我防范技能。四是“安全月活动”紧密结合“三项行动”开展，抓好安全生产隐患排查治理和安全执法检查工作，推进建筑施工安全生产质量标准化进程。通过深入开展“安全生产月”活动，进一步深化了专项整治活动的开展。

据统计，在“安全生产月”期间全市共召开各类观摩会、现场会9场，悬挂标语（横幅）、张贴宣传画2 593张（条），制作板报258版，发放宣传资料（安全教育光盘）15 200余份，组织安全生产文艺演出6场；举办安全生产座谈会、讲座10余场，班组安全知识培训326次，参加安全生产教育、培训人数达5 406名，组织15期“三类人员”教育培训，近5 000多名“三类人员”参加了培训学习；组织施工现场事故应急救援演练20余场次；排查一般隐患13 577项，有13 287整改到位，整改率为97.8%，及时消除各类安全隐患，确保安全生产、文明施工贯穿于施工活动的全过程。

四、精心组织，开展“三项行动”和隐患治理

为全面落实住房和城乡建设部、省、市关于加强建筑施工安全生产工作的一系列部署，切实加强全市建设工程施工安全生产“三项行动”和隐患治理工作的领导，我局成立了以分管领导为组长，相关部门负责人参加的建筑安全生产“三项行动”和隐患治理领导小组，负责组织领导和指导建筑安全生产“三项行动”和隐患治理工作。针对我市实际情况下发了《关于开展建筑施工安全生产“三项行动”实施方案的通知》，进一步明确开展建筑施工安全生产“三项行动”的工作要求和工作目标。一是要求各地各单位认真做好“三项行动”的部署及落实工作，建立健全机构，确保责任到位、工作到位。二是以建筑施工安全生产“三项行动”为载体，进一步深化安全隐患治理活动，要求“三项行动”与日常工作相结合，与隐患排查治理相结合。三是突出重点，建立工作机构和联动机制，强化协助配合。加强对重点地区、重点企业、重点部位和重点环节的监督检查，特别是对深基坑、高支模等危险性较大的分部分项工程一旦发现问题就立即下达整改通知，并进行跟踪督查。四是组织施工单位开展安全生产隐患自查自纠，对照检查重点加大对施工重要部位和危险源的隐患治理，对发现的隐患按照“排查、登记挂牌、跟踪整治”的原则进行治理，对重大安全隐患要建立档案，跟踪治理。五是加强监督，加大执法力度。对建筑施工安全生产“三项行动”和隐患治理工作情况进行督查，将政府监控手段落到实处，将各级安全责任落到实处。六是全面实施施工安全监督执法检查，着重把检查工作与专项整治、隐患排查等活动结合起来，把握各个施工季节、施工阶段的不同检查重点，增强检查的针对性和操作性，严肃查处隐患排查不力和拒不整改隐患的单位和项目部，切实消除安全生产隐患。

据统计，在“三项行动”中全市共排查工程项目7 416个，建筑面积8 210万平方米，督促整改一般安全隐患20 571项，在建工程上报《建筑施工安全生产重大事故隐患排查报告表》1 386份，整改重大安全隐患791项，整改率100%；对859名施工管理人员实施了安全生产行为考核记分，对34家施工单位实施了约谈告诫，录入施工单位及其相关管理人员安全生产不良行为482人次；通报批评23家施工、监理单位；行政处罚各类违法行为12件，行政处罚金额36万元；开展安全教育培训122场次。

五、狠抓落实，确保国庆期间安全形势平稳

为确保新中国60周年国庆期间全市建设工程施工的安全生产形势平稳，我局认真落实市委、市政府关于做好国庆期间安全和稳定工

作的一系列要求，保持节日期间建筑施工安全生产和稳定，不仅有现实的社会意义，还有极为重要的政治意义。为此下发了《关于组织开展全市建设工程施工安全生产大检查的通知》、《关于开展“国庆节”前及节日期间建筑施工和燃气安全生产大检查的通知》等文件，全面部署国庆期间建设工程施工安全和稳定工作。明确了节日期间安全、维稳工作的意义、目标、重点和具体措施，狠抓责任落实，确保国庆节期间的安全生产。一是深入开展建设工程施工安全生产隐患排查工作，坚决消除各类安全事故隐患。督促建设工程各参建单位集中组织人员对企业在建施工项目部组织开展一次以“消除安全隐患、确保安全生产”为主要内容的安全生产隐患专项排查和自查自纠。二是以“三项行动”为抓手，深入开展建筑施工安全生产专项整治，坚持安全生产企业负责制，落实建设、监理、施工等参建各方的安全生产责任。三是组织开展从9月14日至10月16日为期一个月余的全市建筑施工安全生产集中督查，同时于9月21至24日集中四天时间，组织专家和相关人员对在建的重点工程的质量安全进行重点检查。四是强化应急预案，严格落实值班报告制度。根据实际制定周密详实、具体可行的事故应急预案，严密关注建筑工地的安全、稳定情况，发现苗头性问题，立即到位解决，有利地保持了节日期间我市建筑工地的安全稳定，为庆祝国庆六十周年各项活动的开展提供了良好的外部环境。

六、加强宣教，提高全员安全素质和安全技能

我们在建筑行业安全生产监管工作中，把宣传贯彻建筑施工安全生产法律、法规、规章和强制性标准作为一项重要工作来抓，开展多形式的安全生产宣传教育活动，不断提高参建各方的安全责任意识和从业人员安全防护技能，着力提高企业的本质安全。一是充分利用各种媒体，加大了安全生产的宣传力度，形成企业组织、全员参与的安全生产氛围。二是积极宣传贯彻建筑施工安全生产法律、法规、规章和强制性标准，始终把宣传贯彻施工安全生产规范规定和基本知识作为一项重要工作来抓。三是认真组织“安全生产月”活动。以倡导安全文化，落实安全责任，加大源头治理，改善农民工作业与生活环境为目标，精心部署，广泛发动。四是大力推广建筑工地农民工业余学校。以农民工业余学校为载体，组织对施工一线民工进行安全教育137场(次)，约44 453名民工参加了学习。提高了广大民工的自我保护意识和安全防范能力。五是开展安全技术培训，提高安全管理人员的业务技能，对16 900余名施工企业安全管理人员进行了安全生产的继续教育，组织近6 000多名“B、C类人员”的教育培训。六是组织轨道交通1号线的监理人员参加轨道工程建设监理人员安全培训，增强了监理的安全意识和风险防控能力。七是举办轨道交通工程施工安全技术培训班，提高轨道交通工程参建各方安全管理意识和施工现场安全管理水平。八是举办模板安全技术规范宣贯培训班，帮助广大施工、监理人员理解和掌握住房和城乡建设部颁布的《建筑施工模板安全技术规范》的核心内容以及执行中应把握的关键技术，有效提升从业人员的业务技能。

七、创新工作，努力构建科学有效的安全监管机制

始终以科学发展观为指导，把加强安全生产体制机制建设作为关键环节，努力构建管理规范、工作高效、有利于科学发展的监督管理机制。一是建立健全安全生产动态管理制度，完善安全生产动态监管体系。根据不同企业和项目经理的诚信业绩和安全生产保证能力，区分重点监管对象和一般监管对象，对其实施不同强度的动态管理，实现差别化管理。二是加强企业的诚信管理，建立了安全生产不良行为的考核、公示制度，突出了建筑市场和施工现场的两场联动作用。三是为进一步加强监管，充分利用信息网络技术来创新监管，在辖区内建筑工地上试点建立远程视频监控系统，以转变现场监管方式，提升工程风险控制能力。四是对

原有的安全监督管理系统进行升级改造。根据建设工程安全生产管理面广量大的特点，升级改造后的系统通过专项申报和安监定报两种报告形式建立起建设单位、施工单位、监理单位与安全监管部门的多方参与、全程互动的开放式应用模式并实现管理闭合，以提高施工安全监管水平。

八、加强队伍建设，提高安全生产监管的保障能力

今年以来，我局不断加强安全生产监管队伍建设，以提高安全生产监管的保障能力，使建筑安全生产监管更有利于我市的科学发展，为市委提出建设“三区三城”提供一个安全和谐的社会环境。一是通过召开季度安全生产形势分析会议等形式，要求全体安全监管人员进一步转变工作方式和工作作风，始终保持忧患意识，增强责任感和使命感，积极履行职能，强化服务，为经济的安全发展、科学发展营造良好环境。二是根据安全监管工作考核的要求，在编制有限的情况下，积极争取上级部门的支持，引进技术人才，加强监管队伍建设。三是建立健全安全监管工作每季形势分析会制度，交流工作，完善安全监督执法机制，规范执法行为，提高行政执法能力。四是加强安全管理理论的研究和日常业务学习，为提高综合行政效能，组织安监人员及时学习新近颁布的文件和标准规范，解决在监督过程中遇到的技术问题的机制。五是改变工作方式，整合监管资源，克服安全监督人员少与监管工程量、与细化监管事项的矛盾，尝试安全生产管理事务向社会化服务、中介服务转移，让有限的监管人员发挥出最大的监管效能，有利提高监管效能。

九、安全生产情况

今年，建筑施工安全专项整治和“三项行动”取得了一定的效果，建筑施工安全生产持续平稳，全市安全生产事故共发生8起，比去年同期下降30%，死亡人数11人，比去年同期减少2人，下降16%；在省下达的安全生产事故控制指标范围内下降38.9%。

2009年张家港保税区建筑安全工作总结

张家港保税区质量安全监督站
（2009年12月）

2009年是我区结构调整年、项目推进年、服务优化年，从建设领域的角度看，区镇合并后，规划建设管辖范围增加134平方千米，我站积极调整管理结构和管理模式，实行分区划片管理，将质量监督和安全监督有机的结合起来，合理利用现有监督力量，充分发挥社会监督资源，保障辖区工程建设稳步推进。我们的工作目标是：杜绝重大事故，防范一般事故，不断创新安全管理手段。2009年，我们开展了以下工作：

一、积极组织，认真开展“三项活动”

为进一步贯彻落实住房和城乡建设部《关于开展建筑安全生产“三项行动”的实施意见》、省建管局《江苏省建筑安全生产“三项行动”实施方案》、《关于在全省建设系统开展“平安工地”建设的指导意见》等文件要求，我局积极响应，成立以一把手局长为组长、分管局长为副组长的领导小组，成员包括安（质）监站、建管处、招标办、监察中队、城管中队、金港镇建管所等部门负责人，办公室设在安（质）监站，指定专人负责搜集相关信息，并于每月月底召开建设工程协调会，交流工作情况，及时部署阶段性工作重点。

自开展三项行动以来，发现各类安全隐患90起，共排查治理隐患项目52个，排查一般隐患108个，排查重大隐患11个，列入治理计划的重大隐患7个。建筑施工安全质量标准化企业开展7家，达标7家；制定应急救援预案65

个，施工现场演练5个；组织现场民工安全生产教育活动8次，人数786人次；安全生产新闻报道数量5篇。

二、以安全检查为主线，保持安全监管高压态势

按照省建管局、张家港市安委会以及我站检查计划，分别组织了季度质量安全大检查三次，各类专项检查六次，对存在的问题检查人员均现场予以告知并发出《安全生产事故隐患整改通知书》90份、《工程施工停工整改通知书》11份。对违反基本建设程序，未办理相关施工许可、质量安全监督手续，存在较严重的施工安全隐患的项目，进行通报并上报局里处理。

三、以培训教育为手段，提高从业人员安全管理水平

根据年度计划安排，为切实加强监理单位安全生产意识以及对施工现场的安全预控能力，我站于3月中旬对全区在建工程的15家参建监理单位及35个监理项目管理部集中进行安全教育培训，会上通报了节后安全检查的情况和一起监理的不良行为记录，并就监理的安全责任、安全事故的申报程序、安全知识等方面进行了培训，各监理单位总监及其现场监理员共计80人参加了培训。

为深入开展"安全生产月"活动，实践"以人为本，关爱生命，关注安全"的理念，6月18日，我局组织区属建筑施工企业和区内在建工程项目部管理人员在长江国际港务公司召开文明施工现场交流会，与会人员观摩了道康宁、孚宝、长江国际等施工现场并听取了交流发言，会后反响良好，被观摩者得到了鼓励，观摩者学到了经验。

为了进一步加强施工现场安全管理，时刻抓紧安全这根弦，8月14日，我站特别邀请了安全管理专家刘栋老师给工作在保税区施工现场的人员就危险性较大工程安全专项方案编制及典型案例分析上了生动的一课，参加培训会议共有90人左右。

四、以安全生产条件为抓手，预先掌握施工现场一手资料

依照相关法律法规，大力开展工程项目安全生产条件的审查备案，按照"四表一书一台帐"对每个项目分门别类给予审查备案。凡不具备安全生产条件的新建项目不得开工，不得核发施工许可证。重点审查安全生产责任体系是否建立、安全专项施工措施是否到位、文明措施费用是否落实、现场安全文明标准化设施是否完善。

五、建立安全生产预警及应急预案制度

在重大节日、汛期和高温期间等施工事故多发期，及时下发加强安全生产的通知，规定应重点监控的部位和环节，提出防范的具体措施。对于突发事件及时编制应急抢险预案，如为应对河道挖泥引起的港堤倾斜现象，我站及时编制了《十字港险工段应急抢险预案》，对潜在的危险、组织网络、应对措施等做了详细的描述。

六、创新手段，整合监管资源，加强质量、安全监管的内部联动

目前我站内部已实施安全监督一票否决权，逐步形成安全监管压力传递机制，质量安全监督员实行定岗定员制，凡是受监项目安全防护不达标一律不得进行基础分部、主体分部工程的监督验收，此举在一定程度上取得了比较好的效果。

2009年度南通市建筑安全生产监管情况汇报

南通市建设局

（2009年12月）

2009年，在省建设厅、省建管局的指导下，我市各级建筑主管部门进一步树立"安全第一，预防为主，综合治理"思想，在安全生产上狠抓

落实，全市建筑业安全生产形势基本平稳。现将有关情况简要汇报如下：

一、及时分析当前安全生产形势，提早部署全市建筑安全生产工作

2009年1月15日至16日、4月23日、7月16日至17日和10月29日，我局分别组织召开了四次全市建筑安全生产形势分析会。南通市建设局分管领导，安全设备处负责人，各县(市)、区建设局、建管局建筑施工安全管理科室主要负责人，以及南通市安监站主要负责人等参加会议。每次会议不但传达了全省建筑业安全生产形势分析会议的主要精神，还听取了各主管局和市安监站在2009年各季度建筑安全生产管理上开展的主要工作，和各辖区内的事故情况的汇报，听取各地各部门对下季度建筑安全工作提出的建议和意见。每次形势分析会都会分析我市当前建筑安全生产形势，同时对建筑施工起重机械专项治理、制订危险性较大分部分项工程安全管理制度，以及其他专项治理工作中的重点要求进行专题布置。

3月2日，根据第一次形势分析会的研究结果，我局印发了南通市建设局关于印发《南通市建设局2009年度建筑安全专项工作方案》的通知(通建安[2009]66号)文件。明确了今年建筑安全专项治理的治理范围、内容、目标和专项治理工作的重点，以三年来高处坠落、坍塌、起重伤害等较多发的事故类型为重点，同时针对建筑起重机械设备的安装、拆除和使用中出现的问题，采取切实有效措施，开展专项治理，强化工程项目的事前监督，实现我市建筑领域内安全生产形势的根本好转。

二、突出安全生产工作重点，采取针对性的管理措施

一是加大对建筑施工起重机械的监管力度。7月份，我局组织召开了南通市建筑起重机械设备安全管理研讨会，市安监站主要负责人，各县(市)、区建设局、建管局建筑施工安全管理部门主要负责人，各地区部分租赁、拆装、检测单位负责人，部分施工单位代表共30余人参加了会议。会议就目前我市建筑施工现场起重设备租赁、使用市场现状，目前我市建筑施工现场起重设备安全管理中的难点，以及如何加强我市建筑施工现场起重设备安全管理工作，进行了热烈地讨论，在建筑起重机械设备的产权登记、使用登记和注销；对起重设备租赁和拆装单位进行诚信管理；对到期的起重设备进行报废处理；做好起重设备安装前的告知程序；检测单位根据发证机关的要求统一有关检测标准、配合主管部门的管理要求等方面的内容达成一致共识，为今后更好的开展建筑起重机械安全生产管理奠定了基础。11月份，我们组织全市七家建筑起重机械安装、检测单位和有关主管部门赴南京等地考察，学习南京建工建筑机械安全检测所等单位的工作经验，共同提高我市建筑起重机械的安装质量检测水平，进一步打好我市建筑施工机械安全管理基础。

二是加大了施工现场重大危险源的安全管理。为加强对我市建筑工程中危险性较大的分部分项工程安全管理，根据住房和城乡建设部《危险性较大的分部分项工程安全管理办法》等文件的要求，我局制订了《南通市建筑工程危险性较大的分部分项工程安全管理细则》，对南通市行政区域范围内房屋建筑和市政基础设施工程的新建、改建、扩建、装修和拆除等建筑安全生产活动及安全管理，做了明确细致的规定。同时还公布了建筑工程危险性较大的分部分项工程专项施工方案论证专家库(第一批)名单。

三是加大了安全生产执法力度。到目前为止，我局今年在市区共查处工程项目未办理施工许可和安全报监手续、违反施工现场安全管理规定等种类行政违法案件69起。其中立案处罚23起。立案处罚的案件中：涉及施工现场安全案件4起(未在有较大危险因素的生产经营场所设置明显的安全警示标志2起、未根据不同施工阶段和周围环境变化在施工现场采取相应的安全施工措施2起)、未取得建筑工程施工许可证擅自开工建设19起(工程建设11起、

装饰装修8起)。移交和备案案件46起,其中无土地使用证擅自开工10起,未取得建筑工程施工许可证擅自开工而在整改期内改正的16起,涉及施工现场安全管理而在整改期内整改的10起,市绿色通道服务项目10起。全市各级建筑主管部门共开展执法行动267起,其中工程项目未办理施工许可和安全报监手续的197起,对施工现场发现的安全隐患拒不整改的1起,建筑施工企业"三类人员"及特种作业人员无证上岗的7起,其他建筑安全生产非法违法行为的62起。

三、加大安全生产监管力度,多次开展各类安全生产专项检查

1. 组织了春节前后安全生产大检查。在组织全市主管部门和施工企业开展督查和自查的基础上,局里四位领导分别带领局有关部门的人员,对建设系统有关单位和房屋、市政工程施工现场进行了检查,共检查2个施工企业、13项房屋建筑工程,建筑面积约50万平方米;发现隐患和提出整改意见126条,开出安全生产监督检查整改通知单5份。

2. 开展了工棚专项检查。省建设厅和省建管局发出《关于加强建筑工地安全生产及工棚宿舍管理的紧急通知》后,我局立即按照文件要求,向全市各级建筑安全主管部门进行了紧急部署,要求各地高度重视,落实责任,切实加强安全生产检查和安全隐患的排查和治理,强化施工企业对建筑施工现场各类工棚宿舍的安全管理和用工管理工作,杜绝重大安全生产事故的发生。检查中责令拆除两幢二层预制水泥活动板房(约300多平方米)。

3. 开展了建筑施工起重机械专项检查。5月18日,我局和南通市安监局有关部门组成联合检查组,对市区建筑施工起重机械安全生产情况进行了抽查,当即开出2份停用整改通知单。我市各地主管部门也对辖区内建筑施工起重机械进行了全面细致地安全检查,共检查塔吊614台、施工升降机14台、物料提升机18台,开出停用整改通知书28份,责令19台无产权证的塔吊、3台施工升降机限期拆除和1部违规井架限期拆除。

4. 开展了中、高考期间建设工地噪音防治专项检查。6月初,我局和环保部门联合组织了市区建设工地中、高考期间噪音防治专项检查。6月13日晚,由我局有关部门和单位组成的监督小组,对19个在建工程进行了夜间施工突击抽查。

5. 开展了施工安全突击检查。6月16日,如东县洋口港江苏LNG接收站工程2号储罐区施工现场发生钢筋网片倒塌事故,我局当天下午就起草下发了《关于组织开展全市建筑工程安全生产大检查的紧急通知》,布署开展全市建筑施工工程安全生产大检查。共检查施工企业23家、建筑工地27个,检查工程的总建筑面积为85.43万平方米、总工程造价达11.73亿元。检查中共发出整改通知16份,安全生产告知书1份,停工整改通知2份,局部停工整改通知1份,提出整改意见102条。

6. 认真开展了局系统消防安全检查。从2月份起,我局组织全系统所有单位进行了消防安全检查,在基层单位开展全面检查的基础上,局消防安全生产检查小组组织了全面督查。局消防安全生产检查小组检查了27个直属单位和出租物业,发现和提出整改意见46条,已责成各单位整改。

7. 全面开展了国庆、中秋节前安全生产大检查。从9月18日起,局领导班子全体成员分别带队,深入基层单位,开展安全生产大检查,此次检查将覆盖全部基层单位。同时,市建设局还组成了建筑安全生产专项检查组专项督查市区及各县(市)建筑施工安全生产。各检查组已检查了7个县(市)、区的建筑安全主管部门,抽查了9项房屋建筑工程、15项市政建设和园林绿化工程施工现场,检查了27家基层单位,发现安全生产隐患、提出整改建议105条,开出隐患整改单1份。

8. 及时部署今冬明春和雨雪低温天气的安全生产工作。要求各县(市)、区建设(筑)主

管部门和建设局各直属单位要提高认识，切实加强对冬季安全生产工作的组织领导；明确职责，深入开展冬季安全生产大检查；突出重点，强化冬季生产安全管理；关心职工健康，切实做好后勤服务工作；抓好安全生产综合管理，加强值班制度，保障信息畅通。切实做好我市建设系统各单位及建筑行业冬季安全生产工作，防止各类安全生产事故的发生。并于11月17日至12月30日，对7个县市区及市区的39个建筑工地进行了冬季安全生产抽查，共提出隐患整改意见352条，开出起重设备停用通知书4份，停用塔吊3台，拆除塔吊1台；对2家被暂扣安全生产许可证的企业，进行了安全生产条件复查。

四、做好宣传教育，提高建筑施工从业人员的安全生产意识

2009年里，我们组织了多次安全生产学习和多项专题研究。为加强我市三类人员和安全技术规范的培训工作，全年共分3次组织建筑企业安全管理人员培训考试2 130人。5月中旬，在怡园大酒店举办了一期模板安全技术公益培训班，此次培训以《建筑施工模板安全技术规范》(JGJ162—2008)标准为核心，免费向学员讲解了该标准执行中的重点注意事项和疑难问题，使参训人员对最新的模板安全技术有更深的了解，得到了学员的广泛好评。同时与南通职大等单位联合开展了“建筑施工安全监管行为标准化研究”、为省局安全培训考试题库出题、研究制订我市建筑施工现场“危险性较大分部分项工程安全管理细则”等工作。各级主管部门也相应地开展了宣传教育工作。市安监站开展了“送安全到工地”活动，站主要领导带领相关人员，利用晚上休息时间，深入南通大学图文信息中心等建设工地，利用笔记本电脑、投影仪等设施，为施工现场的工人们播放安全生产宣传动画，向工人们发放《建筑施工安全常识一点通》、《江苏省建筑民工安全施工生产常识》等安全生产宣传材料。以这种新颖的教育形式，宣传安全生产知识，得到了工人们的好评。

经过全市建筑安全管理部门和建筑施工各方主体的共同努力，今年我市建筑安全生产继续保持了平稳态势，到目前为止，建筑业未发生较大等级以上安全生产事故，全市建筑业在本地发生因工死亡事故3起，死亡3人，控制在省局下达的6人指标以内。与此同时今年我市共创建市级文明工地186项，推荐省级文明工地73项(其中上半年验收通过39项)。当然，我们也认识到建筑安全生产形势依然严峻，还存在建筑企业安全投入相对不足、从业人员安全教育培训不到位、操作人员缺乏自我保护意识等问题，各类事故仍时有发生，为此，我们将在明年继续认真做好以下工作：

1. 进一步加大建筑施工起重机械的安全管理力度。对局以往关于建筑施工起重机械管理的文件进行梳理，同时进一步消化吸收建设部、省建管局出台的有关文件精神，完善我市建筑施工起重机械管理办法。

2. 认真抓好建筑施工特种作业人员持证上岗的监管工作。

3. 加大对危险性较大分部分项工程、建筑施工现场活动板房等重点部位的监管力度。

4. 继续加大对重点地区和重点企业的安全监督管力度。对前一段时间事故较多的地区和企业，强化监管信息上报制度，督促有关主管部门和施工企业加大监管力度、落实监管责任、采取有效监管措施，不断完善安全管理机制，消除各类隐患，减少各类事故。

5. 研究建立建筑施工安全监管数字化平台。探索利用互连网等技术，研究建立数字化平台，达到全市范围内建筑施工安全监管信息的共享，提高监督管理的精准度。

2009 年连云港市建筑安全生产工作情况汇报

连云港市建设局

(2009 年 12 月)

2009 年,连云港市在建工程 1 635 万平方米,与 2008 年度基本持平。在建筑总量持续高位的形势下,我局紧紧围绕省建管局、市安委会的下达的目标任务,坚持"安全第一,预防为主,综合治理"的方针,坚持"以人为本"的安全理念,进一步加强安全生产的组织领导,全面落实安全生产责任制,不断推进安全生产目标管理,积极开展"安全生产年"活动,扎实有效地推进全市建设系统安全工作。

一、2009 年建筑安全生产工作总结

(一) 控制指标情况

1. 事故情况。全市建设系统全年未发生较大及以上安全生产责任事故,2009 年的事故控制在省、市下达的指标范围之内。

2. 控制指标考核体系建立情况。通过层层签订《安全生产目标管理责任书》,我局相关直属单位明确了事故控制指标;各施工企业在市区承接到每个工程项目时,明确了"不发生等级安全生产事故"的考核要求;对各县区安全生产控制指标进行了明确,作为年度考核县区政府和县区建设局的重要内容,并明确了安全生产"一票否决"制。

(二) 责任落实情况

1. 落实安全生产"一岗双责"责任制。实行了全员安全生产责任制,"一把手"亲自抓、负总责。年初,张林海局长与各副局长签订安全生产目标责任书,明确了各分管局长分管范围内的安全管理职责,还与局相关直属单位的负责人分别签订了安全目标责任书,各直属单位按照规定交纳了安全生产风险抵押金,明确了安全生产管理目标任务。

2. 严格落实安全生产分析会制度。每个季度由分管局长主持召开一次全市在建工程的施工企业负责人、项目经理、监理企业负责人、项目总监参加的安全形势分析会,各县区建设局分管领导、建管科科长、安监站站长全部参加,对市区建筑工地存在的主要问题进行详细的剖析,制定相应的解决措施。

3. 落实全年安全生产工作任务。3 月 20 日,我局组织在市政府 350 会堂召开了全市质量安全生产工作会议,各县区建设行政主管部门和施工企业、监理企业参加了会议,总结了 2008 年全市建设系统安全生产工作,对 2009 年安全生产的工作重点和目标进行了全面部署,并在会上与县区签订了《安全生产工作责任书》。

4. 进一步完善安全措施。2009 年,我局分别下发了《关于推进建筑施工企业安全生产标准化工作的通知》、《连云港市建筑安全生产三项行动实施方案》、《连云港市建设工程危险性较大的分部分项工程安全管理办法》等 46 个安全管理文件,对全年各个时期和各个关键环节的工作进行部署;并及时转发了省、市安全管理有关文件,进行了贯彻落实。

(三) 安全监督与安全生产执法情况

1. 制定详细的工作方案。2009 年 3 月份,我局下发了《建设系统 2009 年"安全生产年"活动方案》(连建质[2009]96 号),成立了以局长为组长、各分管局长为副组长的领导小组,健全了领导机构,明确了全年安全监管的指导思想和工作目标、实施步骤以及六项主要工作任务。

2. 进一步加大执法力度,遏止重大事故的发生。2009 年我局重点监督项目建设各方主体的安全生产行为,监督建设、施工、监理单位在施工现场的安全生产制度建立落实情况,各安全专项施工方案编制及执行情况,施工单位专职安全管理人员的配备情况,项目经理到位情况,安全生产检查、交底、整改回复制度的建

立落实情况等。通过安全生产行为的约束，进一步规范施工现场安全生产，遏制重大安全事故的发生。

2009年，发布12期《安监信息》，每一期都对当月安全施工情况、扣分情况、重点监控工程进行公布。至12月份，共下发整改通知单232份，对10名总监进行了扣分，对15名项目经理进行了扣分。从后来我们在施工现场检查到的情况看，这些单位的施工现场的确进行了很严格的整顿，安全状况得到了较好的改善，也涌现了一批省、市级文明工地。

3. 强化安全生产许可证和三类人员管理。根据建设部对建筑施工企业安全生产许可证工作的要求，结合我市建筑施工企业安全生产许可证管理情况，我局进一步加大对安全生产许可证工作的动态管理，坚持依法行政、依法办事，强化责任意识，自觉履行监管职责。一方面，把好市场准入关，对未取得安全生产许可证的企业，一律不允许参加招投标活动、不颁发施工许可证、不办理进出市施工手续；另一方面，加大对发生事故企业的处罚力度，一律禁止评优，并在招投标环节予以限制。

4. 加强开工前施工安全措施审查，抓好安全生产的基础工作。安全措施审查是《建设工程安全生产管理条例》中明确规定的开工前必须办理的事项之一，是确保施工过程安全生产的指导性措施。从施工项目安全生产体系的建立情况入手，严格审查安全措施中的安全生产许可证、专职安全员、项目经理、特种作业人员等持证上岗情况，审查各级安全管理责任的建立情况，专项施工方案的编制、审批情况等等，对于安全措施不到位的一律不予审查备案、不予办理施工许可。

(四) 隐患排查治理与专项整治工作

今年，按照省局打击非法违法行为专项行动和安全隐患排查的工作部署，我局坚持“安全第一，预防为主，综合治理”的方针，坚持“以人为本”的安全理念，加强隐患排查和专项整治工作，开展了“安全生产隐患排查治理”及“三项行动”、“三项建设”、“安全生产月”和“平安工地创建”等一系列安全活动。

据统计，在“隐患排查”、“起重机械专项整治”、“三项行动”、“安全生产月”等活动过程中，今年全市建设系统共召开各类督查会议15次，组织督查组15个，参加的督查人员有150人次，并督查工地项目930余项次。截止11月底，全市建筑施工行业共排查、治理隐患企业1 445次，排查出一般隐患2 805余条，已整改2 777条，整改率为99%。排查出较大隐患19条，已整改完成19条，整改率为100%。通过各项安全活动的开展，一定程度上遏制了建设系统各类违法违规行为，有效改进了施工现场安全防护设施，切实做到努力减少一般事故、坚决遏制重大事故。

1. 组织建设工程施工综合整治，落实各方主体责任。为督查建设各方主体行为，2009年度，我局先后组织开展了两次全市建设工程综合大检查，对全市范围内施工现场的质量安全情况进行了全面排查。安全生产检查是其中的一项重要内容，主要侧重检查建设工程安全监督的手续办理，专项安全施工方案的审批，大型机械设备的检测备案，施工安全技术资料的建立、整理，以及施工现场实体安全生产情况。通过检查，对一些违反基建程序施工的项目进行了行政处罚；对一些施工现场中标项目经理、项目总监、专职安全员不到位的项目进行了扣分；对施工现场存在安全隐患较多的项目，及时下发了停工或限期整改单。通过综合大检查的开展，进一步规范约束了建设各方的安全行为，稳定了我市的安全生产形势。

2. 做好夏季安全生产工作，开展夏季安全生产专项检查。夏季高温季节，又是施工高峰期，台风、雷击、暴雨等灾害性天气多发，极易造成安全生产事故。为加强夏季安全生产工作，我市建设行政主管部门未雨绸缪，在6月份下发了《关于做好夏季和汛期安全生产工作的通知》(连建质[2009]246号)，研究制订了详细的检查表，要求各施工企业、监理企业对工程项目全面自查，重点针对夏季施工中，防高温、防汛、防风、高空作业、临时用电、大型机械、临时设施等几个方面进行安全检查，填写《建筑施工现场夏季安全生产检查表》。该次检查中共对38个施工现场下发了整改通知，督促消除了安全隐患，保证了夏季安全施工。

3. 开展深基坑专项检查与起重机械专项治理。9月份，我局印发了《关于开展建筑深基坑工程及建筑起重机械专项检查的通知》(连建质[2009]375号)文件，组织专家组，对9个深基坑(开挖超过3米)工程施工项目进行了专项检查，从检查情况看，新开工程均能按照《危险性较大的分部分项工程安全管理办法》(建质[2009]87号)编制方案、组织论证。但部分单位编制不及时，审批不规范。没有做到在工程施工前编制，经施工单位技术负责人、总监理工程师签字后审核批准正式下达施工单位指导施工。施工中，设计发生变更时，安全技术措施没有及时变更或补充。

另外，9月7日至9月21日，我市成立了建筑施工塔吊专项检查组，并抽调有关塔吊安装、检测的专业技术人员，对我市建筑施工工地的起重机械进行了一次比较全面的、有代表性的抽查。这次专项检查共抽查建筑施工工地38个，抽查塔机68台、施工升降机16台、井架物料提升机15台。对于检查中发现的问题，我们及时采取了下发限期整改通知书，限期解决问题，排除安全隐患的措施。责令限期拆除塔吊1台，责令停止使用的塔吊有3台。对于限期整改的塔机，我们针对不同情况，要求有关单位按照自己的承诺保证在整改完成以后，由施工企业、安装拆卸单位、机械租赁单位、生产制造厂家和项目监理机构检查验收合格签字后并报市安监站备案后，方可使用。

4. 开展节前安全专项检查治理活动。9月份邻近"国庆"、"中秋"双节，为了确保人民群众生命财产安全，防止安全事故的发生，让人民群众过一个欢乐祥和的节日，维护社会的稳定，我局对在建工程进行了一次安全大检查。本次检查主要以现场检查为主，重点检查脚手架、基坑支护、模板工程、临边洞口、施工用电、塔吊和施工电梯、施工机械等重要部位和设施安全防护与管理、警示标牌标语的设置等。同时，为加强节日期间值班和应急管理，我局要求所有工地在节日假期时间必须安排专人值班，建立信息快报和应急响应联动机制，对突发事件在第一时间内妥善处置，并按规定及时、如实上报，落实应急管理措施。另外，我们还要求市政、燃气、路灯、城市公园、游乐园的管理部门加强安全检查，排除各种隐患，对达不到要求的设施立即停用。

5. 开展冬季施工安全生产专项治理。我局于11月25日印发了《关于切实做好低温雨雪天气建筑施工安全生产工作的紧急通知》(连建质[2009]531号)，部署开展今年冬季施工安全生产自查自纠和整治活动，目前此项工作正在持续有效开展。针对低温雨雪天气，各县区建设(筑)主管部门、各建设工程安全监督机构已经着手督促各施工企业和在建工地认真开展自查自纠工作，组织开展以防高处坠落、防坍塌、防滑、防冻、防火、防中毒、防触电等为重点的冬季安全检查，全面排查冬季施工安全隐患，及时落实隐患整改。

6. 开展"送健康到工地"活动。"以人为本，关爱生命"一直是建筑安全工作的一项主题，为了体现精神文明建设，关心农民工的身心健康，保证建筑工人的从业安全。3月24日和7月30日，我市安监站和市卫生局联合开展了两次"送健康到工地"活动，为200多名建筑工人进行了一次健康体检，得到了社会各界的一致好评。

5月份，为确保我市建设工程施工现场有效防控甲型H1N1流感等传染病，改善工人生活、工作条件，转发了《连云港市大力开展爱国卫生运动加强春夏季相关传染病防控工作方案》(连爱卫〔2009〕5号)和《连云港市春夏季相关传染病防控健康教育工作方案》(连爱卫〔2009〕6号)，通过黑板报、宣传栏、橱窗等宣传途径开展宣传活动，并在工地工人集中生活区、食堂等处的显要位置张贴宣传资料，进行全面教育，科学防控；利用夜校、班前教育等时机，开展专题教育，让每名工人及时、正确地了解甲型H1N1流感的相关知识、防控要点。

7. 举行架子工技能竞赛。为全面提高我市一线操作人员的技能水平，倡导广大务工人员岗位练兵、岗位成才、岗位奉献的积极性，9月23日，我市在金海置业广场工地举行了全市建筑系统架子工技能比赛。由市建设局、劳动局、市总工会、市广播电视局联合举办。参加本次大赛的选手是在参加岗位培训和技能培训的基础上，采取自下而上、层层选拔的方式，从初赛选手中脱颖而出的。全市23个施工企业共46名选手参赛。对于在比赛中获得第一名的选手，经综合考察后，由市总工会授予"连云港市五一劳动奖章"荣誉称号，颁发奖章和证书；对获得前三名的选手，由市劳动和社会保障局授予"连云港市技术能手"荣誉称号，颁发证书；对比赛中获得前六名的选手，由市竞赛组委会授予"连云港市建筑系统架子工技术标兵"荣誉称号，颁发证书。通过该活动的开展，有效促进了建筑施工工地增强安全岗位技能的热情。

8. 做好对各县区的层级安全生产督查工作。根据建设部《建筑工程安全生产监督管理工作导则》确定的"安全生产层级监督制度"，我市下发了"关于开展连云港市建筑工程安全生产层级监督管理检查的通知"，为了做好该项工作，两次对四县及开发区进行层级安全督查；目前，我局正在组织年度层级监督考核，计划于1月上旬完成。在督查中，除听取各县、区建设局的安全生产情况汇报外，还对每地区抽查2个施工项目进行现场检查。督查重点是各地贯彻落实的安全生产方针政策情况，建立完善建筑工程安全管理制度情况；落实一岗双责制度情况；开展三项行动及专项整治情况，施工现场的安全隐患排查及治理情况等等。针对各地的督查情况，我们及时下发整改通知，对存在的问题督促及时进行整改。

（五）加强宣传教育工作

2009年，对全市安监站的50多名安全监督人员进行了系统的执法知识培训，同时进一步明确的安全监督人员的工作职责、内容及工作方法。对330余名监理人员进行了安全教育；全年分两期对1 163名B、C类人员进行了新取证培训考核；对全市建筑行业的约149名"三类人员"进行继续教育，通过培训考核，提高了广大施工企业主要负责人、项目经理、安全管理人员安全生产的法律意识和安全生产管理技能。

6月份"安全月活动"期间，我局积极组织了安全生产宣传咨询活动。市区建设系统多个单位参加了6月14日全市宣传咨询活动。6月17日，市建设局又在市民广场组织了建筑施工专题宣传咨询活动，市安监站、市属企业参加了活动，向市民、建筑工人宣传了建筑施工安全知识和安全保护常识。累计到190余项工地进行了宣传；全市和各县还累计开展建筑施工企业和施工项目"三类人员"安全生产知识教育培训活动6次，取得了良好效果。据统计，全市赠送图书3 000余册，张贴安全生产宣传画900张，发放宣传资料5 200份，悬挂横幅标语1 286条，出动宣传车5台次，组织安全知识竞赛5场，组织应急预案演练7场，展出黑板报820期，举办应急救护知识讲座15场，培训职工3 900人次。另外，我局与市安监局、市总工会统一行动，以"科学发展抓预防、预防为主重教育"为主题，在全市建设系统开展了2009年度"安康杯"竞赛活动，取得了良好的反响。

（六）重大危险源管理工作

2009年，我局强化差别化管理方法，每月公布施工安全隐患和重大危险源工程，将存在重大危险源的工程项目作为重点监管对象，并在《安监信息》和市安监站网站公布。先后将博威江南明珠苑、国际商务大厦、君悦财富广场等33个工程项目作为监管重点。监管过程中采取下发整改通知，动态跟踪，约谈施工单位、监理单位、建设单位相关负责人，立案调查等监管手段，以点带面有效提高了参建单位的安全生产管理意识，较好地消除了存在的安全生产隐患，确保了建筑施工安全。

二、存在的主要问题分析

1. 建筑市场仍需规范。少数企业（尤其是低资质企业）质量安全管理整体实力偏弱，管理松散，还没有形成规范的法人治理结构，质量安全保证体系不健全。

2. 违反基本建设程序的现象依然存在。一些建设单位没有完全履行基本建设程序，拖延办理相关建设手续，规避安全监督和质量监督。个别建设单位随意变更已审批的施工图，甚至伪造施工图审查文件。建设单位在工程建设过程中任意肢解工程、违法分包、转包的现象还时有发生，直接影响到质量、安全责任的落实。

3. 建设工程质量技术水平进步不快。目前建设领域科技含量偏低，科技投入见效慢，科技进步不快，先进技术难以迅速大范围推广。施工企业的技术水平参差不齐，安全技术措施不到位现象比较普遍。解决的方法和措施有待进一步研究落实。

4. 企业安全管理机制不够健全。一些施工企业安全管理机制不健全，对项目部的管理不够到位，公司层对项目缺乏应有的指导；项目部安全管理职责不明确，缺少专职的安全员；个别企业存在挂靠施工现象；专项安全施工方案照搬照抄，缺乏指导性；现场大量存在防范设施不全、临时用电不规范等现象。

5. 施工一线操作人员安全意识差。不少工地的施工人员是分包队伍临时招来的农民工，缺乏系统的安全培训，安全意识淡薄，自我保护能力差；还有些工程项目实行“以包代管”，安全生产有关的法规、标准只停留在项目管理班子上，不能真正落实到一线工人，违章作业现象不能得到及时制止，埋下了安全事故的隐患。

6. 安全生产经费投入不足。由于建筑市场竞争日趋激烈，工程项目相互压价竞标，拖欠工程款现象严重。再加上有些项目经理为了节约开支、降低成本，只顾生产、不管安全，将安全经费挪作他用，施工设备破旧，使用不合格的施工设备和假冒伪劣的防护用品，直接降低了施工现场安全生产水准。

2009 年，我市建筑施工安全管理取得了一定成绩。2010 年，我局将继续努力，确保我市建筑业和谐发展、安全发展。

2009 年度淮安市建筑安全生产工作总结

淮安市建筑工程管理局

（2009 年 12 月）

2009 年在省局关心指导下，在市委、市政府领导下，淮安市建工局紧紧围绕建筑业发展的中心工作，凝神聚力，务实创新，振奋精神，大胆工作，全面完成年度目标责任。现将主要工作总结汇报如下：

一、狠抓安全生产，确保质量安全提升势态

1. 层层签状。年初与各县（区）建设主管部门及施工企业、拆除企业签订了目标责任状，明确了全年建筑安全生产责任目标。同时健全目标责任考核体系，依据责任目标，将安全生产目标进行细化，制定具体考核办法，做到主要领导亲自抓，分管领导具体抓，级级有责任，层层有压力，人人有目标。形成完善的安全生产责任保证体系。

2. 健全制度。今年出台了一系列关于强化安全生产管理的政策文件，在已建立的一系列规章制度和标准规范的基础上，先后更新《淮安市建筑工程重大安全事故应急预案》，出台了《关于施工现场实行“五统一”规范管理的通知》、建立了《淮安市建筑施工安全专家库》以及多项有针对性的管理文件，确保安全生产有序

进行。

3. 重点监管。

(1) 重点时段:春节元旦前后、五一黄金周、两节两会、奥运、夏季高温、台风、降温、雨雪都进行周密布置安排,细致检查,全天候监管。

(2) 重点项目:专人、专职全过程跟踪服务管理,领导分工挂钩服务,定人蹲点督办。

(3) 重点环节:深基坑支护、高处坠落、大型机械使用管理等。严防死守,确保不发生重大质量安全事故。

(4) 重点地段:学校、幼儿园等建筑工程周边地区。

4. 专项治理。严格按《建筑起重机械安全监督管理规定》(建设部第166号令)要求所有起重机机械设备在安装前首先要告知现场查看,经检测合格领取使用登记证,方可投入使用。进一步完善大型机械设备登记备案,健全档案,加强特别是陈旧设备的跟踪管理。为了加强建筑施工大型机械设备和施工现场安全防护用具的监督管理,防止和减少生产安全事故,有效地防止假冒伪劣安全防护用具进入我市施工现场,专门下发《关于全市建筑施工现场机械设备和安全用具专项整治的通知》,实施专项整治。全年检查塔式起重机1 445台次、施工升降机95台次、物料提升机96台次、打桩机械38台次、高处作业吊篮18台次,下发整改通知书450余份,提出整改意见980余条,强制性拆除严重违规塔式起重机5台,机械设备首检率达95%以上。

5. 积极开展"安全生产月"活动。5月中旬与安监局有关部门碰头协商,就"安全生产月"活动实施方案进行了研究,结合省建管局、省安委会文件精神印发《关于开展2009年"安全生产月"活动的通知》,对活动的开展作出了具体的部署,提出了明确的要求,制作宣传版画五块,同时下发通知要求各县区、各施工企业、各在建工程项目部要结合方案,对活动作出周密部署,利用自身条件,认真做好宣传教育工程,特别是沿主干道施工项目张挂横幅、标语等,充分营造"安全生产月"活动气氛。

6. 为考虑企业实际情况,给企业提供方便,我处先后多次与省建管局、省建筑安全与设备管理协会协商,要求在我市设立培训考核点,先后举办项目负责人和专职安全培训班2次。

二、加强施工长效管理,提高文明施工水平

一直以来,我局能严格贯彻落实长效管理相关文件精神,坚持每日巡查,按时上报检查情况,对查出的问题及时督促相关单位认真整改;元旦以来,我局对春节、五一等节假日及其他特殊时期,及时印发文件,要求各工程参建单位做好各项工作,认真开展隐患排查。一年来,市区共检查项目493个次,累计建筑面积约589.9万平方米,检查塔吊1 445台次、施工升降机95台次、物料提升机96台次,下达整改通知书689份、停工整改通知书42份,有效的提高了市区在建项目的文明施工水平。

3月9日,与城管局联合召开了市区渣土专项整治及文明工地创建活动总结表彰大会,印发了《关于进一步加强文明工地创建和建筑垃圾长效管理工作的通知》,大会上对在专项整治活动中表现突出的单位和个人予以通报表彰奖励,更大程度的调动了各单位的积极性,在活动中积累许多好的经验,这些经验的积累,对下一步控制渣土污染路面、加强文明施工管理、提高管理工作机制等问题,提供了很好的指导作用;按照会议精神结合长效管理文件形成了以局领导挂钩负责具体工程的工作机制,加大了日常巡查频次,对出土污染路面等违法施工现象,更进一步的强化了联动机制,加大了处罚力度。

5月份,结合省局文件及文明工地管理的相关标准规范,对市级文明工地的申报考核评审工作作出了进一步细致的规范,印发了《关于进一步加强市级文明工地管理工作的通知》和《关于推荐市建筑工程安全管理专家的函》,成立了市级文明工地考核专家库,对市级文明工地实行目标管理,即:全市所有开工建设项目,

体量达到要求的都必须申报省市级文明工地，对不申报的项目施工单位将给予处理，上半年申报的省、市文明工地按规定时间断进行检查、考核、验收，到目前为止创省级文明工地预计达55项，完成全年目标72%，创市级文明工地155项，已完成全年目标的75%。

6月份，为了贯彻市委市政府提出的“精致建设、精细管理”的要求，进一步提高市区文明工地创建水平，推进城市美化亮化，结合卫生城市长效管理要求，出台了《关于实施“五统一”规范施工现场管理的通知》，创新性地对市区建设项目施工现场实行特色管理。一是统一围墙式样及色彩，做到“一企一墙”，宣传企业文化并传播城市特色；二是统一施工现场图牌设置，改变原有乱而无序的状态；三是统一施工现场进出口车辆冲洗设施，严控渣土车带泥上路；四是统一施工现场物料堆放及垃圾处置，告别工地脏乱差；五是统一施工现场进出口设置，进一步强化文明施工安全管理。要求各项目现场在文明施工“五统一”得到推广后，又进一步细化“五统一”内容，首先在工地图牌张挂方面细化要求，必须张挂“六牌两图”，即：工程概况牌、管理人员名单及监督电话牌、工程总平面图、消防保卫牌、安全生产牌、工程效果图、文明施工牌、项目排序牌；便于社会各界关心工程建设，了解工程建设，支持工程建设，进一步完善了文明施工管理的制度体系，有效的促进了全市文明施工水平的提高。

三、提高科技含量，加强质量管理

1. 2月下旬下发了2009年淮安市工程建设QC小组活动成果发布的预备通知。4月中旬召开了全市建筑业QC成果发布会，全市共评出58各工程建设优秀QC小组活动成果奖，其中一等奖14项，二等奖15项，三等奖16项，优秀奖13项，优秀组织奖6个；申报省级QC十项，申报国家级2项。

2. 转发省建管局《关于组织评审2009年度江苏省“扬子杯”省外优质工程奖》的通知，到目前申报省外“扬子杯”一项；同时组织申报市外“翔宇杯”16项；

3. 根据省经贸委、省建管局关于申报省级认定建筑企业技术研发中心的文件要求，结合我市实际情况，印发了文件《关于创建省级建筑业企业技术中心的工作意见》，意见中明确的确定了淮建集团、中淮集团为今年创建省级建筑业企业技术中心的单位；根据调研及两企业的实际情况，多次与淮建集团、中淮集团领导进行研究，制定了详细的创建进度实施计划，多次请省局有关部门来淮指导创建工作，到目前创建申报省级研发中心的两家企业条件已基本具备；同期还会同市经贸委，联合研究制定了市级建筑业企业技术中心建立的相关标准及要求，目前市级研发中心已申报四家，11月下旬组织专家进行考核文件待发，为我市能在以后开展此项工作中取得更好的成绩，奠定了良好的基础。

2009年盐城市房屋建筑施工安全生产管理工作总结

盐城市建设局

(2009年12月)

为认真开展好“安全生产年”活动，我局根据国家和省有关安全生产的工作要求，及时落实省厅、省局对建筑施工安全的各项管理要求，在全市范围内开展了“专项治理”、“三项行动”、“安全生产月”、“文明工地、平安工地”创建等活动，促进建筑施工企业提高安全认识，加强安全管理；对各县(市、区)发生的事故认真分析原因，出台有针对性的措施，加强行业指导，努力遏制重大生产安全事故的发生。

一、事故情况及原因分析

1. 2009年1月1日15时05分，盐城市联鑫购物广场发生一起1人死亡事故。死者王尔林在清理后浇带钢丝网时从3.3米高的二楼楼层内脚手架上高空坠落。事故的直接原因一是施工现场安全防护不到位,脚手架搭设简易,无扫地杆和剪刀撑,脚手板未满铺,且无水平和立面防护措施;二是死者王尔林违章操作,安全帽佩戴不规范。

该工程在市本级监管范围内,事故发生后,市建管处立即发出了停工通知单,要求施工单位—福建九建建筑工程有限公司认真总结事故教训,对施工现场安全进行全面的检查整改。在施工单位自查、监理单位复查的基础上,经市建管处复查合格恢复施工。

2. 2009年9月12日中午11时50分,大丰市万盈镇盐城金悦纺织工艺有限公司前处理车间厂房工程,在进行屋面混凝土浇筑施工时,发生部分高支模失稳坍塌,造成2人死亡、3人受伤。该工程系村镇违法建设,整个项目未履行任何基本建设程序,施工方无施工资质、无安全生产许可证。施工方在施工过程中未按规定组织专家对高支模专项施工方案进行论证,没有按照专项施工方案组织施工,高支模未经验收就进行混凝土浇筑。在没有任何监管的情况下,导致在浇筑厂房局部屋面混凝土时发生高支模失稳坍塌。

大丰市建设局依法对建设单位—盐城金悦纺织工艺有限公司、施工方—吕彩祥作出了罚款2万元和8 640元的处罚。

3. 2009年9月23日晚23点10分,东台市展示馆工程13—16/C—E轴,标高+18.1米屋面现浇时发生支撑脚手架局部坍塌,事故未造成人员死亡,3人轻伤,5人轻微伤。施工单位在屋面浇筑过程中操作程序不当,13—16轴部分支模高达18米,施工单位未严格按模板支撑方案施工,未进行相关交底,施工过程未进行监测,致使支撑系统的稳定性能不够,是发生该事故的直接原因。

4. 2009年10月3日凌晨1时30分,盐城星海商品混凝土公司混凝土泵车在纬三路中联零配件中心浇注B—3二层混凝土时,伸臂输送混凝土过程中,泵车左前支墩垫块处置不当,支撑失稳,泵车倾覆,致使泵车泵管打击到2名正在混凝土浇筑人员受伤,经抢救无效死亡。省局对施工单位—盐城市中联建筑工程有限公司作出了暂扣安全生产许可证45天的行政处罚。我们已督促该企业上交了安全生产许可证正(副)本。

5. 2009年12月16日下午2时10分左右,在盐城市亭湖区南洋经济区华东(盐城)农产品交易中心蔬菜大棚,施工过程中发生倒塌事故,导致2人当场死亡,1人经抢救无效死亡,另外一人在医院治疗于17日下午19时30分死亡,8人受伤。该工程系违法建设,整个项目未履行任何基本建设程序。事故发生后,市委市政府高度重视,分管安全的谷市长立即到现场指挥应急救援和善后处理,亭湖区区长、市安监局、市建设局均在第一时间赶到事故现场,我局立即抽调专家对事故现场进行了技术鉴定,并根据市长要求,连夜组织力量清除了事故现场。目前,事故责任正在认定过程中。

该起事故的直接原因是施工单位在钢结构安装施工过程中没有严格按照施工操作堆积而造成整体结构失稳。

二、全年建筑安全生产工作情况

(一)深入开展"建筑安全专项治理"等系列活动

1. 制定活动方案。在3月份、4月份、5月份分别印发了《2009年盐城市房屋建筑施工安全专项整治工作方案》、《2009年市区房屋建筑施工"安全生产月"活动方案》、《关于开展市区建筑安全生产"三项行动"实施方案的通知》,对各项活动的开展提出了明确的工作要求和活动步骤。

2. 强化宣传教育。一是督促施工企业做好农民工的安全教育培训工作,除正常开展"三级教育"外,要求凡创建市级文明工地的项目,必须设立农民工业余学校，定期对农民工进行安全知识教育。二是加强对建筑施工企业"三类人员"的安全教育培训，我们每两个月组织进行"三类人员"培训考核，今年共计办班 15 个，有近 1 800 人参加了考试。三是开展"安全生产月"集中宣传教育活动，市区沿主要街道悬挂宣传横幅 80 条，其他工地张贴安全生产宣传标语 500 多张；6 月 14 日，我们组织市区施工企业参加了全市"安全生产咨询周"启动仪式；6 月 18 日，组织建筑施工安全集中宣传活动，设立咨询台，发放建筑施工安全宣传资料，组织专家现场解答群众提出的问题；6 月 25 日，市安监站举办建筑安全监理专题讲座，市区监理企业的安全监理、施工企业的技术负责人和安全员等 150 人参加了学习。

3. 开展隐患排查与执法行动。今年执法行动的重点是：查处未依法取得施工许可及质量、安全监督手续，擅自施工的行为；对施工现场发现安全隐患拒不整改的行为；施工企业"三类人员"及特种作业人员无证上岗的行为。全市各地共开展执法行动 208 起，其中未办理施工许可和安全报监手续的 120 起，建筑施工企业"三类人员"及特殊作业人员无证上岗的 36 起，现已全部处理结束。开展建筑工程安全隐患排查治理行动，全市共检查 1 111 项工程，查出各类一般安全事故隐患累计 5 067 项，其中已整改 4 813 项，一般安全事故隐患整改率为 95%；共查出重大安全事故隐患 55 项，已整改 54 项，重大安全事故隐患整改率 98%，对所有监管的建设工程项目实行"一个工程项目一个档案"安全监督制度。做到件件落实责任人，件件限期整改，专人跟踪复查。

（二）不断加强行业指导

1. 做好重要节日和时段的预警工作。凡春节、五一、国庆等重要节日和冬季、夏季等易发生异常气候的时段，我们都会发出预警通知，提出针对性的管理要求，督促各地、各企业切实增强责任感和使命感，完善应急救援预案，建立节日值班制度，全面排查事故隐患，落实各项安全施工措施，扎实做好安全生产和应急管理工作。各地除正常开展日常监管外，均在这些时节组织检查组进行专门的检查和抽查，督促企业和项目及时消除隐患。全市累计抽查施工现场 430 个，查出各类事故隐患 1 133 条，发整改通知书 271 份，责令停工项目 28 个。

2. 组织开展不同层面的安全监督检查。3 月份，我们组织开展了全市性的安全生产大检查，对施工现场和宿舍工棚的隐患进行认真排查和消除，各地共检查施工现场 328 个，发现事故隐患 567 条，发出整改通知书 102 份，14 个工程被责令停工。7 月份，集中开展了市区建筑施工生产隐患排查治理和督促检查活动，成立了以局建筑业处、市建管处、城建监察支队等处室、单位和专业人员共同组成的检查小组，对市本级 34 个工程项目进行了检查，共查出安全隐患 105 条，发出隐患整改通知书 28 份，并复查督促整改到位。

3. 加强事故信息的统计管理。五月份，我们专门召开了区级建设局分管局长和建工科、安监站负责人会议，听取安全生产工作情况，进一步理清事故上报范围，事故上报和责任的关系，要求各地严格执行事故上报制度，凡与建设活动相关的事故信息，都要在第一时间通知同级相关部门并上报我局，确保信息畅通，避免产生负面影响和因迟报或者漏报事故导致被追究责任。同时要主动介入事故调查，取得第一手调查资料，分清事故类别，依法对事故责任单位和责任人予以处罚，并认真吸取事故教训，及时采取有针对性的措施，遏制同类事故的发生。

（三）强化各县（市、区）安全监管责任

为进一步明确各县（市、区）的建筑安全监管责任，年初在政府召开的全市建筑业大会上，丁市长代表市政府与各县（市、区）人民政府分管县长签订了发展建筑业目标责任书，其中年度建筑业安全生产控制指标作为各地建筑业管理的一项重要内容。对责任书的落实情况，我局在年中会同市委办督查处进行专项督查，在年底还将会同市人事局对各县(市、区)进行综合考核。凡突破建筑业安全生产控制指标的，取消当地政府的建筑业评先资格。

(四) 深刻吸取事故教训

1. 9月12日，大丰万盈发生一次死亡2人事故后，我局立即在全市进行了通报，要求各地深刻吸取事故教训，实行建筑工程重大危险源开工报告制度，督促施工单位按方案施工，监理单位按方案旁站，安全防护措施到位，消除重大危险源。同时，我们进一步督促各地建设行政主管部门，一定要按照《盐城市建筑工程安全生产管理办法》的规定，切实履行行业监管和指导职能，督促各乡(镇)人民政府建立健全建筑施工安全监管机构，配备专职人员，加大对违法建设工程的巡查力度，加强对建设过程的现场监管，及时发现、消除安全隐患。

2. "12·16"事故发生后，我局于当晚10点召开了全市各县(市、区)分管局长会议，通报了事故情况，并部署立即开展全市建筑施工安全生产大检查，重点检查深基坑支护、高大模板支撑、塔吊等起重机械、钢结构施工、房屋拆除、施工用电、脚手架、临时设施等易发生群死群伤的重点部位，以及防火、防冻、防滑、防中毒等冬季施工措施的落实，坚决遏制群死群伤事故的发生。

12月18日，分管市长丁建奇率亭湖、盐都、开发区、城南新区分管领导及市建设局、市安监局等相关部门负责同志，对市区建筑工地安全生产情况进行了专项督查，主要是深基坑、钢结构施工工程，要求各区要特别加强年根岁底的建筑施工安全生产工作，加大执法检查力度，严肃查处违法建设工程，并对我局、盐都区和城南片区的安全监管责任进行了明确界定。

3. 我局拟于近期提请政府召开全市建筑施工安全生产工作会议，进一步强化各地安全意识，落实监管责任，总结事故教训，提高管理水平，坚决遏制重大安全事故的发生，不断推进全市建筑安全生产管理工作。

2009年扬州市建筑安全生产管理工作总结

扬州市建设局

(2009年12月10日)

2009年，在省建管局的关心、指导下，扬州市建筑安全生产工作坚持以科学发展观为统领，认真贯彻安全生产相关法律法规，紧紧围绕"安全生产年"和"能力建设年"各项工作要求，扎实开展安全生产"三项行动"和"三项建设"，着力加强建设工程安全生产监督管理，各项安全管理基础工作和建设工程安全管理水平得到全面提高，建筑安全生产形势继续保持平稳态势。

一、2009年建筑安全生产管理工作回顾

市区全年共核验评估新开工房屋建筑项目426个标段，1 015个单体工程，建筑面积610.89万平方米，工程总造价72.76亿元；去年接转工程182个，306个单体工程，建筑面积347.88万平方米，工程总造价40.72亿元；新开工市政工程83项，工程总造价7.96亿元，去年接转工程30个，工程总造价8.42亿元；市区街景美化工程51个。全年申报省级文明工地162个，申报市级文明工地318个；施工现场安全质量标准化合格率达100%，一级企业施工现场"优良"率达到95%以上；二级企业施工现场"优良"率达到80%以上；三级企业施工现场"优良"率达到65%以上，三级企业施工现场"优良"率达到35%以上，超过了工作目标；发生规定统计口径的死亡事故2起，死亡2人，未发生重大设备和生产性火灾事故；其他各项相应指标均达到或超过年初制定的目标。2009年主要工作如下：

（一）强化安全生产目标管理，落实各方主体安全责任。

在年初确定的安全管理目标和任务分解的基础上，强化管理环节控制，加强督促检查，全面落实各阶段目标任务。一是按照网格式、差别化管理的要求，加强对单项工程的管理，通过现场安全监督交底，告知责任。日常巡查发现问题督促整改到位，动态监督各方主体行为，规范企业行为，落实各方安全责任；二是及时召开会议，传达上级有关安全生产会议和文件精神，全年召开4次全市安全生产形势分析会和4次市区安全生产形势分析会，进一步研讨和分析各阶段形势和目标完成情况；三是严格要求，加强日常管理验核。全年安全管理目标考核工作，拟于2010年元月份进行，目前处于布置验核工作阶段。通过目标控制体系，进一步明确责任，强化监管，有力的促进了安全生产形势总体保持稳定。

（二）强化特定阶段安全检查，及时排查消除安全隐患。

2009年，根据季节和时段特点组织了9次建设工程安全生产大检查：一是元旦春节期间，按照省、市主管部门的要求，在市区进行了一次拉网式检查。通过检查，督促施工企业严格落实冬季施工条件，切实防范火灾、中毒等事故。二是春节以后，为保证春节后复工生产安全，督促各施工企业复工前组织安全自查。2月10日到2月16日，组织了全市复工抽查，2月25日到2月26日，接受了省建管局组织的春节后复工安全大检查，并高度重视省检查组提出的意见，指定专人负责督促整改落实到位。三是组织开展建筑工地工棚宿舍专项检查。按照省建管局《关于加强建筑工地安全生产及工棚宿舍管理的紧急通知》要求，迅速组织了拉网式检查，检查了工棚宿舍的人员管理、用电管理、明火使用及安装质量验收情况，并以此为契机，加强对隐患排查治理的督查。四是配合全市“4.18国际经贸旅游节”的召开，组织了对4.18街景美化、重点市政项目的专项检查，消除了因赶工期抢进度带来的不利因素。五是按照市委、市政府对运河博览会期间安全工作的部署，组织了对重点沿街建筑工地文明施工的综合整治，整治活动取得了明显效果。六是为确保国庆60周年期间建筑施工安全生产形势平稳，按照扬建管[2009]47号《关于转发〈关于开展全省建筑施工安全生产大检查通知〉的通知》的要求，国庆前期对市区重点工程进行了安全检查，重点检查了安全责任制落实和国庆期间的安保值班情况。七是国庆节后对市区所有建设工地进行文明施工及脚手架管理工作集中整治检查，严格按照扬建安监[2009]33号《关于进一步加强市区建设工程文明施工及脚手架管理的通知》的精神全面落实各项整治要求。八是按照市建设局的部署，精心组织了市直道路第三战役专项检查、夜查，及时有效的做好服务工作，确保工程安全生产处于受控状态。九是为切实加强建设工程冬季施工监管工作，落实苏建管质[2009]118号文件《关于切实做好低温雨雪天气建筑施工安全生产工作的紧急通知》的精神，11月中、下旬对市区建设工程进行了一次以防高处坠落、防坍塌、防滑、防冻、防火、防中毒、防触电等为重点的冬季安全检查。对不按照《通知》要求落实冬施、存在安全隐患的工程项目的相关责任主体，进行不良行为记录，对违法违规行为依法进行查处。

（三）强化安全质量标准意识，推广安全质量标准化工作。

按照《关于开展扬州市建设工程安全质量标准化工作的意见》，我站推出了深入开展安全质量标准化工作各项具体措施：一是结合各种培训，宣贯省、市安全质量标准化标准，强化安全质量标准化意识；二是组织多家企业开展安全质量标准化工作交流活动，建立互帮互助机制；三是结合文明工地创建树立典型，召开安全质量标准化观摩活动，以点带面，促进安全质量标准化活动深入开展。全年举办了2次全市安全质量标准化观摩会，尤其是下半年的观摩会是第一次在县市召开，实现了由城区到郊区、再到县市的跨越；四是结合平时监督工作，加强了对安全质量标准化工作的综合验收，有力地深化了安全质量标准化工作。

（四）强化建筑施工专项治理，防范重大安全生产事故。

为了落实住房和城乡建设部《关于集中开展建筑安全生产隐患排查治理和督促检查的通知》，我局专门下发了《2009年扬州市建筑施工专项治理方案》，整治重点是脚手架和模板支撑、起重机械、深基坑、临建设施、临时用电五个方面。结合省安委办、省建管局工作要求，我们对全市重点单位、重点工程、重点环节进行了多次专项检查。例如上半年我市组织开展了市区建筑施工起重机械安全生产专项整治活动。活动中共检查起重安装单位28家，清理不合格起重安装单位1家、安装队伍4支，责令重组1家，检查起重设备30台，查出实体隐患80条，下发限期整改单8份，现场查封停止使用1台；8、9月份，我市开始对市区建设工程文明施工及脚手架管理工作分四个阶段进行了深化整治。总体看，专项整治工作组织到位、工作措施到位、落实任务到位，整治的五个重点方面未发生一起安全事故。另外我站严格建筑起重机械设备的产权登记、使用登记和注销登记制度，督促施工企业起重机械验收，保证验收率达100%。今年市区共进行产权登记136台次，使用登记786台次，注销登记455台次，产权、使用和注销登记证发放率达到100%。通过科学的管理，有效地预防了建筑机械设备事故的发生，保障了施工安全。

（五）强化从业人员教育培训，提高从业人员安全技能。

一是参与组织了四期B、C人员培训班，市区共初审813人；二是举办了七期三类人员继续教育培训班，共培训1 818人；三是组织了两期电工培训班，培训人数255人；四是组织了一期建筑施工现场安全质量标准化管理资料培训班，培训125人；五是组织了相关监管人员参加以知识更新为目的的安全培训班，进一步提高了监管人员的工作素质。今后还计划对安全资料员进行专业培训。

（六）强化预案演练实战效果，增强突发事件处置能力。

2009年1月23日，市委、市政府为认真贯彻国家《突发事件应对法》，进一步增强应对突发事件的处置能力和水平，在市区“京华城中城商务楼”建设工地，组织了全市重大食品安全事故处置演练。演练模拟工地食堂发生数十名工人食物中毒，出现不同程度的腹泻、呕吐、头晕等症状，且人数不断增加的突发事件，组织开展调查和救援。我们密切配合各部门重点做好现场模拟、工地救援预案启动、现场救援、疏散等工作。经过多轮次的预演，演练十分成功。通过演练，促进了建设工程食品安全事故应急救援意识，也增强了建设工程应急救援的处置能力和水平。

（七）大力开展“三项行动”活动，循序渐进。

根据省建管局文件要求，我局下发了《关于开展市区建筑安全生产“三项行动”的通知》精神，召开了专门会议，提出了三个整治目标，列出了四个实施阶段，突出了五个整治重点，加强日常监督管理，将“三项行动”和专项整治与全年工作有机结合起来，积极开展安全专项检查、隐患排查治理、宣传培训教育等一系列活动。截止到目前为止，共检查382家企业，移交给城建支队非法施工行为12件，排查各类安全隐患1 756项，其中1 753项已完成整改，整改率为99.8%，宣传教育农民工等人员6 300人。

（八）扎实推进“三项建设”工作，务求实效。

认真贯彻省建管局《关于开展全省建筑安全生产“三项建设”实施方案的通知》要求，坚持“安全第一，预防为主，综合治理”工作方针，扎实开展建筑安全生产“三项建设”工作。一是安全生产体制机制不断完善。严格贯彻执行《建筑市场各方主体信用评价内容及标准（最新修订版)》,奖优惩劣,切实抓好监理与施工企业安全生产工作月度报告制度,坚持对重点企业、重点工程实行重点监控的差异化管理,提高建筑安全生产监管效能;进一步完善了建设工程安全生产管理的短信群发系统,提高安全监管工作水平和安全预警、处置工作效率。二是建筑安全生产保障能力建设不断提高。贯彻实施国家安全监管总局令第17号《生产安全事故应急预案管理办法》,加强应急预案管理,提高应急预案编制质量;开展专项整治行动,推广使用先进施工安全设施,进一步提升我市建筑工程安全生产、文明施工的水平;每月定期组织安全文明措施费考评,督促建设单位工程安全生产投入,保证了施工单位文明施工安全防护措施费用的落实;加大对专业技术人员的安全技能培训,不断提高从业人员安全意识和专业技能。三是建筑安全生产监管队伍建设不断加强。严格按照建筑工程安全监督工作导则、工作制度、工作流程和工作内容开展监管工作,规范执法行为,加大执法力度,坚持依法行政;按期对监管人员工作进行月度考核,并实行回访制度,积极推进政务公开,规范办事程序,提高办事效率,不断提高依法监管能力和执法水平;对年轻同志实行跨岗位工作体验,让年轻同志得到多岗位的锻炼,促进学习交流,全方位提升能力素质,能迅速成为监管队伍的骨干力量;充分利用安全生产协管员制度和安全生产互助制度,定期开展安全生产检查、业务交流、现场观摩、研讨等活动,发挥现有人力资源优势,进一步充实监管力量。

(九)深入开展"安全生产月"活动,以月促年。

6月1日,召开了市区"安全生产月"动员会,印发了《关于开展2009年全市建筑施工"安全生产月"活动的通知》,根据活动主题,开展以组织一次安全知识竞赛,树立一个安全生产先进典型等内容为主的"十个一"活动,营造了良好的安全氛围,促进安全管理水平进一步提高。活动月中,组织或参与了6月14日和6月18日的安全生产咨询活动,组织开展了项目部进行危险源辨识、施工用电和脚手架搭设现场评分、消防演练等活动。据初步统计,悬挂标语240条,张贴宣传画426张,出黑板报122期,举办演讲比赛1场,开展安全咨询32次,发放宣传资料3 000多册,组织农民工考试3 000人次。

(十)切实加强作风建设工作,服务社会。

认真做好城建110、数字化城管和寄语市长回音壁的处理答复工作,扎扎实实为市民办实事、为政府树形象,对于有关问题每条逐一及时答复,回复率100%。利用扬州市建筑市场信用管理系统向社会公布企业安全生产不良记录,增强了社会舆论监督力度。加强信息化监督管理,通过短信平台,适时发布安全生产动态和预警提示,提高安全生产处置工作效率。严格执行部门内控体系,进一步梳理办事事项,优化运行流程,规范权利运行,有助于从源头上预防和治理腐败,有力地促进了行为规范、运转协调、公正透明、廉政高效的行政管理体制的建立。

二、存在的主要问题

尽管全年安全生产形势总体平稳,但建筑安全生产管理中仍存在不少问题,主要表现为:

(一)建设、施工单位行为不规范。

一些工程项目出于种种原因未取得施工许可证就擅自施工,致使安全监管介入滞后或不到位,安全管理难度很大,隐患较高。

(二)施工企业安全生产投入不足。

由于当前经济大环境的影响,过度压价及欠资、垫资情况严重,客观上造成安全投入不足,使得施工企业形成的重经济效益、轻安全投入的思想扭转十分困难,安全投入的监管方式有待创新。

(三)安全监督工作力度不够。

主要是监管的方式方法有待进一步提高,监管人员的配备不足,监管人员依法行政的水平有待提高。

2009年镇江市建筑安全生产管理工作汇报

镇江市建设局
(2009年12月)

2009年，在省建设厅、省建管局的指导下，我们认真学习领会和全面贯彻落实党中央、国务院关于加强安全生产工作的一系列指示精神和决策部署，以深入学习实践科学发展观活动为动力，坚持以人为本，坚持安全发展，坚持“安全第一、预防为主、综合治理”方针，为保增长、扩内需、促发展，创造了良好的安全环境。现将2009年工作情况及2010年工作思路汇报如下：

一、2009年工作总结

以深入开展“安全生产年”活动为主线，以提高全员安全责任意识和技能素质为中心，以深化隐患排查治理为重点，以有效防范和控制减少安全事故为目标，强化安全生产监管，全面落实安全生产责任制，努力推动建筑业安全生产形势持续稳定好转。

(一) 全面落实安全生产工作责任

1. 实施目标责任管理　市建设局和各辖市(区)建设局、市安监站和各辖市(区)安监站、各辖市(区)安监站和各施工企业，层层签订了《安全生产工作目标管理责任状》，进一步明确了各自的安全职责，对安全生产的事故控制指标、管理工作目标和安全生产责任逐级细化分解，实行量化考核，全面进行落实、建立起科学严密的安全生产责任体系，形成了上下联动、齐抓共管、层层级级保安全的局面。

2. 着力落实安全责任　以落实工程建设各方参建主体安全责任为重点，积极采取应对措施，不断完善制度建设，管理部门的监管手段不断改进，施工企业的主体意识不断增强，建设单位的安全行为不断规范，监理单位的监管作用不断体现。

3. 严格履行监管职责　结合季节特点和工作实际，有针对性地提早作出了符合实际的安全生产工作意见，加强预警提示，开展层级督查；定期召开了安全生产联络员会议、安全生产形势分析会议，开展信息交流，研究控制事故的对策措施，部署和安排各阶段安全生产工作，使全市建筑业安全生产管理工作有条不紊的平稳推进。

(二) 全力加强安全保障能力建设

1. 严格安全生产许可制度　全面实施安全生产许可证和“三类人员”安全生产任职考核制度，运用招投标资格审查和组织专项检查等手段，严格建筑市场安全准入管理制度，从本质上提高了安全生产水平。截止目前，我市已领取安全生产许可证的建筑施工企业418家，共有11 797名“三类人员”通过安全生产任职资格考核。

2. 开展安全质量达标工作　广泛开展了安全质量标准化活动，督促施工企业认真贯彻执行国家、行业、地方有关管理规定和强制性技术标准及规范，制定企业内部安全生产标准化规定，全面规范生产流程的每个环节和每个岗位。2009年，有20家施工企业申报或通过建筑施工安全质量标准化考评。

3. 规范机构人员设置配备　通过严格施工企业安全生产许可证延期换证和“三类人员”安全生产考核合格证延期审核工作，推进了广大施工企业自觉建立和落实安全生产责任制度、安全生产检查制度、意外伤害保险制度和生产安全事故应急救援制度，规范企业安全管理机构的设置和项目专职安全管理人员的配置。2009年，有37家施工企业通过延期换证，670名“三类人员”通过延期审核。

4. 实施施工现场动态考核　实施了安全文明措施费现场考核，督促施工企业加大安全生产投入，落实从业人员的安全技能培训和岗前安全教育。2009年，对74个工程项目进行了安全文明措施费现场考核。

（三）深入开展事故隐患排查治理

1. 组织节后复工检查　为认真贯彻省建管局《关于开展2009年春节后复工安全大检查的通知》的要求，市建设局立即行动、全面布置，印发了《关于开展节后建筑工地复工安全生产大检查的通知》，同时组织开展了建筑工地节后复工暨“二会”期间安全生产大检查。对工程建设各方参建主体和各类人员的市场行为、安全行为和施工现场安全防范措施等进行了全面检查。共检查在建项目211个标段，528个单位工程，签发书面隐患整改通知单187份，签发停工整改通知单17份，排查危险性较大工程34个。

2. 组织日常现场巡查　在施工现场安全生产日常监管工作中，以工程建设各方参建主体安全行为和施工现场重大危险源点为监管重点，健全完善巡查制度，建立巡查档案，加大巡查密度，提高巡查质量，及时纠正与制止安全生产违法违规现象，有效增强了监管力度。

3. 组织定期全面检查　在重大节日、重要会议、特殊季节、恶劣天气和施工高峰期到来之前，认真分析安全生产薄弱环节，深刻吸取以往年度同时期曾发生事故的教训，有针对性地提早作出符合实际的安全生产工作部署，全面组织开展全行业安全生产大检查，查找事故隐患，明确工作责任，落实整改措施，确保生产安全。2009年，市建设局共开展了10次安全生产大检查，共检查在建项目875个(次)，累计建筑面积678.54万平方米，共签发书面隐患整改通知单381份，其中责令停工通知单41份。

4. 组织专家回访检查　为有效地遏制较大以上生产安全事故的发生，一方面，认真贯彻建设部《危险性较大的分部分项工程安全管理办法》的要求，全面实施了施工现场重大危险源公示制度，严格规范了危险性较大工程专家论证制度。对建设部规定的深基坑工程、模板工程及支撑体系、起重吊装及安装拆卸工程、脚手架工程、拆除和爆破工程、其它等六大类超过一定规模的危险性较大的分部分项工程，除严格安全专项施工方案的编制、审查、审核、审批，还必须委托镇江市土木建筑学会进行专家论证。2009年，对107个标段工程进行了专家论证。另一方面，制定下发了《关于实施建筑施工安全巡查制度的通知》，每月由各级安全监督管理部门会同镇江市土木建筑学会参与危险性较大工程专项方案论证的专家，对全市实施中的危险性较大工程，进行一次专家安全回访检查，重点检查安全专项施工方案的实施和专家论证意见的实施情况，全面加强危险性较大工程的动态监控。

5. 组织工棚专项检查　3月13日市建设局针对沪宁城际铁路“3.11”爆炸坍塌事故召开专题会议，并转发了省建管局《关于加强建筑工地安全生产及工棚宿舍管理的紧急通知》，要求各单位立即对工棚宿舍的房屋结构安全、舍内用电管理、明火使用情况等进行一次拉网式安全检查，对工人普遍进行一次安全教育，建立健全住宿安全管理制度，杜绝重大生产安全事故发生。全市各相关单位对301个工地的宿舍进行了检查，未发现有租用废弃、停用的厂房作为职工宿舍的情况。

（四）着力抓好安全生产宣传教育

1. 深化民工业余学校创建工作　通过全面落实农民工业余学校创建工作，督促施工企业、工程项目部不断强化一线工人的技能培训和安全教育工作；通过全面实施建筑业职工岗前职业技能培训和鉴定制度，从根本上提高全行业从业人员的业务技能和安全素质。2009年，共创建农民工业余学校158所，12 915名农民工接受了技能培训和安全教育。

2. 落实特种作业人员持证上岗　通过严格工程开工前安全生产条件审查和安全措施备案制度，加快考核基地的建设，落实考评人员的培训，严把特种作业人员、关键岗位工作人员的岗前培训考核和年度复审工作。2009年，市安监站共对403个标段工程进行了开工前安全生产条件审查。我市建设学校已通过省建管局特种作业人员考核基地条件认证。

3. 实施建筑职工职业技能鉴定　会同劳动和社会保障部门共同推进建筑业职工岗前职业技能培训和鉴定制度的实施，开展了砌筑工、抹灰工、木工、钢筋工、混凝土工、油漆工、防水工、管道工等建筑业八大工种的职业技能鉴定，从根本上提高全行业从业人员的业务技能和安全素质。2009 年，共举办职业技能鉴定四期，171 名高级工。

4. 提高企业管理人员安全意识　重点开展了企业主要负责人、项目负责人、专职安全员管理人员岗前安全考核和年度继续教育工作，重点开展了工程技术人员、特种作业人员、关键岗位作业人员的业务培训。2009 年，共举办各类安全生产培训班 11 期，5 400 名相关人员进行了系统培训和考核。

5. 开展专题安全生产宣传活动　一是紧紧围绕“关爱生命、安全发展”活动主题，制定具体活动方案，以“安全专项整治、倡导安全文化、健全安全法制、落实安全责任、加大源头治理、改善安全状况、实现本质安全”为目标，注重实效性地组织开展了全市建筑业“安全生产月”活动。二是通过在全行业组织开展“安康杯”竞赛、创建文明工地观摩学习、送“安全电影”到工地、送“安全知识”到工地等活动，大力加强安全文化建设，认真学习先进地区、先进单位创建文明工地的最新成果、成功经验和好的做法，努力营造“关爱生命、关注安全”的工作氛围。2009 年，全市建筑业安全生产新闻专题采访 13 次，安全生产新闻报道 131 篇。

（五）继续深化起重设备专项整治

1. 严格备案管理　进一步规范建筑施工起重机械的登记备案和检测管理，进一步督促施工企业健全落实设备管理制度。2009 年，共办理建筑施工起重机械使用登记备案 736 台，其中的塔式起重机 418 台、施工升降机 31 台、物料提升机 248 台、高处作业吊篮 39 台，在用设备使用登记备案率 100％。

2. 实施产权登记　针对建筑施工起重机械监督管理中存在的薄弱环节，为从源头上加强监督管理，根据省建管局《江苏省建筑施工起重机械设备使用登记办法》，继续开展建筑起重机械设备的产权登记工作。2009 年，市区新进行产权登记的塔式起重机 53 台，施工升降机 11 台，物料提升机 103 台，高处作业吊篮 17 台。

3. 加强动态监管　对市区主次干道、广场、学校、医院、旅游景点等人员密集处起重机械设备，进行经常性、不定期巡查，确保安全性能，规范使用行为；组织开展建筑起重机械设备拆装、租赁单位的专项检查，重点检查了设备档案、拆装档案、制度建设、人员培训、持证上岗等方面情况；指导规范检测机构的工作程序和检测行为，加强信息沟通，形成互动机制，对一次检测不过关的起重机械设备，加大整改的监管力度；积极引导，严格把关，杜绝购置安全性能达不到标准的塔式起重机、施工升降机、物料提升机等，进一步净化了起重机械设备使用市场。2009 年，共检查塔式起重机 301 台、施工升降机 24 台、物料提升机 151 台、吊篮 20 台，下发隐患整改(停工)通知单共 52 份，7 台塔式起重机被责令强制拆除。共检查了 5 家拆装、租赁单位。

（六）不断强化施工现场文明管理

1. 深化文明施工整治活动　针对施工现场管理方面存在的薄弱环节和广大市民、社会各界反映强烈的突出问题，结合全市组织开展的创建全国生态城市和市容卫生环境综合整治的要求，下发了《关于进一步加强建筑工地文明施工管理和扬尘防治工作的通知》，从关心、关爱、关注广大建筑民工的角度出发，深入开展了场容场貌、临时设施、扬尘污染、噪声控制、食堂卫生专项整治活动。重点解决施工现场管理混乱、临时设施安全隐患、运输车辆污染道路、工地扬尘污染环境、施工噪声超标排放、食堂饮食卫生堪忧等突出问题，全面改进了工地临时生活设施的搭建质量，文明施工管理工作又上新台阶。

2. 推进文明平安创建活动　积极倡导“以人为本”的观念，紧紧围绕“安全、卫生、环境、爱民”的主题，以全面落实市委、市政府“建设平安镇江，创建最安全地区”为目标，深入广泛地开展文明工地和平安工地创建活动。从抓目标落实、质量提高、标准完善、检查指导、考核验收等入手，不断拓展创建范围，不断提高创建标准，不断夯实创建基础，不断规范创建行为，全面提升了建设工程施工现场安全生产、文明施工、综合治理工作水平。2009年，全市共有170个项目被定为市级文明平安工地目标管理项目，67个项目被定为省级文明平安工地目标管理项目。12月2日，省建设厅、建管局在我市丹阳召开了全省建设系统创建平安工地推进会，我市平安工地的创建工作得到了充分肯定和广泛好评。

（七）努力提升监督管理工作水平

1. 全面推广视频监控系统　通过应用施工现场远程视频监控系统，随时掌控施工现场情况，及时发现存在问题，实施安全差别管理，督促工程建设各方参建主体自觉加强安全生产和文明施工管理，规范安全和市场行为。2009年，市区累计有51个建筑工地安装了远程视频监控系统。

2. 全面运用监管系统软件　一线监管人员依据系统软件提供的规范的检查程序，对工程建设各方参建主体市场行为、安全行为和施工现场重大危险源等进行检查，自动生成标准格式的检查报告。这种方式将极大改进现场巡查的随意性、个性化，全面提高现场巡查的规范性、科学化。

3. 全面开通网上办事系统　开通了“镇江市建安网站”，在内部形成局域网，形成安全生产基础信息、安全生产动态监管、建筑市场行政执法、建筑市场监督管理、建筑市场信用管理等系统，具备安全备案、施工起重机械登记、文明工地申报、信用手册年检等网上办事系统，充分运用现代化办公手段，提高工作效率，提高服务效能，提升监管水平。

4. 全面开展业务培训教育　为全面提高全市建筑安全监管人员的业务素质和工作能力，制定了年度业务培训和学习计划，结合工作特点，开展了法律法规、规章规定、制度标准、规范规程的系统培训和深入学习。全年共邀请四批省内外知名专家，分别就深基坑、高大模板和高层脚手、起重机械设备安装和拆卸、施工用电、安全施工方案等进行了系统培训和辅导，全员的专业技术水平和综合管理能力有了新的提高。

二、2009年形势分析

2009年，通过各级的真抓实干、共同努力，安全生产工作取得了一定的成绩。但安全生产和平安创建工作在不同地区之间、不同单位之间、不同项目部之间开展得还不平衡，工作中还存在着不容忽视的问题和薄弱环节，安全事故还未得到根本上的杜绝。

（一）安全等级事故时有发生

2009年，全市建筑施工发生了2起等级安全事故，造成2人死亡，教训十分沉重，必须引起我们的高度重视。

（二）安全生产基础工作薄弱

施工企业重经济效率，轻安全生产，安全生产投入不足，施工、生产设备及工艺陈旧，安全生产的技术要求和科技含量不高。

（三）安全生产事故隐患较多

施工企业的安全生产主体责任意识欠缺，安全责任制不健全、不落实，安全制度形同虚设；安全管理力量薄弱，危险源缺乏有效监控，安全隐患未及时纠正或整改不力。

（四）村镇工程安全监管不力

村镇建设工程不履行法定义务，工程游离于政府监管之外，安全隐患多；安全监管网络尚未键全，安全监管机构基本上属失控状态。

（五）从业人员技能素质不高

建筑行业从业人员流动性大且多为农民工，安全培训教育不落实，安全技能和文化素质较低，安全意识薄弱，安全自我防范能力差；部分专职安全管理人员业务素质不高、责任心不强，发现不了安全隐患或熟视无睹。

（六）安全生产执法力度不大

管理部门在安全生产日常巡查、督查中，对发现的安全隐患往往只签发整改通知书，忽视整改情况的监督，对整改不到位的或拒不整改的，未及时立案，进行行政处罚。

（七）文明工地总体水平不高

文明工地创建工作仍然存在着突击现象，文明工地的长效管理不够，施工现场的“脏、乱、差”没有得到根本解决，施工现场总体管理水平不高。

2009 年泰州市建筑安全生产工作情况汇报

泰州市建筑工程局

（2009 年 12 月 30 日）

2009 年，在省建管局的正确指导下，我局认真贯彻省、市安全生产工作会议精神，按照年初制定的工作计划，扎实开展建筑安全专项治理，着力抓好建筑安全监管工作，全力推进建设工程安全生产管理水平的提高，全市建筑安全生产形势总体平稳，全年未发生建筑伤亡事故。现将工作情况总结如下：

一、全年所做工作

1. 坚持目标管理，全面落实安全生产责任制。一是年初召开全市建筑安全生产工作会议，与各市、区主管部门签订了安全生产目标责任状，将全年各项安全控制指标、管理创优指标进行了分解，并对全年安全生产目标管理工作提出了要求，层层落实安全生产责任；二是坚持安全例会制度，每季度召开四市两区安全站长会议，总结交流经验，分析安全生产形势，确定下一阶段安全管理目标，促进安全生产工作；三是市区联动，全面落实安全监管责任。由市安监局牵头，以泰安委[2009]8 号文下发了《泰州市区建筑施工安全监管工作意见》，明确了我局与海陵区、高港区、经济开发区主管部门对市区工程项目安全监管责任，理顺了安全监管责职，消除了安全监管盲区，扩大安全监管覆盖面，形成市区联动齐抓共管格局，减少了安全事故发生。

2. 根据时节特点，及时组织开展安全大检查。2009 年，共组织 7 次建设工程安全大检查：一是元旦、春节期间，组织一次拉网式安全检查，认真督促施工企业严格落实冬季施工措施，切实防范火灾、中毒等事故。二是开展春节后复工安全大检查，成立复工安全生产领导小组，下发安全大检查通知，在企业自查基础上，组织多个检查组开展全市复工安全抽查。三是吸取丹阳职工宿舍坍塌事故教训，组织开展建筑工地工棚宿舍专项检查。与市安监局组织联合检查组，检查了工棚宿舍的人员管理、用电管理、明火使用及安装质量验收情况，并以此为契机，加大了对存在隐患的排查治理。四是开展建筑施工起重设备专项检查，重点检查了各起重机械设备的产权登记、检测、验收、使用登记及维护保养情况，对存在隐患的设备使用单位进行了全面整改。五是组织开展夏季高温安全生产大检查，督促施工企业妥善安排作息时间，做好防中暑、防食物中毒等措施，保证施工安全。六是开展国庆节前安全生产大检查，以政府重点工程、安居工程和市政工程为重点，开展专项检查，消除了安全隐患，保证了各项目进展顺利，确保国庆前后施工安全。七是开展冬季施工安全大检查，强化“六防”意识，12 月 18 日至 25 日，我局对四市两区开展了以安全、质量、市场管理为重点的综合执法大检查，按照所提供工程随机抽取检查，采取一听、二看、三讲评方式进行，查出不少安全隐患并责成当地主管部门跟踪督促整改到位，确保冬季施工安全。今年以来，共检查抽查在建工程 254 项次，下发隐患整改通知单 138 份，停工通知书 25 份，查出并整改安全隐患 2 158 个，整改率达 98%以上。

3. 规范现场管理，大力推广安全质量标准化工作。按照部、省关于开展建设工程安全质量标准化工作的实施意见，在全市深入开展建筑施工安全质量标准化工作：一是结合各种培训，宣贯安全质量标准化标准，强化安全质量标准化意识；二是结合文明工地、平安工地创建，树立典型，召开安全质量标准化观摩活动，以点代面，促进安全质量标准化活动深入开展。今年已举办两次安全质量标准化观摩会、两次平安工地推进会，及时推广先进单位开展安全质量标准化和文明工地、平安工地创建经验；三是结合平时监督工作，加强了对安全质量标准化工作的指导验收，推动施工现场安全和文明施工水平不断提高。2009 年，共创省级文明工地 26 项，市级文明工地 75 项，开展安全质量标准化创建企业 85 家，达标 65 家。

4. 针对薄弱环节，深入开展建筑施工安全专项整治。根据《2009 年泰州市建筑施工安全专项整治方案》的要求，2009 年专项治理重点是脚手架和模板支撑、起重机械、深基坑、临建设施、临时用电等 5 个方面。一是组织开展了起重机械安全生产专项整治。全年共检查起重安装单位 15 家，清理不合格起重安装单位一家，检查起重设备 122 台，发出限期拆除通知 4 份、限期整改通知 18 份，现场查封 5 台。二是开展施工现场临时设施专项检查，共查 35 家施工单位 51 项工程，查出临时设施安全隐患 73 个，拆除不合格临时设施 5 处，整改加固 53 处。三是开展高支模、深基坑、超高脚手架等危险性较大工程专项治理，建立危险性较大工程的申报和专家论证制度，从方案设计和论证、实施、结束等各个阶段进行全程监管，消除事故隐患。全年共组织危险性较大分部分项工程专家论证 15 个，提出改进措施 48 处，确保重大危险源处于受控状态，避免重大安全事故发生。

5. 强化教育培训，不断提高从业人员安全素质。一是深化农民工业余学校培训工作，通过实施建筑业职工岗前安全知识培训，强化作业工人安全意识，从根本上提高全行业从业人员的安全责任；二是加强特种作业人员培训考核基地建设和考评员学习培训，积极向省局申报验收，为尽快开展对特种作业人员培训工作打好基础；三是加强“三类人员”安全知识培训工作，结合“三类人员”安全知识考核及延期工作要求，全年共举办三期培训班，2 000 多名施工企业“三类人员”参加培训和考核；四是加强企业安全技术人员技能培训，组织两期模板、脚手架方案编制培训班；五是加强安监人员监管能力培训工作，分批组织安监人员参加了模板规范、临时用电规范等培训班学习，促进了安监人员安全管理知识水平提高。六是积极开展对外交流活动，组织四市两区安监站长赴扬州、昆山等地进行学习调研，借鉴学习先进地区好的监管经验和办法，不断提高我市建筑安全监管水平。

6. 加大宣传力度，努力营造“安全生产月”活动氛围。全市参加活动施工的单位共有 345 家，张贴宣传标语 1 660 余张，张挂条（横）幅 1 720余条，书写安全宣传牌 280 余块，出黑板报 590 多期，收看电视、宣教片 11 200 多人次，企业自办培训班安全教育 16 500 余人次，企业安全部门组织专项检查 207 次，项目部自查 720 多次，活动期间共查出事故隐患 1 400 多条，隐患整改率 100%。我局积极参加市安委会组织的“安全生产月”咨询日活动，发放宣传资料 1 000 多份，开展送安全进工地活动，购买《建筑施工安全知识读本》共 2 000 多册，发放到职工手中；制作大型安全宣传展板 5 块，在各施工现场巡回展出，使职工深受教育。活动期间，还邀请专家授课，施工企业技术负责人、安全员及现场项目经理共 1 000 多人参加了建筑安全生产知识培训，提高了他们的安全素质。我局还邀请市检察院和市法院领导进行安全生产法律法规讲座，四市两区分管局长和安监站站长聆听了讲座，增强了法制意识，提高抵御安全监管风险能力。

7. 精心部署工作，认真做好建筑安全生产“三项行动”和“三项建设”工作。根据省、市安委会关于安全生产“三项行动”和“三项建设”工作的总体部署和要求以及省建管局《关于开展全省建筑安全生产“三项行动”实施方案的通知》，我局及时成立了领导小组，研究制定结合我市实际的“三项行动”实施方案，突出针对性、实效性，分宣传发动、排查治理、督促检查和巩固提高四个阶段，扎实有序开展工作。至 11 月底，全市共开展集中执法行动 73 次，打击违法和非法建设 45 个，排查并治理隐患 2 181 处，充分利用农民工业余学校开展全员安全培训教育，共培训职工 1 万余人，通过开展安全生产“三项行动”，强化了我市建筑安全生产基础工作，有效防范和遏制了建筑生产安全事故，促进了我市建筑安全生产形势的持续稳定好转。2009 年我局对“三项建设”工作非常重视，增加安全监管人员，由原先 3 人增加到 6 人，配备了安全执法车辆，人手一台电脑以及照相、摄像机等相关软硬件设施，大大提高安全监管效能和水平。

三、存在的问题

1. 部分施工和监理企业未将安全工作摆在应有的位置上，安全责任主体意识不强，安全生产责任制没有真正落实到位；一些施工企业对安全实行粗放型管理，对项目缺乏有效的控制，非法转包、以包代管现象时有发生。部分一线施工人员缺乏系统的安全培训，安全意识淡薄，操作技能低下，“三违”现象比较突出。

2. 一些施工企业负责人和项目经理对待安全工作存在侥幸和麻痹心理，为了低价中标，大幅度压低安全生产成本，造成安全投入严重不足，现场防护不到位，安全防护用品以次充好，不少设备陈旧老化，长期带“病”运转，施工现场本质安全度不高。

3. 一些建设单位不严格履行基本建设程序，某些政府工程、拆迁安置项目和招商引资项目不及时办理施工许可等相关手续，不按规定提供建设工程安全生产作业环境及安全施工措施所需费用，导致这些工程的安全管理工作游离于主管部门的监管之外，发生安全事故的因素增大，施工现场安全隐患增多。

4. 安全监管机构力量不足，监管手段有限。目前我市建筑安全监管机构普遍存在人员少，编制少，甚至无编制，监管力量薄弱的情况，安全监管很难做到全覆盖。另外，安全监管手段有限，行政强制措施和能力不足。

2009 年宿迁市建筑安全生产管理工作总结

宿迁市建设局

（2009 年 12 月 31 日）

2009 年，在省建管局指导帮助下，我局贯彻落实科学发展观重要思想，紧紧围绕年初安全生产目标责任状内容，认真落实“安全生产年”、“三项行动”等重要精神，稳步开展了一系列安全生产活动。现将全年本地区建筑安全生产管理工作情况汇报如下：

一、基本情况

（一）抓责任，完善安全生产网络。

2009 年年初，我局通过召开全市建筑安全生产工作会议，与各县、区签订了安全生产责任状，将安全生产控制指标具体分解到有关部门和单位，并落实责任人，形成了一把手亲自抓、分管领导具体抓、其他领导配合抓的管理机制，完善了安全生产网络，确保了安全生产工作顺利开展。

（二）抓管理，制定安全生产制度。

一是建立工程安全监督档案。2009 年对在建工程建立相应的安全监督档案，并以此作为安全监督巡查、抽查的重要依据。我局以项目部为单位累计共建立在建工程安全监督档案 128 份，建档率 100%。安全监督档案内容包含工程概况、安全监督交底、监督巡查整改要求与回复情况等，记录各方责任主体安全生产行为及实体安全防护抽查情况，增强了安全监督管理的科学性、规范性，提高了安全监管水平。

二是建立安全生产巡查制度。规范了建筑施工安全生产监督行为，重点监控建筑安全生产各方主体职责的履行情况，促进了建筑施工企业、项目部安全生产管理工作科学化、规范化、长效化。我局在重大节假日前、重要时段共开展4次巡查活动，有效督促了各建筑施工企业安全生产主体责任落实。

三是建立危险源、危险点公示制度。要求对施工现场内所有可能导致发生安全事故的危险点和危险行为，以及控制措施、监控责任人等，必须以公示牌的形式在施工现场进行公示。目前市区在建工程共建立危险源、危险点公示牌328件，极大提高了各项目部安全隐患排查治理的积极性和主动性。

四是加强对危险性较大的分部分项工程安全管理。根据建设部《危险性较大的分部分项工程安全管理办法》(建质[2009]87号)要求，我局下发《关于进一步加强危险性较大的分部分项工程安全管理的通知》(宿建发[2009]252号)，进一步规范了危险性较大分部分项工程和超过一定规模的危险性较大分部分项工程施工专项方案编制、论证、审批行为。

(三) 抓落实，开展“三项行动”。

根据省建管局《关于开展全省建筑安全生产“三项行动”实施方案的通知》(苏建管质[2009]33号)文件精神，我局落实相关要求立即制定了宿迁市建筑施工安全生产“三项行动”实施方案并按实施方案要求扎实抓好各项工作。

隐患排查治理行动方面：一是强化监管，狠抓隐患排查。我局针对安全生产薄弱环节在节后、“五一”、“十一”等重要节假日期间、重点时段共开展8次常规安全大检查、3次专项检查、1次综合性安全大检查，有力规范了建筑安全生产行为。通过开展隐患排查治理行动，共发现安全隐患3 400余条，下发整改通知单598份，停工通知单42份，有效治理了建筑安全隐患。我局还针对安全生产薄弱环节，开展乡镇学校专项安全大检查。我局于5月中旬对9所乡镇中学进行了安全隐患集中排查，有力规范了乡镇工程建筑施工安全生产行为。二是攻坚克难，推进专项整治工作开展。专项整治工作是我局全年重点工作之一。年初制定了《宿迁市建设局2009年建筑施工安全生产专项治理方案》，把预防脚手架、模板支撑体系坍塌事故等4项工作作为今年专项整治工作的重点。通过专项整治，有效消除了重大隐患，控制了一般隐患，确保了安全生产工作顺利开展。

执法行动方面：今年以来，我局共查处了17起建筑施工违法违规案件，立案20起，记企业不良记录14次，个人不良记录7次，上报省局吊扣1家企业安全生产许可证。进一步整顿了建筑市场秩序，有效规范建筑施工安全生产行为。

教育培训行动方面：一是突出重点，开展“安全生产月”活动。6月14日为全国安全生产咨询日，我局印制宣传牌5件，宣传资料1 500余份，面向广大从业人员开展宣传咨询活动；二是注重宣传，推进建筑安全文化建设。通过悬挂标语、建立安全文化宣传栏、编制安全生产海报、推行职工亲友安全赠语等活动方式打造了立体式安全文化宣传阵地；三是夯实基础，做好安全教育工作。我局通过邀请省安全生产专家作建筑施工安全生产管理专业讲座、召开建筑工程安全质量标准化工地现场会等方式从直观上教育了各方主体如何做好安全管理工作。

(四) 抓总结，召开建筑安全生产形势分析会。

我局于每一季度及汛期、国庆前等重要时段召开全市安全生产形势分析会，通过总结上一阶段安全生产工作中好的经验做法，分析存在的问题来制定下一步工作计划，确保建筑安全生产工作有效、有序开展。

（五）抓基础，加强安全监督执法队伍建设。

安全监督执法队伍建设是我局开展"三项建设"的重点之一。通过开展廉政教育、学习安全生产的法律法规、业务知识等行动从根本上提高监督执法人员政治理论素质和监督执法工作水平，严格做到公正执法、严格执法、文明执法。

二、2009年建筑安全生产形势分析及存在的主要问题

2009年全市发生2起建筑安全生产事故，造成2人死亡。建筑安全生产主要存在以下几个方面的问题：

（一）各方主体安全意识不强，责任落实不到位。

一是部分企业安全生产主体意识不强，安全生产投入不足。项目负责人不在现场时有发生，部分项目部危险性较大工程无专项施工方案或方案未经公司技术负责人审批；二是一些建设单位，包括一些政府工程安全监督手续办理不及时，未真正重视和履行法律法规规定的安全责任；三是部分监理企业安全责任认识不清，安全管理职责未能落实到位。

（二）安全生产培训工作不到位。

从两起事故的直接原因来看，都是由于操作不当引起的。一些农民工整体安全意识不强，缺乏必要的安全生产技能和自我保护能力。不少施工企业在农民工上岗前未对其进行较为系统的安全生产教育培训，企业三级教育不到位；一些特种作业人员未经专门培训即从事特殊工种作业，存在较大事故隐患。

三、下一步工作打算

（一）继续推进企业安全生产主体责任落实。

我局将继续通过组织开展一系列安全生产活动，进一步突出企业安全生产主体责任，激发企业安全生产积极性，建立推动企业安全生产责任制全面落实的长效机制。

（二）进一步做好安全教育培训工作。

认真抓好农民工学校建设和安全教育培训工作，严格确保实现从业人员培训考核合格率100％；做好"三类人员"、特殊工种培训考核工作，全面提高从业人员安全管理能力和专业技术水平，确保持证上岗率达到100％。

十五、2009年度江苏省建筑业企业建筑工程质量获奖项目

2009年江苏省建筑业企业获鲁班奖项目

2009年10月26日，中国建筑业协会以建协[2009]47号文公布2009年度中国建设工程鲁班奖(国家优质工程)评选结果，全国有99项工程荣获2009年度中国建设工程鲁班奖(国家优质工程)，其中江苏建筑企业承建的工程项目有14项。这些项目是：

1. 对外经济贸易大学图书信息中心　承建单位是江苏省建工集团有限公司，参建单位是南通市通东建筑发展有限公司、江苏省国立建设发展有限公司、江苏省建工集团钢结构工程有限公司、江苏省建工集团装饰工程有限公司

2. 林萃公寓　承建单位是江苏江都建设工程有限公司

3. 内蒙古博物院(馆)　承建单位是江苏省苏中建设集团股份有限公司

4. 仁恒河滨城二期A标　承建单位是龙信建设集团有限公司

5. 南通大学附属医院综合病房楼　承建单位是江苏南通二建集团有限公司，参建单位是江苏启安建设集团有限公司

6. 江苏省建设管理综合楼　承建单位是江苏江中集团有限公司，参建单位是苏州柯利达建筑装饰工程有限公司、苏州金螳螂建筑装饰股份有限公司、广东省工业设备安装公司

7. 江苏移动通信枢纽工程　承建单位是南通四建集团有限公司，参建单位是南京国豪装饰安装工程有限公司、深圳市文业装饰设计工程有限公司、深圳市美术装饰工程有限公司

8. 苏州出入境检验检疫综合实验楼(国检大厦)　承建单位是苏州第一建筑集团有限公司，参建单位是南通四建集团有限公司、苏州金螳螂建筑装饰股份有限公司、重庆西南铝装饰工程有限公司

9. 江苏广电城　承建单位是江苏顺通建设工程有限公司，参建单位是中建工业设备安装有限公司、沈阳远大铝业工程有限公司

10. 南京会议展览中心会议中心　承建单位是南通新华建筑集团有限公司，参建单位是上海宝冶建设有限公司、沈阳远大铝业工程有限公司、苏州金螳螂建筑装饰股份有限公司、深圳城市建筑装饰工程有限公司

11. 侵华日军南京大屠杀遇难同胞纪念馆扩建工程　承建单位是南京大地建设(集团)股份有限公司和通州建总集团有限公司，参建单位是南京环达装饰工程有限公司、南京深圳装饰安装工程有限公司

12. 重庆西永微电子工业园标准厂房一期A栋　承建单位是中冶建工有限公司、亚翔系统集成科技(苏州)股份有限公司

13. 西安电子科技大学新校区公共教学楼群行政楼与图书馆　承建单位是江苏江都建设工程有限公司和陕西省宝天建筑工程有限公司，参建单位是江苏华江建筑工程有限公司

14. 国电泰州电厂一期工程　承建单位是江苏省电力建设第三工程公司和江苏省 电力建设第一工程公司，参建单位是北京国电龙源环保工程有限公司

该文同时公布江苏建筑企业参建的工程获鲁班奖项目有7项。这些项目是：

1. 北京电视台　承建单位是北京建工博海建设有限公司、北京城建建设工程有限公司，江苏参建单位是江苏沪宁钢机股份有限公司

2. 中石化科研及办公用房　承建单位是北京建工集团有限责任公司，江苏参建单位是苏州金螳螂建筑装饰股份有限公司、江苏沪宁钢机股份有限公司

3. 沈阳海关业务设施楼　承建单位是中建三局第二建设工程有限责任公司，江苏参建单位是苏州金螳螂建筑装饰股份有限公司

4. 上海同步辐射光源工程　承建单位是上海市第七建筑有限公司，江苏参建单位是江苏沪宁钢机股份有限公司

5. 西宁750KV变电站　承建单位是青海送变电工程公司，参建单位是江苏省江建集团有限公司

6. 中国石油大厦　承建单位是中建一局集团建设发展有限公司，江苏参建单位是苏州金螳螂建筑装饰股份有限公司

7. 灵山胜境三期工程梵宫建筑　承建单位是中国建筑第八工程局有限公司，江苏参建单位是苏州金螳螂建筑装饰股份有限公司

2009年10月27日，中国建筑业协会以建协[2009]48号文公布中国建设工程鲁班奖（境外工程）评选结果，共有13项工程荣获中国建设工程鲁班奖（境外工程）。其中江苏省建筑企业承建的工程有3项，具体的工程是：

1. 迪拜双塔（TWO TOWERS－DUBAI）　承建单位是江苏南通六建建设集团有限公司

2. 越南福山水泥公司日产5 000吨熟料生产线　承建单位是苏州中材建设有限公司

3. 孟加拉国巴拉普库利亚煤矿　承建单位是中煤第五建设公司

2009年江苏省建筑业企业获国家优质工程奖项目

2009年度国家优质工程金质奖全国共5项，国家优质工程银质奖全国共146项。江苏省勘察设计单位、监理单位和建筑施工企业获银质奖的工程共26项，这些项目是：

1. 河南省济（源）焦（作）新（乡）高速公路济源至焦作段二程　主申报单位、建设单位均为河南省济焦新高速公路有限责任公司，监理单位是江苏东南交通工程咨询监理有限公司

2. 北京市成府路道路工程　主申报单位、建设单位均为北京市公联公路联络有限责任公司，江苏参建单位是江苏天目建设集团有限公司

3. 苏州工业园区南环路东延工程　主申报单位、建设单位均为苏州工业园区地产经营管理公司，代建单位是南京城建隧桥经营管理有限责任公司，监理单位有江苏华宁交通工程咨询监理公司、南京华宁工程建设监理公司，参建单位有南京润盛建设集团有限公司，南京市水利建筑工程有限公司、南京第二道路排水工程有限责任公司、江苏江中集团有限公司等

4. 江苏华昌化工股份有限公司环保搬迁建设项目—高浓度复合肥系列产品项目　主申报单位、建设单位均为江苏华昌化工股份有限公司，勘察及设计单位有江苏南京地质工程勘察院、江苏省化工设计院有限公司，监理单位是南京金陵石化工程监理有限公司，参建单位有江苏华能建设工程集团有限公司

5. 贵州至广东第二回正负500KV直流输电工程　主申报单位、建设单位均为中国南方电网有限责任公司超高压输电公司，参施单位

有江苏省送变电公司

6. 500KV锡西南变电站工程　主申报单位是江苏省送变电公司，建设单位是江苏省电力公司，勘察及设计单位是江苏省电力设计院，监理单位是江苏宏源电力建设监理有限公司，参建单位是江苏省送变电公司和南京市第六建筑安装工程有限公司，调试单位是江苏省电力试验研究院有限公司

7. 山东济矿鲁能煤电有限公司阳城矿井　主申报单位、建设单位均为山东济矿鲁能煤电有限公司阳城煤矿，勘察及设计单位是江苏长江地质勘察院

8. 江苏移动GSM网9期苏州业务区无线设备安装工程　主申报单位是中国移动通信集团江苏有限公司，建设单位是中国移动通信集团江苏有限公司苏州分公司，勘察及设计单位是江苏省邮电规划设计院有限责任公司，监理单位是江苏邮通建设监理有限公司，施工总承包单位是江苏省邮电建设工程有限公司

9. 北京奥林匹克公园(B区)国家会议中心配套设施工程A座　主申报单位是中国建筑第八工程局有限公司，建设单位是北京北辰会议中心发展有限公司，参建单位有中建八局工业设备安装有限责任公司

10. 新城大厦工程　主申报单位是北京万兴建筑集团有限公司，建设单位是北京兴基伟业置业有限公司，参建单位是苏州金螳螂建筑装饰股份有限公司

11. 西安电子科技大学新校区B栋教学楼工程　主申报单位是江苏江都建设工程有限公司，施工总承包单位是江苏江都建设工程有限公司

12. 星河世纪大厦工程　主申报单位是江苏省华建建设股份有限公司，建设单位是深圳市东永峰实业有限公司，施工总承包单位是江苏省华建建设股份有限公司，参建单位是泰州市高港建筑安装工程有限公司

13. 青岛石油大厦工程　主申报单位是中国建筑第八工程局有限公司，建设单位是青岛博泰置业有限责任公司，施工总承包单位是中国建筑第八工程局有限公司，参建单位是中建工业设备安装有限公司

14. 共和国际商务广场工程　主申报单位是浙江创业建设工程有限公司，建设单位是上海市北置业发展有限公司，参施单位是常州苏南建筑装潢工程有限公司

15. 上海中建大厦工程　主申报单位是中国建筑第八工程局有限公司，建设单位是上海中建投资有限公司，施工总承包单位是中国建筑第八工程局有限公司，参建单位是中建工业设备安装有限公司

16. 南京高新区中科院软件产业中心工程　主申报单位是南京市第六建筑安装工程有限公司，建设单位是南京高新技术经济开发总公司，勘察及设计单位是中国化学工程南京岩土工程公司、东南大学建筑设计研究院，监理单位是江苏建科建设监理有限公司、南京腾江工程建设监理有限责任公司，施工总承包单位是南京市第六建筑安装工程有限公司

17. 常州市体育场游泳馆工程　主申报单位是中国建筑第八工程局有限公司，建设单位是常州民防建设投资有限公司，勘察及设计单位有常州市中元建设工程勘察院有限公司，施工总承包单位是中国建筑第八工程局有限公司，参建单位有江苏沪宁钢机股份有限公司、宜兴市工业设备安装有限公司

18. 常州天宁寺宝塔工程　主申报单位是常州第一建筑工程有限公司，建设单位是常州天宁禅寺，勘察及设计单位有常州市建筑设计研究院有限公司，监理单位是南京工苑建设监理咨询有限责任公司，施工总承包单位是常州第一建筑工程有限公司，参建单位是江苏沪宁钢机股份有限公司

19. 无锡机场改扩建工程航站楼工程　主申报单位是中国建筑一局(集团)有限公司，建设单位是无锡机场改扩建工程指挥部，勘察及设计单位有无锡市勘察设计研究院有限公司

20. 无锡市医疗中心A、B、C、D、E区工程

主申报单位是江苏苏阳建设有限公司，建设单位是无锡市医疗中心工程建设指挥部，勘察及设计单位是无锡市勘察设计研究院有限公司，施工总承包单位是江苏苏阳建设有限公司，参建单位是无锡市华东建筑装饰工程有限责任公司、宜兴市工业设备安装有限责任公司

21. 苏州科技新天地（国际科技园四期）人才公寓楼工程　主申报单位是苏州二建建筑集团有限公司，建设单位是苏州工业园区科技发展有限公司，勘察及设计单位是江苏省纺织工业设计研究院有限公司苏州勘察分公司、苏州工业园区设计研究院有限责任公司，施工总承包单位是苏州二建建筑集团有限公司，参建单位是苏州柯利达建筑装饰工程有限公司、苏州国贸嘉和建筑工程有限公司、苏州金螳螂建筑装饰股份有限公司

22. 吴江经济开发区企业投资服务中心（主楼）工程　主申报单位是吴江市建设工程（集团）有限公司，建设单位是吴江经济开发区发展总公司，勘察及设计单位是江苏省地质工程勘察院，监理单位是江苏建科建设监理有限公司，施工总承包单位是吴江市建设工程（集团）有限公司，参建单位是中航三鑫股份有限公司、中建八局工业与设备安装有限责任公司、苏州国贸嘉和建筑工程有限公司

23. 南通中央商务区二期D－04地块A楼工程　主申报单位是南通建筑工程总承包有限公司，建设单位是南通中南新世界中心开发有限公司，勘察及设计单位是启东市建筑设计院有限公司、南通市规划设计院有限公司，监理单位是南通市建设监理有限责任公司，施工总承包单位是南通建筑工程总承包有限公司

24. 南通市第一人民医院综合病房楼工程　主申报单位是江苏南通二建集团有限公司，建设单位是南通市第一人民医院，勘察及设计单位有南通勘察设计有限公司，监理单位是南通市建设监理有限责任公司，施工总承包单位是江苏南通二建集团有限公司

25. 扬州市公安局公安业务技术用房工程　主申报单位是江苏邗建集团有限公司，建设单位是扬州市公安局，勘察及设计单位有江苏省工程勘测研究院有限责任公司，监理单位是扬州市建苑工程监理有限责任公司，施工总承包单位是江苏邗建集团有限公司，参建单位是江苏扬安机电设备工程有限公司、江苏华宇装饰工程有限公司、苏州金螳螂建筑装饰股份有限公司

26. 齐齐哈尔医学院教学综合楼工程　主申报单位是江苏省苏中建设集团股份有限公司，建设单位是齐齐哈尔医学院，施工总承包单位是江苏省苏中建设集团股份有限公司，参建单位是南通市达欣工程股份有限公司

2009年江苏省建筑业企业获全国建筑工程装饰奖项目

（一）公共建筑装饰类

1. 上海长海医院门急诊大楼　承建单位是南通四建装饰工程有限公司，承建范围是室内装饰装修

2. 上海瑞丰国际大厦　参建单位是苏州金螳螂建筑装饰股份有限公司，参建范围是8－28层公共部位室内装饰装修

3. 上海中融碧玉蓝天大厦　承建单位是苏州金螳螂建筑装饰股份有限公司，承建范围是大堂、2－4层公共区域、6－20层、22－23层室内装饰装修

4. 上海银都国际大厦　承建单位是南京富海装饰工程有限公司，承建范围是1－5层及14－20层室内装饰装修

5. 灵山胜境三期工程梵宫建筑　承建单位是苏州金螳螂建筑装饰股份有限公司，承建范围是梵宫A区主门厅、左右门厅、东西塔厅、B区南北廊厅、主塔厅及圣坛前厅部分等装饰内容

6. 苏州金鸡湖凯宾斯基大酒店　承建单位是苏州金螳螂建筑装饰股份有限公司，承建范围是大堂、自助餐厅、接待区、豪华套房、总统套房等装饰装修

7. 江苏海事大厦　承建单位是南京国豪装饰安装工程有限公司，承建范围是6—12层室内装饰装修；参建单位是苏州苏明装饰有限公司，参建范围是1—5层室内装饰装修

8. 扬州市公安局公安业务技术用房　承建单位是江苏华宇装饰工程有限公司，承建范围是主楼8—20层及东裙房室内装饰装修；参建单位是苏州金螳螂建筑装饰股份有限公司，参建范围是1—7层室内装饰装修

9. 南京工业大学科技综合楼　承建单位是南京金鸿装饰工程有限公司，承建范围是大厅、五楼会议室、报告厅、贵宾接待室等室内装饰装修

10. 江宁煤气公司办公楼、综合楼　承建单位是南京柏森实业有限责任公司，承建范围是室内装饰、水电安装、钢结构等

11. 苏州工业园区科技新天地　承建单位是苏州柯利达建筑装饰工程有限公司，承建范围是1层、2层大堂、共享空间；1—20层公共部位、走道及部分办公室装饰装修；承建单位是苏州国贸嘉和建筑工程有限公司，承建范围是3—24F客房及公共部位室内装饰装修；参建单位是苏州金螳螂建筑装饰股份有限公司，参建范围是人才公寓楼常住公寓套房110套；套房区域走道、电梯前室；人才公寓楼1、2层；商业配套楼1—4层局部区域装修

12. 江苏驿都金陵大酒店　参建单位是苏州金螳螂建筑装饰股份有限公司，参建范围是1—2层大堂及17—22层客房室内装饰装修

13. 苏苑饭店(苏州)　承建单位是苏州美瑞德建筑装饰有限公司，承建范围是旧楼改造部分包含办公区、会议室、客房区；新楼装饰部分为餐厅区、饭店大堂、多功能厅及部分装饰装修

14. 金墅国际公寓(苏州)　承建单位是苏州苏明装饰有限公司，承建范围是二区41＃楼室内装饰装修

15. 徐州市人民政府行政综合办公大楼　参建单位是苏州金螳螂建筑装饰股份有限公司，参建范围是会议中心室内装饰装修

16. 苏州园林博物馆新馆　承建单位是苏州金鼎建筑装饰工程有限公司，承建范围是序厅、历史厅、理水厅、叠山厅、建筑厅、结束厅等室内装饰

17. 常州市天宁区人民法院审判大楼等业务用房　承建单位是江苏鑫洋装饰工程有限公司，承建范围是室内装饰装修

18. 苏州市演出中心馆体室内装饰工程　承建单位是苏州市华丽美登装饰装璜有限公司，承建范围是室内装饰装修

19. 改建铁路新长线南通站　承建单位是江苏华发装饰有限公司，承建范围是室内装饰装修

20. 尚能太阳能电力有限公司研发大楼及康乐中心(无锡)　承建单位是江苏建设装饰工程有限公司，承建范围是康乐中心1—6层室内装饰及机电安装工程

21. 南京市区农村信用合作联社营业办公楼　承建单位是南京金陵建筑装饰有限责任公司，承建范围是室内1—9层装饰装修

22. 江苏省土地市场江阴交易中心　承建单位是江苏雄国建设工程有限公司，承建范围是1—15层，20—22层室内装饰装修

23. 安徽省稻香楼宾馆贵宾楼　承建单位是江苏东保建筑装饰实业有限公司，承建范围是室内装饰装修

24. 景德镇紫晶宾馆　承建单位是常泰建筑装璜工程有限公司，承建范围是总统楼、贵宾楼室内装饰

25. 上虞雷迪森万锦大酒店　参建单位是苏州金螳螂建筑装饰股份有限公司，参建范围是室内装饰装修(二标段)

26. 宝应县行政中心附楼　承建单位是南京长岛建设工程有限公司，承建范围是附楼(后

勤服务中心、会议中心)室内装饰装修

(二)公共建筑装饰设计类

1. 扬州市公安局公安业务技术用房 设计单位是苏州金螳螂建筑装饰股份有限公司,设计范围是扬州市公安局大楼西裙房、大厅、主楼16至20层;设计单位是江苏华宇装饰工程有限公司,设计范围是大楼东群房、主楼5—15层施工图设计、出图

2. 苏州工业园区科技新天地 设计单位是苏州金螳螂建筑装饰股份有限公司,设计范围是苏州工业园区科技新天地维景大酒店22层

3. 苏苑饭店(苏州) 设计单位是苏州美瑞德建筑装饰有限公司,设计范围是旧楼改造部位包含办公区、会议室、客房区;新楼装饰部位是餐厅区、大堂、多功能厅和客房

4. 景德镇紫晶宾馆 设计单位是常泰建筑装璜工程有限公司,设计范围是总统楼、贵宾楼室内装饰

(三)建筑幕墙类

1. 江阴土地交易中心大楼 承建单位是南京金中建幕墙装饰有限公司,承建范围是室外幕墙

2. 枫桥管理中心楼 承建单位是苏州市华丽美登装饰装璜有限公司,承建范围是室外幕墙

3. 金陵图书馆 承建单位是南京金中建幕墙装饰有限公司,承建范围是室外幕墙

4. 无锡医疗中心D、E区 承建单位是无锡金城幕墙装饰工程有限公司,承建范围是室外幕墙

5. 苏州工业园区中新科技城启动区研发服务楼幕墙B标段 承建单位苏州柯利达建筑装饰工程有限公司,承建范围室外幕墙

6. 武进汽车站主站房 承建单位是常泰建筑装璜工程有限公司,承建范围是室外幕墙

7. 苏州海关办公楼 承建单位是苏州苏明装饰有限公司,承建范围是室外幕墙

8. 徐州公路服务中心 承建单位是徐州建筑装璜有限公司,承建范围是室外幕墙

9. 句容行政中心办公楼 承建单位是苏州金螳螂建筑装饰股份有限公司,承建范围是室外幕墙

10. 如皋行政中心办公楼 承建单位是苏州金螳螂建筑装饰股份有限公司,承建范围是室外幕墙

11. 湖州高速公路管理指挥中心幕墙工程 承建单位是无锡王兴幕墙装饰工程有限公司,承建范围是室外幕墙

12. 杭州市公安局消防支队指挥中心大楼幕墙工程 承建单位是无锡王兴幕墙装饰工程有限你公司,承建范围是室外幕墙

(四)奥运工程公共建筑装饰类

1. 奥帆赛场30号地块(青岛海信购物中心) 承建单位是苏州金螳螂建筑装饰股份有限公司,承建范围是一层除品牌商铺以外的公共区域顶面、地面及墙面的室内装饰装修

2. 青岛国际奥帆中心 承建单位是江苏苏鑫装饰(集团)公司,承建范围是室外幕墙

2009年度江苏省扬子杯优质工程项目和受表彰单位及施工项目经理名单

1. 南京会议展览中心会议中心 施工单位是南通新华建筑集团有限公司,参建单位是上海宝冶建设有限公司、沈阳远大铝业工程有限公司、苏州金螳螂建筑装饰股份有限公司、深圳城市建筑装饰工程有限公司,监理单位是南京南房建设监理咨询有限公司,项目经理是徐宏均

2. 江苏省建设管理综合楼 施工单位是江苏江中集团有限公司,参建单位是广东省工业设备安装公司、苏州柯利达建筑装饰工程有限公司、苏州金螳螂建筑装饰股份有限公司,监

理单位是江苏建科建设监理有限公司，项目经理是沈忠星

3. 江苏移动通信枢纽　施工单位是南通四建集团有限公司，参建单位是深圳市文业装饰工程有限公司、南京国豪装饰工程有限公司、深圳市美术装饰公司，项目经理是张卫国

4. 江苏广电城　施工单位是江苏顺通建设工程有限公司，参建单位是中建八局工业设备安装有限责任公司、沈阳远大铝业工程有限公司，监理单位是江苏建科建设监理有限公司，项目经理是曹国祥

5. 侵华日军南京大屠杀遇难同胞纪念馆扩建　施工单位是南京大地建设集团股份有限公司、通州建总集团有限公司，参建单位是南京环达装饰工程有限公司、南京深圳装饰安装工程有限公司，监理单位是江苏建科建设监理有限公司，项目经理是朱玉麟

6. 中科院南京软件产业中心　施工单位是南京市第六建筑安装工程有限公司，监理单位是江苏建科建设监理有限公司，项目经理是夏崇敏

7. 江苏省公安厅刑侦技术大楼　施工单位是南通四建集团有限公司，监理单位是江苏华厦工程项目管理有限公司，项目经理是孙建明

8. 江苏警卫指挥中心　施工单位是南京建工集团有限公司，监理单位是江苏省建院建设监理有限公司，项目经理是李斌

9. 西堤国际B区122幢　施工单位是江苏顺通建设工程有限公司，参建单位是江苏新源建筑工程有限公司，监理单位是江苏建科建设监理有限公司，项目经理是杨建达

10. 中银大厦　施工单位是南通新华建筑集团有限公司，监理单位是南京工大建设监理咨询有限公司，项目经理是季进锋

11. 江苏省人民医院干部病房楼　施工单位是南京建工集团有限公司，参建单位是南通四建集团有限公司、南京辰邦装饰工程有限公司、南通四建装饰工程有限公司，监理单位是南京苏宁建设监理有限公司，项目经理是邱建

12. 南京会议展览中心3、4号馆　施工单位是南通四建集团有限公司，监理单位是江苏建科建设监理有限公司，项目经理是丁勇国

13. 南京会议展览中心5、6号馆　施工单位是江苏通州四建集团有限公司，参建单位是南通四建集团有限公司、南通四建装饰工程有限公司，监理单位是江苏建科建设监理有限公司，项目经理是邵海明

14. 苏源集团有限公司办公研发大楼一期　施工单位是南通四建集团有限公司，监理单位是南京普兰宁建设工程咨询有限公司，项目经理是宋茂进

15. 仙林大学城中心生活区E区08、09幢　施工单位是江苏通州四建集团有限公司，项目经理是顾海宝

16. 翠竹园三期6号楼　施工单位是南京市第四建筑工程有限公司，项目经理是袁文章

17. 南京嘉业国际城2号、3号楼　施工单位是歌山建设集团有限公司，项目经理是章洪光

18. 新达二期　施工单位是南通四建集团有限公司，参建单位是南通四建装饰工程有限公司，监理单位是南京工大建设监理咨询有限公司，项目经理是蒋佳

19. 中材国际工程研发中心　施工单位是江苏省苏中建设集团股份有限公司，监理单位是南京中材诚信工程建设监理有限责任公司，项目经理是吉舜忠

20. 西堤国际E区151幢　施工单位是南通新华建筑集团有限公司，监理公司是江苏兰达工程监理有限公司，项目经理是王集明

21. 百盛大厦　施工单位是江苏顺通建设工程有限公司，监理单位是江苏华宁交通工程咨询监理公司，项目经理是佘小颉

22. 西堤国际D区146幢　施工单位是江苏双楼建设集团有限公司，监理单位是南京普兰宁建设工程咨询有限公司，项目经理是徐修发

23. 星雨花都D1栋　施工单位是江苏省苏中建设集团股份有限公司，监理单位是江苏建科建设监理有限公司，项目经理是张玉洪

24. 河海大学江宁校区电学楼　施工单位是南通建工集团股份有限公司，监理单位是江苏建发建设项目咨询有限公司，项目经理是王俊

25. 金峰大厦　施工单位是南京第一建筑工程集团有限公司，参建单位是海门市设备安装公司，项目经理是徐澄宇

26. 卢龙山庄7号楼　施工单位是通州建总集团有限公司，项目经理是吴克明

27. 南京电子世界大厦　施工单位是江苏南通二建集团有限公司，参建单位是无锡金城幕墙装饰工程有限公司，监理单位是江苏建发建设项目咨询有限公司，项目经理是张建冲

28. 卢龙山庄5号楼及C区地下室　施工单位是南京对外经济合作有限公司，项目经理是刘忆祖

29. 天水滨江花园东区10号楼　施工单位是中国核工业华兴建设有限公司，监理单位是江苏丰华建设监理有限公司，项目经理是李军平

30. 五十五所职工集资房C幢　施工单位是江苏南通二建集团有限公司，监理单位是南京苏宁建设监理有限公司，项目经理是茅建兵

31. 南京航空航天大学大学生活动中心　施工单位是江苏南通三建集团有限公司，监理单位是南京苏宁建设监理有限公司，项目经理是王耀忠

32. 南京高新软件创新基地动漫产业大楼　施工单位是中建八局第三建设有限公司，项目经理是张景龙

33. 双赢花园13号楼　施工单位是南京宏亚建设有限公司，项目经理是刘基祥

34. 亚东城住宅小区三期2～18幢　施工单位是通州市第二建筑安装工程公司，监理单位是江苏建发建设项目咨询有限公司，项目经理是顾邢徐

35. 南京金融机械厂25号厂房　施工单位是南京天泉建筑安装工程有限公司，监理单位是南京江宁工程建设监理有限公司，项目经理是陈银生

36. 溧水植物科学基地综合实验楼　施工单位是南京市第八建筑安装工程有限公司，项目经理是夏小仁

37. 城市快速内环北线二期建设项目古平岗立交工程Q1标　施工单位是南京建工集团有限公司，监理单位是南京第一建设事务所有限责任公司，项目经理是吴发胜

38. 海德卫城综合楼　施工单位是南通新华建筑集团有限公司，监理单位是江苏丰华建设监理有限公司，项目经理是江振清

39. 亚东国际公寓一期08幢　施工单位是江苏省金陵建工集团有限公司，监理单位是江苏建发建设项目咨询有限公司，项目经理是冯声荣

40. 苏果生鲜加工中心厂房　施工单位是江苏华江建筑工程有限公司，监理单位是江苏省华厦工程项目管理有限公司，项目经理是王宜和

41. 福特汽车（南京）研究工程中心综合办公楼　施工单位是南京市第四建筑工程有限公司，项目经理是张定涛

42. 江宁科学园标准厂房　施工单位是南京鸿业建设工程有限公司，监理单位是南京南房建设监理咨询有限公司，项目经理是邵仕明

43. 吴江经济开发区外商投资企业服务中心　施工单位是吴江市建设工程（集团）有限公司，参建单位是中建八局工业设备安装有限责任公司、苏州国贸建筑装饰工程有限公司、深圳市三鑫特种玻璃技术股份有限公司，监理单位是江苏建科建设监理有限公司，项目经理是钱少南

44. 苏州纳米技术与纳米仿生研究所一期科研办公主楼　施工单位是通州建总集团有限公司，参建单位是江苏启安建设集团有限公司，项目经理是曹益华

45. 苏州市立医院北区血透综合楼　施工单位是苏州二建建筑集团有限公司，参建单位是苏州国贸嘉和建筑工程有限公司、苏州工业设备安装集团有限公司，监理单位是苏州建设监理有限公司，项目经理是许新华

46. 苏州科技文化艺术中心　施工单位是江苏江中集团有限公司，参建单位是中铁建工集团北京安装工程有限公司、深圳市洪涛装饰股份有限公司、深圳海外装饰工程有限公司、北京江河幕墙股份有限公司、宁波市市政设施建设开发有限公司、苏州金螳螂建筑装饰股份有限公司、沈阳远大铝业工程有限公司，监理单位是上海建科建设监理咨询有限公司，项目经理是沈岳

47. 苏州工业园区三星家电厂房土建总包工程（冰箱厂房、复合厂房、PO 库房）　施工单位是浙江宝业建设集团有限公司，监理单位是江苏建科建设监理有限公司，项目经理是朱大武

48. 张家港出入境检验检疫局综合楼　施工单位是南通四建集团有限公司，参建单位是和兴玻璃铝业（上海）有限公司，监理单位是苏州建设监理有限公司，项目经理是王卫星

49. 海瑞恩精密技术（太仓）新建　施工单位是苏州二建建筑集团有限公司，监理单位是苏州工业园区建设监理有限责任公司，项目经理是杨建明

50. 常熟市供电生产营业用房　施工单位是江苏汇丰建筑安装工程有限公司，参建单位是江苏华亭建筑装饰工程有限公司，监理单位是苏州天狮建设监理有限公司，项目经理是张德华

51. 常熟理工学院东湖校区体育活动中心　施工单位是江苏汇丰建筑安装工程有限公司，参建单位是常熟华联装璜工程有限责任公司、常熟市金龙装饰有限责任公司，监理单位是江苏常诚建筑咨询监理有限责任公司，项目经理是周剑敏

52. 苏州南林饭店扩建　施工单位是苏州二建建筑集团有限公司，参建单位是苏州国贸嘉和建筑工程有限公司，项目经理是韩树山

53. 金湖湾花园 5 号楼　施工单位是龙信建设集团有限公司，监理单位是苏州联信工程管理咨询有限公司，项目经理是施贤

54. 东凌大厦　施工单位是苏州建设（集团）有限责任公司，监理单位是苏州工业园区恒和咨询有限责任公司，项目经理是吴向东

55. 常熟星海.环岛凯尔顿一期　施工单位是南通新华建筑集团有限公司，项目经理是蒋长成

56. 常熟市外国语学校扩建工程综合楼　施工单位是常熟市永丰建筑安装工程有限公司，监理单位是苏州建设监理有限公司，项目经理是顾惠良

57. 苏州市公安局车管所新建办公楼　施工单位是苏州第一建筑集团有限公司，参建单位是苏州市华丽美登装饰装潢有限公司，监理单位是苏州中润建设管理咨询有限公司，项目经理是钱济荣

58. 苏州市沧浪公安分局新建办公楼　施工单位是苏州二建建筑集团有限公司，监理单位是苏州卓越建设项目管理有限公司，项目经理是陈冬泉

59. 苏州市广播电视总台广播中心　施工单位是苏州二建建筑集团有限公司，参建单位是苏州柯利达建筑装饰工程有限公司，监理单位是中咨工程建设监理公司，项目经理是张骁雄

60. NGK（苏州）电瓷有限一期厂房　施工单位是苏州二建建筑集团有限公司，监理单位是苏州建设监理有限公司，项目经理是蔡书生

61. 吴江市人民法院审判大楼　施工单位是吴江市桃源建筑有限公司，参建单位是苏州国贸嘉和建筑工程有限公司，监理单位是吴江新世纪工程项目管理咨询有限公司，项目经理是李炳华

62. 佳能（苏州）有限公司二期物流栋　施工单位是苏州狮山建筑安装工程有限公司，参

建单位是苏州柯利达建筑装饰工程有限公司，监理单位是苏州中润建设管理咨询有限公司，项目经理是曹保平

63. 苏州安泰变压器有限公司A型厂房　施工单位是江苏华新建设工程有限公司，监理单位是苏州和信建设咨询有限公司，项目经理是查林根

64. 苏州寒山寺大钟大碑博物馆及附属配套　施工单位是苏州二建建筑集团有限公司，监理单位是苏州中天建设工程项目管理有限公司，项目经理是徐建明

65. 重元寺重建项目　施工单位是苏州工业园区重元寺开发建设管理有限公司，参建单位是苏州园林发展股份有限公司、常熟古建园林建设集团有限公司、无锡市园林古典建筑有限公司、苏州二建建筑集团有限公司，监理单位是苏州建设监理有限公司，项目经理是谢浩军

66. 张家港市第四水厂二期工程清水池、沉淀池　施工单位是江苏金厦建设集团有限公司，项目经理是闵文忠

67. 大陆汽车系统(常熟)有限公司新厂房　施工单位是苏州建设(集团)有限责任公司，项目经理是张晓军

68. 拆迁安置房35号房　施工单位是苏州第五建筑工程有限公司，监理单位是苏州市金辉建设咨询有限公司，项目经理是朱文俊

69. 常熟市人才市场迁建　施工单位是常熟市永丰建筑安装工程有限公司，参建单位是常熟市华丽坚装饰工程有限公司，监理单位是苏州天狮建设监理有限公司，项目经理是祝建刚

70. 常熟市梅李中心卫生院A、B、C楼　施工单位是江苏金土木建设集团华亭工程有限公司，参建单位是常熟华联装璜工程有限责任公司，监理单位是江苏常诚建筑咨询监理有限责任公司，项目经理是张栋梁

71. 暨阳湖湖滨国际二期工程一公寓6号楼　施工单位是江苏兴港建设集团有限公司，项目经理是李建相

72. 常熟北厂房　施工单位是常熟市兴隆建筑有限公司，监理单位是江苏常诚建筑咨询监理有限责任公司，项目经理是邵美祥

73. 昆山市资产公司场站业务楼　施工单位是江苏城南建设集团有限公司，监理单位是昆山拓普工程咨询有限公司，项目经理是朱永明

74. 昆山市青少年宫　施工单位是天合建设集团有限公司，监理单位是昆山市鼎信工程建设监理有限公司，项目经理是张敏

75. 昆山公安消防指挥中心及特勤中队大楼　施工单位是江苏中大建设集团有限公司，监理单位是昆山新意建设咨询有限公司，项目经理是蹇祥彬

76. 苏州二业园区都市花园八期住宅工程B标段9号楼　施工单位是启东建筑集团有限公司，项目经理是黄占东

77. 市政服务大楼　施工单位是苏州市建鑫建筑安装工程有限责任公司，监理单位是江苏国信工程咨询监理有限公司，项目经理是倪国军

78. 哈曼贝克汽车电子系统(苏州)新工厂　施工单位是苏州二建建筑集团有限公司，参建单位是苏州柯利达建筑装饰工程有限公司，监理单位是苏州工业园区建设监理有限责任公司，项目经理是李国健

79. 苏州工业园区3号地块景观绿化　施工单位是苏州绿世界园林发展有限公司，项目经理是惠金康

80. 生产管理技术开发用房　施工单位是常熟市旋力建筑有限公司，参建单位是常熟市华丽坚装饰工程有限公司、苏州华瑞建筑装饰工程有限公司、江苏华亭建筑装饰工程有限公司，监理单位是常熟市市政建设工程监理咨询有限公司，项目经理是周建中

81. 江苏苏净集团工业园区新厂一标段科技A.B楼　施工单位是苏州建设(集团)有限责任公司，监理单位是苏州建设监理有限公司，项目经理是朱一平

82. 昆山市乐庭工业(苏州)有限公司 1 号厂房　施工单位是昆山市金都建设有限公司，项目经理是陆健生

83. 苏州创意产业园 B1—1 号楼　施工单位是南通四建集团有限公司，监理单位是中咨工程建设监理公司，项目经理是孙国平

84. 昆山市中鼎电子 2 号厂房　施工单位是江苏城南建设集团有限公司，监理单位是昆山市建设咨询监理有限公司，项目经理是朱水泉

85. 苏州科技城软件中试 1 号、2 号、3 号房　施工单位是江苏金土木建设集团有限公司，监理单位是苏州市金辉建设咨询有限公司，项目经理是李德新

86. 张家港市实验幼儿园新建　施工单位是江苏兴港建设集团有限公司，监理单位是张家港市华申建设监理咨询有限公司，项目经理是朱正平

87. 鸿锦新苑住宅工程 9 号房　施工单位是苏州第五建筑工程有限公司，监理单位是苏州三联建设顾问有限公司，项目经理是朱林福

88. 灵山胜境三期工程梵宫建筑　施工单位是中国建筑第八工程局，参建单位是苏州金螳螂建筑装饰股份有限公司、上海市建筑装饰工程有限公司、深圳市洪涛装饰有限公司、上海市园林工程有限公司，监理单位是无锡华诚建设监理有限公司，项目经理是陈斌

89. 惠山区建设与发展展示中心　施工单位是无锡市锡山三建实业有限公司，监理单位是无锡华诚建设监理有限公司，项目经理是钱正伟

90. 江南大学蠡湖校区公益图书馆　施工单位是镇江建工建设团有限公司，参建单位是宜兴市工业设备安装有限公司，项目经理是孟庆东

91. 无锡市北塘区行政服务中心工程　施工单位是华仁建设集团有限公司，项目经理是张才君

92. 江阴市土地交易中心大楼　施工单位是江阴一建建设有限公司，项目经理是朱耀良

93. 程及美术馆　施工单位是江苏无锡二建建设集团有限公司，监理单位是无锡建设监理咨询有限公司，项目经理是张志明

94. 春江花园三期 4 号房　施工单位是无锡锡山建筑实业有限公司，监理单位是江苏建协建设管理有限公司，项目经理是任启寿

95. 中国人民解放军 63680 部队科技楼　施工单位是无锡市伟力建筑安装工程有限公司，监理单位是无锡太湖明珠建设咨询有限公司，项目经理是史荣培

96. 江苏省惠山职业教育中心校新校区食堂　施工单位是江苏苏阳建设有限公司，项目经理是吴建新

97. 向阳中心小学教学楼改扩建　施工单位是无锡锡山建筑实业有限公司，项目经理是过志刚

98. 金洋花苑北区一标段 20 号楼　施工单位是南通建工集团股份有限公司，监理单位是无锡市建苑工程监理有限责任公司，项目经理是钟一鸣

99. 惠山新城中心学校——中学教学楼　施工单位是江苏五星建设集团有限公司，监理单位是江苏建协建设管理有限公司，项目经理是陈和平

100. 东大无锡分校一期教学楼　施工单位是江苏正方园建设集团有限公司，参建单位是无锡东方新格环境设计装饰工程有限公司，项目经理是王明生

101. 金科·观天下 12 号楼　施工单位是中建四局第一建筑工程有限公司，项目经理是饶丕奇

102. 无锡市公益职业学校五标段(基础教学实验楼、1 号教育实训用房)　施工单位是江苏武进建筑安装工程有限，监理单位是江苏赛华建设监理有限公司，项目经理是刘俊杰

103. 江阴市老年文化活动中心　施工单位是江苏新桥建工有限公司，监理单位是江苏腾飞工程项目管理有限公司，项目经理是钱

林才

104. 伟丰集团宜滨房地产开发有限公司办公楼　施工单位是江苏伟丰建筑安装集团有限公司，监理单位是江苏宏达建设咨询有限公司，项目经理是吴强

105. 华润微电子集成电路测试备用厂房　施工单位是华仁建设集团有限公司，监理单位是江苏华信建设监理有限公司，项目经理是丁解新

106. 锡山丰汇广场　施工单位是江苏双固建设有限公司，监理单位是江苏建协建设管理有限公司，项目经理是孔祥荣

107. 名都国际大厦　施工单位是江苏新桥建工有限公司，项目经理是陶剑岗

108. 常州市体育场游泳馆　施工单位是中国建筑第八工程局，参建单位是沪宁钢机股份有限公司、宜兴市工业设备安装有限公司、浙江精工钢构有限公司，监理单位是浙江江南工程管理股份有限公司，项目经理是骆明红

109. 天宁宝塔　施工单位是常州第一建筑工程有限公司，参建单位是江苏沪宁钢机股份有限公司，项目经理是王伟

110. 常州市体育馆会展中心、施工单位是上海宝冶建设有限公司　参建单位是常州工业设备安装有限公司，监理单位是江苏东方建设项目管理咨询有限公司，项目经理是黄伟强

111. 常州供电公司生产调度中心　施工单位是常州市成章建筑安装工程有限公司，监理单位是江苏东方建设项目管理咨询有限公司，项目经理是茆阿林

112. 新北区人防指挥所　施工单位是常州二建建设有限公司，监理单位是江苏三益建设监理有限公司，项目经理是李然民

113. 常州出入境检验检疫局综合实验大楼　施工单位是中国航空港建设总公司，监理单位是常州安厦工程项目管理有限公司，项目经理是陈全璞

114. 天然服饰车间宿舍　施工单位是江苏城东建设工程有限公司，监理单位是金坛市建设工程监理咨询有限公司，项目经理是汤国建

115. 烟草仓储及综合用房　施工单位是江苏金土地建设集团有限公司，监理单位是常州安厦项目管理有限公司，项目经理是韩明祥

116. 金鼎宾馆　施工单位是常州市湟里建筑工程有限公司，监理单位是江苏阳湖建设项目管理有限公司，项目经理是吴志文

117. 河景花园12号、1号商铺及P7车库　施工单位是常州市戴溪建筑工程有限公司，参建单位是常州通用幕墙装饰工程有限公司，监理单位是常州安厦工程项目管理有限公司，项目经理是唐友康

118. 元丰宜家A座B座地下车库及菜场　施工单位是江苏宇盛建筑安装工程有限公司，监理单位是常州广景建设工程监理有限公司，项目经理是何金友

119. 怀德名园居住小区西北角商住楼（37、38、39号房及人防地下室、立体车库；40号房及地下室）　施工单位是常州市常信鑫源地产开发有限公司，参建单位是江苏武进建筑安装工程有限公司、江苏龙海建工集团有限公司，监理单位是江苏嘉越工程项目管理有限公司、江苏东方建设项目管理咨询有限公司，项目经理是李广裕、吕伟民

120. 溧阳市公安局交巡警大队办公楼、车管所迁建　施工单位是江苏天目建设集团有限公司，监理单位是溧阳市建设监理有限公司，项目经理是赵文斌

121. 金城工业园发展有限公司综合楼、辅楼　施工单位是江苏金祥建设工程有限公司，监理单位是江苏东方建设项目管理咨询有限公司，项目经理是顾国庆

122. 阳湖名城三期一标段36、37号房　施工单位是常州常嘉建设有限公司，监理单位是常州建工监理咨询有限公司，项目经理是王洪生

123. 府翰苑二期11、20号房及部分地下车库　施工单位是常州市成章建筑安装工程有

限公司，监理单位是江苏嘉越工程项目管理有限公司，项目经理是朱国荣

124. 常州市红十字中心血站迁建　施工单位是江苏宏大建设集团有限公司，参建单位是常州工业设备安装有限公司，监理单位是常州市三维建设监理有限公司，项目经理是陈学群

125. 金陵溧阳宾馆（五星大楼）扩建　施工单位是江苏天目建设集团有限公司，监理单位是常州市三维建设监理有限公司，项目经理是赵文斌

126. 西门大街白改黑　施工单位是金坛市市政建设有限公司，项目经理是谢为民

127. 三毛纺织集团有限公司服装车间　施工单位是常州三建建设有限公司，监理单位是常州市武进创业建设工程监理咨询有限公司，项目经理是余海海

128. 盛世名门花苑19、20号房　施工单位是上海华盛建设（集团）有限公司，监理单位是江苏嘉越工程项目管理有限公司，项目经理是陈伟革

129. 光华世家一期（10号、14号、15号、16号、17号房及17号房周围地下室；11号、12号房及地下室）　施工单位是常州苏源常电房地产开发有限公司，参建单位是常州市成章建筑安装工程有限公司、常州常嘉建设有限公司，监理单位是江苏东方建设项目管理咨询有限公司，项目经理是姜洪方、王洪生

130. 红梅生活区一期A3、A4号房　施工单位是常州华北建筑有限公司，监理单位是常州建工监理咨询有限公司，项目经理是仲鹏建

131. 常州供水一期工程新岗增压泵站清水池　施工单位是江苏武进建筑安装工程有限公司，监理单位是常州常建建设监理有限公司，项目经理是黄留法

132. 左邻右里1—5号、7号楼　施工单位是金坛市鑫坛建筑工程有限公司，监理单位是金坛市建设工程监理咨询有限公司，项目经理是徐夕坤

133. 溧阳文化中心、青少年活动中心　施工单位是溧阳市建筑安装工程有限公司，监理单位是溧阳市建设监理有限公司，项目经理是谈怀华

134. 热工仪表厂地块（东方明珠花园）1号、2号楼　施工单位是常州第一建筑工程有限公司，监理单位是常州市江南建设监理咨询有限公司，项目经理是袁 康

135. 镇江沃尔玛购物广场　施工单位是镇江建工建设集团有限公司，项目经理是万少华

136. 江苏大学附属医院外科大楼　施工单位是镇江第二建筑工程有限公司，参建单位是宜兴市工业设备安装有限公司，监理单位是镇江方圆建设监理咨询有限公司，项目经理是仲高平

137. 句容市行政中心办公楼　施工单位是江苏正大置业集团建筑工程有限公司，参建单位是苏州金螳螂建筑装饰股份有限公司，监理单位是镇江方圆建设监理咨询有限公司，项目经理是雷圣华

138. 丹阳市土地市场服务中心综合楼　施工单位是江苏云阳集团有限公司，参建单位是福建省泉州远泰幕墙装饰工程有限公司丹阳分公司，项目经理是曹建华

139. 江苏省烟草公司镇江市公司物流配送中心　施工单位是镇江索普建筑安装工程有限责任公司，监理单位是镇江方圆建设监理咨询有限公司，项目经理是王国庆

140. 镇江实验学校教学综合楼　施工单位是江苏广兴集团有限公司，项目经理是冯恒安

141. 丹阳市劳动和社会保障局综合服务楼　施工单位是江苏丹建集团有限公司，项目经理是尹笋

142. 镇江大港三期集装箱多用途泊位办公楼　施工单位是江苏江都二建工程有限公司，项目经理是童国春

143. 长江新天地2号楼　施工单位是江

苏福世特建设工程有限公司，监理单位是镇江建科工程监理有限公司，项目经理是杜本军

144. 扬中市交通职工学校教学综合楼 施工单位是扬中市新城建筑安装工程有限公司，项目经理是姚纪林

145. 我家山水彩虹苑 7 号、8 号楼 施工单位是江苏新源建筑工程有限公司，项目经理是管维林

146. 香江花城 41 号楼 施工单位是中天建设集团有限公司，项目经理是张永忠

147. 馨海家园 1 号楼 施工单位是镇江京河建筑工程有限公司，项目经理是王丁川

148. 扬州金天城大厦 施工单位是扬州裕元建设有限公司，监理单位是扬州建苑工程监理有限公司，项目经理是陈忠良

149. 扬州深国投商业中心 施工单位是江苏扬建集团有限公司，参建单位是江苏扬安机电设备工程有限公司，监理单位是扬州市建苑工程监理有限责任公司，项目经理是裴树龙

150. 扬州东方百合园小学 施工单位是扬州众友建设工程有限公司，参建单位是扬州市恒进设备安装工程有限公司，项目经理是唐顺舟

151. 高邮市人民医院病房楼 施工单位是高邮市建筑安装基础工程公司，参建单位是江苏华发装饰有限公司、扬州市扬子工业设备安装有限公司，监理单位是扬州市建卫工程监理有限责任公司，项目经理是张俊

152. 南京医科大学第三附属医院新建门急诊大楼 施工单位是江苏天宁建设工程有限公司，监理单位是江苏中核华纬工程设计研究有限公司，项目经理是沈从斌

153. 扬州新盛学校初中部综合楼 施工单位是扬州方正建筑工程有限公司，监理单位是扬州市建兴工程建设监理有限公司，项目经理是蒋万福

154. 扬州富川瑞园小区 6 号楼 施工单位是江苏金陵建工集团有限公司，项目经理是钱艺柏

155. 高邮市润和现代城 22 号楼 施工单位是江苏天泽建设工程有限公司，项目经理是周加华

156. 南通大学附属医院综合病房大楼 施工单位是江苏南通二建集团有限公司，参建单位是江苏启安建设集团有限公司，项目经理是杨勋

157. 南通中央商务区二期 D－04 地块 A 楼 施工单位是南通建筑工程总承包有限公司，项目经理是张礼忠

158. 海安县行政中心 施工单位是南通华新建工集团有限公司，参建单位是徐州建筑装璜有限公司、江苏合发集团有限责任公司，项目经理是葛汉明

159. 如皋市行政综合服务中心 施工单位是江苏南通六建建设集团有限公司，项目经理是章祥余

160. 中南世纪城 D－03 地块 3 号楼 施工单位是南通市中房建设工程有限公司，监理单位是南通中房工程建设监理有限公司，项目经理是秦海华

161. 如皋市人民法院行政办公楼 施工单位是南通五建建设工程有限公司，项目经理是陈冬权

162. 启东市中吕海景苑住宅楼 A、B 幢 施工单位是江苏南通二建集团有限公司，项目经理是杜平

163. 中南世纪城 8 号楼 施工单位是南通宏华建筑安装有限公司，监理单位是南通市建设监理有限责任公司，项目经理是张德泉

164. 南通农业职业技术学院教学主楼 施工单位是南通八建集团有限公司，项目经理是沈建华

165. 长航地中海花园 1 号楼 施工单位是江苏南通二建集团有限公司，监理单位是南通中房工程建设监理有限公司，项目经理是李兴平

166. 南通大学新校区三期学生公寓 1 号楼 施工单位是江苏南通二建集团有限公司，

监理单位是南通中房工程建设监理有限公司，项目经理是黄建康

167. 南通紫阳新城二号地块商办楼　施工单位是南通华荣建设集团有限公司，项目经理是陈金礼

168. 启东明天广场 8 号楼　施工单位是启东建筑集团有限公司，监理单位是南通市建设监理有限责任公司，项目经理是周士兵

169. 南通市海天大厦　施工单位是南通建工集团股份有限公司，监理单位是南通市建设监理有限责任公司，项目经理是王正飞

170. 启东明天广场 11 号楼　施工单位是启东建筑集团有限公司，监理单位是南通市建设监理有限责任公司，项目经理是张建琛

171. 南川园二期 14 号楼　施工单位是南通华荣建设集团有限公司，项目经理是徐飞军

172. 淮安市北京路中学高中教学楼　施工单位是江苏淮阴建设工程集团有限公司，监理单位是淮安市工程建设监理有限公司，项目经理是汪洪斌

173. 金湖县人民法院档案、审判综合楼　施工单位是江苏金建建设集团有限公司，监理单位是涟水县建设监理有限公司，项目经理是刘业清

174. 洪泽县人民医院病房楼　施工单位是江苏省苏中建设集团股份有限公司，监理单位是淮安市淮工监理咨询有限公司，项目经理是刘春

175. 淮阴工学院新校区南园图书馆　施工单位是江苏中兴建设有限公司，项目经理是杨剑

176. 淮安市外国语实验小学幼儿园教学楼　承建单位是江苏天成建设工程有限公司，监理单位是淮安市神州建设项目管理咨询有限公司，项目经理是李维民

177. 淮安市长征小学新校区二区综合楼　施工单位是江苏中淮建设集团有限公司，参建单位是江苏省淮安市东辰设备安装工程有限公司，监理单位是淮安市神州建设项目管理咨询有限公司，项目经理是曹金虎

178. 淮安市第四人民医院门诊医技楼　施工单位是涟水县建筑工程公司，监理单位是淮安市正中工程建设监理有限公司，项目经理是嵇军

179. 淮安书城商务大厦　施工单位是江苏淮阴建设工程集团有限公司，监理单位是淮安市淮工监理咨询有限公司，项目经理是张洪滨

180. 淮阴师范学院理工实验楼　施工单位是江苏中淮建设集团有限公司，监理单位是淮安市神州建设项目管理咨询有限公司，项目经理是袁光军

181. 淮安市路灯管理处综合楼　施工单位是江苏淮阴建设工程集团有限公司，监理单位是淮安市神州建设项目管理咨询有限公司，项目经理是沈标

182. 大丰经济开发区高新技术研发中心　施工单位是江苏国安建筑安装工程有限公司，项目经理是顾惠涛

183. 阜宁县人民检察院综合楼　施工单位是江苏省盐阜建设集团有限公司，监理单位是江苏大地建设工程监理有限公司，项目经理是徐国顺

184. 盐城供电公司生产调度办公综合楼　施工单位是南通四建集团有限公司，参建单位是苏州金螳螂建筑装饰股份有限公司，监理单位是盐城市工程建设监理中心有限公司，项目经理是宋茂进

185. 建湖县人民医院住院综合楼　施工单位是江苏建业建设集团有限公司，项目经理是吴圣清

186. 东方大厦　施工单位是江苏盐东建设工程有限公司，监理单位是盐城市建设工程监理有限公司，项目经理是陈正权

187. 盐城机电高等职业学校图文信息中心　施工单位是江苏东河建设工程有限公司，监理单位是盐城市工程建设监理中心有限公司，项目经理是徐步海

188. 阜宁县中医院病房楼　施工单位是江苏省盐阜建设集团有限公司，监理单位是阜宁建设工程监理有限公司，项目经理是王乃顶

189. 世纪嘉园1、2、5、6号楼　施工单位是江苏金贸建筑工程有限公司，监理单位是盐城科苑建设监理有限公司，项目经理是陶伟国

190. 徐州市行政中心　施工单位是中国建筑第八工程局有限公司，项目经理是程建军

191. 徐州市云龙公园(原燕子楼公园)改造　施工单位是宜兴市陶都绿化工程有限公司，项目经理是翁泽峰

192. 银建帝都大厦　施工单位是江苏长安建设集团有限公司，江苏盛华工程监理咨询有限公司，项目经理是姜峰

193. 徐州工业职业技术学院新校区图书馆　施工单位是锦宸集团有限公司，监理单位徐州中矿大建筑设计咨询研究院有限公司，项目经理是沈春秋

194. 中国矿业大学图文信息中心　施工单位是通州建总集团有限公司，监理单位是徐州中矿大建筑设计咨询研究院有限公司，项目经理是杨松友

195. 滨湖花园三期C2号、C3号楼　施工单位是江苏省苏中建设集团股份有限公司，监理单位是徐州市嘉信建设工程监理有限公司，项目经理是黄加余

196. 贵邦财富大厦　施工单位是江苏江中集团有限公司，监理单位是徐州市嘉信建设工程监理有限公司，项目经理是吴辉强

197. 徐州仁慈手外伤专科医院病房楼　施工单位是江苏省淮海建设集团有限公司，监理单位是徐州市科苑建设工程监理有限公司，项目经理是张洪年

198. 宣武商贸城　施工单位是江苏长安建设集团有限公司，监理单位是江苏盛华工程监理咨询有限公司，项目经理是陈雷

199. 中国矿业大学南湖校区博物馆　施工单位是江苏江中集团有限公司，监理单位是徐州中矿大建筑设计咨询研究院有限公司，项目经理是邹美林

200. 万源花苑A公建工程　施工单位是江苏地亚建筑有限公司，监理单位是连云港市永发监理有限公司，项目经理是杨善保

201. 连云港市津华苑住宅小区A1～A3号楼　施工单位是江苏鼎大建筑安装工程有限公司，监理单位是连云港市永发监理有限公司，项目经理是黄彦志

202. 连云港市第二人民医院门急诊病房综合楼　施工单位是南通四建集团有限公司，监理单位是连云港市建设监理有限公司，项目经理是张卫国

203. 水木华园A3、C1、C2、C3、C4、C5号楼　施工单位是连云港市新电建筑安装工程公司，监理单位是连云港德晖工程项目管理咨询有限公司，项目经理是庞德才、李军、李章祥、刘刚、王绪德

204. 泰兴市泰兴镇政府办公楼　施工单位是江苏源丰建设有限公司，监理单位是泰兴市工程建设监理有限公司，项目经理是周忠义

205. 泰州嘉鎏大酒店　施工单位是南通四建集团有限公司，项目经理是谢玉林

206. 靖江市中天城市花园东区G6号楼　施工单位是浙江展诚建设集团股份有限公司，项目经理是杨建锋

207. 兴化市公安指挥大楼　施工单位是江苏苏兴建设工程有限公司，监理单位是兴化市建达工程监理有限公司，项目经理是柯存龙

208. 泰州市现代教育技术培训中心　施工单位是江苏省第一建筑安装有限公司，项目经理是赵国庆

209. 宿迁市雪枫公园配套工程　施工单位是江苏兴邦建工集团有限公司，项目经理是陈进

210. 府苑派出所暨行政拘留所办公楼　施工单位是江苏盐城二建集团有限公司，项目经理是佟开付

211. 苏宿工业园区公舍工程商业楼　施工单位是江苏时代建设工程有限公司，项目经

理是王春景

212. 泗阳县泗水古城商业街F地块　施工单位是泗阳县建筑工程有限公司，项目经理是於黎明

213. 苏通长江公路大桥　施工单位是江苏省长江公路大桥建设指挥部，项目经理是刘先鹏、欧阳效勇、陈诗平

214. 京杭运河常州市区段改线　施工单位是江苏省常州市航道管理处，参建单位是中铁十九局集团第二工程有限公司、江苏恒基路桥有限公司、路桥华南工程有限公司，监理单位是常州市交通建设监理咨询有限公司、苏州市路达工程监理咨询有限公司、江苏润通交通工程监理咨询有限公司、江苏育通交通工程咨询监理有限责任公司，项目经理是曹树强、徐俊、谯兰志

215. 沪瑞国道主干线支线（溧水至南京段）　施工单位是南京市高速公路建设指挥部，参建单位是中交第三航务工程局有限公司，项目经理是尹桂生

216. 南通中远川崎船舶工程有限公司二期扩建船坞码头　施工单位是中交第三航务工程局有限公司，项目经理是周文第

217. 连云港港庙岭三期突堤码头水工建筑物　施工单位是中港第三航务工程局，监理单位是连云港科谊工程建设监理有限公司，项目经理是陈东振

218. 苏浏线航道整治工程三里大桥施工项目KSHD－SL－2合同段　施工单位是中交第三航务工程局有限公司，项目经理是俞仲明

219. 连盐高速公路LY－YC22标　施工单位是溧阳市路桥工程有限责任公司，项目经理是陈建胜

220. S232省道WJ2标锡溧漕河大桥　施工单位是江苏舜通路桥工程有限公司，项目经理是薛建刚

221. 锡太一级公路（苏州段）XT1标望虞河特大桥　施工单位是无锡路桥集团股份有限公司，项目经理是钱龙兴

222. 连云港港南侧港区进港道路一期工程NSG－2标段　施工单位是中港第三航务工程局，项目经理是徐伟

223. 润扬长江公路大桥　施工单位是江苏省长江公路大桥建设指挥部，参建单位是中交第二航务工程局有限公司、中交第二公路工程局有限公司、中铁十九局集团第二工程有限公司、江苏省交通工程总公司、中铁山桥集团有限公司，监理单位是中铁武汉大桥工程咨询监理有限公司，项目经理是韦世国、林鸣、赵永军、仲义正、侯国壮

224. 220kV荆溪变电站电气安装　施工单位是徐州送变电有限公司，参建单位是无锡虹亚集团电力建筑工程有限公司，项目经理是曹银河

225. 220kV苏庄变电站　施工单位是南京华恒输变电有限公司，参建单位是南京第六建筑安装工程有限公司，监理单位是江苏兴源电力建设监理有限公司，项目经理是李腾

226. 220kV庙港变电站　施工单位是苏州电力建设工程有限公司，参建单位是苏州第二建筑集团公司，监理单位是江苏省宏源电力建设监理有限公司，项目经理是陈金华

227. 220kV步阳（南开）送变电　施工单位是盐城华源送变电工程有限公司，监理单位是江苏省宏源电力建设监理有限公司，项目经理是袁平

228. 220kV仲洋变电所　施工单位是南通送变电工程有限公司，参建单位是苏州永盛建筑有限公司，监理单位是南通通明建设监理有限公司，项目经理是张海帆

229. 江苏东台风电场200MW风电特许权项目　施工单位是江苏泓建集团有限公司，参建单位是苏州电力建设工程有限公司、盐城苏源电气实业集团有限公司，项目经理是周永桂

230. 220kV南凤变电站　施工单位是江苏省电力建设第三工程公司，参建单位是江苏精享裕建工有限公司，监理单位是江苏省宏源

电力建设监理有限公司,项目经理是李建忠

231. 220kV金山桥(秦洪)变电所电气安装　施工单位是徐州送变电有限公司,监理单位是江苏省宏源电力建设监理有限公司,项目经理是李培华

232. 中国移动江苏公司GSM网10期扩容工程南京业务区设备安装　施工单位是江苏省邮电建设工程有限公司,项目经理是方恒武

2009年江苏省建筑业企业援助四川省绵竹市灾后重建工程获扬子杯奖项目

1. 四川省绵竹市紫岩小学　施工单位是江苏省建工集团有限公司,代建单位是南京建设工程项目投资管理有限公司,项目经理是黄荣宏

2. 四川省绵竹市拱星镇小学、幼儿园　施工单位是四川科隆建设有限公司,监理单位是江苏省泰兴建设工程监理有限公司,项目经理是李茂军

3. 四川省绵竹市绵远镇学校、幼儿园　施工单位是江苏铭豪建设工程有限公司,监理单位是江苏宿迁建设监理咨询有限公司,项目经理是顾志胜

4. 四川省绵竹市板桥镇小学　施工单位是镇江市建工建设集团有限公司,监理单位是镇江市方圆建设监理咨询有限公司,项目经理是毛正辉

5. 四川省绵竹市什地镇中心学校　施工单位是江苏地亚建筑有限公司,监理单位是连云港永发监理有限公司,项目经理是陈章秋

6. 四川省绵竹市土门中小学、幼儿园　施工单位是江苏金土木建设集团有限公司,监理单位是江苏常诚建筑咨询监理有限责任公司,项目经理是王银军、徐正卯

7. 四川省绵竹市南轩小学　施工单位是南京凯盛建设集团有限公司,代建单位是南京建设工程项目投资管理有限公司,项目经理是周秋荣

8. 四川省绵竹市回澜大道至二环路延伸段道路新建　施工单位是南京嘉盛建设集团有限公司,代建单位是南京建设工程项目投资管理有限公司,项目经理是任军华

9. 四川省绵竹市兴隆学校及幼儿园　施工单位是吴江市庙港建筑有限公司,项目经理是盛卯荣

10. 四川省绵竹市富新中心学校　施工单位是徐州九鼎建设集团有限公司,监理单位是江苏盛华工程监理咨询有限公司,项目经理是郭彦

11. 四川省绵竹市清平乡小学、幼儿园　施工单位是江阴一建建设有限公司,项目经理是袁洪福、张建国

12. 四川省绵竹市新市镇新市学校、幼儿园　施工单位是江苏南通六建建设集团有限公司,项目经理是殷庆

13. 四川省绵竹市汉旺镇卫生院(含康复中心)　施工单位是中国水利水电第二工程局有限公司,项目经理是郭德杰

14. 四川省绵竹市汉旺镇小学　施工单位是华仁建设集团有限公司,项目经理是张玉耀

15. 四川省绵竹市孝德学校　施工单位是苏州第一建筑集团有限公司、苏州二建建筑集团有限公司,项目经理是王长寿、黄惠鑫

16. 四川省绵竹市孝德卫生院　施工单位是苏州第一建筑集团有限公司,项目经理是黄惠鑫

17. 四川省绵竹市年画产业基地　施工单位是苏州二建建筑集团有限公司,项目经理是严峻岭

18. 四川省绵竹市玉泉学校及幼儿园教学楼　施工单位是淮安经济开发区万通建筑工程有限公司,项目经理是陆意

19. 四川省绵竹市齐天学校幼儿园　施工

单位是江苏荣宇建设集团有限公司，监理单位是苏州市科正工程管理咨询有限公司，项目经理是陈国良

20. 四川省绵竹市广济镇幼儿园及卫生院　施工单位是昆山市玉峰建设有限公司，项目经理是全建良

21. 四川省绵竹市九龙学校　施工单位是江苏弘盛建设工程集团有限公司，项目经理是吴剑

22. 四川省绵竹市遵道镇年画传习所　施工单位是常州第一建筑工程有限公司，项目经理是计开荣

23. 四川省绵竹市张家港永建博爱小学（天齐分校）　施工单位是江苏兴港建设集团有限公司，项目经理是周志忠

2009 年度江苏省省外优质工程“扬子杯”奖获奖项目

1. 南营房危改小区丁区 2 号楼　建筑面积 195995 平方米，框架剪力墙，地上 17 层、地下 3 层，施工单位是南通新华建筑集团有限公司，项目经理是李晓新

2. 金亚光大厦　建筑面积 96516 平方米，框架剪力墙，地上 20 层、地下 3 层施工单位是南通四建集团有限公司，项目经理是邢元泽

3. 东风乡绿隔地区第四宗地 J8 地块工程　建筑面积 109544.4 平方米，剪力墙，地上 18 层、地下 2 层，施工单位是江苏省苏中建设集团股份有限公司，项目经理是徐国平

4. 冷泉居住区西 A 区 9 号楼　建筑面积 9069 平方米，剪力墙，地上 8 层、地下 2 层，施工单位是江苏省华建建设股份有限公司，项目经理是姚荣海

5. 北京世纪华侨城 A2—7 号住宅楼　建筑面积 25966 平方米，剪力墙，地上 30 层、地下 2 层，施工单位是江苏中兴建设有限公司，项目经理是孙继海

6. 军事医学科学院生物技术综合实验楼　建筑面积 5194.4 平方米，框架剪力墙，地上 4 层，施工单位是江苏江都建设工程有限公司，项目经理是汤庆宏

7. 华纺朝阳家园乙—4 号住宅楼　建筑面积 35653 平方米，框剪，地上 15 层、地下 2 层，施工单位是江苏南通二建集团有限公司，项目经理是张洪兵

8. 政泉花园 8 号楼　建筑面积 32 931 平方米，剪力墙，地上 30 层、地下 4 层，施工单位是江苏省华建建设股份有限公司，项目经理是何平

9. 政泉花园 3 号楼、4 号楼　建筑面积 69 644平方米，框剪，地上 30 层、地下 2 层，施工单位是江苏南通二建集团有限公司，项目经理是朱元昌

10. 鑫丰大厦　建筑面积 22 000 平方米，框支剪力墙，地上 26 层、地下 3 层，施工单位是江苏省苏中建设集团股份有限公司，项目经理是张卫东

11. 浩庭花园住宅二期 1 号楼工程　建筑面积 23 063.7 平方米，剪力墙，地上 16 层、地下 2 层，施工单位是南通新华建筑集团有限公司，项目经理是陆总兵

12. 北京铜牛针织集团办公楼　建筑面积 8 600 平方米，框架，地上 6 层，施工单位是南通建工集团股份有限公司，项目经理是陈鑫

13. 华纺朝阳家园乙 3 号住宅楼　建筑面积 37 264.32 平方米，剪力墙，地上 15 层、地下 2 层，施工单位是锦宸集团有限公司，项目经理是李焕宝

14. 朝阳雅苑住宅楼　建筑面积 55 228 平方米，框支剪力墙，地上 11 层、地下 2 层，施工单位是江苏省苏中建设集团股份有限公司，项目经理是张卫东

15. 搜宝商务中心 2 号建筑群　建筑面积 107 067.2 平方米，框剪，地上 25 层、地下 3 层，

施工单位是南通四建集团有限公司,项目经理是张志华

16. 金马文华园小区10号楼　建筑面积39 771平方米,剪力墙,地上16—18层、地下1层,施工单位是江苏中兴建设有限公司,项目经理是钱鑫

17. 马连道13号1号、2号、1—2号住宅楼　建筑面积93 776.82平方米,框剪,地上27层、地下3层,施工单位是金坛市建筑安装工程公司,项目经理是韦粉方

18. 飞云现代城一标段工程　建筑面积90 000平方米,框剪,地上26层、地下2层,施工单位是江苏南通六建建设集团有限公司,项目经理是符成林

19. “又一村”住宅及办公项目2号、3号、4号楼　建筑面积61 247平方米,剪力墙,地上15层、21层、地下2层,施工单位是江苏中兴建设有限公司,项目经理是朱启林

20. 中国劳动保障科学研究院、中国安全生产科学研究院旧办公楼装修工程　建筑面积9 200平方米,框架,地上12层、地下1层,施工单位是江苏南通二建集团有限公司,项目经理是朱惠兵

21. 小井新村二期1号地6号、7号、8号住宅楼　建筑面积58 412平方米,框剪,地上10层、地下1层,施工单位是江苏南通二建集团有限公司,项目经理是蔡晓胜

22. 大红门住宅小区A—05地块9号、10号楼　建筑面积59 438.02平方米,剪力墙,地上18层、地上15层、地下2层,施工单位是中国江苏国际经济技术合作公司,项目经理是朱文华

23. 北京奥林匹克公园中心区景观绿化项目休闲花园区绿化工程　建筑面积4 638.6平方米,绿化面积106 926平方米,施工单位是江苏八达园林建设有限公司,项目经理是王建明

24. 景都花苑高层商住楼　建筑面积60 809平方米,剪力墙,地上31层、地下2层,施工单位是江苏南通六建建设集团有限公司,项目经理是秦凤斌

25. 钢铁研究总院38号住宅楼　建筑面积18 096平方米,现浇剪力墙,地上10层、地下1层,施工单位是江苏省建筑工程集团有限公司,项目经理是朱权美

26. 新亦小城居住小区1号楼　建筑面积7 656平方米,框剪,地上11层、地下1层,施工单位是江苏南通二建集团有限公司,项目经理是石永章

27. 北京市新城国际公寓三期工程　建筑面积116 243平方米,框剪,地上32层、地下2层,施工单位是江苏省建设集团公司,项目经理是肖军

28. 北京客车四厂改建10号楼　建筑面积16 204平方米,剪力墙,地上21层、地下2层,施工单位是南通建筑工程总承包有限公司,项目经理是沈善冲

29. 龙南职工食堂　建筑面积5 200平方米,框架,地上4层,施工单位是江苏南通二建集团有限公司,项目经理是施忠

30. 河畔新城五期552号楼　建筑面积12 234平方米,框剪,地上15层,施工单位是江苏省苏中建设集团股份有限公司,项目经理是韩良军

31. 长春中医药大学附属医院门诊综合楼　建筑面积31 000平方米,框剪/地上9层、地下2层,施工单位是江苏南通六建建设集团有限公司,项目经理是杨建平

32. 大庆油田采油二厂生产指挥中心扩建工程　建筑面积7 029平方米,框架,地上7层,施工单位是江苏建兴建工集团有限公司,项目经理是张桂华

33. 七台河市桃山区政府办公楼　建筑面积11 849平方米,框架,地上11层,施工单位是江苏江都二建工程有限公司,项目经理是沈明龙

34. 辽宁中医药大学附属医院病房楼　建筑面积67 709平方米,框剪,地上15层,施工单位是正太集团有限公司,项目经理是陈林

35. 东北大学体育馆　建筑面积10 993平方米，框架，地上2层，施工单位是正太集团有限公司，项目经理是陈文进

36. 长春市汽车文化中心工程　建筑面积42 920平方米，框架，地上6层，施工单位是通州建总集团有限公司，项目经理是曹银奎

37. 居易新青年3号楼　建筑面积8 745平方米，框剪，地上9层，施工单位是江苏省苏中建设集团股份有限公司，项目经理是韩良军

38. 阳光100国际新城G9号、G10号楼　建筑面积35 359平方米，框剪，地上28层、地下3层，施工单位是江苏南通二建集团有限公司，项目经理是施忠

39. 大庆市北辰绿色家园S—14号楼　建筑面积21 415平方米，框架剪力墙/地上17层，施工单位是江苏中厦集团有限公司，项目经理是黄振兴

40. 大庆油田采油三厂多层车库工程　建筑面积7 398平方米，框架，地上3层，施工单位是江苏南通六建建设集团有限公司，项目经理是陈云

41. 大庆靓湖国际花园E1—1号楼　建筑面积46 065平方米，框剪，地上33层，施工单位是江苏南通六建建设集团有限公司，项目经理是黄强

42. 哈尔滨东升江畔A、D、E、F栋　建筑面积99 000平方米，框剪，地上29层、33层、地下2层，施工单位是江苏江中集团有限公司，项目经理是马华

43. 大庆市新潮丽水华城二期A6区1号、2号楼　建筑面积14 540平方米，短肢剪力墙，地上9层、地下1层，施工单位是通州市长城建筑安装工程有限公司，项目经理是葛亚钧

44. 大庆奥林国际公寓A—13号楼　建筑面积8 924平方米，框架剪力墙，地上17层，施工单位是江苏中厦集团有限公司，项目经理是胡剑锋

45. 大庆石化公司5000吨/年己烯—1工业化试验项目土建及配套安装工程　造价1 300万元，框架，地上1层，施工单位是江苏盐阜建设集团有限公司，项目经理是王艮先

46. 满洲里三发木业有限公司木材加工基地土建及设备安装工程　造价5 534万元，钢结构，地上2层，施工单位是江苏南通二建集团有限公司，项目经理是沈国新

47. 沈阳致远工业园一期标准厂房新建厂区11号、12号厂房　建筑面积12 006平方米，钢结构，地上2层，施工单位是江苏南通二建集团有限公司，项目经理是施兵

48. 七台河市学府名苑　建筑面积34 000平方米，短肢剪力墙，地上17层，施工单位是江苏江都建设工程有限公司，项目经理是庞小五

49. 七台河市经典时代商住楼　建筑面积12 569平方米，短肢剪力墙，地上17层，施工单位是江苏江都建设工程有限公司，项目经理是卞高峰

50. 大连市开发区昌临商务大厦　建筑面积56 174平方米，框剪，地上24层、地下3层，施工单位是镇江建工建设集团有限公司，项目经理是李卫忠

51. 大庆奥林国际公寓A—15号楼　建筑面积8 925平方米，框架剪力墙，地上17层，施工单位是江苏中厦集团有限公司，项目经理是黄振兴

52. 东北电网电力调度交易中心大楼　建筑面积85 718平方米，框剪，地上19层，施工单位是江苏南通四建集团有限公司，项目经理是张华君

53. 武警黑龙江省消防警官公寓　建筑面积42 000平方米，框剪，地上30层、地下1层，施工单位是江苏江中集团有限公司，项目经理是刘华

54. 吉林大学第一医院医技楼　建筑面积91 780平方米，框剪，地上7层、地下2层，施工单位是江苏南通六建建设集团有限公司，项目经理是石兴龙

55. 沈阳巴塞罗那4号楼　建筑面积9 286平方米，框剪，地上24层、地下1层，施工单位

是江苏省苏中建设集团股份有限公司，项目经理是顾庆丰

56. 沈阳巴塞罗那8号、13号楼　建筑面积27 560平方米，框剪，地上28层、地下2层，施工单位是江苏省苏中建设集团股份有限公司，项目经理是任吉成

57. 长春中海莱茵东郡四期住宅工程二标D7、D8、D9号楼　建筑面积53 127平方米，短肢剪力墙，地上30层、地下1层，施工单位是江苏南通六建建设集团有限公司，项目经理是王忠荣

58. 长春中海莱茵东郡四期住宅工程二标D1、D2、D3、D5、D6号楼　建筑面积42 793平方米，框剪，地上30层、地下1层，施工单位是江苏南通六建建设集团有限公司，项目经理是王银祥

59. 哈尔滨都市嘉园B栋　建筑面积67 128平方米，框剪，地上30层、地下1层，施工单位是江苏江中集团有限公司，项目经理是马华

60. 沈阳居易新青年7号楼　建筑面积12 800平方米，框剪，地上20层、地下1层，施工单位是江苏省苏中建设集团股份有限公司，项目经理是钱德银

61. 金地国际花园二期12号楼　建筑面积4 086平方米，框架，地上5层，施工单位是江苏省苏中建设集团股份有限公司，项目经理是李友生

62. 大庆银河家园B区多层车库(B—3—18)工程　建筑面积13 050平方米，框架，地上5层，施工单位是江苏三兴建工集团有限公司，项目经理是刘希传

63. 大庆油田采油五厂厂区多层车库工程　建筑面积9 232.5平方米，框架/地上2层，施工单位是江苏建兴建工集团有限公司，项目经理是倪朝军

64. 大庆市第四十二中学扩建工程　建筑面积10 717平方米，框架，地上5层，施工单位是江苏三兴建工集团有限公司，项目经理是刘俊智

65. 大庆电力职工住宅小区15号楼　建筑面积11 220平方米，框剪/地上11层，施工单位是江苏中苑建设工程有限公司，项目经理邹德俊

66. 中乾商务花园　建筑面积86 098平方米，框剪，地上26层、地上2层，施工单位是是江苏南通二建集团有限公司，项目经理是陆永飞

67. 西安电子科技大学B栋教学楼　建筑面积31 228.59平方米，框架，地上5层，施工单位是江苏江都建设工程有限公司，项目经理是严兴贵

68. 长庆油田天然气科技综合楼　建筑面积41 235平方米，框剪，地上26层、地下1层，施工单位是通州建总集团有限公司，项目经理是金新华

69. 国际村夏都家园南区9号楼　建筑面积6 456.95平方米，框剪，地上11层，施工单位是江苏省第一建筑安装有限公司，项目经理是陈荣富

70. 中房高尔夫23号商务楼　建筑面积8 458平方米，框架，地上11层，施工单位是启东建筑集团有限公司，项目经理是赵辉

71. 长庆石油勘探局陕西油气开发基地二区6号楼及3号车库工程　建筑面积16 600平方米，剪力墙，地上10层、地下1层，施工单位是扬州市第五建筑安装工程有限公司，项目经理是夏维林

72. 西安曲江尚林苑C1、C2、C3、C4、C5、C6、C7住宅楼　建筑面积61 098.07平方米，框架，地上11层、地下1层，施工单位是江苏江都建设工程有限公司，项目经理是严兴贵

73. 互助宣传文化活动中心广场工程　造价1 200万元，框架，地上1层及广场绿化，施工单位是江苏省第一建筑安装有限公司，项目经理是樊国圣

74. 西安电子科技大学科技园孵化中心工程　建筑面积16 486平方米，框架，地上6层、

局部地下一层，施工单位是江苏江都建设工程有限公司，项目经理是徐晓秋

75. 陈家庄商住2号楼　建筑面积23 741.5平方米，框剪，地上25层、地下1层，施工单位是江苏江都建设工程有限公司，项目经理是任遵和

76. 西安摩登骊马高层住宅楼A、B、C座　建筑面积49 660平方米，框剪，地上18层、26层、23层、地下1层，施工单位是江苏江都建设工程有限公司，项目经理是陈建军

77. 翠竹园小区二期工程A、S楼　建筑面积26 199平方米，剪力墙，地上12层，地下1层，施工单位是江苏省苏中建设集团股份有限公司，项目经理是戴万平、常云

78. 嘉惠公寓　建筑面积12 999平方米，框剪，地下1层、地上16层，施工单位是江苏邗建集团有限公司，项目经理是刘有群

79. 西安上城美家公寓楼　建筑面积21 381平方米，剪力墙，地上20层，施工单位是正太集团有限公司，项目经理是吴登才

80. 兰州总医院科技办公楼　建筑面积14 170平方米，框架，地上10层，施工单位是江苏省第一建筑安装有限公司，项目经理是毛庆珊

81. 多晶硅项目厂前区办公楼　建筑面积5 769.51平方米，框架，地上3层，施工单位是江苏省第一建筑安装有限公司，项目经理是王有

82. 马思特(天津)化学有限公司新建项目　建筑面积8 744平方米，钢结构，地上2层，施工单位是南通四建集团有限公司，项目经理是严明华

83. 石家庄陆军指挥学院二期经济适用房5号、6号、7号楼　建筑面积26 240平方米，框剪，地上13层、地下1层，施工单位是江苏省苏中建设集团股份有限公司，项目经理是邓兴国

84. 金茂广场3号楼　建筑面积20 807.1平方米，框架/地上30层、地下2层，施工单位是江苏中兴建设有限公司，项目经理是严传忠、卜天荣

85. 亚实动力装配车间工程　建筑面积27 345平方米，钢混，地上2层、3层，施工单位是江苏省建工集团有限公司，项目经理是李兵、汤荣礼

86. 天津卫国道138号酒店工程　建筑面积38 700平方米，框剪，地上5层、6层、地下1层，施工单位是江苏江都建设工程有限公司，项目经理是顾继柏

87. 假日风景花园三期53号、58号楼　建筑面积16 536平方米，短肢剪力墙，地上10层、11层，施工单位是江苏南通二建集团有限公司，项目经理是蔡政权、黄建平

88. 天津市河北区有线电视台演播厅附属用房扩建工程　建筑面积6 671平方米，框架，地上5层、地下1层，施工单位是江苏省苏中建设集团股份有限公司，项目经理是李卫东

89. 第六田园北区公建工程　建筑面积522 600平方米，框架，地上3层、5层，施工单位是江苏城东建设工程有限公司，项目经理是张健

90. 联邦·东方明珠5号、6号、7号楼工程　建筑面积23 000平方米，框剪，地上32层、地下4层，施工单位是江苏江中集团有限公司，项目经理是沈明进、石太林

91. 中基名邸7号楼　建筑面积22 982平方米，剪力墙，地上26层、地下2层，施工单位是江苏南通二建集团有限公司，项目经理是张汉冲

92. 天津市梅江南天园工程35号、36号楼　建筑面积34 102平方米，剪力墙，地上30层、地下2层，施工单位是江苏南通二建集团有限公司，项目经理是顾兴前

93. 慧谷大厦　建筑面积60 144平方米，框架，地上27层、地下2层，施工单位是金坛市建筑安装工程公司，项目经理是周林荣

94. 宁安园小区工程　建筑面积52 842.05平方米，框剪，地上32层、地下2层，施工单位是江苏南通六建建设集团有限公司，项目经理是陈忠元

95. 佰盛国际公寓　建筑面积31 953.7平方米，框剪，地上29层、地下2层，施工单位是通州建总集团有限公司，项目经理是张宏标

96. 盛典苏州小区项目B座　建筑面积为22 980平方米，短肢剪力墙，地上26层、地下2层，施工单位是江苏省苏中建设集团股份有限公司，项目经理是王义宏

97. 休门城中村改造C区1号、2号楼　建筑面积54 031平方米，框剪，地上28层、地下2层，施工单位是江苏南通六建建设集团有限公司，项目经理是张国华

98. 军事医学科学院卫生装备研究所退休干部住宅工程　建筑面积21 000平方米，短肢剪力墙，地上11层，施工单位是江苏南通二建集团有限公司，项目经理是姚勇

99. 天津立中车轮有限公司年产500万只铝合金车轮项目一期工程　建筑面积43 800平方米，钢结构，地上1层，施工单位是江苏省苏中建设集团股份有限公司，项目经理是刘光荣

100. 天津105厂调整搬迁项目第四标段508号、511号、513号工程　建筑面积30 236平方米，框架，地上4层、地上1层、地上1层，施工单位是启东建筑集团有限公司，项目经理是陈建昌

101. 天津汇荣石油有限公司临港工程　建筑面积53 000平方米，框架，地上4层，施工单位是中建工业设备安装有限公司，项目经理是张建军

102. 天津奥林匹克中心配套工程27号住宅楼　建筑面积9 520平方米，剪力墙，地上27层，施工单位是江苏南通三建集团有限公司，项目经理是田卫兵

103. 柏丽花园西侧地块住宅5号楼　建筑面积7 164.05平方米，短肢剪力墙，地上11层、12层、地下1层，施工单位是江苏南通二建集团有限公司，项目经理是曹晋春

104. 天津汇颐花园9号、10号楼　建筑面积24 370平方米，框架，地上27层、地下1层，施工单位是南通建工集团股份有限公司，项目经理是钱明

105. 塘沽杭州道拆迁改造项目2号楼　建筑面积16 258平方米，剪力墙，地上33层、地下1层，施工单位是江苏省苏中建设集团股份有限公司，项目经理是王跃、崔益珊

106. 塘沽杭州道拆迁改造项目5号楼　建筑面积15 782平方米，剪力墙，地上33层、地下1层，施工单位是江苏省苏中建设集团股份有限公司，项目经理是王为林、崔益珊

107. 金茂广场5号楼　建筑面积20 807.1平方米，框架/地上5层，施工单位是江苏中兴建设有限公司，项目经理是严传忠、卜天荣

108. 天津市北辰青光城市生活垃圾综合处理厂安装工程　造价1 100万元，2＊6MW垃圾发电厂，施工单位是江苏华能建设工程集团有限公司，项目经理是胡玲芳

109. 加州国宾城一期山顶道壹号工程A栋　建筑面积86 000平方米，框支剪力墙，地上32层，施工单位是江苏中兴建设有限公司，项目经理是姚建国

110. 华润星地·翡翠城四期二标段B楼　建筑面积30 443平方米，框剪，地上31层，施工单位是江苏中兴建设有限公司，项目经理是徐华荣

111. 简阳市党政机关综合办公楼　建筑面积30 685平方米，框架，地上10层、地下1层，施工单位是江苏省第一建筑安装有限公司，项目经理是袁顺根

112. 中梁山危旧房改造安置房B3标段工程　建筑面积43 547平方米，砖混/地上6层，施工单位是江苏省第一建筑安装有限公司，项目经理是叶尹

113. 中国科技大学管理科学教学科研楼　建筑面积27 500平方米，框架，地上16层、地下1层，施工单位是江苏双楼建设集团有限公司，项目经理是郭红旗

114. 昆明彼岸二期工程　建筑面积92 155平方米，框架，地上14层，施工单位是锦宸集

团有限公司,项目经理是袁爱民

115. 曲阳步行街二期工程1号综合楼　建筑面积28 990平方米,框架,地上6层,施工单位是南京市漆桥建筑安装工程有限公司,项目经理是孔寿林

116. 重庆天燃气净化总厂职工住房西区C栋　建筑面积21 382平方米,框剪,地上26层、地下1层,施工单位是中国核工业华兴建设有限公司,项目经理是林建华

117. 成都世纪城成达佳园1号楼　建筑面积21 925平方米,框剪,地上32层、地下1层,施工单位是江苏省苏中建设集团股份有限公司,项目经理是李瑞荣

118. 鲁能·星城五期11街区二标段3号楼　建筑面积31 243平方米,框剪,地上32层、地下1层,施工单位是江苏省苏中建设集团股份有限公司,项目经理是李圣发

119. 重庆阳光华庭四期B3区4号楼　建筑面积57 477平方米,框剪,地上28层、地下4层,施工单位是江苏南通六建建设集团有限公司,项目经理是孙为民

120. 重庆荣鼎新苑B、C栋　建筑面积74 026平方米,短肢剪力墙,地上34层、地下2层,施工单位是江苏省第一建筑安装有限公司,项目经理是杨建明

121. 淄博玉龙大厦　建筑面积55 255平方米,框剪,地上24层、地下2层,施工单位是南通建筑工程总承包有限公司,项目经理是叶汉忠

122. 时代超级购物中心淄博店　建筑面积32 030平方米,框架,地上4层、地下1层,施工单位是江苏南通三建集团有限公司,项目经理是冯永宏

123. 名士豪庭一期10号、11号、14号、15号房及4、5、6区地下室　建筑面积60 437平方米,框架,地上18层、地下2层,施工单位是江苏省建设集团公司,项目经理是戎建勋

124. 山水名园二期E3号楼　建筑面积10 192.41平方米,框剪,地上15层、地下1层,施工单位是江苏省南通三建集团有限公司,项目经理是沈汉涛

125. 天泰太阳树5号楼　建筑面积13 955.7平方米,框剪,地上16层、地下1层,施工单位是江苏省南通三建集团有限公司,项目经理是冯永宏

126. 郑东新苑二期8号、9号楼　建筑面积5 294平方米,框剪,地上8层、地下1层;混合结构,地上6层、地下1层,施工单位是江苏三兴建工集团有限公司、江苏宝隆建设工程有限公司(参建),项目经理是郭宇

127. 郑东新苑二期地下车库　建筑面积5 600平方米,剪力墙,地下1层,施工单位是江苏三兴建工集团有限公司,项目经理是郭宇

128. 郑东新苑二期14号、15号楼　建筑面积6 571平方米,框剪,地上8层、地下1层;混合结构,地上6层、地下1层,施工单位是江苏三兴建工集团有限公司、江苏宝隆建设工程有限公司(参建),项目经理是徐德富

129. 青岛市富赛灯具市场1号、2号、3号楼及商场、地下车库　建筑面积148 475平方米,框剪,地上34层、33层、33层、地下2层,施工单位是南通建筑工程总承包有限公司,项目经理是施灿磊

130. 青岛供电公司经济适用房　建筑面积23 745平方米,框剪,地上25层、地下2层,施工单位是南通建筑工程总承包有限公司,项目经理是黄飞

131. 临沂香港时代阳光大厦　建筑面积36 835平方米,框剪/地上27层、地下1层,施工单位是南通建筑工程总承包有限公司,项目经理是叶汉忠

132. 海信慧园小区6号、7号楼　建筑面积7 312平方米,框剪,地上11层,施工单位是中国核工业华兴建设有限公司,项目经理是李宝军

133. 锦绣泉城24号楼　建筑面积11 057平方米,框剪,地上26层、地下3层,施工单位是江苏省建工集团有限公司,项目经理是王正

134. 海通骏景三期工程　建筑面积8 087平方米，框剪，地上12层，施工单位是江苏省苏中建设集团股份有限公司，项目经理是孙向阳

135. 天福绿洲　建筑面积49 076平方米，框剪，地上18层、地下1层，施工单位是南通建筑工程总承包有限公司，项目经理是汤云辉

136. 将军嘉苑7号楼　建筑面积9 478.5平方米，框剪，地上12层、地下1层，施工单位是江苏省建工集团有限公司，项目经理是王爱华

137. 泰华新天地　建筑面积178 000平方米，框剪，地上27层、地下2层，施工单位是江苏省南通二建集团有限公司，项目经理是朱元昌

138. 阳光100国际新城14号楼　建筑面积30 670.8平方米，框剪/地上29层、地下2层，施工单位是江苏省建设集团公司，项目经理是戎建勋、汪雨钦

139. 山东省教育学院1—3学生公寓楼　建筑面积9 286平方米，砖混结构，地上6层，施工单位是江苏省建工集团有限公司，项目经理是杨德基

140. 兰亭水岸2号楼　建筑面积12 000平方米，剪力墙，地上30层、地下1层，施工单位是江苏省苏中建设集团股份有限公司，项目经理是沈兆祥

141. 东方花苑D楼　建筑面积33 900平方米，框剪，地上30层、地下1层，施工单位是南通建筑工程总承包有限公司，项目经理是宋志敏

142. 银座晶都国际　建筑面积151 068平方米，剪力墙、框筒结构，地上36层、34层、30层、地下2层，施工单位是江苏省苏中建设集团股份有限公司，项目经理是陆国星、汪坚

143. 可口可乐办公楼、研发中心　建筑面积27 494平方米，框架，地上4层、5层，施工单位是江苏南通二建集团有限公司，项目经理是蔡正辉

144. 中国银联二期工程培训中心、客服中心　建筑面积42 992平方米，框架，地上2层、7层，施工单位是江苏省华建建设股份公司，项目经理是陈海荣

145. 仁恒河滨城三期29号、35号楼　建筑面积46 998平方米，剪力墙/地上22层、30层、地下1层，施工单位是龙信建设集团有限公司，项目经理是程岗

146. 上海科世达—华阳汽车电气有限公司厂房　建筑面积17 590平方米，钢结构，地上2层，施工单位是中国江苏国际经济技术合作公司，项目经理是王雅言

147. 上海陶氏中心研发楼　建筑面积92 263平方米，框架/地上4层、地下1层，施工单位是江苏省建设集团公司，项目经理是陈辉军

148. 妮维雅厂房　建筑面积14 167平方米，框架，地上3层、地下1层，施工单位是江苏省建工集团有限公司，项目经理是黄宏荣

149. 电力学院南方培训楼　建筑面积20 600平方米，框剪/地上12层，施工单位是江苏南通二建集团有限公司，项目经理是刘永昌

150. 箭牌糖类(上海)有限公司三期厂房　建筑面积27 580平方米，框架，地上2层，施工单位是南通四建集团有限公司，项目经理是曹卫民

151. 汇华大厦　建筑面积34 998平方米，剪力墙，地上27层、地下1层，施工单位是江苏省聚峰建设集团有限公司，项目经理是王世明

152. 上海闸北大宁社区中心工程　建筑面积13 504平方米，框架，地上7层，施工单位是江苏南通三建集团有限公司，项目经理是季正冰

153. 麦科瑞(上海)仓储有限公司新建厂房一、二期仓库　建筑面积12 818平方米，钢结构，地上2层，施工单位是南通四建集团有限公司，项目经理是张晓宁

154. 中船重工集团公司第七一一研究所综合生活楼　建筑面积8 491平方米，框架，地

上6层，施工单位是江苏江都建设工程有限公司，项目经理是卞小龙

155. 洋山深水港区三期（二阶段）候工楼　建筑面积18 463平方米，框架，地上2层、5层，施工单位是南通五建建设工程有限公司，项目经理是张昌松

156. 嘉定区江桥水产养殖场地块配套商品房11号楼　建筑面积6 452平方米，剪力墙，地上11层，施工单位是扬州市第五建筑安装工程有限公司，项目经理是李兴如

157. 上青佳园三期5号楼　建筑面积21 500平方米，剪力墙，地上9层、15层、地下1层，施工单位是江苏武进建筑安装工程有限公司，项目经理是吴明华

158. 61486部队一号院公寓楼　建筑面积14 837平方米，剪力墙，地上18层，施工单位是江苏龙海建工集团有限公司，项目经理是虞福庆

159. 艺泰安邦18号、31号住宅楼　建筑面积16 934平方米，剪力墙，地上18层、地下1层，施工单位是江苏省苏中建设集团股份有限公司，项目经理是谢宇岫

160. 中国女排宁波北仑训练基地项目（二期）工程　建筑面积17 500平方米，框架，地上4层、6层，施工单位是江苏省盐阜建设集团有限公司，项目经理是黄根林

161. 浙江桑乐数字化太阳能有限公司1号车间　建筑面积13 355平方米，钢结构，地上1层，施工单位是江苏国丰建设集团有限公司，项目经理是陈文章

162. 鑫都城航天苑二期13号、17号、20号楼　建筑面积27 964平方米，框剪，地上11层、14层，施工单位是江苏南通三建集团有限公司，项目经理是陆惠新

163. 日晖新城（二期）13号楼　建筑面积10 743平方米，框剪，地上16层、地下1层，施工单位是江苏兴厦建筑安装有限公司，项目经理是尹安林

164. 温州市城区防洪堤三期工程二阶段Ⅰ标工程　造价16 158万元，防洪堤，施工单位是中交第三航务工程局有限公司江苏分公司，项目经理是丁海龙

165. 浙江新安国际医院行政楼　建筑面积14 805平方米，框剪，地上12层，施工单位是江苏南通二建集团有限公司，项目经理是宋声彬

166. 绿庭霞飞苑16号楼　建筑面积11 416.67平方米，剪力墙，地上27层、地下2层，施工单位是溧阳市茂盛建筑工程集团公司，项目经理是崔盛庆

167. 863计划医疗器械产业化基地1号楼　建筑面积10 058平方米，框架，地上6层，施工单位是南通五建建设工程有限公司，项目经理是桑乃华

168. 场中路北块商品住宅7号楼　建筑面积6 218平方米，剪力墙，地上14层，施工单位是苏州建筑工程集团有限公司，项目经理是笪长华

169. 翠亭苑商品住宅一期21号—40号别墅及会所工程　建筑面积10 885平方米，砖混，地上2层，施工单位是江苏南通六建建设集团有限公司，项目经理是杨平

170. 复地艺墅三期工程　建筑面积17 848平方米，框架，地上2层、3层、地下1层，施工单位是江苏南通三建集团有限公司，项目经理是倪平

171. 翡翠山湖二期慧谷高层住宅楼A栋　建筑面积14 418.98平方米，框剪/地上17层，施工单位是江苏三兴建工集团有限公司，项目经理是郭宇

172. 翡翠山湖二期慧谷高层住宅楼B栋　建筑面积14 418.98平方米，框剪，地上17层，施工单位是江苏三兴建工集团有限公司，项目经理是陈家明

173. 翡翠山湖二期慧谷高层住宅楼C栋　建筑面积22 357.25平方米，框剪，地上17层，施工单位是江苏三兴建工集团有限公司，项目经理是徐德富

174. 翡翠山湖二期慧谷高层住宅楼D栋　建筑面积22 357.25平方米，框剪，地上17层，施工单位是江苏三兴建工集团有限公司，项目经理是王加留

175. 南荔苑，建筑面积28385平方米　框支剪力墙，地上18层，施工单位是江苏中兴建设有限公司，项目经理是苏登祥

176. 天安高尔夫珑园4号、5号楼　建筑面积40 200平方米，框剪，地上42层、地下2层，施工单位是江苏中兴建设有限公司，项目经理是周庆痒

177. 深圳荣超经贸中心工程　建筑面积115 107平方米，框筒，地上46层、地下3层，施工单位是江苏省华建建设股份有限公司，项目经理是艾玉才

178. 国华台山电厂煤码头2号泊位工程　高桩梁板式，施工单位是中交第三航务工程局有限公司江苏分公司，项目经理是崔桂康

179. 湛江华德力雍景城1号、7号、8号楼　建筑面积63 253平方米，框架剪力墙，地上31层、地下1层，施工单位是江苏省第一建筑安装有限公司，项目经理是吴安国

180. 益阳深国投商业中心工程　建筑面积35 948平方米，框架，地上3层、地下1层，施工单位是江苏省第一建筑安装有限公司，项目经理是王宝健

181. 金地格林小城C地块HR—9号楼　建筑面积7 100平方米，框剪，地上18层，施工单位是正太集团有限公司，项目经理是曹军

182. 东湖天下10号楼　建筑面积15 482平方米，框架剪力墙，地上20层、地下1层，施工单位是正太集团有限公司，项目经理是袁恒才

183. 金地格林小城C地块HR—11号、12号楼　建筑面积11 104平方米，框架，地上18层，施工单位是江苏华江建筑工程有限公司，项目经理是朱文华

184. 武汉万科城市花园上西11区2号楼　建筑面积9 807平方米，框架，地上11层，施工单位是江苏江都建设工程有限公司，项目经理是张书林

185. 宜昌香格里拉花园11号楼　建筑面18 216.5平方米，框架剪力墙，地上18层、地下1层，施工单位是江苏江都建设工程有限公司，项目经理是蒋玉明

186. 万科四季花城西半岛右岛二区A、B栋　建筑面20 137平方米，框剪，地上11层，施工单位是南通宏华建筑安装有限公司，项目经理是朱新民

187. 水域天际一期3号楼　建筑面13 179平方米，框剪，地上11层，施工单位是南通宏华建筑安装有限公司，项目经理是朱新民

188. 武汉光谷世界城A地块B1区工程　建筑面101 041平方米，框架剪力墙，地上30层、地下1层.施工单位是锦宸集团有限公司，项目经理是马正明

2009年度江苏省钢结构优质工程奖(紫金杯)项目

1. 溧阳中材重型机器有限公司总装车间钢结构工程　承建单位是宜兴市中德钢结构有限公司

2. 江苏东方重工有限公司联合厂房B标钢结构工程　承建单位是江苏广宇建设集团有限公司

3. 江苏新荣船舶修理有限公司机电综合车间　承建单位是江苏广宇建设集团有限公司

4. 南通中远川崎船舶公司船体装焊车间钢结构工程　承建单位是常州钢构建设工程有限公司

5. 中国电子科技集团公司第十四研究所B1—B5钢结构装饰工程　承建单位是徐州东大钢结构建筑有限公司

6. 江苏综艺光伏有限公司薄膜太阳能电池生产综合厂房多层钢结构工程　承建单位是

南通新华钢结构工程有限公司

7. 香港中华电力青山电厂 4×680MW 机组烟气脱硫塔制作安装工程　承建单位是江苏宇杰钢机有限公司

8. 吴江市体育场管桁架制作与安装钢结构工程　承建单位是苏州鑫吴钢结构工程有限公司

9. 中国石油独山子石化公司动力站干煤棚网架工程　承建单位是苏州市建筑构配件工程有限公司

10. 中国海盐博物馆钢结构工程制作与安装　承建单位是苏州第一建筑集团有限公司

11. 长春化工(江苏)有限公司 PVA 二期主装置多层钢结构工程　承建单位是江苏春都钢结构工程有限公司

12. 天津国电津能热电有限公司 2×300MW 工程干煤棚网架工程　承建单位是徐州中煤钢结构建设有限公司

13. 南通市神马电力科技有限公司套管车间钢结构工程　承建单位是扬州牧羊钢结构工程有限公司

14. 江阴澄江路人行景观钢结构天桥　承建单位是江阴壮欣钢品有限公司

15. 徐州丰成盐化工有限公司辅助厂房钢结构工程　承建单位是江苏中阳建设集团有限公司

16. 山东省滕州市奥体中心体育场罩棚钢结构工程　承建单位是徐州飞虹网架(集团)有限公司

17. 扬州东门门楼钢结构工程　承建单位是江苏长江钢业重工有限公司

18. 南通科技投资集团股份有限公司联合一厂房钢结构　承建单位是苏州二建建筑集团有限公司

19. 苏州太湖国际会议中心主体钢结构工程　承建单位是苏州二建建筑集团有限公司

20. 武广铁路客运专线新衡山站钢结构工程　承建单位是江苏沪宁钢机股份有限公司

21. 武广铁路客运专线新株洲站钢结构工程　承建单位是江苏沪宁钢机股份有限公司

22. 武广铁路客运专线新耒阳站钢结构工程　承建单位是江苏沪宁钢机股份有限公司

23. 武广铁路客运专线新衡阳站钢结构工程　承建单位是江苏沪宁钢机股份有限公司

24. 武广铁路客运专线新郴州站钢结构工程　承建单位是江苏沪宁钢机股份有限公司

25. 宜兴荆邑大桥钢结构工程　承建单位是江苏沪宁钢机股份有限公司

26. 泰州诚德钢管有限公司厚壁钢管钢结构厂房　承建单位是江苏庆泰钢结构有限公司

27. 南京地铁一号线南延线龙眠大道站钢结构工程　承建单位是江苏永嘉钢构建设有限公司

28. 广州亚运村多层钢结构建筑工程　承建单位是江苏赛特钢结构有限公司

29. 江苏沙钢集团有限公司 20 万 M3 高炉煤气柜柜体钢结构工程　承建单位是江苏环能工程有限公司

2009 年度江苏省建筑业企业获第八届中国钢结构金奖工程项目

1. 广州新电视塔钢结构工程　由江苏沪宁钢机股份有限公司、浙江精工钢结构有限公司制作

2. 天津火车站改扩建钢结构工程　由江苏沪宁钢机股份有限公司制作、安装

3. 上海虹桥机场西航站楼钢结构工程　由江苏沪宁钢机股份有限公司制作

4. 上海中国航海博物馆帆体钢结构工程　由江苏沪宁钢机股份有限公司制作，上海市机械施工有限公司制作、安装

5. 中远大连造船项目船体车间钢结构工程　由常州钢构建设工程有限公司安装、制作，

上海中远川崎重工钢结构有限公司制作、安装

6. 南京中船绿洲机器有限公司船舶配套生产能力提升项目—钢结构加工车间工程　由江苏天地钢结构工程集团有限公司制作、安装

7. 沈阳三好桥钢拱塔钢结构工程　由江苏沪宁钢机股份有限公司制作、安装

8. 上海世博中心钢结构工程　由江苏沪宁钢机股份有限公司制作

9. 上海盛大国际金融中心钢结构工程　由江苏沪宁钢机股份有限公司制作

10. 外滩中信城钢结构工程　由江苏沪宁钢机股份有限公司制作，上海市机械施工有限公司安装

11. 宜兴荆邑大桥重建钢结构工程　由江苏沪宁钢机股份有限公司制作、安装

2009年江苏省住宅工程质量分户验收示范小区名单

1. 万科红郡小区6—10号
2. 西堤国际F区150、152、154、156、158栋
3. 卢龙山庄小区02—05、07幢
4. 吉祥国际花园小区二期
5. 江南坊小区三、四期
6. 无锡万科城市花园一区A7组团
7. 华商清水湾小区一期
8. 淮海.水岸春天小区
9. 军转干部经济适用房(君悦园小区)
10. 嘉宏盛世小区1—3、5—7号
11. 御源林城小区26—29、49号
12. 新城蓝钻景庭小区二期工程6—11号
13. 苏州锦沧名苑小区1—7号
14. 苏州朗诗国际街区小区
15. 中央景城小区(0304地块)一期
16. 南通中央商务区小区CR0504—C地块
17. 尚德城邦小区
18. 鑫港花园小区
19. 美麟水岸名城小区一期
20. 中央华府小区A1—9
21. 福星花园小区12—19号
22. 涟水府前御景园地泽1—3、5—12、15—20号、御景阁1号楼
23. 惠源居花苑小区三期
24. 康城明珠小区
25. 钱江方洲南区一期一部四标段、一期二部三标段
26. 西城逸品花园小区
27. 和美第小区三、四期工程
28. 广陵世家小区一期工程
29. 镇江万科“魅力之城”小区一期标三段
30. 镇江《风景城邦》明旺小区A地二期
31. 恒景国际花园小区
32. 新城市花园小区四期
33. 衡山花园小区
34. 泗阳名流新天地小区

2009年度江苏省工程建设优秀QC小组活动成果一等奖(20名)

1. 太湖论坛QC小组　课题名称是控制大跨度多层钢桁架整体提升合拢质量，小组所在单位是苏州二建建筑集团有限公司，类型为公关型，发布人宋敏

2. 南通德建德兴QC小组　课题名称是提高弧形墙单侧模板支撑施工质量，小组所在单位是南通德胜建筑安装工程有限公司，类型为攻关型，发布人张蓓

3. 金博特制冷设备办公楼工程QC小组　课题名称是申得欧外墙保温系统施工质量控制，小组所在单位是江苏中淮建设集团有限公

司，类型为攻关型，发布人孙杨

4. 24米直径造粒塔QC小组　课题名称是悬空喷斗层结构施工创新，小组所在单位是镇江四建建设有限公司，类型为创新型，发布人洪立洋

5. 连接架QC小组　课题名称是速接架横杆插销构造创新，小组所在单位是无锡市锡山三建实业有限公司，类型为创新型，发布人沈高传

6. 华仁·凤凰大厦工程QC小组　课题名称是建筑外侧不锈钢花槽的装饰质量控制，小组所在单位是华仁建设集团有限公司，类型为攻关型，发布人陈扬

7. 中电颐和家园工程项目部QC小组　课题名称是提高外墙钢管脚手架搭设质量，小组所在单位是南通四建集团有限公司，类型为现场型，葛明华

8. 太仓汽车客运站QC小组　课题名称是攻克索洁板装饰施工难关，小组所在单位是苏州第一建筑集团有限公司，类型为攻关型，发布人吴刚

9. 宿迁国检局实验楼QC小组　课题名称是运用QC首次成功安装高烈度地震区全国最大隔震支座，小组所在单位是江苏兴邦建工集团有限公司，类型为攻关型，发布人高行友

10. 张进前QC小组　课题名称是先张法预应力拱板粮仓屋盖原位现浇质量控制，小组所在单位是南通华荣建设集团有限公司，类型为攻关型，发布人陈正益

11. 射击射箭馆项目部QC小组　课题名称是柱顶钢构节点安装的创新，小组所在单位是无锡锡山建筑实业有限公司，类型为创新型，发布人吴学毅

12. 扬州乐宾广场工程QC小组　课题名称是有效控制现浇剪力墙施工质量，小组所在单位是江苏南通三建集团有限公司，类型为攻关型，发布人沈海华

13. 徐州207QC小组　课题名称是高空大跨度钢筋混凝土桁架梁质量控制，小组所在单位是江苏省苏中建设集团股份有限公司，类型为攻关型，发布人王涛

14. 吕亚东QC小组　课题名称是古建预制斗拱施工质量控制，小组所在单位是涟水县建筑工程公司，类型为攻关型，发布人马松

15. 中科院软件产业中心工程QC小组　课题名称是EPS板外墙保温＋氟碳平面金属漆系统施工质量控制，小组所在单位是南京市第六建筑安装工程有限公司，类型为攻关型，发布人魏广全

16. 冲孔灌注桩QC小组　课题名称是缩短海上巨厚抛石层冲孔灌注桩沉孔时间，小组所在单位是中交三航局江苏分公司，类型为现场型，发布人王伟

17. 南京会展中心QC小组　课题名称是金刚砂耐磨地面施工质量控制，小组所在单位是江苏通州四建集团有限公司，，类型为攻关型，发布人陈锦峰

18. 成都华侨城地产一期1～7号楼QC小组　课题名称是提高剪力墙混凝土成型质量，小组所在单位是泰兴市第一建筑安装工程有限公司，类型为攻关型，发布人淘桂华

19. 江苏金土木昆山分公司第二QC小组　课题名称是超厚无梁现浇板加强带施工质量控制，小组所在单位是江苏金土木建设集团有限公司，类型为现场型，发布人陆春远

20. 党校项目部QC小组　课题名称是提高大跨度劲性混凝土梁的施工质量，小组所在单位是江苏邗建集团有限公司，类型为现场型，发布人王全

2009年度江苏省工程建设优秀QC小组活动成果二等奖(30名)

1. 钛一旋流井项目部QC小组　课题名称是提高—18.4M旋流井施工质量合格率,小组所在单位是正太集团有限公司,类型为现场型,发布人于永华

2. 曙光电缆厂QC小组　课题名称是78M高空悬挑结构模板支撑及外脚手架施工平台的研制与应用,小组所在单位是江苏扬建集团有限公司,类型为创新型,发布人孔祥峰

3. 镇江规划展示馆QC小组　课题名称是复杂曲线形梁的定位控制,小组所在单位是镇江索普建筑安装工程有限责任公司,类型为攻关型,发布人余暑安

4. 元辰安装第二QC小组　课题名称是确保卫生器具UPVC排水管道安装质量,小组所在单位是江苏南通六建集团元辰设备安装工程有限公司,类型为攻关型,发布人张海琴

5. 察哈尔路商住楼工程QC小组　课题名称是改进清水混凝土支模工艺,小组所在单位是江苏南通六建建设集团有限公司,类型为现场型,发布人徐达

6. 万宁华府项目QC小组　课题名称是提高灌注桩破桩施工质量,小组所在单位是江苏长安建设集团有限公司,类型为现场型,发布人房效禹

7. 二十八所科研大楼项目部QC小组　课题名称是提高现浇预应力空心楼板施工质量,小组所在单位是江苏江都建设工程有限公司,类型为现场型,发布人唐震

8. 沈阳新加坡城项目部QC小组　课题名称是分户验收条件下剪力墙结构的混凝土施工质量控制,小组所在单位是中国核工业华兴建设有限公司,类型为现场型,发布人何仲平

9. 寒山寺大钟大碑及附属工程QC小组　课题名称是提高木结构连接部位施工质量,小组所在单位是苏州二建建筑集团有限公司,类型为攻关型,发布人吴晓冬

10. 朗诗国际街区项目QC小组　课题名称是地缘热泵供暖空调系统楼面PE—RT管道敷设质量控制,小组所在单位是常州市成章建筑安装工程有限公司,类型为攻关型,发布人金志惠

11. 香缇湾项目部QC小组　课题名称是现浇混凝土楼面上层板筋保护层及板厚质量控制方法的改进,小组所在单位是江苏武进建筑安装工程有限公司,类型为攻关型,发布人杨小松

12. 如意QC小组　课题名称是提高复杂建筑结构放线效率,小组所在单位是江苏地亚建筑有限责任公司,类型为现场型,发布人周健

13. 抗冰抢修QC小组　课题名称是解决500KV龙瓯抢修工程牵张场难题,小组所在单位是江苏省送变电公司,类型为攻关型,发布人孙伟

14. 高新技术研发中心工程QC小组　课题名称是解决地下室后浇带渗漏,小组所在单位是江苏国安建筑安装工程有限公司,类型为攻关型,发布人赵明文

15. 常熟市第一人民医院QC小组　课题名称是喷涂法施工聚氨酯硬泡外墙外保温质量控制,小组所在单位是江苏金土木建设集团有限公司,类型为现场型,发布人钱晨

16. 土地交易市场工程装饰QC小组　课题名称是注重事先策划,创精品卫生间,小组所在单位是江苏正方园建设集团有限公司,类型为攻关型,发布人张二庆

17. 党校科研楼QC小组　课题名称是科研楼大跨度高支模质量控制,小组所在单位是南京市第十建筑工程公司,类型为攻关型,发布人陈金富

18. 宏均QC小组　课题名称是提高超高

柱、梁清水混凝土施工质量，小组所在单位是南通新华建筑集团有限公司，类型为攻关型，发布人朱军

19. 海关大楼放线测量QC小组　课题名称是攻克不规则平面轴线放测施工难关，小组所在单位是苏州第一建筑集团有限公司，类型为攻关型，发布人顾伟

20. 安全防护设施攻关QC小组　课题名称是移动登高作业平台的改进（3.5～5.0米），小组所在单位是常熟华联装璜工程有限责任公司，类型为攻关型，发布人谈晓峰

21. 张国卫QC小组　课题名称是提高保温装饰一体化成品板安装质量，小组所在单位是江苏中厦集团有限公司，类型为现场型，发布人潘春丽

22. 51.4M高大模板QC小组　课题名称是51.4M高大模板支撑体系的设计与施工，小组所在单位是江苏省华建建设股份有限公司，类型为创新型，发布人张传捷

23. 启东博圣广场项目QC小组　课题名称是改进封井工艺，确保管井无渗漏，小组所在单位是启东建筑集团有限公司，类型为攻关型，发布人罗李忠

24. 东城景苑A3号楼项目部QC小组　课题名称是裙房屋面脚手架部位防水施工技术创新，小组所在单位是江苏淮阴建设工程集团有限公司，类型为创新型，发布人戴威

25. 科兴家园安装工程QC小组　课题名称是降低铸铁排水管柔性接口渗漏率，小组所在单位是江苏省建筑工程集团有限公司，类型为现场型，发布人蒋本清

26. 商野春QC小组　课题名称是砂加气块墙体裂缝控制，小组所在单位是南通四建集团有限公司，类型为现场型，发布人商野清

27. 南京中冶正兴置业项目部QC小组　课题名称是混凝土剪力墙结构阴阳角成型质量控制，小组所在单位是中国十七冶建设有限公司，类型为现场型，发布人正清

28. 机具QC小组　课题名称是提高地锚调直校正质量和工效，小组所在单位是徐州送变电有限公司，类型为现场型，发布人耿芳

29. 轻质砂加气块墙体QC小组　课题名称是确保轻质砂加气块墙体质量一次成优，小组所在单位是江苏中兴建设有限公司，类型为攻关型，发布人曹晓军

30. 西电变压器项目安装QC小组　课题名称是冷冻机房机电安装质量一次成优，小组所在单位是常州工业设备安装有限公司，类型为管理型，发布人李键

2009年度江苏省工程建设优秀QC小组活动成果三等奖（50名）

1. 济南索菲特暖通QC小组　课题名称是提高风管橡胶保温的安装质量，小组所在单位是江苏省建筑工程集团有限公司，类型为现场型，发布人陈辉

2. 兴化市广电信息技术中心大楼工程QC小组　课题名称是聚苯板外墙保温质量控制，小组所在单位是江苏省建工集团有限公司，类型为现场型，发布人田进

3. 无缝轨道安装质量控制QC小组　课题名称是无缝轨道安装质量控制，小组所在单位是中交二航局第三工程有限公司，类型为现场型，发布人肖妙武

4. 瑞园项目部QC小组　课题名称是提高钢筋闪光对焊施工质量，小组所在单位是南通四建集团有限公司，类型为现场型，发布人李恒军

5. 十新QC小组　课题名称是钢管柱外表喷水泥砂浆的创新施工工艺，小组所在单位是通州建总集团有限公司，类型为创新型，发布人费学均

6. 建鑫大厦工程QC小组　课题名称是箱形结构转换层模板支撑新方法，小组所在单

位是苏州市建鑫建筑安装工程有限责任公司，类型为创新型，发布人薛军

7. 苏州高景山白鹤寺改扩建工程QC小组　课题名称是陡峭山坡岩石地基基础施工创新，小组所在单位是苏州二建狮山建筑安装工程有限公司，类型为创新型，发布人朱俊

8. 北京射击馆精装饰吸声吊顶QC小组　课题名称是北京奥运射击馆吸声吊顶施工技术质量管理，小组所在单位是苏州苏明装饰有限公司，类型为管理型，发布人郭建兵

9. 保安公司工程预应力QC小组　课题名称是屋面后张法预应力梁质量控制，小组所在单位是吴江市建设工程(集团)有限公司，类型为现场型，发布人沈海荣

10. 沉井纠偏QC小组　课题名称是沉井的偏差控制，小组所在单位是江苏兴港建设集团有限公司，类型为攻关型，发布人卞祥飞

11. 科技创业中心项目部QC小组　课题名称是型钢骨柱与梁、柱钢筋穿插施工质量控制，小组所在单位是无锡市锡山三建实业有限公司，类型为攻关型，发布人袁志钢

12. 教学楼改扩建工程QC小组　课题名称是复杂几何建筑物平面施工测量质量控制，小组所在单位是无锡锡山建筑实业有限公司，类型为攻关型，发布人唐伟明

13. 西电变电超高变压器厂房项目QC小组　课题名称是确保工业设备基础群体预埋铁件精度，小组所在单位是常州第一建筑工程有限公司，类型为攻关型，发布人孔洪泉

14. 金汉绿港家园D区项目部QC小组　课题名称是控制低温热水PE—RT管辐射供暖系统工程施工质量，小组所在单位是金坛市建筑安装工程公司，类型为攻关型，发布人潘建波

15. 中华·冠城国际C组团QC小组　课题名称是欧式住宅节能型外窗施工质量控制，小组所在单位是江苏鼎鑫建设工程有限公司，类型为攻关型，发布人翟文明

16. 第二公寓楼QC小组　课题名称是基坑内地下水管防护技术创新，小组所在单位是江苏扬建集团有限公司，类型为创新型，发布人李炜

17. 市政公司QC小组　课题名称是市政排水管道基础粉喷桩施工方案创新，小组所在单位是江苏邗建集团有限公司，类型为创新型，发布人田圣江

18. 燃气利用工程项目部QC小组　课题名称是长距离管道浮管式施工新方法，小组所在单位是江苏江都安装工程有限公司，类型为创新型，发布人李刚

19. 陈长正QC小组　课题名称是提高EPS聚苯板外墙保温施工质量，小组所在单位是江苏华江建筑工程有限公司，类型为现场型，发布人陈长正

20. 如东文峰项目QC小组　课题名称是无机不燃外墙外保温系统质量控制，小组所在单位是启东建筑集团有限公司，类型为攻关型，发布人季鹤冲

21. 新建厂房地坪施工QC小组　课题名称是超大面积混凝土地坪施工质量控制，小组所在单位是南通华新建工集团有限公司，类型为攻关型，发布人杨正丽

22. 九龙广场工程QC小组　课题名称是住宅工程分户几何尺寸控制，小组所在单位是江苏淮阴建设工程集团有限公司，类型为现场型，发布人戴月平

23. 国际会展中心项目部QC小组　课题名称是解决狭小机房VRV室外机换热难题，小组所在单位是司南工程有限公司，类型为攻关型，发布人谢广兵

24. 宁杭高速公路二期NH－N521标工程QC小组　课题名称是橡胶沥青混凝土面层施工控制，小组所在单位是江苏捷达交通工程集团有限公司，类型为现场型，发布人陈涛

25. 苏丹游泳馆钢结构制作QC小组　课题名称是控制刚架端板焊接质量，小组所在单位是江苏先锋钢结构工程有限公司，类型为现场型，发布人张强

26. 综合办公楼项目QC小组　课题名称是提高外墙斜立面蘑菇石镶贴施工质量，小组所在单位是江苏长安建设集团有限公司，类型为现场型，发布人孟华

27. 富新镇中心小学QC小组　课题名称是“蒸压加气混凝土砌块”墙体抹灰出现裂缝的质量通病防治，小组所在单位是徐州九鼎建设集团有限公司，类型为攻关型，发布人魏群

28. 润丰嘉园外墙保温QC小组　课题名称是胶粉聚苯颗粒外墙外保温墙面施工质量控制，小组所在单位是江苏恒生建设有限公司，类型为现场型，发布人朱荣太

29. 成太勤QC小组　课题名称是控制现浇混凝土裂缝，提高混凝土成型质量，小组所在单位是江苏建兴建工集团有限公司，类型为现场型，发布人成太勤

30. 双赢花园12#楼QC小组　课题名称是降低现浇混凝土结构剪力墙的烂根率，小组所在单位是南京宏亚建设有限公司，类型为现场型，发布人咎家震

31. 光生赤木铝工业办公楼QC小组　课题名称是提高大孔径轻集料砌块砌筑合格点率，小组所在单位是昆山市中苏建设工程有限公司，类型为现场型，发布人王伟

32. 龙杰特种化纤工程QC小组　课题名称是金刚砂地坪的质量控制，小组所在单位是江苏兴港建设集团有限公司，类型为攻关型，发布人卞祥飞

33. 无锡灵山胜境梵宫项目部QC小组　课题名称是超高超大穹型顶施工技术创新，小组所在单位是苏州金螳螂建筑装饰股份有限公司，类型为创新型，发布人杨雪平

34. 郑如云QC小组　课题名称是预应力混凝土管桩偏位处理，小组所在单位是江苏无锡二建建设集团有限公司，类型为现场型，发布人薛佳

35. 蔡罗根项目部QC小组　课题名称是提高轻集料混凝土空心保温砌块施工质量，小组所在单位是常州常嘉建设有限公司，类型为现场型，发布人李强

36. 恐龙园停车楼项目部QC小组　课题名称是空腔构件现浇楼盖施工质量控制，小组所在单位是江苏金土地建设集团有限公司，类型为攻关型，发布人梅建虎

37. 金宝圩除险加固防渗墙工程QC小组　课题名称是攻克30M超深水泥防渗墙施工难关，小组所在单位是江苏弘盛建设工程集团有限公司，类型为攻关型，发布人孙刚

38. 航院QC小组　课题名称是确保34米大跨度梁一次吊装成功，小组所在单位是南通四建集团有限公司，类型为现场型，发布人张欢欢

39. 原油储备库项目焊接QC小组　课题名称是攻克3×100000M3石油储罐壁板焊接质量难关，小组所在单位是江苏启安建设集团有限公司，类型为攻关型，发布人陈旦波

40. 青岛银盛泰商务港工程QC小组　课题名称是确保水源热泵空调系统安装一次成优，小组所在单位是南通建筑工程总承包有限公司，类型为攻关型，发布人晏金洲

41. 绿城玉兰公寓QC小组　课题名称是提高大体积混凝土施工质量，小组所在单位是南通八建集团有限公司，类型为现场型，发布人李海生

42. 连科QC小组　课题名称是住宅楼地面面层与结构混凝土一次成型质量控制，小组所在单位是江苏鼎大建筑安装工程有限公司，类型为现场型，发布人郭守建

43. 高桩码头横向水平位移控制QC小组　课题名称是高桩码头横向水平位移控制，小组所在单位是中交三航局江苏分公司，类型为现场型，发布人秦丹

44. 建平污水处理厂工程QC小组　课题名称是钢筋混凝土污水处理池施工质量控制，小组所在单位是江苏帝武建设有限公司，类型为攻关型，发布人石士刚

45. GBF空心楼盖施工质量控制QC小组　课题名称是加强现浇GBF空心楼盖施工质

量的控制，小组所在单位是江苏建兴建工集团有限公司，类型为现场型，发布人廖轩东

46. 城市广场QC小组　课题名称是触变性软土深基坑边坡稳定技术创新，小组所在单位是江苏建业建设集团有限公司，类型为创新型，发布人李运歌

47. 泗阳体育场项目部QC小组　课题名称是体育场2.6吨预埋件吊装加固施工创新，小组所在单位是江苏省第一建筑安装有限公司，类型为创新型，发布人姚毅平

48. 国华御锦园小区工程QC小组　课题名称是提高测量工作精度，降低住宅工程成本，小组所在单位是江苏天山建设集团有限公司，类型为管理型，发布人周璇

49. 市公安局监管场所刑事综合楼工程QC小组　课题名称是地下室混凝土墙板质量控制，小组所在单位是江苏中淮建设集团有限公司，类型为现场型，发布人唐正龙

50. 第七项目部硝酸工程QC小组　课题名称是提高铬钼钢焊接质量，小组所在单位是南京南化建设有限公司，类型为现场型，发布人舒怀

2009年度江苏省工程建设优秀QC小组活动成果优秀奖(86名)

1. 人工岛工程倒滤层QC小组　课题名称是外海倒滤层施工质量控制，小组所在单位是中交二航局第三工程有限公司，类型为攻关型，发布人封有吉

2. 完美者QC小组　课题名称是清水混凝土熊猫眼控制，小组所在单位是中国核工业华兴建设有限公司，类型为攻关型，发布人吴延路

3. 钢支撑工程项目部QC小组　课题名称是竖向钢管支撑拆除安全技术QC攻关，小组所在单位是江苏华东建设基础工程有限公司，类型为攻关型，发布人蔡其红

4. 南大仙林校区图书馆项目部QC小组　课题名称是混凝土弧梁施工技术攻关，小组所在单位是南通新华建筑集团有限公司，类型为攻关型，发布人许强

5. 西堤国际D区项目QC小组　课题名称是住宅工程外窗周边防渗漏技术创新，小组所在单位是江苏双楼建设集团有限公司，类型为创新型，发布人陈克荣

6. 南京农副物流中心工程QC小组　课题名称是提高预制薄壁空心箱体现浇空心楼板施工质量，小组所在单位是中天建设集团有限公司，类型为现场型，发布人张伟

7. 淮安烟草物流配送中心项目部QC小组　课题名称是减少后张法中单面张拉有粘结预应力损失，小组所在单位是南京第一建筑工程集团有限公司，类型为现场型，发布人夏卫忠

8. 江苏金土木昆山分公司第一QC小组　课题名称是深基坑软土地基薄壁管桩质量控制，小组所在单位是江苏金土木建设集团有限公司昆山分公司，类型为攻关型，发布人徐宇良

9. 车管所工程QC小组　课题名称是大面积压型钢板屋面卷材防水施工质量控制，小组所在单位是苏州第一建筑集团有限公司，类型为攻关型，发布人董大志

10. 生物纳米A1号楼QC小组　课题名称是提高开孔铝板幕墙(金属罩)施工质量，小组所在单位是苏州二建建筑集团有限公司，类型为攻关型，发布人李 敬

11. 海兰雷迪森酒店客房装饰工程QC小组　课题名称是成品门套安装质量控制，小组所在单位是常熟市金龙装饰有限责任公司，类型为现场型，发布人李国强

12. 太湖文化论坛国际会议中心项目QC小组　课题名称是幕墙预埋件安装质量控制，小组所在单位是苏州二建建筑集团有限公司，类型为攻关型，发布人王金华

13. 太仓港区商务办公用房1号楼QC小

组　课题名称是劲性柱梁柱节点部位梁钢筋绑扎质量控制，小组所在单位是苏州二建建筑集团有限公司，类型为攻关型，发布人羊宏

14. 消防支队老楼改造装饰工程QC小组　课题名称是装饰工程现场“成品化”理念创新，小组所在单位是苏州金螳螂建筑装饰股份有限公司，类型为创新型，发布人程伟

15. 线路施工科一班QC小组　课题名称是解决日本全进口GTACSR288倍容量导线的展放难题，小组所在单位是苏州电力建设工程有限公司，类型为现场型，发布人吴杰

16. 科技创业中心项目部QC小组　课题名称是转换梁与型钢柱节点区域混凝土浇筑质量控制，小组所在单位是无锡市锡山三建实业有限公司，类型为攻关型，发布人张京一

17. 南闸标准厂房QC小组　课题名称是混凝土地坪钢屑砂浆面层施工工艺创新，小组所在单位是江苏锦澜建设有限公司，类型为创新型，发布人任洪

18. 星星QC小组　课题名称是墙面抹灰防空鼓新法，小组所在单位是无锡锡山建筑实业有限公司，类型为创新型，发布人胡小阳

19. 清扬御庭QC小组　课题名称是阳台等高低差部位施工质量控制，小组所在单位是华仁建设集团有限公司，类型为攻关型，发布人周伟

20. 常州一建第九QC小组　课题名称是深基坑支护的方法创新，小组所在单位是常州第一建筑工程有限公司，类型为创新型，发布人华国能

21. CSJ305—04小组　课题名称是混凝土接槎外观质量控制，小组所在单位是常州三建建设有限公司，类型为现场型，发布人吴仁君

22. 地下人防通道QC小组　课题名称是超宽止水钢板施工质量控制，小组所在单位是镇江第二建筑工程有限公司，类型为攻关型，发布人徐有志

23. 气化框架QC小组　课题名称是超高模板支撑体系搭设质量控制，小组所在单位是镇江建工建设集团有限公司，类型为攻关型，发布人蒋诚

24. 苏州项目部QC小组　课题名称是提高呼吸式幕墙单元体安装合格率，小组所在单位是江苏江都建设工程有限公司，类型为攻关型，发布人薛庆伍

25. 创新QC小组　课题名称是橡胶止水带安装新工艺的研制，小组所在单位是南通五建建设工程有限公司，类型为创新型，发布人潘华

26. 网箱楼盖施工质量控制QC小组　课题名称是提高大跨度现浇钢筋混凝土网箱楼盖施工质量，小组所在单位是南通建筑工程总承包有限公司，类型为攻关型，发布人陈洪杰

27. 腾飞QC小组　课题名称是超高、大直径筒仓顶盖支撑体系的创新与应用，小组所在单位是通州建总集团有限公司，类型为创新型，发布人黄晓松

28. 成都仁恒置地广场QC小组　课题名称是提高蜂巢芯空腹楼盖施工质量，小组所在单位是龙信集团有限公司，类型为攻关型，发布人刘瑛

29. 万通城QC小组　课题名称是GRC现浇空心楼板质量控制，小组所在单位是南通建工集团股份有限公司，类型为攻关型，发布人褚俊

30. 江苏大学图书馆工程QC小组　课题名称是提高PVC地板施工质量，小组所在单位是江苏南通三建集团有限公司，类型为攻关型，发布人吴书明

31. 王少波项目部QC小组　课题名称是混凝土劲性钢柱安装质量控制，小组所在单位是南通建工集团股份有限公司，类型为攻关型，发布人万俊豪

32. 高层住宅小区1号6号7号楼QC小组　课题名称是高层框剪结构垂直放线精确度控制，小组所在单位是江苏集慧建设集团有限公司，类型为攻关型，发布人李颖

33. 航天双城项目QC小组　课题名称是

提高大面积楼面混凝土施工合格率，小组所在单位是正太集团有限公司，类型为现场型，发布人凌树阳

34. 联合广场项目部QC小组　课题名称是提高高支撑梁施工质量合格率，小组所在单位是正太集团有限公司，类型为现场型，发布人王文锦

35. 阜宁中学后勤楼工程QC小组　课题名称是提高填充墙砌体构造柱观感质量，小组所在单位是江苏省盐阜建设集团有限公司，类型为现场型，发布人刘国和

36. 王乃顶项目部QC小组　课题名称是提高施工队整体管理水平，小组所在单位是江苏省盐阜建设集团有限公司，类型为管理型，发布人王乃顶

37. 亭湖招商服务中心大楼QC小组　课题名称是GBF薄壁空心楼盖施工技术的攻关，小组所在单位是江苏盐东建设工程有限公司，类型为攻关型，发布人吉海桃

38. 盐城邮政楼QC小组　课题名称是深基坑复合土钉墙质量控制，小组所在单位是江苏建兴建工集团有限公司，类型为现场型，发布人施则林

39. 江苏乐乐宠物食品生产车间项目部QC小组　课题名称是超高清水混凝土柱施工，小组所在单位是宿迁开元建设集团有限公司，类型为攻关型，发布人王吉喜

40. S249宿洪路QC小组　课题名称是运用QC方法，提高桥梁墩柱施工质量，小组，小组所在单位是江苏省恒通市政建设有限公司，类型为现场型，发布人刘玉梅

41. 成都华西医学院项目部QC小组　课题名称是洁净手术室壁板安装的质量控制，小组所在单位是江苏省建工集团有限公司，类型为攻关型，发布人黄宏荣

42. 点式幕墙钢骨架安装质量控制QC小组　课题名称是点式幕墙钢骨架安装质量控制，小组所在单位是江苏省建筑工程集团有限公司，类型为攻关型，发布人鲁昌伍

43. 百家湖东花园项目部QC小组　课题名称是降低现浇混凝土剪力墙的“烂根”率，小组所在单位是江苏省建筑工程集团有限公司，类型为现场型，发布人杨中华

44. 中海凯旋门项目QC小组　课题名称是提高XPS聚苯板外墙外保温施工质量，小组所在单位是江苏省建筑工程集团有限公司，类型为攻关型，发布人陆敏锐

45. 吉邻居01～03号楼项目部QC小组　课题名称是确保主体结构中现浇板五有害裂缝现象，小组所在单位是南京第一建筑工程集团有限公司，类型为攻关型.发布人王东海

46. 徐庄软件园01幢工程QC小组　课题名称是GBF空心楼盖结构施工质量控制，小组所在单位是南通建工集团股份有限公司，类型为现场型，发布人严晋

47. 银河湾福苑项目部QC小组　课题名称是提高混凝土结构施工质量，小组所在单位是龙信建设集团有限公司，类型为现场型，发布人谭海

48. 凯润金城项目部QC小组　课题名称是提高加气混凝土块砌体粉刷石膏商品砂浆粉刷的施工，小组所在单位是江苏南通三建集团有限公司，类型为现场型，发布人江兆章

49. 东宝路地块工程项目部QC小组　课题名称是确保软土地区深基坑顺利开挖和施工质量，小组所在单位是江苏南通二建集团有限公司，类型为攻关型，发布人沈石千

50. 恒安新东城项目部QC小组　课题名称是外墙聚苯板保温系统施工质量控制，小组所在单位是江苏双楼建设集团有限公司，类型为攻关型，发布人江庆华

51. 成跃兵青年突击队QC小组　课题名称是钢筋保护层控制技术创新，小组所在单位是南通新华建筑集团有限公司，类型为攻关型，发布人成跃兵

52. 隧道卡索板安装研究及应用QC小组　课题名称是独墅湖隧道卡索板安装研究及应用，小组所在单位是苏州苏明装饰有限公司，类

型为创新型，发布人罗来权

53. 江苏汇丰建筑紫金豪园二期工程QC小组 课题名称是提高外墙饰面砖细部施工质量，小组所在单位是江苏汇丰建筑安装工程有限公司，类型为现场型，发布人包莉

54. 振华办公楼装饰工程项目部QC小组 课题名称是提高单支短槽式干挂石材施工质量，小组所在单位是振华建设集团有限公司，类型为现场型，发布人张红

55. 昆山站客运设施改造工程QC小组 课题名称是提高有粘结预应力梁张拉施工的质量，小组所在单位是天合建设集团有限公司，类型为攻关型，发布人任晓辉

56. 环球大厦QC小组 课题名称是优化降水方案，实现按需降水，小组所在单位是江苏南通二建集团有限公司，类型为创新型，发布人黄应仲

57. 太湖缘三期QC小组 课题名称是运用QC方法提高吊模混凝土的施工质量，小组所在单位是苏州嘉盛建设工程有限公司，类型为攻关型，发布人唐民荣

58. 昆山火车站项目部西匝道QC小组 课题名称是提高混凝土箱梁模板的搭设质量，小组所在单位是天合建设集团有限公司，类型为现场型，发布人朱容江

59. 常熟理工学院体育活动中心室内装饰工程QC小组 课题名称是提高装饰吸音板施工质量，小组所在单位是常熟市金龙装饰有限责任公司，类型为攻关型，发布人毛丽军

60. 江苏盛泽医院项目部QC小组 课题名称是蒸压砂加气混凝土砌块墙体质量控制，小组所在单位是吴江市建设工程(集团)有限公司，类型为现场型，发布人曹祥宝

61. 招商城时装中心区装饰QC小组 课题名称是提高石材铺贴缝的质量，小组所在单位是常熟华联装璜工程有限责任公司，类型为现场型，发布人卜胜

62. 阳光香樟花园QC小组 课题名称是双重剪力墙变形缝的模板施工控制，小组所在单位是江阴市民用建筑安装工程有限公司，类型为现场型，发布人管剑

63. 必达福二期厂房工程QC小组 课题名称是外墙保温面铝板装饰质量控制，小组所在单位是华仁建设集团有限公司，类型为攻关型，发布人袁余平

64. 供电设计大楼项目部QC小组 课题名称是大面积地下车库底板防渗漏控制，小组所在单位是无锡锡山建筑实业有限公司，类型为现场型，发布人王大有

65. 常州一建十二项目部QC小组 课题名称是攻克混凝土砌块抹灰空裂质量通病，小组所在单位是常州第一建筑工程有限公司，类型为攻关型，发布人袁国安

66. 常州二建209QC小组 课题名称是青筒瓦屋面施工一次成优，小组所在单位是常州二建建设有限公司，类型为攻关型，发布人蒋凤阳

67. 九洲豪廷花园大酒店项目QC小组 课题名称是超高、超长、超大预应力梁施工安全控制，小组所在单位是常州市成章建筑安装工程有限公司，类型为攻关型，发布人金志惠

68. 江苏科技大学综合楼QC小组 课题名称是282块现浇清水混凝土外装饰板施工质量控制，小组所在单位是南通五建建设工程有限公司，类型为攻关型，发布人刘炳海

69. 物港路项目部QC小组 课题名称是降低石砌挡土墙病害，小组所在单位是中机环建建设工程有限公司，类型为攻关型，发布人董志双

70. 曙光项目部QC小组 课题名称是提高空调水管道橡塑保温严实度，小组所在单位是江苏伟业机电安装有限公司，类型为现场型，发布人朱世军

71. 希尔顿太原酒店项目部QC小组 课题名称是提高钢筋桁架模板栓钉焊接合格率，小组所在单位是江苏天宇建设工程有限公司，类型为攻关型，发布人简洪江

72. 鄂尔多斯市公园大道QC小组 课题

名称是—17度混凝土施工质量控制，小组所在单位是南通华新建工集团有限公司，类型为攻关型，发布人仲建国

73. 钱汉如QC小组　课题名称是施工电梯配重改造的创新，小组所在单位是南通新华建筑集团有限公司，类型为创新型，发布人成跃兵

74. 通州市人民医院门急诊医技楼广华第二QC小组　课题名称是清水混凝土模板质量控制，小组所在单位是南通新华建筑集团有限公司，类型为攻关型，发布人黄晓霞

75. 杨平QC小组　课题名称是提高梁柱节点混凝土观感质量，小组所在单位是南通华新建工集团有限公司，类型为现场型，发布人叶国渠

76. 淮洲中学新校区教学楼工程QC小组　课题名称是控制圆弧形混凝土梁柱连接处几何尺寸，小组所在单位是江苏亘盛建设工程有限公司，类型为现场型，发布人曹阳

77. 如意QC小组　课题名称是不同等级混凝土同时浇筑质量控制，小组所在单位是江苏地亚建筑有限责任公司，类型为现场型，发布人张晓平

78. 新城区污水处理厂项目部QC小组　课题名称是提高构筑物止水拉杆的施工质量，小组所在单位是徐州市政建设工程有限责任公司，类型为攻关型，发布人立全晶

79. 经济适用房工程QC小组　课题名称是避免同一单体高低跨外墙面渗漏，小组所在单位是江苏汉中建设集团有限公司，类型为攻关型，发布人胡云松

80. 住宅小区工程QC小组　课题名称是控制清水混凝土剪力墙开间尺寸偏差，提高逐户验收一次合格率，小组所在单位是江苏江中集团有限公司，类型为攻关 型，发布人曹晖

81. 招商项目部QC小组　课题名称是降低GBF高强薄壁管的破损率，小组所在单位是正太集团有限公司，类型为现场型，发布人薛磊

82. 椭圆形结构QC小组　课题名称是确保椭圆形结构的施工质量，小组所在单位是泰兴市第一建筑安装工程有限公司，类型为攻关型，发布人张仱

83. 陈建文QC小组　课题名称是提高混凝土板墙粉刷质量，小组所在单位是江苏中厦集团有限公司，类型为现场型，发布人蔡亚军

84. J4教学楼工程QC小组　课题名称是提高混凝土小型空心砌块填充墙施工质量，小组所在单位是江苏大洋建设工程有限公司，类型为现场型，发布人黄海涛

85. 吴江世贸中心项目QC小组　课题名称是胶合板模板施工的质量控制，小组名称是江苏建业建设集团有限公司，类型为攻关型，发布人李运歌

86. 盐城机场QC小组　课题名称是提高大跨钢管桁架的焊接质量，小组名称是盐城二建集团有限公司，类型为攻关型，发布人李文龙

江苏省建筑业企业获第六批全国建筑业新技术应用示范工程项目名单

1. 国家奥林匹克体育中心英东游泳馆 由江苏省建工集团有限公司承建

2. 江苏省科学历史文化中心 由江苏南通六建建设集团有限公司承建

3. 江苏新华图书发行配送中心工程 由南通四建集团有限公司承建

4. 中国电子科技集团公司第二十八研究所科研大楼工程 由江苏汇都建设工程有限公司承建

5. 南京会议展览中心会议中心及9号展馆工程 由南通市新华建筑安装工程有限公司承建

6. 侵华日军南京大屠杀遇难同胞纪念馆 由南京大地建设(集团)股份有限公司、通州建

总集团有限公司承建

7. 汇达广场 由江苏省苏中建设集团股份有限公司承建

8. 南京虹桥·新城市广场 由江苏武进建筑安装工程有限公司承建

9. 苏州工业园区税务大厦工程 由苏州二建建筑集团有限公司承建

10. 深圳市江胜大厦 由江苏省华建建设股份有限公司承建

11. 山东省青岛市富赛灯具市场一期工程 由南通建筑工程总承包有限公司承建

12. 武钢集团新建办公大楼工程 由正太集团有限公司承建

13. 南京市突发公共卫生事件应急处置指挥中心 由江苏弘盛建设工程集团有限公司承建

14. 江苏广电城 由江苏顺通建设工程有限公司承建

15. 海安县行政中心大楼 由南通华新建工集团有限公司承建

16. 常州大剧院 由常州第一建筑工程有限公司承建

17. 对外经济贸易大学图书信息中心 由江苏省建工集团有限公司承建

江苏省建筑业企业获 2007—2008 年度国家级工法(一级)名单

1. 外低压内高压限定区域的压密注浆地基处理施工工法　工法编号为 YJGF005－2008,完成单位是苏州二建建筑集团有限公司、江苏省金陵建工集团有限公司。完成人是程月红、牛洁雯、钱艺柏。主审员是高本礼,副审员是王甦、张同波。

2. SMC 复合桩施工工法　工法编号为 YJGF010－2008,完成单位是南通五建建设工程有限公司新疆分公司。完成人是邓亚光、葛加君、傅明、徐渊、潘华。主审员是徐伟,副审员是刘国琦、杜成斌。

3. 高层建筑钢筋混凝土箱型转换层结构施工工法　工法编号为 YJGF020－2008,完成单位是中国建筑第八工程局有限公司、四川华西集团有限公司。完成人是罗进元、唐跃丽、段俊、何大平、晏毅、王玉岭。主审员是陈浩,副审员是王有为、季三荣。

4. 大跨度钢管空心混凝土楼板下挂式钢筋桁架模板施工工法　工法编号为 YJGF023－2008,完成单位是中国建筑第八工程局有限公司、浙江勤业建工集团有限公司。完成人是王玉岭、万利民、袁冬春、宗小平、蔡庆军。主审员是郭正兴,副审员是王玉岭、李成岗。

5. 大角度倾斜钢骨结构安装施工工法　工法编号为 YJGF026－2008,完成单位是江苏顺通建设工程有限公司、陕西建工集团总公司。完成人是李存良、李增福、刘金荣、薛治平、佘小颉。主审员是张伟,副审员是张琨、陈跃熙。

6. 预制组合立管施工工法　工法编号为 YJGF027－2008,完成单位是苏州二建建筑集团有限公司、中建三局第一建设工程有限责任公司。完成人是戴岭、王宏、黄刚、张永红、徐建中、朱江。主审员是张伟,副审员是张琨、陈跃熙。

7. 装饰、承重、保温节能砌块墙体施工工法　工法编号为 YJGF032－2008,完成单位是江苏南通二建集团有限公司、大庆金磊建筑安装工程有限公司。完成人是沈兵、张云清、吴庆辉、顾春雷、李波。主审员是陈天民,副审员是孙振声、李善志。

8. 拉法基屋面系统施工工法　工法编号为 YJGF033－2008,完成单位是南通建筑工程总承包有限公司、咸阳古建集团有限公司。完成人是李成岗、李彪奇、陈洪杰、董年才、李清楠。主审员是向海静,副审员是王鑫、陈松华。

9. 仿生态装饰混凝土施工工法　工法编

号为YJGF034－2008，完成单位是中建八局第三建设有限公司、浙江勤业建工集团有限公司。完成人是黄海、沈兴东、杨国华、欧阳召生、王建昌。主审员是陈天民，副审员是孙振声、李善志。

10. *超高层建筑10KV高压垂吊式电缆敷设工法* 工法编号为YJGF038－2008，完成单位是中建八局工业设备安装有限责任公司、中建八局第三建设有限公司。完成人是陈洪兴、张成林、陈静、季景江、相咸高。主审员是徐正忠，副审员是杜启忠、王建胜。

11. *高耸构筑物内爬塔吊高空拆除工法* 工法编号为YJGF040－2008，完成单位是江苏省华建建设股份有限公司、四川华西集团有限公司。完成人是王其贵、陈跃熙、谢守德、董群、罗呈刚、胡华兵。主审员是杜启忠，副审员是王建胜、徐正忠。

12. *滩涂海堤砂袋充灌、铺设及龙口合拢施工工法* 工法编号为YJGF078－2008，完成单位是南通五建建设工程有限公司、中交上海航道局有限公司。完成人是刘若元、楼启为、罗志宏、陶润礼、胡斌。主审员是宗敦峰，副审员是吕卫清、徐梅坤。

13. *弹性减振基础上大型汽轮发电机组安装工法* 工法编号为YJGF101－2008，完成单位是江苏省电力建设第三工程公司。完成人是傅昨非、钱平、李绪连、高宜友。主审员是王清训，副审员是刘瑄、李鹏庆。

14. *深层大直径管道前拉后顶施工工法* 工法编号为YJGF102－2008，完成单位是江苏盐城二建集团有限公司。完成人是姜来成、王继刚、曹征楚、许世培、单国雨。主审员是李涛，副审员是郁东键、贺广利。

江苏省建筑业企业获2007－2008年度国家级工法(二级)名单

1. *基础底板后浇带钢板网施工工法* 工法编号为EJGF006－2008，完成单位是南通华新建工集团有限公司。完成人是史加庆、章季、汤卫华、李亚娘、何雨键。主审员是叶可明，副审员是钱守毅、田明革。

2. *橡胶止水带U锚固定及热硫化接头施工工法* 工法编号为EJGF009－2008，完成单位是南通五建建设工程有限公司、浙江海天建设集团有限公司。完成人是胡斌、缪永山、葛家君、傅明、卢锡雷。主审员是王甦，副审员是高本礼、张同波。

3. *干湿交替取土钢筋混凝土沉井施工工法* 工法编号为EJGF010－2008，完成单位是南京建工集团有限公司、黑龙江省火电第三工程公司。完成人是魏鹤宝、鲁开明、张怡、苏斌、张传芳。主审员是张同波，副审员是高本礼、王甦。

4. *压灌水泥土桩构筑泥炭土地层基坑截水帷幕施工二法* 工法编号为EJGF011－2008，完成单位是南通新华建筑集团有限公司、北京建材地质工程公司。完成人是何世鸣、邬建华、俞春林、凌建、胡云平。主审员是高本礼，副审员是王甦、张同波。

5. *房屋建筑基础加固、纠偏锚杆桩施工工法* 工法编号为EJGF014－2008，完成单位是启东建筑集团有限公司、福建省闽南建筑工程有限公司。完成人是苏振明、黄荷山、蒋贻绅。主审员是王甦，副审员是高本礼、张同波。

6. *基坑内降水井的防水与封堵施工工法* 工法编号为EJGF017－2008，完成单位是江苏南通二建集团有限公司、山东天齐置业集团股份有限公司。完成人是肖华锋、崔超、刘玉彦、吕茂森、吕东、孙成伟。主审员是干兆和，副审员是冯跃、胡德均。

7. 不规则平面超大深基坑“中顺边逆”施工工法　工法编号为 EJGF022－2008，完成单位是南通建筑工程总承包有限公司（青海分公司）、浙江中成建工集团有限公司。完成人是李彪奇、董年才、陆建忠、沈国章、刘有才。主审员是胡德均，副审员是冯跃、干兆和。

8. 全自动液压升降整体脚手架工法　工法编号为 EJGF044－2008，完成单位是南通四建集团有限公司。完成人是花周建、童建设。主审员是赵西久，副审员是杨嗣信、肖绪文。

9. 混凝土墙体洞口无内支撑组合模板施工工法　工法编号为 EJGF045－2008，完成单位是江苏省建工集团有限公司、江苏省国立建设发展有限公司。完成人是陈迪安、陆建彬、黄宏荣、施建军、田海涛。主审员是肖绪文，副审员是杨嗣信、赵西久。

10. 塔式建(构)筑物钢筋混凝土悬空结构施工工法　工法编号为 EJGF046－2008，完成单位是南通建工集团股份有限公司。完成人是易兴中、李光、邱海兵、王金峰、陈建清。主审员是杨嗣信，副审员是肖绪文、赵西久。

11. 双向不同预应力现浇混凝土空心楼盖施工工法　工法编号为 EJGF047－2008，完成单位是苏州第一建筑集团有限公司、广州市建筑机械施工有限公司。完成人是方韧、施炜翌、钱全林、李健、李洪育。主审员是肖绪文，副审员是杨嗣信、赵西久。

12. 核电站倒 U 形预应力钢束整体穿束施工工法　工法编号为 EJGF048－2008，完成单位是江苏华能建设工程集团有限公司、中国核工业华兴建设有限公司。完成人是崔正严、张明臬、王德桂、丁健、董德文。主审员是杨嗣信，副审员是肖绪文、赵西久。

13. 高层建筑结构转换层叠合施工工法　工法编号为 EJGF049－2008，完成单位是江苏中兴建设有限公司、中博建设集团有限公司。完成人是叶启华、王勇。主审员是赵西久，副审员是杨嗣信、肖绪文。

14. 设置后浇带的高层建筑高空大跨连体结构施工工法　工法编号为 EJGF060－2008，完成单位是江苏省华建建设股份有限公司、天津天一建设集团有限公司。完成人是石伟国、高原、吴碧桥、袁邦权、刘秋生。主审员是杨嗣信，副审员是肖绪文、赵西久。

15. 现浇混凝土聚苯泡沫组合平台施工工法　工法编号为 EJGF067－2008，完成单位是江苏南通三建集团有限公司、青海省集协建筑工程有限公司。完成人是牛宏力、单益东、曾宝军、韩文强、高红星。主审员是王有为，副审员是陈浩、季三荣。

16. 幕墙槽式埋件免焊接预埋施工工法　工法编号为 EJGF068－2008，完成单位是南通建筑工程总承包有限公司青海分公司、江苏中兴建设有限公司新疆分公司。完成人是梁华、李彪奇、董年才、陆建忠、程登山。主审员是季三荣，副审员是王有为、陈浩。

17. 箱型结构丝极电渣焊施工工法　工法编号为 EJGF069－2008，完成单位是苏州第一建筑集团有限公司青海分公司、青海省土木建筑实业有限责任公司。完成人是韩伟、沈星华、严海根、薄小刚、李永才。主审员是陈浩，副审员是王有为、季三荣。

18. 大吨位大跨度钢结构快捷安装施工工法　工法编号为 EJGF075－2008，完成单位是江苏江中集团有限公司、黑龙江省安装工程公司。完成人是马华、鲍玉萍、关祥飞、石太林、崔少刚。主审员是王玉岭，副审员是郭正兴、李成岗。

19. 球面大型钢结构开合屋顶驱动系统安装施工工法　工法编号为 EJGF076－2008，完成单位是南通建筑工程总承包有限公司、北京城建二建设工程有限公司。完成人是张军、侯海泉、董年才、马建明、褚国栋，李鸿飞。主审员是王玉岭，副审员是郭正兴、李成岗。

20. 钢结构预应力钢拉杆施工工法　工法

编号为EJGF077－2008，完成单位是南通四建集团有限公司、南通新华建筑集团有限公司。完成人是耿裕华、郭正兴、朱宏成、童建设、罗斌，杨志明。主审员是陈跃熙，副审员是张琨、张伟。

21. SRC大悬挑及大悬挂结构施工工法 工法编号为EJGF080－2008，完成单位是江苏盐城二建集团有限公司、湖南省建筑工程集团总公司。完成人是袁俊杰、李其林、王其良、黄瑞华、叶芳芳，李有鹏。主审员是张伟，副审员是张琨、陈跃熙。

22. 开放式防水保温干挂石材幕墙施工工法 工法编号为EJGF092－2008，完成单位是苏州二建建筑集团有限公司、江苏省金陵建工集团有限公司。完成人是陈静波、李国建、邵志刚、陈云琦、钱艺柏。主审员是李善志，副审员是孙振声、陈天民。

23. 组合式石材幕墙施工工法 工法编号为EJGF094－2008，完成单位是江苏省华建建设股份有限公司、海南盛达建设工程集团有限公司。完成人是张金镒、吴兴宗、石伟国、吴碧桥、高家驯。主审员是闵世杰，副审员是王群依、刘联伟。

24. 增强粉刷石膏聚苯板外墙内保温系统施工工法 工法编号为EJGF097－2008，完成单位是龙信建设集团有限公司。完成人是黄华、刘存、赵书明、黄新荣、程岗。主审员是陈松华，副审员是向海静、王鑫。

25. 外墙外保温石材干挂一粘贴结合施工工法 工法编号为EJGF098－2008，完成单位是龙信建设集团有限公司、南通建筑工程总承包有限公司。完成人是刘瑛、王征兵、刘存、董年才、李彪奇。主审员是李善志，副审员是孙振声、陈天民。

26. 隐框玻璃幕墙施工工法 工法编号为EJGF102－2008，完成单位是龙信建设集团有限公司、北京城建集团有限责任公司。完成人是黄裕辉、张耀忠、张豪、沈忠、王鹏飞，杨郡。主审员是王群依，副审员是刘联伟、闵世杰。

27. 干挂成品木饰墙面板施工工法 工法编号为EJGF103－2008，完成单位是江苏顺通建设工程有限公司、新疆建工集团第二建筑工程有限责任公司。完成人是张晔、佘小颉、陆勇、牛寿鸿、张学利。主审员是向海静，副审员是王鑫、陈松华。

28. 细石混凝土面层露天看台原浆一次成型施工工法 工法编号为EJGF106－2008，完成单位是江苏盐城二建集团有限公司、云南建工集团总公司。完成人是许世培、周玉锦、蔡如仲、佟开奇、甘永辉。主审员是王鑫，副审员是向海静、陈松华。

29. 混凝土门窗洞口的企口模板施工工法 工法编号为EJGF108－2008，完成单位是江苏双楼建设集团有限公司、大连九洲建设集团有限公司。完成人是宋诗聪、姜士颖、李庆新、王丽华、王涛、陈克荣。主审员是陈天民，副审员是孙振声、李善志。

30. 铝合金窗钢副框施工工法 工法编号为EJGF113－2008，完成单位是江苏南通二建集团有限公司、中建五局第三建设有限公司。完成人是粟元甲、何昌杰、谢丰、胡沅华、王桂兴、王守鹏。主审员是王鑫，副审员是向海静、陈松华。

31. ZL粉刷石膏聚苯板外墙内保温系统施工工法 工法编号为EJGF117－2008，完成单位是南通华新建工集团有限公司、上海中绿建材有限公司。完成人是葛汉明、博旗康、翁益民、鲍先伟、钱忠勤。主审员是李善志，副审员是孙振声、陈天民。

32. 弧形幕墙的测量放线及安装控制技术施工工法 工法编号为EJGF121－2008，完成单位是江苏江中集团有限公司、陕西恒业建设集团有限公司。完成人是沈世祥、石林华、尚鹏玉、严建富。主审员是向海静，副审员是王鑫、陈松华。

33. 自动消防水炮灭火系统施工工法 工法编号为EJGF123－2008，完成单位是苏州二建建筑集团有限公司、江苏省金陵建工集团有限公司。完成人是柏万林、瞿明、任卫华、钱艺柏。主审员是徐正忠，副审员是杜启忠、王建胜。

34. 悬空式塔吊基础施工工法　工法编号为EJGF127－2008，完成单位是中博建设集团有限公司、江苏中兴建设有限公司新疆分公司。完成人是廖文琴、雷宜欣、李炎成、柯治良、赵春潮。主审员是杜启忠，副审员是王建胜、徐正忠。

35. 球墨铸铁管止脱胶圈施工工法　工法编号为EJGF128－2008，完成单位是南通四建集团有限公司。完成人是丁心忠、吴林江、王兴忠、吴旭，樊彬。主审员是顾勇新，副审员是杨健康、冯锦华。

36. 酚醛复合风管制作、安装施工工法　工法编号为EJGF129－2008，完成单位是龙信建设集团有限公司。完成人是刘瑛、沈忠、张耀忠、朱洪新，秦维生。主审员是王建胜，副审员是杜启忠、徐正忠。

37. 节能型海滩架线施工工法　工法编号为EJGF134－2008，完成单位是江苏顺通建设工程有限公司。完成人是葛家君、佘小颉、杨军。主审员是顾勇新，副审员是杨健康、冯锦华。

38. 模板支撑体系蓄水预压施工工法　工法编号为EJGF185－2008，完成单位是扬州市第五建筑安装工程有限公司(青海分公司)、正太集团有限公司(青海分公司)。完成人是孟向惠、何益民、蒋存根、顾凯、夏马喜。主审员是赵智，副审员是韩振勇、盛希。

39. 深水平高应力区软岩巷道支护工法　工法编号为EJGF215－2008，完成单位是江苏华美工程建设集团有限公司。完成人是王慧明、万援朝、樊九林、任家亮、李静。主审员是张胜利，副审员是范强、邓维国。

40. 构筑物外表面混凝土无水平接缝施工工法　工法编号为EJGF232－2008，完成单位是南通四建集团有限公司。完成人是花周建、王兴忠、姚富新、吴旭、樊彬。主审员是王平，副审员是杜伟国、金德伟。

2009年度江苏省省级工法名单

1. 多层冷库结构和墙地面保温施工工法　工法编号为JSGF－2009－001。完成单位是苏州二建中正建筑安装工程有限公司。主要完成人是张文昌、汪少波、魏国民、王志祥、李亦飞。

2. 低温冷库冷藏门入口区域施工工法　工法编号为JSGF－2009－002。完成单位是苏州二建中正建筑安装工程有限公司。主要完成人是汪少波、张文昌、魏国民、王志祥。

3. 节能环保型VRV空调系统安装工法　工法编号为JSGF－2009－003。完成单位是苏州二建建筑集团有限公司。主要完成人是柏万林、刘玮。

4. 纤维布纺织风管安装工法　工法编号为JSGF－2009－004。完成单位是苏州二建建筑集团有限公司。主要完成人是柏万林、刘玮。

5. 木结构古建筑楔卯连接节点加强施工工法　工法编号为JSGF－2009－005。完成单位是苏州二建建筑集团有限公司。主要完成人是周建中、韩树山、王永祥、郑文军、吴晓冬。

6. 古建筑重檐戗根节点施工工法　工法编号为JSGF－2009－006。完成单位是苏州二建狮山建筑安装工程有限公司。主要完成人是王桂良、顾天熊、朱俊、姬东。

7. 地铁盾构混凝土管片自动化生产施工工法　工法编号为JSGF－2009－007。完成单位是苏州交通工程集团有限公司、苏州三佳交通工程预应力有限公司。主要完成人是李金龙、朱惠勇、朱国民、张嚣。

8. 钢箱梁桥面双层SMA铺装施工工法　工法编号为JSGF－2009－008。完成单位是苏州交通工程集团有限公司。主要完成人是莫军伟、朱孔进。

9. 超大全螺栓拼接箱型钢构件制作工法　工法编号为JSGF－2009－009。完成单位是江苏金土木建设集团有限公司、江苏常盛钢结构工程有限公司。主要完成人是蔡国新、王钜镖、张建忠、万恩延、黄钻辉。

10. 轻钢龙骨冲压连接施工工法　工法编号为JSGF－2009－010。完成单位是常熟华联装璜工程有限责任公司、扬州市第五建筑安装工程有限公司、常熟市建筑管理处。主要完成人是张建忠、周建、黄健、沈菊芳、钱瑛。

11. 玻纤网与纤维砂浆复合抹灰施工工法　工法编号为JSGF－2009－011。完成单位是常熟建工建设集团有限公司、常熟市永丰建筑安装工程有限公司。主要完成人是陈建青、缪瑞康、张建忠、孙振刚、顾惠良。

12. 超长屋面压型金属板高空运输施工工法　工法编号为JSGF－2009－012。完成单位是江苏汇丰建筑安装工程有限公司、江苏沙家浜建筑工程有限公司、常熟市建筑管理处。主要完成人是汤利强、张建忠、朱斌、郭强、奚志明。

13. 斜拉式高空大悬挑工作平台施工工法　工法编号为JSGF－2009－013。完成单位是江苏扬建集团有限公司、江苏弘盛建设工程集团有限公司。主要完成人是祝寿均、张迎春、孔祥峰、徐柔、袁树翔。

14. 大跨度拱形型钢混凝土组合梁施工工法　工法编号为JSGF－2009－014。完成单位是江苏扬建集团有限公司、扬州市职业大学。主要完成人是邹厚存、祝寿均、王思源、郝劲东、李炜。

15. 闭口式钢承板——混凝土组合弧形屋面施工工法　工法编号为JSGF－2009－015。完成单位是江苏弘盛建设工程集团有限公司、江苏扬建集团有限公司。主要完成人是邹厚存、李林富、郭护、薛学武、丁国伟。

16. 大面积XPS板保温屋面停车场施工工法　工法编号为JSGF－2009－016。完成单位是江苏扬建集团有限公司、扬州工业职业技术学院。主要完成人是张迎春、王建峰、郭护、张苏俊、焦其贵。

17. 预置空心薄壁GBF模块现浇楼盖施工工法　工法编号为JSGF－2009－017。完成单位是江苏天宇建设工程有限公司。主要完成人是郑健、徐新、陈有年。

18. 预应力穹顶钢结构安装施工工法　工法编号为JSGF－2009－018。完成单位是正太集团有限公司。主要完成人是孟向惠、何益民、陈年军、鲍春喜、王兵。

19. 地下室外墙单面模板利用钢管排架结合地锚体系支撑的施工工法　工法编号为JSGF－2009－019。完成单位是江苏万邦建设集团有限公司。主要完成人是万兴东、黄桂林、周汝林、徐宏兵、钱和平。

20. 基坑工程型钢换撑施工工法　工法编号为JSGF－2009－020。完成单位是江苏万邦建设集团有限公司。主要完成人是万兴东、徐宏兵、钱和平、黄桂林、周汝林。

21. 混凝土聚苯乙烯复合保温板保温系统施工工法　工法编号为JSGF－2009－021。完成单位是江苏省第一建筑安装有限公司。主要完成人是刘俭、许锦峰、韩秋宏、王进、王杏林。

22. 聚苯乙烯复合保温混凝土空心砌块施工工法　工法编号为JSGF－2009－022。完成单位是江苏省第一建筑安装有限公司。主要完成人是刘俭、许锦峰、韩秋宏、王进、王杏林。

23. 泡沫混凝土屋面找坡隔热抗裂施工工法　工法编号为JSGF－2009－023。完成单位是江苏省第一建筑安装有限公司。主要完成人是刘俭、胡增广、王进。

24. 复合基础沉降调节器施工工法　工法编号为JSGF－2009－024。完成单位是泰兴市第一建筑安装工程有限公司、江苏中兴建设有限公司。主要完成人是徐国祥、陈钧颐、宗连明、赵春潮。

25. 大跨度空间螺旋楼梯施工工法　工法

编号为JSGF－2009－025。完成单位是江苏中兴建设有限公司西南公司、泰兴市天润建筑安装有限公司。主要完成人是黄林、生智勇、陈中富、刘文伦、赵济生。

26. 超高层建筑工程测量与监控工法　工法编号为JSGF－2009－026。完成单位是江苏中兴建设有限公司、泰兴市第一建筑安装工程有限公司。主要完成人是陶桂华、姚建国、赵春潮、陈钧颐、朱春林。

27. 多向穿心牛腿、环梁、钢管混凝土柱梁节点施工工法　工法编号为JSGF－2009－027。完成单位是江苏中兴建设有限公司、泰兴市第一建筑安装工程有限公司。主要完成人是徐国祥、宗连明、赵春潮、陈钧颐、葛平华。

28. 机械加速澄清池搅拌刮泥机安装工法　工法编号为JSGF－2009－028。完成单位是南通安装集团股份有限公司。主要完成人是曹毅、吴进才、张军、姚新华、戴银河。

29. 铁皮风管内保温施工工法　工法编号为JSGF－2009－029。完成单位是南通安装集团股份有限公司。主要完成人是尹振宗、赵松建、王新华、朱卫东、顾林红。

30. 瓦斯发电机小空间精准就位安装工法　工法编号为JSGF－2009－030。完成单位是南通安装集团股份有限公司。主要完成人是石高佩、孙继明、吴进才、张云祥、倪磊。

31. 钢管桩锚杆组合支护施工工法　工法编号为JSGF－2009－031。完成单位是南通市常青建筑安装工程有限公司、江苏江中集团有限公司。主要完成人是谢福建、石健、沈志军、张书祥、刘斌。

32. 高空大跨度钢结构分段滑移拼装施工工法　工法编号为JSGF－2009－032。完成单位是南通市常青建筑安装工程有限公司、江苏江中集团有限公司。主要完成人是谢福建、石健、沈志军、张书祥、刘斌。

33. 10万立方米浮顶储罐液压顶升倒装自动焊接施工工法　工法编号为JSGF－2009－033。完成单位是江苏启安建设集团有限公司、江苏宏马建设有限公司。主要完成人是陆健健、张健、陈旦波、季刚、魏小马。

34. 佛塔内122m高15T铜钟后安装施工工法　工法编号为JSGF－2009－034。完成单位是常州第一建筑工程有限公司。主要完成人是王伟、于斌、张文彪、杨高、羊晓峰。

35. 开放式陶板幕墙无切割施工工法　工法编号为JSGF－2009－035。完成单位是常州第一建筑工程有限公司。主要完成人是袁国安、顾国忠、胡剑兴、朱建平、田春新。

36. 钢柱装配式围墙施工工法　工法编号为JSGF－2009－036。完成单位是江苏常嘉建设有限公司。主要完成人是李强、曹国平、钱军、刘联朝、金人才。

37. 二灰碎石再利用施工工法　工法编号为JSGF－2009－037。完成单位是江苏省金坛市市政建设有限公司。主要完成人是钱国良、高建新、韩阿生。

38. 剧院空调系统减振降噪设施施工工法　工法编号为JSGF－2009－038。完成单位是常州工业设备安装有限公司。主要完成人是吕建文、陈海平、练文杰、邓留根。

39. 利用提升顶盖形成操作平台的橡胶膜密封气柜施工工法　工法编号为JSGF－2009－039。完成单位是江苏环能工程有限公司、江苏圣丰建设有限公司。主要完成人是杨波、彭国春、史志远、蒋浩、黄振华。

40. 燃气管道干空气干燥施工工法　工法编号为JSGF－2009－040。完成单位是江苏天力建设有限公司、江苏瑞峰建设集团有限公司。主要完成人是史加强、纪洪林、狄国忠、杨春红、恽杰。

41. 高压电气设备变频串联谐振交流耐压试验工法　工法编号为JSGF－2009－041。完成单位是南京金陵石化建筑安装工程有限公司、江苏铭豪建设工程有限公司。主要完成人是童存祥、吴锶、龚明笑、夏永林。

42. DIU型高压换热器更新改造施工工法　工法编号为JSGF－2009－042。完成单位是南京金陵石化建筑安装工程有限公司。主要完成人是董明中、钟苏运。

43. 带衬里大型钢烟囱制作及整体安装施工工法　工法编号为JSGF－2009－043。完成单位是南京金陵石化建筑安装工程有限公司、江苏铭豪建设工程有限公司。主要完成人是张建荣。

44. 高压往复式压缩机安装找平找正施工工法　工法编号为JSGF－2009－044。完成单位是南京金陵石化建筑安装工程有限公司、常州市戴溪建筑工程有限公司。主要完成人是张伟、向威丹、姚南萍、殷丽皎、周继锋。

45. 大面积不发火防爆地面施工工法　工法编号为JSGF－2009－045。完成单位是南京鸿业建设工程有限公司、南京大地建设集团有限责任公司。主要完成人是仓恒芳、邵仕明、刘亚非、杨正之、丁伯生。

46. 50m跨钢箱梁制作安装工法　工法编号为JSGF－2009－046。完成单位是南京建工集团有限公司、江苏中兴建设有限公司。主要完成人是姚振田、洪平、张叶峰、孙锦妹、张卫东。

47. PVC－U波纹管圆柱模板安装与拆除施工工法　工法编号为JSGF－2009－047。完成单位是南京建工集团有限公司。主要完成人是鲁开明、张泓、张怡、苏 斌、童俊。

48. 可拆卸高强穿墙止水(防爆)螺杆施工工法　工法编号为JSGF－2009－048。完成单位是南京建工集团有限公司、江苏宏马建设有限公司。主要完成人是刘井厉、鲁开明、童俊、张怡、魏小马。

49. ALC外挂墙板施工工法　工法编号为JSGF－2009－049。完成单位是中国核工业华兴建设有限公司。主要完成人是李建川、郗章、李志、段逸、刘成群。

50. 核岛基底岩层保护性爆破施工工法　工法编号为JSGF－2009－050。完成单位是中国核工业华兴建设有限公司。主要完成人是蒋雷龙、曾小平、谭庆军、秦伟、汪胜金。

51. 核电站抗甩击重型钢结构制作工法　工法编号为JSGF－2009－051。完成单位是中国核工业华兴建设有限公司。主要完成人是麻向斌、陈勇、刘光明、张吉斌、沈志诚。

52. 核电站水池不锈钢覆面后置法施工工法　工法编号为JSGF－2009－052。完成单位是中国核工业华兴建设有限公司。主要完成人是邓辉、肖昌云、严跃兰、秦亚林、刘光明。

53. 双斜拱塔同步竖转提升施工工法　工法编号为JSGF－2009－053。完成单位是江苏沪宁钢机股份有限公司。主要完成人是石荣金、李水明、任军、李林元。

54. 多孔玄武岩水泥稳定碎石基层施工工法　工法编号为JSGF－2009－054。完成单位是江苏省镇江市路桥工程总公司。主要完成人是李会峰、赵秀娟、刘 林、管鹤楼、顾晓伟。

55. 橡胶沥青混凝土道路面层施工工法　工法编号为JSGF－2009－055。完成单位是江苏捷达交通工程集团有限公司。主要完成人是严凯、汪国专、苏道远、陈涛、胡威。

56. 陆上超大型沉井施工工法　工法编号为JSGF－2009－056。完成单位是中交第二公路工程局有限公司、中铁大桥局股份有限公司、江苏省长江公路大桥建设指挥部。主要完成人是沈良成、先正权、邱琼海、吉林、杨宁。

57. 超大型承台基坑锁口钢管桩围堰施工工法　工法编号为JSGF－2009－057。完成单位是江苏省交通工程集团有限公司、江苏省长江公路建设指挥部。主要完成人是赵永军、张永峰、夏国星、王峻、崔佳。

58. 塔类设备垂直组装施工工法　工法编号为JSGF－2009－058。完成单位是中建工业设备安装有限公司、通州市长城建筑安装工程有限公司。主要完成人是纪宝松、范忠武、李本勇、陈静、鹿瑞莲。

59. 高空大直径组合式"V"形钢管混凝土柱施工工法　工法编号为JSGF－2009－059。完成单位是中建八局第三建设有限公司、上海天目建筑工程有限公司。主要完成人是沈兴东、杨中源、程建军、孙爱华、全有维。

60. 牵索式挂篮浇筑斜拉桥主梁施工工法　工法编号为JSGF—2009—060。完成单位是江苏省交通工程集团有限公司。主要完成人是孙枫、郝白龙、丁玉春、万利亚。

61. 自锚式悬索桥循环索法主缆架设施工工法　工法编号为JSGF—2009—061。完成单位是江苏省交通工程集团有限公司。主要完成人是程彬、周汉林、刘国承、郑广田、颜学富。

62. 纤维增强型桥面防水层施工工法　工法编号为JSGF—2009—062。完成单位是江苏省交通工程集团有限公司、常州市成凯市政工程有限公司。主要完成人是吴定山、赵成飞、傅若梁、史乐、卞丹妮。

63. 缆载滑车组吊装自锚式悬索桥钢箱梁施工工法　工法编号为JSGF—2009—063。完成单位是江苏省交通工程集团有限公司、江苏开通建设工程有限公司。主要完成人是程彬、周汉林、刘国承、郑广田、董立功。

64. 系杆拱桥整体简支浮运安装施工工法　工法编号为JSGF—2009—064。完成单位是江苏省交通工程集团有限公司。主要完成人是周安平、李善超、宜林林、余千、侯兵兵。

65. 连续梁桥下部V型墩施工工法　工法编号为JSGF—2009—065。完成单位是江苏省交通工程集团有限公司。主要完成人是丁文在、王春生、吉雷。

66. 前支点复合型挂篮混凝土浇筑施工工法　工法编号为JSGF—2009—066。完成单位是江苏省交通工程集团有限公司、扬州市第五建筑安装工程有限公司。主要完成人是吴定山、陆华良、张永峰、陈学俊。

67. 大型泵站进水流道改造施工工法　工法编号为JSGF—2009—067。完成单位是江苏省水利建设工程有限公司、江苏省水利科学研究院。主要完成人是仲维周、朱炳喜、崔超、周金山、许德宏。

68. 三轴搅拌桩套打钢筋砼灌注桩围护施工工法　工法编号为JSGF—2009—068。完成单位是扬州市沪武建筑安装工程有限公司。主要完成人是刘荣、殷月平、费圣友、张桂定、桂永政。

69. 深基坑大直径钢筋混凝土椭圆形单环梁内支撑施工工法　工法编号为JSGF—2009—069。完成单位是扬州市沪武建筑安装工程有限公司、通州市长城建筑安装工程有限公司。主要完成人是唐咸国、张光忠、张玉成、刘荣、东强。

70. 高层箱形结构转换层二次浇筑模板支撑施工工法　工法编号为JSGF—2009—070。完成单位是苏州市建鑫建筑安装工程有限责任公司、苏州第一建筑集团有限公司。主要完成人是薛炳泉、陈鸿根、倪国军、薛军、戚森伟。

71. 低温辐射电热地膜供暖系统施工工法　工法编号为JSGF—2009—071。完成单位是江苏双楼建设集团有限公司、常州市戴溪建筑工程有限公司。主要完成人是陈克荣、刘建华、王月根、许建锋、马健。

72. 跨河拱形管制作安装施工工法　工法编号为JSGF—2009—072。完成单位是苏州工业设备安装集团有限公司。主要完成人是强克炎、钱永林、沈卫东、袁和生、邵俊。

73. 组合钢提升架整体提升空间钢结构施工工法　工法编号为JSGF—2009—073。完成单位是镇江建工集团有限公司。主要完成人是班俊杰、徐增富、吕新中、王治罡、张敏。

74. 内埋式组合钢滤管降水施工工法　工法编号为JSGF—2009—074。完成单位是江苏弘盛建设工程集团有限公司。主要完成人是师永生、王玫、徐朝旭、刘俊、张晓明。

75. 高层结构间钢连廊滑移、提升施工工法　工法编号为JSGF—2009—075。完成单位是苏州第一建筑集团有限公司、北京市机械施工有限公司。主要完成人是张元春、乔波、李东、张豫京、孟书斌。

76. 地源热泵双U型PE管地埋施工工法　工法编号为JSGF—2009—076。完成单位是苏州第一建筑集团有限公司、苏州工业园区风神新能源科技有限公司。主要完成人是郭昕、赵鲁英、何阳光、韩伟、俞晓芳。

77. 高空悬索可伸缩操作平台施工工法 工法编号为JSGF－2009－077。完成单位是苏州第一建筑集团有限公司、苏州市华丽美登装饰装潢有限公司。主要完成人是方韧、朱云峰、沈星华、韩伟、封建军。

78. 大型管桁架无胎架快速拼装施工工法 工法编号为JSGF－2009－078。完成单位是苏州第一建筑集团有限公司、苏州市建鑫建筑安装工程有限责任公司。主要完成人是韩伟、薄小刚、沈星华、李健、薛炳泉。

79. 大直径铅芯橡胶隔震支座安装施工工法 工法编号为JSGF－2009－079。完成单位是江苏兴邦建工集团有限公司、宿迁建筑学院。主要完成人是高行友、李庆录、林晓坤、周克富。

80. EPS板＋氟碳金属漆外墙外保温系统施工工法 工法编号为JSGF－2009－080。完成单位是南京市第六建筑安装工程有限公司。主要完成人是邢贞辉、夏崇敏、魏广全。

81. 螺栓固定式斜拉悬挑脚手架施工工法 工法编号为JSGF－2009－081。完成单位是龙信建设集团有限公司。主要完成人是施金善、施贤、俞杨渊、陈飞华、王柏。

82. 隐框玻璃窗与结构间防渗施工工法 工法编号为JSGF－2009－082。完成单位是龙信建设集团有限公司。主要完成人是黄裕辉、张豪、张耀辉、陆新华、刘瑛。

83. 浆固碎石桩施工工法 工法编号为JSGF－2009－083。完成单位是南京河海科技有限公司、江苏弘盛建设工程集团有限公司、南京新都地下工程研究院有限公司。主要完成人是刘汉龙、陈永辉、周继凯、丁选明、秦波。

84. 超大半径圆弧多单体混凝土梁板测控施工工法 工法编号为JSGF－2009－084。完成单位是江苏江中集团有限公司。主要完成人是沈世祥、陈彬林、沈永龙、高飞、沈爱军。

85. 钢筋混凝土举折屋面模板排架支撑施工工法 工法编号为JSGF－2009－085。完成单位是中机环建建设工程有限公司。主要完成人是李鸿明、陈华、薛 康、李成、吴德文。

86. 美式铝包木门窗施工工法 工法编号为JSGF－2009－086。完成单位是江都市华丰建设工程有限公司。主要完成人是赵明怀、张福贵、王志刚、姚小庆、王志戌。

87. 轻型木结构耐震系统施工工法 工法编号为JSGF－2009－087。完成单位是苏州建设(集团)有限责任公司、苏州皇家整体住宅系统有限公司。主要完成人是周山龙、倪俊、金海波、张华、雷朝斌。

88. 木结构门窗安装施工工法 工法编号为JSGF－2009－088。完成单位是苏州皇家整体住宅系统有限公司、苏州建设(集团)有限责任公司。主要完成人是倪骏、周山龙、程小燕、郑小东、姚志明。

89. 木结构屋面防水系统施工工法 工法编号为JSGF－2009－089。完成单位是苏州皇家整体住宅系统有限公司、苏州建设(集团)有限责任公司。主要完成人是倪骏、周山龙、程小燕、郑小东、姚志明。

90. 大型火力发电厂管式空冷岛安装工法 工法编号为JSGF－2009－090。完成单位是江苏江都安装工程有限公司。主要完成人是杜春禄、袁日勇、石桂有、李刚、周爱萍。

91. 大口径管道保温工厂化预制施工工法 工法编号为JSGF－2009－091。完成单位是江苏江都安装工程有限公司。主要完成人是杜春禄、袁日勇、高 林、李刚、周峰。

92. 氧气全管网串连式脱脂施工工法 工法编号为JSGF－2009－092。完成单位是江苏江都安装工程有限公司。主要完成人是杜春禄、蔡明祥、李刚、袁日勇、戴峰。

93. 演播厅声学装饰装修工程施工工法 工法编号为JSGF－2009－093。完成单位是江苏江都安装工程有限公司。主要完成人是杜春禄、任海飞、曹文彪、袁日勇、李刚。

94. 薄腹梁立式施工工法 工法编号为JSGF－2009－094。完成单位是江苏华江建筑工程有限公司。主要完成人是毛太荣、谭怀刚、周湘东。

95. 混凝土柱顶与钢梁支座转换件连接施工工法　工法编号为JSGF－2009－095。完成单位是无锡锡山建筑实业有限公司、南京市漆桥建筑安装工程有限公司。主要完成人是唐伟明、袁薇、吴学毅、屠旭虎、浦海江。

96. 太阳能光伏电板支架制作安装工法　工法编号为JSGF－2009－096。完成单位是无。锡市工业设备安装有限公司。主要完成人是林孝胜、桂树东、郁伟、张曦孕。

97. 建筑外立面超长金属花槽与节水滴灌系统安装施工工法　工法编号为JSGF－2009－097。完成单位是华仁建设集团有限公司、江苏华淳建设工程有限公司、上海格陵兰灌溉设备有限公司。主要完成人是祁敏、徐伟强、杨荣、周庆华、李斐。

98. 复合不锈钢网架施工工法　工法编号为JSGF－2009－098。完成单位是江苏新桥建工有限公司、江阴市三圆网架有限公司。主要完成人是戈正惠、徐东英、王静芬、范定元、刘闯。

99. 可滑移式速接架悬挑装饰操作平台施工工法　工法编号为JSGF－2009－099。完成单位是无锡市锡山三建实业有限公司、无锡速捷脚手架工程有限公司、无锡速接系统模板有限公司。主要完成人是邹明、沈高传、钱新华、钱志峰。

100. 高空悬挑型钢三角撑承重平台施工工法　工法编号为JSGF－2009－100。完成单位是无锡市锡山三建实业有限公司、江苏瑞峰建设集团有限公司。主要完成人是邹明、张京一、袁志钢、缪文峰。

101. 软土地基预应力混凝土管桩顶推纠偏工法　工法编号为JSGF－2009－101。完成单位是江苏无锡二建建设集团有限公司、安徽省岩土工程有限公司。主要完成人是周方、汪海滨、郑如云、郭大忠、薛佳。

102. 维纳斯纤维水泥板轻质隔墙体系施工工法　工法编号为JSGF－2009－102。完成单位是江苏江都建设工程有限公司、南京沧溪建设工程有限公司。主要完成人是孙成、王健、黄飞龙、孔令正、李上福。

103. 无(低)磁建筑物施工工法　工法编号为JSGF－2009－103。完成单位是江苏江都建设工程有限公司、扬州市沪武建筑安装工程有限公司。主要完成人是童飞、孙成、王健、孔令正、王庆铁。

104. 高层建筑液压千斤顶自动爬升模板施工工法　工法编号为JSGF－2009－104。完成单位是江苏江都建设工程有限公司、江苏揽月模板工程有限公司。主要完成人是王健、唐震、强化、孔令正、张少刚。

105. 高层建筑液压油缸自动爬升模板施工工法　工法编号为JSGF－2009－105。完成单位是江苏江都建设工程有限公司、江苏揽月模板工程有限公司。主要完成人是王健、唐震、强化、孔令正、张少刚。

106. 超高层建筑旋转餐厅施工工法　工法编号为JSGF－2009－106。完成单位是江苏省华建建设股份有限公司。主要完成人是朱学农、石伟国、吴碧桥、高 原、刘秋生。

107. 聚乙烯丙纶卷材聚合物水泥复合防水施工工法　工法编号为JSGF－2009－107。完成单位是江苏省华建建设股份有限公司。主要完成人是朱靖、沈发华、沈法良、王宝龙、曹刚。

108. 大型钢筋混凝土筒仓顶盖综合支撑施工工法　工法编号为JSGF－2009－108。完成单位是通州建总集团有限公司。主要完成人是瞿启忠、丁春颖、丁海峰、黄晓松、褚国华。

109. 轻质蒸压加气混凝土(ALC)砌块免抹灰施工工法　工法编号为JSGF－2009－109。完成单位是通州建总集团有限公司。主要完成人是瞿启忠、邱欣、钱德新、丁春颖、丁海峰。

110. 钢筋混凝土筒仓圆锥型下料漏斗施工工法　工法编号为JSGF－2009－110。完成单位是通州建总集团有限公司。主要完成人是瞿启忠、丁海峰、丁春颖、黄晓松、褚国华。

111. 清水混凝土圆柱平板玻璃钢模板施工工法　工法编号为JSGF—2009—111。完成单位是通州建总集团有限公司。主要完成人是卞飞亚、邱欣、丁春颖、黄学建、缪辉亮。

112. 贝雷式体内斜拉挂篮悬浇造桥工法　工法编号为JSGF—2009—112。完成单位是中交第三航务工程局有限公司江苏分公司、上海天目建筑工程有限公司。主要完成人是孙广喜、苏永奇、顾金林、仲启发、汪小玲。

113. 网架型钢组合支撑结构上人钢屋面保温防水层倒置法施工工法　工法编号为JSGF—2009—113。完成单位是江苏省江建集团有限公司。主要完成人是赵林、高原、鲍玉龙、孙建东、朱磊。

114. 室内真空排水系统安装工法　工法编号为JSGF—2009—114。完成单位是江苏兴安建设集团有限公司。主要完成人是徐志侃。

115. 通信光缆斜拉式保护施工工法　工法编号为JSGF—2009—115。完成单位是江苏省正方园建设集团有限公司。主要完成人是张军阳、孙朝晖、张二庆、赵文征。

116. 排水性沥青(PAC—13)路面成套施工工法　工法编号为JSGF—2009—116。完成单位是溧阳市路桥工程有限责任公司、常州市成凯市政工程有限公司。主要完成人是李洪波、吕忠明、陈建胜、张卫峰、周忠涛。

117. 模块式沥青混合料拌和楼成套设备易地安装施工工法　工法编号为JSGF—2009—117。完成单位是溧阳市路桥工程有限责任公司、江苏常鑫路桥工程有限公司。主要完成人是施贺琪、吕忠明、芮国锋、张克中。

118. 浅水、软地基上现浇箱梁满堂支架地基处理施工工法　工法编号为JSGF—2009—118。完成单位是溧阳市路桥工程有限责任公司、江苏常鑫路桥工程有限公司。主要完成人是邱福平、吕忠明、夏来福、陆旭东。

119. 电梯井道无脚手架施工工法　工法编号为JSGF—2009—119。完成单位是江苏龙海建工集团安装工程有限公司、江苏龙海建工集团有限公司。主要完成人是史建伟、吴琦、张悦、尤波涛、狄雄伟。

120. 钢筋弯箍机改进及其箍筋制作工法　工法编号为JSGF—2009—120。完成单位是江苏省苏中建设集团股份有限公司。主要完成人是戴贤官、钱群、徐海平、邓慧、徐朗。

121. 门窗洞口钢丝绳安全防护栏杆施工工法　工法编号为JSGF—2009—121。完成单位是江苏省苏中建设集团股份有限公司。主要完成人是韩良荣、王亚琦、蔡善波、梅崇明、徐玉健。

122. 大面积地坪平整度控制施工工法　工法编号为JSGF—2009—122。完成单位是江苏兴厦建筑安装有限公司、江苏环盛建设工程有限公司。主要完成人是冯恒海、管启朝、陆文权、管宏飞、薛玉文。

123. 外墙干挂大理石及内衬保温施工工法　工法编号为JSGF—2009—123。完成单位是江苏兴厦建筑安装有限公司、江苏阳江建设实业有限公司。主要完成人是钱邦栋、宋尔勇、周庆林、吉万金、李桃芝。

124. 钢管混凝土系杆拱桥水上少支架施工工法　工法编号为JSGF—2009—124。完成单位是江苏盐城水利建设有限公司。主要完成人是梁广雪、赵少平、陈少军、袁成忠、潘祝书。

125. 大跨度钢筋混凝土结构后浇带混凝土柱支撑施工工法　工法编号为JSGF—2009—125。完成单位是江苏通州四建集团有限公司。主要完成人是江海燕、邵海荣、温建成、邵亚新、俞卫兵。

126. CBM自稳型高强薄壁管内模现浇混凝土空心板施工工法　工法编号为JSGF—2009—126。完成单位是南通宏华建筑安装有限公司。主要完成人是张德泉、金云、王洪波、卢桂华、李永华。

127. 太阳能与电能互补供暖系统施工工法　工法编号为JSGF—2009—127。完成单位是南通四建集团有限公司。主要完成人是耿裕华、张振华、张赤宇、周善荣、江建。

128. 舞台灯光、音响、视频系统集成与调试施工工法　工法编号为JSGF－2009－128。完成单位是南通四建集团有限公司。主要完成人是陈卫新、田晓峰、吴军、吴燕。

129. 闭路监控系统防雷施工工法　工法编号为JSGF－2009－129。完成单位是南通四建智能设备安装工程有限公司。主要完成人是陈卫新、吴燕、王一峰。

130. 电蓄热/冰蓄冷空调系统施工工法　工法编号为JSGF－2009－130。完成单位是南通四建集团有限公司。主要完成人是黄凯忠、黄锐、林振南、顾志兵、彭宏灵。

131. 先张法预应力管桩桩顶接桩施工工法　工法编号为JSGF－2009－131。完成单位是南通华新建工集团有限公司、江苏龙海建工集团有限公司。主要完成人是史加庆、章季、张卫、李亚娥、何雨键。

132. 外墙保温装饰一体化施工工法　工法编号为JSGF－2009－132。完成单位是南通华新建工集团有限公司、江苏博思源节能科技有限公司。主要完成人是章季、史加庆、雷智斌、吴少飞、杨红玉。

十六、江苏省建筑安全与设备管理协会第五次会员代表大会文件

中共江苏省建设厅党组成员、省建设厅人事教育处处长杜学伦在江苏省建筑安全与设备管理协会第五次会员代表大会上的讲话

（2009 年 6 月 30 日于南京）

同志们：

省建筑安全与设备管理协会今天召开第五次会员代表大会，我谨代表省建设厅向大会表示热烈的祝贺！这次大会的主要任务是进行换届选举，借此机会，我也向即将产生的新一届理事会表示祝贺！

上一届理事会在协助政府做好建筑安全和设备管理方面做了大量的卓有成效的工作，发挥了非常重要的作用。我省建筑安全形势近年来是比较好的，事故起数和死亡人数不断下降，如果用百万元产值发生事故起数比率来计算，成绩更为突出，这与协会的工作是分不开的。比如在建章立制方面，协会协助主管部门建立了安全生产形势分析、安全生产督查、安全责任追究、专项整治等制度。在国家对建筑施工企业实行安全生产许可证制度以后，协会在安全培训方面做了大量工作，组织了培训教材的编写、考试题库建立，以及协助组织考试、阅卷，发挥了重要作用，不一一列举。

新一届理事会面临新的形势、新的任务。新形势是：国家、党和政府对安全生产工作越来越重视，这是党的性质和社会主义国家的性质决定的。以人为本，和谐社会，都要求更加关注人民的生命财产安全。新形势另一方面是现在安全事故很多。最近，国务院安委会要求集中开展安全生产隐患排查治理和督促检查的通知就讲到，近期部分地区、行业（领域）接连发生多起重大事故，暴露了三个问题：一是安全发展不牢固；二是安全监管责任不落实；三是安全防范措施不到位。因此，中央要求认真贯彻落实胡锦涛总书记、温家宝总理最近一系列关于安全生产工作指示，要立即集中开展安全生产隐患排查工作。6 月 27 日，上海闵行发生房屋倒塌事故，要求建筑施工领域重点做好两防：防坠落、防坍塌，搞好建筑施工的安全生产工作。

我们对省建筑安全与设备管理协会的工作提几点希望：

第一，围绕中心，服务大局。要自觉接受主管部门的业务指导，同时也要接受社团登记机关的监管，为企事业单位服务，为政府决策服务。

第二，加强沟通协调，当好桥梁和纽带。协会的主要任务是在政府和企业之间双向联系，既要代表会员企业与政府对话，反映企业的管理诉求和建议，又要接受政府委托，充分发挥导向作用，引导企业会员贯彻政府的宏观意图和安全生产政策，敦促会员企业遵守国家法律和职业道德，协会要敢讲真话、实话，客观反映问题、出点子、提建议。

第三，加强自身建设，增强凝聚力和影响力。协会要广揽人才，集中一批学术上有造诣、技术上有专长、管理上有经验、社会上有影响的

知名人士，把协会办成人员精干、活动效率高、全体会员满意的自律性组织。

对于建筑安全工作：一要警钟长鸣，安全生产的弦不能松；二要吃堑长智，发现问题吸取教训，尤其要吸取别人的教训；三要小题大做，抓隐患，抓苗头。

我再次祝贺大会取得圆满成功！

江苏省建筑工程管理局副局长陈耀才在江苏省建筑安全与设备管理协会第五次会员代表大会上的讲话

（2009 年 6 月 30 日于南京，根据录音整理，未经本人审阅）

同志们：

我受省建管局的委托到这里来参加省建筑安全与设备管理协会的换届大会，对会议的召开表示祝贺！

作为一个协会，是我们政府的参谋、企业的桥梁和纽带。应该说大家都晓得，今年以来我们上上下下对建筑业安全生产工作非常重视。今年是国家安全生产管理年，6 月份是安全生产月，我们围绕安全生产年、安全生产月，建筑领域安全生产做了很多的工作。省建筑安全协会一直与我们局一起在建筑业安全生产中做了很多工作。应该说作用发挥得还是很充分的。今天选出了新一届理事会和协会领导。希望协会作为政府的参谋进一步做好工作，发挥好作用。协会作为桥梁和纽带，要为企业搭建交流的平台，进行项目研究交流。当然，作为政府主管部门也要搞一些活动。但总体来说，协会搞活动还是比较多一些。

希望各位会员单位在第五届理事会领导班子领导下，共同努力，把省建筑安全与设备管理协会的工作搞得更好。

谢谢大家！

江苏省民政厅民间组织管理局李健处长在江苏省建筑安全与设备管理协会第五次会员代表大会上的讲话

（2009 年 6 月 30 日于南京）

各位领导、各位代表，下午好！

今天，江苏省建筑安全与设备管理协会第五次会员代表大会在这里隆重召开，我谨代表江苏省民政厅民间组织管理局对会议的召开表示热烈的祝贺！

在过去的几年中，江苏省建筑安全与设备管理协会经过不懈的努力，积极组织我省建筑安装行业方面的专家开展学术交流和培训，为繁荣我省建筑行业作出了积极的贡献，取得了显著的成绩。如：举办了特种作业人员培训班，并编写了培训教材；发挥协会的专业优势，编写了设备管理相关标准规范，这些标准的制定，对促进建筑安全和施工现场设备的使用管理起到了积极的作用。同时，省建筑安全与设备管理协会能够坚持依法办会、民主管理，以开创性的思维和规范的制度建设促进了协会的健康发展。为加快江苏“两个率先”进程、推动文明建设，作出了积极的贡献。

党中央、国务院和省委、省政府历来十分重视民间组织的积极作用，把其作为社会主义现代化建设事业中不可缺少的重要力量。2007 年 5 月国务院下发了《关于加快推进行业协会商会改革和发展的若干意见》。今年，省发改委又代省政府拟稿了《关于促进我省行业协会改革和发展的意见》，在各个职能部门征求意见，以待出台。在这些文件中，明确和规范了行业协会的职能，要求充分发挥行业协会在决策、服务、维权、沟通、协调、监督、公证、统计、研究等方面的职能作用;提出了政府应当将适宜于社团行使的职能委托或者转移给社会团体;建立财政补贴购买服务制度,社团要充分发挥桥梁和纽带作用,要着力强化和发挥民间组织服务社会的功能。这两个文件的实施,将对我们民间组织的发展起到积极的推动作用。

民政部门作为登记管理机关,我们一直把服务社会组织、做好培育发展作为责无旁贷的重要使命,努力为社团组织的发展营造良好外部环境。近年来,我们对一些先进社团进行了表彰,也对一大批长期不开展活动的社团,根据《社会团体登记管理条例》的有关规定和行政处罚的程序进行了处罚。现在国家民政部对民间组织已开展了5A级评估制度,制定了统一的标牌。我们省里今年准备对基金会开展评估,明后年在社会团体中展开,现已参照国家民政部的标准结合我省实际情况制定了我省的评估办法,现正在各业务主管单位征求意见。今后所有的表彰和政策倾斜都将带入此评估制度。

省建筑安全与设备管理协会通过这次大会,将产生新一届领导班子。我们相信,新一届协会理事会一定会进一步解放思想、与时俱进、开拓创新,推动协会工作更上一层楼。借此机会,我想谈几点建议性意见,供同志们参考。

首先,要转变观念,围绕服务做文章。作为省级行业性社会团体,要全面贯彻"为经济和社会全面协调、可持续发展服务"的原则,有针对性的对全省建筑行业方面的安全、环保等热点和难点问题开展学术交流和研讨。要增强服务意识,树立服务于社会的观念,把自身研究与社会需要密切结合起来,以良好的服务赢得社会各界的支持,不断增强协会的吸引力和活力。

第二,要不断加强自身建设。重点要加强协会的制度建设。要建立健全以章程为核心的民主决策制度、财务管理制度、重大事项请示报告制度等。要坚持民主办会,为协会步入自我生存、自我发展的良性运行轨道创造条件。

第三,要充分发挥协会的优势。充分发挥协会人才集中、信息灵通、活动便捷等优势,调动广大会员的积极性和创造性,为和谐社会的建设作出新的贡献。

各位领导,各位代表,我们相信,江苏省建筑安全与设备管理协会在新一届理事会的领导下,在广大会员单位的支持下,一定能够顺应当前改革发展的新形势,在党的十七大精神指引下,以三个代表重要思想和科学发展观为指导,发挥优良传统,为推动我省经济社会可持续发展,实现两个率先发挥更大的作用,为江苏建筑行业的健康发展,为推动江苏"两个率先"作出积极的贡献。

最后,祝大会圆满成功。

谢谢大家!

在科学发展观的指引下,高举行业协会服务的旗帜,促进建筑业安全生产工作的平稳发展和建筑行业的和谐进步

——在江苏省建筑安全与设备管理协会第五次会员代表大会上的讲话

江苏省建筑安全与设备管理协会会长 赵华中

(2009年6月30日于南京)

各位领导,各位代表,同志们:

首先感谢各位代表对我的信任,选举我继续担任省建筑安全与设备管理协会的会长。我将不辱使命,认真负责地和各位理事一道,履行好协会的职责,恪尽职守,为会员单位服务,为建筑主管部门的行业管理服务,为建筑业的行业发展服务,促进全省建筑安全生产形势的平稳发展,促进建筑业的和谐进步。同时,我代表省建筑安全与设备管理协会感谢省民政厅民间组织管理局、省建设厅、省建筑工程管理局对我们协会的关心与支持。我们将一如既往地接受主管部门的指导与监督,加强

组织建设，规范工作行为，提高服务质量，不断完善自我，实现健康发展。此时此刻，我还要代表第五届理事会及常务理事会的同志们感谢长期以来为本协会的建立、发展作出贡献的历届领导和老同志们，正是他们的智慧和不懈的努力，使我们协会得到长足的进步，成为在全国建筑业同类社团中具有较大影响力的民间团体。

同志们！省建筑安全与设备管理协会是在1986年12月26日成立的江苏省建筑机械化协会的基础上改组而成的。2002年10月18日召开的第四次会员代表大会根据省建设厅、省建筑工程管理局关于实现本省由建筑大省向建筑强省转变的战略目标，为推进建筑业的安全发展，平稳发展，健康发展和科学发展，将省建筑机械化协会更为现名；将建筑施工机械设备的管理，建筑施工安全生产的管理，建筑业的科技进步作为本协会的主要工作内容；将本协会的主要服务事项定位在建筑安全技术领域。第四届理事会认真贯彻会员代表大会的决议，实现了协会职能的转变，在一定程度上也促进了全省建筑业的发展。

第五次会员代表大会是在中国实体经济努力克服国际金融危机的影响并开始好转，江苏建筑业正在进行结构调整、积蓄力量、图谋发展的形势下召开的。同第四次会员代表大会召开时相比较，全省建筑业在各级党委、政府和主管部门推动下，通过深化改革，发生了重大的变化。标志之一，是建立起了完全意义上的市场经济体制和运行机制。建筑业企业通过改制，实现了民营化，市场的主体地位已经形成。工程监理、招标代理、造价咨询、建筑安全保险已经常态化。政府对工程建设活动和建筑市场的监控日益规范。标志之二，是以特级企业和龙头专业企业为代表，以大中型基础设施和中高层房屋建筑工程为载体，完成了建筑施工从传统的施工方式向以机械设备为基础条件的现代施工管理方式的转变，实现了施工技术的变革。江苏建筑队伍承建工程的质量品牌优势在全国日益突出。标志之三，是随着本省建筑经济实力的壮大和工程总承包比重的提升，完成了由建筑劳务输出大省向建筑技术工人和施工管理人才输出大省的转变。本省建筑企业已成为内地建筑劳务就业的主要支撑体。标志之四，是完成了由建筑大省向建筑强省的转变，建筑业作为国民经济支柱产业的地位日益巩固。全省13 000多家建筑业企业，500万从业人员，施工产值、利税总额和境外创汇一直处于全国前列。这些变化，让我们对行业的发展充满了信心。这些变化，也是我们对本协会章程指导思想进行修改的认识所在。同时我们也看到，市场经济体制的建立和完善是一个相当长的过程。随着行政体制的改革，政府职能的转化，将会有许多过去作为行政许可的事项退出行政管理。行业的管理将在很大程度上通过各类行业协会以自律的方式进行规范。这就要求行业协会相应转换职能，实行变革。行业协会要从过去主要反映主管部门的意见，转换为既要反映主管部门的指导性要求，也要反映会员单位的诉求，维护他们的权益，为他们提供服务。

第五届理事会将在科学发展观的指引下，高举服务的旗帜，在以下几个方面开展工作：

（一）开展三项行业确认，实行行业自律。

三项行业确认，是指建筑施工机械设备租赁企业行业确认，建筑施工起重机械安装检验机构行业确认和建筑施工安全生产咨询服务机构行业确认。2008年8月28日，省建筑安全与设备管理协会四届七次常务理事会根据国家建设部转发的《建筑施工机械租赁行业管理办法》（建办市[2006]82号文），审议通过了《江苏省建筑施工机械设备租赁企业行业确认与信用评价管理办法》。同时根据建设部《建筑起重机械安全监督管理规定》（第166号令），审议通过了《江苏省建筑施工起重机械安装检验机构行业确认管理办法》。2008年11月18日，江苏省建筑工程管理局转发了这两个规范性文件，要求各地主管部门在履行建筑市场监管职能中，注意发挥行业协会的行业管理与自律的作用。2009年4月14日，江苏省人民政府法制办公室函复省建工局，准予这两个规范性文件备案登记。这表明，省政府法制部门和省建筑业主管部门对这两项工作的认可。今天，五届一次常务理事会又审议通过了《江苏省建筑施工安全生产咨询服务机构行业确认管理办法》，确定对从事建筑安全风险评估、施工安全生产技术咨询、安全生产条件评价、安全生产管理服务的中介机构进行行业确认。我们统称为三项行业确认。这里需要强调的是，行业确认所实行的是自愿申报的原则，不是强制性的行为；实行行业确认的事项都是未纳入行政许可的事项；实行行业确认的事项又都是需要通过行业自律来规范行为的事项。同时强调的是，行业确认行为不同于建设行政主管部门的资质管理。在进行行业确认的同时，要建立起信用评价的自律制度，接受社会公众的监督。特别要说明的是，行业自律性质的确认，不是行政资源的流失或者转移，不替代建设行政主管部门对确认单位的行政监督管理。我们计划，在今年年底以前完成现有相关机构的行业确认工作，同时建立起信用评价的指标体系。

（二）建立博爱建筑安全论坛，完善建筑安全的宣传体系。

博爱建筑安全论坛是建筑安全工作者进行理论探讨、工作经验交流和对外交往的学术平台。我们将在有关主管部门的指导下，尽快筹建，尽早开展工作。今年3月12日，省建筑安全与设备管理协会专门召开宣传工作会议，对协会的宣传工作进行了部署。我们提出了三抓三服务的工作目标。“三抓”是指抓载体，要办好《建筑安全与设备管理》杂志，恢复《简讯》，建立建筑安全网站；抓宣传队伍，我们要在会员单位建立通讯员队伍，使信息畅通；抓宣传工作质量。“三服务”是为主管部门的安全管理服务，为会员单位服务，为行业发展服务。今年宣传工作的重点有二项，就是筹建博爱建筑安全论坛，建立建筑安全网站。宣传工作是协会一项长期的工作，要通过宣传工作促进会员单位的经验交流，促进国内外安全生产技术知识在会员单位和行业内的传播与应用，促进建筑业的和谐发展。

（三）建立三大专业分支机构，提升研究服务水准。

今天，五届一次常务理事会审议通过了协会秘书处关于省建筑安全协会设立若干专业委员会的建议。协会要建立建筑机械安装检验检测专业委员会，建筑机械设备租赁与安全防护产品、劳动保护用品专业委员会，建筑工程安全技术专业委员会等三大分支机构。建立专业委员会有利于协会业务的发展，有利于为会员单位和行业发展提供更加全面的、充实的服务。争取在明年上半年完成分支机构的筹建并开展工作。

（四）建立博爱建筑安全教育培训中心，为会员单位提供安全教育常态性服务。

本协会长期进行以机械设备操作管理人员为主的教育培训工作。2004年9月以来又配合各级主管部门开展建筑施工企业主要负责人、项目负责人和专职安全员等“三类人员”的安全培训工作。通过培训活动，提高了从业人员的安全生产意识和安全技术素质，减少了建筑施工生产安全事故的发生，实现了协会为会员单位服务，为行业发展服务的社会价值。2008年国家建设部制定并发布《建筑施工特种作业人员管理规定》（建质[2008]75号），明确规定建设行政主管部门对建筑施工特种作业人员的考核、发证、从业实施监督管理。2009年年初，省建筑工程管理局相应地制定了特种作业人员管理办法、特种作业人员考核基地认证的管理规定。按照省建管局的这些管理规定，省建筑安全与设备管理协会内设的教育培训部门已不适应行业发展的要求，需要转为正式的民办职业培训机构。五届一次常务理事会已经批准筹建江苏博爱建筑安全教育培训中心，今年要完成组建并开展工作。省建筑安全与设备管理协会为配合特种作业人员的考核工作，并有利于特种作业人员的培训活动，根据省建筑工程管理局的决定，组织编写了《建筑施工特种作业人员安全生产培训系列教材》。近期将抓紧审定，出版发行，供学习之用。省建筑安全与设备管理协会还将整合会员单位的建筑安全教育资源，更好地为会员单位提供培训服务。

（五）完善江苏省博爱建安咨询中心的运行机制，积极为会员单位提供安全技术服务。

2005年12月22日，省建筑安全与设备管理协会经有关部门批准建立了江苏省博爱建安咨询中心。2006年省建筑安全与设备管理协会编制了《江苏省建筑施工安全生产条件评价规范》(J32/TJ55—2006)，被省建设厅批准为推荐性标准，并在国家建设部备案。省博爱建安咨询中心和一些市县建筑安全咨询机构接受企业委托，按照评价规范认真地开展了安全生产条件评价工作，得到了业内人士的普遍好评，并获得省建设厅2006年度工作创新二等奖。省博爱建安咨询中心要积极开展安全风险评估和安全生产条件评价工作。省建筑安全与设备管理协会和博爱建安咨询中心还要组织安全咨询研讨活动，推进会员单位安全咨询工作的开展。我们主张有条件的企业会员单位按照评价规范自行组织力量进行安全生产条件评价和安全风险评估。通过排查隐患、找差距，改善安全生产条件，降低安全生产风险，提高安全管理水平。我们支持一些市县的建筑安全咨询机构开展以安全生产条件评价为主的咨询服务工作，共同努力，减少建筑安全风险。这里需要强调的是，会员单位应当对包括安全生产条件评价在内的建筑安全咨询活动提高认识。我认为，对地方主管部门而言，安全咨询在一定程度上是化解行政责任风险的手段；对企业而言，安全评价，查找隐患，改进安全措施，是降低经济责任风险的手段；对安全保险机构而言，安全咨询也是改善投保者安全状态，减少事故发生，降低赔偿总额的手段。

（六）开展安全生产管理先进会员单位和会员单位先进工作者的评选，弘扬安全管理正气。

这项评比不同于建设行政主管部门的评选表彰活动，是在会员单位范围内进行。对评选的结果要进行公示公布。

（七）编辑出版江苏博爱建筑安全年鉴，向社会提供建筑安全信史资料。

建筑安全年鉴的编写工作要靠会员单位的参与与支持。今年要建立编辑组织，抓紧开展工作。

同志们！省建筑安全与设备管理协会还有许多困难，工作中也存在许多缺点和不足，我们要认真地加以改进。我相信，在省民政厅、省建设厅和省建筑工程管理局的领导下，我们团结一心，高举服务的旗帜，一定会开创协会工作的新局面！一定会使协会成为会员单位的朋友和帮手，成为会员单位值得信赖的伙伴！

谢谢大家！

发挥桥梁和纽带作用，推进全省建筑安全和设备管理工作

——江苏省建筑安全与设备管理协会第四届理事会工作报告

江苏省建筑安全与设备管理协会第四届理事会副理事长
兼秘书长　顾建生

（2009年6月30日于南京）

各位领导，各位代表：

我受江苏省建筑安全与设备管理协会第四届理事会赵华中理事长委托，代表第四届理事会向第五次会员代表大会作工作报告。本届理事会自2002年10月18日换届组成以来，已经有六年多了。六年多来，协会在省民政厅、省建设厅、省建筑工程管理局的指导下，在协会理事会的领导下，以科学发展观为指导，围绕常务理

事会每年确定的工作任务和工作目标，努力开展工作，较好的完成了各项工作任务。现将主要工作报告如下，请予审议。

一、充分发挥协会的职能，努力为全省建筑行业发展和会员单位服务

1. 发挥协会的专业优势，编写设备管理相关标准规范。按照协会理事会提出的“为会员单位服务、为行业发展和建筑企业服务”的要求，我们发挥协会建筑安全和设备管理的特长，组织全省有关专家和技术人员编写行业标准规范。六年来协会先后主持并完成了2部国家行业标准的主要编写和参与编写工作、6部省行业标准规程（规范）。

从2002年开始，协会就进行《施工现场机械设备完好技术标准》的研究制定和编写工作。2003年11月通过了省级专家组的鉴定。2004年5月经江苏省建设厅审定，作为江苏省工程建设标准“苏JGJ32/TJ03—2004”颁布实施。该标准获得了2006年度国家建设部“华夏建设科学技术奖励三等奖”。该标准实施后，中国建筑业协会设备管理分会向全国进行推荐，许多单位和施工企业认为该标准编制方法科学、技术含量高、内容反映了我国建筑业，特别是施工现场机械设备使用的实践经验，既具有适用性和实用性，又便于操作，对施工企业设备管理人员和操作人员进行设备自检以及建设行政主管部门安全设备检查提供了科学依据，对施工现场机械设备的安全使用和管理起到了指导作用，在同行中产生了较大的影响。为此，我会和有关单位根据中建协设备管理分会的要求，在《施工现场机械设备完好技术标准》的基础上编写成国家行业标准《施工现场机械设备技术检查规程》。经过三年多努力，10易其稿，于2008年8月11日国家住房和城乡建设部以《施工现场机械设备检查技术规程》（JGJ160—2008）作为国家行业标准发布，并于2008年12月1日起在全国实施。与此同时，协会还参与了另外一部国家行业标准《施工现场临时用电安全技术规范》的编写，该标准（JGJ46—2005）已于2005年开始实施。

2005年，协会参与省建筑工程管理局组织的《江苏省建筑安装工程施工技术操作规程》的编写。该规程全套共26个分册，已于2006年底出版发行。其中协会承担了第24分册《大型施工机械》（DGJ32/J50—2006）和第26分册《外墙外保温工程》（DGJ32/J52—2006）的主编任务。

近两年协会还参与了《江苏省建筑施工安全质量标准化管理标准》（DGJ32/J66—2008）和《建筑工程施工机械安装质量检验规程》（DGJ32/J65—2008）等标准的制定。这些标准的制定，对促进建筑安全和施工现场设备的使用管理起到了积极的作用。

2. 编写建筑施工安全生产条件评价规范，为开展建筑安全生产评价工作奠定基础。为开展好安全评价工作，根据国家行业标准《施工企业安全生产评价标准》（JGJ/T77—2003），以及《安全生产许可证条例》等文件精神，协会组织有关单位和人员编制了《江苏省建筑施工安全生产条件评价规范》（J32/TJ55—2006）。该规范被江苏省建设厅审定为省工程建设推荐性标准后，协会又组织有关专家对省内相关建筑施工企业进行了安全生产条件评价工作的试点，获得了施工企业和会员单位的好评。2007年10月，《江苏省建筑施工安全生产条件评价规范》被江苏省建设厅评为“2006年度厅局系统工作创新项目”二等奖。

3. 规范行业行为，提升管理水平。建筑机械设备管理、建筑施工安全防护用品的推荐以及建筑施工起重机械检测机构进行的年检，是协会经常性的工作。2004年，协会参与国家质量技术监督局、建设部联合组织的对我省“起重机械专项整治”工作检查，并起草了《江苏省起重机械专项整治工作检查情况简报》。2007年6月，省建管局在常州召开全省建筑施工起重机械设备管理工作会议，协会为此次会议的召开做了充分的前期调研和准备工作。前几年随着施工企业的改制，设备管理在许多施工企业被忽视，施工现场设备的使用更多的转向了社

会化,设备租赁行业逐步兴起。由于缺少管理环节,设备在租赁使用过程中存在着许多安全隐患。2006年,建设部办公厅转发了由中建协设备管理和租赁分会起草的设备租赁行业确认管理办法,本协会根据江苏的情况,相应地制定了《江苏省建筑施工机械设备租赁企业行业确认与信用评价管理办法》。2008年11月18日,省建管局转发了这一办法,要求各地在履行建筑市场监管职能中,注意发挥行业协会的行业管理与自律作用,推动建筑施工机械租赁市场的培育和健康发展,确保建设工程质量和安全。

本协会在建筑安全防护用品的推荐上,结合多年来的实践和国家新近颁布法律、法规的精神,不断完善,制订了《江苏省建筑防护用品推荐使用管理办法》。

本协会受省建管局委托,从1998年开始,对全省建筑施工起重机械检验机构进行资格年审。2002年省建管局以1号和12号文,将建筑起重机械检测机构的材料申报和现场考察的事务性工作委托给了协会承办。全省有34家建筑起重机械检测机构具有检测能力和资格。但国家清理行政许可后,检测机构未纳入建筑业资质许可范围。2008年2月4日国家建设部发布《建筑起重机械安全监督管理规定》(第166号令)后,鉴于建设行政主管部门虽对建筑施工起重机械检验机构没有实行资格管理,没有行政许可的职责,但安全管理的责任又不可推却,本协会为了规范建筑施工起重机械使用过程安装质量检验机构的检验行为,制定了《江苏省建筑施工起重机械安装检验机构行业确认管理办法》,对专门从事建筑起重机械检验活动的机构实行行业确认与信用评价的行业自律制度。省建管局于同年11月18日转发了这一办法。

2009年4月14日,江苏省人民政府法制办公室准予省建工局将本协会制定的《江苏省建筑施工机械设备租赁企业行业确认与信用评价管理办法》和《江苏省建筑施工起重机械安装检验机构行业确认管理办法》备案登记,行业确认行为从法律层面得到了政府法制部门的认可。上述管理办法的制定和发布,进一步规范了行业的自律行为。

4. 评优推荐,扩大会员单位的知名度。我省的建筑机械设备管理工作近几年取得了一定的成绩,为行业发展作出了贡献。为表彰全省建筑机械设备管理先进企业和优秀个人,协会积极向中建协以及中建协机械管理与租赁分会推荐,六年来省内近50家建筑施工企业以及80多名个人,分别获得了全国施工企业设备管理先进单位、先进个人等称号,有的还在表彰大会上介绍了管理经验。此外,为了促进我省建筑施工现场管理水平的提高,减少安全生产事故,我们协会积极配合省主管部门组织开展文明工地的考核、审核工作,并积极组织有关企业申报“全国施工安全文明工地”、“建筑施工3A标准化工地”。评优创先对我省机械设备的管理工作和建筑施工现场管理水平的提高起到了促进和推动作用。

二、协助和配合行政主管部门,为全省建筑安全和设备管理服务

1. 认真做好特种作业人员和“三类人员”培训,促进从业人员素质的提高。近年来,协会在培训工作方面的特点是突出一个重点狠抓两项工作:一个重点即为会员单位及有关单位培训急需人才;两项工作即一是坚持按计划开展专业技术培训,二是结合行政主管部门中心任务开展应急培训。协会成立了培训部,研究制订培训大纲,从教材、师资、场地等方面认真加以落实。

为了使培训工作更有针对性,切合实际,协会组织编写了《塔机检测与验收》、《塔式起重机的操作与维护》以及《江苏省建筑施工企业安全管理人员培训系列教材》,包括《施工企业主要负责人安全生产管理简明教程》、《施工企业项目负责人安全生产管理简明教程》和《施工企业专职安全管理人员安全生产管理简明教程》,这套系列教材被省建管局作为全省安全培训与考

试的统编教材。协会还积极组织了安全生产“三类人员”的培训工作。

为满足施工企业对施工现场特种作业人员的需求，协会前几年重点举办特种作业人员培训班，开办了如塔机拆装、塔机检测与验收、施工现场安全用电、架子工等的培训。2008年建设部《建筑起重机械安全监督管理规定》(第166号令)颁布后，协会进行了认真的研究并开展了前期的调研，向主管部门提出了特种作业人员管理办法的建议文稿和考核基地的标准，以供决策。目前正在组织特种作业人员培训系列教材(共9部)的编写，已完成初稿。

2. 做好省级文明工地的现场考核和资料整理工作，推动施工现场安全文明建设。从2003年开始，协会受省建管局委托，承担了省级文明工地的现场考核的组织工作和事务性工作。协会对此项工作十分重视，每次组织现场考核前，都要制订详尽的考核计划，确定考核组专家人员，明确考核纪律和自律要求。现场考核结束后，都认真对所有申报的资料按项目单位进行汇总归档，并提出推荐意见，为省局组织的评审会作好充分的准备。在2006年的省级文明工地审定会上，省建管局高学斌局长用四句话，即“组织严密，标准明确，考核细致，表述清楚”，对文明工地的现场考核工作给予了高度评价和肯定。

期间，协会根据形势发展的需要，与省建管局、省建设工会一起，对省级文明工地的考核标准进行了修改和完善。通过检查、考核和宣传，全省文明工地的创建活动得到不断的推广和深入。现在全省每年有近千个施工项目现场被评为省级文明工地，促进了建筑业的和谐与发展。

3. 参与全省安全管理综合检查等工作，掌握和了解行业安全生产情况。省建管局为加强全省建筑施工现场的安全管理工作，每年都要组织相关的综合检查或专项检查，协会根据主管部门的工作部署和要求，及时派出有关人员参加由省局组织的各项安全检查，在检查中按照要求，认真履行职责。如2008年上半年，协会参与了“省建筑施工安全生产百日专项督查”活动，写出了多篇有关百日安全督查的专题报告。同时协会还参加主管部门组织召开的安全生产形势分析会，了解全省各市建筑行业安全生产的最新动态。

三、加强与兄弟协会的交流，完善自我

1. 加强与兄弟省市行业协会的联系，互相学习，取长补短。协会领导和工作人员除了利用外出开会或参加培训的机会，加强与外省市同行业协会的接触和交流外，每年还要接待来自于全国各地的同行，通过接触和交流，互相沟通，增进了解。

2004年协会承办了中国建筑业协会建筑安全分会在南京召开的年会；与省土木建筑学会建筑机械专业委员会一起举办了建筑起重机械典型事故分析研讨会。2007年下半年，协会与扬州安监站一起主办了华东建筑安全联议会，受到了与会代表们的好评。2008年4月，协会又承办了中建协机械设备与租赁分会在南京召开的全国秘书长会议。在承办行业内相关会议的同时，协会在2007年9月第一次组织会员单位相关人员，到美国、加拿大等发达国家参观、考察，学习城市建设和建筑施工安全管理的做法，开阔了眼界。2009年3月，协会由主要领导带队，专门到安徽省建筑安全协会、上海市建设安全协会学习取经，探讨共同关心的问题。

2. 组织会员单位参加全国或华东地区的建筑安全论文交流，推广好的做法。我省是建筑业大省，在建筑施工和安全管理上，有许多好的经验和做法需要总结推广，为此，协会为会员单位提供信息交流的平台，推广好的经验和做法。协会每年组织会员单位参加省、华东地区和全国性的有关建筑安全的论文交流会，并有多篇论文获奖。

四、做好宣传工作，为行业发展发挥舆论导向作用

1. 创办会刊，建立舆论宣传阵地。2003年

8月，经江苏省新闻出版局批准，协会的会刊《建筑安全与设备管理》杂志正式创刊。为了办好会刊，建立起会员单位信息交流平台，发挥好舆论导向作用，会刊成立了编委会，扩大了通讯员队伍。五年来会刊的编辑、出版、发行等工作正常，每年都通过省新闻出版局的年审。

2. 办出特色，为行业发展发挥舆论导向作用。会刊在内容上，既介绍典型经验、发表专业技术文章，又刊登反应安全生产管理工作中重点、难点和焦点问题。所突出的"三个坚持"，即坚持围绕推进全省建筑业发展这个主题，突出专业性；坚持结合主管部门阶段工作的目标和重点工作，每期编写卷首语；坚持内部刊物，免费交流的原则，为会员单位和有关部门免费寄送。会刊的"三个坚持"成了杂志的一大特色，得到了中共江苏省委宣传部、省新闻出版局的肯定。2007年省委宣传部、省新闻出版局将我们的会刊作为代表性刊物，在全省200多家省属内部出版物中推荐。

3. 建立网络宣传，加快信息传播。随着网络时代的到来，信息传播越来越快。协会依托"江苏建筑业网"建立了自己的信息平台，协会通过这个网页，及时发布行业内的最新动态和协会的最新信息。这项工作还属于初始阶段，有很多地方需要改进和完善。

4. 结合中心工作，搞好宣传。协会除了在会刊等方面做好宣传工作外，还利用每年的"安全生产月"活动，在行业报纸和宣传画等媒体上进行宣传。2008年12月，结合《建设工程安全生产管理条例》发布五周年之际，举办了"创新思维，科学发展"论文竞赛活动暨纪念《建设工程安全生产管理条例》发布五周年座谈会。活动共收到来自全省行业内部门和个人发来的论文120余篇，经评审委员会评定，评出了一、二、三等奖论文。座谈会还整理了《建设工程安全生产管理条例》实施情况评估报告。宣传效果明显。2009年3月，协会专门召开宣传工作会议，总结宣传工作的经验，明确宣传工作的重点，要求宣传工作始终保持正确的方向。

五、拓展工作内容，努力为会员单位服务

1. 建立"咨询中心"，拓展业务范围。为了适应新的形势，拓展协会的业务范围，更好地为企业服务，2006年协会成立了"江苏省博爱建安咨询服务中心"。该中心主要为建筑施工企业提供建筑技术咨询和安全生产条件评价。为了做好这项工作，协会举办了全省安全生产条件评价工作研讨会，各市建设行政主管部门主管安全工作的处室和安监站的有关领导参加了研讨会，同时还培训了全省评价骨干队伍。截止目前，"中心"对省内63家建筑施工企业进行了安全评价和技术咨询服务工作。

2. 为企业服务，代理特种作业证年审。在建设部《建筑起重机械安全监督管理规定》(第166号令)发布之前，有关施工企业特种作业人员的上岗证，在有效期到期后，都要到省安监局进行年审，为此许多企业找到协会，要求帮助他们办理年审，协会主动沟通，满足企业的要求。

六、加强和完善内部管理，做好协会工作

1. 内部既分工又合作，提高了工作效率。近几年，由于协会业务范围的不断扩大，协会重视和加强了秘书处的队伍建设。协会秘书处对工作人员进行了分工，明确了各自的职责，秘书处设立了宣传部、培训部、技术服务部、财务部和办公室，并制订了管理规章制度。协会秘书处的同志团结一致，相互配合，心往一处想，劲往一处使。

此外，协会根据省建管局机关党委的要求，加强了党支部建设，并开展正常的活动，在学习实践科学发展观活动中，结合协会工作实际，认真查找问题，并提出了整改措施。协会党支部在今年省建管局组织的评选"五好支部"活动中，被评为"五好支部"，李健同志被评为优秀共产党员。

2. 每月开好一次例会，明确工作职责。每年秘书处要对工作人员进行调整，并按照常务理事会议的精神确定当年的工作目标，为了抓

好落实，秘书处每月开一次例会，总结一个月来的工作，并对下个月的工作进行安排布置，做到人人心中有数。

3. 完善财务管理，管好固定资产。2006年初，协会置办了房产，办公条件有了很大改善。建立了固定资产帐目，定期核对。建立了财务月报告制度，财务管理上按照行政主管部门提出的要求，统一财务管理，实现了与主管部门财务的软件对接。2006年以来根据审计提出的建议，完善了内部管理制度，进一步规范了管理行为。上级主管部门等多次对协会的财务进行审计，认为协会的管理制度完善，执行财务纪律状况良好，未发现任何违规违纪行为。

4. 认真做好会费的收缴工作。协会的工作离不开会员单位的支持，协会财务对会员单位会费的缴纳情况有台帐记录，同时利用协会"简讯"刊登会费缴费通知。有关会费收缴及开支等的情况将由秘书处向大会作专门的财务报告。

几年来，协会按照理事会议提出的工作要求，做了一定的工作。但对照主管部门和理事会的要求，还有差距，如有不到的地方，请各位代表批评指正。

本人在任第四届协会秘书长期间，在理事长的领导下，在广大会员单位的大力支持下，团结带领协会秘书处全体工作人员，克服各种困难，不断加强自身建设，协助主管部门做好安全生产管理和设备管理工作，努力完成协会理事会确定的工作任务，为广大会员单位服务，做了一些工作，也取得了一定的成绩。在这里，我要向在座的各位领导、各位理事以及协会秘书处的全体工作人员对我工作的支持表示衷心的感谢！

我的任期已经结束，由于工作原因，第五届我将不再担任协会秘书长职务。我衷心希望协会在新的一届理事会及其常务理事会的领导下，适应当前新的形势，充分发挥协会的优势，更好地为会员单位服务，不断发展壮大，取得更大的成绩，为江苏省建筑事业的发展作出更大的贡献。

谢谢大家！

江苏省建筑安全与设备管理协会章程

（2009年6月30日江苏省建筑安全与设备管理协会第五次会员代表大会审议通过，2009年8月4日经江苏省民政厅民间组织管理局核准）

第一章 总 则

第一条 江苏省建筑安全与设备管理协会（以下称本协会）是协助建设行政主管部门做好建筑安全生产与设备管理，促进全省建筑业企业安全生产与施工机械设备管理事业发展的社会团体。经江苏省民政厅批准，具有社团法人地位。

第二条 本协会是由在江苏省境内从事土木建筑施工、设备安装、建筑安全防护用品用具生产、建筑机械制造、设备租赁与维修、安全生产监督、安全生产咨询、建筑机械设备检测、教学、科研等活动的企业事业单位自愿组成的行业性、非营利性的社会团体，受江苏省民政厅和江苏省建筑工程管理局监督管理和业务主管单位领导。

第三条 本协会以邓小平理论、三个代表的重要思想和科学发展观为指导，坚持四项基本原则，遵守宪法、法律、法规和国家政策，为主管部门服务、为会员单位服务、为建筑业的行业发展服务。

第四条 本协会的住所设在江苏省南京市湛江路69号千秋情缘12幢25楼。

第二章 业务范围

第五条 本协会的业务范围如下：

（一）贯彻执行国家安全生产与建筑机械

设备管理的方针、政策、法规；

（二）向主管部门反映会员单位的安全生产情况和正当的要求；

（三）开展调查研究，为主管部门制定安全生产与建筑机械设备管理的规划、政策和标准规范提供意见和建议；

（四）协助会员单位进行以保障施工安全、降低能耗、降低劳动强度、保护环境为目标的新技术、新工艺、新设备和现代管理方法的应用工作；

（五）开展建筑工程施工现场和建筑施工企业安全生产条件的评价工作与建筑业企业安全生产信用评价工作；

（六）负责建筑安全防护用品(具)、建筑机械设备的产品推荐工作；

（七）负责建筑施工起重机械安装检验机构、机械设备租赁企业和建筑施工安全生产咨询服务机构的行业确认工作；

（八）开展建筑施工企业主要负责人、项目负责人、专职安全管理人员、特种作业人员和技术管理人员等培训工作；

（九）参与文明工地现场考核和评选推荐工作；

（十）对会员单位和个人进行表彰；

（十一）开展建筑业企业安全生产先进集体的评选与表彰工作；

（十二）编辑出版协会刊物；

（十三）组织会员单位开展学习交流活动；

（十四）承担主管部门委托的与建筑安全和科技进步相关的咨询、研究性工作和其他工作。

第三章　会　员

第六条　本协会采用单位会员制。凡从事土木建筑施工、设备安装、建筑安全防护用品(具)生产、建筑机械制造、设备租赁与维修、安全生产监督、安全生产咨询、建筑机械设备检测、教学、科研活动的企业事业单位，承认本会章程，自愿提出书面申请，可成为本会的会员。

第七条　会员入会的程序是：

（一）提交入会申请书；

（二）经理事会或者常务理事会讨论通过；

（三）由协会秘书处办理入会登记，发给会员证。

第八条　会员享有下列权利：

（一）有选举权、被选举权和表决权；

（二）有权反映企业的呼声并向行业主管部门提出政策性建议；

（三）参加协会主办的各项活动；

（四）优先获得协会的服务；

（五）对协会的工作有建议权、批评权和监督权；

（六）入会自愿，退会自由。

第九条　会员应履行下列义务：

（一）遵守协会章程，执行协会决议；

（二）关心协会工作，维护协会合法权益；

（三）积极完成协会委托的工作；

（四）向协会反映情况，提供有关资料和建议；

（五）按规定及时交纳会费。

第十条　会员退会应书面通知协会秘书处，并交回会员证。会员不履行义务或一年不交纳会费，视为自动退会。

第十一条　会员如有严重违反本章程的行为，经理事会或常务理事会表决通过，予以除名。

第四章　组织机构

第十二条　本协会的最高机构是会员大会或者会员代表大会。其职权是：

（一）制定和修改协会章程；

（二）选举和罢免理事；

（三）审议理事会的工作报告和财务报告；

（四）决定终止事宜；

（五）决定其他重大事宜。

第十三条　会员大会或者会员代表大会须有2/3以上出席方能召开，其决议须经到会半数以上表决通过方能生效。

第十四条　本协会设理事会、常务理事会、秘书处。理事由各地区推荐产生，组成协会理事会，每届任期五年。因特殊情况需提前或延期换届的，须经理事会或者常务理事会表决通过，报行业主管部门审查并经社团登记管理机关批准同意。

第十五条　理事会的职权是：

（一）执行会员大会或者会员代表大会的决议；

（二）选举和罢免会长、副会长、秘书长；

（三）筹备召开会员大会或者会员代表大会；

（四）报告工作和财务状况；

（五）决定会员的吸收或除名；

（六）决定设立办事机构、分支机构、代表机构和实体机构；

（七）决定副秘书长、各机构主要负责人的聘任；

（八）领导协会各机构开展工作；

（九）制定内部管理制度；

（十）决定其他重大事项。

第十六条　理事会每年至少召开一次。理事会须有2/3以上理事出席方能召开，其决议须经到会理事2/3以上表决通过方能生效。

第十七条　本协会设立常务理事会。常务理事会由理事会选举产生，在理事会闭会期间行使第十五条第一、三、五、六、七、八、九、十项的职权，并对理事会负责。协会的办事机构是秘书处，并对常务理事会负责。

第十八条　常务理事会须有2/3以上常务理事出席方能召开，其决议须经到会常务理事2/3以上表决通过方能生效。

第十九条　常务理事会每年召开两次会议，情况特殊的也可采用通讯形式召开。

第二十条　本协会的会长、副会长、秘书长必须具备如下条件：

（一）坚持党的路线、方针、政策，政治素质好；

（二）在本协会业务领域内有较大影响；

（三）会长、副会长、秘书长最高任职年龄不超过70周岁，秘书长为专职；

（四）身体健康，能坚持正常工作；

（五）未受过剥夺政治权利的刑事处罚；

（六）具有完全民事行为能力。

第二十一条　协会会长为本团体法定代表人，不兼任其他团体的法定代表人。

第二十二条　协会会长行使下列职权：

（一）召集和主持理事会或者常务理事会；

（二）检查会员大会或者会员代表大会、理事会、常务理事会决议的落实情况；

（三）提名协会秘书长人选，并经理事会（或常务理事会）通过后正式聘任；

（四）代表协会签署有关重要文件。

第二十三条　协会秘书长行使下列职权：

（一）主持办事机构开展日常工作，组织实施年度工作计划；

（二）协调各分支机构、代表机构、实体机构开展工作；

（三）提名副秘书长及各机构主要负责人，交理事会或常务理事会决定；

（四）决定协会专职工作人员的聘用；

（五）处理其他日常事务。

第五章　资产管理与使用原则

第二十四条　协会经费来源：

（一）会费；

（二）捐赠；

（三）政府资助；

（四）核准的业务范围内开展活动和服务的收入；

（五）利息；

（六）其他合法收入。

第二十五条　协会按照国家有关规定收取会员会费。

第二十六条　协会经费必须用于本章程规定的业务范围和事业的发展，不得在会员中分配。

第二十七条　协会应建立严格的财务管理制度，保证会计资料合法、真实、准确、完整。

第二十八条　协会配备具有专业资格的会计人员，总帐会计不得兼任出纳。会计人员必须进行会计核算，实行会计监督。会计人员调动或者离职时，必须与接管人员办清交接手续。

第二十九条　协会的资产管理必须执行国家规定的财务管理制度，接受会员大会或者会员代表大会和主管部门的监督，任何单位、个人不得侵占，私分和挪用。

第三十条　协会换届或者更换法定代表人之前必须接受社团登记管理机关和业务主管单位组织的财务审计。

第三十一条　协会专职工作人员的工资和保险、福利待遇，参照国家对事业单位的有关规定执行。

第六章　章程的修改程序

第三十二条　对本协会章程的修改，须经理事会或者常务理事会表决通过后报会员大会或者会员代表大会审议。

第三十三条　本协会修改的章程，须在会员大会或者会员代表大会通过后15日内，经业务主管单位审查同意，并报社团登记管理机关核准后生效。

第七章　终止程序及终止后的财产处理

第三十四条　本协会完成宗旨或者自行解散或者由于分立、合并等原因需要注销的，由理事会或者常务理事会提出终止协议。

第三十五条　本协会终止协议须经会员大会或者会员代表大会表决通过，并报业务主管单位审查同意。

第三十六条　本协会终止前，须在业务主管部门及有关机关指导下成立清查组织，清理债权债务，处理善后事宜。清查期间，不开展清查以外的活动。

第三十七条　本协会终止后的剩余财务，在业务主管部门和社团登记管理机关的监督下，按照国家有关规定，用于发展与本协会宗旨相关的事业。

第八章　附　则

第三十八条　本章程经2009年6月30日第五次会员代表大会审议通过。

第三十九条　本章程的解释权属本会的理事会或者常务理事会。

第四十条　本章程自社团登记管理机关核准之日起生效。

江苏省建筑安全与设备管理协会第四届理事会财务情况报告

江苏省建筑安全与设备管理协会
第四届理事会常务理事、
常务副秘书长　罗德潭
（2009年6月30日）

协会第四届理事会任期从2002年10月18日至今，已有六年多。协会的财务管理是根据《中共中央办公厅、国务院办公厅关于加强社会团体和民办非企业单位管理工作的通知》（中办发[22]号）的规定，“对民间组织实行业务主管单位和登记管理机关双重负责的管理体制，业务主管单位应对民间组织的申请登记、思想政治工作、党的建设、财务和人事管理、研讨活动、对外交往、接受境外捐赠资助、按章程开展活动等事项切实负责。登记管理机关要依法开展民间组织的登记审批工作，研究制定有关政策并组织实施，指导和监督民间组织的各项活动，依法查处违法违纪行为”。

本协会的业务主管单位是江苏省建筑工程管理局，登记管理机关是江苏省民政厅民间组织管理局。

本协会依据省局对所属社会团体财务管理的规定，制定了协会的财务管理办法，并认真执行。从2002年至2007年，每年都接受了省建管局财务处的财务审计，其审计报告：

2002年度财务报告财务处是03年5月21日签发；

2003年度财务报告财务处是04年5月12日签发；

2004年度财务报告财务处是05年4月22日签发；

2005年度财务报告财务处是06年5月17日签发；

2006年度财务报告财务处是07年5月8日签发；

2007年度财务报告财务处是08年5月26日签发。

2008年度财务报告财务处是09年5月5日签发。

财务处每年均要审查协会的本年收入、本年支出及本年结余情况，并且在审计报告中每年都提出了具体的审核意见。这些审核意见综合起来是：基本能按有关财、税规定处理经济业务，按章纳税，缴纳及时；帐表基本相符。现金、银行日记帐、明细帐与总帐核对相符，银行日记帐与银行对帐单核对相符；经费收支表各项数据核对相符。当然也给我们指出了不足：会计核算应进一步规范化，年底结转收入、费用要按会计核算规定的要求结帐。除了省局财务处的审计外，在此期间内还接受了两次专门的审计，其中有一次是江苏省审计厅组织的审计。

2005年，协会受到省建管局委托江苏中业会计师事务所的审计，对协会2002年至2004年的财务收支状况以及内部管理制度作了专项审计，于7月15日，提供了苏中业审字[2005]第021号《专项审计报告》。审计结果总的情况是比较好的，但也提出了一些建议，我们对此非常重视，及时进行了整改和完善。

2008年，协会还受到省财政厅委托的江苏永和会计师事务所有限公司，对协会2002年1月至2007年12月财务收支进行了专项审计。江苏永和会计师事务所有限公司于2008年4月14日提供了《建筑省建筑安全与设备管理协会2002年1月至2007年12月财务收支的专项审计报告》永和会专字[2008]第102号。总的情况也还是比较好的，同时也提供了不少建议。我们极为重视，也都一一对照采取了措施进行整改。

2009年3月份，江苏希地环球会计师事务所受省建管局委托，对协会第四届理事会进行换届财务审计。审计的期间为2002年11月1日至2008年12月31日。江苏希地环球会计师事务所于2009年3月23日签发了《顾建生同志任职期间经济责任审计报告》(苏希地专审字[2009]第13号)。审计报告认为“协会在财务管理上逐步规范，业务手续基本完备，资产使用状况良好，基本符合有关制度的规定”。

各位代表，尽管协会从2002年到2008年每年的会费收入、缴费情况不理想，不够协会实际管理费用的支出。但由于协会开展了多形式的技术咨询服务、培训、产品推荐等业务，多渠道增收节支，在大家的支持下，协会有了自己的办公场所，添置了必要的办公用具，改善了办公条件。总的来说，协会财务状况还是比较好的。从2002年至今，每年都有结余。这给协会今后的发展打下了坚实的基础，提供了良好的条件。

江苏省建筑安全与设备管理协会第五届理事会会长、副会长名单

(2009年6月30日江苏省建筑安全与设备管理协会第五届理事会常务理事会第一次会议选举产生)

(一) 协会会长：

赵华中　江苏省建设厅副巡视员、原省建筑工程管理局副局长。

（二）协会副会长：

李爱国　江苏省建筑工程管理局质量安全技术处副处长(正处级)；

蒋军成　南京工业大学副校长；

陈永池　南京市建筑安全生产监督站站长；

李　娜　(女)无锡市建设工程安全监督站站长；

王鸣军　常州市建设工程安全监督站站长；

曹　俊　镇江市建设工程施工安全协会理事长；

王锦发　泰州市建筑安全与设备管理协会副会长；

王建华　徐州市建筑业协会建筑安全分会会长；

胡志英　(女)江苏省建工集团有限公司董事长；

吕家太　中国江苏国际经济技术合作公司总经理助理；

李本勇　中建工业设备安装有限公司副总经理；

董雪平　江苏南通二建集团有限公司总经理；

倪道仁　江苏中兴建设有限公司董事长；

宫长义　苏州二建建筑集团有限公司董事长；

程　杰　江苏华建集团股份有限公司副总经理。

江苏省建筑安全与设备管理协会第五届理事会秘书长、副秘书长名单

（2009年6月30日江苏省建筑安全与设备管理协会第五届理事会常务理事会第一次会议选举产生）

（一）协会秘书长：

李爱国　江苏省建筑工程管理局质量安全技术处副处长(正处级)。

（二）协会副秘书长：

李钢强　原江苏省建筑工程管理局质量安全技术处助理调研员，已提前退休；

时建民　江苏省建筑安全监督总站副站长(正处级)；

王群依　江苏省建筑工程管理总站总工程师；

吉劲松　扬州市建筑安全监察站站长；

王　健　江苏省江都建设工程有限公司总工程师。

江苏省建筑安全与设备管理协会常务理事名单

（2009年6月30日江苏省建筑安全与设备管理协会
第五届理事会第一次全体会议选举产生）

姓　名	单位名称	职　务
赵华中	江苏省建设厅	副巡视员
李爱国	江苏省建筑工程管理局质安处	副处长（正处级）
邹金林	江苏省建筑工程管理局综合处	处长
王毅（女）	江苏省建设厅监察室	主任
顾建生	江苏省建设厅、省建筑工程管理局行政审批中心	调研员
高枫（女）	江苏省装饰装修发展中心	主任
张大春	江苏省建设工程质量监督总站	站长
时建民	江苏省建筑安全监督总站	副站长（正处级）
王群依	江苏省建筑管理总站	总工程师
李钢强	江苏省建筑工程管理局	原助理调研员
蒋军成	南京工业大学	副校长
胡志英（女）	江苏省建工集团有限公司	董事长
高宝俭	江苏省建筑工程集团有限公司	副总工程师
吕家太	中国江苏国际经济技术合作公司	总经理助理
李　明	江苏省建筑科学研究院	教授级高工
殷晨波	江苏省质量技术监督建设机械设备新产品质量检验站	站长
李本勇	中建工业设备安装有限公司	副总经理
常福根	江苏省工业设备安装公司	副总经理
刘诗和	中国核工业华兴建设有限公司	副总经理
沈庆宏	长安责任保险公司江苏省分公司	总经理
陈永池	南京市建筑安全生产监督站	站长
纪维扬	南京市市政公用工程质量安全监督站	调研员
林文（女）	南京市装饰行业管理办公室	主任
汪志群	南京建工集团有限公司	副总裁
张桂荣	江苏双楼建设集团有限公司	副经理
李娜（女）	无锡市建设工程安全监督站	站长
王建华	徐州市建筑业协会建筑安全分会	会长

续 表

姓 名	单位名称	职 务
侯义东	徐工集团徐州建机工程机械有限公司	总监
殷惠光	徐州工程学院	副院长
王鸣军	常州市建筑业安全监督站	站长
孙国明	苏州市建设局质安处	处长
宫长义	苏州二建建筑集团有限公司	董事长
杨坚强	江苏苏州第一建筑工程集团公司	经理
郭志刚	南通市建设局质安处	处长
王建明	南通市建工集团股份有限公司	安全生产部副主任
季友法	龙信建设集团有限公司	副总经理
陈月贵	江苏省苏中建设集团股份有限公司	总工程师
董雪平	江苏南通二建集团有限公司	总经理
沈 岳	江苏江中集团有限公司	总裁
盛胜刚	江苏南通三建集团有限公司	副总经理
花周建	南通四建集团有限公司	副总工程师
胡 斌	南通五建建设工程有限公司	董事长
骆祥平	江苏南通六建建设集团有限公司	董事
朱学军	江苏顺通建设工程有限公司	南京分公司副总
朱 富	南通华新建工集团有限公司	副总经理
丁马华	南通新华建筑集团有限公司	副总经理
陈向阳	启东市建筑安装工程有限公司	总经理
季金华	连云港建设局质安处	副处长
翟晨阳	淮安市建筑安全监督站	站长
张继红	盐城市建设局质安处	副处长
肖春虎	江苏盐城二建集团有限公司	董事长
吉劲松	扬州市建筑安全监察站	站长
程 杰	江苏省华建建设股份有限公司	副总经理
王 健	江苏江都建设工程有限公司	总工程师
王连庆	江苏弘盛建设工程集团有限公司	副总经理
曹 俊	镇江市建设工程施工安全协会	理事长
王锦发	泰州市建筑安全与设备管理协会	副会长
南 进	泰州市建筑安全监督站	站长

续 表

姓 名	单位名称	职 务
殷伯清	江苏省第一建筑安装有限公司	副总经理
倪道仁	江苏中兴建设有限公司	董事长
何益民	正太集团有限公司	副总经理
刘 洪	江苏广宇建设集团有限公司	安全科长
彭龙喜	江苏省泰州市腾达建筑工程有限公司	董事长
刘 永	宿迁市质量安全监督站	站长
丁厚平	宿迁建筑业协会	会长

注:排名不分先后

江苏省建筑安全与设备管理协会第五届理事会理事名单

(2009年6月30日江苏省建筑安全与设备管理协会第五次会员代表大会选举产生)

赵华中　江苏省建设厅副巡视员
李爱国　江苏省建筑工程管理局质安处副处长(正处级)
邹金林　江苏省建筑工程管理局综合处处长
王　毅　(女)江苏省建设厅监察室主任
顾建生　江苏省建设厅、省建筑工程管理局行政审批中心调研员
高　枫　(女)江苏省装饰装修发展中心主任
张大春　江苏省建设工程质量监督总站站长
时建民　江苏省建筑安全监督总站副站长(正处级)
王群依　江苏省建筑管理总站总工程师
李钢强　江苏省建筑工程管理局原助理调研员
蒋军成　南京工业大学副校长
胡志英　(女)江苏省建工集团有限公司董事长
高宝俭　江苏省建筑工程集团有限公司副总工程师
吕家太　中国江苏国际经济技术合作公司总经理助理
李　明　江苏省建筑科学研究院教授级高工
殷晨波　江苏省质量技术监督建设机械设备新产品质量检验站站长
李本勇　中建工业设备安装有限公司副总经理
刘诗和　中国核工业华兴建设有限公司副总经理
沈庆宏　长安责任保险公司江苏省分公司总经理
唐志俊　中港三航局三公司副经理
常福根　江苏省工业设备安装有限公司副总经理
陈永池　南京市建筑安全生产监督站站长
纪维扬　南京市市政公用工程质量安全监督站调研员
林　文　(女)南京市装饰行业管理办公室主任
李仕富　南京市江宁区建筑安全生产监督站站长
孙鲁阳　南京市六合区建筑工程安全质量监督站站长

吴　坚　南京市浦口区建筑安全监督站站长

刘建平　南京市溧水县建设工程安全生产监督站副站长

何宇林　南京市高淳县建筑安装安全监督站站长

汪志群　南京建工集团有限公司副总裁

范修荣　南京大地建设集团有限责任公司安全处长

王高成　南京市第六建筑安装有限公司安全部长

张桂荣　江苏双楼建设集团有限公司副经理

严家友　南京第二道路排水工程有限责任公司董事长

张　健　南京建工建筑机械安全检测所所长

李　娜　（女）无锡市建设工程安全监督站站长

唐　军　宜兴市建设工程安全监督站站长

张达勇　江阴市建设工程安全监督站

沈　东　无锡市建筑工程质量检测中心

陈国庆　无锡锡山建筑实业有限公司安全处长

姚志明　无锡市滨湖区建设工程安全监督站副站长

桂树东　无锡市工业设备安装公司副总经理

钱正伟　江苏无锡二建建设集团有限公司副总经理

祁　敏　华仁建设集团有限公司副总经理

王建华　徐州市建筑业协会建筑安全分会会长

杨建勇　徐州市建筑施工安全监督站站长

谢进才　徐州经济开发区建筑工程安全监督站处长

丁　耀　贾汪区建设工程安全生产监督站站长

常　雷　铜山县建筑施工安全监督站站长

晁　健　新沂市建筑业安全监督站站长

马云峰　邳州市建筑工程安全监督站站长

袁崇荣　睢宁县建筑安全监督管理站站长

宋　欣　沛县建筑工程安全监督站站长

杨卫东　丰县建筑工程安全监督站站长

侯义东　徐工集团徐州建机工程机械有限公司总监

殷惠光　徐州工程学院院长

陈　琪　新沂市建筑安装工程总公司董事长

张　清　江苏中阳建设集团有限公司总经理

吴显辉　江苏汉中建设集团有限公司

佟　燕　徐州运成建设(集团)有限公司

姬传领　沛县防腐保温工程总公司

仲跻恒　徐州建筑装璜有限公司

王鸣军　常州市建筑业安全监督站站长

周亚平　溧阳县建设工程安全监督站站长

许国平　金坛市建设工程安全监督站站长

李连富　金坛建工集团有限公司董事长

芮永昇　常州第一建筑工程有限公司董事长

何良官　常州二建建设有限公司

何益平　江苏武进建筑安装工程有限公司安全处长

茆阿全　常州市成章建筑安装工程有限公司副总经理

孙国明　苏州市建设局质安处处长

袁卫新　苏州市建筑业安全监督站站长

翁洪方　吴江市建筑安全监督站站长

宫长义　苏州二建建筑集团有限公司董事长

杨坚强　江苏苏州第一建筑工程集团公司经理

任建国　苏州金螳螂建筑装饰股份有限公司副总经理

张利中　昆山市建筑安全监督站站长

陈国良　张家港市建安工程机械质量检测有限公司总经理

张金明　苏州市金明塑料有限公司董事长
蔡剑琛　苏州工业园区建筑安全监督站站长
李光磊　张家港保税区建筑工程安全监督站站长
许建华　张家港市建筑安全监督站站长
姚金鑫　太仓市建筑安全监督站站长
郭志刚　南通市建设局质安处处长
王建明　南通市建工集团股份有限公司安全生产部副主任
季友法　龙信建设集团有限公司副总经理
陈月贵　江苏省苏中建设集团股份有限公司安全总监
董雪平　江苏南通二建集团有限公司总经理
沈　岳　江苏江中集团有限公司总裁
盛胜刚　江苏南通三建集团有限公司副总经理
花周建　南通四建集团有限公司副总工程师
石明祥　南通五建建设工程有限公司总经理
骆祥平　江苏南通六建建设集团有限公司董事
朱学军　江苏顺通建设工程有限公司南京分公司副总
朱　富　南通华新建工集团有限公司副总经理
丁马华　南通新华建筑集团有限公司副总经理
陈向阳　启东建筑集团有限公司总经理
谷龙桥　南通市建设安全生产监督站
俞建华　启东市建筑工程管理局书记
张　勇　海门市建筑施工安全监督站站长
张　进　南通市通州区建筑安全生产监督站站长
黄振兴　通州市建筑职工中专校副校长
黄　涯　如皋市建筑安全生产监督站站长
曹　寅　海安县建筑工程安全监督站主任
季金华　连云港建设局质安处副处长
李　斌　江苏三兴建工集团有限公司总经理
李　锋　江苏地亚建筑有限公司总经理
孙克华　江苏华航建设集团有限公司
苏常山　江苏鼎大建筑安装工程有限公司
汪勤友　江苏万年达建设集团有限公司
李国安　连云港市新电建筑安装工程公司
蒋　涛　江苏中粟建设工程有限公司董事长
严景彦　连云港市建设工程安全监督站
贾巡远　东海县建设工程质量安全监督站
徐　翠　赣榆县建设工程安全监督站
王治国　灌云县建设工程质量监督站站长
曹阳升　灌南县建设工程安全监督站
翟晨阳　淮安市建筑安全监督站站长
单永德　淮安市建筑安全与设备管理协会秘书长
王晓秋　江苏中淮建设集团有限公司总工程师
陈建平　江苏淮阴建设工程集团有限公司
陈天马　江苏天成建设工程有限公司
孙宝龙　江苏正兴建设机械有限公司质量科
孙海泉　江苏中淮机械设备租赁有限公司办公室主任
刘维佳　淮安市建安机械安全检测有限公司
史跃辉　淮安市楚州区建筑工程管理局质量科科长
宋建春　淮安市涟水县建筑工程管理局质量安全股
朱剑峰　淮安市盱眙县建筑工程管理局主任
吉启亚　淮安市金湖县建设局
安明生　淮安市淮阴区建筑工程管理局
季　平　淮安市洪泽县建筑安全监督站站长
张继红　盐城市建设局质安处副处长

肖春虎　江苏盐城二建集团有限公司董事长
吕士彬　盐城市建设工程安全管理监督站站长
张　东　东台市建筑工程管理处(安全监督站)主任
韩祝元　大丰市建设工程质量安全监督站书记
祁　非　盐城市盐都区建设工程质量安全监督站站长
卢士多　盐城市亭湖区建设工程管理中心副局长
王　俊　射阳县建设工程质量安全监督站主任
江　坚　建湖县建筑工程管理处副局长
陈明宏　阜宁县建筑工程安全监督站站长
朱爱春　滨海县建筑工程管理处主任
邵正标　响水县建设工程安全监督站站长
凌守华　盐城经济开发区建设工程监督管理处主任
吉劲松　扬州市建筑安全监察站站长
程　杰　江苏省华建建设股份有限公司副总经理
王　健　江苏江都建设工程有限公司总工程师
范世宏　江苏邗建集团有限公司安全科长
王连庆　江苏弘盛建设工程集团有限公司副总经理
刘　军　扬州易承机电设备有限公司总经理
陶　钦　江都市建筑安全监察站站长
陈苏平　仪征市建筑安全监察站站长
邓春富　高邮市建筑安全监察站副站长
华清江　宝应县建筑安全监察站站长
郭志良　邗江区建筑安全监察站站长
曹　俊　镇江市建设工程施工安全协会理事长
陶运平　镇江建工建设集团有限公司
仲高平　镇江市第二建筑工程有限公司董事长
范　强　江苏镇江安装集团有限公司南京分公司经理
朱连荣　江苏华泰装饰工程有限公司安全部副部长
操利结　镇江索普建筑安装工程有限责任公司主任
孔祥盛　镇江市丹徒区建设工程安全监督站
张国祥　丹阳市建筑安全生产监督站站长
笪爱华　句容市建设工程安全监督站站长
奚华顺　扬中市建设工程安全监督站站长
吕　强　镇江京河建筑工程有限公司
王锦发　泰州市建筑安全与设备管理协会秘书长
南　进　泰州市建筑安全监督站站长
沈关宏　靖江市建设工程安全监察站站长
孙　飞　泰兴市建筑安全监察站站长
张　明　姜堰市建筑工程管理局安全科站长
顾晓斌　兴化市建筑安全监察站站长
殷伯清　江苏省第一建筑安装有限公司副总经理
倪道仁　江苏中兴建设有限公司董事长
何益民　正太集团有限公司副总经理
刘　洪　江苏广宇建设集团有限公司质安科科长
彭龙喜　泰州市腾达建筑工程机械有限公司董事长
袁庭展　泰州君安绳网厂厂长
刘　永　宿迁市质量安全监督站站长
丁厚平　宿迁建筑业协会会长
王新春　泗阳县建管处
王卫国　宿豫区建管处
王国尚　泗洪县建设局主任
尚俊利　沭阳县建管处副主任
杜旭东　宿迁中厦建设工程有限公司副主管
朱　瑞　江苏兴邦建工集团有限公司

杜存安　宿迁市建设工程(集团)有限公司
利亚州　泗阳县第五建筑工程有限公司
周传刚　泗洪县广厦建筑安装工程有限公司副总经理
仲其林　江苏三善建设有限公司董事长

江苏省建筑安全与设备管理协会第五届理事会常务理事会第一次会议关于聘请协会顾问的决议

(2009 年 6 月 30 日)

2009 年 6 月 30 日江苏省建筑安全与设备管理协会第五届理事会常务理事会第一次会议根据本协会会长的提议,决定聘请长期担任本协会领导职务和主管部门分管建筑安全工作,关心本协会发展的领导同志担任本协会顾问。应邀担任本协会第五届理事会的顾问是:

丁恒才　南京市建筑工程局副局长
潘企强　常州市建设局副局长
罗德潭　原省建筑工程管理局副处长,本协会第三届理事会秘书长;
范春雨　无锡市建设局副局长
吴桂飞　徐州市建设局副局长
周祺林　苏州市建设局副局长
陶　燕　(女)南通市建设局副局长
王学明　连云港市建设局副局长
花　青　盐城市建设局副局长
顾文鸣　扬州市建设局副局长
强南山　镇江市建设局副局长
陈琳琳　(女)宿迁市建设局副局长
王京陵　泰州市建筑工程管理局副局长
刘云科　淮安市建设局总工程师

江苏省建筑安全与设备管理协会第五届理事会常务理事会第一次会议关于本协会设立专业委员会的决议

(2009 年 6 月 30 日)

2009 年 6 月 30 日,江苏省建筑安全与设备管理协会第五届理事会常务理事会第一次会议听取并审议了协会秘书处关于本协会设立若干专业委员会的报告。常务理事会认为,协会设立相关的专业委员会,有利于协会业务发展的需要,有利于为会员单位和行业发展提供更全面、充实的服务。常务理事会同意本协会设立建筑机械安装检验检测专业委员会、建筑机械设备租赁与安全防护产品、劳动保护用品专业委员会、建筑工程安全技术专业委员会等相关专业委员会,并报民政部门登记核准。希望各专业委员会成立后,充分发挥专业委员会的作用,更好地为会员单位和行业发展服务。

江苏省建筑安全与设备管理协会第五届理事会常务理事会第一次会议关于建立江苏博爱建筑安全网站的决议

(2009 年 6 月 30 日)

2009 年 6 月 30 日,江苏省建筑安全与设备管理协会第五届理事会常务理事会第一次会议听取并审议了协会秘书处关于建立江苏博爱建筑安全网站的报告。常务理事会认为,建立协会的网站,有利于协会宣传工作的开展,有利于提高为会员单位和为行业发展服务的水平。常务理事会同意并批准建立江苏博爱建筑安全网站。有关注册登记工作，按法律法规的规定进行。希望江苏博爱建筑安全网站建立后充分发挥建筑安全网站的作用，服务会员单位，面向建设行业，为江苏建筑业的发展做出积极贡献。

江苏省建筑安全与设备管理协会第五届理事会常务理事会第一次会议关于筹建江苏博爱建筑安全教育培训中心的决议

（2009 年 6 月 30 日）

2009 年 6 月 30 日江苏省建筑安全与设备管理协会第五届理事会常务理事会第一次会议听取了协会秘书处关于筹建江苏博爱建筑安全教育培训中心的报告和审议了该培训中心章程。常务理事会审议认为，建立江苏博爱建筑安全教育培训中心并正式登记注册，有利于发挥本协会在建筑安全教育培训方面的功能，更好地为建筑农民工的就业，为建筑业从业人员安全素质与安全技能的提高和为会员单位的安全管理提供服务。常务理事会批准筹建江苏博爱建筑安全教育培训中心，同意该教育培训中心章程（草案）报登记机关核定。希望该教育培训中心整合会员单位安全教育培训资源，更好地为会员单位做好安全教育培训的服务工作。

江苏省建筑安全与设备管理协会第五届理事会常务理事会第一次会议关于批准《江苏省建筑施工安全生产咨询服务机构行业确认管理办法》的决议

（2009 年 6 月 30 日）

2009 年 6 月 30 日江苏省建筑安全与设备管理协会第五届理事会常务理会第一次会议听取了协会秘书处关于提请审议《江苏省建筑施工安全生产咨询服务机构行业确认管理办法》的报告。常务理事会认为，建筑施工安全生产咨询服务工作是建筑施工安全生产管理的一项重要工作内容，建立建筑施工安全生产咨询服务机构的行业确认制度势在必行。常务理事会审议并批准《江苏省建筑施工安全生产咨询服务机构行业确认管理办法》（编者注：江苏省建筑安全与设备管理协会秘书处以协会公告第 5 号对外公布该办法。现收录于本年鉴《安全生产法规文件选编》部分。）希望协会秘书处严格按照该管理办法组织实施建筑施工安全生产咨询服务机构的行业确认工作，并通过总结经验不断完善建筑施工安全生产咨询服务的配套规范，为进一步提高我省建筑施工安全生产管理水平作出应有的贡献。

江苏省建筑安全与设备管理协会建筑施工起重机械安装检验工作专业委员会会议纪要

（2009 年 9 月 22 日）

2009 年 9 月 22 日下午，江苏省建筑安全与设备管理协会建筑施工起重机械安装检验工作专业委员会在南京市京西宾馆召开了第一次工作会议。会议由协会常务副秘书长李刚强主持，协会会长赵华中、江苏省建筑工程管理局质量安全技术处副处长、协会副会长兼秘书长李爱国、江苏省建筑安全监督总站副站长、协会副秘书长时建民，以及专业委员会各位委员参加了会议。

这次会议的主要任务是成立专业委员会，选出专业委员会主任委员、副主任委员和委员；明确专业委员会职责；确定近期工作任务和目标。会议选出了专业委员会主任委员时建民，常务副主任委员吴尚松，副主任委员刘朝晖、李健、张健，委员李明、殷晨波、徐贞乾、卓力、钟国荣、周曙东、崔咏军、潘学林、程本松、顾永进、余顺喜、王加民、朱岳兴、谈睿、左传斌、蔡振东、朱同山、毛文军、姜宁、朱连荣、张东营等。

会议开始后，李刚强常务副秘书长首先介绍了江苏省建筑安全与设备管理协会建筑施工起重机械安装检验工作专业委员会筹备过程，总结了建筑施工起重机械安装检验机构第一批行业确认情况。他指出，在第一批行业确认工作结束后，协会将继续进行第二批行业确认工作，并力争在今年年底前完成对全省起重设备安装检测机构的行业确认工作；为了更好地对各检测机构进行确认，并更好地配合协会的行业确认工作以及今后的信用评价工作，特成立此专业委员会。

会上，李爱国处长发表讲话，首先肯定了协会的工作，强调了成立专业委员会的重要性，对专业委员会的主任委员及各副主任委员做了介绍，也肯定了专业委员会成员来自于机关、事业单位、高校、咨询检测机构等，具有广泛性和代表性。

时建民主任委员介绍了专业委员会工作职责，并对每一项工作职责进行了详细解释，对工作方法提出了意见和建议。他特别指出，检验机构要想得到社会的承认，首先要提高检测技术和人员的素质，并不断加强人员培训，完善标准资料的管理。

会议讨论了专业委员会工作职责。提出了下一阶段的工作目标，包括起草相关文件；建立信用评价制度；年底评出行业确认的先进企业和个人，以带动行业发展，深化协会为企业服务的宗旨。

十七、江苏省建筑安全与设备管理协会组织机构与组成单位

江苏省建筑安全与设备管理协会秘书处

江苏省建筑安全与设备管理协会设理事会、常务理事会。办事机构为秘书处，分支机构为专业委员会。拟设4个专业委员会，2009年已建立建筑起重机械安装检验专业委员会。协会全资投资的企业为江苏博爱建筑安全咨询中心。

协会秘书处设办公室、技术咨询部（对外为江苏博爱建筑安全咨询中心）、教育培训部（拟对外注册为江苏博爱建筑安全教育培训中心）、宣传部、财务部（暂和办公室合署）。2009年底协会秘书处有工作人员18人，内含工业大学派出帮助协会工作的研究生1人、工勤人员1人。协会16名正式工作人员中，有行政机关、企业退休人员5人，从社会招聘的人员11人。社会招聘人员均实行劳动合同制，协会按规定为他们购买各项法定保险。

协会秘书处有中国共产党党员7人，建立有党支部。2009年7月被中共江苏省建筑工程管理局机关委员会评为江苏省建筑工程管理局系统"五好"党支部。

会员单位名录

江苏省建筑安全与设备管理协会会员单位主要由建筑安全生产管理机构、特级及部分一级建筑施工企业及建筑机械生产制造企业、建机设备租赁企业、建筑起重机械安装质量检验机构、建筑安全技术咨询机构和有关大专院校等单位组成。截止2009年12月31日，按照协会章程，经常务理事会讨论通过的会员单位共416家。名录如下：

会员证号	单位名称	联系地址	邮编	联系人
500001	南京工业大学	南京市中山北路200号	210009	蒋军成
500002	江苏省建工集团有限公司	南京市江东北路301号滨江广场13楼	210036	王先华
500003	中国江苏国际经济技术合作公司	南京市北京西路5号	210008	汤文东
500004	中建工业设备安装有限公司	南京市尧化门尧佳路9号	210046	薛书瑞
500005	江苏省建筑工程集团有限公司	南京市汉中路180号	210009	温锦明
500006	江苏省工业设备安装集团有限公司	南京市白下区延龄巷63号	210002	邹　宇

续 表

会员证号	单位名称	联系地址	邮编	联系人
500007	中国核工业华兴建设有限公司	南京市建邺区云龙山路79号	210019	李春菊
500008	长安责任保险公司江苏省分公司	南京市中山路55号新华大厦35楼	210005	沈庆宏
500009	中港三航局三公司	南京市下关区江边路3号	210011	唐志俊
500010	江苏省建设集团公司	南京市云南路31—1号，苏建大厦	210008	夏明清
500011	江苏省机械施工有限公司	南京市鼓楼厚载巷23号	210008	佘强夫
500012	江苏省江南建筑技术发展总公司	南京市北京西路12号	210008	翟　凌
500013	江苏苏南建筑技术发展有限公司	南京市北京西路12号	210008	丁　杨
500014	中铁二十四局集团江苏工程有限公司	南京市龙蟠路新庄村54号	210037	杨茂顺
500015	中国建筑第八工程局第三建设有限公司	南京市栖霞区新光路18号	210046	唐海荣
500016	江苏金卓建设工程有限公司	南京市珠江路669号	210016	鲍　莨
500017	中国枫达电气有限公司	浙江省乐清市汇丰路85号	325604	解安涛
500018	江苏省聚峰建设集团有限公司	上海市云岭西路230弄100号	200333	盛小平
	南京市：			
501001	南京市建筑安全生产监督站	南京市八宝东街1号	210007	杨　岭
501002	南京市市政公用工程质量安全监督站	南京市江东北路93号金陵世纪花园4楼	210036	纪维扬
501003	南京市装饰行业管理办公室	南京市广州路183号	210024	林　文
501004	南京建工集团有限公司	南京市阅城大道26号	210012	汪志群
501005	江苏双楼建设集团有限公司	南京市模范西路定淮门99号	210013	张桂荣
501006	南京市江宁区建筑安全生产监督站	江宁区东山镇商城园中园8号楼	211100	李仕富
501007	南京市六合区建筑工程安全质量监督站	南京市雄州镇北外街161号	211500	孙鲁阳
501008	南京市浦口区建筑安全监督站	南京市浦口区珠江镇文德东路15号	211800	吴　坚
501009	南京市溧水县建设工程安全生产监督站	南京市溧水县永阳镇中山路5号	211200	刘建平
501010	南京市高淳县建筑安装安全监督站	南京市高淳县淳溪镇镇北路29号	211300	何宇林
501011	南京市第六建筑安装工程有限公司	南京市应天大街765号	210019	王高成
501012	南京市大地建设集团有限责任公司	南京市虎踞路135号	210013	范修荣
501013	南京第二道路排水工程有限责任公司	南京市下关区热河南路300号	210011	严家友
501014	南京建工建筑机械安全检测所	南京市八宝东街1号	210007	张　健

续 表

会员证号	单位名称	联系地址	邮编	联系人
501015	南京市第四建筑工程有限公司	南京市建邺区奥体大街 69 号 5 幢四楼	210019	钟　宁
501016	南京凯盛建设集团有限公司	南京市白下区石门坎 117 号大地豪庭 10 幢 4 楼	210007	沈启河
501017	南京环强建筑安装工程有限公司	南京市水西门大街 89 号	210017	潘培涛
501018	南京丹湖建筑安装工程有限公司	南京秦淮区来凤小区金粟庵 16 号	210007	钱荣福
501019	南京凯源建筑设备租赁有限公司	南京市栖霞区尧化门尧建新村 100 号	210046	乔宏德
501020	江苏大才建设集团有限公司	南京市江宁区陶吴镇陶建路 28 号	211151	朱道文
501021	江都市建设工程有限公司南京分公司	南京市秦淮区来凤小区双塘路 69 号	210004	桑春广
501022	南通新华建筑集团有限公司南京公司	南京市御道街 58—2 号 6 楼	210007	钱爱成
501023	南京市第八建筑安装工程有限公司	南京市溧水县永阳镇南门口巷 9 号	211200	高明亮
501024	南京昊中建筑设备租赁有限公司	溧水县中山路 14 号金盛花园 7 幢 302 室	211200	张忠保
501025	南通市德胜建筑安装工程有限公司南京分公司	南京市太平门外锁金村 4 号	210042	陆　祖
501026	南京海天检测有限公司	南京市玄武区红山路 94 号	210028	程本松
501027	江苏省建筑工程质量检测中心	南京市红山路 107 号	210028	史小昕
501028	广厦建设集团有限责任公司江苏分公司	南京长乐路 31 号秦淮区消防大队七楼	210000	罗　森
501029	南京宁雨建设工程有限公司	南京市雨花台区花神大道 128 号	210012	刘金强
501030	南京海冉建设发展有限公司	南京市白下区大光路 108 号楼	210007	季　敏
501031	南京市大陶路桥建设有限公司	南京市江宁开发区诚信大道水长街 10 号	211153	周　英
501032	南京永业建筑安装有限公司	南京市六合区天赐佳园 10 幢 202 室	211500	谢元聚
501033	南京宏亚建设有限公司	南京市江宁区东山镇文化街 66 号	211100	祁春杉
501034	南京海德设备租赁有限公司	六合区雄州街道凤凰花园 13 幢 305	211500	苏太富
501035	南京江宁经济技术开发区市政工程有限责任公司	南京江宁经济技术开发区秦淮路 68 号	211100	张　杰
501036	南京同力路桥建设工程有限公司	南京经济技术开发区恒广路 9 号	210046	任锦维
501037	南京市建邺市政工程建设有限公司	南京市白下区罗廊巷 39 号	210004	王　琳
501038	南京鸿业建设工程有限公司	南京市建宁开发区九竹路 88 号	211100	潘长庚

续 表

会员证号	单位名称	联系地址	邮编	联系人
501039	海通建设集团有限公司	南京市江宁区科学园兴民南路 78 号	211100	孙友俊
501040	南京市第十建筑工程公司	南京市浦口区江浦街道新理想家园 A3 幢	211800	欧万里
501041	南京凯通基础工程有限公司	南京市江宁区东山街道天元东路 531 号	211100	孙垂海
501042	南京润盛建设集团有限公司	江宁区淳化街道桂园西路 217 号	211124	周为刚
501043	南京东部路桥工程总公司	南京市栖霞区新合工业园友谊路	210033	王守俊
	无锡市：			
502001	无锡市建设工程安全监督站	无锡市梁清路 56 号建工大厦 4 楼	214061	李　娜
502002	宜兴市建设工程安全监督站	宜兴市陶都路 115 号	214206	唐　军
502003	江阴市建设工程安全监督站	江阴市香叶路 235 号	214400	张达勇
502004	无锡市建筑工程质量检测中心	无锡市新区新辉环路 8 号	214028	刘志刚
502005	无锡市滨湖区建设工程安全监督站	无锡市梁清路 103 号	214062	姚志明
502006	江苏无锡二建建设集团有限公司	无锡市梁清路 56 号建工大厦(7—9 层)	214061	章敏芳
502007	华仁建设集团有限公司	无锡市太湖大道 2288 号 21 楼	214072	许志刚
502008	无锡锡山建筑实业有限公司	无锡市绿塔路建筑弄 30 号	214007	陈国庆
502010	无锡市工业设备安装公司	无锡市梁清路 92 号	214061	郁　伟
502011	宜兴市建工建筑安装有限公司	宜兴市宜城镇茶局路 129 号	214200	李　俊
502012	江苏伟丰建筑安装集团有限公司	宜兴市东虹路 488 号	214200	宋军其
502013	宜兴市红塔建筑安装工程有限公司	宜兴市人民中路 273 号三楼	214200	顾奋华
502014	江苏鸿宇建筑安装工程有限公司	宜兴经济开发区骏马路 25 号	214213	王建文
502015	无锡市华厦建设有限公司	无锡市崇宁路 28 号	214002	李　华
502016	江阴一建建设有限公司	江阴市香叶路 180 号	214431	刑锡坤
502017	江苏南方建筑集团有限公司	江阴市东外环路 298 号	214400	徐惠官
502018	江阴市房屋建设工程有限公司	江阴市中山北路 88 号	214400	朱小芳
502019	无锡市锡山三建实业有限公司	无锡市锡山区西港西路 107 号	214194	朱　玮
502020	江阴市申港华发机械制造厂	江阴市申港镇何巷里村前河	214443	何相朝
502021	江苏锦澜建设有限公司	江阴市南闸镇锡澄路 83 号	214405	任　洪
502022	无锡市硕放建筑安装工程有限公司	无锡市新区硕放镇通祥路 32 号	214142	马晓燕
502023	江苏隆阳建设有限公司	无锡市锡沪路 123 号嘉柏大厦 8 楼	214101	朱　妍
502024	江阴市建安检测服务有限公司	江阴市新华路 105 号	214400	顾永进
502025	无锡鼎都安全咨询有限公司	无锡市梁清路 56 号建工大厦 12 楼	214000	丁溥文
502026	无锡市新兴建筑工程有限公司	无锡市惠山区钱桥镇钱桥胡路 567 号	214151	徐庆丰

续 表

会员证号	单位名称	联系地址	邮编	联系人
502027	无锡市第五建筑工程有限公司	无锡市锡山区学前东路春江花园三期301号	214101	李伟伟
502028	无锡丰裕建筑装饰工程有限公司	无锡新区旺庄街道东裕工业园	214028	蔡益丰
502029	无锡现代钢结构工程有限公司	无锡市蠡园经济开发区创意产业园	214000	强森倩
502030	无锡市亨利富建设发展有限公司	无锡市蠡溪路106号	214072	陈华显
502031	江阴市嘉丰机械安装有限公司	江阴市临港新城利港镇北郭庄村28号	214441	章 峰
502032	江阴市华厦建设工程有限公司	江阴市澄江西路182号	214431	顾伟军
502033	江苏华虹建筑安装工程有限公司	江苏宜兴市新城路733号	214206	吴应展
502034	无锡市华方建筑工程有限公司	无锡市锡山区东北塘农石路88号	214191	王建刚
502035	江阴市申港宏达建筑机械厂	江阴市申港镇申南村	214443	王 峰
502036	江阴市民用建筑安装工程有限公司	江阴市朝阳路55号	214431	任余林
	徐州市：			
503001	徐州市建筑业协会建筑安全分会	徐州市民主南路76号	221009	王建华
503002	徐工集团徐州建机工程机械有限公司	徐州市北郊万寨	221007	侯义东
503003	徐州市建筑施工安全监督站	徐州市民主南路76号	221009	杨建勇
503004	徐州经济开发区建筑工程安全监督站	徐州经济开发区金山桥大厦12楼	221004	谢进才
503005	贾汪区建设工程安全生产监督站	贾汪区贾韩北路	221011	丁 耀
503006	铜山县建筑施工安全监督站	铜山新区人防大厦904号	221000	常 雷
503007	新沂市建筑业安全监督站	新沂市市府路37号	221400	晃 健
503008	邳州市建筑工程安全监督站	邳州市行政中心8号楼	221300	马云峰
503009	睢宁县建筑安全监督管理站	睢宁县文学南路建设局	221200	袁崇荣
503010	沛县建筑工程安全监督站	沛县歌风路6号	221600	宋 欣
503011	丰县建筑工程安全监督站	丰县凤城镇解放西路23号	221700	杨卫东
503012	徐州工程学院	徐州市三环南路18号	221008	殷惠光
503013	徐州建筑装潢有限公司	江苏省徐州市淮海东路54号11层	221003	江 丽
503014	江苏中阳建设集团有限公司	江苏省丰县解放西路23号	221700	张 清
503015	徐州运成建设(集团)有限公司	邳州市新区行政中心8号楼	221300	朱洪宇
503016	江苏汉中建设集团有限公司	徐州市泉山区金山花园公建8号楼三楼	221116	段羌羌
503017	新沂市建筑安装工程总公司	新沂市市府路37号	221400	陈 琪
503018	沛县防腐保温工程总公司	沛县歌风路6号	221600	姬传领

续 表

会员证号	单位名称	联系地址	邮编	联系人
503019	徐州市建设工程检测中心	徐州市和平新村10号楼	221003	高海明
503020	江苏中盛建设集团有限公司	徐州市坝子街小区1号楼西301室	221000	胡 泉
503021	江苏省第一建筑安装有限公司徐州分公司	徐州市泰山路文化城9—1号	221000	熊新华
503022	徐州永晋特种设备检测有限公司	徐州市黄河南路西苑人防南2号楼3层	221000	李 萍
503023	徐州市政建设集团有限责任公司	徐州市矿大科技园孵化中心8#楼	221000	李 琨
	常州市：			
504001	常州建筑业安全监督站	常州市勤业路188号	213016	王鸣军
504002	溧阳县建设工程安全监督站	溧阳市罗湾路8号	213300	周亚平
504003	金坛市建设工程安全监督站	金坛市东环一路669号	213200	许国平
504004	常州第一建筑工程有限公司	常州市银花路4号	213002	张国强
504005	常州二建建设有限公司	常州清潭木梳路9号	213015	孙柏民
504006	江苏武进建筑安装工程有限公司	常州市天宁区博爱路西园村10号	213003	何益平
504007	金坛建工集团有限公司	金坛市东环一路669号	213200	冯兆伟
504008	常州成章建筑安装工程有限公司	常州市西林乡东岱街63号	213024	茆阿全
504009	常州三建建设有限公司	常州市劳动中路43号	213004	张光忠
504010	金坛市市政建设有限公司	金坛市金城镇南门大街155号	213200	茅海燕
504011	江苏城东建设工程有限公司	金坛市东环二路49号	213200	倪国成
504012	金坛市鑫坛建筑工程有限公司	金坛市东环二路218号	213200	孙国庆
504013	金坛市水北建筑安装工程有限公司	金坛市学基路2号	213200	顾智慧
504014	金坛市第一建筑安装工程有限公司	金坛市南环二路99号	213200	管吉庆
504015	江苏天目建设集团有限公司	江苏省溧阳市天目路169号	213300	姚 伟
504016	溧阳市茂盛建筑工程集团公司	江苏省溧阳市燕山路65号	213300	强小钟
504017	常州市武进区夏溪鱼网厂	常州市武进区夏溪东路3号	213148	潘云华
504018	常州市戴溪建筑工程有限公司	江苏省常州市洛阳镇戴溪建工路6号	213105	曹 乾
504019	常州市武进建设工程有限公司	常州市常澄路西小村1号	213022	聂国忠
504020	江苏金土地建设集团有限公司	常州市新北区泰山路178号三楼	213000	黄益新
504021	常州薛家建筑工程有限公司	常州市新北区汉江路125号	213125	许金春
504022	江苏环亚建设工程有限公司	武进区牛塘工业园区高家工业园	213164	姜 健
504023	江苏常嘉建设有限公司	常州市丽华南路勤丰工业区7—1号	213004	钱 军
504024	常州华北建筑有限公司	常州市新业区三井街道清江路9号	213022	汝雪琴
504025	常州瑞安建设工程管理顾问有限公司	常州市勤业路188号二楼	213016	许 敏

续 表

会员证号	单位名称	联系地址	邮编	联系人
504026	常州市东晨建筑机械检验有限公司	常州市茶山荡南八家村	213004	陈静芳
504027	江苏建设装饰工程有限公司	江苏省常州市关河东路38号九州环宇19楼	213004	姜　宁
504028	江苏五星建设集团有限公司	溧阳市罗湾路建设服务大楼5楼西	213300	徐　峰
504029	江苏天力建设有限公司	溧阳经济开发区腾飞路6号	213300	刘　涛
504030	常州先达路桥工程有限公司	常州市勤业路188号	213016	蒋志松
504031	常州机械施工有限公司	常州市怀德中路198号	213016	蒋浩元
504032	常州市安家建筑工程有限公司	常州市新北区春江镇安家振兴路7号	213126	李华南
504033	江苏宏大建设集团有限公司	溧阳市燕山路50号	213300	沈来虎
504034	常州市丰悦建筑工程有限公司	常州市新北区薛家镇奥园路66—3号	213125	丁柏定
504035	常州市华江建筑工程有限公司	常州市武进区嘉泽夏溪北街12号	213148	金腊生
504036	江苏武进欣达建设工程有限公司	江苏省常州市欣达建设工程有限公司	212159	徐晓波
504037	江苏华宇建设有限公司	常州市武进区奔牛镇迎宾西路	213131	史文斌
504038	常州市西环建设工程有限公司	常州新北区罗溪镇溪南村	213136	李金梅
	苏州市：			
505001	苏州二建建筑集团有限公司	苏州市相城区澄阳路88号	215131	施建平
505002	江苏苏州第一建筑工程集团公司	苏州市锦帆路79号	215002	杨文兴
505003	苏州市建筑业安全监督站	苏州市锦帆路211号	215002	袁卫新
505004	吴江市建筑安全监督站	吴江市松陵镇笠泽路551号	215200	翁洪方
505005	昆山市建筑安全监督站	昆山市同丰路598号	215300	张利中
505006	苏州工业园区建筑安全监督站	苏州工业园区翠园路18号商旅大厦5楼	215021	蔡剑琛
505007	张家港保税区建筑工程安全监督站	张家港保税区长江大厦12楼	215634	李光磊
505008	张家港市建筑安全监督站	张家港人民中路68号	215600	许建华
505009	太仓市建筑安全监督站	太仓市向阳路10号	215400	姚金鑫
505010	苏州金螳螂建筑装饰股份有限公司	苏州市西环路888号	215004	朱盘英
505011	苏州市金明塑料有限公司	吴江市平望镇莺湖路121号	215221	张金明
505012	张家港市建安工程机械质量检测有限公司	张家港市泗杨路408号	215600	陈国良
505013	昆山市建筑安装工程有限公司	昆山市玉山镇中山路19号	215300	陶　逵
505014	江苏金土木建设集团华顺工程有限公司	常熟市海虞镇海阳路33号	215519	肖卫新

续 表

会员证号	单位名称	联系地址	邮编	联系人
505015	吴江市桃源建筑机械租赁有限公司	江苏省吴江市桃源镇海润路238号	215236	钱焕华
505016	苏州中材建设有限公司	江苏省昆山市前进东路586号	215300	莫玉生
505017	张家港市恒亿制网厂	张家港市乐余镇兆丰经济开发区	215622	吴国荣
505018	张家港市天运建筑机械有限公司	张家港市金港镇德积街长江东路419号	215635	褚兴华
505019	常熟建工建设集团有限公司	江苏省常熟市青墩路44号	215500	邹耀良
505020	苏州市建鑫建筑安装工程有限公司	苏州高新区塔园路255号	215129	曹根华
505021	张家港保税区建丰建筑安装工程有限公司	张家港市金港镇后塍人民路2号	215631	唐志伟
505022	江苏德丰建设集团有限公司	张家港市金港镇长江东路488号	215635	朱晓林
505023	张家港保税区瑞丰建设工程有限公司	张家港保税区长谊大厦515A室	215634	尹秋虎
	南通市：			
506001	江苏南通二建集团有限公司	启东市汇龙镇人民中路683号	226200	刘　勤
506002	南通华新建工集团有限公司	海安县城中坝北路69号	226600	陶昌银
506003	南通五建建设工程有限公司	如东县掘港镇人民北路44号	226400	张图强
506004	南通建工集团股份有限公司	南通市段家坝路136号	226006	王建明
506005	江苏南通六建建设集团有限公司	如皋市如城镇福寿路336号	226500	石祚国
506006	江苏江中集团有限公司	如皋市吴窑镇鲁班路18号	226533	黄宏成
506007	江苏省苏中建设集团股份有限公司	海安县海安镇中坝南路18号	226600	陈月贵
506008	南通四建集团有限公司	通州市新金西路93号	226300	花周建
506009	启东建筑集团有限公司	启东市民乐中路490号	226200	倪　冲
506010	龙信建设集团有限公司	江苏海门市德胜镇三路18号	226101	陈　卫
506011	南通新华建筑集团有限公司	南通市通州区新金路34号	226300	钱志强
506012	江苏顺通建设工程有限公司	如东县掘港镇青园南路150号	226400	曹国祥
506013	江苏南通三建集团有限公司	海门市狮山路131号	226100	盛胜刚
506014	南通市建设安全生产监督站	南通市姚港路付29—4号	226006	谷龙桥
506015	启东市建筑工程管理局	启东市人民中路683号建筑大厦8楼	226200	俞建华
506016	海门市建筑施工安全监督站	海门狮山路131号	226100	张　勇
506017	南通市通州区建筑安全生产监督站	通州市新金西路56号	226300	张　进
506018	如皋市建筑安全生产监督站	如皋市宁海东路668号	226500	黄　涯
506019	海安县建筑工程安全监督站	海安县中坝南路18号	226600	曹　寅
506020	南通八建集团有限公司	南通市濠西路169号	226011	曹美兰

续 表

会员证号	单位名称	联系地址	邮编	联系人
506021	南通市建筑安全生产监督站	南通市姚港路附29—4号	226006	谷龙桥
506022	南通市幸福建筑安装工程股份有限公司	南通市通刘路388号	226012	陈志明
506023	南通宏华建筑安装工程有限公司	南通市港闸区陈桥街道河口村	226002	周仕华
506024	江苏通州四建集团有限公司	江苏省南通市通州区石港镇米市桥西路	226351	邵海亮
506025	江苏新源建筑工程有限公司	江苏如东县马塘镇仁和南路58号	226401	李剑生
506026	如皋市建筑工程质量检测中心	如皋市如城镇健康南路	226500	丁锦龙
506027	江苏志鹏建筑安装工程有限公司	如皋市如城镇益寿南路185号	226500	丁忠学
506028	南通市第七建筑安装工程有限公司	海安县海安镇中坝南路18号	226600	陈月贵
506029	南通市国泽建设工程有限公司	海安县长江东路15号(开发区新宁南路22号)	226600	盛宝平
506030	南通万众建设集团有限公司	海门市丝绸路889号	226102	黄　俊
506031	江苏启安建设集团有限公司	启东市汇龙镇人民中路683号	226200	陈旦波
506032	南通永安塔机检测有限公司	如东县掘港镇陵园路45号	226400	高　兵
506033	南通市戴庄建筑安装工程有限公司	如皋市柴湾镇	226578	杨立锋
506034	南通市龙兴建筑安装工程有限公司	海安县城东镇界墩村西片一组	226611	贲有明
506035	南通星湖市政工程有限公司	南通经济技术开发区中央路25号新星商厦201室	226009	王卫华
506036	南通龙源建筑安装工程有限公司	海门市人民中路320号龙源大厦二楼	226100	高文萍
506037	中联世纪建设集团有限公司	海门市正余镇	226153	王冬玲
506038	江苏江州建设发展有限公司	海门市江海路128幢三楼(文峰北侧)	226100	蔡晓宇
506039	南通华荣建设集团有限公司	南通市城港路200号	226005	张　晴
506040	南通市德胜建筑安装工程有限公司	江苏省海门市德胜南路21号	226101	李建芳
506041	南通市建筑工程质量检测中心	南通市中运路75号	226006	朱连荣
	连云港市:			
507001	连云港市建设工程安全监督站	朝阳东路26号鸿港综合楼	222006	严景彦
507002	东海县建设工程质量安全监督站	东海县建设局	222100	贾巡远
507003	赣榆县建设工程安全监督站	赣榆县建设局	222100	徐　翠
507004	灌云县建设工程质量监督站	灌云县健康路8号	222200	王治国
507005	灌南县建设工程安全监督站	灌南县新东南路	222500	曹阳升
507006	江苏万年达建设集团有限公司	连云港市灌南县新安镇鹏程西路88号	222500	高文亮

续 表

会员证号	单位名称	联系地址	邮编	联系人
507007	江苏中粟建设工程有限公司	连云港市新浦区通灌北路55号汇富园东楼五楼	222002	周明光
507008	江苏三兴建工集团有限公司	赣榆县青口镇黄海路58号	222100	岳　勇
507009	江苏鼎大建设安装工程有限公司	连云港市盐河北路23号	222000	叶成英
507010	连云港市新电建筑安装工程公司	连云港市海州区新海南路139号	222023	徐　卫
507011	江苏华航建设集团有限公司	连云港市新浦区学院南路29号	222006	王永善
507012	江苏地亚建筑有限公司	江苏省连云港市新浦区郁州南路12号	222000	杨彩霞
507013	连云港市朝阳建设工程有限公司	连云港开发区朝阳镇	222068	孙和平
507014	江苏玉龙机电工程有限公司	连云港市海州区新建西路25号建行8楼	222023	秦雅丽
507015	连云港市市政工程有限公司	连云港市海昌南路68号	222002	李国伟
507016	连云港永超建设工程有限公司	连云港新浦区苍梧路36号山水丽景广场A座五楼	222006	武传显
507017	江苏苏港工程有限公司	连云港市赣榆县华中路105号	222100	王统一
507018	江苏东海天工建设有限公司	东海县牛山镇和平西路北侧(原牛山镇建筑站)	222300	赵步周
507019	江苏云申建设工程有限公司	灌云县伊山镇伊山中路26号	222200	王善山
507020	江苏顺泰建筑安装工程有限公司	连云港市新浦区海宁中路8号半山雅苑2号楼	222000	邓正高
507021	赣榆县城东建筑安装工程有限公司	赣榆县青口镇文化东路80号	222100	赵金银
507022	连云港市墟沟建筑安装公司	连云港市连云区中华路27号	222042	张炳江
507023	连云港市万民建筑安装工程有限公司	连云港新浦区朝阳西路33—3号	222000	张义友
507024	连云港市园林建设工程公司	花果山风景区郁林路5号	222061	石言军
507025	连云港苏润建筑安装工程有限公司	连云港市新浦区东方花园B—19#	222200	时　勇
507026	江苏汇锦建设工程有限公司	连云港市灌云县城胜利西路40号煤海三楼	222200	卞胜绍
507027	连云港广厦建设有限公司	连云港灌南县新安镇新兴南路66—1号	222500	王升荣
507028	连云港市南方建设工程有限公司	灌南县新民西路86号	222500	尹　秀
507029	连云港市振东建设工程有限公司	连云港市新浦区海连东路3号	222006	董育钢
507030	江苏省江天建设工程有限公司	连云港市新浦区朝阳中路29号假日大厦六楼	222000	陈建国

续 表

会员证号	单位名称	联系地址	邮编	联系人
	淮安市：			
508001	淮安市建筑安全监督站	淮安市北京北路112号建设大厦	223001	翟晨阳
508002	淮安市建筑安全与设备管理协会	淮安市北京北路112号	223001	单永德
508003	淮安市洪泽县建筑安全监督站	洪泽县瑞特大道26号	223100	季　平
508004	江苏淮阴建设工程集团有限公司	淮安市淮海北路76号	223001	陈建平
508005	江苏中淮建设集团有限公司	淮安市淮海北路19号	223001	王晓秋
508006	淮安市建安机械安全检测有限公司	淮安市西大街116号	223002	刘维佳
508007	江苏天成建设工程有限公司	淮安市健康西路85号	223001	曹翠军
508008	江苏中淮机械设备租赁有限公司	淮安市清河区学院路22号	223001	汪　菲
508009	江苏正兴建设机械有限公司	淮安市经济开发区厦门西路15号	223005	孙宝龙
508010	江苏金建建设集团有限公司	江苏省金湖县健康路31号	211600	李广忠
508011	盱眙县建筑工程公司	盱眙县淮河南路60号	211700	倪中华
508012	江苏兴亚建设工程有限公司	涟水县城红日路建设大厦	223400	邱加杰
508013	淮安市建设工程有限公司	淮安市楚州区运河嘉苑7号楼	223200	孙　柯
508014	江苏亘盛建设工程有限公司	淮安市淮阴区长江东路31号	223300	祁凌云
508015	江苏恒龙装饰工程有限公司	淮安市健康东路和承德路交叉处中鑫上城A幢B1301号	223001	葛　君
508016	淮安建新建筑工程有限公司	淮安市淮海南路171号	223002	杨玉龙
508017	盱眙县第三建筑安装工程有限公司	盱眙县盱城镇淮河南路9—1号	211700	杨绵明
508018	淮安市清河市政工程总公司	淮安市北京北路127号	223001	齐艳梅
508019	淮安市天宸建设有限公司	洪泽县人民北路2号	223100	余小军
508020	江苏文通建设有限公司	江苏淮安经济开发区深圳路11号	223200	马　腾
508021	淮安市建筑工程检测中心有限公司	淮安市北京北路112号	223001	余　静
508022	淮安经济开发区第一建筑有限公司	淮安经济开发区厦门西路22号	223005	蒋国民
508023	淮安市鑫鑫装饰工程有限公司	淮安市清浦区延安东路49号	223002	于　梅
	盐城市：			
509001	江苏盐城二建集团有限公司	江苏省盐城市阜宁县胜利北路8号	224400	刘　伟
509002	盐城市建设工程安全管理监督站	盐城市毓龙东路15号	224005	吕士彬
509003	东台市建筑工程安全监督站	东台市鼓楼路377号	224200	张　东
509004	大丰市建设工程质量安全监督站	大丰市康平南路18号	224100	韩祝元
509005	盐城市盐都区建设工程质量安全监督站	盐都建设大厦	224005	祁　非
509006	射阳县建设工程质量安全监督站	射阳县城人民西路66号(建设局院内)	224300	王　俊

续 表

会员证号	单位名称	联系地址	邮编	联系人
509007	阜宁县建筑工程安全监督站	阜宁县阜城镇石字路58号	224400	陈明宏
509008	响水县建设工程安全监督站	响水县建筑设计院二楼	224007	邵正标
509009	江苏建兴建工集团有限公司	盐城市大庆东路8号	224002	王启新
509010	江苏泓建集团有限公司	东台市台城通廉路19号	224200	周永荣
509011	江苏省盐阜建设集团有限公司	阜宁县通榆北路56号	224400	宋聚平
509012	江苏中苑建设工程有限公司	阜宁县阜城大街118号	224400	陈必呑
509013	滨海县第二建筑安装工程有限公司	滨海县城中市中路23号	224500	陈开高
509014	江苏景盛建设工程有限公司	盐城市解放南路158号东五楼	224005	赵荣华
509015	江苏东河建设工程有限公司	盐城市黄海西路36号	224002	徐文卫
509016	东台市台东建筑工程机械有限公司	东台市东台镇三灶村二组	224226	朱越清
509017	大丰市国建起重设备安装工程有限公司	大丰市大中镇工业园区兴业路	224100	管兆群
509018	东台市第二建筑工程有限公司	东台市望海东路47号	224200	林宝平
509019	江苏龙光建设工程有限公司	东台市范公南路88号	224200	潘昌桂
509020	盐城天虹建设集团有限公司	盐城市环城西路261号	224001	胡育中
509021	盐城阳光建筑安装工程有限公司	大丰市康平南路18号	224100	王　鲁
509022	江苏晟功建设工程有限公司	盐城市阜宁县南城区新兴路99号	224400	张　娟
509023	江苏盐东建设工程有限公司	盐城市建军东路237号	224051	孙　亚
509024	射阳县建筑工程有限公司	射阳县合德镇朝阳街92号	224300	曹仲民
509025	江苏金贸建筑工程有限公司	盐城市开放大道15号	224001	乔保安
509026	江苏永安建设工程有限公司	盐城市响水县经济开发区任和路1号	224600	李德亚
509027	江苏建业建设集团有限公司	建湖县城向阳西路399号	224700	李运歌
509028	盐城市蓝盾建设工程有限公司	盐城市毓龙东路37号三楼	224001	顾忠华
509029	盐城市安顺起重设备安装有限公司	江苏省盐城市射阳县合德镇双龙兴村33#楼402室	224300	陈海燕
509030	盐城五洲建筑起重设备检测有限公司	射阳县合德镇工业集中区晓红路6—3号	224300	袁宏广
509031	江苏盐城鎏岳建筑机械安全检测有限公司	盐城市盐都区新都街道康乐商贸大厦4楼	224035	吉亚东
509032	盐城广厦建筑集团有限公司	射阳县城双拥南路9—1号	224300	徐向兵
509033	江苏国丰建设集团有限公司	盐城市榆河路173号	224002	虞春芳
509034	大丰市兴达建筑集团有限责任公司	大丰市育红西路七号	224100	赵宏明
509035	盐城市昊威建设工程有限公司	滨海县县城碧水绿都单身公寓6F	224500	吴亚军

续 表

会员证号	单位名称	联系地址	邮编	联系人
509036	江苏盐城四建建设集团有限公司	盐城市大庆西路88号	224005	王义静
509037	江苏省千和建设工程有限公司	盐城市开放大道132号	224003	顾　茜
	扬州市：			
510001	扬州市建筑安全监察站	扬州市维扬路423号	225002	吉劲松
510002	江苏省华建建设股份有限公司	扬州市文昌中路468号	225002	施卫东
510003	江苏江都建设工程有限公司	江都市舜天路200号建工大厦	225200	姜　忠
510004	江苏弘盛建设工程集团有限公司	高邮市文游中路138号	225600	张晓林
510005	江都市建筑安全监察站	江都市舜天路200号建工大厦一楼	225200	陶　钦
510006	仪征市建筑安全监察站	仪征市工农南路35号	211400	陈苏平
510007	高邮市建筑安全监察站	高邮市文游中路138号	225600	邓春富
510008	宝应县建筑安全监察站	宝应县苏中北路41号	225800	华清江
510009	邗江区建筑安全监察站	扬州市兴城西路邗江建委大楼一楼	225009	郭志良
510010	江苏邗建集团有限公司	扬州市邗城大道326号	225009	沈永安
510011	江苏易承租赁有限公司	江苏省扬州市广陵区江阳中路荷花池11幢10—12号	225000	吕谊静
510012	扬州市桩基有限公司	江苏省扬州市盐阜西路12号	225002	徐士春
510013	扬州方正建筑工程有限公司	扬州市邗江区蒋王镇红旗东大街	225126	包如安
510014	江苏扬安机电设备工程有限公司	江苏省扬州市史可法路19号	225002	朱炳忠
510015	江苏仪征建设工程有限公司	江苏省仪征市扬子东路157号	211400	齐　峰
510016	江苏华江建筑工程有限公司	江都市新区新都路399号	225200	冷年章
510017	江苏省江建集团有限公司	江都市引江路11号	225200	吴国平
510018	扬州市第二建筑安装工程有限公司	扬州市施井路22号	225000	田　闯
510019	江苏天宁建设工程有限公司	江苏仪征市鼓楼东路288号	211400	陈义华
510020	扬州市邗江龙马建筑机械厂	江苏省扬州市邗江区太安镇(粮管所内)	225113	李宏亮
510021	江都市古典园林建设有限公司	江都市校南路8号	225200	桑茂忠
510022	江苏江都安装工程有限公司	江都市龙川南路155号	225200	任申彬
510023	江苏江都二建工程有限公司	江都市新区舜天路200号	225200	陈德智
510024	扬州市市政设施管理处	扬州市五台山路18号	225003	郁存忠
510025	扬州市开发区建筑安装工程有限公司	扬州市维扬路25号	225009	朱正全
510026	江都市第六建筑安装工程有限公司	江都市邵伯镇北街88号	225261	李兴岐
510027	扬州市众城建设有限公司	扬州市文汇西路华远国际大厦7楼	225009	熊定健
510028	扬州市裕元建设有限公司	扬州市百祥路8—15号	225009	张福安

续 表

会员证号	单位名称	联系地址	邮编	联系人
510029	扬州市建宁建设工程安全技术咨询服务有限责任公司	扬州市维扬路423—8号	225009	陈 峰
510030	江苏扬建集团有限公司	扬州市盐阜西路12号	225002	冯国明
	镇江市：			
511001	镇江市建设工程施工安全协会	镇江市丁卯桥路223号	212001	曹 俊
511002	镇江市丹徒区建设工程安全监督站	镇江市丹徒区京谷东路5号	212128	孔祥盛
511003	丹阳市建筑安全生产监督站	丹阳市华阳路88号	212300	张国祥
511004	句容市建设工程安全监督站	句容市华阳东路2号	212400	笪爱华
511005	扬中市建设工程安全监督站	扬中市环城南路清华苑76号	212200	奚华顺
511006	镇江京河建筑工程有限公司	镇江市中山东路382号401室	212001	周东生
511007	镇江市第二建筑工程有限公司	镇江南徐路38号	212005	汤才忠
511008	镇江建工建设集团有限公司	镇江市黄山南路77号	212004	陈小网
511009	江苏华泰装饰工程有限公司	镇江市义士路31号	212002	朱连荣
511010	镇江索普建筑安装工程有限责任公司	镇江市丹徒新城谷阳大道16号	212028	操利华
511011	江苏镇江安装集团有限公司	镇江市正东路69号	212003	范 强
511012	扬中市新城建筑安装工程有限公司	扬中市开发区新杨北路	212200	严 洁
511013	江苏新溪建设工程有限公司	丹阳市南门外向阳桥西	212342	赵志良
511014	江苏广兴集团有限公司	句容市经济开发区西环路18号	212400	张 娟
511015	扬中市建筑安装工程有限公司	扬中市前进南路51号	212200	冯广智
511016	镇江市华翔建筑安装工程有限公司	镇江市梳儿巷6号	212003	胡兰英
511017	镇江明兴建筑安装工程有限公司	镇江市电力路47号	212002	邓正林
511018	江苏地质基桩工程公司	镇江市中山东路64号	212001	金文勇
511019	镇江市光大建筑工程有限公司	镇江市运河路38号	212001	翟 和
511020	江苏云阳集团有限公司	丹阳市西环路2—1号	212300	王卫忠
511021	江苏丹凤集团有限公司	江苏省丹阳市丹金路999号	212300	尹令春
511022	句容市银鹏建筑安装工程公司	句容市华阳镇三里井	212400	张 斌
511023	句容市城市建设工程有限公司	句容市商业街南三路闵江酒店二楼	212400	葛树林
511024	镇江四建建设有限公司	镇江市沿江公里1号	212143	王家驹
511025	江苏旭阳建设投资集团有限公司	扬中市环城北路288号	212200	李 飞
511026	江苏福世特建设工程有限公司	镇江丹徒区高资镇正东村	212000	邵玉祥
511027	江苏丹建集团有限公司	江苏省丹阳市丹凤北路39号	212300	王硕宏
511028	镇江市建科工程质量检测中心有限公司	镇江市京岘山路38号	212003	王加民

续 表

会员证号	单位名称	联系地址	邮编	联系人
511029	镇江市江泰建筑安装有限公司	镇江市桃花坞路四区22号	212003	赵国强
511030	镇江四海建筑安装工程有限公司	镇江新区港口路	212132	郭　颖
	泰州市：			
512001	泰州市建筑安全与设备管理协会	泰州市凤凰东路68号	225300	王锦发
512002	江苏中兴建设有限公司	泰兴市济川路26号	225400	赵春潮
512003	泰州市建筑安全监督站	泰州市凤凰东路68号	225300	南　进
512004	江苏省第一建筑安装有限公司	泰州市凤凰东路68号13楼	225300	朱同山
512005	正太集团有限公司	江苏省姜堰市三水大道888号	225500	鞠林群
512006	江苏广宇建设集团有限公司	靖江市江平路230号	214500	刘　洪
512007	靖江市建设工程安全监察站	靖江市骥江东路建设大厦408	214500	沈关宏
512008	泰兴市建筑安全监察站	大青东路46号	225400	孙　飞
512009	兴化市建筑安全监察站	兴化市建设局	225700	顾晓斌
512010	泰州市君安绳网厂	泰州市寺巷镇杨庄村	225316	袁庭展
512011	泰州市腾达建筑工程机械有限公司	泰州市海陵区工业园浙江路1号	225300	彭龙喜
512012	泰州市泰华建筑安装工程有限公司	泰州市经济开发区寺巷镇通达园区	225300	朱千明
512013	泰州市口岸建筑安装工程有限公司	泰州市口岸港城路腾龙桥南侧	225321	戚良宏
512015	泰兴市第一建筑安装工程有限公司	泰兴市大庆东路21号	225400	陈钧颐
512016	泰兴市城西建筑安装工程有限公司	泰兴镇国庆东路39号	225400	杨正海
512017	江苏苏兴建设工程有限公司	兴化市英武南路188号	225700	唐玉流
512018	江苏源丰建设有限公司	泰兴市江平中路68号	225400	徐冬生
512019	江苏亚太建设有限公司	靖江市南京路35号	214500	吴建国
512020	江苏万邦建设集团有限公司	姜堰市五星路8号	225500	钱和平
512021	江苏金禾建设工程有限公司	泰兴市滨江镇通江南路18号	225442	王光荣
512022	江苏屹峰建设工程有限公司	兴化市昭阳镇东五里	225700	孙淦泉
512023	靖江市建设工程检测中心有限公司	靖江市靖城镇江平路404号	214500	侯晓云
512024	江苏大都建设工程有限公司	泰州市海陵区凤凰东路2—98号	225300	成　娟
512025	泰州市港区建设工程有限公司	泰州市高港区银杏苑27幢1—402	225300	陈　欣
512026	泰兴市华新建筑安装工程有限公司	泰兴市大庆西路49号	225400	冯　敏
512027	江苏祥云建设集团有限公司	泰州市春晖路188号	225300	王莲香
	宿迁市：			
513001	宿迁市质量安全监督站	宿迁市洪泽湖路140号建设大厦	223800	刘　永
513002	宿迁建筑业协会	宿迁市洪泽湖路140号建设大厦	223800	丁厚平
513003	宿迁市建设工程(集团)有限公司	宿迁市洪泽路140号	223800	刘　威
513004	泗阳县第五建筑工程有限公司	泗阳县众兴镇北京东路2号	223700	葛友菊

续 表

会员证号	单位名称	联系地址	邮编	联系人
513005	江苏兴邦建工集团有限公司	宿迁市宿城区黄运路 190 号	223800	李 剑
513006	江苏三善建设有限公司	沭阳县沭城镇人民政府办公楼 5 楼	223600	王 勇
513007	宿迁中厦建设工程有限公司	宿迁市经济开发区东区黄山路 50 号	223801	蔡玉晖
513008	泗洪县广厦建筑安装工程有限公司	泗洪县人民南路 24 号	223900	周传刚
513009	泗阳县建筑工程有限公司	泗阳县众兴镇爱国路 54 号	223700	於黎明
513010	宿迁华夏建设(集团)工程有限公司	宿迁经济开发区富民大道 300 号	223800	刘 伟
513011	宿迁华夏基业建筑工程有限公司	沭阳县北京北路 1—003 号	223600	冯建明
513012	宿迁东胜建筑工程有限公司	宿迁市泗阳县众兴镇淮海中路 10 号	223700	黄 欣
513013	江苏时代建设工程有限公司	宿迁市附院小区商住楼 A 栋 401 室	223800	邹 艳
513014	宿迁市中原建设工程有限公司	宿迁市世纪大道 22 号	223800	王淑敏
513015	宿迁市苏阳建设工程有限公司	沭阳县南京东路	223600	戴 闯
513016	江苏黑骏马建设有限公司	泗洪县锦绣华庭 H 幢 107	223900	刘知永
513017	宿迁市龙成建筑工程有限公司	泗洪县步行街会议中心东侧	223900	郭 兵
513018	宿迁市仁恒建设工程有限公司	宿迁市仁恒公寓 C 幢 702B	223899	于元娟
513019	江苏华诚远大建设工程有限公司	宿迁市泗洪县泗洲大街	223900	姚海飞

理事单位名录

江苏省建筑安全与设备管理协会第五次会员代表大会在会员单位的基础上，经各地区推荐产生理事单位共 159 家。名录如下：

单位名称	单位地址	联系人	职务	联系电话	邮编	备注	
南京工业大学	南京市中山北路 200 号	蒋军成	副校长	83587008	210009	常务理事单位	副会长单位
江苏省建工集团有限公司	南京市江东北路 301 号 1 幢 12—13 楼	胡志英	董事长	13505161388	210036	常务理事单位	副会长单位
江苏省建筑工程集团有限公司	南京市汉中路 180 号星汉大厦 15—17 楼	高宝俭	副总工程师	13611508338	210009	常务理事单位	
中国江苏国际经济技术合作公司	南京市北京西路 5 号	吕家太	总经理助理	13805185858	210008	常务理事单位	副会长单位
江苏省建筑科学研究院	南京市北京西路 12 号	李 明	教授级高工	13905174535	210008	常务理事单位	

续 表

单位名称	单位地址	联系人	职务	联系电话	邮编	备注	
江苏省质量技术监督建设机械设备新产品质量检验站	南京市中山北路200号	殷晨波	站长	13605187032	210009	常务理事单位	
中建工业设备安装有限公司	南京市栖霞区尧化门尧建新村101号	李本勇	副总经理		210046	常务理事单位	副会长单位
江苏省工业设备安装有限公司	南京市白下区延龄巷63号	常福根	副总经理	13505178759	210002	常务理事单位	
中国核工业华兴建设有限公司	仪征市长江路88号	刘诗和	副总经理	0514—83299166	211900	常务理事单位	
长安责任保险公司江苏省分公司	南京市中山路55号新华大厦35楼	沈庆宏	总经理	025—86956299	210005	常务理事单位	
中港三航局三公司	南京市下关区江边路3号	唐志俊	副经理	13905163606	210011	常务理事单位	
南京市市政公用工程质量安全监督站	南京市江东北路93号金陵世纪花园4楼	纪维扬	调研员	13305165899	210036	常务理事单位	
南京市装饰行业管理办公室	南京市广州路183号	林　文	主任	13801592210	210024	常务理事单位	
南京市江宁区建筑安全生产监督站	江宁区东山镇商城园中园8号楼	李仕富	站长	13626102856	211100		
南京市六合区建筑工程安全质量监督站	南京市雄州镇北外街161号	孙鲁阳	站长	13372007188	211500		
南京市浦口区建筑安全监督站	南京市浦口区珠江镇文德东路15号	吴　坚	站长	13813000186	211800		
南京市溧水县建设工程安全生产监督站	南京市溧水县永阳镇中山路5号	刘建平	副站长	13952085332	211200		
南京市高淳县建筑安装安全监督站	南京市高淳县淳溪镇镇北路29号	何宇林	站长	13327715005	211300		
南京建工集团有限公司	南京市阅城大道26号	汪志群	副总裁	18912961380	210012	常务理事单位	
南京大地建设集团有限责任公司	南京市虎踞路135号	范修荣	安全处长	13951909983	210013		
南京市第六建筑安装有限公司	南京市赛虹桥应天西路72号	王高成	安全部长	13182959359	210017		

续 表

单位名称	单位地址	联系人	职务	联系电话	邮编	备注	
江苏双楼建设集团有限公司	南京市模范西路定淮门99号	张桂荣	副经理	13305191063	210013	常务理事单位	
南京第二道路排水工程有限责任公司	南京市下关区热河南路300号	严家友	董事长	13809007708	210011		
南京建工建筑机械安全检测所	南京市八宝东街1号	张　健	所长	13305153899	210007		
无锡市建设工程安全监督站	无锡市梁清路56号建工大厦4楼	李　娜	站长	13093050267	214061	常务理事单位	副会长单位
宜兴市建设工程安全监督站	宜兴市陶都路115号	唐　军	站长	13906159026	214206		
江阴市建设工程安全监督站	江阴市香叶路235号	张达勇		13013655582	214400		
无锡市建筑工程质量检测中心	无锡市新区新辉环路8号	沈　东	常务副主任	13812058111	214028		
无锡锡山建筑实业有限公司	无锡市绿塔路建筑弄30号	陈国庆	安全处长	13906197858	214007		
无锡市滨湖区建设工程安全监督站	无锡市梁清路103号	姚志明	副站长	13906180359	214062		
无锡市工业设备安装公司	无锡市梁清路92号	桂树东	副总经理	13801515128	214061		
江苏无锡二建建设集团有限公司	无锡市梁清路56号建工大厦(7—9层)	钱正伟	副总经理	13921298127	214061		
华仁建设集团有限公司	无锡市太湖大道2288号华仁逸景国际大厦	祁　敏	副总经理	13585007991	214072		
徐州市建筑业协会建筑安全分会	徐州市民主南路76号	王建华	会长	13805203622	221009	常务理事单位	副会长单位
徐州市建筑施工安全监督站	徐州市民主南路76号	杨建勇	站长	0516—83908095	221009		
徐州经济开发区建筑工程安全监督站	徐州经济开发区金山桥大厦12楼	谢进才	处长	0516—87795903	221004		
贾汪区建设工程安全生产监督站	贾汪区贾韩北路	丁　耀	站长	0516—87715210	221011		

续 表

单位名称	单位地址	联系人	职务	联系电话	邮编	备注	
铜山县建筑施工安全监督站	铜山新区人防大厦904号	常　雷	站长	0516—83300991	221000		
新沂市建筑业安全监督站	新沂市市府路37号	晃　健	站长	0516—80188819	221400		
邳州市建筑工程安全监督站	邳州市行政中心8号楼	马云峰	站长	0516—86244388	221300		
睢宁县建筑安全监督管理站	睢宁县文学南路建设局	袁崇荣	站长	0516—88328221	221200		
沛县建筑工程安全监督站	沛县歌风路6号	宋　欣	站长	0516—89645296	221600		
丰县建筑工程安全监督站	丰县凤城镇解放西路23号	杨卫东	站长	0516—89206413	221700		
徐工集团徐州建机工程机械有限公司	徐州市北郊万寨	侯义东	总监	13905218355	221007	常务理事单位	
徐州工程学院	徐州市三环南路18号	殷惠光	院长	0516—83202808	221008	常务理事单位	
新沂市建筑安装工程总公司	新沂市市府路37号	陈　琪	董事长	13905225390	221400		
江苏中阳建设集团有限公司	丰县凤城镇解放西路23号	张　清	总经理	13905229352	221700		
江苏汉中建设集团有限公司	徐州市铜山新区建管局二楼	吴显辉		0516—82300520	221116		
徐州运成建设(集团)有限公司	邳州市行政新区8#楼三楼	佟　燕		0516—86277555	221300		
沛县防腐保温工程总公司	沛县歌风路6号	姬传领		0516—89639626	221600		
徐州建筑装璜有限公司	徐州市淮海东路54号11层	仲跻恒		0516—85790299	221003		
常州建筑业安全监督站	常州市勤业路188号	王鸣军	站长	0519—86672053	213016	常务理事单位	副会长单位
溧阳县建设工程安全监督站	溧阳市罗湾路8号	周亚平	站长	0519—87222840	213300		
金坛市建设工程安全监督站	金坛市东环一路669号	许国平	站长	0519—82698511	213200		

续 表

单位名称	单位地址	联系人	职务	联系电话	邮编	备注	
金坛建工集团有限公司	金坛市东环一路 669 号	李连富	董事长	13806141918	213200		
常州第一建筑工程有限公司	常州市银华路 4 号	芮永昇	董事长	0519—86763586	213023		
常州二建建设有限公司	常州市清潭木梳路 9 号	何良官		0519—86971698	213015		
江苏武进建筑安装工程有限公司	常州市博爱路西园村 10 号	何益平	安全处长	0519—88110641	213003		
常州市成章建筑安装工程有限公司	常州市西林乡东岱街 69 号	茆阿全	副总经理	0519—83880737	213000		
苏州市建筑业安全监督站	苏州市锦帆路 211 号	袁卫新	站长	13013810200	215002		
吴江市建筑安全监督站	吴江市松陵镇笠泽路 551 号	翁洪方	站长	0512—63485938	215200		
苏州二建建筑集团有限公司	苏州市相城经济开发区澄阳路 88 号	宫长义	董事长	0512—65798679	215131	常务理事单位	副会长单位
江苏苏州第一建筑工程集团公司	苏州市锦帆路 9 号	杨坚强	经理	13338660428	215002	常务理事单位	
苏州金螳螂建筑装饰股份有限公司	苏州市西环路 888♯	任建国	副总经理	13805189997	215004		
昆山市建筑安全监督站	昆山市同丰路 598 号	张利中	站长	0512—57363206	215300		
张家港市建安工程机械质量检测有限公司	张家港市区泗杨路 408 号	陈国良	总经理	0512—58689502	215600		
苏州市金明塑料有限公司	吴江市平望镇莺湖路 121 号	张金明	董事长	13806253695	215221		
苏州工业园区建筑安全监督站	苏州工业园区翠园路 18 号商旅大厦 5 楼	蔡剑琛	站长	13862064257	215021		
张家港保税区建筑工程安全监督站	张家港保税区长江大厦 12 楼	李光磊	站长	58320096	215634		
张家港市建筑安全监督站	张家港人民中路 68 号	许建华	站长	13801562378	215600		
太仓市建筑安全监督站	太仓市向阳路 10 号	姚金鑫	站长	13906226216			

续 表

单位名称	单位地址	联系人	职务	联系电话	邮编	备注	
南通市建工集团股份有限公司	南通市段家坝路136号	王建明	安全生产部副主任	0513—85516054	226006	常务理事单位	
龙信建设集团有限公司	海门市德胜镇德三公路18号	季友法	副总经理	13611923306	226101	常务理事单位	
江苏省苏中建设集团股份有限公司	海安县海安镇中坝南路18号	陈月贵	安全总监	13773742869	226600	常务理事单位	
江苏南通二建集团有限公司	启东市汇龙镇人民中路683号	董雪平	总经理	0513—83316463	226200	常务理事单位	副会长单位
江苏江中集团有限公司	如皋市吴窑镇鲁班西路18号	沈　岳	总裁	13806273358	226500	常务理事单位	
江苏南通三建集团有限公司	海门市狮山路131号	盛胜刚	副总经理	0513—85315518	226100	常务理事单位	
南通四建集团有限公司	通州市新金西路93号	花周建	副总工程师	13801489156	226300	常务理事单位	
南通五建建设工程有限公司	如东县掘港镇人民北路44号	石明祥	总经理	0513—84112299	226400	常务理事单位	
江苏南通六建建设集团有限公司	如皋市如城镇福寿路336号	骆祥平	董事	13776984888	226500	常务理事单位	
江苏顺通建设工程有限公司	如东县掘港镇青园南路150号	朱学军	南京分公司副总	13851563272	226400	常务理事单位	
南通华新建工集团有限公司	海安县中坝北路69号	朱　富	副总经理	13806277696	226600	常务理事单位	
南通新华建筑集团有限公司	通州市新金路34号	丁马华	副总经理	13809002312	226300	常务理事单位	
启东建筑集团有限公司	启东市民乐中路490号	陈向阳	总经理	13962838328	226200	常务理事单位	
南通市建设安全生产监督站	南通市姚港路付29—4号	谷龙桥		13862963676	226006		
海门市建筑施工安全监督站	海门狮山路131号	张　勇	站长	13862858182	226100		
南通市通州区建筑安全生产监督站	通州市新金西路56号	张　进	站长	0513—86548766	226300		
如皋市建筑安全生产监督站	如皋市宁海东路668号	黄　涯	站长	13906273020	226500		

续 表

单位名称	单位地址	联系人	职务	联系电话	邮编	备注	
海安县建筑工程安全监督站	海安县中坝南路18号	曹 寅	主任		226600		
江苏三兴建工集团有限公司	连云港市赣榆县城黄海路58号	李 斌	总经理	0518—86212038	222100		
江苏地亚建筑有限公司	连云港市新浦区郁州南路12号	李 锋	总经理	0518—85619899	222000		
江苏华航建设集团有限公司	连云港市新浦区学院南路29号	孙克华		0518—88523888	222006		
江苏鼎大建筑安装工程有限公司	连云港市盐河北路23号	苏常山		0518—85702626	222000		
江苏万年达建设集团有限公司	连云港市灌南县新安镇鹏程西路88号	汪勤友		0518—83227188	222500		
连云港市新电建筑安装工程公司	连云港市海州新海南路139号	李国安		0518—85282501	222023		
江苏中粟建设工程有限公司	连云港新浦区通灌北路55号汇富园5楼	蒋 涛	董事长	0518—85818885	222002		
连云港市建设工程安全监督站	朝阳东路26号鸿港综合楼	严景彦		0518—85800636	222006		
东海县建设工程质量安全监督站	东海县建设局	贾巡远		0518—87775071	222100		
赣榆县建设工程安全监督站	赣榆县建设局	徐 翠		0518—86267212	222100		
灌云县建设工程质量监督站	灌云县健康路8号	王治国	站长	0518—88812398	222200		
灌南县建设工程安全监督站	灌南县新东南路	曹阳升		0518—88323999	222500		
淮安市建筑安全监督站	淮安市北京北路112号建设大厦	翟晨阳	站长	13901409098	223001	常务理事单位	
淮安市建筑安全与设备管理协会	淮安市北京北路112号	单永德	秘书长	0517—83661865	223001		
江苏中淮建设集团有限公司	淮安市淮海北路19号	王晓秋	总工程师	13705237652	223001		

续 表

单位名称	单位地址	联系人	职务	联系电话	邮编	备注	
江苏淮阴建设工程集团有限公司	淮安市淮海北路76号	陈建平		13952398156	223000		
江苏天成建设工程有限公司	淮安市健康西路85号	陈天马		13861589710	223001		
江苏正兴建设机械有限公司	淮安市经济开发区厦门西路15号	孙宝龙	质量科	0517—84376352	223005		
江苏中淮机械设备租赁有限公司	淮安市学院路22号	孙海泉	办公室主任	0517—83662681	223000		
淮安市建安机械安全检测有限公司	淮安市西大街116号	刘维佳		0517—83936672	223000		
淮安市洪泽县建筑安全监督站	洪泽县瑞特大道26号	季　平	站长	13094945588	223100		
江苏盐城二建集团有限公司	盐城市阜宁县阜城镇胜利北路8号	肖春虎	董事长	0515—87397798	224400	常务理事单位	
盐城市建设工程安全管理监督站	盐城市毓龙东路15号	吕士彬	站长	0515—88333702			
东台市建筑工程管理处(安全监督站)	东台市鼓楼路377号	张　东	主任	0515—85340009	224200		
大丰市建设工程质量安全监督站	大丰市康平南路18号	韩祝元	书记	0515—83523755	224100		
盐城市盐都区建设工程质量安全监督站	盐都建设大厦	祁　非	站长	13805101858	224005		
射阳县建设工程质量安全监督站	射阳县城人民西路66号(建设局院内)	王　俊	站主任	0515—82340278	224300		
阜宁县建筑工程安全监督站	阜宁县阜城镇石字路58号	陈明宏	站长	0515—87213720	224400		
响水县建设工程安全监督站	响水县建筑设计院二楼	邵正标	站长	0515—86883962			
扬州市建筑安全监察站	扬州市维扬路423号	吉劲松	站长	13056316800	225002	常务理事单位	副秘书长单位
江苏省华建建设股份有限公司	扬州市文昌中路468号	程　杰	副总经理	0514—87366332	225002	常务理事单位	副会长单位
江苏江都建设工程有限公司	江都市舜天路200号建工大厦	王　健	总工程师	13605251188	225200	常务理事单位	副秘书长单位

续 表

单位名称	单位地址	联系人	职务	联系电话	邮编	备注	
江苏邗建集团有限公司	扬州市邗江中路326号	范世宏	安全科长	0514—87891005	225009		
江苏弘盛建设工程集团有限公司	高邮市文游中路138号	王连庆	副总经理	0514—84923880	225600	常务理事单位	
扬州易承机电设备有限公司	扬州荷花池新村11幢10—12楼	刘　军	总经理	0514—87779799	225000		
江都市建筑安全监察站	江都市舜天路200号建工大厦一楼	陶　钦	站长	0514—86977138	225200		
仪征市建筑安全监察站	仪征市工农南路35号	陈苏平	站长	0514—83452761	211400		
高邮市建筑安全监察站		邓春富	副站长	0514—84615714			
宝应县建筑安全监察站	宝应县苏中北路41号	华清江	站长	0514—88220740			
邗江区建筑安全监察站	扬州市兴城西路邗江建委大楼一楼	郭志良	站长	0514—87953552	225009		
镇江市建设工程施工安全协会	镇江市丁卯桥路223号	曹　俊	理事长	0511—86090001	212001	常务理事单位	副会长单位
镇江建工建设集团有限公司	镇江市黄山南路77号	陶运平		0511—86010088	212004		
镇江市第二建筑工程有限公司	镇江市南徐路38号	仲高平	董事长	0511—86107388	212003		
江苏镇江安装集团有限公司	镇江市正东路69号	范　强	南京分公司经理	13512509933	212003		
江苏华泰装饰工程有限公司	镇江市义士路31号	朱连荣	安全部副部长	0511—85228698	212002		
镇江索普建筑安装工程有限责任公司	镇江市丹徒新区谷阳大道16号	操利结	主任	0511—84517666	212028		
镇江市丹徒区建设工程安全监督站	镇江市丹徒区京谷东路5号	孔祥盛		0511—88991620			
丹阳市建筑安全生产监督站	丹阳市华阳路88号	张国祥	站长	0511—86526804			
句容市建设工程安全监督站	句容市华阳东路2号	笪爱华	站长	0511—87266370			

续 表

单位名称	单位地址	联系人	职务	联系电话	邮编	备注	
扬中市建设工程安全监督站	扬中市环城南路清华苑76号	奚华顺	站长	0511—88326301			
镇江京河建筑工程有限公司	镇江市中山西路382号九洲广场401室	吕　强		0511—85906011			
泰州市建筑安全与设备管理协会	泰州市凤凰东路68号	王锦发	秘书长	0523—86882048	225300	常务理事单位	副会长单位
泰州市建筑安全监督站	泰州市鼓楼南路368号	南　进	站长	0523—86882490	225300	常务理事单位	
靖江市建设工程安全监察站	靖江市骥江东路建设大厦408	沈关宏	站长	13961021680	214500		
泰兴市建筑安全监察站	大青东路46号	孙　飞	站长	13901438077	225400		
兴化市建筑安全监察站	兴化市建设局	顾晓斌	站长	13952637589	225700		
江苏省第一建筑安装有限公司	泰州市凤凰东路68号13楼	殷伯清	副总经理	13961096766	225300	常务理事单位	
江苏中兴建设有限公司	泰兴市济川路26号	倪道仁	董事长	0523—87633671	225400	常务理事单位	副会长单位
正太集团有限公司	姜堰市三水大道888号	何益民	副总经理	13852659977	225500	常务理事单位	
江苏广宇建设集团有限公司	靖江市江平路230号	刘　洪	质安科科长	0523—82669777		常务理事单位	
泰州市腾达建筑工程机械有限公司	泰州市海陵区工业园浙江路1号	彭龙喜	董事长	0523—86299099	225300		
泰州君安绳网厂	泰州市寺港镇杨庄村	袁庭展	厂长	0523—86815334	225316		
宿迁市质量安全监督站	宿迁市洪泽湖路140号建设大厦	刘　永	站长	0527—84387336	223800	常务理事单位	
宿迁建筑业协会	宿迁市洪泽湖路140号建设大厦	丁厚平	会长	0527—84389251	223800	常务理事单位	
宿迁中厦建设工程有限公司	宿迁市宿豫区黄山路50号	杜旭东	副主管	0527—84467799	223800		

续 表

单位名称	单位地址	联系人	职务	联系电话	邮编	备注	
江苏兴邦建工集团有限公司	宿迁市黄运路 190 号	朱　瑞		0527—84238988	223800		
宿迁市建设工程(集团)有限公司	宿迁市洪泽湖路 140 号建设大厦	杜存安		0527—84387380	223800		
泗阳县第五建筑工程有限公司	泗阳县北京东路 2 号	利亚州		13905243583	223700		
泗洪县广厦建筑安装工程有限公司	泗洪县人民南路 24 号	周传刚	副总经理	15150708328	223900		
江苏三善建设有限公司	沭阳县沭城镇人民政府	仲其林	董事长	13605242008	223600		

常务理事单位选介

南京工业大学

南京工业大学具有百年办学历史，是一所以工为主的多科性大学，于 2001 年由原南京化工大学与原南京建筑工程学院合并组建而成，是江苏省重点建设高校。

学校共有学院(部)25 个，国家一级重点学科 1 个，国家重点学科培育点 2 个，省一级重点学科 1 个，省二级重点学科 8 个，博士后科研流动站 4 个，一级学科博士学位授予点 2 个，二级学科博士学位授予点 21 个，硕士学位授予点 55 个，工程硕士授予领域 16 个，本科专业 67 个，跨工、理、管、经、文、法、哲、医 8 个学科门类。具有留学生招生资格和教授审定权。目前，各类学生近 3 万人。教职工 2 800 余人，其中中国工程院院士 3 人，国务院学位委员会学科评议组成员 1 人，国家“973”计划项目首席科学家 4 人，国家“863”计划领域专家委员会专家 1 人，国家杰出青年基金获得者 3 人，全国杰出专业技术人才 2 人，拥有高级职称人员近 700 人。

其中，城市建设与安全工程学院于 2002 年由原南京化工大学安全工程研究所和原南京建筑工程学院城市建设系合并组建而成。学院下设三个教学单位(安全工程系、暖通工程系、实验教学中心)和二个科研机构(安全工程研究所、暖通工程研究所)，拥有江苏省“安全技术及工程”重点学科、“矿业工程”博士后科研流动站，“安全技术及工程”博士学位授予点，“安全技术及工程”以及“供热、供燃气、通风及空调工程”等 2 个硕士学位授予点，“安全工程”以及“矿业工程”等 2 个工程硕士领域，安全工程、消防工程以及建筑环境与设备工程等 3 个本科专业。其中“安全工程”专业为国家特色专业建设点、江苏省品牌专业；“建筑环境与设备工程”专业为校级特色专业。学院还拥有江苏省城市与工业安全重点实验室、铁道部危险化学品安全检测中心、南京工业大学安全评价中心(国家乙级)、南京工业大学安全工程教育中心(国家二级)等 4 个部省级科研与人才培养基地。学院近年来先后承担了包括国家自然科学基金重点项目、面上项目，“十五”国家科技攻关项目，“十一五”国家科技支撑计划项目等一批国家和部省级重点科研课题；获国家级科技奖励 2 项、省部级科技奖励 12 项，授权专利 4 项，在国内外期刊发表学术论文近 500 篇，其中 100 余篇被 SCI、EI、ISTP 检索，部分研究成果具有国内领先和国际先进水平。

南京工业大学坚持教学工作中心地位不动摇，以质量求生存，以特色求发展，着力构筑并不断优化人才培养体系。现有国家级教学团队2个，国家级实验教学示范中心1个，国家级特色专业建设点3个，国家级精品课程2门，国家级双语教学示范课程1门，江苏省品牌专业4个，江苏省特色专业4个，江苏省品牌、特色专业建设点7个，省实验教学示范中心5个，省实验教学示范中心建设点4个。2006年，学校顺利通过了教育部组织的本科教学工作水平评估，获得优秀等级。

学校具有雄厚的科研实力，设有国家生化工程技术研究中心、材料化学工程国家重点实验室和国家热管技术研究推广中心等国家级科研机构3个，江苏省膜工程研究中心等省部级研究中心13个，省重点实验室8个。“十五”以来，学校科研成果获省部级以上奖励90余项，其中国家科技进步一等奖1项、国家技术发明二等奖3项、国家科技进步二等奖6项。

学校重视科学研究和成果转化，坚持产学研互动发展。南京工业大学科技园为国家级大学科技园。“十五”以来，承担了包括国家“973”计划项目、“863”计划项目、国家攻关项目、国家自然科学基金项目在内的各级各类课题4 000余项，科研到款达16亿元，取得了一批高水平研究成果，为相关行业、江苏地方经济建设和社会发展作出了积极贡献。

学校加大对外开放办学力度，先后与20多个国家和地区的50所高校和研究机构建立了科学研究、人才培养的合作关系，承担了数十项国际合作科研项目。

学校将立足江苏，面向全国，放眼世界，坚持科学发展、和谐发展，争取到2020年把学校建成为能主动适应国家经济和社会发展需求，以工为主、多学科协调发展，优势更加明显，特色更为鲜明，一流的创新型工业大学。

江苏省建工集团有限公司

江苏省建工集团有限公司，创建于1989年，经江苏省人民政府批准成立，是国家建设部核定的房屋建筑工程施工总承包特级资质企业，同时还具有地基与基础工程、建筑装修装饰工程、钢结构工程、机电设备安装工程专业承包壹级资质、市政公用工程施工总承包壹级资质、消防设施工程专业承包贰级资质。经国家商务部核准，具有对外承包工程经营资格。

公司现有各类工程技术和经济管理人员1 340名，其中高级职称106人，中级职称501人，初级职称733人；一级建造师149人，二级建造师293人；注册资本金34 168万元，净资产36 677余万元。拥有各类机械设备2 100台(件)，生产性固定资产净值17 948万元。

公司连续8次被江苏省建筑业协会评为“江苏省最佳企业”，连续4年被北京市建委、人事局评为进京“优秀施工企业”，连续多年被江苏省建筑工程管理局评为“江苏省建筑业质量管理先进单位”、“江苏省建筑业安全管理先进单位”和“江苏省建筑业科技创新先进单位”。连续多年被资信评估权威机构认定为“AAA”资信企业，荣获江苏省人民政府授予的“重合同、守信用企业”称号。同时集团公司被上海、天津市行业主管部门评为先进单位，被江苏省综合治理委员会评为流动人口管理先进单位，被北京市外施企业党委评为先进党组织，被江苏省建设工会评为先进基层工会，企业的整体形象有了很大的改善。企业法人代表胡志英先后获得江苏省建筑业优秀企业家、江苏省装饰装修行业优秀企业家和江苏省有突出贡献的建筑业企业家称号。

公司将工作重心进一步向施工现场转移，普遍充实了工程管理力量，签订了施工现场安全生产管理和质量安全环境管理责任书，重视大中型工程项目施工组织设计和专项施工方案的评审，加强项目策划和督促检查，建立了在建项目《工程项目管理台帐》，加强督促检查。2009年公司承建的对外经济贸易大学图书信息中心工程荣获2009年度中国建设工程鲁班奖；集团重庆分公司承建的四川省绵竹市紫岩小学工程荣获2009年度江苏省“扬子杯”优质工程奖，该工程为援建四川省绵竹市灾后重建工程项目；另有5项工程荣获江苏省省外优质工程"扬子杯"奖。同年该公司荣获"2009年度江苏省建筑业企业安全生产先进单位"称号。

江苏省建筑工程集团有限公司

江苏省建筑工程集团有限公司为原江苏省直属企业——江苏省建筑工程公司的改制企业，成立于1956年。2006年，进行产权制度改革和资产重组，建立了完善的现代企业法人治理结构。该公司具有6个总承包资质(房屋建筑工程施工壹级、市政公用工程施工壹级、机电设备安装工程施工壹级、公路工程施工贰级、水利水电工程施工贰级、铁路工程施工叁级)、10个专业承包资质(建筑装修装饰工程设计与施工一体化壹级、地基与基础工程壹级、消防设施工程壹级、建筑幕墙工程壹级、钢结构工程贰级、化工石油设备管道安装工程贰级、管道工程贰级、桥梁工程贰级、隧道工程贰级、环保工程贰级)，为援外A类企业和特级"AAA"级资信企业，享有独立在世界各地承揽工程的对外签约权。

公司注册资本3.015 8亿元。现有工程技术、经营管理人员800余人，其中中高级技术职称300余人，一、二级建造师100余人，并有30余名被评为全国或省、市优秀项目经理(建造师)。集团总部设在南京，现有22个分公司、15个控股或全资子公司、4个关联企业。

公司致力于质量、环境和职业健康安全管理，取得了GB/T19001—2000质量管理体系、GB/T24001—2004环境管理体系、GB/T28001—2001职业健康安全管理体系认证并进行了三个管理体系的"整合"，形成了严格、科学的管理体系；多次获得"全国优秀施工企业"、"全国设备管理先进单位"、"江苏省建筑业综合实力30强"、"江苏省建筑业外经10强"、"江苏省建筑业最佳企业"、"江苏省重合同守信用企业"、"江苏省质量管理先进企业"、"江苏省知名建设承包商"、"江苏省进沪、进京施工先进企业"等荣誉称号。

公司50年的发展历程，为共和国的繁荣创造了辉煌，谱写了骄人篇章。从国家一五计划到20世纪70年代末，公司承建了南京长江大桥桥头堡、洛阳第一拖拉机厂、南京化纤厂、南京造币厂、南京栖霞山化肥厂、南京钢铁厂等数十项国家重点工程。

公司具备国际工程施工承包的能力和经验。从八九十年代伊拉克阿玛拉医院、巴格达机修厂、美国关岛皇宫大酒店等劳务和专业分包，到新世纪一跃跨上了国际工程总承包的台阶。近几年来，公司总承包了圣卢西亚的国家体育场、菲律宾农业技术推广中心、基里巴斯体育馆、几内亚比绍共和国议会宫、刚果(金)恩吉利综合医院、中国驻刚果(金)使馆经商处办公楼、喀麦隆总统家乡学校、科特迪瓦外交部会议厅、密克罗尼西亚国际金枪鱼管委会办公大楼、塞内加尔两座体育场维修项目、瓦努阿图水产品加工厂等海外工程。

公司承建的淮安周恩来纪念馆、海南寰岛泰德大酒店和南京图书馆新馆三个项目先后获得国家优质工程"鲁班奖"，并有多项工程获得"全国建筑工程装饰奖"、江苏省"扬子杯"、上海市"白玉兰杯"、北京市"长城杯"等诸多荣誉。

中国江苏国际经济技术合作公司

中国江苏国际经济技术合作公司(简称"中江公司")是1980年12月经国务院批准成立的大型外经贸企业。

公司具有国家授予的对外承包工程和劳务合作经营权、进出口贸易经营权，国家部门认定的对外援助成套项目施工任务和对外援助物资项目A级实施企业资格，工程咨询、设备监理甲级资质，房屋建筑工程施工总承包一级资质和建筑装修装饰、机电设备安装、钢结构工程、建筑智能化工程四项专业一级等资质，市政公用总承包、消防设施、建筑智能化工程专业承包二级资质。通过各年度ISO90001质量管理体系ISO14001环境管理体系和GB/T28001职业健康安全三位一体管理体系复审。

公司始终坚持实施"走出去"战略，大力开

展国际经济技术合作，推进国际化、多元化、市场化经营，形成以对外承包工程、工程咨询及设备监理、对外劳务合作、进出口贸易、房地产为主体的业务构架。目前所属分、子公司 30 个，在海外设立 20 多家办事处和分公司，在近 80 个国家和地区开展业务。

公司连续 16 年被美国《工程新闻记录》评为“全球最大的 225 家承包商”，被评为全国“对外承包工程和劳务合作”双优奖企业、“中国 500 家最大服务行业企业”、“江苏省名牌企业”、“全国守合同重信用企业”。2009 年公司还荣获 2009 中国服务业 500 强第 169 名。

江苏省建筑科学研究院有限公司

江苏省建筑科学研究院有限公司（原江苏省建筑科学研究院）成立于 1985 年，原隶属于江苏省建设厅。2001 年作为江苏省首批改制的省属开发性科研院所，由科研事业单位成功转制为股份制科技型企业。

作为国内建筑行业规模较大、产业化程度较高的综合性科学研究和技术开发机构，公司主要业务面向建设工程领域，以建筑材料、工程咨询为主业，进行新材料、新产品的研发与生产，同时开展建筑设计、建设监理、工程检测与鉴定、特种工程施工、建筑物诊断与处理、技术培训等专项业务。近年来加强了绿色建筑与节能技术研究、房地产开发等业务。

改制以来，公司坚持走技术创新和产业化发展道路，先后投资超过 2 亿元，建设并完善了建设部化学建材产业化基地、江苏省水性醒高分子工程技术研究中心、江苏省建筑节能技术中心、江苏省建筑工程诊断与处理中心等省部级研发平台，公司在服务工程建设、研发新型材料等方面的综合能力大幅提升，一批具有国际国内领先水平的科技成果和新材料被广泛应用于长江三峡大坝、田湾核电站、京沪高铁等国家重点工程，实现了综合实力和经济效益的跨越式发展。现已成为拥有 11 个控股子公司，集科研开发、技术服务、新材料研发及生产为一体的多元化、多领域的高新技术企业。

公司现有员工 1 600 多人，各专业技术带头人均为研究员级高工，中高级职称约占科技人员总数的 45%。公司经国家人事部批准设立了博士后科研工作站，吸引和培养了一批建设行业科技精英，形成了一支包括何梁何利奖获奖者、国务院政府特殊津贴专家、“333”工程中青年首席科学家、新世纪百千万工程国家级人选、江苏省有突出贡献中青年专家、江苏省青年科技标兵等高层次人才在内，专业配置齐全，结构组成合理的科研创新队伍。

公司充分发挥综合技术优势，以自主创新为主线，不断研发新技术、新产品，为建设行业提供更高质量的服务。随着整体效益的提升和社会影响力的不断加强，公司正朝着国内领先、国际知名的建设领域科技先导型企业的目标稳步迈进。

中建工业设备安装有限公司

中建工业设备安装有限公司是按照现代企业制度由中建股份和中建八局共同出资组建的国有独资的现代化建筑安装施工企业。其前身为中建八局工业设备安装有限责任公司。公司始建于 50 年代初，历经了新中国的工业建设、基建工程兵的南征北战、改革开放三十年的拼搏奋进，铸就了骄人的业绩。

公司驻地南京，现有员工 2 300 余人，各类专业技术管理人员 1 740 余人，下设山东、苏州、上海、广州、西北、东北、西南、中原等十多个区域公司以及石化设计院、储运工程公司、锅炉压力容器公司、计量检测中心、钢结构厂、钢结构安装公司、大件吊装公司、工程公司等专业公司。公司广大员工信守“质量第一、用户至上”的经营宗旨，弘扬“团结拼搏、开拓进取、优质服务”的企业精神，践行“为人类建设美好的生存空间”的使命，面向市场，全方位开拓，足迹遍及大江南北，承担了 200 多项国家及省市大中型重点工程，并拓展进入了北非、南亚等国际建筑市场，获得了 16 项鲁班奖和 90 余项国家和省部级优质工程奖。

2009 年，公司上下坚持“安全第一、预防为主、综合治理”的方针，紧紧围绕“规范、精细、创新”，全面推进公司安全工作稳定发展，在安全重视程度上、安全管理人员配备上都得到了进一步加强，项目管理逐步向规范化、标准化方向发展，突出了“两手抓”：一手抓重点和细节，一手抓贯彻落实，各项制度得到了较充分的落实，公司安全形势平稳。

公司以优良业绩，继往开来，与时俱进，充分发挥人才、技术、装备、管理、资金等综合优势，恪守“诚信经营、绿色施工、追求卓越、关爱生命”的企业管理方针，努力打造“国内著名、国际知名、员工满意、各方认同的现代化建设安装企业”。

江苏省工业设备安装集团有限公司

江苏省工业设备安装集团有限公司成立于1952年，是江苏地区规模最大的综合性安装企业。公司注册资本5 975万元，资产总额75 874万元，占地面积195 179平方米。拥有国家建设部批准的机电安装施工总承包一级资质，并同时具有消防工程安装、机电设备安装、化工石油设备管道安装、管道工程、钢结构工程、电梯安装、无损检测工程、起重设备安装工程等专业承包一级资质。公司现有员工约1 450名，其中高中级专业技术人员和经济管理人员371名。

公司坚持质量第一、用户至上，快速优质地完成了一大批国内外重点建设项目。设计、施工工艺、质量、工期及职业安全卫生健康达到了国内先进水平，在工程总承包和专业施工中积累了丰富的经验，培养了一支技术过硬的专业化队伍。

公司具有国家经贸部授予的对外经济合作经营权，出色完成了科威特艾哈默迪炼油厂、约旦发电厂、伊拉克国防部大楼、美国关岛皇宫饭店、哈巴罗夫斯克国际机场候机楼等项目的安装。公司电梯、锅炉专业被中国安装协会授予“中国安装之星”荣誉称号，是“中国500家最大规模企业”、“中国500家最佳经济效益”建筑企业之一。公司于1996年开始建立质量管理体系，并在1997年1月获得质量管理体系ISO9002认证证书。1996年至2005年，公司连续六年获得省级质量管理先进企业的荣誉称号。

公司于2003年建立质量、环境、职业健康安全整合型管理体系，并获得三个管理体系的认证证书。近年来公司承接的工程项目，均对施工过程的环境和危险因素实施有效控制，防止施工扰民，降低安全生产风险，实现文明施工，连续多年无重大事故。成都万和广场工程荣获2005年全国用户满意安装工程。公司连续三年获得省级安全生产先进企业称号。

中国核工业华兴建设有限公司

中国核工业华兴建设有限公司是中国核工业建设集团公司的重点成员单位之一，始建于1958年，曾承担过我国“两弹一艇”试验基地以及许多重要核工程、军工工程的建设，是具有房屋建筑施工总承包特级资质的大型综合性建筑安装企业，拥有核工程、房屋建筑工程、工程设计和安装、市政工程、消防工程、土石方工程、公路工程、钢结构工程、机电设备安装工程等28项资质，具有独立的对外经济合作经营资格。

公司下设核电、国内、国际3个工程事业部、15个专业公司和参(控)股单位，拥有各类专业技术人员及管理人员2 800余人，其中具有中高级职称的专业技术人员800余人，具有国家注册建造师资格的人员近300人。公司拥有一支技术工种齐全的作业层技术工人队伍，其中具有技师、高级技师资格160余人。目前，公司通过改革改制、管理升级、并购重组，已经形成“设计＋土建＋安装”完整的建筑施工产业链。

多年来，公司与中国核工业共同成长，承担过众多核工程、国防军工工程的建设，参加了国内及出口的大部分核电站的工程建设，并在其中的10座核电站、19台核电机组建设中担当主力。目前正在承担广东岭澳核电二期、巴基斯坦核电站二期(C2)、辽宁红沿河、福建宁德、广东阳江等核电站的建设任务，核电建设市场份额达到75%，为我国的核电建设和能源事业发展立下了赫赫功绩。

在确保核电建设的同时，公司承担建设了一大批有影响的工业民用工程，如中石化仪征化纤股份有限公司、上海大众汽车有限公司、上海白龙岗污水处理厂、上海锦江—龙柏花苑、上海国际体操中心、重庆纽约·纽约、英利大厦、徐州天成国贸中心、厦门软件园、广东南海石化(壳牌)、广东、福建、上海液化天然气(LNG)接收站等工程。目前施工区域覆盖国内20余个省(直辖市)，并在巴基斯坦、新加坡、阿尔及利亚、约旦等国家承担工程建设任务。

公司全面通过了ISO9001质量管理体系、OHSMS18000职业健康安全管理体系和ISO14001环境管理体系一体化认证，并持续有效运行。工程业绩备受瞩目，近年先后获得包括建筑工程“鲁班奖”、“国家银质奖”在内的国家及省部级奖项近200项。

目前，公司正在实施新一轮发展战略，争取在“十一五”末发展成为具有产业链经营能力、主营业务突出、同心多元化发展良好的知名建筑企业，努力成为拥有核心技术和EPC(设计—采购—建造)能力的知名工程公司，继续秉承“安全、坦诚、卓越”的核心价值和“关爱员工、满足顾客、倡导环保、追求卓越”的管理方针，为社会的繁荣和进步作出更大的贡献。

长安责任保险股份有限公司

长安责任保险股份有限公司是由住房和城乡建设部牵头，10部委共同支持，历经10年组建的我国首家专业责任保险公司。2007年9月29日经中国保险监督管理委员会批准开业，总部设在北京。

长安责任保险作为我国第一家专业责任保险公司，经营范围除一般性的财产保险、信用保险、保证保险等险种外，主要以责任保险为特色，并通过对高技术含量的责任保险产品与服务的创新与开发，使得我国责任保险的覆盖领域不断扩大，作用不断加强。

公司秉承“忠诚、专业、创新、进取”的核心价值观，以服务社会、回馈社会为己任，专注业务产品创新，专诚提供服务。公司倡导海纳百川、和谐奋进的企业文化，关注社会、关注民生、关注员工、追求卓越，努力将公司建设成具有国际竞争力的专业责任保险公司。

长安责任保险股份有限公司的设立，体现了政府和社会对推动我国责任保险发展的重视和期待。长安责任保险将牢记使命，大胆尝试，勇于创新，努力为推进我国责任保险事业的发展，建立市场化的灾害与事故补偿机制作出应有的贡献。

长安责任保险股份有限公司江苏省分公司自2008年5月15日成立以来，在大力拓展业务的同时，进一步完善了服务网络。目前已在南京、苏州、无锡、常州、南通、泰州、淮安等地区设立了20余家分支机构。

随着江苏国民经济的快速发展，公司在稳步进入市场的同时，积极参与、配合各级政府对社会、企业的安全责任管理，运用经济手段实现保险的社会管理职能。目前，公司已经研发了农村食品安全示范店责任险、学校餐饮场所责任险等诸多深受市场欢迎的产品。公司还将以高度的责任感和创新精神，以市场需求为导向，大胆尝试，积极寻求责任保险发展的新途径、新领域、新渠道，为客户提供诚信、专业的服务，把公司建成为对国家、对社会、对企业、对客户高度负责任的公司，努力推进江苏保险特别是责任保险的发展，为构建和谐江苏作出积极贡献。

徐工集团徐州建机工程机械有限公司

徐工集团成立于1989年3月，成立20年来始终保持中国工程机械行业排头兵的地位。目前位居世界工程机械行业第16位，中国500强企业第191位，中国制造业500强第96位，是中国工程机械产品品种和系列最齐全、最具竞争力和最具影响力的大型企业集团。“徐工”是行业首个“中国驰名商标”。

徐工集团(XCMG)是中国最大的工程机械及建筑机械制造商，2008年销售产值达400亿元人民币，年实现利税30亿元，年出口创汇突破8亿美元。其中工程起重机械、路面机械、压实机械、建筑机械、铲运机械、回转支承、液压件等产品在国内行业中位居前茅，在海外形成了东南亚、中东、非洲、南北美洲等出口主导市场。其中70%的产品为国内领先水平，20%的产品达到国际当代先进水平。

徐工集团徐州建机工程机械有限公司是国家定点从事建筑机械设计、研发、制造的专业公司。徐州建机工程机械有限公司隶属于徐州工程机械集团有限公司，自1992年起从事建筑机械的开发和制造，是建设部定点的建筑机械专业生产企业。公司采用模块式管理，现有员工800多人，具有生产1 000台以上的大、中型塔式起重机的生产能力，拥有一支高素质的研发技术团队，全面采用机械CAD、PRO/E软件、ANSYS有限元软件进行计算机辅助设计，具备开发系列施工升降机、塔式起重机及非标产品的设计能力，满足用户的特定需求。

公司从国内外引进关键设备，保证产品质量。公司按照GB/T9001标准，不断健全、完善质量管理体系，于1994年在塔机行业中首家通过ISO9001—94和2004年ISO9001—2000质量体系认证，取得国家"特种设备制造许可证"和江苏省"起重设备安装资质证书"，并多次被评为重合同守信用单位。

公司生产的"徐工"牌建筑机械产品均已通过了国家检验机构认证，多次被评为省、市质量信得过产品，被中国质量检验协会授予"全国质量信得过产品"、"全国质量稳定合格产品"和"国家质量检验合格产品"殊荣。"徐工"牌系列施工升降机、塔式起重机等建筑机械产品，广泛使用于各类建筑工程、水利电力、住宅施工、桥梁建设等领域，产品遍及全国三十几个省、市、自治区，并出口到阿联酋、科威特、沙特、卡塔尔、阿曼、伊朗、巴西、哈萨克斯坦、乌克兰、俄罗斯、白俄罗斯、蒙古、安哥拉、毛里求斯、墨西哥、巴拿马、危地马拉、印度、越南、新加坡、巴基斯坦、阿尔及利亚等近30个国家，销售额近5亿元人民币，出口额达3亿元人民币。

徐州工程学院

徐州工程学院坐落在国家级历史文化名城、两汉文化发源地、素有"五省通衢"之称的古城徐州，是2002年经国家教育部批准由彭城职业大学和徐州经济管理干部学院合并建立的一所全日制普通本科院校。2007年6月，经江苏省人民政府同意，徐州教育学院整建制并入徐州工程学院。学校占地面积2 070余亩，固定资产近8亿元，仪器设备值1.2亿元。学校设有14个二级学院，31个本科专业，面向全国12个省(自治区、直辖市)招生，现有全日制普高在校生18 000余人。

学校大力推进"人才兴校"战略，坚持培养与引进并重，大力加强师资队伍建设，基本形成了由学科带头人、骨干教师、青年教师组成的教学科研梯队，师资队伍结构得到较大改善。学校现有专任教师980人，其中教授44人，副教授292人，博、硕士665人，57名省"333工程"培养对象，省"青蓝工程"中青年学术带头人，优秀骨干教师，市优秀专家和市拔尖人才。

学校坚持以迎接教育部本科教学工作水平评估为中心，大力开展质量工程，将2007年定为"课堂教学质量年"，2008年定为"实践教学改革年"，2009年定为"教学管理规范年"，积极探索应用型创新人才培养的新模式，教学质量不断提高。工程造价课程教学团队为省级优秀教学团队，食品与生物工程实验中心、电工电子实验中心、物理实验中心为省基础课实验教学示范中心建设点；拥有农产品加工及储藏工程、机械电子工程2个省重点建设学科，食品科学与工程、财务管理2个省特色专业建设点，微机原理与接口技术、中国古代文学2门省精品课程；有2个课件获省多媒体课件大赛一等奖，3部教材获批省级精品教材。建有32个实验室、10个研究所和120多个校外实习基地。特别是2009年，学校取得省级以上各类教学奖项合计15项，在全省同类高校中处于领先位置。财务管理专业被推荐为国家级特色专业建设点，食品工程类专业"弹性顶岗"应用型人才培养模式创新实验区被推荐为国家级人才培养模式创新实验区。

学校把学习实践科学发展观活动与"振兴

徐州老工业基地”相结合，与学校的各项工作相结合，根据徐州支柱产业发展特色，加强产学研联合，加快科技平台建设，服务地方经济社会的能力不断提升。与江苏艾德太阳能科技有限公司签订了全面合作协议，双方共建光伏工程培训研究中心，进行科技开发和人才培养；与徐州经济开发区建立了战略合作关系，联合创建“徐州淮海工业设计研究院”。学校建有江苏省生物食品加工工程技术中心和徐州市工程装备检测及材料工程技术中心、绿色建筑工程技术中心、物流配送研究中心、珍稀植物繁育种植和生物新能源工程技术研究中心等 6 个市级工程技术中心。2006 年以来，获得省部级以上科研项目 41 项，其中，国家社会科学基金“十一五”规划项目 2 项，国家自然科学基金项目 2 项，国家“十一五”科技支撑计划项目 1 项；获得省部级科技成果奖 5 项，社科成果奖 3 项；获得市厅级科技成果奖 62 项，社科成果奖 10 项。

积极开辟“第二课堂”，大力推进素质教育，人才培养质量不断加强。在第五届“挑战杯”中国大学生创业计划竞赛中，喜获铜奖；在国际大学生数学建模竞赛中，获得一等奖 1 项，二等奖 7 项；在全国大学生数学建模竞赛中，获得一等奖 4 项，二等奖 4 项；在全国大学生英语竞赛中，获一等奖 26 项，二等奖 56 项；在首届全国普通高等院校算量大赛总决赛中，获特等奖；在第四届、第六届全国大学生桥牌锦标赛以及代表江苏省参加的第八届全国大学生运动会桥牌比赛中，学校均取得了优异的成绩。

学校积极开展国际交流与合作工作，与韩国、法国、俄罗斯、新西兰、澳大利亚、日本等 11 个国家的 13 所高校建立了良好合作关系。目前，中外合作本科项目 6 个、专科合作项目 3 个，在校生 700 多名，项目数与学生数已经走在同类院校的前列。

学校多次被徐州市人民政府评为花园式单位、园林式单位、先进集体和精神文明建设先进单位，被江苏省人民政府命名为安全文明校园、省级文明单位、省级文明学校、省级文明单位标兵。

苏州二建建筑集团有限公司

苏州二建建筑集团有限公司成立于 1980 年，其前身为苏州市第二建筑工程公司，是江苏省内大型建筑施工企业之一。公司具有国家房屋建筑工程施工总承包特级资质和对外工程承包资格。公司主营业务包括房屋建筑施工、市政、地基基础、钢结构、装饰装修、设备安装、消防、园林古建等，是一家集建筑施工、房地产开发、建材经营、设备租赁、物业管理为一体的大型地方建筑施工企业。

公司注册资金 30 280 万元，拥有各类资产 15 亿余元，各类大中型先进施工机械及非生产设备近 3 亿元，各类周转材料 2 亿余元，年完成企业总产值 60 亿元，连续多年评为江苏省最佳建筑企业，位居苏州市建筑业 20 强首强，跻身于江苏省建筑业 30 强和中国建筑业 500 强。

公司贯彻执行“安全第一、预防为主、综合治理”的方针，认真落实上级主管部门的要求和布置的工作，抓基础管理，抓预控工作。公司近三年来无伤亡事故、无重大设备事故、无重大火灾事故、无坍塌事故、无多人急性中毒事故。2009 年创省级文明工地 23 个，市级文明工地 54 个。获全国建筑施工安全质量标准化示范工地 1 个，国家电网安全质量流动红旗一面，并获得省、市建筑施工安全生产先进单位称号。

公司坚持把“信为本、诚为基、德为源”作为发展理念，把“胸怀企业兴衰，心系员工冷暖，牢记社会责任”作为对全体员工的共同要求，紧紧依靠职工，团结拼搏，开拓创新，全面致力于做大做强、做实做优企业的各项工作，为企业持续、健康、和谐发展不懈努力。

苏州第一建筑集团有限公司

苏州第一建筑集团有限公司于 1996 年 12 月 17 日批准组建(其前身苏州第一建筑工程公司成立于 1952 年 10 月 16 日)，系国家特级建筑施工总承包资质企业，主要从事各类房屋建筑和市政工程总承包施工。公司内部有土建、市政、桩基、设备安装、消防、设备租赁等 10 多个分公司，控股2个房地产企业及装饰、建筑设计、钢构、建筑技术检测、劳务等多家子公司，形成了开发、设计、科研、施工、安装、装璜、租赁、材供和物业管理等技术和装备齐全的集团型企业。

公司获得4项鲁班奖以及国家优质工程、国家级新技术示范工程、全国施工安全文明工地等奖项，发布通过国家行业标准1项，研发中心通过省级评定，4项工法被评为国家级一级工法，QC小组连续6年被评为全国工程建设优秀质量管理小组。集团公司被中国产品质量协会评定为质量信用AAA等级企业，荣获全国建筑业先进企业、全国建筑业质量管理优秀企业、全国“安康杯”优胜企业、全国模范职工之家、江苏省文明单位、“十五”期间江苏省先进建筑业企业、江苏省科技进步三等奖、江苏省建筑业科技成果二等奖、江苏省建设科技先进集体、江苏省“重合同守信用”企业、江苏省建筑业最佳企业(连续7年)、江苏省建筑业综合实力30强等多项荣誉称号。

公司于1999年建立ISO9002质量管理体系，2004年建立并实施ISO14001环境、OHSAS18001职业健康安全管理体系。公司的管理方针是以顾客满意为宗旨，安全健康为保障，关爱环境为己任。建筑与文明的完美和谐是公司永恒追求的目标。

公司制订了质量、环境、职业健康安全目标，同时将总目标层层分解，横向分解到技术、质量、生产、安全、材料设备等管理系统，纵向分解到分公司、项目部、作业班组，层层签订责任状，明确目标责任，形成相互协调、相互制约，相互促进的管理网络。公司的职业健康安全目标以“健康安全为保障”为最终目的，坚持“安全发展”的主旋律，从企业安全管理程序化、施工现场安全防护标准化、场容场貌秩序化方面着手，加强制度建设，完善管理体系；加大安全投入，推行施工现场标准化建设；强化现场文明施工，为员工创造良好的生活、工作环境；强化安全宣传教育，营造企业安全文化。整体安全生产形势稳定，企业和谐发展。

南通建工集团股份有限公司

南通建工集团股份有限公司前身最早为“南通市营建筑公司”，成立于1952年4月，是江苏乃至全国成立最早的建筑公司之一。1986年更名为“南通市建筑安装工程总公司”，2004年6月整体改制为“南通建工集团有限公司”，2006年5月更名为“南通建工集团股份有限公司”。

公司现具有国家房屋建筑工程施工总承包特级资质、机电设备安装工程专业承包一级资质、建筑装修装饰专业承包一级资质、起重设备安装工程专业承包一级资质、消防设施工程专业承包一级资质、地基与基础工程专业承包一级资质、钢结构工程专业承包一级资质、市政公用工程总承包二级资质。

公司拥有工程技术经济及各类管理人员1 653人，有各类职称人员700余人，其中教授、研究员级高工6人，高级职称人员61人，一级建造师和一级项目经理140人，二级建造师和二级项目经理265人。拥有各类大中型建筑机械设备985台(件)。

公司于1997年通过ISO9002质量体系认证，2003年通过ISO14000环境体系、OHSAS18000职业安全健康体系认证，成为南通市最早完成“三位一体”贯标体系认证的施工企业。

公司下辖19个土建分公司和7个专业分公司。国内市场已覆盖到北京、上海、天津、山东、河北、内蒙、新疆、海南、广东、广西以及江苏的南京、苏州、无锡、常州、徐州、南通等省、市、区。近年来，承建了无锡体育中心体育馆、南通体育会展中心体育会展馆等超大规模的公用建筑工程，南通醋酸纤维有限公司、南通天生港发电有限公司等大型群体工业建筑工程，北京金海国际花园、上海天山路住宅小区、南京邮电学院教学楼、南通有斐大酒店以及无锡市三阳城市花园等一大批重点工程和标志性建筑。海外市场迅猛发展，近年来，承建了中国驻津巴布韦大使馆经商处办公楼、住宅楼，津巴布韦人力资源委员会总部大楼；中国驻秘鲁大使馆经商处办公楼；中国援建几内亚比绍老战士住宅区；莫桑比克CAIA初级中学等一批有影响的工程。目前在建的苏丹ALSALAM水泥厂工程、苏丹阿尔萨拉姆水泥厂，合同额均超过5 000万美元，是南通市建筑企业在海外承建的最大总承包项目。

2009年公司以科学发展观统领全局，认真贯彻落实“安全第一、预防为主、综合治理”的方针，深入开展三项行动，全面加强三项建设，继续推行公司OHSMS18000安全管理体系，严格执行建设工程安全技术操作规程，履行安全生产岗位职责，营造了安全、文明、有序、和谐的施工环境，切实维护和保障职工在施工生产中的安全和健康。同年6月，公司又一次荣获全国“安康杯”竞赛优胜企业奖，这已是公司第6次获此殊荣。2009年，公司全面加强安全生产各项基础管理工作，全年未发生重大生产安全事故，因工负伤事故频率控制在1‰以内，安全管理工作始终处于受控状态，确保了企业安全稳定发展。公司牢固树立“安全就是生产力，安全就是竞争力”的理念，安全生产管理继续保持了持续稳定好转的态势。

江苏省苏中建设集团股份有限公司

江苏省苏中建设集团股份有限公司为首批国家房屋建筑工程施工总承包特级资质企业，拥有对外签约权。公司产业涉及房屋建筑、装饰装潢、设备安装、古典园林、钢结构工程施工、房地产开发、国内贸易、海外工程等。公司于1949年2月成立，1998年12月进行了股份制改造，经江苏省政府批准，成立了规范的股份有限公司；1999年组建了江苏省苏中建设集团，同年10月被建设部列为全国试点企业集团；2005年6月改制成为自主经营、自负盈亏的民营企业。

公司充分发挥自身人才、设备和技术优势，积极跻身上海、北京、南京、沈阳、大庆、哈尔滨、石家庄、新疆、内蒙古、西安、银川、广东、海南、福州、山东、长春、安徽、徐州、天津、无锡、常州、扬州、镇江、南通、南昌、重庆、成都等27个主要国内市场和俄罗斯、阿联酋、苏丹、新加坡等国际市场。以过硬的作风、精湛的技术，展示了建筑“铁军”精锐之师的风采，赢得了很高的社会信誉。先后承建了上海五道口商务广场、内蒙古国航大厦、北京皇冠大厦、南京中环国际、沈阳昌鑫置地广场、石家庄中华商务广场、福州世茂大厦、天津诚基中心等一批大体量、高难度的标志性工程。共创鲁班奖19项，创“白玉兰”、“扬子杯”、“黄山杯”、“泰山杯”、“世纪杯”、“长城杯”、“天山杯”、“龙江杯”、“浦江杯”等省级以上优质工程800多项。

公司质量管理规范，技术管理先进，安全管理严格，服务管理到位。1999年11月通过了GB/T19002—ISO9002标准质量体系认证，2003年11月通过了质量、职业安全健康、环境三合一管理体系认证。先后获得国家级工法5项，国家级QC小组成果21项，省级新技术应用工程102项，省级工法40项。

公司先后荣获“全国五一劳动奖状”、“创鲁班奖特别荣誉企业”、“全国优秀施工企业”、“全国先进建筑施工企业”、“国家守合同重信用企业”、“中国工程建设信用AAA级企业”、“全国工程建设质量管理优秀企业”、“全国施工企业机械设备管理优秀单位”、“第四届全国‘千校百万’进城务工青年培训工作先进集体”、“江苏省先进建筑企业”、“江苏省建筑业最佳企业”、“江苏省知名建设承包商”、“江苏省文明单位”等称号，连续7年列入中国大企业集团500强，连续6年在江苏省建筑业综合实力30强评比中名列前茅，连续10年被中国建设银行江苏分行评为“江苏省AAA级资信企业”。

公司全体员工始终坚持“至诚至信，尽善尽美”的经营理念和“环保安康建时代精品、诚信守法筑苏中丰碑”的管理方针，弘扬“励精图治、追求卓越”的企业精神，竭诚为国内外业主提供优质的产品和满意的服务，携手共创建筑事业更辉煌的明天！

江苏南通二建集团有限公司

江苏南通二建集团有限公司是中国500强

企业，具备房屋建筑工程总承包特级资质，市政公用工程施工总承包和机电设备安装工程专业承包、钢结构工程专业承包、建筑装修装饰工程专业承包4个一级资质，以及公路工程施工总承包、机电安装工程施工总承包和地基与基础、建筑幕墙、园林古建筑、消防设施专业承包、桥梁专业承包、隧道专业承包、环保专业承包、航道专业承包10个二级资质。

集团公司注册资金31 384.98万元，拥有总资产97亿元，净资产34亿元。公司实行总部、区域公司、项目部三级扁平化管理，以企业网站为网络管理平台，建立了信息集成系统和快速决策系统，实现了总部与区域市场、项目部的信息互动和资源共享。拥有固定员工52 000余名，各类专业技术人员3 318人，其中高级职称人员185人，中级职称人员879人，一级建造师242人，二级建造师702名。拥有众多善创省优工程的品牌项目部和善建10万平方米以上大体量工程的项目部，以及大批技术精湛、善打硬仗的成建制劳务队伍。

公司安全生产措施扎实，及时明确年度安全生产目标及考核机制，全面实施安全生产条件评价体系，认真加强安全意识教育，不断加强安全专职人员的配备和检查监督力度，推行信息化平台管理，实行实时监控。科学规范了安全管理的程序，改变了动态管理下安全生产被动的局面。

公司塑造以"追求卓越、创造价值"为核心内容的企业文化，打造"团队、创新、务实、诚信"的企业精神；着力实施"新思维、新目标、新作为，提升企业发展理念，高质量、高标准、高科技，提升企业核心竞争力，严管理、严治企、严律己，提升企业形象，多谋划、多整合、多元化，提升企业经济效益"的"三新三高三严三提升"管理。2009年，集团公司完成总产值151亿元，上交税金5.3亿元，实现利润7.3亿多元。通过了中建协认证中心的质量、环保、职业健康三合一体系标准的认证审核。先后获江苏省建筑业"最佳企业"、"进沪优秀施工企业"、"进京优秀施工企业"、"进津优秀施工企业"、江苏省AAA级资信企业和全国建设行业企业信用AAA级单位、全国建筑业统计工作先进单位、全国工程建设质量管理优秀企业、全国"守合同重信用"企业等称号，3次被评为"全国优秀施工企业"，连续3次名列江苏省建筑企业综合考评第1名，2008年名列江苏省建筑业综合考评第3名，荣膺2009中国承包商企业60强，再次进入中国500强企业行列(第407位)。

江苏江中集团有限公司

江苏江中集团是一业为主、多元发展，具有综合优势与实力的省级集团企业。拥有国家房屋建筑施工总承包特级资质，下辖10个土建分公司，施工队伍分布于全国20多个大中城市及海外建筑市场。公司下辖2个房地产开发公司及建筑劳务、安装、装饰装潢、市政园林、钢架结构、物业管理、宾馆和培训中心等专业公司。集团在全国各地承建了一大批高层、超高层、大体量、大难度的标志性工程，获"鲁班奖"、国优、部优、省优、"用户满意工程"奖和国家、省市级文明工地数百项，还获得国家发明专利、新型实用专利及工法20多项。2008年，公司在外施工人员2万多人，建筑面积880万平方米，实现施工产值60亿元，先后荣获中国建筑业500强领先企业、全国工程建设社会信用3A级企业、江苏省建筑业先进企业、江苏省建筑业综合实力30强企业、江苏建筑业"连续六年最佳企业"、江苏省百强民营企业等荣誉。

公司前身为如皋县吴窑建筑站，始建于1970年。2005年，公司步入"优化结构、做大资本"的新一个十年奋斗历程，大力推进实施"大建筑、优房产、特多元"的发展战略，打造新的特色发展优势，确保集团持续、科学、和谐发展。公司大力推进企业改革，创新管理体制，优化股权结构，形成了经营层控股，管理层持大股的新局面，公司守法经营，依法纳税，经营生产班子人员团结协作，艰苦奋斗，企业形成了"同舟共济、风险共担、自主经营、自负盈亏、自我发展"的法人治理机制，真正步入了全面规范化运作的轨道。

公司注重建立长效安全管理机制，做到“安全生产人人有责”，增强了每个员工做好安全生产工作的紧迫感和责任感。公司狠抓安全生产责任制的落实，组织健全，制度规范，职工三级安全教育培训正常开展，安全生产经费投入得到保障，安全检查整改工作有序推进，安全文明工地创建工作比较扎实，公司安全生产保持平稳态势。

公司牢固确立“诚信规模，品牌效益”的理念，依靠质量信誉求生存，推行质量标准化管理，坚持文明施工，按规范程序操作，实施全过程控制，横向到边，纵向见底，确保实现质量承诺，在施工生产一线项目部建立了“人人担责任，内部有监督”的质量管理新机制。各驻外公司施工现场文化建设做到都是一个模式，工地形象宣传布置也都有统一的版本。在各工地设立了农民工业余学校，每一个项目管理上都做到场地硬化、脚手架美化、现场文化、学习强化、机制深化、关系融化，做到建一项工程，树一座丰碑，拓一方市场，为公司发展赢得了广阔的市场。2008年，公司总承包施工的无锡工商局行政业务大楼荣获鲁班奖，总承包施工的无锡保利大酒店获国优奖，还有十多项工程获“扬子杯”“龙江杯”“汾水杯”、及装饰“紫金杯”等省优工程奖、“新技术应用示范工程”和省市级文明工地。

公司注重企业文化建设，导入CI视觉识别系统对企业形象进行设计宣传，运用公司陈列室、网站和创办的《江中建设》杂志等手段，全方位宣传、展示公司的实力和美誉形象。这些都成为企业发展中的新亮点、新优势，也是公司培育激励员工、共创企业发展新业绩的无形资产。

南通五建建设工程有限公司

南通五建建设工程有限公司最初成立于1958年，1996年成为建管局下直属国营“南通五建集团有限公司”，于2002年9月更名为南通五建建设工程有限公司，是省级企业集团，国家房屋建筑工程施工总承包特级资质施工企业。先后通过ISO9001质量管理、ISO14001环境管理及GB/T28001职业健康安全管理体系认证。公司下辖14个土建公司和水电安装、基础、市政等6个专业公司。改革开放20年来，公司转战南北，在多项国家重点工程建设和大量安居工程建设中，显示了强劲实力，创出国家级、省级品牌工程70多项。

多年的拼搏，培育了“团结实干、严谨守信、开拓进取、争创一流”的企业精神和“追求完美、营造精品”的质量方针。公司大力实施名牌战略，使企业质量水平迈上了新的台阶，规模不断扩大，两个文明建设得到了进一步提高，并向社会展示了良好的企业形象。先后获得江苏省建筑业“最佳企业”、“质量管理先进单位”、“重合同守信用企业”、“AAA级资信企业”、“思想政治工作优秀企业”等荣誉，连年跻身江苏建筑企业20强，全国建筑企业百强行列。

公司不断健全安全组织，重视安全管理，完善安全制度。大力开展安全生产教育和培训，组织公司全体员工对安全生产相关法规进行学习。不断加强安全生产制度建设，具体措施扎实到位。公司还加大安全生产资金投入力度，确保安全生产工作的实际效果。公司围绕“追求完美，营造精品，安全文明，构建和谐”和“讲究实效，完善管理，提升品质，争创一流”企业文化特色，不断向前发展。

江苏顺通建设工程有限公司

江苏顺通建设工程有限公司创建于1968年，企业类型为有限责任公司，法定代表人是曹国祥。公司为国家建设部核准的房屋建筑工程施工总承包特级资质企业。并拥有设备安装专业（一级）、装饰专业（一级）、塔机拆装专业（一级）、市政公用工程总承包（一级）、钢结构专业（一级）、消防设备安装（一级）、公路专业（二级）相配套的专业施工资质。具备承建高、大、新、特工程施工及房地产开发的能力，是南通“铁军”劲旅之一。

公司注册资金为30 118万元；拥有现代化机械设备1 118台（套）；年施工产值达40亿元以上；现有员工18 600人；各类专业技术人员

1 086人，其中，高、中级专业技术人员 520 人；项目经理（建造师）122 人，其中，一级项目经理（建造师）55 人，二级项目经理（建造师）67 人；技工持证上岗率 100%。公司施工队伍遍及北京、上海、南京、河南、苏州、安徽、沈阳、南通、连云港、大庆、新疆、徐州等省、市、自治区。

公司按照做大做强的发展思路，以品牌拓市场，整体实力有了明显提高。无论是注册资金、施工产值、质量安全管理都跃上了一个新的发展平台。

获“鲁班奖”6 个，获省“扬子杯”项目 22 个；获安徽省“黄山杯”项目 1 个，获河南省“中州杯”项目 1 个；另有 10 多个项目获省级文明工地称号。公司连续 6 年获全国优秀企业、全国质量管理先进企业、江苏省最佳企业。同时，连年获江苏省质量、安全管理先进单位；市优秀企业，省、市 20 强企业、市百强民营企业、省重合同守信用企业、银行“AAA”企业等荣誉。

公司一直强化安全生产管理工作，认真落实上级各项指示精神，贯彻“生产服从安全的原则”，树立“责任重于泰山，隐患险于明火，防范胜于救灾”的观念，保证了安全生产管理工作的落实。公司特别注重施工现场创建省、市文明工地、标化工地的管理，积极结合项目实际适时开办了“农民工业余学校”，有效控制了安全等级事故的发生。

南通华新建工集团有限公司

南通华新建工集团有限公司前身是海安镇建筑服务站，创建于 1969 年 10 月，1981 年更名为海安县第二建筑工程公司，1998 年变更为南通华新建工集团有限公司。

南通华新建工集团有限公司是国家建设部批准的房屋建筑工程总承包特级资质施工企业，同时还具有起重设备安装工程专业承包、机电设备安装工程专业承包、建筑装修装饰工程专业承包、地基与基础工程专业承包 4 个一级资质，以及市政公用工程施工总承包、钢结构工程专业承包 2 个二级资质，是集房地产开发、“高科技创业园”为一体的综合性集团。

公司依靠科学的管理体系，丰富的施工经验、现代化技术设备，施工足迹不仅遍布上海、江苏南京、苏州、镇江、广东、北京、天津、四川成都、福建、吉林长春、内蒙、辽宁沈阳等二十多个省、市、自治区，还在约旦、科威特等国家承建过重要项目。所承建高层、超高层近 200 幢，年施工面积超 500 万平方米，创部省优工程 150 多项，其中获“鲁班奖”4 项。公司注重建筑技术，具有省级技术中心，获国家级工法 5 项，省级工法 10 项，国家专利 12 项，国家级 QC 成果 10 项，国家级行业标准 1 项。公司人才结构合理，专业种类齐全。有国际杰出项目经理 1 人，全国优秀项目经理 20 人。

公司是创“鲁班奖”工程特别荣誉企业、全国优秀施工企业、全国建筑业 AAA 级信用企业、全国建筑业科技进步与技术创新先进企业、中国民营 500 强企业、江苏省重合同守信用企业、江苏省建筑业综合实力 30 强企业、江苏省“文明单位”、江苏省 AAA 级资信单位、江苏省建筑业“最佳企业”。并于 2003 年 8 月通过质量、环境、职业健康安全管理体系认证。

公司建立了规范的安全生产责任制，实行各级、各部门层层控制，明确安全生产指标和各项安全保证措施。建立和健全监督制约机制，把安全管理各项工作贯穿整个施工过程。公司还积极进行职工安全培育教育宣传和职工的业务技术培训工作，对于新职工进行企业、项目部、班组的三级安全教育，并经考核合格，才准进入操作岗位。公司组织特种作业人员参加主管部门的培训考试，取得特种操作证方可上岗。

公司加强安全管理，严格考核制度，制订考核实施细则，明确每年安全工作各项指标，落实安全技术措施，公司在每个安全例会上，把安全生产作为一个重要内容，结合上级有关安全生产法规、制度及安全生产事故通报等，进行专题部署，教育全体职工从思想上高度重视安全生产，树立起强烈的自我保护和保护他人的意识。

南通新华建筑集团有限公司

南通新华建筑集团有限公司创建于 1958

年12月，系房屋建筑工程施工总承包特级资质企业，具有机电设备、起重设备安装工程专业承包一级资质，市政公用工程总承包二级资质，装修装饰、消防设施、钢结构工程专业承包二级资质。公司注册资金3.06亿元，下设南京、北京、上海、天津、苏州、无锡、常州、南通、徐州、石家庄、金沙等分公司，在长三角、京津冀等市场享有盛誉，是南通"建筑铁军"的一支劲旅。

公司坚持科学发展观，与时俱进，以资产为纽带，实施规模化、多元化、专业化经营战略。公司于2000年改制，2008年6月组建了企业集团，旗下有南通新华房地产开发有限公司、南通新华钢结构工程有限公司、江苏通州基础工程有限公司、南通新华幕墙门窗有限公司、南通新华建筑安装工程劳务有限公司等5家控股子公司。

公司积极推进科技进步，拥有10项实用新型专利，1项发明专利；ALC、SMC等多项工法被审定为国家级、省级工法；数十项QC小组成果评定为国家、省、市级优秀成果；多项技术成果获省、市科技进步奖。公司被评为全国建筑业新技术应用先进集体、全国建筑业科技进步与技术创新先进企业、全国工程建设QC小组活动优秀企业称号。

公司确立了"对社会对人民负责，靠技术靠品德造楼"的企业理念，形成了"诚信立企，力行善举"的企业文化特色，塑造了"质量至上，服务至优"的良好企业形象。公司先后荣获全国先进集体建筑企业、全国优秀施工企业、全国建筑业优秀企业、全国守合同重信用企业、全国科技进步与技术创新先进单位、创鲁班奖工程特别荣誉企业、江苏省先进集体、江苏建筑业"最佳企业"、江苏建筑业首批"名牌企业"、江苏省名星企业、江苏省知名建设承包商、江苏省重合同守信用企业、江苏省质量管理优秀企业、江苏建筑市场首选施工企业、南通市建筑业优秀企业、南通市"最佳诚信企业"、南通市诚信企业、南通市慈善工作先进集体等荣誉称号，连续多年进入南通市建筑业综合实力20强、江苏省建筑业综合实力30强、中国民营企业500强行列。

2009年，公司坚持"安全第一、预防为主、综合治理"方针，牢固树立"科学发展首先要安全发展"、"保安全才能快发展"的理念，强化责任意识，立足管理创新，突出预防为主，结合贯彻GB/T28001职业健康安全体系，公司在以董事长(法人代表)为首的安全生产领导小组的领导下，全体干部职工精心组织、精心施工，一丝不苟的做好安全工作，未发生较大安全事故，为公司稳健、快速发展奠定了坚实的基础。

江苏盐城二建集团有限公司

江苏盐城二建集团有限公司是国家特级资质建筑业企业，江苏省建筑业综合实力20强企业，苏北地区建筑业龙头骨干企业。成立于1973年7月，1998年经国家外经贸部批准取得对外经济技术合作经营权，同年底通过ISO9002质量标准认证，以后又相继通过了职业健康安全管理体系、环境管理体系认证。现有员工23 283人，资产总值8.77亿元，拥有各类经济技术职称人员600余人，其中中高级职称人员200多人。一级建造师45人，二级建造师85人，三级项目经理80人。技术装备先进，拥有各种机械8 213台(套)。

公司下设"五部一室"，26个分公司、17个控股子公司。公司在大庆、北京、天津、东营、西安、银川、石家庄、郑州、上海、海南、十堰、南昌以及江苏省内的南京、苏州、无锡、淮阴、宿迁、扬州、徐州、连云港等主要城市均设有经营管理机构，公司于1997年跨出国门，在新加坡、阿联酋等国家承建建筑工程和进行劳务合作。

公司以科学的管理、一流的信誉、卓越的形象赢得了各级政府部门、社会各界和业内同行的高度赞誉。连续多年被江苏省人民政府授予"重合同守信用单位"，被国家工商行政管理总局评为"全国重信用守合同单位"，被江苏省建筑工程管理局授予"质量综合管理先进单位"、"安全生产先进单位"、"机械设备管理先进单位"，被省建行评为"特级(AAA)信用企业"，被盐城市人民政府评为"五星级"企业、"发展建筑业十强企业"(十强之首)，2000年被江苏省人民政府授予首批省“先进建筑企业”称号。2002年以来连续4年被江苏省建设厅、建管局、统计局联合评定为“江苏省建筑业综合实力20强企业”，为苏北地区唯一一家入选的建筑企业。

2009年公司严格执行JGJ59—99建筑施工安全检查标准，扎扎实实抓好安全生产工作。创省级文明工地7项，市级文明工地13项，施工现场安全防护达标率100％，优良率达96％，未发生任何伤亡事故。公司成立以总经理为首的安全管理委员会、生产经营部、分公司安全领导小组、专职安全员四级管理网络，具体实施安全管理工作，组织全体员工认真学习和贯彻执行安全管理制度，层层签订安全生产责任状，制订具体创文明工地计划，同时细化安全内部考核细则，对各单位工程、项目部、分公司的安全如何管理、管理的重点都作了明确的要求。

2009年公司组织参加各类建筑施工企业安全管理人员培训、考试，提高员工队伍安全意识和安全技术水平，促进安全生产管理状况的平稳发展。

江苏省华建建设股份有限公司

江苏省华建建设股份有限公司是全国首批43家房屋建筑工程施工总承包特级资质企业之一，注册资本3.49亿元，净资产8亿元。公司总部设在江苏省扬州市。1982年5月成立时，公司名称为“江苏省建筑安装工程公司一公司”，习惯简称为“江苏一建”。1996年整体改制为“江苏省建筑安装工程股份有限公司”。2002年9月更名为“江苏省华建建设股份有限公司”，简称改为“江苏华建”。在20多年的发展历程中，企业名称几经变更，但企业品牌得以牢固树立和广泛认同，被誉为“特区建设的劲旅”、“来自建筑之乡的神兵”，受到社会各界的高度赞赏。

2002年6月，江苏华建获得国家施工总承包特级资质，并获机电安装工程施工总承包一级、市政公用工程施工总承包二级，以及建筑装修装饰、钢结构、起重设备安装、消防设施、建筑智能化5个专业承包一级资质。1996年获得对外经济技术合作经营权，1998年通过质量体系认证，2003年通过环境管理和职业健康安全管理体系认证，2004年通过质量、环境、职业健康安全管理体系整合认证。目前江苏华建在北京、上海、深圳、珠海、惠州、东莞、海南、广西、内蒙古、苏州、无锡、盐城等地和新加坡设立了分支机构。

公司坚持“铸造精品、追求卓越”的管理理念，努力巩固和扩大质量优势。累计承建高层建筑累计700多幢，其中特大型、超高层上百幢；历年竣工工程一次验收合格率100％、优良品率90％以上；先后获14项鲁班奖、3项国优、7项部优、8项全国用户满意工程，获全国“创鲁班工程特别荣誉奖”、“创鲁班奖工程特别荣誉企业”、“全国工程建设质量管理优秀企业”等荣誉称号。安全生产局面平稳，历年无重大事故发生，一般事故频率低于国家要求范围，被评为“全国建筑安全生产先进集体”。

公司经营生产和企业文化建设协调发展，取得喜人业绩，企业规模实力和品牌影响不断扩大。自上世纪90年代起，公司跻身“中国建筑施工企业百强”、“中国承包商60强”、“江苏省建筑业20强企业”行列，多次获“全国先进建筑施工企业”、“全国建设系统精神文明建设先进单位”、“全国用户满意施工企业”、“江苏省先进建筑企业”、“最佳企业”、“明星企业”等荣誉称号。原全国人大常委会副委员长彭冲亲笔题词赞扬公司为“特区建设的劲旅”；原全国人大常委会副委员长邹家华热情勉励公司“深化改革，坚持创新，再接再厉，勇攀高峰”。

江苏江都建设工程有限公司

江苏江都建设工程有限公司成立于1965年，是房屋建筑施工总承包特级、资信一等一级、信用AAA的大型建筑施工企业，通过了质量、环境和职业健康体系认证，并持有市政公用工程施工总承包一级、建筑装修装饰工程专业承包一级、钢结构工程专业承包一级、机电设备安装工程专业承包一级、公路工程施工总承包二级、化工石油工程施工总承包二级、机电安装工程施工总承包二级、地基与基础工程专业承包二级、消防设施工程专业承包二级等资质，历经多年发展和积累，形成了土建、安装、装饰装璜、市政、道桥、园林绿化、钢结构安装等门类齐全、专业配套的施工体系。

1984年依托军队系统开辟首都建筑市场，江都建设人凭借“建筑之乡”子弟兵“特别能吃苦、特别能战斗”的精神和总公司“管理、资金、技术、装备”优势，以“建设北京、服务首都”为己任，逐步发展成为首都建筑市场上的主力军、外施企业的排头兵。进京二十多年，先后与部队系统、地方院校、北京市各大企事业单位合作，承建了多项国家重点工程，参与了多项奥运场馆的建设。北京公司从2004年起连续三年连年获得参建“鲁班奖”和国家优质工程奖，2006年获得各类工程奖项突破20项，江都建设创优的档次和数量始终位居进京施工企业前列。公司连续16年被评为“优秀施工企业”、连续3年被首都精神文明建设委员会评为“首都文明单位”和“思想政治工作先进单位”；连续15年被评为“财务先进单位”，连续10年被评为“培训工作先进单位”，连续2年被评为优秀职工之家和北京市创业服务工作先进单位。

目前公司在京拥有施工工人1.2万人，其中各级管理人员1 380人，高、中技术人员582人，拥有各类高等学历人才282人，公司走上了年轻化、知识化、科学化、专业化的发展道路。

江苏弘盛建设工程集团有限公司

江苏弘盛建设工程集团有限公司坐落在风景秀丽的历史文化古城——高邮。公司始建于1998年11月，现有注册资本39 680.64万元，从业人员22 859名，其中各类职称人员1 358名，净资产53 939.3万元。2002年成功进行了2000版的质量体系转换以及ISO14001环境管理和GB/T28001职业健康安全管理体系认证。2007年2月经国家建设部批准，公司获得房屋建筑工程施工总承包特级资质，并拥有市政公用工程施工总承包、建筑装修装饰工程、地基与基础、园林古建筑专业承包一级，机电安装工程施工总承包、公路工程施工总承包、水利水电工程施工总承包、起重设备安装工程、消防设施工程专业承包等5个二级资质。公司下辖12个分公司，施工队伍遍及南京、北京、上海、天津、重庆、广州、太原、苏州、青岛等大中城市。

公司系“江苏省30强先进企业”，并先后获得“全国优秀施工企业”、“中国承包商企业60强”、“省先进建筑业企业”、“省最佳企业”、“省质量管理先进企业”、“省科技进步先进企业”、“省建筑机械管理先进单位”等荣誉称号。

公司牢固树立“以人为本、诚实守信、科技兴企、精益求精”的服务宗旨，为国内外客户提供优质、高效的服务！

江苏省第一建筑安装有限公司

江苏省第一建筑安装有限公司是施工总承包特级资质企业，具有国外承包工程和劳务合作经营资格，公司总部设在江苏省泰州市。公司通过了ISO9002质量、环境、职业健康安全认证，先后6年被评为江苏建筑业综合实力20强，连续5年跻身中国承包商60强、江苏省最佳建筑企业，连续3年被评为全省营业收入百强企业，连续2年被评为全国安全生产先进单位。公司多次获省质量、安全管理先进单位称号，创鲁班奖5项，全国安全文明工地之最1项，国家AAA级安全标化施工现场2项，2009年全公司创省级优质工程22项、省级文明工地13项。

公司拥有前后方基地面积近200亩，房屋面积近10万平方米。公司总部大楼占地20亩，地下2层，地上32层，建筑面积4.2万平方米，为江苏建筑业第一高楼。公司高港发展园占地162亩，一期工程建筑面积4.3万平方米，具有古典园林风格。公司净资产达3.71亿元，注册资金3.22亿元。公司各类技术经济人员773人，其中高级职称人员69人，中级职称人员462人，一级建造师128人；设有博士后流动工作站，硕士研究生以上人员15人，其中博士后2人，硕士研究生以上人员12名。公司具有建筑安装、房屋开发、工程监理、构件生产、建筑装饰、道路桥梁、基础打桩、机械生产、材料试验、勘探设计和科研教育培训的综合能力，可为建设单位提供勘探、设计、施工一体化服务。

公司施工队伍遍布全国26个省、市、自治区和海外一些国家。国内设有北京、深圳、上海、南京等20个分公司，国外设有新加坡、沙特、泰国、阿联酋等6个分公司。建筑业总产值连续4年过百亿，2009年承建规模工程800项，其中10层以上建筑549项，29层以上建筑152项，面积10万平方米以上特大型工程39项。国内特大型代表工程：40万平方米的无锡新世纪纺织服装城，单体14万平方米、造价3.2亿元的北京鞋帽商城，24万平方米的惠州丽日百合家园工程，21万平方米的沃尔玛总部大楼，36万平方米的昆明四季春城，12.8万平方米的深圳东方樽峪，13.1万平方米的深圳华能国际城，32万平方米的上海新伟大厦。国外形象代表工程：新加坡10万平方米6幢18层的盛港政府组屋，15万平方米7幢23层的榜鹅政府组屋，13.28万平方米5幢19—22层的三巴旺政府组屋，12.5万平方米2幢29层1个车库的金文泰政府组屋，新加坡标志性建筑、造价近10亿元的新加坡法院，沙特第一楼、22层的阿·拉锡德大厦。公司被媒体、业主誉为“名牌建筑商”、“特别能战斗的队伍”、“信得过的合作伙伴”。

公司始终不渝坚持“安全第一，预防为主”的方针，认真落实科学发展观，广泛深入的开展安全生产宣传教育，切实加强对安全生产工作的领导，以落实安全生产责任制为中心，以开展争创文明工地为重点，以控制伤亡事故为目标，以监督、检查、整改为手段，扎扎实实开展安全生产工作，全公司安全生产形势总体平稳。

江苏中兴建设有限公司

江苏中兴建设有限公司是集房屋建筑、市政公用、机电设备安装、公路、桥梁、水利水电、河湖整治、钢结构、建筑装饰装修工程施工和水泥预制构件生产、勘察设计、教育科研培训为一体的国家特级资质建筑业企业。公司注册资本3.33亿元，净资产4.24亿元。公司总部设在江苏省泰兴市。下辖北京、南京、西安、广州等10多个区域性公司，市政、安装、路桥、水工、钢结构、建筑装饰装修、房地产开发等10个专业性分公司，以及建筑设计院、建筑工程学校、建筑工程监理公司、工程质量检测中心，综合实力位居江苏省人民政府命名的江苏建筑业20强第6名，被江苏省建筑工程管理局表彰的江苏建筑业科技进步和技术创新先进单位。

公司现有技术经济职称人员1 000多名，其中高中级职称人员235名。数十支能战能胜、善创精品的施工队伍遍及28个省、市、自治区，足迹涉入新加坡、肯尼亚、以色列、沙特、安哥拉等9个国家。近年来公司年在建规模工程达60多项。

公司自1985年以来承建的品牌工程有：38层深圳航空大厦、获得省优的南京中美文化艺术中心、受到德国专家高度评价的宣化钢铁公司焦化厂全负压煤气净化回收装置、40层深圳电子科技工业大厦、获鲁班奖的34层深圳海景花园B4楼、当时深圳市的最高建筑53层的深房广场、获建设部优质样板工程称号的11万平方米的三亚凤凰国际机场、7.5万平方米的北京南银大厦、海南洋浦开发区造价1.4亿港元的小区道路和排水工程。1995年以来，承建了获鲁班奖的上海振安广场、重庆40层金厦苑大厦、23万平方米的北京嘉里中心、66层并创江苏建筑施工第一高度的厦门邮电大厦、获“扬子杯”奖的泰州市级机关综合楼、江苏建筑科技示范工程南大科学馆一二期、单跨40米的泰州凤凰大桥、沪嘉杭高速常熟段高架桥等。公司累计创省级以上优质工程400多项，其中创鲁班奖5项、国家金质奖2项；累计创省级文明标化工地50多个。业绩辉煌，名闻遐迩，被誉为“建筑之乡的先锋军”、“来自建筑之乡的神兵”、“特别能战斗的队伍”。

正太集团有限公司

正太集团有限公司成立于1995年1月，总部设在江苏省姜堰市。公司注册资本3.06亿元，现有在册员工 5 800 多名。作为一家以建筑业为核心产业的大型企业集团，公司拥有房屋建筑工程施工总承包特级资质和对外经营签约权；具有市政公用工程、装修装饰工程、机电设备安装 3 个一级资质，消防设施工程、钢结构工程、公路工程多个二级资质，具备综合承担土木结构、桩基工程、装修装饰、市政路桥、工业设备安装以及水利、园林、防水防腐等各类工程的施工能力；拥有 19 个子公司、16 个驻外分公司、6 个直属项目部，施工队伍覆盖国内 20 多个省、市、自治区及新加坡、纳米比亚、博茨瓦纳、几内亚比绍等多个国际市场。公司在行业内率先通过了质量管理体系、环境管理体系、职业健康安全管理体系认证。多年来，公司先后完成了 7 项“鲁班奖”工程（含参建）、100 多项省级以上优质工程。公司连续多次被评为“江苏建筑业综合实力 30 强”、“江苏省建筑业最佳企业”、“中国最大企业集团 500 强”、“中国企业集团竞争力 500 强”、全国“重合同守信用”企业、江苏省“重合同守信用”企业、“全国优秀施工企业”、“江苏省先进建筑业企业”等称号。

1995 年 1 月，经江苏省人民政府批准，成立江苏正太建设股份有限公司。1998 年 9 月，组建江苏正太建设集团，公司名称变更为江苏正太建设集团股份有限公司。2005 年 4 月，公司名称变更为正太集团有限公司，集团名称变更为正太集团。2008 年 3 月，公司股权改革工作全部完成，全面实现公司民营化。

公司成立以来，一直秉承“顾客至上、优质高效、全员环保、健康安全、遵规守法、持续改进”的一体化管理方针，注重各项管理制度的制定和实施，特别是对员工的教育和激励，要求他们以对环境负责的态度和工作方法进行工作，逐渐提高全体员工的环境保护意识和能力，强化污染预防、控制污染，努力实现资源充分利用和消耗最低化。

公司本着“以人为本、安全发展”的理念，强化对员工的安全三级教育，特别是提高一线作业人员的自我防范和规避事故风险的能力，坚决杜绝违章指挥、违章作业、冒险作业的现象。加强安全设施、设备、劳保用品的投入力度，从本质上杜绝各种危险源、危险点。加强对各类工程的检查力度，把日常性巡查、每月定期检查与节假日检查、专项检查、突击检查结合起来，发现隐患，立即责令整改。加强对整改项目的复查力度，复查不合格的项目坚决不许复工。加强对各类违章，屡教不改项目的项目负责人的处罚力度。坚决杜绝各类事故的发生，保障人民的生命财产安全。2009 年，公司通过省级文明验收的项目共 24 项，市级文明工地验收的共有 91 项。

公司初步形成了一支以教授级高级工程师为代表的高技术人才队伍，一批以国家级工法、建设行业标准等为代表的高科技发展成果，一套符合现代企业发展需要又与国际接轨的高水平管理体系，积聚并创造了公司人才、科技、管理的三大品牌优势。

江苏广宇建设集团有限公司

江苏广宇建设集团有限公司是国家房屋建筑工程施工总承包特级企业。总部设在江苏省靖江市。下设建筑施工、装饰工程、设备安装、市政工程、钢结构工程、金属门窗工程、地基与基础工程、电力建设工程等专业分公司和北京、天津、上海、广东、南京、西安、新疆、四川、江西、山西、无锡、苏州、苏北等驻外分支机构。

公司围绕“外树形象拓市场，内抓管理提素质，改革机制注活力，降本增效求发展”的方针，进一步深化公司内部改革，积极开拓市场，实行多元化经营。以建筑装修装饰工程为主，积极拓展市政公用工程、钢结构工程、地基与基础工程、金属门窗工程、机电设备安装工程、公路工程、铁路工程、水利水电工程等市场，做到以特级资质优势抢占市场，以总承包模式赢得市场、以优异质量稳固市场、以科技创新引领市场。

“品质铸造名牌”是公司的核心理念。2005 年公司通过了质量、环境、职业健康安全三合一管理体系论证。2006 年取得了对外签约权。公司是建设部文明建设先进单位，全国建筑企业质量管理金屋奖企业，连续多年获江苏省建

筑业"最佳企业",AAA级资信企业,江苏省"重合同、守信用"企业。近年来公司创上海市"白玉兰"杯,江苏省"扬子杯",江西省"杜鹃花"杯,北京市"长城杯"奖等省、市优工程近100项。其中中天城市花园三标段获"2005年江苏省建筑文明工地",靖江市政府行政服务中心获"2006年江苏省建筑文明工地",靖江市国贸中心获"2008年江苏省建筑文明工地",靖江市碧水华庭获"2008年江苏省建筑文明工地",江苏省南京大学教学楼获"2008年江苏省建筑文明工地",靖江市口岸联检工程获"2009年江苏省建筑文明工地"。

市场创造业绩,科技创造未来,但公司认为安全生产才是企业的重中之重。为此,公司建立了规范的安全生产责任制,实行各级、各部门层层控制,明确安全生产指标和各项安全保证措施,与各个分公司和直属项目部签订安全生产责任书,安全督导员不定期下施工场所进行监督检查,对查出的安全事故隐患及时签发事故隐患整改书,要求及时作出整改。公司积极进行职工安全培育教育宣传和职工的业务技术培训工作,对于新职工进行企业、项目部、班组的三级安全教育,并经考核合格,才准进入操作岗位,公司对于特种作业人员组织他们到市劳动局进行培训,取得特种操作证方可上岗。

公司不断加强安全管理,严格考核制度,制订考核实施细则,确立安全生产的地位,明确年内安全工作各项指标,组织全体职工参加上级开展的百日安全生产活动,落实安全技术措施,增加安全防范意识,明确各级人员的责任,建立和健全监督制约机制,把安全管理各项工作贯穿整个施工过程。公司在每个安全例会上,把安全生产作为一个重要内容,结合上级有关安全生产法规、制度及安全生产事故通报等,进行专题部署,教育全体职工从思想上高度重视安全生产,树立起强烈的自我保护和保护他人的意识。

十八、宣传工作

概　况

2009年江苏省的安全生产宣传工作取得了新的突破，全年在省辖市以上新闻媒体上发布各类宣传稿件1.18万余篇，在全国第五届安全生产新闻奖评选中有6个节目获奖；"安全生产月"活动取得了新的成效，全省各地、各部门和单位组织各类咨询活动、报告会300余场，发放各类宣传资料150多万份，组织各类送安全进基层活动约8 000余场，社会累计受教育人数950万人次；安全文化建设的内涵实现了新的拓展，继续开展了安全生产诚信企业创建活动，开展了安全社区、安全文化示范社区、安全文化示范村创建活动，评选出省级安全生产先进单位175家、安全生产先进工作者216名，组织了一系列宣传文艺活动，推进了"1＋3"安全监控体系建设工作。

2009年江苏省建筑安全与设备管理协会宣传工作确立了为全体会员单位服务，为建设行政主管部门的建筑安全监督管理服务，为建筑行业发展服务的"三服务"方针，并取得了较好的成绩。2009年9月协会恢复出版了《简讯》，每周更新江苏建筑业网安全协会的网页，双月刊《建筑安全与设备管理》杂志文章质量不断提高。2009年11月协会经过两个月筹备建立的博爱建筑安全网正式投入运行。协会与会员单位之间建立起了通讯网络，成立了一支宣传员队伍，完善建筑安全宣传网络体系。协会面向建筑施工企业开展专题免费讲座4场，组织"走出去"多边交流考察活动4批。2009年度共评选出优秀论文9篇，优秀宣传工作者20名，建筑施工安全生产先进企业175家，建筑施工安全生产先进工作者217名，弘扬了安全生产管理的正气，促进建筑业和谐发展。

报刊杂志

《江苏安全生产》(月刊)

主办单位：江苏省安全生产宣传教育中心

创办时间：1984年，2009年底累计发行231期

国内统一刊号：CN32—1778/X

国际标准刊号：ISSN1006—3390

《建筑安全与设备管理》(双月刊)

主办单位：江苏省建筑安全与设备管理协会

创办时间：2003年9月，2009年底累计发行38期

准印证号：苏新出准印JS—S086号

《江苏省建筑安全与设备管理协会简讯》

主办单位：江苏省建筑安全与设备管理协会

创办时间：1986年12月，2009年底累计发行252期

《建筑施工安全监督简报》

主办单位:徐州市建筑施工安全监督站

创办时间:2007 年 1 月,2009 年底累计发行 36 期

《建筑安全简讯》

主办单位:常州建筑业安全监督站

创办时间:2009 年 1 月,2009 年底累计发行 24 期,发行 24 000 份

《武进建筑安全》

主办单位:常州市武进区建筑业安全监督站

创办时间:2009 年 1 月,2009 年底累计发行 8 期

《高新建筑安全》

主办单位:常州市新北区建设工程质量安全监督站

创办时间:2009 年 2 月,2009 年底累计发行 16 期,发行 500 份

《连云港市建设工程安监信息》

编辑单位:连云港市建设工程安全监督站

创办时间:2006 年 8 月份,至 2009 年底累计印发 38 期

《扬州市建设工程安全简讯》(月刊)

主办单位:扬州市建筑安全监察站

创办时间:2004 年 2 月,2009 年底累计出版 53 期

《江苏省建》(月刊)

主办单位:江苏省建筑工程集团有限公司

创办时间:1978 年 2 月,2009 年底累积出版 383 期

《南通建工》

主办单位:南通建工集团股份有限公司

创办时间:2002 年 10 月,2009 年底累计出版 103 期

准印证号:通新出备(2004)B—077 号

《苏州二建》

主办单位:苏州二建建筑集团有限公司

主办单位地址:苏州市相城区澄阳路 88 号,苏州二建大厦 612 室

创办时间:1993 年 6 月,2003 年因企业改制停刊,2008 年 3 月恢复出版,2009 年底累计出版 719 期

《苏中建设》

主办单位:江苏省苏中建设集团股份有限公司

创办时间:1996 年,2009 年底累计出版 151 期

《金螳螂企业》

主办单位:苏州金螳螂建筑装饰股份有限公司

创办时间:2003 年 6 月,2009 年底累计出版 131 期

网　　站

1. 博爱建筑安全网

博爱建筑安全网 www. cinsafe. com. cn 由江苏省建筑安全与设备管理协会主办,于 2009 年 12 月 1 日试运行。该网站建立了覆盖新闻、政策法规、标准规范、教育培训、咨询服务等诸多栏目和模块。网站现有服务除了新闻信息外,还包括:资质与成绩查询、网上订书、网上投稿、在线交流、业务咨询、企业之窗(注册为企业用户后,可以自主发布企业的产品、新闻、招聘等信息)、供求发布、招聘求职等,为企业、个人提供了多方参与的互动平台。为行业内综合性网站。

2. 徐州市建设工程施工安全监督网　徐州市建筑施工安全监督站于2005年建立网站，网站名称为“徐州市建设工程施工安全监督网”。网址：www.xzajz.gov.cn。

3. 常州建筑安全网　常州建筑业安全监督站于2002年5月建立“常州建筑业安全监督站”网站，2009年5月改版，网站更名为：常州建筑安全网。网址：www.czjsaj.org.cn。网站设有安全监督站简介、办事指南、政策法规、监督要点、荣誉台、安全分析、下载中心等7大栏目，同时还提供项目注册登记、建筑安全隐患告知系统、建筑施工企业A、B、C类人员安全生产考核查询、建筑施工起重机械设备特种作业人员状况查询、建筑起重机械设备转场保养情况查询以及建筑安全新闻、最新文件、公告、曝光台等内容，方便建筑业企业进行查询和操作。截止2009年底，网站累计访问量达到250 000余次。

4. 金坛建设安监网　金坛市建设工程安全监督站于2009年9月建立金坛建设安监网，网址：www.jtajz.cn。网站包含有关建设安全的政策法规、安全要闻、安全动态及最新文件等。

5. 武进建筑业安全监督站网　武进区建筑业安全监督站于2007年1月1日建立武进建筑业安全监督站网，网址：http://www.wjjsaj.org.cn。该网站为武进区建筑业安全管理的综合性网站，包含安全监督站简介、政策法规、文明工地、荣誉台、处罚通报、标准化管理、安全论坛、下载中心和资料上传等9大主标，同时还提供建筑施工企业三类人员考核、建筑施工起重机械设备特种作业人员状况查询，进行建筑安全专项整治隐患告知、重大危险源公示、最新安全新闻、文件的公告。方便建筑业企业进行查询和操作。截止2009年底，累计访问量达50 000余次。

6. 苏州二建建筑集团有限公司网站　网站由苏州二建建筑集团有限公司于1997建立。网址：www.szej.com.cn。截止2009年底，累计访问量达到135 689次。

7. 南通建设安全生产监督站网站　南通市建筑工程管理处、南通市建设安全生产监督站于2005年建立南通建设安全生产监督站网站，网址：www.ntjgaj.gov.cn。网站设有监管与安全信息、行业动态、办事指南、网上申报、企业信息、网上留言、信息沟通、建管与安全论坛等栏目。截止2009年底，累计访问量达10万余人次。

8. 扬州市建筑安全监察站网站　网站由扬州市建筑安全监察站主办，网址：www.yzajz.com。截止2009年底，累计访问量达177 991余次。

9. 江苏江都建设工程有限公司网站　江苏江都建设工程有限公司网站于2002年2月1日建立，网址：www.jsjdcec.cn。内容包含公司概况、领导关怀、企业荣誉、工程展示、企业实力、新闻动态、企业文化、联系我们8个主版块。截止2009年底，累计访问量达38 000余次。

10. 镇江市建安网　网站由镇江市建设工程安全监督站于2007年建立，访问地址：218.3.150.50/jgc/web/。网站包括建筑安全管理信息发布、网上安全生产备案、安全生产巡查系统、机械设备管理等系统。截止2009年底，累计访问量达20 000余次。

11. 连云港市建设工程安全监督站网站　网站由连云港市建设工程安全监督站2008年5月监理，网址：www.lygajz.com。网站主要包括安监动态、政策法规、政务公开、建设新闻、曝光台、各项安全类查询、安监信息、事故通报、表格下载等内容，截止2009年底，累计访问量达17 500余次。

协会宣传会议

赵华中理事长在江苏省建筑安全与设备管理协会宣传工作会议上的讲话

（2009年3月12日于南京）

同志们：

省建筑安全与设备管理协会召开宣传工作会议的目的是为了总结2008年的宣传工作，安排好2009年的协会宣传工作，充分发挥宣传舆论的导向作用，为建筑安全工作和建筑业的行业发展服务。今天，我们请与会的全体同志参加了省建设厅组织并邀请省政府新闻发言人肖泉同志作的学术报告。肖泉同志报告的主题是应急处置问题，我们搞建筑安全也有应急处置的问题。因此，我和省建设厅办公室杨洪海主任商量，请同志们一起听肖泉同志的报告。这对我们的宣传工作很有帮助。这次会议，请省建筑工程管理局综合处李波副处长做了建筑业宣传工作的学术报告。李波副处长长期从事文秘工作，近几年省建管局许多重要文稿都是出自李波同志之手。他的工作经验和体会对大家也肯定会有帮助。今天的会议是安全协会去年宣传工作的总结会，也是今年宣传工作安排的通气会，李钢强副秘书长代表安全协会总结了去年的工作，对今年工作进行了布署，我就不重复了。今天的会议我们还对建筑安全宣传工作做得比较好的几位同志进行了表彰，我希望从事建筑安全宣传工作的同志向他们学习，共同做好建筑安全与设备管理协会的宣传工作。

今年协会宣传工作的重点是什么呢？我概括为三抓三服务。一是要抓载体建设。我们建筑安全协会宣传工作有三个载体，即一本杂志——《建筑安全与设备管理》，一个《简讯》，一个江苏建筑业网的安全协会网页。最近一段时间我访问了许多安全协会的网站，包括在成都的中国建筑安全网、重庆建筑安全网、上海市建设安全网，感到他们办得很有个性，很有特色。我们在这方面注意得不够，同他们相比，有很大的差距。网站是很好的舆论阵地，是很好的宣传教育工具，应当充分地加以运用。今年载体建设的任务之一就是要把安全协会的网站建立起来。建网站不等于建筑业网的安全网页就不办了，仍然要办好。这两者要相辅相成，主要是扩大宣传的容量，实打实的把安全协会的宣传工作以至全省建筑安全的宣传工作推向前进。《建筑安全与设备管理》杂志是我们协会的刊物。刚才李波处长讲到了办刊物的宗旨，讲到文章的组稿，讲到办刊物的注意事项，并结合我们刊物进行了分析，进行辅导，都讲得很好。我们这本刊物的宗旨非常明确，是具有“指导性、技术性、实用性”的刊物，应当进一步突出个性，扩大容量。在容量方面，要增加施工技术方面的份量。怎样做好建筑安全工作？或者说做好建筑安全靠什么？我以为，要靠作业人员安全意识的提高，要靠法规制度的保障，安全生产经费的落实，特别强调的还有施工技术的保障。有很多安全事故的发生，是安全的防范有问题，技术方案有问题，技术人员的作用发挥得不够充分。所以我们的刊物在这方面要增大比重，使之更具有特色。省建筑安全与设备管理协会有一个《简讯》，过去抓得很好，近几年弱化了。过去协会的安全信息主要靠这一块，现在要好好地抓。刚才李波处长所说的信息的时效性体现在哪里？就协会而言，内部的是《简讯》，公开的是网站、网页。二是抓队伍建设。要抓安全协会的宣传队伍建设，完善宣传网络体系。要扩大建筑安全宣传员队伍。我们需要有很多会捕捉信息、有比较好的文字水平的通讯员来提供信息。抓宣传队伍建设，除了扩大宣传队伍之外，要做好通讯员的培训工作，研讨工作。今天的会议也是一次培训，李波处长是我们请来的老师。三是抓宣传工作质量。近两年协会的宣传工作有了很大改进，但我感到文章真正写得好的人还不多，有份量的文章还不多。提高宣传工作的质量需要经常研究安全生产工作中出现的新问题，有针对性的提出解决问题的对策。我们要有一支理论水平高，熟悉建筑安全业务的专家学者作为我们的特约撰稿人，为我们的刊物提供稿件。江苏是建筑大省，也是建筑教育的大省，建筑科研的大省，我们有这个条件。

我们讲的“三服务”，第一就是李钢强副秘书长在协会宣传工作报告中说的，要服务于建设厅、建筑工程管理局建筑安全管理的中心工作，为主管部门服务。因此我们的宣传工作要跟上去。第二要服务于会员单位的安全管理。我们的会员单位还不多，要发展会员单位。许多大型施工企业是我们的会员单位，要多报导他们的情况，多总结他们的经验。第三个服务就是服务于建筑业的行业发展。宣传工作要跟上时代的节拍。要紧密结合行业发展来改进我们的工作。

我们在强调“三抓三服务”的同时，需要进一步明确省安全协会宣传工作的指导思想。建筑安全宣传工作要突出建筑业安全生产的本质要求，就是为施工人员的作业安全服务，促进建筑施工活动和建筑业的和谐发展。我们的宣传工作，理论探讨工作，技术咨询工作都要围绕这个中心来抓。因此，要始终贯彻以人为本的指导思想，要通过我们的宣传教育工作，通过积极引导或者影响，使建筑业的从业人员提高安全生产的意识和安全素质。宣传工作主要是提高他们的安全意识，安全素质的提高还要靠教育。

建筑安全协会的宣传工作要始终保持正确的宣传工作方向，我认为一是要宣传党和政府安全生产工作的方针、政策。不论是网站或网页还是刊物这是最基本的要求；二是要弘扬安全生产管理的正气。弘扬正气包括表彰安全生产做得好的会员单位和个人，也包括批评施工过程中的不安全行为；三是要介绍先进的施工技术、工艺工法和材料设备。比如常用的建筑标准规范有哪些？我们可以在网站上提供目录，便于施工企业、监理单位和有关人员了解应用；四是要介绍先进的施工管理经验、方法，包括国内的、国外的，都可以进行宣传；五是要介绍文明工地、平安工地创建的经验，促进建筑业和谐发展。

做好当前建筑安全宣传工作，我以为还有几点需要注意：一是真实性。要讲真话、讲实话，不要全讲好听的话。要让领导听真实的情况；二是平民性或者群众性。文章要贴近生活，要有亲切感；三是理论性。要符合建筑业的发展规律，符合建筑安全的规律，要有闪光点；四是方向性，不要出问题。写文章还要处理好表扬与批评的关系，宣传工作要表扬，也要适度批评；要处理行政机关公务人员与企业和社会人员的认知的关系，要尽可能多地将施工企业安全管理鲜活的经验加以总结，进行宣传。也要客观地反映建筑施工安全生产的矛盾和问题，引起主管部门、有关方面的注意，促进建筑安全工作不断向好的方向转换。

最后，希望同志们在宣传工作上取得更好的成绩。

谢谢大家。

关于江苏省建筑安全与设备管理协会2008年建筑安全宣传工作总结与2009年建筑安全宣传工作计划的报告

江苏省建筑安全与设备管理
协会副秘书长　李钢强
（2009年3月12日）

各位代表：

我受理事长的委托，代表协会常务理事会作江苏省建筑安全与设备管理协会2008年建筑安全宣传工作总结和2009年宣传工作计划的报告。

一、2008年建筑安全宣传工作总结

2008年是不平凡的一年，我协会建筑安全宣传工作紧跟建筑安全生产形势，配合全省建筑安全管理开展工作，积极寻求建筑安全宣传工作的新思路和新方法，努力实践"为主管部门服务、为会员单位服务、为建筑业的行业发展服务"的"三服务"宗旨，取得了一定的成效。回顾2008年建筑安全宣传工作，我们主要在如下几方面开展工作：

（一）紧跟我省建筑安全生产管理形势，及时报道有关活动和宣传各项安全生产管理文件精神。

2008年面临确保奥运会和改革开放30年庆祝活动顺利进行的艰巨任务，又是学习贯彻党的十七大精神第一年，我省建筑行业狠抓各项安全管理工作的落实、开展安全生产百日督查活动以及文明工地的创建工作，并相继出台了许多管理文件。我协会依照"三服务"的宗旨一方面积极配合各项活动的开展，推荐有关专家或直接派出协会工作人员参与有关活动，另一方面加大宣传力度，在杂志上开辟"百日督查"专栏报道百日督查活动和督查活动简报，以及开辟"工作指导"专栏及时转载有关管理文件，起到了良好的宣传效果。

2008年省建管局先后召开了四次全省建筑安全生产形势分析会暨联络员会议，我协会及时派员协助省建管局质量安全技术处整理会议内容、撰写会议纪要，并通过网站及杂志及时报道会议内容。目前，以这样的形式参与建筑安全管理工作得到大家的首肯，在实现"三服务"宗旨上取得了一定的成效。

（二）全力以赴，及时报道抗震救灾工作，以实际行动支援灾区人民。

2008年5月12日我国四川汶川发生大地震，我协会建筑安全宣传工作及时更新宣传计划，期刊版面增加了"抗震救灾"专栏，报道了"一手抓抗震救灾和灾后重建，一手抓建筑安全生产工作"、"江苏援川抗震工作简报"和"对援川抗震过渡房施工安全工作的思考"等信息和相关论文，并在"首卷语"发表了"全力以赴，支援灾区过渡房建设"的文章，有力地配合了援川及抗震救灾活动的开展。协会秘书处的工作人员还以实际行动积极参与援川及抗震救灾活动，筹集捐献资金，为援川及抗震救灾活动作出了自己应有的贡献。

（三）结合安全生产管理工作实际，倡导理论联系实际作风，扎实开展论文竞赛活动。

2008年初，建设部工程质量安全监管司给山东省、江苏省下达了关于《建设工程安全生产管理条例》实施情况评估课题的任务。为配合本次调研活动，我协会受省建管局质量安全技术处委托，发出了关于举办建设工程安全生产管理若干问题研讨活动论文竞赛活动的通知，围绕《条例》从10个方面开展专题研讨活动，广泛征求参选论文，先后共收集来自建设（建筑）行政主管部门、企业、学校和安全生产监督站等单位的论文120余篇。论文评选分三个阶段。第一阶段，初选论文；第二阶段，推荐一等奖参选论文；第三阶段，评选一等奖论文。通过论文竞赛活动，促进了我省建筑安全管理的理论研究工作，得到各方面的好评。省建设厅办公室专门派出人员对我们的论文竞赛活动进行采访，并在有关报刊上进行报道。省建管局有关领导表示，这次竞赛活动搞得非常好，并指示这样的活动今后将继续开展。

我协会还协助省建管局质量安全技术处组织专家参加《建筑施工安全技术统一规范》课题的研究以及建筑施工特种作业人员考核相关文件标准的研究，并及时通过网上广泛征求意见，取得了良好的效果。

（四）组织杂志组编和发行工作，开展地区之间的论文交流，促进建筑施工安全管理水平的共同提高。

我协会出版的《建筑安全与设备管理》杂志目前为取得准印号的内部资料、免费交流的双月期刊，每期期刊均经过精心编排和设计，现已成为建筑行业内公认的内部专业性较强的期刊杂志。我期刊杂志上刊载的论文在我省建设系统职称评定中，可作为职称评定的重要依据，得

到广大建筑施工安全战线上同志们的亲睐。我们的期刊杂志在全国建筑安全社团同行中也得到广泛的赞誉。2008年,我们在人手少以及人员发生变动的情况下及时调整版面,为普及建筑安全生产知识增加了"安全问答"栏目等。在发行量大的情况下,协会工作人员齐心协力做好发行工作。在大家共同努力下,特别是联办市南京、镇江、连云港、徐州、南通、淮安给予了大力支持,顺利地完成了期刊组编和发行任务,2008年杂志组编与发行工作圆满地完成了任务。

我协会在做好期刊组编和发行工作的同时,还与外省市有关协会进行交流,包括向外省各地协会赠送我协会的杂志外,经常性地推选论文进行交流,我协会推荐的论文质量和水平同样得到广泛的好评。2008年4月12日,我协会秘书处石广富同志的论文《应用辩证观点反思安全生产事故》刊登在《中国建设报》上;2008年10月份我们推荐了《浅析建筑施工现场安全生产条件》、《浅议建筑施工安全生产管理的规范化》和《关于企业生产安全主体责任的几点思考》等7篇论文参与华东片区论文交流活动,其中《浅析建筑施工现场安全生产条件》论文推荐到大会作重点发言,引起了很大的反响。

此外,我们还积极组织开展调研活动,学习其他地区和单位的宣传工作,特别是宣传网站的工作,积极为今后更好地开展建筑施工安全生产管理的宣传工作未雨绸缪。

2008年我协会建筑安全宣传工作取得了一些成绩,这些成绩是和省建设厅、省建管局领导以及各地建设行政主管部门和安监站同志们大力支持分不开的,我们所取得成绩也凝聚着在座的广大同志的心血和辛勤的汗水,今天我们将在这里表彰部分单位的同志为"宣传工作先进个人",他们是你们当中的先进代表。在此,我代表省建筑安全与设备管理协会向在座的同志们以及为我省建筑安全宣传工作给予大力支持的同志们表示衷心的感谢!

2008年建筑安全宣传工作虽然取得了一些成绩,我们也深知我们宣传工作的不足,离"三服务"宗旨的要求还相差甚远,主要表现在建筑安全管理信息收集不全面,信息发布不够及时,宣传手段和方法还很单一,与建筑企业和建筑施工现场安全管理人员的沟通还不够畅通,不能很好地满足当前建筑行业安全生产管理发展的需求,这些都是我们在今后建筑安全宣传工作中需要不断改进的地方。

二、2009年建筑安全宣传工作计划

百尺竿头,更进一步。在总结2008年工作的同时,我们筹划着2009年的宣传工作。我协会2009年建筑安全宣传工作主要从如下几个方面计划:

(一)扩大宣传形式,建立宣传网站。

当今社会是信息化社会,现代信息技术及手段促进着社会信息交流的迅速扩展和加快了社会进步的步伐。建筑安全宣传工作应在建筑施工安全生产管理中发挥其传播、交流及引导的桥梁作用,传统的宣传手段已越来越不能满足当前建筑安全管理发展的需求。为此,我协会将在2009年继续做好《建筑安全与设备管理》杂志和简讯的基础上,集中力量筹划建立建筑安全宣传网站,通过宣传网站适时报道建筑安全管理信息、开展网上工作交流平台、开辟网上在线咨询和网上培训学校等多途径、多板块的综合宣传工作内容。希望大家能够围绕建立建筑安全宣传网站献计献策,提出宝贵的意见,共同关心建筑安全宣传网的建立。

(二)加大信息采集力度,建立广泛的信息员网络。

宣传工作离不开畅通的信息渠道,加强信息员网络的建立是我协会2009年建筑安全宣传工作的重点。我协会将利用自身的优势,依靠各市县建筑安全管理部门、各市县建筑安全协会以及各协会成员,包括大中型建筑施工企业推荐的建筑安全信息员,建立更广范围的建筑安全信息员库,并在促进建筑安全信息员管理制度、信息保障措施上加以完善,想方设法调动建筑安全信息员及其派出单位的积极性,努力打造一支高素质、高水平的建筑安全信息员队伍。本次会议后,希望各地有关建筑安全管

理部门、各协会以及各企业能够积极推荐建筑安全信息员，在座的领导和同志们也可成为我们热心的信息员，大家共同努力为建立和完善我省建筑安全管理信息员网络作出各自的贡献。

（三）面向会员单位及其他成员开展各类专题免费讲座。

“为主管部门服务、为会员单位服务、为建筑业的行业发展服务”是我协会的宗旨和始终追求的工作目标。今后我们将配合建筑行业主管部门面向会员单位及其他建筑施工企事业单位开展各类有关建筑安全管理和科技方面的专题免费讲座。计划每季度至少一次，2009年计划4到5次。讲座信息将在建筑业网协会专栏的“江苏省建筑安全与设备管理协会”页面中适时发布，届时希望大家关注并组织相关人员参加。

（四）走出去、请进来，加强协会间的交流，举办多项交流活动。

在做好“三服务”的同时，我们还要面向省外、面向未来，采取走出去、请进来的方式，积极加强对外交流。2009年我们将组织2至3次有关人员到省外其他建筑行业管理部门、协会取经活动，组团1到2个到境外考察学习，学习外部的先进经验、先进方法和先进理念，同时我们还将邀请外省有关部门的同志和专家学者到江苏来传经送宝。通过走出去、请进来的方式，扩大眼界、开拓思路，为创新建筑安全宣传工作不懈努力。

（五）提高杂志质量，开展2009年杂志优秀文章评选活动。

在开创建筑安全宣传工作新思路、新方法的同时，做好当前杂志及简报的宣传工作也尤为重要。2009年我们将在杂志版面上进行必要的更新。为提高杂志文章质量，我们将举办本杂志优秀文章的推介和评选工作，每期杂志出版后开展优秀文章推介，并在下一期杂志上公布推介情况介绍，以及做好各单位和信息员推荐文章及提供信息数据统计工作，2009年第6期杂志完成后，将举办2009年杂志优秀文章和先进信息员及先进单位的评选活动，对优秀文章和先进信息员及先进单位给予必要的奖励，以此推动杂志、简讯的质量不断提高。

同志们，2009年是充满挑战和希望的一年。我们相信，在科学发展观的指导下，我们协会的宣传工作，一定能会取得更好的成绩。

谢谢大家！

宣传工作特色及安全文化选介

常州市：

常州建筑业安全监督站　2009年，常州各级建设行政主管部门积极开展“安全生产月”活动，与市安全委员会在乐购广场和钟楼广场开展安全生产知识、法律法规的宣传咨询活动。常州市建筑业安监站创刊了《建筑安全简讯》，重新更新了网站，将涉及安全生产的政策法规、技术规范标准、新闻公告、文件通知、科研论文、事故案例、违规曝光以及日常管理表格等全部刊登于网上，一方面及时为全市建设工程安全管理工作提供安全管理信息，实现了信息共享，便于企业下载使用，另一方面接受社会监督。同时，运用手机短信告知、城市综合长效数字化管理，及时发布安全信息，提高安全预警、预控、处置效率。

苏州市：

苏州二建建筑集团有限公司　苏州二建本着以人为本，尊重自己和他人的安全和健康理念，为企业生产经营的稳定打好坚实的基础。公司全体员工共同具有以人为本的思想和强烈的社会责任感，公司不断对员工进行道德品质、法律法规、文化知识、作业技能、事故案例等教育，形成良好的用人环境。通过教育，在员工中树立“企业即家”、“社会即家”的观点，正确认识安全与企业发展、社会安定祥和和进步之间的关系，增强主人翁意识。同时，公司领导率先垂范，并在各层次树立标兵，弘扬优秀的企业安全文化。

公司制度建设的目标是建立科学、系统、适合本企业的文件化的企业安全管理体系和企业形象策划系统，规范企业安全文化。贯彻执行《安全生产法》、《建筑法》等安全生产法律法规，根据《职业健康安全管理体系》(OHSMS)、《环境管理体系》(GB/T24000)及《质量管理体系》(GB/T19000)等标准，建立文件化的管理体系。进行企业策划，引进企业识别系统(CIS)，建立有显著个性和适合企业发展的企业文化和企业安全文化支持系统。贯彻执行《建筑施工安全检查标准》(JCJ59)、《建筑施工扣件式钢管脚手架安全技术规范》(JGJ130)等建筑施工安全标准规范，建立企业安全文化的技术支持系统。

公司物质文化建设的目标是保证企业管理体系的正常运转，实现持续改进。公司组建了安全管理领导机构和主职部门，建立监督管理网络。按照管理体系要求落实各项要素。按照标准、规范规程及安全技术交底施工，落实各项安全技术措施。加强检查、定期评审，及时纠正不符合项，实现持续改进。

公司安全文化体系三个层次归纳如图分别为：思想意识层，该层次是企业安全文化的核心层次，居于支配和指导地位。制度文化层，该层次是企业安全文化的中间层次，是第一层次文化的体现。企业长期形成的习惯习俗也属于该层次。物质文化层，该层次是企业第一、二层次文化的具体运作过程和结果。企业形象策划结果与其互为映证。

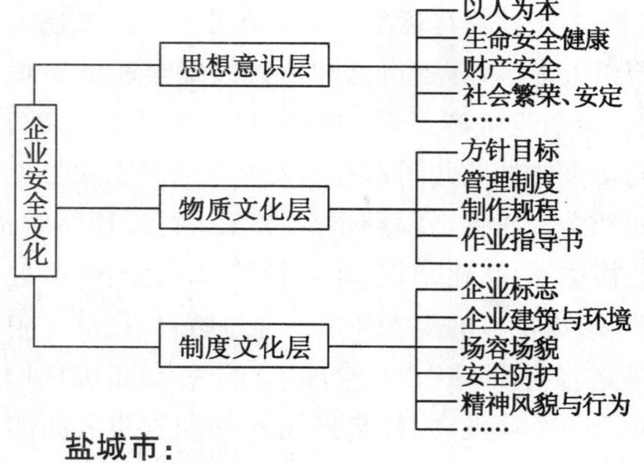

盐城市：

1. 东台市建筑安监站　2009年东台市建筑安监站组织了多种形式的宣传教育活动，把安全知识宣传到工地一线。根据建筑工地的特点，所有工人在进入工地的第一天必须接受安全三级教育，经教育培训后才可上岗，同时要求各班组定期组织班组活动，建筑安全宣传教育是活动的主要内容。

为提高建筑施工安全生产管理水平，东台市建设主管部门专门制作了建筑施工安全生产专题碟片，利用各建筑工地的农民工业余学校，组织建筑工人集中收看；同时专门制作了安全生产宣传展板在各建筑工地巡回宣传。

2009年6月14日，东台市建筑安监站积极响应上级有关部门的要求，组织了上街宣传活动，走向法制广场，用宣传展板、发放宣传单等形式，向过路群众答疑讲解建筑安全相关知识，提高全社会对建筑安全生产的关注度。

2. 盐都区建筑安监站　盐都区建筑安监站充分利用广播、电视、报纸等媒体广泛宣传建筑施工安全工作，加大舆论监督和群众监督力度，大力宣传建筑施工安全管理先进典型与经验，走上街头组织形式多样、内容丰富、通俗易懂的宣传活动，加强对安全生产法律法规、基本知识、标准规范的宣传。盐都区安监站将安全宣传工作作为站内日常工作来开展，主要采取在办公场所悬挂固定宣传标语，通过网站宣传安全信息等措施。

3. 建湖县建管处　建湖县建管处在“安全生产月”期间，到街头宣传建筑安全生产法规和知识，多次送法规知识到施工现场一线，并通过新闻媒体，开设专栏，多渠道宣传建筑安全生产法规和专业知识。

4. 阜宁县建筑安监站　阜宁县建筑安监站利用广播电视、板报等宣传工具，向社会传播安全知识，向各企业一线人员发放通俗易懂的安全宣传册，旨在提高他们的安全意识，自觉遵守安全规定，杜绝“三违”现象，使施工人员从“要我安全”转为“我要安全”，增强他们自我防护能力。2009年6月份全国的“安全生产月”期间，安监站在各施工现场醒目处张贴安全宣传标语，大力营造安全生产月活动氛围，还利用一周时间在阜城大街设立建筑安全咨询点，向过往人员发放安全宣传单，接受广大社会人员的安全咨询，认真并耐心地向他们解谈安全注意事项和家庭生活中的安全常识。同时向社会展示建筑安全事故案例宣传牌，用鲜明的例子、血的教训警示路人，使大家深受启发和教育。

镇江市：

镇江市建筑工程安监站　镇江市建筑工程安监站制定了宣传信息工作计划，把宣传通讯报道的计划分配到各科室，选派责任心强、有能力的人员组成通讯小组，明确了任务和要求。不但增加了宣传报道的数量，也提高了报道的质量。在国家级、省级和市级刊物发表多篇文章，在电视台和广播电台发表各类通讯报道。

利用镇江市的报纸、杂志期刊等媒体，扩大宣传范围，增强宣传影响；利用市建设局的信息刊物《镇江城乡建设》努力宣传每年的主要工作内容和主要工作措施、工作成果，努力扩大在建设系统内的工作影响；利用工作简报和宣传橱窗宣传政策，交流经验，沟通信息，向社会展示自身的良好社会形象；利用电视台等宣传媒体对每次重要活动进行宣传报道，加大安全生产宣传的覆盖面。

围绕建筑市场管理、安全生产监督管理、文明施工管理等开展宣传，宣传先进，鞭策后进，宣传经验，促进工作。围绕镇江市创建全国文明城市、国家卫生城市、环境保护模范城市等阶段性重点工作开展宣传。

在各地举行的公共宣传活动中，制作精美的宣传展牌，对广大市民宣传安全生产知识，远离各类建筑危险源点。

连云港市：

连云港建设局　2009 年安全生产月期间，连云港建设局在人员密集地区发放宣传单、举办展览，向广大社会群众宣传建筑工地安全生产知识，鼓励社会各界关注安全，关注生命。在日常的安全监督检查中，结合安全生产月，广泛开展建筑工地创建文明工地活动，宣传安全生产法律法规，各工地按照活动方案大张旗鼓地开展“安全生产月”宣传活动；加强职工的安全生产知识教育，改善职工的生活卫生条件，悬挂横幅，张贴标语，形成浓厚的“安全生产月”的活动氛围。

2009 年连云港市为了体现精神文明建设，本着“以人为本，关爱生命”的精神，联合卫生部门分别于 3 月份、5 月份、7 月份三次开展“送健康到工地”活动，为 600 多名建筑工人进行了健康体检，得到了工地民工的高度评价。

宣传工作先进评选

江苏省建筑安全与设备管理协会关于表彰 2009 年度《建筑安全与设备管理》杂志优秀论文作者的决定

（2010 年 1 月 10 日）

为了充分发挥优秀论文在建筑业施工企业安全生产管理中的指导作用，2009 年发表在本协会主办的《建筑安全与设备管理》杂志中的论文，经群众推荐，专家评审，殷晨波撰写的题为《在用塔式起重机技术安全状态评价的关键技术》的论文，顾勇军撰写的题为《充分发挥安全监理工作的探讨》的论文，沈永安、任建东撰写的《试述塔式起重机危险源及控制》的论文获一等奖；谈睿撰写的《论建筑业小企业安全生产现状与监管》的论文，季红撰写的《浅议建设项目安全管理方法》的论文，严学月撰写的《浅议建筑施工机械设备的安全生产管理》的论文，孙亚撰写的《浅谈建筑施工现场作业班组安全管理》的论文，袁爱国、钱元超撰写的《建筑施工起重机械安全管理存在的问题及对策》的论文获二等奖；侍云、周冬林、袁爱国写的《浅议塔式起重机安装质量常见问题及预防方法》的论文，仇卫东撰写的《浅谈施工企业机械设备安全管理》的论文,孙志伯撰写的《浅谈建筑施工企业安全生产管理工作》的论文,严峰撰写的《浅谈当前形势下的塔式起重机安全管理》的论文,顾晓斌撰写的《对建筑施工安全监理工作的探讨》的论文,朱宝标撰写的《群塔施工中的安全管理对策》的论文获三等奖。

协会决定对以上获奖论文的作者进行表彰。希望各宣传工作者以受到表彰的同志为榜样,积极配合协会办好《建筑安全与设备管理》杂志,突出技术性、指导性、实用性的宗旨,为建筑行业安全生产的宣传工作作出贡献。

江苏省建筑安全与设备管理协会关于表彰2009年度协会宣传工作先进个人的决定

(2010年1月10日)

2009年度协会宣传工作在各有关单位和个人大力支持和配合下开展顺利,取得了一定成效,涌现了一批先进个人。为进一步推动建筑安全生产的宣传工作,鼓励更多的同志参与协会宣传工作,经推荐评选,决定授予房淳等20名同志为2009年度协会宣传工作先进个人称号。现予以通报表彰并颁发证书。

希望受表彰的同志,继续努力。一如继往地支持协会宣传工作。

附件:2009年度协会宣传工作先进个人名单

2009年度协会宣传工作先进个人名单

房　淳　扬州市建筑安全监察站
徐贞乾　无锡市建设工程安全监督站
陈昊盐　城市建筑工程管理处
孙国明　苏州市建设局质安处
南　进　泰州市建筑安全监督站
管国成　常州市建筑业安监站
钱元超　镇江市建科工程质量检测中心有限公司
钟国荣　镇江市建设工程安全监督站
许东强　海门市设备安装工程有限公司
成国华　扬州市建设工程造价管理站
陈　峰　扬州市建宁建设工程安全技术咨询服务有限公司
季　红　常州建筑业安全监督站
仇卫东　连云港市灌南县建设局
袁爱国　镇江市建科工程质量检测中心有限公司
吴辛元　昆山市建筑安全监督站
丁恒才　南京市建筑工程局
丁　建　南通新华建筑集团有限公司
吴　瑞　宿迁市建设工程质量安全监督站
王建华　徐州市建设局质量安全处
单永德　淮安市建筑安全与设备管理协会

协会工作先进评选

江苏省建筑安全与设备管理协会关于表彰2009年度江苏省建筑业企业安全生产先进单位和建筑业企业安全生产先进工作者的决定

2009年全省建筑业企业在科学发展观的指引下，坚持以人为本的工作方针，加强安全生产的管理，涌现出了一大批安全生产先进企业和先进工作者。2010年1月9日，省建筑安全与设备管理协会第五届理事会常务理事会第二次会议在各市有关部门推荐的基础上，研究决定：授予江苏省建筑工程集团有限公司等174家单位为“2009年度江苏省建筑业企业安全生产先进单位”的称号；授予王先华等216名同志为“2009年度江苏省建筑业安全生产先进工作者”的称号，并对获得先进单位和先进工作者称号的人员予以表彰和颁发证书。

希望受到表彰的建筑业企业安全生产先进单位和建筑业安全生产先进工作者珍惜荣誉，再接再厉，在今后的工作中作出更大的成绩。全省建筑业企业和从业人员要以受表彰的先进单位和先进工作者为榜样，加强安全生产管理，落实安全生产责任，提高从业人员的安全生产技能和素质，为实现建筑业安全生产的和谐行业而努力奋斗。

2010年1月9日

附件1：2009年度江苏省建筑业企业安全生产先进单位名单

附件2：2009年度江苏省建筑业企业安全生产先进工作者名单

附件 1：

2009 年度“江苏省建筑业企业安全生产先进单位”名单

序号	单位名称	企业资质
1	中铁二十四局集团有限公司	市政公用工程施工总承包壹级
2	江苏省建筑工程集团有限公司	房屋建筑工程施工总承包壹级
3	江苏省建设集团公司	房屋建筑工程施工总承包壹级
4	中建八局第三建设有限公司	房屋建筑工程施工总承包特级
5	中建工业设备安装有限公司	化工石油工程施工总承包壹级
6	江苏省金卓建设工程有限公司	市政公用工程施工总承包壹级
7	江苏省建工集团有限公司	房屋建筑工程施工总承包特级
8	中国核工业华兴建设有限公司	房屋建筑工程施工总承包特级
9	江苏省聚峰建设集团有限公司	房屋建筑工程施工总承包壹级
10	中国江苏国际经济技术合作公司	房屋建筑工程施工总承包壹级
11	江苏省江南建筑技术发展总公司	地基与基础工程专业承包壹级
12	南京大地建设集团有限责任公司	房屋建筑工程施工总承包壹级
13	南京市第四建筑工程有限公司	房屋建筑工程施工总承包壹级
14	南京市第八建筑安装工程有限公司	房屋建筑工程施工总承包壹级
15	南京永业建筑安装有限公司	房屋建筑工程施工总承包叁级
16	海通建设集团有限公司	房屋建筑工程施工总承包壹级
17	南京宏亚建设有限公司	房屋建筑工程施工总承包壹级
18	南京鸿业建设工程有限公司	房屋建筑工程施工总承包壹级
19	南京凯盛建设集团有限公司	房屋建筑工程施工总承包壹级
20	南京市第十建设工程公司	房屋建筑工程施工总承包壹级
21	南京海冉建设发展有限公司	砌筑作业分包劳务分包壹级
22	南京昊中建筑设备租赁有限公司	起重设备安装工程专业承包叁级
23	南京海德设备租赁有限公司	起重设备安装工程专业承包叁级
24	南京同力路桥建设工程有限公司	市政公用工程施工总承包壹级
25	南京润盛建设集团有限公司	市政公用工程施工总承包壹级
26	南京江宁区经济技术开发区市政工程有限责任公司	市政公用工程施工总承包壹级
27	江苏伟丰建筑安装集团有限公司	房屋建筑工程施工总承包壹级
28	宜兴市建工建筑安装有限公司	房屋建筑工程施工总承包壹级
29	无锡锡山建筑实业有限公司	房屋建筑工程施工总承包壹级
30	无锡市亨利富建设发展有限公司	房屋建筑工程施工总承包贰级
31	江苏隆阳建设有限公司	建筑装修装饰工程专业承包壹级
32	江苏无锡二建建设集团有限公司	房屋建筑工程施工总承包壹级

续 表

序号	单位名称	企业资质
33	无锡市锡山三建实业有限公司	房屋建筑工程施工总承包壹级
34	无锡市现代钢结构工程有限公司	钢结构工程专业承包壹级
35	无锡市新兴建筑工程有限公司	房屋建筑工程施工总承包壹级
36	江阴市华夏建设工程有限公司	房屋建筑工程施工总承包贰级
37	江苏锦澜建设有限公司	房屋建筑工程施工总承包贰级
38	无锡市第五建筑工程有限公司	房屋建筑工程施工总承包贰级
39	华仁建设集团有限公司	房屋建筑工程施工总承包壹级
40	徐州九鼎建设集团有限公司	房屋建筑工程施工总承包壹级
41	江苏中盛建设集团有限公司	房屋建筑工程施工总承包壹级
42	徐州建筑装潢有限公司	建筑装修装饰工程专业承包壹级
43	江苏忠信建筑工程有限公司	房屋建筑工程施工总承包贰级
44	江苏中阳建设集团有限公司	房屋建筑工程施工总承包壹级
45	徐州运成建设(集团)有限公司	房屋建筑工程施工总承包壹级
46	江苏汉中建设集团有限公司	房屋建筑工程施工总承包壹级
47	江苏建设装饰工程有限公司	建筑装修装饰工程专业承包壹级
48	常州机械施工有限公司	地基与基础工程专业承包贰级
49	江苏金土地建设集团有限公司	房屋建筑工程施工总承包壹级
50	江苏常嘉建设有限公司	房屋建筑工程施工总承包壹级
51	江苏环亚建设工程有限公司	建筑装修装饰工程专业承包壹级
52	常州华北建筑有限公司	房屋建筑工程施工总承包壹级
53	常州市薛家建筑工程有限公司	房屋建筑工程施工总承包贰级
54	江苏和平建设集团有限公司	房屋建筑工程施工总承包壹级
55	江苏华能建设工程集团有限公司	机电安装工程施工总承包贰级
56	江苏五星建设集团有限公司	房屋建筑工程施工总承包壹级
57	常州市成章建筑安装工程有限公司	房屋建筑工程施工总承包壹级
58	江苏武进建筑安装工程有限公司	房屋建筑工程施工总承包壹级
59	常州市戴溪建筑工程有限公司	房屋建筑工程施工总承包壹级
60	常州市武进建设有限公司	房屋建筑工程施工总承包壹级
61	江苏城东建设工程有限公司	房屋建筑工程施工总承包壹级
62	金坛市水北建筑安装工程有限公司	房屋建筑工程施工总承包贰级
63	金坛市市政建设有限公司	市政公用工程施工总承包壹级
64	苏州市建鑫建筑安装工程有限责任公司	房屋建筑工程施工总承包壹级
65	苏州二建建筑集团有限公司	房屋建筑工程施工总承包特级
66	苏州金螳螂建筑装饰股份有限公司	建筑装饰专项工程设计甲级

续 表

序号	单位名称	企业资质
67	张家港保税区建丰建筑安装工程有限公司	房屋建筑工程施工总承包叁级
68	江苏德丰建设集团有限公司	房屋建筑工程施工总承包贰级
69	张家港保税区瑞丰建设工程有限公司	房屋建筑工程施工总承包叁级
70	江苏南通二建集团有限公司	房屋建筑工程施工总承包特级
71	江苏江州建设发展有限公司	房屋建筑工程施工总承包贰级
72	南通市德胜建筑安装工程有限公司	房屋建筑工程施工总承包壹级
73	南通新华建筑集团有限公司	房屋建筑工程施工总承包特级
74	江苏通州四建集团有限公司	房屋建筑工程施工总承包壹级
75	江苏顺通建设工程有限公司	房屋建筑工程施工总承包特级
76	江苏新源建筑工程有限公司	房屋建筑工程施工总承包壹级
77	江苏江中集团有限公司	房屋建筑工程施工总承包特级
78	如皋市建筑工程质量检测中心	
79	江苏志鹏建筑安装工程有限公司	房屋建筑工程施工总承包贰级
80	南通华新建工集团有限公司	房屋建筑工程施工总承包特级
81	南通市达欣工程股份有限公司	房屋建筑工程施工总承包壹级
82	南通八建集团有限公司	房屋建筑工程施工总承包壹级
83	南通华荣建设集团有限公司	房屋建筑工程施工总承包壹级
84	南通星湖市政工程有限公司	市政公用工程施工总承包叁级
85	南通建工集团股份有限公司	房屋建筑工程施工总承包特级
86	启东建筑集团有限公司	房屋建筑工程施工总承包特级
87	江苏鼎大建筑安装工程公司	房屋建筑工程施工总承包壹级
88	连云港市市政工程有限公司	市政公用工程施工总承包壹级
89	连云港永超建设工程有限公司	房屋建筑工程施工总承包贰级
90	江苏中粟建设工程有限公司	房屋建筑工程施工总承包贰级
91	江苏华航建设集团有限公司	房屋建筑工程施工总承包壹级
92	连云港市墟沟建筑安装公司	房屋建筑工程施工总承包叁级
93	连云港市朝阳建设工程有限公司	房屋建筑工程施工总承包贰级
94	江苏苏港工程有限公司	房屋建筑工程施工总承包贰级
95	江苏三兴建工集团有限公司	房屋建筑工程施工总承包壹级
96	江苏东海天工建设有限公司	房屋建筑工程施工总承包贰级
97	江苏云申建设工程有限公司	房屋建筑工程施工总承包贰级
98	江苏万年达建设集团有限公司	房屋建筑工程施工总承包壹级
99	江苏淮阴建设工程集团有限公司	房屋建筑工程施工总承包壹级
100	江苏天成建设工程有限公司	房屋建筑工程施工总承包壹级

续 表

序号	单位名称	企业资质
101	江苏金建建设集团有限公司	房屋建筑工程施工总承包壹级
102	江苏亘盛建设工程有限公司	房屋建筑工程施工总承包壹级
103	江苏文通建设有限公司	房屋建筑工程施工总承包壹级
104	淮安市建设工程有限公司	房屋建筑工程施工总承包壹级
105	江苏兴亚建设工程有限公司	房屋建筑工程施工总承包壹级
106	江苏中淮建设集团有限公司	房屋建筑工程施工总承包壹级
107	江苏恒龙装饰工程有限公司	建筑装修装饰工程专业承包壹级
108	江苏中淮机械设备租赁有限公司	起重设备安装工程专业承包壹级
109	淮安市天宸建设有限公司	房屋建筑工程施工总承包贰级
110	盱眙县第三建筑安装工程有限公司	房屋建筑工程施工总承包叁级
111	淮安市清河市政工程总公司	市政公用工程施工总承包叁级
112	淮安市建新建筑工程有限公司	房屋建筑工程施工总承包贰级
113	盐城市天虹建设集团有限公司	房屋建筑工程施工总承包壹级
114	射阳县建筑工程有限公司	房屋建筑工程施工总承包贰级
115	江苏龙光建设工程有限公司	房屋建筑工程施工总承包贰级
116	江苏省盐阜建设集团有限公司	房屋建筑工程施工总承包壹级
117	江苏晟功建设工程有限公司	房屋建筑工程施工总承包贰级
118	盐城市阳光建筑安装工程有限公司	房屋建筑工程施工总承包贰级
119	江苏盐东建设工程有限公司	房屋建筑工程施工总承包贰级
120	江苏金贸建筑工程有限公司	房屋建筑工程施工总承包壹级
121	江苏永安建设工程有限公司	房屋建筑工程施工总承包叁级
122	江苏建业建设集团有限公司	房屋建筑工程施工总承包壹级
123	盐城市蓝盾建设工程有限公司	房屋建筑工程施工总承包贰级
124	江苏省华建建设股份有限公司	房屋建筑工程施工总承包壹级
125	扬州市桩基有限公司	地基与基础工程专业承包壹级
126	江苏扬安机电设备工程有限公司	机电安装工程施工总承包壹级
127	江苏易承租赁有限公司	起重设备安装工程专业承包贰级
128	江苏邗建集团有限公司	房屋建筑工程施工总承包壹级
129	扬州方正建筑工程有限公司	房屋建筑工程施工总承包贰级
130	江苏天宁建设工程有限公司	房屋建筑工程施工总承包壹级
131	江苏仪征建设工程有限公司	房屋建筑工程施工总承包壹级
132	江苏江都建设工程有限公司	房屋建筑工程施工总承包特级
133	江苏省江建集团有限公司	房屋建筑工程施工总承包壹级
134	江苏江都安装工程有限公司	机电安装工程施工总承包壹级

续 表

序号	单位名称	企业资质
135	江苏江都二建工程有限公司	房屋建筑工程施工总承包壹级
136	扬州市市政设施管理处	市政公用工程施工总承包贰级
137	扬州市开发区建筑安装工程有限公司	房屋建筑工程施工总承包贰级
138	江都市第六建筑安装工程有限公司	房屋建筑工程施工总承包壹级
139	扬州众城建设有限公司	房屋建筑工程施工总承包贰级
140	扬州市裕元建设有限公司	房屋建筑工程施工总承包贰级
141	江苏云阳集团有限公司	房屋建筑工程施工总承包壹级
142	江苏丹建集团有限公司	房屋建筑工程施工总承包贰级
143	镇江建工建设集团有限公司	房屋建筑工程施工总承包壹级
144	镇江市索普建筑安装工程有限责任公司	房屋建筑工程施工总承包壹级
145	镇江四建建设有限公司	房屋建筑工程施工总承包壹级
146	句容市银鹏建筑安装工程公司	房屋建筑工程施工总承包贰级
147	镇江第二建筑工程有限公司	房屋建筑工程施工总承包壹级
148	镇江市江泰建筑安装有限公司	房屋建筑工程施工总承包贰级
149	镇江京河建筑工程有限公司	房屋建筑工程施工总承包壹级
150	江苏旭阳建设投资集团有限公司	房屋建筑工程施工总承包贰级
151	江苏华泰装饰工程有限公司	建筑装修装饰工程专业承包壹级
152	江苏祥云建设集团有限公司	房屋建筑工程施工总承包壹级
153	泰州市口岸建筑安装工程有限公司	房屋建筑工程施工总承包贰级
154	江苏苏兴建设工程有限公司	房屋建筑工程施工总承包壹级
155	江苏屹峰建设工程有限公司	房屋建筑工程施工总承包贰级
156	江苏广宇建设集团有限公司	房屋建筑工程施工总承包特级
157	靖江市越江建设工程有限公司	房屋建筑工程施工总承包贰级
158	江苏骏龙建设有限公司	房屋建筑工程施工总承包壹级
159	江苏源丰建设有限公司	房屋建筑工程施工总承包壹级
160	江苏金禾建设工程有限公司	房屋建筑工程施工总承包贰级
161	正太集团有限公司	房屋建筑工程施工总承包特级
162	江苏中程建筑有限公司	房屋建筑工程施工总承包壹级
163	江苏万邦建设集团有限公司	房屋建筑工程施工总承包壹级
164	江苏大都建设工程有限公司	房屋建筑工程施工总承包壹级
165	宿迁中厦建设工程有限公司	房屋建筑工程施工总承包壹级
166	江苏黑骏马建设有限公司	房屋建筑工程施工总承包叁级
167	宿迁龙成建筑工程有限公司	房屋建筑工程施工总承包贰级
168	宿迁市中原建设工程有限公司	房屋建筑工程施工总承包贰级

续 表

序号	单位名称	企业资质
169	宿迁华夏建设(集团)工程有限公司	房屋建筑工程施工总承包壹级
170	宿迁市建设工程(集团)有限公司	房屋建筑工程施工总承包壹级
171	江苏兴邦建工集团有限公司	房屋建筑工程施工总承包壹级
172	泗阳县第五建筑工程有限公司	房屋建筑工程施工总承包贰级
173	宿迁华夏基业建筑工程有限公司	房屋建筑工程施工总承包贰级
174	江苏三善建设有限公司	房屋建筑工程施工总承包贰级

附件 2：

2009 年度“江苏省建筑业企业安全生产先进工作者”名单

序号	姓名	单位名称
1	杨茂顺	中铁二十四局集团
2	杨伟文	中铁二十四局集团
3	葛海涛	江苏省建设集团公司
4	杨春河	江苏省机械施工有限公司
5	招庆洲	中建八局第三建设有限公司
6	刘立业	中建八局第三建设有限公司
7	胡元安	中建八局第三建设有限公司
8	郭令喜	中建工业设备安装有限公司
9	许　平	江苏省建工集团有限公司
10	王先华	江苏省建工集团有限公司
11	王剑波	江苏省聚峰建设集团有限公司
12	王作军	中国江苏国际经济技术合作公司
13	余晓勇	江苏省江南建筑技术发展总公司
14	张　勇	南京市第四建筑工程有限公司
15	朱国银	南京鸿业建设工程有限公司
16	谢仁舟	海通建设集团有限公司
17	荆　松	南京宏亚建设有限公司
18	程小林	南京海冉建设发展有限公司
19	王来福	南京凯盛建设集团有限公司
20	高明亮	南京市第八建筑安装工程有限公司
21	范修荣	南京大地建设集团有限责任公司
22	黄成钢	南京市第十建设工程公司
23	贺镇南	广厦建设集团有限责任公司江苏分公司
24	李光进	南京东宁建筑安装工程有限公司

续 表

序号	姓名	单位名称
25	陶绪祥	南京大陶路桥建设有限公司
26	徐　华	南京东部路桥工程总公司
27	胡居树	南京给排水工程有限公司
28	戴　钢	南京鹏程道路排水工程有限责任公司
29	李鹏程	中铁四局集团有限公司
30	刘　建	南京市建邺市政工程建设有限公司
31	耿大勇	南京凯通基础工程有限公司
32	吴伯金	江苏沪宁钢机股份有限公司
33	陆海宇	无锡市丰裕建筑装饰工程有限公司
34	苏燮义	无锡市基础工程有限公司
35	李正平	无锡市华方建筑工程有限公司
36	唐耀忠	无锡市硕放建筑安装工程有限公司
37	郁　伟	无锡市工业设备安装有限公司
38	严凤威	无锡市第五建筑工程有限公司
39	王正良	江苏华虹建筑安装工程有限公司
40	任达文	江阴市民用建筑安装工程有限公司
41	周　琰	江阴市房屋建设工程有限公司
42	刘网兴	江阴一建建设有限公司
43	许　忠	华仁建设集团有限公司
44	张建玉	江苏省第一建筑安装有限公司徐州分公司
45	熊新华	江苏省第一建筑安装有限公司徐州分公司
46	郭　彦	徐州九鼎建设集团有限公司
47	李　伟	江苏中盛建设集团有限公司
48	仲跻恒	徐州建筑装潢有限公司
49	仲跻青	徐州建筑装潢有限公司
50	宗　宇	江苏忠信建筑工程有限公司
51	于世剑	江苏中阳建设集团有限公司
52	胡向阳	徐州运成建设(集团)有限公司
53	马传德	江苏汉中建设集团有限公司
54	牛　斌	江苏汉中建设集团有限公司
55	邵焕吉	常州三建建设有限公司
56	张国强	常州第一建筑工程有限公司
57	孙柏民	常州二建建设有限公司
58	陆志兴	常州先达路桥工程有限公司

续 表

序号	姓名	单位名称
59	曹利生	常州市安家建筑工程有限公司
60	刘仁华	常州市西环建设工程有限公司
61	丁柏定	常州市丰悦建筑工程有限公司
62	倪国成	江苏城东建设工程有限公司
63	郭海芳	江苏圣通建设工程有限公司
64	王　飞	金坛建工集团有限公司
65	贡如英	江苏华宇建设有限公司
66	董明方	常州市华江建筑工程有限公司
67	徐晓波	江苏武进欣达建设工程有限公司
68	朱海根	常州市戴溪建筑工程有限公司
69	杨锁华	江苏天力建设有限公司
70	刘加春	江苏宏大建设集团有限公司
71	芮来友	溧阳市茂盛建筑工程集团有限公司
72	周天喜	江苏天目建设集团有限公司
73	马明元	苏州市建鑫建筑安装工程有限公司
74	陈　柱	苏州二建建筑集团有限公司
75	孔建林	苏州金螳螂建筑装饰股份有限公司
76	黄永祥	张家港保税区建丰建筑安装工程有限公司
77	张云法	江苏德丰建设集团有限公司
78	陆正其	江苏德丰建设集团有限公司
79	尤德文	张家港保税区瑞丰建设工程有限公司
80	刘　勤	江苏南通二建集团有限公司
81	曹　辉	龙信建设集团有限公司
82	朱诚强	中联世纪建设集团有限公司
83	陆　耀	南通龙源建筑安装工程有限公司
84	邵海荣	江苏通州四建集团有限公司
85	易杰祥	南通新华建筑集团有限公司
86	朱祥林	南通五建建设工程有限公司
87	丁马华	南通新华建筑集团有限公司
88	季宏刚	江苏顺通建设工程有限公司
89	李剑生	江苏新源建筑工程有限公司
90	沈百祥	江苏江中集团有限公司
91	张国祥	江苏志鹏建筑安装工程有限公司
92	孙春焕	江苏省苏中建设集团股份有限公司

续 表

序号	姓名	单位名称
93	吴瑞涛	南通苏中建设有限公司
94	王洪波	南通宏华建筑安装有限公司
95	吕国祥	南通幸福建设集团股份有限公司
96	王建明	南通建工集团股份有限公司
97	王新华	南通安装集团股份有限公司
98	倪　冲	启东建筑集团有限公司
99	张跃景	江苏地亚建筑有限公司
100	王一宇	江苏玉龙机电工程有限公司
101	张士迎	连云港锦屏建设工程有限公司
102	徐开涛	连云港市振东建设工程有限公司
103	张志军	连云港市园林建设工程公司
104	周明光	江苏中粟建设工程有限公司
105	邓正高	江苏顺泰建筑安装工程有限公司
106	孙克华	江苏华航建设集团有限公司
107	张义友	连云港市万民建筑安装工程有限公司
108	张炳江	连云港墟沟建筑安装公司
109	吕恒泰	江苏三兴建工集团有限公司
110	宋世佩	赣榆县城东建筑安装工程有限公司
111	孙召健	连云港苏润建筑安装工程有限公司
112	霍前钱	江苏汇锦建设工程有限公司
113	牛兰双	连云港南方建设工程有限公司
114	王海军	连云港广夏建设有限公司
115	叶成英	江苏鼎大建筑安装工程公司
116	姜余清	连云港市新电建筑安装工程有限公司
117	陈建平	江苏淮阴建设工程集团有限公司
118	王曙光	江苏同力建设工程有限公司
119	张善忠	淮安市建安机械安全检测有限公司
120	孙国云	金湖县淮胜建筑工程有限公司
121	岳风中	淮安市鑫鑫装饰工程有限公司
122	祁凌云	江苏亘盛建设工程有限公司
123	陈天马	江苏天成建设工程有限公司
124	张如好	淮安市天宸建设有限公司
125	胡可明	江苏农垦建设有限公司淮安租赁分公司
126	陈志伟	淮安市建设工程有限公司

续 表

序号	姓名	单位名称
127	王晓秋	江苏中淮建设集团有限公司
128	周顺喜	淮安经济开发区第一建筑有限公司
129	王继军	盱眙县建筑工程公司
130	潘业甫	江苏中淮机械设备租赁有限公司
131	蒋夕春	江苏文通建设有限公司
132	杨玉龙	淮安市建新建筑工程有限公司
133	邱德武	淮安市清河市政工程总公司
134	张高贤	江苏兴亚建设工程有限公司
135	余　静	淮安市建筑工程检测中心有限公司
136	吴亚军	盐城市昊威建设工程有限公司
137	张玉亮	江苏国丰建设集团有限公司
138	傅留涛	江苏盐城四建建设集团有限公司
139	陈新红	盐城广夏建筑集团有限公司
140	张少青	江苏龙光建设工程有限公司
141	王华法	东台市第二建筑工程有限公司
142	陈必香	江苏中苑建设工程有限公司
143	赵宏明	大丰市兴达建筑集团有限公司
144	刘红明	江苏省千和建设工程有限公司
145	赵荣华	江苏景盛建设工程有限公司
146	李德银	江苏永安建设工程有限公司
147	顾忠华	盐城市蓝盾建设工程有限公司
148	王　峰	江苏建兴建工集团有限公司
149	吕方达	江苏省华建建设股份有限公司
150	于金涛	扬州市桩基有限公司
151	徐士春	扬州市桩基有限公司
152	王志明	江苏扬安机电设备工程有限公司
153	朱炳忠	江苏扬安机电设备工程有限公司
154	沈永安	江苏邗建集团有限公司
155	刘欣欣	江苏邗建集团有限公司
156	王登锁	江苏邗建集团有限公司
157	曹建军	扬州方正建筑工程有限公司
158	陈义华	江苏天宁建设工程有限公司
159	徐庆安	江苏天宁建设工程有限公司
160	孔　明	江苏仪征建设工程有限公司

续 表

序号	姓名	单位名称
161	朱仲春	江苏仪征建设工程有限公司
162	曹德华	江苏弘盛建设工程集团有限公司
163	于有武	江苏弘盛建设工程集团有限公司
164	桑春广	江苏江都建设工程有限公司
165	姜　忠	江苏江都建设工程有限公司
166	莫　德	江苏省江建集团有限公司
167	桑茂忠	江都市古典园林建设有限公司
168	任申彬	江苏江都安装工程有限公司
169	曹建华	江苏云阳集团有限公司
170	姜　奇	江苏丹凤集团有限公司
171	杜瑞华	镇江索普建筑安装工程有限公司
172	何天定	江苏华泰装饰工程有限公司
173	童志农	镇江四建建设有限公司
174	杨　军	江苏福世特建设工程有限公司
175	邓正林	镇江明兴建筑安装工程有限公司
176	樊厚江	句容市城市建设工程有限公司
177	王广辉	江苏广兴集团有限公司
178	朱贤进	镇江第二建筑工程有限公司
179	孔德君	镇江市江泰建筑安装有限公司
180	周东海	镇江京河建筑工程有限公司
181	冷华年	扬中市新城建筑安装工程有限公司
182	陆元龙	扬中市建筑安装工程有限公司
183	李卫忠	镇江建工建设集团有限公司
184	陈小网	镇江建工建设集团有限公司
185	王　平	江苏镇江安装集团有限公司
186	周霞云	镇江市四海建筑安装工程有限公司
187	韩秋宏	江苏省第一建筑安装有限公司
188	陈　宾	江苏祥云建设集团有限公司
189	徐文亮	泰州市高港区建设工程有限公司
190	唐玉流	江苏苏兴建设工程有限公司
191	孙淦泉	江苏屹峰建设工程有限公司
192	吴冠华	江苏广宇建设集团有限公司
193	沈　彬	靖江市越江建设工程有限公司
194	朱浩芳	江苏骏龙建设有限公司

续 表

序号	姓名	单位名称
195	张年祥	泰兴市华新建筑安装工程有限公司
196	石冬生	江苏金禾建设工程有限公司
197	程国荣	泰兴市第一建筑安装工程有限公司
198	宋翠柏	正太集团有限公司
199	沐桂军	江苏万邦建设集团有限公司
200	于筛云	江苏中程建筑有限公司
201	徐冬生	江苏源丰建设有限公司
202	叶松青	江苏大都建设工程有限公司
203	姜道志	宿迁市龙成建筑工程有限公司
204	刘知永	江苏黑骏马建设有限公司
205	石浩飞	江苏华诚远大建设工程有限公司
206	王　凯	泗阳县住宅建设工程有限公司
207	胡建龙	泗阳县建筑工程有限公司
208	李亚洲	泗阳县第五建筑工程有限公司
209	刘　威	宿迁市建设工程(集团)有限公司
210	仲其林	江苏三善建设有限公司
211	卢乐福	宿迁华夏基业建筑工程有限公司
212	孙玉军	宿迁市苏阳建设工程有限公司
213	杜存安	江苏兴邦集团有限公司
214	王宏春	宿迁华夏建设(集团)工程有限公司
215	戴云龙	宿迁市仁恒建设工程有限公司

十九、行业确认

行业确认管理概况

江苏省建筑安全系统的行业确认包括建筑施工起重机械安装检验机构行业确认、建筑机械设备租赁企业行业确认和建筑安全生产咨询服务机构行业确认，是在江苏省建筑安全与设备管理协会的组织下进行的行业自律行为。行业确认以企业自愿申报为基础，由省建筑安全与设备管理协会组织行业确认委员会对其进行考核，并自主决定是否对其进行行业确认。对于通过行业确认的企业，省建筑安全与设备管理协会向其颁发行业确认书，认可其行业地位。省建筑安全与设备管理协会对通过行业确认的企业开展信用评价工作，通过对企业信用管理进一步增强企业行业意识，提高企业行业自律水平。

2008年9月1日和9月27日，江苏省建筑安全与设备管理协会相继制定并公布《江苏省建筑施工机械设备租赁企业行业确认与信用评价管理办法》(公告第1号公布)、《江苏省建筑施工起重机械安装检验机构行业确认管理办法》(公告第3号公布)，对建筑施工机械设备租赁企业、建筑起重机械安装检验机构实现行业自律管理。同年11月18日，江苏省建筑工程管理局转发了省建筑安全与设备管理协会的这两个管理办法，要求各市县建设行政主管部门注意发挥行业协会自律作用，确保建筑安全生产健康运行。2009年4月14日，江苏省人民政府法制办公室以苏府法备函[2009]52号文函复江苏省建筑工程管理局，准予省建工局转发省建筑安全与设备管理协会的这两个文件备案登记。4月29日，省建筑安全与设备管理协会为做好建筑施工起重机械安装检验机构行业确认工作，制定并公布《江苏省建筑施工起重机械安装检验机构行业确认实施细则》(公告第4号公布)。6月30日制定并公布《江苏省建筑施工安全生产咨询服务机构行业确认管理办法》(公告第5号公布)、8月18日制定并公布了《江苏省建筑安全与设备管理协会行业确认工作规则》(公告第6号公布)、《江苏省建筑施工行业确认机构信用评价规范(试行)》(公告第9号公布)。在行业确认工作中严格按照这些文件规定开展工作。

行业确认工作的开展包括业务受理和初审、现场考核、行业确认委员会审议、网上公示和证书核发环节。业务受理和初审是行业确认工作的第一个环节，主要对自愿申报行业确认的企业进行审核并对企业申报资料进行初审。业务受理在对企业的资质、人员等相关情况进行初审的同时，在充分尊重主管部门意见的基础上，对满足管理办法要求的企业的申请进行受理。对于已经受理的行业确认申请，省建筑安全与设备管理协会组织专家组对申报企业进行现场考核，考核内容包括基本情况、人员、仪器设备、管理制度等。考核专家组由建筑施工行业内相关专家、企业所在地建筑主管部门专家组成。专家组根据现场考核情况对申报企业进行评分，专家组组长负责现场考核的评价统计工作。专家组进行现场考核后，省建筑安全与设备管理协会组织召开行业确认委员会审核现场考核情况。行业确认委员会由省建筑主管部门、各地专家组成。行业确认委员会在听取了考核专家组情况汇报后，自主决定该企业是否通过行业确认。

省建筑安全与设备管理协会对于通过行业确认的机构予以网上公示。公示期内如发生社会投诉情况，省建筑安全与设备管理协会将及时进行调查。公示期满后，省建筑安全与设备管理协会将对申报企业进行核发证书。

2009 年参加江苏省建筑安全与设备管理协会组织的行业确认现场考核专家名单

序 号	姓 名	工作单位	职务职称
1	殷晨波	南京工业大学车辆与工程机械研究所	所长、教授、博士生导师
2	姜 宁	南京建工建筑机械安全检测所	总工、高级工程师
3	马夫华	中昇(建机)南京重工有限公司	经理、工程师
4	程本松	南京海天检测有限公司	技术负责人、副教授
5	张耀良	吴江市建设工程质量检测中心有限公司	高级工程师
6	李 明	江苏省建筑科学研究院	研究员级高级工程师
7	花周健	南通四建集团有限公司	副总工、高级工程师
8	殷友根	南通建工集团股份有限公司	部门经理、研究员级高级工程师
9	罗德潭	江苏省建筑安全与设备管理协会	顾问、高级工程师
10	张健	南京建工建筑机械安全检测所	所长、高级工程师

2009 年，省建筑安全与设备管理协会对全省的 45 家建筑施工起重机械安装检验机构进行了行业确认考核工作，其中 43 家检验机构通过行业确认，2 家检验机构因条件不满足未通过行业确认。

2009 年江苏省建筑安全与设备管理协会组织的行业确认考核工作汇总表

批次	时间	通过情况
一	2009 年 6 月至 9 月	现场考核 17 家检验机构，全部通过行业确认
二	2009 年 10 月	现场考核 17 家检验机构，15 家通过行业确认
三	2009 年 11 月	现场考核 8 家检验机构，全部通过行业确认
四	2009 年 12 月	现场考核 3 家检验机构，全部通过行业确认

2009 年通过江苏省建筑安全与设备管理协会行业确认的检验机构一览表

行业确认证书号	检测机构名称	地址	法定代表人	技术负责人	确认检验范围
001	南京建工建筑机械检测所	南京市白下区八宝东街 1 号	李松山	姜 宁	塔式起重机、施工升降机、物料提升机、附着式升降脚手架、高处作业吊篮、桩工机械

续 表

行业确认证书号	检测机构名称	地址	法定代表人	技术负责人	确认检验范围
002	江苏省建设工程质量检测中心	南京市红山路107号	缪昌文	方 平	塔式起重机、施工升降机、物料提升机、附着式升降脚手架、高处作业吊篮、桩工机械
003	南京建安建筑机械安全检测有限公司	江宁开发区秦淮路6号	孙继东	吴家鼎	塔式起重机、施工升降机、物料提升机、高处作业吊篮、桩工机械
004	南京海天检测有限公司	南京市红山路94号	汪海燕	程本松	塔式起重机、施工升降机、物料提升机、高处作业吊篮、桩工机械
005	苏州市建设工程质量检测中心有限公司	苏州市三香路三香弄1号	钱晴芳	李治安	塔式起重机、施工升降机、物料提升机、高处作业吊篮、桩工机械
006	昆山市建筑工程质量检测中心	昆山市长江北路108号	金 元	洪 鑫	塔式起重机、施工升降机、物料提升机、高处作业吊篮
007	张家港市建安工程机械质量检测有限公司	张家港市泗阳路	陈进产	陈国良	塔式起重机、施工升降机、物料提升机、高处作业吊篮、桩工机械、附着升降脚手架
008	吴江市建设工程质量检测中心有限公司	吴江市经济开发区江兴西路塘东弄21号	蔡振东	陆学年	塔式起重机、施工升降机、物料提升机
009	无锡市鼎都安全咨询有限公司	无锡市梁清路56号建工大厦12楼	严天宏	杨斌旭	塔式起重机、施工升降机、物料提升机、高处作业吊篮、桩工机械、附着升降脚手架
010	江阴市建安检测服务有限公司	江阴市新华路105号	顾永进	周福兴	塔式起重机、施工升降机、物料提升机、高处作业吊篮、桩工机械、附着升降脚手架
011	常州瑞安建设安全技术事务有限公司	常州市勤业路188号二楼	梅罗莎	姜汉民	塔式起重机、施工升降机、物料提升机、高处作业吊篮、桩工机械、附着升降脚手架
012	常州市东晨建筑机械检验有限公司	常州天宁区荡南工业园	余顺喜	陈国洪	塔式起重机、施工升降机、物料提升机、附着升降脚手架、高处作业吊篮
013	徐州市建设工程质量检测中心	徐州市和平新村10号	朱岳兴	高海明	塔式起重机、施工升降机、物料提升机、桩工机械
014	徐州永晋特种设备检测有限公司	徐州市黄河南路西苑人防南2#楼3层	郭艳玲	侯义东	塔式起重机、施工升降机、物料提升机

续 表

行业确认证书号	检测机构名称	地址	法定代表人	技术负责人	确认检验范围
015	连云港博爱安全评价咨询有限公司	连云港市新浦区大庆东路极极美苑小区 2 号楼 2 单元 303 室	左传彬	汪家亮	塔式起重机、施工升降机、物料提升机、附着式升降脚手架、高处作业吊篮、桩工机械
016	连云港市先至建筑机械检测有限公司	连云港市新浦区海连东路三处巷	张永滨	吴树乾	塔式起重机、施工升降机、物料提升机
017	镇江市建科工程质量检测中心有限公司	镇江市檀山路 8 号	王加民	周冬林	塔式起重机、施工升降机、物料提升机、附着式升降脚手架、高处作业吊篮、桩工机械
018	扬州市建宁工程技术咨询有限责任公司	扬州市维扬路 423 号	吉劲松	陈　峰	塔式起重机、施工升降机、物料提升机、附着式升降脚手架、高处作业吊篮、桩工机械
019	宿迁市大地建筑机械检测有限公司	宿迁市建设大厦 705 室	张东营	丁秀峰	塔式起重机、施工升降机、物料提升机、高处作业吊篮
020	淮安市建安机械安全检测有限公司	淮安市西大街 116 号院内	岳建平	刘维佳	塔式起重机、施工升降机、物料提升机、桩工机械
021	无锡市建筑工程质量检测中心	无锡新区新辉环路 8 号	许晓峰	王志华	塔式起重机、施工升降机、物料提升机、附着式升降脚手架、高处作业吊篮、桩工机械
022	南京天宙检测有限公司	广州路 140 号随园大厦 26 楼 D 座	殷晨波	孙后环	塔式起重机、施工升降机、物料提升机、附着式升降脚手架、高处作业吊篮、桩工机械
023	丹阳市建业建筑安全技术咨询服务中心	丹阳市华阳路 88 号	葛春留	贡伟瑾	塔式起重机、施工升降机、物料提升机、桩工机械
024	靖江建设工程检测中心有限公司	靖江市江平路 598 号	邵继跃	赵晔岭	塔式起重机、施工升降机、物料提升机
025	南通天安安全技术服务有限公司	海安县海安镇中坝南路 59 号 2 栋 102 室	陈小兵	邓　慧	塔式起重机、施工升降机、物料提升机、高处作业吊篮、附着升降脚手架、桩工机械
026	海门市吉安建筑安全技术研究有限公司	海门市海门镇丝绸路 43 号	陈照明	许东强	塔式起重机、施工升降机、物料提升机、高处作业吊篮、桩工机械
027	兴化市平安建筑机械设备检测有限公司	兴化市昭阳镇张阳莱市场西大门北侧 3 号门面房	施雪松	解文彬	塔式起重机、施工升降机、物料提升机
028	姜堰市万润建筑安全咨询有限公司	姜堰市三水大道 888 号	陈东辉	鞠连群	塔式起重机、施工升降机、物料提升机

续 表

行业确认证书号	检测机构名称	地址	法定代表人	技术负责人	确认检验范围
029	泰兴市德瑞建筑起重机械设备检测有限公司	泰兴市泰兴镇江平中路68号	何金城	陈锦章	塔式起重机、施工升降机、物料提升机
030	泰州市建平安全咨询服务有限公司	泰州市凤凰东路68号18楼	朱同山	王　玉	塔式起重机、施工升降机、物料提升机
031	盐城市五洲建筑起重设备检查有限公司	射阳县合德镇创业园晓红路6—3号	陈昌洲	陈国兵	塔式起重机、施工升降机、物料提升机
032	盐城市建设工程质量检测中心有限公司	盐城市建军东路98号	谈万洲	季淑康	塔式起重机、施工升降机、物料提升机、桩工机械
033	南通市建筑工程检测中心	南通市中远路75号	曾晓建	钱灿光	塔式起重机、施工升降机、物料提升机、附着式升降脚手架、高处作业吊篮、桩工机械
034	南通永安建工机械检测有限公司	如东县掘港镇陵园路45号	高维祥	徐相斌	塔式起重机、施工升降机、物料提升机、桩工机械
035	如皋市建筑工程质量检测中心	如皋市如城镇惠隆路11号	丁锦龙	周淑娟	塔式起重机、施工升降机、物料提升机
036	宜兴市华厦建筑机械检测研究所	宜兴市陶都路115号	王治国	郭文涛	塔式起重机、施工升降机、物料提升机
037	金坛市建设工程质量检测中心	金坛市南二环路90号	翁粉明	刘　捷	塔式起重机、施工升降机、物料提升机
038	淮安市东安机械安全检测有限公司	淮安市牧乘路119号	徐树东	李向阳	塔式起重机、施工升降机、物料提升机
039	连云港市建设工程质量检测中心有限公司	连云港新浦区朝阳东路26号市人事局东侧	吕国平	冯春新	塔式起重机、施工升降机、物料提升机、附着式升降脚手架、高处作业吊篮、桩工机械
040	南京泰天建筑安全咨询有限公司	浦口区象山路3号江城人家09幢	张志平	陈　斌	塔式起重机、施工升降机、物料提升机、高处作业吊篮、桩工机械
041	淮安市建筑工程检测中心有限公司	淮安市北京北路112号	雍洪宝	王晓明	塔式起重机、施工升降机、物料提升机、桩工机械

续 表

行业确认证书号	检测机构名称	地址	法定代表人	技术负责人	确认检验范围
042	盐城銮岳建筑机械安全检测有限公司	盐城市盐都区新都街道康乐商贸4楼	孙中慧	张晓凤	塔式起重机、施工升降机、物料提升机
043	南通亿城建设工程质量检验有限公司	南通市通州区新金西路96号	王华骐	黄　锐	塔式起重机、施工升降机、物料提升机

行业确认培训

江苏省建筑安全与设备管理协会对检验机构人员进行培训工作从2009年10月开始，根据检验人员培训大纲要求，协会要求相关专家组织编写了《检验基础知识》和《塔式起重机检验技术》，并分别举办了4期检验基础知识培训班和塔式起重机检验技术培训班。其中，检验基础知识培训以授课为主，讲授检验工作中的基本知识，如相关法律法规、检验机构和检验人员的基本要求、数值修约与不确定度、标准的相关要求等。塔式起重机检验技术以授课和现场实训相结合的办法，在对学员进行理论授课的同时注重对学员现场检验能力的提高，使学员对塔机现场检验有了一定的了解，学到了一定知识，也得到了学员的好评。

2009年江苏省建筑安全与设备管理协会组织的建筑施工起重机械检验安装检验人员培训班一览表

培训时间	培训内容	培训地点	授课教师
2009.11.13～15	检验基础知识	南京市建筑大厦一楼（三元巷8号）	李钢强、殷晨波、严东生、陆志远
2009.11.23～25	检验基础知识	南京市建筑大厦一楼（三元巷8号）	孙其珩、殷晨波、严东生、陆志远
2009.12.9～11	检验基础知识	南京市建筑大厦一楼（三元巷8号）	李钢强、殷晨波、严东生、陆志远
2009.12.16～18	检验基础知识	南京市建筑大厦一楼（三元巷8号）	李钢强、殷晨波、严东生、陆志远
2009.12.24～27	塔式起重机检验技术	南京市建筑大厦一楼（三元巷8号）/五台山某工地	严尊湘、杜元龙、陈晓苏、张健、姜宁、陈峰、严东生、孙后环、朱文斌

2009年江苏省建筑安全与设备管理协会组织的建筑施工起重机械安装检验人员培训授课教师一览表

序　号	姓　名	工作单位	职　称
1	李钢强	江苏省建筑安全与设备管理协会	高级工程师
2	殷晨波	南京工业大学	教授
3	孙其珩	南京工业大学	副教授
4	陆志远	江苏省建筑安全与设备管理协会	研究生
5	严东生	徐州市建设工程检测中心	工程师
6	严尊湘	镇江二建设备处	高级工程师
7	陈晓苏	省建科院江南公司脚手架分公司	高级工程师
8	杜元龙	南京建工集团机械施工分公司	高级工程师
9	张　健	南京建工建筑机械安全检测所	高级工程师
10	姜　宁	南京建工建筑机械安全检测所	高级工程师
11	陈　峰	扬州市建宁工程技术咨询有限责任公司	高级工程师
12	孙后环	南京工业大学	副教授
13	朱文斌	昆山市建设工程质量检测中心	注册安全工程师

行业确认工作会议

为了开展行业确认工作，江苏省建筑安全与设备管理协会第四届常务理事会第七次会议审议通过了《江苏省建筑施工起重机械安装检验机构行业确认管理办法》。在行业确认开展过程中，分别于2009年8月18日、10月23日、11月17日和12月16日召开了行业确认委员会会议，对专家组考核情况进行审议。

2009年9月22日，省建筑安全与设备管理协会在南京召开了全省建筑施工起重机械安装检验机构行业确认工作会议。协会会长赵华中及江苏省建筑工程管理局质量安全技术处领导出席会议。全省各建筑起重机械安装检验机构负责人，有关建筑施工特级企业代表，部分市、县建筑安全生产监督站的人员100余人参加了会议。省建筑工程管理局质量安全技术处副处长、省建筑安全与设备管理协会副会长兼秘书长李爱国代表省建筑安全主管部门发表讲话，赵华中会长在会上作了总结性讲话。会议安排南京建工建筑机械安全检测所、昆山市建设工程质量检测中心、徐州市建设工程检测中心等三家建筑施工起重机械安装检验机构向与会人员作了经验交流。

同年10月20日至21日，省建筑安全与设备管理协会在南京举办江苏省建筑施工起重机械安装检验机构负责人技术负责人高级研讨班，全省建筑施工起重机械安装检验机构的负责人和技术负责人参加了研讨班，省建筑安全与设备管理协会常务副秘书长李钢强、咨询中心主任李健与学员一同参加了研讨。省建筑安全与设备管理协会会长赵华中、江苏省住房与城乡建设厅人事教育处副处长章小刚出席研讨会并讲话。研讨班还邀请南京工业大学殷晨波教授就国家相关法律法规中对检验机构的要求进行了详细生动的讲解，并与参会人员进行了交流。

2008年8月至2009年12月江苏省建筑安全与设备管理协会行业确认工作相关会议一览表

时　间	会议内容	会议成果
2008.8.28	江苏省建筑安全与设备管理协会第四届常务理事会第七次会议	审议通过《江苏省建筑施工起重机械安装检验机构行业确认管理办法》
2009.8.13	江苏省建筑施工起重机械安装检验机构行业确认工作会议筹备会	确定安装检验机构行业确认专业委员会成员名单
2009.8.18	行业确认第一批确认委员会会议	17家检验机构通过行业确认
2009.9.22	江苏省建筑施工起重机械安装检验机构行业确认工作会议	成立起重机械安装检验专业委员会，为第一批17家检验机构授牌发证
2009.10.20	江苏省建筑施工起重机械安装检验机构负责人技术负责人高级研讨班	讨论《江苏省建筑施工行业确认机构信用评价规范(试行)》、《江苏省建筑施工起重机械检验行业职业道德准则》、检验人员培训大纲等
2009.10.23	行业确认第二批确认委员会会议	15家检验机构通过行业确认
2009.11.17	行业确认第三批确认委员会会议	8家检验机构通过行业确认
2009.12.16	行业确认第四批确认委员会会议	3家检验机构通过行业确认

赵华中会长在全省建筑施工起重机械安装检验机构行业确认工作会议上的讲话

(2009年9月22日于南京)

同志们：

江苏省建筑安全与设备管理协会召开的全省建筑施工起重机械安装检验机构行业确认工作会议开得很好。这次会议对今年6月以来开展的建筑施工起重机械安装检验机构行业确认工作进行了总结，向通过行业确认，取得建筑施工起重机械安装检验资格的17家企业颁发了行业确认证书并授牌，南京、徐州、苏州的3家企业介绍了他们从事建筑施工起重机械安装质量检验工作的经验，省建筑工程管理局质量安全技术处李爱国处长、省建筑安全监督总站时建民站长分别代表省建筑行政管理部门和省建筑安全与设备管理协会对下一阶段的行业确认工作提出要求和进行工作部署，明确了工作目标。我相信，通过这次会议，全省建筑施工起重机械安装检验机构的行业确认工作必将进一步展开，在行业确认的基础上，安装检验机构的整体素质、服务质量和服务水平也将会有较大的提高。

我长期在建设系统工作。记得在20世纪70年代以前，建筑施工现场很少有建筑机械设备，不存在专业性的建筑起重机械设备安装质量的检验工作。最近，省建设厅筹备《旧貌新颜说变迁——江苏城乡建设60年图片展》，收集了几千张新旧照片，对包括建筑施工机械的城乡建设发展历程进行了一次梳理。20世纪50年代，建筑施工现场的材料运输主要是肩挑人扛，几乎没有施工机械。比如说修路，当时大多数城市没有压路机，是用石磙碾压。一直到70年代，市政道路施工还没有高吨位的压路机，很少的城市有沥青摊铺机。70年代中期，房屋建筑施工的垂直运输仍主要靠井字架。这一时期，省属建筑公司开始自制塔吊。全省建筑施工的生产安全事故中，建筑施工机械方面的事故比重很低。进入90年代，特别是进入本世纪以来，工程建设规模越来越大，大项目越来越多，建筑科技，包括施工机械的科技水准越来越高。一是房屋建筑向高层、超高层发展。比如南京，刚解放时，新街口鼓楼一带最高的建筑是6层楼。1983年10月金陵饭店建成，有37层，高111.75米，为全国第一高楼。现在已经是相当矮的了。鼓楼广场在建的紫峰大厦是地标性建筑，地上89层、地下3层，建筑高度达到450米。二是许多大型基础设施向地下发展。如过江隧道、地铁都是大型的基础设施。南京地铁1号线通车好几年了，2号线也快要通车。苏州、无锡在建地铁。沪宁一线城市在建城际铁路。要完成这些重大的工程建设任务，靠拼体力不行，肩挑人抬不行，要靠机械化，要靠性能良好的大型施工机械设备。90年代后期，随着建筑施工中塔式起重机等垂直运输机械的大量使用，生产安全事故的增多，许多城市的建筑安全监管部门成立专门的机构负责塔机安装质量的检验工作。1998年，省建筑工程管理局对塔式起重机拆装检测机构实行资质管理制度。2004年，省人民政府清理行政许可，塔机拆装检测机构资质未纳入许可范围。但是建筑施工现场的安全管理工作仍然是建设部门的职责之一。鉴于塔机等垂直运输机械的安装质量检验工作非常重要，通过检验可以查找并消除安全生产隐患，可以保证安全运行和使用过程中相关人员的人身安全，因此，推进安装质量的检验工作就必须寻找一种新的管理模式，采取新的工作方法。2006年，国家建设部办公厅转发了中国建筑业协会制定的《建筑施工机械租赁行业管理办法》，认可了建筑施工机械租赁行业的行业确认制度。这就为我们在不实施行政许可的前提下，为加强施工现场机械设备管理指明了一条新的路径。2008年8月28日，省建筑安全与设备管理协会制定了《江苏省建筑施工机械设备租赁企业行业确认与信用评价管理办法》和《江苏省建筑施工起重机械安装检验机构行业确认管理办法》，相应地承担起行业确认的管理工作。同年11月18日，省建筑工程管理局转发了这两个管理办法，并向省人民政府法制办公室备案。2009年4月14日，省政府法制办公室复函省建工局，同意这两个规范性文件备案。因此，我们可以认为，省建筑行政管理部门和省政府法制部门对行业确认工作都予以认可。全省建筑施工起重机械设备检验机构的行业管理也就由行政性的资质管理走向了行业性的自律管理阶段。行业自律是建筑业管理体制改革的组成部分，是改革的发展趋势，也是改革的必然结果。

如何看待建筑施工起重机械安装检验机构的检验行为，它是什么性质的行为？2008年1月28日，国家建设部制定并颁发的《建筑起重机械安全监督管理规定》（建设部令第166号）第16条规定："建筑起重机械安装完毕后，使用单位应当组织出租、安装、监理等有关单位进行验收，或者委托具有相应资质的检验检测机构进行验收。建筑起重机械经验收合格后方可投入使用，未经验收或者验收不合格的不得使用。实行施工总承包的，由施工总承包单位组织验收。建筑起重机械在验收前应当经有相应资质的检验检测机构监督检验合格。"这一条是建筑施工起重机械安装质量检验检测的法律依据，强调了检验检测机构应当具有相应的资质，并且设定的验收检验的程序十分明确，内容相当完整。目前，建筑施工现场使用的起重机械设备已经实行市场化。在国企改制以前，施工企业都是自行购置机械设备。改制以后，工程承包单位自己可以购置机械设备自用，也有专门的企业购置机械设备租赁给工程承包单位使用，也有开发商购置机械设备租赁给工程承包商使用。比如说重庆的一些开发商对自己发包的较大的房屋建筑工程往往自己购置建筑起重设备，租赁给工程承包商使用。这就说明了目前已经形成建筑施工机械设备产权的多元化、设备使用的市场化、设备管理的多元化，这是一种社会现象。还有一点，从事建筑起重机械安装活动也有多种形式。如有的设备产权单位把设备出租给承包商自己安装，也有的自己组织人员安装好后再出租使用。这就带来一个问题，谁来认定安装质量的好坏，谁来管理这项工作？毫无疑问，政府及其部门对建筑施工现场起重机械设备的监督管理属于行政监管，这一职能和责任谁也无法替代。但是，政府部门不可能配备很多人去管这件事，而政府部门对社会的行政监管责任又越来越大，这就形成了一个矛盾。因此，就需要充分动员社会组织，运用社会力量从事监督管理。所以，按照建设部第166号令第16条第3款所讲的“监督检验合格”的监督就不应当是行政监督，而是利用社会组织的力量进行的监督管理。就检验机构而言，本质上是接受委托，运用自己的技术向委托单位提供技术性的监督服务。从建设单位或者施工总承包单位等委托单位而言，是通过把这项业务委托给检验检测单位，帮助查找安全隐患的一种行为。从建设行政主管部门的角度而言，是充分运用社会组织的力量参与建筑施工安全管理的一种行为。

省建筑安全与设备管理协会承担起行业确认工作自感责任重大。要做好这项工作必须制度先行。因此我们在制定行业确认管理规定时，指导思想十分明确，就是依靠行业自律来完善管理，进而为社会提供安全管理服务。我们认为，建筑业发展到了一定时期以后，行业的管理必须通过行业自律进行规范。这也是改革进程发展到一定阶段的必然结果。另一个问题是我们建筑安全与设备管理协会跟检验检测机构是什么关系？我认为我们协会是组织者，着眼于把检测检验单位组织起来，让大家形成共识，实行行业自律。就好比大家都签署一项协议，都按照这项协议去做，按照共同认可的统一的规则去做，为社会提供建筑安全服务产品。

省建筑安全与设备管理协会在制定行业自律制度时也有过顾虑，担心会不会有人认为是行政监管权力的转移或者流失？会不会影响行政部门的监管？因为1998年省建筑工程管理局对待施工现场的机械设备管理，尤其是对检测单位，实施过资质许可制度。特别是我们国家制定的《特种设备监察管理条例》明确施工现场使用的机械设备的安全监督管理责任是交给建设行政主管部门的。当然，我们也看到，对建筑起重机械安装检验检测机构的安装质量不是以行政许可的形式实施管理，建设部门也不能对这项工作明确制定资质管理规定。行政许可制度要由法律和行政法规规定，地方也无权进行规定。我们进行行业确认，实行行业自律性是一种历史性的选择，是一个全新的管理理念和管理方式。

在这里我还要强调，这项工作是省政府法制办公室和省建设厅、省建管局都认可的事。省政府法制办公室之所以认可，第一，程序合法；第二，国家并没有实施行政性的许可，与行政监管不冲突不矛盾；第三，符合改革发展的方向。因此，是否可以认为：凡是在建筑施工现场从事起重机械设备的安装质量检验工作的机构都必须进行行业确认，否则就不能够进行安装质量的检验工作？省建管局李爱国处长代表省建管局已经明确提出了这个要求。这是行政监管的要求。当然，我们协会做行业确认工作，必须规规矩矩的做。第一，要规范。考核要规范、评审要规范，后续工作要规范。同时，要将我们的工作情况正式的向主管部门报告。第二，加强自律建设。要制定相关的管理规范，包括我们在施工现场的行为规范、技术标准、操作规程。

对行业确认的下一阶段的工作，时建民同志、李爱国同志分别代表省建筑安全协会和省建管局提了要求。我想强调几点：第一，抓紧检验检测机构的考核确认。今年10月底以前完成第二批申报单位的考核确认。今年年底前完成现有43家企业考核确认工作。第二，抓紧开展检验检测机构信用评价工作的准备。要尽快制定信用评价规范，包括相应的管理规定。企业要有企业的形象，要通过信用评价促进企业管理，树立良好的社会形象。行业确认和行政管理不同，我们需要了解各企业自身完成的检验检测项目情况。例如，完成的总体项目情况、项目的规模、有哪些项目、承包商是谁，建设方是谁，工程项目在什么地方，都要具体通报。当地主管部门对检验检测单位的工作有什么样的看法和意见，使用单位对检验机构的服务态度、技术水准是否有看法等，都要纳入信用评价体系之中。我们也要通过向有关单位以及主管部门交换意见后，再向社会公布，充分体现出自律的要求，并接受社会监督。一个没有监督的制度是不能长久的，我们所走的是自我监督与社会监督相结合的自我完善的道路。这里还需要说明的是，虽然表面上我们的行业确认工作跟资质许可一样，但有质的区别。我们是社会团体，不具有行政部门的强制力，我们是以自律作为动力。我们要通过大家的努力把这项工作做好，得到社会的认可。第三，加强检验检测制度建设。这绝不是企业自身的制度，而是要统一全省建筑起重安装质量检验检测标准规范。南京的同志介绍了检测用语的规范化问题，全省也有个统一的问题，就需要相应的管理规范出台。因此我们将通过本协会的专业委员会听取大家的意见，选择最集中最突出的问题进行研究并加以解决。制度问题不是一蹴而就的事，我们今年要开始做这项工作。第四，抓好检验检测队伍建设和人才的培养。一种是企业的领导和技术主管人员层面，要举办高级研讨班开展研讨培训活动。另外一个层面的就是施工现场的检验人员，要有针对性进行轮训。要请大学老师，请各个安检站的专家当老师进行培训。第五，研究检验检测收费问题。刚才有同志提出全省收费标准不统一，或者是业务范围扩大之后入不敷出。对于这些问题我们协会都要通过调研，提出对策，供主管部门决策。

在抓行业确认的同时，我们还应当认真开展建筑起重机械设备安装与拆除作业的人员和其他建筑施工特种作业人员的安全教育培训工作。我们协会建立20多年，起初叫建筑机械化协会，就是专门抓施工现场设备管理的，编过许多特种作业人员培训教材，有长期对特种作业人员培训的经验。建筑起重机械设备的安装拆卸作业危险性大，技术要求高。施工现场有相当多的从事建筑起重机械设备安装和拆除的人员没有经过系统的培训。国家建设部已确定对建筑施工特种作业人员实行考核发证的执业资格制度。相应地，特种作业人员考前培训工作，以及继续教育工作，也将是一个长期的过程，建筑安全协会应当主动地做培训工作。要树立为企业服务，为特种作业人员服务的观念，为提高他们的安全意识、操作技能作出贡献。建筑安全协会还要按照主管部门的要求，根据施工现场特种作业人员的实际情况编写基础性的培训教材，为企业、为教学机构开展特种作业人员的教育培训提供教材。建筑施工现场起重机械设备安装拆卸人员的素质提高了，安装施工质量才可以提高，生产安全隐患才可以减少。相应地检验检测也就好办了。所以我们在这两个方面都要为企业、为特种作业人员提供长期的教育培训服务。

行业确认这项工作是对社会、对主管部门、对企业都有利的工作。我们的工作离不开会员单位，离不开相关的社会组织和企业的理解与支持。在此，我们共同勉励，努力把这项工作做好。我希望通过我们的努力，使我们江苏建筑业在第一线从事建筑施工起重机械安装质量检测检验、拆装的人员素质达到全国第一流的水平；通过我们的努力，使我们江苏建筑业建筑机械设备的管理达到全国第一流的水平；通过我们的努力，使江苏施工现场的建筑机械设备生产安全事故大幅度下降，也达到全国第一流的水平。我们对此充满信心！

最后，祝在座各位的事业红红火火。谢谢大家！

赵华中会长在全省建筑施工起重机械安装检验机构高级研讨班的讲话

（2009年10月20日于南京）

同志们：

江苏省建筑安全与设备管理协会举办全省建筑施工起重机械检验机构高级研讨班的目的是：研究如何进一步加强建筑施工起重机械检验机构的自律行为，提高行业的整体素质，从而更好地为建筑施工企业提供建筑施工起重机械安装质量检验检测服务。这期高级研讨班是贯彻今年9月22日省建筑安全与设备管理协会召开的全省建筑施工起重机械安装检验机构行业确认工作会议精神的一次重要的活动。之所以称之为高级研讨班，是因为参加研讨班的学员是建筑施工起重机械安装检验机构的负责人和技术负责人，是具体的安装质量检验检测活动的领导者、组织者和责任承担者。研讨班学习研讨的重点有三项：一是学习相关的法律法规，了解国家的方针政策；二是研究行业性的信用评价规范，统一认识，推进行业自律；三是研究检测机构人员培训纲要，开展继续教育，提高从业人员素质。研讨班还将研究与行业管理相关的如检验检测收费等其他问题。为便于同志们研究讲论，我先作一个发言，谈谈对几个问题的认识，也是抛砖引玉，供同志们研究时参考。

一、以信用评价为抓手，开展建筑施工起重机械安装检验行业的信用体系建设。

本次高研班印发了《江苏省建筑施工行业确认机构信用评价规范(讨论稿)》。起草这个规范的目的是加强建筑施工行业确认机构的自律行为，规范行业确认机构的信用体系和信用管理的运行机制。今年 6 月以来，省建筑安全与设备管理协会抓了建筑施工起重机械安装检验机构的行业确认工作，全省 43 家检验机构中有 17 家通过行业确认，领取了行业确认证书，另有 17 家机构进行了考核。但就自律性的行业管理而言，行业确认仅仅是第一个阶段，初始阶段。第二阶段就是企业的信用体系建设和行业从业人员的素质建设。协会是联系政府部门和企业的自律性的服务组织。建筑安全与设备管理协会开展信用体系建设是协会新的工作领域。做好这项工作有利于加强行业管理，有利于增强行业意识，有利于提高行业自律水平。我们认为，行业性的信用体系建设，应当以法制为基础，信用制度为核心，信用记录为重点，市场约束机制为保证，优质服务为目的。这就要求我们开展诚信宣传教育，强化行业信用制度建设，对通过行业确认的企业实行信用评价。

如何进行信用评价？首先要有一个组织。协会要成立一个专门的委员会负责这项工作。这个委员会的组成人员要有权威性，要请建筑安全管理方面专家、学者参加，也要请行业主管部门的领导参加。就信用评价的原则而言，一是要客观公道，二是要做到评审分离，三是要实行动态监测。要通过信用评价有利于激励机制的建立，达到激励先进，鞭策后进，淘汰落后的目的，使我们的行业永远充满朝气和活力。就评价内容而言，我们要建立指标体系。要通过指标体系的运用，促进行业管理水平和整体素质的提高。就信用评价的实施而言，要以服务对象的意见为重点，同时要关注主管部门的信息。

二、以制定《建筑施工起重机械安装检验人员培训大纲》为标准，开展安装检验队伍的素质建设。我们认为，建筑施工起重机械安装检验工作本质上是一种监督管理工作。这种监督管理按国家建设部《建筑起重机械安全监督管理规定》(建设部令第 166 号)第 16 条的规定，不属于行政性监管，而是一种技术性的服务行为。客观上要求检验人员思想境界要高，技术业务要精，要比从事建筑起重机械安装拆卸作业的人员技高一筹。这就提出了一个问题，如何确定安装检验人员的技术水准？我们设想通过培训大纲的制定，确定一个培训的标准。总体上，我们希望检验检测人员达到大学本科本专业的技术水准。从已经进行行业确认的 17 家企业来看，许多从业人员过去是从事建筑起重机械设备安装拆卸工作的，有比较丰富的实践经验；也有许多人员在理论上、实践上还不能适应形势发展和现场检验的客观要求。因此，我们的培训工作就要有针对性。我们设想，通过培训大纲的制定，确定标准和目标，再通过对从业人员调查，确定具体的培训对象和计划。总体上要按大纲要求，对相关人员做到缺什么课程或者缺什么知识就补什么课程或者知识。要通过二三年的努力，使全省从业人员达到培训大纲所确定的目标。要做好这项工作，应当准备好教材。我们协会过去编过塔式起重机方面的培训教材，现在可以作些修订。还要应当有针对性地组织教材编写。也可选用一些教材。争取在 2009 年年底以前就按培训大纲的要求，开展从业人员的培训工作。

三、以计量认证为基础，促进检验机构的管理建设。

按照《中华人民共和国计量法》的规定，向社会出具公正性检测报告的检测机构，应当取得计量认证的资质。我们从事建筑施工起重机械安装质量检验的机构，是检验安装质量的第三方检验机构，应当进行计量认证。现在，全省已经有一部分建筑起重机械安装检验机构通过了计量认证。我们希望经过行业确认的机构，都应当进行计量认证。省建筑安全协会将会同有关机构作些研究，指导这项工作的展开，促进行业确认企业的内部管理。

我们这期高研班，还将研究《安装检验人员行为规范》和全行业一些具有共性的问题，规范行为，促进行业的发展。

最后，祝这期高研班达到预期的目的。

二十、安全生产法规文件选编

中华人民共和国建筑法

（1997年11月1日第八届全国人民代表大会常务委员会第二十八次会议通过，1997年11月1日中华人民共和国主席令第91号公布，自1998年3月1日起施行）

第一章 总 则

第一条 为了加强对建筑活动的监督管理，维护建筑市场秩序，保证建筑工程的质量和安全，促进建筑业健康发展，制定本法。

第二条 在中华人民共和国境内从事建筑活动，实施对建筑活动的监督管理，应当遵守本法。

本法所称建筑活动，是指各类房屋建筑及其附属设施的建造和与其配套的线路、管道、设备的安装活动。

第三条 建筑活动应当确保建筑工程质量和安全，符合国家的建筑工程安全标准。

第四条 国家扶持建筑业的发展，支持建筑科学技术研究，提高房屋建筑设计水平，鼓励节约能源和保护环境，提倡采用先进技术、先进设备、先进工艺、新型建筑材料和现代管理方式。

第五条 从事建筑活动应当遵守法律、法规，不得损害社会公共利益和他人的合法权益。

任何单位和个人都不得妨碍和阻挠依法进行的建筑活动。

第六条 国务院建设行政主管部门对全国的建筑活动实施统一监督管理。

第二章 建筑许可

第一节 建筑工程施工许可

第七条 建筑工程开工前，建设单位应当按照国家有关规定向工程所在地县级以上人民政府建设行政主管部门申请领取施工许可证；但是，国务院建设行政主管部门确定的限额以下的小型工程除外。

按照国务院规定的权限和程序批准开工报告的建筑工程，不再领取施工许可证。

第八条 申请领取施工许可证，应当具备下列条件：

（一）已经办理该建筑工程用地批准手续；

（二）在城市规划区的建筑工程，已经取得规划许可证；

（三）需要拆迁的，其拆迁进度符合施工要求；

（四）已经确定建筑施工企业；

（五）有满足施工需要的施工图纸及技术资料；

（六）有保证工程质量和安全的具体措施；

（七）建设资金已经落实；

（八）法律、行政法规规定的其他条件。

建设行政主管部门应当自收到申请之日起十五日内，对符合条件的申请颁发施工许可证。

第九条 建设单位应当自领取施工许可证之日起三个月内开工。因故不能按期开工的，应当向发证机关申请延期；延期以两次为限，每次不超过三个月。既不开工又不申请延期或者超过延期时限的，施工许可证自行废止。

第十条 在建的建筑工程因故中止施工的，建设单位应当自中止施工之日起一个月内，向发证机关报告，并按照规定做好建筑工程的维护管理工作。

建筑工程恢复施工时，应当向发证机关报告；中止施工满一年的工程恢复施工前，建设单位应当报发证机关核验施工许可证。

第十一条　按照国务院有关规定批准开工报告的建筑工程，因故不能按期开工或者中止施工的，应当及时向批准机关报告情况。因故不能按期开工超过六个月的，应当重新办理开工报告的批准手续。

第二节　从业资格

第十二条　从事建筑活动的建筑施工企业、勘察单位、设计单位和工程监理单位，应当具备下列条件：

（一）有符合国家规定的注册资本；

（二）有与其从事的建筑活动相适应的具有法定执业资格的专业技术人员；

（三）有从事相关建筑活动所应有的技术装备；

（四）法律、行政法规规定的其他条件。

第十三条　从事建筑活动的建筑施工企业、勘察单位、设计单位和工程监理单位，按照其拥有的注册资本、专业技术人员、技术装备和已完成的建筑工程业绩等资质条件，划分为不同的资质等级，经资质审查合格，取得相应等级的资质证书后，方可在其资质等级许可的范围内从事建筑活动。

第十四条　从事建筑活动的专业技术人员，应当依法取得相应的执业资格证书，并在执业资格证书许可的范围内从事建筑活动。

第三章　建筑工程发包与承包

第一节　一般规定

第十五条　建筑工程的发包单位与承包单位应当依法订立书面合同，明确双方的权利和义务。

发包单位和承包单位应当全面履行合同约定的义务。不按照合同约定履行义务的，依法承担违约责任。

第十六条　建筑工程发包与承包的招标投标活动，应当遵循公开、公正、平等竞争的原则，择优选择承包单位。

建筑工程的招标投标，本法没有规定的，适用有关招标投标法律的规定。

第十七条　发包单位及其工作人员在建筑工程发包中不得收受贿赂、回扣或者索取其他好处。

承包单位及其工作人员不得利用向发包单位及其工作人员行贿、提供回扣或者给予其他好处等不正当手段承揽工程。

第十八条　建筑工程造价应当按照国家有关规定，由发包单位与承包单位在合同中约定。公开招标发包的，其造价的约定，须遵守招标投标法律的规定。

发包单位应当按照合同的约定，及时拨付工程款项。

第二节　发　包

第十九条　建筑工程依法实行招标发包，对不适于招标发包的可以直接发包。

第二十条　建筑工程实行公开招标的，发包单位应当依照法定程序和方式，发布招标公告，提供载有招标工程的主要技术要求、主要的合同条款、评标的标准和方法以及开标、评标、定标的程序等内容的招标文件。

开标应当在招标文件规定的时间、地点公开进行。开标后应当按照招标文件规定的评标标准和程序对标书进行评价、比较，在具备相应资质条件的投标者中，择优选定中标者。

第二十一条　建筑工程招标的开标、评标、定标由建设单位依法组织实施，并接受有关行政主管部门的监督。

第二十二条　建筑工程实行招标发包的，发包单位应当将建筑工程发包给依法中标的承包单位。建筑工程实行直接发包的，发包单位应当将建筑工程发包给具有相应资质条件的承包单位。

第二十三条　政府及其所属部门不得滥用行政权力，限定发包单位将招标发包的建筑工程发包给指定的承包单位。

第二十四条 提倡对建筑工程实行总承包,禁止将建筑工程肢解发包。

建筑工程的发包单位可以将建筑工程的勘察、设计、施工、设备采购一并发包给一个工程总承包单位,也可以将建筑工程勘察、设计、施工、设备采购的一项或者多项发包给一个工程总承包单位;但是,不得将应当由一个承包单位完成的建筑工程肢解成若干部分发包给几个承包单位。

第二十五条 按照合同约定,建筑材料、建筑构配件和设备由工程承包单位采购的,发包单位不得指定承包单位购入用于工程的建筑材料、建筑构配件和设备或者指定生产厂、供应商。

第三节 承 包

第二十六条 承包建筑工程的单位应当持有依法取得的资质证书,并在其资质等级许可的业务范围内承揽工程。

禁止建筑施工企业超越本企业资质等级许可的业务范围或者以任何形式用其他建筑施工企业的名义承揽工程。禁止建筑施工企业以任何形式允许其他单位或者个人使用本企业的资质证书、营业执照,以本企业的名义承揽工程。

第二十七条 大型建筑工程或者结构复杂的建筑工程,可以由两个以上的承包单位联合共同承包。共同承包的各方对承包合同的履行承担连带责任。

两个以上不同资质等级的单位实行联合共同承包的,应当按照资质等级低的单位的业务许可范围承揽工程。

第二十八条 禁止承包单位将其承包的全部建筑工程转包给他人,禁止承包单位将其承包的全部建筑工程肢解以后以分包的名义分别转包给他人。

第二十九条 建筑工程总承包单位可以将承包工程中的部分工程发包给具有相应资质条件的分包单位;但是,除总承包合同中约定的分包外,必须经建设单位认可。施工总承包的,建筑工程主体结构的施工必须由总承包单位自行完成。

建筑工程总承包单位按照总承包合同的约定对建设单位负责;分包单位按照分包合同的约定对总承包单位负责。总承包单位和分包单位就分包工程对建设单位承担连带责任。

禁止总承包单位将工程分包给不具备相应资质条件的单位。禁止分包单位将其承包的工程再分包。

第四章 建筑工程监理

第三十条 国家推行建筑工程监理制度。

国务院可以规定实行强制监理的建筑工程的范围。

第三十一条 实行监理的建筑工程,由建设单位委托具有相应资质条 件的工程监理单位监理。建设单位与其委托的工程监理单位应当订立书面委托监理合同。

第三十二条 建筑工程监理应当依照法律、行政法规及有关的技术标准、设计文件和建筑工程承包合同,对承包单位在施工质量、建设工期和建设资金使用等方面,代表建设单位实施监督。

工程监理人员认为工程施工不符合工程设计要求、施工技术标准和合同约定的,有权要求建筑施工企业改正。

工程监理人员发现工程设计不符合建筑工程质量标准或者合同约定的质量要求的,应当报告建设单位要求设计单位改正。

第三十三条 实施建筑工程监理前,建设单位应当将委托的工程监理单位、监理的内容及监理权限,书面通知被监理的建筑施工企业。

第三十四条 工程监理单位应当在其资质等级许可的监理范围内,承担工程监理业务。

工程监理单位应当根据建设单位的委托,客观、公正地执行监理任务。

工程监理单位与被监理工程的承包单位以及建筑材料、建筑构配件和设备供应单位不得有隶属关系或者其他利害关系。

工程监理单位不得转让工程监理业务。

第三十五条　工程监理单位不按照委托监理合同的约定履行监理义务，对应当监督检查的项目不检查或者不按照规定检查，给建设单位造成损失的，应当承担相应的赔偿责任。

工程监理单位与承包单位串通，为承包单位谋取非法利益，给建设单位造成损失的，应当与承包单位承担连带赔偿责任。

第五章　建筑安全生产管理

第三十六条　建筑工程安全生产管理必须坚持安全第一、预防为主的方针，建立健全安全生产的责任制度和群防群治制度。

第三十七条　建筑工程设计应当符合按照国家规定制定的建筑安全规程和技术规范，保证工程的安全性能。

第三十八条　建筑施工企业在编制施工组织设计时，应当根据建筑工程的特点制定相应的安全技术措施；对专业性较强的工程项目，应当编制专项安全施工组织设计，并采取安全技术措施。

第三十九条　建筑施工企业应当在施工现场采取维护安全、防范危险、预防火灾等措施；有条件的，应当对施工现场实行封闭管理。

施工现场对毗邻的建筑物、构筑物和特殊作业环境可能造成损害的，建筑施工企业应当采取安全防护措施。

第四十条　建设单位应当向建筑施工企业提供与施工现场相关的地下管线资料，建筑施工企业应当采取措施加以保护。

第四十一条　建筑施工企业应当遵守有关环境保护和安全生产的法律、法规的规定，采取控制和处理施工现场的各种粉尘、废气、废水、固体废物以及噪声、振动对环境的污染和危害的措施。

第四十二条　有下列情形之一的，建设单位应当按照国家有关规定办理申请批准手续：

（一）需要临时占用规划批准范围以外场地的；

（二）可能损坏道路、管线、电力、邮电通讯等公共设施的；

（三）需要临时停水、停电、中断道路交通的；

（四）需要进行爆破作业的；

（五）法律、法规规定需要办理报批手续的其他情形。

第四十三条　建设行政主管部门负责建筑安全生产的管理，并依法接受劳动行政主管部门对建筑安全生产的指导和监督。

第四十四条　建筑施工企业必须依法加强对建筑安全生产的管理，执行安全生产责任制度，采取有效措施，防止伤亡和其他安全生产事故的发生。

建筑施工企业的法定代表人对本企业的安全生产负责。

第四十五条　施工现场安全由建筑施工企业负责。实行施工总承包的，由总承包单位负责。分包单位向总承包单位负责，服从总承包单位对施工现场的安全生产管理。

第四十六条　建筑施工企业应当建立健全劳动安全生产教育培训制度，加强对职工安全生产的教育培训；未经安全生产教育培训的人员，不得上岗作业。

第四十七条　建筑施工企业和作业人员在施工过程中，应当遵守有关安全生产的法律、法规和建筑行业安全规章、规程，不得违章指挥或者违章作业。作业人员有权对影响人身健康的作业程序和作业条件提出改进意见，有权获得安全生产所需的防护用品。作业人员对危及生命安全和人身健康的行为有权提出批评、检举和控告。

第四十八条　建筑施工企业必须为从事危险作业的职工办理意外伤害保险，支付保险费。

第四十九条　涉及建筑主体和承重结构变动的装修工程，建设单位应当在施工前委托原设计单位或者具有相应资质条件的设计单位提出设计方案；没有设计方案的，不得施工。

第五十条　房屋拆除应当由具备保证安全条件的建筑施工单位承担，由建筑施工单位负责人对安全负责。

第五十一条　施工中发生事故时，建筑施

工企业应当采取紧急措施减少人员伤亡和事故损失，并按照国家有关规定及时向有关部门报告。

第六章 建筑工程质量管理

第五十二条 建筑工程勘察、设计、施工的质量必须符合国家有关建筑工程安全标准的要求，具体管理办法由国务院规定。

有关建筑工程安全的国家标准不能适应确保建筑安全的要求时，应当及时修订。

第五十三条 国家对从事建筑活动的单位推行质量体系认证制度。从事建筑活动的单位根据自愿原则可以向国务院产品质量监督管理部门或者国务院产品质量监督管理部门授权的部门认可的认证机构申请质量体系认证。经认证合格的，由认证机构颁发质量体系认证证书。

第五十四条 建设单位不得以任何理由，要求建筑设计单位或者建筑施工企业在工程设计或者施工作业中，违反法律、行政法规和建筑工程质量、安全标准，降低工程质量。

建筑设计单位和建筑施工企业对建设单位违反前款规定提出的降低工程质量的要求，应当予以拒绝。

第五十五条 建筑工程实行总承包的，工程质量由工程总承包单位负责，总承包单位将建筑工程分包给其他单位的，应当对分包工程的质量与分包单位承担连带责任。分包单位应当接受总承包单位的质量管理。

第五十六条 建筑工程的勘察、设计单位必须对其勘察、设计的质量负责。勘察、设计文件应当符合有关法律、行政法规的规定和建筑工程质量、安全标准、建筑工程勘察、设计技术规范以及合同的约定。设计文件选用的建筑材料、建筑构配件和设备，应当注明其规格、型号、性能等技术指标，其质量要求必须符合国家规定的标准。

第五十七条 建筑设计单位对设计文件选用的建筑材料、建筑构配件和设备，不得指定生产厂、供应商。

第五十八条 建筑施工企业对工程的施工质量负责。

建筑施工企业必须按照工程设计图纸和施工技术标准施工，不得偷工减料。工程设计的修改由原设计单位负责，建筑施工企业不得擅自修改工程设计。

第五十九条 建筑施工企业必须按照工程设计要求、施工技术标准和合同的约定，对建筑材料、建筑构配件和设备进行检验，不合格的不得使用。

第六十条 建筑物在合理使用寿命内，必须确保地基基础工程和主体结构的质量。

建筑工程竣工时，屋顶、墙面不得留有渗漏、开裂等质量缺陷；对已发现的质量缺陷，建筑施工企业应当修复。

第六十一条 交付竣工验收的建筑工程，必须符合规定的建筑工程质量标准，有完整的工程技术经济资料和经签署的工程保修书，并具备国家规定的其他竣工条件。

建筑工程竣工经验收合格后，方可交付使用；未经验收或者验收不合格的，不得交付使用。

第六十二条 建筑工程实行质量保修制度。

建筑工程的保修范围应当包括地基基础工程、主体结构工程、屋面防水工程和其他土建工程，以及电气管线、上下水管线的安装工程，供热、供冷系统工程等项目；保修的期限应当按照保证建筑物合理寿命年限内正常使用，维护使用者合法权益的原则确定。具体的保修范围和最低保修期限由国务院规定。

第六十三条 任何单位和个人对建筑工程的质量事故、质量缺陷都有权向建设行政主管部门或者其他有关部门进行检举、控告、投诉。

第七章 法律责任

第六十四条 违反本法规定，未取得施工许可证或者开工报告未经批准擅自施工的，责令改正，对不符合开工条件的责令停止施工，可以处以罚款。

第六十五条　发包单位将工程发包给不具有相应资质条件的承包单位的，或者违反本法规定将建筑工程肢解发包的，责令改正，处以罚款。

超越本单位资质等级承揽工程的，责令停止违法行为，处以罚款，可以责令停业整顿，降低资质等级；情节严重的，吊销资质证书；有违法所得的，予以没收。

未取得资质证书承揽工程的，予以取缔，并处罚款；有违法所得的，予以没收。

以欺骗手段取得资质证书的，吊销资质证书，处以罚款；构成犯罪的，依法追究刑事责任。

第六十六条　建筑施工企业转让、出借资质证书或者以其他方式允许他人以本企业的名义承揽工程的，责令改正，没收违法所得，并处罚款，可以责令停业整顿，降低资质等级；情节严重的，吊销资质证书。对因该项承揽工程不符合规定的质量标准造成的损失，建筑施工企业与使用本企业名义的单位或者个人承担连带赔偿责任。

第六十七条　承包单位将承包的工程转包的，或者违反本法规定进行分包的，责令改正，没收违法所得，并处罚款，可以责令停业整顿，降低资质等级；情节严重的，吊销资质证书。

承包单位有前款规定的违法行为的，对因转包工程或者违法分包的工程不符合规定的质量标准造成的损失，与接受转包或者分包的单位承担连带赔偿责任。

第六十八条　在工程发包与承包中索贿、受贿、行贿，构成犯罪的，依法追究刑事责任；不构成犯罪的，分别处以罚款，没收贿赂的财物，对直接负责的主管人员和其他直接责任人员给予处分。

对在工程承包中行贿的承包单位，除依照前款规定处罚外，可以责令停业整顿，降低资质等级或者吊销资质证书。

第六十九条　工程监理单位与建设单位或者建筑施工企业串通，弄虚作假、降低工程质量的，责令改正，处以罚款，降低资质等级或者吊销资质证书；有违法所得的，予以没收；造成损失的，承担连带赔偿责任；构成犯罪的，依法追究刑事责任。

工程监理单位转让监理业务的，责令改正，没收违法所得，可以责令停业整顿，降低资质等级；情节严重的，吊销资质证书。

第七十条　违反本法规定，涉及建筑主体或者承重结构变动的装修工程擅自施工的，责令改正，处以罚款；造成损失的，承担赔偿责任；构成犯罪的，依法追究刑事责任。

第七十一条　建筑施工企业违反本法规定，对建筑安全事故隐患不采取措施予以消除的，责令改正，可以处以罚款；情节严重的，责令停业整顿，降低资质等级或者吊销资质证书；构成犯罪的，依法追究刑事责任。

建筑施工企业的管理人员违章指挥、强令职工冒险作业，因而发生重大伤亡事故或者造成其他严重后果的，依法追究刑事责任。

第七十二条　建设单位违反本法规定，要求建筑设计单位或者建筑施工企业违反建筑工程质量、安全标准，降低工程质量的，责令改正，可以处以罚款；构成犯罪的，依法追究刑事责任。

第七十三条　建筑设计单位不按照建筑工程质量、安全标准进行设计的，责令改正，处以罚款；造成工程质量事故的，责令停业整顿，降低资质等级或者吊销资质证书，没收违法所得，并处罚款；造成损失的，承担赔偿责任；构成犯罪的，依法追究刑事责任。

第七十四条　建筑施工企业在施工中偷工减料的，使用不合格的建筑材料、建筑构配件和设备的，或者有其他不按照工程设计图纸或者施工技术标准施工的行为的，责令改正，处以罚款；情节严重的，责令停业整顿，降低资质等级或者吊销资质证书；造成建筑工程质量不符合规定的质量标准的，负责返工、修理，并赔偿因此造成的损失；构成犯罪的，依法追究刑事责任。

第七十五条　建筑施工企业违反本法规定，不履行保修义务或者拖延履行保修义务的，责令改正,可以处以罚款,并对在保修期内因屋顶、墙面渗漏、开裂等质量缺陷造成的损失,承担赔偿责任。

第七十六条　本法规定的责令停业整顿、降低资质等级和吊销资质证书的行政处罚,由颁发资质证书的机关决定;其他行政处罚,由建设行政主管部门或者有关部门依照法律和国务院规定的职权范围决定。

依照本法规定被吊销资质证书的,由工商行政管理部门吊销其营业执照。

第七十七条　违反本法规定,对不具备相应资质等级条件的单位颁发该等级资质证书的,由其上级机关责令收回所发的资质证书,对直接负责的主管人员和其他直接责任人员给予行政处分;构成犯罪的,依法追究刑事责任。

第七十八条　政府及其所属部门的工作人员违反本法规定,限定发包单位将招标发包的工程发包给指定的承包单位的,由上级机关责令改正;构成犯罪的,依法追究刑事责任。

第七十九条　负责颁发建筑工程施工许可证的部门及其工作人员对不符合施工条件的建筑工程颁发施工许可证的,负责工程质量监督检查或者竣工验收的部门及其工作人员对不合格的建筑工程出具质量合格文件或者按合格工程验收的,由上级机关责令改正,对责任人员给予行政处分;构成犯罪的,依法追究刑事责任;造成损失的,由该部门承担相应的赔偿责任。

第八十条　在建筑物的合理使用寿命内,因建筑工程质量不合格受到损害的,有权向责任者要求赔偿。

第八章　附则

第八十一条　本法关于施工许可、建筑施工企业资质审查和建筑工程发包、承包、禁止转包,以及建筑工程监理、建筑工程安全和质量管理的规定,适用于其他专业建筑工程的建筑活动,具体办法由国务院规定。

第八十二条　建设行政主管部门和其他有关部门在对建筑活动实施监督管理中,除按照国务院有关规定收取费用外,不得收取其他费用。

第八十三条　省、自治区、直辖市人民政府确定的小型房屋建筑工程的建筑活动,参照本法执行。

依法核定作为文物保护的纪念建筑物和古建筑等的修缮,依照文物保护的有关法律规定执行。

抢险救灾及其他临时性房屋建筑和农民自建低层住宅的建筑活动,不适用本法。

第八十四条　军用房屋建筑工程建筑活动的具体管理办法,由国务院、中央军事委员会依据本法制定。

第八十五条　本法自 1998 年 3 月 1 日起施行。

中华人民共和国安全生产法

(2002 年 6 月 29 日第九届全国人民代表大会常务委员会第二十八次会议通过,2002 年 6 月 29 日中华人民共和国主席令第 70 号公布,自 2002 年 11 月 1 日起施行)

第一章　总　则

第一条　为了加强安全生产监督管理,防止和减少生产安全事故,保障人民群众生命和财产安全,促进经济发展,制定本法。

第二条　在中华人民共和国领域内从事生产经营活动的单位(以下统称生产经营单位)的安全生产,适用本法;有关法律、行政法规对消防安全和道路交通安全、铁路交通安全、水上交通安全、民用航空安全另有规定的,适用其规定。

第三条　安全生产管理,坚持安全第一、预防为主的方针。

第四条　生产经营单位必须遵守本法和其

他有关安全生产的法律、法规，加强安全生产管理，建立、健全安全生产责任制度，完善安全生产条件，确保安全生产。

第五条　生产经营单位的主要负责人对本单位的安全生产工作全面负责。

第六条　生产经营单位的从业人员有依法获得安全生产保障的权利，并应当依法履行安全生产方面的义务。

第七条　工会依法组织职工参加本单位安全生产工作的民主管理和民主监督，维护职工在安全生产方面的合法权益。

第八条　国务院和地方各级人民政府应当加强对安全生产工作的领导，支持、督促各有关部门依法履行安全生产监督管理职责。

县级以上人民政府对安全生产监督管理中存在的重大问题应当及时予以协调、解决。

第九条　国务院负责安全生产监督管理的部门依照本法，对全国安全生产工作实施综合监督管理；县级以上地方各级人民政府负责安全生产监督管理的部门依照本法，对本行政区域内安全生产工作实施综合监督管理。

国务院有关部门依照本法和其他有关法律、行政法规的规定，在各自的职责范围内对有关的安全生产工作实施监督管理；县级以上地方各级人民政府有关部门依照本法和其他有关法律、法规的规定，在各自的职责范围内对有关的安全生产工作实施监督管理。

第十条　国务院有关部门应当按照保障安全生产的要求，依法及时制定有关的国家标准或者行业标准，并根据科技进步和经济发展适时修订。

生产经营单位必须执行依法制定的保障安全生产的国家标准或者行业标准。

第十一条　各级人民政府及其有关部门应当采取多种形式，加强对有关安全生产的法律、法规和安全生产知识的宣传，提高职工的安全生产意识。

第十二条　依法设立的为安全生产提供技术服务的中介机构，依照法律、行政法规和执业准则，接受生产经营单位的委托为其安全生产工作提供技术服务。

第十三条　国家实行生产安全事故责任追究制度，依照本法和有关法律、法规的规定，追究生产安全事故责任人员的法律责任。

第十四条　国家鼓励和支持安全生产科学技术研究和安全生产先进技术的推广应用，提高安全生产水平。

第十五条　国家对在改善安全生产条件、防止生产安全事故、参加抢险救护等方面取得显著成绩的单位和个人，给予奖励。

第二章　生产经营单位的安全生产保障

第十六条　生产经营单位应当具备本法和有关法律、行政法规和国家标准或者行业标准规定的安全生产条件；不具备安全生产条件的，不得从事生产经营活动。

第十七条　生产经营单位的主要负责人对本单位安全生产工作负有下列职责：

（一）建立、健全本单位安全生产责任制；

（二）组织制定本单位安全生产规章制度和操作规程；

（三）保证本单位安全生产投入的有效实施；

（四）督促、检查本单位的安全生产工作，及时消除生产安全事故隐患；

（五）组织制定并实施本单位的生产安全事故应急救援预案；

（六）及时、如实报告生产安全事故。

第十八条　生产经营单位应当具备的安全生产条件所必需的资金投入，由生产经营单位的决策机构、主要负责人或者个人经营的投资人予以保证，并对由于安全生产所必需的资金投入不足导致的后果承担责任。

第十九条　矿山、建筑施工单位和危险物品的生产、经营、储存单位，应当设置安全生产管理机构或者配备专职安全生产管理人员。

前款规定以外的其他生产经营单位，从业人员超过三百人的，应当设置安全生产管理机构或者配备专职安全生产管理人员；从业人员在三百人以下的，应当配备专职或者兼职的安全生产管理人员，或者委托具有国家规定的相关专业技术资格的工程技术人员提供安全生产管理服务。

生产经营单位依照前款规定委托工程技术人员提供安全生产管理服务的，保证安全生产的责任仍由本单位负责。

第二十条　生产经营单位的主要负责人和安全生产管理人员必须具备与本单位所从事的生产经营活动相应的安全生产知识和管理能力。

危险物品的生产、经营、储存单位以及矿山、建筑施工单位的主要负责人和安全生产管理人员，应当由有关主管部门对其安全生产知识和管理能力考核合格后方可任职。考核不得收费。

第二十一条　生产经营单位应当对从业人员进行安全生产教育和培训，保证从业人员具备必要的安全生产知识，熟悉有关的安全生产规章制度和安全操作规程，掌握本岗位的安全操作技能。未经安全生产教育和培训合格的从业人员，不得上岗作业。

第二十二条　生产经营单位采用新工艺、新技术、新材料或者使用新设备，必须了解、掌握其安全技术特性，采取有效的安全防护措施，并对从业人员进行专门的安全生产教育和培训。

第二十三条　生产经营单位的特种作业人员必须按照国家有关规定经专门的安全作业培训，取得特种作业操作资格证书，方可上岗作业。

特种作业人员的范围由国务院负责安全生产监督管理的部门会同国务院有关部门确定。

第二十四条　生产经营单位新建、改建、扩建工程项目(以下统称建设项目)的安全设施，必须与主体工程同时设计、同时施工、同时投入生产和使用。安全设施投资应当纳入建设项目概算。

第二十五条　矿山建设项目和用于生产、储存危险物品的建设项目，应当分别按照国家有关规定进行安全条件论证和安全评价。

第二十六条　建设项目安全设施的设计人、设计单位应当对安全设施设计负责。

矿山建设项目和用于生产、储存危险物品的建设项目的安全设施设计应当按照国家有关规定报经有关部门审查，审查部门及其负责审查的人员对审查结果负责。

第二十七条　矿山建设项目和用于生产、储存危险物品的建设项目的施工单位必须按照批准的安全设施设计施工，并对安全设施的工程质量负责。

矿山建设项目和用于生产、储存危险物品的建设项目竣工投入生产或者使用前，必须依照有关法律、行政法规的规定对安全设施进行验收；验收合格后，方可投入生产和使用。验收部门及其验收人员对验收结果负责。

第二十八条　生产经营单位应当在有较大危险因素的生产经营场所和有关设施、设备上，设置明显的安全警示标志。

第二十九条　安全设备的设计、制造、安装、使用、检测、维修、改造和报废，应当符合国家标准或者行业标准。

生产经营单位必须对安全设备进行经常性维护、保养，并定期检测，保证正常运转。维护、保养、检测应当作好记录，并由有关人员签字。

第三十条　生产经营单位使用的涉及生命安全、危险性较大的特种设备，以及危险物品的容器、运输工具，必须按照国家有关规定，由专业生产单位生产，并经取得专业资质的检测、检验机构检测、检验合格，取得安全使用证或者安全标志，方可投入使用。检测、检验机构对检测、检验结果负责。

涉及生命安全、危险性较大的特种设备的目录由国务院负责特种设备安全监督管理的部门制定，报国务院批准后执行。

第三十一条　国家对严重危及生产安全的工艺、设备实行淘汰制度。

生产经营单位不得使用国家明令淘汰、禁止使用的危及生产安全的工艺、设备。

第三十二条　生产、经营、运输、储存、使用危险物品或者处置废弃危险物品的，由有关主管部门依照有关法律、法规的规定和国家标准或者行业标准审批并实施监督管理。

生产经营单位生产、经营、运输、储存、使用危险物品或者处置废弃危险物品，必须执行有关法律、法规和国家标准或者行业标准，建立专门的安全管理制度，采取可靠的安全措施，接受有关主管部门依法实施的监督管理。

第三十三条　生产经营单位对重大危险源应当登记建档，进行定期检测、评估、监控，并制定应急预案，告知从业人员和相关人员在紧急情况下应当采取的应急措施。

生产经营单位应当按照国家有关规定将本单位重大危险源及有关安全措施、应急措施报有关地方人民政府负责安全生产监督管理的部门和有关部门备案。

第三十四条　生产、经营、储存、使用危险物品的车间、商店、仓库不得与员工宿舍在同一座建筑物内，并应当与员工宿舍保持安全距离。

生产经营场所和员工宿舍应当设有符合紧急疏散要求、标志明显、保持畅通的出口。禁止封闭、堵塞生产经营场所或者员工宿舍的出口。

第三十五条　生产经营单位进行爆破、吊装等危险作业，应当安排专门人员进行现场安全管理，确保操作规程的遵守和安全措施的落实。

第三十六条　生产经营单位应当教育和督促从业人员严格执行本单位的安全生产规章制度和安全操作规程；并向从业人员如实告知作业场所和工作岗位存在的危险因素、防范措施以及事故应急措施。

第三十七条　生产经营单位必须为从业人员提供符合国家标准或者行业标准的劳动防护用品，并监督、教育从业人员按照使用规则佩戴、使用。

第三十八条　生产经营单位的安全生产管理人员应当根据本单位的生产经营特点，对安全生产状况进行经常性检查；对检查中发现的安全问题，应当立即处理；不能处理的，应当及时报告本单位有关负责人。检查及处理情况应当记录在案。

第三十九条　生产经营单位应当安排用于配备劳动防护用品、进行安全生产培训的经费。

第四十条　两个以上生产经营单位在同一作业区域内进行生产经营活动，可能危及对方生产安全的，应当签订安全生产管理协议，明确各自的安全生产管理职责和应当采取的安全措施，并指定专职安全生产管理人员进行安全检查与协调。

第四十一条　生产经营单位不得将生产经营项目、场所、设备发包或者出租给不具备安全生产条件或者相应资质的单位或者个人。

生产经营项目、场所有多个承包单位、承租单位的，生产经营单位应当与承包单位、承租单位签订专门的安全生产管理协议，或者在承包合同、租赁合同中约定各自的安全生产管理职责；生产经营单位对承包单位、承租单位的安全生产工作统一协调、管理。

第四十二条　生产经营单位发生重大生产安全事故时，单位的主要负责人应当立即组织抢救，并不得在事故调查处理期间擅离职守。

第四十三条　生产经营单位必须依法参加工伤社会保险，为从业人员缴纳保险费。

第三章　从业人员的权利和义务

第四十四条　生产经营单位与从业人员订立的劳动合同，应当载明有关保障从业人员劳动安全、防止职业危害的事项，以及依法为从业人员办理工伤社会保险的事项。

生产经营单位不得以任何形式与从业人员订立协议，免除或者减轻其对从业人员因生产安全事故伤亡依法应承担的责任。

第四十五条　生产经营单位的从业人员有权了解其作业场所和工作岗位存在的危险因素、防范措施及事故应急措施，有权对本单位的安全生产工作提出建议。

第四十六条　从业人员有权对本单位安全生产工作中存在的问题提出批评、检举、控告；有权拒绝违章指挥和强令冒险作业。

生产经营单位不得因从业人员对本单位安全生产工作提出批评、检举、控告或者拒绝违章指挥、强令冒险作业而降低其工资、福利等待遇或者解除与其订立的劳动合同。

第四十七条　从业人员发现直接危及人身安全的紧急情况时，有权停止作业或者在采取可能的应急措施后撤离作业场所。

生产经营单位不得因从业人员在前款紧急情况下停止作业或者采取紧急撤离措施而降低其工资、福利等待遇或者解除与其订立的劳动合同。

第四十八条　因生产安全事故受到损害的从业人员，除依法享有工伤社会保险外，依照有关民事法律尚有获得赔偿的权利的，有权向本单位提出赔偿要求。

第四十九条　从业人员在作业过程中，应当严格遵守本单位的安全生产规章制度和操作规程，服从管理，正确佩戴和使用劳动防护用品。

第五十条　从业人员应当接受安全生产教育和培训，掌握本职工作所需的安全生产知识，提高安全生产技能，增强事故预防和应急处理能力。

第五十一条　从业人员发现事故隐患或者其他不安全因素，应当立即向现场安全生产管理人员或者本单位负责人报告；接到报告的人员应当及时予以处理。

第五十二条　工会有权对建设项目的安全设施与主体工程同时设计、同时施工、同时投入生产和使用进行监督，提出意见。

工会对生产经营单位违反安全生产法律、法规，侵犯从业人员合法权益的行为，有权要求纠正；发现生产经营单位违章指挥、强令冒险作业或者发现事故隐患时，有权提出解决的建议，生产经营单位应当及时研究答复；发现危及从业人员生命安全的情况时，有权向生产经营单位建议组织从业人员撤离危险场所，生产经营单位必须立即作出处理。

工会有权依法参加事故调查，向有关部门提出处理意见，并要求追究有关人员的责任。

第四章　安全生产的监督管理

第五十三条　县级以上地方各级人民政府应当根据本行政区域内的安全生产状况，组织有关部门按照职责分工，对本行政区域内容易发生重大生产安全事故的生产经营单位进行严格检查；发现事故隐患，应当及时处理。

第五十四条　依照本法第九条规定对安全生产负有监督管理职责的部门（以下统称负有安全生产监督管理职责的部门）依照有关法律、法规的规定，对涉及安全生产的事项需要审查批准（包括批准、核准、许可、注册、认证、颁发证照等，下同）或者验收的，必须严格依照有关法律、法规和国家标准或者行业标准规定的安全生产条件和程序进行审查；不符合有关法律、法规和国家标准或者行业标准规定的安全生产条件的，不得批准或者验收通过。对未依法取得批准或者验收合格的单位擅自从事有关活动的，负责行政审扗的部门发现或者接到举报后应当立即予以取缔，并依法予以处理。对已经依法取得批准的单位，负责行政审批的部门发现其不再具备安全生产条件的，应当撤销原批准。

第五十五条　负有安全生产监督管理职责的部门对涉及安全生产的事项进行审查、验收，不得收取费用；不得要求接受审查、验收的单位购买其指定品牌或者指定生产、销售单位的安全设备、器材或者其他产品。

第五十六条　负有安全生产监督管理职责的部门依法对生产经营单位执行有关安全生产的法律、法规和国家标准或者行业标准的情况进行监督检查，行使以下职权：

（一）进入生产经营单位进行检查，调阅有关资料，向有关单位和人员了解情况。

（二）对检查中发现的安全生产违法行为，当场予以纠正或者要求限期改正；对依法应当给予行政处罚的行为，依照本法和其他有关法律、行政法规的规定作出行政处罚决定。

（三）对检查中发现的事故隐患，应当责令立即排除；重大事故隐患排除前或者排除过程中无法保证安全的，应当责令从危险区域内撤出作业人员，责令暂时停产停业或者停止使用；重大事故隐患排除后，经审查同意，方可恢复生产经营和使用。

（四）对有根据认为不符合保障安全生产的国家标准或者行业标准的设施、设备、器材予以查封或者扣押，并应当在十五日内依法作出处理决定。

监督检查不得影响被检查单位的正常生产经营活动。

第五十七条　生产经营单位对负有安全生产监督管理职责的部门的监督检查人员（以下统称安全生产监督检查人员）依法履行监督检查职责，应当予以配合，不得拒绝、阻挠。

第五十八条　安全生产监督检查人员应当忠于职守，坚持原则，秉公执法。

安全生产监督检查人员执行监督检查任务时，必须出示有效的监督执法证件；对涉及被检查单位的技术秘密和业务秘密，应当为其保密。

第五十九条　安全生产监督检查人员应当将检查的时间、地点、内容、发现的问题及其处理情况，作出书面记录，并由检查人员和被检查单位的负责人签字；被检查单位的负责人拒绝签字的，检查人员应当将情况记录在案，并向负有安全生产监督管理职责的部门报告。

第六十条　负有安全生产监督管理职责的部门在监督检查中，应当互相配合，实行联合检查；确需分别进行检查的，应当互通情况，发现存在的安全问题应当由其他有关部门进行处理的，应当及时移送其他有关部门并形成记录备查，接受移送的部门应当及时进行处理。

第六十一条　监察机关依照行政监察法的规定，对负有安全生产监督管理职责的部门及其工作人员履行安全生产监督管理职责实施监察。

第六十二条　承担安全评价、认证、检测、检验的机构应当具备国家规定的资质条件，并对其作出的安全评价、认证、检测、检验的结果负责。

第六十三条　负有安全生产监督管理职责的部门应当建立举报制度，公开举报电话、信箱或者电子邮件地址，受理有关安全生产的举报；受理的举报事项经调查核实后，应当形成书面材料；需要落实整改措施的，报经有关负责人签字并督促落实。

第六十四条　任何单位或者个人对事故隐患或者安全生产违法行为，均有权向负有安全生产监督管理职责的部门报告或者举报。

第六十五条　居民委员会、村民委员会发现其所在区域内的生产经营单位存在事故隐患或者安全生产违法行为时，应当向当地人民政府或者有关部门报告。

第六十六条　县级以上各级人民政府及其有关部门对报告重大事故隐患或者举报安全生产违法行为的有功人员，给予奖励。具体奖励办法由国务院负责安全生产监督管理的部门会同国务院财政部门制定。

第六十七条　新闻、出版、广播、电影、电视等单位有进行安全生产宣传教育的义务，有对违反安全生产法律、法规的行为进行舆论监督的权利。

第五章　生产安全事故的应急救援与调查处理

第六十八条　县级以上地方各级人民政府应当组织有关部门制定本行政区域内特大生产安全事故应急救援预案，建立应急救援体系。

第六十九条　危险物品的生产、经营、储存单位以及矿山、建筑施工单位应当建立应急救援组织；生产经营规模较小，可以不建立应急救援组织的，应当指定兼职的应急救援人员。

危险物品的生产、经营、储存单位以及矿山、建筑施工单位应当配备必要的应急救援器材、设备，并进行经常性维护、保养，保证正常运转。

第七十条　生产经营单位发生生产安全事故后，事故现场有关人员应当立即报告本单位负责人。

单位负责人接到事故报告后，应当迅速采取有效措施，组织抢救，防止事故扩大，减少人员伤亡和财产损失，并按照国家有关规定立即如实报告当地负有安全生产监督管理职责的部门，不得隐瞒不报、谎报或者拖延不报，不得故意破坏事故现场、毁灭有关证据。

第七十一条　负有安全生产监督管理职责的部门接到事故报告后，应当立即按照国家有关规定上报事故情况。负有安全生产监督管理职责的部门和有关地方人民政府对事故情况不得隐瞒不报、谎报或者拖延不报。

第七十二条　有关地方人民政府和负有安全生产监督管理职责的部门的负责人接到重大生产安全事故报告后，应当立即赶到事故现场，组织事故抢救。

任何单位和个人都应当支持、配合事故抢救，并提供一切便利条件。

第七十三条　事故调查处理应当按照实事求是、尊重科学的原则，及时、准确地查清事故原因，查明事故性质和责任，总结事故教训，提出整改措施，并对事故责任者提出处理意见。事故调查和处理的具体办法由国务院制定。

第七十四条　生产经营单位发生生产安全事故，经调查确定为责任事故的，除了应当查明事故单位的责任并依法予以追究外，还应当查明对安全生产的有关事项负有审查批准和监督职责的行政部门的责任，对有失职、渎职行为的，依照本法第七十七条的规定追究法律责任。

第七十五条　任何单位和个人不得阻挠和干涉对事故的依法调查处理。

第七十六条　县级以上地方各级人民政府负责安全生产监督管理的部门应当定期统计分析本行政区域内发生生产安全事故的情况，并定期向社会公布。

第六章　法律责任

第七十七条　负有安全生产监督管理职责的部门的工作人员，有下列行为之一的，给予降级或者撤职的行政处分；构成犯罪的，依照刑法有关规定追究刑事责任：

（一）对不符合法定安全生产条件的涉及安全生产的事项予以批准或者验收通过的；

（二）发现未依法取得批准、验收的单位擅自从事有关活动或者接到举报后不予取缔或者不依法予以处理的；

（三）对已经依法取得批准的单位不履行监督管理职责，发现其不再具备安全生产条件而不撤销原批准或者发现安全生产违法行为不予查处的。

第七十八条　负有安全生产监督管理职责的部门，要求被审查、验收的单位购买其指定的安全设备、器材或者其他产品的，在对安全生产事项的审查、验收中收取费用的，由其上级机关或者监察机关责令改正，责令退还收取的费用；情节严重的，对直接负责的主管人员和其他直接责任人员依法给予行政处分。

第七十九条　承担安全评价、认证、检测、检验工作的机构，出具虚假证明，构成犯罪的，依照刑法有关规定追究刑事责任；尚不够刑事处罚的，没收违法所得，违法所得在五千元以上的，并处违法所得二倍以上五倍以下的罚款，没有违法所得或者违法所得不足五千元的，单处或者并处五千元以上二万元以下的罚款，对其直接负责的主管人员和其他直接责任人员处五千元以上五万元以下的罚款；给他人造成损害的，与生产经营单位承担连带赔偿责任。

对有前款违法行为的机构，撤销其相应资格。

第八十条　生产经营单位的决策机构、主要负责人、个人经营的投资人不依照本法规定保证安全生产所必需的资金投入，致使生产经营单位不具备安全生产条件的，责令限期改正，提供必需的资金；逾期未改正的，责令生产经营单位停产停业整顿。

有前款违法行为，导致发生生产安全事故，构成犯罪的，依照刑法有关规定追究刑事责任；尚不够刑事处罚的，对生产经营单位的主要负责人给予撤职处分，对个人经营的投资人处二万元以上二十万元以下的罚款。

第八十一条　生产经营单位的主要负责人未履行本法规定的安全生产管理职责的，责令限期改正；逾期未改正的，责令生产经营单位停产停业整顿。

生产经营单位的主要负责人有前款违法行为，导致发生生产安全事故，构成犯罪的，依照刑法有关规定追究刑事责任；尚不够刑事处罚的，给予撤职处分或者处二万元以上二十万元以下的罚款。

生产经营单位的主要负责人依照前款规定受刑事处罚或者撤职处分的，自刑罚执行完毕或者受处分之日起，五年内不得担任任何生产经营单位的主要负责人。

第八十二条　生产经营单位有下列行为之一的，责令限期改正；逾期未改正的，责令停产停业整顿，可以并处二万元以下的罚款：

（一）未按照规定设立安全生产管理机构或者配备安全生产管理人员的；

（二）危险物品的生产、经营、储存单位以及矿山、建筑施工单位的主要负责人和安全生产管理人员未按照规定经考核合格的；

（三）未按照本法第二十一条、第二十二条的规定对从业人员进行安全生产教育和培训，或者未按照本法第三十六条的规定如实告知从业人员有关的安全生产事项的；

（四）特种作业人员未按照规定经专门的安全作业培训并取得特种作业操作资格证书，上岗作业的。

第八十三条　生产经营单位有下列行为之一的，责令限期改正；逾期未改正的，责令停止建设或者停产停业整顿，可以并处五万元以下的罚款；造成严重后果，构成犯罪的，依照刑法有关规定追究刑事责任：

（一）矿山建设项目或者用于生产、储存危险物品的建设项目没有安全设施设计或者安全设施设计未按照规定报经有关部门审查同意的；

（二）矿山建设项目或者用于生产、储存危险物品的建设项目的施工单位未按照批准的安全设施设计施工的；

（三）矿山建设项目或者用于生产、储存危险物品的建设项目竣工投入生产或者使用前，安全设施未经验收合格的；

（四）未在有较大危险因素的生产经营场所和有关设施、设备上设置明显的安全警示标志的；

（五）安全设备的安装、使用、检测、改造和报废不符合国家标准或者行业标准的；

（六）未对安全设备进行经常性维护、保养和定期检测的；

（七）未为从业人员提供符合国家标准或者行业标准的劳动防护用品的；

（八）特种设备以及危险物品的容器、运输工具未经取得专业资质的机构检测、检验合格，取得安全使用证或者安全标志，投入使用的；

（九）使用国家明令淘汰、禁止使用的危及生产安全的工艺、设备的。

第八十四条　未经依法批准，擅自生产、经营、储存危险物品的，责令停止违法行为或者予以关闭，没收违法所得，违法所得十万元以上的，并处违法所得一倍以上五倍以下的罚款，没有违法所得或者违法所得不足十万元的，单处或者并处二万元以上十万元以下的罚款；造成严重后果，构成犯罪的，依照刑法有关规定追究刑事责任。

第八十五条　生产经营单位有下列行为之一的，责令限期改正；逾期未改正的，责令停产停业整顿，可以并处二万元以上十万元以下的罚款；造成严重后果，构成犯罪的，依照刑法有关规定追究刑事责任：

（一）生产、经营、储存、使用危险物品，未建立专门安全管理制度、未采取可靠的安全措施或者不接受有关主管部门依法实施的监督管理的；

（二）对重大危险源未登记建档，或者未进行评估、监控，或者未制定应急预案的；

（三）进行爆破、吊装等危险作业，未安排专门管理人员进行现场安全管理的。

第八十六条　生产经营单位将生产经营项目、场所、设备发包或者出租给不具备安全生产条件或者相应资质的单位或者个人的，责令限期改正,没收违法所得;违法所得五万元以上的,并处违法所得一倍以上五倍以下的罚款;没有违法所得或者违法所得不足五万元的,单处或者并处一万元以上五万元以下的罚款;导致发生生产安全事故给他人造成损害的,与承包方、承租方承担连带赔偿责任。

生产经营单位未与承包单位、承租单位签订专门的安全生产管理协议或者未在承包合同、租赁合同中明确各自的安全生产管理职责,或者未对承包单位、承租单位的安全生产统一协调、管理的,责令限期改正;逾期未改正的,责令停产停业整顿。

第八十七条　两个以上生产经营单位在同一作业区域内进行可能危及对方安全生产的生产经营活动,未签订安全生产管理协议或者未指定专职安全生产管理人员进行安全检查与协调的,责令限期改正;逾期未改正的,责令停产停业。

第八十八条　生产经营单位有下列行为之一的,责令限期改正;逾期未改正的,责令停产停业整顿;造成严重后果,构成犯罪的,依照刑法有关规定追究刑事责任:

(一)生产、经营、储存、使用危险物品的车间、商店、仓库与员工宿舍在同一座建筑内,或者与员工宿舍的距离不符合安全要求的;

(二)生产经营场所和员工宿舍未设有符合紧急疏散需要、标志明显、保持畅通的出口,或者封闭、堵塞生产经营场所或者员工宿舍出口的。

第八十九条　生产经营单位与从业人员订立协议,免除或者减轻其对从业人员因生产安全事故伤亡依法应承担的责任的,该协议无效;对生产经营单位的主要负责人、个人经营的投资人处二万元以上十万元以下的罚款。

第九十条　生产经营单位的从业人员不服从管理,违反安全生产规章制度或者操作规程的,由生产经营单位给予批评教育,依照有关规章制度给予处分;造成重大事故,构成犯罪的,依照刑法有关规定追究刑事责任。

第九十一条　生产经营单位主要负责人在本单位发生重大生产安全事故时,不立即组织抢救或者在事故调查处理期间擅离职守或者逃匿的,给予降职、撤职的处分,对逃匿的处十五日以下拘留;构成犯罪的,依照刑法有关规定追究刑事责任。

生产经营单位主要负责人对生产安全事故隐瞒不报、谎报或者拖延不报的,依照前款规定处罚。

第九十二条　有关地方人民政府、负有安全生产监督管理职责的部门,对生产安全事故隐瞒不报、谎报或者拖延不报的,对直接负责的主管人员和其他直接责任人员依法给予行政处分;构成犯罪的,依照刑法有关规定追究刑事责任。

第九十三条　生产经营单位不具备本法和其他有关法律、行政法规和国家标准或者行业标准规定的安全生产条件,经停产停业整顿仍不具备安全生产条件的,予以关闭;有关部门应当依法吊销其有关证照。

第九十四条　本法规定的行政处罚,由负责安全生产监督管理的部门决定;予以关闭的行政处罚由负责安全生产监督管理的部门报请县级以上人民政府按照国务院规定的权限决定;给予拘留的行政处罚由公安机关依照治安管理处罚条例的规定决定。有关法律、行政法规对行政处罚的决定机关另有规定的,依照其规定。

第九十五条　生产经营单位发生生产安全事故造成人员伤亡、他人财产损失的,应当依法承担赔偿责任;拒不承担或者其负责人逃匿的,由人民法院依法强制执行。

生产安全事故的责任人未依法承担赔偿责任,经人民法院依法采取执行措施后,仍不能对受害人给予足额赔偿的,应当继续履行赔偿义务;受害人发现责任人有其他财产的,可以随时请求人民法院执行。

第七章　附　则

第九十六条　本法下列用语的含义:

危险物品，是指易燃易爆物品、危险化学品、放射性物品等能够危及人身安全和财产安全的物品。

重大危险源，是指长期地或者临时地生产、搬运、使用或者储存危险物品，且危险物品的数量等于或者超过临界量的单元(包括场所和设施)。

第九十七条　本法自2002年11月1日起施行。

中华人民共和国消防法

(1998年4月29日第九届全国人民代表大会常务委员会第二次会议通过，2008年10月28日第十一届全国人民代表大会常务委员会第五次会议修订，2008年10月28日中华人民共和国主席令第6号公布，自2009年5月1日起施行)

第一章　总　则

第一条　为了预防火灾和减少火灾危害，加强应急救援工作，保护人身、财产安全，维护公共安全，制定本法。

第二条　消防工作贯彻预防为主、防消结合的方针，按照政府统一领导、部门依法监管、单位全面负责、公民积极参与的原则，实行消防安全责任制，建立健全社会化的消防工作网络。

第三条　国务院领导全国的消防工作。地方各级人民政府负责本行政区域内的消防工作。

各级人民政府应当将消防工作纳入国民经济和社会发展计划，保障消防工作与经济社会发展相适应。

第四条　国务院公安部门对全国的消防工作实施监督管理。县级以上地方人民政府公安机关对本行政区域内的消防工作实施监督管理，并由本级人民政府公安机关消防机构负责实施。军事设施的消防工作，由其主管单位监督管理，公安机关消防机构协助；矿井地下部分、核电厂、海上石油天然气设施的消防工作，由其主管单位监督管理。

县级以上人民政府其他有关部门在各自的职责范围内，依照本法和其他相关法律、法规的规定做好消防工作。

法律、行政法规对森林、草原的消防工作另有规定的，从其规定。

第五条　任何单位和个人都有维护消防安全、保护消防设施、预防火灾、报告火警的义务。任何单位和成年人都有参加有组织的灭火工作的义务。

第六条　各级人民政府应当组织开展经常性的消防宣传教育，提高公民的消防安全意识。

机关、团体、企业、事业等单位，应当加强对本单位人员的消防宣传教育。

公安机关及其消防机构应当加强消防法律、法规的宣传，并督促、指导、协助有关单位做好消防宣传教育工作。

教育、人力资源行政主管部门和学校、有关职业培训机构应当将消防知识纳入教育、教学、培训的内容。

新闻、广播、电视等有关单位，应当有针对性地面向社会进行消防宣传教育。

工会、共产主义青年团、妇女联合会等团体应当结合各自工作对象的特点，组织开展消防宣传教育。

村民委员会、居民委员会应当协助人民政府以及公安机关等部门，加强消防宣传教育。

第七条　国家鼓励、支持消防科学研究和技术创新，推广使用先进的消防和应急救援技术、设备；鼓励、支持社会力量开展消防公益活动。

对在消防工作中有突出贡献的单位和个人，应当按照国家有关规定给予表彰和奖励。

第二章　火灾预防

第八条　地方各级人民政府应当将包括消防安全布局、消防站、消防供水、消防通信、消防车通道、消防装备等内容的消防规划纳入城乡规划，并负责组织实施。

城乡消防安全布局不符合消防安全要求的，应当调整、完善；公共消防设施、消防装备不足或者不适应实际需要的，应当增建、改建、配置或者进行技术改造。

第九条　建设工程的消防设计、施工必须符合国家工程建设消防技术标准。建设、设计、施工、工程监理等单位依法对建设工程的消防设计、施工质量负责。

第十条　按照国家工程建设消防技术标准需要进行消防设计的建设工程，除本法第十一条另有规定的外，建设单位应当自依法取得施工许可之日起七个工作日内，将消防设计文件报公安机关消防机构备案，公安机关消防机构应当进行抽查。

第十一条　国务院公安部门规定的大型的人员密集场所和其他特殊建设工程，建设单位应当将消防设计文件报送公安机关消防机构审核。公安机关消防机构依法对审核的结果负责。

第十二条　依法应当经公安机关消防机构进行消防设计审核的建设工程，未经依法审核或者审核不合格的，负责审批该工程施工许可的部门不得给予施工许可，建设单位、施工单位不得施工；其他建设工程取得施工许可后经依法抽查不合格的，应当停止施工。

第十三条　按照国家工程建设消防技术标准需要进行消防设计的建设工程竣工，依照下列规定进行消防验收、备案：

（一）本法第十一条规定的建设工程，建设单位应当向公安机关消防机构申请消防验收；

（二）其他建设工程，建设单位在验收后应当报公安机关消防机构备案，公安机关消防机构应当进行抽查。

依法应当进行消防验收的建设工程，未经消防验收或者消防验收不合格的，禁止投入使用；其他建设工程经依法抽查不合格的，应当停止使用。

第十四条　建设工程消防设计审核、消防验收、备案和抽查的具体办法，由国务院公安部门规定。

第十五条　公众聚集场所在投入使用、营业前，建设单位或者使用单位应当向场所所在地的县级以上地方人民政府公安机关消防机构申请消防安全检查。

公安机关消防机构应当自受理申请之日起十个工作日内，根据消防技术标准和管理规定，对该场所进行消防安全检查。未经消防安全检查或者经检查不符合消防安全要求的，不得投入使用、营业。

第十六条　机关、团体、企业、事业等单位应当履行下列消防安全职责：

（一）落实消防安全责任制，制定本单位的消防安全制度、消防安全操作规程，制定灭火和应急疏散预案；

（二）按照国家标准、行业标准配置消防设施、器材，设置消防安全标志，并定期组织检验、维修，确保完好有效；

（三）对建筑消防设施每年至少进行一次全面检测，确保完好有效，检测记录应当完整准确，存档备查；

（四）保障疏散通道、安全出口、消防车通道畅通，保证防火防烟分区、防火间距符合消防技术标准；

（五）组织防火检查，及时消除火灾隐患；

（六）组织进行有针对性的消防演练；

（七）法律、法规规定的其他消防安全职责。

单位的主要负责人是本单位的消防安全责任人。

第十七条　县级以上地方人民政府公安机关消防机构应当将发生火灾可能性较大以及发生火灾可能造成重大的人身伤亡或者财产损失的单位，确定为本行政区域内的消防安全重点单位，并由公安机关报本级人民政府备案。

消防安全重点单位除应当履行本法第十六条规定的职责外，还应当履行下列消防安全职责：

（一）确定消防安全管理人，组织实施本单

位的消防安全管理工作；

（二）建立消防档案，确定消防安全重点部位，设置防火标志，实行严格管理；

（三）实行每日防火巡查，并建立巡查记录；

（四）对职工进行岗前消防安全培训，定期组织消防安全培训和消防演练。

第十八条　同一建筑物由两个以上单位管理或者使用的，应当明确各方的消防安全责任，并确定责任人对共用的疏散通道、安全出口、建筑消防设施和消防车通道进行统一管理。

住宅区的物业服务企业应当对管理区域内的共用消防设施进行维护管理，提供消防安全防范服务。

第十九条　生产、储存、经营易燃易爆危险品的场所不得与居住场所设置在同一建筑物内，并应当与居住场所保持安全距离。

生产、储存、经营其他物品的场所与居住场所设置在同一建筑物内的，应当符合国家工程建设消防技术标准。

第二十条　举办大型群众性活动，承办人应当依法向公安机关申请安全许可，制定灭火和应急疏散预案并组织演练，明确消防安全责任分工，确定消防安全管理人员，保持消防设施和消防器材配置齐全、完好有效，保证疏散通道、安全出口、疏散指示标志、应急照明和消防车通道符合消防技术标准和管理规定。

第二十一条　禁止在具有火灾、爆炸危险的场所吸烟、使用明火。因施工等特殊情况需要使用明火作业的，应当按照规定事先办理审批手续，采取相应的消防安全措施；作业人员应当遵守消防安全规定。

进行电焊、气焊等具有火灾危险作业的人员和自动消防系统的操作人员，必须持证上岗，并遵守消防安全操作规程。

第二十二条　生产、储存、装卸易燃易爆危险品的工厂、仓库和专用车站、码头的设置，应当符合消防技术标准。易燃易爆气体和液体的充装站、供应站、调压站，应当设置在符合消防安全要求的位置，并符合防火防爆要求。

已经设置的生产、储存、装卸易燃易爆危险品的工厂、仓库和专用车站、码头，易燃易爆气体和液体的充装站、供应站、调压站，不再符合前款规定的，地方人民政府应当组织、协调有关部门、单位限期解决，消除安全隐患。

第二十三条　生产、储存、运输、销售、使用、销毁易燃易爆危险品，必须执行消防技术标准和管理规定。

进入生产、储存易燃易爆危险品的场所，必须执行消防安全规定。禁止非法携带易燃易爆危险品进入公共场所或者乘坐公共交通工具。

储存可燃物资仓库的管理，必须执行消防技术标准和管理规定。

第二十四条　消防产品必须符合国家标准；没有国家标准的，必须符合行业标准。禁止生产、销售或者使用不合格的消防产品以及国家明令淘汰的消防产品。

依法实行强制性产品认证的消防产品，由具有法定资质的认证机构按照国家标准、行业标准的强制性要求认证合格后，方可生产、销售、使用。实行强制性产品认证的消防产品目录，由国务院产品质量监督部门会同国务院公安部门制定并公布。

新研制的尚未制定国家标准、行业标准的消防产品，应当按照国务院产品质量监督部门会同国务院公安部门规定的办法，经技术鉴定符合消防安全要求的，方可生产、销售、使用。

依照本条规定经强制性产品认证合格或者技术鉴定合格的消防产品，国务院公安部门消防机构应当予以公布。

第二十五条　产品质量监督部门、工商行政管理部门、公安机关消防机构应当按照各自职责加强对消防产品质量的监督检查。

第二十六条　建筑构件、建筑材料和室内装修、装饰材料的防火性能必须符合国家标准；没有国家标准的，必须符合行业标准。

人员密集场所室内装修、装饰，应当按照消防技术标准的要求，使用不燃、难燃材料。

第二十七条　电器产品、燃气用具的产品标准，应当符合消防安全的要求。

电器产品、燃气用具的安装、使用及其线路、管路的设计、敷设、维护保养、检测，必须符合消防技术标准和管理规定。

第二十八条　任何单位、个人不得损坏、挪用或者擅自拆除、停用消防设施、器材，不得埋压、圈占、遮挡消火栓或者占用防火间距，不得占用、堵塞、封闭疏散通道、安全出口、消防车通道。人员密集场所的门窗不得设置影响逃生和灭火救援的障碍物。

第二十九条　负责公共消防设施维护管理的单位，应当保持消防供水、消防通信、消防车通道等公共消防设施的完好有效。在修建道路以及停电、停水、截断通信线路时有可能影响消防队灭火救援的，有关单位必须事先通知当地公安机关消防机构。

第三十条　地方各级人民政府应当加强对农村消防工作的领导，采取措施加强公共消防设施建设，组织建立和督促落实消防安全责任制。

第三十一条　在农业收获季节、森林和草原防火期间、重大节假日期间以及火灾多发季节，地方各级人民政府应当组织开展有针对性的消防宣传教育，采取防火措施，进行消防安全检查。

第三十二条　乡镇人民政府、城市街道办事处应当指导、支持和帮助村民委员会、居民委员会开展群众性的消防工作。村民委员会、居民委员会应当确定消防安全管理人，组织制定防火安全公约，进行防火安全检查。

第三十三条　国家鼓励、引导公众聚集场所和生产、储存、运输、销售易燃易爆危险品的企业投保火灾公众责任保险；鼓励保险公司承保火灾公众责任保险。

第三十四条　消防产品质量认证、消防设施检测、消防安全监测等消防技术服务机构和执业人员，应当依法获得相应的资质、资格；依照法律、行政法规、国家标准、行业标准和执业准则，接受委托提供消防技术服务，并对服务质量负责。

第三章　消防组织

第三十五条　各级人民政府应当加强消防组织建设，根据经济社会发展的需要，建立多种形式的消防组织，加强消防技术人才培养，增强火灾预防、扑救和应急救援的能力。

第三十六条　县级以上地方人民政府应当按照国家规定建立公安消防队、专职消防队，并按照国家标准配备消防装备，承担火灾扑救工作。

乡镇人民政府应当根据当地经济发展和消防工作的需要，建立专职消防队、志愿消防队，承担火灾扑救工作。

第三十七条　公安消防队、专职消防队按照国家规定承担重大灾害事故和其他以抢救人员生命为主的应急救援工作。

第三十八条　公安消防队、专职消防队应当充分发挥火灾扑救和应急救援专业力量的骨干作用；按照国家规定，组织实施专业技能训练，配备并维护保养装备器材，提高火灾扑救和应急救援的能力。

第三十九条　下列单位应当建立单位专职消防队，承担本单位的火灾扑救工作：

（一）大型核设施单位、大型发电厂、民用机场、主要港口；

（二）生产、储存易燃易爆危险品的大型企业；

（三）储备可燃的重要物资的大型仓库、基地；

（四）第一项、第二项、第三项规定以外的火灾危险性较大、距离公安消防队较远的其他大型企业；

（五）距离公安消防队较远、被列为全国重点文物保护单位的古建筑群的管理单位。

第四十条　专职消防队的建立，应当符合国家有关规定，并报当地公安机关消防机构验收。

专职消防队的队员依法享受社会保险和福利待遇。

第四十一条　机关、团体、企业、事业等单

位以及村民委员会、居民委员会根据需要，建立志愿消防队等多种形式的消防组织，开展群众性自防自救工作。

第四十二条　公安机关消防机构应当对专职消防队、志愿消防队等消防组织进行业务指导；根据扑救火灾的需要，可以调动指挥专职消防队参加火灾扑救工作。

第四章　灭火救援

第四十三条　县级以上地方人民政府应当组织有关部门针对本行政区域内的火灾特点制定应急预案，建立应急反应和处置机制，为火灾扑救和应急救援工作提供人员、装备等保障。

第四十四条　任何人发现火灾都应当立即报警。任何单位、个人都应当无偿为报警提供便利，不得阻拦报警。严禁谎报火警。

人员密集场所发生火灾，该场所的现场工作人员应当立即组织、引导在场人员疏散。

任何单位发生火灾，必须立即组织力量扑救。邻近单位应当给予支援。

消防队接到火警，必须立即赶赴火灾现场，救助遇险人员，排除险情，扑灭火灾。

第四十五条　公安机关消防机构统一组织和指挥火灾现场扑救，应当优先保障遇险人员的生命安全。

火灾现场总指挥根据扑救火灾的需要，有权决定下列事项：

（一）使用各种水源；

（二）截断电力、可燃气体和可燃液体的输送，限制用火用电；

（三）划定警戒区，实行局部交通管制；

（四）利用临近建筑物和有关设施；

（五）为了抢救人员和重要物资，防止火势蔓延，拆除或者破损毗邻火灾现场的建筑物、构筑物或者设施等；

（六）调动供水、供电、供气、通信、医疗救护、交通运输、环境保护等有关单位协助灭火救援。

根据扑救火灾的紧急需要，有关地方人民政府应当组织人员、调集所需物资支援灭火。

第四十六条　公安消防队、专职消防队参加火灾以外的其他重大灾害事故的应急救援工作，由县级以上人民政府统一领导。

第四十七条　消防车、消防艇前往执行火灾扑救或者应急救援任务，在确保安全的前提下，不受行驶速度、行驶路线、行驶方向和指挥信号的限制，其他车辆、船舶以及行人应当让行，不得穿插超越；收费公路、桥梁免收车辆通行费。交通管理指挥人员应当保证消防车、消防艇迅速通行。

赶赴火灾现场或者应急救援现场的消防人员和调集的消防装备、物资，需要铁路、水路或者航空运输的，有关单位应当优先运输。

第四十八条　消防车、消防艇以及消防器材、装备和设施，不得用于与消防和应急救援工作无关的事项。

第四十九条　公安消防队、专职消防队扑救火灾、应急救援，不得收取任何费用。

单位专职消防队、志愿消防队参加扑救外单位火灾所损耗的燃料、灭火剂和器材、装备等，由火灾发生地的人民政府给予补偿。

第五十条　对因参加扑救火灾或者应急救援受伤、致残或者死亡的人员，按照国家有关规定给予医疗、抚恤。

第五十一条　公安机关消防机构有权根据需要封闭火灾现场，负责调查火灾原因，统计火灾损失。

火灾扑灭后，发生火灾的单位和相关人员应当按照公安机关消防机构的要求保护现场，接受事故调查，如实提供与火灾有关的情况。

公安机关消防机构根据火灾现场勘验、调查情况和有关的检验、鉴定意见，及时制作火灾事故认定书，作为处理火灾事故的证据。

第五章　监督检查

第五十二条　地方各级人民政府应当落实消防工作责任制，对本级人民政府有关部门履行消防安全职责的情况进行监督检查。

县级以上地方人民政府有关部门应当根据本系统的特点，有针对性地开展消防安全检查，及时督促整改火灾隐患。

第五十三条　公安机关消防机构应当对机关、团体、企业、事业等单位遵守消防法律、法规的情况依法进行监督检查。公安派出所可以负责日常消防监督检查、开展消防宣传教育，具体办法由国务院公安部门规定。

公安机关消防机构、公安派出所的工作人员进行消防监督检查，应当出示证件。

第五十四条　公安机关消防机构在消防监督检查中发现火灾隐患的，应当通知有关单位或者个人立即采取措施消除隐患；不及时消除隐患可能严重威胁公共安全的，公安机关消防机构应当依照规定对危险部位或者场所采取临时查封措施。

第五十五条　公安机关消防机构在消防监督检查中发现城乡消防安全布局、公共消防设施不符合消防安全要求，或者发现本地区存在影响公共安全的重大火灾隐患的，应当由公安机关书面报告本级人民政府。

接到报告的人民政府应当及时核实情况，组织或者责成有关部门、单位采取措施，予以整改。

第五十六条　公安机关消防机构及其工作人员应当按照法定的职权和程序进行消防设计审核、消防验收和消防安全检查，做到公正、严格、文明、高效。

公安机关消防机构及其工作人员进行消防设计审核、消防验收和消防安全检查等，不得收取费用，不得利用消防设计审核、消防验收和消防安全检查谋取利益。公安机关消防机构及其工作人员不得利用职务为用户、建设单位指定或者变相指定消防产品的品牌、销售单位或者消防技术服务机构、消防设施施工单位。

第五十七条　公安机关消防机构及其工作人员执行职务，应当自觉接受社会和公民的监督。

任何单位和个人都有权对公安机关消防机构及其工作人员在执法中的违法行为进行检举、控告。收到检举、控告的机关，应当按照职责及时查处。

第六章　法律责任

第五十八条　违反本法规定，有下列行为之一的，责令停止施工、停止使用或者停产停业，并处三万元以上三十万元以下罚款：

（一）依法应当经公安机关消防机构进行消防设计审核的建设工程，未经依法审核或者审核不合格，擅自施工的；

（二）消防设计经公安机关消防机构依法抽查不合格，不停止施工的；

（三）依法应当进行消防验收的建设工程，未经消防验收或者消防验收不合格，擅自投入使用的；

（四）建设工程投入使用后经公安机关消防机构依法抽查不合格，不停止使用的；

（五）公众聚集场所未经消防安全检查或者经检查不符合消防安全要求，擅自投入使用、营业的。

建设单位未依照本法规定将消防设计文件报公安机关消防机构备案，或者在竣工后未依照本法规定报公安机关消防机构备案的，责令限期改正，处五千元以下罚款。

第五十九条　违反本法规定，有下列行为之一的，责令改正或者停止施工，并处一万元以上十万元以下罚款：

（一）建设单位要求建筑设计单位或者建筑施工企业降低消防技术标准设计、施工的；

（二）建筑设计单位不按照消防技术标准强制性要求进行消防设计的；

（三）建筑施工企业不按照消防设计文件和消防技术标准施工，降低消防施工质量的；

（四）工程监理单位与建设单位或者建筑施工企业串通，弄虚作假，降低消防施工质量的。

第六十条　单位违反本法规定，有下列行为之一的，责令改正，处五千元以上五万元以下罚款：

（一）消防设施、器材或者消防安全标志的配置、设置不符合国家标准、行业标准，或者未保持完好有效的；

（二）损坏、挪用或者擅自拆除、停用消防设施、器材的；

（三）占用、堵塞、封闭疏散通道、安全出口或者有其他妨碍安全疏散行为的；

（四）埋压、圈占、遮挡消火栓或者占用防火间距的；

（五）占用、堵塞、封闭消防车通道，妨碍消防车通行的；

（六）人员密集场所在门窗上设置影响逃生和灭火救援的障碍物的；

（七）对火灾隐患经公安机关消防机构通知后不及时采取措施消除的。

个人有前款第二项、第三项、第四项、第五项行为之一的，处警告或者五百元以下罚款。

有本条第一款第三项、第四项、第五项、第六项行为，经责令改正拒不改正的，强制执行，所需费用由违法行为人承担。

第六十一条　生产、储存、经营易燃易爆危险品的场所与居住场所设置在同一建筑物内，或者未与居住场所保持安全距离的，责令停产停业，并处五千元以上五万元以下罚款。

生产、储存、经营其他物品的场所与居住场所设置在同一建筑物内，不符合消防技术标准的，依照前款规定处罚。

第六十二条　有下列行为之一的，依照《中华人民共和国治安管理处罚法》的规定处罚：

（一）违反有关消防技术标准和管理规定生产、储存、运输、销售、使用、销毁易燃易爆危险品的；

（二）非法携带易燃易爆危险品进入公共场所或者乘坐公共交通工具的；

（三）谎报火警的；

（四）阻碍消防车、消防艇执行任务的；

（五）阻碍公安机关消防机构的工作人员依法执行职务的。

第六十三条　违反本法规定，有下列行为之一的，处警告或者五百元以下罚款；情节严重的，处五日以下拘留：

（一）违反消防安全规定进入生产、储存易燃易爆危险品场所的；

（二）违反规定使用明火作业或者在具有火灾、爆炸危险的场所吸烟、使用明火的。

第六十四条　违反本法规定，有下列行为之一，尚不构成犯罪的，处十日以上十五日以下拘留，可以并处五百元以下罚款；情节较轻的，处警告或者五百元以下罚款：

（一）指使或者强令他人违反消防安全规定，冒险作业的；

（二）过失引起火灾的；

（三）在火灾发生后阻拦报警，或者负有报告职责的人员不及时报警的；

（四）扰乱火灾现场秩序，或者拒不执行火灾现场指挥员指挥，影响灭火救援的；

（五）故意破坏或者伪造火灾现场的；

（六）擅自拆封或者使用被公安机关消防机构查封的场所、部位的。

第六十五条　违反本法规定，生产、销售不合格的消防产品或者国家明令淘汰的消防产品的，由产品质量监督部门或者工商行政管理部门依照《中华人民共和国产品质量法》的规定从重处罚。

人员密集场所使用不合格的消防产品或者国家明令淘汰的消防产品的，责令限期改正；逾期不改正的，处五千元以上五万元以下罚款，并对其直接负责的主管人员和其他直接责任人员处五百元以上二千元以下罚款；情节严重的，责令停产停业。

公安机关消防机构对于本条第二款规定的情形，除依法对使用者予以处罚外，应当将发现不合格的消防产品和国家明令淘汰的消防产品的情况通报产品质量监督部门、工商行政管理部门。产品质量监督部门、工商行政管理部门应当对生产者、销售者依法及时查处。

第六十六条　电器产品、燃气用具的安装、使用及其线路、管路的设计、敷设、维护保养、检测不符合消防技术标准和管理规定的，责令限期改正；逾期不改正的，责令停止使用，可以并处一千元以上五千元以下罚款。

第六十七条　机关、团体、企业、事业等单位违反本法第十六条、第十七条、第十八条、第二十一条第二款规定的，责令限期改正；逾期不改正的，对其直接负责的主管人员和其他直接责任人员依法给予处分或者给予警告处罚。

第六十八条　人员密集场所发生火灾，该场所的现场工作人员不履行组织、引导在场人员疏散的义务，情节严重，尚不构成犯罪的，处五日以上十日以下拘留。

第六十九条　消防产品质量认证、消防设施检测等消防技术服务机构出具虚假文件的，责令改正，处五万元以上十万元以下罚款，并对直接负责的主管人员和其他直接责任人员处一万元以上五万元以下罚款；有违法所得的，并处没收违法所得；给他人造成损失的，依法承担赔偿责任；情节严重的，由原许可机关依法责令停止执业或者吊销相应资质、资格。

前款规定的机构出具失实文件，给他人造成损失的，依法承担赔偿责任；造成重大损失的，由原许可机关依法责令停止执业或者吊销相应资质、资格。

第七十条　本法规定的行政处罚，除本法另有规定的外，由公安机关消防机构决定；其中拘留处罚由县级以上公安机关依照《中华人民共和国治安管理处罚法》的有关规定决定。

公安机关消防机构需要传唤消防安全违法行为人的，依照《中华人民共和国治安管理处罚法》的有关规定执行。

被责令停止施工、停止使用、停产停业的，应当在整改后向公安机关消防机构报告，经公安机关消防机构检查合格，方可恢复施工、使用、生产、经营。

当事人逾期不执行停产停业、停止使用、停止施工决定的，由作出决定的公安机关消防机构强制执行。

责令停产停业，对经济和社会生活影响较大的，由公安机关消防机构提出意见，并由公安机关报请本级人民政府依法决定。本级人民政府组织公安机关等部门实施。

第七十一条　公安机关消防机构的工作人员滥用职权、玩忽职守、徇私舞弊，有下列行为之一，尚不构成犯罪的，依法给予处分：

（一）对不符合消防安全要求的消防设计文件、建设工程、场所准予审核合格、消防验收合格、消防安全检查合格的；

（二）无故拖延消防设计审核、消防验收、消防安全检查，不在法定期限内履行职责的；

（三）发现火灾隐患不及时通知有关单位或者个人整改的；

（四）利用职务为用户、建设单位指定或者变相指定消防产品的品牌、销售单位或者消防技术服务机构、消防设施施工单位的；

（五）将消防车、消防艇以及消防器材、装备和设施用于与消防和应急救援无关的事项的；

（六）其他滥用职权、玩忽职守、徇私舞弊的行为。

建设、产品质量监督、工商行政管理等其他有关行政主管部门的工作人员在消防工作中滥用职权、玩忽职守、徇私舞弊，尚不构成犯罪的，依法给予处分。

第七十二条　违反本法规定，构成犯罪的，依法追究刑事责任。

第七章　附　则

第七十三条　本法下列用语的含义：

（一）消防设施，是指火灾自动报警系统、自动灭火系统、消火栓系统、防烟排烟系统以及应急广播和应急照明、安全疏散设施等。

（二）消防产品，是指专门用于火灾预防、灭火救援和火灾防护、避难、逃生的产品。

（三）公众聚集场所，是指宾馆、饭店、商场、集贸市场、客运车站候车室、客运码头候船厅、民用机场航站楼、体育场馆、会堂以及公共娱乐场所等。

（四）人员密集场所，是指公众聚集场所，医院的门诊楼、病房楼，学校的教学楼、图书馆、食堂和集体宿舍，养老院，福利院，托儿所，幼儿园，公共图书馆的阅览室，公共展览馆、博物馆的展示厅，劳动密集型企业的生产加工车间和员工集体宿舍，旅游、宗教活动场所等。

第七十四条　本法自 2009 年 5 月 1 日起

施行。

国务院关于特大安全事故行政责任追究的规定

（2001年4月21日中华人民共和国国务院令第302号公布，自公布之日起施行）

第一条　为了有效地防范特大安全事故的发生，严肃追究特大安全事故的行政责任，保障人民群众生命、财产安全，制定本规定。

第二条　地方人民政府主要领导人和政府有关部门正职负责人对下列特大安全事故的防范、发生，依照法律、行政法规和本规定的规定有失职、渎职情形或者负有领导责任的，依照本规定给予行政处分；构成玩忽职守罪或者其他罪的，依法追究刑事责任：

（一）特大火灾事故；

（二）特大交通安全事故；

（三）特大建筑质量安全事故；

（四）民用爆炸物品和化学危险品特大安全事故；

（五）煤矿和其他矿山特大安全事故；

（六）锅炉、压力容器、压力管道和特种设备特大安全事故；

（七）其他特大安全事故。

地方人民政府和政府有关部门对特大安全事故的防范、发生直接负责的主管人员和其他直接责任人员，比照本规定给予行政处分；构成玩忽职守罪或者其他罪的，依法追究刑事责任。

特大安全事故肇事单位和个人的刑事处罚、行政处罚和民事责任，依照有关法律、法规和规章的规定执行。

第三条　特大安全事故的具体标准，按照国家有关规定执行。

第四条　地方各级人民政府及政府有关部门应当依照有关法律、法规和规章的规定，采取行政措施，对本地区实施安全监督管理，保障本地区人民群众生命、财产安全，对本地区或者职责范围内防范特大安全事故的发生、特大安全事故发生后的迅速和妥善处理负责。

第五条　地方各级人民政府应当每个季度至少召开一次防范特大安全事故工作会议，由政府主要领导人或者政府主要领导人委托政府分管领导人召集有关部门正职负责人参加，分析、布置、督促、检查本地区防范特大安全事故的工作。会议应当作出决定并形成纪要，会议确定的各项防范措施必须严格实施。

第六条　市（地、州）、县（市、区）人民政府应当组织有关部门按照职责分工对本地区容易发生特大安全事故的单位、设施和场所安全事故的防范明确责任、采取措施，并组织有关部门对上述单位、设施和场所进行严格检查。

第七条　市（地、州）、县（市、区）人民政府必须制定本地区特大安全事故应急处理预案。本地区特大安全事故应急处理预案经政府主要领导人签署后，报上一级人民政府备案。

第八条　市（地、州）、县（市、区）人民政府应当组织有关部门对本规定第二条所列各类特大安全事故的隐患进行查处；发现特大安全事故隐患的，责令立即排除；特大安全事故隐患排除前或者排除过程中，无法保证安全的，责令暂时停产、停业或者停止使用。法律、行政法规对查处机关另有规定的，依照其规定。

第九条　市（地、州）、县（市、区）人民政府及其有关部门对本地区存在的特大安全事故隐患，超出其管辖或者职责范围的，应当立即向有管辖权或者负有职责的上级人民政府或者政府有关部门报告；情况紧急的，可以立即采取包括责令暂时停产、停业在内的紧急措施，同时报告；有关上级人民政府或者政府有关部门接到报告后，应当立即组织查处。

第十条　中小学校对学生进行劳动技能教育以及组织学生参加公益劳动等社会实践活动，必须确保学生安全。严禁以任何形式、名义组织学生从事接触易燃、易爆、有毒、有害等危险品的劳动或者其他危险性劳动。严禁将学校场地出租作为从事易燃、易爆、有毒、有害等危险品的生产、经营场所。

中小学校违反前款规定的，按照学校隶属关系，对县(市、区)、乡(镇)人民政府主要领导人和县(市、区)人民政府教育行政部门正职负责人，根据情节轻重，给予记过、降级直至撤职的行政处分；构成玩忽职守罪或者其他罪的，依法追究刑事责任。

中小学校违反本条第一款规定的，对校长给予撤职的行政处分，对直接组织者给予开除公职的行政处分；构成非法制造爆炸物罪或者其他罪的，依法追究刑事责任。

第十一条　依法对涉及安全生产事项负责行政审批(包括批准、核准、许可、注册、认证、颁发证照、竣工验收等，下同)的政府部门或者机构，必须严格依照法律、法规和规章规定的安全条件和程序进行审查；不符合法律、法规和规章规定的安全条件的，不得批准；不符合法律、法规和规章规定的安全条件，弄虚作假，骗取批准或者勾结串通行政审批工作人员取得批准的，负责行政审批的政府部门或者机构除必须立即撤销原批准外，应当对弄虚作假骗取批准或者勾结串通行政审批工作人员的当事人依法给予行政处罚；构成行贿罪或者其他罪的，依法追究刑事责任。

负责行政审批的政府部门或者机构违反前款规定，对不符合法律、法规和规章规定的安全条件予以批准的，对部门或者机构的正职负责人，根据情节轻重，给予降级、撤职直至开除公职的行政处分；与当事人勾结串通的，应当开除公职；构成受贿罪、玩忽职守罪或者其他罪的，依法追究刑事责任。

第十二条　对依照本规定第十一条第一款的规定取得批准的单位和个人，负责行政审批的政府部门或者机构必须对其实施严格监督检查；发现其不再具备安全条件的，必须立即撤销原批准。

负责行政审批的政府部门或者机构违反前款规定，不对取得批准的单位和个人实施严格监督检查，或者发现其不再具备安全条件而不立即撤销原批准的，对部门或者机构的正职负责人，根据情节轻重，给予降级或者撤职的行政处分；构成受贿罪、玩忽职守罪或者其他罪的，依法追究刑事责任。

第十三条　对未依法取得批准，擅自从事有关活动的，负责行政审批的政府部门或者机构发现或者接到举报后，应当立即予以查封、取缔，并依法给予行政处罚；属于经营单位的，由工商行政管理部门依法相应吊销营业执照。

负责行政审批的政府部门或者机构违反前款规定，对发现或者举报的未依法取得批准而擅自从事有关活动的，不予查封、取缔、不依法给予行政处罚，工商行政管理部门不予吊销营业执照的，对部门或者机构的正职负责人，根据情节轻重，给予降级或者撤职的行政处分；构成受贿罪、玩忽职守罪或者其他罪的，依法追究刑事责任。

第十四条　市(地、州)、县(市、区)人民政府依照本规定应当履行职责而未履行，或者未按照规定的职责和程序履行，本地区发生特大安全事故的，对政府主要领导人，根据情节轻重，给予降级或者撤职的行政处分；构成玩忽职守罪的，依法追究刑事责任。

负责行政审批的政府部门或者机构、负责安全监督管理的政府有关部门，未依照本规定履行职责，发生特大安全事故的，对部门或者机构的正职负责人，根据情节轻重，给予撤职或者开除公职的行政处分；构成玩忽职守罪或者其他罪的，依法追究刑事责任。

第十五条　发生特大安全事故，社会影响特别恶劣或者性质特别严重的，由国务院对负有领导责任的省长、自治区主席、直辖市市长和国务院有关部门正职负责人给予行政处分。

第十六条　特大安全事故发生后，有关县(市、区)、市(地、州)和省、自治区、直辖市人民政府及政府有关部门应当按照国家规定的程序和时限立即上报，不得隐瞒不报、谎报或者拖延报告，并应当配合、协助事故调查，不得以任何方式阻碍、干涉事故调查。

特大安全事故发生后，有关地方人民政府及政府有关部门违反前款规定的，对政府主要领导人和政府部门正职负责人给予降级的行政处分。

第十七条　特大安全事故发生后，有关地方人民政府应当迅速组织救助，有关部门应当服从指挥、调度，参加或者配合救助，将事故损失降到最低限度。

第十八条　特大安全事故发生后，省、自治区、直辖市人民政府应当按照国家有关规定迅速、如实发布事故消息。

第十九条　特大安全事故发生后，按照国家有关规定组织调查组对事故进行调查。事故调查工作应当自事故发生之日起60日内完成，并由调查组提出调查报告；遇有特殊情况的，经调查组提出并报国家安全生产监督管理机构批准后，可以适当延长时间。调查报告应当包括依照本规定对有关责任人员追究行政责任或者其他法律责任的意见。

省、自治区、直辖市人民政府应当自调查报告提交之日起30日内，对有关责任人员作出处理决定；必要时，国务院可以对特大安全事故的有关责任人员作出处理决定。

第二十条　地方人民政府或者政府部门阻挠、干涉对特大安全事故有关责任人员追究行政责任的，对该地方人民政府主要领导人或者政府部门正职负责人，根据情节轻重，给予降级或者撤职的行政处分。

第二十一条　任何单位和个人均有权向有关地方人民政府或者政府部门报告特大安全事故隐患，有权向上级人民政府或者政府部门举报地方人民政府或者政府部门不履行安全监督管理职责或者不按照规定履行职责的情况。接到报告或者举报的有关人民政府或者政府部门，应当立即组织对事故隐患进行查处，或者对举报的不履行、不按照规定履行安全监督管理职责的情况进行调查处理。

第二十二条　监察机关依照行政监察法的规定，对地方各级人民政府和政府部门及其工作人员履行安全监督管理职责实施监察。

第二十三条　对特大安全事故以外的其他安全事故的防范、发生追究行政责任的办法，由省、自治区、直辖市人民政府参照本规定制定。

第二十四条　本规定自公布之日起施行。

建设工程安全生产管理条例

（2003年11月12日国务院第28次常务会议通过，2003年11月24日中华人民共和国国务院令第393号公布，自2004年2月1日起施行）

第一章　总　则

第一条　为了加强建设工程安全生产监督管理，保障人民群众生命和财产安全，根据《中华人民共和国建筑法》、《中华人民共和国安全生产法》，制定本条例。

第二条　在中华人民共和国境内从事建设工程的新建、扩建、改建和拆除等有关活动及实施对建设工程安全生产的监督管理，必须遵守本条例。

本条例所称建设工程，是指土木工程、建筑工程、线路管道和设备安装工程及装修工程。

第三条　建设工程安全生产管理，坚持安全第一、预防为主的方针。

第四条　建设单位、勘察单位、设计单位、施工单位、工程监理单位及其他与建设工程安全生产有关的单位，必须遵守安全生产法律、法规的规定，保证建设工程安全生产，依法承担建设工程安全生产责任。

第五条　国家鼓励建设工程安全生产的科学技术研究和先进技术的推广应用，推进建设工程安全生产的科学管理。

第二章　建设单位的安全责任

第六条　建设单位应当向施工单位提供施

工现场及毗邻区域内供水、排水、供电、供气、供热、通信、广播电视等地下管线资料，气象和水文观测资料，相邻建筑物和构筑物、地下工程的有关资料，并保证资料的真实、准确、完整。

建设单位因建设工程需要，向有关部门或者单位查询前款规定的资料时，有关部门或者单位应当及时提供。

第七条 建设单位不得对勘察、设计、施工、工程监理等单位提出不符合建设工程安全生产法律、法规和强制性标准规定的要求，不得压缩合同约定的工期。

第八条 建设单位在编制工程概算时，应当确定建设工程安全作业环境及安全施工措施所需费用。

第九条 建设单位不得明示或者暗示施工单位购买、租赁、使用不符合安全施工要求的安全防护用具、机械设备、施工机具及配件、消防设施和器材。

第十条 建设单位在申请领取施工许可证时，应当提供建设工程有关安全施工措施的资料。

依法批准开工报告的建设工程，建设单位应当自开工报告批准之日起 15 日内，将保证安全施工的措施报送建设工程所在地的县级以上地方人民政府建设行政主管部门或者其他有关部门备案。

第十一条 建设单位应当将拆除工程发包给具有相应资质等级的施工单位。

建设单位应当在拆除工程施工 15 日前，将下列资料报送建设工程所在地的县级以上地方人民政府建设行政主管部门或者其他有关部门备案：

（一）施工单位资质等级证明；

（二）拟拆除建筑物、构筑物及可能危及毗邻建筑的说明；

（三）拆除施工组织方案；

（四）堆放、清除废弃物的措施。

实施爆破作业的，应当遵守国家有关民用爆炸物品管理的规定。

第三章 勘察、设计、工程监理及其他有关单位的安全责任

第十二条 勘察单位应当按照法律、法规和工程建设强制性标准进行勘察，提供的勘察文件应当真实、准确，满足建设工程安全生产的需要。

勘察单位在勘察作业时，应当严格执行操作规程，采取措施保证各类管线、设施和周边建筑物、构筑物的安全。

第十三条 设计单位应当按照法律、法规和工程建设强制性标准进行设计，防止因设计不合理导致生产安全事故的发生。

设计单位应当考虑施工安全操作和防护的需要，对涉及施工安全的重点部位和环节在设计文件中注明，并对防范生产安全事故提出指导意见。

采用新结构、新材料、新工艺的建设工程和特殊结构的建设工程，设计单位应当在设计中提出保障施工作业人员安全和预防生产安全事故的措施建议。

设计单位和注册建筑师等注册执业人员应当对其设计负责。

第十四条 工程监理单位应当审查施工组织设计中的安全技术措施或者专项施工方案是否符合工程建设强制性标准。

工程监理单位在实施监理过程中，发现存在安全事故隐患的，应当要求施工单位整改；情况严重的，应当要求施工单位暂时停止施工，并及时报告建设单位。施工单位拒不整改或者不停止施工的，工程监理单位应当及时向有关主管部门报告。

工程监理单位和监理工程师应当按照法律、法规和工程建设强制性标准实施监理，并对建设工程安全生产承担监理责任。

第十五条 为建设工程提供机械设备和配件的单位，应当按照安全施工的要求配备齐全有效的保险、限位等安全设施和装置。

第十六条 出租的机械设备和施工机具及配件，应当具有生产（制造）许可证、产品合

格证。

出租单位应当对出租的机械设备和施工机具及配件的安全性能进行检测，在签订租赁协议时，应当出具检测合格证明。

禁止出租检测不合格的机械设备和施工机具及配件。

第十七条　在施工现场安装、拆卸施工起重机械和整体提升脚手架、模板等自升式架设设施，必须由具有相应资质的单位承担。

安装、拆卸施工起重机械和整体提升脚手架、模板等自升式架设设施，应当编制拆装方案、制定安全施工措施，并由专业技术人员现场监督。

施工起重机械和整体提升脚手架、模板等自升式架设设施安装完毕后，安装单位应当自检，出具自检合格证明，并向施工单位进行安全使用说明，办理验收手续并签字。

第十八条　施工起重机械和整体提升脚手架、模板等自升式架设设施的使用达到国家规定的检验检测期限的，必须经具有专业资质的检验检测机构检测。经检测不合格的，不得继续使用。

第十九条　检验检测机构对检测合格的施工起重机械和整体提升脚手架、模板等自升式架设设施，应当出具安全合格证明文件，并对检测结果负责。

第四章　施工单位的安全责任

第二十条　施工单位从事建设工程的新建、扩建、改建和拆除等活动，应当具备国家规定的注册资本、专业技术人员、技术装备和安全生产等条件，依法取得相应等级的资质证书，并在其资质等级许可的范围内承揽工程。

第二十一条　施工单位主要负责人依法对本单位的安全生产工作全面负责。施工单位应当建立健全安全生产责任制度和安全生产教育培训制度，制定安全生产规章制度和操作规程，保证本单位安全生产条件所需资金的投入，对所承担的建设工程进行定期和专项安全检查，并做好安全检查记录。

施工单位的项目负责人应当由取得相应执业资格的人员担任，对建设工程项目的安全施工负责，落实安全生产责任制度、安全生产规章制度和操作规程，确保安全生产费用的有效使用，并根据工程的特点组织制定安全施工措施，消除安全事故隐患，及时、如实报告生产安全事故。

第二十二条　施工单位对列入建设工程概算的安全作业环境及安全施工措施所需费用，应当用于施工安全防护用具及设施的采购和更新、安全施工措施的落实、安全生产条件的改善，不得挪作他用。

第二十三条　施工单位应当设立安全生产管理机构，配备专职安全生产管理人员。

专职安全生产管理人员负责对安全生产进行现场监督检查。发现安全事故隐患，应当及时向项目负责人和安全生产管理机构报告；对违章指挥、违章操作的，应当立即制止。

专职安全生产管理人员的配备办法由国务院建设行政主管部门会同国务院其他有关部门制定。

第二十四条　建设工程实行施工总承包的，由总承包单位对施工现场的安全生产负总责。

总承包单位应当自行完成建设工程主体结构的施工。

总承包单位依法将建设工程分包给其他单位的，分包合同中应当明确各自的安全生产方面的权利、义务。总承包单位和分包单位对分包工程的安全生产承担连带责任。

分包单位应当服从总承包单位的安全生产管理，分包单位不服从管理导致生产安全事故的，由分包单位承担主要责任。

第二十五条　垂直运输机械作业人员、安装拆卸工、爆破作业人员、起重信号工、登高架设作业人员等特种作业人员，必须按照国家有关规定经过专门的安全作业培训，并取得特种作业操作资格证书后，方可上岗作业。

第二十六条　施工单位应当在施工组织设计中编制安全技术措施和施工现场临时用电方

案，对下列达到一定规模的危险性较大的分部分项工程编制专项施工方案，并附具安全验算结果，经施工单位技术负责人、总监理工程师签字后实施，由专职安全生产管理人员进行现场监督：

（一）基坑支护与降水工程；

（二）土方开挖工程；

（三）模板工程；

（四）起重吊装工程；

（五）脚手架工程；

（六）拆除、爆破工程；

（七）国务院建设行政主管部门或者其他有关部门规定的其他危险性较大的工程。

对前款所列工程中涉及深基坑、地下暗挖工程、高大模板工程的专项施工方案，施工单位还应当组织专家进行论证、审查。

本条第一款规定的达到一定规模的危险性较大工程的标准，由国务院建设行政主管部门会同国务院其他有关部门制定。

第二十七条　建设工程施工前，施工单位负责项目管理的技术人员应当对有关安全施工的技术要求向施工作业班组、作业人员作出详细说明，并由双方签字确认。

第二十八条　施工单位应当在施工现场入口处、施工起重机械、临时用电设施、脚手架、出入通道口、楼梯口、电梯井口、孔洞口、桥梁口、隧道口、基坑边沿、爆破物及有害危险气体和液体存放处等危险部位，设置明显的安全警示标志。安全警示标志必须符合国家标准。

施工单位应当根据不同施工阶段和周围环境及季节、气候的变化，在施工现场采取相应的安全施工措施。施工现场暂时停止施工的，施工单位应当做好现场防护，所需费用由责任方承担，或者按照合同约定执行。

第二十九条　施工单位应当将施工现场的办公、生活区与作业区分开设置，并保持安全距离；办公、生活区的选址应当符合安全性要求。职工的膳食、饮水、休息场所等应当符合卫生标准。施工单位不得在尚未竣工的建筑物内设置员工集体宿舍。

施工现场临时搭建的建筑物应当符合安全使用要求。施工现场使用的装配式活动房屋应当具有产品合格证。

第三十条　施工单位对因建设工程施工可能造成损害的毗邻建筑物、构筑物和地下管线等，应当采取专项防护措施。

施工单位应当遵守有关环境保护法律、法规的规定，在施工现场采取措施，防止或者减少粉尘、废气、废水、固体废物、噪声、振动和施工照明对人和环境的危害和污染。

在城市市区内的建设工程，施工单位应当对施工现场实行封闭围挡。

第三十一条　施工单位应当在施工现场建立消防安全责任制度，确定消防安全责任人，制定用火、用电、使用易燃易爆材料等各项消防安全管理制度和操作规程，设置消防通道、消防水源，配备消防设施和灭火器材，并在施工现场入口处设置明显标志。

第三十二条　施工单位应当向作业人员提供安全防护用具和安全防护服装，并书面告知危险岗位的操作规程和违章操作的危害。

作业人员有权对施工现场的作业条件、作业程序和作业方式中存在的安全问题提出批评、检举和控告，有权拒绝违章指挥和强令冒险作业。

在施工中发生危及人身安全的紧急情况时，作业人员有权立即停止作业或者在采取必要的应急措施后撤离危险区域。

第三十三条　作业人员应当遵守安全施工的强制性标准、规章制度和操作规程，正确使用安全防护用具、机械设备等。

第三十四条　施工单位采购、租赁的安全防护用具、机械设备、施工机具及配件，应当具有生产（制造）许可证、产品合格证，并在进入施工现场前进行查验。

施工现场的安全防护用具、机械设备、施工机具及配件必须由专人管理，定期进行检查、维修和保养，建立相应的资料档案，并按照国家有关规定及时报废。

第三十五条　施工单位在使用施工起重机

械和整体提升脚手架、模板等自升式架设设施前，应当组织有关单位进行验收，也可以委托具有相应资质的检验检测机构进行验收；使用承租的机械设备和施工机具及配件的，由施工总承包单位、分包单位、出租单位和安装单位共同进行验收。验收合格的方可使用。

《特种设备安全监察条例》规定的施工起重机械，在验收前应当经有相应资质的检验检测机构监督检验合格。

施工单位应当自施工起重机械和整体提升脚手架、模板等自升式架设设施验收合格之日起30日内，向建设行政主管部门或者其他有关部门登记。登记标志应当置于或者附着于该设备的显著位置。

第三十六条　施工单位的主要负责人、项目负责人、专职安全生产管理人员应当经建设行政主管部门或者其他有关部门考核合格后方可任职。

施工单位应当对管理人员和作业人员每年至少进行一次安全生产教育培训，其教育培训情况记入个人工作档案。安全生产教育培训考核不合格的人员，不得上岗。

第三十七条　作业人员进入新的岗位或者新的施工现场前，应当接受安全生产教育培训。未经教育培训或者教育培训考核不合格的人员，不得上岗作业。

施工单位在采用新技术、新工艺、新设备、新材料时，应当对作业人员进行相应的安全生产教育培训。

第三十八条　施工单位应当为施工现场从事危险作业的人员办理意外伤害保险。

意外伤害保险费由施工单位支付。实行施工总承包的，由总承包单位支付意外伤害保险费。意外伤害保险期限自建设工程开工之日起至竣工验收合格止。

第五章　监督管理

第三十九条　国务院负责安全生产监督管理的部门依照《中华人民共和国安全生产法》的规定，对全国建设工程安全生产工作实施综合监督管理。

县级以上地方人民政府负责安全生产监督管理的部门依照《中华人民共和国安全生产法》的规定，对本行政区域内建设工程安全生产工作实施综合监督管理。

第四十条　国务院建设行政主管部门对全国的建设工程安全生产实施监督管理。国务院铁路、交通、水利等有关部门按照国务院规定的职责分工，负责有关专业建设工程安全生产的监督管理。

县级以上地方人民政府建设行政主管部门对本行政区域内的建设工程安全生产实施监督管理。县级以上地方人民政府交通、水利等有关部门在各自的职责范围内，负责本行政区域内的专业建设工程安全生产的监督管理。

第四十一条　建设行政主管部门和其他有关部门应当将本条例第十条、第十一条规定的有关资料的主要内容抄送同级负责安全生产监督管理的部门。

第四十二条　建设行政主管部门在审核发放施工许可证时，应当对建设工程是否有安全施工措施进行审查，对没有安全施工措施的，不得颁发施工许可证。

建设行政主管部门或者其他有关部门对建设工程是否有安全施工措施进行审查时，不得收取费用。

第四十三条　县级以上人民政府负有建设工程安全生产监督管理职责的部门在各自的职责范围内履行安全监督检查职责时，有权采取下列措施：

（一）要求被检查单位提供有关建设工程安全生产的文件和资料；

（二）进入被检查单位施工现场进行检查；

（三）纠正施工中违反安全生产要求的行为；

（四）对检查中发现的安全事故隐患，责令立即排除；重大安全事故隐患排除前或者排除过程中无法保证安全的，责令从危险区域内撤出作业人员或者暂时停止施工。

第四十四条　建设行政主管部门或者其他

有关部门可以将施工现场的监督检查委托给建设工程安全监督机构具体实施。

第四十五条　国家对严重危及施工安全的工艺、设备、材料实行淘汰制度。具体目录由国务院建设行政主管部门会同国务院其他有关部门制定并公布。

第四十六条　县级以上人民政府建设行政主管部门和其他有关部门应当及时受理对建设工程生产安全事故及安全事故隐患的检举、控告和投诉。

第六章　生产安全事故的应急救援和调查处理

第四十七条　县级以上地方人民政府建设行政主管部门应当根据本级人民政府的要求，制定本行政区域内建设工程特大生产安全事故应急救援预案。

第四十八条　施工单位应当制定本单位生产安全事故应急救援预案，建立应急救援组织或者配备应急救援人员，配备必要的应急救援器材、设备，并定期组织演练。

第四十九条　施工单位应当根据建设工程施工的特点、范围，对施工现场易发生重大事故的部位、环节进行监控，制定施工现场生产安全事故应急救援预案。实行施工总承包的，由总承包单位统一组织编制建设工程生产安全事故应急救援预案，工程总承包单位和分包单位按照应急救援预案，各自建立应急救援组织或者配备应急救援人员，配备救援器材、设备，并定期组织演练。

第五十条　施工单位发生生产安全事故，应当按照国家有关伤亡事故报告和调查处理的规定，及时、如实地向负责安全生产监督管理的部门、建设行政主管部门或者其他有关部门报告；特种设备发生事故的，还应当同时向特种设备安全监督管理部门报告。接到报告的部门应当按照国家有关规定，如实上报。

实行施工总承包的建设工程，由总承包单位负责上报事故。

第五十一条　发生生产安全事故后，施工单位应当采取措施防止事故扩大，保护事故现场。需要移动现场物品时，应当做出标记和书面记录，妥善保管有关证物。

第五十二条　建设工程生产安全事故的调查、对事故责任单位和责任人的处罚与处理，按照有关法律、法规的规定执行。

第七章　法律责任

第五十三条　违反本条例的规定，县级以上人民政府建设行政主管部门或者其他有关行政管理部门的工作人员，有下列行为之一的，给予降级或者撤职的行政处分；构成犯罪的，依照刑法有关规定追究刑事责任：

（一）对不具备安全生产条件的施工单位颁发资质证书的；

（二）对没有安全施工措施的建设工程颁发施工许可证的；

（三）发现违法行为不予查处的；

（四）不依法履行监督管理职责的其他行为。

第五十四条　违反本条例的规定，建设单位未提供建设工程安全生产作业环境及安全施工措施所需费用的，责令限期改正；逾期未改正的，责令该建设工程停止施工。

建设单位未将保证安全施工的措施或者拆除工程的有关资料报送有关部门备案的，责令限期改正，给予警告。

第五十五条　违反本条例的规定，建设单位有下列行为之一的，责令限期改正，处20万元以上50万元以下的罚款；造成重大安全事故，构成犯罪的，对直接责任人员，依照刑法有关规定追究刑事责任；造成损失的，依法承担赔偿责任：

（一）对勘察、设计、施工、工程监理等单位提出不符合安全生产法律、法规和强制性标准规定的要求的；

（二）要求施工单位压缩合同约定的工期的；

（三）将拆除工程发包给不具有相应资质等级的施工单位的。

第五十六条　违反本条例的规定，勘察单位、设计单位有下列行为之一的，责令限期改正，处10万元以上30万元以下的罚款；情节严重的，责令停业整顿，降低资质等级，直至吊销资质证书；造成重大安全事故，构成犯罪的，对直接责任人员，依照刑法有关规定追究刑事责任；造成损失的，依法承担赔偿责任：

（一）未按照法律、法规和工程建设强制性标准进行勘察、设计的；

（二）采用新结构、新材料、新工艺的建设工程和特殊结构的建设工程，设计单位未在设计中提出保障施工作业人员安全和预防生产安全事故的措施建议的。

第五十七条　违反本条例的规定，工程监理单位有下列行为之一的，责令限期改正；逾期未改正的，责令停业整顿，并处10万元以上30万元以下的罚款；情节严重的，降低资质等级，直至吊销资质证书；造成重大安全事故，构成犯罪的，对直接责任人员，依照刑法有关规定追究刑事责任；造成损失的，依法承担赔偿责任：

（一）未对施工组织设计中的安全技术措施或者专项施工方案进行审查的；

（二）发现安全事故隐患未及时要求施工单位整改或者暂时停止施工的；

（三）施工单位拒不整改或者不停止施工，未及时向有关主管部门报告的；

（四）未依照法律、法规和工程建设强制性标准实施监理的。

第五十八条　注册执业人员未执行法律、法规和工程建设强制性标准的，责令停止执业3个月以上1年以下；情节严重的，吊销执业资格证书，5年内不予注册；造成重大安全事故的，终身不予注册；构成犯罪的，依照刑法有关规定追究刑事责任。

第五十九条　违反本条例的规定，为建设工程提供机械设备和配件的单位，未按照安全施工的要求配备齐全有效的保险、限位等安全设施和装置的，责令限期改正，处合同价款1倍以上3倍以下的罚款；造成损失的，依法承担赔偿责任。

第六十条　违反本条例的规定，出租单位出租未经安全性能检测或者经检测不合格的机械设备和施工机具及配件的，责令停业整顿，并处5万元以上10万元以下的罚款；造成损失的，依法承担赔偿责任。

第六十一条　违反本条例的规定，施工起重机械和整体提升脚手架、模板等自升式架设设施安装、拆卸单位有下列行为之一的，责令限期改正，处5万元以上10万元以下的罚款；情节严重的，责令停业整顿，降低资质等级，直至吊销资质证书；造成损失的，依法承担赔偿责任：

（一）未编制拆装方案、制定安全施工措施的；

（二）未由专业技术人员现场监督的；

（三）未出具自检合格证明或者出具虚假证明的；

（四）未向施工单位进行安全使用说明，办理移交手续的。

施工起重机械和整体提升脚手架、模板等自升式架设设施安装、拆卸单位有前款规定的第（一）项、第（三）项行为，经有关部门或者单位职工提出后，对事故隐患仍不采取措施，因而发生重大伤亡事故或者造成其他严重后果，构成犯罪的，对直接责任人员，依照刑法有关规定追究刑事责任。

第六十二条　违反本条例的规定，施工单位有下列行为之一的，责令限期改正；逾期未改正的，责令停业整顿，依照《中华人民共和国安全生产法》的有关规定处以罚款；造成重大安全事故，构成犯罪的，对直接责任人员，依照刑法有关规定追究刑事责任：

（一）未设立安全生产管理机构、配备专职安全生产管理人员或者分部分项工程施工时无专职安全生产管理人员现场监督的；

（二）施工单位的主要负责人、项目负责人、专职安全生产管理人员、作业人员或者特种作业人员，未经安全教育培训或者经考核不合格即从事相关工作的；

（三）未在施工现场的危险部位设置明显的安全警示标志，或者未按照国家有关规定在施工现场设置消防通道、消防水源、配备消防设施和灭火器材的；

（四）未向作业人员提供安全防护用具和安全防护服装的；

（五）未按照规定在施工起重机械和整体提升脚手架、模板等自升式架设设施验收合格后登记的；

（六）使用国家明令淘汰、禁止使用的危及施工安全的工艺、设备、材料的。

第六十三条　违反本条例的规定，施工单位挪用列入建设工程概算的安全生产作业环境及安全施工措施所需费用的，责令限期改正，处挪用费用20%以上50%以下的罚款；造成损失的，依法承担赔偿责任。

第六十四条　违反本条例的规定，施工单位有下列行为之一的，责令限期改正；逾期未改正的，责令停业整顿，并处5万元以上10万元以下的罚款；造成重大安全事故，构成犯罪的，对直接责任人员，依照刑法有关规定追究刑事责任：

（一）施工前未对有关安全施工的技术要求作出详细说明的；

（二）未根据不同施工阶段和周围环境及季节、气候的变化，在施工现场采取相应的安全施工措施，或者在城市市区内的建设工程的施工现场未实行封闭围挡的；

（三）在尚未竣工的建筑物内设置员工集体宿舍的；

（四）施工现场临时搭建的建筑物不符合安全使用要求的；

（五）未对因建设工程施工可能造成损害的毗邻建筑物、构筑物和地下管线等采取专项防护措施的。

施工单位有前款规定第（四）项、第（五）项行为，造成损失的，依法承担赔偿责任。

第六十五条　违反本条例的规定，施工单位有下列行为之一的，责令限期改正；逾期未改正的，责令停业整顿，并处10万元以上30万元以下的罚款；情节严重的，降低资质等级，直至吊销资质证书；造成重大安全事故，构成犯罪的，对直接责任人员，依照刑法有关规定追究刑事责任；造成损失的，依法承担赔偿责任：

（一）安全防护用具、机械设备、施工机具及配件在进入施工现场前未经查验或者查验不合格即投入使用的；

（二）使用未经验收或者验收不合格的施工起重机械和整体提升脚手架、模板等自升式架设设施的；

（三）委托不具有相应资质的单位承担施工现场安装、拆卸施工起重机械和整体提升脚手架、模板等自升式架设设施的；

（四）在施工组织设计中未编制安全技术措施、施工现场临时用电方案或者专项施工方案的。

第六十六条　违反本条例的规定，施工单位的主要负责人、项目负责人未履行安全生产管理职责的，责令限期改正；逾期未改正的，责令施工单位停业整顿；造成重大安全事故、重大伤亡事故或者其他严重后果，构成犯罪的，依照刑法有关规定追究刑事责任。

作业人员不服管理、违反规章制度和操作规程冒险作业造成重大伤亡事故或者其他严重后果，构成犯罪的，依照刑法有关规定追究刑事责任。

施工单位的主要负责人、项目负责人有前款违法行为，尚不够刑事处罚的，处2万元以上20万元以下的罚款或者按照管理权限给予撤职处分；自刑罚执行完毕或者受处分之日起，5年内不得担任任何施工单位的主要负责人、项目负责人。

第六十七条　施工单位取得资质证书后，降低安全生产条件的，责令限期改正；经整改仍未达到与其资质等级相适应的安全生产条件的，责令停业整顿，降低其资质等级直至吊销资质证书。

第六十八条　本条例规定的行政处罚，由

建设行政主管部门或者其他有关部门依照法定职权决定。

违反消防安全管理规定的行为，由公安消防机构依法处罚。

有关法律、行政法规对建设工程安全生产违法行为的行政处罚决定机关另有规定的，从其规定。

第八章　附　则

第六十九条　抢险救灾和农民自建低层住宅的安全生产管理，不适用本条例。

第七十条　军事建设工程的安全生产管理，按照中央军事委员会的有关规定执行。

第七十一条　本条例自2004年2月1日起施行。

安全生产许可证条例

（2004年1月7日国务院第34次常务会议通过，2004年1月13日中华人民共和国国务院令第397号公布，自公布之日起施行）

第一条　为了严格规范安全生产条件，进一步加强安全生产监督管理，防止和减少生产安全事故，根据《中华人民共和国安全生产法》的有关规定，制定本条例。

第二条　国家对矿山企业、建筑施工企业和危险化学品、烟花爆竹、民用爆破器材生产企业（以下统称企业）实行安全生产许可制度。

企业未取得安全生产许可证的，不得从事生产活动。

第三条　国务院安全生产监督管理部门负责中央管理的非煤矿矿山企业和危险化学品、烟花爆竹生产企业安全生产许可证的颁发和管理。

省、自治区、直辖市人民政府安全生产监督管理部门负责前款规定以外的非煤矿矿山企业和危险化学品、烟花爆竹生产企业安全生产许可证的颁发和管理，并接受国务院安全生产监督管理部门的指导和监督。

国家煤矿安全监察机构负责中央管理的煤矿企业安全生产许可证的颁发和管理。

在省、自治区、直辖市设立的煤矿安全监察机构负责前款规定以外的其他煤矿企业安全生产许可证的颁发和管理，并接受国家煤矿安全监察机构的指导和监督。

第四条　国务院建设主管部门负责中央管理的建筑施工企业安全生产许可证的颁发和管理。

省、自治区、直辖市人民政府建设主管部门负责前款规定以外的建筑施工企业安全生产许可证的颁发和管理，并接受国务院建设主管部门的指导和监督。

第五条　国务院国防科技工业主管部门负责民用爆破器材生产企业安全生产许可证的颁发和管理。

第六条　企业取得安全生产许可证，应当具备下列安全生产条件：

（一）建立、健全安全生产责任制，制定完备的安全生产规章制度和操作规程；

（二）安全投入符合安全生产要求；

（三）设置安全生产管理机构，配备专职安全生产管理人员；

（四）主要负责人和安全生产管理人员经考核合格；

（五）特种作业人员经有关业务主管部门考核合格，取得特种作业操作资格证书；

（六）从业人员经安全生产教育和培训合格；

（七）依法参加工伤保险，为从业人员缴纳保险费；

（八）厂房、作业场所和安全设施、设备、工艺符合有关安全生产法律、法规、标准和规程的要求；

（九）有职业危害防治措施，并为从业人员配备符合国家标准或者行业标准的劳动防护用品；

（十）依法进行安全评价；

（十一）有重大危险源检测、评估、监控措施和应急预案；

（十二）有生产安全事故应急救援预案、应急救援组织或者应急救援人员，配备必要的应急救援器材、设备；

（十三）法律、法规规定的其他条件。

第七条　企业进行生产前，应当依照本条例的规定向安全生产许可证颁发管理机关申请领取安全生产许可证，并提供本条例第六条规定的相关文件、资料。安全生产许可证颁发管理机关应当自收到申请之日起 45 日内审查完毕，经审查符合本条例规定的安全生产条件的，颁发安全生产许可证；不符合本条例规定的安全生产条件的，不予颁发安全生产许可证，书面通知企业并说明理由。

煤矿企业应当以矿（井）为单位，在申请领取煤炭生产许可证前，依照本条例的规定取得安全生产许可证。

第八条　安全生产许可证由国务院安全生产监督管理部门规定统一的式样。

第九条　安全生产许可证的有效期为 3 年。安全生产许可证有效期满需要延期的，企业应当于期满前 3 个月向原安全生产许可证颁发管理机关办理延期手续。

企业在安全生产许可证有效期内，严格遵守有关安全生产的法律法规，未发生死亡事故的，安全生产许可证有效期届满时，经原安全生产许可证颁发管理机关同意，不再审查，安全生产许可证有效期延期 3 年。

第十条　安全生产许可证颁发管理机关应当建立、健全安全生产许可证档案管理制度，并定期向社会公布企业取得安全生产许可证的情况。

第十一条　煤矿企业安全生产许可证颁发管理机关、建筑施工企业安全生产许可证颁发管理机关、民用爆破器材生产企业安全生产许可证颁发管理机关，应当每年向同级安全生产监督管理部门通报其安全生产许可证颁发和管理情况。

第十二条　国务院安全生产监督管理部门和省、自治区、直辖市人民政府安全生产监督管理部门对建筑施工企业、民用爆破器材生产企业、煤矿企业取得安全生产许可证的情况进行监督。

第十三条　企业不得转让、冒用安全生产许可证或者使用伪造的安全生产许可证。

第十四条　企业取得安全生产许可证后，不得降低安全生产条件，并应当加强日常安全生产管理，接受安全生产许可证颁发管理机关的监督检查。

安全生产许可证颁发管理机关应当加强对取得安全生产许可证的企业的监督检查，发现其不再具备本条例规定的安全生产条件的，应当暂扣或者吊销安全生产许可证。

第十五条　安全生产许可证颁发管理机关工作人员在安全生产许可证颁发、管理和监督检查工作中，不得索取或者接受企业的财物，不得谋取其他利益。

第十六条　监察机关依照《中华人民共和国行政监察法》的规定，对安全生产许可证颁发管理机关及其工作人员履行本条例规定的职责实施监察。

第十七条　任何单位或者个人对违反本条例规定的行为，有权向安全生产许可证颁发管理机关或者监察机关等有关部门举报。

第十八条　安全生产许可证颁发管理机关工作人员有下列行为之一的，给予降级或者撤职的行政处分；构成犯罪的，依法追究刑事责任：

（一）向不符合本条例规定的安全生产条件的企业颁发安全生产许可证的；

（二）发现企业未依法取得安全生产许可证擅自从事生产活动，不依法处理的；

（三）发现取得安全生产许可证的企业不再具备本条例规定的安全生产条件，不依法处理的；

（四）接到对违反本条例规定行为的举报后，不及时处理的；

（五）在安全生产许可证颁发、管理和监督

检查工作中,索取或者接受企业的财物,或者谋取其他利益的。

第十九条 违反本条例规定,未取得安全生产许可证擅自进行生产的,责令停止生产,没收违法所得,并处10万元以上50万元以下的罚款;造成重大事故或者其他严重后果,构成犯罪的,依法追究刑事责任。

第二十条 违反本条例规定,安全生产许可证有效期满未办理延期手续,继续进行生产的,责令停止生产,限期补办延期手续,没收违法所得,并处5万元以上10万元以下的罚款;逾期仍不办理延期手续,继续进行生产的,依照本条例第十九条的规定处罚。

第二十一条 违反本条例规定,转让安全生产许可证的,没收违法所得,处10万元以上50万元以下的罚款,并吊销其安全生产许可证;构成犯罪的,依法追究刑事责任;接受转让的,依照本条例第十九条的规定处罚。

冒用安全生产许可证或者使用伪造的安全生产许可证的,依照本条例第十九条的规定处罚。

第二十二条 本条例施行前已经进行生产的企业,应当自本条例施行之日起1年内,依照本条例的规定向安全生产许可证颁发管理机关申请办理安全生产许可证;逾期不办理安全生产许可证,或者经审查不符合本条例规定的安全生产条件,未取得安全生产许可证,继续进行生产的,依照本条例第十九条的规定处罚。

第二十三条 本条例规定的行政处罚,由安全生产许可证颁发管理机关决定。

第二十四条 本条例自公布之日起施行。

生产安全事故报告和调查处理条例

(2007年3月28日国务院第172次常务会议通过,2007年4月9日中华人民共和国国务院令第493号公布,自2007年6月1日起施行)

第一章 总 则

第一条 为了规范生产安全事故的报告和调查处理,落实生产安全事故责任追究制度,防止和减少生产安全事故,根据《中华人民共和国安全生产法》和有关法律,制定本条例。

第二条 生产经营活动中发生的造成人身伤亡或者直接经济损失的生产安全事故的报告和调查处理,适用本条例;环境污染事故、核设施事故、国防科研生产事故的报告和调查处理不适用本条例。

第三条 根据生产安全事故(以下简称事故)造成的人员伤亡或者直接经济损失,事故一般分为以下等级:

(一)特别重大事故,是指造成30人以上死亡,或者100人以上重伤(包括急性工业中毒,下同),或者1亿元以上直接经济损失的事故;

(二)重大事故,是指造成10人以上30人以下死亡,或者50人以上100人以下重伤,或者5 000万元以上1亿元以下直接经济损失的事故;

(三)较大事故,是指造成3人以上10人以下死亡,或者10人以上50人以下重伤,或者1 000万元以上5 000万元以下直接经济损失的事故;

(四)一般事故,是指造成3人以下死亡,或者10人以下重伤,或者1 000万元以下直接经济损失的事故。

国务院安全生产监督管理部门可以会同国

务院有关部门，制定事故等级划分的补充性规定。

本条第一款所称的“以上”包括本数，所称的“以下”不包括本数。

第四条　事故报告应当及时、准确、完整，任何单位和个人对事故不得迟报、漏报、谎报或者瞒报。

事故调查处理应当坚持实事求是、尊重科学的原则，及时、准确地查清事故经过、事故原因和事故损失，查明事故性质，认定事故责任，总结事故教训，提出整改措施，并对事故责任者依法追究责任。

第五条　县级以上人民政府应当依照本条例的规定，严格履行职责，及时、准确地完成事故调查处理工作。

事故发生地有关地方人民政府应当支持、配合上级人民政府或者有关部门的事故调查处理工作，并提供必要的便利条件。

参加事故调查处理的部门和单位应当互相配合，提高事故调查处理工作的效率。

第六条　工会依法参加事故调查处理，有权向有关部门提出处理意见。

第七条　任何单位和个人不得阻挠和干涉对事故的报告和依法调查处理。

第八条　对事故报告和调查处理中的违法行为，任何单位和个人有权向安全生产监督管理部门、监察机关或者其他有关部门举报，接到举报的部门应当依法及时处理。

第二章　事故报告

第九条　事故发生后，事故现场有关人员应当立即向本单位负责人报告；单位负责人接到报告后，应当于 1 小时内向事故发生地县级以上人民政府安全生产监督管理部门和负有安全生产监督管理职责的有关部门报告。

情况紧急时，事故现场有关人员可以直接向事故发生地县级以上人民政府安全生产监督管理部门和负有安全生产监督管理职责的有关部门报告。

第十条　安全生产监督管理部门和负有安全生产监督管理职责的有关部门接到事故报告后，应当依照下列规定上报事故情况，并通知公安机关、劳动保障行政部门、工会和人民检察院：

（一）特别重大事故、重大事故逐级上报至国务院安全生产监督管理部门和负有安全生产监督管理职责的有关部门；

（二）较大事故逐级上报至省、自治区、直辖市人民政府安全生产监督管理部门和负有安全生产监督管理职责的有关部门；

（三）一般事故上报至设区的市级人民政府安全生产监督管理部门和负有安全生产监督管理职责的有关部门。

安全生产监督管理部门和负有安全生产监督管理职责的有关部门依照前款规定上报事故情况，应当同时报告本级人民政府。国务院安全生产监督管理部门和负有安全生产监督管理职责的有关部门以及省级人民政府接到发生特别重大事故、重大事故的报告后，应当立即报告国务院。

必要时，安全生产监督管理部门和负有安全生产监督管理职责的有关部门可以越级上报事故情况。

第十一条　安全生产监督管理部门和负有安全生产监督管理职责的有关部门逐级上报事故情况，每级上报的时间不得超过 2 小时。

第十二条　报告事故应当包括下列内容：

（一）事故发生单位概况；

（二）事故发生的时间、地点以及事故现场情况；

（三）事故的简要经过；

（四）事故已经造成或者可能造成的伤亡人数（包括下落不明的人数）和初步估计的直接经济损失；

（五）已经采取的措施；

（六）其他应当报告的情况。

第十三条　事故报告后出现新情况的，应当及时补报。

自事故发生之日起 30 日内，事故造成的伤亡人数发生变化的，应当及时补报。道路交通事故、火灾事故自发生之日起7日内，事故造成的伤亡人数发生变化的，应当及时补报。

第十四条　事故发生单位负责人接到事故报告后，应当立即启动事故相应应急预案，或者采取有效措施，组织抢救，防止事故扩大，减少人员伤亡和财产损失。

第十五条　事故发生地有关地方人民政府、安全生产监督管理部门和负有安全生产监督管理职责的有关部门接到事故报告后，其负责人应当立即赶赴事故现场，组织事故救援。

第十六条　事故发生后，有关单位和人员应当妥善保护事故现场以及相关证据，任何单位和个人不得破坏事故现场、毁灭相关证据。

因抢救人员、防止事故扩大以及疏通交通等原因，需要移动事故现场物件的，应当做出标志，绘制现场简图并做出书面记录，妥善保存现场重要痕迹、物证。

第十七条　事故发生地公安机关根据事故的情况，对涉嫌犯罪的，应当依法立案侦查，采取强制措施和侦查措施。犯罪嫌疑人逃匿的，公安机关应当迅速追捕归案。

第十八条　安全生产监督管理部门和负有安全生产监督管理职责的有关部门应当建立值班制度，并向社会公布值班电话，受理事故报告和举报。

第三章　事故调查

第十九条　特别重大事故由国务院或者国务院授权有关部门组织事故调查组进行调查。

重大事故、较大事故、一般事故分别由事故发生地省级人民政府、设区的市级人民政府、县级人民政府负责调查。省级人民政府、设区的市级人民政府、县级人民政府可以直接组织事故调查组进行调查，也可以授权或者委托有关部门组织事故调查组进行调查。

未造成人员伤亡的一般事故，县级人民政府也可以委托事故发生单位组织事故调查组进行调查。

第二十条　上级人民政府认为必要时，可以调查由下级人民政府负责调查的事故。

自事故发生之日起30日内（道路交通事故、火灾事故自发生之日起7日内），因事故伤亡人数变化导致事故等级发生变化，依照本条例规定应当由上级人民政府负责调查的，上级人民政府可以另行组织事故调查组进行调查。

第二十一条　特别重大事故以下等级事故，事故发生地与事故发生单位不在同一个县级以上行政区域的，由事故发生地人民政府负责调查，事故发生单位所在地人民政府应当派人参加。

第二十二条　事故调查组的组成应当遵循精简、效能的原则。

根据事故的具体情况，事故调查组由有关人民政府、安全生产监督管理部门、负有安全生产监督管理职责的有关部门、监察机关、公安机关以及工会派人组成，并应当邀请人民检察院派人参加。

事故调查组可以聘请有关专家参与调查。

第二十三条　事故调查组成员应当具有事故调查所需要的知识和专长，并与所调查的事故没有直接利害关系。

第二十四条　事故调查组组长由负责事故调查的人民政府指定。事故调查组组长主持事故调查组的工作。

第二十五条　事故调查组履行下列职责：

（一）查明事故发生的经过、原因、人员伤亡情况及直接经济损失；

（二）认定事故的性质和事故责任；

（三）提出对事故责任者的处理建议；

（四）总结事故教训，提出防范和整改措施；

（五）提交事故调查报告。

第二十六条　事故调查组有权向有关单位和个人了解与事故有关的情况，并要求其提供相关文件、资料，有关单位和个人不得拒绝。

事故发生单位的负责人和有关人员在事故调查期间不得擅离职守，并应当随时接受事故调查组的询问，如实提供有关情况。

事故调查中发现涉嫌犯罪的，事故调查组应当及时将有关材料或者其复印件移交司法机关处理。

第二十七条　事故调查中需要进行技术鉴定的，事故调查组应当委托具有国家规定资质的单位进行技术鉴定。必要时，事故调查组可以直接组织专家进行技术鉴定。技术鉴定所需时间不计入事故调查期限。

第二十八条　事故调查组成员在事故调查工作中应当诚信公正、恪尽职守，遵守事故调查组的纪律，保守事故调查的秘密。

未经事故调查组组长允许，事故调查组成员不得擅自发布有关事故的信息。

第二十九条　事故调查组应当自事故发生之日起60日内提交事故调查报告；特殊情况下，经负责事故调查的人民政府批准，提交事故调查报告的期限可以适当延长，但延长的期限最长不超过60日。

第三十条　事故调查报告应当包括下列内容：

（一）事故发生单位概况；

（二）事故发生经过和事故救援情况；

（三）事故造成的人员伤亡和直接经济损失；

（四）事故发生的原因和事故性质；

（五）事故责任的认定以及对事故责任者的处理建议；

（六）事故防范和整改措施。

事故调查报告应当附具有关证据材料。事故调查组成员应当在事故调查报告上签名。

第三十一条　事故调查报告报送负责事故调查的人民政府后，事故调查工作即告结束。事故调查的有关资料应当归档保存。

第四章　事故处理

第三十二条　重大事故、较大事故、一般事故，负责事故调查的人民政府应当自收到事故调查报告之日起15日内做出批复；特别重大事故，30日内做出批复，特殊情况下，批复时间可以适当延长，但延长的时间最长不超过30日。

有关机关应当按照人民政府的批复，依照法律、行政法规规定的权限和程序，对事故发生单位和有关人员进行行政处罚，对负有事故责任的国家工作人员进行处分。

事故发生单位应当按照负责事故调查的人民政府的批复，对本单位负有事故责任的人员进行处理。

负有事故责任的人员涉嫌犯罪的，依法追究刑事责任。

第三十三条　事故发生单位应当认真吸取事故教训，落实防范和整改措施，防止事故再次发生。防范和整改措施的落实情况应当接受工会和职工的监督。

安全生产监督管理部门和负有安全生产监督管理职责的有关部门应当对事故发生单位落实防范和整改措施的情况进行监督检查。

第三十四条　事故处理的情况由负责事故调查的人民政府或者其授权的有关部门、机构向社会公布，依法应当保密的除外。

第五章　法律责任

第三十五条　事故发生单位主要负责人有下列行为之一的，处上一年年收入40％至80％的罚款；属于国家工作人员的，并依法给予处分；构成犯罪的，依法追究刑事责任：

（一）不立即组织事故抢救的；

（二）迟报或者漏报事故的；

（三）在事故调查处理期间擅离职守的。

第三十六条　事故发生单位及其有关人员有下列行为之一的，对事故发生单位处100万元以上500万元以下的罚款；对主要负责人、直接负责的主管人员和其他直接责任人员处上一年年收入60％至100％的罚款；属于国家工作人员的，并依法给予处分；构成违反治安管理行为的，由公安机关依法给予治安管理处罚；构成犯罪的，依法追究刑事责任：

（一）谎报或者瞒报事故的；

（二）伪造或者故意破坏事故现场的；

（三）转移、隐匿资金、财产，或者销毁有关证据、资料的；

（四）拒绝接受调查或者拒绝提供有关情况和资料的；

(五) 在事故调查中作伪证或者指使他人作伪证的;

(六) 事故发生后逃匿的。

第三十七条 事故发生单位对事故发生负有责任的,依照下列规定处以罚款:

(一) 发生一般事故的,处10万元以上20万元以下的罚款;

(二) 发生较大事故的,处20万元以上50万元以下的罚款;

(三) 发生重大事故的,处50万元以上200万元以下的罚款;

(四) 发生特别重大事故的,处200万元以上500万元以下的罚款。

第三十八条 事故发生单位主要负责人未依法履行安全生产管理职责,导致事故发生的,依照下列规定处以罚款;属于国家工作人员的,并依法给予处分;构成犯罪的,依法追究刑事责任:

(一) 发生一般事故的,处上一年年收入30%的罚款;

(二) 发生较大事故的,处上一年年收入40%的罚款;

(三) 发生重大事故的,处上一年年收入60%的罚款;

(四) 发生特别重大事故的,处上一年年收入80%的罚款。

第三十九条 有关地方人民政府、安全生产监督管理部门和负有安全生产监督管理职责的有关部门有下列行为之一的,对直接负责的主管人员和其他直接责任人员依法给予处分;构成犯罪的,依法追究刑事责任:

(一) 不立即组织事故抢救的;

(二) 迟报、漏报、谎报或者瞒报事故的;

(三) 阻碍、干涉事故调查工作的;

(四) 在事故调查中作伪证或者指使他人作伪证的。

第四十条 事故发生单位对事故发生负有责任的,由有关部门依法暂扣或者吊销其有关证照;对事故发生单位负有事故责任的有关人员,依法暂停或者撤销其与安全生产有关的执业资格、岗位证书;事故发生单位主要负责人受到刑事处罚或者撤职处分的,自刑罚执行完毕或者受处分之日起,5年内不得担任任何生产经营单位的主要负责人。

为发生事故的单位提供虚假证明的中介机构,由有关部门依法暂扣或者吊销其有关证照及其相关人员的执业资格;构成犯罪的,依法追究刑事责任。

第四十一条 参与事故调查的人员在事故调查中有下列行为之一的,依法给予处分;构成犯罪的,依法追究刑事责任:

(一) 对事故调查工作不负责任,致使事故调查工作有重大疏漏的;

(二) 包庇、袒护负有事故责任的人员或者借机打击报复的。

第四十二条 违反本条例规定,有关地方人民政府或者有关部门故意拖延或者拒绝落实经批复的对事故责任人的处理意见的,由监察机关对有关责任人员依法给予处分。

第四十三条 本条例规定的罚款的行政处罚,由安全生产监督管理部门决定。

法律、行政法规对行政处罚的种类、幅度和决定机关另有规定的,依照其规定。

第六章 附 则

第四十四条 没有造成人员伤亡,但是社会影响恶劣的事故,国务院或者有关地方人民政府认为需要调查处理的,依照本条例的有关规定执行。

国家机关、事业单位、人民团体发生的事故的报告和调查处理,参照本条例的规定执行。

第四十五条 特别重大事故以下等级事故的报告和调查处理,有关法律、行政法规或者国务院另有规定的,依照其规定。

第四十六条 本条例自2007年6月1日起施行。国务院1989年3月29日公布的《特别重大事故调查程序暂行规定》和1991年2月22日公布的《企业职工伤亡事故报告和处理规定》同时废止。

国务院关于修改《特种设备安全监察条例》的决定

（2009年1月14日国务院第46次常务会议通过，2009年1月24日中华人民共和国国务院令第549号公布，自2009年5月1日起施行）

国务院决定对《特种设备安全监察条例》做如下修改：

一、第二条第一款修改为："本条例所称特种设备是指涉及生命安全、危险性较大的锅炉、压力容器（含气瓶，下同）、压力管道、电梯、起重机械、客运索道、大型游乐设施和场（厂）内专用机动车辆。"

二、第三条第二款修改为："军事装备、核设施、航空航天器、铁路机车、海上设施和船舶以及矿山井下使用的特种设备、民用机场专用设备的安全监察不适用本条例。"

第三款修改为："房屋建筑工地和市政工程工地用起重机械、场（厂）内专用机动车辆的安装、使用的监督管理，由建设行政主管部门依照有关法律、法规的规定执行。"

三、第五条第一款修改为："特种设备生产、使用单位应当建立健全特种设备安全、节能管理制度和岗位安全、节能责任制度。"

第二款修改为："特种设备生产、使用单位的主要负责人应当对本单位特种设备的安全和节能全面负责。"

四、第八条增加一款作为第二款："国家鼓励特种设备节能技术的研究、开发、示范和推广，促进特种设备节能技术创新和应用。"

增加一款，作为第三款："特种设备生产、使用单位和特种设备检验检测机构，应当保证必要的安全和节能投入。"

增加一款，作为第四款："国家鼓励实行特种设备责任保险制度，提高事故赔付能力。"

五、第十条第二款修改为："特种设备生产单位对其生产的特种设备的安全性能和能效指标负责，不得生产不符合安全性能要求和能效指标的特种设备，不得生产国家产业政策明令淘汰的特种设备。"

六、第二十二条第三款修改为："气瓶充装单位应当向气体使用者提供符合安全技术规范要求的气瓶，对使用者进行气瓶安全使用指导，并按照安全技术规范的要求办理气瓶使用登记，提出气瓶的定期检验要求。"

七、第二十六条增加一项作为第六项："高耗能特种设备的能效测试报告、能耗状况记录以及节能改造技术资料。"

八、第二十七条增加一款作为第四款："锅炉使用单位应当按照安全技术规范的要求进行锅炉水（介）质处理，并接受特种设备检验检测机构实施的水（介）质处理定期检验。"

增加一款，作为第五款："从事锅炉清洗的单位，应当按照安全技术规范的要求进行锅炉清洗，并接受特种设备检验检测机构实施的锅炉清洗过程监督检验。"

九、第二十九条增加一款作为第二款："特种设备不符合能效指标的，特种设备使用单位应当采取相应措施进行整改。"

十、删除第三十一条。

十一、第四十条改为第三十九条，第一款修改为："特种设备使用单位应当对特种设备作业人员进行特种设备安全、节能教育和培训，保证特种设备作业人员具备必要的特种设备安全、节能知识。"

十二、第四十九条改为第四十八条，修改为："特种设备检验检测机构进行特种设备检验检测，发现严重事故隐患或者能耗严重超标的，应当及时告知特种设备使用单位，并立即向特种设备安全监督管理部门报告。"

十三、第五十三条改为第五十二条，第一款修改为："依照本条例规定实施许可、核准、登记的特种设备安全监督管理部门，应当严格依照本条例规定条件和安全技术规范要求对有关事项进行审查；不符合本条例规定条件和安全技术规范要求的，不得许可、核准、登记；在申请办理许可、核准期间，特种设备安全监督管理部门发现申请人未经许可从事特种设备相应活动或者伪造许可、核准证书的，不予受理或者不予许可、核准，并在1年内不再受理其新的许可、核准申请。”

第三款修改为：“违反本条例规定，被依法撤销许可的，自撤销许可之日起3年内，特种设备安全监督管理部门不予受理其新的许可申请。”

十四、第五十九条改为第五十八条，修改为：“特种设备安全监督管理部门对特种设备生产、使用单位和检验检测机构进行安全监察时，发现有违反本条例规定和安全技术规范要求的行为或者在用的特种设备存在事故隐患、不符合能效指标的，应当以书面形式发出特种设备安全监察指令，责令有关单位及时采取措施，予以改正或者消除事故隐患。紧急情况下需要采取紧急处置措施的，应当随后补发书面通知。”

十五、删除第六十二条。

十六、删除第六十三条。

十七、增加一条，作为第六十一条：“有下列情形之一的，为特别重大事故：

“（一）特种设备事故造成30人以上死亡，或者100人以上重伤（包括急性工业中毒，下同），或者1亿元以上直接经济损失的；

“（二）600兆瓦以上锅炉爆炸的；

“（三）压力容器、压力管道有毒介质泄漏，造成15万人以上转移的；

“（四）客运索道、大型游乐设施高空滞留100人以上并且时间在48小时以上的。”

十八、增加一条，作为第六十二条：“有下列情形之一的，为重大事故：

“（一）特种设备事故造成10人以上30人以下死亡，或者50人以上100人以下重伤，或者5 000万元以上1亿元以下直接经济损失的；

“（二）600兆瓦以上锅炉因安全故障中断运行240小时以上的；

“（三）压力容器、压力管道有毒介质泄漏，造成5万人以上15万人以下转移的；

“（四）客运索道、大型游乐设施高空滞留100人以上并且时间在24小时以上48小时以下的。”

十九、增加一条，作为第六十三条：“有下列情形之一的，为较大事故：

“（一）特种设备事故造成3人以上10人以下死亡，或者10人以上50人以下重伤，或者1000万元以上5000万元以下直接经济损失的；

“（二）锅炉、压力容器、压力管道爆炸的；

“（三）压力容器、压力管道有毒介质泄漏，造成1万人以上5万人以下转移的；

“（四）起重机械整体倾覆的；

“（五）客运索道、大型游乐设施高空滞留人员12小时以上的。”

二十、增加一条，作为第六十四条：“有下列情形之一的，为一般事故：

“（一）特种设备事故造成3人以下死亡，或者10人以下重伤，或者1万元以上1000万元以下直接经济损失的；

“（二）压力容器、压力管道有毒介质泄漏，造成500人以上1万人以下转移的；

“（三）电梯轿厢滞留人员2小时以上的；

“（四）起重机械主要受力结构件折断或者起升机构坠落的；

“（五）客运索道高空滞留人员3.5小时以上12小时以下的；

“（六）大型游乐设施高空滞留人员1小时以上12小时以下的。

“除前款规定外，国务院特种设备安全监督管理部门可以对一般事故的其他情形做出补充规定。”

二十一、增加一条，作为第六十五条：“特种设备安全监督管理部门应当制定特种设备应急预案。特种设备使用单位应当制定事故应急专项预案，并定期进行事故应急演练。

“压力容器、压力管道发生爆炸或者泄漏，在抢险救援时应当区分介质特性，严格按照相关预案规定程序处理，防止二次爆炸。”

二十二、增加一条,作为第六十六条:"特种设备事故发生后,事故发生单位应当立即启动事故应急预案,组织抢救,防止事故扩大,减少人员伤亡和财产损失,并及时向事故发生地县以上特种设备安全监督管理部门和有关部门报告。

"县以上特种设备安全监督管理部门接到事故报告,应当尽快核实有关情况,立即向所在地人民政府报告,并逐级上报事故情况。必要时,特种设备安全监督管理部门可以越级上报事故情况。对特别重大事故、重大事故,国务院特种设备安全监督管理部门应当立即报告国务院并通报国务院安全生产监督管理部门等有关部门。"

二十三、增加一条,作为第六十七条:"特别重大事故由国务院或者国务院授权有关部门组织事故调查组进行调查。

"重大事故由国务院特种设备安全监督管理部门会同有关部门组织事故调查组进行调查。

"较大事故由省、自治区、直辖市特种设备安全监督管理部门会同有关部门组织事故调查组进行调查。

"一般事故由设区的市的特种设备安全监督管理部门会同有关部门组织事故调查组进行调查。"

二十四、增加一条,作为第六十八条:"事故调查报告应当由负责组织事故调查的特种设备安全监督管理部门的所在地人民政府批复,并报上一级特种设备安全监督管理部门备案。

"有关机关应当按照批复,依照法律、行政法规规定的权限和程序,对事故责任单位和有关人员进行行政处罚,对负有事故责任的国家工作人员进行处分。"

二十五、增加一条,作为第六十九条:"特种设备安全监督管理部门应当在有关地方人民政府的领导下,组织开展特种设备事故调查处理工作。

"有关地方人民政府应当支持、配合上级人民政府或者特种设备安全监督管理部门的事故调查处理工作,并提供必要的便利条件。"

二十六、增加一条,作为第七十条:"特种设备安全监督管理部门应当对发生事故的原因进行分析,并根据特种设备的管理和技术特点、事故情况对相关安全技术规范进行评估;需要制定或者修订相关安全技术规范的,应当及时制定或者修订。"

二十七、第七十二条改为第八十条,第一款修改为:"未经许可,擅自从事移动式压力容器或者气瓶充装活动的,由特种设备安全监督管理部门予以取缔,没收违法充装的气瓶,处10万元以上50万元以下罚款;有违法所得的,没收违法所得;触犯刑律的,对负有责任的主管人员和其他直接责任人员依照刑法关于非法经营罪或者其他罪的规定,依法追究刑事责任。"

增加一款,作为第二款:"移动式压力容器、气瓶充装单位未按照安全技术规范的要求进行充装活动的,由特种设备安全监督管理部门责令改正,处2万元以上10万元以下罚款;情节严重的,撤销其充装资格。"

二十八、增加一条,作为第八十二条:"已经取得许可、核准的特种设备生产单位、检验检测机构有下列行为之一的,由特种设备安全监督管理部门责令改正,处2万元以上10万元以下罚款;情节严重的,撤销其相应资格:

"(一)未按照安全技术规范的要求办理许可证变更手续的;

"(二)不再符合本条例规定或者安全技术规范要求的条件,继续从事特种设备生产、检验检测的;

"(三)未依照本条例规定或者安全技术规范要求进行特种设备生产、检验检测的;

"(四)伪造、变造、出租、出借、转让许可证书或者监督检验报告的。"

二十九、第七十四条改为第八十三条,增加一项作为第九项:"未按照安全技术规范要求进行锅炉水(介)质处理的;"

增加一项作为第十项:"特种设备不符合能效指标,未及时采取相应措施进行整改的。"

增加一款,作为第二款:"特种设备使用单位使用未取得生产许可的单位生产的特种设备或者将非承压锅炉、非压力容器作为承压锅炉、压力容器使用的，由特种设备安全监督管理部门责令停止使用，予以没收，处2万元以上10万元以下罚款。”

三十、第七十八条改为第八十七条，修改为：“发生特种设备事故，有下列情形之一的，对单位，由特种设备安全监督管理部门处5万元以上20万元以下罚款；对主要负责人，由特种设备安全监督管理部门处4000元以上2万元以下罚款；属于国家工作人员的，依法给予处分；触犯刑律的，依照刑法关于重大责任事故罪或者其他罪的规定，依法追究刑事责任：

“（一）特种设备使用单位的主要负责人在本单位发生特种设备事故时，不立即组织抢救或者在事故调查处理期间擅离职守或者逃匿的；

“（二）特种设备使用单位的主要负责人对特种设备事故隐瞒不报、谎报或者拖延不报的。”

三十一、增加一条，作为第八十八条：“对事故发生负有责任的单位，由特种设备安全监督管理部门依照下列规定处以罚款：

“（一）发生一般事故的，处10万元以上20万元以下罚款；

“（二）发生较大事故的，处20万元以上50万元以下罚款；

“（三）发生重大事故的，处50万元以上200万元以下罚款。”

三十二、增加一条，作为第八十九条：“对事故发生负有责任的单位的主要负责人未依法履行职责，导致事故发生的，由特种设备安全监督管理部门依照下列规定处以罚款；属于国家工作人员的，并依法给予处分；触犯刑律的，依照刑法关于重大责任事故罪或者其他罪的规定，依法追究刑事责任：

“（一）发生一般事故的，处上一年年收入30%的罚款；

“（二）发生较大事故的，处上一年年收入40%的罚款；

“（三）发生重大事故的，处上一年年收入60%的罚款。”

三十三、第八十六条改为第九十七条，增加一项作为第八项：“迟报、漏报、瞒报或者谎报事故的；”

增加一项作为第九项：“妨碍事故救援或者事故调查处理的。”

三十四、第八十七条改为第九十八条，增加一款作为第二款：“特种设备生产、使用单位擅自动用、调换、转移、损毁被查封、扣押的特种设备或者其主要部件的，由特种设备安全监督管理部门责令改正，处5万元以上20万元以下罚款；情节严重的，撤销其相应资格。”

三十五、第九十九条第一款增加一项作为第八项：“场（厂）内专用机动车辆，是指除道路交通、农用车辆以外仅在工厂厂区、旅游景区、游乐场所等特定区域使用的专用机动车辆。”

三十六、增加一条，作为第一百零一条：“国务院特种设备安全监督管理部门可以授权省、自治区、直辖市特种设备安全监督管理部门负责本条例规定的特种设备行政许可工作，具体办法由国务院特种设备安全监督管理部门制定。”

三十七、第九十条改为第一百零二条，修改为：“特种设备行政许可、检验检测，应当按照国家有关规定收取费用。”

此外，对条文的顺序和部分文字作相应的调整和修改。

本决定自2009年5月1日起施行。

《特种设备安全监察条例》根据本决定做相应的修订，重新公布。

特种设备安全监察条例

（2003年3月11日中华人民共和国国务院令第373号公布，根据2009年1月24日《国务院关于修改〈特种设备安全监察条例〉的决定》修订）

第一章 总 则

第一条 为了加强特种设备的安全监察，防止和减少事故，保障人民群众生命和财产安

全，促进经济发展，制定本条例。

第二条 本条例所称特种设备是指涉及生命安全、危险性较大的锅炉、压力容器（含气瓶，下同）、压力管道、电梯、起重机械、客运索道、大型游乐设施和场（厂）内专用机动车辆。

前款特种设备的目录由国务院负责特种设备安全监督管理的部门（以下简称国务院特种设备安全监督管理部门）制订，报国务院批准后执行。

第三条 特种设备的生产（含设计、制造、安装、改造、维修，下同）、使用、检验检测及其监督检查，应当遵守本条例，但本条例另有规定的除外。

军事装备、核设施、航空航天器、铁路机车、海上设施和船舶以及矿山井下使用的特种设备、民用机场专用设备的安全监察不适用本条例。

房屋建筑工地和市政工程工地用起重机械、场（厂）内专用机动车辆的安装、使用的监督管理，由建设行政主管部门依照有关法律、法规的规定执行。

第四条 国务院特种设备安全监督管理部门负责全国特种设备的安全监察工作，县以上地方负责特种设备安全监督管理的部门对本行政区域内特种设备实施安全监察（以下统称特种设备安全监督管理部门）。

第五条 特种设备生产、使用单位应当建立健全特种设备安全、节能管理制度和岗位安全、节能责任制度。

特种设备生产、使用单位的主要负责人应当对本单位特种设备的安全和节能全面负责。

特种设备生产、使用单位和特种设备检验检测机构，应当接受特种设备安全监督管理部门依法进行的特种设备安全监察。

第六条 特种设备检验检测机构，应当依照本条例规定，进行检验检测工作，对其检验检测结果、鉴定结论承担法律责任。

第七条 县级以上地方人民政府应当督促、支持特种设备安全监督管理部门依法履行安全监察职责，对特种设备安全监察中存在的重大问题及时予以协调、解决。

第八条 国家鼓励推行科学的管理方法，采用先进技术，提高特种设备安全性能和管理水平，增强特种设备生产、使用单位防范事故的能力，对取得显著成绩的单位和个人，给予奖励。

国家鼓励特种设备节能技术的研究、开发、示范和推广，促进特种设备节能技术创新和应用。

特种设备生产、使用单位和特种设备检验检测机构，应当保证必要的安全和节能投入。

国家鼓励实行特种设备责任保险制度，提高事故赔付能力。

第九条 任何单位和个人对违反本条例规定的行为，有权向特种设备安全监督管理部门和行政监察等有关部门举报。

特种设备安全监督管理部门应当建立特种设备安全监察举报制度，公布举报电话、信箱或者电子邮件地址，受理对特种设备生产、使用和检验检测违法行为的举报，并及时予以处理。

特种设备安全监督管理部门和行政监察等有关部门应当为举报人保密，并按照国家有关规定给予奖励。

第二章 特种设备的生产

第十条 特种设备生产单位，应当依照本条例规定以及国务院特种设备安全监督管理部门制订并公布的安全技术规范（以下简称安全技术规范）的要求，进行生产活动。

特种设备生产单位对其生产的特种设备的安全性能和能效指标负责，不得生产不符合安全性能要求和能效指标的特种设备，不得生产国家产业政策明令淘汰的特种设备。

第十一条 压力容器的设计单位应当经国务院特种设备安全监督管理部门许可，方可从事压力容器的设计活动。

压力容器的设计单位应当具备下列条件：

（一）有与压力容器设计相适应的设计人员、设计审核人员；

（二）有与压力容器设计相适应的场所和

设备；

（三）有与压力容器设计相适应的健全的管理制度和责任制度。

第十二条　锅炉、压力容器中的气瓶（以下简称气瓶）、氧舱和客运索道、大型游乐设施以及高耗能特种设备的设计文件，应当经国务院特种设备安全监督管理部门核准的检验检测机构鉴定，方可用于制造。

第十三条　按照安全技术规范的要求，应当进行型式试验的特种设备产品、部件或者试制特种设备新产品、新部件、新材料，必须进行型式试验和能效测试。

第十四条　锅炉、压力容器、电梯、起重机械、客运索道、大型游乐设施及其安全附件、安全保护装置的制造、安装、改造单位，以及压力管道用管子、管件、阀门、法兰、补偿器、安全保护装置等（以下简称压力管道元件）的制造单位和场（厂）内专用机动车辆的制造、改造单位，应当经国务院特种设备安全监督管理部门许可，方可从事相应的活动。

前款特种设备的制造、安装、改造单位应当具备下列条件：

（一）有与特种设备制造、安装、改造相适应的专业技术人员和技术工人；

（二）有与特种设备制造、安装、改造相适应的生产条件和检测手段；

（三）有健全的质量管理制度和责任制度。

第十五条　特种设备出厂时，应当附有安全技术规范要求的设计文件、产品质量合格证明、安装及使用维修说明、监督检验证明等文件。

第十六条　锅炉、压力容器、电梯、起重机械、客运索道、大型游乐设施、场（厂）内专用机动车辆的维修单位，应当有与特种设备维修相适应的专业技术人员和技术工人以及必要的检测手段，并经省、自治区、直辖市特种设备安全监督管理部门许可，方可从事相应的维修活动。

第十七条　锅炉、压力容器、起重机械、客运索道、大型游乐设施的安装、改造、维修以及场（厂）内专用机动车辆的改造、维修，必须由依照本条例取得许可的单位进行。

电梯的安装、改造、维修，必须由电梯制造单位或者其通过合同委托、同意的依照本条例取得许可的单位进行。电梯制造单位对电梯质量以及安全运行涉及的质量问题负责。

特种设备安装、改造、维修的施工单位应当在施工前将拟进行的特种设备安装、改造、维修情况书面告知直辖市或者设区的市的特种设备安全监督管理部门，告知后即可施工。

第十八条　电梯井道的土建工程必须符合建筑工程质量要求。电梯安装施工过程中，电梯安装单位应当遵守施工现场的安全生产要求，落实现场安全防护措施。电梯安装施工过程中，施工现场的安全生产监督，由有关部门依照有关法律、行政法规的规定执行。

电梯安装施工过程中，电梯安装单位应当服从建筑施工总承包单位对施工现场的安全生产管理，并订立合同，明确各自的安全责任。

第十九条　电梯的制造、安装、改造和维修活动，必须严格遵守安全技术规范的要求。电梯制造单位委托或者同意其他单位进行电梯安装、改造、维修活动的，应当对其安装、改造、维修活动进行安全指导和监控。电梯的安装、改造、维修活动结束后，电梯制造单位应当按照安全技术规范的要求对电梯进行校验和调试，并对校验和调试的结果负责。

第二十条　锅炉、压力容器、电梯、起重机械、客运索道、大型游乐设施的安装、改造、维修以及场（厂）内专用机动车辆的改造、维修竣工后，安装、改造、维修的施工单位应当在验收后30日内将有关技术资料移交使用单位，高耗能特种设备还应当按照安全技术规范的要求提交能效测试报告。使用单位应当将其存入该特种设备的安全技术档案。

第二十一条　锅炉、压力容器、压力管道元件、起重机械、大型游乐设施的制造过程和锅炉、压力容器、电梯、起重机械、客运索道、大型游乐设施的安装、改造、重大维修过程，必须经国务院特种设备安全监督管理部门核准的检验检测机构按照安全技术规范的要求进行监督检验；未经监督检验合格的不得出厂或者交付使用。

第二十二条　移动式压力容器、气瓶充装单位应当经省、自治区、直辖市的特种设备安全监督管理部门许可，方可从事充装活动。

充装单位应当具备下列条件：

（一）有与充装和管理相适应的管理人员和技术人员；

（二）有与充装和管理相适应的充装设备、检测手段、场地厂房、器具、安全设施；

（三）有健全的充装管理制度、责任制度、紧急处理措施。

气瓶充装单位应当向气体使用者提供符合安全技术规范要求的气瓶，对使用者进行气瓶安全使用指导，并按照安全技术规范的要求办理气瓶使用登记，提出气瓶的定期检验要求。

第三章　特种设备的使用

第二十三条　特种设备使用单位，应当严格执行本条例和有关安全生产的法律、行政法规的规定，保证特种设备的安全使用。

第二十四条　特种设备使用单位应当使用符合安全技术规范要求的特种设备。特种设备投入使用前，使用单位应当核对其是否附有本条例第十五条规定的相关文件。

第二十五条　特种设备在投入使用前或者投入使用后30日内，特种设备使用单位应当向直辖市或者设区的市的特种设备安全监督管理部门登记。登记标志应当置于或者附着于该特种设备的显著位置。

第二十六条　特种设备使用单位应当建立特种设备安全技术档案。安全技术档案应当包括以下内容：

（一）特种设备的设计文件、制造单位、产品质量合格证明、使用维护说明等文件以及安装技术文件和资料；

（二）特种设备的定期检验和定期自行检查的记录；

（三）特种设备的日常使用状况记录；

（四）特种设备及其安全附件、安全保护装置、测量调控装置及有关附属仪器仪表的日常维护保养记录；

（五）特种设备运行故障和事故记录；

（六）高耗能特种设备的能效测试报告、能耗状况记录以及节能改造技术资料。

第二十七条　特种设备使用单位应当对在用特种设备进行经常性日常维护保养，并定期自行检查。

特种设备使用单位对在用特种设备应当至少每月进行一次自行检查，并作出记录。特种设备使用单位在对在用特种设备进行自行检查和日常维护保养时发现异常情况的，应当及时处理。

特种设备使用单位应当对在用特种设备的安全附件、安全保护装置、测量调控装置及有关附属仪器仪表进行定期校验、检修，并作出记录。

锅炉使用单位应当按照安全技术规范的要求进行锅炉水（介）质处理，并接受特种设备检验检测机构实施的水（介）质处理定期检验。

从事锅炉清洗的单位，应当按照安全技术规范的要求进行锅炉清洗，并接受特种设备检验检测机构实施的锅炉清洗过程监督检验。

第二十八条　特种设备使用单位应当按照安全技术规范的定期检验要求，在安全检验合格有效期届满前1个月向特种设备检验检测机构提出定期检验要求。

检验检测机构接到定期检验要求后，应当按照安全技术规范的要求及时进行安全性能检验和能效测试。

未经定期检验或者检验不合格的特种设备，不得继续使用。

第二十九条　特种设备出现故障或者发生异常情况，使用单位应当对其进行全面检查，消除事故隐患后，方可重新投入使用。

特种设备不符合能效指标的，特种设备使用单位应当采取相应措施进行整改。

第三十条　特种设备存在严重事故隐患，无改造、维修价值，或者超过安全技术规范规定使用年限，特种设备使用单位应当及时予以报废，并应当向原登记的特种设备安全监督管理部门办理注销。

第三十一条　电梯的日常维护保养必须由依照本条例取得许可的安装、改造、维修单位或者电梯制造单位进行。

电梯应当至少每15日进行一次清洁、润滑、调整和检查。

第三十二条　电梯的日常维护保养单位应当在维护保养中严格执行国家安全技术规范的要求，保证其维护保养的电梯的安全技术性能，并负责落实现场安全防护措施，保证施工安全。

电梯的日常维护保养单位，应当对其维护保养的电梯的安全性能负责。接到故障通知后，应当立即赶赴现场，并采取必要的应急救援措施。

第三十三条　电梯、客运索道、大型游乐设施等为公众提供服务的特种设备运营使用单位，应当设置特种设备安全管理机构或者配备专职的安全管理人员；其他特种设备使用单位，应当根据情况设置特种设备安全管理机构或者配备专职、兼职的安全管理人员。

特种设备的安全管理人员应当对特种设备使用状况进行经常性检查，发现问题的应当立即处理；情况紧急时，可以决定停止使用特种设备并及时报告本单位有关负责人。

第三十四条　客运索道、大型游乐设施的运营使用单位在客运索道、大型游乐设施每日投入使用前，应当进行试运行和例行安全检查，并对安全装置进行检查确认。

电梯、客运索道、大型游乐设施的运营使用单位应当将电梯、客运索道、大型游乐设施的安全注意事项和警示标志置于易于为乘客注意的显著位置。

第三十五条　客运索道、大型游乐设施的运营使用单位的主要负责人应当熟悉客运索道、大型游乐设施的相关安全知识，并全面负责客运索道、大型游乐设施的安全使用。

客运索道、大型游乐设施的运营使用单位的主要负责人至少应当每月召开一次会议，督促、检查客运索道、大型游乐设施的安全使用工作。

客运索道、大型游乐设施的运营使用单位，应当结合本单位的实际情况，配备相应数量的营救装备和急救物品。

第三十六条　电梯、客运索道、大型游乐设施的乘客应当遵守使用安全注意事项的要求，服从有关工作人员的指挥。

第三十七条　电梯投入使用后，电梯制造单位应当对其制造的电梯的安全运行情况进行跟踪调查和了解，对电梯的日常维护保养单位或者电梯的使用单位在安全运行方面存在的问题，提出改进建议，并提供必要的技术帮助。发现电梯存在严重事故隐患的，应当及时向特种设备安全监督管理部门报告。电梯制造单位对调查和了解的情况，应当作出记录。

第三十八条　锅炉、压力容器、电梯、起重机械、客运索道、大型游乐设施、场（厂）内专用机动车辆的作业人员及其相关管理人员（以下统称特种设备作业人员），应当按照国家有关规定经特种设备安全监督管理部门考核合格，取得国家统一格式的特种作业人员证书，方可从事相应的作业或者管理工作。

第三十九条　特种设备使用单位应当对特种设备作业人员进行特种设备安全、节能教育和培训，保证特种设备作业人员具备必要的特种设备安全、节能知识。

特种设备作业人员在作业中应当严格执行特种设备的操作规程和有关的安全规章制度。

第四十条　特种设备作业人员在作业过程中发现事故隐患或者其他不安全因素，应当立即向现场安全管理人员和单位有关负责人报告。

第四章　检验检测

第四十一条　从事本条例规定的监督检验、定期检验、型式试验以及专门为特种设备生产、使用、检验检测提供无损检测服务的特种设备检验检测机构，应当经国务院特种设备安全监督管理部门核准。

特种设备使用单位设立的特种设备检验检

测机构，经国务院特种设备安全监督管理部门核准，负责本单位核准范围内的特种设备定期检验工作。

第四十二条　特种设备检验检测机构，应当具备下列条件：

（一）有与所从事的检验检测工作相适应的检验检测人员；

（二）有与所从事的检验检测工作相适应的检验检测仪器和设备；

（三）有健全的检验检测管理制度、检验检测责任制度。

第四十三条　特种设备的监督检验、定期检验、型式试验和无损检测应当由依照本条例经核准的特种设备检验检测机构进行。

特种设备检验检测工作应当符合安全技术规范的要求。

第四十四条　从事本条例规定的监督检验、定期检验、型式试验和无损检测的特种设备检验检测人员应当经国务院特种设备安全监督管理部门组织考核合格，取得检验检测人员证书，方可从事检验检测工作。

检验检测人员从事检验检测工作，必须在特种设备检验检测机构执业，但不得同时在两个以上检验检测机构中执业。

第四十五条　特种设备检验检测机构和检验检测人员进行特种设备检验检测，应当遵循诚信原则和方便企业的原则，为特种设备生产、使用单位提供可靠、便捷的检验检测服务。

特种设备检验检测机构和检验检测人员对涉及的被检验检测单位的商业秘密，负有保密义务。

第四十六条　特种设备检验检测机构和检验检测人员应当客观、公正、及时地出具检验检测结果、鉴定结论。检验检测结果、鉴定结论经检验检测人员签字后，由检验检测机构负责人签署。

特种设备检验检测机构和检验检测人员对检验检测结果、鉴定结论负责。

国务院特种设备安全监督管理部门应当组织对特种设备检验检测机构的检验检测结果、鉴定结论进行监督抽查。县以上地方负责特种设备安全监督管理的部门在本行政区域内也可以组织监督抽查，但是要防止重复抽查。监督抽查结果应当向社会公布。

第四十七条　特种设备检验检测机构和检验检测人员不得从事特种设备的生产、销售，不得以其名义推荐或者监制、监销特种设备。

第四十八条　特种设备检验检测机构进行特种设备检验检测，发现严重事故隐患或者能耗严重超标的，应当及时告知特种设备使用单位，并立即向特种设备安全监督管理部门报告。

第四十九条　特种设备检验检测机构和检验检测人员利用检验检测工作故意刁难特种设备生产、使用单位，特种设备生产、使用单位有权向特种设备安全监督管理部门投诉，接到投诉的特种设备安全监督管理部门应当及时进行调查处理。

第五章　监督检查

第五十条　特种设备安全监督管理部门依照本条例规定，对特种设备生产、使用单位和检验检测机构实施安全监察。

对学校、幼儿园以及车站、客运码头、商场、体育场馆、展览馆、公园等公众聚集场所的特种设备，特种设备安全监督管理部门应当实施重点安全监察。

第五十一条　特种设备安全监督管理部门根据举报或者取得的涉嫌违法证据，对涉嫌违反本条例规定的行为进行查处时，可以行使下列职权：

（一）向特种设备生产、使用单位和检验检测机构的法定代表人、主要负责人和其他有关人员调查、了解与涉嫌从事违反本条例的生产、使用、检验检测有关的情况；

（二）查阅、复制特种设备生产、使用单位和检验检测机构的有关合同、发票、账簿以及其他有关资料；

（三）对有证据表明不符合安全技术规范要求的或者有其他严重事故隐患、能耗严重超标的特种设备，予以查封或者扣押。

第五十二条　依照本条例规定实施许可、核准、登记的特种设备安全监督管理部门，应当严格依照本条例规定条件和安全技术规范要求对有关事项进行审查；不符合本条例规定条件和安全技术规范要求的，不得许可、核准、登记；在申请办理许可、核准期间，特种设备安全监督管理部门发现申请人未经许可从事特种设备相应活动或者伪造许可、核准证书的，不予受理或者不予许可、核准，并在1年内不再受理其新的许可、核准申请。

未依法取得许可、核准、登记的单位擅自从事特种设备的生产、使用或者检验检测活动的，特种设备安全监督管理部门应当依法予以处理。

违反本条例规定，被依法撤销许可的，自撤销许可之日起3年内，特种设备安全监督管理部门不予受理其新的许可申请。

第五十三条　特种设备安全监督管理部门在办理本条例规定的有关行政审批事项时，其受理、审查、许可、核准的程序必须公开，并应当自受理申请之日起30日内，作出许可、核准或者不予许可、核准的决定；不予许可、核准的，应当书面向申请人说明理由。

第五十四条　地方各级特种设备安全监督管理部门不得以任何形式进行地方保护和地区封锁，不得对已经依照本条例规定在其他地方取得许可的特种设备生产单位重复进行许可，也不得要求对依照本条例规定在其他地方检验检测合格的特种设备，重复进行检验检测。

第五十五条　特种设备安全监督管理部门的安全监察人员（以下简称特种设备安全监察人员）应当熟悉相关法律、法规、规章和安全技术规范，具有相应的专业知识和工作经验，并经国务院特种设备安全监督管理部门考核，取得特种设备安全监察人员证书。

特种设备安全监察人员应当忠于职守、坚持原则、秉公执法。

第五十六条　特种设备安全监督管理部门对特种设备生产、使用单位和检验检测机构实施安全监察时，应当有两名以上特种设备安全监察人员参加，并出示有效的特种设备安全监察人员证件。

第五十七条　特种设备安全监督管理部门对特种设备生产、使用单位和检验检测机构实施安全监察，应当对每次安全监察的内容、发现的问题及处理情况，作出记录，并由参加安全监察的特种设备安全监察人员和被检查单位的有关负责人签字后归档。被检查单位的有关负责人拒绝签字的，特种设备安全监察人员应当将情况记录在案。

第五十八条　特种设备安全监督管理部门对特种设备生产、使用单位和检验检测机构进行安全监察时，发现有违反本条例规定和安全技术规范要求的行为或者在用的特种设备存在事故隐患、不符合能效指标的，应当以书面形式发出特种设备安全监察指令，责令有关单位及时采取措施，予以改正或者消除事故隐患。紧急情况下需要采取紧急处置措施的，应当随后补发书面通知。

第五十九条　特种设备安全监督管理部门对特种设备生产、使用单位和检验检测机构进行安全监察，发现重大违法行为或者严重事故隐患时，应当在采取必要措施的同时，及时向上级特种设备安全监督管理部门报告。接到报告的特种设备安全监督管理部门应当采取必要措施，及时予以处理。

对违法行为、严重事故隐患或者不符合能效指标的处理需要当地人民政府和有关部门的支持、配合时，特种设备安全监督管理部门应当报告当地人民政府，并通知其他有关部门。当地人民政府和其他有关部门应当采取必要措施，及时予以处理。

第六十条　国务院特种设备安全监督管理部门和省、自治区、直辖市特种设备安全监督管理部门应当定期向社会公布特种设备安全以及能效状况。

公布特种设备安全以及能效状况，应当包括下列内容：

（一）特种设备质量安全状况；

（二）特种设备事故的情况、特点、原因分析、防范对策；

（三）特种设备能效状况；

（四）其他需要公布的情况。

第六章　事故预防和调查处理

第六十一条　有下列情形之一的，为特别重大事故：

（一）特种设备事故造成30人以上死亡，或者100人以上重伤（包括急性工业中毒，下同），或者1亿元以上直接经济损失的；

（二）600兆瓦以上锅炉爆炸的；

（三）压力容器、压力管道有毒介质泄漏，造成15万人以上转移的；

（四）客运索道、大型游乐设施高空滞留100人以上并且时间在48小时以上的。

第六十二条　有下列情形之一的，为重大事故：

（一）特种设备事故造成10人以上30人以下死亡，或者50人以上100人以下重伤，或者5 000万元以上1亿元以下直接经济损失的；

（二）600兆瓦以上锅炉因安全故障中断运行240小时以上的；

（三）压力容器、压力管道有毒介质泄漏，造成5万人以上15万人以下转移的；

（四）客运索道、大型游乐设施高空滞留100人以上并且时间在24小时以上48小时以下的。

第六十三条　有下列情形之一的，为较大事故：

（一）特种设备事故造成3人以上10人以下死亡，或者10人以上50人以下重伤，或者1 000万元以上5 000万元以下直接经济损失的；

（二）锅炉、压力容器、压力管道爆炸的；

（三）压力容器、压力管道有毒介质泄漏，造成1万人以上5万人以下转移的；

（四）起重机械整体倾覆的；

（五）客运索道、大型游乐设施高空滞留人员12小时以上的。

第六十四条　有下列情形之一的，为一般事故：

（一）特种设备事故造成3人以下死亡，或者10人以下重伤，或者1万元以上1 000万元以下直接经济损失的；

（二）压力容器、压力管道有毒介质泄漏，造成500人以上1万人以下转移的；

（三）电梯轿厢滞留人员2小时以上的；

（四）起重机械主要受力结构件折断或者起升机构坠落的；

（五）客运索道高空滞留人员3.5小时以上12小时以下的；

（六）大型游乐设施高空滞留人员1小时以上12小时以下的。

除前款规定外，国务院特种设备安全监督管理部门可以对一般事故的其他情形做出补充规定。

第六十五条　特种设备安全监督管理部门应当制定特种设备应急预案。特种设备使用单位应当制定事故应急专项预案，并定期进行事故应急演练。

压力容器、压力管道发生爆炸或者泄漏，在抢险救援时应当区分介质特性，严格按照相关预案规定程序处理，防止二次爆炸。

第六十六条　特种设备事故发生后，事故发生单位应当立即启动事故应急预案，组织抢救，防止事故扩大，减少人员伤亡和财产损失，并及时向事故发生地县以上特种设备安全监督管理部门和有关部门报告。

县以上特种设备安全监督管理部门接到事故报告，应当尽快核实有关情况，立即向所在地人民政府报告，并逐级上报事故情况。必要时，特种设备安全监督管理部门可以越级上报事故情况。对特别重大事故、重大事故，国务院特种设备安全监督管理部门应当立即报告国务院并通报国务院安全生产监督管理部门等有关部门。

第六十七条　特别重大事故由国务院或者国务院授权有关部门组织事故调查组进行调查。

重大事故由国务院特种设备安全监督管理部门会同有关部门组织事故调查组进行调查。

较大事故由省、自治区、直辖市特种设备安全监督管理部门会同有关部门组织事故调查组进行调查。

一般事故由设区的市的特种设备安全监督管理部门会同有关部门组织事故调查组进行调查。

第六十八条　事故调查报告应当由负责组织事故调查的特种设备安全监督管理部门的所在地人民政府批复，并报上一级特种设备安全监督管理部门备案。

有关机关应当按照批复，依照法律、行政法规规定的权限和程序，对事故责任单位和有关人员进行行政处罚，对负有事故责任的国家工作人员进行处分。

第六十九条　特种设备安全监督管理部门应当在有关地方人民政府的领导下，组织开展特种设备事故调查处理工作。

有关地方人民政府应当支持、配合上级人民政府或者特种设备安全监督管理部门的事故调查处理工作，并提供必要的便利条件。

第七十条　特种设备安全监督管理部门应当对发生事故的原因进行分析，并根据特种设备的管理和技术特点、事故情况对相关安全技术规范进行评估；需要制定或者修订相关安全技术规范的，应当及时制定或者修订。

第七十一条　本章所称的“以上”包括本数，所称的“以下”不包括本数。

第七章　法律责任

第七十二条　未经许可，擅自从事压力容器设计活动的，由特种设备安全监督管理部门予以取缔，处5万元以上20万元以下罚款；有违法所得的，没收违法所得；触犯刑律的，对负有责任的主管人员和其他直接责任人员依照刑法关于非法经营罪或者其他罪的规定，依法追究刑事责任。

第七十三条　锅炉、气瓶、氧舱和客运索道、大型游乐设施以及高耗能特种设备的设计文件，未经国务院特种设备安全监督管理部门核准的检验检测机构鉴定，擅自用于制造的，由特种设备安全监督管理部门责令改正，没收非法制造的产品，处5万元以上20万元以下罚款；触犯刑律的，对负有责任的主管人员和其他直接责任人员依照刑法关于生产、销售伪劣产品罪、非法经营罪或者其他罪的规定，依法追究刑事责任。

第七十四条　按照安全技术规范的要求应当进行型式试验的特种设备产品、部件或者试制特种设备新产品、新部件，未进行整机或者部件型式试验的，由特种设备安全监督管理部门责令限期改正；逾期未改正的，处2万元以上10万元以下罚款。

第七十五条　未经许可，擅自从事锅炉、压力容器、电梯、起重机械、客运索道、大型游乐设施、场(厂)内专用机动车辆及其安全附件、安全保护装置的制造、安装、改造以及压力管道元件的制造活动的，由特种设备安全监督管理部门予以取缔，没收非法制造的产品，已经实施安装、改造的，责令恢复原状或者责令限期由取得许可的单位重新安装、改造，处10万元以上50万元以下罚款；触犯刑律的，对负有责任的主管人员和其他直接责任人员依照刑法关于生产、销售伪劣产品罪、非法经营罪、重大责任事故罪或者其他罪的规定，依法追究刑事责任。

第七十六条　特种设备出厂时，未按照安全技术规范的要求附有设计文件、产品质量合格证明、安装及使用维修说明、监督检验证明等文件的，由特种设备安全监督管理部门责令改正；情节严重的，责令停止生产、销售，处违法生产、销售货值金额30%以下罚款；有违法所得的，没收违法所得。

第七十七条　未经许可，擅自从事锅炉、压力容器、电梯、起重机械、客运索道、大型游乐设施、场(厂)内专用机动车辆的维修或者日常维护保养的，由特种设备安全监督管理部门予以取缔，处1万元以上5万元以下罚款；有违法所得的，没收违法所得；触犯刑律的，对负有责任的主管人员和其他直接责任人员依照刑法关于非法经营罪、重大责任事故罪或者其他罪的规定，依法追究刑事责任。

第七十八条　锅炉、压力容器、电梯、起重机械、客运索道、大型游乐设施的安装、改造、维修的施工单位以及场(厂)内专用机动车辆的改造、维修单位，在施工前未将拟进行的特种设备安装、改造、维修情况书面告知直辖市或者设区的市的特种设备安全监督管理部门即行施工的，或者在验收后30日内未将有关技术资料移交锅炉、压力容器、电梯、起重机械、客运索道、大型游乐设施的使用单位的，由特种设备安全监督管理部门责令限期改正；逾期未改正的，处2 000元以上1万元以下罚款。

第七十九条　锅炉、压力容器、压力管道元件、起重机械、大型游乐设施的制造过程和锅炉、压力容器、电梯、起重机械、客运索道、大型游乐设施的安装、改造、重大维修过程，以及锅炉清洗过程，未经国务院特种设备安全监督管理部门核准的检验检测机构按照安全技术规范的要求进行监督检验的，由特种设备安全监督管理部门责令改正，已经出厂的，没收违法生产、销售的产品，已经实施安装、改造、重大维修或者清洗的，责令限期进行监督检验，处5万元以上20万元以下罚款；有违法所得的，没收违法所得；情节严重的，撤销制造、安装、改造或者维修单位已经取得的许可，并由工商行政管理部门吊销其营业执照；触犯刑律的，对负有责任的主管人员和其他直接责任人员依照刑法关于生产、销售伪劣产品罪或者其他罪的规定，依法追究刑事责任。

第八十条　未经许可，擅自从事移动式压力容器或者气瓶充装活动的，由特种设备安全监督管理部门予以取缔，没收违法充装的气瓶，处10万元以上50万元以下罚款；有违法所得的，没收违法所得；触犯刑律的，对负有责任的主管人员和其他直接责任人员依照刑法关于非法经营罪或者其他罪的规定，依法追究刑事责任。

移动式压力容器、气瓶充装单位未按照安全技术规范的要求进行充装活动的，由特种设备安全监督管理部门责令改正，处2万元以上10万元以下罚款；情节严重的，撤销其充装资格。

第八十一条　电梯制造单位有下列情形之一的，由特种设备安全监督管理部门责令限期改正；逾期未改正的，予以通报批评：

（一）未依照本条例第十九条的规定对电梯进行校验、调试的；

（二）对电梯的安全运行情况进行跟踪调查和了解时，发现存在严重事故隐患，未及时向特种设备安全监督管理部门报告的。

第八十二条　已经取得许可、核准的特种设备生产单位、检验检测机构有下列行为之一的，由特种设备安全监督管理部门责令改正，处2万元以上10万元以下罚款；情节严重的，撤销其相应资格：

（一）未按照安全技术规范的要求办理许可证变更手续的；

（二）不再符合本条例规定或者安全技术规范要求的条件，继续从事特种设备生产、检验检测的；

（三）未依照本条例规定或者安全技术规范要求进行特种设备生产、检验检测的；

（四）伪造、变造、出租、出借、转让许可证书或者监督检验报告的。

第八十三条　特种设备使用单位有下列情形之一的，由特种设备安全监督管理部门责令限期改正；逾期未改正的，处2000元以上2万元以下罚款；情节严重的，责令停止使用或者停产停业整顿：

（一）特种设备投入使用前或者投入使用后30日内，未向特种设备安全监督管理部门登记，擅自将其投入使用的；

（二）未依照本条例第二十六条的规定，建立特种设备安全技术档案的；

（三）未依照本条例第二十七条的规定，对在用特种设备进行经常性日常维护保养和定期自行检查的，或者对在用特种设备的安全附件、安全保护装置、测量调控装置及有关附属仪器仪表进行定期校验、检修，并作出记录的；

（四）未按照安全技术规范的定期检验要求，在安全检验合格有效期届满前1个月向特种设备检验检测机构提出定期检验要求的；

（五）使用未经定期检验或者检验不合格的特种设备的；

（六）特种设备出现故障或者发生异常情况，未对其进行全面检查、消除事故隐患，继续投入使用的；

（七）未制定特种设备事故应急专项预案的；

（八）未依照本条例第三十一条第二款的规定，对电梯进行清洁、润滑、调整和检查的；

（九）未按照安全技术规范要求进行锅炉水（介）质处理的；

（十）特种设备不符合能效指标，未及时采取相应措施进行整改的。

特种设备使用单位使用未取得生产许可的单位生产的特种设备或者将非承压锅炉、非压力容器作为承压锅炉、压力容器使用的，由特种设备安全监督管理部门责令停止使用，予以没收，处2万元以上10万元以下罚款。

第八十四条　特种设备存在严重事故隐患，无改造、维修价值，或者超过安全技术规范规定的使用年限，特种设备使用单位未予以报废，并向原登记的特种设备安全监督管理部门办理注销的，由特种设备安全监督管理部门责令限期改正；逾期未改正的，处5万元以上20万元以下罚款。

第八十五条　电梯、客运索道、大型游乐设施的运营使用单位有下列情形之一的，由特种设备安全监督管理部门责令限期改正；逾期未改正的，责令停止使用或者停产停业整顿，处1万元以上5万元以下罚款：

（一）客运索道、大型游乐设施每日投入使用前，未进行试运行和例行安全检查，并对安全装置进行检查确认的；

（二）未将电梯、客运索道、大型游乐设施的安全注意事项和警示标志置于易于为乘客注意的显著位置的。

第八十六条　特种设备使用单位有下列情形之一的，由特种设备安全监督管理部门责令限期改正；逾期未改正的，责令停止使用或者停产停业整顿，处2 000元以上2万元以下罚款：

（一）未依照本条例规定设置特种设备安全管理机构或者配备专职、兼职的安全管理人员的；

（二）从事特种设备作业的人员，未取得相应特种作业人员证书，上岗作业的；

（三）未对特种设备作业人员进行特种设备安全教育和培训的。

第八十七条　发生特种设备事故，有下列情形之一的，对单位，由特种设备安全监督管理部门处5万元以上20万元以下罚款；对主要负责人，由特种设备安全监督管理部门处4 000元以上2万元以下罚款；属于国家工作人员的，依法给予处分；触犯刑律的，依照刑法关于重大责任事故罪或者其他罪的规定，依法追究刑事责任：

（一）特种设备使用单位的主要负责人在本单位发生特种设备事故时，不立即组织抢救或者在事故调查处理期间擅离职守或者逃匿的；

（二）特种设备使用单位的主要负责人对特种设备事故隐瞒不报、谎报或者拖延不报的。

第八十八条　对事故发生负有责任的单位，由特种设备安全监督管理部门依照下列规定处以罚款：

（一）发生一般事故的，处10万元以上20万元以下罚款；

（二）发生较大事故的，处20万元以上50万元以下罚款；

（三）发生重大事故的，处50万元以上200万元以下罚款。

第八十九条　对事故发生负有责任的单位的主要负责人未依法履行职责，导致事故发生的，由特种设备安全监督管理部门依照下列规定处以罚款；属于国家工作人员的，并依法给予处分；触犯刑律的，依照刑法关于重大责任事故罪或者其他罪的规定，依法追究刑事责任：

（一）发生一般事故的，处上一年年收入30%的罚款；

（二）发生较大事故的，处上一年年收入

40%的罚款；

（三）发生重大事故的，处上一年年收入60%的罚款。

第九十条　特种设备作业人员违反特种设备的操作规程和有关的安全规章制度操作，或者在作业过程中发现事故隐患或者其他不安全因素，未立即向现场安全管理人员和单位有关负责人报告的，由特种设备使用单位给予批评教育、处分；情节严重的，撤销特种设备作业人员资格；触犯刑律的，依照刑法关于重大责任事故罪或者其他罪的规定，依法追究刑事责任。

第九十一条　未经核准，擅自从事本条例所规定的监督检验、定期检验、型式试验以及无损检测等检验检测活动的，由特种设备安全监督管理部门予以取缔，处5万元以上20万元以下罚款；有违法所得的，没收违法所得；触犯刑律的，对负有责任的主管人员和其他直接责任人员依照刑法关于非法经营罪或者其他罪的规定，依法追究刑事责任。

第九十二条　特种设备检验检测机构，有下列情形之一的，由特种设备安全监督管理部门处2万元以上10万元以下罚款；情节严重的，撤销其检验检测资格：

（一）聘用未经特种设备安全监督管理部门组织考核合格并取得检验检测人员证书的人员，从事相关检验检测工作的；

（二）在进行特种设备检验检测中，发现严重事故隐患或者能耗严重超标，未及时告知特种设备使用单位，并立即向特种设备安全监督管理部门报告的。

第九十三条　特种设备检验检测机构和检验检测人员，出具虚假的检验检测结果、鉴定结论或者检验检测结果、鉴定结论严重失实的，由特种设备安全监督管理部门对检验检测机构没收违法所得，处5万元以上20万元以下罚款，情节严重的，撤销其检验检测资格；对检验检测人员处5000元以上5万元以下罚款，情节严重的，撤销其检验检测资格，触犯刑律的，依照刑法关于中介组织人员提供虚假证明文件罪、中介组织人员出具证明文件重大失实罪或者其他罪的规定，依法追究刑事责任。

特种设备检验检测机构和检验检测人员，出具虚假的检验检测结果、鉴定结论或者检验检测结果、鉴定结论严重失实，造成损害的，应当承担赔偿责任。

第九十四条　特种设备检验检测机构或者检验检测人员从事特种设备的生产、销售，或者以其名义推荐或者监制、监销特种设备的，由特种设备安全监督管理部门撤销特种设备检验检测机构和检验检测人员的资格，处5万元以上20万元以下罚款；有违法所得的，没收违法所得。

第九十五条　特种设备检验检测机构和检验检测人员利用检验检测工作故意刁难特种设备生产、使用单位，由特种设备安全监督管理部门责令改正；拒不改正的，撤销其检验检测资格。

第九十六条　检验检测人员，从事检验检测工作，不在特种设备检验检测机构执业或者同时在两个以上检验检测机构中执业的，由特种设备安全监督管理部门责令改正，情节严重的，给予停止执业6个月以上2年以下的处罚；有违法所得的，没收违法所得。

第九十七条　特种设备安全监督管理部门及其特种设备安全监察人员，有下列违法行为之一的，对直接负责的主管人员和其他直接责任人员，依法给予降级或者撤职的处分；触犯刑律的，依照刑法关于受贿罪、滥用职权罪、玩忽职守罪或者其他罪的规定，依法追究刑事责任：

（一）不按照本条例规定的条件和安全技术规范要求，实施许可、核准、登记的；

（二）发现未经许可、核准、登记擅自从事特种设备的生产、使用或者检验检测活动不予取缔或者不依法予以处理的；

（三）发现特种设备生产、使用单位不再具备本条例规定的条件而不撤销其原许可，或者发现特种设备生产、使用违法行为不予查处的；

（四）发现特种设备检验检测机构不再具备本条例规定的条件而不撤销其原核准，或者对其出具虚假的检验检测结果、鉴定结论或者检验检测结果、鉴定结论严重失实的行为不予查处的；

(五) 对依照本条例规定在其他地方取得许可的特种设备生产单位重复进行许可，或者对依照本条例规定在其他地方检验检测合格的特种设备，重复进行检验检测的；

(六) 发现有违反本条例和安全技术规范的行为或者在用的特种设备存在严重事故隐患，不立即处理的；

(七) 发现重大的违法行为或者严重事故隐患，未及时向上级特种设备安全监督管理部门报告，或者接到报告的特种设备安全监督管理部门不立即处理的；

(八) 迟报、漏报、瞒报或者谎报事故的；

(九) 妨碍事故救援或者事故调查处理的。

第九十八条　特种设备的生产、使用单位或者检验检测机构，拒不接受特种设备安全监督管理部门依法实施的安全监察的，由特种设备安全监督管理部门责令限期改正；逾期未改正的，责令停产停业整顿，处 2 万元以上 10 万元以下罚款；触犯刑律的，依照刑法关于妨害公务罪或者其他罪的规定，依法追究刑事责任。

特种设备生产、使用单位擅自动用、调换、转移、损毁被查封、扣押的特种设备或者其主要部件的，由特种设备安全监督管理部门责令改正，处 5 万元以上 20 万元以下罚款；情节严重的，撤销其相应资格。

第八章　附　则

第九十九条　本条例下列用语的含义是：

(一) 锅炉，是指利用各种燃料、电或者其他能源，将所盛装的液体加热到一定的参数，并对外输出热能的设备，其范围规定为容积大于或者等于 30 L 的承压蒸汽锅炉；出口水压大于或者等于 0.1 MPa(表压)，且额定功率大于或者等于 0.1 MW 的承压热水锅炉；有机热载体锅炉。

(二) 压力容器，是指盛装气体或者液体，承载一定压力的密闭设备，其范围规定为最高工作压力大于或者等于 0.1 MPa(表压)，且压力与容积的乘积大于或者等于 2.5 MPa·L 的气体、液化气体和最高工作温度高于或者等于标准沸点的液体的固定式容器和移动式容器；盛装公称工作压力大于或者等于 0.2 MPa(表压)，且压力与容积的乘积大于或者等于 1.0 MPa·L 的气体、液化气体和标准沸点等于或者低于 60℃液体的气瓶；氧舱等。

(三) 压力管道，是指利用一定的压力，用于输送气体或者液体的管状设备，其范围规定为最高工作压力大于或者等于 0.1MPa(表压)的气体、液化气体、蒸汽介质或者可燃、易爆、有毒、有腐蚀性、最高工作温度高于或者等于标准沸点的液体介质，且公称直径大于 25 mm 的管道。

(四) 电梯，是指动力驱动，利用沿刚性导轨运行的箱体或者沿固定线路运行的梯级(踏步)，进行升降或者平行运送人、货物的机电设备，包括载人(货)电梯、自动扶梯、自动人行道等。

(五) 起重机械，是指用于垂直升降或者垂直升降并水平移动重物的机电设备，其范围规定为额定起重量大于或者等于 0.5 t 的升降机；额定起重量大于或者等于 1 t，且提升高度大于或者等于 2 m 的起重机和承重形式固定的电动葫芦等。

(六) 客运索道，是指动力驱动，利用柔性绳索牵引箱体等运载工具运送人员的机电设备，包括客运架空索道、客运缆车、客运拖牵索道等。

(七) 大型游乐设施，是指用于经营目的，承载乘客游乐的设施，其范围规定为设计最大运行线速度大于或者等于 2 m/s，或者运行高度距地面高于或者等于 2 m 的载人大型游乐设施。

(八) 场(厂)内专用机动车辆，是指除道路交通、农用车辆以外仅在工厂厂区、旅游景区、游乐场所等特定区域使用的专用机动车辆。

特种设备包括其所用的材料、附属的安全附件、安全保护装置和与安全保护装置相关的设施。

第一百条　压力管道设计、安装、使用的安全监督管理办法由国务院另行制定。

第一百零一条　国务院特种设备安全监督管理部门可以授权省、自治区、直辖市特种设备安全监督管理部门负责本条例规定的特种设备行政许可工作，具体办法由国务院特种设备安全监督管理部门制定。

第一百零二条　特种设备行政许可、检验检测，应当按照国家有关规定收取费用。

第一百零三条　本条例自2003年6月1日起施行。1982年2月6日国务院发布的《锅炉压力容器安全监察暂行条例》同时废止。

建筑起重机械安全监督管理规定

（2008年1月8号经建设部第145次常务会议讨论通过，2008年1月28日中华人民共和国建设部令第166号发布，自2008年6月1日起施行）

第一条　为了加强建筑起重机械的安全监督管理，防止和减少生产安全事故，保障人民群众生命和财产安全，依据《建设工程安全生产管理条例》、《特种设备安全监察条例》、《安全生产许可证条例》，制定本规定。

第二条　建筑起重机械的租赁、安装、拆卸、使用及其监督管理，适用本规定。

本规定所称建筑起重机械，是指纳入特种设备目录，在房屋建筑工地和市政工程工地安装、拆卸、使用的起重机械。

第三条　国务院建设主管部门对全国建筑起重机械的租赁、安装、拆卸、使用实施监督管理。

县级以上地方人民政府建设主管部门对本行政区域内的建筑起重机械的租赁、安装、拆卸、使用实施监督管理。

第四条　出租单位出租的建筑起重机械和使用单位购置、租赁、使用的建筑起重机械应当具有特种设备制造许可证、产品合格证、制造监督检验证明。

第五条　出租单位在建筑起重机械首次出租前，自购建筑起重机械的使用单位在建筑起重机械首次安装前，应当持建筑起重机械特种设备制造许可证、产品合格证和制造监督检验证明到本单位工商注册所在地县级以上地方人民政府建设主管部门办理备案。

第六条　出租单位应当在签订的建筑起重机械租赁合同中，明确租赁双方的安全责任，并出具建筑起重机械特种设备制造许可证、产品合格证、制造监督检验证明、备案证明和自检合格证明，提交安装使用说明书。

第七条　有下列情形之一的建筑起重机械，不得出租、使用：

（一）属国家明令淘汰或者禁止使用的；

（二）超过安全技术标准或者制造厂家规定的使用年限的；

（三）经检验达不到安全技术标准规定的；

（四）没有完整安全技术档案的；

（五）没有齐全有效的安全保护装置的。

第八条　建筑起重机械有本规定第七条第（一）、（二）、（三）项情形之一的，出租单位或者自购建筑起重机械的使用单位应当予以报废，并向原备案机关办理注销手续。

第九条　出租单位、自购建筑起重机械的使用单位，应当建立建筑起重机械安全技术档案。

建筑起重机械安全技术档案应当包括以下资料：

（一）购销合同、制造许可证、产品合格证、制造监督检验证明、安装使用说明书、备案证明等原始资料；

（二）定期检验报告、定期自行检查记录、定期维护保养记录、维修和技术改造记录、运行故障和生产安全事故记录、累计运转记录等运行资料；

（三）历次安装验收资料。

第十条　从事建筑起重机械安装、拆卸活动的单位（以下简称安装单位）应当依法取得建设主管部门颁发的相应资质和建筑施工企业安全生产许可证，并在其资质许可范围内承揽建筑起重机械安装、拆卸工程。

第十一条　建筑起重机械使用单位和安装单位应当在签订的建筑起重机械安装、拆卸合同中明确双方的安全生产责任。

实行施工总承包的，施工总承包单位应当与安装单位签订建筑起重机械安装、拆卸工程安全协议书。

第十二条　安装单位应当履行下列安全职责：

（一）按照安全技术标准及建筑起重机械性能要求，编制建筑起重机械安装、拆卸工程专项施工方案，并由本单位技术负责人签字；

（二）按照安全技术标准及安装使用说明书等检查建筑起重机械及现场施工条件；

（三）组织安全施工技术交底并签字确认；

（四）制定建筑起重机械安装、拆卸工程生产安全事故应急救援预案；

（五）将建筑起重机械安装、拆卸工程专项施工方案，安装、拆卸人员名单，安装、拆卸时间等材料报施工总承包单位和监理单位审核后，告知工程所在地县级以上地方人民政府建设主管部门。

第十三条　安装单位应当按照建筑起重机械安装、拆卸工程专项施工方案及安全操作规程组织安装、拆卸作业。

安装单位的专业技术人员、专职安全生产管理人员应当进行现场监督，技术负责人应当定期巡查。

第十四条　建筑起重机械安装完毕后，安装单位应当按照安全技术标准及安装使用说明书的有关要求对建筑起重机械进行自检、调试和试运转。自检合格的，应当出具自检合格证明，并向使用单位进行安全使用说明。

第十五条　安装单位应当建立建筑起重机械安装、拆卸工程档案。

建筑起重机械安装、拆卸工程档案应当包括以下资料：

（一）安装、拆卸合同及安全协议书；

（二）安装、拆卸工程专项施工方案；

（三）安全施工技术交底的有关资料；

（四）安装工程验收资料；

（五）安装、拆卸工程生产安全事故应急救援预案。

第十六条　建筑起重机械安装完毕后，使用单位应当组织出租、安装、监理等有关单位进行验收，或者委托具有相应资质的检验检测机构进行验收。建筑起重机械经验收合格后方可投入使用，未经验收或者验收不合格的不得使用。

实行施工总承包的，由施工总承包单位组织验收。

建筑起重机械在验收前应当经有相应资质的检验检测机构监督检验合格。

检验检测机构和检验检测人员对检验检测结果、鉴定结论依法承担法律责任。

第十七条　使用单位应当自建筑起重机械安装验收合格之日起30日内，将建筑起重机械安装验收资料、建筑起重机械安全管理制度、特种作业人员名单等，向工程所在地县级以上地方人民政府建设主管部门办理建筑起重机械使用登记。登记标志置于或者附着于该设备的显著位置。

第十八条　使用单位应当履行下列安全职责：

（一）根据不同施工阶段、周围环境以及季节、气候的变化，对建筑起重机械采取相应的安全防护措施；

（二）制定建筑起重机械生产安全事故应急救援预案；

（三）在建筑起重机械活动范围内设置明显的安全警示标志，对集中作业区做好安全防护；

（四）设置相应的设备管理机构或者配备专职的设备管理人员；

（五）指定专职设备管理人员、专职安全生产管理人员进行现场监督检查；

（六）建筑起重机械出现故障或者发生异常情况的，立即停止使用，消除故障和事故隐患后，方可重新投入使用。

第十九条　使用单位应当对在用的建筑起重机械及其安全保护装置、吊具、索具等进行经常性和定期的检查、维护和保养，并做好记录。

使用单位在建筑起重机械租期结束后，应当将定期检查、维护和保养记录移交出租单位。

建筑起重机械租赁合同对建筑起重机械的检查、维护、保养另有约定的，从其约定。

第二十条　建筑起重机械在使用过程中需要附着的，使用单位应当委托原安装单位或者具有相应资质的安装单位按照专项施工方案实施，并按照本规定第十六条规定组织验收。验收合格后方可投入使用。

建筑起重机械在使用过程中需要顶升的，使用单位委托原安装单位或者具有相应资质的安装单位按照专项施工方案实施后，即可投入使用。

禁止擅自在建筑起重机械上安装非原制造厂制造的标准节和附着装置。

第二十一条　施工总承包单位应当履行下列安全职责：

（一）向安装单位提供拟安装设备位置的基础施工资料，确保建筑起重机械进场安装、拆卸所需的施工条件；

（二）审核建筑起重机械的特种设备制造许可证、产品合格证、制造监督检验证明、备案证明等文件；

（三）审核安装单位、使用单位的资质证书、安全生产许可证和特种作业人员的特种作业操作资格证书；

（四）审核安装单位制定的建筑起重机械安装、拆卸工程专项施工方案和生产安全事故应急救援预案；

（五）审核使用单位制定的建筑起重机械生产安全事故应急救援预案；

（六）指定专职安全生产管理人员监督检查建筑起重机械安装、拆卸、使用情况；

（七）施工现场有多台塔式起重机作业时，应当组织制定并实施防止塔式起重机相互碰撞的安全措施。

第二十二条　监理单位应当履行下列安全职责：

（一）审核建筑起重机械特种设备制造许可证、产品合格证、制造监督检验证明、备案证明等文件；

（二）审核建筑起重机械安装单位、使用单位的资质证书、安全生产许可证和特种作业人员的特种作业操作资格证书；

（三）审核建筑起重机械安装、拆卸工程专项施工方案；

（四）监督安装单位执行建筑起重机械安装、拆卸工程专项施工方案情况；

（五）监督检查建筑起重机械的使用情况；

（六）发现存在生产安全事故隐患的，应当要求安装单位、使用单位限期整改，对安装单位、使用单位拒不整改的，及时向建设单位报告。

第二十三条　依法发包给两个及两个以上施工单位的工程，不同施工单位在同一施工现场使用多台塔式起重机作业时，建设单位应当协调组织制定防止塔式起重机相互碰撞的安全措施。

安装单位、使用单位拒不整改生产安全事故隐患的，建设单位接到监理单位报告后，应当责令安装单位、使用单位立即停工整改。

第二十四条　建筑起重机械特种作业人员应当遵守建筑起重机械安全操作规程和安全管理制度，在作业中有权拒绝违章指挥和强令冒险作业，有权在发生危及人身安全的紧急情况时立即停止作业或者采取必要的应急措施后撤离危险区域。

第二十五条　建筑起重机械安装拆卸工、起重信号工、起重司机、司索工等特种作业人员应当经建设主管部门考核合格，并取得特种作业操作资格证书后，方可上岗作业。

省、自治区、直辖市人民政府建设主管部门负责组织实施建筑施工企业特种作业人员的考核。

特种作业人员的特种作业操作资格证书由国务院建设主管部门规定统一的样式。

第二十六条　建设主管部门履行安全监督检查职责时，有权采取下列措施：

（一）要求被检查的单位提供有关建筑起重机械的文件和资料；

（二）进入被检查单位和被检查单位的施工现场进行检查；

（三）对检查中发现的建筑起重机械生产安全事故隐患，责令立即排除；重大生产安全事故隐患排除前或者排除过程中无法保证安全的，责令从危险区域撤出作业人员或者暂时停止施工。

第二十七条　负责办理备案或者登记的建设主管部门应当建立本行政区域内的建筑起重机械档案，按照有关规定对建筑起重机械进行统一编号，并定期向社会公布建筑起重机械的安全状况。

第二十八条　违反本规定，出租单位、自购建筑起重机械的使用单位，有下列行为之一的，由县级以上地方人民政府建设主管部门责令限期改正，予以警告，并处以 5 000 元以上 1 万元以下罚款：

（一）未按照规定办理备案的；

（二）未按照规定办理注销手续的；

（三）未按照规定建立建筑起重机械安全技术档案的。

第二十九条　违反本规定，安装单位有下列行为之一的，由县级以上地方人民政府建设主管部门责令限期改正，予以警告，并处以 5 000 元以上 3 万元以下罚款：

（一）未履行第十二条第（二）、（四）、（五）项安全职责的；

（二）未按照规定建立建筑起重机械安装、拆卸工程档案的；

（三）未按照建筑起重机械安装、拆卸工程专项施工方案及安全操作规程组织安装、拆卸作业的。

第三十条　违反本规定，使用单位有下列行为之一的，由县级以上地方人民政府建设主管部门责令限期改正，予以警告，并处以 5 000 元以上 3 万元以下罚款：

（一）未履行第十八条第（一）、（二）、（四）、（六）项安全职责的；

（二）未指定专职设备管理人员进行现场监督检查的；

（三）擅自在建筑起重机械上安装非原制造厂制造的标准节和附着装置的。

第三十一条　违反本规定，施工总承包单位未履行第二十一条第（一）、（三）、（四）、（五）、（七）项安全职责的，由县级以上地方人民政府建设主管部门责令限期改正，予以警告，并处以 5 000 元以上 3 万元以下罚款。

第三十二条　违反本规定，监理单位未履行第二十二条第（一）、（二）、（四）、（五）项安全职责的，由县级以上地方人民政府建设主管部门责令限期改正，予以警告，并处以 5 000 元以上 3 万元以下罚款。

第三十三条　违反本规定，建设单位有下列行为之一的，由县级以上地方人民政府建设主管部门责令限期改正，予以警告，并处以 5 000 元以上 3 万元以下罚款；逾期未改的，责令停止施工：

（一）未按照规定协调组织制定防止多台塔式起重机相互碰撞的安全措施的；

（二）接到监理单位报告后，未责令安装单位、使用单位立即停工整改的。

第三十四条　违反本规定，建设主管部门的工作人员有下列行为之一的，依法给予处分；构成犯罪的，依法追究刑事责任：

（一）发现违反本规定的违法行为不依法查处的；

（二）发现在用的建筑起重机械存在严重生产安全事故隐患不依法处理的；

（三）不依法履行监督管理职责的其他行为。

第三十五条　本规定自 2008 年 6 月 1 日起施行。

生产安全事故应急预案管理办法

（2009 年 3 月 20 日国家安全生产监督管理总局局长办公会议审议通过，2009 年 4 月 1 日国家安全生产监督管理总局令第 17 号公布，自 2009 年 5 月 1 日起施行）

第一章　总　则

第一条　为了规范生产安全事故应急预案的管理，完善应急预案体系，增强应急预案的科学性、针对性、实效性，依据《中华人民共和国突发事件应对法》、《中华人民共和国安全生产法》和国务院有关规定，制定本办法。

第二条　生产安全事故应急预案（以下简称应急预案）的编制、评审、发布、备案、培训、演练和修订等工作，适用本办法。

法律、行政法规和国务院另有规定的，依照其规定。

第三条　应急预案的管理遵循综合协调、分类管理、分级负责、属地为主的原则。

第四条　国家安全生产监督管理总局负责应急预案的综合协调管理工作。国务院其他负有安全生产监督管理职责的部门按照各自的职责负责本行业、本领域内应急预案的管理工作。

县级以上地方各级人民政府安全生产监督管理部门负责本行政区域内应急预案的综合协调管理工作。县级以上地方各级人民政府其他负有安全生产监督管理职责的部门按照各自的职责负责辖区内本行业、本领域应急预案的管理工作。

第二章　应急预案的编制

第五条　应急预案的编制应当符合下列基本要求：

（一）符合有关法律、法规、规章和标准的规定；

（二）结合本地区、本部门、本单位的安全生产实际情况；

（三）结合本地区、本部门、本单位的危险性分析情况；

（四）应急组织和人员的职责分工明确，并有具体的落实措施；

（五）有明确、具体的事故预防措施和应急程序，并与其应急能力相适应；

（六）有明确的应急保障措施，并能满足本地区、本部门、本单位的应急工作要求；

（七）预案基本要素齐全、完整，预案附件提供的信息准确；

（八）预案内容与相关应急预案相互衔接。

第六条　地方各级安全生产监督管理部门应当根据法律、法规、规章和同级人民政府以及上一级安全生产监督管理部门的应急预案，结合工作实际，组织制定相应的部门应急预案。

第七条　生产经营单位应当根据有关法律、法规和《生产经营单位安全生产事故应急预案编制导则》（AQ/T9002—2006），结合本单位的危险源状况、危险性分析情况和可能发生的事故特点，制定相应的应急预案。

生产经营单位的应急预案按照针对情况的不同，分为综合应急预案、专项应急预案和现场处置方案。

第八条　生产经营单位风险种类多、可能发生多种事故类型的，应当组织编制本单位的综合应急预案。

综合应急预案应当包括本单位的应急组织机构及其职责、预案体系及响应程序、事故预防及应急保障、应急培训及预案演练等主要内容。

第九条　对于某一种类的风险，生产经营单位应当根据存在的重大危险源和可能发生的事故类型，制定相应的专项应急预案。

专项应急预案应当包括危险性分析、可能发生的事故特征、应急组织机构与职责、预防措施、应急处置程序和应急保障等内容。

第十条　对于危险性较大的重点岗位，生产经营单位应当制定重点工作岗位的现场处置方案。

现场处置方案应当包括危险性分析、可能

发生的事故特征、应急处置程序、应急处置要点和注意事项等内容。

第十一条 生产经营单位编制的综合应急预案、专项应急预案和现场处置方案之间应当相互衔接,并与所涉及的其他单位的应急预案相互衔接。

第十二条 应急预案应当包括应急组织机构和人员的联系方式、应急物资储备清单等附件信息。附件信息应当经常更新,确保信息准确有效。

第三章 应急预案的评审

第十三条 地方各级安全生产监督管理部门应当组织有关专家对本部门编制的应急预案进行审定;必要时,可以召开听证会,听取社会有关方面的意见。涉及相关部门职能或者需要有关部门配合的,应当征得有关部门同意。

第十四条 矿山、建筑施工单位和易燃易爆物品、危险化学品、放射性物品等危险物品的生产、经营、储存、使用单位和中型规模以上的其他生产经营单位,应当组织专家对本单位编制的应急预案进行评审。评审应当形成书面纪要并附有专家名单。

前款规定以外的其他生产经营单位应当对本单位编制的应急预案进行论证。

第十五条 参加应急预案评审的人员应当包括应急预案涉及的政府部门工作人员和有关安全生产及应急管理方面的专家。

评审人员与所评审预案的生产经营单位有利害关系的,应当回避。

第十六条 应急预案的评审或者论证应当注重应急预案的实用性、基本要素的完整性、预防措施的针对性、组织体系的科学性、响应程序的操作性、应急保障措施的可行性、应急预案的衔接性等内容。

第十七条 生产经营单位的应急预案经评审或者论证后,由生产经营单位主要负责人签署公布。

第四章 应急预案的备案

第十八条 地方各级安全生产监督管理部门的应急预案,应当报同级人民政府和上一级安全生产监督管理部门备案。

其他负有安全生产监督管理职责的部门的应急预案,应当抄送同级安全生产监督管理部门。

第十九条 中央管理的总公司(总厂、集团公司、上市公司)的综合应急预案和专项应急预案,报国务院国有资产监督管理部门、国务院安全生产监督管理部门和国务院有关主管部门备案;其所属单位的应急预案分别抄送所在地的省、自治区、直辖市或者设区的市人民政府安全生产监督管理部门和有关主管部门备案。

前款规定以外的其他生产经营单位中涉及实行安全生产许可的,其综合应急预案和专项应急预案,按照隶属关系报所在地县级以上地方人民政府安全生产监督管理部门和有关主管部门备案;未实行安全生产许可的,其综合应急预案和专项应急预案的备案,由省、自治区、直辖市人民政府安全生产监督管理部门确定。

煤矿企业的综合应急预案和专项应急预案除按照本条第一款、第二款的规定报安全生产监督管理部门和有关主管部门备案外,还应当抄报所在地的煤矿安全监察机构。

第二十条 生产经营单位申请应急预案备案,应当提交以下材料:

(一)应急预案备案申请表;

(二)应急预案评审或者论证意见;

(三)应急预案文本及电子文档。

第二十一条 受理备案登记的安全生产监督管理部门应当对应急预案进行形式审查,经审查符合要求的,予以备案并出具应急预案备案登记表;不符合要求的,不予备案并说明理由。

对于实行安全生产许可的生产经营单位,已经进行应急预案备案登记的,在申请安全生产许可证时,可以不提供相应的应急预案,仅提供应急预案备案登记表。

第二十二条 各级安全生产监督管理部门应当指导、督促检查生产经营单位做好应急预案的备案登记工作,建立应急预案备案登记建档制度。

第五章 应急预案的实施

第二十三条 各级安全生产监督管理部门、生产经营单位应当采取多种形式开展应急预案的宣传教育，普及生产安全事故预防、避险、自救和互救知识，提高从业人员安全意识和应急处置技能。

第二十四条 各级安全生产监督管理部门应当将应急预案的培训纳入安全生产培训工作计划，并组织实施本行政区域内重点生产经营单位的应急预案培训工作。

生产经营单位应当组织开展本单位的应急预案培训活动，使有关人员了解应急预案内容，熟悉应急职责、应急程序和岗位应急处置方案。

应急预案的要点和程序应当张贴在应急地点和应急指挥场所，并设有明显的标志。

第二十五条 各级安全生产监督管理部门应当定期组织应急预案演练，提高本部门、本地区生产安全事故应急处置能力。

第二十六条 生产经营单位应当制定本单位的应急预案演练计划，根据本单位的事故预防重点，每年至少组织一次综合应急预案演练或者专项应急预案演练，每半年至少组织一次现场处置方案演练。

第二十七条 应急预案演练结束后，应急预案演练组织单位应当对应急预案演练效果进行评估，撰写应急预案演练评估报告，分析存在的问题，并对应急预案提出修订意见。

第二十八条 各级安全生产监督管理部门应当每年对应急预案的管理情况进行总结。应急预案管理工作总结应当报上一级安全生产监督管理部门。

其他负有安全生产监督管理职责的部门的应急预案管理工作总结应当抄送同级安全生产监督管理部门。

第二十九条 地方各级安全生产监督管理部门制定的应急预案，应当根据预案演练、机构变化等情况适时修订。

生产经营单位制定的应急预案应当至少每三年修订一次，预案修订情况应有记录并归档。

第三十条 有下列情形之一的，应急预案应当及时修订：

（一）生产经营单位因兼并、重组、转制等导致隶属关系、经营方式、法定代表人发生变化的；

（二）生产经营单位生产工艺和技术发生变化的；

（三）周围环境发生变化，形成新的重大危险源的；

（四）应急组织指挥体系或者职责已经调整的；

（五）依据的法律、法规、规章和标准发生变化的；

（六）应急预案演练评估报告要求修订的；

（七）应急预案管理部门要求修订的。

第三十一条 生产经营单位应当及时向有关部门或者单位报告应急预案的修订情况，并按照有关应急预案报备程序重新备案。

第三十二条 生产经营单位应当按照应急预案的要求配备相应的应急物资及装备，建立使用状况档案，定期检测和维护，使其处于良好状态。

第三十三条 生产经营单位发生事故后，应当及时启动应急预案，组织有关力量进行救援，并按照规定将事故信息及应急预案启动情况报告安全生产监督管理部门和其他负有安全生产监督管理职责的部门。

第六章 奖励与处罚

第三十四条 对于在应急预案编制和管理工作中做出显著成绩的单位和人员，安全生产监督管理部门、生产经营单位可以给予表彰和奖励。

第三十五条 生产经营单位应急预案未按照本办法规定备案的，由县级以上安全生产监督管理部门给予警告，并处三万元以下罚款。

第三十六条 生产经营单位未制定应急预案或者未按照应急预案采取预防措施，导致事故救援不力或者造成严重后果的，由县级以上安全生产监督管理部门依照有关法律、法规和规章的规定，责令停产停业整顿，并依法给予行政处罚。

第七章 附 则

第三十七条 《生产经营单位生产安全事故应急预案备案申请表》、《生产经营单位生产安全事故应急预案备案登记表》由国家安全生产应急救援指挥中心统一制定。

第三十八条 各省、自治区、直辖市安全生产监督管理部门可以依据本办法的规定，结合本地区实际制定实施细则。

第三十九条 本办法自2009年5月1日起施行。

安全评价机构管理规定

（2009年6月15日国家安全生产监督管理总局局长办公会议审议通过，2009年7月1日国家安全生产监督管理总局令第22号公布，自2009年10月1日起施行。原国家安全生产监督管理局（国家煤矿安全监察局）2004年10月20日公布的《安全评价机构管理规定》同时废止）

第一章 总 则

第一条 为加强安全评价机构的管理，规范安全评价行为，建立公正、公平、竞争、有序的安全评价技术服务体系，根据《安全生产法》、《行政许可法》和有关规定，制定本规定。

第二条 在中华人民共和国境内申请安全评价资质、从事法定安全评价活动以及安全生产监督管理部门、煤矿安全监察机构实施安全评价机构资质监督管理，适用本规定。

第三条 国家对安全评价机构实行资质许可制度。安全评价机构应当取得相应的安全评价资质证书（以下简称资质证书），并在资质证书确定的业务范围内从事安全评价活动。

未取得资质证书的安全评价机构，不得从事法定安全评价活动。

本规定所称的安全评价机构，是指依法从事安全评价活动的社会中介组织。

第四条 安全评价机构的资质分为甲级、乙级两种，根据其专业人员构成、技术条件确定各自的业务范围。安全评价机构业务范围划分标准见附件1。

甲级资质由省、自治区、直辖市安全生产监督管理部门（以下简称省级安全生产监督管理部门）、省级煤矿安全监察机构审核，国家安全生产监督管理总局审批、颁发证书；乙级资质由设区的市级安全生产监督管理部门、煤矿安全监察分局审核，省级安全生产监督管理部门、省级煤矿安全监察机构审批、颁发证书。

省级安全生产监督管理部门、设区的市级安全生产监督管理部门负责除煤矿以外的安全评价机构资质的审批、审核工作，省级煤矿安全监察机构、煤矿安全监察分局负责煤矿的安全评价机构资质的审批、审核工作。

未设立煤矿安全监察机构的省、自治区、直辖市，由省级安全生产监督管理部门、设区的市级安全生产监督管理部门负责煤矿的安全评价机构资质的审批、审核工作。

第五条 根据社会经济发展水平、区域经济结构和安全评价工作的需要，国家对安全评价机构的设置实行统筹规划、合理布局和总量控制。

第六条 取得甲级资质的安全评价机构，可以根据确定的业务范围在全国范围内从事安全评价活动；取得乙级资质的安全评价机构，可以根据确定的业务范围在其所在的省、自治区、直辖市内从事安全评价活动。

下列建设项目或者企业的安全评价，必须由取得甲级资质的安全评价机构承担：

（一）国务院及其投资主管部门审批（核准、备案）的建设项目；

（二）跨省、自治区、直辖市的建设项目；

（三）生产剧毒化学品的建设项目；

（四）生产剧毒化学品的企业和其他大型生产企业。

法律、法规和国务院或其有关部门对安全评价有特殊规定的，依照其规定。

第七条　国家安全生产监督管理总局、省级安全生产监督管理部门、省级煤矿安全监察机构定期向社会公布取得甲级、乙级资质的安全评价机构的名称、业务范围、从业人员、技术装备等相关信息，并接受社会监督。

第二章　取得资质的条件和程序

第八条　安全评价机构申请甲级资质，应当具备下列条件：

（一）具有法人资格，注册资金500万元以上，固定资产400万元以上；

（二）有与其开展工作相适应的固定工作场所和设施、设备，具有必要的技术支撑条件；

（三）取得安全评价机构乙级资质3年以上，且没有违法行为记录；

（四）有健全的内部管理制度和安全评价过程控制体系；

（五）有25名以上专职安全评价师，其中一级安全评价师20%以上、二级安全评价师30%以上。按照不少于专职安全评价师30%的比例配备注册安全工程师。安全评价师、注册安全工程师有与其申报业务相适应的专业能力；

（六）法定代表人通过一级资质培训机构组织的相关安全生产和安全评价知识培训，并考试合格；

（七）设有专职技术负责人和过程控制负责人。专职技术负责人有二级以上安全评价师和注册安全工程师资格，并具有与所申报业务相适应的高级专业技术职称；

（八）法律、行政法规、规章规定的其他条件。

第九条　安全评价机构申请乙级资质，应当具备下列条件：

（一）具有法人资格，注册资金300万元以上，固定资产200万元以上；

（二）有与其开展工作相适应的固定工作场所和设施设备，具有必要的技术支撑条件；

（三）有健全的内部管理制度和安全评价过程控制体系；

（四）有16名以上专职安全评价师，其中一级安全评价师20%以上、二级安全评价师30%以上。按照不少于专职安全评价师30%的比例配备注册安全工程师。安全评价师、注册安全工程师有与其申报业务相适应的专业能力；

（五）法定代表人通过二级资质以上培训机构组织的相关安全生产和安全评价知识培训，并考试合格；

（六）设有专职技术负责人和过程控制负责人。专职技术负责人有二级以上安全评价师和注册安全工程师资格，并具有与所申报业务相适应的高级专业技术职称；

（七）法律、行政法规、规章规定的其他条件。

第十条　申请甲级、乙级资质的机构，应当按照本规定第四条的规定，于每年6月向国家安全生产监督管理总局、省级安全生产监督管理部门、省级煤矿安全监察机构（以下简称资质审批机关）提出申请。

第十一条　申请甲级资质，按照下列程序办理：

（一）申请人将安全评价机构资质申请表和本规定第八条规定的证明材料，报所在地省级安全生产监督管理部门、省级煤矿安全监察机构审核；

（二）省级安全生产监督管理部门、省级煤矿安全监察机构应当在5日内对申请人提供的证明材料进行预审以决定是否受理。予以受理的，自受理申请之日起20日内完成审核工作，并将审核报告和证明材料报国家安全生产监督管理总局；不予受理的，向申请人书面说明理由；

（三）国家安全生产监督管理总局接到审核报告和证明材料后，应当按照本规定的要求进行审批，并在20日内完成审批工作。经审批合格的，颁发资质证书；不合格的，不予颁发资质证书，并书面说明理由。

第十二条　申请乙级资质，按照下列程序办理：

（一）申请人将安全评价机构资质申请表和本规定第九条规定的证明材料，报所在地设区的市级安全生产监督管理部门、煤矿安全监察分局审核；

（二）设区的市级安全生产监督管理部门、煤矿安全监察分局应当在5日内对申请人提供的证明材料进行预审并决定是否受理。予以受理的，自受理申请之日起20日内完成审核工作，并将审核报告和证明材料报省级安全生产监督管理部门、省级煤矿安全监察机构；不予受理的，向申请人书面说明理由；

（三）省级安全生产监督管理部门、省级煤矿安全监察机构接到审核报告和证明材料后，应当按照本规定的要求进行审批，并在20日内完成审批工作。经审批合格的，颁发资质证书，并填写乙级资质安全评价机构审批备案表（式样见附件2），自颁发资质证书之日起30日内报国家安全生产监督管理总局备案；不合格的，不予颁发资质证书，并书面说明理由。

第十三条　安全生产监督管理部门、煤矿安全监察机构进行资质审核、审批时，可以采用形式审查、现场审查、综合审查相结合的方式。

形式审查，是指对申请人提供的文件、材料是否符合规定要求所进行的审查。

现场审查，是指对申请人提供的文件、材料的实质内容进行的现场核查。

综合审查，是指对申请人提供的文件、材料及其真实性的综合评定。

安全生产监督管理部门、煤矿安全监察机构需要对申请材料的实质内容进行核实的，应当指派两名以上工作人员进行现场审查。现场审查所需时间不计入资质审核、审批期限。

第十四条　安全评价机构取得资质1年以上，需要增加业务范围的，应当按照本规定第四条的规定于每年9月向资质审批机关提出申请。

申请增加业务范围的程序按照本规定第十一条、第十二条、第十三条的规定办理。

第十五条　安全评价机构的资质证书遗失的，应当及时在有关电视、报刊等媒体上予以声明，并向原资质审批机关申请补发。

第十六条　甲级、乙级资质证书的有效期均为3年。资质证书有效期满需要延期的，安全评价机构应当于期满前3个月向原资质审批机关提出申请，经复审合格后予以办理延期手续；不合格的，不予办理延期手续。

第十七条　安全评价机构有下列情形之一的，应当在发生变化之日起30日内向原资质审批机关申请办理资质证书变更手续：

（一）机构分立或者合并的；

（二）机构名称或者地址发生变化的；

（三）法定代表人、技术负责人发生变化的。

第十八条　安全评价机构有下列情形之一的，资质审批机关应当注销其资质：

（一）资质证书有效期届满未申请延期或者申请延期但不予批准的；

（二）被依法终止的；

（三）自行申请注销的。

第十九条　安全评价机构甲级、乙级资质证书由国家安全生产监督管理总局统一印制。

第三章　安全评价活动

第二十条　安全评价机构应当依照法律、法规、规章、国家标准或者行业标准的规定，遵循客观公正、诚实守信、公平竞争的原则，遵守执业准则，恪守职业道德，依法独立开展安全评价活动，客观、如实地反映所评价的安全事项，并对作出的安全评价结果承担法律责任。

被评价对象的安全生产条件发生重大变化的，被评价对象应当及时委托有资质的安全评价机构重新进行安全评价；未委托重新进行安全评价的，由被评价对象对其产生的后果负责。

第二十一条　安全评价机构开展安全评价业务活动时，应当依法与委托方签订安全评价技术服务合同，明确评价对象、评价范围以及双方的权利、义务和责任。

安全评价机构与被评价对象有利害关系的，应当回避。

建设项目的安全预评价和安全验收评价不得委托同一个安全评价机构。

第二十二条　安全评价机构从事安全评价活动的收费，必须符合法律、法规和有关财政收费的规定。法律、法规和有关财政收费没有规定的，应当按照行业自律标准或者指导性标准收费；没有行业自律和指导性收费标准的，双方可以通过合同协商确定。

省级安全生产监督管理部门、省级煤矿安全监察机构可以根据本行政区域经济发展水平、产业结构以及周边区域收费情况，出台本行政区域的收费指导意见，报国家安全生产监督管理总局备案。

第二十三条　安全评价机构及其从业人员在从事安全评价活动中，不得有下列行为：

(一) 泄露被评价对象的技术秘密和商业秘密；

(二) 伪造、转让或者租借资质、资格证书；

(三) 超出资质证书业务范围从事安全评价活动；

(四) 出具虚假或者严重失实的安全评价报告；

(五) 转包安全评价项目；

(六) 擅自更改、简化评价程序和相关内容；

(七) 同时在两个以上安全评价机构从业；

(八) 故意贬低、诋毁其他安全评价机构；

(九) 从业人员不到现场开展安全评价活动；

(十) 法律、法规和规章规定的其他违法、违规行为。

第二十四条　安全评价机构应当建立健全内部管理制度和安全评价过程控制体系。安全评价过程控制记录、被评价对象现场勘查记录、影像资料及相关证明材料，应当及时归档，妥善保管。技术负责人和过程控制负责人应当按照法律、法规、规章和国家标准、行业标准的规定，加强安全评价活动全过程管理。

安全评价机构应当依法与从业人员签订劳动合同，并为其提供必要的劳动防护用品。

第二十五条　取得甲级资质的安全评价机构跨省、自治区、直辖市开展安全评价活动，应当填写甲级资质安全评价机构跨省(自治区、直辖市)开展评价工作报告表(式样见附件3)，报送评价项目所在地的省级安全生产监督管理部门、省级煤矿安全监察机构备案，并接受其监督检查。

第二十六条　从事安全评价活动的安全评价师、注册安全工程师应当每年参加必要的继续教育，不断提高安全评价水平。

第二十七条　安全评价行业组织应当加强自律管理，维护安全评价市场秩序，推进安全评价诚信体系建设，建立并完善从业人员管理制度，强化对从业人员的监督。

第四章　监督管理

第二十八条　安全生产监督管理部门、煤矿安全监察机构及其工作人员应当坚持公开、公平、公正的原则，严格按照法律、法规和本规定，审核、审批和颁发资质证书。

第二十九条　对已经取得资质证书的安全评价机构，安全生产监督管理部门、煤矿安全监察机构应当加强监督检查；发现安全评价机构不具备资质条件的，依照规定予以处理。监督检查记录应当经检查人员和安全评价机构负责人签字后归档。

安全评价机构及其从业人员应当接受安全生产监督管理部门、煤矿安全监察机构及其工作人员的监督检查。

对违法违规的安全评价机构和从业人员，安全生产监督管理部门、煤矿安全监察机构应当建立"黑名单"制度，及时向社会公告。

第三十条　安全生产监督管理部门、煤矿安全监察机构应当建立健全安全评价的申诉、投诉和举报制度，受理社会和个人的申诉、投诉和举报，并依法处理。

第三十一条　国家对安全评价机构实行定期考核。

安全评价机构应当每年填写安全评价工作

业绩表，经被评价对象确认后，分别报国家安全生产监督管理总局、省级安全生产监督管理部门、省级煤矿安全监察机构备案。安全评价工作业绩表列入安全评价机构考核的重要内容。

对安全评价机构在资质证书有效期内没有开展相应活动的，核减相应的业务范围；定期考核不合格的，依照本规定予以处理。

第三十二条　安全生产监督管理部门、煤矿安全监察机构及其工作人员不得有下列行为：

（一）要求被评价对象接受指定的安全评价机构进行安全评价；

（二）以备案为由，变相设立法律、法规规定以外的行政许可；

（三）采取任何形式的地区保护，限制外地评价机构到本地区开展评价活动；

（四）干预安全评价机构开展正常活动；

（五）以任何理由或者任何方式向安全评价机构收取费用或者变相收取费用；

（六）向安全评价机构摊派财物；

（七）在安全评价机构报销任何费用。

第三十三条　监察机关依照《行政监察法》的规定，对安全生产监督管理部门、煤矿安全监察机构及其工作人员履行安全评价资质监督管理职责实施监察。

第五章　罚　则

第三十四条　安全生产监督管理部门、煤矿安全监察机构工作人员在对安全评价机构实施行政许可和监督检查工作中滥用职权、玩忽职守、徇私舞弊的，依照有关规定给予处理。

第三十五条　安全评价机构未取得相应资质证书，或者冒用资质证书、使用伪造的资质证书从事安全评价活动的，给予警告，并处 2 万元以上 3 万元以下的罚款。

转让、租借资质证书或者转包安全评价项目的，给予警告，并处 1 万元以上 2 万元以下的罚款。

安全评价机构的资质证书有效期届满未办理延期或者未经批准延期擅自从事安全评价活动的，依照本条第一款的规定处罚。

第三十六条　安全评价机构有下列情形之一的，给予警告，并处 1 万元以下的罚款；情节严重的，暂停资质半年，并处 3 万元以下的罚款；对相关责任人依法给予处理：

（一）从业人员不到现场开展评价活动的；

（二）安全评价报告与实际情况不符，或者评价报告存在重大疏漏，但尚未造成重大损失的；

（三）未按照有关法律、法规、规章和国家标准、行业标准的规定从事安全评价活动的；

（四）泄露被评价对象的技术秘密和商业秘密的；

（五）采取不正当竞争手段，故意贬低、诋毁其他安全评价机构，并造成严重影响的；

（六）未按规定办理资质证书变更手续的；

（七）定期考核不合格，经整改后仍达不到规定要求的；

（八）内部管理混乱，安全评价过程控制未有效实施的；

（九）未依法与委托方签订安全评价技术服务合同的；

（十）拒绝、阻碍安全生产监督管理部门、煤矿安全监察机构依法监督检查的。

第三十七条　安全评价机构出具虚假证明或者虚假评价报告，尚不构成刑事处罚的，没收违法所得，违法所得在 5 000 元以上的，并处违法所得二倍以上五倍以下的罚款；没有违法所得或者违法所得不足 5 000 元的，单处或者并处 5 000 元以上 2 万元以下的罚款，对其直接负责的主管人员和其他责任人员处 5 000 元以上 5 万元以下的罚款；给他人造成损害的，与被评价对象承担连带赔偿责任。

对有前款违法行为的，撤销其相应的资质。

第三十八条　安全评价机构有下列情形之一的，撤销其相应资质：

（一）不符合本规定第八条、第九条规定的资质条件的；

（二）弄虚作假骗取资质证书的；

（三）有其他依法应当撤销资质的情形的。

第三十九条　本规定所规定的行政处罚，由省级以上安全生产监督管理部门、煤矿安全监察机构决定。对甲级资质评价机构的处罚，国家安全生产监督管理总局可以委托省级安全生产监督管理部门、省级煤矿安全监察机构实施。

撤销资质证书的行政处罚由原资质审批机关决定。

第六章　附　则

第四十条　本规定所称安全评价师，是指取得国家职业资格，专门从事安全评价活动的人员。

第四十一条　本规定施行前已经取得相应资质的安全评价机构，应于其资质证书有效期满前3个月，按照本规定的条件和程序，重新申请取得相应的安全评价资质；逾期不申请或者经复审不符合规定的相应资质条件，继续从事安全评价活动的，依照本规定第三十五条第一款的规定处罚。

申请海洋石油天然气开采安全评价机构资质的，由国家安全生产监督管理总局直接受理，其资质条件参照本规定执行。

第四十二条　本规定所称的“以上”、“以下”，均包括本数。

第四十三条　本规定自2009年10月1日起施行。原国家安全生产监督管理局（国家煤矿安全监察局）2004年10月20日公布的《安全评价机构管理规定》同时废止。

附件：1. 安全评价机构业务范围划分标准

2. 乙级资质安全评价机构审批备案表

3. 甲级资质安全评价机构跨省（自治区、直辖市）开展评价工作报告表

附件1：

安全评价机构业务范围划分标准

第一类

业务范围	专业人员要求	装备名称
煤炭开采和洗选业	安全、机械、电气、采矿、通风、矿建、地质、选矿。	岩土工程分析软件，矿井测风表（高、中、微速）或三合一电子风表，光学瓦检仪，多功能气体测定仪，便携式有毒有害、可燃气体检测报警仪，具有测量露天矿台阶坡面角功能的智能测距仪，地质罗盘，防爆数码照相机。
金属、非金属矿及其他矿采选业	安全、机械、电气、采矿、地质。	岩土工程分析软件，坡度规，地质罗盘，风表，风压表。
石油和天然气开采业	安全、机械、电气、采油、储运。	火灾、爆炸、扩散定量风险计算分析软件，测温仪，测厚仪，便携式有毒有害、可燃气体检测报警仪。
石油加工业，化学原料、化学品及医药制造业，燃气生产及供应业，炼焦业	安全、机械、电气、化工工艺、土木工程，仪表自动化。	火灾、爆炸、扩散定量风险计算分析软件，测温仪，测厚仪，便携式有毒有害、可燃气体检测报警仪。
烟花爆竹、民用爆破器材制造业	安全、机械、电气、火工、爆炸。	火灾、爆炸、扩散定量风险计算分析软件，高精度温、湿度仪，手持式静电测试仪。

第二类

业务范围	专业人员要求	装备名称
尾矿库	安全、机械、电气、土木工程、地质、给排水。	坝体稳定性计算软件，调洪计算软件，渗流计算软件，坡度规，地质罗盘，求积仪。
房屋和土木工程建筑业	安全、机械、电气、土木工程、给排水。	定量分析计算软件，漏电保护器测试仪，风表，经纬仪。
管道运输业	安全、机械、电气、储运、地质。	火灾、爆炸、扩散定量风险计算分析软件，便携式有毒有害、可燃气体检测报警仪，测温仪，测厚仪。
仓储业	安全、机械、电气、土木工程、给排水。	风表，湿度计，红外测温仪，测高仪，便携式有毒有害、可燃气体检测报警仪。
水利、水电工程业	安全、机械、电气、动力、水利水电工程、地质、给排水。	地下洞室火灾模拟软件，溃坝风险分析软件，地质罗盘，求积仪，经纬仪，万能试验机，位移计，激振锤，温湿度计，照度计，LN 弦式便携读数仪，LN 光电式坐标仪标定器。
火力发电业，热力生产和供应业	安全、机械、电气、热能与动力、给排水。	火灾、爆炸、扩散定量风险计算分析软件，红外测温仪，照度计，便携式氢气报警仪，风表。
风力发电、太阳能发电、再生能源发电业	安全、机械、电气、土木工程、地质。	地下洞室火灾模拟软件，地质罗盘，求积仪，经纬仪，万能试验机，位移计，激振锤，温湿度计，照度计，LN 弦式便携读数仪，LN 光电式坐标仪标定器。
核工业设施	安全、机械、电气、核工程与核技术、工程物理、土木工程、热能与动力工程。	X、γ 射线测量仪，环境 X、γ 剂量率仪，α、β 表面污染监测仪，热释光剂量元件，热释光测读装置，中子测量用径迹片，β 射线个人剂量计，β 射线个人剂量测读装置，灰化装置，固体径迹探测元件，元件测读装置，氡测量仪，X、γ 剂量率仪，γ 能谱仪，低本底 α、β 测量仪，低本底 α 能谱仪，中子测量仪。
黑色、有色金属冶炼及压延加工业，金属制品业，非金属矿物制品业	安全、机械、电气、给排水、冶金。	多功能可燃气体检测报警仪，有毒气体检测报警仪，温度/湿度仪，热辐射监测仪，经纬仪。

业务范围	专业人员要求	装备名称
铁路运输、城市轨道交通及辅助设施	安全、机械、电气、土木工程、通风。	灾害后果计算软件，风险分析软件，经纬仪。
公路	安全、机械、电气、土木工程、地质。	驾驶模拟器，线形检测车，生物反馈仪，多功能坡度尺，摆式仪，水准仪，全站仪，交调仪，照度计，无损探伤检测仪，岩体三维压力检测仪。
港口码头	安全 、机械、电气、建筑。	火灾、爆炸、扩散定量风险计算分析软件，温、湿度仪，照度计，接地电阻仪，便携式有毒、有害可燃气体检测报警仪。
机械设备电器制造业	安全、机械、电气、铸造。	除通用设备外，可根据评价工作实际需要配备相关装备。
轻工、纺织、烟草加工制造业	安全、机械、电气、化工。	除通用设备外，可根据评价工作实际需要配备相关装备。

其他类：可根据安全生产实际工作需要，双方协商确定，开展安全评价活动。

备注：

1. 通用设备：计算机、打印机、传真机、复印机、扫描仪、照相机、摄像机、投影仪、碎纸机、录音设备、对讲机、GPS 定位仪、激光测距仪、个体防护用品、交通工具等。

2. 办公条件：甲级资质机构不少于 400 平方米，其中：档案室面积不少于 50 平方米；乙级资质机构不少于 250 平方米，其中：档案室面积不少于 30 平方米。

3. 专业能力可通过专职安全评价师学历证书、职称证书、学术专著、科研论文、科技发明、科技进步奖等从业经历证明材料。

附件 2：

乙级资质安全评价机构审批备案表

<table>
<tr><td>机构名称</td><td colspan="5"></td></tr>
<tr><td>资质证书编号</td><td colspan="2"></td><td>资质有效期</td><td colspan="2">年　月　日</td></tr>
<tr><td>批准机关</td><td colspan="2"></td><td>批准文号</td><td colspan="2"></td></tr>
<tr><td>批准日期</td><td colspan="2"></td><td></td><td colspan="2"></td></tr>
<tr><td>安全评价
业务范围
（文字表述）</td><td colspan="5"></td></tr>
<tr><td>技术负责人</td><td colspan="2"></td><td>过程控制
负责人</td><td colspan="2"></td></tr>
<tr><td>安全评价
师人数</td><td colspan="5">一级：　人；　二级：　人；　三级：　人</td></tr>
<tr><td>从业人员职称</td><td colspan="3">高级：　人；
中级：　人；初级：　人：</td><td>注册安全工
程师人数</td><td></td></tr>
<tr><td>企业法人
营业执照编号</td><td></td><td>颁发日期</td><td></td><td>注册资金</td><td></td></tr>
<tr><td>颁发机关</td><td colspan="2"></td><td>有效期</td><td colspan="2"></td></tr>
<tr><td>注册地址</td><td colspan="5"></td></tr>
<tr><td>办公地址</td><td colspan="3"></td><td>邮政
编码</td><td></td></tr>
<tr><td>电　话</td><td></td><td>传真</td><td></td><td>电子
邮箱</td><td></td></tr>
<tr><td>法定代表人</td><td></td><td>电话</td><td></td><td>移动
电话</td><td></td></tr>
<tr><td>机构负责人</td><td></td><td>电话</td><td></td><td>移动
电话</td><td></td></tr>
<tr><td>机构联系人</td><td></td><td>电话</td><td></td><td>移动
电话</td><td></td></tr>
<tr><td colspan="6">备注：</td></tr>
</table>

审批机关（盖章）

附件 3：

甲级资质安全评价机构
跨省（自治区、直辖市）开展评价工作报告表

机构名称					
资质编号					
资质证书有效期					
业务范围 （填写内容）					
拟在本地区开展评价业务内容					
企业法人营业执照编号					
颁发机关		颁发日期			
注册地址					
办公地址					
联系电话		传真			
电子邮件		邮政编码			
法定代表人		性别		移动电话	
联系电话		电子邮箱			
机构联系人		性别		移动电话	
联系电话		电子邮箱			
颁发机关		颁发日期			
注册地址		营业执照编号			
办公地址				邮编	
联系电话		传真			
报告表送达人		移动电话			

备注：甲级机构除应向项目所在地省级安全生产监管部门、煤矿安全监察机构提供工作报告表外，还应提供如下材料：

1. 安全评价机构资质证书正、副本影印件。
2. 企业法人营业执照正、副本影印件。
3. 已设立分公司的还需提供分公司营业执照正副本影印件。

评价机构（盖章）

报送日期：　　年　月　日

作业场所职业健康监督管理暂行规定

（2009年6月15日国家安全生产监督管理总局局长办公会议审议通过，2009年7月1日国家安全生产监督管理总局公第23号公布，自2009年9月1日起施行）

第一章 总则

第一条 为了加强工矿商贸生产经营单位作业场所职业健康的监督管理，强化生产经营单位职业危害防治的主体责任，预防、控制和消除职业危害，保障从业人员生命安全和健康，根据《职业病防治法》、《安全生产法》等法律、行政法规和国务院有关职业健康监督检查职责调整的规定，制定本规定。

第二条 除煤矿企业以外的工矿商贸生产经营单位（以下简称生产经营单位）作业场所的职业危害防治和安全生产监督管理部门对其实施监督管理工作，适用本规定。

煤矿企业作业场所的职业危害防治和煤矿安全监察机构对其实施监察工作，另行规定。

第三条 生产经营单位应当加强作业场所的职业危害防治工作，为从业人员提供符合法律、法规、规章和国家标准、行业标准的工作环境和条件，采取有效措施，保障从业人员的职业健康。

第四条 生产经营单位是职业危害防治的责任主体。

生产经营单位的主要负责人对本单位作业场所的职业危害防治工作全面负责。

第五条 国家安全生产监督管理总局负责全国生产经营单位作业场所职业健康的监督管理工作。

县级以上地方人民政府安全生产监督管理部门负责本行政区域内生产经营单位作业场所职业健康的监督管理工作。

第六条 为作业场所职业危害防治提供技术服务的职业健康技术服务机构，应当依照法律、法规、规章和执业准则，为生产经营单位提供技术服务。

第七条 任何单位和个人均有权向安全生产监督管理部门举报生产经营单位违反本规定的行为和职业危害事故。

第二章 生产经营单位的职责

第八条 存在职业危害的生产经营单位应当设置或者指定职业健康管理机构，配备专职或者兼职的职业健康管理人员，负责本单位的职业危害防治工作。

第九条 生产经营单位的主要负责人和职业健康管理人员应当具备与本单位所从事的生产经营活动相适应的职业健康知识和管理能力，并接受安全生产监督管理部门组织的职业健康培训。

第十条 生产经营单位应当对从业人员进行上岗前的职业健康培训和在岗期间的定期职业健康培训，普及职业健康知识，督促从业人员遵守职业危害防治的法律、法规、规章、国家标准、行业标准和操作规程。

第十一条 存在职业危害的生产经营单位应当建立、健全下列职业危害防治制度和操作规程：

（一）职业危害防治责任制度；

（二）职业危害告知制度；

（三）职业危害申报制度；

（四）职业健康宣传教育培训制度；

（五）职业危害防护设施维护检修制度；

（六）从业人员防护用品管理制度；

（七）职业危害日常监测管理制度；

（八）从业人员职业健康监护档案管理制度；

（九）岗位职业健康操作规程；

（十）法律、法规、规章规定的其他职业危害防治制度。

第十二条 存在职业危害的生产经营单位

的作业场所应当符合下列要求：

（一）生产布局合理，有害作业与无害作业分开；

（二）作业场所与生活场所分开，作业场所不得住人；

（三）有与职业危害防治工作相适应的有效防护设施；

（四）职业危害因素的强度或者浓度符合国家标准、行业标准；

（五）法律、法规、规章和国家标准、行业标准的其他规定。

第十三条　存在职业危害的生产经营单位，应当按照有关规定及时、如实将本单位的职业危害因素向安全生产监督管理部门申报，并接受安全生产监督管理部门的监督检查。

第十四条　新建、改建、扩建的工程建设项目和技术改造、技术引进项目（以下统称建设项目）可能产生职业危害的，建设单位应当按照有关规定，在可行性论证阶段委托具有相应资质的职业健康技术服务机构进行预评价。职业危害预评价报告应当报送建设项目所在地安全生产监督管理部门备案。

第十五条　产生职业危害的建设项目应当在初步设计阶段编制职业危害防治专篇。职业危害防治专篇应当报送建设项目所在地安全生产监督管理部门备案。

第十六条　建设项目的职业危害防护设施应当与主体工程同时设计、同时施工、同时投入生产和使用（以下简称"三同时"）。职业危害防护设施所需费用应当纳入建设项目工程预算。

第十七条　建设项目在竣工验收前，建设单位应当按照有关规定委托具有相应资质的职业健康技术服务机构进行职业危害控制效果评价。建设项目竣工验收时，其职业危害防护设施依法经验收合格，取得职业危害防护设施验收批复文件后，方可投入生产和使用。

职业危害控制效果评价报告、职业危害防护设施验收批复文件应当报送建设项目所在地安全生产监督管理部门备案。

第十八条　存在职业危害的生产经营单位，应当在醒目位置设置公告栏，公布有关职业危害防治的规章制度、操作规程和作业场所职业危害因素监测结果。

对产生严重职业危害的作业岗位，应当在醒目位置设置警示标识和中文警示说明。警示说明应当载明产生职业危害的种类、后果、预防和应急处置措施等内容。

第十九条　生产经营单位必须为从业人员提供符合国家标准、行业标准的职业危害防护用品，并督促、教育、指导从业人员按照使用规则正确佩戴、使用，不得发放钱物替代发放职业危害防护用品。

生产经营单位应当对职业危害防护用品进行经常性的维护、保养，确保防护用品有效。不得使用不符合国家标准、行业标准或者已经失效的职业危害防护用品。

第二十条　生产经营单位对职业危害防护设施应当进行经常性的维护、检修和保养，定期检测其性能和效果，确保其处于正常状态。不得擅自拆除或者停止使用职业危害防护设施。

第二十一条　存在职业危害的生产经营单位应当设有专人负责作业场所职业危害因素日常监测，保证监测系统处于正常工作状态。监测的结果应当及时向从业人员公布。

第二十二条　存在职业危害的生产经营单位应当委托具有相应资质的中介技术服务机构，每年至少进行一次职业危害因素检测，每三年至少进行一次职业危害现状评价。定期检测、评价结果应当存入本单位的职业危害防治档案，向从业人员公布，并向所在地安全生产监督管理部门报告。

第二十三条　生产经营单位在日常的职业危害监测或者定期检测、评价过程中，发现作业场所职业危害因素的强度或者浓度不符合国家标准、行业标准的，应当立即采取措施进行整改和治理，确保其符合职业健康环境和条件的要求。

第二十四条　向生产经营单位提供可能产生职业危害的设备的，应当提供中文说明书，并在设备的醒目位置设置警示标识和中文警示说明。警示说明应当载明设备性能、可能产生的职业危害、安全操作和维护注意事项、职业危害防护措施等内容。

第二十五条　向生产经营单位提供可能产生职业危害的化学品等材料的，应当提供中文说明书。说明书应当载明产品特性、主要成份、存在的有害因素、可能产生的危害后果、安全使用注意事项、职业危害防护和应急处置措施等内容。产品包装应当有醒目的警示标识和中文警示说明。贮存场所应当设置危险物品标识。

第二十六条　任何生产经营单位不得使用国家明令禁止使用的可能产生职业危害的设备或者材料。

第二十七条　任何单位和个人不得将产生职业危害的作业转移给不具备职业危害防护条件的单位和个人。不具备职业危害防护条件的单位和个人不得接受产生职业危害的作业。

第二十八条　生产经营单位应当优先采用有利于防治职业危害和保护从业人员健康的新技术、新工艺、新材料、新设备，逐步替代产生职业危害的技术、工艺、材料、设备。

第二十九条　生产经营单位对采用的技术、工艺、材料、设备，应当知悉其可能产生的职业危害，并采取相应的防护措施。对可能产生职业危害的技术、工艺、材料、设备故意隐瞒其危害而采用的，生产经营单位主要负责人对其所造成的职业危害后果承担责任。

第三十条　生产经营单位与从业人员订立劳动合同（含聘用合同，下同）时，应当将工作过程中可能产生的职业危害及其后果、职业危害防护措施和待遇等如实告知从业人员，并在劳动合同中写明，不得隐瞒或者欺骗。生产经营单位应当依法为从业人员办理工伤保险，缴纳保险费。

从业人员在履行劳动合同期间因工作岗位或者工作内容变更，从事与所订立劳动合同中未告知的存在职业危害的作业的，生产经营单位应当依照前款规定，向从业人员履行如实告知的义务，并协商变更原劳动合同相关条款。

生产经营单位违反本条第一款、第二款规定的，从业人员有权拒绝作业。生产经营单位不得因从业人员拒绝作业而解除或者终止与从业人员所订立的劳动合同。

第三十一条　对接触职业危害的从业人员，生产经营单位应当按照国家有关规定组织上岗前、在岗期间和离岗时的职业健康检查，并将检查结果如实告知从业人员。职业健康检查费用由生产经营单位承担。

生产经营单位不得安排未经上岗前职业健康检查的从业人员从事接触职业危害的作业；不得安排有职业禁忌的从业人员从事其所禁忌的作业；对在职业健康检查中发现有与所从事职业相关的健康损害的从业人员，应当调离原工作岗位，并妥善安置；对未进行离岗前职业健康检查的从业人员，不得解除或者终止与其订立的劳动合同。

第三十二条　生产经营单位应当为从业人员建立职业健康监护档案，并按照规定的期限妥善保存。

从业人员离开生产经营单位时，有权索取本人职业健康监护档案复印件，生产经营单位应当如实、无偿提供，并在所提供的复印件上签章。

第三十三条　生产经营单位不得安排未成年工从事接触职业危害的作业；不得安排孕期、哺乳期的女职工从事对本人和胎儿、婴儿有危害的作业。

第三十四条　生产经营单位发生职业危害事故，应当及时向所在地安全生产监督管理部门和有关部门报告，并采取有效措施，减少或者消除职业危害因素，防止事故扩大。对遭受职业危害的从业人员，及时组织救治，并承担所需费用。

生产经营单位及其从业人员不得迟报、漏报、谎报或者瞒报职业危害事故。

第三十五条　作业场所使用有毒物品的生产经营单位，应当按照有关规定向安全生产监督管理部门申请办理职业卫生安全许可证。

第三十六条　生产经营单位在安全生产监督管理部门行政执法人员依法履行监督检查职

责时，应当予以配合，不得拒绝、阻挠。

第三章 监督管理

第三十七条 安全生产监督管理部门依法对生产经营单位执行有关职业危害防治的法律、法规、规章和国家标准、行业标准的下列情况进行监督检查：

（一）职业健康管理机构设置、人员配备情况；

（二）职业危害防治制度和规程的建立、落实及公布情况；

（三）主要负责人、职业健康管理人员、从业人员的职业健康教育培训情况；

（四）作业场所职业危害因素申报情况；

（五）作业场所职业危害因素监测、检测及结果公布情况；

（六）职业危害防护设施的设置、维护、保养情况，以及个体防护用品的发放、管理及从业人员佩戴使用情况；

（七）职业危害因素及危害后果告知情况；

（八）职业危害事故报告情况；

（九）依法应当监督检查的其他情况。

第三十八条 安全生产监督管理部门应当建立健全职业危害的监督检查制度，加强行政执法人员职业健康知识的培训，提高行政执法人员的业务素质。

第三十九条 安全生产监督管理部门应当建立健全职业危害防护设施“三同时”的备案管理制度，加强职业危害相关资料的档案管理。

第四十条 安全生产监督管理部门对从事职业危害防治工作的职业健康技术服务机构实行登记备案管理制度。依法取得相应资质的职业健康技术服务机构，应当向安全生产监督管理部门登记备案。

从事作业场所职业危害检测、评价等工作的中介技术服务机构应当客观、真实、准确地开展检测、评价工作，并对其检测、评价的结果负责。

第四十一条 安全生产监督管理部门应当加强对职业健康技术服务机构的监督检查，发现存在违法违规行为的，及时向有关部门通报。

第四十二条 安全生产监督管理部门行政执法人员依法履行监督检查职责时，应当出示有效的执法证件。

行政执法人员应当忠于职守，秉公执法，严格遵守执法规范；对涉及被检查单位的技术秘密和业务秘密的，应当为其保密。

第四十三条 安全生产监督管理部门履行监督检查职责时，有权采取下列措施：

（一）进入被检查单位及作业场所，进行职业危害检测，了解有关情况，调查取证；

（二）查阅、复制被检查单位有关职业危害防治的文件、资料，采集有关样品；

（三）对有根据认为不符合职业危害防治的国家标准、行业标准的设施、设备、器材予以查封或者扣押，并应当在15日内依法作出处理决定。

第四十四条 发生职业危害事故的，安全生产监督管理部门应当并依照国家有关规定报告事故和组织事故的调查处理。

第四章 罚 则

第四十五条 生产经营单位有下列情形之一的，给予警告，责令限期改正；逾期未改正的，处2万元以下的罚款：

（一）未按照规定设置或者指定职业健康管理机构，或者未配备专职或者兼职的职业健康管理人员的；

（二）未按照规定建立职业危害防治制度和操作规程的；

（三）未按照规定公布有关职业危害防治的规章制度和操作规程的；

（四）生产经营单位主要负责人、职业健康管理人员未按照规定接受职业健康培训的；

（五）生产经营单位未按照规定组织从业人员进行职业健康培训的；

（六）作业场所职业危害因素监测、检测和评价结果未按照规定存档、报告和公布的。

第四十六条 生产经营单位有下列情形之一的，责令限期改正，给予警告，可以并处2万元以上5万元以下的罚款：

（一）未按照规定及时、如实申报职业危害因素的；

（二）未按照规定设有专人负责作业场所职业危害因素日常监测，或者监测系统不能正常监测的；

（三）订立或者变更劳动合同时，未告知从业人员职业危害真实情况的；

（四）未按照规定组织从业人员进行职业健康检查、建立职业健康监护档案，或者未将检查结果如实告知从业人员的。

第四十七条　生产经营单位有下列情形之一的，给予警告，责令限期改正；逾期未改正的，处5万元以上20万元以下的罚款；情节严重的，责令停止产生职业危害的作业，或者提请有关人民政府按照国务院规定的权限责令关闭：

（一）作业场所职业危害因素的强度或者浓度超过国家标准、行业标准的；

（二）未提供职业危害防护设施和从业人员使用的职业危害防护用品，或者提供的职业危害防护设施和从业人员使用的职业危害防护用品不符合国家标准、行业标准的；

（三）未按照规定对职业危害防护设施和从业人员职业危害防护用品进行维护、检修、检测，并保持正常运行、使用状态的；

（四）未按照规定对作业场所职业危害因素进行检测、评价的；

（五）作业场所职业危害因素经治理仍然达不到国家标准、行业标准的；

（六）发生职业危害事故，未采取有效措施，或者未按照规定及时报告的；

（七）未按照规定在产生职业危害的作业岗位醒目位置公布操作规程、设置警示标识和中文警示说明的；

（八）拒绝安全生产监督管理部门依法履行监督检查职责的。

第四十八条　生产经营单位有下列情形之一的，责令限期改正，并处5万元以上30万元以下的罚款；情节严重的，责令停止产生职业危害的作业，或者提请有关人民政府按照国务院规定的权限责令关闭：

（一）隐瞒技术、工艺、材料所产生的职业危害而采用的；

（二）使用国家明令禁止使用的可能产生职业危害的设备或者材料的；

（三）将产生职业危害的作业转移给没有职业危害防护条件的单位和个人，或者没有职业危害防护条件的单位和个人接受产生职业危害作业的；

（四）擅自拆除、停止使用职业危害防护设施的；

（五）安排未经职业健康检查的从业人员、有职业禁忌的从业人员、未成年工或者孕期、哺乳期女职工从事接触产生职业危害作业或者禁忌作业的。

第四十九条　生产经营单位违反有关职业危害防治法律、法规、规章和国家标准、行业标准的规定，已经对从业人员生命健康造成严重损害的，责令停止产生职业危害的作业，或者提请有关人民政府按照国务院规定的权限责令关闭，并处10万元以上30万元以下的罚款。

第五十条　建设项目职业危害预评价报告、职业危害防治专篇、职业危害控制效果评价报告和职业危害防护设施验收批复文件未按照本规定要求备案的，给予警告、并处3万元以下的罚款。

第五十一条　向生产经营单位提供可能产生职业危害的设备或者材料，未按照规定提供中文说明书或者设置警示标识和中文警示说明的，责令限期改正，给予警告，并处5万元以上20万元以下的罚款。

第五十二条　安全生产监督管理部门及其行政执法人员未按照规定报告职业危害事故的，依照有关规定给予处理；构成犯罪的，依法追究刑事责任。

第五十三条　本规定所规定的对作业场所职业健康违法行为的处罚，由县级以上安全生产监督管理部门决定。法律、行政法规和国务院有关规定对行政处罚决定机关另有规定的，依照其规定。

第五章　附　则

第五十四条　本规定下列用语的含义：

作业场所，是指从业人员进行职业活动的所有地点，包括建设单位施工场所。

职业危害，是指从业人员在从事职业活动中，由于接触粉尘、毒物等有害因素而对身体健康所造成的各种损害。

职业禁忌，是指从业人员从事特定职业或者接触特定职业危害因素时，比一般职业人群更易于遭受职业危害损伤和罹患职业病，或者可能导致原有自身疾病病情加重，或者在从事作业过程中诱发可能导致对他人生命健康构成危险的疾病的个人特殊生理或者病理状态。

第五十五条　本规定未规定的职业危害防治的其他有关事项，依照《职业病防治法》和其他有关法律、行政法规的规定执行。

第五十六条　本规定自2009年9月1日起施行。

作业场所职业危害申报管理办法

（2009年8月24日国家安全生产监督
管理总局局长办公会议审议通过，
2009年9月8日国家安全生产监督
管理总局令第27号公布，
自2009年11月1日起施行）

第一条　为了规范作业场所职业危害的申报工作，加强对生产经营单位职业健康工作的监督管理，根据《中华人民共和国职业病防治法》、《使用有毒物品作业场所劳动保护条例》等法律、行政法规和国务院有关职业健康监督检查职责调整的规定，制定本办法。

第二条　在中华人民共和国境内存在或者产生职业危害的生产经营单位（煤矿企业除外），应当按照国家有关法律、行政法规及本办法的规定，及时、如实申报职业危害，并接受安全生产监督管理部门的监督管理。

煤矿企业作业场所职业危害申报的管理，另行规定。

第三条　本办法所称作业场所职业危害，是指从业人员在从事职业活动中，由于接触粉尘、毒物等有害因素而对身体健康所造成的各种损害。

作业场所职业危害按照《职业病危害因素分类目录》确定。

第四条　职业危害申报工作实行属地分级管理。生产经营单位应当按照规定对本单位作业场所职业危害因素进行检测、评价，并按照职责分工向其所在地县级以上安全生产监督管理部门申报。

中央企业及其所属单位的职业危害申报，按照职责分工向其所在地设区的市级以上安全生产监督管理部门申报。

第五条　生产经营单位申报职业危害时，应当提交《作业场所职业危害申报表》和下列有关资料：

（一）生产经营单位的基本情况；

（二）产生职业危害因素的生产技术、工艺和材料的情况；

（三）作业场所职业危害因素的种类、浓度和强度的情况；

（四）作业场所接触职业危害因素的人数及分布情况；

（五）职业危害防护设施及个人防护用品的配备情况；

（六）对接触职业危害因素从业人员的管理情况；

（七）法律、法规和规章规定的其他资料。

第六条　作业场所职业危害申报采取电子和纸质文本两种方式。生产经营单位通过“作业场所职业危害申报与备案管理系统”进行电子数据申报，同时将《作业场所职业危害申报表》加盖公章并由生产经营单位主要负责人签字后，按照本办法第四条和第五条的规定，连同有关资料一并上报所在地相应的安全生产监督管理部门。

第七条　作业场所职业危害申报不得收取任何费用。

第八条　作业场所职业危害每年申报一次。生产经营单位下列事项发生重大变化的，应当按照本条规定向原申报机关申报变更：

（一）进行新建、改建、扩建、技术改造或者技术引进的，在建设项目竣工验收之日起 30 日内进行申报；

（二）因技术、工艺或者材料发生变化导致原申报的职业危害因素及其相关内容发生重大变化的，在技术、工艺或者材料变化之日起 15 日内进行申报；

（三）生产经营单位名称、法定代表人或者主要负责人发生变化的，在发生变化之日起 15 日内进行申报。

第九条　生产经营单位终止生产经营活动的，应当在生产经营活动终止之日起 15 日内向原申报机关报告并办理相关手续。

第十条　县级以上安全生产监督管理部门应当建立职业危害管理档案。职业危害管理档案应当包括辖区内存在职业危害因素的生产经营单位数量、职业危害因素种类、行业及地区分布、接触人数、防护设施的配备和职业卫生管理状况等内容。

第十一条　安全生产监督管理部门应当依法对生产经营单位作业场所职业危害申报情况进行监督检查。

第十二条　安全生产监督管理部门及其工作人员在对职业危害申报材料审查以及监督检查中，涉及生产经营单位商业秘密和技术秘密的，应当为其保密。违反有关保密义务的，应当承担相应的法律责任。

第十三条　生产经营单位未按照本办法规定及时、如实地申报职业危害的，由安全生产监督管理部门给予警告，责令限期改正，可以并处 2 万元以上 5 万元以下的罚款。

第十四条　生产经营单位有关事项发生重大变化，未按照本办法第八条的规定申报变更的，由安全生产监督管理部门责令限期改正，可以并处 1 万元以上 3 万元以下罚款。

第十五条　《作业场所职业危害申报表》、《作业场所职业危害申报回执》的内容和格式由国家安全生产监督管理总局统一制定。

第十六条　本办法自 2009 年 11 月 1 日起施行。

国务院办公厅关于进一步清理取消和调整行政审批项目的通知

国办发〔2007〕22 号

国务院各部委、各直属机构：

为深入贯彻实施行政许可法，进一步减少行政审批项目，规范行政行为，按照国务院要求，各部门近期要对现有的行政审批项目进行集中清理，下决心再取消和调整一批行政许可项目和非行政许可审批项目。现就有关事项通知如下：

一、取消和调整的原则

总的要求是，按照合法、合理、效能、责任和监督的原则，对现有的行政许可项目和非行政许可审批项目进行全面清理，该取消的一律取消，该调整的必须调整。

（一）对虽有法定设定依据，但与现实管理要求不相适应，难以达到管理目的的，予以取消或调整。

（二）对通过市场机制、行业自律能够解决的，予以取消或调整。其中，可由社会团体、行业组织和中介机构进行自律管理的，一律交给社会团体、行业组织和中介机构。

（三）对通过质量认证、事后监管可以达到管理目的的，予以取消或调整。

（四）对一个审批事项多部门、多环节审批的，必须按照相同或相近的职能由一个部门承担和权责一致的原则进行调整，该取消的必须取消。

（五）对省级以下机关可以实施的，必须按

照方便申请人、便于监管的原则，下放管理层级。

二、清理、取消和调整工作步骤

这次清理、取消和调整行政审批项目工作，分为四个阶段进行：(一) 全面清理阶段(5月15日前完成)。各部门要对现有的行政许可项目和非行政许可审批项目进行彻底清理，逐项分析其设立的背景、管理目标及必要性、有效性，提出拟取消或调整的意见，并填写《拟取消或调整行政审批项目意见表》(附件1)；对其他部门与本部门职能相关的项目，按照有利于发挥管理效力、提高行政效率的原则，提出取消或调整的建议，并填写《相关部门行政审批项目取消或调整建议表》(附件2)；对本部门已自行取消或调整的项目，填写《部门自行取消或调整的行政审批项目登记表》(附件3)；对2004年7月1日以后新设立的项目，填写《新设立行政审批项目登记表》(附件4)。

请将上述表格一式3份及电子版，于5月15日前送国务院行政审批制度改革工作领导小组办公室(以下简称国务院审改办)。

(二) 论证审核阶段(6月15日前完成)。国务院审改办组织国务院相关部门、地方政府、基层单位、管理相对人以及专家学者，对各部门提出的拟取消或调整意见进行评估论证，在此基础上，再会同法制办、中央编办等部门进行联合审核，提出具体意见。

(三) 协商处理阶段(7月15日前完成)。国务院审改办就拟取消或调整的项目分别与有关部门进行协商，并签订确认函。

(四) 审议公布阶段(8月中旬完成)。由国务院审改办将审核和处理意见提交国务院行政审批制度改革工作领导小组审议后，报国务院批准并统一向社会公布。其中，涉及需要修改法律法规的，按法定程序办理。

三、工作要求

进一步清理、取消和调整行政审批项目，是推进政府职能转变和管理创新、完善社会主义市场经济体制的客观要求。各部门要从政治和大局的高度，深刻认识做好这项工作的重要性和必要性。要按照国务院的部署和要求，切实加强领导，采取得力措施，认真抓好落实。各部门主要负责同志要亲自抓，并明确一位领导具体负责。要抽调熟悉情况、了解政策的人员组成专门工作班子承担此项任务，确保这项工作按期限、高质量地完成。

附件：1. 拟取消或调整行政审批项目意见表(略)

2. 相关部门行政审批项目取消或调整建议表(略)

3. 部门自行取消或调整的行政审批项目登记表(略)

4. 新设立行政审批项目登记表(略)

2007年4月15日

国务院办公厅关于加快推进行业协会商会改革和发展的若干意见

国办发〔2007〕36号

各省、自治区、直辖市人民政府，国务院各部委、各直属机构：

改革开放以来，我国行业协会、商会（以下统称行业协会）发展较快，在提供政策咨询、加强行业自律、促进行业发展、维护企业合法权益等方面发挥了重要作用。但是，由于相关法律法规不健全，政策措施不配套，管理体制不完善，行业协会还存在着结构不合理、作用不突出、行为不规范等问题。党的十六届三中全会指出，要按市场化原则规范和发展各类行业协会等自律性组织；十六届六中全会进一步强调，要坚持培育发展和管理监督并重，完善培育扶持和依法管理社会组织的政策，发挥各类社会组织提供服务、反映诉求、规范行为的作用，为经济社会发展服务。为加快推进行业协会的改革和发展，更好地适应新形势的需要，经国务院同意，现提出以下意见：

一、行业协会改革发展的指导思想和总体要求

（一）指导思想

以邓小平理论和“三个代表”重要思想为指导，全面贯彻落实科学发展观，按照完善社会主义市场经济体制的总体要求，采取理顺关系、优化结构，改进监管、强化自律，完善政策、加强建设等措施，加快推进行业协会的改革和发展，逐步建立体制完善、结构合理、行为规范、法制健全的行业协会体系，充分发挥行业协会在经济建设和社会发展中的重要作用。

（二）总体要求

一是坚持市场化方向。通过健全体制机制和完善政策，创造良好的发展环境，优化结构和布局，提高行业协会素质，增强服务能力。二是坚持政会分开。理顺政府与行业协会之间的关系，明确界定行业协会职能，改进和规范管理方式。三是坚持统筹协调。做到培育发展与规范管理并重，行业协会改革与政府职能转变相协调。四是坚持依法监管。加快行业协会立法步伐，健全规章制度，实现依法设立、民主管理、行为规范、自律发展。

二、积极拓展行业协会的职能

（三）充分发挥桥梁和纽带作用

各级人民政府及其部门要进一步转变职能，把适宜于行业协会行使的职能委托或转移给行业协会。在出台涉及行业发展的重大政策措施前，应主动听取和征求有关行业协会的意见和建议。行业协会要努力适应新形势的要求，改进工作方式，深入开展行业调查研究，积极向政府及其部门反映行业、会员诉求，提出行业发展和立法等方面的意见和建议，积极参与相关法律法规、宏观调控和产业政策的研究、制定，参与制订修订行业标准和行业发展规划、行业准入条件，完善行业管理，促进行业发展。

（四）加强行业自律

行政执法与行业自律相结合，是完善市场监管体制的重要内容。行业协会担负着实施行业自律的重要职责，要围绕规范市场秩序，健全各项自律性管理制度，制订并组织实施行业职业道德准则，大力推动行业诚信建设，建立完善行业自律性管理约束机制，规范会员行为，协调会员关系，维护公平竞争的市场环境。

（五）切实履行好服务企业的宗旨

行业协会代表本行业企业的利益，必须切实为企业服务。行业协会根据授权进行行业统计，掌握国内外行业发展动态，收集、发布行业信息；依照有关规定创办报刊和网站，开展法律、政策、技术、管理、市场等咨询服务；组织人才、技术、管理、法规等培训，帮助会员企业提高素质、增强创新能力、改善经营管理；参与行业资质认证、新技术和新产品鉴定及推广、事故认定等相关工作；受政府委托承办或根据市场和行业发展需要举办交易会、展览会等，为企业开

拓市场创造条件。

（六）积极帮助企业开拓国际市场

行业协会要借鉴国外先进做法，在维护国内产业利益和支持企业参与国际竞争等方面充分发挥作用。要积极组织国内企业尤其是中小企业联合行动，开拓国外市场；建设行业公共服务平台，开展国内外经济技术交流与合作，联系相关国际组织，指导、规范和监督会员企业的对外交往活动；主动参与协调对外贸易争议，积极组织会员企业做好反倾销、反补贴和保障措施的应诉、申诉等相关工作，维护正常的进出口经营秩序。

三、大力推进行业协会的体制机制改革

（七）实行政会分开

行业协会要严格依照法律法规和章程独立自主地开展活动，切实解决行政化倾向严重以及依赖政府等问题。要从职能、机构、工作人员、财务等方面与政府及其部门、企事业单位彻底分开，目前尚合署办公的要限期分开。现职公务员不得在行业协会兼任领导职务，确需兼任的要严格按有关规定审批。行业协会使用的国有资产，要明确产权归属，按照有关规定划归行业协会使用和管理。建立政府购买行业协会服务的制度，对行业协会受政府委托开展业务活动或提供的服务，政府应支付相应的费用，所需资金纳入预算管理。

（八）改革和完善监管方式

要按照政会分开、分类管理、健全自律机制的原则，加强和改进行业协会登记管理工作。登记管理机关、业务主管单位和相关职能部门要加强沟通、密切配合，简化和规范管理内容和方式，逐步建立健全科学、规范、有效的监管体制，为行业协会创造公平、公正的发展环境。选择若干城市和全国性的行业协会，开展行业协会管理体制改革试点。条件成熟时，调整和改革行业协会间的代管关系。对根据法律法规授权履行特殊职能的注册会计师、注册资产评估师、律师等行业协会，有关部门要依法加强监督和指导。

（九）调整、优化结构和布局

积极推进行业协会的重组和改造，加快建立评估机制和优胜劣汰的退出机制。建立行业协会综合评价体系，定期跟踪评估，对诚信守法、严格自律、作用突出的要予以表彰。行业协会之间可通过适度竞争提高服务质量。在具有产业、产品和市场优势的经济发达地区和城市，可以将地方性的行业协会依法重组或改造为区域性的行业协会。全国性的行业协会可将总部设在产业集中、便于开展服务的地区和城市。积极创造条件，培育一批按市场化原则规范运作，在行业中具有广泛代表性，与国际接轨的行业协会。

四、加强行业协会的自身建设和规范管理

（十）健全法人治理结构

行业协会要建立和完善以章程为核心的内部管理制度，健全会员大会（会员代表大会）、理事会（常务理事会）制度，认真执行换届选举制度，实行民主管理，建立健全党的基层组织，充分发挥党组织的监督保障作用。理事会成员要严格按照民主程序选举产生，会长（理事长）应由理事会提出人选，通过会员大会（会员代表大会）以无记名投票方式选举产生，并逐步实行差额选举。鼓励选举企业家担任会长（理事长）。秘书长可通过选举、聘任或向社会公开招聘等方式产生。

（十一）深化劳动人事制度改革

行业协会要全面实行劳动合同制度，保障工作人员合法权益。建立健全岗位管理制度，完善激励机制，吸引优秀人才，优化人员的年龄、知识结构。加强专业人才队伍建设，行业协会及其分支机构、代表机构要配备专职工作人员，并参照国家有关规定，对符合条件的工作人员进行职称评定。

（十二）规范收费行为

会费收取标准和办法，由行业协会自主确定，经会员大会（会员代表大会）半数以上代表同意后方能生效。行业协会不得从事以营利为目的的经营活动，依法所得不得在会员中分配、

不得投入会员企业进行营利。未按照规定履行批准程序,不得针对企业举办全国性或行业性的评比活动,经批准举办的评比活动不得收取费用。行业协会举办展览会、交易会、研讨会、培训等活动可以实行有偿服务,收费应符合国家有关规定,并公开收费依据、标准和收支情况;对依法或经授权强制实施具有垄断性质的仲裁、认证、检验、鉴定以及资格考试等活动的收费,应执行行政事业性收费的有关规定。

(十三)加强财务管理

行业协会要建立健全财务管理、财务核算制度,设立专门的财务人员,并对所属分支机构、代表机构的财务实行统一管理。建立行业协会资产管理制度,并按有关规定接受监督检查。

(十四)加强对外交流管理

行业协会要建立和完善各项对外交流管理制度,在对外交往中遵守法律法规和纪律,维护国家利益。

五、完善促进行业协会发展的政策措施

(十五)落实社会保障制度

行业协会工作人员应按照国家有关规定和属地管理原则,参加当地养老、医疗、失业、工伤和生育等社会保险,履行缴费义务,享受相应的社会保障待遇。

(十六)完善税收政策

财政等部门要根据税制和行业协会改革进展情况,适时研究制定税收优惠政策,鼓励、支持协会加快发展。

(十七)建立健全法律法规体系

有关部门要总结经验,并借鉴发达国家的有益做法,做好立法调研和法律法规起草工作,将行业协会发展纳入法制化轨道。

(十八)加强和改进工作指导

各地区、各有关部门要积极采取措施,指导行业协会开展行业服务、自律、协调等工作。发展改革委要会同民政部等部门,抓紧制订配套措施,地方各级人民政府要结合实际制订具体的实施办法。

2007年5月13日

国务院办公厅关于进一步推进安全生产“三项行动”的通知

国办发〔2009〕32号

各省、自治区、直辖市人民政府,国务院各部委、各直属机构:

今年以来,在党中央、国务院的正确领导下,通过各地区、各部门、各单位的共同努力,全国安全生产保持了总体稳定、趋于好转的发展态势,但形势依然严峻,重特大事故时有发生,事故总量仍然较大。为认真贯彻全国“质量和安全年”工作的各项部署及全国安全生产电视电话会议精神,深入开展“安全生产年”活动,促进安全生产形势的持续稳定好转,经国务院同意,现就进一步推进安全生产执法行动、治理行动、宣传教育行动(以下简称“三项行动”)的有关事项通知如下:

一、工作目标

扎实开展安全生产“三项行动”,加强安全生产全员、全过程、全方位管理,推进“安全生产年”目标任务落实。加大安全生产执法力度,严厉打击非法违法生产经营行为,建立规范的安全生产法治秩序;深化安全生产专项治理,促进安全生产责任制落实,强化安全生产监管监察,治理纠正违规违章行为,狠抓隐患排查治理,切实加强和解决安全生产薄弱环节和突出问题;加强安全教育,牢固树立安全发展理念,增强全社会安全意识,提高广大从业人员的安全生产技能素质。通过开展安全生产“三项行动”,强化安全生产基层和基础管理,构建安全生产长效机制,坚决遏制重特大生产安全事故发生,促进全国安全生产形势持续稳定好转。

二、重点范围和内容

（一）安全生产"三项行动"的对象范围是，各地区、各行业（领域）、各生产经营单位。

主要包括：

1. 煤矿、金属和非金属矿山、尾矿库、化工、烟花爆竹、建筑施工、民爆物品、冶金、有色、石油、电力等工矿企业；

2. 道路交通、水运、铁路、民航等交通运输企业和渔业船舶、农机、水利等企业单位；

3. 商（市）场、公共娱乐场所、旅游景点、学校、医院、宾馆、网吧、公园等人员密集场所；

4. 锅炉、压力容器、电梯、起重机械、客运索道、大型游乐设施、厂（场）内机动车辆等特种设备；

5. 建设工程项目及设施；

6. 易受自然灾害影响的企业、单位、居民区和场所；

7. 2008年隐患排查治理不到位的企业、单位；

8. 近年来发生较大以上事故的单位。

（二）安全生产"三项行动"重点内容。

1. 执法行动。对下列行为依法进行打击或查处：

（1）无证或证照不全从事生产、经营、建设的；

（2）关闭取缔后又擅自生产、经营、建设的，小煤矿应关未关或关闭计划不落实的；

（3）私采滥挖、超层越界开采、尾矿库违规排放的；

（4）违反建设项目安全设施"三同时"规定，违法违规进行项目建设的；

（5）瞒报事故的；

（6）重大隐患隐瞒不报或不按规定期限予以整治的；

（7）不按规定进行安全培训或无证上岗的；

（8）拒不执行安全监管监察指令、抗拒安全执法的；

（9）其他非法违法生产、经营、建设行为。

2. 治理行动。对以下行为进行严格治理：

（1）安全生产工艺系统、技术装备、监控设施、作业环境、劳动防护用品配备不符合规定要求的；

（2）危险性较大的特种设备和危险物品的存储容器、运输工具完好率不达标及不按规定进行检测检验的；

（3）受自然灾害威胁而未落实防范措施的；

（4）隐患排查治理制度不健全、责任不明确、措施不落实、整改不到位的；

（5）应急救援队伍、装备不健全，应急预案制订修订演练不及时，以及自救装备配备不足、使用培训不够的；

（6）高危行业安全生产费用提取使用、安全生产风险抵押金交纳等经济政策落实不到位的；

（7）重大基础设施建设安全制度不完善、管理措施落实不到位的；

（8）违章指挥、违章作业、违反劳动纪律的；

（9）地方各级人民政府对有关地区、行业（领域）和企业单位的安全监管责任不落实，安全管理机构不健全，有关部门监督检查不到位，安全许可制度执行不严格的；

（10）有关地区和行业主管部门确定的行业（领域）及企业、单位安全隐患治理不到位的。

3. 宣传教育行动。着力开展以下宣传教育活动：

（1）宣传安全生产法律法规、规章制度，增强安全法制意识；

（2）宣传安全发展的理念，推进安全文化建设；

（3）宣传推广安全生产工作的典型经验和做法，推进安全生产示范企业建设；

（4）完善安全生产信息发布制度，公布生产安全事故企业"黑名单"、事故查处情况，加强安全生产舆论监督；

（5）深入开展"安全生产月"、"安全生产万里行"、"安全生产科技周"等集中宣传教育活动；

(6) 改革企业相关招用工制度，推广实行“变招工为招生”，加大委托学校定向培养工作力度；

(7) 严格教育培训机构监管，加强师资力量、培训装备建设，提高培训质量；

(8) 加强企业主要负责人、安全管理人员和特种作业人员培训，抓好新进人员安全教育，强化全员安全技能培训。

三、重点时段

“三项行动”要贯穿各地区、各行业(领域)、各单位全年安全生产工作始终，同步部署、同步实施、同步检查推进。同时要结合安全生产规律特点，统筹兼顾，突出重点，有计划、有步骤、有针对性地组织开展。

(一) 进一步细化方案，开展自查自纠(4月底以前)。

1. 各地区、各有关部门根据全国安全生产电视电话会议部署和本通知要求，结合2008年“隐患治理年”发现的突出问题，进一步细化本地区、本行业(领域)“三项行动”工作方案。国务院安全生产委员会办公室制定“三项行动”实施方案。省级人民政府、国务院各有关部门的“三项行动”具体实施方案报国务院安全生产委员会办公室。

2. 各地区、各有关部门、各企业和单位要按照“三项行动”内容要求，抓好组织发动，提高思想认识，认真开展自查自纠，针对存在的问题和薄弱环节，制定整改计划，落实整改措施，严防事故发生。

(二) 加强督促检查，全面推进各项工作(5至9月)。

1. 针对煤矿、金属和非金属矿山、道路交通、烟花爆竹、化工、建筑施工、民爆物品、消防等重点行业(领域)存在的非法违法行为，落实地方政府安全监管责任，组织有关部门联合执法，严厉打击各类非法违法生产、经营、建设行为。

2. 进一步强化煤矿瓦斯治理和整顿关闭、尾矿库安全整治、化工企业规范生产运营、危险化学品安全运输、道路交通超员超载超速超限治理、人员密集场所火灾隐患治理、建筑施工防坍塌坠落、砂石运输船和施工船安全管理等专项整治措施，切实防范遏制重特大事故发生。

3. 落实汛期防洪、防透水、防坍塌、防泥石流、防雷电等措施，严密防范因台风、暴雨、洪水等自然灾害引发生产安全事故。

4. 认真组织开展安全生产月等宣传活动，进一步抓好安全生产方针政策和各项任务措施的宣传贯彻落实；加强岗前培训，推进职业安全教育，促进提高广大从业人员安全素质。

5. 各地区、各部门在9月份组织开展全国安全生产大检查，国务院安全生产委员会组织开展专项督查，为国庆60周年创造安全稳定环境。

(三) 深化“三项行动”，巩固扩大成果(10至12月)。

1. 针对四季度工作的特点，进一步完善执法措施，提高执法效能，坚决查处和打击超能力、超强度、超定员生产，超员、超载、超速、超限运输等违法违规行为，以及非法生产、贮存、销售烟花爆竹、火工品等行为；认真落实防火、防爆、防尘、防静电、防寒风大潮、防冰雪灾害、防冻裂泄漏，以及交通运输安全防范等各项措施，切实消除事故隐患。

2. 地方各级人民政府对“三项行动”开展情况进行督查，并进行全面总结。省级人民政府和国务院有关部门将“三项行动”开展情况于12月上旬报国务院安全生产委员会办公室。同时，国务院安全生产委员会组织开展综合督查，于12月底前将全国开展“三项行动”情况报国务院。

四、工作要求

(一) 加强组织领导

地方各级人民政府统一组织实施“三项行动”，层层落实责任，对影响安全生产的重大问题要抓住不放，组织安全监管、国土资源、工业和信息化、公安、住房城乡建设、工商等部门，明确牵头单位，加强联合执法和督促检查。国务院有关部门要对本行业（领域）开展“三项行动”加强督促指导，国务院安全生产委员会办公室做好综合协调。落实企业安全生产主体责任，企业法定代表人要针对“三项行动”内容，强化各项措施，确保安全生产。

（二）抓好协调推进

着重做好“三个结合”：一是安全执法与安全治理相结合，重点打击非法违法生产、经营、建设行为，同时对安全治理过程中的重大隐患和问题，要及时组织联合执法、专项执法督促解决；二是“三项行动”与“三项建设”（安全生产法制体制机制、保障能力和监管监察队伍建设）相结合，研究把握安全生产规律，完善和落实治本之策，推进建立安全生产长效机制；三是“三项行动”与安全生产日常工作相结合，严格安全生产许可，推进安全生产标准化建设，加强安全监管监察，务求实效。

（三）突出工作重点

立足于治大隐患、防大事故，依法严厉打击非法违法行为、治理违规违章现象，对不具备安全生产条件且难以整改到位的单位，该关闭的坚决关闭、该取缔的坚决取缔；狠抓重点行业（领域）和企业的规范化建设，进一步加大安全投入，加快安全技术改造，淘汰落后生产能力，提高安全基础保障水平；组织开展职业安全健康检查，促进企业改善安全生产和劳动保障条件；加大“五一”、汛期、“十一”、第四季度等重点时段和关键节点的安全防范工作，坚决遏制重特大事故发生。

（四）严格责任追究

要协调执法行动，严格行政执法，触犯刑律的要移交司法部门，依法追究刑事责任。要健全完善和落实重大隐患公告公示、挂牌督办、跟踪治理和逐项整改销号等制度，对因隐患排查治理工作不力而引发事故的，依法严厉查处。要充分发挥生产安全事故处理协调机制的作用，严肃追究责任，坚决惩处生产安全事故涉及的瞒报事故、失职、渎职以及事故背后的腐败行为，公开查处结果，接受社会监督。

（五）强化监督检查

地方各级人民政府及负有安全监管、行业管理职责的各部门要切实加强对“三项行动”的监督检查和指导，及时研究、协调解决行动中出现的突出问题。建立“三项行动”工作督查通报制度，国务院安全生产委员会办公室和国务院有关部门要加强工作督查，及时掌握各地区、各部门和本行业（领域）工作进展情况，通报重大问题执法解决情况、重大事故隐患治理情况和安全教育培训情况，并定期发布。省级人民政府和国务院有关部门每月要将“三项行动”开展情况报送国务院安全生产委员会办公室。

（六）加强舆论引导

各地区、各有关部门要充分利用广播、电视、网络、报纸等各种媒体，大力宣传“三项行动”的目标、范围、重点和要求，广泛发动群众，增强推进“三项行动”的积极性、主动性。总结宣传安全生产的典型事例，鼓励群众举报非法违法生产、经营、建设行为和事故隐患，对“三项行动”实施不力、走过场的单位公开曝光。进一步加强安全生产法制教育，宣传普及安全生产基本知识，增强安全意识，在全社会营造安全发展的良好氛围。

2009年3月30日

国务院办公厅关于印发国家职业病防治规划（2009—2015年）的通知

国办发〔2009〕43号

各省、自治区、直辖市人民政府，国务院各部委、各直属机构：

《国家职业病防治规划（2009—2015年）》（以下简称《规划》）已经国务院同意，现印发给你们，请认真贯彻执行。

2009年5月24日

国家职业病防治规划(2009—2015年)

为贯彻落实党的十七大和《中共中央国务院关于深化医药卫生体制改革的意见》(中发〔2009〕6号)精神,进一步加强职业病防治工作,保护劳动者健康,根据职业病防治法,制定本规划。

一、职业病防治现状与问题

职业病防治事关劳动者身体健康和生命安全,事关经济发展和社会稳定的大局。党中央、国务院历来高度重视职业病防治工作。党的十七大提出贯彻落实以人为本的科学发展观,要求坚持预防为主,完善重大疾病防控体系。《中共中央国务院关于深化医药卫生体制改革的意见》明确提出,要加强对严重威胁人民健康的职业病等疾病的监测与预防控制。职业病防治法实施以来,各地区、各有关部门加大工作力度,开展职业病危害源头治理和重点职业病专项整治,规范用人单位职业健康管理和劳动用工管理,严肃查处危害劳动者身体健康和生命安全的违法行为,全社会职业病防治意识逐步增强,大中型企业职业卫生条件有了较大改善,职业病高发势头得到一定遏制。但是,当前职业病防治形势依然严峻,突出问题是:一是职业病病人数量大。改革开放30年来,我国累计报告职业病50多万例,近年新发病例数仍呈上升趋势。由于职业病具有迟发性和隐匿性的特点,专家估计我国每年实际发生的职业病要大于报告数量。二是尘肺病、职业中毒等职业病发病率居高不下。尘肺病是我国最主要的职业病,约占职业病病人总数的80%,近年平均每年报告新发病例1万多例。三是职业病危害范围广。煤炭、冶金、化工、建材、汽车制造、医药等行业不同程度地存在职业病危害。许多中小企业工作场所劳动条件恶劣,劳动者缺乏必要的职业病防护。四是对劳动者健康损害严重。尘肺病等慢性职业病一旦发病往往难以治愈,伤残率高,严重影响劳动者身体健康甚至危及生命安全。五是群发性职业病事件时有发生。近几年发生的河北省高碑店市农民工苯中毒、福建省仙游县和安徽省凤阳县农民工矽肺病等事件,一次性造成几十人甚至上百人患病,已成为影响社会稳定的公共卫生问题。

产生上述问题的原因:一是用人单位责任不落实。一些用人单位没有真正树立以人为本思想,对职业病危害的认识不足,对劳动者健康重视不够,防治主体责任不落实,没有采取有效的综合治理措施,违法行为大量存在。二是政府监管存在薄弱环节。一些地方没有处理好经济发展与保护劳动者健康的关系,职业病防治未能纳入地方经济社会发展规划,监管机构不健全,基层监管力量薄弱,部门之间工作衔接不够,没有形成合力。部分地方和部门监管措施不到位,执法不够严格,对违法行为处理不力。三是防治工作基础比较薄弱。许多工业企业特别是中小企业生产工艺落后,设施、设备简陋,职业病防治管理水平低,投入不足。职业病防治相关法律法规和技术标准不够完善,信息网络不健全,职业病预防、控制技术急需提高,宣传教育培训力度不够,应急救援能力有待加强。

我国长期处于社会主义初级阶段,工业生产装备水平不高和工艺技术相对落后的状况将长期存在,在煤炭、冶金、化工等职业病危害较严重的行业,改善工作环境需要一个过程。在城镇化、工业化过程中,大量农民进城就业,他们流动性大,健康保护意识不强,职业病防护技能缺乏,加大了职业病防治监管的难度。随着经济和科技的发展,新技术、新工艺、新材料广泛应用,新的职业危害风险以及职业病不断出现,防治工作面临新的挑战。

二、指导思想、基本原则和规划目标

(一)指导思想

以邓小平理论和"三个代表"重要思想为指导,深入贯彻落实科学发展观,以保护劳动者健康为根本目的。落实用人单位责任,加强政府领导,强化行政监管,依靠科技进步,立足国情,突出重点,全面推进职业病防治工作,促进经济

持续健康发展。

（二）基本原则

1. 预防为主，防治结合。坚持标本兼治、重在治本，控制职业病危害源头，采取工程技术、个体防护和健康管理等综合治理措施，预防控制职业病危害。

2. 统筹规划，分步实施。既着眼长远，不断完善制度和监管体系，又立足当前，着力解决目前防治工作中的突出问题。

3. 宣传动员，社会参与。广泛开展职业病防治宣传教育，增强用人单位的法律意识和社会责任感，提高劳动者的自我保护意识，充分发挥社会监督作用。

（三）规划目标

建立政府统一领导、部门协调配合、用人单位负责、行业规范管理、职工群众监督的职业病防治工作体制，显著提高综合防治能力，增强用人单位和劳动者防治意识，改善工作场所作业环境，基本遏制职业病高发势头，保障劳动者健康权益。到2015年，新发尘肺病病例年均增长率由现在的8.5%下降到5%以内，基本控制重大急性职业病危害事故的发生，硫化氢、一氧化碳、氯气等主要急性职业中毒事故较2008年下降20%，主要慢性职业中毒得到有效控制，基本消除急性职业性放射性疾病。

——到2015年，存在职业病危害的用人单位负责人、劳动者职业卫生培训率达到90%以上，用人单位职业病危害项目申报率达到80%以上，工作场所职业病危害告知率和警示标识设置率达到90%以上，工作场所职业病危害因素监测率达到70%以上，粉尘、毒物、放射性物质等主要危害因素监测合格率达到80%以上。可能产生职业病危害的建设项目预评价率达到60%以上，控制效果评价率达到65%以上。从事接触职业病危害作业劳动者的职业健康体检率达到60%以上，接触放射线工作人员个人剂量监测率达到85%以上。

——到2015年，职业病防治监督覆盖率比2008年提高20%以上，严重职业病危害案件查处率达到100%。监管网络不断健全，监管能力不断提高，对中小企业的监管得到加强。

——依托现有资源，建立完善与职责任务相适应、规模适度的职业病防治网络，基本职业卫生服务逐步覆盖到社区、乡镇。化学中毒和核辐射医疗救治的能力建设和管理得到加强，职业病防治、应急救援能力不断提高。

——到2015年，有劳动关系的劳动者工伤保险覆盖率达到90%以上；职业病患者得到及时救治，各项权益得到有效保障。

三、主要任务

（一）落实职业病防治责任

1. 建立健全防治责任制。存在职业病危害的用人单位要根据相关法律规定，设置或指定职业卫生管理机构或组织、配备专职或兼职专业人员，设立职业健康监督管理人员，制定职业病防治计划和实施方案，建立健全职业卫生管理制度，采取切实可行的管理措施。

2. 认真落实预防、控制措施。用人单位要依法如实申报职业病危害项目，优先采用有利于防治职业病和保护劳动者健康的新技术、新工艺和新材料，逐步替代危害严重的技术、工艺和材料。加强作业场所职业病危害因素监测、评价与控制，为劳动者提供符合职业卫生标准和要求的工作场所、环境和条件。产生职业病危害的用人单位要在醒目位置设置公告栏，公布有关规章制度、操作规程、事故应急救援措施和工作场所职业病危害因素检测结果；在产生严重危害的作业岗位设置警示标识和警示说明。使用有毒物品作业的用人单位要取得职业卫生安全许可证，配备应急救援人员和必要的救援器材、设备，制定应急救援预案。任何单位和个人不得将产生危害的作业转移给不具备防护条件的单位和个人。

3. 加强职业健康管理和病人救治。用人单位要对劳动者进行上岗前的职业卫生培训和在岗期间的定期培训，普及职业卫生知识。对从事接触职业病危害作业的劳动者，要依法组织其进行上岗前、在岗期间和离岗时的职业健康检查，并将检查结果如实告知本人。要为劳动者建立职业健康监护档案。对遭受或可能遭受急性职业病危害的劳动者，要及时组织救治、进行健康检查和医学观察。及时安排疑似职业病病人进行诊断，做好职业病病人的治疗、康复、定期检查和妥善安置，确保职业病病人的权益。

4. 规范用人单位的用工行为。用人单位在与劳动者签订劳动合同时要履行职业病危害告知义务，依法参加工伤保险，落实有害作业岗位津贴和女职工、未成年工特殊保护政策。在高危行业推行职业卫生专项集体合同制度。

（二）强化对重点职业病的防治

1. 尘肺病防治。以防治煤工尘肺、矽肺、石棉肺为重点，实施粉尘危害综合治理工程，开展尘肺病防治技术和发病规律调查研究。提高生产机械化水平，推进清洁生产技术的研发和推广。逐步淘汰不符合国家产业政策的工艺、设备和材料，关闭粉尘危害严重、不具备防治条件的小矿山、小水泥厂、小冶金厂、小陶瓷厂等。

2. 重大职业中毒防治。实施硫化氢、一氧化碳、氯气、氨气、苯、重金属等重大职业中毒隐患防范治理工程，开展中毒隐患排查，对生产设施、设备、场所进行治理。加快有毒化学品生产、销售、使用行业、企业的技术改造。开展职业中毒发病规律、健康损害机理、危害因素检测、职业健康监护及防护技术研究，制定重大职业中毒防治指南。

3. 职业性放射性疾病防治。实施放射性职业病危害治理工程，开展危害控制试点，研究放射性职业病发病机理及关键防治技术和措施，降低因放射线造成的矿工肺癌等疾病发病率。加强对核技术应用行业的职业病危害评价和放射卫生监督管理，完善安全防护措施，降低作业场所的放射性危害；落实接触放射线工作人员个人剂量监测和健康监护管理制度。

（三）加强职业病防治能力建设

1. 加强对重点职业病的监测与预警　开展对煤工尘肺、矽肺、石棉肺、铅中毒、苯中毒、镉中毒、锰中毒、汞中毒、职业性肿瘤和放射性职业病危害等的监测，及时掌握职业病在高危人群、高危行业和高危企业的发病特点和发展趋势，研究重大职业病危险源的分布情况，开展职业健康风险评估和预警。

2. 健全防治技术支撑体系　充分利用现有资源，加强专业人才队伍建设，逐步完善覆盖城乡的职业病危害因素检测和评价、职业健康检查、职业病诊断治疗等职业病防治网络。加强化学中毒和核辐射医疗救治的能力建设和管理，提高重大职业病危害事故应急处置能力。加强相关专业人才培养，重点培养与基本职业卫生服务相适应的基层专业人才。

3. 推进信息化建设　制定全国职业病防治信息采集标准和相应信息的采集、传输、管理规范，依托已有信息传输网络或国家电子政务网络，及时收集、分析相关动态信息，逐步实现职业病防治信息互联互通、数据共享和规范管理。

4. 加强监管体系建设　加强职业病防治监管队伍建设，充实人员，加强培训，配备必要的设备，创造必要的工作条件，不断提高监管能力和水平。

（四）开展科研及成果应用

鼓励和支持职业病防治技术研究和推广应用，开展重点职业病防治科技攻关。以尘肺病、职业中毒、职业性肿瘤的预防控制关键技术为突破口，以防尘、防毒、防辐射、防噪声、防振动等防护技术为重点，加强粉尘、放射性物质、毒物、物理因素等职业病危害因素检测、防护和应急救援技术的研究及开发应用。

（五）加强培训和宣传教育

制定职业病防治宣传教育规划和计划，健全职业病防治宣传教育体系和网络。加强对基层领导干部的职业病防治知识培训。强化对存在职业病危害的用人单位主要负责人、管理人员和劳动者的培训，积极推进作业场所健康教育。把职业病防治相关法律法规纳入全民普法教育范围，列为健康教育和职业教育的重要内容。充分发挥新闻媒体作用，深入开展多种形式的职业病防治宣传教育活动，在全社会形成关心劳动者健康、重视职业病防治的良好氛围。发挥舆论监督和公众监督作用，鼓励群众举报职业病防治违法行为。

（六）完善工伤保险制度

扩大工伤保险覆盖范围，保障参保职工的合法权益。完善工伤保险政策，健全工伤保险费率调整机制，逐步提高保险待遇和标准。进一步探索工伤预防在职业病控制工作中的积极作用，积极开展患职业病职工的康复工作，逐步完善适合我国国情的职业病预防、补偿和康复制度。

四、保障措施

（一）加强防治工作领导

地方各级政府要把职业病防治工作放到更加突出的位置，将职业病防治重要指标、主要任务纳入经济社会发展计划。要制定本地区职业病防治规划，层层分解目标，明确具体措施，建立健全责任追究制。探索建立政府部门、用人单位和劳动者三方代表组成的职业病防治工作机制。

（二）加大监管力度

国务院职业病防治监督管理部门要按照职责分工，依法认真履行职业卫生监管职责。各地区要针对本地区职业病危害特点，加大重点行业、重点企业、重点人群的监督检查力度。严肃查处违反职业病防治法、损害劳动者健康及其相关权益的违法行为。对不履行或不认真履行工作职责的，要依法依纪追究相关责任人和负责人的责任；对因失职、渎职导致重大职业病危害事件发生，或者造成重大人员伤亡和经济损失、社会影响恶劣的，要依法追究主要负责人的责任。各地区、各有关部门要加强信息沟通，相互配合，形成监管合力。

（三）完善法律法规和标准

进一步健全职业病防治法配套法规、规章。制订、修订职业病危害风险评估与风险管理、工作场所职业病危害因素检测与评价、危害防护设施与个人防护用品性能评价、职业健康监护与职业病诊治等技术标准和规范，研究制定高危行业、中小企业职业病防治标准、指南和规范，完善职业病防治技术标准体系。

（四）加大经费投入

建立多渠道的职业病防治筹资机制，鼓励和引导社会力量参与职业病防治。用人单位用于预防和治理职业病危害、工作场所卫生检测、健康监护和职业卫生培训等费用，按照国家有关规定在生产成本中据实列支。各级政府要按照有关规定落实职业病防治补助政策，保证必需的工作经费。政府对职业病防治工作的投入要与当地经济社会发展水平相适应，并随着经济发展逐步增加。

（五）积极开展国际合作

认真履行有关职业卫生国际公约。进一步加强与其他国家、国际组织和国外民间团体的交流与合作，大力宣传我国职业病防治政策和成效，学习借鉴国外先进经验和成果。

国务院有关部门要适时开展《规划》实施的督查和评价工作。

国务院办公厅关于加强基层应急队伍建设的意见

国办发〔2009〕59 号

各省、自治区、直辖市人民政府，国务院各部委、各直属机构：

基层应急队伍是我国应急体系的重要组成部分，是防范和应对突发事件的重要力量。多年来，我国基层应急队伍不断发展，在应急工作中发挥着越来越重要的作用。但是，各地基层应急队伍建设中还存在着组织管理不规范、任务不明确、进展不平衡等问题。为贯彻落实突发事件应对法，进一步加强基层应急队伍建设，经国务院同意，提出如下意见：

一、基本原则和建设目标

（一）基本原则

坚持专业化与社会化相结合，着力提高基层应急队伍的应急能力和社会参与程度；坚持立足实际、按需发展，兼顾县乡级政府财力和人力，充分依托现有资源，避免重复建设；坚持统筹规划、突出重点，逐步加强和完善基层应急队伍建设，形成规模适度、管理规范的基层应急队伍体系。

（二）建设目标

通过三年左右的努力，县级综合性应急救援队伍基本建成，重点领域专业应急救援队伍得到全面加强；乡镇、街道、企业等基层组织和单位应急救援队伍普遍建立，应急志愿服务进一步规范，基本形成统一领导、协调有序、专兼并存、优势互补、保障有力的基层应急队伍体系，应急救援能力基本满足本区域和重点领域突发事件应对工作需要，为最大程度地减少突发事件及其造成的人员财产损失、维护国家安全和社会稳定提供有力保障。

二、加强基层综合性应急救援队伍建设

（一）全面建设县级综合性应急救援队伍。

各县级人民政府要以公安消防队伍及其他优势专业应急救援队伍为依托，建立或确定"一专多能"的县级综合性应急救援队伍，在相关突发事件发生后，立即开展救援处置工作。综合性应急救援队伍除承担消防工作以外，同时承担综合性应急救援任务，包括地震等自然灾害，建筑施工事故、道路交通事故、空难等生产安全事故，恐怖袭击、群众遇险等社会安全事件的抢险救援任务，同时协助有关专业队伍做好水旱灾害、气象灾害、地质灾害、森林草原火灾、生物灾害、矿山事故、危险化学品事故、水上事故、环境污染、核与辐射事故和突发公共卫生事件等突发事件的抢险救援工作。各地要根据本行政区域特点和需要，制订综合性应急救援队伍建设方案，细化队伍职责，配备必要的物资装备，加强与专业队伍互动演练，提高队伍综合应急能力。

（二）深入推进街道、乡镇综合性应急救援队伍建设。

街道、乡镇要充分发挥民兵、预备役人员、保安员、基层警务人员、医务人员等有相关救援专业知识和经验人员的作用，在防范和应对气象灾害、水旱灾害、地震灾害、地质灾害、森林草原火灾、生产安全事故、环境突发事件、群体性事件等方面发挥就近优势，在相关应急指挥机构组织下开展先期处置，组织群众自救互救，参与抢险救灾、人员转移安置、维护社会秩序，配合专业应急救援队伍做好各项保障，协助有关方面做好善后处置、物资发放等工作。同时发挥信息员作用，发现突发事件苗头及时报告，协助做好预警信息传递、灾情收集上报、灾情评估等工作，参与有关单位组织的隐患排查整改。街道办事处、乡镇政府要加强队伍的建设和管理，严明组织纪律，经常性地开展应急培训，提高队伍的综合素质和应急保障能力。

三、完善基层专业应急救援队伍体系

各地要在全面加强各专业应急救援队伍建设同时，组织动员社会各方面力量重点加强以下几个方面工作：

（一）加强基层防汛抗旱队伍组建工作。

水旱灾害常发地区和重点流域的县、乡级人民政府，要组织民兵、预备役人员、农技人员、村民和相关单位人员参加，组建县、乡级防汛抗旱队伍。防汛抗旱重点区域和重要地段的村委会，要组织本村村民和属地相关单位人员参加，组建村防汛抗旱队伍。基层防汛抗旱队伍要在当地防汛抗旱指挥机构的统一组织下，开展有关培训和演练工作，做好汛期巡堤查险和险情处置，做到有旱抗旱，有汛防汛。充分发挥社会各方面作用，合理储备防汛抗旱物资，建立高效便捷的物资、装备调用机制。

（二）深入推进森林草原消防队伍建设。

县乡级人民政府、村委会、国有林（农）场、森工企业、自然保护区和森林草原风景区等，要组织本单位职工、社会相关人员建立森林草原消防队伍。各有关方面要加强森林草原扑火装

备配套,开展防扑火技能培训和实战演练。要建立基层森林草原消防队伍与公安消防、当地驻军、预备役部队、武警部队和森林消防力量的联动机制,满足防扑火工作需要。地方政府要对基层森林草原消防队伍装备建设给予补助。

（三）加强气象灾害、地质灾害应急队伍建设。

县级气象部门要组织村干部和有经验的相关人员组建气象灾害应急队伍,主要任务是接收和传达预警信息,收集并向相关方面报告灾害性天气实况和灾情,做好台风、强降雨、大风、沙尘暴、冰雹、雷电等极端天气防范的科普知识宣传工作,参与本社区、村镇气象灾害防御方案的制订以及应急处置和调查评估等工作。地质灾害应急队伍的主要任务是参与各类地质灾害的群防群控,开展防范知识宣传,隐患和灾情等信息报告,组织遇险人员转移,参与地质灾害抢险救灾和应急处置等工作。容易受气象、地质灾害影响的乡村、企业、学校等基层组织单位,要在气象、地质部门的组织下,明确参与应急队伍的人员及其职责,定期开展相关知识培训。气象灾害和地质灾害基层应急队伍工作经费,由地方政府给予保障。

（四）加强矿山、危险化学品应急救援队伍建设。

煤矿和非煤矿山、危险化学品单位应当依法建立由专职或兼职人员组成的应急救援队伍。不具备单独建立专业应急救援队伍的小型企业,除建立兼职应急救援队伍外,还应当与邻近建有专业救援队伍的企业签订救援协议,或者联合建立专业应急救援队伍。应急救援队伍在发生事故时要及时组织开展抢险救援,平时开展或协助开展风险隐患排查。加强应急救援队伍的资质认定管理。矿山、危险化学品单位属地县、乡级人民政府要组织建立队伍调运机制,组织队伍参加社会化应急救援。应急救援队伍建设及演练工作经费在企业安全生产费用中列支,在矿山、危险化学品工业集中的地方,当地政府可给予适当经费补助。

（五）推进公用事业保障应急队伍建设。

县级以下电力、供水、排水、燃气、供热、交通、市容环境等主管部门和基础设施运营单位,要组织本区域有关企事业单位懂技术和有救援经验的职工,分别组建公用事业保障应急队伍,承担相关领域突发事件应急抢险救援任务。重要基础设施运营单位要组建本单位运营保障应急队伍。要充分发挥设计、施工和运行维护人员在应急抢险中的作用,配备应急抢修的必要机具、运输车辆和抢险救灾物资,加强人员培训,提高安全防护、应急抢修和交通运输保障能力。

（六）强化卫生应急队伍建设。

县级卫生行政部门要根据突发事件类型和特点,依托现有医疗卫生机构,组建卫生应急队伍,配备必要的医疗救治和现场处置设备,承担传染病、食物中毒和急性职业中毒、群体性不明原因疾病等突发公共卫生事件应急处置和其他突发事件受伤人员医疗救治及卫生学处理,以及相应的培训、演练任务。城市医疗卫生机构要与县级或乡镇医疗卫生机构建立长期对口协作关系,把帮助组建基层应急队伍作为对口支援重要内容。卫生应急队伍的装备配备、培训、演练和卫生应急处置等工作费用由地方政府给予支持。

（七）加强重大动物疫情应急队伍建设。

县级人民政府建立由当地兽医、卫生、公安、工商、质检和林业行政管理人员,动物防疫和野生动物保护工作人员,有关专家等组成的动物疫情应急队伍,具体承担家禽和野生动物疫情的监测、控制和扑灭任务。要保持队伍的相对稳定,定期进行技术培训和应急演练,同时加强应急监测和应急处置所需的设施设备建设及疫苗、药品、试剂和防护用品等物资储备,提高队伍应急能力。

四、完善基层应急队伍管理体制机制和保障制度

（一）进一步明确组织领导责任

地方各级人民政府是推进基层应急队伍建

设工作的责任主体。县级人民政府要对县级综合性应急救援队伍和专业应急救援队伍建设进行规划，确定各街道、乡镇综合性应急救援队伍和专业应急救援队伍的数量和规模。各有关部门要强化支持政策的研究并加强指导，加强对基层应急队伍建设的督促检查。公安、国土资源、交通、水利、林业、气象、安全监管、环境、电力、通信、建设、卫生、农业等有关部门要明确推进本行业基层应急队伍建设的具体措施，各有关部门要按照各自职责指导推进基层应急队伍组建工作。

（二）完善基层应急队伍运行机制

各基层应急队伍组成人员平时在各自单位工作，发生突发事件后，立即集结到位，在当地政府或应急现场指挥部的统一领导下，按基层应急管理机构安排开展应急处置工作。县乡级人民政府及其有关部门要切实加强基层综合队伍、专业队伍和志愿者队伍之间的协调配合，建立健全相关应急预案，完善工作制度，实现信息共享和应急联动。同时，建立健全基层应急队伍与其他各类应急队伍及装备统一调度、快速运送、合理调配、密切协作的工作机制，经常性地组织各类队伍开展联合培训和演练，形成有效处置突发事件的合力。

（三）积极动员社会力量参与应急工作

通过多种渠道，努力提高基层应急队伍的社会化程度。充分发挥街道、乡镇等基层组织和企事业单位的作用，建立群防群治队伍体系，加强知识培训。鼓励现有各类志愿者组织在工作范围内充实和加强应急志愿服务内容，为社会各界力量参与应急志愿服务提供渠道。有关专业应急管理部门要发挥各自优势，把具有相关专业知识和技能的志愿者纳入应急救援队伍。发挥共青团和红十字会作用，建立青年志愿者和红十字志愿者应急救援队伍，开展科普宣教和辅助救援工作。应急志愿者组建单位要建立志愿者信息库，并加强对志愿者的培训和管理。地方政府根据情况对志愿者队伍建设给予适当支持。

（四）加大基层应急队伍经费保障力度

县、乡两级综合性应急救援队伍和有关专业应急救援队伍建设与工作经费要纳入同级财政预算。按照政府补助、组建单位自筹、社会捐赠相结合等方式，建立基层应急救援队伍经费渠道。

（五）完善基层应急队伍建设相关政策

认真研究解决基层应急队伍工作中的实际困难，落实基层应急救援队员医疗、工伤、抚恤，以及应急车辆执行应急救援任务时的免交过路费等政策措施。鼓励社团组织和个人参加基层应急队伍，研究完善民间应急救援组织登记管理制度，鼓励民间力量参与应急救援。研究制订基层应急救援队伍装备标准并配备必要装备。对在应急管理、应急队伍建设工作中做出突出贡献的集体和个人，按照国家有关规定给予表彰奖励。开展基层应急队伍建设示范工作，推动基层应急管理水平不断提高。

2009 年 10 月 18 日

中华人民共和国住房和城乡建设部办公厅关于建筑施工特种作业人员考核工作的实施意见

建办质[2008]41 号

各省、自治区建设厅，直辖市建委，江苏省、山东省建管局，新疆生产建设兵团建设局：

为规范建筑施工特种作业人员考核管理工作，根据《建筑施工特种作业人员管理规定》（建质[2008]75 号），制定以下实施意见：

一、考核目的

为提高建筑施工特种作业人员的素质，防止和减少建筑施工生产安全事故，通过安全技术理论知识和安全操作技能考核，确保取得《建筑施工特种作业操作资格证书》人员具备独立从事相应特种作业工作能力。

二、考核机关

省、自治区、直辖市人民政府建设主管部门或其委托的考核机构负责本行政区域内建筑施工特种作业人员的考核工作。

三、考核对象

在房屋建筑和市政工程(以下简称"建筑工程")施工现场从事建筑电工、建筑架子工、建筑起重信号司索工、建筑起重机械司机、建筑起重机械安装拆卸工、高处作业吊篮安装拆卸工以及经省级以上人民政府建设主管部门认定的其他特种作业的人员。

《建筑施工特种作业操作范围》见附件1。

四、考核条件

参加考核人员应当具备下列条件:

(一)年满18周岁且符合相应特种作业规定的年龄要求;

(二)近三个月内经二级乙等以上医院体检合格且无妨碍从事相应特种作业的疾病和生理缺陷;

(三)初中及以上学历;

(四)符合相应特种作业规定的其他条件。

五、考核内容

建筑施工特种作业人员考核内容应当包括安全技术理论和安全操作技能。《建筑施工特种作业人员安全技术考核大纲》(试行)见附件2。

考核内容分掌握、熟悉、了解三类。其中掌握即要求能运用相关特种作业知识解决实际问题,熟悉即要求能较深理解相关特种作业安全技术知识,了解即要求具有相关特种作业的基本知识。

六、考核办法

(一)安全技术理论考核,采用闭卷笔试方式。考核时间为2小时,实行百分制,60分为合格。其中,安全生产基本知识占25%、专业基础知识占25%、专业技术理论占50%。

(二)安全操作技能考核,采用实际操作(或模拟操作)、口试等方式。考核实行百分制,70分为合格。《建筑施工特种作业人员安全技能考核标准》(试行)见附件3。

(三)安全技术理论考核不合格的,不得参加安全操作技能考核。安全技术理论考试和实际操作技能考核均合格的,为考核合格。

七、其他事项

(一)考核发证机关应当建立健全建筑施工特种作业人员考核、发证及档案管理计算机信息系统,加强考核场地和考核人员队伍建设,注重实际操作考核质量。

(二)首次取得《建筑施工特种作业操作资格证书》的人员实习操作不得少于三个月。实习操作期间,用人单位应当指定专人指导和监督作业。指导人员应当从取得相应特种作业资格证书并从事相关工作3年以上、无不良记录的熟练工中选择。实习操作期满,经用人单位考核合格,方可独立作业。

附件1:建筑施工特种作业操作范围

附件2:建筑施工特种作业人员安全技术考核大纲(试行)

附件3:建筑施工特种作业人员安全操作技能考核标准(试行)

2008年7月18日

附件1:

建筑施工特种作业操作范围

一、建筑电工:在建筑工程施工现场从事临时用电作业;

二、建筑架子工(普通脚手架):在建筑工程施工现场从事落地式脚手架、悬挑式脚手架、模板支架、外电防护架、卸料平台、洞口临边防护等登高架设、维护、拆除作业;

三、建筑架子工(附着升降脚手架):在建筑工程施工现场从事附着式升降脚手架的安装、升降、维护和拆卸作业；

四、建筑起重司索信号工：在建筑工程施工现场从事对起吊物体进行绑扎、挂钩等司索作业和起重指挥作业；

五、建筑起重机械司机（塔式起重机）：在建筑工程施工现场从事固定式、轨道式和内爬升式塔式起重机的驾驶操作；

六、建筑起重机械司机（施工升降机）：在建筑工程施工现场从事施工升降机的驾驶操作；

七、建筑起重机械司机（物料提升机）：在建筑工程施工现场从事物料提升机的驾驶操作；

八、建筑起重机械安装拆卸工（塔式起重机）：在建筑工程施工现场从事固定式、轨道式和内爬升式塔式起重机的安装、附着、顶升和拆卸作业；

九、建筑起重机械安装拆卸工（施工升降机）：在建筑工程施工现场从事施工升降机的安装和拆卸作业；

十、建筑起重机械安装拆卸工（物料提升机）：在建筑工程施工现场从事物料提升机的安装和拆卸作业；

十一、高处作业吊篮安装拆卸工：在建筑工程施工现场从事高处作业吊篮的安装和拆卸作业。

附件2：

建筑施工特种作业人员安全技术考核大纲

（试行）

1 建筑电工安全技术考核大纲

2 建筑架子工（普通脚手架）安全技术考核大纲

3 建筑架子工（附着升降脚手架）安全技术考核大纲

4 建筑起重司索信号工安全技术考核大纲

5 建筑起重机械司机（塔式起重机）安全技术考核大纲

6 建筑起重机械司机（施工升降机）安全技术考核大纲

7 建筑起重机械司机（物料提升机）安全技术考核大纲

8 建筑起重机械安装拆卸工（塔式起重机）安全技术考核大纲

9 建筑起重机械安装拆卸工（施工升降机）安全技术考核大纲

10 建筑起重机械安装拆卸工（物料提升机）安全技术考核大纲

11 高处作业吊篮安装拆卸工安全技术考核大纲

1 建筑电工安全技术考核大纲(试行)

1.1 安全技术理论

1.1.1 安全生产基本知识

1 了解建筑安全生产法律法规和规章制度

2 熟悉有关特种作业人员的管理制度

3 掌握从业人员的权利义务和法律责任

4 熟悉高处作业安全知识

5 掌握安全防护用品的使用

6 熟悉安全标志、安全色的基本知识

7 熟悉施工现场消防知识

8 了解现场急救知识

9 熟悉施工现场安全用电基本知识

1.1.2 专业基础知识

1 了解力学基本知识

2 了解机械基础知识

3 熟悉电工基础知识

(1) 电流、电压、电阻、电功率等物理量的单位及含义

(2) 直流电路、交流电路和安全电压的基本知识

(3) 常用电气元器件的基本知识、构造及其作用

(4) 三相交流电动机的分类、构造、使用及其保养

1.1.3 专业技术理论

1 了解常用的用电保护系统的特点

2 掌握施工现场临时用电TN—S系统的特点

3 了解施工现场常用电气设备的种类和工作原理

4 熟悉施工现场临时用电专项施工方案的主要内容

5 掌握施工现场配电装置的选择、安装和维护

6 掌握配电线路的选择、敷设和维护

7 掌握施工现场照明线路的敷设和照明装置的设置

8 熟悉外电防护、防雷知识

9 了解电工仪表的分类及基本工作原理

10 掌握常用电工仪器的使用

11 掌握施工现场临时用电安全技术档案的主要内容

12 熟悉电气防火措施

13 了解施工现场临时用电常见事故原因及处置方法

1.2 安全操作技能

1.2.1 掌握施工现场临时用电系统的设置技能

1.2.2 掌握电气元件、导线和电缆规格、型号的辨识能力

1.2.3 掌握施工现场临时用电接地装置接地电阻、设备绝缘电阻和漏电保护装置参数的测试技能

1.2.4 掌握施工现场临时用电系统故障及电气设备故障的排除技能

1.2.5 掌握利用模拟人进行触电急救操作技能

2 建筑架子工(普通脚手架)安全技术考核大纲(试行)

2.1 安全技术理论

2.1.1 安全生产基本知识

1 了解建筑安全生产法律法规和规章制度

2 熟悉有关特种作业人员的管理制度

3 掌握从业人员的权利义务和法律责任

4 熟悉高处作业安全知识

5 掌握安全防护用品的使用

6 熟悉安全标志、安全色的基本知识

7 了解施工现场消防知识

8 了解现场急救知识

9 熟悉施工现场安全用电基本知识

2.1.2 专业基础知识

1 了解力学基本知识

2 了解建筑识图知识

3 了解杆件的受力特点

2.1.3 专业技术理论

1 了解脚手架专项施工方案的主要内容

2 熟悉脚手架搭设图样

3 了解脚手架的种类、形式

4 熟悉脚手架材料的种类、规格及材质要求

5 熟悉扣件式、碗扣式钢管脚手架和门式脚手架的构造

6 掌握扣件式、碗扣式钢管脚手架和门式脚手架的搭设和拆除方法

7 掌握安全网的挂设方法

8 熟悉脚手架的验收内容和方法

9 了解脚手架常见事故原因及处置方法

2.2 安全操作技能

2.2.1 掌握辨识脚手架及构配件的名称、功能、规格的能力

2.2.2 掌握辨识不合格脚手架构配件的能力

2.2.3 掌握常用脚手架的搭设和拆除方法

2.2.4 掌握常用模板支架的搭设和拆除方法

3 建筑架子工(附着升降脚手架)安全技术考核大纲(试行)

3.1 安全技术理论

3.1.1 安全生产基本知识

1 了解建筑安全生产法律法规和规章制度

2 熟悉有关特种作业人员的管理制度

3 掌握从业人员的权利义务和法律责任

4 熟悉高处作业的安全知识

5 掌握安全防护用品的使用

6 熟悉安全标志、安全色的基本知识

7 了解施工现场消防知识

8 了解现场急救知识

9 熟悉施工现场安全用电基本知识

3.1.2 专业基础知识

1 熟悉力学基本知识

2 了解电工基础知识

3 了解机械基础知识

4 了解液压基础知识

5 了解钢结构基础知识

6 了解起重吊装基本知识

3.1.3 专业技术理论

1 了解附着升降脚手架专项施工方案的主要内容

2 熟悉脚手架的种类、型式

3 熟悉附着升降脚手架的类型和结构

4 熟悉各种类型附着升降脚手架基本构造、工作原理和基本技术参数

5 掌握各种附着升降脚手架安全装置的构造、工作原理

6 掌握附着升降脚手架的搭设、拆卸、升降作业安全操作规程

7 熟悉升降机构及控制柜的工作原理

8 掌握附着升降脚手架升降机构及安全装置的维护保养及调试

9 熟悉附着升降脚手架的验收内容和方法

10 了解附着升降脚手架常见事故原因及处置方法

3.2 安全操作技能

3.2.1 掌握附着升降脚手架的搭设、拆除方法

3.2.2 掌握附着升降脚手架提升和下降及提升和下降前、后操作内容、方法

3.2.3 掌握附着升降脚手架提升和下降过程中的监控方法

3.2.4 掌握附着升降脚手架升降机构及安全装置常见故障判断及处置方法

3.2.5 掌握附着升降脚手架架体的防护和加固方法

3.2.6 掌握紧急情况处置方法

4 建筑起重信号司索工安全技术考核大纲(试行)

4.1 安全技术理论

4.1.1 安全生产基本知识

1 了解建筑安全生产规律法规和规章制度

2 熟悉有关特种作业人员的管

理制度

3　掌握从业人员的权利义务和法律责任

4　熟悉高处作业安全知识

5　掌握安全防护用品的使用

6　熟悉安全标志、安全色的基本知识

7　了解施工现场消防知识

8　了解现场急救知识

9　熟悉施工现场安全用电基本知识

4.1.2　专业基础知识

1　熟悉力学基础知识

2　了解机械基础知识

3　了解液压传动知识

4.1.3　专业技术理论

1　了解常用起重机械的分类、主要技术参数、基本构造及其工作原理

2　熟悉物体的重量和重心的计算、物体的稳定性等知识

3　掌握起重吊点的选择和物体绑扎、吊装等基本知识

4　掌握吊装索具、吊具等的选择、安全使用方法、维护保养和报废标准

5　熟悉两台或多台起重机械联合作业的安全理论知识和负荷分配方法

6　掌握起重信号司索作业的安全技术操作规程

7　了解起重信号司索作业常见事故原因及处置方法

8　掌握《起重吊运指挥信号》(GB5082)的内容

4.2　安全操作技能

4.2.1　掌握起重指挥信号的运用

4.2.2　掌握正确装置绳卡的基本要领和滑轮穿绕的操作技能

4.2.3　掌握常用绳结的编打方法并说明其应用场合

4.2.4　掌握钢丝绳、卸扣、吊环、绳卡等起重索具、吊具，以及常用起重机具的识别判断能力

4.2.5　掌握钢丝绳、吊钩报废标准

4.2.6　掌握钢丝绳、卸扣、吊链的破断拉力、允许拉力的计算

4.2.7　掌握常见基本形状物体的重量估算能力，并能判断出物体的重心，合理选择吊点

5　建筑起重机械司机(塔式起重机)安全技术考核大纲(试行)

5.1　安全技术理论

5.1.1　安全生产基本知识

1　了解建筑安全生产法律法规和规章制度

2　熟悉有关特种作业人员的管理制度

3　掌握从业人员的权利义务和法律责任

4　熟悉高处作业安全知识

5　掌握安全防护用品的使用

6　熟悉安全标志、安全色的基本知识

7　了解施工现场消防知识

8　了解现场急救知识

9　熟悉施工现场安全用电基本知识

5.1.2　专业基础知识

1　了解力学基本知识

2　了解电工基础知识

3　熟悉机械基础知识

4　了解液压传动知识

5.1.3　专业技术理论

1　了解塔式起重机的分类

2　熟悉塔式起重机的基本技术参数

3　熟悉塔式起重机的基本构造与组成

4　熟悉塔式起重机的基本工作

原理

5 熟悉塔式起重机的安全技术要求

6 熟悉塔式起重机安全防护装置的结构、工作原理

7 了解塔式起重机安全防护装置的维护保养、调试

8 熟悉塔式起重机试验方法和程序

9 熟悉塔式起重机常见故障的判断与处置方法

10 熟悉塔式起重机的维护与保养的基本常识

11 掌握塔式起重机主要零部件及易损件的报废标准

12 掌握塔式起重机的安全技术操作规程

13 了解塔式起重机常见事故原因及处置方法

14 掌握《起重吊运指挥信号》(GB 5082)内容

5.2 安全操作技能

5.2.1 掌握吊起水箱定点停放操作技能

5.2.2 掌握吊起水箱绕木杆运行和击落木块的操作技能

5.2.3 掌握常见故障识别判断的能力

5.2.4 掌握塔式起重机吊钩、滑轮和钢丝绳的报废标准

5.2.5 掌握识别起重吊运指挥信号的能力

5.2.6 掌握紧急情况处置技能

6 建筑起重机械司机(施工升降机)安全技术考核大纲(试行)

6.1 安全技术理论

6.1.1 安全生产基本知识

1 了解建筑安全生产法律法规和规章制度

2 熟悉有关特种作业人员的管理制度

3 掌握从业人员的权利义务和法律责任

4 熟悉高处作业安全知识

5 掌握安全防护用品的使用

6 熟悉安全标志、安全色的基本知识

7 了解施工现场消防知识

8 了解现场急救知识

9 熟悉施工现场安全用电基本知识

6.1.2 专业基础知识

1 了解力学基本知识

2 了解电工基本知识

3 熟悉机械基本知识

4 了解液压传动知识

6.1.3 专业技术理论

1 了解施工升降机的分类、性能

2 熟悉施工升降机的基本技术参数

3 熟悉施工升降机的基本构造和基本工作原理

4 掌握施工升降机主要零部件的技术要求及报废标准

5 熟悉施工升降机安全保护装置的结构、工作原理和使用要求

6 熟悉施工升降机安全保护装置的维护保养和调整(试)方法

7 掌握施工升降机的安全使用和安全操作

8 掌握施工升降机驾驶员的安全职责

9 熟悉施工升降机的检查和维护保养常识

10 熟悉施工升降机常见故障的判断和处置方法

11 了解施工升降机常见事故原因及处置方法

6.2 安全操作技能

6.2.1 掌握施工升降机操作技能

6.2.2 掌握主要零部件的性能及可靠性的判定

6.2.3 掌握安全器动作后检查与复位处理方法

6.2.4 掌握常见故障的识别、判断

6.2.5 掌握紧急情况处置方法

7 建筑起重机械司机(物料提升机)安全技术考核大纲(试行)

7.1 安全技术理论

7.1.1 安全生产基本知识

1 了解建筑安全生产法律法规和规章制度

2 熟悉有关特种作业人员的管理制度

3 掌握从业人员的权利义务和法律责任

4 熟悉高处作业安全知识

5 掌握安全防护用品的使用

6 熟悉安全标志、安全色的基本知识

7 了解施工现场消防知识

8 了解现场急救知识

9 熟悉施工现场安全用电基本知识

7.1.2 专业基础知识

1 了解力学基本知识

2 了解电工基本知识

3 熟悉机械基础知识

7.1.3 专业技术理论

1 了解物料提升机的分类、性能

2 熟悉物料提升机的基本技术参数

3 了解力学的基本知识、架体的受力分析

4 了解钢桁架结构基本知识

5 熟悉物料提升机技术标准及安全操作规程

6 熟悉物料提升机基本结构及工作原理

7 熟悉物料提升机安全装置的调试方法

8 熟悉物料提升机维护保养常识

9 了解物料提升机常见事故原因及处置方法

7.2 安全操作技能

7.2.1 掌握物料提升机的操作技能

7.2.2 掌握主要零部件的性能及可靠性的判定

7.2.3 掌握常见故障的识别、判断

7.2.4 掌握紧急情况处置方法

8 建筑起重机械安装拆卸工(塔式起重机)安全技术考核大纲(试行)

8.1 安全技术理论

8.1.1 安全生产基本知识

1 了解建筑安全生产法律法规和规章制度 2 熟悉有关特种作业人员的管理制度

3 掌握从业人员的权利义务和法律责任

4 掌握高处作业安全知识

5 掌握安全防护用品的使用

6 熟悉安全标志、安全色的基本知识

7 了解施工现场消防知识

8 了解现场急救知识

9 熟悉施工现场安全用电基本知识

8.1.2 专业基础知识

1 熟悉力学基本知识

2 了解电工基础知识

3 熟悉机械基础知识

4 熟悉液压传动知识

5 了解钢结构基础知识

6　熟悉起重吊装基本知识

8.1.3　专业技术理论

1　了解塔式起重机的分类

2　掌握塔式起重机的基本技术参数

3　掌握塔式起重机的基本构造和工作原理

4　熟悉塔式起重机基础、附着及塔式起重机稳定性知识

5　了解塔式起重机总装配图及电气控制原理知识

6　熟悉塔式起重机安全防护装置的构造和工作原理

7　掌握塔式起重机安装、拆卸的程序、方法

8　掌握塔式起重机调试和常见故障的判断与处置

9　掌握塔式起重机安装自检的内容和方法

10　了解塔式起重机的维护保养的基本知识

11　掌握塔式起重机主要零部件及易损件的报废标准

12　掌握塔式起重机安装、拆除的安全操作规程

13　了解塔式起重机安装、拆卸常见事故原因及处置方法

14　熟悉《起重吊运指挥信号》(GB5082)内容

8.2　安全操作技能

8.2.1　掌握塔式起重机安装、拆卸前的检查和准备

8.2.2　掌握塔式起重机安装、拆卸的程序、方法和注意事项

8.2.3　掌握塔式起重机调试和常见故障的判断

8.2.4　掌握塔式起重机吊钩、滑轮、钢丝绳和制动器的报废标准

8.2.5　掌握紧急情况处置方法

9　建筑起重机械安装拆卸工(施工升降机)安全技术考核大纲(试行)

9.1　安全技术理论

9.1.1　安全生产基本知识

1　了解建筑安全生产法律法规和规章制度

2　熟悉有关特种作业人员的管理制度

3　掌握从业人员的权利义务和法律责任

4　掌握高处作业安全知识

5　掌握安全防护用品的使用

6　熟悉安全标志、安全色的基本知识

7　了解施工现场消防知识

8　了解现场急救知识

9　熟悉施工现场安全用电基本知识

9.1.2　专业基础知识

1　熟悉力学基本知识

2　了解电工基本知识

3　掌握机械基本知识

4　了解液压传动知识

5　了解钢结构基础知识

6　熟悉起重吊装基本知识

9.1.3　专业技术理论

1　了解施工升降机的分类、性能

2　熟悉施工升降机的基本技术参数

3　掌握施工升降机的基本构造和工作原理

4　熟悉施工升降机主要零部件的技术要求及报废标准

5　熟悉施工升降机安全保护装置的构造、工作原理

6　掌握施工升降机安全保护装置的调整(试)方法

7　掌握施工升降机的安装、拆除的程序、方法

8　掌握施工升降机安装、拆除的

安全操作规程

9 掌握施工升降机主要零部件安装后的调整(试)

10 熟悉施工升降机维护保养要求

11 掌握施工升降机安装自检的内容和方法

12 了解施工升降机安装、拆卸常见事故原因及处置方法

9.2 安全操作技能

9.2.1 掌握施工升降机安装、拆卸前的检查和准备

9.2.2 掌握施工升降机的安装、拆卸工序和注意事项

9.2.3 掌握主要零部件的性能及可靠性的判定

9.2.4 掌握防坠安全器动作后的检查与复位处理方法

9.2.5 掌握常见故障的识别、判断

9.2.6 掌握紧急情况处置方法

10 建筑起重机械安装拆卸工(物料提升机)安全技术考核大纲(试行)

10.1 安全技术理论

10.1.1 安全生产基本知识

1 了解建筑安全生产法律法规和规章制度

2 熟悉有关特种作业人员的管理制度

3 掌握从业人员的权利义务和法律责任

4 熟悉高处作业安全知识

5 掌握安全防护用品的使用

6 熟悉安全标志、安全色的基本知识

7 了解施工现场消防知识

8 了解现场急救知识

9 熟悉施工现场安全用电基本知识

10.1.2 专业基础知识

1 熟悉力学基本知识

2 了解电学基本知识

3 熟悉机械基础知识

4 了解钢结构基础知识

5 熟悉起重吊装基本知识

10.1.3 专业技术理论

1 了解物料提升机的分类、性能

2 熟悉物料提升机的基本技术参数

3 掌握物料提升机的基本结构和工作原理

4 掌握物料提升机安装、拆卸的程序、方法

5 掌握物料提升机安全保护装置的结构、工作原理和调整(试)方法

6 掌握物料提升机安装、拆卸的安全操作规程

7 掌握物料提升机安装自检内容和方法

8 熟悉物料提升机维护保养要求

9 了解物料提升机安装、拆卸常见事故原因及处置方法

10.2 安全操作技能

10.2.1 掌握装拆工具、起重工具、索具的使用

10.2.2 掌握钢丝绳的选用、更换、穿绕、固结

10.2.3 掌握物料提升机架体、提升机构、附墙装置或缆风绳的安装、拆卸

10.2.4 掌握物料提升机的各主要系统安装调试

10.2.5 掌握紧急情况应急处置方法

11 高处作业吊篮安装拆卸工安全技术考核大纲(试行)

11.1 安全技术理论

11.1.1 安全生产基本知识

1 了解建筑安全生产法律法规和规章制度

2　熟悉有关特种作业人员的管理制度

3　掌握从业人员的权利义务和法律责任

4　熟悉高处作业安全知识

5　掌握安全防护用品的使用

6　熟悉安全标志、安全色的基本知识

7　了解施工现场消防知识

8　了解现场急救知识

9　熟悉施工现场安全用电基本知识

11.1.2　专业基础知识

1　了解力学基本知识

2　了解电工基础知识

3　了解机械基础知识

11.1.3　专业技术理论

1　了解高处作业吊篮分类及标记方法

2　熟悉常用高处作业吊篮的构造特点

3　熟悉高处作业吊篮主要性能参数

4　熟悉高处作业吊篮提升机的性能、工作原理及调试方法

5　掌握高处作业吊篮安全锁、提升机的构造、工作原理

6　掌握钢丝绳的性能、承载能力和报废标准

7　了解电气控制元器件的分类和功能

8　掌握悬挂机构的结构和工作原理

9　掌握高处作业吊篮安装、拆卸的安全操作规程

10　掌握高处作业吊篮安装自检内容和方法

11　熟悉高处作业吊篮的维护保养

12　了解高处作业吊篮安装、拆卸事故原因及处置方法

11.2　安全操作技能

11.2.1　掌握高处作业吊篮安装、拆卸的方法和程序

11.2.2　掌握主要零部件的性能、作用及报废标准

11.2.3　掌握高处作业吊篮安全装置的调试

11.2.4　掌握操作人员安全绳的固定方法

11.2.5　掌握高处作业吊篮的运行操作及手动下降方法

11.2.6　掌握紧急情况处置方法

附件3：

建筑施工特种作业人员安全操作技能考核标准

（试行）

1　建筑电工安全操作技能考核标准

2　建筑架子工（普通脚手架）安全操作技能考核标准

3　建筑架子工（附着升降脚手架）安全操作技能考核标准

4　建筑起重司索信号工安全操作技能考核标准

5　建筑起重机械司机（塔式起重机）安全操作技能考核标准

6　建筑起重机械司机（施工升降机）安全操作技能考核标准

7　建筑起重机械司机（物料提升机）安全操作技能考核标准

8　建筑起重机械安装拆卸工（塔式起重机）安全操作技能考核标准

9　建筑起重机械安装拆卸工（施工升降机）安全操作技能考核标准

10 建筑起重机械安装拆卸工（物料提升机）安全操作技能考核标准

11　高处作业吊篮安装拆卸工安

全操作技能考核标准

1 建筑电工安全操作技能考核标准(试行)

1.1 设置施工现场临时用电系统

1.1.1 考核设备和器具

1 设备:总配电箱、分配电箱、开关箱(或模板)各1个,用电设备1台,电气元件若干,电缆、导线若干;

2 测量仪器:万用表、兆欧表(绝缘电阻测试仪)、漏电保护器测试仪、接地电阻测试仪;

3 其他器具:十字口螺丝刀、一字口螺丝刀、电工钳、电工刀、剥线钳、尖嘴钳、扳手、钢板尺、钢卷尺、千分尺、计时器等;

4 个人安全防护用品。

1.1.2 考核方法

1 根据图纸在模板上组装总配电箱电气元件;

2 按照规定的临时用电方案,将总配电箱、分配电箱、开关箱与用电设备进行连接,并通电试验。1.1.3 考核时间:90 min。具体可根据实际考核情况调整。1.1.4 考核评分标准

满分60分。考核评分标准见表1.1。各项目所扣分数总和不得超过该项应得分值。

表1.1 考核评分标准

序号	扣 分 标 准	应得分值
1	电线、电缆选择使用错误,每处扣2分	8
2	漏电保护器、断路器、开关选择使用错误,每处扣3分	8
3	电流表、电压表、电度表、互感器连接错误,每处扣2分	8
4	导线连接及接地、接零错误或漏接,每处扣3分	8
5	导线分色错误,每处扣2分	4
6	用电设备通电试验不能运转,扣10分	10
7	设置的临时用电系统达不到TN—S系统要求的,扣14分	14
合计		60

1.2 测试接地装置的接地电阻、用电设备绝缘电阻、漏电保护器参数

1.2.1 考核设备和器具

1 接地装置1组、用电设备1台、漏电保护器1只;

2 接地电阻测试仪、兆欧表(绝缘电阻测试仪)、漏电保护器测试仪、计时器;

3 个人安全防护用品。

1.2.2 考核方法

使用相应仪器测量接地装置的接地电阻值、测量用电设备绝缘电阻、测量漏电保护器参数。

1.2.3 考核时间:15 min。具体可根据实际考核情况调整。

1.2.4 考核评分标准

满分15分。完成一项测试项目，且测量结果正确的，得5分。

1.3 临时用电系统及电气设备故障排除

1.3.1 考核设备和器具

1 施工现场临时用电模拟系统2套，设置故障点2处；

2 相关仪器、仪表和电工工具、计时器；

3 个人安全防护用品。

1.3.2 考核方法

查找故障并排除。

1.3.3 考核时间：15 min。

1.3.4 考核评分标准

满分15分。在规定时间内查找出故障并正确排除的，每处得7.5分；查找出故障但未能排除的，每处得4分。

1.4 利用模拟人进行触电急救操作

1.4.1 考核器具

1 心肺复苏模拟人1套；

2 消毒纱布面巾或一次性吹气膜、计时器等。

1.4.2 考核方法

设定心肺复苏模拟人呼吸、心跳停止，工作频率设定为100次/min或120次/min，设定操作时间250秒。由考生在规定时间内完成以下操作：

1 将模拟人气道放开，人工口对口正确吹气2次；

2 按单人国际抢救标准比例30:2一个循环进行胸外按压与人工呼吸，即正确胸外按压30次，正确人工呼吸口吹气2次；连续操作完成5个循环。

1.4.3 考核时间：5 min。具体可根据实际考核情况调整。

1.4.4 考核评分标准

满分10分。在规定时间内完成规定动作，仪表显示“急救成功”的，得10分；动作正确，仪表未显示“急救成功”的，得5分；动作错误的，不得分。

2 建筑架子工(普通脚手架)操作技能考核标准(试行)

2.1 现场搭设双排落地扣件式钢管脚手架

2.1.1 考核场地、设施

1 具备搭设脚手架条件的场地；

2 具备搭设脚手架条件的建筑物或构筑物。

2.1.2 考核料具

1 钢管：规格Φ48×3.5，长度6 m、5 m、4 m、3 m、2 m、1.5 m若干；

2 扣件：直角扣件、旋转扣件、对接扣件若干；

3 垫木、底座、脚手板(木脚手板、钢脚手板或者竹脚手板)、挡脚板、密目式安全网、安全平网、系绳、铅丝若干；

4 工具：钢卷尺、扳手、扭力扳手、计时器；

5 个人安全防护用品。

2.1.3 考核方法

每6~8名考生为一组，搭设一宽5跨、高5步的双排落地扣件式钢管脚手架。脚手架步距1.8m，纵距1.5m，横距1.3m；连墙件按二步三跨设置；操作层设置在第四步处。

2.1.4 考核时间：180 min。具体可根据实际考核情况调整。

2.1.5 考核评分标准

满分70分。考核评分标准见表2.1。第1~10项为集体考核项目，考核得分即为每个人得分；第11~12项为个人考核项目。各项目所扣分数总和不得超过该项应得分值。

表 2.1 考核评分标准

序号	项目	扣分标准	应得分值
1	垫木和底座	未设置垫木的，扣 6 分；设置不正确的，每处扣 2 分；未设置底座的，每处扣 2 分	6
2	立杆	杆件间距尺寸偏差超过规定值的，每处扣 2 分；立杆垂直度偏差超过规定值的，每处扣 2 分；连接不正确的，每处扣 2 分	6
3	扫地杆	未设置扫地杆的，扣 6 分；设置不正确的，每处扣 2 分	6
4	纵向水平杆	杆件间距尺寸偏差超过规定值的，每处扣 1 分；设置不正确的，每处扣 2 分	4
5	横向水平杆	未设置横向水平杆的，每处扣 2 分；设置不正确的，每处扣 1 分	4
6	连墙件	连墙件数量不足的，每缺少一处扣 4 分；设置位置错误的，每处扣 2 分；设置方法错误的，每处扣 2 分	8
7	剪刀撑	未设置剪刀撑的，扣 6 分；设置不正确的，每处扣 2 分	6
8	扣件拧紧扭力矩	随机抽查 4 个扣件的拧紧扭力矩，不符合要求的，每处扣 2 分	4
9	安全网	未设置首层平网的，扣 4 分；未设置随层平网的，扣 4 分；未挂设密目式安全网的，扣 4 分；安全网设置不符合要求的，每处扣 2 分	8
10	操作层防护	未设置挡脚板的，扣 4 分；设置不正确的，每处扣 2 分。未设置防护栏杆的，扣 4 分；设置不正确的，每处扣 2 分。未设置脚手板的，扣 8 分；未满铺的，扣 2～6 分。未按规定进行对接或搭接的，每处扣 2 分；出现探头板的，扣 8 分。	8
11	个人安全防护用品使用	未佩戴安全帽的，扣 4 分；佩戴不正确的，扣 2 分。高处悬空作业时未系安全带的，扣 4 分；系挂不正确的，扣 2 分	4
12	扭力扳手的使用	不能正确使用扭力扳手测量扣件拧紧扭力矩的，扣 6 分	6
合计			70

说明：

1. 本考题中脚手架的步距、纵距和横距，各地可根据当地实际情况，依据《建筑施工扣件式钢管脚手架安全技术规范》自行确定；

2. 本考题也可采用碗扣式脚手架、门式脚手架、竹脚手架、木脚手架，考核项目和评分标准由各地自行拟定。

2.2 查找满堂脚手架（模板支架）存在的安全隐患

2.2.1 考核设备和器具

1 已搭设好的模板支架，高度 3～5 m，上部无荷载。其中设置构造缺陷（问题）若干处；

2 个人安全防护用品、计时器 1 个。

2.2.2　考核方法

由考生检查已搭设好的模板支架，在规定时间内查找出5处存在的缺陷(问题)并说明原因。

2.2.3　考核时间：20 min。

2.2.4　考核评分标准

满分20分。在规定时间内每准确查找出一处缺陷(问题)并正确说明原因的，得4分；查找出缺陷(问题)但未正确说明原因的，得2分。

2.3　扣件式钢管脚手架部件的判废

2.3.1　考核器具

1　钢管、扣件等实物或图示、影像资料(包括达到报废标准和有缺陷的)；

2　其他器具：计时器1个。

2.3.2　考核方法

1　从钢管实物或图示、影像资料中随机抽取2件(张)，由考生判断其是否存在缺陷或达到报废标准，并说明原因。

2　从扣件实物或图示、影像资料中随机抽取2件(张)，由考生判断其是否存在缺陷或达到报废标准，并说明原因。

2.3.3　考核时间：10 min。

2.3.4　考核评分标准

满分10分。在规定时间内能正确判断并说明原因的，每项得2.5分；判断正确但不能准确说明原因的，每项得1.5分。

3　建筑架子工(附着升降脚手架)安全操作技能考核标准(试行)

3.1　附着升降脚手架现场安装、升降作业

3.1.1　考核场地、设施

1　具备搭设附着升降脚手架条件的场地；

2　具备搭设附着升降脚手架条件的建筑物或构筑物。

3.1.2　考核料具

1　钢管：规格Φ48×3.5，长度6 m、5 m、4 m、3 m、2 m、1.2 m若干(其中包含不合格品)；

2　扣件：直角扣件、旋转扣件、对接扣件、防滑扣件若干(其中包含不合格品)；

3　设备：三套升降机构(动力设备为电动葫芦)、便携式控制箱；

4　水平梁(桁)架、竖向主框架及配件；

5　方木、脚手板、挡脚板、密目式安全网、安全平网、系绳、铁丝若干；

6　工具：钢卷尺、扳手、小钢锯、水平尺、线锤、钢丝钳、计时器等；

7　个人安全防护用品。

3.1.3　考核方法

A　三套升降机构的附着升降脚手架安装

每次3组、每4位考生一组，3组共同按照图3.1.3搭设包含带转角、三套升降机构的附着升降脚手架。上部为扣件式钢管脚手架，长8跨、高2～5步。

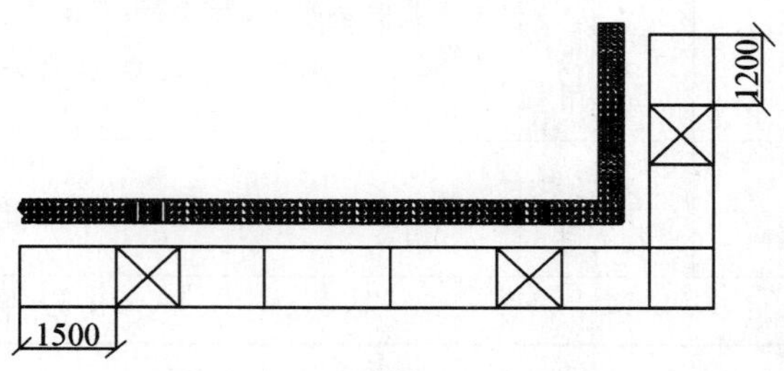

图3.1.3　架体搭设平面布置示意图

B　升降作业

每次3组、每4位考生一组，每组负责一个机位，操作三套升降机构的升降作业。

3.1.4　考核时间：100 min。具体可根据实际考核情况调整。

3.1.5　考核评分标准

A　三套升降机构的附着升降脚

手架安装

满分 80 分，考核评分标准见表 3.1.5.1。第 1～12 项为集体考核项目，考核得分即为每个人得分；第 13 项为个人考核项目。各项目所扣分数总和不得超过该项应得分值。

表 3.1.5.1 考核评分标准

序号	项目	扣分标准	应得分值
13	材料选用	使用不合格的钢管、扣件的，每件扣 2 分	4
14	水平梁(桁)架、竖向主框架安装	水平梁(桁)架及竖向主框架在两相邻附着支承结构处的高差超过规定值的，每处扣 2 分。竖向主框架和防倾装置的垂直偏差超过规定值的，每处扣 2 分；使用扣件连接的，每处扣 2 分	8
15	杆件间距	杆件间距尺寸偏差超过规定值的，每处扣 2 分	4
16	水平杆	纵向水平杆间距尺寸偏差超过规定值的，每处扣 1 分；设置不正确的，每处扣 2 分。未设置横向水平杆的，每处扣 2 分；设置不正确的，每处扣 1 分	4
17	立杆	立杆垂直度偏差超过规定值的，每处扣 2 分；连接不正确的，每处扣 2 分	4
18	操作层防护	未设置挡脚板的，扣 4 分；设置不正确的，每处扣 2 分。未设置防护栏杆的，扣 4 分；设置不正确的，每处扣 2 分。未设置脚手板的，扣 8 分；未满铺的，扣 2～6 分。未按规定进行对接或搭接的，每处扣 2 分；出现探头板的，扣 8 分	8
19	扣件拧紧扭力矩	随机抽查 4 个扣件的拧紧扭力矩，不符合要求的，每处扣 2 分	4
20	安全网	未设置首层平网、作业层平网和密目式安全网的，每项扣 4 分；设置不符合要求的，每处扣 2 分	8
21	附着支承结构安装	穿墙螺杆松动、双螺母缺失的，每处扣 4 分。未设置垫板的，每处扣 4 分；垫板不符合要求的，每处扣 2 分	8
10	电动葫芦及连接件的安装	电动葫芦安装不牢固、传动部分不灵活的，每处扣 2 分。连接件缺损的，扣 4 分：使用非标准连接件的，扣 4 分：安装不牢固的，扣 4 分	12
11	防倾装置安装	防倾导轨(座)变形、导轮缺损的，每处扣 2 分；防倾导轨(座)、导轮安装不牢的，每处扣 2 分	4
12	防坠装置调试	调试不到位、动作不可靠的，每处扣 4 分	8
13	个人安全防护用品使用	未佩戴安全帽的，扣 4 分；佩戴不正确的，扣 2 分。高处悬空作业未系安全带的，扣 4 分；系挂不正确的扣 2 分	4
合　计			80

B 升降作业

满分 80 分，考核评分标准见表 3.1.5.2。第 1—13 项为集体考核项目，考核得分即为每个人得分；第 14 项为个人考核项目。各项目所扣分数总和不得超过该项应得分值。

表 3.1.5.2 考核评分标准

序号	项目		扣分标准	应得分值
1	升降前作业	连墙构件安装、检查	穿墙螺杆固定不牢、缺失螺母的，每处扣 4 分；未设置垫板的，每处扣 4 分；垫板不符合要求的，每处扣 2 分	8
2		电动葫芦及连接件的安装	电动葫芦传动不灵，各个电动葫芦预紧张力不均，环链绞结的，每处扣 4 分。连接件固定不牢、受力不均的，每处扣 2 分；使用非标准连接件的，每处扣 2 分	10
3		供、用电线路检查	未对供、用电线路检查的，扣 4 分；电缆缠绕，绑扎不牢的，每处扣 2 分	4
4		防倾装置检查	防倾导轨(座)固定不牢、导轮有破损的，每处扣 3 分	6
5		防坠装置调试	未进行调试复位的，每处扣 4 分	8
6		障碍物清理	未对妨碍升降的障碍物进行清理的，每处扣 2 分	4
7	升降作业	相邻提升点间的高差	相邻提升点间的高差调整达不到标准要求的，扣 4 分	4
8		架体垂直度	架体垂直度调整达不到标准要求的，扣 4 分	4
9		架体与墙体距离	架体与墙体距离调整达不到标准要求的，扣 4 分	4
10	升降后作业	防坠装置锁定	电动葫芦卸载前，防坠装置未可靠锁定的，每处扣 4 分	8
11		防倾装置检查	防倾导轨(座)固定不牢、导轮有破损的，每处扣 3 分	6
12		架体加固	未按标准要求设置架体与墙体间硬拉结的，每少一处扣 3 分	6
13		架体与墙体间防护	架体与墙体间的封闭未恢复的，扣 4 分；封闭不严的，每处扣 2 分	4
14	个人安全防护用品使用		未佩戴安全帽的，扣 4 分；佩戴不正确的，扣 2 分。高处悬空作业时未系安全带的，扣 4 分；系挂不正确的，扣 2 分	4
合计			80	

说明：

1. 本考题分A、B两个题，即附着升降脚手架安装和升降作业，在考核时可任选一题；

2. 本考题也可采用液压等其他动力升降形式的附着升降脚手架，考核项目和考核评分标准由各地自行拟定。

3. 考核过程中，现场应设置2名以上的考评人员。

3.2 故障识别判断

3.2.1 考核器具

1 设置电动葫芦卡链、防倾装置出轨等故障；

2 其他器具：计时器1个。

3.2.2 考核方法

由考生识别判断电动葫芦卡链、防倾装置出轨等故障（对每个考生只设置二个）。

3.2.3 考核时间：15 min。

3.2.4 考核评分标准

满分10分。在规定时间内正确识别判断的，每项得5分。

3.3 紧急情况处置

3.3.1 考核器具

1 设置相邻机位不同步、突然断电等紧急情况或图示、影像资料；

2 其他器具：计时器1个。

3.3.2 考核方法

由考生对相邻机位不同步、突然断电等紧急情况或图示、影像资料中所示的紧急情况进行描述，并口述处置方法。对每个考生设置一种。

3.3.3 考核时间：10 min。

3.3.4 考核评分标准

满分10分。在规定时间内对存在的问题描述正确并正确叙述处置方法的，得10分；对存在的问题描述正确，但未能正确叙述处置方法的，得5分。

4 建筑起重信号司索工安全操作技能考核标准（试行）

4.1 起重吊运指挥信号的运用

4.1.1 考核器具

1 起重吊运指挥信号用红、绿色旗1套，指挥用哨子1只，计时器1个；

2 个人安全防护用品。

4.1.2 考核方法

在考评人员的指挥下，考生分别使用音响信号与手势信号配合、音响信号与旗语信号配合，各完成《起重吊运指挥信号》(GB5082)中规定的5个指挥信号动作。

4.1.3 考核时间：10 min。具体可根据实际模拟情况调整。

4.1.4 考核评分标准

满分30分。按标准完成一个动作得3分。

4.2 装置绳卡

4.2.1 考核器具

1 三种不同规格钢丝绳（每种钢丝绳长度为3～4 m）；

2 不同规格的绳卡各5只；

3 其它器具：扳手2把、计时器1个；

4 个人安全防护用品。

4.2.2 考核方法

由考生装置一组钢丝绳绳卡。

4.2.3 考核时间：10 min。

4.2.4 考核评分标准

满分10分。绳卡规格与钢丝绳不匹配的（或者绳卡数量不符合要求、绳卡设置方向错误的），不得分。螺栓扣紧度、绳卡间距、安全弯（绳头）设置不符合要求的，每项扣 2 分。

4.3 穿绕滑轮组

4.3.1 考核器具

1 滑轮组 2 副，长度为 4 m 的麻绳(或化学纤维绳)2 根，计时器 1 个；

2 个人安全防护用品。

4.3.2 考核方法

由考生分别采用顺穿法和花穿法各穿绕一副滑轮组。

4.3.3 考核时间：5 min。

4.3.4 考核评分标准

满分 10 分。在规定时间内穿绕正确、规范的，每副得 5 分；穿绕基本正确，但不规范的，每副得 2 分。

4.4 编打绳结

4.4.1 考核器具

1 长度 1 m 的麻绳(或化学纤维绳)若干段；

2 其他器具：计时器 1 个。

4.4.2 考核方法

由考生编打二种绳结，并说明其应用场合。

4.4.3 考核时间：5 min。

4.4.4 考核评分标准

满分 10 分。在规定时间内编打正确，并正确说明其应用场合的，每种得 5 分；编打正确，但不能正确说明其应用场合的，每种得 3 分；编打错误，但能够正确说明其应用场合的，每种得 2 分。

4.5 起重吊具、索具和机具的识别判断

4.5.1 考核器具

1 不同规格的钢丝绳若干；

2 卸扣、绳卡、千斤顶、倒链滑车、绞磨、手扳葫芦、电动葫芦等起重吊、索具和机具实物或图示、影像资料；

3 其他器具：计时器 1 个。

4.5.2 考核方法

1 随机抽取 2 根不同规格的钢丝绳，由考生判断钢丝绳的规格；

2 从起重吊、索具和机具实物或图示、影像资料中随机抽取 5 种，由考生识别并说明其名称。

4.5.3 考核时间：10 min。

4.5.4 考核评分标准

满分 10 分。在规定时间内正确判断一种规格钢丝绳，得 2.5 分；在规定时间内正确识别一种起重吊具、索具和机具的，得 1 分。

4.6 钢丝绳、卸扣、绳卡和吊钩的判废

4.6.1 考核器具

1 钢丝绳、卸扣、绳卡、吊钩等实物或图示、影像资料(包括达到报废标准和有缺陷的)；

2 其他器具：计时器 1 个。

4.6.2 考核方法

从钢丝绳、卸扣、吊钩、绳卡实物或图示、影像资料中随机抽取 4 件(张)，由考生判断其是否达到报废标准或有缺陷，并说明原因。

4.6.3 考核时间：8 min。

4.6.4 考核评分标准

满分 10 分。在规定时间内正确判断并说明原因的，每项得 2.5 分；判断正确但不能准确说明原因的，每项得 1 分。

4.7 重量估算

4.7.1 考核器具

1 各种规格钢丝绳、麻绳若干；

2 钢构件(管、线、板、型材组成的简单构件)实物或图示、影像资料；

3 其他器具：计时器 1 个；

4 个人安全防护用品。

4.7.2 考核方法

1 从各种规格钢丝绳、麻绳中随机分别抽取一种规格的钢丝绳和麻绳，由考生分别计算钢丝绳、麻绳的破断拉力、允许拉力；

2 随机抽取两种钢构件实物或图示、影像资料，由考生估算其重量，并判断其重心位置。

4.7.3 考核时间：10 min。具体可根据实际考核情况调整。

4.7.4 考核评分标准

满分 20 分，考核评分标准见表 4.7。

表 4.7 考核评分标准

序号	扣分标准	应得分值
1	钢丝绳、麻绳破断拉力计算错误的，每项扣 2.5 分	5
2	钢丝绳、麻绳允许拉力计算错误的，每项扣 2.5 分	5
3	钢材估算重量误差超过±10%的，每项扣 2.5 分	5
4	未能正确判定其重心位置的，每项扣 2.5 分	5
合 计		20

5 建筑起重机械司机(塔式起重机)安全操作技能考核标准(试行)

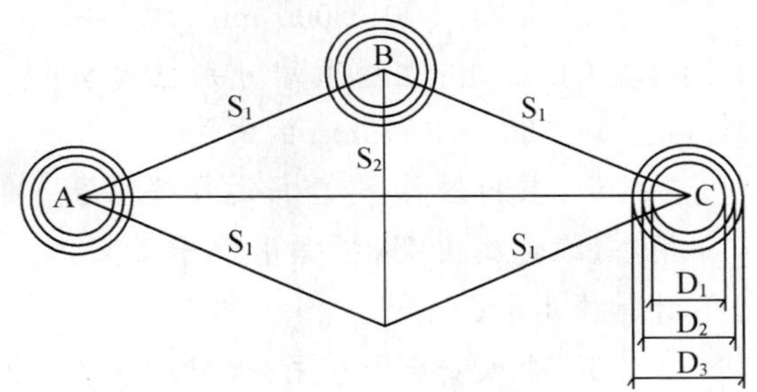

5.1 起吊水箱定点停放(图 5.1、表 5.1)

表 5.1

(单位：m)

起重机高度	S_1	S_2	D_1	D_2	D_3
20≤H≤30	18	13	1.7	1.9	2.1

5.1.1 考核设备和器具

1 设备：固定式 QTZ 系列塔式起重机 1 台，起升高度在 20 m 以上 30 m 以下；

2 吊物：水箱 1 个。水箱边长 1 000×1 000×1 000 mm，水面距箱口 200 mm，吊钩距箱口 1 000 mm；

3 其他器具：起重吊运指挥信号用红、绿色旗 1 套，指挥用哨子 1 只，计时器 1 个；

4 个人安全防护用品。

5.1.2 考核方法

考生接到指挥信号后，将水箱由 A 处吊起，先后放入 B 圆、C 圆内，再将水箱由 C 处吊起，返回放入 B 圆、A 圆内，最后将水箱由 A 处吊起，直接放入 C 圆内。水箱由各处吊起时均距地面 4 000 mm，每次下降途中准许各停顿二次。

5.1.3 考核时间：4 min。

5.1.4 考核评分标准

满分 40 分。考核评分标准见表 5.1.4。

表 5.1.4 考核评分标准

序号	扣分项目	扣分值
1	送电前,各控制器手柄未放在零位的	5分
2	作业前,未进行空载运转的	5分
3	回转、变幅和吊钩升降等动作前,未发出音响信号示意的	5分/次
4	水箱出内圆(D_1)的	2分
5	水箱出中圆(D_2)的	4分
6	水箱出外圆(D_3)的	6分
7	洒水的	1～3分/次
8	未按指挥信号操作的	5分/次
9	起重臂和重物下方有人停留、工作或通过,未停止操作的	5分
10	停机时,未将每个控制器拨回零位的,未依次断开各开关的,未关闭操纵室门窗的	5分/项

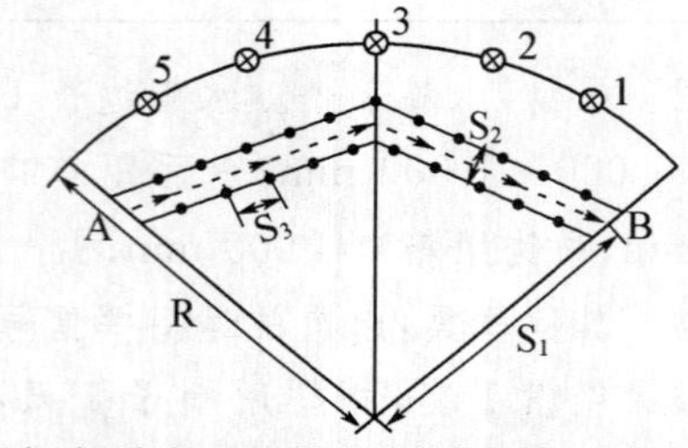

图 5.2

5.2 起吊水箱绕木杆运行和击落木块(图 5.2、表 5.2)

表 5.2

(单位:m)

起重机高度	R	S_1	S_2	S_3
20≤H≤30	19	15	2.0	2.5

5.2.1 考核设备和器具

1 设备:固定式 QTZ 系列塔式起重机 1 台,起升高度在 20 m 以上 30 m 以下;

2 吊物:水箱 1 个。水箱边长 1 000×1 000×1 000 mm,水面距箱口 200 mm,吊钩距箱口 1 000 mm;

3 标杆 23 根,每根高 2 000 mm,直径 20～30 mm;底座 23 个,每个直径 300 mm,厚度 10 mm;

4 立柱 5 根,高度依次为 1 000、1 500、1 800、1 500、1 000 mm,均匀分布在 CD 弧上;立柱顶端分别立着放置 200×200×300 mm 的木块;

5 其他器具:起重吊运指挥信号用红、绿色旗 1 套,指挥用哨子 1 只,计时器 1 个;

6 个人安全防护用品。

5.2.2 考核方法

考生接到指挥信号后,将水箱由 A 处吊离地面 1 000 mm,按图示路线在杆内运行,行至 B 处上方,即反向旋转,并用水箱依次将立柱顶端的木块击落,最后将水箱放回 A 处。在击落木块的运行途中不准开倒车。

5.2.3 考核时间:4 min。具体可根据实际考核情况调整。

5.2.4 考核评分标准

满分 40 分。考核评分标准见表 5.2.4。

表 5.2.4 考核评分标准

序号	扣分项目	扣分值
1	送电前,各控制器手柄未放在零位的	5分
2	作业前,未进行空载运转的	5分
3	回转、变幅和吊钩升降等动作前,未发出音响信号示意的	5分/次
4	碰杆的	2分/次
5	碰倒杆的	3分/次
6	碰立柱的	3分/次
7	未击落木块的	3分/个
8	未按指挥信号操作的	5分/次
9	起重臂和重物下方有人停留、工作或通过,未停止操作的	5分
10	停机时,未将每个控制器拨回零位的,未依次断开各开关的,未关闭操纵室门窗的	5分/项

5.3 故障识别判断

5.3.1 考核设备和器具

1 塔式起重机设置安全限位装置失灵、制动器失效等故障或图示、影像资料;

2 其他器具:计时器1个。

5.3.2 考核方法

由考生识别判断安全限位装置失灵、制动器失效等故障或图示、影像资料(对每个考生只设置一种)。

5.3.3 考核时间:10 min。

5.3.4 考核评分标准

满分5分。在规定时间内正确识别判断的,得5分。

5.4 零部件的判废

5.4.1 考核器具

1 塔式起重机零部件(吊钩、钢丝绳、滑轮等)实物或图示、影像资料(包括达到报废标准和有缺陷的);

2 其他器具:计时器一个。

5.4.2 考核方法

从塔机零部件实物或图示、影像资料中随机抽取2件(张),由考生判断其是否达到报废标准并说明原因。

5.4.3 考核时间:5 min。

5.4.4 考核评分标准

满分5分。在规定时间内正确判断并说明原因的,每项得2.5分;判断正确但不能准确说明原因的,每项得1.5分。

5.5 识别起重吊运指挥信号

5.5.1 考核器具

1 起重吊运指挥信号图示、影像资料等;

2 其他器具:计时器1个。

5.5.2 考核方法

考评人员做5种起重吊运指挥信号,由考生判断其代表的含义;或从一组指挥信号图示、影像资料中随机抽取5张,由考生回答其代表的含义。

5.5.3 考核时间:5 min。

5.5.4 考核评分标准

满分5分。在规定时间内每正确回答一项,得1分。

5.6 紧急情况处置

5.6.1 考核器具

1 设置塔式起重机钢丝绳意外卡住、吊装过程中遇到障碍物等紧急情况或图示、影像资料；

2 其他器具：计时器1个。

5.6.2 考核方法

由考生对钢丝绳意外卡住、吊装过程中遇到障碍物等紧急情况或图示、影像资料中所示的紧急情况进行描述，并口述处置方法。对每个考生设置一种。

5.6.3 考核时间：10 min。

5.6.4 考核评分标准

满分5分。在规定时间内对存在的问题描述正确并正确叙述处置方法的，得5分；对存在的问题描述正确，但未能正确叙述处置方法的，得3分。

6 建筑起重机械司机（施工升降机）安全操作技能考核标准（试行）

6.1 施工升降机驾驶

6.1.1 考核设备和器具

1 施工升降机1台或模拟机1台，行程高度20 m；

2 其他器具：计时器1个。

6.1.2 考核方法

在考评人员指挥下，考生驾驶施工升降机上升、下降各一个过程；在上升和下降过程中各停层一次。

6.1.3 考核时间：20 min。

6.1.4 考核评分标准

满分60分。考核评分标准见表6.1。

表6.1 考核评分标准

序号	扣分项目	扣分值
1	启动前，未确认控制开关在零位的	5分
2	作业前，未发出音响信号示意的	5分/次
3	运行到最上层或最下层时，触动上、下限位开关的	5分/次
4	停层超过规定距离±20 mm的	5分/次
5	未关闭层门启动升降机的	10分
6	作业后，未将梯笼降到底层、未将各控制开关拨到零位的、未切断电源的、未闭锁梯笼门的	5分/项

6.2 故障识别判断

6.2.1 考核设备和器具

1 设置简单故障的施工升降机或图示、影像资料；

2 其他器具：计时器1个。

6.2.2 考核方法

由考生识别判断施工升降机或图示、影像资料设置的二个简单故障。

6.2.3 考核时间：10 min。

6.2.4 考核评分标准

满分15分。在规定时间内正确识别判断的，每项得7.5分。

6.3 零部件判废

6.3.1 考核器具

1 施工升降机零部件实物或图示、影像资料（包括达到报废标准和有缺陷的）；

2 其他器具：计时器1个。

6.3.2 考核方法

从施工升降机零部件实物或图示、影像资料中随机抽取 2 件(张、个),由考生判断其是否达到报废标准并说明原因。

6.3.3 考核时间:10 min。

6.3.4 考核评分标准

满分 15 分。在规定时间内正确判断并说明原因的,每项得 7.5 分;判断正确但不能准确说明原因的,每项得 4 分。

6.4 紧急情况处置

6.4.1 考核设备和器具

1 设置施工升降机电动机制动失灵、突然断电、对重出轨等紧急情况或图示、影像资料;

2 其他器具:计时器 1 个。

6.4.2 考核方法

由考生对施工升降机电动机制动失灵、突然断电、对重出轨等紧急情况或图示、影像资料中所示的紧急情况进行描述,并口述处置方法。对每个考生设置一种。

6.4.3 考核时间:10 min。

6.4.4 考核评分标准

满分 10 分。在规定时间内对存在的问题描述正确并正确叙述处置方法的,得 10 分;对存在的问题描述正确,但未能正确叙述处置方法的,得 5 分。

7 建筑起重机械司机(物料提升机)安全操作技能考核标准(试行)

7.1 物料提升机的操作

7.1.1 考核设备和器具

1 设备:物料提升机 1 台,安装高度在 10 m 以上、25 m 以下;

2 砝码:在吊笼内均匀放置砝码 200 kg;

3 其他器具:哨笛 1 个,计时器 1 个。

7.1.2 考核方法

根据指挥信号操作,每次提升或下降均需连续完成,中途不停。

1 将吊笼从地面提升至第一停层接料平台处,停止;

2 从任意一层接料平台处提升至最高停层接料平台处,停止;

3 从最高停层接料平台处下降至第一停层接料平台处,停止;

4 从第一停层接料平台处下降至地面。

7.1.3 考核时间:15 min。

7.1.4 考核评分标准

满分 60 分。考核评分标准见表 7.1。

表 7.1 考核评分标准

序号	扣分项目	扣分值
1	启动前,未确认控制开关在零位的	5 分
2	启动前,未发出音响信号示意的	5 分/次
3	运行到最上层或最下层时,触动上、下限位开关的	5 分/次
4	未连续运行,有停顿的	5 分/次
5	到规定停层未停止的	5 分/次
6	停层超过规定距离±100 mm 的	10 分/次

续 表

序号	扣分项目	扣分值
7	停层超过规定距离±50 mm,但不超过±100 mm 的	5 分/次
8	作业后,未将吊笼降到底层的、未将各控制开关拨到零位的、未切断电源的	5 分/项

7.2 故障识别判断

7.2.1 考核设备和器具

1 设置安全装置失灵等故障的物料提升机或图示、影像资料;

2 其他器具:计时器 1 个。

7.2.2 考核方法

由考生识别判断物料提升机或图示、影像资料设置的安全装置失灵等故障(对每个考生只设置二种)。

7.2.3 考核时间:10 min。

7.2.4 考核评分标准

满分 10 分。在规定时间内正确识别判断的,每项得 5 分。

7.3 零部件判废

7.3.1 考核设备和器具

1 物料提升机零部件(钢丝绳、滑轮、联轴节或制动器)实物或图示、影像资料(包括达到报废标准和有缺陷的);

2 其他器具:计时器 1 个。

7.3.2 考核方法

从零部件的实物或图示、影像资料中随机抽取 2 件(张),判断其是否达到报废标准(缺陷)并说明原因。

7.3.3 考核时间:10 min。

7.3.4 考核评分标准

满分 20 分。在规定时间内能正确判断并说明原因的,每项得 10 分;判断正确但不能准确说明原因的,每项得 5 分。

7.4 紧急情况处置

7.4.1 考核设备和器具

1 设置电动机制动失灵、突然断电、钢丝绳意外卡住等紧急情况或图示、影像资料;

2 其他器具:计时器 1 个。

7.4.2 考核方法

由考生对电动机制动失灵、突然断电、钢丝绳意外卡住等紧急情况或图示、影像资料中所示的紧急情况进行描述,并口述处置方法。对每个考生设置一种。

7.4.3 考核时间:10 min。

7.4.4 考核评分标准

满分 10 分。在规定时间内对存在的问题描述正确并正确叙述处置方法的,得 10 分;对存在的问题描述正确,但未能正确叙述处置方法的,得 5 分。

8 建筑起重机械安装拆卸工(塔式起重机)安全操作技能考核标准(试行)

8.1 塔式起重机的安装、拆卸

8.1.1 考核设备和器具

1 QTZ 型塔机一台(5 节以上标准节),也可用模拟机;

2 辅助起重设备一台;

3 专用扳手一套,吊、索具长、短各一套,铁锤 2 把,相应的卸扣 6 个;

4 水平仪、经纬仪、万用表、拉力器、30 米长卷尺、计时器;

5 个人安全防护用品。

8.1.2 考核方法

每 6 位考生一组,在实际操作前口述安装或顶升全过程的程序及要领,在辅助起重设备的配合下,完成以下作业：

A 塔式起重机起重臂、平衡臂部件的安装

安装顺序：安装底座→安装基础节→安装回转支承→安装塔帽→安装平衡臂及起升机构→安装1～2块平衡重(按使用说明书要求)→安装起重臂→安装剩余平衡重→穿绕起重钢丝绳→接通电源→调试→安装后自验。

B 塔式起重机顶升加节

顶升顺序：连接回转下支承与外套架→检查液压系统→找准顶升平衡点→顶升前锁定回转机构→调整外套架导向轮与标准节间隙→搁置顶升套架的爬爪、标准节踏步与顶升横梁→拆除回转下支承与标准节连接螺栓→顶升开始→拧紧连接螺栓或插入销轴(一般要有2个顶升行程才能加入标准节)→加节完毕后油缸复原→拆除顶升液压线路及电气。

8.1.3 考核时间：120 min。具体可根据实际考核情况调整。

8.1.4 考核评分标准

A 塔式起重机起重臂、平衡臂部件的安装

满分70分。考核评分标准见表8.1.4.1，考核得分即为每个人得分，各项目所扣分数总和不得超过该项应得分值。

表8.1.4.1 考核评分标准

序号	扣分标准	应得分值
1	未对器具和吊索具进行检查的，扣5分	5
2	底座安装前未对基础进行找平的，扣5分	5
3	吊点位置确定不正确的，扣10分	10
4	构件连接螺栓未拧紧、或销轴固定不正确的，每处扣2分	10
5	安装3节标准节时未用(或不会使用)经纬仪测量垂直度的，扣5分	5
6	吊装外套架索具使用不当的，扣4分	4
7	平衡臂、起重臂、配重安装顺序不正确的，每次扣5分	10
8	穿绕钢丝绳及端部固定不正确的，每处扣2分	6
9	制动器未调整或调整不正确的，扣5分	5
10	安全装置未调试的，每处扣5分；调试精度达不到要求的，每处扣2分	10
合计		70

B 塔式起重机顶升加节

满分70分。考核评分标准见表8.1.4.2，考核得分即为每个人得分，各项目所扣分数总和不得超过该项应得分值。

表 8.1.4.2 考核评分标准

序号	扣分标准	应得分值
1	构件连接螺栓未紧固或未按顺序进行紧固的,每处扣 2 分	10
2	顶升作业前未检查液压系统工作性能的,扣 10 分	10
3	顶升前未按规定找平衡的,每次扣 5 分	10
4	顶升前未锁定回转机构的,扣 5 分	5
5	未能正确调整外套架导向轮与标准节主弦杆间隙的,每处扣 5 分	15
6	顶升作业未按顺序进行的,每次扣 10 分	20
合计		70

说明：

4. 本考题分 A、B 两个题,即塔式起重机起重臂、平衡臂部件的安装和塔式起重机顶升加节作业,在考核时可任选一题;

5. 本考题也可以考核塔式起重机降节作业和塔式起重机起重臂、平衡臂部件拆卸,考核项目和考核评分标准由各地自行拟定。

6. 考核过程中,现场应设置 2 名以上的考评人员。

8.2 零部件判废

8.2.1 考核器具

1 吊钩、滑轮、钢丝绳和制动器等实物或图示、影像资料(包括达到报废标准和有缺陷的);

2 其他器具:计时器 1 个。

8.2.2 考核方法

从吊钩、滑轮、钢丝绳、制动器等实物或图示、影像资料中随机抽取 3 件(张),判断其是否达到报废标准并说明原因。

8.2.3 考核时间:10 min。

8.2.4 考核评分标准

满分 15 分。在规定时间内能正确判断并说明原因的,每项得 5 分;判断正确但不能准确说明原因的,每项得 3 分。

8.3 紧急情况处置

8.3.1 考核设备和器具

1 设置突然断电、液压系统故障、制动失灵等紧急情况或图示、影像资料;

2 其他器具:计时器 1 个。

8.3.2 考核方法

由考生对突然断电、液压系统故障、制动失灵等紧急情况或图示、影像资料中所示紧急情况进行描述,并口述处置方法。对每个考生设置一种。

8.3.3 考核时间:10 min。

8.3.4 考核评分标准

满分 15 分。在规定时间内对存在的问题描述正确并正确叙述处置方法的,得 15 分;对存在的问题描述正确,但未能正确叙述处置方法的,得 7.5 分。

9 建筑起重机械安装拆卸工(施工升降机)安全操作技能考核标准(试行)

9.1 施工升降机的安装和调试

9.1.1 考核设备和器具

1 导轨架底节、标准节(导轨架)6 节、附着装置 1 套,吊笼 1 个;

2 辅助起重设备;

3 扳手 1 套、扭力扳手、安全器复位专用扳手、经纬仪、线柱小撬棒 2 根、道木 4 根、塞尺、计时器;

4 个人安全防护用品。

9.1.2 考核方法

每5位考生一组，在辅助起重设备的配合下，完成以下作业：

1 安装标准节（导轨架）和一道附着装置，并调整其垂直度；

2 安装吊笼，并对就位的吊笼进行手动上升操作，调整滚轮及背轮的间隙；

3 防坠安全器动作后的复位调整。

9.1.3 考核时间：240 min。具体可根据实际模拟情况调整。

9.1.4 考核评分标准

满分70分。考核评分标准见表9.1，考核得分即为每个人得分，各项目所扣分数总和不得超过该项应得分值。

表9.1 施工升降机安装和调试考核评分标准

序号	项目	扣分标准	应得分值
1	架体、吊笼安装及垂直度的调整	螺栓紧固力矩未达标准的，每处扣2分	10
2		导轨架垂直度未达标准的，扣10分	10
3		未按照工艺流程安装的，扣15分	15
4	吊笼滚轮及背轮间隙的调整	滚轮间隙调整未达标准的，每处扣4分	4
5		背轮间隙调整未达标准的，每处扣4分	4
6		手动下降未达要求的，扣2分	2
7		未按照工艺流程操作的，扣15分	15
8	防坠安全器复位调整	复位前未对升降机进行检查的，扣3分	3
9		复位前未上升吊笼使离心块脱档的，扣5分	5
10		复位后指示销未与外壳端面平齐的，扣2分	2
合计			70

9.2 故障识别判断

9.2.1 考核器具

1 设置故障的施工升降机或图示、影像资料；

2 其他器具：计时器1个。

9.2.2 考核方法

由考生识别判断施工升降机或图示、影像资料设置的二个故障。

9.2.3 考核时间：10 min。

9.2.4 考核评分标准

满分10分。在规定时间内正确识别判断的，每项得5分。

9.3 零部件判废

9.3.1 考核器具

1 施工升降机零部件实物或图示、影像资料（包括达到报废标准和有缺陷的）；

2 其他器具：计时器1个。

9.3.2 考核方法

从施工升降机零部件实物或图示、影像资料中随机抽取2件（张），由考生判断其是否达到报废标准并说明原因。

9.3.3 考核时间：10 min。

9.3.4 考核评分标准

满分10分。在规定时间内正确判断并说明原因的，每项得5分；判断正确但不能准确说明原因的，每项得3分。

9.4 紧急情况处置

9.4.1 考核器具

1　设置施工升降机电动机制动失灵、突然断电、对重出轨等紧急情况或图示、影像资料；

2　其他器具：计时器1个。

9.4.2　考核方法

由考生对施工升降机电动机制动失灵、突然断电、对重出轨等紧急情况或图示、影像资料中所示的紧急情况进行描述，并口述处置方法。对每个考生设置一种。

9.4.3　考核时间：10 min。

9.4.4　考核评分标准

满分10分。在规定时间内对存在的问题描述正确并正确叙述处置方法的，得10分；对存在的问题描述正确，但未能正确叙述处置方法的，得5分。

10 建筑起重机械安装拆卸工(物料提升机)安全操作技能考核标准(试行)

10.1　物料提升机的安装与调试

10.1.1　考核设备和器具

1　满足安装运行调试条件的物料提升机部件1套(架体钢结构杆件、吊笼、安全限位装置、滑轮组、卷扬机、钢丝绳及紧固件等)，或模拟机1套；

2　机具：起重设备、扭力扳手、钢丝绳绳卡、绳索；

3　其他器具：哨笛1个、塞尺1套、计时器1个；

4　个人安全防护用品。

10.1.2　考核方法

每5名考生一组，在辅助起重设备的配合下，完成以下作业：

1　安装高度9 m左右的物料提升机；

2　对吊笼的滚轮间隙进行调整；

3　对安全装置进行调试。

10.1.3　考核时间：180分钟，具体可根据实际模拟情况调整。

10.1.4　考核评分标准

满分70分。考核评分标准见表10.1，考核得分即为每个人得分，各项目所扣分数总和不得超过该项应得分值。

表10.1　考核评分标准

序号	项目	扣分标准	应得分值
1	整机安装	杆件安装和螺栓规格选用错误的，每处扣5分	10
2		漏装螺栓、螺母、垫片的，每处扣2分	5
3		未按照工艺流程安装的，扣10分	10
4		螺母紧固力矩未达标准的，每处扣2分	5
5		未按照标准进行钢丝绳连接的，每处扣2分	5
6		卷扬机的固定不符合标准要求的，扣5分	5
7		附墙装置或缆风绳安装不符合标准要求的，每组扣2分	5
8	吊笼滚轮间隙调整	吊笼滚轮间隙过大或过小的，每处扣2分	5
9		螺栓或螺母未锁住的，每处扣2分	5
10	安全装置进行调试	安全装置未调试的，每处扣5分	10
11		调试精度达不到要求的，每处扣2分	5
合　计			70

10.2 零部件的判废

10.2.1 考核设备和器具

1 物料提升机零部件(钢丝绳、滑轮、联轴节或制动器)实物或图示、影像资料(包括达到报废标准和有缺陷的);

2 其他器具:计时器1个。

10.2.2 考核方法

从零部件的实物或图示、影像资料中随机抽取2件(张),由考生判断其是否达到报废标准(缺陷)并说明原因。

10.2.3 考核时间:10 min。

10.2.4 考核评分标准

满分20分。在规定时间内能正确判断并说明原因的,每项得10分;判断正确但不能准确说明原因的,每项得5分。

10.3 紧急情况处置

10.3.1 考核器具

1 设置电动机制动失灵、突然断电、钢丝绳意外卡住等紧急情况或图示、影像资料;

2 其他器具:计时器1个。

10.3.2 考核方法

由考生对电动机制动失灵、突然断电、钢丝绳意外卡住等紧急情况或图示、影像资料所示的紧急情况进行描述,并口述处置方法。对每个考生设置一种。

10.3.3 考核时间:10 min。

10.3.4 考核评分标准

满分10分。在规定时间内对存在的问题描述正确并正确叙述处置方法的,得10分;对存在的问题描述正确,但未能正确叙述处置方法的,得5分。

11 高处作业吊篮安装拆卸工安全操作技能考核标准(试行)

11.1 高处作业吊篮的安装与调试

11.1.1 考核设备和器具

1 高处作业吊篮1套(悬挂机构、提升机、吊篮、安全锁、提升钢丝绳、安全钢丝绳);

2 安装工具1套、计时器1个;

3 个人安全防护用品。

11.1.2 考核方法

每4位考生一组,在规定时间内完成以下作业:

1 高处作业吊篮的整机安装;

2 提升机、安全锁安装调试。

11.1.3 考核时间:60 min,具体可根据实际模拟情况调整。

11.1.4 考核评分标准

满分80分。考核评分标准见表11.1,考核得分即为每个人得分,各项目所扣分数总和不得超过该项应得分值。

表11.1 考核评分标准

序号	项目	扣分标准	应得分值
1	整机安装	钢丝绳绳卡规格、数量不符合要求的,每处扣2分	6
2		钢丝绳绳卡设置方向错误的,每处扣2分	4
3		配重安装数量不足的,每缺少一块扣2分	6
4		配重未固定或固定不牢的,扣10分	10
5		支架安装螺栓数量不足或松动的,每处扣2分	6
6		前后支架距离不符合要求的,扣10分	10

续 表

序号	项目	扣分标准	应得分值
7	提升机、安全锁安装调试与升降操作	提升机、安全锁安装不正确的，每项扣3分	6
8		提升(安全)钢丝绳穿绕方式不符合要求的，扣8分	8
9		防倾安全锁防倾功能试验不符合要求的，扣6分	6
10		吊篮升降调试不符合要求的，扣6分	6
11		吊篮升降操作不符合要求的，扣6分	6
12		手动下降操作不符合要求的，扣6分	6
合　计			80

11.2　零部件判废

11.2.1　考核器具

1　高处作业吊篮零部件实物或图示、影像资料(包括达到报废标准和有缺陷的)；

2　其他器具：计时器1个。

11.2.2　考核方法

从高处作业吊篮零部件实物或图示、影像资料中随机抽取2件(张)，由考生判断其是否达到报废标准并说明原因。

11.2.3　考核时间：10 min。

11.2.4　考核评分标准

满分10分。在规定时间内正确判断并说明原因的，每项得5分；判断正确但不能准确说明原因的，每项得3分。

11.3　紧急情况处理

11.3.1　考核器具

1　设置突然停电、制动失灵、工作钢丝绳断裂和卡住等紧急情况或图示、影像资料；

2　其他器具：计时器1个。

11.3.2　考核方法

由考生对突然停电、制动失灵、工作钢丝绳断裂和卡住等紧急情况或图示、影像资料中所示的紧急情况进行描述，并口述处置方法。对每个考生设置一种。

11.3.3　考核时间：10 min。

11.3.4　考核评分标准

满分10分。在规定时间内对存在的问题描述正确并正确叙述处置方法的，得10分；对存在的问题描述正确，但未能正确叙述处置方法的，得5分。

中华人民共和国住房和城乡建设部关于印发《危险性较大的分部分项工程安全管理办法》的通知

建质[2009]87号

各省、自治区住房和城乡建设厅，直辖市建委，江苏省、山东省建管局，新疆生产建设兵团建设局，中央管理的建筑企业：

为进一步规范和加强对危险性较大的分部分项工程安全管理，积极防范和遏制建筑施工生产安全事故的发生，我们组织修定了《危险性较大的分部分项工程安全管理办法》，现印发给你们，请遵照执行。

2009年5月13日

危险性较大的分部分项工程安全管理办法

第一条　为加强对危险性较大的分部分项工程安全管理，明确安全专项施工方案编制内容，规范专家论证程序，确保安全专项施工方案实施，积极防范和遏制建筑施工生产安全事故的发生，依据《建设工程安全生产管理条例》及相关安全生产法律法规制定本办法。

第二条　本办法适用于房屋建筑和市政基础设施工程（以下简称“建筑工程”）的新建、改建、扩建、装修和拆除等建筑安全生产活动及安全管理。

第三条　本办法所称危险性较大的分部分项工程是指建筑工程在施工过程中存在的、可能导致作业人员群死群伤或造成重大不良社会影响的分部分项工程。危险性较大的分部分项工程范围见附件1。

危险性较大的分部分项工程安全专项施工方案（以下简称“专项方案”），是指施工单位在编制施工组织（总）设计的基础上，针对危险性较大的分部分项工程单独编制的安全技术措施文件。

第四条　建设单位在申请领取施工许可证或办理安全监督手续时，应当提供危险性较大的分部分项工程清单和安全管理措施。施工单位、监理单位应当建立危险性较大的分部分项工程安全管理制度。

第五条　施工单位应当在危险性较大的分部分项工程施工前编制专项方案；对于超过一定规模的危险性较大的分部分项工程，施工单位应当组织专家对专项方案进行论证。超过一定规模的危险性较大的分部分项工程范围见附件2。

第六条　建筑工程实行施工总承包的，专项方案应当由施工总承包单位组织编制。其中，起重机械安装拆卸工程、深基坑工程、附着式升降脚手架等专业工程实行分包的，其专项方案可由专业承包单位组织编制。

第七条　专项方案编制应当包括以下内容：

（一）工程概况：危险性较大的分部分项工程概况、施工平面布置、施工要求和技术保证条件。

（二）编制依据：相关法律、法规、规范性文件、标准、规范及图纸（国标图集）、施工组织设计等。

（三）施工计划：包括施工进度计划、材料与设备计划。

（四）施工工艺技术：技术参数、工艺流程、施工方法、检查验收等。

（五）施工安全保证措施：组织保障、技术措施、应急预案、监测监控等。

（六）劳动力计划：专职安全生产管理人员、特种作业人员等。

（七）计算书及相关图纸。

第八条　专项方案应当由施工单位技术部门组织本单位施工技术、安全、质量等部门的专业技术人员进行审核。经审核合格的，由施工单位技术负责人签字。实行施工总承包的，专项方案应当由总承包单位技术负责人及相关专业承包单位技术负责人签字。

不需专家论证的专项方案，经施工单位审核合格后报监理单位，由项目总监理工程师审核签字。

第九条　超过一定规模的危险性较大的分部分项工程专项方案应当由施工单位组织召开专家论证会。实行施工总承包的，由施工总承包单位组织召开专家论证会。

下列人员应当参加专家论证会：

（一）专家组成员；

（二）建设单位项目负责人或技术负责人；

（三）监理单位项目总监理工程师及相关人员；

（四）施工单位分管安全的负责人、技术负责人、项目负责人、项目技术负责人、专项方案编制人员、项目专职安全生产管理人员；

（五）勘察、设计单位项目技术负责人及相关人员。

第十条 专家组成员应当由5名及以上符合相关专业要求的专家组成。

本项目参建各方的人员不得以专家身份参加专家论证会。

第十一条 专家论证的主要内容：

（一）专项方案内容是否完整、可行；

（二）专项方案计算书和验算依据是否符合有关标准规范；

（三）安全施工的基本条件是否满足现场实际情况。

专项方案经论证后，专家组应当提交论证报告，对论证的内容提出明确的意见，并在论证报告上签字。该报告作为专项方案修改完善的指导意见。

第十二条 施工单位应当根据论证报告修改完善专项方案，并经施工单位技术负责人、项目总监理工程师、建设单位项目负责人签字后，方可组织实施。

实行施工总承包的，应当由施工总承包单位、相关专业承包单位技术负责人签字。

第十三条 专项方案经论证后需做重大修改的，施工单位应当按照论证报告修改，并重新组织专家进行论证。

第十四条 施工单位应当严格按照专项方案组织施工，不得擅自修改、调整专项方案。

如因设计、结构、外部环境等因素发生变化确需修改的，修改后的专项方案应当按本办法第八条重新审核。对于超过一定规模的危险性较大工程的专项方案，施工单位应当重新组织专家进行论证。

第十五条 专项方案实施前，编制人员或项目技术负责人应当向现场管理人员和作业人员进行安全技术交底。

第十六条 施工单位应当指定专人对专项方案实施情况进行现场监督和按规定进行监测。发现不按照专项方案施工的，应当要求其立即整改；发现有危及人身安全紧急情况的，应当立即组织作业人员撤离危险区域。

施工单位技术负责人应当定期巡查专项方案实施情况。

第十七条 对于按规定需要验收的危险性较大的分部分项工程，施工单位、监理单位应当组织有关人员进行验收。验收合格的，经施工单位项目技术负责人及项目总监理工程师签字后，方可进入下一道工序。

第十八条 监理单位应当将危险性较大的分部分项工程列入监理规划和监理实施细则，应当针对工程特点、周边环境和施工工艺等，制定安全监理工作流程、方法和措施。

第十九条 监理单位应当对专项方案实施情况进行现场监理；对不按专项方案实施的，应当责令整改，施工单位拒不整改的，应当及时向建设单位报告；建设单位接到监理单位报告后，应当立即责令施工单位停工整改；施工单位仍不停工整改的，建设单位应当及时向住房城乡建设主管部门报告。

第二十条 各地住房城乡建设主管部门应当按专业类别建立专家库。专家库的专业类别及专家数量应根据本地实际情况设置。

专家名单应当予以公示。

第二十一条 专家库的专家应当具备以下基本条件：

（一）诚实守信、作风正派、学术严谨；

（二）从事专业工作15年以上或具有丰富的专业经验；

（三）具有高级专业技术职称。

第二十二条 各地住房城乡建设主管部门应当根据本地区实际情况，制定专家资格审查办法和管理制度并建立专家诚信档案，及时更新专家库。

第二十三条 建设单位未按规定提供危险性较大的分部分项工程清单和安全管理措施，未责令施工单位停工整改的，未向住房城乡建设主管部门报告的；施工单位未按规定编制、实施专项方案的；监理单位未按规定审核专项方案或未对危险性较大的分部分项工程实施监理的；住房城乡建设主管部门应当依据有关法律法规予以处罚。

第二十四条 各地住房城乡建设主管部门可结合本地区实际，依照本办法制定实施细则。

第二十五条　本办法自颁布之日起实施。原《关于印发〈建筑施工企业安全生产管理机构设置及专职安全生产管理人员配备办法〉和〈危险性较大工程安全专项施工方案编制及专家论证审查办法〉的通知》(建质[2004]213号)中的《危险性较大工程安全专项施工方案编制及专家论证审查办法》废止。

附件1:危险性较大的分部分项工程范围

附件2:超过一定规模的危险性较大的分部分项工程范围

附件1:

危险性较大的分部分项工程范围

一、基坑支护、降水工程

开挖深度超过3 m(含3 m)或虽未超过3 m但地质条件和周边环境复杂的基坑(槽)支护、降水工程。

二、土方开挖工程

开挖深度超过3 m(含3 m)的基坑(槽)的土方开挖工程。

三、模板工程及支撑体系

(一) 各类工具式模板工程:包括大模板、滑模、爬模、飞模等工程。

(二) 混凝土模板支撑工程:搭设高度5 m及以上;搭设跨度10 m及以上;施工总荷载10 kN/m^2 及以上;集中线荷载15 kN/m及以上;高度大于支撑水平投影宽度且相对独立无联系构件的混凝土模板支撑工程。

(三) 承重支撑体系:用于钢结构安装等满堂支撑体系。

四、起重吊装及安装拆卸工程

(一) 采用非常规起重设备、方法,且单件起吊重量在10 KN及以上的起重吊装工程。

(二) 采用起重机械进行安装的工程。

(三) 起重机械设备自身的安装、拆卸。

五、脚手架工程

(一) 搭设高度24 m及以上的落地式钢管脚手架工程。

(二) 附着式整体和分片提升脚手架工程。

(三) 悬挑式脚手架工程。

(四) 吊篮脚手架工程。

(五) 自制卸料平台、移动操作平台工程。

(六) 新型及异型脚手架工程。

六、拆除、爆破工程

(一) 建筑物、构筑物拆除工程。

(二) 采用爆破拆除的工程。

七、其它

(一) 建筑幕墙安装工程。

(二) 钢结构、网架和索膜结构安装工程。

(三) 人工挖扩孔桩工程。

(四) 地下暗挖、顶管及水下作业工程。

(五) 预应力工程。

(六) 采用新技术、新工艺、新材料、新设备及尚无相关技术标准的危险性较大的分部分项工程。

附件2:

超过一定规模的危险性较大的分部分项工程范围

一、深基坑工程

(一) 开挖深度超过5 m(含5 m)

的基坑(槽)的土方开挖、支护、降水工程。

(二) 开挖深度虽未超过 5 m,但地质条件、周围环境和地下管线复杂,或影响毗邻建筑(构筑)物安全的基坑(槽)的土方开挖、支护、降水工程。

二、模板工程及支撑体系

(一) 工具式模板工程:包括滑模、爬模、飞模工程。

(二) 混凝土模板支撑工程:搭设高度 8 m 及以上;搭设跨度 18 m 及以上;施工总荷载 15 kN/m² 及以上;集中线荷载 20 kN/m 及以上。

(三) 承重支撑体系:用于钢结构安装等满堂支撑体系,承受单点集中荷载 700 Kg 以上。

三、起重吊装及安装拆卸工程

(一) 采用非常规起重设备、方法,且单件起吊重量在 100 kN 及以上的起重吊装工程。

(二) 起重量 300 kN 及以上的起重设备安装工程;高度 200 m 及以上内爬起重设备的拆除工程。

四、脚手架工程

(一) 搭设高度 50 m 及以上落地式钢管脚手架工程。

(二) 提升高度 150 m 及以上附着式整体和分片提升脚手架工程。

(三)架体高度 20 m 及以上悬挑式脚手架工程。

五、拆除、爆破工程

(一) 采用爆破拆除的工程。

(二) 码头、桥梁、高架、烟囱、水塔或拆除中容易引起有毒有害气(液)体或粉尘扩散、易燃易爆事故发生的特殊建、构筑物的拆除工程。

(三) 可能影响行人、交通、电力设施、通讯设施或其它建、构筑物安全的拆除工程。

(四) 文物保护建筑、优秀历史建筑或历史文化风貌区控制范围的拆除工程。

六、其它

(一) 施工高度 50 m 及以上的建筑幕墙安装工程。

(二) 跨度大于 36 m 及以上的钢结构安装工程;跨度大于 60 m 及以上的网架和索膜结构安装工程。

(三) 开挖深度超过 16 m 的人工挖孔桩工程。

(四) 地下暗挖工程、顶管工程、水下作业工程。

(五) 采用新技术、新工艺、新材料、新设备及尚无相关技术标准的危险性较大的分部分项工程。

中华人民共和国住房和城乡建设部关于印发《建设工程高大模板支撑系统施工安全监督管理导则》的通知

建质[2009]254 号

各省、自治区住房和城乡建设厅,直辖市建委(建设交通委),江苏省、山东省建管局,新疆生产建设兵团建设局,中央管理的建筑企业:

为进一步规范和加强对建设工程高大模板支撑系统施工安全的监督管理,积极预防和控制建筑生产安全事故,我们组织制定了《建设工程高大模板支撑系统施工安全监督管理导则》,现印发给你们,请遵照执行。

2009 年 10 月 26 日

建设工程高大模板支撑系统施工安全监督管理导则

1 总 则

1.1 为预防建设工程高大模板支撑系统(以下简称高大模板支撑系统)坍塌事故,保证施工安全,依据《建设工程安全生产管理条例》及相关安全生产法律法规、标准规范,制定本导则。

1.2 本导则适用于房屋建筑和市政基础设施建设工程高大模板支撑系统的施工安全监督管理。

1.3 本导则所称高大模板支撑系统是指建设工程施工现场混凝土构件模板支撑高度超过 8 m,或搭设跨度超过 18 m,或施工总荷载大于 15 kN/m^2,或集中线荷载大于 20 kN/m 的模板支撑系统。

1.4 高大模板支撑系统施工应严格遵循安全技术规范和专项方案规定,严密组织,责任落实,确保施工过程的安全。

2 方案管理

2.1 方案编制

2.1.1 施工单位应依据国家现行相关标准规范,由项目技术负责人组织相关专业技术人员,结合工程实际,编制高大模板支撑系统的专项施工方案。

2.1.2 专项施工方案应当包括以下内容:

(一) 编制说明及依据:相关法律、法规、规范性文件、标准、规范及图纸(国标图集)、施工组织设计等。

(二) 工程概况:高大模板工程特点、施工平面及立面布置、施工要求和技术保证条件,具体明确支模区域、支模标高、高度、支模范围内的梁截面尺寸、跨度、板厚、支撑的地基情况等。

(三) 施工计划:施工进度计划、材料与设备计划等。

(四) 施工工艺技术:高大模板支撑系统的基础处理、主要搭设方法、工艺要求、材料的力学性能指标、构造设置以及检查、验收要求等。

(五) 施工安全保证措施:模板支撑体系搭设及混凝土浇筑区域管理人员组织机构、施工技术措施、模板安装和拆除的安全技术措施、施工应急救援预案,模板支撑系统在搭设、钢筋安装、混凝土浇捣过程中及混凝土终凝前后模板支撑体系位移的监测监控措施等。

(六) 劳动力计划:包括专职安全生产管理人员、特种作业人员的配置等。

(七) 计算书及相关图纸:验算项目及计算内容包括模板、模板支撑系统的主要结构强度和截面特征及各项荷载设计值及荷载组合,梁、板模板支撑系统的强度和刚度计算,梁板下立杆稳定性计算,立杆基础承载力验算,支撑系统支撑层承载力验算,转换层下支撑层承载力验算等。每项计算列出计算简图和截面构造大样图,注明材料尺寸、规格、纵横支撑间距。

附图包括支模区域立杆、纵横水平杆平面布置图,支撑系统立面图、剖面图,水平剪刀撑布置平面图及竖向剪刀撑布置投影图,梁板支模大样图,支撑体系监测平面布置图及连墙件布设位置及节点大样图等。

2.2 审核论证

2.2.1 高大模板支撑系统专项施工方案,应先由施工单位技术部门组织本单位施工技术、安全、质量等部门的专业技术人员进行审核,经施工单位技术负责人签字后,再按照相关规定组织专家论证。下列人员应参加专家论证会:

(一) 专家组成员;

(二) 建设单位项目负责人或技术负责人;

(三) 监理单位项目总监理工程师及相关人员;

(四) 施工单位分管安全的负责人、技术负责人、项目负责人、项目技术负责人、专项方案编制人员、项目专职安全管理人员;

(五) 勘察、设计单位项目技术负责人及相关人员。

2.2.2 专家组成员应当由5名及以上符合相关专业要求的专家组成。本项目参建各方的人员不得以专家身份参加专家论证会。

2.2.3 专家论证的主要内容包括：

（一）方案是否依据施工现场的实际施工条件编制；方案、构造、计算是否完整、可行；

（二）方案计算书、验算依据是否符合有关标准规范；

（三）安全施工的基本条件是否符合现场实际情况。

2.2.4 施工单位根据专家组的论证报告，对专项施工方案进行修改完善，并经施工单位技术负责人、项目总监理工程师、建设单位项目负责人批准签字后，方可组织实施。

2.2.5 监理单位应编制安全监理实施细则，明确对高大模板支撑系统的重点审核内容、检查方法和频率要求。

3 验收管理

3.1 高大模板支撑系统搭设前，应由项目技术负责人组织对需要处理或加固的地基、基础进行验收，并留存记录。

3.2 高大模板支撑系统的结构材料应按以下要求进行验收、抽检和检测，并留存记录、资料。

3.2.1 施工单位应对进场的承重杆件、连接件等材料的产品合格证、生产许可证、检测报告进行复核，并对其表面观感、重量等物理指标进行抽检。

3.2.2 对承重杆件的外观抽检数量不得低于搭设用量的30％，发现质量不符合标准、情况严重的，要进行100％的检验，并随机抽取外观检验不合格的材料（由监理见证取样）送法定专业检测机构进行检测。

3.2.3 采用钢管扣件搭设高大模板支撑系统时，还应对扣件螺栓的紧固力矩进行抽查，抽查数量应符合《建筑施工扣件式钢管脚手架安全技术规范》（JGJ130）的规定，对梁底扣件应进行100％检查。

3.3 高大模板支撑系统应在搭设完成后，由项目负责人组织验收，验收人员应包括施工单位和项目两级技术人员、项目安全、质量、施工人员，监理单位的总监和专业监理工程师。验收合格，经施工单位项目技术负责人及项目总监理工程师签字后，方可进入后续工序的施工。

4 施工管理

4.1 一般规定

4.1.1 高大模板支撑系统应优先选用技术成熟的定型化、工具式支撑体系。

4.1.2 搭设高大模板支撑架体的作业人员必须经过培训，取得建筑施工脚手架特种作业操作资格证书后方可上岗。其他相关施工人员应掌握相应的专业知识和技能。

4.1.3 高大模板支撑系统搭设前，项目工程技术负责人或方案编制人员应当根据专项施工方案和有关规范、标准的要求，对现场管理人员、操作班组、作业人员进行安全技术交底，并履行签字手续。

安全技术交底的内容应包括模板支撑工程工艺、工序、作业要点和搭设安全技术要求等内容，并保留记录。

4.1.4 作业人员应严格按规范、专项施工方案和安全技术交底书的要求进行操作，并正确配戴相应的劳动防护用品。

4.2 搭设管理

4.2.1 高大模板支撑系统的地基承载力、沉降等应能满足方案设计要求。如遇松软土、回填土，应根据设计要求进行平整、夯实，并采取防水、排水措施，按规定在模板支撑立柱底部采用具有足够强度和刚度的垫板。

4.2.2 对于高大模板支撑体系，其高度与宽度相比大于两倍的独立支撑系统，应加设保证整体稳定的构造措施。

4.2.3 高大模板工程搭设的构造要求应

当符合相关技术规范要求，支撑系统立柱接长严禁搭接；应设置扫地杆、纵横向支撑及水平垂直剪刀撑，并与主体结构的墙、柱牢固拉接。

4.2.4 搭设高度 2 m 以上的支撑架体应设置作业人员登高措施。作业面应按有关规定设置安全防护设施。

4.2.5 模板支撑系统应为独立的系统，禁止与物料提升机、施工升降机、塔吊等起重设备钢结构架体机身及其附着设施相连接；禁止与施工脚手架、物料周转料平台等架体相连接。

4.3 使用与检查

4.3.1 模板、钢筋及其他材料等施工荷载应均匀堆置，放平放稳。施工总荷载不得超过模板支撑系统设计荷载要求。

4.3.2 模板支撑系统在使用过程中，立柱底部不得松动悬空，不得任意拆除任何杆件，不得松动扣件，也不得用作缆风绳的拉接。

4.3.3 施工过程中检查项目应符合下列要求：

（一）立柱底部基础应回填夯实；

（二）垫木应满足设计要求；

（三）底座位置应正确，顶托螺杆伸出长度应符合规定；

（四）立柱的规格尺寸和垂直度应符合要求，不得出现偏心荷载；

（五）扫地杆、水平拉杆、剪刀撑等设置应符合规定，固定可靠；

（六）安全网和各种安全防护设施符合要求。

4.4 混凝土浇筑

4.4.1 混凝土浇筑前，施工单位项目技术负责人、项目总监确认具备混凝土浇筑的安全生产条件后，签署混凝土浇筑令，方可浇筑混凝土。

4.4.2 框架结构中，柱和梁板的混凝土浇筑顺序，应按先浇筑柱混凝土，后浇筑梁板混凝土的顺序进行。浇筑过程应符合专项施工方案要求，并确保支撑系统受力均匀，避免引起高大模板支撑系统的失稳倾斜。

4.4.3 浇筑过程应有专人对高大模板支撑系统进行观测，发现有松动、变形等情况，必须立即停止浇筑，撤离作业人员，并采取相应的加固措施。

4.5 拆除管理

4.5.1 高大模板支撑系统拆除前，项目技术负责人、项目总监应核查混凝土同条件试块强度报告，浇筑混凝土达到拆模强度后方可拆除，并履行拆模审批签字手续。

4.5.2 高大模板支撑系统的拆除作业必须自上而下逐层进行，严禁上下层同时拆除作业，分段拆除的高度不应大于两层。设有附墙连接的模板支撑系统，附墙连接必须随支撑架体逐层拆除，严禁先将附墙连接全部或数层拆除后再拆支撑架体。

4.5.3 高大模板支撑系统拆除时，严禁将拆卸的杆件向地面抛掷，应有专人传递至地面，并按规格分类均匀堆放。

4.5.4 高大模板支撑系统搭设和拆除过程中，地面应设置围栏和警戒标志，并派专人看守，严禁非操作人员进入作业范围。

5 监督管理

5.1 施工单位应严格按照专项施工方案组织施工。高大模板支撑系统搭设、拆除及混凝土浇筑过程中，应有专业技术人员进行现场指导，设专人负责安全检查，发现险情，立即停止施工并采取应急措施，排除险情后，方可继续施工。

5.2 监理单位对高大模板支撑系统的搭设、拆除及混凝土浇筑实施巡视检查，发现安全隐患应责令整改，对施工单位拒不整改或拒不停止施工的，应当及时向建设单位报告。

5.3 建设主管部门及监督机构应将高大模板支撑系统作为建设工程安全监督重点，加强对方案审核论证、验收、检查、监控程序的监督。

6 附 则

6.1 建设工程高大模板支撑系统施工安全监督管理，除执行本导则的规定外，还应符合国家现行有关法律法规和标准规范的规定。

无锡市建设工程安全生产管理条例

（2008 年 12 月 25 日无锡市第十四届人民代表大会常务委员会第八次会议制定，2009 年 1 月 18 日江苏省第十一届人民代表大会常务委员会第七次会议批准）

第一章 总 则

第一条 为了加强建设工程安全生产监督管理，保障人民群众的人身和财产安全，根据《中华人民共和国建筑法》、《中华人民共和国安全生产法》、国务院《建设工程安全生产管理条例》等法律、法规，结合本市实际，制定本条例。

第二条 凡在本市行政区域内从事建设工程的新建、扩建、改建和拆除等有关活动以及对建设工程安全生产的监督管理，应当遵守本条例。

本条例所称建设工程，是指房屋建筑及其附属设施工程，与房屋建筑配套的线路、管道、设备安装、建筑装饰装修工程，道路建设、管道铺设、河岸整治等市政基础设施工程。

第三条 市、不设区的市、区建设行政主管部门负责本行政区域内建设工程项目的安全生产监督管理工作；市、区建设行政主管部门对建设工程安全生产监督的具体管理权限由市人民政府确定。

市、不设区的市、区安全生产监督管理部门对本行政区域内建设工程安全生产工作实施综合监督管理。

第四条 市、不设区的市、区建设行政主管部门可以委托同级建设工程安全生产监督机构负责本辖区内建设工程安全生产监督管理的日常工作。

市建设工程安全生产监督机构对不设区的市、区建设工程安全生产监督机构的业务工作进行指导。

第五条 建设、勘察、设计、工程监理、施工及其他与建设工程安全生产有关的单位，应当遵守建设工程安全生产的法律、法规，在各自的业务范围内对建设工程安全生产负责。

第六条 建设工程安全生产管理工作坚持安全第一、预防为主、综合治理的方针，推广先进技术，推进科学管理。

市、不设区的市、区人民政府应当建立健全建设工程特别重大生产安全事故的行政责任追究制度。

第二章 建设单位的安全责任

第七条 建设工程应当依法获得施工许可；同一建设工程分项发包的，均应当申领施工许可证。

建设单位在申领施工许可证时，应当提供下列建设工程有关安全施工措施的资料：

（一）建设工程安全监督申请表；

（二）中标通知书或者直接发包合同备案表；

（三）工程施工合同；

（四）施工安全技术措施或者专项施工方案；

（五）施工单位派驻现场项目负责人、安全员等人员安全资格任职证书；

（六）建设工程开工前施工现场临时设施备案表；

（七）法律、法规规定的其他资料。

建设行政主管部门或者其委托的建设工程安全生产监督机构应当对保证建设工程安全的具体措施和相关资料进行审查，并办理建设工程安全监督手续。

第八条 禁止建设单位将建设工程发包给不具备相应资质条件的承包单位。

建设单位在将建设工程发包给施工单位的同时，应当签订安全生产管理协议，明确双方的建设工程安全生产责任及措施；建设工程发包给两个以上施工单位的，建设单位应当与施工单位分别签订安全生产管理协议，明确各自的安全生产责任及措施，并指定专人负责施工现场安全生产的统一协调和管理。

第九条　建设单位应当向勘察、设计、施工图审查、工程监理、检验检测、施工等单位提供与建设工程有关的原始资料。原始资料必须真实、准确、完整。

第十条　建设工程涉及供水、排水、供电、供气、供热、通信、广播电视等地下管线安全的，建设单位应当查明管网情况，提出保护措施，并经管线产权单位和行政主管部门确认。

建设单位在实施建（构）筑物拆除前，应当负责拆除区域内各类管线的切断与移位，并经管线产权单位确认。

前两款涉及的相关事项需要依法获得行政许可的，应当办理有关许可手续。

第十一条　建设单位在编制工程概（预）算时，应当依据国家、省的标准和建设行政主管部门测定的费率，确定工程作业环境、安全防护和文明施工所需的费用，并在工程合同中予以明确。

对因设计变更所增加或者减少的安全措施费用，在符合招投标文件、施工合同的前提下，经建设单位、工程监理单位认可，审计机构在建设工程项目审计中应当予以确认。

第三章　勘察、设计、工程监理等其他有关单位的安全责任

第十二条　勘察单位应当按照法律、法规和工程建设强制性标准进行勘察，提供的勘察文件应当真实、准确，满足建设工程安全生产的需要。

勘察单位在勘察作业时，应当严格执行操作规程，采取措施保证各类管线、设施和周边建（构）筑物的安全。

第十三条　设计单位应当按照法律、法规和工程建设强制性标准进行设计。设计文件应当注明施工安全重点部位、环节，并提出相应指导意见；采用新结构、新材料、新工艺或者特殊结构的建设工程，还应当提出保障施工作业人员安全和预防生产安全事故的措施和建议。

设计单位应当就审查合格的施工图设计文件向施工、工程监理等单位作出详细说明，并及时处理施工中出现的与设计相关的安全技术问题。

建设工程由于设计原因造成生产安全事故的，设计单位应当配合事故调查，提出技术处理方案，并承担相应的法律责任。

第十四条　工程监理单位应当配备与建设工程项目相适应的专业监理人员，按照法律、法规以及有关技术标准、设计文件和建设工程承包合同，对工程安全生产实施监理，承担监理责任。

第十五条　工程监理单位应当根据国家规定审查施工组织设计中安全技术措施或者专项施工方案，并对审查同意的专项施工方案实施跟踪监理。

国家规定施工现场的机械、设施应当办理安全验收手续的，工程监理单位应当对其验收手续进行复查。

第十六条　工程监理单位在实施监理过程中，应当做好有关安全工作内容的监理日志记录，定期巡视检查施工作业安全情况，发现有生产安全事故隐患的，应当立即通知施工单位整改；情况严重的，应当要求施工单位暂时停止施工，并及时报告建设单位；施工单位拒不整改或者不停止施工的，工程监理单位应当立即向建设行政主管部门报告。

第十七条　建筑机械设备、安全设施等的出租单位应当按照国家、行业和地方的安全技术标准、规范，提供符合要求的设备、设施、材料，建立使用、维护和报废制度，并接受行政主管部门的监督。

第十八条　出租建筑起重机械的单位在签订租赁合同时应当明确租赁双方安全责任，并出具建筑起重机械特种设备制造许可证、产品合格证、制造监督检验证明、备案证明和自检合

格证明，提交安装使用说明书。

建筑起重机械的产权单位在首次安装前，应当到本单位工商注册所在地建设工程安全生产监督机构办理备案并取得统一编号。

第十九条　对建筑企业进行安全生产评价的单位应当按照评价项目进行审核评价，并对评价结果负责。

第二十条　对建筑机械设备、设施进行检验检测、安装验收的单位应当按照检验检测、安装验收项目逐项验收，不得缺项，并对提供的报告负责。

第四章　施工单位的安全责任

第二十一条　施工单位应当建立健全安全生产保证体系，制定、完善安全生产规章制度和操作规程。

第二十二条　施工单位主要负责人依法对本单位安全生产工作全面负责，项目负责人对建设工程施工项目安全生产具体负责。

施工单位应当设立独立的安全生产管理机构，配备与经营规模相适应的专职安全生产管理人员，并实行建设项目专职安全生产管理人员委派制度。

施工单位的主要负责人、项目负责人、专职安全生产管理人员应当经施工安全生产培训，并经考核合格后方可任职。

第二十三条　建设工程实行施工总承包的，由总承包单位对施工现场的安全生产负总责。

总承包单位依法将建设工程分包给其他单位的，应当在分包合同中明确各自安全生产管理范围和相应的安全责任；总承包单位对分包单位的安全生产承担连带责任。

分包单位应当服从总承包单位对施工现场的安全生产管理，分包单位不服从管理导致生产安全事故的，由分包单位承担主要责任。

第二十四条　承包建设工程的单位应当持有依法取得的资质证书和安全生产许可证，并在其资质等级许可的业务范围内承揽工程。

禁止建筑施工单位以任何形式允许其他单位或者个人使用本单位的资质证书、安全生产许可证、营业执照，以本单位的名义承揽工程。

第二十五条　施工单位应当对从业人员进行与其所从事工种有关的安全技术操作规程教育培训，未经安全教育培训的人员不得进入施工岗位。特种作业人员应当取得国家规定的特种作业操作资格证书，并持证上岗。

施工单位应当按照国家规定为施工作业人员免费发放符合国家标准或者行业标准的劳动防护用品，并督促和教育作业人员正确使用。

第二十六条　施工单位对建设单位拨付的安全防护和文明施工费用，应当用于施工安全防护用具(品)及设施的采购和更新、安全和文明施工措施的落实、安全和文明施工生产条件的改善，不得挪作他用。

第二十七条　施工单位应当按照下列要求做好施工现场安全文明管理工作：

(一) 在施工现场入口处、通道口、楼梯口、电梯井口、基坑边沿、窨井口等危险部位设置符合国家标准的安全警示标志和防护设施；

(二) 设置封闭、稳固、整齐、美观的围挡墙，在主出入口设专职门卫人员、设置车辆冲洗设施；

(三) 在主出入口显著位置设置施工平面布置图、安全生产、文明施工、消防保卫、重大危险源告知、应急预案措施等公示牌；

(四) 临时设施的选址应当满足安全、消防、卫生、通风等要求，施工作业区与生活区分开设置并保持安全距离，不得在尚未竣工的建筑物内设置员工宿舍；

(五) 保持排水系统畅通，控制扬尘、废水、固体废弃物以及噪声、振动、施工照明等对环境的污染和危害；

(六) 材料、设备堆放安全有序，落地脚手架底部、模板支撑底部地面作硬化处理；

(七) 根据不同施工阶段和周围环境及季节、气候的变化，采取相应的安全施工措施，暂时停止施工的，做好现场防护；

(八) 法律、法规、规章规定的其他要求。

第二十八条　施工单位应当根据建设工程

特点编制施工组织设计或者专项施工方案，制定相应的安全技术措施。施工组织设计或者专项施工方案应当经技术总负责人批准。

危险性较大的分部分项工程施工前，施工单位应当单独编制安全专项施工方案，并按照安全专项施工方案组织施工。

对前款所列工程中涉及深基坑、地下暗挖工程、高大模板等工程的专项施工方案，施工单位应当组织专家进行论证、审查。

第二十九条　建设工程涉及供水、排水、供电、供气、供热、通信、广播电视等地下管线安全的，施工单位应当按照建设单位提出的保护措施和勘测资料，制定相应的安全施工方案，并精心组织施工。

第三十条　施工单位应当编制施工现场消防安全保障方案，并将其列入施工组织设计或者施工方案，施工现场按照方案配备相应的消防器材。

第三十一条　建筑起重机械、整体提升脚手架等自升式架设设施的安装、拆卸，应当由具有相应资质的单位承担；施工单位与安装、拆卸单位签订分包合同时，应当明确双方的安全责任。

塔式起重机械、施工升降机、物料提升机、整体提升脚手架等设备、设施安装完毕后，施工单位应当委托具有相应资质的检验检测机构验收，验收合格后方可投入使用。机械设备操作人员应当严格按照操作规程进行作业。

施工单位在建筑起重机械、设施安装验收合格三十日之内，应当到当地建设工程安全生产监督机构办理使用登记；拆卸建筑起重机械的，安装单位应当提前七日告知当地建设工程安全生产监督机构。

第三十二条　施工单位应当建立施工现场重大危险源登记制度，建立与落实施工现场生产安全事故的应急救援预案，在现场进行公示，并做好监控。

第三十三条　施工单位应当按照有关规定，做好施工安全记录，建立安全管理资料档案。

安全管理资料应当设专人管理，资料归档及时、完整。

第三十四条　施工单位应当实施安全质量标准化管理，建立施工安全检查考核制度，按照国家有关规定定期对建筑施工安全工作进行事故隐患的排查与评价，对存在的事故隐患及时整改。

第三十五条　建(构)筑物的拆除施工应当由具有专业资质的施工单位承担，施工单位应当制定拆除专项施工方案。

拆除现场周围应当设置围栏；危险区域或者危险部位的拆除作业应当设专人监管；拆除三层以上建(构)筑物的，应当采用机械或者爆破方式拆除。

拆除工程实施爆破作业的，应当遵守国家有关爆破作业管理规定。

第三十六条　施工单位应当建立事故报告制度。事故发生后，施工现场负责人应当采取应急救援措施，减少人员伤亡和事故损失，做好现场保护工作并立即向本单位负责人报告；单位负责人接到报告后，应当于一小时内向事故发生地的建设行政主管部门和安全生产监督管理部门报告。

第三十七条　施工单位应当依法为作业人员办理工伤保险，为施工现场从事危险作业的人员办理意外伤害保险。

第三十八条　施工作业人员依法享有劳动保护的权利，有权拒绝违章指挥和强令冒险作业，有权提出施工安全的合理化建议。

施工作业人员应当遵守操作规程，不得违章作业。

第五章　建设安全监督管理

第三十九条　安全生产监督管理部门应当对建设工程安全工作提出指导性意见，依法做好建设工程生产安全事故的调查处理和协调工作。

第四十条　建设行政主管部门应当建立建设工程生产安全事故约谈告诫制度和较大以上事故应急预案，建立健全应急救援组织和救援网络。

第四十一条　建设行政主管部门应当参加

建设工程生产安全事故的调查分析，对事故责任单位和责任人提出处理意见。

建设行政主管部门接到举报或者投诉后，应当及时组织调查；调查人员有权向事故发生单位、有关部门和个人调查事故情况，任何单位和个人应当予以配合，不得拒绝、阻挠。

事故责任单位安全生产许可证被依法暂扣的，建设行政主管部门应当将处罚情况进行公示；事故责任单位在安全生产许可证暂扣期间，不得承揽新的工程项目。

第四十二条　建设行政主管部门应当建立建设工程安全生产形势分析制度和建设工程安全生产联络员制度，定期对本行政区域内建设工程安全生产状况进行分析，研究控制事故的对策、措施，部署和安排安全生产工作。

第四十三条　建设工程安全生产监督机构应当建立和完善建设工程安全生产监督管理制度，并配备相应的安全监管人员。

第四十四条　建设工程安全生产监督机构应当履行下列职责：

（一）监督建设工程安全生产中执行国家、省、市有关法律、法规、规章和其他规定、规范以及标准的情况；

（二）对取得安全生产许可证的施工单位进行动态管理；

（三）做好施工单位主要负责人、项目负责人、专职安全生产管理人员考核的相关工作；

（四）负责施工现场安全生产情况的监督管理；

（五）在建设工程竣工验收前对工程项目的安全生产状况进行评价，并提出安全监管意见；

（六）对违反建设工程安全生产法律、法规、强制性标准、安全技术规范等行为依法进行查处；

（七）法律、法规、规章和建设行政主管部门委托的其他事项。

第四十五条　建设工程安全生产监督检查应当有两名以上监督检查人员进行，检查时应当出示有效执法证件。

检查人员不得泄漏被检查单位的技术秘密和商业秘密。

第六章　法律责任

第四十六条　违反本条例第十条第一款、第二十九条规定，造成供水、排水、供电、供气、供热、通信、广播电视等地下管线损坏的，由市政行政主管部门或者其他有关行政主管部门按照有关法律、法规的规定处罚；造成的损失，应当予以赔偿。

第四十七条　违反本条例第十五条第一款规定，工程监理单位未对专项施工方案实施跟踪监理造成事故隐患的，建设行政主管部门应当责令改正，并处以三千元以上五千元以下的罚款。

第四十八条　违反本条例第二十四条第二款规定，建筑施工单位允许他人以本单位的名义承揽工程的，由建设行政主管部门按照有关法律、法规的规定对建筑施工单位和使用该单位名义的单位或者个人予以处罚；对发生事故所造成的损害，由建筑施工单位和使用该单位名义的单位或者个人承担连带赔偿责任。

第四十九条　违反本条例第二十五条第一款、第二十七条第（三）项、第（六）项规定，施工单位有下列行为之一的，由建设行政主管部门责令限期改正；逾期未改正的，处以五千元以上一万元以下的罚款：

（一）施工单位特种作业人员未取得特种作业操作资格证书上岗的；

（二）在主出入口显著位置未设置施工平面布置图、安全生产、文明施工、消防保卫、重大危险源告知、应急预案措施等公示牌的；

（三）材料、设备堆放未做到安全有序或者落地脚手架底部、模板支撑底部地面未作硬化处理的。

第五十条　违反本条例第二十八条第二款、第三十一条第三款规定，施工单位有下列行为之一的，建设行政主管部门应当责令改正，并处以五千元以上三万元以下的罚款：

（一）未按安全专项施工方案组织施工的；

（二）拆卸建筑起重机械未提前告知当地建设工程安全生产监督管理机构的。

第五十一条　违反本条例第三十五条第二款规定，施工单位拆除三层以上建(构)筑物未采用机械或者爆破方式拆除的，建设行政主管部门应当责令改正，并处以一万元以上三万元以下的罚款。

第五十二条　建设行政主管部门和建设工程安全生产监督机构工作人员，未依照本条例履行监督检查职责或者滥用职权、玩忽职守、徇私舞弊的，由所在单位或者上级部门责令其限期改正；情节严重的，对主管人员和直接责任人依法给予行政处分；构成犯罪的，依法追究刑事责任。

第七章　附　则

第五十三条　交通、水利等专业工程、抢险救灾及其他临时性建设工程、农民自建低层住宅安全生产的监督管理，法律、法规另有规定的，从其规定。

军事建设工程安全生产的监督管理，不适用本条例。

第五十四条　本条例自 2009 年 5 月 1 日起施行。

无锡市企业安全生产主体责任暂行规定

（2008 年 11 月 6 日无锡市人民政府第 9 次常务会议通过，2008 年 11 月 18 日无锡市人民政府令第 107 号公布，自 2009 年 1 月 1 日起施行）

第一章　总　则

第一条　为进一步落实企业安全生产主体责任，防止和减少生产安全事故，保障人民群众的生命和财产安全，根据《中华人民共和国安全生产法》、国务院《危险化学品安全管理条例》、《江苏省安全生产条例》等有关法律、法规的规定，结合本市实际，制定本规定。

第二条　本规定适用于本市行政区域内从事生产经营活动的企业。

第三条　本规定所称企业安全生产主体责任，是指企业依照法律、法规规定，应当履行的安全生产法定职责和义务。

第四条　负有安全生产监督管理职责的部门依法对企业履行安全生产主体责任的情况实施监督管理。

第二章　安全生产责任制

第五条　企业的主要负责人对本单位的安全生产负全面责任，分管安全生产的负责人协助主要负责人履行安全生产管理职责，其他负责人对各自分管业务范围内的安全生产负领导责任。

第六条　企业主要负责人对本单位安全生产工作负有下列职责：

（一）建立、健全本单位安全生产责任制；

（二）组织制定本单位安全生产规章制度和操作规程；

（三）负责安全生产工作的主要决策，确保本单位安全生产管理机构、人员的设置与配备和安全生产的经费保障；

（四）督促、检查本单位的安全生产工作，及时消除生产安全事故隐患；

（五）组织制定并实施本单位的生产安全事故应急救援预案；

（六）及时、如实报告生产安全事故；

（七）法律、法规、规章规定的其他安全生产职责。

企业的主要负责人应当定期向职工代表大会或者职工大会报告安全生产情况，接受负有安全生产监督管理职责的部门依法进行的监督检查，接受工会、从业人员对安全生产、劳动保护工作的民主监督。

第七条　企业安全生产责任制应当明确各岗位的责任人员、责任内容和考核要求，形成包括全体人员和全部生产经营活动的责任体系。

企业应当定期组织开展对全体人员安全生产责任履行情况的考核。

第八条　企业制定的安全生产规章制度应当包括以下内容：

（一）安全生产教育和培训制度；

（二）安全生产检查制度；

（三）事故隐患排查治理制度；

（四）具有较大危险因素的生产经营场所、设备和设施的安全管理制度；

（五）危险作业管理制度；

（六）劳动防护用品配备和管理制度；

（七）职业安全卫生制度；

（八）安全生产奖励和惩罚制度；

（九）安全生产事故报告和处理制度；

（十）设备、设施操作规程和岗位、工种的安全生产规章制度；

（十一）其他保障安全生产的规章制度。

第三章　安全生产保障

第九条　企业应当具备法律、法规和国家标准或者行业标准规定的安全生产条件；不具备安全生产条件的，不得从事生产经营活动。

对矿山企业、建筑施工企业和危险化学品、烟花爆竹、民用爆破器材生产企业实行安全生产许可制度，未取得安全生产许可证的，不得从事生产经营活动。

第十条　企业新建、改建、扩建工程项目（以下统称建设项目）的安全设施，应当与主体工程同时设计、同时施工、同时投入生产和使用。安全设施投资应当纳入建设项目概算。

矿山建设项目和用于生产、储存危险物品的建设项目，应当分别按照国家有关规定进行安全条件论证和安全评价。

矿山建设项目和用于生产、储存危险物品的建设项目竣工投入生产或者使用前，应当依照有关法律、法规的规定对安全设施进行验收；验收合格后，方可投入生产和使用。验收部门及其验收人员对验收结果负责。

第十一条　企业的决策机构、主要负责人或者个人经营的投资人应当依法保证安全生产所必需的资金投入，并对由于安全资金投入不足导致的后果承担责任。

企业应当按照有关规定建立安全生产费用提取制度，以保障安全生产资金投入；落实企业安全生产风险抵押金或者企业安全生产责任保险有关规定，保障从业人员合法权益。

第十二条　企业应当设置安全生产管理机构或者配备安全生产管理人员，或者委托具有国家规定资质的机构或人员提供安全生产管理服务。

从业人员超过五十人的，应当设置安全生产管理机构或者配备符合规定的专职安全生产管理人员。

矿山、建筑施工单位和危险物品的生产、经营、储存单位，应当设置安全生产管理机构，并按规定配足专职安全生产管理人员。

第十三条　企业的安全生产管理机构和安全生产管理人员履行下列职责：

（一）执行安全生产法律、法规和国家标准、行业标准；

（二）协助制定安全生产规章制度和安全技术操作规程；

（三）开展安全生产检查，及时查处事故隐患和违章行为，并督促有关业务部门及时整改；

（四）开展安全生产宣传、教育、培训，总结推广安全生产经验；

（五）参与新建、改建、扩建的建设项目安全设施的审查，管理和发放劳动防护用品；

（六）协助调查和处理安全生产事故，进行伤亡事故的统计、分析，提出报告；

（七）定期向单位主要负责人报告安全生产情况；

（八）企业赋予的其他安全生产职责。

第十四条　企业主要负责人和安全生产管理人员应当具备与本单位所从事的生产经营活动相应的安全生产知识和管理能力。

企业应当按照国家规定的学时与内容进行安全生产教育和培训，未经安全生产教育和培训合格的人员，不得上岗作业。其中特种作业人员应当按照国家有关规定经专门的安全专业培训,取得特种作业操作资格证书,方可上岗作业。

危险物品的生产、经营、储存、运输、使用单位以及矿山、建筑施工单位的主要负责人、安全生产管理人员及从业人员,应当按照规定接受有关培训,经考核合格,符合规定条件的,方可上岗。

第十五条　企业对采用新工艺、新技术、新材料和使用新设备,或者换岗、离岗六个月以上复工的从业人员,应当进行专门的安全生产教育培训。

第十六条　企业应当制定安全生产教育培训计划,建立教育培训档案,如实记录教育培训情况。

安全生产的教育培训应当包括以下内容:

(一) 安全生产法律、法规、规章和有关国家标准、行业标准;

(二) 安全生产规章制度和操作规程;

(三) 岗位安全操作技能;

(四) 安全设备、设施、工具、劳动防护用品的使用、维修和保管知识;

(五) 新工艺、新技术、新设备的安全生产知识;

(六) 安全生产事故的防范意识和应急措施、自救互救知识;

(七) 安全生产事故典型案例;

(八) 其他需要教育培训的内容。

第十七条　企业应当建立健全职业安全卫生制度,为从业人员提供符合国家规定的职业安全卫生条件,推行事故隐患和职业危害监控方法,将安全生产条件纳入集体合同,对从事有职业危害作业的从业人员定期进行健康检查,防止和减少职业危害,并对职业病危害项目按规定向有关主管部门申报。

企业应当向从业人员如实告知作业场所和工作岗位存在的危险因素、防范措施以及事故应急措施。作业场所使用有毒物品可能产生职业中毒危害的,应当按照国家规定采取作业场所预防、劳动过程防护、职业健康监护等措施对职工进行劳动保护。

第十八条　企业应当为从业人员提供符合国家标准或者行业标准的劳动防护用品,并监督、教育从业人员按照使用规则佩戴、使用。不得以货币或者其他物品替代应当按规定配备的劳动防护用品。

第十九条　企业应当依法参加工伤保险,为从业人员缴纳工伤保险费,并对从业人员因工作遭受事故伤害或者患职业病提供医疗救治和经济补偿。

第二十条　企业与从业人员订立的劳动合同,应当载明有关保障从业人员劳动安全、防止职业危害的事项。

企业不得以任何形式与从业人员订立协议,免除或者减轻其对从业人员因生产安全事故伤亡依法应承担的责任。

第四章　安全生产管理

第二十一条　企业的生产经营场所及其设备设施应当符合国家有关标准和规定的要求,并进行经常性维护保养和定期检测、检修。

有较大危险因素的生产经营场所和有关设施、设备上,应当设置明显的安全警示标志。

第二十二条　企业进行爆破、大型设备(构件)吊装、设备大修、建筑物和构筑物拆除、临近高压输电线路作业,以及在密闭空间内作业等危险作业,应当安排专门人员进行现场安全管理,确保操作规程的遵守和安全措施的落实。作业前,负责现场安全管理的专门人员应当就作业安全要求向作业人员作出详细说明。

第二十三条　安全设备的设计、制造、安装、使用、检测、维修、改造和报废,应当符合国家标准或者行业标准。不得使用国家明令淘汰、禁止使用的危及生产安全的工艺、设备。企业发现现有工艺、在役设备装置存在危及生产安全因素的,应当及时改进或者更新。

第二十四条　企业使用的特种设备,以及危险物品的容器、运输工具,应当由取得制造许可的生产单位生产。使用前,应当依法注册登记,取得注册登记证或安全标志。使用中,应当定期申报检验,未经定期检验或者检验不合格的特种设备，不得继续使用。

企业应当根据特种设备使用需要，配足特种设备操作人员。

第二十五条　企业生产、经营、运输、储存、使用危险物品或者处置废弃危险物品的经营、运输、燃放，应当执行有关法律、法规和国家标准或者行业标准，建立专门的安全管理制度，采取可靠的安全措施，接受有关主管部门依法实施的监督管理。

危险化学品生产企业的销售情况和危险化学品销售企业的购销情况，应当按要求告知工商和安全生产监督管理部门。

第二十六条　生产、储存、使用剧毒化学品的单位，应当对本单位的生产、储存装置每年进行一次安全评价；生产、储存、使用其他危险化学品的单位，应当对本单位的生产、储存装置每两年进行一次安全评价。

安全评价报告应当对生产、储存装置存在的安全问题提出整改方案。安全评价中发现生产、储存装置存在现实危险的，应当立即停止使用，予以更换或者修复，并采取相应的安全措施。

安全评价报告应当报市安全生产监督管理部门备案。

第二十七条　两个以上企业在同一作业区域内进行生产经营活动，可能危及对方生产安全的，应当签订安全生产管理协议，明确各自的安全生产管理职责和应当采取的安全措施，并指定专职安全生产管理人员进行安全检查与协调。

第二十八条　企业不得将生产经营项目、场所、设备发包或者出租给不具备安全生产条件或者相应资质的单位或者个人。

生产经营项目、场所有多个承包单位、承租单位的，企业应当与承包单位、承租单位签订专门的安全生产管理协议，或者在承包合同、租赁合同中约定各自的安全生产管理职责，并在协议中明确各方对事故隐患排查、治理和防控的管理职责。企业对承包单位、承租单位的安全生产工作统一协调、管理。

第二十九条　生产经营场所和员工宿舍应当设有符合紧急疏散要求、标志明显、保持畅通的出口。禁止封闭、堵塞生产经营场所或者员工宿舍的出口。

公众聚集的经营场所实际容纳的人员超过核定人数或者设施的承载负荷时，经营管理者应当及时采取控制进入和疏散措施。

生产、经营、储存、使用危险物品的车间、商店、仓库不得与员工宿舍处于同一座建筑物内，并应当与员工宿舍保持安全距离。

第五章　安全检查与隐患排查治理

第三十条　企业是事故隐患排查、治理和防控的责任主体，应当建立健全事故隐患排查治理和建档监控等制度，逐级建立并落实从主要负责人到每个从业人员的隐患排查治理和监控责任制。

企业应当建立事故隐患报告和举报奖励制度，对发现、排除和举报事故隐患的有功人员，应当给予奖励和表彰；对本单位安全生产工作提出批评、检举、控告或者拒绝违章指挥、强令冒险作业的从业人员，不得降低其工资、福利等待遇或者解除与其订立的劳动合同。

第三十一条　企业负责人应当定期组织本单位的安全生产管理机构或者安全生产管理人员对安全生产状况进行经常性、专业性和综合性的检查；对检查中发现的安全隐患和问题，应当立即处理；不能处理的，应当按照事故隐患的等级进行登记，建立事故隐患信息档案，制定整改计划或重大事故隐患治理方案，明确专人负责，实施监控治理。

第三十二条　企业应当按照有关规定定期对本单位事故隐患排查治理情况进行统计分析，并向安全监管监察部门和有关部门报送书面统计分析表。统计分析表应当由企业主要负责人签字。

对于重大事故隐患，企业除依照前款规定报送外，应当及时向安全监管监察部门和有关部门报告。重大事故隐患报告内容应当包括：

（一）隐患的现状及其产生原因；

（二）隐患的危害程度和整改难易程度

分析；

（三）隐患的治理方案。

第三十三条　企业在事故隐患治理过程中，应当采取相应的安全防范措施，防止事故发生。事故隐患排除前或者排除过程中无法保证安全的，应当从危险区域内撤出作业人员，并疏散可能危及的其他人员，设置警戒标志，暂时停产停业或者停止使用。

第三十四条　重大事故隐患被挂牌督办或责令停产停业的，治理工作结束后，应当组织专家或委托具备相应资质的安全评价机构对重大事故隐患的治理情况进行评估。经评估符合安全生产条件的，经当地安监部门或有关部门审查同意后，方可恢复生产经营和使用。

第三十五条　企业应当按照重大危险源安全监督管理的有关规定，对重大危险源实施监控管理：

（一）建立健全重大危险源管理制度，制订和落实重大危险源场所、设备、设施的安全操作规程；

（二）建立和完善重大危险源集中监控系统，对重大危险源的安全状况进行实时监控，并做好记录；

（三）重大危险源集中监控系统与所在市（县）、区安全生产监督管理部门的重大危险源远程监测预警系统联网；

（四）定期对重大危险源进行安全评价；

（五）对从业人员进行安全教育和技术培训，使其掌握本岗位的安全操作技能和在紧急情况下应当采取的应急措施；

（六）重大危险源场所应当设置醒目安全警示标志，安全警示标志包括重大危险源基本情况、主要危害和应急措施等内容；

（七）定期对重大危险源场所及其仪器、仪表、设备、设施进行安全检查、检测检验和维护、保养，确保完好，并在台帐中记录。

（八）制定应急预案，应根据应急预案每年至少演练一次。

（九）法律法规等规定要求企业对重大危险源实施的其他监控措施。

企业应当按照国家有关规定将本单位重大危险源及有关安全措施、应急措施报所在地人民政府负有安全生产监督管理职责的部门备案，并至少每半年向负有安全生产监督管理职责的部门报告一次重大危险源的监控措施的实施情况。

第六章　应急管理

第三十六条　企业应当根据国家有关规定制定应急救援预案，并向所在地人民政府负有安全生产监督管理职责的部门备案。

企业应当配备必要的应急救援器材、设备，并进行经常性维护、保养，保证正常运转。

企业应当按照规定组织应急救援演练。

第三十七条　企业应当采取可靠的预防措施，加强对自然灾害的预防。发生自然灾害可能危及企业和人员安全的情况时，应当采取撤离人员、停止作业、加强监测等安全措施。

第三十八条　企业发生生产安全事故，单位负责人应当在规定时限内按照规定向负有安全生产监督管理职责的有关部门报告。并立即启动事故相应应急救援预案，采取有效措施组织应急救援，防止事故扩大，减少人员伤亡和经济损失。

发生生产安全事故的企业应当妥善保护事故现场以及相关证据，任何单位和个人不得破坏事故现场、毁灭相关证据。

发生生产安全事故的企业，其主要负责人不得在事故调查处理期间擅离职守。

第七章　责任追究

第三十九条　负有安全生产监督管理职责的有关部门，对存在重大事故隐患的企业，应当责令限期整改；逾期未整改的，挂牌督办，直至停产停业整顿；经停产停业整顿仍不具备安全生产条件的，予以关闭。

第四十条　对发生较大以上生产安全事故的企业列入黑名单，由有关主管部门依法取消或降低其相应生产经营资质，吊销或暂扣安全生产许可证。对列入黑名单的企业及其主要负责人的各类评先评优实行一票否决。

发生较大以上生产安全事故的企业主要负责人，应当向社会公开致歉。

企业主要负责人受刑事处罚或撤职处分的，不得担任同行业企业的主要负责人；五年内不得担任任何企业的主要负责人。

第四十一条 企业违反安全生产法律法规和本规定有关规定，未履行安全生产主体责任的，由负有安全生产监督管理职责的部门依法处理，追究企业及其主要负责人和有关人员的责任；情节严重、构成犯罪的，依法追究刑事责任。

第八章 附 则

第四十二条 从事生产经营活动的事业单位、个体工商户和其他经济组织的安全生产主体责任参照本规定执行。

第四十三条 本规定自2009年1月1日起施行。

江苏省建设厅关于印发《江苏省建筑施工起重机械设备安全监督管理规定》的通知

苏建法(2004)90号

南京市建委、各市建设局、市政公用局、房管局，南京、泰州市建工局：

根据《中华人民共和国建筑法》、《中华人民共和国安全生产法》、《建设工程安全生产管理条例》和《特种设备安全监察条例》，结合我省建筑施工起重机械设备安全监督管理工作实际，我厅制定了《江苏省建筑施工起重机械设备安全监督管理规定》，并经2004年3月8日厅第九次常务会议审议通过。现印发给你们，请认真贯彻实施。

2004年3月19日

江苏省建筑施工起重机械设备安全监督管理规定

第一章 总 则

第一条 为加强对建筑施工起重机械设备的安全监督管理，预防安全事故的发生，保障施工现场人员生命和财产安全，根据《中华人民共和国建筑法》、《中华人民共和国安全生产法》、《建设工程安全生产管理条例》和《特种设备安全监察条例》，制定本规定。

第二条 在本省行政区域内从事建筑施工起重机械设备的购置、租赁、安装、拆卸、使用、维修、检验检测活动及实施监督管理，应当遵守本规定。

本规定所称建筑施工起重机械设备是指在房屋建筑工程和市政基础设施工程施工中使用的各类塔式起重机、移动式起重机、门式起重机、施工升降机、高处作业吊篮、龙门架(井架)物料提升机、附着式升降脚手架等起重机械设备。

第三条 省建设行政主管部门负责全省建筑施工起重机械设备的安全监督管理。具体工作由省建筑工程管理局负责。

各市、县(市)建设行政主管部门负责本行政区域内的建筑施工起重机械设备的安全监督管理。但同级人民政府设有建筑业管理部门并将建筑施工起重机械设备安全监督管理职能确定由该部门行使的，从其规定。

第四条 建筑施工起重机械设备(以下简称起重机械设备)的购置、使用、安装和检验检测应当接受建设行政主管部门依法进行的监督管理。

第二章 购置与报废

第五条 建筑业企业、设备租赁单位或者个人购置的起重机械设备必须是经国务院特种设备安全监督管理部门许可生产的质量合格产品。未实行许可生产的产品应具有省级以上有关部门的产品鉴定书。购置进口设备，应当通过商检，并具有产品合格证明。

有下列情形之一的起重机械设备不得购置：

（一）国家和本省明令淘汰的；

（二）国家和本省规定禁止使用的；

（三）达不到安全技术标准规定的；

（四）安全保护装置配备不齐全的。

第六条　建筑业企业自行研制用于特殊工程施工的非定型的起重机械设备必须有设计图和设计计算书，由企业技术部门组织专家论证和鉴定，符合安全技术条件的经企业技术负责人批准，方可投入使用。

第七条　起重机械设备的产权单位应当建立起重机械设备安全技术档案。

起重机械设备安全技术档案应当具备以下内容：

（一）原始资料，包括购销合同、使用维修及安装说明书、出厂检验报告、许可生产证明、产品质量合格证、交接验收记录等；

（二）设备履历书，包括历次大修理、改造记录、运转时间记录、日常使用状况记录、安全保护装置调试记录及日常维护保养记录、定期检验和定期自行检查记录、事故记录等；

（三）其它资料。

第八条　起重机械设备有下列情形之一的，应当及时予以报废：

（一）国家和本省明令淘汰的；

（二）主要结构件应力超过原计算应力15%的；

（三）主要结构件腐蚀深度达原厚度10%的；

（四）存在其他严重事故隐患的。

报废后的起重机械设备不得再使用或整机转让。

第三章　安装与拆卸

第九条　从事建筑起重机械设备安装的单位，应当具有建设行政主管部门核发的起重设备安装工程专业承包企业资质证书，并按照资质证书许可的范围从事建筑起重机械设备的安装、拆卸等活动。

第十条　起重机械设备安装单位，应当依照起重机械设备安全技术规范及本规定的要求，进行起重机械设备的安装、移位、顶升、附着、拆卸活动，并对安装质量及其作业过程的安全负责。

起重机械设备安装单位在安装工程施工中，应当服从施工总承包单位对施工现场的安全生产管理。

起重机械设备的使用单位，应当向安装单位提供拟安装设备位置的地质资料、施工平面图及隐蔽工程验收报告。

第十一条　从事起重机械设备安装的作业人员及管理人员，应当经省级建设行政主管部门考核合格，取得建筑起重机械设备作业人员证书，方可从事相应的作业或管理工作。

第十二条　起重机械设备安装单位在起重机械设备安装和拆卸前，应当根据产品说明书、施工现场环境和有关标准安排专业技术人员编制安装或者拆卸施工方案和施工安全事故应急救援预案，经企业技术负责人审批后实施。安装、拆卸作业前，编制施工方案的专业技术人员和施工负责人应当向全体作业人员进行安全技术交底。

第十三条　起重机械设备安装或拆卸作业前，作业人员应当对拟安装或拆卸设备的完好性进行检查。作业时，应当设置警戒区，禁止无关人员进入施工现场。施工现场应当设置负责统一指挥的人员和专职监护的人员。各工序应当定岗、定人、定责。作业人员应当严格执行施工方案和拆装工艺。

第十四条　起重机械设备每次安装完毕后，安装单位应当对起重机械设备进行调试和试运转。在向使用单位进行起重机械设备移交前，应当委托建筑起重机械检验检测机构检测合格并与产权单位和使用单位联合进行安装质量验收，经验收合格后，方可投入使用。

第十五条　建筑起重机械设备安装单位必须建立起重机械设备安装技术档案。起重机械设备安装技术档案应当包括下列文件：

（一）安装或者拆卸合同；

（二）专项安全施工方案和技术措施；

（三）安装验收资料；

（四）检测资料；

（五）移交使用的文件。

第四章　使用与维修

第十六条　起重机械设备的使用单位应当在起重机械设备安装验收合格之日起30日内，到建设工程所在地设区的市建设行政主管部门进行起重机械设备登记。登记标记应当置于或者附着于该机械设备的显著位置。登记时，应当提供以下资料：

（一）企业法人营业执照；

（二）国家颁发的生产许可证。未实行许可证的产品应当提供省级以上有关部门的产品鉴定书；

（三）产品合格证和注册商标；

（四）安装合同；

（五）检验检测机构签发的检测报告。

登记部门应当按机种分类统一编号。具体办法由省建筑工程管理局负责建筑机械设备管理的机构制定。

第十七条　起重机械设备的使用单位，应当对起重机械设备设置明显的安全警示标志。根据不同施工阶段和周围环境及季节、气象条件变化，在施工现场采取相应的安全防护措施。施工现场暂时停工时，应当做好保护工作。

第十八条　起重机械设备的使用单位必须执行建设部《建筑机械使用安全技术规程》和江苏省《施工现场机械设备完好技术标准》及相关专业标准。

第十九条　租赁企业出租的起重机械设备应当具有生产许可证、产品合格证，并达到江苏省《施工现场机械设备完好技术标准》的要求。

出租企业应当对出租的起重机械设备的安全性能进行检测，合格的方能出租。出租时应向承租方出具检测合格证明。租赁双方在签订租赁合同时，应当明确各自在安全、使用、安装、拆卸及维护保养方面的责任。禁止出租检测不合格的起重机械设备。

第二十条　起重机械设备的使用单位应当对在用起重机械设备进行以下维护保养与检查：

（一）进行日常维护保养；

（二）每月至少进行一次检查，并做出记录；

（三）对安全保护装置定期进行校验、检修，并作记录。

第二十一条　群塔作业的施工现场，实行总承包的，总承包单位在编制施工组织设计时应当有防止群塔作业相互碰撞的措施。未实行总承包的，且施工现场有两个以上单位进行塔机作业的，建设单位应当组织各使用单位统一制订避免群塔相互碰撞的措施。

第二十二条　起重机械设备管理人员应当经过省级建设行政主管部门培训、考核合格后持证上岗。起重机械设备作业人员应当持证上岗。

起重机械设备作业人员在作业中应当严格执行起重机械设备的操作规程和有关的安全规章制度。对起重机械设备安全状况进行经常性检查，发现事故隐患或者其他不安全因素时，应当立即处理，情况紧急时，待事故隐患消除后，方可投入使用。

第二十三条　安装后停用半年以上的起重机械设备在重新启用前，必须经建筑起重机械检测机构进行检测。检测合格后，方可继续使用。

起重机械设备使用达到国家规定使用年限的，应当进行结构安全性能检验。经检验合格后，方可继续使用。

第五章　检验检测

第二十四条　起重机械设备安装、使用的监督检验应当委托具有建筑起重机械检验检测资格的机构承担。

第二十五条　建筑起重机械检验检测机构和检验检测人员应当客观、公正、及时地出具检验检测结果、鉴定结论。检验检测结果、鉴定结论应当经检验检测人员签字，由检验检测机构负责人签署。

建筑起重机械检验检测机构和检验检测人员对检验检测结果、鉴定结论负责。

第二十六条　建筑起重机械检验检测机构进行起重机械设备检验检测时，发现严重事故隐患，应当及时告知设备使用单位，并立即向工程所在地建设行政主管部门报告。

第二十七条　经建筑起重机械检验检测机构检测合格的起重机械设备，应当将合格标志置于或者附着于该设备的显著位置。

第六章　监　督

第二十八条　建设行政主管部门依照有关法律、法规、规章和本规定对起重机械设备购置、安装、使用和检验检测实施安全监督管理。

建设行政主管部门对起重机械设备安装单位、使用单位和检验检测机构实行安全监督时，可以行使下列职权：

（一）向起重机械设备安装、使用和检验检测单位的法定代表人、主要负责人和其他有关人员调查、了解涉嫌违反国家和省有关起重机械设备管理规定情况，查阅、复制有关合同、帐簿等有关资料；

（二）进入被检查单位或被检查单位的施工现场进行检查；

（三）发现有违反安全技术规范和本规定的行为或者在用的起重机械设备存在安全隐患的，责令有关单位及时采取措施，限期整改，消除安全隐患。

第二十九条　设区的市、县（市）建设行政主管部门对违反本规定第五条、第八条规定购置使用的起重机械设备，可予以查封或者扣押，责令清除出建筑施工现场。

第三十条　省建设行政主管部门定期向社会公布全省起重机械设备安全状况。

公布起重机械设备安全状况，应当包括下列内容：

（一）在用的起重机械设备数量；

（二）起重机械设备事故的情况、特点、原因分析、防范对策；

（三）其他需要公布的情况。

第七章　附　则

第三十一条　桩工机械设备的安全监督管理参照本规定执行。

第三十二条　各市建设行政主管部门可根据本规定制定实施细则。

第三十三条　本规定自2004年4月1日起施行。

江苏省建筑工程管理局关于印发《江苏省建筑施工起重机械设备使用登记办法》的通知

苏建管质［2006］92号

各省辖市建设局（委）、建工（管）局，苏州工业园区规划建设局，张家港保税区规划土地局，省有关单位：

为加强对建筑施工起重机械设备的安全监督管理，预防重大设备事故的发生，保障人民群众生命财产安全，根据国务院《建设工程安全生产管理条例》、《特种设备安全监察条例》，我局制定了《江苏省建筑施工起重机械设备使用登记办法》，现印发给你们，请遵照执行。

附《江苏省建筑施工起重机械设备使用登记办法》

2009年9月20号

江苏省建筑施工起重机械设备使用登记办法

第一条　为加强对建筑施工起重机械设备（以下简称起重机械）的安全监督管理，预防重大设备事故的发生，保障人民群众生命财产安全，根据国务院《建设工程安全生产管理条例》、《特种设备安全监察条例》，制定本办法。

第二条　在本省行政区域内进行房屋建筑工程和市政工程施工中起重机械的登记管理适用本办法。本办法所称起重机械是指各类塔式起重机、门式起重机、施工升降机、物料提升机、高处作业吊篮和整体提升脚手架。

第三条　省建筑工程管理局负责全省起重机械登记管理工作。设区的市和县(市)建设(筑)行政主管部门负责本行政区域内起重机械登记管理工作。

第四条　在本省使用的起重机械都必须进行登记管理。起重机械登记包括产权登记和使用登记，分别由起重机械产权单位和使用单位申请办理。

第五条　起重机械产权登记编号，实行一机一号终身编号制度，在全省通用，直至设备报废或不再在本省使用(编号规则见附件1)。登记后，任何单位和个人不得随意更改登记文件和编号。

第六条　起重机械产权登记手续由设备产权单位在购机后到企业注册所在地登记部门办理，起重机械登记部门应当对符合登记条件的设备进行编号，向产权单位核发《江苏省建筑施工起重机械设备产权登记证》(见附件2)。产权单位办理产权登记手续时，应当向登记部门提交以下资料：

(一)《江苏省建筑施工起重机械设备产权登记申报表》(见附件3)一式2份；

(二) 设备产权单位法人工营业执照副本及复印件1份或所有权人身份证复印件1份；

(三) 产品制造许可证复印件1份。未实行产品制造许可证的产品应当提供省级有关部门的产品鉴定证书复印件1份；

(四) 产品出厂合格证原件及复印件1份；

(五) 设备购销合同或发票复印件1份。

第七条　本办法实施前已购置使用的起重机械办理产权登记时，除应提交本办法第六条规定的资料外，还应提交以下相关资料：

(一) 技术改造、大修情况资料；

(二) 事故记录和累计运转记录等资料；

(三) 超过使用年限的必须提供检验检测机构出具的性能试验和结构应力测试合格报告。

第八条　凡列入使用登记范围的起重机械自安装验收或安装质量监督检验合格之日起30日内，使用单位必须到工程所在地登记部门办理使用登记手续，取得《江苏省建筑施工起重机械设备使用登记证》(见附件4)。使用单位办理使用登记手续时，应当向登记部门提交以下资料：

(一)《江苏省建筑施工起重机械设备使用登记申报表》(见附件5)一式2份；

(二) 产权登记证原件1份；

(三) 起重机械安装承包合同原件及复印件1份；

(四) 起重机械安装单位安全生产许可证、起重设备安装工程专业承包资质证书原件及复印件各1份；

(五) 起重机械安装质量验收合格证明文件原件及复印件1份；

(六) 起重机械安装质量监督检验合格报告原件及复印件1份。

使用登记证应当置于或附着于设备的显著位置。

第九条　办理产权登记和使用登记手续时，申请单位提交的资料必须齐全、合法，并对其真实性负责。申请单位提交的复印件应加盖单位公章。原件由登记部门核查后退还，其余文件资料由登记部门存档。

第十条　有下列情况之一的不予登记：

(一) 属国家和本省明令淘汰的、禁止使用的起重机械；

(二) 超过安全技术标准规定使用年限且未通过性能试验和结构应力测试的；

(三) 达到《江苏省建筑施工起重机械设备安全监督管理规定》所规定报废条件的；

(四) 磨损严重、基本部件已损坏，再进行维修不能达到使用安全要求的；

(五) 存在严重事故隐患，没有改造、维修价值的；

(六) 按照有关规定检验不合格的。

第十一条　产权单位应当建立起重机械登记管理档案，并加强日常安全使用管理，接受建设（筑）行政主管部门的监督检查。起重机械产权变更时，应当将设备登记档案资料一并移交给新的产权单位。

第十二条　外埠的起重机械进入本省使用，由工程所在地登记部门办理使用登记手续，不需办理产权登记。

第十三条　起重机械租赁、使用单位未按规定办理起重机械产权登记和使用登记的，由建设（筑）行政主管部门依照有关法律法规进行处罚。

第十四条　施工现场使用的起重机械在拆除前一周内，使用单位必须到工程所在地登记部门办理使用注销手续。办理注销手续应提供该起重机械使用登记证原件，并填写《江苏省建筑施工起重机械设备使用登记注销表》（见附件6）。

办理注销手续后，使用登记证由原登记部门收回。使用单位对重新使用的起重机械凭注销表和产权登记证到下一工程所在地登记部门重新登记。

第十五条　本办法所列《江苏省建筑施工起重机械设备产权登记申报表》、《江苏省建筑施工起重机械设备使用登记申报表》、《江苏省建筑施工起重机械设备产权登记证》、《江苏省建筑施工起重机械设备使用登记证》、《江苏省建筑施工起重机械设备使用登记注销表》由各市建设（筑）行政主管部门按本办法规定的格式统一制作。

第十六条　起重机械实行按季度和年度进行统计汇总和上报制度。县（市）建设（筑）行政主管部门应于每季度末将本县（市）起重机械进行统计汇总，填写《江苏省建筑施工起重机械设备使用登记汇总表》（见附件7）报设区的市建设（筑）行政主管部门。设区的市建设（筑）行政主管部门应当于每季度终了后15天内将本地区起重机械进行统计汇总，填写《江苏省建筑施工起重机械设备使用登记汇总表》报江苏省建筑工程管理局质量安全技术处。省建筑工程管理局将依据有关规定定期向社会公布全省起重机械使用情况。

第十七条　本办法自公布之日起施行。

附件1：江苏省建筑施工起重机械设备使用登记编号规则

附件2：江苏省建筑施工起重机械设备产权登记证

附件3：江苏省建筑施工起重机械设备产权登记申报表

附件4：江苏省建筑施工起重机械设备使用登记证

附件5：江苏省建筑施工起重机械设备使用登记申报表

附件6：江苏省建筑施工起重机械设备使用登记注销表

附件7：江苏省建筑施工起重机械设备使用登记汇总表

附件1：江苏省建筑施工起重机械设备使用登记编号规则

1. 产权登记编号（终身编号）：

苏□X	—□	—□	—XXX
(1)	(2)	(3)	(4)

2. 使用登记编号（产权登记编号＋相关编号）：

苏□X	—□	—□	—XXX
(1)	(2)	(3)	(4)
—□X	—XXXX	—XX	—□
(5)	(6)	(7)	(8)

3. 外埠进入省内施工的起重机械编号方法如下：

苏□X	—□	—□	—XXXX
(1)	(2)	(3)	(6)
—XX	—□		
(7)	(8)		

(1) 产权属地代号——共三位。第一位“苏”表示江苏；第二位“□”为设区市的代号（见表A）；第三位“X”为区、市（县）代号，由各设区市自行设定，报省建管局备案。

(2) 机种代号——见表B。

(3) 起重量代号——见表C。

(4) 终身序号——“XXX”表示三位数字，从 001 开始编号。

(5) 工程所在地代号——共两位。“□”为设区市的代号，“X”为区、市(县)代号。

(6) 使用登记序号——“XXXX”表示四位数字，从 0001 开始编号，设备未易地的使用登记序号不变。

(7) 累计安装次数——“XX”表示两位数字，从 01 开始编号。

(8) 产权属性代号——自有代号 Z，租用代号 U。

4. 示例

例：苏 A1－T－Ⅰ－001－A1－0001－01－U

表示：产权地属于南京市区的 001 号塔式起重机南京市区第一次安装使用，使用登记序号为 00001 号，该塔机的起重量在 400kN·m 以下，是租用的。5. 代号对照表

表 A：

地区	南京	无锡	徐州	常州	苏州	南通	连云港	淮安	盐城	扬州	镇江	泰州	宿迁
代号	A	B	C	D	E	F	G	H	J	K	L	M	N

表 B：

机种	塔式起重机	门式起重机	施工升降机	高处作业吊篮	物料提升机	整体提升脚手架	其他
代号	T	M	S	G	W	Z	Q

表 C：

机种		起重量代号
塔式起重机	400 kN·m 以下	Ⅰ
	400～600 kN·m	Ⅱ
	600～800 kN·m	Ⅲ
	800 kN·m 以上	Ⅳ
门式起重机	10 t 以下	Ⅰ
	10 t～20 t	Ⅱ
	20 t 以上	Ⅲ
施工升降机	1 000 kg 以下	Ⅰ
	1 000 kg 以上	Ⅱ
物料提升机	1 000 kg 以下	Ⅰ
	1 000 kg 以上	Ⅱ
高处作业吊篮	2 kN～4 kN	Ⅰ
	5 kN～8 kN	Ⅱ
	9 kN～12.5 kN	Ⅲ
整体提升脚手架	75 kN(含)以下	Ⅰ
	75 kN 以上	Ⅱ

附件 2:江苏省建筑施工起重机械设备产权登记证(式样)

江苏省建筑施工起重机械设备产权登记证

产权 登记编号			
设备 名称		制造许 可证号	
制造 厂家		出厂 日期	
规格型号 (含起重量)		出厂 编号	
设备 产权人		联系 电话	

登记部门:

登记日期:　　年　月　日

江苏省建筑工程管理局监制

此证大小:长×宽 26 cm×18 cm,材质为铜牌,永久性地置于设备底明显的部位。“江苏省建筑施工起重机械设备产权登记证”使用二号宋体字体,其他使用三号仿宋字体。

附件 3：江苏省建筑施工起重机械设备产权登记申报表

江苏省建筑施工起重机械设备产权登记申报表

产权单位：(章)：　　　　　　　　　　联系人：　　　　联系电话：

<table>
<tr><td>设备名称</td><td></td><td>制造许可号</td><td></td></tr>
<tr><td>规格型号
(含起重量)</td><td></td><td>出厂编号</td><td></td></tr>
<tr><td>制造厂家</td><td></td><td>出厂日期</td><td></td></tr>
<tr><td>厂家地址</td><td>产权单位
地　　址</td><td></td><td></td></tr>
<tr><td>法人(产权人)</td><td></td><td>联系电话</td><td></td></tr>
<tr><td>设备检测单位
(新购除外)</td><td></td><td>检测日期</td><td></td></tr>
<tr><td colspan="4">企业简介(包括起重机械设备拥有量、设备安全管理体系及保证措施，设备维修保养制、点检制以及起重机械各项管理制度的贯彻落实情况，内容可别附页)：</td></tr>
<tr><td colspan="4">登记部门意见：

登记部门(章)：
年　月　日</td></tr>
</table>

附件 4：江苏省建筑施工起重机械设备使用登记证（式样）

江苏省建筑施工起重机械设备使用登记证

使用登记编号			
设备名称		制造许可证号	
规格型号（含起重量）		出厂编号	
使用单位		工程名称	
项目经理		联系电话	
安装单位		资质等级	
安装日期		验收日期	
安装检测单位		检测日期	

登记部门：
（公章）
登记日期：　　年　　月　　日

江苏省建筑工程管理局监制

此证大小：长×宽 26 cm×18 cm，采用塑封形式。“江苏省建筑施工起重机械设备使用登记证”使用二号宋体字体，其他使用三号仿宋字体。

附件5：江苏省建筑施工起重机械设备使用登记申报表

江苏省建筑施工起重机械设备使用登记申报表

使用单位(章)： 联系人： 联系电话：

设备名称		制造许可证号	
规格型号（含起重量）		出厂编号	
制造厂家		设备产权人	
设备安装单位		资质证书编号	
		安全生产许可证编号	
设备安装日期		验收日期	
工程名称		工程地点	
项目经理		联系电话	
设备安装检测单位		检测日期	
设备使用中特种作业人员名单(含司机、指挥工、司索工及在使用中顶升扶墙的安装维修工等)			
姓　名	工　　种	资格证编号	备　注
监理单位意见： 监理单位(章)： 年　月　日			
登记部门意见： 登记部门(章)： 年　月　日			

附件6：江苏省建筑施工起重机械设备使用登记注销表

江苏省建筑施工起重机械设备使用登记注销表

使用单位(章)：

<table>
<tr><td>设备名称</td><td colspan="2"></td><td>规格型号</td><td colspan="2"></td></tr>
<tr><td>工地名称</td><td colspan="2"></td><td>工地地址</td><td colspan="2"></td></tr>
<tr><td>工地项目经理</td><td colspan="2">电　话</td><td></td><td colspan="2"></td></tr>
<tr><td>使用登记编号</td><td colspan="2"></td><td></td><td colspan="2"></td></tr>
<tr><td>计划拆除时间</td><td colspan="5">年　月　日</td></tr>
<tr><td rowspan="2">拆除单位</td><td rowspan="2" colspan="2"></td><td colspan="2">资质证书编号</td><td></td></tr>
<tr><td colspan="2">安全生产许可证编号</td><td></td></tr>
<tr><td colspan="6">拆除特种作业人员名单</td></tr>
<tr><td>姓　　名</td><td>工　　种</td><td colspan="2">资格证编号</td><td colspan="2">备　注</td></tr>
<tr><td></td><td></td><td colspan="2"></td><td colspan="2"></td></tr>
<tr><td></td><td></td><td colspan="2"></td><td colspan="2"></td></tr>
<tr><td></td><td></td><td colspan="2"></td><td colspan="2"></td></tr>
<tr><td></td><td></td><td colspan="2"></td><td colspan="2"></td></tr>
<tr><td>拆除方案</td><td colspan="5">有/没有</td></tr>
<tr><td colspan="6">监理单位审查意见：

监理单位(章)：
年　月　日</td></tr>
<tr><td colspan="6">登记部门意见：

负责人(章)：
年　月　日</td></tr>
</table>

附件7:江苏省建筑施工起重机械设备使用登记汇总表

江苏省建筑施工起重机械设备使用登记汇总表

市(章):　　　　　　　　　　　　　　　　　　　　　　　　填表日期:　年　月　日

机种		本季度登记数量	本年度累计登记数量	起重量代号
塔式起重机	400 kN·m以下			Ⅰ
	400～600 kN·m			Ⅱ
	600～800 kN·m			Ⅲ
	800 kN·m以上			Ⅳ
门式起重机	10 t以下			Ⅰ
	10 t～20 t			Ⅱ
	20 t以上			Ⅲ
施工升降机	1 000 kg以下			Ⅰ
	1 000 kg以上			Ⅱ
物料提升机	1 000 kg以下			Ⅰ
	1 000 kg以上			Ⅱ
高处作业吊篮	2 kN～4 kN			Ⅰ
	5 kN～8 kN			Ⅱ
	9 kN～12.5 kN			Ⅲ
整体提升脚手架	75 kN(含)以下			Ⅰ
	75 kN以上			Ⅱ

注:此表由各设区的市建设(筑)行政主管部门每季度末填写后,报省建管局质安处。

江苏省建设厅、江苏省建筑工程管理局关于印发《江苏省建筑施工企业安全生产许可证暂扣管理办法》的通知

苏建管质[2007]130号

各省辖市建设局(委)、建工(管)局,苏州工业园区规划建设局,张家港保税区规划土地局,省有关单位:

为加强对建筑施工企业安全生产许可证的动态管理,规范安全生产许可证的暂扣行为,根据国务院《安全生产许可证条例》和建设部《建筑施工企业安全生产许可证管理规定》,我厅制定了《江苏省建筑施工企业安全生产许可证暂扣管理办法》,并经2007年8月6日省建设厅第四十次常务会议审议通过。现印发给你们,请认真贯彻执行。

2007年12月18日

江苏省建筑施工企业安全生产许可证暂扣管理办法

第一条　为加强建筑施工企业安全生产许可证的动态管理,规范安全生产许可证的暂扣行为,根据国务院《安全生产许可证条例》和建设部《建筑施工企业安全生产许可证管理规定》,制定本办法。

第二条　本办法所称建筑施工企业安全生产许可证的暂扣,是指安全生产许可证颁发管理机关对发生生产安全事故或者安全生产管理存在严重问题,不再具备安全生产条件的建筑施工企业,暂时收回其安全生产许可证一段时间的行为。

第三条　本办法所称建筑施工企业安全生产许可证的发还,是指安全生产许可证颁发管理机关经过审查,确认被暂扣安全生产许可证的建筑施工企业在暂扣期限内完成了整改,达到安全生产许可证核发的条件,将暂扣的安全生产许可证发还并重新启用的行为。

第四条　省建筑工程管理局(以下称省建管局)负责全省建筑施工企业安全生产许可证的暂扣和发还工作。

设区的市建设行政主管部门协助省建管局实施建筑施工企业安全生产许可证的暂扣和发还工作,发现在其所辖行政区内施工的建筑施工企业发生生产安全事故或者安全生产管理存在严重问题的,应当及时报告省建管局。

第五条　省建管局接到市建设行政主管部门关于建筑施工企业生产安全事故或者安全生产管理出现严重问题的报告,或者外省、市、自治区建设行政主管部门关于本省注册的建筑施工企业在省外发生生产安全事故的通报,应当在5个工作日内进行暂扣安全生产许可证的立案。

第六条　省建管局应当在暂扣安全生产许可证行政处罚立案之日起2个工作日内向拟暂扣安全生产许可证的建筑施工企业发出《行政处罚听证告知书》(以下称《告知书》)。《告知书》由省建管局委托建筑施工企业工商登记地设区的市建设行政主管部门送达。市建设行政主管部门应当在收到《告知书》之日起2个工作日内向拟暂扣安全生产许可证的建筑施工企业进行送达,并将经建筑施工企业签收的《告知书》的送达回执送交省建管局。

建筑施工企业有权对省建管局拟进行的暂扣安全生产许可证的行政行为进行陈述和申辩,并要求听证。

第七条　建筑施工企业对拟暂扣安全生产许可证要求听证的,应当在收到《告知书》之日起3个工作日内向省建管局提出书面申请,否则视为放弃听证权利。省建管局应当在收到企业要求听证的申请后20个工作日内召开听证会,并于召开听证会的7日前,通知要求听证企业举行听证的时间和地点。

第八条　省建管局对不要求听证的建筑施工企业或者虽经听证但无充分证据证明具备法

律规定的安全生产条件的企业，作出暂扣安全生产许可证《行政处罚决定书》（以下称《决定书》）。

《决定书》由省建管局局长签发。

第九条　建筑施工发生生产安全事故的，施工总承包单位和承担有关分部分项工程的分包单位为责任主体单位，承担建筑企业安全生产许可证的暂扣责任。暂扣的时间按以下原则确定：

（一）发生一起一次死亡 1 人生产安全事故的，暂扣安全生产许可证 30 至 45 天。

（二）发生一起一次死亡 2 人生产安全事故的，暂扣安全生产许可证 45 至 60 天。

（三）发生一起一次死亡 3 至 9 人生产安全事的，暂扣安全生产许可证 60 至 90 天。

（四）发生一起一次死亡 10 人（含 10 人）以上生产安全事故的，暂扣安全生产许可证 90 至 120 天。

企业在安全生产许可证暂扣期间，再次发生死亡事故的，按前款的规定累计延长暂扣时间。

第十条　省建管局发现建筑施工企业安全生产管理存在严重问题，不再具备安全生产条件的，可以暂扣其安全生产许可证 30 至 45 天。

建筑施工企业安全生产许可证暂扣期满，经省建管局审查仍然不具备安全生产条件的，安全生产许可证暂扣时间延长 30 至 45 天。情节严重的，可以作出吊销安全生产许可证的行政处罚决定。

第十一条　暂扣安全生产许可证的期限从《决定书》送达起开始计算。同时，省建管局将暂扣安全生产许可证的《决定书》在江苏建设网和江苏建筑业网上公布，待暂扣期满发还安全生产许可证后取消公布。

第十二条　《决定书》由省建管局委托受处罚建筑施工企业工商登记地设区的市建设行政主管部门送达。受处罚的建筑施工企业应当在收到《决定书》之日起三日内将安全生产许可证的全部正（副）本交至省建管局。上交数量应当与实际发放数量一致。

第十三条　建筑施工企业在施工现场发生生产安全事故，或者安全生产管理存在严重问题，不再具备安全生产条件的，工程项目所在地建设行政主管部门应当责令其停止施工，限期整改。企业在暂扣安全生产许可证期间，事故发生所在地停止承接国有资金投资的工程项目。

省外建筑施工企业在本省境内施工现场发生生产安全事故，或者安全生产管理存在严重问题，不再具备安全生产条件的，工程项目所在地建设行政主管部门应当责令其停止施工，限期整改，并将有关情况报送省建管局。省建管局将在 2 个工作日内将有关情况向企业工商登记地安全生产许可证颁发机关进行通报。该企业在本省承接新的工程项目时，应当出具由企业安全生产许可证颁发机关作出的生产安全事故处理决定和确认其重新具备安全生产条件的证明文件。

整改期限比照本办法第九条、第十条的规定确定。

第十四条　建筑施工企业在暂扣安全生产许可证期间，应当严格按照法律规定的安全生产条件认真进行自查和整改。

建筑施工企业工商登记地设区的市建设行政主管部门应当在企业暂扣安全生产许可证期满 5 日前，对该企业是否重新具备安全生产条件进行核查，并将检查结果及时报告省建管局。企业应当向核查机关提供整改报告和证明其重新符合安全生产条件的有关材料或者建筑安全生产条件评价机构对其安全生产条件的评价报告。

第十五条　省建管局在收到企业工商登记地设区的市建设行政主管部门对其安全生产条件核查报告后，应当在暂扣安全生产许可证期满之日前对企业安全生产条件进行复核，并对确认符合安全生产条件的发还其安全生产许可证，在江苏建设网和江苏建筑业网上公布；对经复核仍不符合安全生产许可证条件的，应当书面告知企业原因，并按本办法重新给予暂扣。

第十六条　本规定自 2008 年 1 月 1 日起

施行。

江苏省建筑工程管理局关于印发《江苏省建筑施工特种作业人员管理暂行办法》的通知

苏建管质〔2009〕5号

各市、县建设局(委)、建工(管)局,苏州工业园区规划建设局,张家港保税区规划建设局,有关单位:

现将《江苏省建筑施工特种作业人员管理暂行办法》印发给你们,请结合当地实际,认真贯彻。执行中遇到问题请及时反馈我局质量安全技术处。

2009年元月20日

江苏省建筑施工特种作业人员管理暂行办法

第一章 总 则

第一条 为规范建筑施工特种作业人员考核、发证和监督管理工作,提高特种作业人员素质,防止和减少生产安全事故,根据《安全生产许可证条例》(国务院令第397号)和住房和城乡建设部《建筑起重机械安全监督管理规定》、(建设部令第166号)、《建筑施工特种作业人员管理规定》(建质[2008]75号)等法规规章,结合我省实际情况,制定本办法。

第二条 本办法适用于本省范围内建筑施工特种作业人员的考核、发证、从业和监督管理。

本办法所称建筑施工特种作业人员是指在房屋建筑和市政工程施工活动中,从事可能对本人、他人及周围设备设施的安全造成重大危害作业的人员。

第三条 建筑施工特种作业人员(以下简称"特种作业人员")包括下列人员:

(一) 建筑电工;

(二) 建筑架子工;

(三) 建筑起重司索信号工;

(四) 建筑起重机械司机;

(五) 建筑起重机械安装拆卸工;

(六) 高处作业吊篮安装拆卸工;

(七) 建筑焊工;

(八) 建筑施工机械安装质量检验工;

(九) 桩机操作工;

(十) 建筑混凝土泵操作工;

(十一) 建筑施工现场场内机动车司机;

(十二) 其它特种作业人员。

第四条 特种作业人员必须经建设(筑)主管部门考核合格,取得建筑施工特种作业操作资格证书(以下简称"资格证书"),方可上岗从事相应作业。

第五条 省建筑工程管理局(以下称省建筑主管部门)负责全省特种作业人员的监督管理工作。具体的工作职责为:

(一) 研究制定特种作业人员执业资格考核标准、考核大纲,建立相应工种的试题库;

(二) 认证特种作业人员执业资格考核基地;

(三) 负责特种作业人员执业资格考核工作的师资教育培训,监督管理考核考务工作;

(四) 负责特种作业人员执业证书的颁发和管理;

(五) 负责特种作业人员统计信息工作;

(六) 其它监督管理工作。

第六条 市县建设(筑)主管部门负责本行政区域内特种作业人员监督管理工作,主要职责为:

(一) 负责考核基地的初审和考评人员的日常管理;

(二) 负责特种作业人员考核工作的组织实施;

(三) 负责特种作业人员执业资格证书的发放与管理;

(四) 负责特种作业人员执业继续教育;

(五) 负责特种作业人员的统计信息工作;

（六）其他监督管理工作。

第二章　考核、发证

第七条　特种作业人员考核基地应当具备以下基本条件：

（一）与所承担考核工种相适应的考评人员；

（二）与所承担考核工种相适应的安全技术理论考试场所；

（三）与所承担考核工种相适应的实际操作考核场地、设施、设备、仪器等；

（四）健全的考务管理制度；

（五）考试考核要求的其他条件。

第八条　特种作业人员执业资格考核基地的认证按下列程序进行：

（一）特种作业人员考核基地（法人组织）向工商登记地市县建设（筑）主管部门提出认证申请；

（二）市县建设（筑）主管部门受理特种作业人员考核基地（法人组织）认证申请，组织专家进行考核初审，向省建筑主管部门提出推荐意见；

（三）省建筑主管部门受理特种作业人员考核基地（法人组织）的认证申请和市县建设（筑）主管部门的推荐；

（四）省建筑主管部门成立特种作业人员考核基地认证委员会，组织专家组进行实地考核基本条件；

（五）特种作业人员考核基地认证委员会听取专家组的考核报告，决定考核基地（法人组织）是否符合相应工种基本条件和考核资格；

（六）省建筑主管部门公布特种作业人员考核基地考核工种资格。

第九条　申请参加特种作业执业资格考核的人员应当具备下列基本条件：

（一）年满 18 周岁，且符合相关工种规定的年龄要求；

（二）经二级乙等以上医院体检合格且无妨碍从事相应特种作业的疾病和生理缺陷；

（三）初中及以上学历；

（四）符合相应特种作业需要的其他条件。

第十条　符合本办法第九条规定的人员，申请参加执业资格考核，应当由用人单位或者本人向户籍所在地或者从业所在地市县建设（筑）主管部门提出申请，并提交下列资料：

（一）建筑施工特种作业人员考核申请表（附件 1）；

（二）身份证（原件和复印件）；

（三）学历证明（原件和复印件）；

（四）近 3 个月以内经二级乙等以上医院体检合格证明；

（五）规定提交的其他资料。

第十一条　市县建设（筑）主管部门应当自收到申请人提交的申请材料之日起 5 个工作日内作出受理或者不予受理的决定。

对于受理的申请，市县建设（筑）主管部门应当于考前 5 个工作日内向申请人核发准考证。

对于市县建设（筑）主管部门设立的考核基地不具备考核条件的工种，由省建筑主管部门协调组织。

第十二条　市县建设（筑）主管部门应当在考核前在相关网站或者新闻媒体上公布考核基地名单、考核科目、考核地点、考核时间和监督电话等事项。

考核基地应在醒目位置悬挂省建筑主管部门颁发的“考核认证基地”牌并公布特种作业人员申请条件、申请程序、工作时限、收费依据和标准等事项。

第十三条　特种作业人员执业资格考核内容包括安全技术理论和安全操作技能。安全技术理论考核采用全省统一命题、闭卷笔试方式。安全操作技能考核采用实际操作（或模拟操作）、口试等方式。考核均实行百分制，安全技术理论考核 60 分及格，安全操作技能考核 70 分及格。

安全技术理论考核不合格的不得参加安全操作技能考核。安全技术理论考核和安全操作技能考核均合格的，为考核合格。

第十四条　市县建设（筑）主管部门应当严

格按照考核标准对申请人进行考核，并自考核结束之日起 10 个工作日内在网上公布考核成绩。

第十五条　对于考核合格的，市县建设(筑)主管部门应当自公布安全操作技能考核成绩之日起 5 个工作日内集中向省建筑主管部门申请颁发资格证书。

经审核符合条件准予颁发证书的，省建筑主管部门应在 5 个工作日内颁发资格证书；对于不予颁发证书的，应当说明理由。

第十六条　资格证书采用国务院建设行政主管部门规定的统一样式，由省建筑主管部门统一编号、发证。资格证书在全国通用(证书编号规则见附件 2)。

第三章　从　业

第十七条　持有特种作业资格证书的执业人员，应当受聘于建筑施工企业或者建筑起重机械出租单位(以下简称用人单位)，方可从事相应的特种作业。

第十八条　用人单位对于首次取得执业资格证书的人员，应当在其正式上岗前安排不少于 3 个月的实习操作。实习操作期间，用人单位应当指定专人指导和监督作业。指导人员应当从取得相应特种作业资格证书、从事相关工作 3 年以上、无不良记录的熟练工中选择。实习操作期满经用人单位考核合格方可独立作业。

第十九条　特种作业人员应当履行下列职责：

(一) 严格遵守国家有关安全生产规定和本单位的规章制度，按照安全技术标准、规范和规程进行作业；

(二) 正确佩戴和使用安全防护用品，并按规定对作业工具和设备进行维护保养；

(三) 在施工中发生危及人身安全的紧急情况时，有权立即停止作业或者撤离危险区域，并向施工现场专职安全生产管理人员和项目负责人报告；

(四) 自觉参加年度安全教育培训或者继续教育，每年不得少于 24 小时；

(五) 拒绝违章指挥，并制止他人违章作业；

(六) 法律法规及有关规定明确的其他职责。

第二十条　特种作业人员用人单位应当履行下列职责：

(一) 与持有效执业资格证书的特种作业人员订立劳动合同；

(二) 制定并落实本单位特种作业安全操作规程和安全管理制度；

(三) 书面告知特种作业人员违章操作的危害；

(四) 向特种作业人员提供齐全、合格的安全防护用品和安全的作业条件；

(五) 组织或者委托有能力的培训机构对本单位特种作业人员进行年度安全生产教育培训或者继续教育，培训时间不少于 24 小时；

(六) 建立本单位特种作业人员管理档案；

(七) 查处特种作业人员违章行为并记录在档；

(八) 法律法规及有关规定明确的其他职责。

第二十一条　任何单位和个人不得非法涂改、倒卖、出租、出借或者以其他形式转让资格证书。

第二十二条　特种作业人员变动工作单位，任何单位和个人不得以任何理由非法扣押其执业资格证书。

第四章　延期复核

第二十三条　特种作业人员执业资格证书有效期为 2 年。有效期满需要延期的，持证人员本人应当于期满 3 个月前向原市县考核受理机关提出申请，市县建设(筑)主管部门初审后，于期满 1 个月前集中向省建筑主管部门申请办理延期复核相关手续。延期复核合格的，证书有效期延期 2 年。

第二十四条　特种作业人员申请延期复核，应当提交下列材料：

(一) 延期复核申请表；

(二) 身份证(原件和复印件)；

(三) 近3个月内由二级乙等以上医院出具的体检合格证明；

(四) 年度安全教育培训证明和继续教育证明；

(五) 用人单位出具的特种作业人员管理档案记录；

(六) 规定提交的其他资料。

第二十五条　特种作业人员在资格证书有效期内,有下列情形之一的,延期复核结果为不合格：

(一) 超过相关工种规定年龄要求的；

(二) 身体健康状况不再适应相应特种作业岗位的；

(三) 对生产安全事故负有直接责任的；

(四) 2年内违章操作记录达3次(含3次)以上的；

(五) 未按规定参加年度安全教育培训或者继续教育的；

(六) 规定的其他情形。

第二十六条　市县建设(筑)行政主管部门在接到特种作业人员提交的延期复核申请后,应当根据下列情况分别作出处理：

(一) 对于属于本办法第二十五条情形之一的,市县建设(筑)主管部门自收到延期复核资料之日起5个工作日内作出不予延期决定,并说明理由；

(二) 对于提交资料齐全且无本办法第二十五条情形的,省建筑主管部门自收到市县建设(筑)主管部门延期复核相关手续之日起10个工作日内办理准予延期复核手续,在证书上注明延期复核合格,并加盖延期复核专用章。

第二十七条　资格证书遗失、损毁的,持证人应当在相关媒体上声明作废,并在一个月内持声明作废材料向市县建设(筑)主管部门申请办理补证手续。

第二十八条　省建筑主管部门应当在资格证书有效期满前按本规定第二十六条作出决定;逾期未作出决定的,视为延期复核合格。

第五章　监督管理

第二十九条　市县建设(筑)行政主管部门应当制定特种作业人员考核发证管理制度,建立本地区特种作业人员档案。

市县建设(筑)主管部门应当监督检查特种作业人员的从业活动,查处违章行为并记录在档。

第三十条　省建筑主管部门对有下列情形之一的,应当撤销资格证书：

(一) 持证人弄虚作假骗取资格证书或者办理延期手续的；

(二) 工作人员违法核发资格证书的；

(三) 持证人员因安全生产责任事故承担刑事责任的；

(四) 规定应当撤销的其他情形。

第三十一条　省建筑主管部门对有下列情形之一的,应当注销资格证书：

(一) 按规定不予延期的；

(二) 持证人逾期未申请办理延期复核手续的；

(三) 持证人死亡或者不具有完全民事行为能力的；

(四) 本人提出要求的；

(五) 规定应当注销的其他情形。

第三十二条　各地应当建立举报制度,公开举报电话或者电子信箱,受理有关特种作业人员考核、发证以及延期复核的举报。

对受理的举报,有关机关和工作人员应当及时妥善处理。

第六章　附　则

第三十三条　各市县建设(筑)主管部门可结合本地区实际情况,根据本办法制定实施细则,并报省建筑主管部门备案。

第三十四条　本办法自发布之日起施行。

附件1:江苏省建筑施工特种作业人员考核申请表

附件2:江苏省建筑施工特种作业操作资格证书编号规则

附件1：

江苏省建筑施工特种作业人员考核申请表

<table>
<tr><td>姓名</td><td></td><td>性别</td><td></td><td>文化程度</td><td></td><td rowspan="3">贴照片处</td></tr>
<tr><td>联系电话</td><td></td><td>专业工龄</td><td></td><td>身体状况</td><td></td></tr>
<tr><td>身份证号</td><td colspan="5"></td></tr>
<tr><td>工作单位</td><td colspan="3"></td><td>邮编</td><td colspan="2"></td></tr>
<tr><td colspan="3">申报特种作业工种</td><td colspan="4"></td></tr>
<tr><td>主要学历与工作经历审</td><td colspan="6"></td></tr>
<tr><td>审核意见</td><td colspan="3">所在单位意见

（盖章）</td><td colspan="3">考核部门意见

（盖章）</td></tr>
</table>

附件 2：

江苏省建筑施工特种作业操作资格证书编号规则

1. 建筑施工特种作业操作资格证书编号共14位。其中：

(1) 第 1 位为江苏省的简称“苏”；

(2) 第 2 位为持证人所在市的英文代码(各市英文代码表见表 A)；

(3) 第 3、4 位为工种类别代码，用 2 个阿拉伯数字标注(工种类别代码表见表 B)；

(4) 第 5 至 8 位为发证年份，用 4 个阿拉伯数字标注；

(5) 第 8 至 14 位为证书序号，用 6 个阿拉伯数字标注，从 000001 开始。

2. 各市英文代码表 A

城市	代码	城市	代码	城市	代码
南京	A	南通	F	镇江	L
无锡	B	连云港	G	泰州	M
徐州	C	淮安	H	宿迁	N
常州	D	盐城	J	苏州	
E	扬州	K			

3. 工种类别代码表 B

序号	工种类别	代码
1	建筑电工	01
2	建筑架子工	02
3	建筑起重信号司索工	03
4	建筑起重机械司机	04
5	建筑起重机械安装拆卸工	05
6	高处作业吊篮安装拆卸工	06
7	建筑焊工	07
8	建筑施工机械安装质量检验工	08
9	桩机操作工	09
10	建筑混凝土泵操作工	10
11	建筑施工现场场内机动车司机	11

江苏省建筑工程管理局关于开展我省建筑施工特种作业人员考核基地认证工作的通知

苏建管质〔2009〕17 号

各市、县建设局(委)、建工(管)局，苏州工业园区规划建设局，张家港保税区规划建设局：

为了规范我省建筑施工特种作业人员考核工作，确保考核工作质量，根据住房和城乡建设部《关于建筑施工特种作业人员考核工作的实施意见》和《江苏省建筑施工特种作业人员管理暂行办法》，现就我省建筑施工特种作业人员考核基地(以下简称考核基地)认证工作通知如下：

一、考核基地申报条件

(一) 有与所承担考核任务相适应的专职管理人员和取得考评员合格证书的考评师资力量。其考评人员中应当具有土建、机械、电气等专业技术人员和相应工种的技术工人；每个工种考评人员不得少于 4 人或应满足相应工种组合的最少考评人员数。

(二) 有与所承担考核任务相适应的安全技术理论考试场所；

(三) 有与考核相关的安全技术标准等图书资料；

(四) 有健全的考核管理制度(见附件 1)；

(五) 有与所承担考核任务相适应的实际操作考核场地、设施、设备、仪器、材料和工具等(见附件 2)；

(六) 其它要求。

二、考评人员的资格条件

(一) 具有较高的政治素质和良好的职业道德；

(二) 身体健康，能够胜任考评工作要求；

(三) 熟悉特种作业考核的相关业务；

（四）具有从事安全教育、管理或相应特种作业三年以上工作经历；

（五）专业技术人员应当具有大专以上学历和中级以上专业技术职称；

（六）技术工人应当具有相应工种高级工以上的职业资格。

三、考核基地的申报

符合考核基地申报条件的单位、机构，向所在地市、县建设（筑）主管部门提出申请，市、县建设（筑）主管部门经初审符合条件的，向省建筑工程管理局提出推荐意见，并提供以下材料：

（一）江苏省建筑施工特种作业人员考核基地申请表（见附件3）（略）；

（二）法人营业执照正本复印件（其中注册资本金不少于100万元）；

（三）法定代表人证书复印件；

（四）考评人员登记表（见附件4）（略）；

（五）考评人员学历证书、技术职称证书、复印件；

（六）考核场地（场所）平面分布图；

（七）自有场地证明或租用合同等；

（八）意外伤害保险办理手续；

（九）其它相关要求。

四、考核基地的审核、确认

省建筑工程管理局受理特种作业人员考核基地（法人组织）的认证申请后，组织专家组对申请单位或机构特种作业人员考核基地按其申请工种，对照《实际操作场地设置主要标准》，进行实地考核。符合条件的，由省建筑工程管理局公布特种作业人员考核基地相应考核工种资格并授牌。

五、有关要求

（一）各市、县主管部门要加强对特种作业人员考核基地设置工作的指导和管理，统筹规划，严密组织实施；

（二）要加强对考核基地条件和考评人员资格的审查，确保考核基地人证工作的顺利进行；

（三）未经省主管部门认证的，任何单位和组织不得承担建筑施工特种作业人员考核任务。

各市、县建设（筑）主管部门在执行过程中如遇问题，请及时反馈省建筑工程管理局质量安全技术处。

2009年3月6日

附件1：

考核基地主要管理制度参考目录

一、考核基地工作人员岗位职责

（一）负责人工作职责

（二）考核管理人员工作职责

（三）档案管理人员工作职责

（四）设备管理人员工作职责

二、考评工作规则

三、试卷及档案管理（信息管理）、报表制度

四、设备管理制度

五、理论考场规则

六、操作考场规则

七、应急救援预案制度

附件2：

实际操作场地设置主要标准

一、建筑电工

1. 专用场地：不小于80平方米。

2. 供电系统：具有三相四线制的低压供电系统。

3. 设备与器材：施工现场临时用电配电箱（总配电箱、分配电箱、开关箱）和模拟模板、用电设备（三相鼠笼异步电动机、手持电动工具、照明灯具、漏电保护器）、电气元器件、电缆、导线若干。

4. 仪器：万用表、兆欧表（绝缘电

阻测试仪)、漏电保护器测试仪、接地电阻测试仪。

5. 工具:试电笔、十字口螺丝刀、一字口螺丝刀、电工钳、电工刀、剥线钳、尖嘴钳、扳手、钢板尺、钢卷尺、千分尺等。

6. 个人安全防护用品:安全帽、绝缘手套、绝缘鞋等。

7. 应急预案等:总配电箱组装图纸、心肺复苏模拟人及必要的医疗器具、应急救援预案等。

8. 其它要求。

二、建筑架子工

1. 专用场地:具备搭设宽5跨、高5步的双排落地钢管脚手架的建筑物或构筑物和水平面积不小于200平方米模板支架的场地。

2. 器材:Φ48×3.5(长6 m、5 m、4 m、3 m、2 m、1.5 m)的钢管若干、扣件(直角扣件、旋转扣件、对接扣件)若干、垫木、底座、脚手板(木脚手板、钢脚手板或者竹脚手板)、挡脚板、密目式安全网、安全平网、系绳、铅丝若干。

3. 工具:钢卷尺、扳手、扭力扳手。

4. 个人安全防护用品:安全帽、安全带、防滑鞋等。

5. 应急预案等:与考核内容相关的实物、图示、影像资料及必要的医疗器具、应急救援预案等。

6. 其它要求。

三、建筑起重机械司机(塔式起重机)

1. 专用场地:具备《江苏省特种作业人员安全技术考核标准(试行)》中塔式起重机司机图表所示要求、并满足实际操作安全要求的场地,占地面积不小于1 000平方米。

2. 设备:起升高度在20 m以上的固定式QTZ系列塔式起重机。

3. 器具:边长1 000×1 000×1 000 mm水箱,起重吊运指挥信号用红、绿色旗,指挥用哨子,计时器。

4. 个人安全防护用品:安全帽、手套等。

5. 应急预案等:与考核内容相关的实物、图示、影像资料及必要的医疗器具、应急救援预案等。

6. 其它要求。

四、建筑起重信号司索工

1. 专用场地:同建筑起重机械司机(塔式起重机)考核场地要求。

2. 器具:起重吊运指挥信号用红、绿色旗,指挥用哨子,不同规格钢丝绳、绳卡,滑轮组,麻绳(或化学纤维绳),计时器。

3. 工具:扳手。

4. 个人安全防护用品:安全帽、手套等。

5. 应急预案等:与考核内容相关的实物、图示、影像资料及必要的医疗器具、应急救援预案等。

6. 其它要求。

五、建筑起重机械司机(施工升降机)

1. 专用场地:具备安装施工升降机(最小行程高度10 m)的建筑物或构筑物及实际操作安全要求的场地,占地面积不小于200平方米。

2. 设备:行程高度10 m以上的施工升降机。

3. 器具:计时器。

4. 个人安全防护用品:安全帽、手套等。

5. 应急预案等:与考核内容相关的实物、图示、影像资料及必要的医疗器具、应急救援预案等。

6. 其它要求。

六、建筑起重机械司机(物料提升机)

1. 专用场地:具备安装物料提升机(最小行程高度 10 m)的建筑物或构筑物及实际操作安全要求的场地,占地面积不少于 200 平方米。

2. 设备:行程高度 10 m 以上的物料提升机。

3. 器具:砝码、哨笛、计时器。

4. 个人安全防护用品:安全帽、手套等。

5. 应急预案等:与考核内容相关的实物、图示、影像资料及必要的医疗器具、应急救援预案等。

6. 其它要求。

七、建筑起重机械安装拆卸工(塔式起重机)

1. 专用场地:满足安装塔式起重机(最小安装高度 10 m)及实际操作安全要求的场地,占地面积不小于 500 平方米。

2. 设备:成套 QTZ 型塔式起重机(含基础节、5 节以上标准节、起重臂、平衡臂、塔帽等)零部件,安装塔机用辅助起重设备。

3. 仪器与工具:水平仪、经纬仪、万用表,拉力器、卷尺、专用扳手、吊具、索具、卸扣、铁锤、计时器。

4. 个人安全防护用品:安全帽、安全带、手套等。

5. 应急预案等:与考核内容相关的实物、图示、影像资料及必要的医疗器具、应急救援预案等。

6. 其它要求。

八、建筑起重机械安装拆卸工(施工升降机、物料提升机)

1. 专用场地:具备安装施工升降机(导轨架 6 节)的建筑物或构筑物及实际操作安全要求的场地,占地面积不小于 500 平方米。

2. 设备:成套施工升降机(含导轨架底节、导轨架 6 节、附着装置,吊笼等)零部件,安装施工升降机用辅助起重设备。

3. 仪器与工具:水平仪、经纬仪,扳手、扭力扳手、安全器复位专用扳手,线柱小撬棒、道木,卷尺、塞尺,计时器。

4. 个人安全防护用品:安全帽、安全带、手套等。

5. 应急预案等:与考核内容相关的实物、图示、影像资料及必要的医疗器具、应急救援预案等。

6. 其它要求。

九、高处作业吊篮安装拆卸工

1. 专用场地:具备安装高处作业吊篮的建筑物或构筑物及实际操作安全要求的场地,占地面积不小于 200 平方米。

2. 设备:成套高处作业吊篮(含悬挂机构、提升机、吊篮、安全锁、提升钢丝绳、安全钢丝绳等)零部件。

3. 仪器与工具:扳手、扭力扳手、卷尺、计时器。

4. 个人安全防护用品:安全帽、安全带、手套等。

5. 应急预案等:与考核内容相关的实物、图示、影像资料及必要的医疗器具、应急救援预案等。

6. 其它要求。

十、建筑焊工(电气焊接、切割)

1. 专用场地:不小于 200 平方米。

2. 设备:钢筋电渣压力焊机、钢筋闪光对焊机、交直流电焊机,气焊气割焊枪,氧气、乙炔、石油液化气等气瓶,焊条烘箱。

3. 器材:钢筋、型钢等焊件若干,焊剂、焊条等材料若干。

4. 工具:计时器。

5. 个人安全防护用品:安全帽、护目镜、手套、鞋护套等。

6. 应急预案等:与考核内容相关的实物、图示、影像资料及必要的医疗器具、应急救援预案等。

6. 其它要求。

十一、建筑起重机械安装质量检验工(塔式起重机)

1. 专用场地:满足安装塔式起重机场地及实际操作安全要求的场地,占地面积不小于300平方米。

2. 设备:起升高度在20 m以上的固定式塔式起重机,千斤绳,砝码。

3. 仪器与工具:温湿度计,接地电阻测量仪、绝缘电阻仪、经纬仪、水平仪、风速仪,拉力计,游标卡尺、卷尺、塞尺、钢直尺,磁力线锤,万用表,扭力扳手,常用电工工具等。

4. 个人安全防护用品:安全帽、安全带、防滑鞋、手套等。

5. 应急预案等:与考核相关的实物、图示、影像资料及必要的医疗器具、应急救援预案等。

6. 其它要求。

十二、建筑起重机械安装质量检验工(施工升降机)

1. 专用场地:满足安装施工升降机场地及实际操作安全要求的场地,占地面积不小于300平方米。

2. 设备:行程高度在10 m以上的施工升降机,砝码。

3. 仪器与工具:温湿度计、接地电阻测量仪、绝缘电阻仪、经纬仪、水平仪、声级仪、测温仪、风速仪,拉力计,游标卡尺、卷尺、塞尺、钢直尺,磁力线锤、万用表、常用电工工具等。

4. 个人安全防护用品:安全帽、安全带、防滑鞋、手套等。

5. 应急预案等:与考核相关的实物、图示、影像资料及必要的医疗器具、应急救援预案等。

6. 其它要求。

十三、桩机操作工

1. 专用场地:不小于200平方米。

2. 设备:桩机一台套。

3. 器材:专用扳手、大小铁锤、油压千斤顶、吊索具、经纬仪等。

4. 工具:计时器。

5. 个人安全防护用品:安全帽、手套等。

6. 应急预案等:与考核内容相关的实物、图示、影像资料及必要的医疗器具、应急救援预案等。

7. 其它要求。

十四、建筑混凝土泵操作工

1. 专用场地:不小于300平方米。

2. 设备:混凝土泵送设备一台套。

3. 器材:与混凝土泵送设备相配套的混凝土输送管、管卡,密封圈,专用工具,压力表、千斤顶和常用的维修工具。

4. 个人安全防护用品:安全帽、护目镜、手套等。

5. 应急预案等:与考核内容相关的实物、图示、影像资料及必要的医疗器具、应急救援预案等。

6. 其它要求。

十五、建筑施工现场场内机动车司机

1. 专用场地:具备满足施工现场机动车辆行驶条件的道路场地。

2. 设备:施工现场内行驶的内燃机机动车一台。

3. 器材:各种道路指示牌。

4. 个人安全防护用品:安全帽、护目镜等。

5. 应急预案等:与考核内容相关的实物、图示、影像资料及必要的医疗器具、应急救援预案等。

6. 其它要求。

江苏省建筑工程管理局关于全省建筑施工特种作业人员考核工作的实施意见

苏建管质〔2009〕29 号

各市、县建设局(委)、建工(管)局,苏州工业园区规划建设局,张家港保税区规划建设局:

为规范全省建筑施工特种作业人员考核管理工作,根据《建筑起重机械安全监督管理规定》(建设部令第 166 号)、《建筑施工特种作业人员管理规定》(建质〔2008〕75 号)和《江苏省建筑施工特种作业人员管理暂行办法》(苏建管质〔2009〕5 号)等规章和相关文件精神,制定以下实施意见:

一、考核目的

通过安全技术理论知识和安全操作技能考核,提高建筑施工特种作业人员素质,增强建筑施工特种作业人员独立从事相应特种的作业能力,防止和减少建筑施工生产安全事故。

二、考核管理

江苏省建筑工程管理局负责全省建筑施工特种作业人员考核和管理工作。县(含县级)以上建设(筑)主管部门负责本行政区域内建筑施工特种作业人员的监督管理工作。

三、考核对象

在房屋建筑和市政工程(以下简称"建筑工程")施工现场从事特种作业人员,包括:建筑电工、建筑架子工(普通脚手架、附着升降脚手架)、建筑起重机械司机(塔式起重机)、建筑起重司索信号工、建筑起重机械司机(施工升降机)、建筑起重机械司机(物料提升机)、建筑起重机械安装拆卸工(塔式起重机)、建筑起重机械安装拆卸工(施工升降机、物料提升机)、高处作业吊篮安装拆卸工、建筑焊工(电焊、气焊、切割)、建筑起重机械安装质量检测工(塔式起重机)、建筑起重机械安装质量检测工(施工升降机)、桩机操作工、建筑混凝土泵操作工、建筑施工现场内机动车司机(仅指没有取得公安部门颁发的相关机动车型驾驶证的人员)等。

建筑施工特种作业人员现场作业范围详见附件 1。

四、考核条件

参加考核人员应当具备下列基本条件:

(一) 年满 18 周岁且符合相应特种作业规定的年龄要求;

(二) 近 3 个月内经二级乙等以上医院体检合格且无听觉障碍、无色盲,无妨碍从事本工种的疾病(如癫痫病、高血压、心脏病、眩晕症、精神病和突发性昏厥症等)和生理缺陷;

(三) 初中及以上学历;

其中,报考建筑起重机械安装质量检测工(塔式起重机)、建筑起重机械安装质量检测工(施工升降机)人员,应符合下列条件之一:

1. 具有工程机械(建筑机械)类、电气类大专以上学历或工程机械(建筑机械)类、电气类、安全工程类助理工程师任职资格,并从事起重机设计、制造、安装调试、维修、操作、检验工作 2 年及其以上;

2. 具有工程机械(建筑机械)类、电气类中专、理工科(非起重专业)大专以上学历或工程机械(建筑机械)类、电气类、安全工程类技术员任职资格,并从事起重机设计、制造、安装调试、维修、操作、检验工作 3 年及其以上;

3. 具有高中学历并从事起重机设计、制造、安装调试、维修、操作、检验工作 5 年及其以上。

五、考核内容

建筑施工特种作业人员考核包括安全技术理论和安全操作技能。

考核内容分掌握、熟悉、了解三类。其中掌握即要求能运用相关特种作业知识解决实际问题;熟悉即要求能较深理解相关特种作业安全技术知识;了解即要求具有相关特种作业的基本知识。

六、考核办法

（一）安全技术理论考核。采用闭卷笔试方式，考核时间为2小时，实行百分制，60分为合格。其中，安全生产基本知识占25%、专业基础知识占25%、专业技术理论占50%。

《建筑施工特种作业人员安全技术考核大纲》(试行)见附件2。

（二）安全操作技能考核。采用实际操作(或模拟操作)、口试等方式，考核实行百分制，70分为合格。

《建筑施工特种作业人员安全技能考核标准》(试行)见附件3。

（三）安全技术理论考核和实际操作技能考核均合格的，方可确认考核合格。相关信息在江苏建筑业网(http://www.jscons.gov.cn)上公布。

七、考核报名

全省建筑施工特种作业人员考核、发证及管理系统集成在江苏建筑业监管信息平台上。建筑施工企业人员可由企业统一组织通过监管信息平台直接报名，非建筑施工企业人员向所在地考核基地报名(考核基地需向局综合处申请用户帐号，联系人：陈小明、芦莹莹，电话：025—51868614)，填报相应工种，经市县建设(筑)主管部门资格审查合格后，领取准考证到指定的考核基地参加考核。建筑施工特种作业人员管理系统开通时间另行公布。

八、其他事项

（一）原来持有省级有关部门发放的各类建筑施工特种作业资格证书人员(含需要延期的)，必须网上报名参加建筑施工特种作业人员安全技术教育考核，经审核后领取《建筑施工特种作业操作资格证书》；原证书使用期满的，按照建筑施工特种作业人员考核要求，重新报名参加考核。

（二）根据《建设工程安全生产管理条例》第二十五条规定，从2010年01月01日起，凡在我省房屋和市政工程施工现场从事建筑施工特种作业的人员，均应取得省级以上建设行政主管部门核发的《建筑施工特种作业操作资格证书》后，方可上岗作业。

2009年4月20日

附件1：

建筑施工特种作业人员现场作业范围

一、建筑电工：在建筑工程施工现场从事临时用电作业；

二、建筑架子工(普通脚手架、附着升降脚手架)：在建筑工程施工现场从事落地式脚手架、悬挑式脚手架、模板支架、外电防护架、卸料平台、洞口临边防护等登高架设、维护、拆除作业；

三、建筑起重机械司机(塔式起重机)：在建筑工程施工现场从事固定式、轨道式和内爬升式塔式起重机的驾驶操作；

四、建筑起重司索信号工：在建筑工程施工现场从事对起吊物体进行绑扎、挂钩等司索作业和起重指挥作业；

五、建筑起重机械司机(施工升降机)：在建筑工程施工现场从事施工升降机的驾驶操作；

六、建筑起重机械司机(物料提升机)：在建筑工程施工现场从事物料提升机的驾驶操作；

七、建筑起重机械安装拆卸工(塔式起重机)：在建筑工程施工现场从事固定式、轨道式和内爬升式塔式起重机的安装、附着、顶升和拆卸作业；

八、建筑起重机械安装拆卸工(施工升降机、物料提升机)：在建筑工程施工现场从事施工升降机(物料提升机)的安装和拆卸作业；

九、高处作业吊篮安装拆卸工：在建筑工程施工现场从事高处作业吊篮的安装和拆卸作业；

十、建筑焊工（电焊、气焊、切割）：在建筑工程施工现场从事建筑电气焊接（切割）作业。不适用于压力容器（管道）、锅炉、结构钢的电气焊接（切割）作业；

十一、建筑起重机械安装质量检测工（塔式起重机）：在建筑工程施工现场从事固定式、轨道式和内爬式塔式起重机安装质量检验作业；

十二、建筑起重机械安装质量检测工（施工升降机）：在建筑工程施工现场从事施工升降机安装质量检验作业；

十三、桩机操作工：在建筑工程施工现场从事桩机作业；

十四、建筑混凝土泵操作工：在建筑工程施工现场从事建筑混凝土泵作业；

十五、建筑施工现场内机动车司机：在施工现场从事机动车车辆驾驶。

江苏省建筑工程管理局关于开展建筑施工特种作业人员考核工作的通知

苏建管质[2009]121号

各市、县建设局（委）、建工（管）局，苏州工业园区规划建设局，张家港保税区规划建设局：

根据《建筑起重机械安全监督管理规定》（建设部令第166号）和《建筑施工特种作业人员管理规定》（建质〔2008〕75号）要求，针对我省建筑施工企业特点和实际，相继制定了《江苏省建筑施工特种作业人员管理暂行办法》（苏建管质〔2009〕5号）、《关于全省建筑施工特种作业人员考核基地认证工作的通知》（苏建管质〔2009〕17号）及《关于全省建筑施工特种作业人员考核工作的实施意见》（苏建管质〔2009〕29号）等落实措施。目前，各项准备工作已基本就绪，现将在全省开展建筑施工特种作业人员考核有关事项明确如下：

一、考核时间

从2009年12月15日起，在全省开展建筑施工特种作业人员考核工作。

二、考核要求

具体要求按照《关于全省建筑施工特种作业人员考核工作的实施意见》（苏建管质〔2009〕29号）执行。

已取得省级有关部门颁发的《特种作业人员操作资格证书》的人员，在2006年6月1日至2008年6月1日之间有效的均应报名参加换证考核。省级有关部门颁发的《特种作业人员操作资格证书》的换证考核工作截止日期为2010年5月30日。

三、考核方式

建筑施工特种作业人员考核包括安全技术理论和安全操作技能。安全技术理论考核和安全操作技能考核均在经省建管局批准的考核基地（见附件1）进行。

原来持有省级有关部门颁发的《特种作业人员操作资格证书》人员（含需要延期的），参加安全技术理论考核。

1. *安全技术理论考核*　安全技术理论考核以书面考试方式进行，考题由省建管局按照安全技术理论考核大纲命题。安全技术理论考题由单选题、多选题、判断题和故障判识题组成。考试时间为2小时，满分为100分，60分以上为合格。

2. *安全操作技能考核*　安全操作技能考核由建筑施工特种作业人员考核基地按照建筑施工特种作业人员安全操作技能考核标准，采用面试和实际操作等方式进行。考核实行百分制，70分为合格。

安全技术理论考核和实际操作技能考核均合格的，方可确认考核合格。相关信息可在江苏建筑业网（http://www.jscons.gov.cn）上查询。

四、考核程序

1. 申请　建筑施工企业人员可由企业统一组织，通过江苏建筑业监管信息平台，按照“就近考核”的原则选择考核基地，上报考生信息和报考类别，并填写《江苏省建筑施工特种作业人员考核申请表》(见附件2)。自然人可直接向考核基地报名参加考核。

原来持有省级有关部门颁发的《特种作业人员操作资格证书》人员(含延期的)，还需持证书原件(含复印件)到考核基地办理复核手续，并填写《省级有关部门颁发的特种作业证书换证申请表》(见附件3)。

2. 审核和考核　建筑施工特种作业人员考核基地首先对申请人的材料进行核实、按考核工种汇总上报到所属市县建设(筑)主管部门，对不符合要求的申请材料，告知申请人。

市县建设(筑)主管部门对申报人员进行资格审查，并对建筑施工特种作业人员考核基地准备工作情况进行检查，研究确定考核日期上报省建管局。考试前5个工作日，考核基地将考核的时间、地点通知申请人，并发放准考证；考生凭准考证和身份证件在指定的时间、地点参加考核。考核时，省建管局将组织人员进行巡考。

3. 成绩评判　安全技术理论考试和安全操作技能考核阅卷工作，由省建管局统一以机读答题卡方式进行成绩判定。安全操作技能考核成绩，由各工种考评员根据《建筑施工特种作业人员安全操作技能考核标准》进行评判，并将评判成绩转换为答题卡。考评员应同时在考核评分表上签字予以确认，由考核基地进行归档，以备核查。

考核基地应将考核不合格的人员名单和原因及时通知申请人或企业。

4. 证书发放　考核基地对合格人员进行证书打印，统一到省建管局质安处办理用印手续，并组织证书发放。

五、考核信息管理

全省建筑施工特种作业人员考核、发证及管理系统集成在江苏建筑业监管信息平台上。特种作业人员考核是教育考试业务系统下面的一个子模块(目前已经开通，具体使用方法详见江苏建筑业监管信息平台特种作业人员考试用户手册)。考核基地需向省建管局综合处申请用户帐号，联系人:陈小明、芦莹莹，电话:025—51868614。

有关市县建设(筑)主管部门管理权限已加附在三类人员管理密码狗中。

六、有关要求

1. 建筑施工特种作业人员考核基地及有关人员，一是要在认真学习领会建筑施工特种作业人员考核相关文件和规章制度的基础上，严格标准，周密制定培训计划和考核实施方案，切实做好建筑施工特种作业人员考核各项准备工作；二是要针对考核工种多、考核组织工作复杂、考评人员考评水平参差不齐的特点，积极开展考评业务交流和考评能力摸底，严格按照建筑施工特种作业人员考核评分标准，制定操作技能考评方案和安全防范预案，做到考核内容、考核方法和评判标准三统一，确保考核工作安全顺利地进行；三是要将所聘考评人员基本信息上报省建筑工程管理局质量安全技术处(见附件4)。联系人:吴尚松，联系电话(传真):025—51868646，邮箱:wss51868646@163.com。

2. 市县建设(筑)主管部门要加强对建筑施工特种作业人员考核基地建设和考核工作的监督，把建筑施工特种作业人员考核和监管有机地结合起来，促进我省建筑施工特种作业人员考核、使用和监管工作健康发展。

3. 任何单位和个人对违反建筑施工特种作业人员考核规定、弄虚作假行为，有权向上级管理机关或者监察机关举报。

附件:1. 建筑施工特种作业人员考核基地简要信息

2. 江苏省建筑施工特种作业人员考核申请表

3. 省级有关部门颁发的特种作业证书换证申请表

4. 建筑施工特种作业人员考评员基本信息

2009年12月3日

附件 1：

建筑施工特种作业人员考核基地简要信息

序号	地区	单　位	考核工种	通讯地址	联系电话
1	南京	南京市政公用职业技术培训中心	建筑电工、建筑焊工、建筑施工现场内机动车司机	南京市龙蟠路 163 号	025—85404458
2		南京市建筑职工大学	建筑架子工、建筑起重机械司机(塔式起重机)、建筑起重机械司机(施工升降机)、建筑起重司索信号工	雨花台区小行尤家凹 6 号	025—52428838
3		江苏科胜建筑咨询有限公司	建筑电工、建筑架子工、建筑焊工、建筑起重司索信号工、建筑起重机械安装质量检测工(塔式起重机)、建筑混凝土泵操作工	江苏省高淳经济开发区	025—57358166
4	无锡	无锡旅游商贸高等职业技术学校	建筑电工、建筑架子工、建筑混凝土泵操作工	无锡市广石西路 999 号	0510—66712058
5		无锡交通技师学院	建筑电工、建筑焊工、建筑起重机械司机(塔式起重机)、建筑起重机械司机(施工升降机)、建筑起重机械司机(物料提升机)、建筑起重司索信号工、桩机操作工、建筑施工现场内机动车司机	无锡市藕塘职教园钱藕路 8 号	0510—83275363
6		江阴平安建设职业技能培训有限公司	建筑电工、建筑架子工、建筑焊工、建筑起重机械司机(塔式起重机)、建筑起重机械司机(施工升降机)、建筑起重机械司机(物料提升机)、建筑起重司索信号工、建筑起重机械安装拆卸工(塔式起重机)、建筑起重机械安装拆卸工(施工升降机、物料提升机)、高处作业吊篮安装拆卸工、建筑机械安装质量检测工(塔式起重机)、建筑机械安装质量检测工(施工升降机)、桩机操作工、建筑施工现场内机动车司机、建筑混凝土泵操作工	江阴市南闸镇开来路 1 号—1	0510—86181575
7	徐州	徐州市创伟职业安全技术培训中心	建筑电工、建筑架子工、建筑焊工、建筑起重机械司机(塔式起重机)、建筑起重机械司机(施工升降机)、建筑起重机械司机(物料提升机)、建筑起重司索信号工、建筑起重机械安装拆卸工(塔式起重机)、建筑起重机械安装拆卸工(施工升降机、物料提升机)、高处作业吊篮安装拆卸工、建筑机械安装质量检测工(塔式起重机)、建筑机械安装质量检测工(施工升降机)、桩机操作工、建筑混凝土泵操作工、建筑施工现场内机动车司机	徐州市铜山县银山路训练基地院内	0516—87365138

续 表

序号	地区	单 位	考核工种	通讯地址	联系电话
8	常州	江苏宏昌建工管理有限公司	建筑电工、建筑架子工、建筑焊工、建筑起重机械司机(塔式起重机)、建筑起重机械司机(施工升降机)、建筑起重机械司机(物料提升机)、建筑起重司索信号工、建筑起重机械安装拆卸工(塔式起重机)、建筑起重机械安装拆卸工(施工升降机、物料提升机)、高处作业吊篮安装拆卸工、建筑机械安装质量检测工(塔式起重机)、建筑机械安装质量检测工(施工升降机)、建筑混凝土泵操作工、桩机操作工	江苏省溧阳市溧城镇长富亭73号	0519—87289728
9	苏州	苏州市建设职业培训中心	建筑电工、建筑架子工、建筑起重机械司机(塔式起重机)、建筑起重司索信号工、建筑起重机械司机(施工升降机)、建筑起重机械司机(物料提升机)、建筑起重机械安装拆卸工(塔式起重机)、建筑起重机械安装拆卸工(施工升降机、物料提升机)	苏州桐泾北路380号	0512—67236923
10		苏州市建筑焊接培训中心	建筑焊工	苏州市金阊区彩香路3号	0512—68272884
11	南通	通州市建筑职工中等专业学校	建筑电工、建筑架子工、建筑焊工、建筑起重机械司机(塔式起重机)、建筑起重机械司机(施工升降机)、建筑起重机械司机(物料提升机)、建筑起重司索信号工、建筑起重机械安装拆卸工(塔式起重机)、建筑起重机械安装拆卸工(施工升降机)、高处作业吊篮安装拆卸工、建筑机械安装质量检测工(塔式起重机)、建筑机械安装质量检测工(施工升降机)、桩机操作工、建筑混凝土泵操作工、建筑施工现场内机动车司机	江苏省通州市金沙镇金通路71号	0513—86512960
12		海门市建筑职工学校	建筑电工、建筑架子工、建筑焊工、建筑起重机械司机(塔式起重机)、建筑起重机械司机(施工升降机)、建筑起重机械司机(物料提升机)、建筑起重司索信号工、建筑起重机械安装拆卸工(塔式起重机)、建筑起重机械安装拆卸工(施工升降机、物料提升机)、建筑混凝土泵操作工、建筑施工现场内机动车司机	江苏省海门市海门镇春华路99号	0513—82212848
13		海安县建筑工程学校	建筑电工、建筑架子工、建筑焊工、	海安县城江海西路22号	0513—88813132

续表

序号	地区	单位	考核工种	通讯地址	联系电话
14	连云港	连云港市兴连建筑技术有限公司	建筑电工、建筑架子工、建筑焊工、建筑起重机械司机(塔式起重机)、建筑起重司索信号工	连云港市解放中路18号兴业房地产三楼	0518—85502928
15	连云港	赣榆县职业教育中心	建筑电工、建筑架子工、建筑焊工、建筑起重机械司机(塔式起重机)	赣榆县青口镇环城南路东段72号	0518—87110751
16	淮安	江苏中淮建设集团培训中心	建筑电工、建筑架子工、建筑焊工、桩机操作工、建筑混凝土泵操作工	淮安淮海北路19号	0517—83335839
17	淮安	淮安市东正机械制造有限公司	建筑电工、建筑起重机械司机(塔式起重机)、建筑起重机械司机(施工升降机)、建筑起重机械司机(物料提升机)	淮安市经济开发区民营工业园区A区6号	0517—83706898
18	盐城	盐城市安圆建筑施工特种作业人员考核服务有限公司	建筑电工、建筑架子工、建筑焊工、建筑起重机械司机(塔式起重机)、建筑起重机械司机(施工升降机)、建筑起重机械司机(物料提升机)、建筑起重司索信号工、建筑起重机械安装拆卸工(施工升降机、物料提升机)、建筑起重机械安装拆卸工(塔式起重机)、高处作业吊篮安装拆卸工、建筑机械安装质量检测工(塔式起重机)、建筑机械安装质量检测工(施工升降机)、桩机操作工、建筑混凝土泵操作工、建筑施工现场内机动车司机	盐城市经济开发区希望大道南路29号	0515—88880288
19	扬州	高邮市建筑工程职业学校	建筑电工、建筑架子工、建筑焊工、建筑起重机械司机(塔式起重机)、建筑起重机械司机(物料提升机)、建筑起重司索信号工	江苏省高邮市邓桥路14号	0514—84613830
20	扬州	仪征市建筑科技教育中心	建筑电工、建筑架子工、建筑焊工、建筑起重机械司机(塔式起重机)、建筑起重司索信号工	仪征市工农南路35号	0514—83466635
21	镇江	镇江市建设学校	建筑电工、建筑架子工、建筑焊工、建筑起重机械司机(塔式起重机)、建筑起重机械司机(施工升降机)、建筑起重机械司机(物料提升机)、建筑起重司索信号工、建筑起重机械安装拆卸工(塔式起重机)、建筑起重机械安装拆卸工(施工升降机、物料提升机)、桩机操作工、建筑混凝土泵操作工、建筑施工现场内机动车司机	镇江市挑花坞路255—30号	0511—88615686

续 表

序号	地区	单 位	考核工种	通讯地址	联系电话
22	泰州	泰兴市中兴建筑科技教育中心	建筑电工、建筑架子工、建筑焊工、建筑起重机械司机(塔式起重机)、建筑起重司索信号工、建筑起重机械安装拆卸工(塔式起重机)	泰兴市泰兴镇济川路26号	0523—87633672
23		姜堰市万润建筑安全咨询有限公司	建筑电工、建筑架子工、建筑焊工、建筑起重机械司机(塔式起重机)、建筑起重机械司机(施工升降机)、建筑起重机械司机(物料提升机)、建筑起重司索信号工、建筑起重机械安装拆卸工(塔式起重机)、建筑起重机械安装拆卸工(施工升降机、物料提升机)	姜堰市三水大道888号	0523—82077158

附件 2：

江苏省建筑施工特种作业人员考核申请表

<table>
<tr><td>姓名</td><td></td><td>性别</td><td></td><td>文化程度</td><td></td><td rowspan="3">贴照片处</td></tr>
<tr><td>联系电话</td><td></td><td>专业工龄</td><td></td><td>身体状况</td><td></td></tr>
<tr><td>身份证号</td><td colspan="5"></td></tr>
<tr><td>工作单位</td><td colspan="4"></td><td>邮编</td><td></td></tr>
<tr><td colspan="2">申报特种作业工种</td><td colspan="5"></td></tr>
<tr><td>工作经历</td><td colspan="6"></td></tr>
<tr><td>审核意见</td><td colspan="3">所在单位意见

（盖章）</td><td colspan="3">考核部门意见

（盖章）</td></tr>
</table>

附件 3：

省级有关部门颁发的特种作业证书换证申请表

<table>
<tr><td>姓名</td><td></td><td>性别</td><td></td><td>文化程度</td><td></td><td rowspan="3">贴照片处</td></tr>
<tr><td>联系电话</td><td></td><td>专业工龄</td><td></td><td>身体状况</td><td></td></tr>
<tr><td>身份证号</td><td colspan="5"></td></tr>
<tr><td>工作单位</td><td colspan="4"></td><td>邮编</td><td></td></tr>
<tr><td colspan="3">申报特种作业工种</td><td colspan="2"></td><td>原发证日期</td><td></td></tr>
<tr><td colspan="3">原操作证号</td><td colspan="4"></td></tr>
<tr><td colspan="3">原发证单位</td><td colspan="4"></td></tr>
<tr><td>主要学历与工作经历审</td><td colspan="6"></td></tr>
<tr><td>审核意见</td><td colspan="3">所在单位意见

（盖章）</td><td colspan="3">考核部门意见

（盖章）</td></tr>
</table>

注：此表仅限已取得省级有关部门颁发的特种作业证书的人员，换证

附件 4:

建筑施工特种作业人员考评员基本信息

序号	考核基地名称	考核工种	姓名	性别	文化程度	职称	工作单位	联系电话

南京市建筑工程局关于印发《南京市建筑工程危险性较大的分部分项工程安全技术管理实施意见》的通知

宁建工字[2009]104号

各有关单位：

为进一步规范和加强对危险性较大分部分项工程的安全技术管理，防范建筑施工生产安全事故的发生，根据国务院《建设工程安全生产管理条例》、住房和城乡建设部《危险性较大的分部分项工程安全管理办法》（建质[2009]87号），我局对《南京市建筑工程危险性较大工程专项施工方案编制及专家论证审查实施细则》（宁建工字[2007]88号）进行了修订。现将修订后的《南京市建筑工程危险性较大的分部分项工程安全技术管理实施意见》印发给你们，请遵照执行。

2009年8月7日

南京市建筑工程危险性较大的分部分项工程安全技术管理实施意见

第一条　为加强建筑工程施工项目的安全技术管理，规范危险性较大的分部分项工程专项施工方案编制、审批及专家论证等管理行为，防止建筑施工生产安全事故的发生，根据国务院《建设工程安全生产管理条例》和住房和城乡建设部《危险性较大的分部分项工程安全管理办法》（建质[2009]87号）等法规、标准、规范和规程，结合本市实际制定本实施意见。

第二条　本实施意见适用于本市行政区域内从事房屋建筑建造及其范围内的管道敷设、设备安装及建筑装饰装修工程的新建、改建、扩建、拆除等活动的安全技术管理。

第三条　本实施意见所称危险性较大的分部分项工程是指建筑工程在施工过程中存在的、可能导致作业人员群死群伤或造成重大不良社会影响的分部分项工程。危险性较大的分部分项工程范围见附件1。危险性较大的分部分项工程专项施工方案（以下简称“专项方案”），是指施工单位在编制施工组织（总）设计的基础上，针对危险性较大的分部分项工程单独编制的安全技术措施文件。

第四条　施工单位在办理安全监督备案手续时应提供危险性较大的分部分项工程清单和安全管理措施。危险性较大的分部分项工程清单见附件2。

第五条　施工单位应当在危险性较大的分部分项工程施工前按《建筑施工组织设计规范》（GB/T50502? 2009）编制专项方案；对于超过一定规模的危险性较大的分部分项工程，施工单位应组织专家对专项方案进行论证。超过一定规模的危险性较大的分部分项工程范围见附件3。实行施工总承包的，专项方案应当由施工总承包单位组织编制。其中，起重机械安装拆卸工程、深基坑工程、附着式升降脚手架等专业工程实行分包的，其专项方案可由专业承包单位组织编制。

第六条　专项方案编制、审核和批准应按以下程序进行：

（一）专项方案由施工单位相关专业工程技术人员编制，施工单位技术部门（及相关部门）负责人审核，施工单位技术负责人批准，上述编制、审核和批准人应在专项方案上签字；实行施工总承包的，专项方案应当由总承包单位技术负责人及相关专业承包单位技术负责人签字。

（二）施工单位应将审核批准的专项方案报监理单位，专业监理工程师审核，总监理工程师签字；

（三）施工单位应根据监理单位的审查审核意见，对原专项方案进行修改完善，必要时应重新报审。

危险性较大的分部分项工程专项方案审批表、施工组织设计/方案报审表见附件4。

第七条　专项方案编制应当包括以下内容：

（一）工程概况：危险性较大的分部分项工程概况、施工平面布置、施工要求和技术保证条件。

（二）编制依据：施工图纸、施工组织设计、相关法律、标准、规范和规范性文件等。

（三）施工计划：包括施工进度计划、材料与设备计划。

（四）施工工艺技术：技术参数、工艺流程、施工方法、检查验收等。

（五）施工安全保证措施：组织保障、技术措施、应急预案、监测监控等。

（六）劳动力计划：专职安全生产管理人员、特种作业人员等。

（七）附件：计算书及相关施工图及节点详图。

第八条　对超过一定规模的危险性较大的分部分项工程专项方案应当由施工单位组织召开专家论证会。实行施工总承包的，由施工总承包单位组织召开专家论证会。专家组成员应当由5名及以上符合相关专业要求的专家组成。本项目参建各方的人员不得以专家身份参加专家论证会。

根据分部分项工程情况，确定参加专家论证会的人员：

（一）专家组成员；

（二）建设单位项目负责人或技术负责人；

（三）监理单位项目总监理工程师及相关人员；

（四）施工单位（包括施工总承包单位和专业承包单位）分管安全的负责人、技术负责人、项目负责人、

项目技术负责人、专项方案编制人员、项目专职安全生产管理人员；

（五）勘察、设计单位项目技术负责人及相关人员。

第九条　施工单位应明确一名专家担任组长，专家论证的主要内容应包括：

（一）专项方案内容是否完整、可行；

（二）专项方案计算书和验算依据是否符合有关标准规范；

（三）安全施工的基本条件是否满足现场实际情况。

专项方案经论证后，专家组应当提交论证报告，对论证的内容提出明确的意见，并在论证报告上签字。该报告为专项方案修改完善的指导意见并作为专项方案的附件。专项方案专家论证报告书按附件5填写。

第十条　参加专项方案论证的专家应当具备以下基本条件：

（一）遵纪守法、廉洁自律、作风正派、坚持原则、热心服务；

（二）熟悉工程建设领域的法律、法规、标准、规范和规程；

（三）从事相关专业勘察、设计、施工、监理工作十五年以上并具有高级以上专业技术职称。

第十一条　施工单位应当根据论证报告修改完善专项方案，并经施工单位技术负责人、项目总监理工程师签字后方可实施。实行施工总承包的，应当由施工总承包单位、相关专业承包单位技术负责人签字。当专家组认为该专项方案需要做重大修改时，施工单位应当在专项方案修改完善后重新组织专家论证。

第十二条　施工单位应当严格按照经审核批准的专项方案组织施工，不得擅自修改、调整专项方案。

（一）专项方案实施前，应将专项方案下达到作业班组，编制人员或项目技术负责人应当向现场管理人员和作业人员进行书面技术交底并签字。

（二）专项方案实施过程中，施工单位应当指定专人对专项方案实施情况进行现场监督和按规定进行监测。发现不按照专项方案施工的，应当要求其立即整改；发现有危及人身安全紧急情况的，应当立即组织作业人员撤离危险区域。施工单位技术负责人应当定期巡查专项方案实施情况。

（三）对于按规定需要验收的危险性较大

的分部分项工程，施工单位、监理单位应当组织有关人员进行验收。验收合格的，经施工单位项目技术负责人及项目总监理工程师签字后，方可进入下一道工序。对经过专家论证的危险性较大的分部分项工程，可邀请专家参加验收。如因设计、结构、外部环境等因素发生变化确需修改的，修改后的专项方案应当按本办法第六条重新审核。对于超过一定规模的危险性较大分部分项工程的专项方案，施工单位应当重新组织专家进行论证。

第十三条　施工现场存在超过一定规模的危险性较大的分部分项工程的，应当按有关规定在现场醒目位置进行公示，公示内容应包括：危险性较大的分部分项工程的名称、部位、施工期限、施工负责人、安全监控责任人、质量监控责任人和举报电话等。

第十四条　监理单位应将危险性较大的分部分项工程的监理作为监理规划和监理实施细则的重要内容，针对危险性较大的分部分项工程特点、周边环境和施工工艺制定详细的监理工作流程、方法和措施。同时对危险性较大的分部分项工程实施旁站监理，对不按经过批准的专项方案施工的，签发工程暂停令，并报告建设单位，施工单位拒不整改或不停止施工的，应及时向工程所在地的有关部门报告。

第十五条　各级建设行政主管部门及其质量、安全监督机构，应加强对危险性较大的分部分项工程专项方案编制审批、专家论证及实施的监督检查，对不按规定程序实施的行为应依法查处。

第十六条　本实施意见自发布之日起施行。原《南京市建筑工程危险性较大工程专项施工方案编制及专家论证审查实施细则》（宁建工字[2007]88号）废止。

常州市安全生产委员会关于印发《2009年度常州市安全生产专项整治工作实施意见》的通知

常安〔2009〕12号

各辖市、区人民政府，市有关委办局：

根据年初市安全生产工作会议部署，决定在全市开展道路交通安全等七个方面的专项整治，各职能部门分别制定了专项整治方案，为了全面落实专项整治工作，特制定《2009年度常州市安全生产专项整治工作实施意见》，现印发给你们，请结合实际认真贯彻执行。

2009年4月3日

2009年度常州市安全生产专项整治工作实施意见

一、指导思想

以党的十七大和十七届三中全会精神为指导，以深入学习实践科学发展观活动为动力，深入贯彻“安全第一、预防为主、综合治理”的方针，根据安全生产年工作部署，在前几年全市安全生产专项整治取得明显成效的基础上，2009年继续深化安全生产专项整治工作，进一步加大安全生产监管力度，强化安全生产重点领域、重点行业的基础工作，有效遏制各类安全生产事故的发生，巩固和发展全市安全生产工作的良好局面。

二、专项整治内容

（一）道路交通安全专项整治

以深化平安畅通县（区）创建工作为载体，建立主体在县、管理在乡、延伸到村的农村道路交通安全管理新模式，全面推行由县、乡、村领导负责的路长责任制，积极开展交通安全示范乡镇、示范企业、示范学校建设，全面提升农村居民交通安全素质。切实加强道路交通安全通行保障，积极会同交通、安监等部门认真落实危险路段和事故多发点段动态排查、分级挂牌和综合治理措施，强化隐患治理全过程督察。会同交通部门、高速公路经营单位，深入实施公路交通事故预防示范工程，努力建成一批交通安全畅通、行车秩序规范、公路养护优质的示范路、样板路。紧紧抓住客车、危化品车和校车，协调交通、安监、教育等部门全力推动安装GPS车辆动态安全监控系统，落实专人值班监控制度，强化对车辆的动态安全监管和驾驶人的教育管理，推动企业、学校、车主落实交通安全主体责任。推广应用重点车辆安全源头监管信息系统，规范重点车辆交通安全监管工作，会同交通等部门落实运输企业安全等级评估制度，每月排名通报。强化对出租车、公交车、渣土车、搅拌车等重点车辆的管理，坚持源头管、路面查双管齐下，对各类重点车辆、重点驾驶人建立"交通违法黑名单"，实行重点监管。以市区3.34平方公里核心区域为重点，全力打造设施一流、管理一流、秩序一流的文明交通示范区。大力开展创建文明交通示范区宣传活动，积极倡导文明交通"十个不"，做到家喻户晓，形成人人争当文明出行人，个个争做模范参与者的浓厚氛围。

（二）危险化学品安全专项整治

强化安全投入，深入推行经济政策，大力推进安全仪表系统改造，进一步提升企业本质安全。突出制度建设，进一步落实企业主体责任。实行企业安全生产定期报告制度，加强事故应急救援管理，完善企业安全管理制度，健全企业检查制度，增强企业法制意识。进一步开展隐患排查，实行化工专家检查，落实分类分级监管。突出服务基层，进一步推进企业安全生产基础建设。实行安全许可手续网络化，全面推行安全标准化，企业安全基础档案规范化，重大项目服务常态化。

（三）消防安全专项整治

1. 高层和地下建筑消防安全专项整治　对辖区内所有在用和在建的高层、地下建筑进行全面的隐患排查。**一是建筑情况。**地下建筑用途是否符合有关法律法规规定；建筑或者场所是否依法经消防设计审核、消防验收和开业前消防安全检查合格；公众聚集场所室内装修装饰材料是否符合消防安全要求；高层建筑外墙保温材料的防火性能；是否擅自改变建筑防火分区，高层建筑管道井封堵等竖向防火分隔措施是否落实。**二是消防设施。**疏散通道和安全出口是否畅通，防烟、封闭楼梯是否正常，疏散指示和事故照明是否运行正常；室内外消火栓是否正常好用；在建工程的临时消防供水是否正常可靠。自动喷水灭火系统、火灾自动报警系统、防烟排烟系统等自动消防设施是否运行正常；消防控制室设备运行是否正常；灭火器材配备是否符合规定。**三是消防管理。**消防安全责任人、重点单位消防安全管理人是否明确、责任是否落实；用火、用电、用气、用油等消防管理制度是否落实；消防控制室值班人员是否持证上岗；建筑消防设施定期维护、检测制度是否落实；疏散和灭火应急预案是否制定并定期组织演练。**四是灭火救援条件。**消防车通道是否畅通并符合登高作业等使用要求；消防电梯功能是否正常；消防水泵结合器是否好用。

2. 公众聚集场所易燃可燃装修材料消防安全专项整治　对未经消防设计审核、消防验收和开业前消防安全检查合格，擅自投入使用的公众聚集场所，公安消防部门要责令限期改正，逾期不改正的，依法责令停产停业，文化、工商部门要依法予以取缔。对公众聚集场所采用聚氨酯类泡沫塑料等易燃可燃材料装修装饰的，责令限期改正，逾期不改正的，公安消防部门要依法责令停产停业，文化、工商部门要吊销娱乐经营许可证和营业执照；采用其他不符合消防安全要求的材料装修装饰的，责令限期改正。对公众聚集场所疏散通道、安全出口封堵，自动消防设施损坏，不能立即整改的，责令限期改正，逾期不改正的，依法责令停产停业。对公众聚集场所消防安全制度不建立、消防安全责任不落实、员工不具备基本消防安全素质的，要依法责令限期改正。对公众聚集场所营业期间违法使用、燃放烟花爆竹的，依法责令立即改正。对有发生火灾事故危险，拒不改正的，公安机关要依据《治安管理处罚法》第三十九条的规定，对公众聚集场所的经营管理人员依法拘留。

3. 人员密集场所消防安全专项整治　全面贯彻实施商场市场、宾馆饭店、学校、医院、公共娱乐场所消防安全管理标准；积极探索实行“消防安全标准化管理体系认证”制度。组织协调行业主管部门，拍摄制作消防安全管理标准示范宣教片并大力推广。严格落实自动消防设施年检和专业维保制度，不断提升消防安全标准化管理达标水平和达标率。大力推广火灾公众责任保险，逐步建立消防与保险良性互动机制。一级消防安全重点单位标准化达标率达100%，二级消防安全重点单位标准化达标率达95%，三级重点单位达标率达90%。

4. 在建工程施工现场消防安全专项整治　针对建筑施工现场的消防安全条件较差，易燃、可燃材料复杂且数量多，缺少消防水源和通道等情况，加大施工现场检查力度，参照《建设工程施工现场消防安全管理标准》，规范施工现场消防安全管理。加强对工程管理者和施工人员消防安全教育，对电气线路敷设不规范、明火作业不规范、施工人员用火不规范进行严肃处理。狠抓建筑工程消防工程施工质量，提前介入，加强施工现场的消防产品质量把关，发现问题立即督促整改，对不合格产品的责任人从中处罚，保证工程质量。

5. 国庆保卫“百日专项行动”　深入排查火灾隐患，广泛开展以人员密集场所、多产权建筑、建筑消防设施和建筑施工现场等为重点的消防安全专项治理活动。巩固公共娱乐场所整治成效，大力整治“习惯性”消防违法行为。深入开展重大火灾隐患政府挂牌督办整改。

6. 消防检测中介专项整治　配合总队防火部、省消防协会对检测单位的资质进行监督管理。抽调检测单位工作人员随消防监督人员对设有自动消防设施的单位的运行情况进行现场测试。根据《建筑消防设施技术检验规程》DB32/186—1998，对检测单位的检测质量进行监管。在实施建筑工程进行消防验收时，要求检测单位参加验收，对检测质量负责。对发现不按技术规程要求进行检测，或出具虚假检测报告的情况，一律严肃处理。

（四）建设施工工程安全专项整治

认真落实各级安全生产责任制、落实安全生产职责告知制，督促安全生产责任制落实到人。建设技术过硬，责任心强的安全管理队伍。结合《安全生产许可证》发放和管理工作，强化工程建设安全教育培训。加大对施工坍塌、塔吊倒塌、高处坠落、房屋拆除的治理力度。

（五）非煤矿山安全专项整治

露天采石安全整治，要以提高矿山开采的规范化水平为重点，严格按照开采设计（方案）进行开采，强化爆破安全管理，落实边坡、运输道路、排水、用电和排土场管理措施，提高矿山开采的本质安全度。地下矿山安全整治，以提高系统安全可靠性为工作重点，认真开展提升运输、通风、机电通讯等生产系统安全生产隐患的排查治理，落实水害防治、顶板及采空区管理措施，严防各类事故的发生。废弃矿山整治和复绿工程安全，明确废弃矿山整治和复绿工程安全生产的主体责任和监管责任，落实废弃矿山整治安全防范措施，有效防止废弃矿整治各类事故。加强非煤矿山安全生产条件审核，严格矿山建设项目和资源整合矿山安全设施“三同时”工作，严格安全生产行政许可工作责任制，确保矿山企业安全生产条件符合法定的要求。

（六）作业场所职业卫生专项整治

大力宣传贯彻《安全生产法》、《职业病防治法》和《使用有毒物品作业场所劳动保护条例》等法律法规，加大职业安全健康培训教育力度，增强生产经营单位职业危害防治观念，提高劳动者自我安全健康保护意识。以冶金、建材、机械、轻工、化工等行业领域为重点，以危险化学品生产和使用企业为切入点，以点带面开展整治，全面了解掌握本地区职业危害的总体情况，督促企业落实职业危害防治措施。逐步建立完善职业危害项目申报制度，指导和督促企业依法执行职业危害评价、申报、告知、检测和体检等制度。组织开展作业场所职业危害监督检查，消除职业危害因素和事故隐患，依法查处职业危害事故和相关违法行为。

（七）特种设备安全专项整治

认真宣传贯彻执行修订后的《特种设备安全监察条例》和相关法律法规，提高认识，落实企业安全生产主体责任，做到“三落实、两有证、一检验”。进一步完善全市特种设备动态监管数据库，提高动态监管能力，合法使用各类特种设备。督促压力管道元件制造企业领取特种设备制造许可证，杜绝无证制造压力管道元件现象。督促冶金用起重机使用单位落实整改措施，消除事故隐患。

三、工作要求

（一）提高认识，加强领导。

各级领导要进一步提高对深化安全生产专项整治工作重要性的认识，按照“突出重点、依法整治、标本兼治、注重实效”的要求，把专项整治同贯彻实施《安全生产法》等法律法规结合起来；把专项整治同事故隐患排查治理工作结合起来；把专项整治同日常监管工作结合起来；把专项整治同强化安全基础工作结合起来；把专项整治同长效管理结合起来，全面推进安全生产专项整治工作。

（二）明确任务，落实责任。

市公安局牵头负责道路交通、消防安全整治；市安监局牵头负责危险化学品、非煤矿山和作业场所职业卫生安全整治；市建设局牵头负责建设施工工程安全整治；市质监局牵头负责特种设备安全整治。各牵头负责部门应当制订相应的专项整治方案，层层布置、层层落实；各参与部门应积极配合牵头部门相关专项整治方案的制定与施行，将专项整治工作有条不紊地推向前进。

（三）加强协调，整体推动。

请各安全生产专项整治工作牵头部门每季度将整治工作进展情况书面报送市安委会办公室，市安委会办公室将开展检查督查工作，定期听取各辖市、区政府和市安全生产专项整治牵头及参与部门的情况汇报，研究解决工作中遇到的困难和问题，推动全市安全生产专项整治工作深入开展。

常州市人民政府关于颁发《常州市市区扬尘污染防治管理办法》的通知

常政发〔2009〕96 号

各辖市、区人民政府，市各委办局，市各公司、直属单位：

现将《常州市市区扬尘污染防治管理办法》颁发给你们，望认真贯彻执行。

2009 年 8 月 4 日

常州市市区扬尘污染防治管理办法

第一条　为了控制扬尘污染，改善城市大气环境质量，保障人体健康，根据《中华人民共和国环境保护法》、《中华人民共和国大气污染防治法》等有关规定，结合本市实际情况，制定本办法。

第二条　本办法适用于本市市区范围内扬尘污染的防治管理活动。

第三条　本办法所称扬尘污染，是指在建设工程（包括房屋建筑工程，市政公用工程，公路、航道、港口建设工程等）施工、房屋拆除、物料运输与堆放、道路保洁、养护绿化等活动中以及因泥地裸露产生粉尘颗粒物对周边环境和大气造成的污染。

本办法所称易产生扬尘污染的物料，是指煤炭、包装水泥、黄砂、灰土、建筑垃圾等易产生粉尘颗粒物的物料。

第四条　市区范围内的扬尘污染防治工作按照“条线管理”和“属地管理”相结合的原则，落实相关责任。

环保主管部门对扬尘污染防治实施统一监督管理，并负责本办法的组织实施。

建设主管部门负责房屋建筑工程施工、市政公用工程施工和房屋拆除施工扬尘污染防治的管理工作。

城管部门负责道路扬尘污染防治、建筑垃圾运输产生的扬尘污染防治的管理工作。

交通主管部门负责公路、港口工程施工扬尘污染防治的管理工作。

水利主管部门负责水利工程施工扬尘污染防治的管理工作。

各区人民政府按照管理权限负责所属行政区域内各类扬尘污染防治的管理工作。

其他有关部门根据各自职责负责扬尘污染防治的管理工作。

第五条　建设单位依法向环保主管部门提交的环境影响评价文件中，应当包括对可能产生扬尘污染建设项目的扬尘污染防治方案。

第六条　建设单位应当在与施工单位签定的施工承发包合同中明确施工单位对可能产生扬尘污染建设项目的扬尘污染防治责任；并监督施工单位按照环评要求组织实施扬尘污染防治方案。施工单位应当制定具体的施工扬尘污染防治实施方案。

第七条　房屋建筑工程施工应当符合下列扬尘污染防治要求：

（一）工程施工应当采用连续、密闭的围档施工，在城市主次干道、景观区域、繁华地区，其边界应设置高度 2.5 米以上的围档，其余地区设置 1.8 米以上围档；

（二）施工工地提倡使用预拌混凝土、预拌砂浆，由市经贸主管部门会同相关部门依法划定禁止现场自拌混凝土和砂浆的区域范围，禁区内禁止现场自拌混凝土和砂浆，施工现场不得使用拌和机，政府性项目要带头使用预拌混凝土、预拌砂浆；

（三）施工工地道路硬化处理；

（四）施工工地内设置洗车平台，完善排水设施，并配备车辆清洗设备，车辆驶离工地前，应在洗车平台清洗轮胎及车身，不得带泥上路；

（五）施工中使用水泥、石灰等易产生扬尘的建筑材料时，应采取密闭存储、设置围档或围墙、采用防尘布盖等防尘措施；

（六）进出工地的物料运输车辆应采用密闭车斗，并确保物料不遗撒外漏；

（七）督促施工人员按作业规程装载物料；

（八）限制使用有明显无组织排放尘埃的中小型粉碎、切割等机械设备；

（九）遇有扬尘的土方工程作业时应采取洒水压尘，尽量缩短起尘操作时间，气象预报风速达到 6 级以上时，未采取防尘措施的，不得组织施工；

（十）施工时应在工地建筑结构脚手架外侧设置密目防尘网（不得低于 2000 目/100 厘米 2）或防尘布；

（十一）建筑垃圾等在 48 小时内未能清运的，应当在施工工地设置临时堆放场，临时堆放场应当采取围档、遮盖等防尘措施；

（十二）在建筑物、构筑物上运送散装物料和建筑垃圾，应采用密闭方式清运，禁止高空抛洒；

（十三）闲置 3 个月以上的施工工地，应当对其裸露泥地进行临时绿化或者覆盖。

第八条　市政公用工程施工应当符合下列扬尘污染防治要求：

（一）施工机械在挖土、装土、堆土、路面切割、破碎等作业时，应当采取洒水、喷雾等措施防止扬尘污染；

（二）对已回填后的沟槽，应当采取洒水、覆盖等措施防止扬尘污染；

（三）使用风钻挖掘地面或者清扫施工现场时，应当向地面洒水。

第九条　拆除城市主次干道、景观区域、繁华地区建筑物、构筑物的施工区域，应采用硬质封闭围栏，高度不低于 2.5 米，除不具备条件进行洒水喷淋或采取洒水喷淋措施可能导致危及施工安全的外，施工单位应对拆除部位进行洒水喷淋降尘。拆除施工中，禁止建筑垃圾从高处抛洒。

气象预报风速达到 6 级以上时，应停止房屋爆破拆除施工或房屋主体拆除施工。

鼓励施工单位采取机械化拆除方式，缩短作业时间。

第十条　堆放易产生扬尘污染物料的码头、堆场和露天仓库，应当符合下列扬尘污染防治要求：

（一）码头、堆场和露天仓库的地面应硬化处理；

（二）采用围墙、围档或天棚储库，库内配备喷淋或其他防尘措施；

（三）采用密闭输送设备作业的，应当在落料、卸料处配备吸尘、喷淋等防尘设施，并保持防尘设施的正常使用，堆场露天装卸作业时，应当采取洒水等防尘措施；

（四）临时性的废弃物堆，应当设置高于废弃物堆的围挡、防尘网等，长期存在的废弃物堆，应当构筑围墙或在废弃物堆表面种植植物；

（五）划分料区和道路界限，及时清除散落的物料，保持道路整洁，并及时清洗；

（六）出口处设车辆清洗专用场地，运输车辆应当在除泥、冲洗干净后，方可驶出作业场所。

现有堆放易产生扬尘污染物料的码头、堆场、露天仓库不符合前款规定要求的，应当在本办法实施后 6 个月内，按照前款的规定进行整改。

第十一条　凡产生工程渣土等建筑垃圾的各类建设工程，建设单位或施工单位必须在工程开工前取得《常州市建筑垃圾处置证》。

第十二条　凡在市区从事建筑垃圾运输的单位或个人，应当经公安交通管理部门审验后，方可到城管部门办理核准手续。

建筑垃圾运输车辆应当随车携带建筑垃圾处置证，严格按照核准的运输路线、时间运行并清运至指定消纳场所。

建筑垃圾运输单位应当加强对车辆机械密闭装置的维护，确保设备正常使用，装载物不得超过车厢挡板高度，运输过程中沿途不得丢弃、遗撒建筑垃圾。

第十三条　道路保洁作业，应当符合下列防尘要求：

（一）除雨天或者最低气温在摄氏 4 度以下的天气外，城市保洁等级为一级的道路至少每日冲洗 1 次、保洁等级为二级的道路每周冲洗不少于 3 次。鼓励利用污水处理厂尾水作为冲洗水源，污水处理厂周边五公里范围内道路冲洗应当采用污水处理厂尾水作为冲洗水源，污水处理厂要做好尾水供水工作；

（二）城市快速通道、高架道路实行机械化清扫洒水作业，其他道路鼓励采用机械化清扫洒水作业；

（三）采用人工方式清扫的，应当符合本市市容环境卫生作业服务规范。

第十四条　城市道路路面破损时，应采取措施及时进行修复。城市道路（包括人行道）的修复，尽量使用预拌混凝土和预拌砂浆。

主要道路两侧和中间分隔带全面进行绿化，避免泥地裸露。

第十五条　进行绿化和养护作业应当符合下列防尘要求：

（一）气象部门发布建筑施工扬尘污染天气预警期间，应当停止平整土地、换土、原土过筛等作业；

（二）栽植行道树，所挖树穴在 48 小时内不能栽植的，对树穴和种植土应当采取覆盖、洒水等扬尘污染防治措施，行道树栽植后，应当当天完成余土及其他物料清运，不能完成清运的，应当进行遮盖；

（三）3 000 平方米以上的成片绿化建设作业，具备条件的，在绿化用地周围应当设置不低于 1.8 米的硬质密闭围挡，在施工工地内设置车辆清洗设备以及配套的排水、泥浆沉淀设施，运输车辆应当在除泥、冲洗干净后方可驶出施工工地。

第十六条　对综合性的扬尘污染防治工作，环保主管部门可以组织相关部门或者机构实施联合检查，被检查者应当如实反映情况。

第十七条　任何单位和个人对违反本办法造成扬尘污染的行为都有权进行举报。市环保、建设、城管等部门和各区人民政府应设立举报电话,接受举报和投诉。

第十八条　建立扬尘污染控制定期通报制度。各区人民政府和市各相关部门要及时将扬尘污染投诉和检查发现的扬尘污染问题通报相关主管部门,相关主管部门要及时查处,并将查处情况反馈。

第十九条　将扬尘污染防治作为城市长效管理的重要内容之一。

城市管理监督指挥中心应将扬尘污染防治纳入本市数字化城市长效综合管理考核,实施定期考核。

建设主管部门应将建筑工地扬尘污染防治纳入施工单位安全文明施工考核。

城管部门应当将道路保洁过程中扬尘污染防治要求,纳入保洁作业技术规范。

交通主管部门应将扬尘污染防治纳入公路、港口的管理。

第二十条　违反本办法规定,施工单位未按要求采取扬尘污染防治措施,致使大气环境受到污染的,由建设主管部门责令限期改正,处2万元以下罚款;对逾期仍未达到环境保护规定要求的,可以责令其停工整顿。

第二十一条　码头、堆场、露天仓库违反《中华人民共和国大气污染防治法》第五十六条规定未按要求采取扬尘污染防治措施的,由环保主管部门责令限期改正,并处5万元以下罚款。

第二十二条　违反本办法规定,建设单位或施工单位将建筑垃圾交给未经核准从事建筑垃圾运输的单位或个人处置,或处置建筑垃圾的单位、个人在运输建筑垃圾过程中沿途丢弃、遗撒建筑垃圾以及超载、超速遮挡车牌的,由城管、公安交通管理等部门依法查处。

第二十三条　各区人民政府及市有关部门的工作人员在扬尘污染防治工作中玩忽职守,滥用职权,徇私舞弊的,按照有关规定给予处分;构成犯罪的,依法追究刑事责任。

第二十四条　金坛、溧阳市可参照本办法执行。

第二十五条　本办法自2009年10月1日起施行。

苏州建筑业安全监督站关于轨道交通工程盾构机吊装作业安全管理的规定

苏建安监[2009]6号

轨道交通工程各施工、监理单位,各有关单位:

为加强本市轨道交通工程盾构机吊装作业的安全管理,防止和减少事故,保障轨道交通工程建设顺利进行,特提出轨道交通工程盾构机吊装作业的具体要求,望遵照执行:

一、资质资格

1. 从事盾构机吊装作业的施工单位应具备相应的资质、安全生产许可证。

2. 吊装作业时项目经理、专职安全管理人员必须到场指挥和监管。项目经理、专职安全管理人员应当持有B、C类证,特种作业人员持证上岗。

3. 作业人员上岗前应经过安全教育和安全技术交底。

二、方案编制

1. 应编制盾构机吊装专项施工方案。方案包括:起重机的规格型号、起重机停放位置地基承载力要求、盾构就位形式、吊装工艺、吊装计算书(含安全验算结果)、吊装详图、吊装作业安全技术措施等。

2. 盾构机吊装作为危险性较大工程,参照建设部《危险性较大工程安全专项施工方案编制及专家论证审查办法》(建质[2004]213号)的要求,应当组织专家论证。专家应具有相关经验并不少于3人。

3. 盾构机吊装方案应当由总包单位技术负责人审批、并报总监理工程师审查同意。

4. 针对盾构吊装过程中可能会出现的起

重伤害、盾构设备倾覆等事故同时应编制有针对性的应急预案。

三、场地要求

1. 车站应满足停放起重机和盾构机组的需要，周边管线（如水管、电线、煤气管线等）若在吊装区域范围内，应当采取有效的保护措施。

2. 工作井应当经过尺寸复核，满足盾构机组吊装下井及井下安装的需要。

3. 确定起重机停放的位置，并对盾构机吊装场地进行地基承载力测试。需有测试报告，如地基承载力不符合要求，需采取加固处理。

4. 吊装前应对上下通道、照明情况、盾构基座等相关配套设施进行验收，满足盾构安装或解体要求。

四、过程控制

1. 起重机应具备年检报告或进场检测报告，各类吊装器具、索具和钢丝绳等应具备质保资料和合格证书。吊装前施工单位设备部门应对起重机的限位保险等各种性能进行检查验收，形成书面记录。

2. 盾构机吊耳焊接部位需经进场探伤检测，并有检测合格报告。

3. 吊装作业区域按规定设置警戒线和警示标志。

4. 盾构机吊装时需采用地下、地上两级指挥。

5. 盾构机每次吊装作业前应进行试吊检验。

6. 盾构机井下安装调试完毕后，应组织相关人员依据验收大纲的内容进行验收，验收情况应签字确认，整改项目必须验证闭合。

五、建立"吊装令"制度

盾构吊装前，总包单位和监理单位应对各项条件进行验收，符合吊装条件后，由项目经理、总监理工程师签字确认下达吊装令后方可进行吊装作业。

2009年2月24日

苏州市建设局2009年苏州市建筑施工安全生产工作的指导意见

苏建质[2009]9号

各市、区建设局，苏州工业园区规划建设局、苏州高新区建设局，市有关单位：

2009年建筑施工安全生产工作的指导思想是：认真贯彻党的十七大和十七届三中全会精神，全面落实科学发展观，牢固树立安全发展理念，以"安全生产年"活动为主线深入开展安全生产执法、安全生产治理和安全生产宣传教育"三项行动"，进一步确立企业安全生产责任主体，落实各级部门监管主体责任，切实做到严格监管与热情服务相结合，进一步建立事故隐患排查治理长效机制，继续保持全市建筑施工安全生产形势的稳定好转，为我市经济社会发展营造良好的安全生产环境。

一、工作目标

1. 安全防护达标率100%，创建市级文明工地400个，推荐省级文明工地200个。施工现场安全防护水平和管理水平要有明显提高。

2. 工伤事故死亡率控制在0.01%以内，重伤率控制在0.03%以内；百亿元施工产值死亡率控制在3以内。

3. 杜绝较大以上伤亡事故，杜绝重大坍塌事故、重大设备事故、重大火灾事故、多人急性中毒事故和重大社会影响事故。

4. 事故起数和死亡人数比2008年有所下降。

二、主要措施

1. 健全安全生产责任制，加强安全生产责任考核。坚持安全生产企业负责的原则，依法确定建设、监理、施工等参建各方的安全生产责任，建立健全并全面落实安全生产责任制度。

继续推行由建设、施工、监理三方在开工前签订工程项目施工安全保证书；由施工企业向所在地建设主管部门递交建筑施工安全生产年度目标责任书等制度。继续实行苏州市建设局与五市(区)建设局签订安全生产共保责任书，实行目标管理。各地建设局要加强对施工企业和工程项目其它参建各方安全生产责任考核，进一步规范安全生产行为，营造良好的依法建设环境。

2. 深化培训教育，普及安全知识。各地、各单位要继续组织有关建设工程安全生产法律法规、建筑施工安全规范标准、文明施工规定和建筑施工安全知识等的培训。施工企业要开展全员安全教育培训，充分利用民工业余学校重点对一线操作人员进行建筑施工安全知识和自我防范意识的培训教育，做好班前教育和安全技术交底，真正使安全教育培训行之有效，不流于形式。凡企业职工没有经过安全教育的，不得进入施工现场，把预防安全事故发生的“关口”前移。通过加强宣传培训，提高从业人员的安全意识和操作技能，逐步形成全行业人人重视安全的良好氛围。各地建设局要全面开展特种作业人员考核培训和换证工作，确保特种作业人员持证上岗。

3. 深入开展建筑施工安全专项整治。以“预防高空坠落、坍塌、起重伤害等事故的预警、预报和预控为抓手，防治建设工地扬尘污染，加强外来施工单位和小型工地安全监管”为重点组织开展专项整治，治理参建各方不履行安全生产法定责任、安全行为不规范和现场安全文明施工措施经费不足、防护不达标等行为。落实工程参建单位安全生产责任，提高现场安全管理和安全防护水平，减少伤亡事故的发生。各地各单位要按《2009 年苏州市建筑施工安全专项整治方案》，结合安全生产隐患排查工作和“安全生产年”活动加强领导、精心组织、狠抓落实、务求实效。

4. 开展建筑施工安全质量标准化和争先创优活动。一要认真落实《江苏省建筑施工安全质量标准化管理标准》(DGJ32/J 66—2008)，加大宣传培训力度，各地建设局要从一、二级建筑施工企业中着手，总结推广先进经验，推进全行业开展建筑施工安全质量标准化活动。二要督促企业完善内部管理制度和责任制，健全安全保障机制和体系，促进企业安全生产条件和业绩评价符合要求。三要使建筑施工安全质量标准化活动与专项整治结合起来，与创建文明(平安)工地结合起来，继续开展以安全达标为主要内容的创建文明工地活动，使文明工地成为“以人为本”的典范、安全管理的典范、施工现场安全防护的典范。在申报省级文明工地中试行施工现场管理全面推广施工现场视频监控系统。通过开展建筑施工安全质量标准化和争先创优活动，增强建筑施工单位的创优意识，提高施工现场安全防护水平和管理水平，全面推广建筑施工安全的标准化、规范化。

5. 创新工作机制，提高安全生产管理水平。一是培育建筑安全中介服务机构，积极探索实施建筑施工安全生产评估制度。二是继续实行意外伤害保险，鼓励保险公司与建筑安全中介服务机构联合，优势互补，进一步发挥保险的杠杆和能动作用，促使企业提高事故防范能力。三是继续发挥机械检测机构的作用，把好大型设备、设施的检测关，全面落实施工机械设备登记、使用备案制度。四是全面落实高支模、高脚手架、深基坑和危险较大分部分项工程施工方案专家论证制度。五是逐步推广建筑施工现场视频监控系统，提升监管水平。

6. 总结经验加强探索强化轨道交通工程建设的监管。大力推进施工单位安全生产管理体系建设，完善内部监管机制。通过“一般监管”和“重点监管”、“行为监管”和“实体监管”相结合的方式，在轨道交通工程建设中开展安全隐患排查和专项整治活动，在建立“深基坑开挖、盾构进出站、旁通道开挖”等三项关键工序节点的验收制度的基础上，对安全风险大的分部工程，实施重点监管。并积极会同安监、监察等单位组织专项检查，形成多方合作、齐抓共管的局面，加大轨道工程建设安全的监管力度。促进轨道交通工程建设安全生产隐患排查专项整治活动的开展，确保轨道工程建设安全、快速、有序推进。

7. 积极参与绵竹援建工作，做好援建项目的安全监管工作，随着绵竹市地震灾后重建工作全面开展，各地建设主管部门要支持配合好前方一线的工程建设，加强队伍管理，根据《对口支援绵竹地震灾后恢复重建工程创建苏州市级文明施工工地、优质结构工程和“姑苏杯”优质工程的评审办法》等相关考评措施，加强援建项目安全监管和文明施工工作的指导，形成争先创优的良好氛围，确保我市援建任务完成。

8. 改进监管办法，加强监督检查。一要深入贯彻建设部《建设工程安全生产监督管理工作导则》，进一步完善安全监督制度。二要改进日常监管办法，加强事前的方案审查，事中的巡查、检测，事后的监督评估，由注重实物监督转为行为监管和实物监督并重，尤其要检查企业和项目安全保证体系的运行，督促企业定期上报自查自纠信息；对重大项目、重点工程、重点环节进行重点监督，对有不良行为记录、发生过安全事故、中标价特别低的工程重点监督，对施工现场管理人员不到位、施工安全隐患多、重大危险源监控不力的工程重点监督，对查出的问题，着重跟踪检查、落实整改，不留死角和盲区；加强对项目参建各方安全行为和安全责任落实的检查，制止不规范、不安全行为，对违法违规者，应依法查处，屡犯重罚。三要定期组织安全生产大检查，可将安全生产大检查与专项整治结合起来，与季节性和节假日检查结合起来，形成声势，注重实效。四要应用现代化的手段来提高安监水平，推广建设工程安全监督管理软件，建立单位工程安监信息库，建立联系工程项目经理的短信群发机制；进一步强化建筑施工企业负责人、项目负责人、专职安全生产管理人员计分考核制度，实时记录安监情况，对违法违规行为公开曝光；将企业和项目经理的安全生产业绩记入企业和管理人员信用档案，与市场准入、招投标、评优评先挂钩。五要加强安全生产许可证、“三类人员”任职资格的动态管理。对事故责任单位和严重违规单位，要立即对企业安全生产条件进行复查，对已不再具备安全生产条件的企业，报告上级主管部门，按规定处理；认真做好“三类人员”安全生产行为的考核工作；六要加强安全文明施工措施费使用的动态管理，监督检查文明施工措施费的支付、使用情况，保证施工现场安全保障经费的投入使用，确保现场安全防护到位、生活设施和劳动保护到位。七要加强安全监督机构建设，充实安监力量，增加装备投入，保证执法顺畅；组织安监人员学习法律法规和专业知识，提高业务能力和工作水平。各地建设主管部门要建立安监员日常巡查、安监站季度检查、主管部门随机抽查的监管机制，加强平行制约和层级监督，确保安监工作质量。今年，我局将结合专项整治组织两次全市性的安全、质量综合大检查，并对专项工作进行抽查。

2009 年 3 月 11 日

苏州市建设局关于印发《2009 年苏州市建筑施工安全文明专项整治方案》的通知

苏建质[2009]11 号

各市、区建设局，苏州工业园区规划建设局、苏州高新区建设局，各参建单位：

根据国务院《建设工程安全生产管理条例》、《安全生产许可证条例》、建设部《建筑工程安全生产监督管理导则》和《苏州市建筑施工安全生产监督管理办法》，按照市政府、市安委会及上级建设行政主管部门的要求，我局制订了《2009 年苏州市建筑施工安全文明专项整治方案》，现印发给你们，希各地、各单位认真组织实施。

2009 年 3 月 11 日

附件：

2009年苏州市建筑施工安全文明专项整治方案

一、指导思想

贯彻科学发展观和党的十七大精神，认真落实省、市政府以及上级建设行政主管部门关于建筑行业安全生产的工作要求和文件精神，牢固树立安全发展理念，贯彻“安全第一、预防为主、综合治理”的方针；深入开展安全生产执法、安全生产治理和安全生产宣传教育“三项行动”；进一步确立企业安全生产责任主体，落实各级部门监管主体责任，切实做到严格监管与热情服务相结合；进一步建立事故隐患排查治理长效机制；加强从业人员安全教育，大力推行工地现场民工业余学校，提高从业人员安全意识和技能，逐步建立建筑施工企业自我约束、持续改进的安全生产长效机制，促进建筑业安全生产形势持续平稳好转。

二、总体目标

1. 有效杜绝施工作业的“三违”行为；减少一般伤亡事故和死亡人数，有效遏制重大伤亡事故和有重大影响事故的发生，力争各类事故起数、死亡人数比2008年下降。

2. 加强大型机械设备、脚手架、高支模和深基坑等重点部位和重点环节的管理。

3. 大力治理建筑施工扬尘污染，确保《苏州市环境保护蓝天工程方案》2009年目标任务的贯彻落实。

三、工作重点

1. 预防高空坠落、坍塌、起重伤害事故；

2. 加强轨道交通工程建设风险的“预警、预报和预控”；

3. 防治建设工地扬尘污染；

4. 加强外来施工单位和小型工地安全监管。

四、组织领导

市建设局成立全市建筑施工安全文明专项整治领导小组。

组　长：游　膺

副组长：周祺林

成　员：魏宝林、许维、朱激、王春宇、斯平、孙国明、侯智慧、汤柏劲。

领导小组下设办公室，办公室设在市建设局质安处。

五、实施步骤

此次建筑施工安全专项整治工作分四个阶段进行：

（一）动员部署阶段。2月至3月，各市、区建设行政主管部门要结合实际，研究制定本地建筑施工安全文明专项整治工作方案，召开动员大会，对开展专项整治工作进行安排部署。通过召开现场会等方式，广泛开展施工安全文明专项整治的宣传教育活动，确保此次专项整治的目的、要求全面及时传达到各施工企业，为广泛深入开展安全专项整治工作打下良好基础。

各地建设行政主管部门，要督促建筑施工企业建立专项整治工作实施机构，根据本地实际情况研究制定防高空坠落、防坍塌、防起重伤害、防扬尘污染的对策和措施，充分做好动员和部署；工程项目在编制施工组织设计时，要制定施工安全的专项方案，并组织实施；大力推动现场民工业余学校的建立，开展对施工作业人员的全员安全生产培训教育活动，加强施工作业人员防高空坠落、防坍塌、防物体打击安全技能和安全意识的教育培训，增强安全防范能力。

为确保轨道交通工程建设安全，要积极探索轨道工程建设安全监管的工作机制和监管模式，大力推进施工单位安全生产管理体系建设，完善内部监管机制。通过“一般监管”和“重点监管”、“行为监管”和“实体监管”相结合的方式，在轨道交通工程建设中开展安全隐患排查和专项整治活动，在建立“深基坑开挖、盾构进出站、旁通道开挖”等三项关键工序节点的验收制度的基础上，对安全风险大的分部工程，实施重点监管。并积极会同安监、监察等单位组织专项检查，形成多方合作、齐抓共管的局面，加大轨道工程建设安全的监管力度。促进轨道交通工程建设安全生产隐患排查专项整治活动开展，确保轨道工程建设安全、快速、有序推进。

（二）自查自改阶段。4月至9月，各地建设行政主管部门要结合日常监管从以下七个方面指导、督促企业专项整治，组织企业开展自查自改：一查思想认识，看对安全生产及专项整治工作重要性、紧迫性认识是否到位，克服厌战消极情绪；二查制度落实，看安全生产监管责任制度、安全生产预警制度、重大危险源公示和跟踪整改等制度是否健全和落实；三查培训教育，看民工业余学校是否建立，教学计划是否落实，一线作业人员尤其是民工的安全知识、技能培训教育是否到位；四查施工升降机、塔吊等大型施工机械设备、脚手架、高支模和深基坑等危险性较大的分部分项工程，看是否按有关规定编制专项施工方案和专家论证，工程施工是否严格按照论证和审批的专项方案进行施工，大型施工机械设备是否按规定进行备案，特种作业人员是否全员持证上岗；五查隐患排查，看是否开展排查治理建筑施工安全隐患，是否推进安全生产管理体系建设，是否建立重大危险源分级监控机制和应急救援体制机制；六查建筑施工扬尘控制专项方案的报监，看施工现场环境监管是否强化，扬尘污染防治措施是否落实；七查文明施工费用的落实，查企业安全生产费用和保证安全生产投入的措施是否落实，查工程项目安全文明施工措施是否落实。

各施工企业负责人要带领企业安全生产管理人员，对所有在建工程项目认真进行排查，针对检查中发现的问题和重大隐患，要制定整改方案，限期整改，层层落实，责任到人，坚决消除安全生产隐患。企业自查自改情况要在9月底前上报当地建设局及其安监机构。

（三）执法检查阶段。9月至10月，各市、区建设行政主管部门要组织人员，对所辖地区施工企业及工程项目专项整治情况监督检查。要针对重点单位、重点项目、重点部位和关键环节制定检查计划，重点检查施工企业专项整治工作机构建立、方案制定、责任落实、组织实施和自查自改情况。检查中发现企业存在违反工程建设强制性标准或降低安全生产条件行为的，要责令其整改，录入企业不良行为档案；整改不力的，要依法严处。对不符合安全生产认可条件的，要按规定程序逐级上报省建设主管部门暂扣或吊销其安全生产许可证。对检查中发现的违反安全生产规定的“三类”人员，要严格按记分考核办法进行记分。各地建设主管部门要把检查处理情况及时上报市局,并在本地区进行通报。

(四)总结评估阶段。11月至12月份,各市、区建设主管部门要召开建筑施工安全专项整治情况通报会,市建设局将适时召开专项整治情况总结会,总结和推广施工安全专项整治工作经验和成果,找出整治工作中不足,制定相应的对策和措施,逐步建立长效的安全监管、专项整治机制。

六、工作要求

(一)切实加强组织领导。要充分认识专项整治工作的重要性,各市(区)建设行政主管部门、施工企业相应成立各市(区)建筑施工安全文明专项整治领导小组和工作机构。在组织上确保专项整治工作扎实有效开展。

(二)切实落实好专项整治工作。各地要根据本地实际,制定目标明确、内容具体、重点突出、操作性强的实施方案。专项整治工作的开展要做到六个结合:一是与以监管和服务为主题的"安全生产年"活动相结合;二是与全市安全生产工作要求相结合;三是与开展施工安全生产管理体系建设工作要求相结合;四是与建立和完善建筑企业安全生产规章制度和落实安全生产责任相结合;五是与《苏州市环境保护蓝天工程方案》的贯彻落实相结合;六是与施工人员特别是一线民工的安全培训教育工作相结合,确保专项整治工作取得实效。

(三)大力开展宣传活动。把专项整治工作的目的、要求和内容及时传达到施工企业,落实到项目上。对专项整治工作业绩突出的先进典型要大力宣传,对存在问题较多或存在重大隐患的企业除责令立即整改外,还要通过各地工程建设网予以曝光并录入企业不良行为记录。

(四)坚持边查边改。专项整治工作从开始阶段就要严格按照有关要求,针对存在问题和隐患,边查边改。对每个环节、每个过程认真把关,确保整治工作不走过场。要加强层级监督检查,发现问题及时发出整改指令。

(五)加强工作指导。专项整治期间,各地建设行政主管部门与施工企业应建立专项整治联络员制度,掌握了解专项整治有关情况。同时,各地建设行政主管部门要对本地区专项整治情况及时整理分析并通报,指导所辖地区的专项整治工作有序开展。

请各地建设行政主管部门将专项整治实施方案及领导小组、联络员名单于3月15日前报送市建设局质安处,专项整治工作总结于11月10日前报送市建设局质安处。2009年12月,市安委会将由市建设局牵头,组织相关部门对各地开展活动情况进行全面检查。检查情况将纳入政府年度安全生产考核和层级考核内容。

苏州建筑业安全监督站关于进一步加强门式起重机、物料提升机、高处作业吊篮等设备安全使用管理的若干规定

苏建安监〔2009〕22号

中心城区各施工、监理、检测单位:

根据《建筑起重机械安全监督管理规定》(建设部第166号令)、建设部《建筑起重机械备案登记办法》(建质[2008]76号)的要求,为进一步加强建筑起重机械的安全管理,防止安全生产事故的发生,结合中心城区的实际,现就进一步加强门式起重机、物料提升机(含井架、货

梯)、高处作业吊篮、施工升降机(人货两用电梯)的安全使用管理作如下规定:

一、从2009年12月1日起,我站对设备产权属本市企业的门式起重机、物料提升机、高处作业吊篮(以下简称"三类设备"),开展产权备案。从2010年1月1日起,设备产权属本市企业的上述"三类设备",在未取得产权备案证明时不得在中心城区建设工地上使用。

二、从2009年12月15日起,凡在我市中心城区建设工地上使用的物料提升机,安装后,施工单位应组织验收,并委托有相应资质的检测检验机构进行检测,经检测合格后方可使用。

三、从2009年12月15日起,根据《江苏省建筑施工安全质量标准化管理标准》(DGJ32/J66—2008)下篇第9.2.6条的规定,凡是主体结构10层(包括10层)的工程,必须安装人货两用的施工升降电梯。

四、我站在对塔式起重机、施工升降机、门式起重机已实行安装(拆卸)告知和使用登记制度的基础上,从2010年1月1日起,按照《建筑起重机械安全监督管理规定》的规定,对物料提升机、高处作业吊篮实行安装(拆卸)告知和使用登记制度。

五、设备产权属外省、市企业的上述"三类设备",应当向本单位工商注册所在地县级以上地方人民政府建设主管部门办理备案,取得建筑起重机械备案证明后方可进入我市中心城区建设工地使用。对于上述"三类设备"产权人的所在地确未实行产权备案制度的,这"三类设备"在我市中心城区办理安装(拆卸)告知手续时,应当提供以下资料:

1. 当地建设行政主管部门尚未实行产权备案制度的证明;

2.《建筑起重机械备案登记办法》第六条所规定的资料;

3.《建筑起重机械备案登记办法》第十一条所规定的(二)~(九)项资料。

六、关于高处作业吊篮备案及使用的有关规定

1. 高处作业吊篮在施工现场安装后,施工单位应组织验收,并委托有相应资质的检测检验机构进行检测,经检测合格后方可使用。检测验收合格之日起10日内,应向我站办理使用登记。

2. 鉴于当前国家对于高处作业吊篮制造许可的现状,目前高处作业吊篮的特种设备制造许可证是指中国工程机械工业协会颁发的资质证书。

3. 从2010年7月1日起凡是从事建筑施工现场高处作业吊篮安装的单位,必须具有建设行政主管部门颁发的起重设备安装工程专业承包企业资质。

4. 从2010年7月1日起凡是从事建筑施工现场高处作业吊篮的安装单位必须具有建设行政主管部门颁发的安全生产许可证。

5. 各施工企业要把高处作业吊篮操作作为机械操作工,进行高处作业吊篮专业安全知识的培训、考核与发证。对高处作业吊篮施工作业中,应派高处作业吊篮安装拆卸工进行施工现场的高处作业吊篮维护与保养,确保高处作业吊篮的安全使用。

2009年12月1日

苏州市建设局关于印发《苏州市建设局城市桥梁重大事故应急预案》的通知

苏建城[2009]65号

各市、区建设局,苏州工业园区规划建设局、苏州高新区建设局,各有关单位:

为了及时、有序、高效、妥善地处置可能发生的城市桥梁重大事故,保护公众生命财产安全,最大限度地减轻损失,维护社会稳定,保障经济发展,根据国家、省有关法律法规及《江苏省住房和城乡建设厅城市桥梁重大事故应急预案》的有关规定,我局制定了《苏州市建设局城市桥梁重大事故应急预案》,现将预案印发给你

们，请遵照执行。

2009年12月17日

苏州市建设局城市桥梁重大事故应急预案

目录

1 总 则

1.1 目的

为有效应对全市城市桥梁可能出现的重大事故，及时采取应急控制措施，组织实施抢险工作，最大限度地减少城市桥梁重大事故造成的损失，保障人民群众生命财产安全，特制定本预案。

1.2 工作原则

1.2.1 统一领导、明确职责

在市政府统一领导下，由市建设局牵头，地方人民政府根据城市桥梁事故等级、类型和职责分工，明确专职人员，落实应急处置责任，建立市(县)、区级城市桥梁行政主管部门二级预警体系。

1.2.2 分工协作、属地管理

城市桥梁重大应急事故处置实行属地负责制。各级城市人民政府是处置事故的主体，承担处置事故的首要责任。有关部门要各司其职，密切配合，动员社会力量，有组织地参与事故的处置活动，采取有力措施，将事故的危害控制在最小范围。

1.3 编制依据

《中华人民共和国安全生产法》、《中华人民共和国道路交通安全法》、《城市道路管理条例》、《建设工程质量管理条例》、《建设工程安全生产管理条例》等法律法规以及《建设部城市桥梁重大事故应急预案》、《江苏省突发公共事件总体应急预案》、《江苏省住房建设厅城市桥梁重大事故应急预案》。

1.4 适用范围

本预案适用于本市境内建设系统管辖范围

内的城市桥梁在养护、维修、检测、使用过程中出现重大隐患或发生坍塌等重大险情的重大安全事故。

2. 应急组织指挥体系及职责

2.1 市建设局应急组织指挥体系

在市政府的领导下，市建设局重大事故应急指挥小组，负责指导、协调城市桥梁重大事故应急处置工作。

2.1.1 指挥小组组成

组长：局长

副组长：分管安全生产副局长

分管城市桥梁副局长

成员：办公室主任

城市建设处处长

质量安全处处长

规划设计处处长

总工室主任

综合计划处处长

财务管理处处长

市市政建设管理处处长

指挥小组设立专家工作组，作为指挥小组的咨询机构。

在应急响应期间，指挥小组成员不在市内或有特殊情况时，由所在单位按职务排序递补。

2.1.2 指挥小组主要职责

贯彻落实国家、省有关重大生产安全事故和应急救援的规定；指导和协调城市桥梁重大事故应急工作，部署市政府交办的有关工作；及时了解掌握城市桥梁突发事故情况，根据情况需要，向市政府和有关部门报告、通报事故情况和应急措施的建议；根据事故等级，组织专家开展事故调查和提出善后处理意见。

2.1.3 指挥小组办公室组成和主要职责

指挥小组下设办公室。指挥小组办公室设在市建设局办公室，指挥小组办公室主任由市建设局办公室主任担任，副主任由城建处处长、市市政建设管理处处长担任，成员由指挥小组成员单位的联络员组成。

指挥小组办公室负责应急预案的日常协调工作；在应急响应期间负责指挥小组正副组长、成员单位和专家工作小组的联络，及时传达指挥小组组长的指示。应急响应时负责收集情况，提出报告和建议；及时传达和执行指挥小组的各项决策和指令，并检查和报告执行情况；指导和协调事故发生地积极开展城市桥梁的应急检修、抢险、排险、快速修复和恢复重建工作；负责与专家工作组的专家进行联络；负责事故的信息报道稿件和新闻发布的组织工作；负责救援车辆的调配和通讯联络工作等。

2.1.4 指挥小组成员单位的主要职责

(1) 办公室

负责与市政府应急机构及有关市级桥梁事故应急机构的联络，及时了解最新信息；负责与市政府等上级部门的联络，保证指挥小组正副组长及时参加市政府的有关会议；负责安排指挥小组办公地点并通知指挥小组成员参加指挥小组会议；根据指挥小组指示，协调各部门的应急工作，组织对事故发生地的人力、物力支援；审查城市桥梁重大事故的新闻发布稿件，编发事故应急情况简报；组织全市范围内应急知识的宣传教育。负责组织应急响应期间的新闻发布工作。负责了解城市桥梁重大突发事故情况，启动城市桥梁重大事故应急工作预案，报送指挥小组批准后执行；组织有关专家指导事故调查与处理；负责与市安全生产监督等部门联络，必要时，请有关部门给予支持。负责提出建设系统通讯保障的应急方案，并负责应急响应期间市建设局机关通讯系统的日常维护、快速修复工作。

(2) 城市建设处

起草防止城市桥梁重大事故的有关技术性文件；根据指挥小组指示，组织城市桥梁专家赴事故发生地协助当地的应急工作；指导事故发生地相关职能部门开展应急检修、抢险、排险、快速修复和恢复重建工作；按照指挥小组的指示，组织专家技术力量对事故发生地进行对口技术支援；负责核实地方上报的城市桥梁事故情况；负责建立城市桥梁应急技术专家库；协助相关部门开展事故调查。

(3) 市市政建设管理处

按照指挥小组指示，组织施工力量对事故发生地进行对口技术支持、支援；协助指导事故的调查与处理；督促各地相关部门提供城市桥梁建设的相关技术资料，为事故分析处理提供基础资料；做好桥梁重建、大修相关组织协调工作。

(4) 质量安全处

按照指挥小组的指示，负责与市安监、公安部门的协调与联系，负责做好事故的调查与处理。

(5) 规划设计处

按照指挥小组的指示，组织勘察、设计力量对事故发生地进行对口技术支持、支援；配合有关处室建立城市桥梁应急技术专家库。

(6) 总工室

按照指挥小组的指示，协助指挥小组技术咨询工作，负责城市桥梁应急科技研究计划和成果管理。

(7) 综合计划处、财务处

按照指挥小组的指示，负责城市桥梁事故损失的汇总上报工作，负责应急响应的经费保障。

2.1.5 专家工作组组成及主要职责

指挥小组专家工作组组长由指挥小组组长指定，成员由城市桥梁的设计、施工、电力工程、卫生防疫等方面的专家组成。

参加市建设局指挥小组统一组织的活动及专题研究；应急响应时，按照指挥小组的要求研究分析事故信息和有关情况，为应急决策提供咨询或建议；参与事故调查，对事故处理提出咨询意见；受指挥小组的指派，对事故发生地实施技术支持。

2.1.6 市建设局应急组织指挥体系框架

市建设局应急组织体系由市建设局有关处室，各市(县)、区建设局(城管局)等城市桥梁行政主管部门，以及专家小组和指挥小组办公室等单位组成。

市建设局桥梁重大事故应急组织指挥体系框架图见附录。

2.2 市(县)、区级应急组织体系及职责

2.2.1 市(县)、区级城市人民政府归口管理部门负责拟定本地区城市桥梁应急预案，报人民政府批准后实施。

城市人民政府确定的应急机构成员单位协助城市桥梁行政主管部门组织实施应急预案，完成现场应急处置和抢险救援工作。

2.2.2 桥梁事故事发地人民政府成立桥梁现场抢险指挥部，指挥部办公室设在城市桥梁行政主管部门，负责现场抢险救援工作的组织实施。视情况下设工程抢险组、交通保障组、市政抢险组、灾害救援组、专家技术组、安全保卫组、医疗救护组、新闻发布组、事故调查组、后续处置组等工作小组。

3 预警预防机制

3.1 工作准备

市(县)、区级城市桥梁行政主管部门时刻做好应对重大事故的思想准备和工作准备。应急机制的准备和资源准备和日常工作相结合，提高应急反应速度和处置水平。

3.2 日常维护

城市桥梁的日常养护维修、检测检查由各市(县)、区相应的桥梁养护管理单位负责。各城市桥梁养护管理单位应根据有关规定定期对桥梁进行检测，建立城市桥梁信息管理系统和技术档案。

3.3 隐患处置

建立事故隐患报告和奖励机制，对及时发现桥梁险情、避免恶性事故的人员给予奖励。有关部门接报后，要迅速查明情况，及时排除隐患，防患于未然。

4 应急响应

4.1 事故分级

按照城市桥梁的损坏程度和事故性质，城市桥梁重大事故分为一级事故、二级事故、三级

事故三个级别。

4.1.1 一级事故

(1) 桥长在2 000米以上的大桥，以及列入国家、重点文物保护单位的城市桥梁，因自然灾害、人为事故等导致桥梁安全受到严重威胁；

(2) 城市桥梁坍塌导致死亡和失踪人员30人以上的事故；

(3) 超出省级人民政府处置能力的，国家住建部认为需要处置的其他城市桥梁重大事故。

4.1.2 二级事故

(1) 除一级事故中规定以外的各类城市桥梁发生突然坍塌的事故。

4.1.3 三级事故

(1) 城市桥梁虽未坍塌，但桥面已出现沉陷、孔洞，主体结构失去承载力，随时可能出现坍塌事故，必须立即采取封桥断路措施的事故；

(2) 道路立交桥及道路下穿铁路立交桥，因超限车辆撞击上跨桥梁造成桥梁设备严重损坏事故。

4.2 预警启动

一旦确定发生一、二级事故，市建设局指挥小组立即向市级人民政府和省住建厅报告。

三级事故发生后，当地人民政府桥梁行政主管部门启动相应应急预案，并向所在地人民政府和苏州市建设局报告。

4.3 响应程序

(1) 城市桥梁发生事故后，城市桥梁养护管理单位应立即报告城市桥梁行政主管部门，城市桥梁行政主管部门迅速核实情况后，立即上报市政府。如城市公安机关交通管理部门发现或接到报警，应立即上报或通知城市桥梁行政主管部门和市公安局，同时直接报市政府。城市人民政府接到报告后迅速通知桥梁应急指挥部和有关成员单位赶赴桥梁事故现场。城市桥梁行政主管部门应随时向桥梁应急指挥部报告事故的后续情况。

城市桥梁发生一级事故，事发地县级城市人民政府应立即报告市级城市桥梁行政主管部门，由市级行政主管部门报告住建厅。特别紧急情况下，可由事发地城市人民政府直接报住建厅。

(2) 接到事故报告的各相关管理部门立即实施现场指挥，并启动先期处置应急预案，迅速采取有效措施，尽力控制事态发展，以减少人员伤亡和财产损失。城市桥梁行政主管部门迅速组织、安排桥梁养护单位的抢险队员进行抢险、抢修和现场处置；同时与公安机关交通管理部门协调、安排好交通疏导工作；必要时架设临时便桥，尽快恢复交通。

(3) 现场抢险指挥部指挥长负责事故现场应急处置的指挥。各专业部门接到报告后立即启动相关应急预案，迅速赶赴现场，按照事故的性质和现场情况，依据各自的职责组织并实施抢险救援工作。现场抢险指挥部其它管理领导在接到报告后立即到达现场，组织实施事故的应急处置和抢险救援工作。

(4) 市建设局根据事故等级和事故发展态势，协调指挥抢险救援，主要内容有：根据现场救援工作需要，协调有关部门、联系相关的队伍、装备、物资，保障事故抢险救援需要；组织有关专家指导现场抢救工作，协助当地人民政府提出对策方案；协调事故发生地相邻市、区配合、支援救援工作；调查分析事故原因。

4.4 新闻发布

城市桥梁事故的应急处置和抢险救援工作过程中，由事故发生地市政府新闻办负责组织、管理事故应急处置和抢险救援现场的新闻发布工作，做好新闻媒体组织协调工作，以确保信息正确、及时传递，并根据国家有关法律法规的规定向社会公布。一、二级事故由省住建厅和国家住建部组织新闻发布。

4.5 后期处理

事故的现场抢险救援结束后，由城市人民政府责成相关部门做好伤亡人员救治、慰问及善后处理，及时清理现场，迅速抢修受损设施，根据事故等级分别由住建部、省级城市桥梁行政主管部门和市级人民政府组织专家对事故进行调查分析，并按有关规定向社会通报事故相关情况。

5 应急结束

5.1 结束程序

按照"谁启动,谁结束"的原则,由有关应急机构决定应急结束,并通知相关单位和公众。特殊情况下,由省住建厅报国务院或国务院授权部门决定应急结束。

5.2 事故调查

5.2.1 各级城市桥梁行政主管部门在事故调查过程中,要认真分析原因,从规划、设计、施工、养护维修、管理各个方面提出改进建议。

5.2.2 重大质量安全事故调查应严格遵守国务院《特别重大事故调查程序暂行规定》的各项规定。

5.3 总结建议

5.3.1 市级应急机构负责整理和审查所有的应急记录和文件等资料;总结和评价导致应急状态的事故情况和在应急期间采取的主要行动。

5.3.2 市(县)、区级城市桥梁行政主管部门向市级城市桥梁行政主管部门,市级城市桥梁主管部门向省级城市桥梁主管部门分别及时做出书面总结报告。总结报告应包括下列基本内容:

(1) 发生事故的桥梁基本情况;

(2) 调查中查明的事实;

(3) 事故原因分析及主要依据;

(4) 发展过程及造成的后果(包括人员伤亡、经济损失)分析、评价;

(5) 采取的主要应急响应措施及其有效性;

(6) 事故结论;

(7) 事故责任人及其处理;

(8) 各种必要的附件;

(9) 调查中尚未解决的问题;

(10) 经验教训和安全建议。

6 应急保障

6.1 队伍保障

6.1.1 各城市桥梁养护单位组建本单位的抢险队,主要负责二级和三级事故的抢险抢修工作,参与一级事故的抢险抢修工作。

6.1.2 城市桥梁行政主管部门抢险队伍负责一级事故的抢险抢修工作。

6.1.3 抢险人员:具有丰富施工及抢险经验的管理人员;具有两项以上特种操作技能的工人,包括:电工、电气焊工、起重吊装工、架子工等人员。

6.2 通信保障

有关人员和有关单位的联系方式应保证能够随时联系,应急指挥网络电话24小时开通,保证信息及时畅通。应急救援单位应通过有线电话、移动电话、卫星、微波等通信手段,保证各有关方面的通讯联络畅通。

市级桥梁行政主管部门信息部门负责本地区城市桥梁应急信息收集、分析、处理,并向省住建厅信息中心报送重要信息。

6.3 技术保障

要充分利用现有的人才资源和技术设备资源,联系市内外专家和大专院校、科研机构,为应急状态提供技术支持。

6.4 运输保障

要充分利用现有的交通资源保证应急响应的需要。事故发生地城市人民政府要组织和调集足够的交通运输工具,保证现场应急救援工作需要。

6.5 医疗保障

事故发生地城市卫生行政主管部门负责应急处置工作中的医疗卫生保障,组织协调医疗救护队伍实施医疗救治。必要时,由市建设局联系医疗卫生部门组织有关救治力量支援。

6.6 物资保障

城市桥梁行政主管部门必须储备一定数量的常规救援物资,保证应急救援的需要,应急响应时服从调动。

6.7 经费保障

事故发生地城市人民政府应协调有关部门,提供应急经费,保障应急状态时经费使用。

6.8 宣教演习

要加强城市桥梁预防、抢险知识，教育城市桥梁养护单位加强日常的检查工作。各级城市桥梁行政主管部门要加强对抢险队伍的救援培训和演习工作。市级城市桥梁行政主管部门应加强监督和检查。

6.9 监督检查

市建设局应对其启动的城市桥梁应急预案实施全过程的监督和检查。

7 附 则

7.1 管理与更新

市建设局负责对本预案的管理与更新，定期对本预案组织评审，并视评审情况作出相应修改。

每次事故应急工作结束后，事故发生地桥梁行政主管部门应总结应急工作经验教训，征集有关单位对本预案的改进意见，必要时对本预案进行修改。本预案更新后，报市政府备案，并抄送有关部门。

7.2 沟通与协作

市(县)、区级城市桥梁事故应急机构应在应急期间加强与发改委、水利、交通、铁道、民政、公安、卫生、安全生产监督管理等相关部门的沟通与协作，共同做好事故应急工作。

7.3 奖励与责任

市建设局对在城市桥梁重大事故应急工作中做出突出贡献的集体和个人给予表彰和奖励；对玩忽职守、不听从指挥、不认真负责或临阵脱逃、擅离职守并造成严重后果的责任者报有关部门依法追究责任。

7.4 制作与解释

本预案由市建设局制定并解释。

7.5 预案的生效

本预案自发布之日起实施。

8. 附 录

苏州市建设局城市桥梁事故应急组织指挥体系框架示意图

附录：

苏州市建设局城市桥梁事故应急组织指挥体系框架示意图

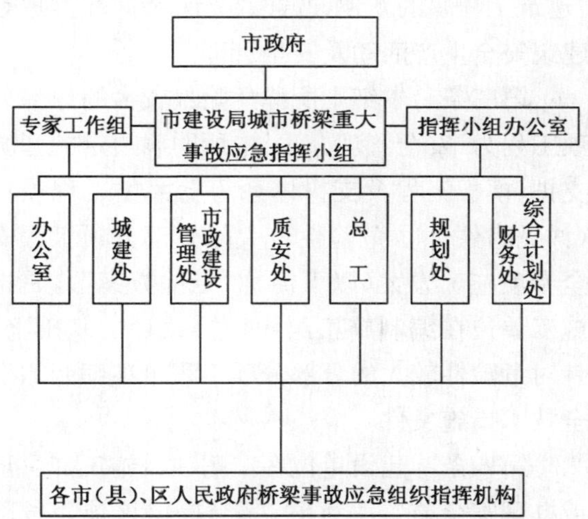

南通市建设局关于印发《南通市建筑工程危险性较大的分部分项工程安全管理细则》的通知

通建安[2009]253号

各县(市)、区建设局、建管局，各有关单位：

为加强我市对建筑工程中危险性较大的分部分项工程安全管理，根据住房和城乡建设部《危险性较大的分部分项工程安全管理办法》文件要求，制订了《南通市建筑工程危险性较大的分部分项工程安全管理细则》，现印发给你们，请遵照执行。

2009年8月25日

南通市建筑工程危险性较大的分部分项工程安全管理细则

第一条 为加强我市对建筑工程中危险性较大的分部分项工程安全管理，根据住房和城乡建设部《危险性较大的分部分项工程安全管理办法》(建质[2009]87 号文件,以下简称《安全管理办法》)及相关安全生产法律法规制定本细则。

第二条　本细则适用于南通市行政区域范围内房屋建筑和市政基础设施工程(以下简称"建筑工程")的新建、改建、扩建、装修和拆除等建筑安全生产活动及安全管理。

第三条　本细则所称危险性较大的分部分项工程为《安全管理办法》中所明确规定的基坑支护、模板工程及支撑体系等七大类工程项目(详见附件 1)。危险性较大的分部分项工程安全专项施工方案(以下简称"专项方案"),是指施工单位在编制施工组织(总)设计的基础上,针对危险性较大的分部分项工程单独编制的安全技术措施文件。

第四条　建设单位在申请项目施工许可证或办理安全监督手续时,应当提供该项目危险性较大的分部分项工程清单和安全管理措施。施工单位、监理单位应当建立危险性较大的分部分项工程安全管理制度。

第五条　施工单位应当在危险性较大的分部分项工程施工前编制专项方案;对于超过一定规模的危险性较大的分部分项工程,施工单位应当组织专家对专项方案进行论证。超过一定规模的危险性较大的分部分项工程范围为《安全管理办法》中所明确规定的深基坑、模板工程及支撑体系等六大类工程项目(详见附件 2)。

第六条　实行施工总承包的工程,专项方案应当由施工总承包单位组织编制。其中,起重机械安装拆卸工程、深基坑工程、附着式升降脚手架等专业工程实行分包的,其专项方案可由专业承包单位组织编制。

第七条　专项方案编制应当包括以下内容:

1. 工程概况:危险性较大的分部分项工程概况、施工平面布置、施工要求和技术保证条件。

2. 编制依据:相关法律、法规、规范性文件、标准、规范及图纸(国标图集)、施工组织设计等。

3. 施工计划:包括施工进度计划、材料与设备计划。

4. 施工工艺技术:技术参数、工艺流程、施工方法、检查验收等。

5. 施工安全保证措施:组织保障、技术措施、应急预案、监测监控等。

6. 劳动力计划:专职安全生产管理人员、特种作业人员等。

7. 计算书及相关图纸。

第八条　专项方案应当由施工单位技术部门组织本单位施工技术、安全、质量等部门的专业技术人员进行审核。经审核合格的,由施工单位技术负责人签字。实行施工总承包的,专项方案应当由总承包单位技术负责人及相关专业承包单位技术负责人签字。

不需专家论证的专项方案,经施工单位实行合格后报监理单位,由项目总监理工程师审查签字。

第九条　超过一定规模的危险性较大的分部分项工程专项工程专项方案应当由施工单位组织召开专家论证会。实行施工总承包的,由施工总承包单位组织召开专家论证会。

下列人员应当参加专家论证会:

1. 专家组成员;

2. 建设单位项目负责人或技术负责人;

3. 监理单位项目总监理工程师及相关人员;

4. 施工单位分管安全的负责人、技术负责人、项目负责人 、项目技术负责人、专项方案编制人员、项目专职安全生产管理人员;

5. 勘察、设计单位项目技术负责人及相关人员。

第十条　专家组成员应当由 5 名及以上符合相关专业要求的专家组成。

该项目参建各方的人员不得以专家身份参加专家论证会;工程项目所在地的建筑安全监管部门的安全监管人员不宜以专家身份参加论证。

第十一条　专家论证的主要内容：

1. 专项方案内容是否完整、可行；

2. 专项方案计算书和验算依据是否符合有关标准规范；

3. 安全施工的基本条件是否满足现场实际情况。

专项方案经论证后，专家组应当提交论证报告，对论证的内容提出明确的意见，并在论证报告上签字。该报告作为专项方案修改完善的指导意见。

第十二条　施工单位应当根据论证报告修改完善专项方案，并经施工单位技术负责人、项目总监理工程师、建设单位项目负责人签字后，方可组织实施。

实行施工总承包的，应当由施工总承包单位、相关专业承包单位技术负责人签字。

第十三条　专项方案经论证后需做重大修改的，施工单位应当按照论证报告修改，并重新组织专家进行论证。

第十四条　施工单位应当严格按照专项方案组织施工，不得擅自修改、调整专项方案。

如因设计、结构、外部环境等因素发生变化确需修改的，修改后的专项方案应当按本细则第八条重新审核。对于超过一定规模的危险性较大的分部分项工程的专项方案，施工单位应当重新组织专家进行论证。

第十五条　专项方案实施前，编制人员或项目技术负责人应当向现场管理人员和作业人员进行安全技术交底。

第十六条　施工单位应当指定专人对专项方案实施情况进行现场监督和按规定进行监测。发现不按照专项方案施工的，应当要求其立即整改；发现有危及人身安全的紧急情况时，应当立即组织作业人员撤离危险区域。

施工单位技术负责人应当定期巡查专项方案实施情况。

第十七条　对于按规定需要验收的危险性较大的分部分项工程，施工单位、监理单位应当组织有关人员进行验收。验收合格的，经施工单位项目技术负责人及项目总监理工程师签字后，方可进入下一道工序。

第十八条　监理单位应当将危险性较大的分部分项工程列入监理规划和监理实施细则，应当针对工程特点、周边环境和施工工艺等，制定安全监理工作流程、方法和措施。

第十九条　监理单位应当对专项方案实施情况进行现场监理；对不按专项方案实施的，应当责令整改，施工单位拒不整改的，应当及时向建设单位报告；建设单位接到监理单位报告后，应当立即责令施工单位停工整改；施工单位仍不停工整改的，建设单位应当及时向工程所在地建设（建筑）行政主管部门报告。

第二十条　根据《安全管理办法》规定，各施工单位应从项目所在地县级以上建设（建筑）主管部门公布的专家库中邀请专家进行论证。如确需邀请上述专家库以外的专家进行论证的，施工单位应在论证前将拟邀请专家的专业技术职称、从事专业工作经历等相关情况报当地县级以上建设（建筑）主管部门备案，经确认符合《安全管理办法》规定条件的，方可参加论证。

第二十一条　建设单位未按规定提供危险性较大的分部分项工程清单和安全管理措施，未责令施工单位停工整改的，未向工程所在地建设（建筑）行政主管部门报告的；施工单位未按规定编制、实施专项方案的；监理单位未按规定审核专项方案或未对危险性较大的分部分项工程实施监理的；工程所在地县级以上建设（建筑）行政主管部门应当依据有关法律法规予以处罚。

第二十二条　本细则自颁布之日起实施。《南通市建设工程重大危险源安全监控管理暂行办法》（通建安[2007]247号）文件停止执行。

附件：1. 危险性较大的分部分项工程范围

2. 超过一定规模的危险性较大的分部分项工程范围

附件 1:

危险性较大的分部分项工程范围

一、基坑支护、降水工程

开挖深度超过 3 m(含 3 m)或虽未超过 3 m 但地质条件和周边环境复杂的基坑(槽)支护、降水工程。

二、土方开挖工程

开挖深度超过 3 m(含 3 m)的基坑(槽)的土方开挖工程。

三、模板工程及支撑体系

(一) 各类工具式模板工程:包括大模板、滑模、爬模、飞模等工程。

(二) 混凝土模板支撑工程:搭设高度 5 m 及以上;搭设跨度 10 m 及以上;施工总荷载 10 kN/m^2 及以上;集中线荷载 15 kN/m^2 及以上;高度大于支撑水平投影宽度且相对独立无联系构件的混凝土模板支撑工程。

(三) 承重支撑体系:用于钢结构安装等满堂支撑体系。

四、起重吊装及安装拆卸工程

(一) 采用非常规起重设备、方法,且单件起吊重量在 10 KN 及以上的起重吊装工程。

(二) 采用起重机械进行安装的工程。

(三) 起重机械设备自身的安装、拆卸。

五、脚手架工程

(一) 搭设高度 24 m 及以上的落地式钢管脚手架工程。

(二) 附着式整体和分片提升脚手架工程。

(三) 悬挑式脚手架工程。

(四) 吊篮脚手架工程

(五) 自制卸料平台、移动操作平台工程。

(六) 新型及异型脚手架工程。

六、拆除、爆破工程

(一) 建筑物、构筑物拆除工程。

(二) 采用爆破拆除的工程。

七、其它

(一) 建筑幕墙安装工程。

(二) 钢结构、网架和索膜结构安装工程。

(三) 人工挖扩孔桩工程。

(四) 地下暗挖、顶管及水下作业工程。

(五) 预应力工程。

(六) 采用新技术、新工艺、新材料、新设备及尚无相关技术标准的危险性较大的分部分项工程。

附件 2:

超过一定规模的危险性较大的分部分项工程范围

一、深基坑工程

(一) 开挖深度超过 5 m(含 5 m)的基坑(槽)的土方开挖、支护、降水工程。

(二) 开挖深度虽未超过 5 m,但地质条件、周围环境和地下管线复杂,或影响毗邻建筑(构筑)物安全的基坑(槽)的土方开挖、支护、降水工程。

二、模板工程及支撑体系

(一) 工具式模板工程:包括滑模、爬模、飞模工程。

(二) 混凝土模板支撑工程:搭设

高度8 m及以上;搭设跨度18 m及以上,施工总荷载15 kN/m²及以上;集中线荷载20 kN/m²及以上。

(三)承重支撑体系:用于钢结构安装等满堂支撑体系,承受单点集中荷载700 Kg以上。

三、起重吊装及安装拆卸工程

(一)采用非常规起重设备、方法,且单件起吊重量在100 kN及以上的起重吊装工程。

(二)起重量300 kN及以上的起重设备安装工程;高度200 m及以上内爬起重设备的拆除工程。

四、脚手架工程

(一)搭设高度50 m及以上落地式钢管脚手架工程。

(二)提升高度150 m及以上附着式整体和分片提升脚手架工程。

(三)架体高度20 m及以上悬挑式脚手架工程。

五、拆除、爆破工程

(一)采用爆破拆除的工程。

(二)码头、桥梁、高架、烟囱、水塔或拆除中容易引起有毒有害气(液)体或粉尘扩散、易燃易爆事故发生的特殊建、构筑物的拆除工程。

(三)可能影响行人、交通、电力设施、通讯设施或其它建、构筑物安全的拆除工程。

(四)文物保护建筑、优秀历史建筑或历史文化风貌区控制范围的拆除工程。

六、其它

(一)施工高度50 m及以上的建筑幕墙安装工程。

(二)跨度大于36 m及以上的钢结构安装工程;跨度大于60 m及以上的网架和索膜结构安装工程。

(三)开挖深度超过16 m的人工挖孔桩工程。

(四)地下暗挖工程、顶管工程、水下作业工程。

(五)采用新技术、新工艺、新材料、新设备及尚无相关技术标准的危险性较大的分部分项工程。

中国建筑业协会关于印发《施工现场安全咨询服务实施办法》的通知

建协[2007]38号

各省、自治区、直辖市建筑业协会(联合会、施工行业协会),有关行业建设协会,国资委管理的有关建筑业企业,中国建筑业协会及建筑安全分会会员,中国太平洋人寿保险股份有限公司及各分支机构:

为贯彻落实科学发展观,以人为本,进一步提高施工现场人员安全意识和安全防范能力,遏制伤亡事故发生,依据《中华人民共和国建筑法》和建设部《加强建筑意外伤害保险工作的指导意见》,中国建筑业协会和中国太平洋人寿保险股份有限公司共同制定了《施工现场安全咨询服务实施办法》,现印发你们,请遵照执行。执行中有什么问题,请与中国建筑业协会质量安全部和建筑安全分会联系。

联系人及联系电话:

建筑安全分会:任彦札王兰英;010—58933693,68325148(传真)

质量安全部:李燕爱石卫;010—62164328,62139585(传真)

附件:施工现场安全咨询服务实施办法

2007年12月12日

附件：

施工现场安全咨询服务实施办法

第一章 总则

第一条 为了帮助施工现场人员提高安全意识和安全防范能力，消除施工现场不安全隐患，遏制伤亡事故发生，中国建筑业协会、中国太平洋人寿保险股份有限公司将合作组织开展施工现场安全咨询服务工作。

第二条 本办法适用于依据《建筑法》和建设部《关于加强建筑意外伤害保险工作的指导意见》，由建筑业企业向中国太平洋人寿保险股份有限公司办理了建筑职工意外伤害保险的施工现场（以下简称投保施工现场）。

第三条 本办法所称施工现场安全咨询服务，包括安全培训教育和施工现场安全风险评估、施工安全技术咨询以及帮助施工现场研究制订安全防范措施并敦促落实的咨询服务活动。

第四条 本办法所称施工现场人员，是指施工现场上的作业人员和各类管理人员，不包括临时到施工现场的其他人员。

第五条 施工现场安全咨询服务工作由中国建筑业协会会同中国太平洋人寿保险股份有限公司进行组织和协调，并接受建设行政主管部门的指导和监督。

凡具备施工现场安全咨询服务条件的地方、行业（建筑、建设）协会、中介组织，可以会同中国太平洋人寿保险股份有限公司各分支机构承办具体的施工现场安全咨询服务工作。

第二章 施工现场人员安全培训教育

第六条 对于投保施工现场的人员，要区别作业人员和管理人员有针对性地进行安全培训和安全教育。

第七条 对于施工现场各类管理人员进行安全培训和安全教育的主要内容是：

（一）国家和地方有关施工安全的法律、法规、规章及规范性文件和标准、规程；

（二）施工现场易发、多发伤亡事故的预防措施和应急预案；

（三）施工安全管理的基本知识和岗位职责；

（四）建筑意外伤害保险的基本知识。

第八条 对于施工现场作业人员的安全培训和安全教育的主要内容是：

（一）必要的施工安全法律法规知识和标准规程知识；

（二）进入施工现场应遵守的基本安全知识和本工种岗位职责；

（三）本工种的安全操作规程和安全操作技能；

（四）违章操作、冒险作业的危害及其预防，自我安全防护和必要的救护知识；

（五）建筑意外伤害保险的基本知识以及由此所能获得的保险权益和理赔事项。

第九条 对施工现场人员实施安全培训教育的同时，还要敦促和协助建筑业企业开展以下安全培训教育：

（一）对新入场工人进行三级安全教育；

（二）在节假日前后、发生伤亡事故或未遂伤亡事故、作业条件和环境改变时有针对性的安全教育；

（三）采用新技术、新工艺、新设备、新材料时的专项安全培训教育；

（四）投保建筑意外伤害保险的重要性和作用。

第十条　施工现场安全培训教育应当尽量安排在施工间隙或者业余时间进行，充分利用施工现场或者当地现有的条件和设施，并与农民工学校有机结合。

第十一条　施工现场安全培训教育的教材应当以案例为主，通俗易懂、形式多样，由中国建筑业协会统一组织编写。

第十二条　施工现场安全培训教育可以逐步推行“安全培训教育记录卡”（IC卡）制度，录入职工个人基本情况、接受安全培训教育、出勤以及其他重要信息，作为实施安全培训教育和一旦发生伤亡事故进行保险理赔的重要依据。

第三章　施工现场安全风险评估和安全技术咨询

第十三条　对于投保的施工现场，在开工前应当协助该工程项目管理部进行安全风险评估，其主要内容是：

（一）是否建立了有效的安全生产保证体系和安全生产管理责任制。

（二）在施工组织设计中有无可靠的安全技术措施，对专业性较强的分项工程有无专项安全施工组织设计或专项施工方案；对于经安全风险评估有不健全或不完善的方面，要提出改进的建议。

第十四条　在施工的不同阶段，对于投保的施工现场要依据《建筑施工安全检查标准》（JGJ59—99），协助该工程项目管理部对关键部位或重要环节查找不安全因素，帮助分析原因，提出改进意见及对策措施，以消除隐患、堵塞漏洞，预防和减少伤亡事故的发生。

第十五条　地方、行业建筑业（建设）协会或者中介组织从事施工现场安全咨询服务的，应当具备开展施工现场安全风险评估、安全技术咨询和施工现场人员安全培训教育等的能力和条件。中国建筑业协会会同中国太平洋人寿保险股份有限公司对其能力和条件进行确认，并对其工作开展情况进行评价；对于经确认或评价不合格的，不能从事向中国太平洋人寿保险股份有限公司投保施工现场的安全咨询服务业务。

第十六条　从事施工现场安全咨询服务的人员，应当具有五年以上（含五年）施工现场管理、施工现场安全监督或者从事施工安全科研、教学等方面的工作经历，并应当接受施工现场安全咨询服务的业务培训。

第四章 施工现场安全咨询服务工作的组织协调

第十七条 中国建筑业协会与中国太平洋人寿保险股份有限公司成立施工现场安全咨询服务工作协调组，负责组织、协调施工现场安全咨询服务工作的开展。

第十八条 中国建筑业协会组织地方、行业建筑业（建设）协会和有关中介组织，与中国太平洋人寿保险股份有限公司各分支机构合作，向在中国太平洋人寿保险股份有限公司投保意外伤害保险的建筑业企业，提供施工现场的安全生产风险评估，帮助制订安全风险防范措施，并为施工现场人员提供安全生产培训教育。

第十九条 中国太平洋人寿保险股份有限公司及其各分支机构承担开展施工现场安全咨询服务的相关费用，支持和推进施工现场安全咨询服务项目的发展。具体项目预算和工作内容，由中国太平洋人寿保险股份有限公司各分支机构同中国建筑业协会、中国太平洋人寿保险股份有限公司共同确认的地方、行业建筑业（建设）协会和有关中介组织协商确定。

第二十条 经确认可以承担施工现场安全咨询服务的地方、行业建筑业（建设）协会或者中介组织及其安全咨询服务人员，在从事施工现场安全咨询服务活动中应当严格履行职责、恪守诚信，为施工现场提供优质的安全咨询服务。对于不能胜任施工现场安全咨询服务工作的单位和人员，中国建筑业协会可以会同中国太平洋人寿保险股份有限公司不再委托其承担施工现场安全咨询服务工作。

第二十一条 建筑业企业应当配合开展施工现场安全咨询服务工作。中国太平洋人寿保险股份有限公司可以通过意外伤害保险浮动费率，鼓励建筑业企业按照施工现场安全咨询服务的意见进行整改，组织施工现场人员参加安全培训教育，提高施工现场的安全防护能力和水平，减少伤亡事故的发生。

第二十二条 本办法自发布之日起施行。

中国建筑业协会关于印发《建设工程项目施工工地安全文明标准化诚信评价试行办法》的通知

建协[2008]38 号

各省、自治区、直辖市建筑业协会（联合会、施工行业协会）、建设（建筑）安全协会及其安全专业委员会，有关行业建设协会及其安全专业委员会，解放军工程建设协会，国资委管理的有关建筑业企业，本协会建筑安全分会，直属会员单位：

为贯彻《建设部关于加快推进建筑市场信用体系建设工作的意见》（建市[2005]138 号）

和《中国建筑业协会关于印发〈建筑业企业信用评价试行办法〉等文件和开展第一批全国建筑业AAA级信用企业评价工作的通知》(建协[2008]36号)文件精神,进一步规范建筑施工安全生产工作,保障建筑职工的安全与健康,我会决定组织开展建设工程项目施工工地安全文明标准化诚信评价工作。现将《建设工程项目施工工地安全文明标准化诚信评价试行办法》予以印发,请遵照实施。

附件:建设工程项目施工工地安全文明标准化诚信评价试行办法

2008年11月19日

附件:

建设工程项目施工工地安全文明标准化诚信评价试行办法

第一条 为贯彻落实《建设部关于加快推进建筑市场信用体系建设工作的意见》(建市[2005]138号)和《中国建筑业协会关于印发〈建筑业企业信用评价试行办法〉等文件和开展第一批全国建筑业AAA级信用企业评价工作的通知》)(建协[2008]36号)精神,规范施工安全生产工作,保障建筑职工生命安全与健康,组织开展建设工程项目施工工地安全文明标准化诚信行业评价工作,制定本办法。

第二条 建设工程项目施工工地安全文明标准化诚信评价(以下简称安全诚信评价)是在政府主管部门指导下,由中国建筑业协会组织各地建筑业协会或建筑(建设)安全协会、有关行业建设协会、解放军工程建设协会和有关单位,对建筑业企业自愿申报的建设工程项目施工工地安全文明标准化实施的一项行业诚信评价。

有关单位是指没有成立建筑业(建设)协会并与中国建筑业协会商妥的归口本系统申报安全诚信评价的单位。

第三条 安全诚信评价的依据是:

(一)住房和城乡建设部建设工程项目施工工地安全生产不良行为记录认定标准(见附件1);

(二)《建筑施工安全检查标准》(JGJ59—99);

(三)建筑业企业与职工签订《劳动合同》中有关安全生产的约定条款。

第四条 安全诚信评价分为AAA、AA、A、B、C五级。

评价为AAA、AA、A级的,应当符合下列要求:

(一)在建设工程项目施工中,没有发生因违反安全生产法律、法规、规章或强制性标准而受到建设行政主管部门或其委托的建设工程安全监督机构行政处罚的;

(二)没有发生《国务院生产安全事故报告和调查处理条例》)(国务院第493号令)中规定的一般及其以上安全事故的;

(三)按照《建设工程项目施工工地安全文明标准化诚信评价评分表》(见附件2)评价的总分达到75分以上(含75分)的,其中75分～79分为A级,80分～89分为AA级,90分及以上为AAA级。

因建设工程项目施工工地违反安全生产法律、法规、规章或强制性标准,使企业受到降低资质等级或暂扣安全生产许可证的行政处罚,或者按照《建设工程项目施工工地安全文明标准化诚信评价评分表》评价的总分达不到75分的,应当评为B级。

因建设工程项目施工工地发生安全事故使企业受到吊销资质证书行政处罚的,应当评为C级。

第五条 地方建筑业企业向建设工程项目施工工地所在地的建筑业协会或建筑(建设)安全协会申请安全诚信评价。

有关行业、解放军或系统的建筑业企业向有关行业建设协会、解放军工程建设协会或有关单位申请安全诚信评价。

市(县、区)建筑业协会或建筑(建设)安全协会可作A级安全诚信评价并发布评价结果。

省、自治区、直辖市建筑业协会或建筑(建设)安全协会可作AA级安全诚信评价并发布评价结果。

有关行业建设协会、解放军工程建设协会和有关单位可作A、AA级安全诚信评价并发布评价结果。

中国建筑业协会负责AAA级安全诚信评价并发布评价结果。具体工作由中国建筑业协会建筑安全分会承办。

B、C级安全诚信评价及评价结果的发布,由与作出该行政处罚的政府主管部门相应的行业协会负责。

第六条 AAA级安全诚信评价程序如下:

(一)建筑业企业提出申请,各省、自治区、直辖市建筑业协会或建筑(建设)安全协会、有关行业建设协会、解放军工程建设协会和有关单位统一组织推荐,推荐时应当已被评为AA级,并应有当地或有关行业、解放军、有关单位建设工程安全监督机构的审查意见。

(二)中国建筑业协会组织对申请资料进行审查,通过专家抽查、互查等方式,对申请AAA级安全诚信评价的建设工程项目施工工地进行初评;将初评结果送建设部有关司征求意见,并在“中国建筑业协会网”上进行公示,公示期为10个工作日,公示期满后提交AAA级安全诚信评价工作委员会审定。AAA级安全诚信评价工作委员会由中国建筑业协会聘请有关方面领导和专家组成。

(三)中国建筑业协会对通过AAA级安全诚信评价的建设工程项目施工工地,授予“AAA级安全文明标准化诚信工地”称号,并予以公布。

第七条 申请AAA级安全诚信评价的建筑业企业,应具有独立法人资格,取得资质证书和相应的安全生产许可证。申请AAA级安全诚信评价的建设工程项目施工工地,其主体工程形象进度应达到70%以上,并应符合下列条件之一:

(一)公共建筑工程和住宅工程建筑面积在20 000平方米以上;

(二)工业、交通、水利工程中的大中型项目;

(三)市政、园林工程造价在2 000万元以上。

第八条 申请AAA级安全诚信评价的建筑业企业,应当提供以下资料:

(一)《AAA级建设工程项目施工工地安全文明标准化诚信评价申请表》(见附件3);

(二)企业法人营业执照、资质证书和安全生产许可证的复印件;

(三)施工工地的安全文明标准化诚信建设情况介绍,包括主要业绩、做法、经验及其证明文件和材料,以及荣获文明工地、安全标准化工地等文件复印件等;

(四)推荐协会或有关单位的评价结果,当地或有关行业、解放军、有关单位建设工程安全监督机构的审查意见;

(五)反映施工工地安全生产、文

明施工情况的DVD光盘(不少于5分钟)。

第九条　申报企业提供的资料应真实有效。如发现弄虚作假,该企业2年内不得申报施工工地安全诚信评价,并在"中国建筑业协会网"上公布其行为。

第十条　AAA级安全诚信评价每年组织一次。中国建筑业协会每年5月31日前受理AAA级安全诚信评价申请。评价期为该建设工程项目施工工地自开工之日起至上年12月31日止。

第十一条　对于取得"AAA级安全文明标准化诚信工地"称号的,如果发现不符合AAA级安全诚信评价标准要求的,经组织核查确认后,中国建筑业协会将撤销其称号,并在"中国建筑业协会网"上公布有关情况。

第十二条　开展安全诚信评价的地方、有关行业、解放军建筑业(建设)协会和有关单位,可依据本办法,结合各自实际情况制定实施办法。

第十三条　从事安全诚信评价工作的所有人员,都应当秉公办事,廉洁自律。对于有影响安全诚信评价公平、公正行为的人员,有关协会或单位应当视其情节轻重和造成的后果,予以行政处分或取消其参加安全诚信评价资格等处理。

第十四条　本办法自发布之日起施行。

附件:

1. 建设工程项目施工工地安全生产不良行为记录认定标准

2. 建设工程项目施工工地安全文明标准化诚信评价评分表

3. AAA级建设工程项目施工工地安全文明标准化诚信评价申请表(略)

附件 1：

建设工程项目施工工地安全生产不良行为记录认定标准

序号	不良行为	法律法规依据	处罚依据
1	主要负责人在本单位发生重大生产安全事故时，不立即组织抢救或者在事故调查处理期间擅离职守或者逃匿的；主要负责人对生产安全事故隐瞒不报、谎报或者拖延不报的	《安全生产法》第七十条，《建设工程安全生产管理条例》第五十条，第五十一条	《安全生产法》第九十一条
2	对建筑安全事故隐患不采取措施予以消除的	建筑法》第四十四条	《建筑法》第七十一条
3	未设立安全生产管理机构、配备专职安全生产管理人员或者分部分项工程施工时无专职安全生产管理人员现场监督的	《建设工程安全生产管理条例》第二十三条、第二十六条	《安全生产法》第八十二条，《建设工程安全生产管理条例》第六十二条
4	主要负责人、项目负责人、专职安全生产管理人员、作业人员或者特种作业人员，未经安全教育培训或者经考核不合格即从事相关工作的	《建筑法》第四十六条、《建设工程安全生产管理条例》第三十六条、第三十七条、第二十五条	《安全生产法》第八十二条，《建设工程安全生产管理条例》第六十二条
5	未在施工现场的危险部位设置明显的安全警示标志，或者未按照国家有关规定在施工现场设置消防通道、消防水源、配备消防设施和灭火器材的	《建设工程安全生产管理条例》第二十八条、第三十一条	《安全生产法》第八十三条，《建设工程安全生产管理条例》第六十二条
6	未向作业人员提供安全防护用具和安全防护服装的	《建设工程安全生产管理条例》第三十二条	《安全生产法》第八十三条，《建设工程安全生产管理条例》第六十二条
7	未按照规定在施工起重机械和整体提升脚手架、模板等自升式架设设施验收合格后登记的	《建设工程安全生产管理条例》第三十五条	《安全生产法》第八十三条，《建设工程安全生产管理条例》第六十二条
8	使用国家明令淘汰、禁止使用的危及施工安全的工艺、设备、材料的	《建设工程安全生产管理条例》第三十四条	《安全生产法》第八十三条，《建设工程安全生产管理条例》第六十二条
9	违法挪用列入建设工程概算的安全生产作业环境及安全施工措施所需费用	《建设工程安全生产管理条例》第二十二条	《建设工程安全生产管理条例》第六十三条

续 表

序号	不良行为	法律法规依据	处罚依据
10	施工前未对有关安全施工的技术要求作出详细说明的	《建设工程安全生产管理条例》第二十七条	《建设工程安全生产管理条例》第六十四条
11	未根据不同施工阶段和周围环境及季节、气候的变化，在施工现场采取相应的安全施工措施，或者在城市市区内的建设工程的施工现场未实行封闭围挡的	《建设工程安全生产管理条例》第二十八条、第三十条	《建设工程安全生产管理条例》第六十四条
12	在尚未竣工的建筑物内设置员工集体宿舍的	《建设工程安全生产管理条例》第二十九条	《建设工程安全生产管理条例》第六十四条
13	施工现场临时搭建的建筑物不符合安全使用要求的	《建设工程安全生产管理条例》第二十九条	《建设工程安全生产管理条例》第六十四条
14	未对因建设工程施工可能造成损害的毗邻建筑物、构筑物和地下管线等采取专项防护措施的	《建设工程安全生产管理条例》第三十条	《建设工程安全生产管理条例》第六十四条
15	安全防护用具、机械设备、施工机具及配件在进入施工现场前未经查验或者查验不合格即投入使用的	《建设工程安全生产管理条例》第三十四条	《建设工程安全生产管理条例》第六十五条
16	使用未经验收或者验收不合格的施工起重机械和整体提升脚手架、模板等自升式架设设施的	《建设工程安全生产管理条例》第三十五条	《建设工程安全生产管理条例》第六十五条
17	委托不具有相应资质的单位承担施工现场安装、拆卸施工起重机械和整体提升脚手架、模板等自升式架设设施的	《建设工程安全生产管理条例》第十七条	《建设工程安全生产管理条例》第六十五条
18	在施工组织设计中未编制安全技术措施、施工现场临时用电方案或者专项施工方案的	《建设工程安全生产管理条例》第二十六条	《建设工程安全生产管理条例》第六十五条
19	主要负责人、项目负责人未履行安全生产管理职责的，或不服管理、违反规章制度和操作规程冒险作业的	《建设工程安全生产管理条例》第二十一条、第三十三条	《建设工程安全生产管理条例》第六十六条
20	施工单位取得资质证书后，降低安全生产条件的；或经整改仍未达到与其资质等级相适应的安全生产条件的	安全生产许可证条例》第十四条	《建设工程安全生产管理条例》第六十七条，《建筑施工企业安全生产许可证管理规定》第二十三条
21	取得安全生产许可证发生重大安全事故的	《安全生产许可证条例》第十四条	《建筑施工企业安全生产许可证管理规定》第二十二条

续　表

序号	不良行为	法律法规依据	处罚依据
22	未取得安全生产许可证擅自进行生产的	《安全生产许可证条例》第二条	安全生产许可证条例》第十九条,《建筑施工企业安全生产许可证管理规定》第二十四条
23	安全生产许可证有效期满未办理延期手续,继续进行。生产的,或逾期不办理延期手续,继续进行生产的	《安全生产许可证条例》第九条	《安全生产许可证条例》第二十条、第十九条,《建筑施工企业安全生产许可证管理规定》第二十五条、第二十四条
24	转让安全生产许可证的;接受转让的;冒用或者使用伪造的安全生产许可证的	《安全生产许可证条例》第十三条	《安全生产许可证条例》第二十一条、第十九条、《建筑施工企业安全生产许可证管理规定》第二十六条、二十四条

附件 2:

建设工程项目施工工地安全文明标准化诚信评价评分表

序号	评价内容	扣分标准	应得分数	扣减分数	实得分数
1	按照《建筑施工安全检查标准》(JGJ59—99)检查	经建设行政主管部门或建设工程安全监督机构按照《建筑施工安全检查标准》检查:75 分—79 分得 50 分;80 分—84 分得 55 分;85 分—89 分得 60 分;90 分—94 分得 65 分;95 分以上得 70 分。	70 分		
2	依法建立和完善劳动规章制度,保障劳动者享有劳动权利和切身利益	在制定、修改或决定有关劳动安全卫生、保险福利等直接涉及劳动者切身利益的规章制度或重大事项时,没有经过职工代表大会或全体职工讨论协商确定的扣 5 分;没有对其公示或告知劳动者的扣 3 分;在招用劳动者时,没有如实告知职业危害、安全生产状况的扣 2 分	10 分		
3	签订《劳动合同》,提供劳动保护条件	《劳动合同》中没有签订劳动保护、劳动条件和职业危害防护的扣 5 分;未按照《劳动合同》的约定提供劳动保护或劳动条件的扣 5 分	10 分		
4	有无违章指挥或强令冒险作业	以暴力、威胁等手段强迫劳动者劳动的或违章指挥、强令冒险作业危及劳动者人身安全的扣 5 分;将劳动者拒绝违章指挥、强令冒险作业视为违反劳动合同或解除劳动合同的扣 5 分。	10 分		
总　　计			100 分		

江苏省建筑安全与设备管理协会公告
第1号

《江苏省建筑施工机械设备租赁企业行业确认与信用评价管理办法》已于2008年8月28日经江苏省建筑安全与设备管理协会第四届常务理事会第七次会议审议通过，并经本协会理事长批准，现予公布。

江苏省建筑安全与设备管理协会秘书处

2008年9月1日

附件：《江苏省建筑施工机械设备租赁企业行业确认与信用评价管理办法》

江苏省建筑施工机械设备租赁企业行业确认与信用评价管理办法

第一条　为规范建筑施工机械设备租赁企业行业确认与信用评价行为，促进建筑施工机械设备租赁行业健康发展，根据国家建设部转发的《建筑施工机械租赁行业管理办法》（建办市[2006]82号文）制订本办法。

第二条　本办法所称建筑施工机械设备，是指用于建设工程施工的起重机械（塔式起重机、施工升降机、物料提升机、移动式起重机）、混凝土机械、桩工机械、土石方机械、掘进机械等机械设备和模板、附着式升降脚手架、高处作业吊篮、脚手架钢管、扣件等施工机具。

第三条　建筑施工机械设备租赁企业实行行业确认与信用评价的行业自律制度。实行行业确认和信用评价的企业，包括专门从事建筑施工机械设备和施工机具租赁的企业以及对社会开展建筑施工机械设备和施工机具租赁活动的建筑施工企业。

江苏省建筑安全与设备管理协会的会员单位在从事建筑施工机械设备出租或者承租活动时，应当遵守本办法的规定。鼓励从事建筑施工机械设备租赁活动的承租方租用经行业确认和信用良好的企业出租的机械设备。

第四条　江苏省建筑安全与设备管理协会为会员单位和建筑施工机械设备租赁企业提供行业确认、行业信用评价、建筑施工机械租赁信息服务。

建筑施工机械设备租赁企业行业确认和信用评价，实行企业自愿申报，江苏省建筑安全与设备管理协会严格考核和自主决定是否发给行业确认书及评定信用等级的原则。

第五条　建筑施工机械设备租赁企业的行业确认，按企业从事租赁活动的区域划分为省域内和省域外租赁活动的确认。省外企业在本省从事建筑施工机械设备租赁活动，应该具有中国建筑业协会机械管理与租赁分会核发的跨地区租赁经营的行业确认书。本省企业需要到省外从事建筑施工机械设备租赁经营活动可向江苏省建筑安全与设备管理协会提出申请，经初审后报送中国建筑业协会机械管理与租赁分会审核进行行业确认。在本省省域内从事建筑施工机械设备租赁经营活动的企业，其行业确认工作由江苏省建筑安全与设备管理协会办理。

第六条　从事建筑施工机械设备租赁经营的企业，其申请行业确认时应当具备下列条件：

（一）建筑施工机械租赁企业：

1. 具有工商营业执照、税务登记证，注册资金30万元及其以上；

2. 具有健全的企业管理制度和安全生产保障体系；

3. 供租赁的机械设备不得少于20台(套)，或者总功率不少于300千瓦；

4. 具有满足租赁及其服务要求的机械设备维修保养、存放基地和必要的维修检测设备，基地面积一般不小于2 000平方米；

5. 专业管理人员和专业技术人员不少于5人，其中至少应有1名本专业中级专业技术职称人员；

6. 机械操作人员必须经过行业培训并持有培训合格证。特种作业人员持有省建设行政主管部门核发或者认可的执业证件；

7. 其它应当满足开展租赁经营活动的条件。

(二) 施工机具租赁企业：

1. 具有工商营业执照、税务登记证，注册资金20万元及其以上；

2. 具有健全的企业管理制度和安全生产保障体系；

3. 经营场地1 000平方米以上，具有必要的维修设备及机具；

4. 拥有60吨以上可供租赁的模板、脚手架钢管、扣件；

5. 专业管理人员不得少于4人；

6. 其它应当满足开展租赁经营活动的条件。

第七条　建筑施工机械设备租赁企业申请行业确认时应当提供下列资料：

(一) 建筑施工机械租赁企业行业确认申请表(附表1)；

(二) 工商营业执照、税务登记证和企业代码证原件和复印件；

(三) 相关管理人员、技术人员、操作人员的职称证书的原件和复印件，职工花名册；

(四) 申报之日前三个月的企业资产负债表；

(五) 企业管理制度和安全生产保障体系；

(六) 机械(机具)的制造许可证、合格证、产品鉴定证书、检测报告、大修后的检测合格证明、质量保证书等的原件和复印件。

第八条　江苏省建筑安全与设备管理协会设立建筑施工机械设备租赁企业行业确认委员会，受理建筑施工机械设备租赁企业的行业确认申请，派出专家组进行考核，由行业确认委员会以票决制决定是否同意行业确认。对同意予以确认的企业，颁发《建筑施工机械设备租赁企业行业确认书》。

第九条　建筑施工机械设备租赁企业行业确认书有效期为两年。企业应当于期满前一个月向江苏省建筑安全与设备管理协会申请办理延期手续。

第十条　建筑施工机械设备租赁企业应当遵守国家法律、法规，合法经营、照章纳税，以安全第一、诚信服务为宗旨从事租赁经营活动。

第十一条　取得行业确认书的建筑施工机械设备租赁企业应当建立机械设备技术管理档案。出租的机械设备的技术性能、安全装置应当符合国家技术标准的要求和达到本省《施工现场机械设备完好技术标准》(苏DGJ32/TJ03—2004)的要求。

第十二条　取得行业确认书的建筑施工机械设备租赁企业，不得出租下列机械设备和机具：

(一) 未取得国务院特种设备安全监督管理部门颁发制造许可证的产品(不含没有实行制造许可证的产品)；

（二）技术性能不能满足安全生产要求的；

（三）安全装置不齐全的；

（四）大修后未经检测或者经检测达不到国家技术标准要求的；

（五）严重污染环境，危害人身健康的；

（六）属于国家或者本省明令淘汰或者报废的。

第十三条　江苏省建筑安全与设备管理协会设立信用考核委员会，定期组织对租赁企业的服务质量、社会信用进行行业评价，并向社会公布评价结果。

信用等级实行星级制，共分为五级，以五星级为最高级别。具体评价的指标体系和标准另行制定。

第十四条　建筑施工机械设备租赁企业信用评价的主要内容包括：

（一）租赁方评价。

1. 企业安全生产管理情况；

2. 用于租赁的机械设备完好情况；

3. 机械设备故障排除、维护保养、定期检查情况；

4. 租赁合同签订、履约及诚信情况；

5. 机械设备安全使用情况；

6. 行业自律公约执行情况。

（二）使用方评价。

1. 租赁企业服务质量满意度；

2. 合同履约情况；

3. 与租赁方生产安全管理配合情况。

（三）社会评价。

1. 租赁双方投诉及处理情况；

2. 出租和使用施工机械的环保、节能、安全、文明施工措施的落实情况；

3. 有无不正当竞争等其他情况。

第十五条　江苏省建筑安全与设备管理协会对经行业确认的建筑施工机械设备租赁企业因管理不善造成机械设备重大生产安全事故或者造成社会恶劣影响的，收回行业确认书，并予以公告。

第十六条　本办法由江苏省建筑安全与设备管理协会负责解释。

第十七条　本办法自公布之日起施行。

附件：建筑施工机械设备租赁企业行业确认申请表

附件：

建筑施工机械设备租赁企业行业确认申请表

企业名称：（盖章）

独立法人□ 分支机构□

申请租赁活动区域：

主要租赁机械种类：

申报时间：

企业(分支机构)负责人： 法定代表人□

分支机构负责人□

江苏省建筑安全与设备管理协会印制

建筑施工机械设备租赁企业概况表

年　月　日

企业名称					
所在地址				邮编	
工商营业执照注册号		税务登记证号		注册资金	
法定代表人		电话		手机	
联系人		电话		手机	
企业人员（总　数）		出租机械数（总台数）		设备总值	
设备净值		持有培训合格证书人数			
企业简介：					

建筑施工机械设备租赁企业自有建筑施工机械

序　号	设备名称	规格型号	台　数	设备总价值	设备总功率	注册登记证号

注：注册登记证号为在建设行政主管部门注册的一机一号的登记证号。

建筑施工机械设备租赁企业全员人员名单

序　号	姓　名	岗位名称	级　别	培训合格证书编号	身份证号码

建筑施工机械维修检测设备明细表

序　号	设备名称	规格型号	台　数	备　注

建筑施工机械设备租赁企业考核确认情况

<table>
<tr><td>专家组考核意见</td><td>专家组组长(签字)
年　月　日</td></tr>
<tr><td>行业确认委员会确认意见</td><td>委员会主任(签字)
年　月　日</td></tr>
</table>

江苏省建筑安全与设备管理协会公告 第2号

《江苏省建筑施工安全防护用品、机电设备产品推荐使用管理办法》已于2008年8月28日经江苏省建筑安全与设备管理协会第四届常务理事会第七次会议审议通过,并经本协会理事长批准,现予公布。

江苏省建筑安全与设备管理协会秘书处

2008年9月1日

附件:《江苏省建筑施工安全防护用品、机电设备产品推荐使用管理办法》

江苏省建筑施工安全防护用品、机电设备产品推荐使用管理办法

第一条　为加强建筑施工现场安全防护用品、机电设备产品使用的安全管理,保证施工安全,特制定本办法。

第二条　本办法所称建筑施工安全防护用品、机电设备产品是指建筑施工现场使用的安全帽、安全带、安全防护网、施工升降机、塔式起重机、物料提升机、附着式升降脚手架、施工临时用电配电箱、漏电保护器等建筑施工活动中常用的安全防护用品和机电设备产品。

第三条　江苏省建筑安全与设备管理协会(以下简称产品推荐单位)为在本省境内建筑施工现场使用的安全防护用品、机电设备产品的生产企业提供产品推荐使用服务。

第四条　建筑施工安全防护用品、机电设备产品的推荐使用,实行产品生产企业自愿申报与产品推荐单位严格考核,由推荐产品考核委员会自主决定是否推荐的原则。国家或者行业明令淘汰或者安全性能差、技术落后的产品,不予推荐使用。

第五条　要求产品推荐的生产企业,应当具备以下条件:

(一)具有工商营业执照、税务登记证和独立的生产经营场所;

(二)企业管理制度和安全生产保障体系;

(三)产品的性能、质量符合国家和行业技术标准;

(四)具备确保产品性能、质量的生产能力;

(五)符合行业管理部门其他有关要求。

第六条　产品生产企业向产品推荐单位申请产品推荐使用时,应当提供以下资料:

(一)推荐使用申报表(见附件1);

(二)企业法人营业执照;

(三)特种设备制造许可证。未实行许可证的产品应当提供省级以上有关部门的鉴定报告;

(四)产品生产技术标准;

(五)经国家认可的检验检测机构的检验检测报告。

第七条　产品推荐单位设立推荐产品考核委员会和考核专家组,对申报产品进行考核与审定工作。考核委员会的组成人员不少于七人,设主任、副主任各一名,委员若干名,以票决制决定申报产品是否向社会推荐。考核专家组的组成人员不少于三人,设组长一名,组员若干人,具体负责现场考核。考核结束后向考核委员会提出书面报告供考核委员会决策。

第八条　产品推荐单位在收到产品生产企业申报产品推荐使用的资料后，按照本办法第六条的规定进行初审。初审符合要求的，由产品推荐单位组织考核专家组到产品申报企业进行考核。考核内容为：

（一）听取申报企业汇报，检查申报企业各项管理制度以及保证产品质量的措施；

（二）考察申报企业生产场所、生产规模以及生产设施、设备；

（三）查验相关申报资料的原件；

（四）随机抽取成品或者样机，按有关标准逐项进行测试，并做好测试记录。

第九条　产品推荐单位组织并派出的考核专家组在考核过程中，应当遵守考核规定，实事求是地记录和反应产品的生产制造和质量情况。

第十条　产品推荐单位对经考核委员会同意推荐使用的产品，向申报企业颁发产品推荐使用证书并向社会公告。产品推荐使用证书有效期为两年，有效起止日期在证书上注明。

第十一条　产品生产企业在产品推荐使用证书有效日期到期前，自主决定是否申请续期。申请续期的，应当向产品推荐单位提供产品推荐续期申请表（见附件2）、企业法人营业执照（复印件）、原产品推荐使用证书、企业上年度营业销售报表。产品推荐单位经过考核，对符合第五条要求的产品，发给新的产品推荐使用证书。

第十二条　产品生产企业应当遵守国家法律、法规和行业自律的规定，向建筑施工企业提供合格产品。江苏省建筑安全与设备管理协会会员企业应当使用经推荐的安全防护用品和机电设备产品并鼓励省内建筑施工企业使用经推荐的安全防护用品和机电设备产品。

第十三条　产品使用推荐实行动态管理。产品推荐单位定期或不定期地对使用所推荐产品的企业，进行走访和开展市场调查。对诚信不良、用户意见大、售后服务差、产品质量下降、搭售劣质产品的企业，收回产品推荐使用证书并向社会予以公告。

第十四条　产品推荐单位本着“取之于民、服务企业，会员单位和非会员单位有别”的原则，适当收取产品推荐服务费用。

第十五条　产品推荐考核委员会和专家组成员，应当遵守行业自律规定，不得收受申报企业的礼金、礼品。申报企业如发现产品推荐单位违反规定发放产品推荐使用证书或者考核人员在考核过程中有违规行为的，可以向省建筑业行业主管部门或者有关三管部门举报。

第十六条　产品推荐单位每年向省建筑业行业主管部门报告全省建筑施工安全防护用品、机电设备产品推荐使用和有关动态管理情况，并及时听取主管部门的指导意见。

第十七条　本办法由江苏省建筑安全与设备管理协会解释。

第十八条　本办法自公布之日起施行。

附件1：产品推荐使用申报表

附件2：产品推荐使用续期申请表

附件 1：

江苏省建筑施工安全防护用品
机电设备产品

推荐使用申报表

申报单位：________________________________（盖章）

申报日期：________________________________

江苏省建筑安全与设备管理协会印制

<table>
<tr><td>企业名称</td><td colspan="2"></td><td>电　　话</td><td></td></tr>
<tr><td>详细地址</td><td colspan="2"></td><td>邮政编码</td><td></td></tr>
<tr><td colspan="2">法定代表人</td><td></td><td>联系电话</td><td></td></tr>
<tr><td colspan="2">联系人</td><td></td><td>联系电话</td><td></td></tr>
<tr><td colspan="2">申报产品名称</td><td></td><td>注册商标</td><td></td></tr>
<tr><td colspan="2">产品型号、参数</td><td colspan="3"></td></tr>
<tr><td colspan="5">企业简介：(包括企业成立时间、生产能力、质量保证措施、测试手段、社会信誉等方面，有关资料复印件附后)</td></tr>
</table>

产品推荐单位初审意见	初审负责人(签字) 年　月　日
专家组考核意见	专家组组长(签字) 年　月　日
考核委员会审定意见	委员会主任(签字) 年　月　日

附件 2：

江苏省建筑施工安全防护用品
机电设备产品

推荐使用续期申报表

申报单位：________________________________（盖章）

申报日期：________________________________

江苏省建筑安全与设备管理协会印制

<table>
<tr><td colspan="2">企业名称</td><td colspan="2"></td><td>电　话</td><td></td></tr>
<tr><td colspan="2">详细地址</td><td colspan="2"></td><td>邮政编码</td><td></td></tr>
<tr><td colspan="2">法定代表人</td><td colspan="2"></td><td>联系电话</td><td></td></tr>
<tr><td colspan="2">联系人</td><td colspan="4">联系电话</td></tr>
<tr><td colspan="2">申报产品名称</td><td colspan="2"></td><td>注册商标</td><td></td></tr>
<tr><td colspan="2">产品型号、参数</td><td colspan="4"></td></tr>
<tr><td colspan="2">产品推荐使用证号</td><td></td><td colspan="2">有效起止日期</td><td></td></tr>
<tr><td colspan="6">企业上年度生产经营情况(可另附页)</td></tr>
<tr><td>续期专家组考核意见</td><td colspan="5">专家组组长(签字)
年　月　日</td></tr>
<tr><td>考核委员会审定意见</td><td colspan="5">委员会主任(签字)
年　月　日</td></tr>
</table>

江苏省建筑安全与设备管理协会公告
第3号

《江苏省建筑施工起重机械安装检验机构行业确认管理办法》已于2008年8月28日经江苏省建筑安全与设备管理协会第四届常务理事会第七次会议审议通过，并经本协会理事长批准，现予公布。

江苏省建筑安全与设备管理协会秘书处

2008年9月27日

附件：《江苏省建筑施工起重机械安装检验机构行业确认管理办法》

江苏省建筑施工起重机械安装检验机构行业确认管理办法

第一条　为加强建筑施工起重机械使用的安全管理，规范专门从事建筑施工起重机械使用过程安装质量检验机构（以下简称建筑起重机械检验机构）的检验行为，根据建设部《建筑起重机械安全监督管理规定》（第166号令），结合本省实际，制订本办法。

第二条　本办法所称建筑施工起重机械，是指在房屋建筑工地和市政工程工地安装使用的起重机械（塔式起重机、施工升降机、物料提升机、移动式起重机）、附着式升降脚手架、高处作业吊篮以及桩工机械等。

第三条　对专门从事建筑起重机械检验活动的机构实行行业确认与信用评价的行业自律制度。

江苏省建筑安全与设备管理协会为专门从事建筑起重机械检验机构提供行业确认、行业信用评价服务。

第四条　建筑起重机械检验机构行业确认和信用评价，实行自愿申报，江苏省建筑安全与设备管理协会严格考核和自主决定是否发给行业确认书及评定信用等级的原则。

第五条　建筑起重机械检验机构申报行业确认时应当具备下列条件：

（一）具有工商营业执照和税务登记证；

（二）具有健全的管理规章制度、检验质量和安全生产保障体系：

(1) 检验质量保障体系；

(2) 检验工作程序文件；

(3) 检验安全操作规程；

(4) 检验人员岗位责任制度；

(5) 检验行政管理制度。

（三）检验人员能满足工作需要：

(1) 高级工程师或工程师（机械专业）1名及以上；

(2) 工程师或技师（电气专业）1名及以上；

(3) 专业技术人员（机械、土建专业）2名及以上；

(4) 工人（机械、电工、操作工等）若干名；

以上人员均应持证上岗。

（四）具备开展相应检验工作的仪器与设备；

（五）满足开展检验工作的其它条件。

第六条　建筑起重机械检验机构申报行业确认时应提供下列资料：

（一）建筑起重机械检验机构行业确认申请表（附表1）；

（二）工商营业执照、税务登记证原件和复印件；

（三）相关人员的上岗证、职称证书原件和复印件、职工名册；

（四）管理制度和质量、安全生产

保障体系；

（五）检验用仪器与设备目录；

（六）检验技术方案和检验报告样表。

第七条　江苏省建筑安全与设备管理协会设立建筑起重机械检验机构行业确认委员会，受理申报，派出专家组进行考核，以票决制决定是否同意行业确认。对同意予以确认的，颁发《建筑施工起重机械检验机构行业确认书》。

第八条　《建筑施工起重机械检验机构行业确认书》有效期为两年。被确认的检验机构应当于期满前一个月向江苏省建筑安全与设备管理协会申报续延手续。

第九条　建筑起重机械检验机构应当遵守国家法律、法规，严格执行技术规范，合法经营、照章纳税，以安全为本，质量至上，诚信服务为宗旨开展工作。

第十条　鼓励建筑起重机械检验机构研究新的检验方法和使用先进、科学的检验仪器与设备。

第十一条　建筑起重机械检验机构应当向受检单位提供检验报告，并对检验检测结果和结论负责。

第十二条　江苏省建筑安全与设备管理协会对核发行业确认书的建筑起重机械检验机构实行信用评价制度，定期对检验机构的服务质量、社会信用进行评价，并向社会公布评价结果。

第十三条　建筑起重机械检验机构信用评价的主要内容包括：

（一）对检验机构评价

1. 检验质量及安全生产管理情况；

2. 检验报告内容及检验数据的科学性；

3. 合同签订及履约情况；

4. 行业自律公约执行情况；

5. 检验工作行为及服务质量情况。

（二）被检验方评价

1. 检验质量及服务质量满意度调查；

2. 合同履约情况调查；

3. 及时性及安全管理配合情况调查。

（三）社会评价。

1. 双方投诉及处理情况；

2. 经济纠纷情况；

3. 有无不正当竞争等其它情况。

第十四条　江苏省建筑安全与设备管理协会对经行业确认的建筑起重机械检验机构因管理不善、检验报告不实造成重大安全生产事故或社会影响恶劣的，收回行业确认书，并予以公告。

第十五条　本办法由江苏省建筑安全与设备管理协会负责解释。

第十六条　本办法自公布之日起施行。

附件 1：江苏省建筑施工起重机械检验机构行业确认申请表

附件 2：江苏省建筑施工起重机械检验机构行业确认审批表

附件 1：

江苏省建筑施工起重机械检验机构行业确认
申 请 表

机构名称：________________________________（盖章）

法定代表人：

技术负责人：

申报时间：

江苏省建筑安全与设备管理协会制

建筑施工起重机械检验机构概况

<table>
<tr><td>企业地址</td><td colspan="3"></td><td>邮编</td><td></td></tr>
<tr><td>工商营业执
照注册号</td><td></td><td>注册资金</td><td></td><td>税务
证号</td><td></td></tr>
<tr><td>法定代表人</td><td></td><td>电话</td><td></td><td>手机</td><td></td></tr>
<tr><td>技术负责人</td><td></td><td>职称</td><td></td><td>电话
手机</td><td></td></tr>
<tr><td>联系人</td><td></td><td>电话</td><td></td><td>手机</td><td></td></tr>
<tr><td>总人数</td><td colspan="2"></td><td colspan="2">持有培训合格证书人数</td><td></td></tr>
<tr><td colspan="6">企业简介：</td></tr>
</table>

建筑施工起重机械检验机构人员名单

序　号	姓　名	岗位名称	职　称	培训合格 证书编号

建筑施工起重机械检验仪器设备明细表

序 号	设备名称	规格型号	台 数	备 注

附件 2：

建筑施工起重机械检验机构行业确认审批表

专家组考核意见	专家组组长（签字） 年　月　日
行业确认委员会确认意见	委员会主任（签字） 年　月　日
确认书号码及发放时间	

江苏省建筑安全与设备管理协会公告 第4号

为了做好建筑施工起重机械安装检验机构行业确认工作，根据《江苏省建筑施工起重机械安装检验机构行业确认管理办法》，由我协会制定了《江苏省建筑施工起重机械安装检验机构行业确认实施细则》，现予以公布，从公布之日起施行。

江苏省建筑安全与设备管理协会秘书处

2009年4月29日

附件：《江苏省建筑施工起重机械安装检验机构行业确认实施细则》

江苏省建筑施工起重机械安装检验机构行业确认实施细则

第一条　为规范建筑施工起重机械安装检验机构行业确认行为，根据《江苏省建筑施工起重机械安装检验机构行业确认管理办法》，制订本实施细则。

第二条　在本省行政区域内房屋建筑工地和市政工程工地从事建筑施工起重机械（塔式起重机、施工升降机、物料提升机、移动式起重机）、附着式升降脚手架、高处作业吊篮以及桩工机械等安装检验活动的机构，应当实行行业确认。

第三条　江苏省建筑安全与设备管理协会设立建筑施工起重机械安装检验机构行业确认委员会（以下简称行业确认委员会），办理建筑施工起重机械安装检验机构行业确认的申报、考核和信用评价工作。行业确认委员会由有关方面的专家组成，设主任委员一名，委员若干名。组成人员总数为不少于五人的单数。

第四条　申报行业确认的建筑施工起重机械安装检验机构，应当具备下列条件：

（一）为独立的法人实体，有固定的工作场所，能自主承担第三方公正检验；

（二）具有工商营业执照，注册资金不少于三十万元人民币和税务登记证；

（三）具有健全的管理规章制度、检验质量和安全生产保障体系：

1. 建立有保证检验活动的独立性、公正性相适应的管理体系。该管理体系应覆盖其全部检验工作，并明确对检验质量有影响的所有管理、操作和核查人员的职责、权力和相互关系。管理体系应形成文件，阐明与检验活动有关的政策，包括质量方针、目标和承诺，使所有相关人员理解并有效实施；

2. 建立并保持检验工作文件的编制、审核、批准、标识、发放、保管、修订和废止等纳入程序控制，确保文件现行有效；

3. 能按照相关技术规范或者标准，使用适合的方法和程序实施检验活动。检验时应优先选择国家标准、行业标准、地方标准，应制订与检验活动相关的作业指导书；

4. 有适合自身具体情况并符合现行规范体系的记录制度。其记录的编制、填写、更改、识别、收集、索引、存档、维护和清理等应按照程序规范进行；

5. 按照相关技术规范或者标准要求和规定的程序，及时出具检验报告，并能保证其数据和结果准确、客观、真实。检验报告应与《建筑工程施工机械安装质量检验规程》(DGJ32/J65—2008)一致。

（三）检验机构人员能满足工作需要：

1. 应有与从事检验项目相适应的专业技术人员和管理人员。这些人员应当是正式的或者合同制人员。其中，技术负责人应有任命文件，具有高级工程师职称，从事建筑机械专业一年以上或者具有工程师(机械专业)职称，从事建筑机械专业三年以上。除技术负责人以外的安装检验人员不少于五名，其中具有中级职称电气专业的人员不少于一名；机械专业的人员不少于一名。应保证技术负责人和安装检验人员胜任工作并且受到监督；

2. 从事现场安装检验的人员应经过与其承担任务相适应的教育、培训，有相应的技术知识和经验，并持建筑施工起重机械安装检验人员资格证书；

3. 检验机构及其人员不得与其从事的检验项目以及出具数据和结果存在利益关系，不得参与任何有损于检验项目独立性和诚信度的活动，不得参与和检验项目有关的产品设计、生产、供应、安装、租赁、使用或者维护活动。

（四）具备开展相应检验项目的仪器与设备。其中塔式起重机、施工升降机、物料提升机、移动式起重机、高处作业吊篮以及桩工机械的检验，应具有温湿度计、接地电阻测量仪、绝缘电阻仪、经纬仪、水平仪、拉力计、风速仪、声级仪、测温仪、游标卡尺、卷尺、塞尺、钢直尺、万用表、扭力扳手、20倍以上放大镜、常用电工工具等。附着式升降脚手架的检验，除具有上述仪器设备外，还应有磁力吊锤等。所有仪器与设备都应有明确的标识来表明其状态。

应建立仪器设备的软件档案。档案至少应包括：设备及其软件的名称；制造商名称、型式标识、系列号或者其他唯一性标识；制造商的说明书；所有检定/校准报告或证书；设备接收/启用日期和验收记录；设备使用和维护记录；设备的任何损坏、故障、改装或修理记录。

第五条　建筑施工起重机械安装检验机构申报行业确认时，应当提供下列资料：

（一）建筑施工起重机械安装检验机构行业确认申请表；

（二）工商营业执照、税务登记证原件和复印件(原件审核后退回)

（三）办公场所房屋产权证明或者房屋租赁合同(合同期至少两年以上)原件和复印件(原件审核后退回)；

（四）技术负责人和检验人员的身份证、上岗证书、职称证书的原件、复印件及职工名册(原件审核后退回)；

（五）相关管理制度和质量、安全生产保障体系文件资料；

（六）检验用仪器与设备目录及数量。

申报资料为一式两份，申报单位法定代表人签字并加盖申报单位公章。

第六条　行业确认委员会对申报单位进行初审认为符合条件的，派出专家组进行考核。专家组组成人员一般三到五人，从专家库中随机抽取，设组长一名。考核时专家组成员按考核表(见附件1)内容，各自进行考核，并由组长汇总，写出考核意见(见附件2)。

第七条　行业确认委员会派出的专家组成员应与被考核单位无利益关系。专家组成员应当遵守行业自律规定，保证考核工作客观、真实，对考核中所知悉的商业秘密和技术秘密负有保密义务。

第八条　行业确认委员会适时召开专门会议，听取专家组对申报单位考核情况的汇报，以投票记名方式决定是否同意确认。同意确认的票数必须超过行业确认委员会与会人数的三分之二以上。

第九条　江苏省建筑安全与设备管理协会对经行业确认委员会确认的建筑施工起重机械安装检验机构应当向社会公示。公示期不少于十个工作日。对公示并符合确认条件的建筑施工起重机械安装检验机构，颁发《江苏省建筑施工起重机械安装检验机构行业确认书》。行业确认书设正本、副本各一册（见附件3），正副本具有同等证明效力。

第十条　行业确认书有效期为两年。经确认的检验机构需要延期的，应当于有效期满前一个月向江苏省建筑安全与设备管理协会提出延期申请，申请延期时应提交检验机构的工商营业执照复印件、人员名册、两年来的工作总结、行业确认书正本、副本、人员上岗资格证书和继续教育相关记录、计量认证等资料。江苏省建筑安全与设备管理协会对符合要求的，办理延期手续。

检验机构在有效期满后，未提出延期申请的，其行业确认书自行失效。

第十一条　检验机构在行业确认书有效期内，发生办公地址、法定代表人、技术负责人员等变化情况，应携相关证明材料及时向江苏省建筑安全与设备管理协会办理变更手续。

第十二条　本着“取之于民，服务企业”的精神，在进行检验机构行业确认及延期手续时，适当收取咨询服务费用。收费标准应经省物价部门备案。

第十三条　本实施细则从发布之日起施行。

2009年4月29日

附件 1：

建筑施工起重机械安装检验机构行业确认考核表

申报单位名称：　　　　　　　　　　　　考核人：　　　　　　考核时间：

类别	内容	考核情况
经营场所	1. 查验房屋产权证明或房屋租赁合同、工商营业执照等； 2. 查验检验机构是否有相对独立的办公场所和办公设施。	
人员情况	1. 查验检验机构人员花名册，是否能满足工作需要； 2. 查验与工作人员签订的劳动合同、社保机构养老等基本保险缴费单据、人员工资发放明细； 3. 查验检验机构技术负责人任职文件、学历证书及职称资格证书等； 4. 查验检验机构其他人员职称资格证书和上岗资格证书。	
相关制度	1. 按实施细则第六条规定内容，查验其相关管理制度； 2. 重点查验其按照相关技术规范或者标准，使用适合的方法和程序，制订的作业指导书。	
档案资料	1. 查验检验机构档案管理制度； 2. 查验检验报告等档案资料是否妥善保存； 3. 随机抽查检验报告(不少于 3 份)，查验是否订立相关合同、检验资料是否齐全、报告内容是否符合要求。	
仪器设备	1. 查验检验设备、仪器的管理制度； 2. 相关设备、仪器是否在有效标定期内使用； 3. 查验设备、仪器的软件档案。	
检测规程	1. 查验用于检测检验的有关操作规程。	
现场考核	1. 对申报确认的安装检验项目进行现场逐项考核(检验人员到现场进行检验)； 2. 考核其检验过程是否符合 DGJ32/65—2008 的要求； 3. 查验其出具的安装检验报告书中相关数据是否与现场相符。	
其他		

附件 2：

建筑施工起重机械安装检验机构行业确认考核情况汇总表

<table>
<tr><td colspan="2">申报单位名称</td><td colspan="3"></td></tr>
<tr><td>考核情况汇总</td><td colspan="4"></td></tr>
<tr><td>考核意见</td><td colspan="4"></td></tr>
<tr><td colspan="2">考核组组长</td><td></td><td>考核时间</td><td></td></tr>
</table>

附件3：

江苏省建筑施工起重机械安装检验机构行业确认书

根据《江苏省建筑施工起重机械安装检验机构行业确认管理办法》的规定，经江苏省建筑施工起重机械安装检验机构行业确认委员会确认，你单位为建筑施工起重机械安装检验机构，特发此证。

单位法定代表人：　　　　技术负责人：

单位地址：

证书号码：苏建检字　　　　号　　　　发证单位：（盖章）

有效期：两 年（　　年　月　日到　　年　月　日止）　　　　年　月　日

持证须知

一、本证根据《江苏省建筑施工起重机械安装检验机构行业确认管理办法》的规定印制。

二、凡在江苏省内从事建筑施工起重机械安装检验的机构必须持有经江苏省建筑施工起重机械安装检验机构行业确认委员会确认并颁发的《行业确认证书》，方可从事安装质量检验活动。

三、安装检验机构办公场所、法定代表人、技术负责人等如有变更，应及时向发证单位办理变更手续。

四、本证不得擅自复制、伪制、涂改、出租、转让。

五、本证确认的有效年限为两年，持证单位应当在有效期满前一个月内办理续延手续，到期不办理延期申请的，本证书自行失效。

六、本证书正、副本具有同等效力。

江苏省建筑施工起重机械安装检验机构行业确认书

（副　本）

证书号码：苏建检字　　　　号

有效期：两年（　年　月　日到　　年　月　日止）

机构名称：________________

检验项目：________________

____

发证单位：（盖章）

年　月　日

技术负责人姓名		技术职称		照片
法定代表人姓名				
工商营业执照号				
组织机构代码证书号				
税务登记证号				
单位地址				
邮政编码		联系电话		
备注				

延期情况 （盖章） 年 月 日	延期情况 （盖章） 年 月 日
延期情况 （盖章） 年 月 日	延期情况 （盖章） 年 月 日

建筑施工起重机械安装检验机构人员名单

姓 名	性 别	身份证号码	职 称	专 业	文化程度	上岗证号

江苏省建筑施工起重机械安装检验机构人员
资 格 证 书

江苏省建筑安全与设备管理协会制

持证须知

一、本证是省内建筑施工起重机械安装质量检验人员的上岗证书。

二、此证由本人妥善保管，不得伪造、涂改、转借。如有遗失，应及时申请补发。

三、凡从事建筑施工起重机械安装检验的人员必须持有此证，无证人员不得从事建筑施工起重机械安装质量检验工作。

四、本证由江苏省建筑安全与设备管理协会签发，未经盖章无效。

照片

姓　　名＿＿＿＿＿＿＿＿＿＿

性　　别＿＿＿＿＿＿＿＿＿＿

身份证号＿＿＿＿＿＿＿＿＿＿

证书编号＿＿＿＿＿＿＿＿＿＿

企业名称＿＿＿＿＿＿＿＿＿＿

发证时间＿＿＿＿年＿＿＿＿月＿＿＿＿日

继续教育记录

（盖章）

年　月　日

（盖章）

年　月　日

继续教育记录

（盖章）

年　月　日

（盖章）

年　月　日

江苏省建筑安全与设备管理协会公告 第5号

《江苏省建筑施工安全生产咨询服务机构行业确认管理办法》已于2009年6月30日,经江苏省建筑安全与设备管理协会第五届理事会常务理事会第一次会议审议通过,并经本协会会长批准,现予公布。

江苏省建筑安全与设备管理协会秘书处

2009年7月6日

附件:《江苏省建筑施工安全生产咨询服务机构行业确认管理办法》

江苏省建筑施工安全生产咨询服务机构行业确认管理办法

(2009年6月30日江苏省建筑安全与设备管理协会第五届理事会常务理事会第一次会议审议通过)

第一条 为加强建筑施工安全生产咨询服务机构的管理,规范咨询服务行为,根据《中华人民共和国安全生产法》、《安全生产许可证条例》和《建设工程安全生产管理条例》等法律法规的规定,结合本省实际,制订本办法。

第二条 本办法所称建筑施工安全生产咨询服务机构(以下简称建筑安全咨询机构)是指接受建设行政主管部门、建设单位、建筑施工企业和有关社会组织的委托,在本省行政区域范围内从事房屋建筑工程和市政建设工程的施工现场安全风险评估、施工安全生产技术咨询、建筑业企业及施工现场安全生产条件评价与安全生产管理服务的中介机构。

第三条 对专门从事建筑安全咨询服务的机构实行行业确认与信用评价的行业自律制度。

建筑安全咨询机构的行业确认和信用评价实行自愿申报的原则。

第四条 江苏省建筑安全与设备管理协会设立建筑施工安全生产咨询服务机构行业确认委员会(以下简称行业确认委员会),组织实施全省建筑安全咨询机构的行业确认与信用评价工作。

行业确认委员会实行严格标准、公正考核、自主颁发行业确认书、公正评定信用等级的原则。

第五条 经行业确认的建筑安全咨询机构应当严格遵守国家法律、法规,合法经营,照章纳税,按照国家和有关部门制定的安全生产条件评价或者咨询规范,公平、公正、客观地开展评价与咨询服务活动。

第六条 建筑安全咨询机构申报行业确认时应当具备下列基本条件:

(一)具有工商营业执照和税务登记证,注册资金不少于30万元人民币;

(二)具有健全的管理规章制度以及与安全生产条件评价或者技术咨询活动相配套的标准规范;

(三)具有健全的评价管理机构。法定代表人具有相应建筑安全生产管理经验,熟悉有关建筑施工安全生产条件评价和技术咨询管理工作的要求。内设专职人员除法定代表人外不少于3人;

(四)具有符合建筑施工安全生产条件评价或者技术咨询工作需求的专业人员队伍。工业与民用建筑专业或者土木工程建筑专业、机械专业、电气专业、管理以及其它相关专业人员配置合理。其中从事建筑施工安全生产技术或者管理工作的中级以上职称的人员不少于15名,高级工程师不少于2名;

(五)法定代表人以及参与建筑施工安全生产条件评价或者技术咨询的人员应取得行业确认委员会颁发的培训合格证书;

(六)有不小于60平方米的固定办公场所;

(七)满足开展服务工作的其它条件。

第七条 建筑安全咨询机构申报行业确认时应当提供下列资料:

(一)建筑安全咨询机构行业确认申请表(附表1);

(二)工商营业执照、税务登记证原件和复印件;

(三)办公场所产权证或者租房合同原件和复印件;

(四)相关人员的职称证书、培训证书原件和复印件、职工名册;

(五)建筑安全咨询机构管理制度;

(六)与建筑施工安全生产条件评价和技术咨询相关的评价或咨询规范。

第八条 行业确认委员会受理行业确认申报,派出专家组进行考核,以票决制决定是否同意行业确认。对同意予以确认的,颁发《建筑施工安全生产咨询服务机构行业确认书》。

第九条 《建筑施工安全生产咨询服务机构行业确认书》的有效期为3年。被确认的建筑安全咨询机构应当于期满前3个月内向行业确认委员会申报续延手续。

建筑安全咨询机构在行业确认书有效期内,遵守有关法律法规,信用等级评价满足有关规定要求的,有效期满准予办理延期手续。

第十条 鼓励建筑安全咨询机构进行安全生产科学技术研究和安全生产先进技术的推广应用,以促进建筑施工安全生产管理水平的提高。

第十一条 建筑安全咨询机构应当根据服务单位的委托事项和协议要求向服务单位提供安全生产条件评价与技术咨询报告,并对所提供的结果和结论负责。

第十二条 行业确认委员会对核发行业确认书的建筑安全咨询机构实行信用评价制度,每年至少一次对建筑安全咨询机构的服务质量、社会信用进行评价,并向社会公布评价结果。

第十三条 建筑安全咨询机构信用评价的主要内容包括:

(一)对建筑安全咨询机构的评价

1. 评价与咨询工作质量;

2. 行业自律公约执行情况;

3. 服务工作行为;

4. 合同签订及履约情况。

(二)被服务方评价

1. 服务质量及服务质量满意度调查;

2. 行业自律公约履行情况;

3. 合同履约情况调查。

(三)社会评价

1. 社会影响及声誉调查情况;

2. 有无不正当竞争等其它情况;

3. 双方投诉及处理情况。

第十四条 行业确认委员会对经行业确认的建筑安全咨询机构因管理不善、提供报告不实造成重大生产安全事故或者社会影响恶劣的,以及评价信用等级连续二次被评为不合格等级的，收回行业确认书，并予以公告。

第十五条　本办法由江苏省建筑安全与设备管理协会负责解释。

第十六条　本办法自公布之日起施行。

附件1：江苏省建筑施工安全生产咨询服务机构行业确认申请表

附件2：江苏省建筑施工安全生产咨询服务机构行业确认审批表

附件 1：

江苏省建筑施工安全生产咨询服务机构行业确认

申 请 表

机构名称：________________________________（盖章）

法定代表人：

技术负责人：

申报时间：

江苏省建筑安全与设备管理协会制

建筑施工安全生产咨询服务机构概况

企业地址				邮编	
工商营业执照注册号		注册资金		税务证号	
法定代表人		电话		手机	
技术负责人		职称		电话 手机	
联系人		电话		手机	

企业简介：

建筑施工安全生产咨询服务机构人员名单

序 号	姓 名	岗位名称	职 称	执业 证书编号	身份证号码

附件 2：

建筑施工安全生产咨询服务机构行业确认审批表

专家组考核意见	专家组组长(签字) 年　月　日
行业确认委员会确认意见	委员会主任(签字) 年　月　日
确认书号码及发放时间	

江苏省建筑安全与设备管理协会公告
第6号

《江苏省建筑安全与设备管理协会行业确认工作规则》已于2009年8月11日经江苏省建筑安全与设备管理协会秘书长工作会议审议通过，并经本协会会长批准，现予公布。

江苏省建筑安全与设备管理协会秘书处

2009年8月18日

附件：《江苏省建筑安全与设备管理协会行业确认工作规则》

江苏省建筑安全与设备管理协会行业确认工作规则

第一条　为加强对本协会行业确认工作的管理，规范行业确认行为，确保行业确认工作的公开、公正与公平，制订本工作规则。

第二条　本协会根据行业确认的专业类型设置行业确认委员会。行业确认委员会由本协会、省建筑行业主管部门以及有关方面的领导和专家组成。设主任委员一人，副主任委员一人，委员若干人。人员总数为不少于五人的单数。

第三条　行业确认委员会召开会议，由主任委员或者副主任委员召集和主持。也可由主任委员书面委托其他委员召集和主持。

第四条　行业确认委员会在审议申报单位的条件时，应当先听取现场考核专家组组长或者专家组成员对申报单位的现场考核情况的汇报，在充分讨论的基础上，再进行投票表决。

第五条　行业确认工作现场考核专家，实行专家库管理制度，协会将根据需要逐步完善与建立各类的专家库。

第六条　行业确认工作现场考核组成员由协会秘书处根据工作特点和工作情况，在协会专家库中择优选用，每次专家组成员应更换三分之一。

第七条　行业确认委员会投票表决时，全体委员实行一人一票制。投票结束后，应当当场公布投票结果。对同意确认的票数超过行业确认委员会到会人数三分之二以上的，宣布同意确认。

第八条　协会对经同意确认的申报单位，应当在网上予以公示。公示期不得少于十个工作日。对经公示无异议的，方可核发行业确认证书。

第九条　对经审议表决同意确认票数未超过行业确认委员会到会人数三分之二以上的申报单位，由行业确认委员会提出整改要求，整改期限为三个月。整改期满后，由行业确认委员会再次派出专家组进行现场考核。

第十条　对同一申报单位，在两次行业确认委员会审议会议上，同意确认票数均未超过行业确认委员会到会人数三分之二以上的，则不予确认，并从第二次审议之日起一年内不接受其重新申报。

第十一条　行业确认委员会委员和专家组成员在行业确认活动中对所获知的申报确认单位的核心技术资料和其他商业秘密等负有保密义务，承担泄密责任。

第十二条　行业确认委员会的组成人员和专家组成员参加行业确认活动，应当与申报确认的单位无利益关系。应当遵守廉洁自律的规定,不得向申报单位透露行业确认会议相关信息,不得接受申报位的宴请,不得收受申报单位的礼金和礼品。

第十三条　协会秘书处应当对行业确认工作进行适时总结,不断提高行业服务水平和服务质量,并于每年年底专题报告省建筑行业主管部门。

第十四条　本工作规则从公布之日起施行。

江苏省建筑安全与设备管理协会公告 第7号

为鼓励全省建筑施工企业加强科学管理,促进安全生产管理水平的提高,江苏省建筑安全与设备管理协会决定设立江苏省建筑业企业安全生产先进单位奖项。现将《江苏省建筑业企业安全生产先进单位评选办法》予以公布。

江苏省建筑安全与设备管理协会秘书处
2009年8月20日

附件:《江苏省建筑业企业安全生产先进单位评选办法》

江苏省建筑业企业安全生产先进单位评选办法

第一条　为鼓励全省建筑施工企业加强科学管理,促进安全生产管理水平的提高,江苏省建筑安全与设备管理协会(以下简称本协会)决定设立江苏省建筑业企业安全生产先进单位奖项。为了做好评选工作,特制定本办法。

第二条　江苏省建筑业企业安全生产先进单位奖是江苏省建筑业企业安全生产的最高行业荣誉奖。该奖项由本协会组织实施并进行表彰。

第三条　凡是具有独立法人资格,并取得建筑业主管部门颁发的安全生产许可证的本协会的会员单位,均可申报江苏省建筑业企业安全生产先进单位奖。

第四条　江苏省建筑业企业安全生产先进单位奖评选工作注重企业实绩,坚持统一标准,实行公平、公开、公正的原则。

第五条　江苏省建筑业企业安全生产先进单位奖每年评选一次。本协会设立江苏省建筑业企业安全生产先进单位奖评选委员会,负责评审工作。

第六条　申报江苏省建筑业企业安全生产先进单位奖的企业应当具备下列条件:

(一)拥护党的领导,认真贯彻执行党的路线、方针、政策,遵守国家的法律、法规;

(二)生产经营作风端正,重合同,守信誉,遵守行业规则,积极参加本协会组织的各项活动;

(三)近三年获得过行业主管部门在建筑安全生产方面的表彰;

(四)注重科技投入、科技创新,在推行技术进步、应用新技术方面取得显著成绩;

(五)企业基础管理工作扎实,质量安全管理体系健全;

(六)本年度未发生施工人员死亡的生产安全事故和重大工程质量事故;

(七)企业法定代表人及经营层无重大经济案件和其他违法行为。

第七条　申报江苏省建筑业企业

安全生产先进单位奖的企业，要如实撰写1000字以上的业绩材料，认真填写《江苏省建筑业企业安全生产先进单位申报表》。

第八条 江苏省建筑安全与设备管理协会在设区的市设立会员单位联络处，负责受理江苏省建筑业企业安全生产先进单位奖的申报和组织推荐工作。

第九条 江苏省建筑业企业安全生产先进单位奖实行企业申报与有关部门推荐相结合的原则。省辖市建筑安全主管部门或者建筑安全监督机构、建筑安全协会、建筑业协会安全分会等相关协会为本奖项的推荐单位。推荐单位可以在企业申报的基础上，按评选条件和所分配参考指标数组织推荐。部省属企业，可直接组织推荐。

第十条 江苏省建筑业企业安全生产先进单位奖评选委员会委员由本协会常务理事、行业主管部门和纪检监察部门的领导担任。

第十一条 江苏省建筑业企业安全生产先进单位奖评选委员会设江苏省建筑业企业安全生产先进单位奖评选办公室，评选办公室设在本协会秘书处，具体负责日常管理工作。

第十二条 江苏省建筑业企业安全生产先进单位奖评选办公室负责对申报材料的数据核查和初审工作，并提出初审报告。

第十三条 江苏省建筑业企业安全生产先进单位奖评选委员会根据申报材料和初审报告，进行综合评审，以无记名投票形式评出江苏省建筑业企业安全生产先进单位。

第十四条 评选办公室对所有申报江苏省建筑业企业安全生产先进单位奖的企业，将在相关网站上予以申报公示。通过评选委员会评选的江苏省建筑业企业安全生产先进单位将予以评选公示。公示期均为7个工作日，如无异议，则由本协会进行表彰。

第十五条 申报单位应当实事求是，不得以弄虚作假，行贿送礼等不正当手段骗取荣誉。对违犯者，视情节轻重，给予批评警告，直至撤销申报和获奖资格。

第十六条 评选人员应当秉公办事，严格执行评选标准和有关规定，严守纪律，自觉抵制不正之风。对违犯者，视情节轻重，给予批评警告或撤销其评选资格，直至建议所在单位给予处分。

第十七条 获得江苏省建筑业企业安全生产先进单位称号的企业由本协会颁发奖牌和证书，并通报表彰。

第十八条 本办法由江苏省建筑安全与设备管理协会负责解释。

第十九条 本办法自公布之日起实施。

江苏省建筑安全与设备管理协会公告 第8号

为加强全省建筑施工企业安全生产管理人员队伍建设，表彰成绩突出的安全生产管理人员，江苏省建筑安全与设备管理协会决定设立江苏省建筑业企业安全生产先进工作者称号奖项。现将《江苏省建筑业企业安全生产先进工作者评选办法》予以公布。

江苏省建筑安全与设备管理协会

2009年8月20日

附件:《江苏省建筑业企业安全生产先进工作者评选办法》

江苏省建筑业企业安全生产先进工作者评选办法

第一条　为加强全省建筑施工企业安全生产管理人员队伍建设,表彰成绩突出的安全生产管理人员,江苏省建筑安全与设备管理协会(以下简称本协会)决定设立江苏省建筑业企业安全生产先进工作者称号奖项。为了做好该奖项的评选工作,特制定本办法。

第二条　江苏省建筑业企业安全生产先进工作者奖项是江苏省建筑业企业从业人员安全生产的最高行业荣誉奖。该奖项由本协会组织实施并进行表彰。

第三条　本协会会员单位中经建筑业主管部门安全生产知识考核并取得合格证书的企业负责人、项目负责人和专职安全生产管理人员,符合本办法规定的条件,均可申报江苏省建筑业企业安全生产先进工作者奖项。

第四条　江苏省建筑业企业安全生产先进工作者奖项的评选工作注重个人实绩,坚持统一标准,实行公平、公开、公正的原则。

第五条　江苏省建筑业企业安全生产先进工作者奖项每年评选一次。本协会设立江苏省建筑业企业安全生产先进工作者评选委员会,具体负责评审工作。

第六条　申报江苏省建筑业企业安全生产先进工作者奖项的人员必须符合下列条件:

(一) 拥护党的领导,认真贯彻执行党的路线、方针、政策,遵守国家法律、法规;

(二) 持有部、省建筑业主管部门安全生产知识考核的合格证书;

(三) 从事建筑安全生产管理工作满2年以上;

(四) 敬业爱岗,勇于创新,业务能力强,责任心强,工作实绩突出;

(五) 近三年负责管理的工程项目未发生施工人员死亡的生产安全事故和重大工程质量事故;

(六) 近二年内负责管理的工程项目获得省级以上文明工地不少于2项或者获得设区的市级文明工地不少于3项;

(七) 本人无重大经济案件和其他违法行为。

第七条　申报评审江苏省建筑业企业安全生产先进工作者称号的人员,应当填写《江苏省建筑业企业安全生产先进工作者申报表》,撰写不少于1 000字内容详实的业绩材料。

第八条　本协会在各地设立的会员单位联络处,负责受理江苏省建筑业企业安全生产先进工作者奖项的申报和组织推荐工作。

第九条　江苏省建筑业企业安全生产先进工作者奖项实行企业集中申报与有关部门推荐相结合的申报原则。省辖市建筑安全主管部门或者建筑安全监督机构、建筑安全协会、建筑业协会安全分会等相关协会为本奖项的推荐单位。部省属企业人选由其本单位直接推荐。

第十条　各推荐单位应当对申报人员的业绩等条件进行预审,对符合规定条件的人员签署推荐意见。本协会会员单位联络处将相关材料汇总后报送江苏省建筑业企业安全生产先进工作者评选委员会。其他人选的预审工作由本协会秘书处负责。

第十一条　江苏省建筑业企业安全生产先进工作者评选委员会委员由省本协会常务理事、行业主管部门、纪检监察部门的领导担任。

第十二条　江苏省建筑业企业安全生产先进工作者评选委员会下设评选委员会办公室，评选委员会办公室设在本协会秘书处。评选委员会办公室负责申报材料的核查和初审工作，并向评选委员会提出初审报告。

第十三条　江苏省建筑业企业安全生产先进工作者评选委员会对评选委员会办公室提交的初审报告进行审议，按照无记名投票的方式，评选出江苏省建筑业企业安全生产先进工作者。

第十四条　评选委员会办公室应当将通过评审选出的建筑业企业安全生产先进工作者名单在相关网站进行公示。公示时间为7个工作日。如无异议，则由本协会进行表彰。

第十五条　申报单位对参选人员应当实事求是，客观评价，严格把关，确保质量。对于弄虚作假而获得安全生产先进工作者称号的，一经发现，予以取消。

第十六条　评审人员应当坚持原则，秉公办事，严格执行评选标准和有关规定，自觉抵制不正之风。对违规者，视情节轻重给予批评、警告或者撤销评委资格并通报原单位，直至建议所在单位给予处分。

第十七条　获得江苏省建筑业企业安全生产先进工作者称号的人员，由本协会颁发奖牌和证书，并通报表彰。所在单位可给予物质奖励。

第十八条　本办法由江苏省建筑安全与设备管理协会负责解释。

第十九条　本办法自公布之日起施行。

江苏省建筑安全与设备管理协会公告 第9号

为加强我省建筑施工行业确认机构的自律行为，规范行业确认机构的信用体系和信用管理运行机制，本协会制定了《江苏省建筑施工行业确认机构信用评价规范（试行）》，现予以公布，本规范从2010年1月1日起施行。

江苏省建筑安全与设备管理协会

2009年11月12日

附件：《江苏省建筑施工行业确认机构信用评价规范（试行）》

江苏省建筑施工行业确认机构信用评价规范（试行）

1 总　则

1.1　为加强我省建筑施工行业确认机构的自律行为，规范行业确认机构的信用体系和信用管理运行机制，依据国务院办公厅颁发的《关于社会信用体系建设的若干意见》，结合本行业实际，制定本规范。

1.2　本规范适用于自愿申报或已取得相关江苏省建筑施工行业确认证书的机构。建筑施工行业确认包括建筑施工起重机械检验机构行业确认、建筑施工起重机械租赁机构行业确认及建筑安全咨询机构行业确认等。以上机构均应参加建筑施工行业确认机构信用评价（以下称信用评价），以确保取得建筑施工行业确认证书的机构符合确认条件、诚实守信、合法经营。

本规范还适用于建筑施工质量安全相关机构的信用评价。

1.3 由江苏省建筑安全与设备管理协会（以下简称省建安协会）成立江苏省建筑施工行业确认机构信用评价委员会（以下简称信用评价委员会）负责全省建筑施工行业确认信用评价工作。信用评价委员会由建筑安全管理专家、学者及技术专家组成。信用评价委员会办公室设在省建安协会秘书处。

1.4 信用评价遵循客观、公平、公正、公开的评价原则以及评审分离、动态监测的管理原则。做到严格标准、定期公布，通过信用评价的评审及动态监管达到激励先进、鞭策后进、淘汰落后的目的。

2 术 语

2.1 行业确认

本规范所称行业确认是指我省建筑施工起重机械检验机构行业确认、建筑施工起重机械租赁机构行业确认及建筑安全咨询机构行业确认等，亦包括建筑施工质量安全相关机构的确认。

2.2 信用评价

本规范所称信用评价是指对参与我省建筑施工行业确认机构的信用评价，亦包括对自愿提出信用评价的其他建筑施工质量安全相关机构的信用评价。信用评价包括机构基本能力评价、实际能力评价和机构社会信誉评价等评价内容。

2.3 评价对象

参与我省建筑施工行业确认机构以及自愿提出信用评价的其他建筑施工质量安全相关机构。

2.4 评价组织

评价组织是指江苏省建筑安全与设备管理协会成立的江苏省建筑施工行业确认机构信用评价委员会和由其派出的信用评价小组，以及相应的行业确认专家委员会和由其派出的行业确认考核小组。

2.5 基本能力评价

基本能力评价是指评价组织对评价对象从事相关建筑施工质量安全行业行为基本条件和基本能力的评价，内容包括机构设置条件、人员配置、管理制度、设备设施等。

2.6 实际能力评价

实际能力评价是指评价组织在基本能力评价基础上对评价对象实际行为能力的评价，即通过对评价对象人员行为能力的考核、实际工作质量的检查以及日常工作信息的收集对评价对象做出的能力评价。

2.7 社会信誉评价

社会信誉评价是指评价组织对收集到的政府信誉信息（如政府奖惩、评价等）、用户及其他方面的信誉信息（如表扬、投诉、评价等）以及诚实守信记录等对评价对象做出的信誉评价。

2.8 初审

初审是指评价组织首次进行信用评价的考核与评审。初审包括评价组织对提出行业确认申请的机构做出的首次行业确认考核与评审，以及对依据本规范提出信用评价申请的其他机构进行的首次信用评价，亦包括评价组织对取得行业信用评价证书机构提出的信用等级升级评价申请的考核与评审。

2.9 复查

复查是指初审后，评价组织根据需要所作的重新考核与评审。

2.10 复审

复审是指评价组织对已取得信用等级证书的机构所作的两年一次的重新考核与评审。无特殊情况，原则上对取得信用等级证书机构每两年复审一次。

2.11 核查

核查是评价组织根据工作需要对取得信用等级证书机构所作的专项检查或重新审核。

2.12 督查

督查是指评价组织对取得信用等级证书机构进行的日常性监督检查活动，其目的督促取得信用等级证书机构不断改进、提高信用评价等级。

2.13 复核

复核是指评价对象对评价项目或评价结果有异议提出复核申请时，评价组织所作的复查审核工作。

2.14 基本能力评分表及其评分项目值 $n_{基i}$和评分总值 $N_{基}$

基本能力评分表是针对相应行业机构基本能力评价设置的评分表格。基本能力评分表有评分项目值 $n_{基i}$ 5个，分别以 $n_{基1}$、$n_{基2}$、$n_{基3}$、$n_{基4}$和 $n_{基5}$表示；评分表评分总值用 $N_{基}$ 表示。

2.15 基本能力评价分值 $M_{基}$

基本能力评价分值 $M_{基}$ 反映评价对象基本业务能力的评分状况，由基本能力评分总值 $N_{基}$ 换算得出。

2.16 实际能力评分表及其评分项目值 $n_{实i}$和评分总值 $N_{实}$

实际能力评分表是针对相应行业机构实际能力评价设置的评分表格。实际能力评分表有评分项目值 $n_{实i}$ 5个，分别以 $n_{实1}$、$n_{实2}$、$n_{实3}$、$n_{实4}$和 $n_{实5}$表示；评分表评分总值用 $N_{实}$ 表示。

2.17 实际能力评价分值 $M_{实}$

实际能力评价分值 $M_{实}$ 反映评价对象实际业务能力的评分状况，由实际能力评分总值 $N_{实}$ 换算得出。

2.18 机构能力评价分值 $M_{能}$

机构能力评价分值 $M_{能}$ 反映评价对象机构整体业务能力的评分状况，由基本能力评分值 $N_{基}$ 和实际能力评分值 $N_{实}$ 计算得出。

2.19 社会信誉评分表及其评分项目值 $n_{信i}$和评分总值 $N_{信}$

社会信誉评分表是针对社会信誉评价设置的评分表格，由用户信誉评价、政府信誉评价、其他信誉评价和诚信记录评价等评分项目组成。社会信誉评分表有评分项目值 $n_{信i}$ 4个，分别以 $n_{信1}$、$n_{信2}$、$n_{信3}$和 $n_{信4}$表示；评分表评分总值用 $N_{信}$ 表示。

2.20 社会信誉评价分值 $M_{信}$

社会信誉评价分值 $M_{信}$ 反映社会各方对评价对象信誉的满意度评分状况，由评分值总值 $N_{信}$ 得出。

2.21 信用评价总分值 M 及平均值 M_p

信用评价总分值 M 反映评价对象实际信用评价的评分状况，由机构能力评价分值 $M_{能}$ 和社会信誉评价分值 $M_{信}$ 计算得出。评价组各评价成员的信用评价总分值的算术平均值为 M_p。

2.22 定性评价

根据评价项目的客观实际，依据本规范的相应评分标准所作的主观判断，如满足、较满足、基本满足、不满足和很不满足等。

2.23 定量系数 α_i 值

定量系数 α_i 值是指由定性分析判断范围所确定的5个一组系数值，分别以 α_1、α_2、α_3、α_4 和 α_5 表示。

2.24 定量评价

定量评价是指在定性评价基础上，依据本规范设定的定性判断范围确定一组定量系数 αi 并选取数值的过程。

2.25 评价参数 β 及平均值 β_p

评价参数 β 是指评分过程中对于有严重或较严重的评分项目所作的统计记录总和。基本能力评分表、实际能力评分表、机构能力评分表和社会信誉评分表的评价参数分别用 $\beta_{基}$、$\beta_{实}$、$\beta_{能}$ 和 $\beta_{信}$ 表示。评价组各评价成员的评价参数值以 β_p 表示。

2.26 信用等级

信用等级是指评价组织对评价对象的机构能力和社会信誉等信用评价所作的结论性评价。信用等级标准分为 A、B、C 三等，其中 A 级分为 AAA、AA、A 三个等级，共五个等级。

3 信用评价实施

3.1 信用评价委员会应建立评价工作程序、岗位责任制、跟踪评价责任制、评价报告要求、信用评价委员会工作制度、保密制度、档案管理办法、评价人员守则等管理制度。

3.2 信用评价委员会应建立如下自律机制：

1. 遵守国家有关法律、法规、政策和相关评价管理办法。

2. 接受整规办对协会信用评价工作的监督和指导。

3. 严格依有关评价标准开展行业确认信用评价工作，保证评价结果的公正性、科学性、一致性和完整性。

4. 保证行业确认信用评价结果不受任何单位和个人的影响。

5. 除国家法律法规要求外，对参评机构所提供的各类信息及从第三方获得的其他信用信息，在未经许可的前提下，履行信息保密义务。

6. 认真对待评价过程中的投诉和反馈信息，并核实信息的真实性，接受政府相关部门和社会舆论的监督。

3.3 申请相关建筑施工行业确认的机构，应接受信用评价委员会组织的信用评价。经过行业确认和信用评价的机构，还应接受确认后的督查、核查和定期复审。以上评价对象应尊重信用评价结论，对有异议的评价应向省建安协会提出书面复核申请。

3.4 信用评价委员会在收到评价对象行业确认申请后，应组织有关专家组按照本规范对其进行信用评价初审；对已取得行业确认的，应按规定定期进行信用评价复审；特殊情况下，根据有关部门要求或举报等进行核查。评价对象也可在取得信用评价报告的三个月后提出评价升级的评审申请，信用评价委员会受理后组织审核。初审、复审和核查应客观公正地反映评价对象的真实情况。

3.5 信用评价费由专家评审费、公示费、管理费和证牌工本费等组成，经省建安协会常务理事会讨论批准通过。除信用评价费确定的范围和批准公示的价格外，不得向评价对象收取其他任何费用。省建安协会应公示信用评价费，设立乱收费举报电话。

3.6 信用评价工作在初审、复审或核查后，信用评价委员会出具信用评价报告报省建安协会会长批准。信用评价报告批准后，在省建安协会门户网站、杂志及其他相关媒体向社会进行公示，并向获得 AAA 级的评价对象颁发信用等级证书、标牌等标识。

3.7 评价对象对信用评价结论提出书面复核申请，应注明复核项目和复核理由。省建安协会收到书面复核申请后应对其复核申请提出处理意见,必要时重新组织评价组对复核项目进行复核。省建安协会接到评价组的复核报告后提出复核结论,将复核结论通报申报单位并公示。由省建安协会做出的复核结论为信用评价的最终结论。

3.8 为了树立行业信用评价品牌,帮助评价对象树立信用意识,提高管理水平和社会信誉,进而提高市场竞争能力,将行业确认信用评价结果推荐给相关建筑施工企业、政府部门、金融机构(银行、保险)、相关行业商会、媒体(网站、报刊)等单位,并纳入全国信用体系的建设之中。

4 评价方法

4.1 评价组由信用评价委员会选派。评价组成员不少于3人,设组长一名。

4.2 信用评价以信息采集为主要方式,评价组成员应收集整理并保存信息资料。评价时,评价员应按如下方法进行评价:

1. 对采集信息作定性分析,做出定性分析结论;

2. 根据定性分析结论确定定性范围,按本规范的要求确定等级系数组的 α_i 值和评价参数 β 值;

3. 以等级系数 α_i 值乘以评价项目满分值得出评价项目评分值;

4. 计算评价项目评分值合计总分和评价参数总分值;

5. 整理并向评价组提交评分表和相应评价信息资料。

4.3 信用评价为一级评价,由机构能力评价和社会信誉评价两大二级评价模块组成。其中机构能力评价分为基本能力评价、实际能力评价两个三级评价模块,社会信誉评价分为用户评价、政府评价、其他评价和诚信记录评价等四个三级评价模块,共计六个三级评价模块,其评价模块及指标见表4.3。

表4.3

一级评价及应得分	二级评价及应得分	三级评价及应得分
建筑施工行业确认信用评价100分	机构能力评价50分	基本能力评价20分
		实际能力评价30分
	社会信誉评价50分	用户信誉评价10分
		政府信誉评价10分
		其他信誉评价10分
		诚信记录评价20分

4.4 基本能力评价、实际能力评价和社会信誉评价值分别由一组评分表组成,即基本能力评分表和实际能力评分表。每个评分表由若干个评分项目组成,每个评分项目设相应评分说明、满分值、评分值和参数值。评分时应根据本规范规定,打出评分值和参数值,并作评分说明。

4.5 由评价组组长负责组织汇总各评价员的评价表及评价信息资料,其中包括各评价员的信用评价总分值平均值 M_p 和评价参数总值平均值 β_p。

4.6 评价组根据本规范"6 评价等级"提出评价意见及评价等级,并形成《评价报告》。《评价报告》由评价评价组组长签字后报信用评价委员会审批。

4.7 信用评价委员会审核《评价报告》。《评价报告》审核批准后由省建安协会会长签署公布。(等级设置)信用评价等级标准分为A、B、C三等,其中A级分为AAA、AA、A三个等级,共五个等级。

5 评分办法

5.1 评分表组成及分数分配。

评价范围及满分值	评价内容及满分值	评分表名称及满分值	备注
机构能力$M_{能}$(50分)	基本能力评价$M_{实}$(20分)	基本能力评分表$N_{基}$(100分)	评价分数按$M_{基}=N_{基}\times0.20$计入如机构能力评价$M_{能}$分值。
	实际能力评价$M_{实}$(30分)	实际能力评分表$N_{实}$(100分)	评价分数按$M_{实}=N_{实}\times0.30$计入如机构能力评价$M_{能}$分值。
社会信誉$M_{信}$(50分)	用户信誉评价$n_{信1}$(10分)	社会信誉评分表$N_{信}$(50分)	直接计算$M_{信}$,即:$N_{信}=n_{信1}+n_{信2}+n_{信3}+n_{信4}$ $M_{信}=N_{信}$
	政府信誉评价$n_{信2}$(10分)		
	其他信誉评价$n_{信3}$(10分)		
	诚信记录评价信$_4$(20分)		

5.2 评分时根据定性分析结论确定评价参数β值和定量系数α值范围,并在定性分析结论范围内由评价员权衡,在定量系数α值范围确定一数值。评价参数β值和定量系数α值得确定方法见表5.2。

表5.2

定性分析结论	评价参数β取值	定量系数α取值范围
好;优秀;满足等。达到要求或标准,需继续保持。	0	1至0.9
较好;良;较满足等。能够达到要求或标准,需进一步提高。	0	0.9(不含0.9)至0.7
一般;基本合格;基本满足等。有问题,必须尽快改进。	0.1	0.7(不含0.7)至0.6
不好;较差;不能满足等。问题较严重,必须限期整改。	0.5	0.6(不含0.6)至0.4
很不好;很差;难以满足等。问题严重,必须作出警告或否决。	1	0.4(不含0.6)至0

5.3 基本能力评分

5.3.1 评价员应依据基本能力评分表(见附表1),对照相应的行业机构基本能力管理要求进行评分。

5.3.2 基本能力评分表评价项目及评分满分值设置以及评价基本要求如下:

1. 经营条件$n_{基1}$,满分20分。主要对评价对象营业执照及营业项目、房屋产权证明或租赁合同、经营场所等机构设置基本条件进行评价。

2. 管理制度$n_{基2}$,满分30分。主要对评价对象机构各项管理制度是否满足行业机构设置要求进行评价。

3. 人员配备$n_{基3}$,满分30分。主要是对评价对象机构设置和人员配备是否满足行业机构的基本情况进行评价。

4. 资料管理$n_{基4}$,满分10分。主要是对评价对象行业经营资料管理是否满足行业机构管理基本要求进行评价。

5. 硬件设施 $n_{基5}$，满分10分。主要是对评价对象行业硬件设备、设施是否满足行业机构运行基本要求进行评价。

5.3.3 根据基本能力评分表的各项目评分值及参数得出基本能力评分表评分值 $N_{基}$、基本能力评价值 $M_{基}$ 和基本能力评价参数 $\beta_{基}$ 按公式一计算。

公式一：

$$N_{基}=n_{基1}+n_{基2}+n_{基3}+n_{基4}+n_{基5}$$

$$M_{基}=N_{基}\times 0.20$$

$$\beta_{基}=\beta_{基1}+\beta_{基2}+\beta_{基3}+\beta_{基4}+\beta_{基5}$$

5.4 实际能力评分

5.4.1 评价员应依据实际能力评分表(见附表2)，对照相应的行业机构实际能力管理要求进行评分。

5.4.2 实际能力评分表评价项目及评分满分值设置以及评价基本要求如下：

1. 管理制度执行与成效 $n_{实1}$，满分20分。主要根据评价对象机构各项制度的管理资料及相应部门对其制度落实进行抽查情况进行评价。

2. 人员培训与能力考核 $n_{实2}$，满分30分。主要根据评价对象人员培训考核资料及相应部门对其进行抽查考核成绩进行评价。

3. 项目动态监管与绩效 $n_{实3}$，满分30分。根据评价对象日常动态管理信息资料进行评价，亦可通过行业统一网上动态管理信息进行评价。主要是对评价对象能否有效掌控各项目的业务以及各项目业务成效的评价。

4. 资料有效性和科学性 $n_{实4}$，满分10分。主要指对评价对象业务管理资料的有效性和科学性的评价，资料的真实性因客观原因造成的亦属本评价项目范围，主观原因造成的资料失真问题应属于诚信记录评价内容。

5. 专业水平与创新能力 $n_{实5}$，满分10分。

主要对评价对象的专业水平、技术水平以及创新能力的评价，实际工作中有重大工作失误或获得技术方面的奖项均在此项评价项目中考虑。

5.4.3 根据实际能力评分表的各项目评分值及参数得出实际能力评分表评分值N实、实际能力评价值M实和实际能力评价参数β实按公式二计算。

公式二：

$$N_{实}=n_{实1}+n_{实2}+n_{实3}+n_{实4}+n_{实5}$$

$$M_{实}=N_{实}\times 0.30$$

$$\beta_{实}=\beta_{实1}+\beta_{实2}+\beta_{实3}+\beta_{实4}+\beta_{实5}$$

5.5 机构能力评价值 $M_{能}$ 和评价参数值 $\beta_{能}$ 按公式三计算。

公式三：

$$M_{能}=M_{基}+M_{实}$$

$$\beta_{能}=\beta_{基}+\beta_{实}$$

5.6 社会信誉评分

5.6.1 评价员应依据社会信誉评分表(见附表3)，对照搜集到的各种信誉信息依次对评分项目进行评分。

5.6.2 评价项目及评分基本要求如下：

1. 用户信誉评价 $n_{信1}$，满分10分。

2. 政府信誉评价 $n_{信2}$，满分10分。

3. 其他信誉评价 $n_{信3}$，满分10分。

4. 诚信记录评价 $n_{信4}$，满分20分。

5.6.3 社会信誉评价值 $M_{信}$ 和社会信誉评价参数值 $\beta_{信}$ 按公式四

计算。

公式四：

$M_{信} = N_{信} = n_{信1} + n_{信2} + n_{信3} + n_{信4}$

$\beta_{信} = \beta_{信1} + \beta_{信2} + \beta_{信3} + \beta_{信4}$

5.7 信用评价总分值M和信用评价参数值β按公式五计算。

公式五：

$M = M_{能} + M_{信}$

$\beta = \beta_{能} + \beta_{信}$

5.8 信用评价平均值 M_p 为评价组所有评价员信用评价值M之和的算术平均值。

5.9 评价参数平均值 β_p 为评价组所有评价员信用评价参数β之和的平均值。

6 评价等级

6.1 信用评价等级说明，见表6.1。

表 6.1

等级	信用评价等级说明
AAA	1. 机构资信及业绩状况好。 2. 申请行业确认时可通过行业确认。 3. 取证后的行业确认复审可办理免审。
AA	1. 机构资信及业绩状况良好。 2. 申请行业确认时可通过行业确认。 3. 取证后二年参加一次行业确认复审。
A	1. 机构资信及业绩状况一般。 2. 申请行业确认时须进行复查。 3. 取得证书的，对其每年至少进行一次督查。
B	1. 机构资信及业绩状况较差。 2. 申请行业确认时不予确认。 3. 取得证书的，暂扣其证书，限期整改。
C	1. 机构资信及业绩状况差。 2. 申请行业确认时不予确认。 3. 取得证书的，撤销其证书。

6.2 信用评价等级以平均值 M_p 和平均值 β_p 的逻辑关系确定，见表6.2。

表 6.2

A 等级	二个条件同时满足	
	M_p 评价分数	β_p 评价参数
AAA	90 分以上	$\beta_p = 0$
AA	70 分以上	$0 < \beta_p < 0.5$
A	60 分以上	$0.5 \leqslant \beta_p < 1$
BC 等级	二个条件任意满足	
B	60 分以下	$1 \leqslant \beta_p < 3$
C	40 分以下	$\beta_p \geqslant 3$

7 附 则

7.1 本规范由江苏省建筑安全与设备管理协会负责解释。

7.2 本规范于2010年1月1日起施行。

附表 1 基本能力评分表

评价项目	评分说明	满分值	n 值	β 值
经营条件 $n_{基1}$		20		
管理制度 $n_{基2}$		30		
人员配备 $n_{基3}$		30		
资料管理 $n_{基4}$		10		
硬件设施 $n_{基5}$		10		
合 计		100		

附表 2　实际能力评分表

评价项目	评分说明	满分值	n 值	β 值
管理制度执行与成效 $n_{实1}$		20		
人员培训与能力考核 $n_{实2}$		30		
项目动态监管与绩效 $n_{实3}$		30		
资料真实性和科学性 $n_{实4}$		10		
专业水平与创新能力 $n_{实5}$		10		
合　计		100		

附表 3　社会信誉评分表

评价项目	评分说明	满分值	n 值	β 值
用户信誉评价 $n_{信1}$		10		
政府信誉评价 $n_{信2}$		10		
其他信誉评价 $n_{信3}$		10		
诚信记录评价 $n_{信4}$		20		
合　计		50		

江苏省建筑安全与设备管理协会公告 第 10 号

为了加强我省建筑施工起重机械检验行业职业道德建设，推进起重机械安装检验机构有序发展，规范检验机构行为，提高检验人员职业道德，现将《江苏省建筑施工起重机械检验行业职业道德准则》予以公布。

江苏省建筑安全与设备管理协会

二〇〇九年十一月十二日

附件：《江苏省建筑施工起重机械检验行业职业道德准则》

江苏省建筑施工起重机械检验行业职业道德准则

第一章 总　则

第一条　为了加强我省建筑施工起重机械检验行业职业道德建设，推进建筑施工起重机械安装检验机构有序发展，规范检验机构行为，提高检验人员职业道德，特制订本准则。

第二条　本准则适用于江苏省内所有从事建筑施工起重机械检验的机构及从业人员。

第二章　检验机构

第三条　依法经营。检验机构应当自觉遵守国家有关法律法规，在资质确定的检验范围内，依法签订经营合同、履行合同，按照有关标准规范开展检验工作。

第四条　信誉第一。检验机构应当重视和维护自身的信誉，教育和督促本机构的工作人员恪守诚信服务的原则和职业道德准则，积极参加参与信用评价，创建和保持良好的信誉等级。

第五条　公平竞争。检验机构在工作中要做到公正公平，反对以低价、违规承诺等手段承接检验任务，共同维护检验市场，促进行业健康发展。

第六条　独立公正。检验机构应坚持独立、公正的第三方地位，在工作中不受任何单位或者个人的影响，确保检验工作的独立性和公正性。

第七条　科学求真。检验机构要依靠科学发展观的理念指导检验工作，确保检验数据的科学性、真实性和准确性，出具的检验报告具有可追溯性，坚决杜绝弄虚作假、隐瞒事实的违法违规行为。

第八条　接受监督。检验机构要做到制度公开、检验依据公开、检验流程公开、检验窗口与人员公开、检验收费标准公开、检验项目承诺期公开和投诉方式公开，主动接受社会各界的监督。

第三章　检验人员

第九条　遵纪守法。严格遵守国家法律法规，遵守所在机构的各项管理制度，认真履行岗位职责，严格按照标准规范开展检验工作，严格执行对用户的保密制度。

第十条　爱岗敬业。热爱检验工作，有强烈的事业心和高度的社会责任感，努力学习业务知识、提高业务能力，工作中认真负责、秉公办事、团结互助，热情地为客户服务，做到公平公正。

第十一条　遵循科学。遵循科学求真和实事求是的原则，检验行为公正公平，检验数据真实、可靠，不出假报告，勇于抵制和揭露各种违法违规行为。

第十二条　追求质量。严格按照检验标准规范和工作程序进行检验，做到资料齐全、数据准确、用语规范，确保不发生偏离政策和程序的行为，不断提高检验工作的水平和质量。

第十三条　维护权益。在做好维护委托方合法权益同时，依法维护自身的合法权益，注意个人的劳动保护，不疲劳检验、不带病检验，对危及身体健康和生命安全的行为坚决给予抵制。

第十四条　廉洁自律。要自尊自爱，不利用检验工作便利谋求私利，不参加可能影响检验公正性的宴请和娱乐活动，不接受受检方的礼品、礼金和各种有价证券，不在受检方内兼职，不做有损于本机构利益的行为，坚决杜绝吃、拿、卡、要现象，自觉接受社会各界的监督。

江苏省扬州市
建宁工程技术咨询有限责任公司

建宁服务 生命保护

扬州市建宁工程技术咨询有限责任公司成立于2006年2月，是扬州地区专业提供相关建筑安全生产技术咨询服务的单位。建筑意外伤害保险兼业代理及受保险公司委托为建筑施工现场提供建筑安全生产风险管理、事故防范等安全服务是公司的主要服务项目。公司的经营范围主要有：建筑施工企业安全生产评价；安全技术服务及安全事务咨询；建筑施工起重机械安装质量检验；建筑安全新技术新工艺的推广服务；意外伤害保险兼业代理；安全防护用品销售、建筑施工特种作业人员考核等。

扬州市建宁工程技术咨询有限责任公司已取得江苏省建筑工程管理局颁发的《建筑施工特种作业人员考核基地》证书及江苏省建筑安全与设备管理协会颁发的《江苏省建筑施工起重机械安装检验机构行业确认书》（苏建检字018号）。

① 对施工工人开展安全教育工作

② 对施工一线工人开展安全教育工作

③ 施工现场安全检查

④ 项目部人员、监理人员、建设单位代表进行危险源辨识

⑤ 塔式起重机安装质量检验

⑥ 建筑施工特种作业人员考核基地

南京天宙检测有限公司

南京天宙检测有限公司为从事建筑机械检测的专业检测公司，主要从事塔式起重机、施工升降机、物料提升机、附着升降脚手架、高空作业吊篮等建筑机械的检测。通过了江苏省质量技术监督局的计量认证，认证号为MA2010101387A，以及江苏省建筑施工起重机械安装检验机构行业确认（含建筑施工起重机械使用性能结构评估），证书号苏建检字022号。公司技术力量雄厚，仪器设备齐全，具有丰富的建筑机械检验实际工作经验。近年来开展了超过使用年限的塔式起重机、施工升降机等建筑施工用起重机械的评估检验，受到用户的好评。（www.njtz365.com）

江苏省建筑施工起重机械安装检验机构

行业确认书

南京天宙检测有限公司

根据《江苏省建筑施工起重机械安装检验机构行业确认管理办法》的规定，经江苏省建筑施工起重机械安装检验机构行业确认委员会确认，你单位为建筑施工起重机械安装检验（含在用建筑施工起重机械使用性能结构评估检验）机构，特发此证。

单位法定代表人：殷晨波　　技术负责人：毕惠中

单位地址：南京市鼓楼区中山北路216号天河大厦606室

证书号码：苏建检字　022　号　　发证单位：（盖章）

有效期：两年（2009 年 09 月 18 日到 2011 年 09 月 17 日止）　2010年05月18日

资质认定

计量认证证书

名称：南京天宙检测有限公司

证书编号：2010101387A

地址：注册：南京市鼓楼区中山北路200号中一村201室

办公：南京市鼓楼区中山北路216号天和大厦北楼606室

经审查，你机构已具备国家有关法律、行政法规规定的基本条件和能力，现予批准，可以向社会出具具有证明作用的数据和结果，特发此证。检测能力见证书附表。

准许使用徽标

MA

发证日期：2010年4月12日

有效期至：2013年4月11日

发证机关：

南京工业大学工程机械研究所

南京工业大学工程机械研究所主要从事建筑工程机械的教学科研、产品开发和技术服务工作。所在学院具有博士学位授予权、博士后流动站和江苏省重点实验室，研究所承担了国家自然科学基金等国家项目4项，省部级项目6项，开发工程机械新产品20余项，发表论文200余篇。为国内较有影响的建筑工程机械研究机构。

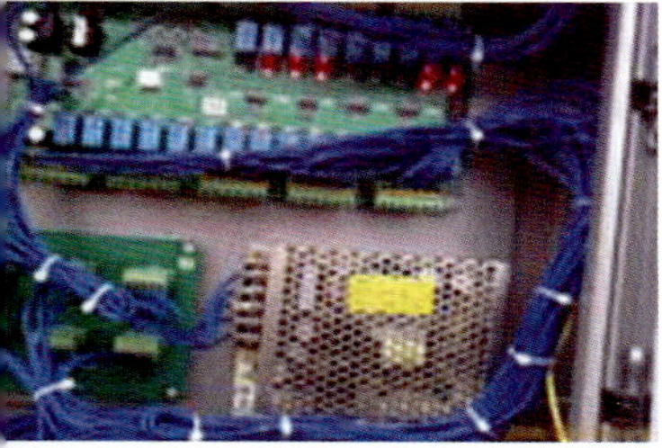

近年来，研究所开发并生产了塔式起重机安全监控系统TC-CSM01。该系统通过对塔机起重量传感器、幅度传感器、高度传感器以及角度传感器等数据进行采集处理，实现对系统工作时起重量、起重力矩、小车幅度、吊钩高度以及回转角度的实时监测，保证塔机的工作始终处在该塔机起重性能曲线所限制的范围内，一旦探测到可能超载或超起重力矩时将光电预警和报警，避免因操作者的疏忽或判断失误而造成的安全事故，同时该系统能够实时记录塔机作业中的危险工况，为事故的分析处理提供可靠的依据。

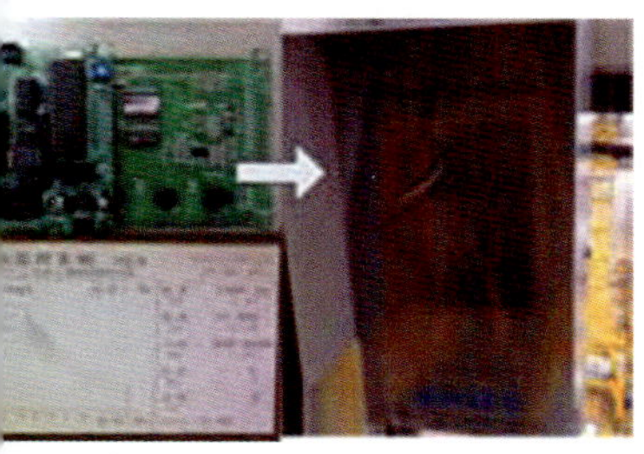

本产品已批量生产，并受到了众多用户的好评。申请了国家发明专利《基于CAN总线分布式结构的塔机安全监控系统》，专利号：200910234075.5。（www.jsjxjc.com）

主要功能：

- 记录塔机工作全过程，可作为塔机维护和事故判定的依据
- 判断司机的操作指令，自动拒绝超出塔机能力范围的指令
- 同时发出声光警报并将相应工作参数计入违章档案
- 工作状态液晶显示，使司机直观了解塔机的工作状态
- CAN总线通讯保证高速、安全、可靠的数据传输
- 非接触式测量，安装方便，使用简单
- 高定位测量精度，使工作判断更精确

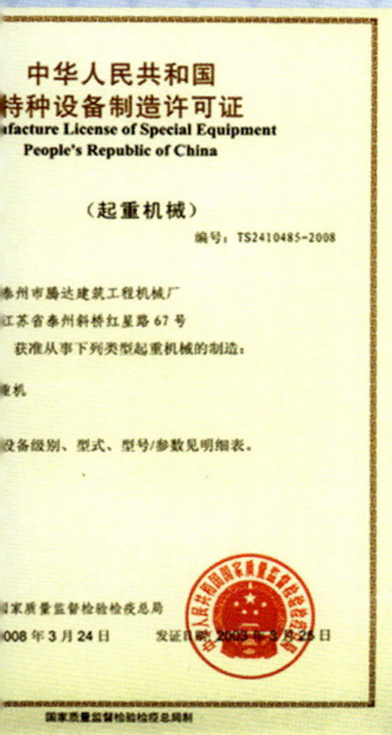

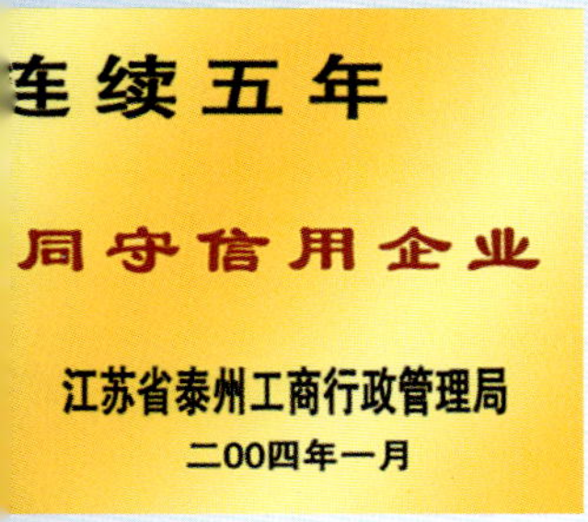

中华人民共和国
特种设备制造许可证
afacture License of Special Equipment
People's Republic of China

（起重机械）

编号：TS2410485-2008

泰州市腾达建筑工程机械厂
江苏省泰州斜桥红星路67号
获准从事下列类型起重机械的制造：

设备级别、型式、型号/参数见明细表。

国家质量监督检验检疫总局
008年3月24日

北京联合智业认证有限公司
质量管理体系认证证书
泰州市腾达建筑工程机械厂
质量管理体系符合
GB/T19001－2000 idt ISO9001:2000 标准

注册号：04303Q10085R0S
发证日期：2003年2月13日
换证日期：2003年2月24日
有效期至：2006年2月12日

连续五年

同守信用企业

江苏省泰州工商行政管理局
二00四年一月

荣誉证书
授予:泰州市腾达建筑工程机械有限公司
三星腾达牌系列塔式起重机、施工升降电梯
江苏市场公认名牌产品

编号：0040128　有效期三年　2004年12月

泰州市腾达建筑工程机械有限公司

（原泰州市腾达建筑工程机械厂）

生产历史悠久，
是江苏省生产塔式起重机、施工升降机
等建筑机械的知名企业之一。
公司生产设备齐全，技术力量雄厚，
产品外形美观气派，
多项指标创全国第一。
自产品投放市场以来，
先后荣获
“消费者信得过企业、产品、服务荣誉证书”，
“江苏市场质量、计量信得过单位（品牌）”，
“江苏市场公认名牌产品荣誉证书”，
“2004年3.15江苏市场用户满意商品”，
连续五年荣获“重合同守信用企业”。
公司现已形成年产QTZ125、QTZ80、QTZ63、QTZ40、QTZ31.5等塔式起重机，SC200/200施工升降机1000台以上的能力。
国家监督抽查质量年年合格。
是国内综合“性能价格比”最合理的产品。
目前，产品已覆盖全国二十多个省、市、自治区，
并出口东南亚、非洲、俄罗斯等地区。
我们将以优质的产品质量、良好的售后服务
与建筑界新老客户携手合作，共创美好未来。

名牌产品

诚征全国各地区代理经销商

南京海天检测有限公司

NANJINGHAITIANJIANCEYOUXIANGONGSI

企业法人营业执照

塔式起重机检测

许可证

南京海天检测有限公司

经审查，批准你单位为塔式起重机检测单位，特发此证。

发证机关（章）

证书编号：苏 建检字（70103）024号

二〇一〇年六月八日

江苏省建筑工程管理局印制

资质认定

计量认证证书

证书编号：2007100588A

名称：南京海天检测有限公司

地址：南京市红山路94号（210028）

经审查，你机构已具备国家有关法律、行政法规规定的基本条件和能力，现予批准，可以向社会出具具有证明作用的数据和结果，特发此证。

检测能力见证书附表。

准许使用徽标

发证日期：2007年8月13日

有效期至：2010年8月12日

发证机关：

南京海天检测有限公司是经江苏省建设厅和江苏省技术监督局批准成立的检测施工现场在用建设机械设备的一家检测公司，主要为全省各建筑施工企业、租赁公司等有关单位的在用设备提供供一流的检测和技术评估服务，可向社会出具公正合法的检测报告。

公司主要从事施工现场在用塔式起重机、施工升降机、物料提升机、附着式整体升降脚手架的结构、性能及安装检验和对超年限服役的施工机械进行结构性能评估。

公司按照《中华人民共和国建设部公告第659号》文件精神，本着“科学、公正、廉洁、高效”的质量方针，竭诚为广大施工企业服务，以杜绝施工机械事故的发生。

服务项目

在用机械设备能力评估

施工升降机安全防坠器检验

塔式起重机结构、性能及安装检验

施工升降机结构、性能及安装检验

物料提升机结构、性能及安装检验

附着式整体升降脚手架结构、性能及安装检验

地址：南京市红山路94号

电话：025-85419140

Em ail：njchengbs@126.com

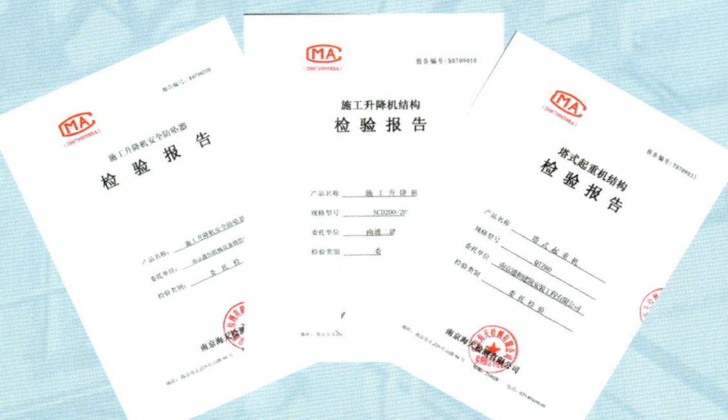